Geschichte des deutschen Buchhandels
im 19. und 20. Jahrhundert

Geschichte des deutschen Buchhandels im 19. und 20. Jahrhundert

Im Auftrag des Börsenvereins
des Deutschen Buchhandels herausgegeben
von der Historischen Kommission

Band 3: Drittes Reich und Exil

De Gruyter

Geschichte des deutschen Buchhandels im 19. und 20. Jahrhundert

Drittes Reich und Exil

Teil 3: Exilbuchhandel – Supplement

Im Auftrag der Historischen Kommission verfasst von
Ernst Fischer

Verleger, Buchhändler und Antiquare aus Deutschland und Österreich
in der Emigration nach 1933

Ein biographisches Handbuch

2., aktualisierte und erweiterte Auflage

De Gruyter

Herausgeber: Historische Kommission

Ordentliche Mitglieder: Prof. Thedel v. Wallmoden (Göttingen), Vorsitzender; Prof. Dr. Christine Haug (München), stellvertretende Vorsitzende; Prof. Dr. Ernst Fischer (Groß-Siegharts); Prof. Dr. Stephan Füssel (Mainz); Dr. Roland Jaeger (Hamburg/Berlin); Dr. Christoph Links (Berlin); Prof. Dr. Siegfried Lokatis (Leipzig); Prof. Dr. Wulf D. v. Lucius (Stuttgart); Prof. Dr. h. c. mult. Klaus G. Saur (München); Prof. Dr. Reinhard Wittmann (Fischbachau)

Korrespondierende Mitglieder: Prof. Dr. Hans Altenhein (Bickenbach); Thomas Bez (Stuttgart); Dr. Achim Bonte (Dresden); Dr. Monika Estermann (Berlin); Prof. Dr. Dr. h. c. Bernhard Fabian (Münster); Dr. Bernhard Fischer (Weimar); PD Dr. Johannes Frimmel (München); Prof. Dr. Wilhelm Haefs (München); Prof. Dr. Murray G. Hall (Wien); Dr. Ulrike Henschel (Wiesbaden); Dr. Stephanie Jacobs (Leipzig); PD Dr. Thomas Keiderling (Leipzig); Dr. Thekla Kluttig (Leipzig); Dr. Michael Knoche (Weimar); PD Dr. Mark Lehmstedt (Leipzig); Prof. Dr. Steffen Martus (Berlin); Prof. Dr. York-Gothart Mix (München); Dr. Helen Müller (Berlin); Dr. David Oels (Berlin); Bernd Rolle (Jena); Prof. Dr. Patrick Rössler (Erfurt); Prof. Dr. Wolfgang Schmitz (Köln); Prof. Dr. Carlos Spoerhase (Bielefeld); Dr. Volker Titel (Erlangen); Prof. Dr. Peter Vodosek (Stuttgart); Dr. Tobias Winstel (München)

ISBN 978-3-11-068863-4
e-ISBN (PDF) 978-3-11-068874-0
e-ISBN (EPUB) 978-3-11-068883-2

Library of Congress Control Number:
2020935883

Bibliografische Information der Deutschen Nationalbibliothek
Die Deutsche Nationalbibliothek verzeichnet diese Publikation in der Deutschen Nationalbibliografie; detaillierte bibliografische Daten sind im Internet über http://dnb.dnb.de abrufbar.

Einbandillustration:
Links: H. P. Kraus 1945 in seinem fünf Jahre zuvor gegründeten, von Anfang an repräsentativ eingerichteten Antiquariat in Manhattan. Aus: H. P. Kraus: Catalogue 38. Sidelights on the Renaissance. Twenty historical essays and 150 books. New York [1945].
Mit freundlicher Genehmigung von Roland Folter, New York.

Rechts: Foto des ›book stand‹ von Richard Loewy. NL 82 Ernst Loewy EB 95/075, besitzende Institution: Deutsche Nationalbibliothek, Deutsches Exilarchiv 1933–1945, Frankfurt am Main.
Mit freundlicher Genehmigung von Ronny und Hanno Loewy.

© 2020 Walter de Gruyter GmbH, Berlin/Boston
Druck und Bindung: CPI books GmbH, Leck

Geleitwort

Das von Ernst Fischer bearbeitete biographische Handbuch *Verleger, Buchhändler & Antiquare aus Deutschland und Österreich in der Emigration nach 1933*, das 2011 erschienen ist, ist nunmehr ein längst etabliertes und vielzitiertes wissenschaftliches Standardwerk. Es handelt sich tatsächlich um »ein Kompendium von unschätzbarem Wert für die Exilforschung«, wie Stefan Koldehoff als Rezensent in DIE ZEIT formulierte.

Doch ist dieses Handbuch mehr als ein Standardwerk: Es ist die sorgfältige und bedachte Sammlung von Lebenswegen und Schicksalen, die hier stellvertretend für die Opfer von Ausgrenzung und Vertreibung während des Nationalsozialismus stehen. Gleichsam gibt das Werk denjenigen einen Raum, die einstanden für die Freiheit des Wortes und die Kontroverse in bedrohlichen Zeiten.

Das Handbuch in seiner Fassung von 2011 hat nicht nur die Forschungen auf diesen zentralen Gebieten internationaler Verlags- und Buchhandelsgeschichte des 20. Jahrhunderts wesentlich angeregt, sondern es wurde selbst zu einem forschenden Projekt. Ernst Fischer hat, seit Erscheinen der Erstauflage, seine Recherchen in den vergangenen Jahren kontinuierlich fortgesetzt. Er ging den Informationen von Nutzerinnen und Nutzern des Handbuchs nach, setzte sich den Biographien und den ihnen inhärenten Hinweisen aus und trug beständig neue Quellen zusammen. Die Erstausgabe konnte somit als Suchauftrag selbst verstanden werden, der in die vorliegende zweite Auflage mündete.

Zugute kommen dem Werk die Möglichkeiten der Digitalisierung: Durch den Zugang zu neuen zur Zeit der Erstausgabe nicht vorhandenen Datenbanken sowie weiteren digitalen Angeboten konnten viele biographische Einträge des Handbuchs aktualisiert, ergänzt und in einigen Fällen auch im Detail korrigiert werden. Durch die Aufnahme von rund 80 neuen biographischen Einträgen ist die Zahl der insgesamt in einem eigenen Artikel behandelten Personen auf circa 900 in der vorliegenden Auflage angestiegen.

Der Börsenverein des Deutschen Buchhandels hat nach 1933 in erschütterndem Maße an der Ausgrenzung und Vertreibung jüdischer und politisch missliebiger Mitglieder mitgewirkt. Umso mehr trägt er die Verantwortung, diese Biographien sichtbar zu machen. Für den Verband ist es daher eine große Ehre, die zweite Auflage des Handbuchs in die von der Historischen Kommission des Börsenvereins herausgegebene Reihe *Geschichte des deutschen Buchhandels im 19. und 20. Jahrhundert* aufnehmen zu können.

Als Wirtschafts- und Kulturverband mit einer fast 200-jährigen Tradition steht der Börsenverein in der Pflicht, die wissenschaftliche Erforschung der Buchhandelsgeschichte insbesondere des 20. Jahrhunderts auch in Zukunft nach Kräften zu fördern; das schließt seine eigene Rolle ausdrücklich ein, geht aber weit darüber hinaus.

Karin Schmidt-Friderichs
Vorsteherin des Börsenvereins des Deutschen Buchhandels

Inhalt

Vorbemerkung IX

Einleitung XI
Die Emigration der Verleger, Buchhändler und Antiquare aus Deutschland und
Österreich nach 1933. Eine Vertreibung und ihre Folgen XI
I. Die Ausgangslage XI
II. Flucht und Vertreibung XII
III. Die Lebenssituation in den Asylländern XIV
IV. Zur Wirkungsgeschichte der buchhändlerischen Emigration XVI

Biographischer Teil 1

Anhang 579

Dank 581

Zu diesem Band 583

Benutzungshinweise 586

Siglen und Abkürzungen 591

Namensverweise 597

Ortsregister 599

Firmenregister 617

Vorbemerkung

Die vorliegende aktualisierte, korrigierte und erweiterte Version des vor zehn Jahren erschienenen Biographischen Handbuchs zur Emigration der Verleger, Buchhändler und Antiquare aus Deutschland und Österreich nach 1933 stellt wieder eine selbständige, unabhängig von anderen Veröffentlichungen benutzbare Dokumentation dar, sie ist aber zugleich als eine komplementäre Veröffentlichung zu Band 3 der Geschichte des deutschen Buchhandels im 19. und 20. Jahrhundert zu verstehen, konkret zu dessen Teilband 3, der die Geschichte des Buchhandels im deutschsprachigen Exil 1933–1945 behandelt. Komplementär bedeutet in diesem Zusammenhang, dass das vorliegende Handbuch jene Fülle an biographischer Information enthält, wie sie in einer Überblicksdarstellung, in der hauptsächlich Entwicklungs- und Problemzusammenhänge, Strukturen, Tätigkeitsfelder und Unternehmensgeschichten nachgezeichnet werden, nicht untergebracht werden könnte. Zwar bleibt Biographisches in dem Darstellungsband nicht schlechthin ausgespart – was angesichts der Tatsache, dass Exilierung zuallererst ein persönliches Schicksal darstellt, auch gar nicht möglich wäre. Aber es wurde dort nur das zum Verständnis Nötigste aufgenommen, auch hinsichtlich der Quellen- und Literaturhinweise. In der Zusammenschau mit dem Biographischen Handbuch kann sich der Benutzer der Buchhandelsgeschichte jedoch ein vollständiges Bild verschaffen.

Die erste, 2011 erschienene Ausgabe dieses Handbuchs ist im Ganzen sehr freundlich aufgenommen worden. Dabei war klar, dass eine solche Zusammenstellung von Kurzbiographien Lücken und auch eine Anzahl von Fehlern enthalten musste. Biographische Daten zu sammeln stellt nicht nur ein mühsames, sondern auch ein riskantes Geschäft dar, weil sich oft genug die Vertrauenswürdigkeit der Quelle und letztlich also die Validität der gewonnenen Daten nicht überprüfen lassen. Umso dankbarer war der Verfasser für sachliche Kritik und vor allem für die ihm persönlich zugegangenen Ergänzungs- und Korrekturvorschläge; mein Dank gilt in dieser Hinsicht Helmut Schwarzer, Caroline Jessen, Klaus Hillenbrand, Irene Münster, Phoebe Kornfeld und noch manchen anderen, in besonderer Weise aber Björn Biester, der in der Intensivphase der Überarbeitung des Materials vielfältige Hilfe geleistet hat.

Nicht zuletzt durch solche Unterstützung ist es möglich gewesen, 80 neue Kurzbiographien aufzunehmen (eine Liste der Neueinträge findet sich im Anhang), bei rund 100 Einträgen z. T. beträchtlich erweiterte Information zu bieten und in annähernd 300 Fällen Geburts- oder Sterbedaten einzufügen. Darüber hinaus konnte eine Menge an neuerschienener Quellen- und Forschungsliteratur genannt und natürlich auch das eine oder andere Versehen der ersten Auflage getilgt werden. Insgesamt bietet also die neue Fassung größere Verlässlichkeit und deutlich mehr Substanz.

Vollständigkeit und Fehlerlosigkeit sind aber zweifellos auch in diesem Anlauf nicht erreicht worden; Hinweise auf weitere Corrigenda oder Addenda werden gerne angenommen. Einem zur ersten Auflage vorgebrachten Kritikpunkt sei allerdings an dieser Stelle entgegengetreten: dem Vorwurf, dass das Handbuch nicht die Schicksale sämtlicher in Konzentrationslagern ermordeten Buchhändler und Verleger nachzeichnet. Es ist in der Tat sehr zu bedauern, dass diesbezüglich immer noch Forschungsdesiderate zu konstatieren sind, aber es hieße die Aufgabenstellung einer *Exil*dokumentation misszuverstehen, wenn man erwartete, dass darin die Gesamtgeschichte der Verfolgung des Buchhändlerstandes durch den Nationalsozialismus aufgearbeitet werden könnte. Konsequenterweise finden hier nur jene Opfer des Holocaust Berücksichtigung, denen zuvor die Flucht ins Ausland geglückt war.

Durch das Erscheinen in einem großen, international agierenden Wissenschaftsverlag kann diese neue Auflage des Biographischen Handbuchs nun wohl noch mehr Benutzer erreichen; im Blick auf die über alle Kontinente zerstreute Verleger-, Buchhändler- und Antiquarsemigration 1933–1945 und ihre bis heute nachwirkenden Leistungen für die Welt des Buches mag man eine solche Verbreitung diesem Band auch wünschen. Diese Aussicht ändert aber nichts an meiner Dankbarkeit gegenüber dem Erstverleger, dem Verband Deutscher Antiquare, der es ermöglicht hat, dass diese Dokumentation 2011 – auch im Sinne eines Gedenkens an die vertriebene Kollegenschaft – in einem würdigen Gewand erscheinen konnte. Da seitens des Verbands an eine Neuauflage nicht gedacht war, wird man es als einen glücklichen Umstand betrachten dürfen, dass nun im Verlag de Gruyter eine aktualisierte und erweiterte Fassung im Verbund mit einer Gesamtdarstellung des buchhändlerischen Exils 1933–1945 erscheinen und so zu voller Wirkung kommen kann.

Einleitung

Die Emigration der Verleger, Buchhändler und Antiquare aus Deutschland und Österreich nach 1933. Eine Vertreibung und ihre Folgen

1933 bedeutete für das Verlagswesen, den Buchhandel und die gesamte deutsche Buchkultur einen tiefen, zerstörerischen Einschnitt. Die vom totalitären Regime betriebene ›Ausschaltung‹ aller politisch-oppositionellen und aller als ›undeutsch‹ gebrandmarkten ›jüdischen Elemente‹ aus den Kulturberufen führte zur Schließung oder ›Arisierung‹ zahlreicher Unternehmen und zur Vertreibung ihrer Inhaber und Mitarbeiter – ein Vorgang, der sich nach der Annexion Österreichs 1938 und nach Kriegsbeginn in den besetzten Gebieten wiederholte. Es waren viele hundert, die ihren Beruf als Verleger, Buchhändler und Antiquare nicht mehr ausüben durften und – wirtschaftlich vor dem Nichts stehend, aber auch an Leib und Leben bedroht – zur Flucht ins Ausland gezwungen waren. Nicht alle schafften es, sich in Sicherheit zu bringen; viele wurden später in den Vernichtungslagern ermordet. In ihrer Mehrzahl aber haben sie sich über eine Grenze retten können und haben in England oder Palästina, in den Niederlanden oder in Skandinavien, in den USA und in manch anderen Ländern Asyl und letztlich eine neue Heimat gefunden. Einige von ihnen haben in der Fremde den Boden unter den Füßen verloren, nicht wenige aber haben mit bemerkenswertem Erfolg eine neue berufliche Existenz aufbauen können. Noch andere fanden erst an ihren Fluchtorten zu einem buchhändlerischen Beruf und haben oft, gestützt auf eigene Tüchtigkeit und auf die Kulturtraditionen, in denen sie aufgewachsen waren, staunenswerte Karrieren geschafft.

Im Blick auf die langfristigen Folgen erscheint es nicht übertrieben, in diesem Vorgang der Vertreibung und Neuetablierung der Verleger, Buchhändler und Antiquare das einschneidendste und folgenschwerste Einzelereignis in der Geschichte des Buchhandels im 20. Jahrhundert zu sehen – nicht bloß für den deutschsprachigen Raum, sondern auch in internationaler Perspektive. Die vorliegende biographische Dokumentation erfasst rund 900 Personen, deren Lebensläufe in ihrer Vielfalt und Dramatik ein eindringliches Bild davon vermitteln, was diese Emigrantengruppe nach 1945, bis in die Gegenwart nachwirkend, für den kulturellen Transfer und die internationalen Verflechtungen in der Welt des Buches geleistet hat.

Im Folgenden soll mit einigen Schlaglichtern angedeutet werden, worin die Bedeutung dieser Gruppe zu sehen ist. Was also ist von der Begegnung mit den rund 900 Biogrammen zu erwarten? Die kurzgefassten Lebensgeschichten geben Einblick in unterschiedliche Beobachtungszusammenhänge, die sich in vier Abschnitte gliedern lassen: die Zeit vor 1933; die Umstände von Flucht und Vertreibung; die Situation in den Fluchtländern bis 1945; schließlich die bis in die Gegenwart reichende Wirkungsgeschichte dieser Emigration.

I. Die Ausgangslage

Zur adäquaten Bewertung der im Handbuch dokumentierten Vorgänge gilt es den hohen Entwicklungsstand der Buchwirtschaft und Buchkultur zu bedenken, wie er im ersten

Drittel des 20. Jahrhunderts in Deutschland und auch in Österreich erreicht war. Das gilt nicht nur für das funktionell ausdifferenzierte Organisationswesen des deutschsprachigen Buchhandels, sondern auch für die einzelnen Sparten des Verlagswesens, das auf vielen Feldern eine führende Stellung einnahm, nicht nur im Wissenschaftsverlag und Fachverlag, sondern auch im Publikumsverlag; man denke hier nur an den Ullstein-Konzern, der durch Einsatz modernster Unternehmensführungs-, Werbe- und Marketingmethoden einen ebenso wichtigen Beitrag zu der überaus lebendigen Literaturszene der Weimarer Republik geleistet hat wie auf andere Weise das auf intensive Autoren-Verlegerbeziehungen abgestellte Erfolgsmodell des Kulturverlegertums. Gleiches gilt aber auch für den in Deutschland hoch entwickelten Sortimentsbuchhandel, und erst recht für den Antiquariatsbuchhandel, der schon um 1900 Weltgeltung erlangt hatte, im Wissenschaftsantiquariat ebenso wie im bibliophilen bzw. Seltenheitsantiquariat. Hier fand man die exquisitesten Orte der Buchkultur, wahre Bücherpaläste und angeschlossene Lager mit Schätzen, wie sie zum Teil über Generationen oder Familiendynastien aufgebaut worden waren.

Beachtung verdienen aber genauso jene Bücherwelten, die in der Weimarer Zeit noch beträchtliche Bedeutung hatten und nach 1933 zerstört wurden, etwa der im engeren Sinne jüdische Verlags- und Sortimentsbuchhandel, die Produktion und der Handel mit Judaica und Hebraica, in deren Zeichen in Frankfurt und anderen Städten eine eigene Welt des Buches, ein eigenes buchhändlerisches Milieu entstanden war. Milieuhaft ausgeprägt war auch das Netzwerk prononciert linker Verlage und Buchhandlungen, oft in Verbindung mit weltanschaulich festgelegten Buchgemeinschaften, in denen die Arbeiterbildungsbewegung ihre wichtigsten Stützpunkte und Vertriebskanäle gefunden hatte. Wie im kommunistischen gab es auch im Bereich der deutschen Sozialdemokratie einen Parteibuchhandel, der von parteieigenen oder parteinahen Verlagen beliefert wurde und, wie auch die Literatur linker Splittergruppen, oft nur schwache Berührungspunkte mit dem regulären Buchhandel konservativerer Prägung hatte.

Vom modernen Buchkonzern und avantgardistischen Literaturverlag bis zur kleinen jüdischen Buch- und Ritualienhandlung oder zur linken Volksbuchhandlung: In den hier versammelten Lebensläufen spiegeln sich all diese Phänomene; sie führen zurück in eine reich entwickelte, lebendige Verlags- und Buchhandelsszenerie zurück, die vom Nationalsozialismus zerschlagen und ausgetilgt worden ist, weil ihre Protagonisten Juden waren oder politische Gegner. Welche Verlustgeschichte darin zum Ausdruck kommt, ist evident.

II. Flucht und Vertreibung

Aus den hier versammelten Biographien ergibt sich ein weiteres Beobachtungsfeld mit den vielfältigen Hinweisen auf die Umstände, unter denen Verleger, Buchhändler und Antiquare zur Geschäftsaufgabe und zum Verlassen des Landes gezwungen wurden. Sichtbar wird zunächst das Prozesshafte dieses sich bis 1940 erstreckenden Vorgangs; in Summe aufschlussreich sind aber auch die jeweiligen Details. Der systematisierenden Betrachtung eröffnet sich ein Feld bereits bei den Gewaltakten des Pöbels, die gegen jüdische Geschäftsinhaber gesetzt worden sind: Diese nahmen ihren Anfang am 1. April 1933, dem ›Judenboykott-Tag‹, und wiederholten sich vielfach im Zuge der Bücherverbrennung am 10. Mai 1933; schwere Ausschreitungen gab es dann vor allem in der Pogromnacht vom 9. zum 10. November 1938. Abgesehen von diesen Gewaltausbrü-

Einleitung

chen erlebten in den dazwischen liegenden fünf Jahren die vom Regime Verfolgten unterschiedlichste Formen der Drangsalierung in Gestalt jener Maßnahmen, die von den NS-Schrifttumsbehörden zur ›Entjudung der deutschen Kulturberufe‹ mit schwankender Intensität, letztlich aber lückenlos durchgeführt worden sind, beginnend mit der Streichung aus dem Adressbuch des Deutschen Buchhandels oder aus der Mitgliederliste des Börsenvereins, fortgesetzt mit der faktischen Erteilung von Berufsverboten durch Ausschluss bzw. erzwungenen Austritt aus der Reichsschrifttumskammer, den ›Arisierungen‹, der Phase der Duldung eines jüdischen Ghettobuchhandels bis hin zu den letzten Schließungsbefehlen Ende 1938 / Anfang 1939.

Ebenso spiegeln sich in den Lebensgeschichten die unterschiedlichen Bedingungen, unter denen die Flucht ins Ausland vorbereitet werden konnte. Beobachten lassen sich zunächst vielfältige Versuche der Firmenrettung, etwa durch Überschreibung von Gesellschafteranteilen oder durch die Hereinnahme ›arischer‹ Geschäftsführer. Nur in einzelnen Fällen glückte Verlegern und Buchhändlern eine freundschaftliche Übergabe oder eine mit den Behörden ausverhandelte Transferierung des Unternehmens, und nur sehr wenige Antiquare waren in der Lage, unter Mitnahme des Bücherlagers ihren Geschäftsbetrieb im Ausland auf solider Basis aufzunehmen; manche hatten neben Büchern auch Geldmittel und Kunstgegenstände ins Ausland schaffen können, einige weitsichtige Verleger hatten Verlagsrechte rechtzeitig an eine ad hoc gegründete Gesellschaft in die Schweiz oder nach England transferiert.

Zumeist aber war der erzwungene Weggang mit dem Verlust der Buchbestände und insgesamt schweren, vielfach auch totalen Eigentums- und Vermögensverlusten verbunden. Schikanöse Steuern, die als ›Kopfsteuern‹, ›Judenvermögensabgaben‹ oder ›Sühneleistungen‹ nach der Verordnung vom 12. November 1938 zur schon früher eingeführten ›Reichsfluchtsteuer‹ noch dazu kamen, bildeten immer neue finanzielle Hürden für die Ausreise. Es mangelt nicht an Anschauungsbeispielen für die sich steigernden Repressalien und die faktische Unmöglichkeit, vorhandene Werte vor dem Zugriff der Behörden zu retten; wer sich eben noch als wohlhabend betrachten durfte, ging völlig verarmt ins Ungewisse der Emigration.

Unter den damals gegebenen Umständen ins rettende Ausland zu gelangen, war zu keinem Zeitpunkt einfach, zumal wenn man mehr als einen kleinen Koffer mitnehmen wollte, es wurde aber aufgrund der behördlichen Auflagen und Schikanen und der zunehmend restriktiven Einwanderungspolitik faktisch aller Länder der Erde immer schwieriger und manchem schließlich unmöglich. Wer finanziell gut gestellt war, hatte es selbstverständlich leichter. Oft genug aber gestaltete sich die Situation trotzdem dramatisch: Ihrer Ermordung nur knapp entgangen sind damals all jene, die von Polizei, Gestapo oder SS in ›Schutzhaft‹ genommen oder in Konzentrationslager verschleppt wurden, daraus aber wieder freikamen und doch noch aus Deutschland fliehen konnten. Aber auch unter weniger lebensbedrohenden Umständen gestaltete sich die Rettung ins sichere Ausland nicht selten als Wettlauf mit der Zeit: Würden die für die Ausreise benötigten Bestätigungen, Stempel, Schiffstickets etc. sowie die für die Einreise verlangten Visa, Affidavits und sonstigen Papiere rechtzeitig einlangen? So gibt es nicht wenige Beispiele für um ein Haar gescheiterte oder jedenfalls schwierige Fluchten aus Deutschland: Manche mussten in Verstecken den geeigneten Zeitpunkt abwarten, andere schlugen sich ohne jede Vorbereitung spontan in ein entferntes freies Land durch. Für Kinder gab es eigene Transporte, und jüdische Hilfsorganisationen haben sich bemüht, die Auswanderung nach Palästina zu organisieren. Abgesehen davon hat aber jeder Emigrant seinen eigenen Weg finden müssen, manche innerhalb von Stunden, zunächst über eine Grenze, dann vielleicht weiter nach New York, Los Angeles oder Cochabamba, und so individuell wie diese Wege in die Freiheit waren dann auch die Versuche, sich im sicheren Asyl wieder festen Boden unter den Füßen zu verschaffen.

III. Die Lebenssituation in den Asylländern

Die Austreibung aus Deutschland war mit Kränkungen und Leiderfahrungen verbunden, die an keinem der Betroffenen spurlos vorüber gingen. Der erzwungene Weggang markierte für alle einen Bruch im Lebenskontinuum, selbst für jene, die sich rasch neu orientieren und neu etablieren konnten. Für nicht wenige aber begann mit der Ankunft in der Fremde eine Zeit der Heimatlosigkeit oder auch der fortgesetzten Fluchten und Irrfahrten. Die Erfahrung, beruflich aus der Bahn geworfen worden zu sein, konnte von den in der Regel gut ausgebildeten Verlegern, Buchhändlern und Antiquaren meist rascher bewältigt werden als dies bei vielen anderen Berufsgruppen der Fall war. Nicht nur die Schriftsteller litten unter dem Verlust ihres sprachlichen Lebensraumes, auch Rechtsanwälte mussten zur Kenntnis nehmen, dass ihre Expertise in anderen Ländern mit anderen Rechtssystemen nicht gefragt war; einige von ihnen betätigten sich nunmehr als Buchhändler. Darüber hinaus gab es in zahlreichen Zufluchtsländern Arbeitsverbote, um die einheimische Bevölkerung vor unerwünschter Berufskonkurrenz zu schützen – dies konnte durchaus auch für Verleger gelten.

Entsprechend groß war die soziale Fallhöhe, der manche der Vertriebenen ausgesetzt waren. Nicht wenige von ihnen hatten in bürgerlicher Gediegenheit, einige in großbürgerlichem Luxus gelebt und konnten an diesen Lebensstil nun in keiner Weise anknüpfen. Die subjektive Dramatik, die für manche mit dem Leben im Exil verbunden war, lässt sich vielfach nur erahnen. Wie schwer es dem Einzelnen fiel, sich in der Fremde einzurichten, war letztlich abhängig von den individuellen Voraussetzungen wie Geldmittel, erlernter Beruf, Sprachkompetenz und soziales Umfeld (die eigene Familie, Anlaufpunkte im Ausland), in hohem Maße aber auch von dem jeweiligen Aufnahmeland.

In den hier versammelten Lebensläufen spiegelt sich die ganze Vielfalt der – oft über mehrere Zwischenstationen erreichten – Asylländer: Das Spektrum reicht von Amsterdam bis Sydney, von Basel bis San Francisco, von Stockholm bis Montréal und Mexico City, von Jerusalem bis Quito. Diese breite Streuung ist nicht Ergebnis freier Entscheidungen: Am Ende mussten viele froh sein, noch irgendeinen sicheren Ort zu finden, und sei es Shanghai oder Ecuador. Nach den Ausreisehindernissen galt es ja, die Einreisehürden zu überwinden, die von den möglichen Fluchtländern durch restriktive Aufenthalts- und Arbeitsgenehmigungen aufgestellt wurden; auch oder gerade die Behörden vermeintlich »klassischer« Asylländer wie der Schweiz zeigten sich damals mehr als hartleibig.

Dabei wurde manchen ihr scheinbar rettendes Asyl zur tödlichen Falle. Vor allem im Blick auf die Besetzung der Niederlande gilt es, tragischer Schicksale zu gedenken, von Personen, die weder rechtzeitig weiter fliehen noch dauerhaft untertauchen konnten. Manche entgingen dem auf alle eroberten Gebiete ausgedehnten Vernichtungsfeldzug des Nationalsozialismus gegen die Juden mit knapper Not, überlebten die Okkupation unter falschem Namen im Untergrund. Auch in Frankreich mündete für nicht wenige das Internierungslager in die Deportation und den Tod im KZ. Die Fluchtgebiete waren ja seit 1938 fortlaufend enger geworden: Hitlers Expansionspolitik hatte Österreich und die Tschechoslowakei in den Griff genommen; alles, was dort aufgebaut worden war, musste von heute auf morgen abgebrochen werden. Nach Beginn des Krieges war ein Großteil der Emigranten wieder auf der Flucht. Nicht nur aus den Niederlanden, Belgien, Frankreich mussten sie sich in Sicherheit bringen, auch in Skandinavien, wo nur relativ wenige Aufnahme gefunden hatten, ergab sich durch die Besetzung Dänemarks und Norwegens im April 1940 eine reale Gefährdung und die Notwendigkeit zum erneuten Landeswechsel.

Zerstört wurde dadurch auch in vielen Fällen die spezifische Exilkultur, die sich in diesen Ländern innerhalb weniger Jahre herausgebildet hatte, eine lebendige Szene, an deren Entstehung Exilverlage und -buchhandlungen wesentlichen Anteil hatten. In Paris hatte sich seit 1933 in der deutschsprachigen Emigration ein intensives politisches, literarisches und intellektuelles Leben entfaltet, und in ähnlicher, nicht so ausgeprägter Weise traf das auch auf London zu. Großbritannien konnte sich zwar halten, was besonders auch der Antiquarsemigration zugutekam. Für die anderen Länder aber galt: Dieser aufkeimenden Exilkultur, der auf politischer Ebene schon durch den allgemeines Entsetzen auslösenden ›Hitler-Stalin-Pakt‹ 1939 ein lähmender Schlag versetzt worden war, wurde durch den Einmarsch deutscher Truppen ein brutales Ende bereitet; die USA oder Lateinamerika waren für viele die nächsten Stationen ihres Emigrationswegs.

Die Brennpunkte des Exils verlagerten sich nun: Besonders in New York bildete sich eine Emigrationsszene, deren Zusammenhalt und Vitalität noch Jahrzehnte anhalten sollte. Wieder waren es die Antiquare, die hier besonders günstige Möglichkeiten zur Neuetablierung vorfanden; auch der Start märchenhafter Karrieren war nicht ausgeschlossen. Dagegen hatten Verleger wenig Chancen, mit deutschsprachiger Buchproduktion zu reüssieren; schon eher waren es die Buchhändler, die ein Publikum dafür fanden. In Südamerika gerieten die aus Hitlerdeutschland vor Diskriminierung und Verfolgung geflüchteten Juden in eine problematische Situation, insofern sie hier – hauptsächlich in Ländern wie Argentinien, Uruguay oder auch Brasilien – vielfach auf deutsche Kolonien trafen, die sich mit dem Nationalsozialismus identifizierten. Als Buchhändler oder Verleger konnten sie daher nur für die zahlenmäßig begrenzte jüdische Emigration tätig werden – oder sich möglichst rasch auf die Bedürfnisse der nativen Einwohner einstellen. Das ist auch vielen gelungen, in Buenos Aires ebenso wie in Rio de Janeiro, in Bogotá oder Mexico City.

Einen besonderen Fall stellt das englische Völkerbundmandatsgebiet Palästina dar – allein schon, weil es sich für viele Juden nicht um einen Gang in die Fremde, sondern um eine Heimkehr ins Land der Väter, nach ›Eretz Israel‹ handelte. Dazu kam als weitere Besonderheit die von (NS-behördlich autorisierten) Organisationen gesteuerte Auswanderung, konkret das zwischen der Jewish Agency, der Zionistischen Vereinigung für Deutschland und dem Reichswirtschaftsministerium geschlossene Ha'avara-Abkommen, das deutschen Juden die Ausreise nach Palästina unter Mitnahme von Gütern ermöglichen sollte, wenn sie dafür entsprechende Beträge auf ein deutsches Konto einzahlten. Die englische Mandatsmacht gab, nach Quoten geregelt, ›Kapitalistenzertifikate‹ (das Zertifikat A1 für £1000) und ›Arbeiterzertifikate‹ aus, das letztere für Angehörige von Berufen, für die im Lande ein Bedarf bestand. Auf Akademiker und Angehörige der meisten Mittelstands- und Kulturberufe, also auch auf Buchhändler, Verleger und Antiquare, traf ein solcher Bedarf nicht zu; im Gegenteil herrschte in diesen Bereichen schon früh eine Überfüllung (nicht wenige hatten das rettende Land mit illegalen Schiffstransporten erreicht). Kennzeichnend für die Lage in Palästina war somit, dass in einem noch weitgehend agrarisch bestimmten, in den Lebensverhältnissen mit Mittel- und Westeuropa in keiner Weise vergleichbaren Land eine Vielzahl von kleinen Antiquariaten und Buchhandlungen und vor allem Leihbüchereien entstand. In Tel Aviv, einer Stadt, die erst 1909 gegründet worden war, als Zentrum der Einwanderung 1947 jedoch bereits 230.000 Einwohner hatte, gab es Straßenzüge, in denen sich Buchläden unterschiedlichster Art eng aneinanderreihten. Viele ihrer Inhaber hatten als Bibliophilen Teile ihrer wertvollen Buchbestände mitbringen können, und einige von ihnen entschlossen sich zur Gründung eines Antiquariats. Andere, die ihre weniger anspruchsvolle Privatlektüre mitgenommen hatten, begannen mit dem Verleih der Bücher, um sich ein, wenn auch minimales, Zubrot zu sichern. Es gab aber kaum genügend Kundschaft, um diese Menge an Buchverkaufs- und Buchverleihangeboten auszulasten.

Wie schon die erste ›europäische‹ Exilphase 1933 bis 1939 erwies sich auch das ›überseeische‹ Exil 1940 bis 1945 innerhalb der verlegerischen und buchhändlerischen Emigration als eine Zeit der Neuanfänge. Einige davon waren kurzlebig und konnten es auch nicht anders sein in einer vom Krieg bestimmten Welt, in der sich die äußeren Bedingungen für Arbeit und Leben oft von einem Tag auf den anderen veränderten. Gefragt waren in jedem Fall Anpassungsvermögen und die Fähigkeit, sich in fremdem Ambiente zu bewähren. Die Mehrzahl der von dieser Emigrationsgruppe unternommenen Versuche, sich an dem Ort, an den man durch Zufall oder unter dem Zwang der Verhältnisse gelandet war, in einem Buchberuf festzusetzen, erwies sich aber als zukunftsträchtig und in nicht wenigen Fällen auch als ausgesprochene Erfolgsgeschichte.

IV. Zur Wirkungsgeschichte der buchhändlerischen Emigration

Mit der Befreiung Deutschlands von der nationalsozialistischen Herrschaft stellte sich auch für die in alle Welt versprengten Verleger, Buchhändler und Antiquare – mindestens hypothetisch – die Frage nach der Rückkehr. Und auch dies spiegelt sich in den 900 Biogrammen: Die Bereitschaft zur Remigration war in dieser Gruppe signifikant niedrig, differierte aber innerhalb der Sparten: Verleger konnten sich eher einen Neuanfang im befreiten Deutschland vorstellen als Buchhändler und Antiquare, die fast durchgehend auf eine Rückkehr verzichteten. Und im Ganzen war die Neigung zur Remigration nach Österreich etwas stärker ausgeprägt als in die Bundesrepublik; die DDR stellt diesbezüglich einen Sonderfall dar, weil hier nicht so sehr die individuelle Entscheidung maßgebend war, sondern der Ruf der Partei. Von diesem Punkt aus wird auch die besondere Rolle erklärlich, die Remigranten aus dem kommunistischen Machtbereich beim Aufbau des Verlagswesens in der sowjetisch besetzten Zone bzw. in der DDR gewonnen haben. Wer sich im antifaschistischen Kampf bewährt und den stalinistischen Kurs in ›gesinnungsfester‹ Parteidisziplin mitgetragen hatte, schien nach 1945 geradezu prädestiniert zu sein für eine Tätigkeit in Buchverlagen, denen ja nun eine wichtige Aufgabe in der weltanschaulichen Umerziehung der Bevölkerung zukommen sollte.

Einleitung

In den Westzonen bzw. der Bundesrepublik stellt sich die Rückkehrproblematik differenzierter dar. Zunächst war die allgemeine Stimmung den Emigranten gegenüber bestimmt von Ablehnung, ja gelegentlich von mühsam unterdrückter Feindseligkeit – die Vorbehalte, die den exilierten Schriftstellern bis hin zu Thomas Mann öffentlich entgegenschlugen, sind dafür durchaus repräsentativ. Auch wurden Rückkehrwillige durch verschiedene administrative Hürden ferngehalten, wie dem Trading with the Enemy Act, der beispielsweise Gottfried und Brigitte Bermann Fischer als nunmehrige amerikanische Staatsbürger jahrelang daran hinderte, in Deutschland wirtschaftlich tätig zu werden. Dennoch und trotz manch unangenehmer Erfahrung auch in Rückerstattungs- und Wiedergutmachungsverfahren konnten manche Rückkehrer dem Wiederaufbau des Verlagswesens und des Buchhandels einige Impulse geben.

Die Aussichten, in dem zerbombten und von Papier- und sonstiger Rohstoffknappheit gezeichneten Land ein Unternehmen aufzubauen, waren nun alles andere als rosig. Mancher Emigrant dürfte auch den im Zuge des Kalten Kriegs strategisch geschürten Antikommunismus in der Bundesrepublik wenig attraktiv gefunden haben; wer in den USA die von Senator McCarthy angezettelte Hetzjagd auf tatsächliche oder vermeintliche Kommunisten beobachtet hatte, bekam damit eine Vorstellung von dem, was auch in Deutschland Platz greifen konnte. Auch war vielfach erneut von Kriegsgefahr die Rede. Und dass es für jeden aus dem Lande getriebenen Juden ein schwerer Entschluss war, in das Land seiner Peiniger zurückzukehren, ist mehr als verständlich.

Umso bemerkenswerter erscheinen die Hilfestellungen, die gerade Emigranten dem deutschen Buchhandel haben angedeihen lassen. Ohne diese vorbehaltslos gewährte Unterstützung wäre die Frankfurter Buchmesse niemals in so kurzer Zeit zum Zentralplatz des internationalen Buchhandelsgeschehens aufgestiegen (es gibt keinen anderen Bereich, in welchem das besiegte Deutschland wieder so rasch und so entschieden in die Völkergemeinschaft aufgenommen worden wäre), und auch zur Ankurbelung des deutschen Buchexports haben Emigranten maßgeblich beigetragen. Die schweren Verluste, die sich der deutsche Buchhandel durch die Ausgrenzung und die Vertreibung mit der Besten seines Metiers z. T. selbst zugefügt bzw. durch den nationalsozialistischen Ideologie- und Rassenwahn erlitten hat, ließen sich durch die neugewonnenen Geschäftsbeziehungen ins Ausland zwar nicht ausgleichen. Aber nach 1945 profitierte die deutsche Buchwirtschaft doch entschieden von diesen über die gesamte Welt verstreuten Stützpunkten des Buchexports.

Auch in Europa haben sich bemerkenswerte Entwicklungen ergeben: Man denke nur an die legendär gewordenen Buchhandlungen und Antiquariate in Paris, die von Fritz Picard und Martin Flinker nach dem Zweiten Weltkrieg gegründet worden sind und über Jahrzehnte Anlaufpunkte sowohl für durchreisende Buchliebhaber wie auch für in Paris lebende Künstler und Intellektuelle geblieben sind; ihre Inhaber waren hochgeschätzte, liebenswürdige Repräsentanten einer Buchkultur, die von ihren Läden musterhaft verkörpert wurde. Auch in London gab es seit 1946 eine Buchhandlung mit Antiquariat, die einen besonderen Anziehungspunkt darstellte, in diesem Fall vor allem für die deutschsprachige Emigrantengruppe: In seiner Buchhandlung Libris pflegte Joseph Suschitzky nicht nur mit bis zu 60.000 Titeln das umfangreichste Lager an deutschsprachigen Büchern in ganz Großbritannien, sondern unterhielt auch bis zum Beginn der 1970er Jahre jeden Samstag einen literarischen Salon, der sich großer Beliebtheit erfreute.

Die großartigsten Karrieren waren jedoch auf dem Verlagssektor möglich. In den USA erwies sich das Klischee vom ›Land der unbegrenzten Möglichkeiten‹ in nicht wenigen Fällen als realitätshaltig, wie sich an einer ganzen Reihe von Beispielen demonstrieren ließe, von Kurt Enoch bis Peter Mayer – um nur vom amerikanischen Taschenbuchmarkt zu sprechen. Nicht immer ging es um ›big business‹: Gewaltig auch der Einfluss jener Verlegeremigranten, die wie Kurt und Helen Wolff ein charakteristisch europäisches Verständnis von der Aufgabe des Verlegers eingebracht haben. Um noch andere Größenordnungen ging es im Wissenschafts- und Fachverlagswesen, in welchem die Leistungen von Kurt Jacoby und Walter J. Johnson mit Academic Press, von Eric A. Proskauer mit dem Chemieverlag Interscience oder von Henry M. Stratton (fr. Slutzher) mit dem medizinischen Fachverlag Grune & Stratton ins Auge fallen. Innovativ war auch der Typus des Reprintverlags, den sowohl Walter J. Johnson wie parallel dazu H. P. Kraus kreierten; sie haben mit jeweils vielen tausend nachgedruckten Buch- und Zeitschriftentiteln die im Krieg entstandenen Lücken in den Bibliotheken weltweit aufgefüllt. Hier wie auch noch in vielen anderen Zusammenhängen bedeutete die bei Emigranten vorhandene Kenntnis sowohl des deutschsprachigen wie des europäischen Marktes einen unschätzbaren Vorteil. Umgekehrt ergab sich daraus auch ein erleichterter Marktzugang für deutsche Unternehmen: Der wissenschaftliche Springer Verlag profitierte auf vielfältige Weise von transatlantischen Kooperationen und übrigens auch davon, dass der aus Deutschland vertriebene Bernard Springer selbst ein Verlagsunternehmen in New York gegründet hatte. Der Prozess der Globalisierung der Buchwirtschaft wurde durch solche Brückenschläge entscheidend vorangebracht.

Geradezu märchenhaft muten aber einige Verlegerkarrieren in England an. Dabei ging es nicht allein um ökonomischen Erfolg, sondern vielfach auch um höchste gesellschaftliche Anerkennung – wie sie für Immigranten in diesem Land nicht unbedingt leicht zu erringen war. Der erste Gedanke gilt hier einem Lord Weidenfeld, dessen Persönlichkeit auch auf höchstem diplomatischem und weltpolitischem Parkett Gewicht hatte, oder als schillerndes Gegenstück dazu Robert Maxwell, der beim Zusammenbau von Buch- und Pressekonzernen eine bemerkenswerte unternehmerische Begabung an den Tag legte und ebenfalls Akteur auf der politischen Bühne war. Ungleich seriöser verlief die Karriere von André Deutsch; er wurde auf der Frankfurter Buchmesse lange Zeit als prominentester Vertreter des britischen Verlagswesens gehandelt. Ausschlaggebend dafür waren seine Markterfolge u. a. mit Norman Mailer, Philip Roth oder John Updike, während sein verlegerisches Engagement auf dem afrikanischen Kontinent wohl nur von wenigen wahrgenommen wurde. Eindrucksvoll ist der internationale Aufstieg der Kunstverlage: des Phaidon Verlags von Béla Horovitz und Ludwig Goldscheider und des von Walter und Eva Neurath gegründeten Verlags Thames and Hudson. Mit ihnen sind zwei der bedeutendsten Kunstbuchverlage der Welt aus der deutschsprachigen Emigration in London herausgewachsen. Walter Neurath war übrigens einer der Geschäftspartner des ebenfalls aus Wien stammenden Wolfgang Foges, der in England das Book Packaging-Verfahren inauguriert hatte. Schließlich darf hier nicht der Hinweis fehlen auf die außerordentlich tüchtigen Vertreter der ›zweiten Generation‹ der Emigration: auf Marion Boyars, Verlegerin mehrerer Nobelpreisträger; auf Ernest Hecht, von dessen Souvenir Press Gleiches gesagt werden kann; auf Peter Owen, der auf der Basis eines mehr als bescheidenen Startkapitals ebenfalls ein herausragender Vertreter der verlegerischen Independents geworden ist; auf Tom Rosenthal, der nach einer Lehrzeit bei Thames and Hudson leitende Stellungen bei Secker & Warburg und Heinemann ausübte, ehe er den Verlag von André Deutsch übernahm; von Tom Maschler, der – Sohn des umtriebigen Verlegers Kurt Leo Maschler – bei André Deutsch anfing und später den Verlag Jonathan Cape mit Autoren wie Doris Lessing, Gabriel García Márquez oder Salman Rushdie zu einem der erfolgreichsten Literaturverlage Großbritanniens machte. Staunenswert ist auch die Laufbahn von Paul Hamlyn, der 1933 als Siebenjähriger nach Großbritannien gelangte, als Fünfzehnjähriger Hilfsdienste in Zwemmer's Bookshop und, im Kriegseinsatz, in einer Kohlezeche leistete; heute ist ein Foyer des Royal Opera House Covent Garden in London nach ihm benannt. Dazwischen lag eine verlegerische Karriere, voll von Buch- und Marketingideen und ökonomischen Erfolgen, die der Hamlyn Group und danach seinem Octopus-Konzern eine atemberaubende nationale und internationale Expansion erlaubten. Hamlyn, der das erwirtschaftete Vermögen für umfangreiche Wohltätigkeitsinitiativen einsetzte und, nach Erhalt höchster Auszeichnungen, 1998 in den Adelsstand erhoben worden ist, wurde nach seinem Tod 2001 mit Recht als eine Schlüsselfigur des britischen Verlagswesens des 20. Jahrhunderts bezeichnet.

Im Zusammenhang mit der Weiterentwicklung des Buchverlagswesens zu einem ›global business‹ ist auch auf die Rolle der Literaturagenten zu verweisen, die im Zeichen des Exils sprunghaft an Bedeutung gewonnen hat. Eine ganze Reihe von Lebensläufen belegt, dass sich hier für Emigranten ein neues Berufsfeld aufgetan hat. Auch hat sich im Exil der Tätigkeitsradius immer weiter ausgedehnt, mit zusätzlichen Verwertungsmöglichkeiten für literarische Stoffe, vor allem im Bereich der Filmrechte, die ohne Agenten überhaupt nicht erschlossen werden konnten. Eine solche Anbindung an die Film- und Theaterwelt hatten u. a. Paul Kohner, Robert Lantz, Edmond Pauker, die Geschwister Marton und Max Pfeffer. Als besonders zukunftsträchtig sollte sich seit den 1950er Jahren die Entwicklung Zürichs zum Zentralort des internationalen Lizenzgeschäfts zwischen Europa und Übersee erweisen; die Namen Ruth Liepman oder Lothar Mohrenwitz stehen für die überragende Bedeutung, die dieser typische Emigrantenberuf für literarische Vermittlungsarbeit über den Atlantik gewonnen hat.

Unternehmerische Höhenflüge wie im Verlags- und Agenturbereich können im Antiquariatsbuchhandel nur selten gelingen. Und doch weist die deutschsprachige Emigration höchst eindrucksvolle Antiquarspersönlichkeiten und -karrieren auf. Für Großbritannien können Louis Bondy, Hans Preiss, Ernst Weil oder Heinrich Eisemann benannt werden, auch H. A. Feisenberger und Hans Fellner, die beide wichtige Funktionen in den Auktionshäusern Sotheby's und Christie's wahrgenommen haben. Den ersten Rang behauptet aber Bernard H. Breslauer, als Erbe eines großen Namens, der dieser Verpflichtung in jeder Weise gerecht wurde, indem er für die bedeutendsten Sammler, unter ihnen Martin Bodmer, Hans Fürstenberg, Otto Schäfer, Sir Alfred Chester Beatty, Major J. R. Abbey, Henry Davis, sowie für große Bibliotheken und Institutionen erfolgreich tätig wurde.

Und wieder waren es die Vereinigten Staaten, die Antiquaren für eine großzügige Entfaltung ihrer Geschäftstätigkeit die deutlich besten Voraussetzungen boten. Die Frage nach Einfluss und Bedeutung der Immigranten aus dem kontinentalen Europa auf den Antiquariatsbuchhandel in den USA hat bereits 1986 einer ihrer wichtigsten Repräsentanten zu beantworten gesucht, Bernard M. Rosenthal, der die Einladung zu einer Sol M. Malkin-Lecture zum Anlass einer Fragebogenaktion nahm, in deren Rahmen rund

30 Emigrantenkollegen Auskünfte erteilten, die er bündig zu dem Befund zusammenfasste: Durch Sachkenntnis, handwerkliches Können und ›bibliographisches Bewusstsein‹ habe diese ›Gentle Invasion‹ prägend auf die hier angetroffenen Verhältnisse einwirken und ›diese unsere kleine Welt [des Antiquariats] dramatisch und permanent‹ verändern können.

Auffälligste Figur dieser ›sanften Invasion‹ war H. P. Kraus in New York, aber wenn dieser auch in seiner Geschäftstüchtigkeit unerreicht war, so standen ihm andere in fachlicher Expertise nicht nach. Dies gilt für William Henry Schab, Otto Ranschburg oder Herbert Reichner ebenso wie für das Ehepaar William und Marianne Salloch, für Erwin Rosenthal und ganz besonders für seinen Sohn Bernard M. Rosenthal. Die Genannten hatten stupende Fachkenntnisse mitgebracht, und es war dann vor allem die geschickte Amalgamierung des europäischen beruflichen Knowhows mit ›amerikanischem‹ Geschäftssinn, die es ihnen ermöglichte, rasch eine herausgehobene Position zu erringen. Viele von ihnen waren in Vorstand und Präsidentschaft der Antiquarian Booksellers' Association of America (ABAA) tätig, ein Beleg für die Wertschätzung, die sie in der gesamten Kollegenschaft genossen. Dazu kamen ihnen auch einige äußere Faktoren entgegen: nicht nur gab es ein aufnahmefähiges Sammlerumfeld, auch die amerikanischen Rare Book Departments erwiesen sich als gute Kunden. Zudem wussten sie, auf welchen Wegen in Europa an hochwertiges Material – von Handschriften und Inkunabeln bis zu illustrierten Drucken aus allen Jahrhunderten und Wissenschaftsliteratur – heranzukommen war, wie sie es für ihre Abnehmer in den USA benötigten; gerade die unmittelbare Nachkriegszeit bot dafür besondere Möglichkeiten, und auch später gehörten die regelmäßigen Einkaufsreisen in Europa zum Jahresablauf. Zudem waren die Antiquarsemigranten imstande, in den USA Interesse für bislang weniger beachtete Sammelgebiete und Bereiche der europäischen Buchkultur zu wecken. Hier wäre Walter Schatzki zu nennen, dem dies schon früh mit dem Kinderbuch gelang; Emil Offenbacher spezialisierte sich auf Wissenschaftsgeschichte, ebenso F. Thomas Heller, mit einem Akzent auf Medizingeschichte; das Ehepaar Frederick und Ilse Bernett war mit einem Spezialantiquariat für Kunst, Architektur und Archäologie erfolgreich; Kurt L. Schwarz, der sich nach einer Zwischenstation in Shanghai in Kalifornien niedergelassen hatte, hatte ein relativ breit gestreutes Sortiment, von Frühdrucken bis zum illustrierten Buch des 20. Jahrhunderts, das aber doch auch einen Akzent auf das Kunstbuch legte, ähnlich wie George Efron in New York. Schwerpunktsetzungen auf musikwissenschaftliche Literatur und Musikalien nahmen Ernest Gottlieb und Theodore Front vor, eine echte Nische besetzte Albrecht Buschke mit der Schachliteratur. Einige von ihnen hatten schon vor 1933 gute Verbindungen zu den amerikanischen Bibliotheken, denn namentlich das deutsche Wissenschaftsantiquariat hatte eine Schlüsselrolle im Aufbau des wissenschaftlichen Bibliothekswesens in den Vereinigten Staaten innegehabt.

*

Die Emigration deutschsprachiger Verleger, Buchhändler und Antiquare nach 1933 stellt sich so als ein Gemenge von bestürzenden Schicksalen und eindrucksvollen ›success stories‹ dar. Viele von ihnen haben ihre in Deutschland und Österreich erworbenen Kenntnisse und Erfahrungen in ihren Zufluchtsländern erfolgreich in neue berufliche Anfänge einbringen können; anderen hat das Buch in der Fremde mentalen Halt und eine neue Perspektive gegeben, und wieder andere hat die Vertreibung in eine ausweglose Situation gestoßen. Es ist kein einheitliches Bild, das sich aus dieser Vielzahl an individuellen Lebensläufen ergibt, aber in Summe entsteht doch ein tiefer Einblick in eine Welt, die in Teilen als eine versunkene gelten muss, in anderen Teilen aber nachhaltig in unsere Gegenwart hineinwirkt.

Biographischer Teil

A

Aber, Adolf 28. 1. 1893 Apolda / Thüringen – 21. 5. 1960 London; Musikverleger; Dr. phil. Nach einem Studium der Musik, Philosophie und Geschichte in Berlin wurde A. 1913 Assistent von Hermann Kretzschmar am Berliner Musikhistorischen Seminar. 1919 promovierte er, schon seit 1918 war er als Musikkritiker für die *Leipziger Neuesten Nachrichten* und die *Allgemeine Musikzeitung* tätig. 1927 wurde er Teilhaber im Musikverlag FRIEDRICH HOFMEISTER (Edition Germer). A. emigrierte 1933 nach England und war zunächst Mitarbeiter im Verlagshaus NOVELLO & CO., konnte aber 1936 in dessen Geschäftsleitung eintreten; in dieser Position förderte er den Verlag deutscher Komponisten. 1940 wurde er interniert; Stanley Unwin intervenierte für ihn bei den Behörden unter Hinweis darauf, dass mit A. Bereiche des Musikverlagsgeschäfts nach England gekommen seien, auf die bisher deutsche Verlage nahezu ein Monopol gehabt hätten. Seit 1950 war A. Direktor der britischen Verwertungsgesellschaft PERFECT RIGHT SOCIETY. 1958 wurde A. mit dem Großen Bundesverdienstkreuz der Bundesrepublik Deutschland ausgezeichnet.

The Publishers' Archive, University of Reading, AUC 81/10; BHE 2; DBE; Fetthauer: Musikverlage (2004) S. 452.

Aber, Erich 14. 2. 1904 Rawitsch / Provinz Posen – 31. 10. 1995 Stockholm; Antiquar. A., Sohn des Zigarrenfabrikanten Hugo A., begann nach seiner Schulzeit zu Ostern 1918 eine Lehre in der BIRKENSTOCK'SCHEN BUCHHANDLUNG in Rawitsch. Als nach dem Ersten Weltkrieg sein Lehrherr von den Polen gezwungen wurde, seine Firma aufzugeben, setzte A. seine Lehrzeit in der renommierten Firma JOSEPH JOLOWICZ (Inhaber → Albert Jolowicz) in Posen fort, wo er gründliche Kenntnisse im Antiquariatsbuchhandel erwarb. Im Dezember 1921 nahm er eine Stellung bei GUSTAV FOCK in Leipzig an, wo er in verschiedenen Abteilungen (Zeitschriften, Reprintherstellung) des weltumspannend tätigen Unternehmens beschäftigt war. Nach 17-jähriger Tätigkeit bei Gustav Fock wurde A. 1937 als ›Nichtarier‹ gezwungen, seinen Beruf aufzugeben. 1938, am Morgen nach der Reichspogromnacht, wurde er von der SS verhaftet und in das KZ Sachsenhausen verbracht, aus dem er sich durch Vorlage einer Einreisegenehmigung nach Schweden retten konnte. In Stockholm fand A. eine Anstellung im größten und bekanntesten Antiquariat BJÖRCK & BÖRJESSON, wo er in der Hauptsache mit der Katalogisierung ausländischer Literatur und wissenschaftlicher Periodika sowie mit der Korrespondenz mit Bibliotheken befasst war. Nach 28 Jahren kündigte er aufgrund schlechter Arbeitsbedingungen und wechselte zu RÖNNELLS ANTIKVARIAT, wo er mit seinem früheren Gustav Fock-Kollegen → Arno Seyler zusammenarbeitete. A. war, als Experte auf diesem Feld, Mitglied des Schwedischen Exlibris-Vereins.

Erich Aber: Ausstellung der Schreib- und Zeichenkunst in Stockholm. In: Bbl. (FfM) Nr. 103/104 vom 29. 12. 1987 (AdA Nr. 12 (1987)) S. A485.

Brief von A. an EF vom 24. 10. 1993; HABV/DNB: Brief von A. an den Archivar Hermann Staub vom 25. 11. 1992.

Adler, Arthur M. 12. 2. 1899 Höringhausen / Hessen-Nassau – 30. 8. 1975 Lugano; Buchhändler. Nach dem Besuch der Höheren Schule in Deutschland und in der Schweiz absolvierte A. eine Buchhändlerlehre. Im Anschluss daran machte er sich in Essen als

Sortimenter selbständig und betätigte sich insbesonders im Export deutscher Bücher nach Spanien, Frankreich und Portugal sowie in die USA. Er war Mitglied im Börsenverein der Deutschen Buchhändler. Als ihm am 1. April 1933, am ›Judenboykott-Tag‹, die Scheiben seines Geschäftes eingeschlagen wurden, entschloss er sich zur Emigration und ging noch im gleichen Jahr nach Spanien, wo er erneut eine Buchhandlung aufbaute, seit 1934 sich aber auch als Nachrichtensprecher für einen deutschsprachigen Untergrundsender betätigte. A. vertrieb neben der Produktion der Amsterdamer Exilverlage wie QUERIDO auch die Blätter der deutschen Exilpresse (*Pariser Tageblatt* u. a. m.). Die Börsenvereins-Firmenakte enthält die Abschrift eines mit 9. März 1935 datierten Spitzelbriefs von Rudolf Kadner aus Madrid an den Deutschen Verlegerverein: ›Eine Firma Arthur Adler gibt es nicht als angemeldeten Buchhändler. Arthur Adler selbst hat sich bei Ausbruch der nationalsozialistischen Revolution schwer kompromittiert und muß unter allen Umständen, selbst wenn er Buchhändler wäre, seitens der Verleger restlos boykottiert werden im Interesse aller im Ausland lebenden Buchhändler.‹ 1936 wurde A. nach Frankreich ausgewiesen und gründete in Paris erneut eine Buchhandlung. Nach der Besetzung von Paris im Sommer 1940 wurde er bis 1941 interniert und diente in der französischen Armee als *Prestataire*. In der Haft heiratete er Margot Eschwege (28. 4. 1907 Hamburg–16. 4. 1999 Boca Raton, FL), eine Buchhändlerin. Nachdem er 1½ Jahre auf ein Visum gewartet hatte, konnte sich A. Ende 1941 in die USA in Sicherheit bringen. In New York gründete er zusammen mit seiner Frau 1942 die ADLER'S FOREIGN BOOKS INC., eine Importbuchhandlung vor allem für deutsche Bücher, an wechselnden Adressen – 114 Fourth Ave. (1946), 49 W. 47th St. (1950), 110 W. 47th St. (bis 1967), 162 Fifth Ave. (bis ca. 1976). Es gelang ihm, sein Geschäft zu einer der bekanntesten und bedeutendsten Einfuhrbuchhandlungen zu machen; zu seinen Kunden zählten Colleges, Universitäten, Lehrer und Studenten, das Unternehmen hatte zuletzt zwölf Angestellte. Auf die Frage, ob es etwas gebe, auf das er besonders stolz sei, antwortete er: ›educating post-war USA in the German language by importing books and literature‹ (IfZ/BA). 1972 ließ sich A. aus Gesundheitsgründen in Lugano in der Schweiz nieder; er betrachtete dies ausdrücklich nicht als Remigration nach Europa.

IfZ/BA; SStAL, BV, F 12. 987; VM Fachschaft Verlag Nr. 8 vom 13. 1. 1936 [Warnung vor Geschäftsverbindung mit A. in Madrid]; BHE 1; Cazden: German Exile Literature (1970) p. 175; R. A.: In memoriam Arthur Adler. In: Aufbau vom 3. 10. 1975.

Adler, Hans-Joachim 1887–1947 Dresden; Verleger. A. wurde wegen seiner dezidiert sozialdemokratischen Einstellung unmittelbar nach der nationalsozialistischen ›Machtergreifung‹ 1933 verhaftet; da er einen tschechoslowakischen Pass hatte, wurde er aber, nach Intervention des tschechoslowakischen Außenministers Edvard Beneš, entlassen und anschließend aus Deutschland ausgewiesen. Im Mai 1933 gründete (oder erwarb) A. den MICHAL KÁCHA VERLAG, den ersten deutschsprachigen Exilverlag, in dem Werke u. a. von A.'s Bruder Bruno Adler (*Kampf um Polna*), Julius Epstein und Werner Türk erschienen; alle Verlagstitel wurden in Deutschland sofort verboten. Verdienste erwarb sich der Verlag durch die erste Bibliographie der Exilliteratur; sie erschien am Beginn des Jahres 1935 als *Almanach für das freie deutsche Buch*. A. gelang die Weiteremigration nach England; dort hat er während des Krieges in Rüstungsfirmen gearbeitet. Unmittelbar nach Kriegsende kehrte A. nach Deutschland zurück, wo ihm in Dresden eine verantwortliche Stelle in der Verwaltung der Staatlichen Museen angeboten wurde; diese konnte er allerdings wegen schwerer Krankheit nur wenige Monate ausüben.

Aufbau vom 14.11.1947 [Nachruf]; Halfmann: Deutschspr. Exilliteratur (1969) S. 204, 214, 226 f.

Ahn, Albert 28.1.1867 Köln – 8.7.1935 Lugano; Zeitungsverleger, Industrieller; Dr. jur. A. war ein Sohn des Verlagsbuchhändlers und Druckereibesitzers Albert Ahn sen. (1840–1910). Er besuchte die Volksschule und das Gymnasium in Köln und studierte nach dem Abitur Rechtswissenschaften in Heidelberg, München und Bonn. Die Promotion zum Dr. jur. legte A. in Leipzig ab. Nach Beendigung seiner Studien trat A. in den väterlichen Bühnenverlag AHN & SIMROCK mit Sitz in Bonn und Berlin ein, den er nach dem Tod des Vaters mit N. Simrock fortführte. Als Verleger nahm er zahlreiche Ämter und Funktionen in Fachverbänden wahr. Er war u. a. bis 1931 Vorsitzender des Vereins Rheinischer Zeitungsverleger und Mitglied des Vorstandes des Vereins Deutscher Zeitungsverleger, außerdem Inhaber des A. MARCUS & E. WEBER'S VERLAG, Berlin W 10, Genthiner Straße 38, und der Verlagsbuchhandlung ALBERT AHN, Köln. Gleichzeitig war er in mehreren Firmen und Versicherungen im Aufsichtsrat, darunter auch im Aufsichtsrat der KÖLNER VERLAGSANSTALT UND DRUCKEREI AG (Köln). Im August 1933 flüchtete A. wegen der jüdischen Herkunft seiner Frau Henriette, geb. Esser, vor der nationalsozialistischen Verfolgung in die Schweiz und nahm seinen Wohnsitz in Lugano. Beruflich hat er sich dort nicht mehr betätigt.

Adressbuch 1931 S. 400; Reichshandbuch der Deutschen Gesellschaft. Handbuch der Persönlichkeiten in Wort und Bild. Bd. 1. Berlin: Deutscher Wirtschaftsverlag 1930 S. 11.

Albers, Eduardo (Eduard) 2.4.1908 Recklinghausen – 5.3.1974 Santiago de Chile; Buchhändler. A. hatte nach Absolvierung einer Buchhändlerlehre in verschiedenen Buchhandlungen in Deutschland und anschließend in Paris gearbeitet (das Motiv seines Aufenthalts in Frankreich ist unklar). 1936 ging er nach Santiago de Chile und nahm eine Stelle bei der deutschen Buchhandlung CORONA (Schultze) an. Aufgrund der politischen Entwicklung musste diese Buchhandlung Anfang der 1940er Jahre schließen, sodass sich A. gezwungen sah, ein eigenes Unternehmen aufzubauen. Die von ihm am 1. April 1943 gegründete LIBRERÍA EDUARDO ALBERS (Merced 864, nach 1953/ 54 Merced 822) war auf deutsch- und teilweise auch französischsprachige Literatur ausgerichtet und wurde mit der Zeit die größte ihrer Art in Santiago de Chile. Die Buchhandlung ›pflegte ein wohlsortiertes, im Literarischen konservatives Sortiment allgemeinen und speziellen Charakters. Größe und Art der Auswahl deuteten auf Umfang und Vielschichtigkeit der deutschsprachigen Kreise der Stadt und ihres Einzugsgebietes.‹ (TAUBERT: *Mit Büchern die Welt erlebt*) Fraglich ist, ob sich hinter der Etikettierung ›konservatives Sortiment‹ eine politische Ausrichtung verbirgt: ›Die Buchhandlung genießt einen guten Ruf, gelegentlich hörte man allerdings Einwände gegen die Pflege bestimmter Titel, die offenbar nicht immer die nötige Distanzierung gegen Namen einer dunklen Vergangenheit erkennen lassen.‹ (TAUBERT: *Lateinamerika*) A. stand in Verbindung mit deutschen und Schweizer Verlagen und widmete sich auch dem Vertrieb deutscher Zeitungen und Zeitschriften, seine Librería war außerdem eine Betreuungsstelle des Bertelsmann Leseringes. Die unter der Regierung Allende eintretende Situation empfand er, aufgrund des Rückgangs der Büchereinfuhr, als Bedrohung seines Lebenswerks (vgl. die Diskussion im *Börsenblatt*). Dieses wurde aber durch seine Frau Lieselotte und seine beiden in das Geschäft eingetretenen Söhne Eduardo und Carlos weitergeführt. Ab 1989/90 hatte die nunmehr als ALBERS LIBROS INTERNACIONALES firmierende Buchhandlung ihre Zentrale an der Adresse Dr. Manuel Barros Borgoño 422 und unterhielt zwei Filialen (an der Stammhausadresse Merced 820 und 11 Septiembre 2671); 1995 erfolgte eine neuerliche Verlegung der Geschäfte (11 Septiembre 2671, Vitacura 5648).

Taubert: Lateinamerika (1961) S. 101; Gerhard Kurtze: Zum Tode von Eduard Albers. In: Bbl. (FfM) Nr. 35 vom 3. 5. 1974 S. 624 [mit Leserbrief-Reaktionen in Bbl. (FfM) Nr. 55 vom 12. 7. 1974 S. 1178 f. und Nr. 60 vom 30. 7. 1974 S. 1251]; Taubert: Mit Büchern die Welt erlebt (1992) S. 323; Öhlberger (2000) S. 73.

Alberti, Victor (Gustav) 14. 12. 1884 Miskolc / Österreich-Ungarn – 25. 7. 1942 Melbourne, Australien; Musikverleger. A., Sohn von Salomon Altstätter und Eva geb. Roth, heiratete 1911 Margit Horvath und war nach Ableistung des ungarischen Militärdienstes seit 1908 Mitinhaber des RÓZSAVÖLGYI-MUSIKVERLAGS in Budapest. 1918 kam er nach Berlin, eröffnete zunächst eine Musikalien- und Schallplattenhandlung; das ALBERTI MUSIKHAUS in der Rankestraße in Berlin war dann eine der ersten Musikalienhandlungen Deutschlands, in denen es sowohl aus Amerika importierte Jazzplatten zu kaufen gab, wie auch Sonderpressungen mit dem eigenen Label *Special-Record*, Aufnahmen von Duke Ellington oder Fats Waller, die von Sammlern hoch geschätzt waren. Gleichzeitig baute A. zusammen mit → Armin Lackenbach Robinson nach und nach eine Musikverlagsgruppe auf, zu der Firmen wie EDITION ALBERTI (gegr. 1919), ALROBI, DOREMI, DREIKLANG und seit 1931 der 1910 von L. Friedmann gegründete DREI MASKEN VERLAG gehörten. Allein bis 1930 erschienen in der 1928 gegründeten Alrobi Musikverlag GmbH ca. 500 Titel Unterhaltungsmusik. Mit → Otto Hein und Lackenbach sowie der UfA war A. auch an der Gründung des UFATON-VERLAGS beteiligt. Im Deutschen Musikalien-Verleger-Verein (DMVV) war A. bis 28. April 1933 stellvertretender Schatzmeister. Wenig später kehrte er von einem Aufenthalt in Prag nicht nach Berlin zurück und ging nach Budapest, wo ihm der Komponist Emmerich Kálmán die bisher beim Wiener Karczag-Verlag liegenden Rechte an seinem Operetten-Werk übertrug. Anschließend übersiedelte A. nach Wien; nach dem ›Anschluss‹ Österrreichs flüchtete er in die Schweiz. In Wien und Zürich führte er den OCTAVA-VERLAG, nachdem in Deutschland seine Musikverlage bereits 1934 als ›erloschen‹ deklariert bzw. 1938 liquidiert worden waren. 1938/39 gründete A. in London die OCTAVA MUSIC CO. LTD., erlangte aber nach Kriegsbeginn keine Einreiseerlaubnis nach Großbritannien. A. rettete sich mit einem Auswandererschiff nach Australien (Abfahrt am 11. 2. 1940 auf der ›Remo‹), wo ihm sein aus Ungarn emigrierter Schwiegersohn, der Musikverleger Rudolph E. Baré (geb. 1907), eine Anstellung im Musikhaus Allans verschaffte. Bald an Krebs erkrankt, musste seine Frau den Lebensunterhalt verdienen; seine Tochter Emilie arbeitete als Kindermädchen für Hepzibah Menuhin, einer Schwester des Violinvirtuosen. Der nach Großbritannien emigrierte, aber im Zuge seiner Internierung als enemy alien nach Australien gelangte Musikverleger → Otto Blau übernahm nach A.'s Tod 1942 für dessen Erben den Londoner Musikverlag.

Verlagsveränderungen 1933–1937 S. 1, 21; Verlagsveränderungen 1937–1943 S. 1; Adressbuch 1931 S. 9, 12; Verlagsveränderungen 1942–1963 S. 10, 52 f.; Fetthauer: Musikverlage (2004) S. 453; Bernhard H. Behncke: Das Alberti-Musikhaus, Berlin, Rankestraße. In: suite101.de [online]; Albrecht Dümling: Die verschwundenen Musiker. Jüdische Flüchtlinge in Australien. Köln: Böhlau 2011 S. 93, 373 f.

Aldor, George 28.7.1910 Wien –14.10.1999 Paris; Verleger. A. emigrierte in die USA und war im Zweiten Weltkrieg in der US-Army. Als Besatzungssoldat in Hessen stationiert, lernte er 1946 Maria-Harriet von Alvensleben kennen (1917–1976), die Inhaberin des HARRIET SCHLEBER VERLAGS in Kassel. Sie gab dort von Juli 1946 an die von A. in seiner Eigenschaft als Presseoffizier mitinitiierte literarische Zeitschrift *Das Karussell* heraus; das Paar heiratete 1947 und ging im Dezember des gleichen Jahres nach New York. Seine Berufslaufbahn startete A. im Export-Import-Business, bevor er *General Manager* und Aktionär von PRAEGER PUBLISHERS (→ Frederick Praeger) wurde. Nach Praegers Abgang 1968 wurde A. Präsident des 1966 von der ENCYCLOPEDIA BRITANNICA übernommenen Verlages, auch wurde er in den Vorstand von PHAIDON PRESS berufen. Ab Mitte der 1970er Jahre arbeitete A. in Paris für RIZZOLI PUBLISHING New York als Berater und vermittelte Titel des europäischen Buchmarktes an das amerikanische Verlagshaus.

Publishers Weekly, 25 Oct. 1999 [Nachruf]; Barbara Orth: Ein Kulturoffizier in Kassel [i. e. G. Aldor]. In: (k) Kulturmagazin Nr. 142 (2008) S. 23–25; Dietfrid Krause-Vilmar: ›Das Karussell‹. Eine literarische Zeitschrift der Nachkriegszeit. In: Dagmar Bussiek [Hg.]: Kultur, Politik, Öffentlichkeit [FS für Jens Flemming]. Kasseler Personalschriften. 7. Kassel University Press 2009 S. 378–90.

Alexan, Georg Friedrich 12.7.1901 Mannheim –11.1.1995 Dornum; Schriftsteller, Publizist, Verleger. Geboren als Georg Kupfermann (auch Kuppermann), flüchtete der Schriftsteller und Publizist A. nach der NS-›Machtergreifung‹ wegen seiner jüdischen Abstammung 1933 nach Frankreich. In Paris suchte er in den ÉDITIONS BERNARD ROSNER sein Buch *Mit uns die Sintflut* zu publizieren; als der insolvente Verleger → Bernhard Rosner flüchtete, übernahm er 1935 gemeinsam mit dem Publizisten und Historiker → Georg(e) W. Hallgarten den Verlag und führte ihn unter dem Namen ÉDITIONS MÉTÉORE weiter. Es erschien dort allerdings nur noch ein weiterer Titel (G. F. Alexan: *Im Schützengraben der Heimat: Geschichte einer Generation*, 1937). 1938 ging A. mit seiner Frau Maria geb. Kotz in die USA. In New York war A. Mitglied der German American Writers Association (GAWA), die sich nach dem Hitler-Stalin-Pakt spaltete; er war dann an der Gründung der kommunistisch gesteuerten Exilvereinigung Tribüne für freie deutsche Kunst und Kultur in Amerika (Tribune for Free German Culture) beteiligt und bis 1945 deren Sekretär bzw. kulturpolitischer Leiter. Daneben betrieb A. in der U-Bahn-Station am Times Square einen Buchladen, der zu einem Emigrantentreffpunkt wurde. Seit 1945 redigierte er außerdem die Zeitschrift *Tribune Subway Gallery* und war 1947 bis 1949 auch Ko-Direktor des Verlages TOUCHSTONE PRESS. Im Mai 1949 kehrte er in die DDR zurück, wo er in die SED eintrat und anschließend im beginnenden Kalten Krieg vor allem mit Anti-US-Propagandaaufgaben betraut war, u. a. als Chefredakteur der Rundfunksendung ›Die Wahrheit über Amerika‹ und 1950 bis 1953 als Chefredakteur und Autor der DDR-Monatsillustrierten *USA in Wort und Bild*. Seit 1954 war er freiberuflicher Mitarbeiter bei Funk und Fernsehen, arbeitete auch als Übersetzer und Mitherausgeber der Zeitschrift *Die Weltbühne*. A. lebte bis zu seinem Tod in Ost-Berlin; die Akademie der Künste verwahrt in ihrem Literaturarchiv seinen Nachlass.

Wikipedia; Friedrich Pfäfflin [Hg.]: Tribüne und Aurora. Wieland Herzfelde und Berthold Viertel. Briefwechsel 1940–49. Mainz: v. Hase & Koehler 1990 Reg. S. 242 u. passim; Christine-Félice Roehrs: Jüdin sein kam lange nicht in Frage. DDR-Produkte: Wie Irene Runge [Tochter von A., geb. 1942 in New York] und ihr Jüdischer Kulturverein in die Bundesrepublik hineinwuchsen. In: Die Zeit Nr. 10 (2000) [online].

Alexander, Werner A(haron) Geb. 1923 Berlin; Buchhändler. A., Sohn von Gerhard A. (geb. 1893, 1943 nach Auschwitz deportiert und dort verschollen) und Lilly A., geb. Cohn, wuchs in Berlin auf und wurde 1934, aufgrund der bedrohlichen politischen Entwicklung, von seinen Eltern als 11-jähriger nach Palästina geschickt. Die Eltern ließen sich wenig später scheiden, da Gerhard A. nicht aus Deutschland weggehen wollte. In Palästina vervollständigte A. seine Schulbildung, kämpfte später als Soldat im israelischen Unabhängigkeitskrieg; 1947 heiratete er Miriam Charlotte geb. Altmann. 1950 ging er mit seiner Frau nach Ecuador, wo seine Mutter Lilly seit 1940 lebte, zusammen mit ihrem zweiten Mann, dem mit ihr aus Berlin emigrierten → Dr. Bruno Moritz. Moritz hatte seit den 1940er Jahren in Guayaquil die LIBRERÍA CIENTÍFICA SA aufgebaut, eine internationale Buchhandlung mit allgemeinem und wissenschaftlichem Sortiment, die daneben auch eine Versandbuchhandlung und in geringem Umfang auch eine Grossobuchhandlung betrieb. Sehr bald war auch eine Filiale in der Hauptstadt Quito eingerichtet worden, die von Anita Oestreicher betreut wurde. A. leitete seit 1951 das florierende Unternehmen, bis er sich entschloss, 1960 mit seiner Familie (1951 bzw. 1957 waren die Söhne Gabriel E. und Michael B. zur Welt gekommen) nach Israel zurückzugehen. Zu diesem Zeitpunkt wurden die Buchhandlungen wieder von Bruno Moritz übernommen, der sich 1956–60 in Deutschland aufgehalten hatte.

Taubert: Lateinamerika (1961) S. 78 f.; María-Luise Kreuter: Wo liegt Ecuador? Exil in einem unbekannten Land – 1938 bis zum Ende der fünfziger Jahre. Diss. Berlin: Metropol-Verlag 1995; Gabriel E. Alexander: Me in Guayaquil, Ecuador, 1951–1960 (Jerusalem, 9 Sept. 2008; revised January 26 2009) [online].

Alterthum, Leo 27.12.1887 Chemnitz – 26.5.1968 Tel Aviv; Verleger. A. wurde als Sohn von Benny und Doris A. geboren; 1924 gründete er in Berlin-Charlottenburg einen Buch- und Zeitschriftenverlag LEO ALTERTHUM (sein Bruder Dr. Paul A. errichtete 1926, ebenfalls in Berlin, den ATLAS-VERLAG DR. ALTERTHUM & CO.; 1937 liquidiert). In der Börsenvereins-Firmenakte Leo A. wird berichtet, A. sei 1935 mehrfach in der Zweigstelle des Reichsbunds deutscher Buchhändler in Berlin erschienen, um zum Schein urheberrechtliche Auskünfte einzuholen, tatsächlich aber, um als ›Nichtarier‹ in Erfahrung zu bringen, ›wann und wie die Arierfrage im Bund durchgeführt wird‹. 1938 firmierte der Verlag im Bereich des ›jüdischen Ghettobuchhandels‹ (V. Dahm) als LEO ALTERTHUM. JÜDISCHER BUCHVERLAG in Charlottenburg an der Adresse Kastanienallee 17. Gemeinsam mit seiner Frau Else, geb. Drese, schaffte A. die Flucht nach Palästina, wo er bis zu seinem Tod in Tel Aviv wohnte. Seine Frau starb dort in einem Altersheim 1981 im Alter von 91 Jahren.

SStAL, BV, F 15. 111; Adressbuch 1931 S. 13; Tentative List p. 13; Dahm: Das jüdische Buch (1993) S. 509, 514; Heinz und Thea Ruth Skyte geb. Ephraim: Our Family. The Alterthums of Schwerin an der Warthe [online].

Altman, Fred (Frederick) 1910 Wien –1990 New York. A., mit ursprünglichem Vornamen Fritz, war in Wien als Schmuckverkäufer berufstätig und hatte keinerlei Vorkenntnisse in der Buchbranche. Im New Yorker Exil wurde er von → H. P. Kraus 1946 aufgrund seiner Sprachkenntnisse in seinem Antiquariat H. P. KRAUS RARE BOOKS für die

Zeitschriften- und Lehrbuchabteilung eingestellt; mit dem von ihm zusammengestellten Katalog Nr. 100, der Orientalia-Duplikate aus der Cleveland Public Library offerierte, konnte A. sofort einen durchschlagenden Erfolg verbuchen. Kraus ließ dem glänzenden Geschäftsmann daraufhin freie Hand, ab 1948 war A. als General Manager für KRAUS PERIODICALS tätig und wurde Leiter der Tochterfirma BACK ISSUES CORPORATION, nachdem H. P. Kraus die H. W. WILSON COMPANY mit ihrem großen Zeitschriftenlager erworben hatte. Später war A. auch im Reprintunternehmen von H. P. Kraus tätig, war mitbeteiligt an den Verhandlungen mit Roy H. Thomson, die 1968 in den Firmenzusammenschluss zur KRAUS-THOMSON ORG. mündeten, und ging 1976 in leitender Position in den Ruhestand.

Fred Altman: The Antiquarian Reprint Dealer Looks at Acquisitions. In: Library Resources & Technical Services vol. XI (1967) pp. 207–10.

H. P. Kraus: A Rare Book Saga [Autobiographie]. New York: G. P. Putnam's Sons 1978 pp. 102, 368, 371 f.; Aufbau, 31.8.1990, S. 24 [Todesanzeige]; Hendrik Edelman: Other Immigrant Publishers of Note in America. In: Immigrant Publishers (2009) p. 204.

Altmann, Margarete 26.10.1891 Prag – 22.12.1977 Wien; Musikverlagsaktionärin. A., Tochter des Bankpräsidenten Josef Simon, der mit Johann Strauß verwandt war, war die Ehefrau des Industriellen Paul Altmann und Aktionärin des bedeutenden Wiener Musikverlags UNIVERSAL EDITION. Sie musste nach dem ›Anschluss‹ Österreichs an Hitlerdeutschland im Zuge der ›Arisierung‹ des Verlages ihre Aktienanteile verkaufen und flüchtete mit ihrem Mann vermutlich im selben Jahr nach Mexiko. Die Sammlung Strauß-Simon war nach 1938 durch das Denkmalamt ›sichergestellt‹ worden und ein durch die Gestapo eingeleitetes Beschlagnahmeverfahren endete 1941 mit der Einziehung des gesamten Vermögens von A.'s Mutter Louise geb. Deutsch (1860–1940). Nach Ende des Krieges meldete die Familie Simon ihre Restitutionsansprüche an; die Stadt Wien wurde 1948 zwar zur Herausgabe der Sammlung verurteilt, doch verhinderte der bestehende Denkmalschutz, dass die in Mexiko lebende A. und ihre in London wohnhafte Nichte Hedwig Keunemann die Sammlung ins Ausland transferieren konnten. Obwohl A. nach Wien zurückkehrte, blieb die Sammlung weiterhin in Verwahrung der Stadtbibliothek. Erst 1952 kam es zu einer Einigung.

Fetthauer: Musikverlage (2004) S. 454; Rathauskorrespondenz, Bericht vom 20.9.1952: ›Stadt Wien kauft zwei wertvolle Sammlungen‹ [online].

Amon, Hans (John) 14.11.1904 Wien – 2.11.1998 New York; Buchhändler. A. studierte zunächst Rechtswissenschaften, betrieb dann aber eine auf die Kunst und Kultur Ostasiens spezialisierte Buchhandlung, seit 1932 in dem modernen ›Hochhaus‹ in Wien I, Herrengasse 6. Nach der Annexion Österreichs wurde die Firma ›arisiert‹; trotz Verfolgung und Denunziation beim Denkmalamt gelang es ihm, seine bedeutende Asiatika-Sammlung 1938 außer Landes zu bringen, zunächst wohl nach Großbritannien, wo er zu Kriegsbeginn interniert wurde. Nach seiner Flucht in die USA am 29. Dezember 1939 arbeitete er in New York zunächst als ›lift operator‹ und später als Geschäftsführer einer Spedition; auch publizierte er in der schweizerisch-amerikanischen Zeitschrift *Artibus Asiae* erneut Sachbeiträge. A. war verheiratet mit Helene geb. Kris und seit 1942 mit Belle geb. Lieberman; der ersten Ehe entstammte die 1924 geborene Tochter Senta verh. Raizen.

BHE 1 (Art. Senta Raizen); Walter Mentzel: Opfer des Bücherraubs. GMS *Medizin – Bibliothek Information* Vol. 8 Nr. 3 (2008) [online]; www.geni.com; Sophie Lillie: ›Was einmal war – Handbuch der enteigneten Kunstsammlungen Wiens‹. Wien: Czernin 2003 S. 79 f.

Amtmann, Bernard (Bernhard) 11. 7. 1907 Wien – 9. 1. 1979 Montreal; Antiquar. A. verließ bereits im Alter von 14 Jahren die Schule, um mit Gelegenheitsjobs, u. a. als Bankbote, später in einer Druckerei, Geld zu verdienen. Unterdessen nahm er an Abendkursen der Wiener Universität teil. In den 1930er Jahren eröffnete er von seiner Wohnung aus, unterstützt durch seine Schwester Hansi (Johanna), einen Handel mit Photographie-Bedarf, den er 1938 aufgeben musste; noch am Tag nach der Annexion Österreichs flüchtete er nach Frankreich. Die angestrebte Einreise nach Großbritannien scheiterte; die Kriegszeit überstand A. in Frankreich, zuerst in der französischen Armee, später in Südfrankreich unter gefahrvollen Umständen als aktives Mitglied der Résistance. Nach dem Krieg knüpfte er noch in Europa Kontakte mit führenden Antiquaren an, weil er sich entschlossen hatte, sein immer schon vorhandenes Interesse an Büchern zu nutzen und den Handel damit zu seiner Profession zu machen. Im Oktober 1947 emigrierte A. mit seiner Mutter, da der Weg nach New York durch Einreise-Quoten versperrt war, nach Kanada und studierte zunächst in Ottawa in öffentlichen Bibliotheken die kanadische Geschichte, verdiente sich seinen Lebensunterhalt von Anfang an aber als Antiquar. Bereits 1948 erschien der erste der vier Kataloge, die er in den ersten beiden Jahren seines Aufenthalts in Ottawa erstellte; historische Flugblätter und verschiedene andere Arten von Ephemera entwickelten sich damals zu seinen Spezialgebieten. Im November 1950 übersiedelte A. ins weltoffene Montreal und eröffnete dort im Mai 1951 in Greene Avenue, Westmount, ein Antiquariat. In den nächsten zehn Jahren, einer Periode der großen öffentlichen Haushalte, baute A. sein Geschäft mit den Bibliotheken in großem Stil aus. Der Antiquar veröffentlichte zwischen 1956 und 1966 fast 250 Listen und Kataloge; seit 1956 unterstützten ihn auch wieder seine Schwester und deren aus Wien stammender Ehemann Bruno Lamberger als *office Manager* in der Führung des Antiquariats. 1960 gründete A. den LAURIE HILL LTD. Verlag, der *Non-Canadia* und *Modern first editions* publizierte. 1966 erreichte A., dass die kanadischen Mitglieder der ABAA, die bisher im amerikanischen Verband organisiert waren, einen eigenen Verband gründeten. Als deren erster Präsident initiierte er das Projekt der Canadian National Bibliography. Um diese Zeit verwirklichte er auch den lang gehegten Plan, eine Plattform für Buchauktionen zu errichten: 1967 etablierte sich die MONTREAL BOOK AUCTIONS, LTD. und hielt die erste Versteigerung (von sechs) im April im Ritz Carlton Hotel ab, im Jahr darauf vereinbarte A. ein *joint venture* mit dem Auktionshaus CHRISTIE, MANSON & WOODS OF LONDON und hielt in den kommenden zwei Jahren 26 Versteigerungen ab. 1970 kam es zur Trennung, weil A.s Vorstellungen von der Rolle des Unternehmens nicht mit jener seiner Partner übereinstimmten. Er reaktivierte Montreal Book Auctions; die Firma bestand über A.s Tod hinaus, zuletzt als CANADA BOOK AUCTIONS in Toronto. In den 1970er Jahren publizierte A. einen *Short title catalogue* mit 30 000 Titeln, danach zog er sich zusehends aus dem Antiquariatsgeschäft zurück. 1972/73 erfolgten die Verkäufe der *business records* an die Universität von Montreal und 1976 seines bibliographischen Archivs an die National Library. A., der seit 1972 mit Airdrie Wilson verheiratet und Mitglied zahlreicher bibliographischer und Bibliophilengesellschaften (u. a. The Erasmus Circle) war, erhielt 1974 das

Ehrendoktorat der Universität Saskatchewan; mit ihm starb 1979 die herausragende Persönlichkeit des kanadischen Antiquariatsbuchhandels.

Rosenthal-Fragebogen; Joan Mappin, John Archer: Bernard Amtmann 1907–1979: A Personal Memoir. In: AB weekly, 19 Oct. 1987 pp. 1478–88.

Anders, Karl 24.1.1907 Berlin – 27.2.1997 Dreieich, Kr. Offenbach; Verleger, Publizist. Aus einem kleinbürgerlichen, sozialdemokratischen Elternhaus stammend, wurde A. (Geburtsname Kurt-Wilhelm Naumann, seit 1940 Karl Anders) Mitte der 1920er Jahre politisch aktiv in der Weltjugendliga und fungierte 1928/29 als deren Generalsekretär. Ebenfalls 1928 begann er, nach einer Polstererlehre und einer Ausbildung zum Landschaftsgärtner, einen auf drei Jahre angelegten Arbeiterabiturientenkurs in Berlin-Neukölln. In der politisch sich radikalisierenden Atmosphäre der späten Weimarer Republik trat A. nach dem 1. Mai 1929 in die KPD ein und wurde einem Kader zugeteilt, der die ›Zersetzung der NSDAP‹ zur Aufgabe hatte. 1931 wurde A. Leiter für Propaganda und Literaturvertrieb im Bezirk Berlin-Brandenburg und arbeitete auch selbst publizistisch. Er verfasste Broschüren für die *Rote Fahne* und agitierte in den Berliner Siemens-Werken. 1932 immatrikulierte A. sich als Gasthörer an der Hochschule für Politik in Berlin. Am Tag der Bestellung Adolf Hitlers zum Reichskanzler ging A. als Agitprop-Leiter der KPD in den Untergrund, wo er den Druck von Flugblättern organisierte. Er erlebte die ›Köpenicker Blutwoche‹ im Juni 1933, wurde von einem SA-Rollkommando verhaftet und flüchtete im März 1934 mit einem Nansen-Pass in die ČSR, wo er bis 1936 als Politischer Leiter der KPD-Propaganda fungierte. Auch betätigte er sich publizistisch für die antifaschistische Wochenzeitschrift *Gegenangriff* und war im Leitungsgremium der Roten Hilfe. Vor dem Hintergrund der beginnenden Moskauer Schauprozesse wurde A. von seiner Tätigkeit für die Rote Hilfe entbunden; zu diesem Zeitpunkt erfolgte A.'s Bruch mit der kommunistischen Ideologie. Er setzte sich mit seiner späteren Frau Hanna Dörrer in die Slowakei ab. Kurz vor Ausbruch des Krieges gelang A. von Polen aus mit einem abenteuerlichen Flug die Flucht nach England. 1940 als *enemy alien* auf der Isle of Man interniert, lernte A. hier Mitglieder der sozialistischen Widerstandsgruppe Neu Beginnen kennen, darunter Richard Löwenthal und Waldemar von Knöringen. Als einer der ersten Emigranten kehrte A., seit 1947 naturalisierter britischer Staatsangehöriger, nach Ende des Zweiten Weltkriegs aus London nach Deutschland zurück: seit 1940 als Kommentator und Leiter der Arbeiterradiosendung bei der BBC, bereiste er in der Uniform eines britischen Offiziers zusammen mit dem BBC-Reporter Allan Bullock das zerstörte Land und beobachtete als Korrespondent die Nürnberger Prozesse. 1948 gründete er mit Rudolf Zitzmann als Teilhaber den Sachbuch- und Belletristikverlag NEST-VERLAG in Nürnberg. Dank seiner guten Kontakte zu den amerikanischen und englischen Behörden gelang es A., die Lizenz für den Druck der Berichte der Kommission für Freiheit der Presse und des Nachrichtenaustausches zu erhalten: diese subventionierten Berichte waren ein erheblicher Schritt hin zu einer demokratischen Meinungsfreiheit. ›Die Bedeutung dieser Schriften für die nach der Ära der Nazi-Propaganda neu zu konturierende Medienlandschaft, an der Anders persönlich regen Anteil nahm, kann im Nachhinein kaum überschätzt werden.‹ (Rössler) Der US Information Service unterstützte A., damals noch britischer Staatsbürger, auch bei anderen Buchprojekten. Nach dem Vorbild von PENGUIN startete der Verlag mit verschiedenen Reihen: in den *Star-* und *Uhu*-Reihen fanden Bücher zu aktuellen gesellschaftlichen Fragen ihren Platz, die *Krähen*-Bücher mit vorwiegend angelsächsischer Kriminalliteratur wurden zur profiliertesten Krimireihe der Nachkriegszeit. Der Weiterverkauf von Taschenbuchlizenzen, u. a. an ULLSTEIN und die BÜCHERGILDE GUTENBERG in der Schweiz, trug entscheidend zum Verlagserlös bei. Dennoch führten betriebswirtschaftliche Schwierigkeiten dazu, dass A. sich 1954 aus dem operativen Geschäft des Nest-Verlags zurückzog und seinem Verlag, der nach Frankfurt umgezogen war, nur mehr als Verantwortlicher für das Programm zur Verfügung stand, bis er 1959 seine Anteile verkaufte. Seine 1954 begonnene Tätigkeit in der Geschäftsleitung der *Frankfurter Zeitung* endete 1961 in unüberbrückbaren Differenzen. 1958 hatte A. wieder die deutsche Staatsangehörigkeit angenommen. Anfang der 1960er Jahre begann A., der mit führenden Sozialdemokraten befreundet war, für die SPD zu arbeiten: er sanierte verschiedene Zeitungen in Westdeutschland, die der SPD gehörten, wurde 1960/61 zentraler Wahlkampfleiter für Willy Brandt, fungierte von 1971–73 als Mitglied der SPD Grundwerte-Kommission und gehörte später dem Seniorenrat der SPD an. A., der von 1949–72 Vorstandsmitglied des Verbandes sozialistischer Verleger, Buchhändler und Bibliothekare war, gilt heute als eine der verdienstvollen Verlegerpersönlichkeiten aus den Gründerjahren der Republik; er wurde mit dem Bundesverdienstkreuz am Bande ausgezeichnet.

Europäische Ideen H. 50 (1981) S. 91; Bbl. Nr. 7 vom 24. 1. 1997 S. 11; Bbl. Nr. 20 vom 11. 3. 1997 S. 56; Alf Meyer Ebeling: Tausendfüßler. In: Bbl. Nr. 4 vom 14. 1. 2000 S. 21–24; Patrick Rössler: anders denken. Krähen-Krimis und Zeitprobleme: der Nest-Verlag von Karl Anders. Erfurt: Sutton Verlag 2007.

Angel, Ernst 11. 8. 1894 Wien – 10. 9. 1986 New York; Schriftsteller, Lektor, Verleger. Der Sohn des jüdischen Papierfabrikanten Siegfried A. wuchs in einem liberalen, großbürgerlichen Elternhaus auf. Nach dem Abitur meldete A. sich unmittelbar nach der Kriegserklärung Österreich-Ungarns als Freiwilliger zum Dienst an die Front, 1918 rüstete er als Oberleutnant, ausgezeichnet mit einem Tapferkeitsorden, ab. Schon als Gymnasiast hatte A. erste Gedichte in der Protestzeitschrift *Anfang* publiziert, nach Ende des Krieges schloss er sich der sozialdemokratischen Bewegung an, studierte an der Universität bis 1919/20 Philosophie und verfasste Beiträge für die Zeitschriften *Die Aktion*, *Das junge Deutschland*, *Die neue Schaubühne* und *Der Friede*. Danach ging A. nach Berlin, wo er Regieassistent von Max Reinhardt wurde. 1920 erschien seine Gedichtsammlung *Sturz nach oben*, einer der letzten Höhepunkte der expressionistischen Literatur. Ab 1920 arbeitete A. als Lektor im ERICH REISS VERLAG, 1922 wechselte er zum GUSTAV KIEPENHEUER VERLAG, 1924 schließlich zum ULLSTEIN VERLAG, für dessen Zeitungssparte er als Werbeleiter tätig wurde. Daneben blieb A. Kiepenheuer verbunden, für den er die Reihe *Das Drehbuch. Eine Sammlung ausgewählter Filmmanuskripte* konzipierte. Von dem neuen Medium begeistert, verfasste A. die erste Biographie in deutscher Sprache über Thomas Alva Edison, den ›Paten unserer Zivilisationsepoche‹ (*Edison. Sein Leben und Erfinden*. Berlin 1926), und gründete für den Vertrieb seines Buches 1925 in Berlin den ERNST ANGEL VERLAG, der 1934 aus dem *Adressbuch des Deutschen Buchhandels* verschwand. Einnahmen lukrierte der Verlag in den Jahren seines Bestehens aber weniger mit Buchtiteln als mit einer angeschlossenen Pressekorrespondenz. 1927 heiratete A. in zweiter Ehe die Literaturwissenschaftlerin und Filmjournalistin Johanna Lehmann, Tochter des Leiters der Berliner Filiale des COTTA VERLAGS Fritz Lehmann.

A., der seit der Gründung 1928 Vorstandsmitglied des Volksverbandes für Filmkunst war, verlegte sich in der Folge auf die Filmproduktion und gründete 1929 gemeinsam mit seinem Freund Georg-Michael Hoellering die ERDEKA FILM GMBH, die im noblen Marmorhaus am Kurfürstendamm residierte. 1931 stieg A. als Gesellschafter der Firma aus, vermutlich, weil ihm die UfA Möglichkeiten signalisierte, für sie als Produzent zu arbeiten. Tatsächlich aber waren ihm als Jude binnen kürzester Zeit alle Karrierechancen versperrt. A. nahm 1932 bei Ullstein eine Stelle als Lexikonredakteur an, schrieb wieder Filmkritiken und versuchte, in Wien als Filmproduzent (*Der zerbrochene Krug*, 1934) und Filmagent Fuß zu fassen. Durch die Ausschaltung vom deutschen Absatzmarkt sah sich A. jedoch bald gezwungen, auf weitere praktische Filmarbeit zu verzichten. Zwischen 1934 und 1936 als Vortragender zu Filmthemen an der Volkshochschule Ottakring sehr erfolgreich, wurde A. Chefredakteur der Zeitschrift *Film-Spiegel*; 1936/37 erfolgte auf Initiative A.'s die Gründung der Gesellschaft der Filmfreunde Österreichs. Nach dem ›Anschluss‹ Österreichs an Hitlerdeutschland ging A. zu seiner Frau zurück nach Berlin, weil er sich dort sicherer fühlte. Im Zusammenhang mit der Pogromnacht vom 9. zum 10. November 1938 wurde A. festgenommen und in das KZ Sachsenhausen überstellt; am 15. Dezember 1938 nach sechs Wochen Schwerarbeit im ›Klinkerwerk‹ wurde er entlassen. Ende März 1939 gelang ihm die Emigration nach England und Anfang 1940, aufgrund der Bürgschaft durch Alfred L. Mayer, Eigentümer der New Yorker RIALTO FILM, die Immigration in die USA. In New York, wo sich auch seine Cousine → Lucy Tal aufhielt, organisierte A. das Komitee Friends of the European Writers and Artists in America, musste aber als Kellner und Hilfsarbeiter für sein eigenes Auskommen sorgen. Da er für sich keine Möglichkeiten in der Film- und Verlagsbranche sah, begann er ein Studium der Psychologie, arbeitete ab 1954 als Psychotherapeut und erzielte mit seinem Sammelwerk *Existence* (1958) einen Bestseller.

Adressbuch 1931 S. 16; Verlagsveränderungen 1933–1937 S. 1; Killy Literatur Lexikon (1988–93) Bd. 1; Hans Jörgen Gerlach: Ernst Angel. In: John M. Spalek [Hg.]: Deutschsprachige Exilliteratur seit 1933. Bd. 3: USA. Teil 2. München: Saur 2001 S. 34–59.

Antignac, Annette Geb. 8. 3. 1940 Paris; Buchhändlerin. Die Eltern von A., → Ruth und Walter Fabian, waren Emigranten und arbeiteten beide in Paris bis zum Einmarsch der deutschen Besatzungstruppen in Organisationen des deutschen Exils, u. a. im Lutétia-Kreis unter Vorsitz von Heinrich Mann. Die Familie konnte nach Rückkehr Walter Fabians, der ab Anfang Januar 1940 in der Fremdenlegion in Algerien gedient hatte, im Dezember 1940 mit dem Baby nach Südfrankreich fliehen. Sie lebten dort unter drängenden Geldsorgen: Ruth, ehemalige Referendarin am Kammergericht Berlin, erteilte Deutschunterricht für französische Schüler, Walter übernahm Auftragsarbeiten für Hans Wehbergs *Friedens-Warte*, die Schweizer BÜCHERGILDE und das New Yorker Institut für Sozialforschung. Dazu kamen Honorare für Zeitungsartikel und die Zahlung für Hilfeleistungen im Rahmen des von Varian Fry gegründeten US-amerikanischen Emergency Rescue Committee. Im Juni 1942 korrespondierten die Fabians mit Regina Kaegi, die damals das Schweizer Arbeitshilfswerk leitete, über die Möglichkeit einer Einwanderung in die Schweiz. Kurz bevor die Deutschen auch den unbesetzten Teil Frankreichs im November 1942 okkupierten, entschlossen sich die Fabians illegal in die Schweiz zu flüchten. Sie erhielten dort das Bleiberecht, weil ihre Tochter unter fünf Jahre alt war. Nach Kriegsende kehrte A. mit ihrer Mutter nach Frankreich zurück. Ihr buchhändlerisches Handwerk lernte A. zunächst im Otto Maier Verlag in Ravensburg, später arbeitete sie beim Atlantis Verlag und bei Nathan in Paris. Mitte der 1960er Jahre trat sie in die LIBRAIRIE CALLIGRAMMES ihres ›zweiten Vaters‹ → Fritz Picard ein, der nach 1945 mit Ruth Fabian nach Paris gegangen war und mit ihr einen Sohn hatte. Nach dem Tod Picards 1973 übernahm sie die Buchhandlung, in der sie im Rahmen der deutsch-französischen Annäherung immer wieder Veranstaltungen organisierte. Ende März 1999 musste A., nachdem sie schon zuvor aus wirtschaftlichen Gründen den Laden verkleinert hatte, die Librairie Calligrammes aufgeben.

Sammlung Fritz Picard – Librairie Calligrammes Paris [Antiquariatskatalog]. Antiquariat ›Die Silbergäule‹: Hannover 1992; Ralf Klingsieck: Leiser Abgang. In: Bbl. Nr. 8 vom 29. 1. 1999; vgl. auch Bbl. Nr. 20 vom 10. 3. 2000.

Apfel, Gerhard (Freitod Februar 1938 Rio de Janeiro); Buchhändler. Die von Gerhard (auch Gert) A. und seiner Mutter Else A. (1878–1976) in Rio de Janeiro gegründete Buchhandlung ›Le Connoisseur‹ in der Rua Senador Dantas wurde 1938 von Wolfgang A. (gest. 1953), Zwillingsbruder von Gerhard A., übernommen. Die Apfels waren wohl schon vor 1933 nach Brasilien ausgewandert, doch unterlag ihre Buchhandlung – wie die Firmenakte des Börsenvereins ausweist – einem von den NS-Schrifttumsbehörden ausgesprochenen Belieferungsverbot; der Leiter der Fachschaft Zwischenbuchhandel untersagte jede Geschäftsbeziehung mit der Buchhandlung ›LE CONNOISSEUR‹, ›da sie in erheblichem Umfange Emigranten- und Hetzliteratur vertreibt‹. Ausgelöst wurde dieser Boykott nicht zuletzt durch Denunziationsschreiben regimetreuer deutscher Berufskollegen; so gab einer der örtlichen Konkurrenten in Rio, Frederico Will, in einem Brief an die reichsdeutschen Behörden Gerüchte über einen ›jüdischen Geldgeber, ein[en] Herr Strauss aus Frankfurt/M.‹ weiter. Bereits seit 1924 bestand in São Paulo die von Gerhard Apfel geführte deutsche Buchhandlung Livraria Transatlantica, die sich nach 1933 zu einem Treffpunkt für Hitleremigranten entwickelte. 1935 trat in die LIVRARIA TRANSATLANTICA ein neuer Teilhaber ein, → Ernst (Wilhelm) Viebig [-Cohn] (1897 Berlin–1959 Eggenfelden), Sohn aus der Ehe der Erfolgsschriftstellerin Clara Viebig.

Familiengeschichte Apfel: http://www.hans-dieter-arntz.de/spuren_der_juedischen_familie_apfel.html [dort auch Informationen zu dem Rechtsanwalt Alfred Apfel, einem Cousin der Zwillingsbrüder Gerhard und Wolfgang Apfel, der in der Weimarer Republik als Verteidiger der linken Opposition und im Pariser Exil prominent hervorgetreten war]; SStAL, BV, Akte F 11 763 [mit Kopie eines Briefes von Else Apfel vom 9. Mai 1939]; Rundschreiben des Leiters der Fachschaft Zwischenhandel/RSK 25. Februar 1938 [Erneuerung des im Rundschreiben vom 29. Oktober 1935 ausgesprochenen Belieferungsverbots]. Vgl. ferner auch: Vertrauliche Mitteilungen der Fachschaft Verlag 9./11. März 1936, S. 4 [Warnung vor ›Georg[!] Apfel‹]; sowie Warnung vor Belieferung von ›Le Connoisseur‹ in den Vertraulichen Mitteilungen der Fachschaft Verlag, Nr. 42 vom 18. Juli 1939 S. 6/S. 42; auch: SStAL, BV, Akte F 5.812.

Aretz, Paul 1. 4. 1890 Rheydt / Rheinland – 5. 11. 1949 Bern; Verleger, Schriftsteller. A., Sohn des Fabrikbesitzers Hermann A., studierte nach dem Besuch der Oberrealschule in Basel an den Universitäten Basel, Bern, Lausanne und Genf; später trat er als Verfasser meist populär gehaltener Geschichtswerke hervor (*Napoleons letzte Freundin*, 1919 u. a. m.). 1921 gründete er den PAUL ARETZ VERLAG in Dresden, einen ›Verlag für Kultur- und Sittengeschichte‹, in dem auch die Bücher seiner Frau, der Historikerin Gertrude Aretz, geb. Kuntze-Dolton, erschienen; überwiegend waren dies ebenfalls populärwissenschaftliche Biographien zu historischen Persönlichkeiten (u. a. *Königin Luise*, 1927; *Ludwig der Vierzehnte*, 1927; *Die Frauen der Hohenzollern*, 1933). Der Verlag war aber auch bekannt für seine Erotika: 1927 brachte A. in seinem Verlag das aufsehenerregende sittengeschichtliche Werk *Das Sexualproblem in der modernen Literatur und Kunst. Versuch einer Analyse und Psychopathologie des künstlerischen Schaffens und der Kulturentwicklung seit 1800* von → Herbert Lewandowski heraus. 1930 wurde der Sitz der Firma nach Berlin-Wilmersdorf verlegt; in der nunmehrigen Paul Aretz GmbH Berlin u. Leipzig erschien noch 1934 in einer gekürzten Ausgabe Jacob Burckhardts *Kulturgeschichte Griechenlands*. A. hatte in diesem Jahr sein Tätigkeitsfeld allerdings bereits nach Österreich und in die Schweiz verlagert: Das *Adressbuch 1935* meldete zunächst die Errichtung einer Wiener Geschäftsstelle des Berliner Verlags, kurz darauf befand sich die Firma Paul Aretz GmbH aber bereits ›in Liquidation‹ (Verwalter: ›Kaufmann Dr. Müller‹). Dagegen wurde A. im *Adressbuch 1936* als Direktor einer bereits 1934 gegründeten BERNINA-VERLAG AG (Editions Bernina SA) mit Sitz in Olten und Wien angezeigt. 1937 hat er sich auf die Schweizer Firma konzentriert; die Geschäftsführung der Wiener Firma lag in den Händen von Dr. Gottfried Linsmayer, der nach 1938 eine zentrale Rolle bei der ›Arisierung‹ von Buchhandlungen spielen sollte (er war ›Abwickler‹ von mindestens 38 jüdischen Buchhandelsfirmen in Wien). Seit 1938 firmierte die Schweizer Bernina-Verlag AG (Editions Bernina SA) als DELPHI-VERLAG AG, mit A. als Geschäftsführer. Eine Tätigkeit dieses Unternehmens ist, als Delphi Verlag GmbH, später mit Sitz in Bern, bis 1948 nachweisbar; sowohl im Bernina Verlag wie auch im Delphi-Verlag sind wieder jeweils mehrere Bücher von A.'s Frau Gertrude erschienen. A. starb Ende 1949 in Bern; in einem Nachruf im New Yorker *Aufbau* hieß es, dass seine zahlreichen Freunde in aller Welt in ihm ›einen überzeugten Idealisten und vornehmen Charakter‹ betrauerten.

Adressbuch 1931 S. 18; Adressbuch 1935 S. 17; Adressbuch 1936 S. 16, 44; Adressbuch 1938 S. 46, 115; Verlagsveränderungen 1933–1937 S. 2; HABV/DNB: Verleger-Zentralkartei; StA Basel Stadt PA 208 a 178 2,1 Paul Aretz Wien und Delphi Verlag [online]; Herrmann A. L. Degener: Wer ist's? X. Jg. Berlin: Verlag Herrmann Degener 1935 S. 32; Aufbau vom 9. 12. 1949 S. 16.

Arnsberg, Paul 26. 12. 1899 Frankfurt / Main – 10. 12. 1978 Frankfurt / Main; Politiker, Publizist, Grossist; Dr. jur. Nach einem Studium der Rechtswissenschaften in Frankfurt, Heidelberg und Gießen ließ sich A. 1922 als Kaufmann in Frankfurt nieder. Er wurde ab 1924 als Funktionär der zionistischen Bewegung tätig. 1931 trat er als Referendar in den Staatsdienst ein, 1933 wurde er entlassen. A. emigrierte im April 1933 über Triest nach Palästina; noch im selben Jahr gründete er (gemeinsam mit dem seit längerem dort wohnhaften zionistischen Schriftsteller Eliahu Ben Horin) in Tel Aviv PALES, das Palestine Economic Service für Wirtschaftsberatung und -publizistik, aus dem sich die PALES PRESS COMPANY entwickelte, die mit etwa 600 Depositären und über 100 Angestellten rasch zur größten Zeitungs- und Zeitschriftenvertriebsorganisation und, durch Einrichtung von Filialen u. a. in Jerusalem und Haifa, auch zur bedeutendsten Buchimportfirma im Nahen Osten aufstieg. Seit 1935 war A. bemüht, durch Alleinauslieferungsverträge mit wichtigen Verlagen (u. a. Rowohlt, List, Knaur, S. Fischer, Langenscheidt) sowie durch Korrespondenz, Reisen nach Deutschland und Gesprächen mit Repräsentanten des Börsenvereins dem Unternehmen die Möglichkeit der Einfuhr deutscher Bücher nach Palästina zu sichern. Dies gelang aber nur teilweise und nur temporär,

u. a. aufgrund von Widerständen konkurrierender Unternehmen in Palästina, die Briefe in denunziatorischer Absicht nach Leipzig sandten (→ Lipa Bronstein). Zur Verfolgung seiner Ziele förderte A. die Bildung einer Vereinigung Associated Booksellers of Palestine. Pales distribuierte auch die Produktion der Verlage des deutschsprachigen Exils wie Querido, Allert de Lange oder Bermann-Fischer sowie Exilzeitschriften. Seit 1950 erschien bei Pales die Zeitschrift *Emeth*. A. leitete das Unternehmen bis 1956; damals begannen finanzielle Schwierigkeiten, die 1960 zur definitiven Auflösung von Pales führten. Bereits 1958 war A. in die Bundesrepublik Deutschland zurückgekehrt. In Frankfurt war A. publizistisch für Zeitungen und Rundfunkanstalten tätig; zwischen 1966 und 1969 war er Mitglied im Direktorium des Zentralrats der Juden in Deutschland. A. hat zahlreiche juristische Arbeiten und historische Werke zur Geschichte des Judentums in Hessen bzw. Frankfurt veröffentlicht; er wurde 1962 mit dem Theodor-Wolff-Preis ›für hervorragende journalistische Leistungen‹ ausgezeichnet.

Paul Arnsberg: Die Geschichte der Frankfurter Juden seit der Französischen Revolution. 3 Bde. Frankfurt / Main: Eduard Roether Verlag 1983 [zur Biographie A.'s s. Bd. 3].

Brief F. Pinczower an EF vom 12.12.1991; SStAL BV, F 12. 321; VM Fachschaft Verlag Nr. 40 vom 29.4.1939 S. 5; BHE 1; DBE; Lexikon deutsch-jüdischer Autoren. Bd. 1. München: Saur 1992 S. 198–201.

Aron, Paul 18.12.1892 Hamburg – 9.3.1943 Majdanek; Verleger. A., Sohn von Herman und Rivka A. geb. Liberles, hatte ein Philosophiestudium bei Nicolai Hartmann mit dem Doktorat abgeschlossen und war anschließend Mitarbeiter und zuletzt Literarischer Leiter des Verlags ›Der Neue Geist‹, der 1917 von Kurt Wolff und seinem Schwager Peter Reinhold gegründet worden war. Am Beginn der 1930er Jahre war er auch Geschäftsführer des Kurt Wolff Verlags und des Hyperion Verlags, die P. Reinhold 1931/32 von K. Wolff übernommen hatte. Nach dem Reichstagsbrand entschloss sich A., gemeinsam mit seiner Frau Edith, kurzfristig zur Emigration nach Frankreich. Er bat Heinrich Scheffler, damals Verlagslehrling im Neue Geist / Kurt Wolff Verlag, seine Bücher nach Paris zu verfrachten, wo sie allerdings nicht vollständig einlangten. A. wurde im Februar 1943 nach Drancy gebracht und am 4.3.1943 mit dem Transport 50 in das Vernichtungslager Majdanek in Polen deportiert und dort ermordet. Seine Frau Edith (1898 Hamburg – 26.8.1994 Paris) war zuerst in Rivesaltes und seit November 1942 in Gurs interniert; sie hat überlebt und ist 94-jährig in Paris gestorben.

Central Database of the Shoah; Serge Klarsfeld: Memorial to the Jews Deported from France 1942–1944; https://www.geni.com; Gurs souvenez-vous. Bulletin de liaison et d'information No. 58, Dezember 1994 S. 9; Heinrich Scheffler: Wölffische Lehrjahre. Marginalien zum Ausklang des Kurt Wolff Verlages 1932–1934. Frankfurt / Main: Societäts-Verlag 1975 S. 51.

Asch, Rudolf Geb. 2.1.1896 Pleschen/Polen; Verlagsangestellter. A., aus Deutschland in die Niederlande emigriert, war seit Anfang 1934 und bis Herbst 1935 als Buchhalter im Verlag bzw. der Buchgemeinschaft DE BOEKENVRIEND von → Hein(z) Kohn angestellt. Nach der Besetzung der Niederlande wurde er zusammen mit seiner Ehefrau Erna geb. Rosenthal (1903 Cuxhaven – 11.2.2004 Hilversum) im Januar 1942 im KZ Westerbork interniert; beide überlebten die Haftzeit und wurden im Juni 1945 befreit. 1956 wurde der in Hilversum wohnhafte A. naturalisiert.

Arolsen Archives; http://cuxpedia.de/index.php?title=Stolperstein; Exil in den Niederlanden und Spanien S. 366; Peter Manasse: Boekenvrienden solidariteit. Turbulente jaren van een exiluitgeverij. Den Haag: Biblion 1999 S. 20, 50, 55.

Aschenberg, Bridget 8. 7. 1928 Hamburg – 6. 3. 2002 New York; Theater- und Literaturagentin. A. kam 1938 mit einem jüdischen Kindertransport nach England und besuchte die Alice Ottley School in Worcester. 1949 emigrierte sie mit ihren Eltern und ihrer Schwester in die USA. An der Columbia University machte sie 1959 ihren Master of Arts in englischer Literatur und trat darauf als Mitarbeiterin in eine Unterabteilung der MCA INC. ein, die sich als Agentur mit Nachwuchstalenten befasste. Nach deren Auflösung im Zusammenhang mit der Übernahme durch UNIVERSAL PICTURES war A. in nachfolgenden Agenturen beschäftigt, bis sie 1975 vom ICM (International Creative Management), 40 W 57th Street, New York, mit übernommen wurde, dem sie bis 2000 angehörte. Als Theateragentin dieser Firma vertrat A. insbesondere die ausländischen Rechte von amerikanischen Theaterautoren (darunter Arthur Miller und Tennessee Williams) und Musicals, aber auch einige deutschsprachige Schriftsteller wie Jakov Lind und Gert Hofmann.

Macris: Literatur- und Theateragenten (1989) S. 1361 f.; Bridget Aschenberg. Playwright's Agent. In: Variety, 11 Apr. 2002 [Nachruf; online].

Ashbrook, Herbert F. [Friedrich] 2. 4. 1912 Freiburg – 11. 11. 2005 London; Antiquar. A. hieß mit Geburtsnamen Hermann Eschelbacher; sein Vater Dr. jur. Max Eschelbacher war von 1913 bis 1939 Erster Rabbiner der Synagogengemeinde in Düsseldorf und zählte Martin Buber und Franz Werfel zu seinen Freunden. A. verbrachte die gesamte Schulzeit von 1918 bis 1930 auf dem Hohenzollern-Gymnasium und ging danach bis 1933 im weltberühmten Buch- und Kunstantiquariat JOSEPH BAER in Frankfurt / Main (Inhaber die Brüder → Edwin Marcus Baer und → Leopold Alfred Baer sowie Moriz Sondheim) in die Lehre. Mitte September 1933 emigrierte er nach England und absolvierte in Cambridge im Antiquariat BOWES & BOWES ein sechsmonatiges Praktikum. Danach arbeitete A. für den Antisemitismusforscher und anglikanischen Reverend Dr. James W. Parkes in einem Dorf südlich von Cambridge. Nach seiner Einbürgerung im Februar 1940 wurde A. Mitte Juli zur Infanterie eingezogen, war mit seinen Einheiten in Tunesien und Italien; später diente er im Secret Intelligence Service (SIS). Nach Ende des Zweiten Weltkriegs arbeitete A. auf Vermittlung des bekannten Bibliophilen Paul Hirsch für eineinhalb Jahre im Musikantiquariat von → Otto Haas und machte sich Anfang 1948 in London, Hampstead, Belsize Park, selbständig. Zunächst führte er ein allgemeines Sortiment, spezialisierte sich aber bald auf wissenschaftliche Musikliteratur; er unternahm regelmäßig Einkaufsreisen in Europa, vermied allerdings den Einkauf auf Auktionen. 1951 trat er der Antiquarian Booksellers' Association (ABA) bei. Als Anfang der 1960er Jahre die im großen Stil praktizierten Reprintverfahren das wissenschaftliche Antiquariat stark beeinträchtigten, verlegte sich A. zusehends auf Sortimentsware. Im Jahre 1977 zog er sich aus dem aktiven Handel zurück.

Herbert Ashbrook: Erinnerungen an die Schulzeit in Düsseldorf. In: Festschrift des Städtischen Görres-Gymnasiums Düsseldorf 1545–1995 S. 153–57.

Interview UB mit A. am 10. 1. 1996 in London; Survey of dealers specializing in antiquarian music and musical literature. In: Notes. 2nd Series vol. 23 no. 1 (Sept. 1966) pp. 28–33 [online]; Bach, Biester: Exil in London (2002) S. A258; Angela Genger: ›Ich habe in meinem Leben zwei große Schocks gehabt – die Ernennung Hitlers zum Reichskanzler gehörte nicht dazu‹. Herbert Ashbrook (Hermann Eschelbacher) (1912–2005) zum Gedächtnis. In: Augenblick Nr. 32/33: Geschichte erinnern – Erzählungen, Recherche und Symbole. Düsseldorf 2006 S. 22 f.

Bach, Susan(ne) 29.1.1909 München–10.2.1997 München; Buchhändlerin, Antiquarin; Dr. phil. B. war Tochter von Felix Eisenberg, des Leiters einer Kunstkupferdruckerei, die u. a. Aufträge von Künstlern ausführte, und Erna geb. Gutherz, die bei Lovis Corinth Malerei studiert hatte. Schon als 12-jährige begann sie Bücher zu sammeln. Nach dem Studium der Romanistik in München, das B. 1932 mit einer Promotion bei Karl Vossler abschloss, hatte B. erkannt, welche Gefahr die ›Machtergreifung‹ des Nationalsozialismus für sie als Jüdin bedeutete: Nachdem ihre Bewerbung zur Mitarbeit am *Thesaurus Linguae Latinae* von antisemitischen Direktoren des Institutes abgelehnt wurde, ging sie 1933 nach Frankreich. In Paris absolvierte sie eine Buchhandelslehre in der international renommierten LIBRAIRIE DROZ, einer romanistischen Fachbuchhandlung mit Antiquariat, in der sie bis zu ihrer Kündigung 1937 arbeitete; außerdem engagierte sie sich im Komitee für die Hilfe für jüdische Intellektuelle aus Deutschland des Grafen Rémusat. 1938 arbeitete B. als Hauslehrerin in der Charente und brachte sich in der Zeit danach mit Gelegenheitsarbeiten als Übersetzerin, Sprachlehrerin, als Privatassistentin des spanischen Gelehrten Ramón Menéndez Pidal und mit Hilfstätigkeiten für den Antiquar → Julius Hess durch. Nach dem Überfall der deutschen Truppen auf Frankreich 1940 wurde B. zunächst im Lager Gurs kaserniert; nach der Freilassung durch die Franzosen konnte sie in den unbesetzten Teil des Landes, zunächst nach Vichy, flüchten, und von dort nach Marseille, wo sie eine Anstellung in einer israelitischen Flüchtlingsorganisation fand und sich um ein Übersee-Ausreisevisum bemühte. Mit Hilfe von Dana Becher, der Ehefrau des Schriftstellers Ulrich Becher, fand sie Anschluss an eine Auswanderergruppe, die 1941 den Fluchtweg über Spanien nach Lissabon und von dort nach Brasilien nahm. Sie kam am 11. Mai in Rio de Janeiro an, brachte dort vier Monate später ihre Tochter Katharina zur Welt und arbeitete zunächst als Sekretärin in einer Buchhandlung, dann als Übersetzerin in einem pharmazeutischen Unternehmen. 1946 ging B. zurück nach Frankreich; in Paris betätigte sie sich zunächst als Einkäuferin für den Antiquar → H. P. Kraus, für den sie Zeitschriftenserien besorgte: ›Das erforderte viel Herumstöbern bei kleinen und größeren Antiquaren und Bouquinistes, machte mir aber sehr viel Spaß und ich fand ziemlich viel. Das Geld, um diese Serien zu kaufen, holte ich mir bei einem Korrespondenten von Kraus ab und die Buchhändler besorgten dann den Versand.‹ Nachfolgend fand B. eine feste Anstellung im ALBATROSS VERLAG (→ Kurt Enoch). 1948 ging B. nach Brasilien zurück, arbeitete in der Importabteilung einer großen Buchhandlung, heiratete 1952 den ungarischen Emigranten Jean Bach und gründete 1954 in Rio de Janeiro, zunächst von ihrem Wohnzimmer aus, die erste brasilianische Buchexportfirma mit angeschlossenem Versandantiquariat. Zwanzig Jahre lang lieferte die SUSAN BACH COMERCIO DE LIVROS von ihrem Firmensitz und Lager in der Cosme Velho die Buchproduktion Brasiliens, später ganz Lateinamerikas, nach Europa und Nordamerika. Die Hauptabnehmer waren Bibliotheken in den USA, die British Library in London, die Bibliothèque Nationale in Paris und die Bayerische Staatsbibliothek in München. Neben ihren Antiquariatskatalogen zu lateinamerikanischer Völkerkunde, Literatur etc. gab sie auch regelmäßig Bulletins zu Neuerscheinungen südamerikanischer Literatur heraus. Seit Anfang der 1970er Jahre spezialisierte sich B., die nebenher auch als Übersetzerin tätig war, als Antiquarin auf deutsche Exilliteratur; ihr erster einschlägiger Katalog erschien 1972; ihm folgten später noch mehrere Kataloge und rund 150 *information letters*. Enge Geschäftskontakte pflegte B. auf diesem Gebiet zu Werner Berthold, Gründer der Exilabteilung der Deutschen Bibliothek in Frankfurt / Main, und zu ihrem Kollegen → Walter Zadek. B. verfasste auch Beiträge zu den in Südamerika erschienenen Werken deutscher Exilschriftsteller, insb. von Stefan Zweig, dessen Autograph seines Abschiedsbriefs sie erwarb (heute im Deutschen Literaturarchiv, Marbach). B. war Mitglied und zeitweise Präsidentin der brasilianischen Sektion der International League of Antiquarian Booksellers (ILAB). Ab 1978 firmierte B.'s Geschäftsbetrieb an neuer Adresse in Rio de Janeiros Stadtteil Botafogo; 1983 kehrte B. aus Altersgründen nach Deutschland zurück, ihr Unternehmen in Rio wurde bzw. wird von ihrem Geschäftspartner Patrick Lévy weitergeführt (Lévy war 1990–94, als Nachfolger von → Walter Geyerhahn, Vorsitzender der brasilianischen Antiquarsvereinigung ABLA).

Susanne Bach: A la recherche d'un monde perdu. Rio de Janeiro: Centro das edicões francêsas 1944 [Autobiographie]; dies.: Im Schatten von Notre-Dame. London: The World of Books Ltd. (und Worms: Georg Heintz) 1986; dies.: Karussell. Von München nach München. Eingel. von Rosalind Arndt-Schug und Rosanna Vitale (Frauen in der Einen Welt. Sonderbd. 2). Nürnberg 1991; dies.: Deutsche Exil-Literatur in Südamerika. In: AdA Nr. 12 (1972) S. 437–39; dies.: Der Schriftsteller Paul Zech im Exil in Südamerika. In: AdA Nr. 4 (1979) S. A148 f.; dies.: Ergänzungen zur Bio-Bibliographie der deutschen Exilliteratur. In: Bbl. (FfM) Nr. 96 vom 30.11.1979 S. A411–13; dies.: French and German Writers in Exile in Brazil: Reception and Translations. In: Latin America and the Literature of Exile (1983) pp. 293–307; dies.: Holland als Verlagsland deutscher Literatur des Exils. In: AdA Nr. 5 (1991) S. A184–86.

Gespräch B. mit EF am 2.5.1991 in München; Deutsches Exilarchiv / DNB: Splitternachlass EB 91/292 [Manuskript ihrer Memoiren, Korrespondenz, Lebensdokumente]; BHE 2; Taubert: Lateinamerika (1961) S. 163; Antiquarin Susan Bach. In: Aufbau vom 7.3.1975; Hiltrud Häntzschel: Susanne Bach gestorben. In: Neuer Nachrichtenbrief der Gesellschaft für Exilforschung e. V., Nr. 9 (Juni 1997) S. 9; Izabela Maria Furtado Kestler: Die Exilliteratur und das Exil der deutschsprachigen Schriftsteller und Publizisten in Brasilien. Frankfurt/Main: Lang 1992, S. 61 f.; Kristine von Soden: Exil-Literatur aus Lateinamerika. Lebensstationen der Autorin Susanne Bach und ihrer berühmten Buchhandlung am Blauen Berg in Rio. In: Frankfurter Jüdische Nachrichten, Sept. 1999; Associação Brasileira de Liveiros Antiquarios, Homepage [online]; Irene Münster: Das Buch als Gastgeschenk: Deutsch-jüdische Buchhändler und Verleger in Lateinamerika. In: Von Europa nach Südamerika – Deutsch-jüdische Kultur in der Emigration. Hrsg. v. Liliana Ruth Feierstein. (Münchner Beiträge zur jüdischen Geschichte und Kultur 10 (2016), Heft 2). München: Lehrstuhl für Jüdische Geschichte und Kultur an der Ludwig-Maximilians-Universität München 2016 S. 66–76.

Bacharach, Siegfried 5.6.1896 Eschwege – Sept. 1972 New York; Journalist, Buchhändler. B., Sohn des Kantors Levi B., war nach kurzer kaufmännischer Tätigkeit und Kriegsdienst seit 1922 Inhaber der BÜCHERSTUBE SIEGFRIED BACHARACH in Hannover. 1924–38 fungierte er auch als Redakteur des *Nachrichtenblatts*, des amtlichen Organs für die Synagogen-Gemeinden Hannover und Braunschweig. Seit 1932 war er verheiratet mit Franziska geb. Schragenheim. 1938 wurde B.'s Bücherstube auf der Liste der zugelassenen ›jüdischen Buchvertriebe‹ geführt. Weitere biographische Spuren finden sich in einem Familienbericht zur Familie Herskovits: ›Aber hier in Ahlem [Israelitische Gartenbauschule bei Hannover, die seit 1941 als Deportationssammelstelle diente] hatte ich [Ruth Herskovits] gute Bücher [...]. Außerhalb des Gebäudes, in dem wir lebten, stand ein riesiger hölzerner Schiffscontainer, Lift genannt. Sein Besitzer, Siegfried Bacharach, der Buchhändler und Herausgeber der lokalen jüdischen Wochenzeitung (*Nachrichtenblatt*) gewesen war, hatte Vater den Schlüssel gegeben, als es ihm und seiner Frau ein Jahr zuvor gelungen war, nach Kuba auszuwandern. Gelegentlich öffnete Vater den Lift für uns, und wenn wir hineingingen, waren wir von Büchern umgeben.‹ Demnach war es B. gelungen, noch 1941 unter Zurücklassung seiner Bücher zu emigrieren. Das als Ausreiseziel angegebene Kuba war aber allenfalls eine Zwischenstation, denn B. hat nach dem Zweiten Weltkrieg in New York gelebt, wo er aber offenbar nicht mehr als Buchhändler tätig wurde, sondern seit 1944 in 388, Audubon Avenue ein Geschäft mit Einrichtungsaccessoires (Jalousien, Vorhänge, Draperien) führte; auch hat er sich in New York wieder einer jüdischen Gemeinde, der Congregation Beth Israel of Washington Heights, angeschlossen.

SStAL, BV, F 15. 142; Adressbuch 1931 S. 25; Dahm: Das jüdische Buch im Dritten Reich (1993) S. 521; Wikipedia; [Nachrichtenblatt der] Congregation Beth Israel of Washington Heights, Inc. vom 2. 1. 1954 S. 10, 15; Ruth Herskovits-Gutmann, Bernhard Strebel: Auswanderung vorläufig nicht möglich: die Geschichte der Familie Herskovits aus Hannover. Göttingen: Wallstein 2002 S. 111.

Bader, Franz 19. 9. 1903 Wien – 14. 9. 1994 Washington; Buchhändler, Galerist. B. trat am 1. September 1937 als offener Gesellschafter gemeinsam mit dem englischen Staatsbürger Max Bardega in die Firma WALLISHAUSSER'SCHE BUCHHANDLUNG, der damals ältesten Buchhandlung in Wien, ein. Nur etwas mehr als ein Jahr später, nach der Annexion Österreichs, musste B. als ›Nichtarier‹ die Firma mit Genehmigung der Vermögensverkehrsstelle an den Wiener Kaufmann Karl Stary um RM 8500 verkaufen; diese Änderung der Besitzverhältnisse wurde am 27. Januar 1939 eingetragen. B. emigrierte 1939 mit der Zusage für eine Stelle in einer Buchhandlung in Washington in die USA. Bis 1951 war er dort in WHYTE'S BOOKSTORE tätig, zunächst als Angestellter, dann als Teilhaber, später als Vizepräsident und schließlich als Generalmanager. 1951 gründete er die FRANZ BADER GALLERY AND BOOKSHOP, die erste private Kunstgalerie in Washington. Unter großer Beachtung organisierte er dort die ersten amerikanischen Ausstellungen von in- und ausländischen modernen Künstlern. B., der erfolgreich auch als Photograph tätig war, galt als einflussreicher Berater in Kunstangelegenheiten, von jungen Künstlern bis zu den amerikanischen Präsidenten. In den USA wurde er in Washington zu Lebzeiten mit einem *Franz Bader Day* geehrt, in Österreich wurde er 1964 mit dem Goldenen Ehrenkreuz für Verdienste um die Republik Österreich und 1965 in Deutschland mit dem Bundesverdienstkreuz 1. Klasse ausgezeichnet; außerdem wurden ihm mehrere Ehrendoktortitel verliehen. Er starb im Alter von 90 Jahren in Washington; in Nachrufen wurde er als ›an inventor of the Washington art scene‹ bezeichnet.

SStAL, BV, F 10094; BHE 2; Christian Clausen: Franz Bader. In: Austrian Information 47. Jg. Nr. 9 (1994) S. 7; Bbl. (FfM) Nr. 66 vom 20. 8. 1965 S. 1715; J. Y. Smith: Franz Bader, Arts Figure In DC. In: Washington Post, 15 Sept. 1994 [online]; Die Verlagsbuchhandlung Johann Baptist Wallishausser, 1784 bis 1964 [online]; Schwarz: Verlagswesen der Nachkriegszeit (2003) S. 106–15 [online]; Hupfer: Antiquarischer Buchhandel (2003) S. 53.

Baender, Max (ab 1952: Ben-Dor) 1905 Rozan – August 2006 Tel Aviv; Buchhändler. B., später auch Bender, war seit 1927 Inhaber der BUCHHANDLUNG BAENDER in Breslau, Gartenstraße 69/71. Der Zeitpunkt seiner Emigration ist nicht bekannt; nach seiner Übersiedlung nach Palästina trat er als Mitinhaber des Buchhandelsgrossos LITE-RARIA, später bei E. J. HERZFELDER in Erscheinung. Das am 1. Februar 1936 errichtete Unternehmen betätigte sich nicht nur im Buchimport- / Export und als Verlagsvertretung, sondern Anfang der 1950er Jahre auch selbst verlegerisch; so erschien 1951 von L(udwig) F(ritz) Toby *Hebrew artistic lettering* in hebräischer und englischer Sprache, im darauffolgenden Jahr *Odd corners of Jerusalem*, eine Publikation mit Zeichnungen von Gabriella Rosenthal mit Texten ihres Ehemanns → Schalom Ben-Chorin. B.'s Nachfolger bei Herzfelder war → Erich Hecht. Nachdem er seinen Namen in Ephraim Ben-Dor hebraisiert hatte, war er 1952, ebenfalls in Tel Aviv, an der Gründung des Verlags BEN-DOR ISRAEL PUBLISHING CO. führend beteiligt und leitete ihn mindestens bis gegen Ende der 1960er Jahre. 1961 erschien bei Ben-Dor, herausgegeben von B., *The Children of Israel / Die Kinder Israel* mit einem Vorwort von Eleanor Roosevelt; die Bildauswahl besorgte Eva B., vermutlich B.'s Ehefrau. Bis 2004 war B. als Vorsitzender der YACHDAV UNITED PUBLISHERS CO. LTD. in der Carlebach Street in Tel Aviv tätig. Darüber hinaus war B. Vorsitzender der Rozan Association, die das Gedenken an diesen polnischen Ort und seine jüdische Bevölkerung wachhalten wollte; ein *Rozhan Memorial Book* ist 1977 unter maßgeblicher Mitarbeit von B. erschienen.

Zadek: Buchhändler I (1971) S. 2908; Adressbuch 1931; We remember Jewish Rozhan! (www.zchor.org) [online].

Baer, Bernhard 1905 Berlin–1983 London; Druckerverleger. B., Sohn eines Kleidungsfabrikanten, studierte Jura (Doktorat 1930) und arbeitete als Rechtsanwalt, bis ihm 1933 die weitere Ausübung seines Berufes verboten wurde. Er ging zunächst auf Reisen; da ihm aber eine berufliche Tätigkeit auch in Frankreich nicht erlaubt wurde, ging er 1934 nach Berlin zurück und experimentierte dort mit Farbfotografie. In diesem Zusammenhang fand er Anstellung in der Fa. Rotophot und erwarb dort die Grundlagen für seine Expertise im Bereich Farbdruck. 1938 gelang B. (im Gegensatz zu seinen Eltern) die Flucht vor ›rassischer‹ Verfolgung nach England, wo er zunächst u. a. für Penguin arbeitete. 1947 entstand mit Unterstützung des Verlags Lund Humphries und der Zeitung *New Statesman* eine GANYMED PRESS, als eine Fortführung der Graphischen Anstalt Ganymed, die seit 1920 in Berlin von dem Drucker Bruno Deja und dem Kunsthistoriker Julius Meier-Graefe betrieben worden war. Mithilfe von Lund Humphries wurde nach dem Krieg auch die Berliner Druckerei wiedereröffnet; im Gegenzug dazu war Deja in beratender Funktion für die britische Ganymed Press tätig. Geleitet wurde das Unternehmen aber seit 1950 von B. als Direktor, zusammen mit Ann Sidgwick (geb. 1914), die zuvor bei der Turnstile Press tätig war und die er, nach dem plötzlichen Tod seiner Ehefrau Ruth auf einer Italienreise 1963, im Jahr darauf heiratete. Die Ganymed Press war auf Graphik(Faksimile)-Reproduktion spezialisiert, vor allem auf das Lichtdruck-Verfahren, das in enger Zusammenarbeit zwischen Künstler und Drucker realisiert wurde. 1961 wurden auf Initiative B.s die GANYMED ORIGINAL EDITIONS ins Leben gerufen, die mit unterschiedlichen Druckverfahren Künstlergraphik in *limited editions* herausbrachte, darunter 1962/63 die bedeutende Mappe von Oskar Kokoschkas *King Lear* mit 16 Original-Lithographien. Für den Vertrieb der Ganymed Original Editions arbeitete B. mit dem aus Wien emigrierten → Harry Fischer und dessen Londoner Galerie Marlborough Fine Arts zusammen. Währenddessen setzte die Ganymed Press ihre Tätigkeit als Druckerei fort. 1979 kurzzeitig von der Medici Society betrieben, wurde das Unternehmen 1980 geschlossen; Bestände und Archiv wurden vom Victoria and Albert Museum übernommen.

Nachlassmaterial zur Person B. B.s in: The Wiener Holocaust Library (dort auch: Baer, Bernhard (1905–1983): biographical account [online]); Ganymed. Printing, Publishing, Design. [Exhibition Catalogue]. London: Victoria and Albert Museum 1980 [mit einer Einleitung von B. B.]; J. D. Haldane: The Ganymed Press. In: Connoisseur, Nov. 1980, S. 220; Librarium Jg. III (1982) S. 174–200; Tessa Dunlop: The Century Girls. The Final Word from the Women who've Lived the Last Hundred Years of British History. London: Simon & Schuster 2018 S. 245–281; Sarah MacDougall: ›The Craftsman's Sympathy‹: Bernhard Baer, Ganymed and Oskar Kokoschka's King Lear. In: Applied Arts in British Exile from 1933. Changing Visual and Material Culture. Hrsg. v. Marian Malet u. a. (Yearbook of the Research Centre for German and Austrian Exile Studies, 19). Leiden, Boston: Brill, Rodopi 2019 S. 150–175.

Baer, Edwin Markus 21. 9. 1881 Frankfurt / Main – 5. 4. 1965 London; Antiquar. Der Sohn des bedeutenden Antiquars Simon Leopold B. absolvierte zunächst eine Buchhändlerlehre in Leipzig, Frankreich und England sowie in der Firma seines Vaters. 1905 wurde er Leiter, 1911 zusammen mit seinem Bruder → Leopold Alfred B. und Moriz Sondheim (1860 Le Havre – 1944 Frankfurt am Main) Mitinhaber des weltbekannten Buch- und Kunstantiquariats JOSEPH BAER & CO. in Frankfurt / Main. 1934 flüchtete er (zusammen mit seinem Bruder) nach Genf; das Frankfurter Bücherlager der Firma, von dem die Brüder einen Teil mitnehmen konnten, umfasste zu dieser Zeit 1,172 Millionen Bände; rund 200 000 davon wurden an die Frankfurter Stadtbibliothek verkauft. Er zog nach Amsterdam und von dort nach nur zwei Monaten Anfang 1936 nach Paris. Mitte 1936 ging B. mit seiner Familie nach London, wo er sich mit seiner Firma E. BAER BOOKSELLER eine vergleichsweise bescheidene Existenz neu aufbauen konnte und insgesamt 21 Kataloge herausbrachte. An die erfolgreiche Zeit in Frankfurt konnte B., der 1937 wegen ›Warenverschiebung‹, Währungsvergehen und Steuerflucht ausgebürgert worden war, dort aber nicht mehr anschließen.

BHE 2; LGB 2; DBE; HHStAW Bestand 518 Nr. 105 (Entschädigungsakte); Richard Däschner [= Moriz Sondheim]: Das Baersche Antiquariat in Frankfurt am Main. In: Zeitschrift für Bücherfreunde 3. Jg. H. 9 (1899/1900) S. 348–51; Deutscher Wirtschaftsführer 1929 Sp. 76; Friedrich Hermann Schwarz: Zur Geschichte der Firma Joseph Baer & Co. In: Bbl. (FfM) Nr. 77 vom 28. 9. 1973 S. A415–18; Alexandre Baer: Joseph Baer & Co., fondée 1785. Paris: A. Baer 1977; Bach, Biester: Exil in London (2002) S. A259; Schroeder: ›Arisierung‹ I (2009) S. 298–302.

Baer, Leopold Alfred 7. 8. 1880 Frankfurt / Main – 6. 12. 1948 Paris; Antiquar; Dr. phil. B. promovierte in Heidelberg mit einer Dissertation zum Thema *Die illustrierten Historienbücher des 15. Jahrhunderts*, die ein buchwissenschaftliches Standardwerk wurde, und trat 1902 in das angesehene väterliche Antiquariat JOSEPH BAER & CO. in Frankfurt ein, dessen Teilhaber er 1911 wurde. Mit seinem jüngeren Bruder → Edwin Markus B. und dem Mitinhaber Moriz Sondheim (gest. 1944 Frankfurt am Main) veranstaltete er bedeutende Auktionen (z. B. der Bibliothek Kurt Wolffs: Deutsche Literatur des 18. und 19. Jahrhunderts, 11. bis 14. November 1912; Inkunabelsammlung Kurt Wolff, Teil I, 5. bis 6. Oktober 1926). Er widmete sich der Herausgabe von Spezialkatalogen über Inkunabeln, kostbare Einbände und illustrierte Bücher. Die Hauszeitschrift des Antiquariats Joseph Baer & Co. *Frankfurter Bücherfreund* wurde von ihm regelmäßig mit buchkundlichen Beiträgen versehen. Besonders in den 1920er Jahren brachte es das Antiquariat mit seinem enormen Bücherlager zu beträchtlichem, auch internationalem geschäftlichem Erfolg. Als die Reichskammer der Bildenden Künste in Berlin im Juni 1934 den Inhabern aus ›rassischen

Gründen‹ die Berufsausübung verbot, wurde das Unternehmen, das fast 150 Jahre in Familienbesitz gewesen war und zu den führenden Antiquariaten Europas zählte, liquidiert; die Brüder Leopold und Edwin B. entschlossen sich zur Emigration in die Schweiz. Der Überlieferung nach haben sie wochenlang hunderte ihrer kostbaren Bücher als ›Drucksachen‹ unversichert in die Schweiz gesendet. Der ältere Teilhaber Moriz Sondheim verblieb bis zu seinem Tod 1944 in Frankfurt; B.'s Sohn Alexandre (geb. 1921) berichtete in einem Brief an den Börsenverein des Deutschen Buchhandels in Frankfurt vom 1. Januar 1976 von regelrechten Erpressungen zur Rückgabe sehr wertvoller Bücher, die von Genf nach Frankfurt zurückgeschickt wurden, um das Leben des zurückgelassenen Geschäftsführers zu retten. In Genf etablierten sich die Antiquare nur für kurze Zeit. Leo B. ging mit seiner Familie und seiner Sammlung von Wiegendrucken nach Paris und gründete dort ein Antiquariat. Nach Kriegsbeginn 1939 wurde B. als ›feindlicher Ausländer‹ verhaftet; laut Auskunft der Antiquarin → Susanne Bach war B. während des Krieges in einem ›besonders unangenehmen‹ Internierungslager in Frankreich untergebracht, zuletzt im Lager im Departement Finistère, von wo ihm die Flucht gelang. B., seine Frau und sein Sohn Alexandre konnten mit auf den Namen Bernheim gefälschten *Cartes d'Identités* im Untergrund überleben, doch von den Strapazen geschwächt, starb B. drei Jahre nach Kriegsende. Nach dem Krieg setzte Alexandre B. die Familientradition in Paris fort und handelte u. a. mit amerikanischen Frühdrucken. Im Gegensatz zu den meisten exilierten Buchhändlern, die sich mit Entschädigungsforderungen eher zurückhielten, machte Alexandre B. Ende der 1970er Jahre durch eine öffentliche Bekanntgabe auf die skandalös geringe Entschädigung seitens der deutschen Entschädigungs- und Rückerstattungsbehörden zugunsten der Firma Joseph Baer & Co. aufmerksam; über die Verschleppungstaktik der deutschen Behörden hat auch der Mitte der 1960er Jahre als Gutachter in der Rückerstattungssache Magdalena B. bestellte Buchhändler Hans Benecke berichtet.

BABV/DNB: Mappe Joseph Baer; Entschädigungsakte im Regierungspräsidium Darmstadt in Wiesbaden Entschädigungsbehörde; Amt für Wissenschaft und Kunst Akten zum Zwangsverkauf an die Frankfurter Universitätsbibliothek; LGB 2; DBE; Adressbuch 1931 S. 31; Verlagsveränderungen 1933–1937 S. 2; Deutscher Wirtschaftsführer (1929) Sp. 76; Hans Koch: Nachruf auf Leo Baer. In: Bbl. (FfM) Nr. 77 (1949) S. A589; Friedrich Hermann Schwarz: Zur Geschichte der Firma Joseph Baer & Co. In: Bbl. (FfM) Nr. 77 vom 28. 9. 1973 S. A415–18; Paul Arnsberg: Die Geschichte der Frankfurter Juden seit der Französischen Revolution. Bd. 2: Struktur und Aktivitäten der Frankfurter Juden von 1789 bis zu deren Vernichtung in der nationalsozialistischen Ära. Roether: Darmstadt 1983 S. 528; Alexandre Baer: Joseph Baer & Co., fondée 1785. Paris: A. Baer 1977; Hans Benecke: Eine Buchhandlung in Berlin. Frankfurt / Main: Fischer Tb 1995 S. 251 f.; Susanne Bach: Karussell. Von München nach München. Frauen in der Einen Welt. Sonderbd. 2. Nürnberg 1991 S. 67; Werner Kohlert: Moriz Sondheim (1860–1944). Antiquar und Gelehrter. In: AdA NF 14 (2016) S. 134–143; Schroeder: ›Arisierung‹ I (2009) S. 298–302; Schroeder: ›Arisierung‹ II (2009) S. 377 f.

Baer, Rudolf 4. 11. 1906 München – 18. 11. 1998 Hasorea / Isr.; Verlagsredakteur. B. war zwischen 1930 und 1933 Verlagsredakteur (Lektor) im PROPYLÄEN-VERLAG Berlin. 1933 wanderte er nach Palästina aus und war dort Mitbegründer des Kibbuz Hasorea. Im Verlagsbereich scheint er sich nicht mehr betätigt zu haben.

Walk: Kurzbiographien (1988).

Balan, Benno 20. 12. 1896 Berlin – Juni 1944 Jerusalem; Musikverleger. B. gründete nach seinen Lehrjahren bei BOTE & BOCK 1923 in Berlin-Charlottenburg den auf junge zeitgenössische Komponisten spezialisierten Musikverlag EDITION BENNO BALAN und betrieb daneben eine Buch- und Musikalienhandlung in Berlin-Charlottenburg. Zudem hatte B. die Alleinauslieferung der französischen Musikverlage ENOCH & CIE. und JEAN ROBERT inne. 1933 floh B. zunächst nach Paris, eröffnete im Quartier Latin eine Musikalienhandlung und setzte seine verlegerische Tätigkeit unter dem Firmennamen EDITIONS PRO MUSICA fort. 1935 emigrierte er nach Palästina und führte mit seiner Frau Dora Balan-Munk in Jerusalem ein Musikaliengeschäft. Sein Musikverlag, die EDITION PRO MUSICA, war auf hebräische Musik spezialisiert. Nach B.'s Tod führte seine Witwe die Geschäfte weiter.

Adressbuch 1931 S. 28; Fetthauer: Musikverlage (2004) S. 454.

Bamberger, Nathan 5. 6. 1888 Bad Kissingen – 4. 10. 1948 Jerusalem; Antiquar. B. besuchte vermutlich an seinem Geburtsort die Schule, die er mit der Obersekundarreife abschloss. Seine buchhändlerische Ausbildung erhielt er in der Firma I. KAUFFMANN in Frankfurt, in der er alle Abteilungen des Unternehmens – Verlag, Sortiment und Antiquariat – durchlief. Vor dem Ersten Weltkrieg betrieb B. zusammen mit Leopold Feist in Frankfurt einen Laden, in dem sie mit seltenen hebräischen Büchern handelten. B.'s Tätigkeit im eigenen Geschäft wurde vom Ersten Weltkrieg unterbrochen, an dem er bis zu seiner Verwundung teilnahm. 1921 trat er wieder in die Firma I. Kauffmann (Eigentümer seit 1909: → Felix Ignatz Kauffmann) ein, in der er nach relativ kurzer Zeit eine führende Stellung einnahm: Das Antiquariat unterstand seiner geschäftsführenden Leitung; zudem erhielt er zunächst Gesamt-, dann auch Einzelprokura. Im Oktober 1933 emigrierte B. nach Palästina. Dort errichtete er am 1. Januar 1934 gemeinsam mit → Samuel Wahrmann eine Antiquariats- und Verlagsbuchhandlung für Judaica und Hebraica, die weltweit in hervorragendem Ruf stand. Nach B.'s frühem Ableben im Jahre 1948 führte Wahrmann das Geschäft bis zu seinem Tod 1961 weiter; ihm folgte sein Cousin → Oskar Wahrmann.

StAL BV I F 430; HessHStAWI Abt. 518 Nr. 10312; Bbl. (FfM) Nr. 23 vom 20. 3. 1959 S. 404; Bbl. (FfM) Nr. 55 vom 11. 7. 1961 S. 1114; Zadek: Buchhändler II (1971) S. 2941; Junk: Jüd. Buchhandel in Frankfurt (1997) S. 119 f.

Baron, Hermann 21. 4. 1914 – 29. 12. 1989 London; Musikantiquar. B. war der Sohn eines Rabbi; er studierte in Berlin Violine und gehörte 1934 zu den Schülern, die mit ihrem Lehrer Max Rostal (1905–1991) nach London emigrierten; dort spielte er zunächst in verschiedenen Orchestern und wurde Rostals Assistent. In den 1940er Jahren begann B., seit 1949 an der Adresse 136 Chatsworth Road, London NW 2, sich als Musikantiquar zu betätigen und errang auf diesem Feld, wie → Albi Rosenthal oder → Herbert Ashbrook, eine bedeutende Stellung. Auf zahlreichen Reisen erwarb er das Material, das er in insgesamt 144 Katalogen zum Verkauf anbot; ein Schwerpunkt lag dabei auf französischer Musikliteratur des 18. und 19. Jahrhunderts, die er in breiter Auswahl auf Lager hatte. Als Sammler interessierte er sich u. a. für Violinliteratur, sowohl in Noten wie in Büchern. Seine rund 1200 Stücke umfassende Sammlung lithographischer Musikalien aus der ersten Hälfte des 19. Jahrhunderts wurde von der University of Reading erworben; seine Sammlung von Musikverlagskatalogen (rund 500) befindet sich in der Bibliothek der University of Illinois at Urbana-Champaign. B. hinterließ seine Frau Gerda, die ihn in seiner Tätigkeit immer unterstützt hat, und zwei Söhne; die Firma

wurde von Christel Wallbaum, die seit 1956 B.'s Mitarbeiterin und später seine Geschäftspartnerin gewesen war, in 76 Fortune Street, Westhampstead, weitergeführt.
Hermann Baron: The Music Antiquarian of Today. In: Brio (Autumn 1964). Survey of dealers specializing in antiquarian music and musical literature. In: Notes. 2nd Series vol. 23 no. 1 (Sept. 1966) pp. 28–33 [online]; Musical Times vol. 131 no. 1765 (March 1990) [Nachruf]; Richard McNutt: Hermann Baron (1914–1989). In: ABA Newsletter no. 184 (March 1990) pp. 29 f.; Bach, Biester: Exil in London (2002) S. A258; University of Reading, Baron Collection [online]; University of Illinois at Urbana-Champaign, Hermann Baron collection of music publishers' catalogs [online].

Baron, Stefan 1914–1972; Buchhändler. B. war Buchhändler in Berlin. Nach der NS-Machtübernahme entfaltete er als Mitglied des Kommunistischen Jugendverbands Deutschlands (KJVD) eine illegale Tätigkeit; 1934 ging er in die Emigration nach Brasilien. Dort war er im Vorstand des Movimento dos Alemães Livres do Brasil tätig, war Unterzeichner des Aufrufs des Lateinamerikanischen Komitees der Freien Deutschen (LAK) unter Leitung von → Paul Merker und Ludwig Renn vom 3. Januar 1943 und Teilnehmer an dem ersten Kongress dieses Komitees. 1943 war B. in Mexico City an den Aktionen des LAK und der Bewegung Freies Deutschland beteiligt.
BHE 1; Wolfgang Kießling: Alemania Libre in Mexiko. Bd. 1: Ein Beitrag zur Geschichte des antifaschistischen Exils (1941–1946). Bd. 2: Texte und Dokumente zur Geschichte des antifaschistischen Exils (1941–1946). Ost-Berlin: Akademie-Verlag 1974.

Barta-Mikl, Emma geb. Emma Eckschlager 12. Mai 1908 Graz – 20. August 1993 Villa General Belgrano, Argentinien; Schriftstellerin, Buchhändlerin. Emma Mikl war 1937 als Autorin mit dem Roman *Das Chaos und ein junger Mensch* hervorgetreten; sie musste aber, nach ihrer Heirat mit dem jüdischen Kaufmann Ladislaus Barta, im darauffolgenden Jahr aus Österreich flüchten und gelangte nach Buenos Aires, wo sie u. a. mit Paul Zech und noch anderen Schriftstellern und Publizisten befreundet war. Seit 1947 war sie in Córdoba als Lehrerin an einer Privatschule tätig, arbeitete aber auch als Übersetzerin. Nach dem Tod ihres Ehemanns 1948 reiste sie nach Deutschland und engagierte sich in der Betreuung von ›Displaced Persons‹. 1950 kehrte sie nach Argentinien zurück und nahm 1954 eine Stelle im Buchhandel an. Anfang der 1960er Jahre ging sie nach Lima / Peru und war dort maßgeblich an der Gründung von Filialen der von → Herbert Moll ins Leben gerufenen Buchhandelskette LIBRERÍAS ABC beteiligt, die – zuletzt in vier Ländern des Subkontinents – neben spanischsprachiger Literatur auch ein Sortiment deutscher und europäischer Literatur bereithielt. 1975 trat sie in den Ruhestand und lebte zurückgezogen in Argentinien.
Alfred Hübner: Emma Barta-Mikl. (Über-) Leben mit Büchern. In: Zwischenwelt, hg. von der Theodor-Kramer-Gesellschaft, 33 (2016), Nr. 3 S. 25–30.

Bartsch, Hans 1884–10.7.1952 Bullville, NY; Theater- und Literaturagent. B. war bereits vor 1933 auf dem deutschen, europäischen und auch amerikanischen Buchmarkt im Lizenzhandel als Agent tätig. Sein erstes Vermittlungsprojekt war 1907 die New Yorker Erstinszenierung von Franz Lehárs Operette *Die Lustige Witwe*. Als Jude war ihm nach 1933 eine Tätigkeit als Theateragent in Deutschland verboten, weshalb sich seine Agententätigkeit auf Österreich, Ungarn und die USA einschränkte. 1938 flüchtete B. in die USA und führte von seinem New Yorker Büro seine Geschäfte fort. Ähnlich wie seine Kollegen → Eduard Pauker und → Paul Kohner hatte auch B. gegenüber anderen Exilanten einen beruflichen Vorsprung, weil er auf bereits vorhandenen Geschäftsbeziehungen aufbauen konnte.

New York Times vom 12. Juli 1952, S. 13; Macris: Literatur- und Theateragenten (1989) S. 1352 f.; Nicole Koch: Literarischer Spürsinn und Diplomatie. Der Literaturagent Hein Kohn. Magisterarbeit. Universität Mainz 2008 S. 17.

Basch, Martin 1.9.1901 Rawitsch – 5.12.1943 Auschwitz. B. führte 1934 bis 1941 das Antiquariat ›DE BOEKENKAMER‹ im Zentrum Amsterdams, an der Adresse Spiegelgracht 9, wo er auch mit seiner Frau Rosa geb. Ring (3.10.1901 Beuthen – 2.7.1943 Sobibór) und seiner Tochter Sylvie Juliette (16.9.1933 Amsterdam – 17.9.1943 Auschwitz) wohnte. B. wurde im Februar 1942 nach Westerbork gebracht und von dort aus in das Vernichtungslager Auschwitz.

Vera Bendt: Buchhändler, Antiquare, Sammler, Bibliophile aus Deutschland 1933 bis 1945. In: Imprimatur NF XXVI (2019) S. 66; Stadtsarchief Amsterdam [online]; Joodsamsterdam. Joodse Sporen in Amsterdam en omgeving / Spiegelgracht [online].

Baumann, Walter Geb. 16.11.1899 Kassel [?]; Antiquar. B. wird von → Abraham Horodisch als Angestellter seines Antiquariats ERASMUS in Amsterdam genannt: dieser sei ›kein Buchhändler, aber ein fleißiger und geschickter Verkäufer‹ gewesen, da er Zugang zu den bücherinteressierten Kreisen deutscher Kaufleute in der Stadt gefunden habe. B. war es auch, der den Kontakt zu Ernst Rosenberger vermittelte, welcher als Bankiererbe die Möglichkeit hatte, mit einem namhaften Betrag in das Erasmus-Antiquariat als Teilhaber einzutreten. B. schied bereits 1936 aus dem Unternehmen aus und ging nach Südafrika; über sein weiteres Schicksal ist nichts bekannt.

Abraham Horodisch: Schlussbemerkung: Fünfzig Jahre Buchhändler in Amsterdam. In: De Arte et Libris. Festschrift Erasmus. 1934–1984. Amsterdam 1984 S. 465–69.

Becher, Lilly, geb. Korpus 27.1.1901 Nürnberg – 20.9.1978 Berlin; Verlagsmitarbeiterin. Die Tochter eines Ingenieurs trat nach kurzem Sprachenstudium an der Universität Heidelberg 1919 in München der KPD bei, arbeitete 1920/21 als Stenotypistin im Delphinverlag, danach in Berlin jeweils kurze Zeit im Ullsteinhaus und bei der *Roten Fahne*, bis sie 1924 die Frauenzeitschrift *Die Arbeiterin* gründete. 1926 bis 1933 war sie in Willi Münzenbergs NEUEM DEUTSCHEN VERLAG als Lektorin tätig, seit 1927 auch als Leiterin der kulturpolitischen Redaktion, seit 1932 zusätzlich als Chefredakteurin der *Arbeiter-Illustrierten-Zeitung* (AIZ). 1933 flüchtete sie nach Wien, 1934 bis 1936 war sie in Paris Mitarbeiterin der EDITIONS DU CARREFOUR, u. a. als Herausgeberin der Dokumentation *Der gelbe Fleck*. In Paris lernte sie Johannes R. Becher kennen, mit dem sie eine Lebensgemeinschaft einging. 1936 nach Moskau gerufen, arbeitete sie als Übersetzerin beim STAATSVERLAG sowie unter wechselnden Pseudonymen als Beiträgerin bei der Zeitschrift *Internationale Literatur* sowie der deutschsprachigen Abteilung des Moskauer Rundfunks. Nach ihrer Rückkehr nach Deutschland im Juni 1945 war sie bis 1950 Chefredakteurin der *Neuen Berliner Illustrierten*; nach dem Tod ihres Mannes verwaltete sie das Johannes R. Becher-Archiv an der Berliner Akademie der Künste.

Korpus (Becher), Lilly. In: Hermann Weber, Andreas Herbst: Deutsche Kommunisten. Biographisches Handbuch 1918 bis 1945. 2., überarb. und stark erw. Aufl., Berlin: Karl Dietz 2008;

Bernd-Rainer Barth: Becher, Lilly. In: Wer war wer in der DDR? 5. Ausgabe. Band 1. Berlin: Ch. Links, 2010.

Beer, Monika Geb. 4. 8. 1935 Wien; Buchhändlerin; Dr. phil. B. ist die Tochter der Wiener Buchhändlerin → Grete Günther. Sie emigrierte im Kindesalter mit ihren Eltern im Mai 1939 zunächst über die Schweiz nach Frankreich, wo sie in Nizza die Volksschule besuchte. Zu Beginn des Jahres 1942 gelang der Familie die Weiterflucht in die Vereinigten Staaten, wo der Vater → Otto Günther in New York als Publizist tätig wurde und B. die Cathedral High School besuchte. Im August 1950 kehrte die Familie, deren Bemühungen um Restitution der bis zur ›Arisierung‹ im Familienbesitz befindlichen Wiener Buchhandlung KUPPITSCH 1948 Erfolg hatten, nach Österreich zurück. B. legte an der Klosterschule St. Ursula in Wien die Reifeprüfung ab; ihr Studium an der Universität Wien in Geschichte und Anglistik schloss sie 1957 mit der Promotion zum Dr. phil. ab. Seit 1956 firmierte B. als Kommanditistin der Buchhandlung Kuppitsch, 1958 trat sie als persönlich haftende Gesellschafterin in den Familienbetrieb ein. Von 1963 bis 1992 führte sie gemeinsam mit ihrer Schwester → Dr. Zita Seidl die in Universitätsnähe gelegene Innenstadt-Buchhandlung; danach trat mit Andreas Beer (bis 2000) und Norbert Seidl (23. September 1962–1. August 2007) die nächste Generation als Gesellschafter ein. Nach Norbert Seidls frühem Tod übernahmen dessen Geschwister Martin und Elisabeth Seidl die Leitung der Sortimentsbuchhandlung. Im Oktober 2019 wurde das Traditionsunternehmen von der Buchhandelskette Thalia übernommen.

Hupfer: Antiquarischer Buchhandel (2003) S. 54–58; Korrespondenz CF mit Elisabeth M. Seidl vom 22. 9. 2009 und 13. 10. 2009.

Behrisch, Arno Erich 6. 6. 1913 Dresden –16. 9. 1989 Hof; Politiker, Verleger. Der gelernte Schriftsetzer B. war hauptsächlich politisch tätig: Er war Mitglied im Buchdruckerverband, in SAJ und SPD, später in der SAPD. Nach 1933 war er illegal tätig; 1934 floh er in die ČSR, 1938 dann weiter über Polen und das Baltikum nach Stockholm. Dort wurde er wiederum politisch sowie publizistisch aktiv, so stellte er als Angestellter der schwedischen Gewerkschaftsdruckerei im Auftrag der ITF London illegale Schriften für Deutschland her. 1940 wurde er wegen Vorbereitung von Sprengstoffanschlägen auf schwedische Erztransporte nach Deutschland zu 3½ Jahren Zwangsarbeit verurteilt; nach seiner Haftzeit trat er für einige Monate der dänischen Widerstandsbewegung bei. 1945 konnte er schließlich mit britischer Hilfe nach Deutschland zurückkehren. Auch nach seiner Remigration widmete sich B. vor allem der parteipolitischen Arbeit. So wurde er 1946 stellvertretender Landesvorsitzender der SPD in Bayern und Mitglied in der Bayerischen Verfassungsgebenden Landesversammlung. Bis 1949 war er Mitglied des Bayerischen Landtages, bis 1961 Mitglied des Bundestages. In diesem Jahr trat er nach der Einleitung eines Parteiverfahrens wegen seiner Tätigkeit in Schweden aus der SPD aus und wurde Direktoriumsmitglied der Deutschen Friedensunion und ihr Landesvorsitzender in Nordrhein-Westfalen. Neben der politischen Betätigung blieb B. weiterhin auf verlegerischer Ebene aktiv: Während seiner Zeit in Bayern war er Chefredakteur der *Oberfränkischen Volkszeitung* und Geschäftsführer der OBERFRÄNKISCHEN VERLAGSANSTALT in Hof; nach 1961 wurde er Geschäftsführer des WESTDEUTSCHEN VERLAGES Dortmund.

BHE 1.

Beier, Wilhelm 13. 8. 1905 Berlin – 19. 2. 1988 Berlin; Drucker, Grafiker, Journalist, Verleger. B., Sohn eines Schlossers und einer Näherin, besuchte ab 1919 die Buchdruckerfachschule (1921 Mitglied des Deutschen Buchdruckerverbandes) und studierte 1921 bis 1928 an der Kunstgewerbeschule Berlin und der Kunsthochschule Berlin-Schöneberg. Seit 1924 arbeitete er auch als Redakteur und 1926 bis 1931 als Werbegrafiker. 1929 trat er in die KPD ein, nach 1933 arbeitete er im konspirativen Apparat der KPD als Drucker und Passfälscher in Berlin und danach in Saarbrücken, wo er eine illegale Druckerei einrichtete. Am Aufbau von Druckereien war er dann auch in der Emigration in Prag und Paris beteiligt. 1939 wurde er in Südfrankreich interniert, bis ihm mit falschen Papieren die Flucht nach Algerien und Marokko gelang. 1941 schloss er sich einer Gruppe spanischer Kommunisten an, die Sabotageakte auf Transporte der deutschen Wehrmacht verübte; anschließend kämpfte er in den Reihen der französischen Résistance. 1944/45 wurde er in die Leitung der KPF und der Bewegung Freies Deutschland für den Westen (CALPO) aufgenommen, außerdem war er Redakteur der Kriegsgefangenenzeitung *Volk und Vaterland*. Im Oktober 1945 nach Deutschland/SBZ zurückgekehrt, wurde er Mitglied der SED, war bis 1950 Leiter des Deutschen Funkverlages sowie Gründer und zunächst auch Chefredakteur der Zeitschrift *Der Rundfunk*. Im März 1947 gründete er, als Lizenzträger, gemeinsam mit → Michael Tschesno-Hell den Verlag VOLK UND WELT, der sich in der DDR zum größten Verlag für internationale Belletristik entwickeln sollte. 1950 bis 1954 war er auch Leiter des SPORTVERLAGES und des Verlages TRIBÜNE. Der mehrfach ausgezeichnete B. bekleidete noch zahlreiche weitere Funktionen, so in Journalistenverbänden und an der Deutschen Hochschule für Körperkultur Leipzig; auch betätigte er sich als Fachbuchautor.

Bernd-Rainer Barth: Wilhelm Beier. In: Wer war wer in der DDR? 5. Ausgabe, Bd. 1, Berlin: Chr. Links 2010; Wikipedia; Gottfried Hamacher u. a.: Gegen Hitler. Deutsche in der Résistance, in den Streitkräften der Antihitlerkoalition und der Bewegung ›Freies Deutschland‹. [online].

Belf, Josef 29. 11. 1883 – 29. 8. 1944 New York; Buchhändler. B. führte in Wien die 1868 gegründete BUCHHANDLUNG JOSEF BELF auf Grundlage einer im Oktober 1919 erhaltenen Konzession zum ›Betriebe des Handels mit hebräischen Büchern in anderen Sprachen, jüdischer Literatur‹ in Wien 1, Rabensteig 3, weiter. Die im *Adressbuch des deutschen Buchhandels 1933* als ›Verlag, Buch-, Kunst- und Musikalienhandlung, Antiquariat‹ eingetragene Firma war ein Kleinbetrieb, der nach dem ›Anschluss‹ Österreichs durch die Gestapo gesperrt wurde. B. wurde am 15. November 1938 in das KZ Dachau eingeliefert und am 10. Januar 1939 wieder freigelassen. Anschließend emigrierte er gemeinsam mit seiner Frau Berta geb. Blume Goldberg (1883–1974) in die USA, wo er an den Folgen seiner Haft 1944 verstarb. Die Fa. Josef Belf in Wien wurde von Gottfried Linsmayer, dem Abwickler von mindestens 38 jüdischen Buchhandelsfirmen in Wien, liquidiert. In den 1960er Jahren stellte B.s Witwe einen Antrag beim Abgeltungsfonds; 2011 wurden drei in die Universitätsbibliothek Wien gelangte Bücher an die in den USA lebende 90jährige Tochter restituiert.

Georg Hupfer: Zur Geschichte des antiquarischen Buchhandels in Wien. Universität Wien, Dipl.-Arb. 2003 S. 286 f.; Christina Köstner: Ein Nutznießer seiner Zeit – Der Verleger Dr. Gottfried Linsmayer. In: Mitteilungen der Gesellschaft für Buchforschung in Österreich 2002-2 S. 17–24; Markus Stumpf: Ergebnisse der Provenienzforschung an der Fachbereichsbibliothek Judaistik der Universität Wien. In: NS-Provenienzforschung an österreichischen Bibliotheken. Anspruch und Wirklichkeit. Hg. von Bruno Bauer, Christina Köstner-Pemsel und Markus Stumpf. Graz,

Feldkirch: Wolfgang Neugebauer 2011 S. 155–188 (bes. S. 178–181) [online]; Stefan Aller, Bruno Bauer, Markus Stumpf: NS-Provenienzforschung und Restitution an Bibliotheken. Berlin: de Gruyter 2017 S. 54.

Ben-Chorin, Schalom (bis 1937: Fritz Rosenthal), 20. 7. 1913 München – 7. 5. 1999 Jerusalem; Journalist, Schriftsteller, Verleger; Dr. h. c. Neben dem Studium der Philosophie, Germanistik und Vergleichenden Religionswissenschaft in München absolvierte Fritz Rosenthal zwischen 1928 und 1931 eine 3-jährige buchhändlerische Ausbildung als Volontär in der von → Schloime Monheit geführten EWER BUCHHANDLUNG in München, einer Gründung des zionistischen JÜDISCHEN VERLAGES in Berlin, die vor allem mit Judaica handelte, daneben aber auch ein allgemeines Sortiment und eine Leihbibliothek führte. Nachdem er nach dem 1. April 1933 dreimal von der Münchner Polizei verhaftet und schwer misshandelt worden war, emigrierte er 1935 mit seiner Frau Gabriella (22. 9. 1913 – 27. 3. 1975 Jerusalem; Heirat 9. 6. 1935, geschieden 1941), Tochter des berühmten Antiquars → Erwin Rosenthal und kurzzeitig auch in dessen Firma tätig, mit einem Zwischenaufenthalt auf Elba, nach Palästina. Dort nahm er 1937 den hebräischen Namen Schalom Ben-Chorin (›Friede Sohn der Freiheit‹) an und wurde als freier Schriftsteller und Journalist tätig. Neben seinen publizistischen Arbeiten war B. in Palästina zunächst aber auch im Buchhandel engagiert: 1936 gründete er in Jerusalem zusammen mit → Joseph Melzer die Buchhandlung HEATID (›Die Zukunft‹), deren Grundstock ein Büchersortiment seines Schwiegervaters bildete und die er nach Melzers Rückkehr nach Europa allein weiterführte. In dieser Zeit wurden von ihm in Deutschland anfallende Autorenhonorare (bis 1938 gab es zahlreiche jüdische Zeitungen und Zeitschriften) mit Bücherlieferungen des Leipziger Kommissionärs Carl Emil Krug gegenverrechnet. Nach zwei Jahren zog sich B. auf eine stille Teilhaberschaft im Unternehmen zurück, um sich nur noch seinen journalistischen und publizistischen Arbeiten zu widmen (er war allerdings an der Gründung einer EDITION ROMEMA beteiligt, in der auch eigene Essays erschienen). Nach weiteren zwei Jahren wurde die Buchhandlung von → Wolfgang Edinger und → Ulrich Salingré übernommen und firmierte seit 1940 unter HEATID SALINGRÉ & CO., mit einem allgemeinen Sortiment und einem Antiquariat im 1. Stock, in welchem neben Salingré auch → Eli Rothschild und lange Jahre vor allem → Fritz Romann tätig waren. Die Firma bestand bis 1990. B. gehörte in diesem Zeitraum mit seinen theologischen und religionsphilosophischen Schriften zu den maßgeblichen Vorkämpfern für eine Aussöhnung zwischen Juden und Christen. 1956 kehrte er erstmals nach München zurück, dort und in Tübingen war er danach immer wieder als Gastprofessor tätig. Für seine Bemühungen um die Verständigung zwischen Israelis und Deutschen sind ihm zahlreiche Auszeichnungen verliehen worden, so der Leo-Baeck-Preis (1959), das Bundesverdienstkreuz (1969), die Buber-Rosenzweig-Medaille (1982), ein Professorentitel (von der Landesregierung Baden-Württemberg, 1986) sowie auch die Ehrendoktorwürde der Universität München (1988). B. lebte bis zu seinem Tod in Jerusalem; seinen Nachlass verfügte er nach Marbach in das Deutsche Literaturarchiv.

Schalom Ben-Chorin: Ich lebe in Jerusalem. München: List 1972 [Autobiographie]; ders.: Jugend an der Isar. München: List 1974 [Autobiographie]; ders.: Fremdheit und Verfremdung. In: Walter Zadek [Hg.]: Sie flohen vor dem Hakenkreuz. Selbstzeugnisse der Emigranten. Ein Lesebuch für Deutsche. Reinbek bei Hamburg: Rowohlt 1981 S. 140–44.

Interview EF mit B. am 21. 10. 1992 in Jerusalem; Korrespondenz EF mit B. 1992/93; BHE 2; DBE; Killy Literatur Lexikon (1988–93); Archiv Bibliographia Judaica e. V. [Hg.]: Lexikon deutsch-jüdischer Autoren. Bd. I. München: Saur 1992 S. 466 f.; Uri Benjamin [d. i. Walter Zadek]: Die Welt als Vaterland [II]. In: Bbl. (FfM) Nr. 16 vom 25. 2. 1977 S. A38–42, hier S. A39; Bbl. Nr. 54 vom 9. 7. 1993 S. 32; Bbl. Nr. 9 vom 1. 2. 2000 S. 52 [Nachruf von Stefan Hauck]; SZ 8./ 9. 5. 1999 [Nachruf von Petra Steinberger]; Martin Nelskamp: Sprache als Heimat. Magisterarbeit. Leipzig 2005 S. 107 [online]; Es war einmal in Jerusalem, a very personal view. Gabriella Rosenthal: Zeichnungen / drawings Palestine / Israel 1938–1955. [Ausstellungskatalog]. Hrsg. v. Chana Schütz u. a. (Stiftung Neue Synagoge – Centrum Iudaicum). Leipzig: Hentrich & Hentrich 2019.

Bendix, Walter 10. 8. 1909 Berlin – 16. 6. 2000 New York; Musikverleger. B. war der Neffe des Musikverlegers → Henri Hinrichsen, Inhaber der Leipziger Musikalienfirma C. F. PETERS. Er besuchte in Berlin-Grunewald das Realgymnasium und begann anschließend, im familiären Textilunternehmen zu arbeiten, bis der Betrieb Mitte 1938 ›arisiert‹ wurde. Im März 1939 ging B. nach Großbritannien ins Exil, im Juni 1940 gelang ihm die Einreise in die USA. Zunächst arbeitete er dort als Vertreter, bis er nach der Gründung der C. F. PETERS CORP. 1948 durch → Walter Hinrichsen im New Yorker Verlag seines Cousins eine Anstellung fand und als Verkaufsmanager für die Kontakte zu Musikalienhändlern zuständig war. 1970, nach Hinrichsens Tod, wurde B. Vizepräsident der Firma, bis er sich 1991 aus ihr zurückzog.
    Walter Bendix, German Intellectual Émigré Tape Recordings, John M. Spalek Collection (GER-106), University at Albany, State University of New York; Fetthauer: Musikverlage (2004) S. 456.

Benjamin, Hermann 10. 12. 1900 Hamburg – 24. 9. 1936 London; Musikverleger. B., Sohn des Verlegerpaares Helene und John B., hatte 1930/31 Prokura in der Hamburger Abteilung Sortiment und Instrumentenhandlung der ANTON J. BENJAMIN AG Hamburg Leipzig, deren Vorstandsmitglied er zwischen 1930 und 1933 war. Er lebte zeitweilig in Frankreich und ging 1934/35 nach Großbritannien, wo er die BRITISH STANDARD MUSIC CO. LTD. gründete, die Verlagstitel von Benjamin in Großbritannien vertrat. 1936 nahm B. sich das Leben; seine Ehefrau und seine beiden Kinder gingen zurück nach Deutschland und wurden dort, ebenso wie B.'s Mutter Helene, im KZ ermordet. B. war der Cousin von → Richard Schauer. Anton J. Benjamin firmierte 1940 als ›arisierter‹ Verlag HANS C. SIKORSKI KG, Leipzig, und verlegte als diese ihren Firmensitz 1949 nach Hamburg; ab 1953 lautete der Firmenname wieder ANTON J. BENJAMIN GMBH.
    Adressbuch 1931 S. 43; Tentative List p. 18; Verlagsveränderungen 1942–1963 S. 22; Wikipedia; Fetthauer: Musikverlage (2004) S. 456.

Benjamin, Stefan Rafael (Stephen) 11. 4. 1918 Bern – 6. 2. 1972 London; Antiquar. B. war der Sohn Walter Benjamins aus der Ehe mit Dora Kellner; er kam mit seiner Mutter nach Beginn des Zweiten Weltkriegs über Südfrankreich 1939 nach England und war in London als Antiquar tätig. Als Erbe war er an der Verwaltung der Verlagsrechte am Œuvre seines Vaters und an der Veranstaltung einer Benjamin-Gesamtausgabe beteiligt; nach seinem Tod 1972 waren seine Frau und seine beiden Töchter in die Streitigkeiten um vorenthaltene Honorarzahlungen weiter involviert.
    Rolf Tiedemann: Die Abrechnung. Walter Benjamin und sein Verleger. Hamburg: Kellner 1989; Willi Winkler: 4,875 % für Walter Benjamin. In: Der Spiegel Nr. 41 (1989) [online]; Ulrich Greiner: Rächer der Gerechten. In: Die Zeit Nr. 43 (1989) [online].

Berger, Marietta 30. 7. 1908 Berlin –1999 Netanya; Buchhändlerin, Fotografin. B., Tochter von Philipp Bernstein (1862–1917), trat nach dem Besuch der höheren Schule Lehrstellen als Photographin und Buchhändlerin an; 1930 heiratete sie den Rechtsanwalt und Archäologen Dr. Fritz B. (28. 2. 1902 Chemnitz –13. 2. 1988 Netanya). 1940 flüchtete das Ehepaar nach Palästina, wo es eine private Leihbibliothek in Netanya führte. Als Leihbuchhändler belieferten sie auch kleinere Orte und Siedlungen mit Büchern. Fritz B., der in Heidelberg, Berlin und Freiburg studiert hatte und 1936–39 im Palästina-Auswanderungsamt in Berlin tätig gewesen war, leitete als *district officer* des Departments of Antiquities Ausgrabungen in Israel.

Marietta Berger: Aufzeichnungen aus dem Tagebuch meines Vaters Philipp Bernstein (Archiv des Leo Baeck Instituts in Jerusalem).
Interview EF mit Erwin Lichtenstein am 22. 10. 1992 in Kfar Shmajarhu / Israel; BHE 1 [Art. Fritz Berger]; www.geni.com; Zadek: Buchhändler II (1971) S. 2941.

Berges, Grete (Gretchen) 3. 5. 1895 Hamburg – 9. 1. 1957 Stockholm; Kinderbuchautorin, Übersetzerin, Literaturagentin. B., Tochter des Buchhalters Nathan B. und seiner Frau Johanna geb. Goldstein, besuchte eine höhere Mädchenschule sowie eine Handelsschule; anschließend war sie in Hamburger Import- und Exportfirmen hauptsächlich als Fremdsprachenkorrespondentin tätig. Nach kurzer Ehe mit Wilhelm Herthel lebte sie mit ihrer Tochter Anna (geb. 1921) bei ihren Eltern in Hamburg-Eppendorf. Zuvor jedoch war sie 1915–18 als Privatsekretärin im Verlag von Richard Hermes tätig gewesen, seit 1918 wollte sie sich ganz ihrer literarischen Tätigkeit widmen. Ein etwas umfangreicheres Werk erschien aber erst 1932 mit dem Kinderbuch *Liselott diktiert den Frieden* in der Union Deutsche Verlagsgesellschaft in Stuttgart. Aufgrund der durchwegs positiven Resonanz dachte B. an eine Fortsetzung, wurde aber von der NS-Machtübernahme daran gehindert. B., die 1928–33 bei der Hamburger Rundfunkanstalt NORAG sowohl in der Verwaltung wie im Nachrichtendienst und anderen Abteilungen tätig gewesen war und dort wegen ihrer jüdischen Herkunft entlassen wurde, wollte nach New York emigrieren; diese Bemühungen scheiterten jedoch, sodass sie sich 1936 entschloss, als Touristin getarnt nach Kopenhagen zu gehen. Als Ausländerin durfte sie in Dänemark nicht arbeiten, lebte von Unterstützungen und bemühte sich weiter – vergeblich – um ein US-Visum. Sie wandte sich in dieser Angelegenheit auch an Selma Lagerlöf, die sie im Oktober 1936 für einige Tage nach Schweden einlud. Als B. in Dänemark von der Ausweisung bedroht war, vermittelte Lagerlöf im Sommer 1937 eine Aufenthaltsgenehmigung in Schweden. Dort fand B. eine neue Heimat: In Stockholm, wo sie bis zu ihrem Tod lebte, wagte sie einen beruflichen Neuanfang, indem sie eine Agentur aufbaute, über die sie im Rahmen vielfältiger internationaler Kontakte literarische Texte und auch Photomaterial aus Schweden ins Ausland vermittelte. Diesen Beruf der literarischen Agentin hat B. nach eigenem Bekunden nicht freiwillig gewählt: ›es ist ein Emigrationsberuf, er unterstand den damals noch sehr strengen Arbeitsgesetzen für Ausländer nicht.‹ Der Beruf brachte hohe Belastungen mit sich, zumal B. bis 1951 ihre kranke Mutter pflegte, die nach dem Tod des Vaters nach Stockholm nachgezogen war. B. hatte die schwedische Sprache rasch erlernt und hielt – neben ihrer Agenturtätigkeit – öffentliche Vorträge und Rundfunkvorträge, sie schrieb für Zeitungen und arbeitete als Übersetzerin. Als Publizistin und als Agentin, die sowohl schwedische wie deutschsprachige Autorinnen vertrat, wurde sie eine der wichtigsten

Kulturvermittlerinnen in Skandinavien. Eine Rückkehr nach Hamburg war für die inzwischen entschieden kosmopolitisch eingestellte Emigrantin undenkbar, zumal auch ihre Wiedergutmachungsansprüche viele Jahre lang verschleppt wurden. Anfang 1957 starb B. an einem Krebsleiden.

Wilfried Weinke: Die Kinderbuchautorin, Übersetzerin und Literaturagentin Grete Berges. In: Zeitschrift des Vereins für Hamburgische Geschichte Bd. 95 (2009) S. 69–89.

Bergmann, Hermann Chaskiel 10. 10. 1880 Wieruszow / Polen –19. 8. 1961 Tel Aviv; Buchhändler, Antiquar, Buchbinder. Zu Beginn des 20. Jahrhunderts ließ sich B. in Frankfurt / Main nieder, wo er das Buchbinderhandwerk erlernte. Nachdem er von 1907 bis 1910 in der Buchhandlung SÄNGER & FRIEDBERG (→ Bernhard Friedberg, → Rebecka Sänger) angestellt gewesen war, eröffnete er im August 1911 eine hebräische Buchhandlung in Frankfurt, der ein Antiquariat und eine Buchbinderei angegliedert waren. Die Buchbinderinnung war der einzige Berufsverband, dem B. angehörte. In der Reichspogromnacht 1938 wurden B.'s Buchhandlung und Wohnung verwüstet und ein Teil seines Warenlagers, darunter wertvolle jüdische Bücher und Kultusgegenstände, zerstört. B. wurde verhaftet und in die Frankfurter Festhalle gebracht. Von dort aus wurde er in das KZ Buchenwald deportiert, aus dem er am 18. Dezember des Jahres wieder entlassen wurde. Zur gleichen Zeit bekam er die Mitteilung, dass sein gesamtes Buchlager zugunsten des Reiches beschlagnahmt werde und er den Geschäftsbetrieb einzustellen habe. B.'s Angaben zufolge wurden seine Bücherbestände an das Reichspropagandaministerium in Berlin geschickt und schließlich der Verlagsabteilung des Jüdischen Kulturbundes übergeben. Am 27. Dezember 1938 erfolgte die Abmeldung des Betriebes zum Jahresende. 1939 wanderte B. nach Palästina aus: Bei seiner Ankunft war er knapp 60 Jahre alt, krank und vermögenslos und hausierte zeitweise mit Zigaretten.

HessStAWI Abt. 518 Nr. 10314, Abt. 519 / D Nr. 2871/39, Abt. 519 / N Nr. 14606, Abt. 676 Nr. 2574; StadtAFfm, Firmenkartei des Kassen- und Steueramtes Frankfurt; Junk: Jüd. Buchhandel in Frankfurt (1997) S. 126–31.

Bermann Fischer, Brigitte 5. 3. 1905 Berlin – 28. 5. 1991 Camaiore / Italien; Verlegerin, Buchgestalterin. Brigitte (Eva) B. war die Tochter des Verlegers Samuel Fischer und erhielt eine umfassende verlegerische Ausbildung: von Emil Rudolf Weiß, einem der bedeutendsten Buch- und Schriftgestalter der Zeit, wurde sie in Buchgestaltung unterrichtet, in der Druckerei OTTO VON HOLTEN in Berlin lernte sie Handsatz und Pressendruck und im väterlichen Unternehmen den Herstellungsprozess. Nach dem Tod ihres Vaters 1934 übernahm sie gemeinsam mit ihrem Mann → Gottfried Bermann Fischer, mit dem sie seit 1925 verheiratet war, die Leitung des S. FISCHER VERLAGS. 1935 erfolgte die Verlegung eines Teils des Verlagshauses nach Wien, 1938, nach dem ›Anschluss‹ Österreichs, emigrierte das Verlegerpaar nach Stockholm und 1940 weiter in die USA, wo G. B. Fischer gemeinsam mit Fritz H. Landshoff 1941 eine weitere Verlagsgründung versuchte. In allen Exilverlagen, insbesondere im New Yorker Unternehmen L. B. FISCHER PUBLISHING CORP., war B. als Buchgestalterin tätig, vor allem mit dem Design von Schutzumschlägen und Einbänden. Nach der Rückkehr aus dem Exil spielte B. eine entscheidende Rolle bei der Gestaltung der Taschenbuchreihe *Fischer Bücherei* und organisierte das Auslandslektorat. 1965 zog sich B. aus der aktiven Verlagsarbeit zurück und lebte mit ihrem Mann in der Toskana.

Brigitte Bermann Fischer: Sie schrieben mir oder was aus meinem Poesiealbum wurde. Zürich: Claassen 1978; dies.: ›Zuck‹ und sein Verleger. Erinnerungen. (Blätter der Carl-Zuckmayer-Gesellschaft 5. Jg. H. 3 (1979).) Mainz: Carl-Zuckmayer-Gesellschaft 1979; dies.: Gottfried Bermann Fischer: Briefwechsel mit Autoren. Frankfurt / Main: S. Fischer 1990. – Buchgestaltung u. a. von: Cross-section. A collection of new American writing. 1945. New York: L. B. Fischer 1945; Martin Gumpert: Hahnemann: The adventurous career of a medical rebel. New York: L. B. Fischer 1945; Joachim Maass: Das magische Jahr. Ein Roman. Stockholm: Bermann-Fischer 1945; Carl Zuckmayer: Der Seelenbräu. Erzählung. Stockholm: Bermann-Fischer 1945; Alexander Lernet-Holenia: Germanien. Stockholm: Bermann-Fischer 1946; Alexander Lernet-Holenia: Mars im Widder. Roman. Stockholm: Bermann-Fischer 1947; Bruno Walter: Thema und Variationen. Erinnerungen und Gedanken. Stockholm: Bermann-Fischer 1947; Friedrich Torberg: Hier bin ich, mein Vater. Roman. Stockholm: Bermann-Fischer 1948.

Bbl. Nr. 44 vom 4. 6. 1991 S. 4914 [Todesanzeige]; Bernhard Zeller: Der Glaube an die Macht des gedruckten Worts [Nachruf]. In: Bbl. Nr. 47 vom 14. 6. 1991 S. 2074 f.; Friedrich Pfäfflin: Buchumschläge. Über Bücher und ihre äußere Gestalt. Frankfurt / Main: S. Fischer 1986; S. Fischer, Verlag [Ausst.-Kat. 1986]; Gottfried Bermann Fischer [Hg.]: In memoriam Brigitte Bermann Fischer 1905–1991. Frankfurt / Main: S. Fischer 1991; Fischer: Buchgestaltung im Exil (2003) S. 145 f.; Saur: Deutsche Verleger im Exil (2008) S. 218.

Bermann Fischer, Gottfried 31. 1. 1897 Gleiwitz / Oberschlesien –17. 9. 1995 Camaiore / Italien; Verleger; Dr. med. Der Sohn eines Sanitätsrates arbeitete nach dem Medizinstudium in Breslau, Freiburg und München zunächst als Assistenzarzt in Berlin, bis er 1925 nach der Hochzeit mit Brigitte Fischer (→ Brigitte Bermann Fischer) in das Verlagshaus ihres Vaters Samuel Fischer eintrat und auf Wunsch seines Schwiegervaters den Namen in Bermann Fischer änderte. Ab 1929 war B. Generaldirektor des S. FISCHER VERLAGS in Berlin, nach dem Tod Samuel Fischers 1934 alleiniger Leiter, darin stets unterstützt durch seine Frau. Unter politischem Druck übersiedelte B. Ende 1935 den Verlag mit den Rechten der bei den Nationalsozialisten unerwünschten Autoren (u. a. Thomas Mann, Hugo von Hofmannsthal, Carl Zuckmayer, Alfred Kerr und Alfred Döblin) einschließlich des zugehörigen Bücherlagers nach Wien, wo die BERMANN-FISCHER VERLAGS GMBH Anfang 1936 ihre Verlagstätigkeit aufnahm; das Hauptabsatzgebiet für das Programm blieb Deutschland. Den in Deutschland verbleibenden Verlagsteil übergab B. an Peter Suhrkamp, der ihn treuhänderisch unter dem alten Namen weiterführte. Nach dem ›Anschluss‹ Österreichs 1938 verlor B. den Wiener Verlag; nach etwas mehr als zwei Jahren war damit die endgültige Trennung B.'s von Deutschland vollzogen. Er flüchtete über Zürich nach Stockholm und gründete dort mit Unterstützung der Familie Bonnier den BERMANN-FISCHER VERLAG, in dem er u. a. die *Forum-Bücherei* herausgab, die zur Vorgeschichte des modernen Taschenbuchs gehört. 1940 wurde B. wegen anti-nationalsozialistischer politischer Aktivitäten von der schwedischen Kriminalpolizei verhaftet, zwei Monate lang inhaftiert und dann ausgewiesen. B. ging mit seiner Familie über die UdSSR und Japan in die USA. Mit Unterstützung des amerikanischen Verlegers Alfred Harcourt etablierte sich B. in New York und suchte zunächst Bücher seines Stockholmer Verlags abzusetzen: damals wurden in den USA von Emigranten neue deutschsprachige Buchhandlungen gegründet, und der Zustrom der Hitlerflüchtlinge schien eine große Kundenzielgruppe zu sein. Im Sommer 1941 gründete B. zusammen mit → Fritz H. Landshoff, der den Amsterdamer Exilverlag QUERIDO geleitet hatte, die L. B. FISCHER PUBLISHING

CORP., in der vor allem Exilliteratur in englischer Sprache veröffentlicht wurde. Seit 1944 brachte er die Buchserie *Neue Welt* heraus, die für die deutschen Kriegsgefangenen in den USA bestimmt war. Die großen Absatzerfolge erzielte die L. B. Fischer Corp. allerdings mit amerikanischen Autoren. Marktstrategische Fehler ließen den Verlag 1944 in finanzielle Schwierigkeiten geraten, aus denen er zunächst durch das Engagement der Brüder Bonnier gerettet wurde; als aber 1946 erneute Engpässe auftraten, wurde die L. B. Fischer Corp. im März 1946 an den amerikanischen Verlag WYN verkauft. Nach Kriegsende bemühte B. sich um eine Wiedervereinigung des Stockholmer Exilverlags, der bis 1948 ohne Unterbrechung aktiv war, mit dem in Deutschland verbliebenen Teil des ehemaligen S. Fischer Verlags. Dieser war 1942 auf Anordnung des Propagandaministeriums in SUHRKAMP VERLAG VORMALS S. FISCHER umbenannt worden und erhielt nun im Oktober 1945 von den Besatzungsmächten die Lizenz für die Suhrkamp Verlags KG Berlin. Die Versuche der Verlagszusammenführung scheiterten und endeten 1950 in einem Vergleich: Der Suhrkamp Verlag blieb erhalten, der S. FISCHER VERLAG wurde in Berlin und Frankfurt wiedergegründet, und die 1936 bei Suhrkamp verbliebenen Autoren des Verlags durften frei entscheiden, welcher der beiden Verlage ihre Rechte erhalten sollte. Bis zur Neugründung des S. Fischer Verlags 1950 widmete sich B. wieder stark dem Stockholmer Verlag; hier erschien ab Juni 1945 nun auch wieder die Zeitschrift *Neue Rundschau*. 1948 vereinigte sich der Stockholmer Bermann-Fischer Verlag mit Fritz Landshoffs Querido Verlag zum BERMANN-FISCHER / QUERIDO VERLAG mit Geschäftssitz in Amsterdam, an den BONNIER seine Rechte am Stockholmer Unternehmensteil verkaufte. Als der S. Fischer Verlag in Deutschland seine Arbeit aufnehmen konnte, waren die ausländischen Verlagsteile überflüssig geworden; daher wurden sowohl der Amsterdamer wie auch der (wiederbelebte) Wiener Verlag stillgelegt. 1952 wurde dem S. Fischer Verlag der Taschenbuchverlag *Fischer Bücherei* in Frankfurt zur Seite gestellt; beide Verlage leitete B. bis 1962. Das Familienunternehmen wurde in den folgenden Jahren an die Verlagsgruppe GEORG VON HOLTZBRINCK verkauft; B. zog sich mit seiner Frau in sein Haus in Camaiore (Toskana) zurück.

Gottfried Bermann Fischer: Bedroht – bewahrt. Der Weg eines Verlegers. Frankfurt / Main: S. Fischer 1967; Peter de Mendelssohn [Hg.]: Thomas Mann: Briefwechsel mit seinem Verleger Gottfried Bermann Fischer, 1932–1955. Frankfurt / Main: S. Fischer 1973; Gottfried und Brigitte Bermann Fischer: Briefwechsel mit Autoren. Frankfurt / Main: S. Fischer 1990; Gottfried Bermann Fischer: Wanderer durch ein Jahrhundert. Frankfurt / Main: Fischer Tb 1994.

Interview EF mit B. am 28. 7. 1992 in Camaiore; SStAL, BV, F 698; Adressbuch 1931 S. 178; Verlagsveränderungen 1933–1937 S. 8; BHE 1; Ernst Johann [bearb. von]: S. Fischer Verlag: Vollständiges Verzeichnis aller Werke, Buchserien und Gesamtausgaben mit Anmerkungen zur Verlagsgeschichte 1886–1956. Frankfurt / Main: S. Fischer 1956; Hans-Otto Mayer: Dr. Gottfried Bermann Fischer 60 Jahre alt. In: Bbl. (FfM) Nr. 62 vom 2. 8. 1957 S. 1057; Bbl. (FfM) Nr. 10 vom 4. 2. 1983 S. 282 f.; Bbl. (FfM) Nr. 60 vom 28. 7. 1987 S. 2048; Buchreport Nr. 38 (1995) S. 49 f.; S. Fischer, Verlag [Ausst.-Kat. 1986]; Koepke: Exilautoren und ihre Verleger (1989) S. 1423–26; Archiv Bibliographia Judaica e. V. [Hg.]: Lexikon deutsch-jüdischer Autoren. Bd. I. München: Saur 1992 S. 208–12; Jan-Pieter Barbian: Glücksstunde oder nationalsozialistisches Kalkül? Die ›Arisierung‹ des S. Fischer Verlages 1935–1937. In: Julius H. Schoeps [Hg.]: Menora. Jahrbuch für deutsch-jüdische Geschichte. Bd. 7. Europäische Verlagsanstalt 1996 S. 61–94; Nawrocka: Bermann-Fischer im Exil (1998) S. 1–216; Fischer: Verlegeremigration nach 1933 (2002) S. 275–77; Saur: Deutsche Verleger im Exil (2008) S. 218; Nawrocka: Kooperationen (2004) S. 66 f., 71–75.

Bernath, Morton H. 25. 11. 1886 Belenves, Ungarn – 27. 7. 1965 Mexico City; Kunsthändler, Antiquar; Dr. B., ungarisch-rumänischer Herkunft, studierte Kunstgeschichte und promovierte, nach Publikation einiger Aufsätze, 1912 an der Universität Freiburg / CH über *Die Miniaturhandschriften in der Leipziger Stadtbibliothek* (im Druck erschienen Borna bei Leipzig: Noske 1912). Seit 1911 war er auch im Verlag E. A. Seemann als Redakteur beim *Allgemeinen Lexikon der Bildenden Künstler von der Antike bis zur Gegenwart* (Thieme-Becker) tätig und verfasste eine Anzahl biographischer Artikel; 1913 bis 1915 war er im gleichen Verlag Mitherausgeber des *Archivs für Kulturgeschichte*. Er hielt sich einige Zeit in den USA auf; 1917 wurde er Abteilungsleiter am Museum und Institut zur Kunde des Auslandsdeutschtums in Stuttgart, wo er nach der Novemberrevolution 1918 kurzzeitig einen örtlichen ›Rat geistiger Arbeiter‹ anführte. 1919 übernahm er die Leitung der Presseabteilung der Württembergischen Landesregierung in Stuttgart, gab dieses Amt jedoch bereits im Februar 1920 wieder auf. B., der mit Sonja Dümmler, der Tochter des Besitzers des DÜMMLER VERLAGES, verheiratet war, eröffnete 1928 am Schlossplatz in Stuttgart eine Kunsthandlung, das ANTIQUITÄTENHAUS PRINZENBAU, das er bis Ende April 1933 betrieb. Am ›Judenboykott-Tag‹ 1. April wurden seine Auslagenscheiben mit Aufschriften ›Jude‹ beklebt, anschließend sein Mietvertrag gekündigt, sodass er sich gezwungen sah, das Geschäft zu schließen und die Ware weit unter Wert zu verkaufen. Danach war B. als Büroangestellter beim US-Konsulat Stuttgart tätig und machte sich nach der Pogromnacht 1938 um die großzügige Ausstellung von Ausreisevisa für württembergische Juden verdient. Eine Woche vor Kriegsausbruch emigrierte das Ehepaar B. in die Schweiz. Nach 2-jährigem Aufenthalt in Zürich mussten sie das Land verlassen und konnten mit Hilfe von Freunden ein Einreisevisum nach Mexiko erlangen. Im Frühjahr 1942 kamen sie in Veracruz an; bald darauf eröffnete B. zusammen mit dem Österreicher Otto Pössenbacher ein Antiquariat in Mexico City in der Calle de Motolinia. Einige Jahre vor seinem Tod 1965 (seine Frau war bereits 1961 verstorben) überließ er das Geschäft zur Gänze seinem Teilhaber.

Morton H. Bernath: New York und Boston. (Berühmte Kunststätten. Bd. 58). Leipzig: Seemann 1912; ders. mit Detlev von Hadeln, Hermann Voss [Hg.]: Archiv für Kunstgeschichte. Leipzig 1913; Alfred Woltmann, Karl Woermann [Hg.]: Geschichte der Malerei. Bd. I: Die Malerei des Mittelalters. Neu bearb. von Morton Bernath. Leipzig: Kröner 1916.

Wendland: Kunsthistoriker im Exil (1999). Bd. 1; Wikipedia; Renata von Hanffstengel: Ursula Bernath. Über ihr Leben und ihre Photographie. [Lebenslauf; Korrespondenz R. v. H. mit Bernt Ture von zur Mühlen, 25. 9. 1993 (Dossier Exil) DO F 25 Kunstgesch. Inst. der Universität Hamburg]; Matthias Lau: Presssepolitik als Chance. Staatliche Öffentlichkeitsarbeit in den Ländern der Weimarer Republik. Stuttgart: Steiner 2003 S. 77 f.; Die Beschreibung der antisemitischen Verfolgung und der ›Kristallnacht‹ sowie ihrer Folgen in der Region Stuttgart durch den amerikanischen Konsul Samuel Honaker (12. November und 15. November 1938) [online].

Bernett, Frederick A. 15. 6. 1906 Berlin-Charlottenburg – 8. 6. 1993 Larchmont / NY; Antiquar, Kunsthistoriker; Dr. phil. B. hieß mit Geburtsnamen Fritz Alexander Bernstein, sein Vater war ein jüdischer Kaufmann. Nach dem Besuch des Kaiserin-Augusta-Gymnasiums in Charlottenburg studierte B. Kunstgeschichte in Berlin und promovierte 1931 bei Adolph Goldschmidt über den ›Deutschen Schloßbau der Renaissance‹. In den folgenden Jahren volontierte er mit dem Ziel einer Museumslaufbahn im Berliner Kupferstichkabinett, im Schloßmuseum und in der Kunstbibliothek bei Curt Glaser, wo er Artikel für das Künstlerlexikon *Thieme-Becker* verfasste. 1933 emigrierte B. nach

Paris und arbeitete dort bei dem renommierten Kunstverleger Van Oest. 1938 heiratete er seine ehemalige Kollegin → Ilse Blum, die 1936 über London nach Paris ausgewandert war. Im März 1941 gelang den jungen Eheleuten die Einreise in die USA (Ankunft am 10. März 1941), wo sie sich die erste Zeit mit Gelegenheitsjobs (Tätigkeit in einer Stahlerzeugungsfirma bzw. einem Import- / Exportgeschäft) und Armeedienst über Wasser hielten. Dem Beispiel der Cousine Ilse Bernetts → Marianne Salloch folgend, eröffneten sie am 1. Mai 1944 in New York City, 415 Lexington Avenue, die F. A. BERNETT BOOKS INC., ein Spezialantiquariat für Kunst, Architektur und Archäologie. Schon der erste Katalog *France: History Art Literature*, ausgeliefert am 24. August 1944, dem Tag der Befreiung Frankreichs von Nazideutschland, wurde ein geschäftlicher Erfolg. B. bekam im Oktober 1945 als einer der ersten Buchhändler die Erlaubnis zu einer Reise nach Europa, um dort gezielt für amerikanische Bibliotheken einzukaufen. Im Jahre 1953 verlegten die Bernetts den Geschäftssitz in den ruhigen New Yorker Vorort Larchmont, um sich ganz auf den Vertrieb per Katalog zu spezialisieren. Viele US-amerikanische Universitätsbibliotheken, darunter jene von Harvard, Yale und Columbia, waren Kunden B.'s. Ihr Antiquariat hatte nicht geringen Anteil daran, dass in den USA kunstwissenschaftliche Referenzwerke in großem Umfang zur Verfügung standen, entsprechend dem damals außerordentlich gestiegenen Kunstinteresse. Frederick und Ilse B. gehörten 1949 zu den Gründungsmitgliedern der ABAA, in deren Leitung B. in den 1960er Jahren sieben Jahre lang tätig war. 1990 konnten die erfolgreichen Antiquare auf 270 Verkaufskataloge zurückblicken. Ihr ältester Sohn Peter, der 1973 als Teilhaber in das Antiquariat eingetreten war, übernahm die Firma nach dem Tod seines Vaters und verlegte sie 1996 nach Boston. Im Frühjahr 2019 vereinigte sich F. A. Bernett Books, Inc. mit Penka Rare Books, und firmiert seither als Bernett Penka Rare Books LLC.

Gespräch EF/UB mit Ilse Bernett, Larchmont / NY am 22.3.1996; Briefe an Dr. Karen Michels, Kunstwiss. Inst. Hamburg; Rosenthal-Fragebogen; Dickinson: Dictionary (1998) pp. 17 f.; Wendland: Kunsthistoriker im Exil (1999). Bd. 1 S. 46 f.; Bach, Fischer: Antiquare (2005) S. 345; F. A. Bernett Books: siehe unter www.fabernett.com [online].

Bernett, Ilse 23.6.1910 Berlin – 19.9.2000 New York; Antiquarin, Kunsthistorikerin; Dr. phil. B. war die Tochter des jüdischen Bankiers Karl Blum und seiner Frau Helene, geb. Beermann. Sie ging in Charlottenburg zur Schule und legte 1929 ihr Abitur ab. Danach studierte sie in Heidelberg und Berlin Kunstgeschichte. Sie promovierte 1934 bei Hans Kauffmann über *Andrea Mantegna und die Antike* (im Druck erschienen Straßburg: Heitz 1935). Anschließend schrieb sie Ausstellungsberichte für den *Berliner Börsen-Courier* und verfasste Beiträge für das Künstler-Lexikon *Thieme-Becker*. Bis zu ihrer Emigration 1936 war sie in der Kunsthandlung HERMANN BALL angestellt. Aus Gründen ›rassischer‹ Verfolgung flüchtete sie über London nach Paris, wo sie 1938 ihren ehemaligen Kollegen → Frederick B. (vormals Fritz Alexander Bernstein) heiratete (zum weiteren Lebensweg vgl. dort).

Gespräch UB/EF mit Ilse Bernett in Larchmont / NY am 22.3.1996; [Todesanzeige in:] New York Times, 21 Sept. 2000 [online]; Wendland: Kunsthistoriker im Exil (1999). Bd. 1 S. 46 f.; Bach, Fischer: Antiquare (2005) S. 345.

Bernhard, Georg 20.10.1875 Berlin – 10.2.1944 New York; Publizist, Verleger. Nach einer Banklehre wurde B. Wirtschaftsjournalist und studierte Rechts- und Staatswissenschaft an der Berliner Universität. Von 1904 bis 1925 gab er die Wirtschaftszeitung *Plutus* heraus. Ab 1908 war B. in der Verlagsleitung bei ULLSTEIN beschäftigt und von 1914 bis 1920 zweiter Chefredakteur, von 1920 bis 1930 alleiniger Chefredakteur der linksliberalen *Vossischen Zeitung*. Von 1928 bis 1930 war er als Mitglied des Vorstands der Deutschen Demokratischen Partei Abgeordneter im Reichstag. Das *Adressbuch des deutschen Buchhandels 1931* nennt ihn als Inhaber des 1922 gegründeten, auf Handels- und Sozialwissenschaften spezialisierten PLUTUS VERLAG GMBH, Berlin. Im Februar 1933 war B. noch Mitorganisator des Kongresses Das Freie Wort; nach der ›Machtergreifung‹ der Nationalsozialisten emigrierte er nach Paris. Dort gründete er im Dezember 1933 mit Freunden das *Pariser Tageblatt* und wurde dessen Chefredakteur. Anfang Juni 1936 kam es gegen den Verleger des *Pariser Tageblatts* zu einem Putsch, mit nachfolgender Gründung der *Pariser Tageszeitung*, die bis 17. Februar 1940 erschien und deren Chefredakteur wiederum B. wurde. Nach dem deutschen Einmarsch wurde B. im unbesetzten Süden Frankreichs im Lager Bassens interniert; dank der Fluchthilfeorganisation von Varian Fry gelang B. 1941 die Schiffspassage in die USA, wo er u. a. für das Institute of Jewish Affairs des American Jewish Congress tätig wurde.

BHE 1; Adressbuch 1931 S. 479; Wolfgang Benz, Hermann Graml [Hg.]: Biographisches Lexikon zur Weimarer Republik. München: C. H. Beck 1988; Walter F. Peterson: The Berlin liberal press in exile. A history of the Pariser Tageblatt-Pariser Tageszeitung, 1933–1940. Tübingen: Niemeyer 1987.

Berstl, Julius 6. 8. 1883 Bernburg / Sachsen-Anhalt – 8. 12. 1975 Santa Barbara / CA; Verleger, Dramaturg. Nach einem Literaturstudium in Göttingen und Leipzig war B. seit 1904 als Lektor für den Verlag HESSE UND BECKER in Leipzig tätig, danach als Dramaturg für das Theater Victor Barnowsky. Ab 1909 arbeitete er als Dramaturg am Kleinen Theater, von 1913 bis 1924 am Lessing-Theater in Berlin. Seit 1921 war er auch für den DREI MASKEN VERLAG, Berlin, tätig. 1924 übernahm B. die Leitung des Bühnenvertriebs im Verlag DIE SCHMIEDE, den er rasch zu einer der aktivsten und angesehensten Einrichtungen ihrer Art in Deutschland machte. 1927 fusionierte der Zweigbetrieb mit dem von Fritz Schayer geleiteten Bühnenvertrieb des GUSTAV KIEPENHEUER VERLAGS. B., der den Verlag Die Schmiede (über den 1929 das Ausgleichsverfahren verhängt wurde) zwischenzeitlich verlassen hatte, wurde 1930 unter sehr günstigen Konditionen Leiter des Kiepenheuer-Bühnenvertriebs (seit 1. April 1931 eine eigenständige GmbH), übernahm ihn 1933 auf Drängen Gustav Kiepenheuers auch als Inhaber und führte ihn bis 1935 weiter – unter sehr schwierigen Umständen, denn die Werke vieler unter Vertrag stehender Dramenautoren wie Ernst Toller oder auch Georg Kaiser konnten in Deutschland nicht mehr aufgeführt werden. Aufgrund seiner Weigerung, der Reichsschrifttumskammer beizutreten, trat für B. ein Berufsverbot in Kraft; 1936 entschloss er sich zur Emigration nach England. 1940 wurde er dort interniert, nach seiner Entlassung arbeitete er als Übersetzer (Priestley, Coward, du Maurier) und Autor für die BBC, für die er rund 60 Hörspiele (teils unter dem Pseudonym Gordon Mitchell) verfasste. 1951 ging er in die USA und lebte dort zunächst in New York, seit 1964 in Santa Barbara in Kalifornien. B.'s Nachlass befindet sich in der University of Southern California, Rare Books and Manuscripts Collection.

Julius Berstl: Odyssee eines Theatermenschen. Erinnerungen aus 7 Jahrzehnten. Berlin-Grunewald: arani 1963.

BHE 2; DBE; Arnold Heidsieck: Julius Berstl. In: John M. Spalek [Hg.]: Deutsche Exilliteratur seit 1933. Bd. 2: New York. Teil 1. Bern: Francke 1989 S. 109–19; Cornelia Caroline Funke: ›Im Verleger verkörpert sich das Gesicht seiner Zeit‹. Unternehmensführung und Programmgestaltung im Gustav Kiepenheuer Verlag 1909 bis 1944. Wiesbaden: Harrassowitz 1999 S. 220–23.

Bertholet, Hanna 24. 1. 1901 Hannover –14. 7. 1970 Penedo, Brasilien; Verlagsleiterin. B., geb. Grust, nach erster Ehe Fortmüller, Tochter eines Schneidermeisters, absolvierte in Hannover eine kaufmännische Lehre und war seit 1927 als Mitarbeiterin in Willi Eichlers Pressemedien und Verlagen in Göttingen und in Berlin tätig, die dieser im Rahmen des Internationalen Sozialistischen Kampfbunds (ISK) aufgebaut hatte, einer politischen Organisation, die aus dem von dem Philosophen Leonard Nelson gegründeten Internationalen Jugend-Bund hervorgegangen war. Unter anderem war B. redaktionelle Mitarbeiterin der ISK-Tageszeitung *Der Funke*. Der ISK wurde 1933 verboten, die leitenden Mitglieder gingen ins Exil. In Paris leitete B. 1937–40 gemeinsam mit → Erich Irmer den Exil-Verlag ÉDITIONS NOUVELLES INTERNATIONALES (Internationale Verlags-Anstalt), in welchem die Zeitschrift *Sozialistische Warte* (Blätter für kritisch-aktiven Sozialismus) sowie eine Reihe von Schriften erschienen, mit denen der antifaschistische Widerstand unterstützt werden sollte (u. a. auch Bücher von Anna Siemsen, Alfred Kerr und Kurt Hiller). 1938 heiratete sie René B. (einen Schweizer Journalisten und Leiter der ISK-Gruppe in Paris), ursprünglich nur, um die Schweizer Staatsangehörigkeit zu erlangen. Dies ermöglichte ihr dann tatsächlich, ab 1941 die Jahre des Weltkriegs in der Schweiz zu überdauern und dort mit ihrem Mann das ISK-Nachrichtennetz zu koordinieren. Nach Ende des Zweiten Weltkriegs war B. in Hamburg am Aufbau eines – anfänglich ohne eigentliche Genehmigung erschienenen – Nachrichten-Bulletins beteiligt, der *Sozialistischen Presse-Korrespondenz*. 1946 spielte sie eine wichtige Rolle in der Entstehung der EUROPÄISCHEN VERLAGSANSTALT (EVA), eines Verlagsunternehmens, das nachfolgend eine bemerkenswerte Entwicklung nehmen sollte. Das für die Gründung notwendige Stammkapital wurde, vermutlich aus ISK-Geldern aus der Schweiz, verdeckt von dem Ehepaar B. aufgebracht; die Verlagslizenz wurde unter der Nummer 89 von der britischen Militärregierung am 18. Oktober 1946 gewährt. Die Leitung hatte nominell der ebenfalls aus dem Exil zurückgekehrte Eichler übernommen; de facto aber ging sie in die Hände B.'s über, die zunächst nur als Übersetzerin tätig gewesen war. In der EVA erschien seit 1946 hauptsächlich die von Willi Eichler herausgegebene Monatszeitschrift *Geist und Tat* (später die maßgebliche Theorie-Zeitschrift der SPD). Im Herbst 1948 kam es zusätzlich zur Wiedererrichtung des ISK-Verlags ÖFFENTLICHES LEBEN, der auf Pädagogik und Philosophie ausgerichtet war (z. B. Schriftenreihe *Kindernöte* von Minna Specht); der Verlag existierte in Bürogemeinschaft mit der EVA. In der EVA selbst kam nun, ab 1949, ein ambitioniertes Buchprogramm heraus, zunächst Lizenzausgaben der Büchergilde Gutenberg in Zürich (Mitdrucke zur Einsparung von Lektorats-, Übersetzungs- und Satzkosten), hauptsächlich historische und politisch-zeitgeschichtliche Werke, unter denen sich aber auch bemerkenswert mutige Veröffentlichungen befanden, wie *Tito contra Stalin* oder Bernard Goldsteins *Die Sterne sind Zeugen* zum Warschauer Ghetto; damals wurde auch der Grundstein für die Judaica-Programmlinie späterer Jahre gelegt. In manchem kann das von B. geprägte Programm als Fortsetzung des Pariser Exilverlags Éditions Nouvelles Internationales verstanden werden. Das ambitionierte Programm war aber schwer abzusetzen; aufgrund der internen Krise schieden einige Gesellschafter aus. Deren Anteile wurden nun von B. übernommen, ihr Mann schaffte aus der Schweiz weiteres ISK-Koffergeld heran. Verlegerische Erfolge feierte die EVA nachfolgend vor allem mit Biographien, Hörspiel-Ausgaben und Romanen. Da der Verlag die erhoffte Wirkung von Hamburg aus dennoch nicht erreichte, wurde 1952 der Umzug nach Frankfurt beschlossen. Da B. sich nicht hinreichend ausgebildet fühlte, neben Lizenzausgaben, Übersetzungen und Nachdrucken ein eigengeprägtes Programm auf die Beine zu stellen, wurde nun ein Lektor engagiert, der bis dahin im Londoner Exil lebende → Hans (Otto) Riepl. B. arbeitete einige Zeit eng mit Riepl zusammen, seit Beginn der 1960er Jahre zog sie sich, wie die gesamte ISK-Generation, in ihrem Fall aber auch krankheitsbedingt, nach und nach von der Arbeit im Verlag zurück. Ihre Anteile verkaufte sie im Juli 1964 an eine Tochtergesellschaft der Bank für Gemeinwirtschaft, legte auch die Geschäftsführerstelle nieder und folgte ihrem Mann nach Brasilien, der dort in der Landkommune Pinorama landwirtschaftliche Projekte aufgebaut hatte.

Willi Eichler: [Nachruf auf H. Bertholet]. In: Geist und Tat H. 3 (1970); Sabine Groenewold [Hg.]: Mit Lizenz. Geschichte der Europäischen Verlagsanstalt 1946–1996. Hamburg: Europäische Verlagsanstalt 1996 S. 25–72; Heiner Lindner: ›Um etwas zu erreichen, muss man sich etwas vornehmen, von dem man glaubt, dass es unmöglich sei‹. Der Internationale Sozialistische Kampf-Bund (ISK) und seine Publikationen. Bonn: Friedrich-Ebert-Stiftung 2006 [online]; Martin Rüther, Uwe Schütz, Otto Dann (Hg.): Deutschland im ersten Nachkriegsjahr. Berichte von Mitgliedern des Internationalen Kampfbundes (ISK) aus dem besetzten Deutschland 1945/46. K. G. Saur, München 1998, S. 552.

Bielitz, Otto Bücherscout. Der Österreicher B. war als Bücherscout tätig: Er erwarb, vermittelte und verkaufte Bücher im Exil in London. Einer seiner Kunden war → Albi Rosenthal.

Mitteilung von Albi Rosenthal im Interview mit UB/EF in London am 31. 3. 1995; Schroeder: ›Arisierung‹ II, zitiert S. 365 f. einen Bericht des *Völkischen Beobachters* aus Wien (erschienen 1938), der im Zusammenhang mit einem angeblichen Bücherraub einen ›51-jährigen Ostjuden Oskar Bielitz‹ erwähnt. Ein Oskar Bielitz kam am 8. 12. 1887 in Wien zur Welt; möglicherweise ist er identisch mit dem von Albi Rosenthal erwähnten Otto Bielitz.

Bing, Luise (Therese) 17. 4. 1883 Nürnberg – 30. 6. 1963 New York; Buchhändlerin. Die gebürtige Luise Dormitzer besuchte in Nürnberg eine Höhere Töchterschule. 1919 heiratete sie den Kaufmann Josef B., Inhaber der Lederhandlung Simon Bing in Nürnberg; aus der Ehe ging eine Tochter hervor. Nach dem Tod ihres Mannes war B. zunächst als Geschäftsführerin der Lederhandlung tätig, die sie Ende 1933 infolge des Judenboykotts aufgeben musste. Im Juli 1934 kam sie nach München, wo sie in der jüdischen Buchhandelsgesellschaft EWER die Geschäftsführung übernahm. 1935 erwarb B.'s Schwester → Ida Dormitzer die Buchhandlung, die weiterhin von B. geleitet wurde. Unter dem Druck, das Geschäft entweder zu liquidieren bzw. zu verkaufen oder als ›jüdischen Buchvertrieb‹ weiterzuführen, wurde die Buchhandlung 1937 in eine Einzelfirma umgewandelt und firmierte unter dem Namen B.'s. Im Januar 1938 kam es vor dem Ladenlokal zu einer von Nationalsozialisten initiierten Demonstration, an der mehrere hundert Menschen teilnahmen, darunter auch einige Münchener Stadträte. Die Menge forderte in Sprechchören die Schließung der Buchhandlung; B., ihre Tochter und ein im Geschäft anwesender Rechtsanwalt wurden vorübergehend in ›Schutzhaft‹ genommen. Die Buchhandlung wurde nach dem Novemberpogrom 1938 geschlossen. B. verließ im Juni 1940 Deutschland und wanderte über Russland und Japan in die USA ein. In New York arbeitete sie zunächst einige Jahre als Haushaltshilfe, ab Januar 1949 half sie stundenweise in der Buchhandlung ihrer Schwester aus.

BWA K1/XV a 10c, 5. Akt Fall 10; StAM Pol. Dir. München 11622; BayHStAM LEA EG 39343.

Bing, Richard 17.1.1901 Wien – 5.9.1944 KZ Herzogenbusch. B., aus Österreich stammend, war schon 1924 in die Niederlande übersiedelt; er arbeitete als Verlagsvertreter für VAN DITMAR'S IMPORTBOEKHANDEL; nebenbei handelte er mit Ramschexemplaren großer Verlage, die er aus dem In- und Ausland auf eigene Rechnung bezog, u. a. auch mit Restbeständen verbannter und ›verbrannter‹ Literatur aus dem deutschen Buchhandel vor 1933, die von den NS-Literaturbehörden ins Ausland verkauft wurden. B. lernte damals → Hein Kohn kennen und gründete 1935 mit diesem gemeinsam in Hilversum einen Versandbuchhandel mit angeschlossenem Antiquariat DE BOEKENVRIEND, vielfach wieder mit ›verbotenen und verbrannten‹ Büchern aus Schleuderverkäufen, die man sich aus Deutschland an eine niederländische Scheinadresse liefern ließ. Aus diesen Einkünften konnte Kohn auch die defizitär arbeitende Buchgemeinschaft Boekenvrienden Solidariteit finanziell stützen. Mit Beginn des Krieges kam dieses Geschäftsmodell aber zum Erliegen; B. zog sich daraus zurück. Er war damals beteiligt an (unberechtigten) Übersetzungen u. a. von Hermann Hesses *Steppenwolf* oder Friedrich Gundolfs *Anfängen der deutschen Geschichtsschreibung*. Der illegale Nachdruck dieses Buches entfachte im Sommer 1944 eine Debatte in der deutschen Fachpresse; B. hatte viele Exemplare an deutsche Wehrmachtsbibliotheken verkauft. Im Sommer 1944 wurde er inhaftiert und am 5. September 1944 erschossen.

Aroldsen Archives; Peter Manasse: Boekenvrienden Solidariteit. Turbulente Jaren van een Exiluitgeverij. Den Haag: Biblion 1999; Nicole Koch: Literarischer Spürsinn und Diplomatie. Der Literaturagent Hein Kohn. Magisterarbeit. Universität Mainz 2008, S. 47–49.

Bittner, Herbert G. 1898 Breslau – 11.7.1960 New York; Kunstantiquar, Verleger. Nach einer Ausbildung zum Buchhändler und dem gleichzeitigen Studium der Kunstgeschichte, Archäologie und griechischen Philologie in Berlin und Hamburg betätigte sich B. als Antiquar in Rom und Padua und wurde Mitarbeiter des Deutschen Archäologischen Instituts in Rom; zu dieser Zeit hatte B. Kontakt zu Aby Warburg und der Bibliothek Warburg in Hamburg. Früh begann B. Originalausgaben des Humanismus und der Renaissance zu sammeln und einen Kundenkreis für bibliophile Kostbarkeiten aufzubauen. Nachdem er 1932 nach Liquidation seiner LIBRERIA ANTIQUARIA aus Italien zurückgekehrt war, erstellte er für das Buchantiquariat OTTO HARRASSOWITZ in Leipzig die Kataloge der großen Gelehrtensammlungen (u. a. von Ulrich von Wilamowitz-Moellendorff). Im Jahre 1935 emigrierte B. aus politischer Gegnerschaft zum Nationalsozialismus in die USA. Fortan leitete er die Kunstabteilung der Buchhandlung B. WESTERMANN in New York, veranstaltete Kunstausstellungen und gab das *Bulletin of Art Books* heraus. 1939 gründete er sein eigenes Kunstantiquariat in New York, später fügte er wegen des kriegsbedingten Einfuhrstopps der europäischen Bücher einen Kunstverlag hinzu, in dem zahlreiche Standardwerke der Kunstwissenschaft erschienen. Die Bandbreite seines Verlagsprogramms reichte von Matthias Grünewald über Piranesi bis zur sozialkritischen Kunst der 1920er Jahre. Er selbst trat auch als Buchautor hervor: Zusammen mit dem Photographen Ernest Nach erarbeitete er den Band *Rome. A Portrait of the Eternal City* (ein Tribut an seine Italien-Begeisterung), 1959 brachte er einen Band zu den Zeichnungen Käthe Kollwitz' heraus und kurz vor seinem Tod konnte er die Arbeiten zu einem Buch über seinen Freund George Grosz abschließen.

SStAL, BV, F 11806, F 16646: Fritz Neugass: Herbert G. Bittner †. In: Bbl. (FfM) Nr. 76 vom 23. 9. 1960 S. 1522; Herbert G. Bittner, Editor of Art Books. In: New York Times, 14. Juli 1960, S. 27 [online].

Blau; Dr. B., Buchhändler, Geschäftsführer der LIVRARIA ANGLO-AMERICANA in Belo Horizonte in Brasilien, wurde als jüdischer Emigrant von der Belieferung mit Büchern aus Deutschland ausgeschlossen.

VM Fachschaft Verlag S. 116–62, S. 8; Fetthauer: Musikverlage im ›Dritten Reich‹ und im Exil, S. 99, 305.

Blau, Fred G. 17. 7. 1908 Berlin – 27. 06. 2007 Brookline, MA; Verlagsvertreter. B. studierte in Berlin Politologie und Psychologie und emigrierte 1938 in die USA. Mit verschiedenen Gelegenheitsjobs verdiente er sich während der Kriegsjahre, die er in New York und in Boston zubrachte, seinen Lebensunterhalt, u. a. mit einer Tätigkeit in einer Bibliothek und als Buchhandelslehrling bei SCHOENHOFS, wo er → Paul Müller kennen lernte. Ab 1950 bis 1975 war B. als *freelance publishers representative* für ca. 20 Verlage an der Ostküste tätig, u. a. für die ›Emigrantenverleger‹ → SCHOCKEN, → PRAEGER, → FREDERICK UNGAR, → Béla Horovitz' und Ludwig Goldscheiders PHAIDON VERLAG sowie → Walter und Eva Neuraths Verlag THAMES AND HUDSON. Berufliche Kontakte unterhielt B. auch zu → Albert J. Phiebig und → George Efron. 1990 remigrierte B. nach Deutschland und nahm seinen Wohnsitz in Frankfurt / Main.

Briefe B. an EF vom 14. 2. und 23. 3. 1995; Gespräch UB mit B. am 29. 3. 1995 in Frankfurt / Main.

Blau, Otto 1. 3. 1893 Wien – 27. 1. 1980 Schweiz; Musikverleger; Dr. jur. B. war Neffe des Wiener Bühnen- und Musikalienverlegers Josef Weinberger. Nach Teilnahme am Ersten Weltkrieg studierte er Jura an der Universität Wien, promovierte 1919 und trat 1922 in den Wiener Musik- und Bühnenverlag J. WEINBERGER ein. B. übernahm die Abteilung Bühnenverlag, erhielt Einzelprokura und übernahm nach dem Tod des Onkels 1928 die alleinige Leitung. In den 1930er Jahren engagierte B. sich in den berufsständischen Organisationen, insbesondere setzte er sich im Bereich des Urheberrechts für die Verlängerung der Schutzfrist ein. Nach dem ›Anschluss‹ Österreichs an Hitlerdeutschland wurde B. seiner Funktion als Vorstandsmitglied der Genossenschaft AKM enthoben und der Weinberger Verlag ›arisiert‹. B. ging 1938 nach Großbritannien ins Exil, wo zwei Jahre zuvor in London die Firma JOSEF WEINBERGER LTD. gegründet worden war. Die bereits übertragenen Rechte mussten allerdings an die ›arisierte‹ Wiener Firma rückgestellt werden, auch gelang es nicht, die beiden Töchter des Firmengründers Josef Weinberger nach Großbritannien in Sicherheit zu bringen. Sie wurden beide 1941 Opfer der NS-Euthanasie in der Anstalt Am Steinhof (Wien). B. wurde als ›feindlicher Ausländer‹ auf der Isle of Man interniert, danach auf der ›Dunera‹ nach Australien deportiert, wo er den emigrierten Musikverlegerkollegen → Victor Alberti traf und bis Ende 1944 als Dolmetscher arbeitete. Nach London zurückgekehrt und britischer Staatsbürger geworden, baute B. die Josef Weinberger Ltd. erneut auf. Für die Erben Albertis übernahm er zusätzlich die Leitung von OCTAVA MUSIC CO. LTD. sowie für Franz Lehár bzw. dessen Erben die Leitung des GLOCKEN VERLAGS. 1949 konnte B. mit dem Treuhänder der ›Arisierung‹ Hans C. Sikorski ein Restitutionsabkommen für den Weinberger Verlag abschließen und damit die Geschäftsgrundlage für den bis heute bestehenden Wiener Verlag sichern. 1962 zog B. sich aus dem aktiven Geschäft zurück und lebte bis zu seinem Tod in der Schweiz.

Adressbuch 1931, S. 690; Verlagsveränderungen 1942–1963 S. 182 (Sikorski), S. 217 (Weinberger); Fetthauer: Musikverlage (2004) S. 457 f.; LexM [online]; 100 Jahre Bühnen- und Musikalienverlag Josef Weinberger 1885–1985. Die Geschichte des Bühnen- und Musikverlages Josef Weinberger anläßlich seines hundertjährigen Bestehens. Wien: Josef Weinberger 1985; Albrecht Dümling: Die verschwundenen Musiker. Jüdische Flüchtlinge in Australien. Köln: Böhlau 2011, S. 92 f., 254 f., 378.

Bloch, Jakob 20. 1. 1892 St. Petersburg –1968 Genf. B. hatte Pädagogik studiert und in diesem Fach bereits eine Professur errungen, verließ aber aufgrund politischer Verfolgung 1922 die Sowjetunion und war gemeinsam mit → dem Schriftsteller Saveli Grinberg und → Abraham Kahan Mitgründer und Geschäftsführer des im gleichen Jahr in Berlin errichteten und 1936 liquidierten PETROPOLIS VERLAGS, der zunächst vor allem russischsprachige Bücher herausbrachte (ein gleichnamiges Vorläuferunternehmen war 1920 in Petrograd gegründet worden). Dem Verlag, in welchem B.'s Frau Elena (Dr., geb. 1896 als E. Grinberg) als Sekretärin und Buchhalterin arbeitete, waren eine Buchhandlung und ein Antiquariat angegliedert. Beliefert wurden vor allem Hochschulbibliotheken, aber auch Privatsammler mit literarischen und kunstgeschichtlichen Werken. Für die Produktion deutschsprachiger Bücher arbeitete Petropolis mit dem Verlag DIE SCHMIEDE zusammen; es erschienen aber auch Bücher in englischer und französischer Sprache. 1938 wurde das Ehepaar B. ausgewiesen, das Bücherlager blieb unter der Verwaltung des nichtjüdischen Prokuristen Armin Creutzberg und des Buchhändlers Boris Kleibers zurück und wurde später beschlagnahmt (offenbar war 1935 noch ein Ableger der Firma in Brüssel errichtet worden). Jakob und Elena B. – später Jacques und Hélène B. – gelangten 1938 nach Paris, wo sie nach Mitarbeit an verschiedenen Projekten und jüdischen Hilfswerken 1940 im besetzten Frankreich vom Oeuvre des Secours aux Enfants (OSE) zu Leitern des Kinderheims im Schloss Masgeliers in Creuse bestellt wurden. Anfang 1943 aufgrund der antijüdischen Bestimmungen entlassen, flüchteten die beiden im September 1943 über die Schweizer Grenze. In Genf gründeten sie einen (bis 1998 bestehenden), mit der Union-OSE zusammenarbeitenden Zweig der OSE, dessen Direktion B. übernahm; das Ehepaar widmete sich nach 1945 der Hilfe für gesundheitlich gefährdete Kinder, zunächst Kindern von Emigranten und aus den Konzentrationslagern und später an Tuberkulose erkrankten Kindern.

Adressbuch 1931 S. 471; Verlagsveränderungen 1942–1963 S. 152; Arolsen Archives; Kühn-Ludewig: Jiddische Bücher (2008) S. 215 f.; Gottfried Kratz: Russische Verlage und Druckereien in Berlin 1918–1941 [online]; Zinaida Schachowskoy: Auf den Spuren Nabokovs. Frankfurt a. M.: Ullstein 1981; Sabine Zeitoun: L'Oeuvre de Secours aux Enfants (O.S.E.) sous l'Occupation en France – du Légalisme à la Résistance 1940–1944. L'Harmattan 1990, S. 215; Agnès Graceffa:

Raïssa Bloch-Gorlin (1898–1943). Parcours d'une historienne du Moyen Âge à travers l'Europe des années noires. In: Petersburger Historisches Journal [russ.], Nr. 3, 2014 [engl.; online].

Bluhm, Paulo Buchhändler. Paul Emil B., der ›zu den Senioren des deutschsprachigen Buchhandels in Brasilien gehört‹ (Taubert), führte als Inhaber gemeinsam mit seiner Frau Helene bis 1942 die Buchhandlung mit Verlag LIVRARIA EDITÔRA PAULO BLUHM in Belo Horizonte / Brasilien. In einem Schreiben der deutschen Gesandtschaft an den Börsenverein der deutschen Buchhändler vom Dezember 1935 findet sich der Name B.'s, ›der einige deutsche Emigranten beschäftigt‹, unter jenen jüdischen Unternehmen und Emigranten, die von Deutschland ›ungeachtet aller Rücksichten auf Ausfuhr- und Devisenaufkommen‹ nicht beliefert werden sollen. Im Widerspruch dazu steht die Auskunft in dem eigentlich denunziatorischen Schreiben des Buchhändlerkollegen Frederico Will (LIVRARIA ALLEMÃ, Rio de Janeiro), der Paulo Bluhm, Bello [!] Horizonte, zu jenen Buchhändlern zählt, die vom deutschen Buchhandel mit Rabatt zu beliefern wären, d. h. er betrachtet Bluhm als nichtjüdische Unternehmung. 1946 war B. führend an der Gründung der Spezialbuchhandlung AO LIVRO TÉCNICO LTDA., Rio de Janeiro, beteiligt, zu deren Teilhabern um 1960 die Familie B. ›zusammen mit einer Reihe versierter anderer Fachleute‹ zählte; → Reynaldo Max Paul Bluhm.

Adressbuch 1931 S. 386; Subsidios Genealogicos I, Familias Brasileiras de Origem Germanica [online]; SStAL, BV, F 11. 763 [Schreiben der Dt. Gesandtschaft an den Börsenverein vom 19. 12. 1935; Schreiben von Frederico Will]; Taubert: Lateinamerika (1961) S. 165.

Bluhm, Reynaldo Max Paul Geb. 26. 2. 1911 Berlin; Buchhändler; Dr. Der Sohn von → Paulo (Paul Emil) B. leitete um 1960 die 1946 gegründete Spezialbuchhandlung für technische Literatur AO LIVRO TÉCNICO LTDA., Rua Sá Freire 36/40; im angeschlossenen technischen Verlag erschienen überwiegend Übersetzungen; das Unternehmen war auch als Grossist vor allem für Taschenbücher tätig. Zu den wichtigsten Geschäftspartnern der in Rio de Janeiro ansässigen Firma zählte der SPRINGER VERLAG. Taubert gab über die Buchhandlung ein äußerst positives Urteil ab: ›Die Firma arbeitet mit eigenen Vertretern, die das ganze Land bereisen. Organisation und Tätigkeit lassen dieses Unternehmen als eines der modernsten des Landes erscheinen‹.

Taubert: Lateinamerika (1961) S. 165; The Europa Regional Surveys of the World. South America, Central America and the Caribbean 2002. 10th Ed. 2002. Routledge 2001 p. 201; Heinz Sarkowski, Heinz Götze: Der Springer-Verlag: Stationen seiner Geschichte 1945–1992. Berlin: Springer 1994 S. 206.

Blumenfeld, Ilse 7. 3. 1913 Bad Neuenahr – 2008 Ramat Gan; Buchhändlerin. Die Tochter des Metzgers und Wurstfabrikanten Max Vos studierte, nach dem 1932 im Kloster Kalvarienberg in Ahrweiler abgelegten Abitur, ein Semester lang Nationalökonomie in Genf; danach betrieb sie die *Hachscharah* [berufliche ›Umschichtung‹] – Vorbereitung für ihre 1934 erfolgende Einwanderung nach Palästina. Dort verbrachte sie einige Jahre mit landwirtschaftlicher Arbeit in einem Kibbuz. Nach ihrer Heirat mit Paul Gerhard B. betrieb sie gemeinsam mit ihrem Mann Hühnerzucht, bis dieser sich 1942 zum englischen Militär meldete. Seit 1943 war sie Teilhaberin der Buchhandlung von → Manfred Braun und dessen Ehefrau in Ramat Gan; da Braun ebenfalls Militärdienst leistete, führten die beiden Ehefrauen die Buchhandlung zeitweise gemeinsam. 1954 übernahm B. die Buchhandlung, die mit einem Schreibwarengeschäft kombiniert war, zur Gänze.

Die Firma spezialisierte sich in der Folge (mit Lizenz des israelischen Handelsministeriums) auf den Import von Büchern aus England und Deutschland; zu ihrem Kundenkreis gehörten viele Diplomaten, da viele Botschaften westeuropäischer Länder damals in Ramat Gan stationiert waren. B. führte die Buchhandlung bis 1980 und machte sie zu einem Treffpunkt für an Literatur und Kunst Interessierte; anschließend lebte sie in der Gemeinschaftssiedlung Moledet in Israel.

Brief von B. an EF vom 12.11.1993; Blumenfeld: Ergänzungen (1993); Leonhard Janta: ›Man konnte uns aus der Heimat vertreiben, aber man konnte die Heimat nicht aus uns vertreiben‹. Erinnerungen ehemaliger jüdischer Mitbürgerinnen aus Bad Neuenahr und Ahrweiler [online].

Blumstein, Leo Buchhändler. B. war in der Judaica-Buchhandlung KEDEM in Berlin tätig; Mitte der 1920er Jahre wanderte er als Zionist nach Palästina aus, gehört also nicht eigentlich in die Gruppe der vom Nationalsozialismus Vertriebenen. Von 1924 (offiziell 1. Januar 1925) datiert die Gründung einer Buch- und Kunsthandlung in Tel Aviv; zu dem im Zentrum gelegenen Geschäft (dem drittgrößten Buchladen der Stadt) kam später eine Filiale im Bankenviertel hinzu, der auch eine Leihbibliothek angegliedert war. Über B.'s Firma erfolgte die Auslieferung der amtlichen Publikationen der britischen Mandatsregierung. B. war Vertreter der Detailbuchhändler im Vorstand der Foreign Book Trade Association. Nach seinem Tod führte seine Frau Charlotte die Buchhandlung weiter, bis sie nach deren Tod (22.11.1965) in die Hände des englischen Einwanderers Emanuel Brown überging.

Blumenfeld: Ergänzungen (1993); Adressbuch 1926; Adreßbuch für den Jüdischen Buchhandel. Berlin: Jalkut 1927 S. 4; Brief von F. Pinczower an EF vom 23.12.1991; vgl. auch SStAL, BV, F 15160.

Bodenheimer, Alfred 23.3.1898 Darmstadt – 24.8.1966 Baltimore / MD; Buchhändler. B., der aus einer angesehenen jüdischen Kaufmannsfamilie stammte, eröffnete im April 1925 in Darmstadt die Bücherstube ALFRED BODENHEIMER, die in enger Verbindung zur künstlerischen und literarischen Avantgarde stand und bald zum geistigen Zentrum der Intellektuellen der Stadt wurde, da hier eine Buchhandlung in moderner Form betrieben wurde: Die bis dahin übliche Ladentheke wurde abgeschafft, dafür ein separater Raum mit Sitzgelegenheiten eingerichtet; außerdem wurden in den Räumlichkeiten der Bücherstube Ausstellungen, kleinere Konzerte, Lesungen und Vorträge veranstaltet, u. a. mit Jakob Wassermann (Oktober 1926), Alfred Neumann (Oktober 1927), Stefan Zweig (November 1927) und René Schickele (Dezember 1930). 1935 wurde B. im Zuge der ›Arisierungsmaßnahmen‹ vom Bund Reichsdeutscher Schriftsteller aufgefordert, seine Buchhandlung zu verkaufen oder zu liquidieren, was er zunächst ignorierte. In der Amtlichen Liste 1 vom 1. Juli 1937 wird B.'s Buchhandlung allerdings als zugelassener ›jüdischer Buchvertrieb‹ geführt. Als sein Lager ausverkauft war, er keine Bücher mehr beziehen durfte und die Bücherstube offiziell schon geschlossen war, bemühte B. sich um Käufer, die er schließlich in dem Berliner Ehepaar Robert und Marianne d'Hooghe fand. Diese eröffneten am 31. Oktober 1937 (zwei Monate nach ihrer Hochzeit) die Bücherstube neu und führten sie unter den Bedingungen des NS-Regimes unter großen Schwierigkeiten in der Tradition B.'s fort. B. konnte sich lange nicht entschließen, Deutschland zu verlassen; erst nach dem Tod seiner Mutter 1938 emigrierte er, nachdem er bereits für kurze Zeit im KZ Buchenwald inhaftiert worden war, über England in die

USA. Auf der Überfahrt lernte er seine zukünftige Frau kennen, eine Lehrerin aus Nürnberg, mit der er sich in Baltimore niederließ. Es gelang ihm nicht, in seinem alten Beruf wieder Fuß zu fassen: Der einst so erfolgreiche Buchhändler musste den Lebensunterhalt für sich und seine Familie nun als Vertreter für Bürsten verdienen. Erst spät wurde er Angestellter einer Bibliothek. Er starb 1966 an den Folgen eines Herzleidens.
    SStAL, BV, F 12310; VM Fachschaft Verlag Nr. 24 vom 6.7.1937 (Liste), s. auch Dahm: Das jüdische Buch (1993) S. 519; Bbl. Nr. 10 vom 18.1.1938 S. 140; Robert d'Hooghe: Alfred Bodenheimer (1898–1966). In: Eckhart G. Franz [Hg.]: Juden als Darmstädter Bürger. Darmstadt: Roether 1984 S. 289–92; Marianne d'Hooghe: ›Mitbetroffen‹. Darmstadt: Agora / Darmstädter Bücherstube 1969.

Bodlaender, Moritz (Morell) Leo 13.4.1899 Breslau –18. Juni 1968 Bad Ems; Verlagsdirektor, Großbuchhändler. Nach Abschluss eines Jurastudiums in Berlin fand B. 1924 eine Anstellung bei Ullstein, wo er in der Zeitschriftenabteilung bald in verantwortliche Positionen aufstieg; 1933 hatte er als Direktor Gesamtprokura in der Ullstein AG. Mit der ›Arisierung‹ von Ullstein verlor er seine Stelle, flüchtete aus Deutschland, ging in die Niederlande und stieg in Amsterdam im September 1935 als Direktor in das Presse- und Buchimportunternehmen N. V. VAN DITMAR'S BOEKENIMPORT (gegründet 1924; mit einem Tochterunternehmen in Rotterdam) ein, indem er eine Teilhaberschaft erwarb. Unter B.s Leitung wurde der Handel mit in NS-Deutschland verbotenen Büchern jüdischer und emigrierter antinazistischer Autoren forciert, außerdem eine Verlagsabteilung angegliedert; nach 1935 nahm der Import englischsprachiger Bücher in dem Maße zu, in welchem die Einfuhr aus Deutschland abnahm. Immer noch stand man aber auch mit regulären deutschen Verlagen in Geschäftsverbindung, doch weigerten sich einige, Van Ditmar's zu beliefern, solange dort ein jüdischer Emigrant als Direktor und Miteigentümer tätig war (allerdings war nur ein Großelternteil B.s jüdisch). Offensichtlich ließ sich B. aufgrund dieser Boykottdrohung aus dem Handelsregister austragen, führte aber inoffiziell die Geschäfte weiter. Nach dem Einmarsch der Wehrmacht im Mai 1940 wurde Van Ditmar in deutschen Besitz genommen, durch den vom Deutschen Verlag aus Berlin gekommenen Fritz Alfred Bredow, der auch im Sinne der Reichspressekammer bzw. des Reichsverbands der Zeitungsverleger agierte. Bredow suchte Van Ditmar zu einem Hauptstützpunkt für die Einfuhr von NS-Propagandaschrifttum umzuformen; auch nahm das Unternehmen in den Niederlanden das Vertriebsmonopol für den Deutschen Verlag und ein Belieferungsmonopol für die Wehrmacht in Anspruch. B. wurde bereits im August 1938 vom Dritten Reich ausgebürgert (Ausbürgerungsliste 61), am 22.11.1938 wurde ihm von der Juristischen Fakultät der Universität Breslau der Doktortitel entzogen. Die Kriegsjahre dürfte er überlebt haben, indem er sich als Niederländer ausgab; auch war er in dieser Zeit als Autor philosophiegeschichtlicher Schriften tätig. Nach Kriegsende wurde ihm die niederländische Staatsbürgerschaft zuerkannt; er übernahm nun auch wieder, mit einer Anteilsmehrheit, die Leitung von Van Ditmar's Boekenimport und stabilisierte das Unternehmen auf dessen angestammtem Tätigkeitsfeld. Seit 1948 war er als Präsident für eine (kurzlebige) Amsterdamer INTERNATIONAL PUBLISHING COMP. tätig; in den 1950er und 1960er Jahren war er außerdem Präsident der ›Distripress‹, eines damals bedeutenden internationalen Netzwerks im Bereich Pressevertrieb. Seine Direktorentätigkeit bei Van Ditmar's übte er aus, bis er sich 1964 in den Ruhestand begab. Der zuletzt in Bussum (NL) wohnhafte B. starb während eines Kuraufenthalts in Bad Ems.

M. L. Bodlaender: POLITEIA: groote mannen over staat en maatschappij. Elsevier 1943 (5. Aufl., 2 Bde., 1959).
Adressbuch des Deutschen Buchhandels 1933, I S. 616; Publishers Weekly 153 (1948) S. 1069; Michael Hepp (Hg.): Die Ausbürgerung deutscher Staatsangehöriger 1933–1945; Marius A. van Melle: 75 jaar Van Ditmar boekenimport en uitgeverij. Amsterdam: Van Ditmar 1999; Marius A. van Melle: Grensoverschrijdend uitgeven: Van Ditmar's Boekenimport 1935–1951. In: Jaarboek voor Nederlandse boekgeschiedenis 16 (2009) S. 177–198, 238; Stefanie Martin: Produktion und Vertrieb des Deutschen Verlags in den Niederlanden während des Zweiten Weltkriegs. Masterarbeit Inst. f. Buchwissenschaft, Mainz, 2013; Johannes Schmuck: Korsettstangen Hitlers. Die ›Deutsche Buchhandlung‹ von Martin Schmuck und andere deutsche Buchhandelsfirmen in den Niederlanden. In: AGB 70 (2015) S. 55–106, bes. S. 68 f.

Boehm, Erich (Hartzell) 15. 7. 1918 Hof / Bayern – 11. 9. 2017 Santa Barbara, CA; Verleger; Dr. phil. B., Sohn eines Textilhändlers, im jüdischen Glauben erzogen, wurde von seinen Eltern 1934, im Alter von 16 Jahren, in die USA geschickt, um ihn vor den Bedrohungen des NS-Regimes zu bewahren; sie selbst folgten erst 1941 nach. B. wurde dort in die Familie eines Onkels, Jacob Oppenheimer, aufgenommen, die in Youngstown / OH lebte. 1936–40 besuchte er das College of Wooster in Ohio und graduierte dort in den Fächern Geschichte und Chemie – zwei Bereiche, die ihn damals in gleicher Weise faszinierten. 1940 nahm er die amerikanische Staatsbürgerschaft an. 1942 erwarb B. den Master an der Fletcher School of Law and Diplomacy und nahm anschließend als Soldat der US Air Force am Zweiten Weltkrieg teil. 1946/47 war er Mitglied der Presseprüfungskommission der amerikanischen Militärregierung in Berlin. Dort traf B. seine spätere Frau Inge (Heirat 1948). Anschließend setzte er seine Studien fort, die er 1951 in Yale mit dem Doktor der Philosophie (mit Schwerpunkt Internationale Beziehungen und Geschichte) abschloss. Gegen Ende dieser Studienzeit veröffentlichte B. sein erstes und erfolgreichstes Buch *We Survived*, das sich aus Fallgeschichten zu Personen zusammensetzt, die vom Nationalsozialismus verfolgt worden waren; das Buch sollte die Menschen in den USA über die Auswirkungen eines totalitären Regimes informieren. Bis 1955 war er dann für die amerikanische Regierung in Wien (Air Force Intelligence) tätig, danach bis 1958 in München. In Wien und München begann B. – mit tatkräftiger Unterstützung seiner Frau – damit, seine Idee der *Historical Abstracts* zu verwirklichen, mit denen er nach dem Vorbild der im Bereich der Chemie bereits üblichen Literaturberichte einen bibliographischen Überblick über die aktuelle historische Forschung sicherstellen wollte. Diese Abstracts (und die etwas später, 1963, ins Leben gerufene *Abstracts*-Serie *America: History and Life*) bildeten die Basis für die Ausweitung seiner Aktivitäten: In den folgenden Jahren, nach Umzug in die USA (zunächst nach Berkeley / CA, dann nach Santa Barbara / CA) widmete er sich mit Energie dem Aufbau seines 1960 gegründeten Verlags CLIO PRESS (später erweitert zu ABC-CLIO). B. war seit diesem Jahr Präsident und Vorstandsmitglied des American Bibliographical Center, dem die Clio Press in Santa Barbara angeschlossen war; 1970 übernahm er dann dieselben Funktionen im European Bibliographical Center, zu dem die Clio Press in Oxford gehörte. Neben seinen verlegerischen Arbeiten war B. auch als Autor und Herausgeber erfolgreich, außerdem war er als Mitglied und oft auch Funktionär in vielen wissenschaftlichen Gesellschaften tätig. Das College of Wooster ehrte B. 1973 mit der Verleihung der Ehrendoktorwürde für die Förderung der Computeranwendung im wissenschaftlichen Publikationswesen und für seine Leistung für die Verbreitung von Wissen, und 1990 mit der Verleihung eines Distinguished Award. Nach seinem 1982 erfolgten Rückzug von der Leitung von ABC-Clio (sein Sohn Ronald J. B. rückte in dieser Funktion nach) widmete sich B. einem Projekt (ISIM, ›The International School of Information Management‹, und ISIM University), das moderne Methoden des computergestützten Distance Learning realisierte. Auch in Hinsicht auf diese informationstechnologische Revolution zeigte B. sich als ein Pionier. Als Gründer eines der bedeutendsten Reference-Verlage weltweit hat sich B. bleibende Verdienste um die Erschließung der Fachliteratur vor allem im Bereich der Geschichtswissenschaften erworben.

BHE 2; Obituary: Eric H. Boehm. In: Santa Barbara Independent, 18. 9. 2017 [online]; Ronald J. Boehm [ed.]: ABC-Clio – a 25-year history. Santa Barbara / CA: ABC-Clio 1981; Biographic Speech at the Rotary Club, 19 Apr. 1996 [Materialien des Büros Eric H. Boehm, Santa Barbara / CA]; Fischer: Verlegeremigration nach 1933 (2002) S. 295; Saur: Deutsche Verleger im Exil (2008) S. 231.

Bondy, Louis (Wolfgang) 19. 6. 1910 Berlin – 10. 6. 1993 London; Publizist, Antiquar. Der Sohn des Journalisten und Zeitungsherausgebers Josef Adolf B. arbeitete, nach einem nicht abgeschlossenen Architekturstudium an der Technischen Universität Berlin und in Genf, ab April 1932 als Auslandskorrespondent für die *Deutsche Allgemeine Zeitung* in Paris und berichtete über Kunstausstellungen, Theater- und Opernaufführungen. Im Juli 1933 wurde er aus ›rassischen‹ Gründen entlassen. Im März 1934 reiste B. nach Spanien und verdiente sich den Lebensunterhalt als Barkeeper und Strandphotograph in Tossa de Mar. Nach Ausbruch des Bürgerkriegs ging er im Oktober 1936 nach London, um dort als Sprachlehrer ein Auskommen zu finden. Im April 1938 wurde B. von → Dr. Alfred Wiener engagiert, um für das jüdische Informationsbüro (Jewish Central Information Office, die spätere Wiener Library) in Amsterdam zu arbeiten (mit Untergrundverbindungen nach Deutschland). Mitte 1939 kehrte er mit dem größeren Teil des Büros nach London zurück. Als anerkannter *Refugee from Nazi Oppression* entging B. einer Internierung. Zwischen 1940 und 1945 hatte er die Leitung des seit Ausbruch des Krieges dem Political Intelligence Department (PID) unterstellten Informationsbüros inne. Nach Kriegsende nahm B. als Beobachter an den Nürnberger Prozessen teil und verfasste in Buchform seine Abrechnung mit dem NS-Regime: *Racketeers of Hatred*. Schon während des Krieges hatte B. günstig antiquarische Bücher erstanden. Doch erst nach der Auflösung des PID im September 1946 entschloss er sich, in London ein Antiquariat mit den späteren Spezialgebieten Miniaturbücher und Karikaturen zu eröffnen. Anfangs kaufte er Bibliotheken, die in öffentlichen Lagerhallen während des Krieges deponiert worden waren, kostengünstig auf und begann gleichzeitig mit der Katalogisierung der neuerworbenen Bücher. Im März 1947 eröffnete er unweit des British Museum in 16 Little Russell Street ein Ladengeschäft. Laut eigenen Aussagen hatte er guten Kontakt zu den ebenfalls emigrierten Kollegen → Hans Preiss und → Joseph Suschitzky; mit letzterem verband ihn eine ähnlich geartete Konzeption ihrer Antiquariate, die des ›Literarischen Salons‹. Seine Aufnahme in die Antiquarian Booksellers' Association erfolgte 1948 schnell und unproblematisch. Ende der 1950er Jahre beteiligte sich B. an der Planung der heute renommierten und ältesten Antiquariatsmesse, der *International Antiquarian Book Fair*. Daneben war er politisch tätig, so hatte er lange Zeit den Vorsitz der Labour Party im Council of Greater London inne, auch engagierte er sich im Erziehungs- und Schulwesen. Als Antiquar legte B. den Schwerpunkt auf das Theater sowie englische und ausländische Literatur, besonders aber auf das Miniaturbuch, zu welchem er – bis in das 16. Jahrhundert zurückgehend – eine Gesamtdarstellung verfasste, die heute dem Antiquariatsbuchhandel als Bibliographie dient. Nach 40 Jahren erfolgreicher Antiquarstätigkeit mit über 100 Katalogen und Listen hielt B. rückblickend London für einen besonders günstigen Standort für das internationale Geschäft mit antiquarischen Büchern.

Louis Bondy: Racketeers of Hatred. Julius Streicher and the Jew-Baiters' International. London: Newman Wolsey 1946; ders.: Ein Berliner wird Antiquar in London. In: Bbl. (FfM) Nr. 25 vom 27.3.1987 S. A135–39; ders.: Miniature-Books: their history from the beginnings to the present day. London: Sheppard 1981. [Vom Autor überarb. und erw. Ausg. in dt. Übersetzung von Heike Pressler: Miniaturbücher von den Anfängen bis heute. München: Pressler 1988]; ders.: Squatting in a Colleague's Bookshop. In: ABA Newsletter no. 215 (Apr. 1993) pp. 19 f.

BHE 1; IfZ/BA; AdA Nr. 6 vom 29.6.1990 S. A272; B. H. Breslauer: Obituary: Louis W. Bondy (1910–1993). In: ABA Newsletter no. 218 (Aug. 1993) pp. 17 f.; Ellis Hillman: Obituary: Louis Bondy. In: The Independent, 28 June 1993 [online]; Nicolas Barker: Obituary: Louis Bondy. In: The Independent, 28 June 1993 [online]; Bach, Biester: Exil in London (2002) S. A260.

Boyars, Marion 26.10.1927 Hamburg – 31.1.1999 London; Verlegerin. B. war die Tochter von Johannes Asmus, der seit 1922 in Hamburg einen belletristischen Verlag betrieb. Ihre Mutter Hertha Feiner-Asmus, die dort als Lehrerin tätig war, wurde als Jüdin 1933 aus dem Schuldienst entlassen, ihre Ehe mit Johannes Asmus wurde geschieden. Seit 1935 lebte Hertha Feiner als Hilfslehrerin an einer jüdischen Schule in Berlin, zusammen mit ihren beiden Töchtern. 1939 wurden Marion und deren Schwester, mit Unterstützung ihres Vaters, in die Schweiz in ein Internat am Genfer See gebracht. Hertha Feiner wurde gezwungen, an der Administration jüdischer Deportationen mitzuarbeiten; selbst nach Auschwitz deportiert, nahm sie sich auf dem Weg dorthin am 12. März 1943 das Leben. Ihren Vater hat Marion erst wieder in den 1960er Jahren auf der Frankfurter Buchmesse getroffen; dieser war mit seinem Verlag 1938 nach Leipzig übersiedelt und hatte dort hauptsächlich Kunstbücher publiziert; 1946 hatte er die Lizenz für eine Verlagsgründung in Konstanz erworben, den Sitz des Unternehmens aber 1954 nach Stuttgart und 1959 nach Mannheim verlegt; seit 1960 war es wieder in Hamburg angesiedelt. Marion Asmus nahm nach Absolvierung der Internatsschule in der Schweiz ein Studium in England auf und erwarb an der Keele University in Staffordshire einen Abschluss in Politologie, Philosophie und Wirtschaftswissenschaften. Anschließend in den USA, verheiratete sie sich mit dem amerikanischen Bekleidungsfabrikanten George Lobbenberg; die Ehe, der zwei Töchter entstammen, wurde nach einigen Jahren geschieden. Anfang der 1960er Jahre, damals in Shrewsbury lebend, erwarb sie auf eine Zeitungsanzeige hin einen 50%-Anteil am Verlag von John Calder, der anschließend unter CALDER & BOYARS firmierte und Werke so bedeutender Autoren wie Samuel Beckett, Jean Genet, Pirandello, Marguerite Duras, Eugene Ionesco, William S. Burroughs, Ken Kesey (*One Flew Over the Cuckoo's Nest*) sowie den zuvor lange verbotenen Roman von Henry Miller *Tropic of Cancer* publizierte, auch der französische Roman nouveau (A. Robbe-Grillet, Cl. Simon) war vertreten. Hubert Selby Jr.'s *Last Exit Brooklyn* zog 1966 eine Anklage wegen Obszönität nach sich, die der Verlag erst in der Berufungsinstanz erfolgreich abwehren konnte. Die Verlegerin war inzwischen, seit Mitte der 1960er Jahre, in zweiter Ehe verheiratet mit Arthur B., einem Schriftsteller, Übersetzer, Herausgeber eines Magazins von umfassendem literarischem Horizont. Seine beratende Tätigkeit beinflusste das Verlagsprogramm; so etwa bildete sich eine spezielle Programmnische im Bereich der modernen Musik, mit Schriften von John Cage, Charles Ives, Igor Strawinsky oder Karlheinz Stockhausen. 1975 wurde der Verlag zwischen Calder und B. geteilt (die Aufteilung der Autoren verlief allerdings nicht problemlos und war erst 1980 abgeschlossen); unter MARION BOYARS LTD. brachte die Verlegerin sowohl im Bereich *fiction* wie *non-fiction* rund 400 Titel heraus, darunter die Werke mehrerer Nobelpreisträger wie Elias Canetti, Heinrich Böll, Eugenio Montale und Kenzaburo Oe sowie Werke von Pauline Kael, Henri-Pierre Roche (*Jules et Jim*), Julio Cortázar, Julien Green, Witold Gombrowicz, Georges Bataille, Ivan Illich, Ingmar Bergman u. a. m. In dem der literarischen Avantgarde verpflichteten Verlag, der auch einen Ableger MARION BOYARS INC. in New York (39th Street, Manhattan) unterhielt, erschienen Übersetzungen aus mehr als 20 Sprachen; viele von ihnen waren Neuentdeckungen für die englischsprachige Lesewelt. Wie manch andere Autoren verdankte Michael Ondaatje B. entscheidende Unterstützung beim Start seiner Karriere. B. galt als energievolle, überaus engagierte und wagemutige Verlegerin, die ausschließlich Bücher ihrer eigenen Wahl herausbrachte. Sie pflegte Freundschaften mit zahlreichen Autoren sowie vielfältige gesellschaftliche Kontakte; der Besuch der Frankfurter Buchmesse war stets ein Fixtermin für sie. Nach ihrem Tod 1999 aufgrund einer Krebserkrankung wurde der Verlag von ihrer Tochter Catheryn Kilgarriff als *Managing Director* weitergeführt; im Herbst 2009 musste das Unternehmen – unter Verkauf zahlreicher Werkrechte an *Penguin Modern Classics* – seinen Betrieb stark reduzieren. Das Verlagsarchiv von Calder & Boyars befindet sich in der Lilly Library, Indiana University.

Verlagsveränderungen 1942–1963 S. 14; Peter Owen: Pioneer publisher of the avant-garde. In: The Guardian, 2 Feb. 1999 [online]; Sarah Lyall: Marion Boyars. Publisher Of Eclectic Books, Dies at 71. In: New York Times, 4 Feb. 2009 [online]; John Calder: Marion Boyars [Obituary]. In: The Independent, 9 Feb. 1999 [online]; Jason Cowley: Appreciation – Marion Boyars. In: New Statesmen, 19 Feb. 1999 [online]; Alison Flood: Publisher Marion Boyars driven out of business. www.guardian.co.uk, 10 Sept. 2009 [online]; Publisher Feature: Marion Boyars. The Life and Survival of an Avant-Garde publisher. Rosy Barnes interviews Catheryn Kilgarriff, Managing Director of the publisher Marion Boyars [online]; Rita Bake: Wer steckt dahinter? Nach Frauen benannte Straßen, Plätze und Brücken in Hamburg. 5. Aufl. Hamburg: Landeszentrale für politische Bildung 2009 S. 85 [zu Hertha Feiner; online]; Verlags-Homepage: www.marionboyars.co.uk.

Brabec, Friedrich 11. 7. 1906 Wien – 17. 3. 1963 Wien; Verleger, Publizist. B. war der Eigentümer der SOMMERT VERLAGSGESELLSCHAFT in Wien sowie der SÜDOSTEUROPÄISCHEN VERLAGSGESELLSCHAFT in Dubrovnik, zweier Verlage, in denen vor allem Adressbücher sowie Werke und Zeitschriften aus den Bereichen Wirtschaft und Industrie publiziert wurden. Bis 1935 war er Präsident der Austrian Literary Society und der Union of Intelligence Workers. 1938 emigrierte B. nach Jugoslawien, wo er seine verlegerische Arbeit zunächst fortsetzen konnte. 1940 gab er diese Tätigkeit auf und ging in die Türkei, nach Palästina und nach Ägypten. Er arbeitete in dieser Zeit für die UNITED PRESS in Jaffa / Palästina. 1947 kehrte er nach Österreich zurück, wo er den *Wiener Börsen-Kurier* und die *Industrie- und Handelszeitung* herausgab.

BHE 2.

Brandeis, Willi (Baruch) 26. 1. 1904 Breslau – 6. 3. 1986 Petach Tikwa / Israel; Buchhändler. B. entstammte einer Buchhändlerfamilie aus Prag. Sein Urgroßvater, der Journalist und Schriftsteller Jakob B. B. (1835–1912), übernahm im Januar 1881 die im Jahre

1836 gegründete Buch- und Kunsthandlung seines Schwiegervaters WOLF PASCHELES (1814–57), die fortan unter seinem Namen firmierte. 1899 übersiedelte sein Sohn Viktor B. (1867–1912) nach Breslau und eröffnete dort – zunächst als Filiale des Prager Familienunternehmens – eine Buchhandlung. Nach dem Tod von Viktor B. ging das Geschäft auf seine minderjährigen Kinder Willi und Käte (geb. 1907) über; seine Witwe Louise B. führte die Buchhandlung als Prokuristin. B. besuchte bis zur Obersekunda das Breslauer Johannes-Gymnasium. 1922 brach er die Schule ab, um seine Mutter in der Buchhandlung zu unterstützen. Seine Ausbildung erhielt B. im Familienbetrieb und im Verlag R. LÖWIT in Wien, in dem er 1929 mehrere Monate tätig war. In der Reichspogromnacht 1938 wurde die Buchhandlung BRANDEIS völlig zerstört, ein Teil des Buchlagers auf der Straße verbrannt. B. wurde ins KZ Buchenwald verschleppt, aus dem er Anfang Dezember 1938 entlassen wurde. Im März 1939 konnte er mit einem Touristenzertifikat nach Palästina auswandern. Während seiner Abwesenheit führte seine Frau → Rosa B. die Buchhandlung weiter. Sie wurde Ende März 1939 aufgefordert, die Bestände der Buchhandlung an den Jüdischen Kulturbund in Berlin zu schicken. Nach der Einwanderung von Rosa B. nach Palästina im Mai 1939 bemühte sich das Ehepaar vergeblich, über den Oberfinanzpräsidenten von Breslau im Rahmen des Ha'avarah-Abkommens Bücher nach Palästina einzuführen, um auch in der neuen Heimat weiterhin im Buchhandel tätig sein zu können. Als sich diesbezügliche Hoffnungen endgültig zerschlugen, mussten sich Willi und Rosa B. umorientieren: Gemüseanbau und Hühnerzucht bildeten ihre Existenzgrundlage.

Hermann Schulz [bearb. und hg. von]: Allgemeines Adreßbuch für den Deutschen Buchhandel, den Antiquar-, Musikalien-, Kunst- und Landkartenhandel und verwandte Geschäftszweige. Leipzig: Otto August Schulz 1881 S. IX; Siegmund Kaznelson [Hg.]: Juden im deutschen Kulturbereich. Ein Sammelwerk. 3. Aufl. mit Ergänzungen und Richtigstellungen. Berlin: Jüdischer Verlag 1962 S. 133; Schriftliche Mitteilungen von Shlomo Barnea an KJ vom 5. 10. 2001 und 20. 10. 2001 [mitgeteilt von KJ].

Brandeis, Rosa (Shoshanna) 19. 11. 1896 Zalenze / Kreis Kattowitz – 19. 8. 1984 Petach Tikwa / Israel; Buchhändlerin. B., geb. Horwitz, besuchte bis zu ihrem fünfzehnten Lebensjahr das Mädchenlyzeum in Kattowitz. Von 1916 bis 1921 war sie Sekretärin im Büro der Kattowitzer Synagogengemeinde. 1922 übersiedelte sie mit ihren Eltern nach Breslau, wo sie zunächst im Bankhaus Hermann Loewy tätig war. 1927 erwarb sie die hebräische Buchhandlung WWE. MAYER, die seit 1850 bestand. Auch nach ihrer Heirat mit dem Breslauer Buchhändler → Willi B. im August 1929 führte sie das Geschäft unter ihrem Mädchennamen weiter. Als ihr Mann nach der Reichspogromnacht in das KZ Buchenwald gebracht wurde, leitete sie neben der eigenen Buchhandlung auch die Firma Brandeis. 1939 kam der Befehl, die Bestände beider Buchhandlungen, R. HORWITZ und JAKOB B. BRANDEIS, an den Jüdischen Kulturbund in Berlin abzugeben. Im Mai 1939 folgte Rosa B. ihrem Mann nach, der bereits im März nach Palästina emigriert war. In Palästina war das Ehepaar B. in der Landwirtschaft tätig.

Adressbuch 1929, 1. Abt. S. 243; Schriftliche Mitteilung von Shlomo Barnea an KJ vom 5. 10. 2001 und 20. 10. 2001.

Brandenburg, Fritz Buchhändler. B. betrieb gemeinsam mit seiner Frau Silke B. seit 1946 in Montevideo in Uruguay eine LIBRERÍA HUMANITAS; B. war zuvor als Lehrer tätig gewesen.

Schriftliche Mitteilung von Gerhard Kurtze (Hamburg) vom 20. 9. 1993.

Braner, Samuel (später **Shmuel Zvi Bar-Chama**) 8. 6. 1898 Przeworsk / Polen – 1. 3. 1975 Haifa; Buchhändler. B. war Inhaber der 1923 gegründeten Buchhandlung ›JORDAN‹ in Essen, die jüdische Literatur und Kultgegenstände führte und damit hauptsächlich die ostjüdischen Mitglieder der Synagogengemeinde versorgte. 1933 übergab er das in der Innenstadt, Kastanienallee 30, später Turmstrasse 6, gelegene Geschäft an seinen Schwager Moritz Klinger (geb. 1907 Köln), der es 1935 als Deutsche und hebräische Buchhandlung Inh. MORITZ KLINGER und 1937/38 als JÜDISCHER BUCHVERTRIEB JORDAN INH. MORITZ KLINGER weiter führte. B. selbst wanderte mit seiner Frau Ernestine und seinen beiden Söhnen nach Palästina aus; dort bzw. später in Israel hatte er seinen Wohnsitz in Haifa. In den 1950er Jahren stellte er einen Entschädigungsantrag an die Stadtverwaltung Essen. Moritz Klinger wurde am 28. 10. 1938 an die polnische Grenze deportiert; nach einer letzten Postkarte aus Warschau 1939 verliert sich seine Spur. Die Buchhandlung ›Jordan‹ wurde in der Reichspogromnacht im November 1938 geplündert und zerstört.

StAL BV, F 15. 148 (Auskunft an den Rheinisch-Westfälischen Verleger- und Buchhändlerverband 19. 10. 1956 wg. Entschädigungsantrag); Adressbuch 1931; Hermann Schröter: Geschichte und Schicksal der Essener Juden. Gedenkbuch für die jüdischen Mitbürger der Stadt Essen. Essen 1984 S. 460–778: Namentliches Verzeichnis Essener Juden, zusammengestellt nach den Akten des Wiedergutmachungsamtes Essen, hier S. 475; Historisches Portal Essen, Gedenkbuch Alte Synagoge [online].

Braun, Manfred Buchhändler. Der 1936 aus Mannheim nach Palästina eingewanderte B. übernahm gemeinsam mit seiner Frau 1942 von → Dr. Ernst Heidelberger die Buchhandlung in Ramat Gan; 1943 trat → Ilse Blumenfeld als Teilhaberin in die Firma ein. B. gab 1954 seine buchhändlerische Tätigkeit in Israel auf und ging im darauffolgenden Jahr nach Deutschland zurück, wo er bis in die 1990er Jahre im Sozialdienst in Karlsruhe tätig war.

Schriftl. Auskunft von Ilse Blumenfeld an EF vom 12. 11. 1993.

Brehm, Eugen Max 4. 10. 1909 Ulm – 27. 11. 1995 Reading / England; Buchhändler, Antiquar, Publizist. Der Sohn eines Spenglers kam in jungen Jahren nach Berlin, wo er nach einer Buchhandelslehre 1930 bis 1933 in einem Antiquariat arbeitete und sich der pazifistischen Bewegung um Kurt Hiller anschloss. B. wurde Gründungsmitglied der SAPD, war nach der NS-›Machtergreifung‹ illegal für die SAPD tätig und verbüßte eine Haftstrafe. Nach seiner Entlassung 1933 war er als Schriftsteller und freiberuflicher Antiquar tätig. 1935, nach neuerlicher Verhaftung, emigrierte B. in die ČSR, wo er (u. a. unter dem Pseudonym Max Herb) ständiger Mitarbeiter sozialdemokratischer Zeitungen und Zeitschriften war, auch als Auslandskorrespondent fungierte. Im Februar 1939 flüchtete B. weiter nach London; 1940 war er als *enemy alien* in verschiedenen Lagern interniert; danach war er im Abhördienst der BBC tätig. 1948 erhielt er die britische Staatsbürgerschaft. Da sich Pläne, nach Kriegsende als Journalist in Deutschland einen Neuanfang zu wagen, nicht realisieren ließen, blieb B. bis zu seiner Pensionierung beim Monitoring Service der BBC; von 1946 bis 1950 war er auch Korrespondent der *Neuen Zeitung* München. Bis 1971 war B. Mitglied im Vorstand der Volkssozialistischen Bewegung / People's Socialist Movement; als Schriftsteller trat er mehrfach mit Prosa- und Lyrik-Publikationen hervor.

Eugen Max Brehm: Biographie, Meine Internierung. In: EXIL Nr. 2 (1986) S. 39, 41–64.
BHE 1; Nachruf von Karl Holl in: Neuer Nachrichtenbrief der Gesellschaft für Exilforschung Nr. 7 (Juni 1996) S. 6; Briefe aus dem Exil. 30 Antworten von Exilanten auf Fragen von Arnim Borski. Antiquariat Michael Lehr, Katalog 100, Berlin 2011 S. 43–47, 130 f.

Breitenstein, Friederike 21. 7. 1872 –1947 in Illinois; Buchhändlerin, Verlegerin, Antiquarin. Die von Max B. seit 1906 in Wien-Währing geführte Firma, die neben Buchhandlung und Antiquariat auch einen Verlag umfasste, wurde nach dessen Tod am 22. September 1926 von seiner Witwe Friederike B. (geb. Oppenheim) als Alleininhaberin übernommen. 1935 mussten aufgrund des schlechten Geschäftsgangs Gehilfen entlassen werden; nach dem ›Anschluss‹ Österreichs wurde der Betrieb am 2. Juni 1938 von der Gestapo gesperrt, die Herausgabe der juristischen Zeitschrift *Die Gerichtshalle* wurde eingestellt. In einer bereits im Juni 1937 im Auftrag des Börsenvereins durch einen österreichischen Gewährsmann (Rudolf Bayer) vorgenommenen Beurteilung der ›buchhändlerischen Leistungsfähigkeit und politischen Zuverlässigkeit‹ lautete das Urteil: ›jüdisch / scharf gegenteilig eingestellt‹; die Firma wurde 1938 als ›nichtarisches Unternehmen‹ aus dem Adressbuch gestrichen. Die ›Arisierung‹ durch den Buchhändler Richard Frinstacky wurde abgelehnt; B. meldete am 14. November 1938 das Ausgleichsverfahren an; als Ausgleichsverwalter fungierte Franz Dvorak von der Buchhandlung GEROLD & CO. Schließlich wurde das Geschäft vom berüchtigten ›Arisierer‹ Johannes Katzler übernommen, der aber zunächst nur die Warenbestände in die von ihm ebenfalls ›arisierte‹ Antiquariatsbuchhandlung Alois Reichmann einbrachte. Am 2. Oktober 1939 wurde Dr. Gottfried Linsmayer zum Abwickler der Firma bestellt, nach dessen Einberufung zum Wehrdienst wurde die Treuhandgesellschaft DONAU mit der Abwicklung betraut und die Firma am 1. März 1944 aus dem Handelsregister gelöscht. Friederike B. hatte sich laut Auskunft des Zentralmeldeamtes am 21. März 1941 nach Nordamerika abgemeldet.

SStAL, BV, F 1.072; Alexandra Achleitner: Verlagsbuchhandlung und Antiquariat M. Breitenstein. Diplomarbeit. Wien 2001; Katja Bertz: ›Arisierung‹ im österreichischen Buchhandel. Auf den Spuren der Buchhandlungen Richard Lányi, Alois Reichmann, Josef Kende, Moritz Perles, M. Breitenstein, Heinrich Saar und Dr. Carl Wilhelm Stern. Diplomarbeit, Wien 2009 [online]; Hupfer: Antiquarischer Buchhandel (2003) S. 155–57; Schroeder: ›Arisierung‹ II (2009) S. 366 f.; Liste jüdischer Vermögenswerte unter: www.avotaynu.com/holocaustlist [online].

Brenner, Ernst (Mordehai) 13. 3. 1903 Magdeburg-Sudenburg –10. 1. 1945 KZ Bergen-Belsen; Antiquar. B. war in Berlin Inhaber einer kleinen Antiquariatsbuchhandlung am Kurfürstendamm. 1933 flüchtete er mit seiner nicht-jüdischen Frau → Magdalene Sothmann in die Niederlande; die beiden eröffneten in Amsterdam wieder ein Antiquariat BRENNER-SOTHMANN (Herengracht 306) bzw. ab 1940 M. H. J. F. SOTHMANN (Nieuwezijds Voorburgwaal 230); die Ehe wurde 1936 geschieden. B. wurde nach dem Einmarsch der deutschen Truppen 1940 verschleppt und im KZ Bergen-Belsen ermordet.

Int. Adressbuch der Antiquare (1937/38 u. 1940); Uri Benjamin [d. i. Walter Zadek]: Antiquare im Exil: Dr. Abraham Horodisch. In: Bbl. (FfM) Nr. 42 vom 29. 5. 1973 S. A188; The Central Database of Shoah Victims' Names [online]; Piet J. Buijnsters: Geschiedenis van het Nederlandse antiquariaat. Nijmegen: Vantilt 2007, S. 185, 426 (Fn. 50).

Breslauer, Bernard H. 1. 7. 1918 Groß-Lichterfelde (Berlin) –14. 8. 2004 New York; Antiquar; Dr. h. c. Bernd Hartmut B. war, nach kurzer Lehrzeit in Florenz bei Leo Olschki, seit 1935 im weltbekannten Antiquariat seines Vaters → Martin B. tätig. 1936 war er mit der Katalogisierung der Handbibliothek bei deren Verkauf an Martin Bodmer betraut, 1937 emigrierte er mit der Familie nach London. Er diente fast fünf Jahre im Auxiliary Military Pioneer Corps der britischen Armee und übernahm – nachdem er bereits am Katalog Nr. 54 *The Gentle Science of Book Collecting* von 1941 beteiligt war – nach Entlassung aus dem Kriegsdienst 1945 die Firma MARTIN BRESLAUER LTD., die er zunächst vom Londoner Stadtteil Chiswick aus, seit 1947 in 23 Museum Street erfolgreich weiterführte. Spezialisiert auf Handschriften, Frühdrucke und kostbare Einbände, war B. im Auftrag bedeutendster Sammler (Martin Bodmer, Hans Fürstenberg, Otto Schäfer, Sir Alfred Chester Beatty, Major J. R. Abbey, Henry Davis) sowie großer Bibliotheken und Institutionen tätig: 1978 ersteigerte er im Auftrag der Württembergischen Landesbibliothek eine Gutenberg-Bibel für den damaligen Rekordpreis von $ 2,2 Millionen sowie die Sammlung von Richard Wagner-Manuskripten des Philadelphia Curtis Institute of Music für Bayreuth. 1977 verlegte B. den Firmensitz nach New York, weil der amerikanische Markt wachsende Chancen und wohl auch günstigere Steuer- und Finanzierungsbedingungen bot, und bezog eine Wohnung in 998 5th Avenue schräg gegenüber dem Metropolitan Museum. Seine Kataloge, deren Nummern 56 bis 111 er über weite Strecken allein bearbeitete, sind wegen der vorzüglichen Beschreibungen berühmt geworden. Eberhard (Hardy) Grieb, den B. 1977 als Partner in seine Firma aufgenommen hatte, starb 1990. B. war selbst ein Privatsammler von Rang; seine als Bibliotheca Bibliographica Breslaueriana bezeichnete Kollektion von Bibliographien und Katalogen ließ er mit exquisiten Einbänden versehen. Auf dem Gebiet der Einbandkunde hatte er immer schon außerordentliche Fachkenntnisse, ein Teil seiner Bestände richtete sich denn auch auf die Buchbinderkunst. Darüber hinaus besaß er eine Sammlung von hochqualitativen illuminierten Blättern und Zeichnungen des 11.–17. Jahrhunderts. Auswahlen aus seinen Sammlungen wurden 1986 in Brüssel in der Bibliotheca Wittockiana, 1991 in der Houghton Library in Cambridge, Mass. und 1993 in der Pierpont Morgan Library gezeigt. B. wurden zahlreiche Ehrungen zuteil, u. a. war er Honorary Fellow der Pierpont Morgan Library in New York, 1997 erhielt B. – der eine ganze Reihe gelehrter Aufsätze zu bibliographisch-buchgeschichtlichen Themen verfasste – die Ehrendoktorwürde der FU Berlin; das Familien- und Firmenarchiv hat B. der Staatsbibliothek Preußischer Kulturbesitz in seiner Geburtsstadt vermacht. 2005 wurde seine rund 2000 Stücke umfassende Sammlung von seltenen Bibliographien für $ 5,5 Milionen zugunsten verschiedener Stiftungen versteigert (3 Kataloge bei Christie's). Neben großzügigen Vermächtnissen an die University of California in Los Angeles (für eine Professur in *Bibliography*) und an die Houghton Library at Harvard (für Bücherankäufe) hat B. dem American Trust for the British Library testamentarisch eine bedeutende Summe zugedacht, die dem Erwerb wertvoller Bücher dienen soll. In Anerkennung dieser Tat richtete der Trust eine jährliche *Breslauer Lecture* ein. Eine noch von B. eingerichtete B. H. Breslauer Foundation verwaltet das weitere Erbe zugunsten von Bibliotheken und anderen Einrichtungen, die sich der Pflege des Buchkulturerbes widmen.

[Auswahl] ders. [gem. mit Roland Folter]: Bibliography. Its history and development. Catalogue of an exhibition held at the Grolier Club. [Ausst.-Kat.] New York 1984; Bernard Breslauer: Historic and artistic bookbindings from the Bibliotheca Bibliographica Breslaueriana. [Ausst.-Kat.] Brüssel 1986; ders.: The uses of bookbinding literature. New York: Book Arts Press 1986; ders.: Heinrich IV. Graf und Herr zu Castell. Ein deutscher Büchersammler der Renaissance und die für ihn während seiner Studienjahre in Orléans, Paris und Bologna hergestellten Einbände.

Neustadt a. d. A.: Degener 1992 [engl. Originalausg. 1987]; ders.: Fürstenberg oder ... über bibliophile Unsterblichkeit. Köln: Ges. d. Bibliophilen 1984; ders.: Martin Bodmer remembered. In: The Book Collector vol. 37 no. 1 (1988) pp. 29–53; ders.: Glanz und Elend der Antiquare. In: Imprimatur. NF Bd. IX S. 163–65 [auch online].

Bbl. (FfM) Nr. 52 vom 1. 7. 1958 S. 838 f.; Interview EF und UB am 19. 3. 1996, New York; Bernard Breslauer 70. In: AdA 7/1988, A 305; Ehrendoktorwürde für Bernd H. Breslauer. In: AdA 1/1998, A 73; William M. Voelkle: The Bernard H. Breslauer collection of manuscript illuminations. [Ausst.-Kat.] New York: Pierpont Morgan Library 1992; Juliane Stephan: ›Nur die Lumpe sind bescheiden‹. Der Antiquar Bernd Breslauer zieht Schätze aus Kassetten. In: FAZ vom 23. 09. 1995 S. 39; Der Nachlaß und das Archiv Martin und Bernd H. Breslauer. In: Mitteilungen der Staatsbibliothek zu Berlin Preußischer Kulturbesitz. NF Jg. 6 Nr. 2 (1997) S. 203–10; Peter Jörg Becker: Das Archiv Martin und Bernd H. Breslauer in der Staatsbibliothek zu Berlin. In: Jahrbuch Preußischer Kulturbesitz. 34. Berlin: Gebr. Mann 1998 S. 383–93; Regina Mahlke: Die Staatsbibliothek und das Antiquariat Breslauer. Eine hundertjährige Beziehung. In: Mitteilungen der Staatsbibliothek zu Berlin Preußischer Kulturbesitz. NF Jg. 7 Nr. 1 (1998) S. 102–11; Herr der Bücher: Der Antiquar Bernd Breslauer vermacht sein persönliches Archiv der Berliner Staatsbibliothek. In: Focus-Magazin Nr. 20 (1998) S. 110–14; Juliane Stephan: Herr der Bücher: dem Antiquar und Sammler Bernd Breslauer zum Achtzigsten. In: FAZ vom 1. 7. 1998 S. 39 f.; Bach, Biester: Exil in London (2002) S. A254 f.; Wolfgang Saxon: Bernard H. Breslauer, 86, Rare Book Dealer [Nachruf]. In: New York Times, 21 Aug. 2004 [online]; Nicolas Barker: Bernard Breslauer. Bookdealer and collector across two continents [Nachruf]. In: The Independent, 25 Sept. 2004 [online] (auch in: Nicolas Barker: At First, All Went Well & Other Brief Lives. London: Bernard Quaritch 2019 S. 253–258); Rudolf Elvers: Bernd H. Breslauer 1918–2004. In: AdA NF Nr. 6 (2004) S. 480 f. [Nachruf]; Roger E. Stoddard: B. H. B. in Retrospect (The Bernard H. Breslauer Lecture 2006). New York: The American Trust for the British Library 2007; Felix de Marez Oyens: B. H. Breslauer Foundation Inc. The first three years of activity. In: Bulletin du Bibliophile no. 2 (2008).

Breslauer, Martin 16. 12. 1871 Berlin–16. 10. 1940 London; Antiquar. B. erlernte das Antiquariatsgeschäft bei R. L. PRAGER, einem in Rechtswissenschaften und Nationalökonomie führenden Antiquariat in Berlin, bei JOSEPH BAER & CO. in Frankfurt, VINCENZO MENOZZI in Rom, bei dem er am Versteigerungskatalog der berühmten Borghese-Bibliothek mitarbeitete, sowie bei DORBON in Paris. Nach einem kürzeren Aufenthalt in London rief ihn Leo S. Olschki nach Florenz, um die dortige Filiale der damals noch in Venedig ansässigen Firma zu leiten. Nach seiner Rückkehr nach Deutschland arbeitete B. bei LUDWIG ROSENTHAL in München an der Erstellung des berühmten Kataloges 100 mit, bevor er zusammen mit seinem Schulfreund Edmund Meyer 1898 in Berlin in der Leipziger Straße eine Buchhandlung mit Sortiment und Antiquariat eröffnete. Nach der Trennung von Meyer 1904 führte B. das Antiquariat in der Französischen Straße 46 allein weiter und machte es zu einem international renommierten Treffpunkt für Bibliophile. Er unterhielt ständige Kontakte mit den bedeutendsten Sammlern seiner Zeit, mit Hans Fürstenberg oder Harry Graf Kessler ebenso wie mit Aby Warburg, Stefan Zweig oder Martin Bodmer, seinen Zeitgenossen galt er als der ›König der Antiquare‹. Zwischen 1919 und 1929 gab er eine Reihe *Bibliographien und Studien* heraus, in der fünf Bände erschienen. B. brachte herausragende Lagerkataloge heraus, von denen manche immer noch als Referenzwerke ersten Ranges gelten (z. B. *Das deutsche Lied*, 1908), er veranstaltete aber auch Buchauktionen: so versteigerte er nach 1928 u. a. die Sammlungen von Carl Schüddekopf (1918), Eduard Grisebach, Werner Wolffheim (1928, gemeinsam mit

OTTO HAAS / FA. LIEPMANNSSOHN, mit einem ebenfalls hochbedeutenden Katalog). Als größte und spektakulärste Geschäfte gelten aber der Verkauf der 120 000 Bände umfassenden Bibliothek des Fürsten Stolberg-Wernigerode 1931–1933 sowie jener der Bibliothek Napoleons 1933–1935; diese lange verschollene Sammlung, die eigentlich Napoleons zweiter Frau Marie Louise gehörte, war von dieser nach ihrer Flucht aus Paris über die Zwischenstation Parma nach Wien verbracht worden, wo sie von B. 1929 aufgespürt wurde. B., der auch als Bibliophile höchstes Ansehen genoss und Gründungsmitglied einiger Bibliophilen-Vereinigungen war, betrieb sein Geschäft unter wachsendem Druck des Nationalsozialismus bis 1936 in Berlin; 1937 emigrierte er, nach Erlag schikanöser Steuern, die zusätzlich zur ›Reichsfluchtsteuer‹ zu zahlen waren, mit seiner Familie nach London. Bei seiner Ankunft fast mittellos, sicherten ihm seine internationale Reputation und die Hilfe von englischen Kollegen und Freunden rasch die Erlaubnis, in England leben und arbeiten zu dürfen. Einen großen Teil seiner weltberühmten Handbibliothek von 21 000 Bänden hatte er an den Schweizer Sammler Martin Bodmer verkauft, um einer Konfiskation zuvorzukommen; den Verkaufserlös hatte er allerdings abgeben müssen, etwa 6000 Bände konnte er jedoch nach London überführen. Im Oktober 1937 eröffnete er mit finanzieller Unterstützung des Frankfurter Kunstsammlers Robert von Hirsch (seit 1933 in Basel) ein Antiquariat in Bedford Court Mansions, nahe dem British Museum im Stadtteil Bloomsbury, und es gelang ihm, noch einige Kataloge zu erstellen. Von England aus bemühte er sich vergeblich um eine erneute Aufnahme als Auslandsbuchhändler in den Börsenverein; es wurde ihm lediglich gestattet, Anzeigen zum Nichtmitgliederpreis im *Börsenblatt* zu platzieren. Nach seinem Tod in Folge eines Luftangriffs auf London übernahm seine Witwe Margarete geb. Freystadt (1889–1968) bis 1945 und anschließend deren Sohn → Bernd H. B. das Antiquariat.

Martin Breslauer: Bericht über mein Antiquariat. Berlin: Officina Serpentis 1920; ders.: Die Preissteigerung im deutschen Antiquariat. In: Die Bücherstube. Jg. 1 H. 5/6 (1920) S. 154–69; ders. [Hg., gem. m. Kurt Koehler]: Werden und Wirken. FS für Karl Wilhelm Hiersemann. Leipzig: K. F. Koehler 1924; ders.: Antiquariat und Bücherversteigerungen. In: Bbl. Nr. 293 (1925) S. 20049–52; ders.: 25 Jahre. 1898–1923. Berlin: Officina Serpentis 1923; ders.: Erinnerungen, Aufsätze, Widmungen. Mit einem Vorwort von Hans Fürstenberg. Frankfurt / Main: Gesellschaft der Bibliophilen 1966.

Nachlass-Bestand Breslauer (NL) 307 in der Staatsbibliothek zu Berlin; SStAL, BV, F 12 258; Verlagsveränderungen 1933–1937 S. 3; AdA Nr. 83 (1950) S. A829 f.; M. Breslauer: Erinnerungen, Aufsätze, Widmungen [Rez.]. In: Bbl. (FfM) Nr. 33 vom 23. 4. 1968 S. 953; Deutscher Wirtschaftsführer (1929) Sp. 302; DBE; LGB 2; Wilhelm Olbrich: Lebensbilder deutscher Antiquare VI. Martin Breslauer. In: Bbl. (FfM) Nr. 83 vom 17. 10. 1950 S. A829 [Beilage]; Bernd H. Breslauer: Katalog Nr. 90, 1958; Bbl. (FfM) Nr. 52 vom 1. 7. 1958 S. 839 f.; Peter Amelung: Bibliophiler Festschmaus – ein Jubiläumskatalog der Firma Breslauer. In: Bbl. (FfM) Nr. 62 vom 5. 8. 1966 S. 1532–34; Ferdinand Geldner: Blühendes Antiquariat. Der neue Katalog von Martin Breslauer. In: Bbl. (FfM) Nr. 15 vom 20. 2. 1970 S. 261; Gerda H. Schuyler: Erinnerungen an meine Lehrzeit in Berlin. In: Bbl. (FfM) Nr. 9 vom 31. 01. 1975 S. A79–81; Bernd Breslauer: Martin Bodmer Remembered. In: Book Collector vol. 37 no. 1 (1988) pp. 29–53; Ulrich-Dieter Oppitz: Die ›Deutschen Manuskripte des Mittelalters‹ der ehemaligen Stolberg-Wernigerodischen Handschriftensammlung. In: Geographia spiritualis. Festschrift für Hanno Beck. Hg. von Detlef Haberland. Frankfurt am Main: P. Lang 1993 S. 187–205; Bernd H. Breslauer: Glanz und Elend der Antiquare. In: Imprimatur. NF Bd. IX (1990) S. 163–65; Bach, Biester: Exil in London (2002) S. A254 f.

Brody, Daniel 25. 12. 1883 Budapest – 7. 3. 1969 Sorengo / Schweiz; Verleger; Dr. jur. B., der einer angesehenen Budapester Familie entstammte und nach dem Vorbild seines Vaters Rechtswissenschaften studierte, war von 1921 bis 1925 als kaufmännischer Direktor im KURT WOLFF VERLAG tätig, in welchem sein Schwiegervater Arpád Spitz Hauptaktionär war. Auf Ratschlag Spitz' erwarb B. 1929 den 1920 mit Geldern der schwäbischen Industriellen Robert Bosch und Max Wieland in Basel gegründeten, dem Geist der Verständigung zwischen Deutschland und Frankreich entsprungenen RHEIN-VERLAG, in welchem u. a. Übersetzungen der Werke von Italo Svevo, Iwan Goll, Blaise Cendrars und v. a. James Joyce herausgekommen waren. B. verlegte den Sitz des Unternehmens nach Zürich, bald darauf wurde eine Filiale in München gegründet, von wo aus B. – zusammen mit dem Lektor Georg Heinrich Meyer (1868–1931) – den Verlag leitete. 1931 erschien im Rhein-Verlag der erste Teil der *Schlafwandler*-Trilogie von Hermann Broch, seit 1933 erschienen auch die Eranos-Jahrbücher, die für Jahrzehnte das geistige und wirtschaftliche Fundament des Verlags bildeten. Mit H. Broch verband den Verleger eine freundschaftliche, in einer dichten Korrespondenz dokumentierte Zusammenarbeit, auch nachdem dieser 1938 in die Emigration in die USA gegangen war. B. hatte bereits 1936 das Verlagsbüro von München nach Wien transferiert, er selbst war mit seiner Familie in die Schweiz gegangen. Es gelang ihm dort jedoch nicht, die Genehmigung für eine Niederlassung des Verlags zu erwirken. Nach der Annexion Österreichs war die Familie auf der Flucht; B. gelangte von Wien aus mit Hilfe von Freunden nach Den Haag, wo er noch einige Bücher herausbringen konnte. Dem Einmarsch der deutschen Truppen in die Niederlande folgten zwei traumatische Jahre, in denen ihn sein ungarischer Pass vor dem Schicksal der Judendeportation bewahrte, bis es ihm schließlich 1942 gelang, mit seiner Frau Daisy (die vier Kinder waren bereits im Ausland) nach Mexiko auszureisen. Nach dem Krieg ging B. über die USA zurück in die Schweiz, wo der Rhein-Verlag zwischenzeitlich von seiner Schwester weitergeführt worden war. 1948 übernahm er wieder die Leitung des Verlags und brachte 1952–61 die zehnbändige Ausgabe der Gesammelten Werke des inzwischen verstorbenen H. Broch heraus. 1963 zog sich B. aus dem Verlagsgeschäft zurück.

Daniel Brody: Geist und Werk. Aus der Werkstatt unserer Autoren; zum 75. Zürich: Rhein-Verlag 1958.

LGB 2; Curt Vinz, Dagmar Olzog: Dokumentation deutschsprachiger Verlage. 2. Ausg. München: Olzog 1965; Bertold Hack, Marietta Kleiss [Hg.]: Hermann Broch, Daniel Brody: Briefwechsel 1930–1951. Frankfurt / Main: Buchhändler-Vereinigung 1971 (Sonderdruck aus dem AGB Bd. 12 (1971)); Verlagsbibliographie des Rhein-Verlags 1920–1972. In: AGB Bd. 20 (1979) Sp. 1153–216; Kathrin Kuna: Der Briefwechsel zwischen Hermann Broch und Willi Weismann (1946–1951). Diplomarbeit. Universität Wien 2008.

Bronfman, Itzhak Geb. 1902 in Kishinev; Grossist. B. studierte Landwirtschaft an Hochschulen in Bonn und Berlin. Er kam 1933 mit seiner Frau Sara, geb. Feinstein, nach Palästina und war dort zunächst Mitarbeiter des Zeitschriften- und Buchimports PALES von → Paul Arnsberg. Seit 1956 betätigte er sich mit der Firma BRONFMAN BOOK DISTRIBUTION AGENCY als selbständiger Grossist, z. T. mit ehemaligen Mitarbeitern von Pales, und war spezialisiert auf den Import und Großvertrieb von ausländischen Journalen sowie von amerikanischen und englischen Taschenbüchern; er nahm auch die Vertretung der Verlage ULLSTEIN und DTV in Israel wahr. Nach B.'s Tod entstanden mehrere Nachfolgebetriebe im Zeitungswesen; die Buchhandelsfirma BRONFMAN

NACHF. wurde schließlich Anfang 1980 von dem Großunternehmen Steimatzki (→ Ezekiel Steimatzki) übernommen.
    Schriftl. Auskunft von Ilse Blumenfeld an EF vom 12. 11. 1993; Korrespondenz F. Pinczower, Brief vom 12. 12. 1991; Zadek: Buchhändler I (1971) S. 2908.

Bronstein, Lipa Geb. 5. 5. 1893 Goroditsche / Russland; Buchhändler, Verleger. B. war in der 1921 errichteten jüdischen Buchhandlung KEDEM BLUMSTEIN & BRONSTEIN in Berlin-Charlottenburg tätig. Der Buchhandlung war auch ein Verlag Kedem angeschlossen, in welchem Literatur zu Palästina sowie Werke zu Zionismus, Religionsphilosophie, Geschichte, Philologie und Soziologie erschienen, außerdem Talmudliteratur und hebräische Wörterbücher. 1938 wurde Kedem auf der Liste ›Jüdischer Buchvertriebe‹ unter dem Inhaber Martin Salomon geführt. B. war in diesem Jahr mit seiner Frau Margarete und zwei Kindern nach Tel Aviv gegangen und hatte dort – als Fortführung der Berliner Firma – den KEDEM BOOKSTORE eröffnet, mit einem auf Bibelwissenschaft, Philosophie, Psychologie und Schöne Literatur spezialisierten Sortiment. Kedem fungierte auch als Verlag, Grosso und Versandbuchhandlung. → Richard Loewy erarbeitete für B. den Katalog seiner Leihbücherei.
    Interview EF mit Walter Zadek 1991, Holon / Israel; SStAL, BV, F 15160; Adressbuch 1929, 1931; Adressbuch 1955 S. 773; Tentative List p. 15; Zadek: Buchhändler II (1971) S. 2940; Maria Kühn-Ludewig: Jiddische Bücher aus Berlin (1918–1936). Titel, Personen, Verlage. Nümbrecht (Bruch): Kirsch Verlag 2006 S. 166, 201 f.

Brüll, Karl 29. 1. 1895 Boskowitz / Mähren –1953 Stockholm; Musikverleger. B., (später Carl / Charles Brull / Bruell) war 1920 Gründer der auf Unterhaltungs- und Filmmusik spezialisierten EDITION KARL BRÜLL GMBH in Berlin, Kurfürstendamm 230; der Verlag hielt Rechte u. a. an Werken von Friedrich Hollaender, Nico Dostal, Robert Stolz oder Ralph Benatzky. 1933/34 ging B. nach Frankreich ins Exil, die Berliner GmbH wurde 1933 aufgelöst. In Paris führte B. seinen Musikverlag unter dem Namen Charles Bruell weiter; mit Hilfe eines Subverlagsvertrages mit dem Wiener Musikverlag DOBLINGER gelang es B., die Einnahmen aus den ihm nicht mehr zugänglichen deutschen Vertragsgebieten zu sichern. Um 1937 flüchtete B. weiter nach Großbritannien, wo er den Musikverlag BRULL LTD. & CO. gründete, in dem u. a. die Musikalienreihe *Charles Brull Harmonic Mood Music Library* erschien.
    Adressbuch 1931 S. 151; Verlagsveränderungen 1942–1963 S. 32; AJR Information, July 1953, S. 5; Fetthauer: Musikverlage (2004) S. 460; LexM [online].

Brunner, Robert 1901 Wien –1969 New York; Buchhändler, Antiquar, Verleger. B., Sohn von Richard und Hermine B., betrieb nach Besuch der Handelsschule in Wien im VII. Bezirk seit 1926 eine Versandbuchhandlung, bis er nach einem Gestapo-Verhör 1938 mit seiner Verlobten Louise Koblitz (1902 –1992) nach Frankreich emigrierte und dort so lange einer Arbeit nachging, bis sie die Visa für die USA erhielten. 1939 in New York angekommen, heiratete er Louise (Sohn Thomas, geb. 1945) und baute ein auf Psychoanalyse spezialisiertes Buchunternehmen auf. Zunächst handelte er mit antiquarischen bzw. gebrauchten Büchern; in der Zeitschrift *Aufbau* 1942 gab er eine Anzeige auf, in der er sein Interesse am Ankauf nicht nur an psychoanalytischer Literatur, sondern auch an Literatur zur Arbeiterbewegung, zu Österreich seit 1918 (Politik, Wirtschaft, Kultur) sowie an Langenscheidt Russisch-Wörterbüchern und an *Tandlers Anatomischem Atlas* kundtat. Damals residierte er noch an der Adresse 496 E 140 Street, zog aber bald um nach 1212 Avenue of the Americas, wo er seinen Betrieb offenbar bedeutend vergrößern konnte. Als Buchimporteur brachte er eine Reihe von Verkaufslisten heraus und trat mit ROBERT BRUNNER INC. auch als Verleger auf dem Gebiet der Psychiatrie, der psychosomatischen Medizin, der Neurologie und der Entwicklungspsychologie hervor, die letzten Verlagstitel datieren von Mitte der 1960er Jahre.

Adressbuch 1937 S. 73; Aufbau vom 11. 9. 1942 S. 10; Robert and Louise Brunner Papers (2002.152), United States Holocaust Memorial Museum Archives, Washington D. C.; Psychosomatic Medicine vol. 8 Nr. 3 (1946) [Werbeanzeige; online]; Buchhändlermarke: Seven Road Gallery of Book Trade Labels [online].

Buchholz, Karl 26. 8. 1901 Göttingen – 6. 1. 1992 Bogotá / Kolumbien; Buch- und Kunsthändler. B., in Frankfurt an der Oder aufgewachsen, absolvierte zunächst eine Buchhändlerlehre in der WALDOWSCHEN BUCH- UND KUNSTHANDLUNG und nahm 1920 in der GUTENBERG-BUCHHANDLUNG in Berlin eine Stelle an. 1924 heiratete er Marie Louise Blümel (1898–1983). 1925 betrieben die Eheleute von ihrer Wohnadresse in Berlin-Wilmersdorf aus eine Versandbuchhandlung, errichteten bald jedoch auch unter dem Firmennamen KARL BUCHHOLZ ein Ladengeschäft in der Taubenstraße 17/18. Ein Jahr später konnte B. bereits eine größere Buchhandlung in der Mauerstraße 13/14 eröffnen, in der er mehrere Mitarbeiter beschäftigte; es folgten zwei Filialen am Kurfürstendamm 30 und in der Königstraße 45, in denen auch Kunstausstellungen gezeigt wurden. Über seinen Mitarbeiter → Otto Gustav Ernst Wittenborn knüpfte B. Geschäftsbeziehungen zur englischen Buchbranche, denn seine langfristige Absicht war es, eine große internationale Buchhandlung zu gründen. 1934 eröffnete B. in der Leipziger Straße eine weiträumige, repräsentative Buchhandlung mit Galerieräumen in der ersten Etage, als Leiter der Galerie engagierte B. den Hamburger → Curt Valentin (früher bei dem Kunsthändler → Alfred Flechtheim tätig). 1936 emigrierte Valentin in die USA, und B. belieferte ihn über holländische Kunden mit Werken der vom NS geächteten ›Entarteten Kunst‹, die der im März 1937 eröffneten BUCHHOLZ GALLERY CURT VALENTIN, New York, bald internationale Aufmerksamkeit sicherten. B. konnte auf einen prominenten Kundenkreis aus Adel, Kunst und Wissenschaft verweisen, darunter Kaiserin Hermine, die zweite Frau von Kaiser Wilhelm II., den Bankier Dreyfus, der die New Yorker Gründung finanzieren half, Romano Guarini, Max Beckmann, Käthe Kollwitz u. a. B. versuchte seine Buchhandlung (eine ›Insel im braunen Meer‹, so sein ehemaliger Mitarbeiter Arthur Kersten 1963) auch unter den widrigen Umständen zur Zeit des Nationalsozialismus weiterzuführen, doch wurde die Situation ab 1937 prekär. Mehrere Durchsuchungen nach Werken verbotener Schriftsteller fanden statt, auch die Galerie wurde kontrolliert. 1938 wurde B. (neben anderen) als Kunstsachverständiger von den NS-Behörden beauftragt, ›Entartete Kunst‹ zu Zwecken der Devisenbeschaffung ins Ausland zu verkaufen, darunter Werke von Oskar Kokoschka, Alexej Jawlensky, Max Ernst, Max Beckmann usw. Im Rahmen der Verkaufsverhandlungen dieser kommissionsweise überlassenen Kunstwerke reiste B. 1939 nach Norwegen, Frankreich sowie in die Schweiz, wo er auch Curt Valentin treffen konnte. Im Juli / August 1940 weilte B. in Bukarest zu Vorbereitungen für eine Buchhandlungsneugründung, im Dezember wurde die LIBRARIA SI EXPOZITIA DE ARTA BUCHHOLZ in der Calea Victoriei, 45 eröffnet, die B. (bis

1944) mit einem Teilhaber führte. Ebenfalls 1940 gründete B. in Berlin, Pommersche Straße ein kunstwissenschaftliches Antiquariat, das von Dr. Hans Rose geleitet wurde. B.'s heikles Engagement, ›entartete‹ Kunstwerke in offiziellem Auftrag durch Auslandsverkäufe vor der Vernichtung zu retten, gestaltete sich im Krieg immer schwieriger; 1942 wurde die Galerie Buchholz durch die NS-Behörden geschlossen. Mit Kriegseintritt der USA war jede Verbindung zu Curt Valentin unterbrochen. Anfang 1943 kündigte B. den Bukarester Geschäftsführern und nahm die Leitung der florierenden Buchhandlung selbst in die Hand. Wegen der schweren Bombenangriffe auf Berlin brachte B. seine Familie am Bodensee in Sicherheit. Dem NS-Regime stand er innerlich ablehnend gegenüber, ohne aber mit ihm zu brechen; seine eigenen Aktivitäten verlagerten sich damals immer mehr ins Ausland: Im Juli 1943 (22. Juli 1943) errichtete er in Lissabon an der Avenida da Liberdade die LIVRARIA BUCHHOLZ EXPOSIÇÕES, eine elegante Buchhandlung mit internationalem Sortiment und einer Kunstgalerie, deren Leitung von 1943 bis 1984 seine langjährige Berliner und Bukarester Mitarbeiterin Katharina Braun innehatte und die bis heute fortbesteht. Im November 1943 konnte B. aus der Berliner Buchhandlung, der Galerie und dem Antiquariat Gegenstände in die Uckermark verbringen und die Buchhandlungen in Lissabon und Bukarest mit größeren Büchersendungen beschicken, bevor das Geschäft in der Leipziger Straße durch Bomben zerstört wurde. Mit den Büchern, die B. noch retten konnte, machte er in der Nähe ein kleines Ladengeschäft auf, das Büro wurde in das Antiquariat übersiedelt, das im Februar 1944 beschädigt und zunächst nach Dahlem, bald darauf in eine von B. neu erworbene Villa in Grunewald verlegt wurde. Die Kriegsereignisse in Rumänien führten dazu, dass die sowjetische Besatzung die LIBRARIA SI EXPOZITIA DE ARTA BUCHHOLZ als Feindesgut enteignete, sie wurde als ›kommunistische‹ Buchhandlung weitergeführt. Im Juni 1944 fasste B. den Plan, in Madrid eine neue internationale Buchhandlung zu gründen, es gelang ihm, Geldgeber für die spanische Aktiengesellschaft (Sociedad Anónima) LIBRERÍA BUCHHOLZ SA, zu finden. Am 21. November 1945, mit ausdrücklicher Billigung der Alliierten, konnte er mit seinem Teilhaber Erich Gaebelt die LIBRERÍA BUCHHOLZ EXPOSICIÓNES, am Paseo de Recoletos, 3 eröffnen. Auch in diesem Fall fand B.'s anspruchsvolles Konzept eines noblen, internationalen Sortiments mit angeschlossenem Kunsthandel und Ausstellungen großen Anklang, doch die finanziellen Erträge blieben zu gering. Die Pläne, in Berlin den Neuaufbau der Buchhandlung zu beginnen, zerschlugen sich wegen der Bestimmungen der Alliierten, denen zufolge B. erst wieder 1949 nach Deutschland einreisen konnte. Deshalb setzte B. seine bewährte Mitarbeiterin Gerda Luedde-Neurath als Geschäftsführerin der Madrider Buchhandlung ein, die in Francos Spanien zu einem Hort für freie Literatur und Kunst wurde. Er selbst wanderte 1951 mit der Familie nach Kolumbien aus, wo er in Bogotá mit der Gründung der internationalen Buch- und Kunsthandlung LIBRERÍA BUCHHOLZ GALERÍA, bis 1983 in der Avenida Jiménez de Quesada 8–40, danach in der Carrera 7, noch einmal neu begann; B. baute das Unternehmen mit einem Partner, Dr. A. M. Bergmann, einem Kolumbianer deutscher Abstammung, auf; dieser schied aber 1954 aus, und an seine Stelle trat B.'s Ehefrau Maria Luise. Unterstützt wurde B. außerdem durch seine Tochter Godula (geb. 1935), die die Kunstabteilung des Hauses führte, und seinen Sohn Albert(o) (1937–98), der in den Bogotáner Buchhandlungen, denen im März 1990 noch eine weitere folgte, mitarbeitete, und nach dem Tod des Vaters deren Geschäftsleitung übernahm. Regelmäßig wurden auch Kunstausstellungen veranstaltet, u. a. eine große Ausstellung *Expressionismus in Deutschland*. ›Das Unternehmen geniesst auch in Frankreich, in England und in Nordamerika einen ausgezeichneten Ruf. Es ist erstaunlich, in welch hervorragendem Masse es dem Inhaber gelang, in einer ursprünglich nicht allzu vielversprechenden Umgebung eine Buchhandlung aufzubauen, die sich in jeder europäischen Hauptstadt glanzvoll behaupten würde.‹ (Taubert: *Lateinamerika*). Seinen Anteil am Madrider Geschäft verkaufte B. gegen Ende der 1960er Jahre bis auf 7% an seinen Teilhaber Gaebelt. Von 1960 bis 1984 gab B. die Zeitschrift *Eco* heraus, die in 272 Nummern erschien und die spanischsprachige Welt mit der deutschen Sprache und Literatur bekannt machen wollte, aber auch als Brücke zur Vermittlung zeitgenössischer lateinamerikanischer Literatur in den deutschsprachigen Raum diente. B. wurde 1963 mit dem Verdienstkreuz der Bundesrepublik Deutschland ausgezeichnet. B. stellt einen Sonderfall dar: er ist kein Repräsentant der ›rassisch‹ oder politisch verfolgten deutschen Emigration, war jedoch ein wichtiges Verbindungsglied zu ihr.

Fritz Homeyer: Ein Leben für das Buch. Erinnerungen. Aschaffenburg: Gesellschaft der Bibliophilen 1961 S. 120; Taubert: Lateinamerika (1961) S. 68 f.; Taubert: Mit Büchern die Welt erlebt (1992) S. 316 f.; Volker Skierka: Versteckt hinter Büchern und Bildern. Ein Zeuge deutscher Kulturgeschichte: der Buchhändler und Galerist Karl Buchholz in Bogotá. In: SZ vom 22./23. 9. 1990; Andreas Hüneke: Einer Legende begegnen. Besuch bei Karl Buchholz. In: Bildende Kunst. 45 H. 3 (1991) S. 54 f.; Bbl. Nr. 55 vom 13. 7. 1993 S. 5; Gesa Hasebrink: Sesam-öffne-dich am Tejo. Die Livraria Buchholz in Lissabon. In: tranvía 46 (1997) S. 23 f.; Josephine Gabler: ›Vor allem aber, er hat keine Angst, sich durch die Ausstellung zu schaden‹ – Die Buch- und Kunsthandlung Karl Buchholz in Berlin. In: Ateliergemeinschaft Klosterstraße Berlin 1933–1945. Künstler in der Zeit des Nationalsozialismus. [Ausst.-Kat.] Berlin: Edition Hentrich, Akademie der Künste 1994 S. 84–95; Buchreport-Magazin Nr. 10 (2005) S. 116 f.; Bbl. Nr. 46 vom 17. 11. 2005 S. 25; Godula Buchholz: Karl Buchholz. Buch- und Kunsthändler im 20. Jahrhundert. Sein Leben und seine Buchhandlungen und Galerien Berlin, New York, Bukarest, Lissabon, Madrid, Bogotá. Köln: Dumont 2005.

Buschke, Albrecht 3. 10. 1904 Berlin – 24. 1. 1986 Staten Island / NY; Jurist, Antiquar; Dr. jur. Der Sohn des bekannten Dermatologen Abraham B. (ermordet 1942 im KZ Theresienstadt) besuchte das Berliner Mommsen-Gymnasium. Schon zu Schulzeiten sammelte er Schachliteratur und lernte Russisch. Von 1922 bis 1927 studierte er in Berlin Jura; vier Jahre später promovierte er in Halle über ›Die Grundrechte der Weimarer Verfassung in der Rechtsprechung des Reichsgerichts‹. B. arbeitete als juristischer Assistent des Direktors bei den Berliner Gaswerken, bis er 1933 aus ›rassischen Gründen‹ mit einem Berufsverbot belegt wurde und seine Zulassung als Rechtsanwalt gelöscht wurde. Er wirkte in den Jahren 1935–38 als Rechtsexperte bei der Palästina-Treuhandstelle, eine von der Gestapo scharf kontrollierte, hochriskante Tätigkeit. B. unternahm schon 1937 eine Reise in die USA, bei der klar wurde, dass eine Niederlassung als Rechtsanwalt in Amerika nicht möglich war. Erst im April / Mai 1938 emigrierte die Familie (seine Frau war ebenfalls Juristin) mit $400 und seiner in Sammlerkreisen bekannten Schachbibliothek (3000 Bände und 1500 Autographen, darunter Stücke aus der Bibliothek von der Lasa) nach New York. Die Magazine *Publishers Weekly*, *American Bookfinder* und *Chess Review* berichteten über die in die Neue Welt gerettete bemerkenswerte Kollektion. Für B. lag es nahe, das Hobby zum Beruf zu machen und Antiquar für Schachliteratur und Periodika zu werden, letztere – aufgrund seiner Sprachkenntnisse – hauptsächlich aus Russland. Die Dubletten seiner Sammlung bildeten das Material für seinen ersten Katalog im Januar 1940 mit 670 Nummern. B.'s erste Niederlassung war in West New Brighton auf Staten Island, in den späten 1940er Jahren übersiedelte er mit seinem Buchladen für Schachliteratur nach Manhattan in die 80 E 11th Street und belieferte darüber hinaus ab den 1950er

Jahren Universitätsbibliotheken im In- und Ausland mit wissenschaftlichen russischen Zeitschriften. Die *Buschkes yellow quotation slips* waren bekannt bei den Schachliteratur sammelnden Universitätsbibliotheken in Cleveland und Princeton; unter den Schachhandschriften, die B. der Cleveland Public Library für die John G. White Chess and Checkers Collection verkaufte, war Jacobus de Cessolis' *De Ludo Scachorum* (1480). B. unternahm mehrere Geschäftsreisen nach Europa, um seine Bestände zu erneuern und zu komplettieren, und veröffentlichte im Laufe seiner Berufstätigkeit zahlreiche Artikel in Fachzeitschriften zum Thema Schachliteratur und Antiquariatsbuchhandel.

[Auswahl] Albrecht Buschke: Eine bedeutende europäische Schach-Sammlung nun in Amerika. In: The Chess Review, Aug. 1938; ders.: Collecting Chess Autographs. In: Autographs (Oct. 1939); ferner Aufsätze und Artikelserien im American Chess Bulletin, in Chess Life & Review oder im California Chess Reporter.

Rosenthal-Fragebogen; Dickinson: Dictionary (1998) pp. 28–30; Egbert Meissenburg: Dr. Albrecht Buschke zum 75. Geburtstag. In: Deutsche Schachzeitung H. 10 (1979); Ulrich Grammel: Albrecht Buschke zum 75. Geburtstag. In: Rochade Nr. 183 (Okt. 1979); Bach, Fischer: Antiquare (2005) S. 347 f.

Buske, Karl Verleger. B. war Angestellter bei der Firma GUSTAV FOCK in Leipzig; 1935 gründete er einen eigenen Verlag in Berlin. Als Kommunist verließ er Deutschland kurze Zeit später und emigrierte nach Moskau, wo sich sein Vater bereits aufhielt.

Brief Erich Aber an Hermann Staub vom 22. 1. 1993, HABV/DNB.

C

Cahn, Alfredo 28. 10. 1902 Zürich –19. 7. 1975 Córdoba / Argentinien; Literaturagent, Übersetzer. C. hatte schon in seiner Schul- und Jugendzeit außerordentliches Interesse an der Literatur und war in Kontakt zu Schriftstellern wie Hermann Hesse, Thomas Mann und Stefan Zweig getreten. Nach kurzer beruflicher Tätigkeit in Spanien wanderte er 1924 mit seiner spanischen Verlobten nach Argentinien aus, ohne seine Schweizer Staatsbürgerschaft aufzugeben. In Buenos Aires war er als Redakteur, Kritiker und Übersetzer tätig, nach 1933 entwickelte er ein enges Verhältnis zur deutschsprachigen Emigration – in ganz besonderer Weise zu Stefan Zweig, dessen gesamtes Werk (16 Bücher) er übersetzte und für den er 1940 eine Lesereise durch Südamerika organisierte. Auch veranlasste er den Erstdruck von Zweigs letztem Werk *Schachnovelle* in → Lili Lebachs Pigmalion-Buchhandlung. Seit Mitte der 1930er Jahre betätigte sich C. als Literaturagent und spezialisierte sich auf die Vermittlung von Exilliteratur, darin begünstigt durch den Spanischen Bürgerkrieg, der Buenos Aires zum Zentrum der spanischsprachigen Buchproduktion werden ließ. In dieser Funktion und auch als Publizist machte er sich um die Vermittlung der deutschsprachigen Literatur in Lateinamerika hoch verdient; bis 1948 hatten sich, nach eigenen Angaben, bereits 900 Autoren seiner Dienste als Agent bedient. Damals geriet das Verlagswesen allerdings in die Krise, wodurch er seine Tätigkeit einschränken musste. Auch stand er inzwischen in Konkurrenz zu → Hugo und Anna Lifzcis, die ebenfalls in Argentinien tätig geworden waren, und zu → Franz Horch, der mit dem Agentenpaar kooperierte. Zu → Friderike Maria Zweig und deren Writers' Service Center in Nordamerika unterhielt C. enge geschäftliche Kontakte. 1957–64 hatte er eine Professur für deutsche bzw. französische Literatur an der Universidad Nacional de Córdoba inne. In seiner Agenturtätigkeit konzentrierte sich C. damals auf die Vermittlung lateinamerikanischer Literatur nach Europa; Schweizer Autoren wie Max Frisch und Friedrich Dürrenmatt machte er in Lateinamerika bekannt. Sein Nachlass wurde vom Deutschen Exilarchiv der Deutschen Nationalbibliothek in Frankfurt / Main angekauft.

Deutsches Exilarchiv / DNB: Nachlass / Teilnachlass EB 2001/066 [Korrespondenz mit zahlreichen Exilschriftstellern; Übersetzungen; Lebensdokumente, Verlagsverträge, Manuskripte bzw. Typoskripte; mit umfangreicher Sammlung zu Stefan Zweig]; Ernest Kay: Dictionary of Latin American and Caribbean Biography. 2nd. Ed. London: Melrose Press 1971; Brita Eckert: Das Archiv des Kulturvermittlers Alfredo Cahn. In: Dialog mit Bibliotheken. Jg. 14 Nr. 3 (2002) S. 49–55; Brita Eckert: Das ›Archiv Alfredo Cahn‹ als Quelle für die Exilforschung. In: Galerie. Revue culturelle et pedagogique. Jg. 21 No. 1 (2003) S. 98–118; Marlen Eckl: Botschafter aus einer für mich neuen und noch ein wenig fremden Welt. Stefan Zweigs Argentinien-Erfahrung im Licht seiner Freundschaft mit dem Übersetzer, Literaturagenten und Verleger Alfredo Cahn. In: Zwischenwelt 28 (2011), Nr. 3, S. 48–52; Elke Rehder: Deutsche Erstausgabe der Schachnovelle von Stefan Zweig (https://www.elke-rehder.de/stefan-zweig/lili-lebach-pigmalion.htm).

Cahn(-Bieker), Werner 22. 12. 1903 Ohligs –1983 Solingen; Verlagsmitarbeiter. C. war als Sekretär von Lion Feuchtwanger tätig und hatte zunächst in Berlin und dann in der Emigration in Sanary-sur-Mer Quellenforschung für die historischen Romane des Schriftstellers betrieben. Auf Feuchtwangers Empfehlung war er im Mai 1934 von → Fritz H. Landshoff als Mitarbeiter im Amsterdamer QUERIDO VERLAG engagiert worden. Ursprünglich nur als Korrektor vorgesehen, übernahm er bald wichtige Aufgaben und vertrat Landshoff in der Leitung des Verlags, als dieser ein halbes Jahr durch Krankheit daran verhindert war. Im Verlag tätig war auch Jetty Weintraub, die C. noch in Amsterdam heiratete (→ Jetty Cahn-Weintraub). Vom Verlagseigentümer ist C. offenbar mit 1. Januar 1937 aus Kostengründen entlassen worden; es gibt aber Hinweise darauf, dass C. weiter für Landshoff tätig geblieben ist. Die Besetzung der Niederlande überlebte das Ehepaar C. – da alle Versuche einer Visabeschaffung scheiterten – im Untergrund; nach Kriegsende nahmen die beiden ihre Tätigkeit im Querido Verlag wieder auf und arbeiteten auch an einem Enzyklopädie-Projekt mit. Landshoff blieb ihnen zeitlebens freundschaftlich verbunden.

[Einbürgerungsmeldung] Tweede Kammer, Beilagen 2604, 1–3 [online]; Landshoff: Querido Verlag (1991), passim [s. Register und S. 371–74]; Schroeder: ›Dienstreise nach Holland‹ (1999) S. 37–48.

Cahn-Weintraub, Jetty Geb. 10. 3. 1909 Hannover; Verlagssekretärin; Dr. C. stammte aus Hannover; aus Deutschland geflüchtet, arbeitete sie – von dem Buchimporteur → Hermann Igersheimer empfohlen – von 1933 bis 1940 als Sekretärin → Fritz Landshoffs im Amsterdamer QUERIDO VERLAG und lernte als weiteren Verlagsmitarbeiter → Werner Cahn(-Bieker) kennen, den sie Ende der 1930er Jahre heiratete. Nach dem Einfall der deutschen Truppen in den Niederlanden wurde sie von der Gestapo verhört, wurde aber wieder freigelassen und überlebte die Besatzungszeit zusammen mit ihrem Mann als ›Untertaucher‹. Das Ehepaar wurde nach 1945 wieder für den neu aufgebauten Querido Verlag tätig.

Landshoff: Querido Verlag (1991), passim [s. Register und S. 371]; Schroeder: ›Dienstreise nach Holland‹ (1999) S. 37–48.

Cahnbley, Louis 30. 11. 1892 Hamburg –17. 7. 1970 Hamburg. Der Tischler C., einfaches Mitglied der KPD, stellte als ›Strohmann‹ seinen Namen zur Verfügung, als die KPD (eigentlich das Westeuropäische Sekretariat der KOMINTERN in Berlin) 1920 den im parteikommunistischen Umfeld in Hamburg 1919 gegründeten Verlag HENRY HOYM mit angeschlossener Buchhandlung in der Admiralitätsstraße 19 (später Steenkamp 27) kaufte und den Verlag CARL HOYM NACHF. LOUIS CAHNBLEY als Vertriebszentrale kommunistischer Literatur und als Parteibuchhandlung unterhielt. Auch nach der Eintragung dieser nominellen Position arbeitete C. weiterhin als Tischler auf einer Hamburger Werft. 1931 wurde er aufgrund einer Verwechslung mit dem prominenten Parteimitglied Edgar (eig. Etkar) André bei einem Überfall von SA-Männern verletzt. Mehr ist über seine Biographie nicht bekannt. Der Verlag, der auch eine Filiale in Berlin (NW 6, Luisenstraße) unterhielt, wurde – wie alle kommunistischen Buchhandelsbetriebe – 1933 behördlich geschlossen. Eine Emigration C.s ist denkbar, aber nicht dokumentiert.

Adressbuch 1931 S. 284; Verlagsveränderungen 1933–1937 S. 12; Bundesarchiv, Archiv SAPMO, Bestand: Erinnnerungen, SgY 30/0132: Cahnbley, Louis; Steinky: Hamburger Kleinverlage (1997) S. 236–47.

Callam, Albert, 31. 1. 1887 Stolp / Pommern –1. 3. 1956 Berlin-Ost; Verlagsmitarbeiter. C., Sohn eines Bautechnikers, arbeitete zunächst als Maurer u. Fliesenleger und war zeit seines Lebens auf der politischen Linken engagiert: seit 1907 bei der SPD, seit 1917 bei der USPD und seit 1919 bei der KPD. Bis 1933 war er als Geschäftsführer von Parteiverlagen und Druckereien tätig; einige Jahre lang leitete er auch den Verlag des KP-Zentralorgans *Die Rote Fahne*. Er muss aber auch Verlage unter seinem eigenen Namen geführt haben, so in Chemnitz, wo seit 1918 die KP-Regionalzeitschrift *Der Kämpfer* im CALLAM VERLAG erschienen ist, und später in Berlin (*5 Jahre Landesjugendamt*, 1930). Im April 1933 wurde er aufgrund illegaler Widerstandstätigkeit in Breslau verhaftet und war bis Februar 1934 im KZ Esterwegen inhaftiert. Im Mai 1934 glückte ihm die Emigration nach Prag, nachfolgend in die Sowjetunion; im März 1937 ging C. nach Frankreich. In Paris war er verantwortlich für die Herstellung von Propagandamaterialien der KPD-Auslandsleitung und für den Druck von Zeitungen, v. a. der *Deutschen Volkszeitung*. Im September 1939 wurde C. in Le Vernet interniert, 1941 in Les Milles. Im Dezember 1941 gelangte er nach Mexiko, wo er in der Bewegung Freies Deutschland mitarbeitete und 1942–1946 als Verlagsleiter und Geschäftsführer der Zeitschrift *Freies Deutschland* fungierte. 1946 kehrte er mit Alexander Abusch und Paul Merker über Wladiwostok nach Deutschland zurück, schloss sich in der SBZ der SED an und war kaufmännischer Direktor beim BERLINER VERLAG, einem 1945 entstandenen Presse-, insbesondere Illustriertenverlag.

BHE 1; Wikipedia; Hamacher: Gegen Hitler S. 40 f.; Bundesstiftung zur Aufarbeitung der SED-Diktatur. Biographische Datenbank [online].

Calmann, John 6. 12. 1935 Hamburg –26. 4. 1980 Bollène / Frankreich; Verleger. Hans Rudolf C. war als Kind gemeinsam mit seinen Eltern 1937 nach England geflüchtet; er ging in Horspath, in Oxford und in London zur Schule und studierte am Christ Church College in Oxford Geschichte. Danach arbeitete er als Publizist unter anderem auch in New York und war seit 1967 Angestellter in den Verlagen von → Paul Elek und seit

1969 von → Béla Horovitz, bevor er 1975 seinen eigenen Verlag BLACKER, CALMANN & COOPER (später JOHN CALMANN & KING) gründete. Nach seinem gewaltsamen Tod – C. wurde von einem Autostopper ermordet – übernahm seine Schwester Marianne C., die zuvor bei MARY GLASGOW PUBLISHERS als Verlegerin tätig war, die Firma, die Ende der 1990er Jahre mit Büchern zu den Themen Kunst, Design (*Das Internationale Design Jahrbuch*), Musik, Architektur und Photographie einer der führenden *book-packager* Englands war. Die Yale University Library verwahrt in ihrem Archiv C.'s Nachlass.

Diana Davies [ed.]: The Letters of John Calmann 1951–1980. London: J. Murray 1986.
Westphal: German, Czech and Austrian Jews (1991) p. 205.

Carlebach, Albert 11.3.1872 Heidelberg–10.4.1954 Heidelberg. C. war Sohn des Heidelberger Antiquars Ernst C. (1838–1923), der als ›großherzoglich badischer Hofantiquar‹ bei Trübner in London und bei Brockhaus in Leipzig seine buchhändlerische Ausbildung absolviert hatte. Albert C. übernahm 1904 das 1877 gegründete Buch- und Kunstantiquariat seines Vaters in der Hauptstraße 136 (Ecke Augustinergasse), gab das Ladengeschäft auf und verlegte das Antiquariat in den ersten Stock des Hauses. Er versteigerte u. a. 1908 die literaturwissenschaftliche Bibliothek von Kuno Fischer und die Bibliothek des Geheimrats von Weech; zu seinen Kunden zählte Friedrich Gundolf. 1937 wurde das Antiquariat zwangsversteigert; C. emigrierte nach Frankreich und wurde dort 1940 im Internierungslager Gurs festgehalten. 1948/49 kehrte C. nach Heidelberg zurück, das Haus wurde ihm rückerstattet. Nach seinem Tod erwarb das Kurpfälzische Museum einen Teil seiner Sammlung.

Albert Carlebach: Persönliche Erinnerungen an Moriz Sondheim (hrsg. und kommentiert von Björn Biester). In: AdA NF 17 (2019) S. 76–79 (mit weiteren biographischen Details zu Carlebach); Carola Hoécker: Die Geschichte eines Ladenschildes. Das Heidelberger Antiquariat Ernst Carlebach. In: Heidelberg. Jahrbuch zur Geschichte der Stadt. Nr. 7 (2002). Heidelberger Geschichtsverein 2002 [online].

Cassirer, Bruno 12.12.1872 Breslau–29.10.1941 Oxford; Verleger. C. stammte aus einer jüdischen Familie von wohlhabenden Industriellen und Holzgroßhändlern. Er machte am Berliner Leibniz-Gymnasium sein Abitur, begann in Berlin Kunstgeschichte zu studieren und kam im November 1892 nach München, wo er im Wintersemester 1892/93 an der juristischen Fakultät immatrikulierte; bereits im Sommersemester des folgenden Jahres scheint sein Name aber nicht mehr in den Studierendenlisten auf. Ähnlich wie sein ebenfalls an allen Künsten interessierter Vetter Paul C. (1871–1926), der 1893 in München seinen Wohnsitz nahm, dürfte C. sich längere Zeit in der Berufswahl unentschieden verhalten haben. Bei Aufenthalten in Paris lernte C. den Galeristen Paul Durand-Ruel kennen. Im Zusammenhang mit der Zweiten Berliner Sezession gründete C. mit seinem Vetter im September 1898 den Kunstsalon und die Verlagsbuchhandlung BRUNO & PAUL CASSIRER, Kunst- und Verlagsanstalt, Victoriastraße 35, Berlin W. Im gleichen Jahr heiratete C. seine Cousine Else C., die Schwester Paul C.'s. Der gemeinsame Verlag hatte eine schöngeistige Programmatik: Literatur, Kunst, Originalgraphik, illustrierte Ausgaben im Gefolge der von England ausgehenden Buchkunstbewegung. Bereits Ende August 1901 trennten sich die Vettern im Unfrieden, Paul C. wirkte in der großbürgerlichen Villa in der Victoriastraße weiter als Kunsthändler, als

Organisator der Berliner Sezession, als Ausstellungsmacher, und nach Ablauf der vereinbarten Sperrfrist ab 1908 auch wieder als Verleger vor allem im Bereich des Kunstbuchs und der Graphik (bis 1933). Bruno C. betätigte sich seit 1901 als selbständiger Kulturverleger an der Derfflingerstraße 15. Sein Verlag BRUNO CASSIRER, in dem von 1903 bis 1905 Christian Morgenstern als Lektor tätig war (Morgenstern blieb dem Verlag auch in den nachfolgenden Jahren, die von Krankheit überschattet waren, freundschaftlich verbunden), widmete sich der bildenden Kunst, der Dichtung und der Philosophie und wurde, auch mit der seit Oktober 1902 bis 1933 herausgegebenen Zeitschrift *Kunst und Künstler*, zu einem Wegbereiter der modernen Kunst. Ende der 1920er Jahre forcierte C., zusammen mit seinem Lektor → Max Tau, den Ausbau des belletristischen Programms. Autoren des Hauses waren die Kunsthistoriker und einflussreichen Museumsdirektoren in Berlin und Hamburg, Wilhelm Bode und Alfred Lichtwark, aber auch Henry van de Velde, Fjodor Dostojewski, Maxim Gorki; Max Slevogt setzte neue Maßstäbe auf dem Sektor der Jugendbuchillustration. Nach 1933 setzten die Repressalien gegen den jüdischen Verlag ein: Der Vertreter des Bruno Cassirer Verlags beim Sortiment, → Fritz Picard, konnte ab 1934 nicht mehr agieren. Im November 1935 versuchte C., sich von seinen Autoren Blankovollmachten für die Übertragung der Rechte ausstellen zu lassen, um sie dem Zugriff Dritter zu entziehen; dies wurde jedoch von allen Autoren verweigert, die Repressalien des Regimes fürchteten. Als → Gottfried Bermann Fischer C. im selben Jahr anbot, seinen Verlag oder zumindest seine Hauptwerke mit in die Emigration zu nehmen und für ihn zu verwalten, bis er sich selbst zur Auswanderung entschlossen habe, lehnte C. ab, da er von der Notwendigkeit eines solchen Schrittes nicht überzeugt war. Im Dezember 1938, kurz nach der ›Reichskristallnacht‹, emigrierte C. mit seiner Familie nach England. Bereits im Frühjahr 1939 bemühte er sich um den Aufbau eines neuen Verlages, wobei er von dem von T. S. Eliot geleiteten Verlag FABER & FABER in Oxford unterstützt wurde, in dem einer seiner beiden Schwiegersöhne, der Altphilologe Dr. Richard Walzer, eine Stelle gefunden hatte. Der Verlag BRUNO CASSIRER (Publishers) LTD. London wurde im Mai 1939 gegründet; während der Vorbereitungen für die ersten Bücher starb C. Der Verlag wurde in Oxford von seiner Frau Else und seinem Schwiegersohn → George Hill (früher: Günther Hell) fortgeführt und bestand dort (mit englischsprachigen Veröffentlichungen zur Kunstgeschichte, Philosophie und Religionswissenschaft) bis zum Jahr 1990.

BHE 1; DBE; NDB 3; LGB; Verlagsveränderungen 1937–1943 S. 5; Verlagsveränderungen 1942–1963 S. 37; Katharina Breitner [Hg.]: Christian Morgenstern, Werke und Briefe. Bd. VII: Briefwechsel 1878–1903. Stuttgart: Verlag Urachhaus 2005; Heinz Sarkowski: Bruno Cassirer. Ein deutscher Verlag 1898–1938. In: Imprimatur. NF Bd. VII (1972) S. 107–38; Heinz Sarkowski: Bruno Cassirer (1872–1941). Porträt eines bibliophilen Verlegers. In: AdA Nr. 1 (1973) Bbl. (FfM) Nr. 8 vom 30. 1. 1973 S. A14–20; Bernd Abele: Zur Geschichte des Verlages Bruno Cassirer 1928–1932. Teil 1. In: Buchhandelsgeschichte H. 4 (1989) S. B 121–36; ders.: 1933–1938: Der Verlag Bruno Cassirer im Nationalsozialismus. Teil 2. In: Buchhandelsgeschichte H. 1 (1990) S. B 1–18; Christian Kennert: Paul Cassirer und sein Kreis (Gesellschaften und Staaten im Epochenwandel. Bd. 4), darin Kap. III: Bruno Cassirer S. 29–38. Frankfurt / Main: Lang 1996; Rahel E. Feilchenfeldt, Markus Brandis: Paul Cassirer Verlag, Berlin 1898–1933. Eine kommentierte Bibliographie. Bruno und Paul Cassirer Verlag 1898–1901; Paul Cassirer Verlag 1908–1933. 2. durchges. und verb. Aufl. München: Saur 2004; Rahel E. Feilchenfeldt, Thomas Raff [Hg.]: Ein Fest der Künste. Paul Cassirer. Der Kunsthändler als Verleger. München: C. H. Beck 2006 hier bes. S. 367, 394 f., 405; Saur: Deutsche Verleger im Exil (2008) S. 228; Rahel E. Feilchenfeldt: ›Alles ist umständlich, schon wegen der Sprache, geht langsam …‹. Zwei Briefe und eine Postkarte des Berliner Verlegers

Bruno Cassirer aus London, seiner ersten Exilstation, an den ebenfalls exilierten Fritz Picard, seinen ehemaligen Verlagsvertreter, in Paris. In: Münchener Beiträge zur jüdischen Geschichte und Kultur H. 2 (2009) S. 59–74; Sigrid Bauschinger: Die Cassirers. Unternehmer, Kunsthändler, Philosophen. München: C. H. Beck 2015.

Cassirer, Else 30. 4. 1873 Görlitz –1942 Oxford, GB; Verlegerin. Die Ehefrau von → Bruno C. veröffentlichte im Verlag ihres Mannes 1919 *Künstlerbriefe aus dem 19. Jahrhundert* und führte nach dessen Tod 1941 gemeinsam mit ihrem Schwiegersohn → Dr. George Hill den Verlag BRUNO CASSIRER (Publishers) LTD in Oxford weiter.

 Rahel E. Feilchenfeldt, Thomas Raff [Hg.]: Ein Fest der Künste. Paul Cassirer. Der Kunsthändler als Verleger. München: C. H. Beck 2006 hier bes. S. 393, 405; Sigrid Bauschinger: Die Cassirers. Unternehmer, Kunsthändler, Philosophen. München: C. H. Beck 2015.

Cassuto, Alfonso 26. 11. 1910 Hamburg –1990 Lissabon; Lehrer, Antiquar, Buchhändler. C. war der einzige Sohn des Hamburger Gerichtsdolmetschers und Inhabers eines Übersetzungsbüros Jehuda Leon C. (1878–1953) und dessen Frau Rosy, geb. Cohen. Schon früh interessierte er sich für die umfangreiche Familienbibliothek jüdischer und sephardischer Bücher, die sein Großvater und sein Urgroßvater gesammelt hatten. C. studierte an der Universität in Hamburg moderne Philologie, befasste sich intensiv mit der Erforschung der Geschichte der portugiesischen Juden in Norddeutschland und reichte eine Dissertation über den jüdischen Friedhof in Altona ein. Er stand kurz vor der Abschlussprüfung, als er wenige Tage nach der ›Machtergreifung‹ Hitlers gemeinsam mit seinen Eltern und unter Mitnahme der Bibliothek am 1. April 1933 aus Hamburg flüchtete. Die Familie ließ sich zunächst für einige Wochen in Amsterdam nieder, wo der Londoner Antiquar → Maurice Ettinghausen ihnen das Angebot unterbreitete, die Bibliothek zu katalogisieren und zu kaufen. Ihren Aufenthalt vermochte die Familie aber bereits durch den Verkauf einzelner Bücher an den Wissenschaftler Harry Friedenwald aus Baltimore zu finanzieren. Im Sommer 1933 kam C. nach Portugal, wo er in Porto als Hebräischlehrer an der Yeshiva Rosh Pinna eine Anstellung fand; bald darauf begann C. mit einer wissenschaftlichen Publikationstätigkeit für die portugiesischen Zeitschriften *Biblos*, *Revista Lusitana* und *Prisma*, nach 1945 veröffentlichte er Beiträge im *Arquivo de Bibliografia Portuguesa* und in der holländischen judaistischen Zeitschrift *Studia Rosenthaliana*. 1935 heiratete C. die aus Hamburg stammende Toni Hammer (1913–1942), aus der Ehe gingen die Kinder Rosy und Álvaro hervor; Rosy heiratete 1956 den aus Wernigerode stammenden Kaufmann und Buchhändler Siegfried Rosenthal, Álvaro C. (geb. 1938) wurde ein bedeutender Dirigent. Nach dem frühen Tod seiner Frau und Unstimmigkeiten mit der jüdischen Gemeinde von Porto zog C. nach Lissabon und eröffnete – nach verschiedenen unbefriedigenden Stellungen in Handel und Industrie – 1958 in der Rua do Alecrim die Buchhandlung LIVRARIA CASSUTO, das Geschäft trug später den Namen seines Schwiegersohns LIVRARIA ROSENTHAL und existierte bis 1988. Die über vier Generationen zusammengetragene Cassuto-Bibliothek ging 1975 an die Universitätsbibliothek Amsterdam und wurde dort in die berühmte Bibliotheca Rosenthaliana integriert.

 Alfonso Cassuto: Gedenkschrift anlässlich des 275-jährigen Bestehens der portugiesisch-jüdischen Gemeinde in Hamburg. Amsterdam: Menno Hertzberger 1927.

 Michael Studemund-Halévy: Die Sefarden in Hamburg: Zur Geschichte einer Minderheit (Romanistik in Geschichte und Gegenwart. 29) Hamburg: Buske Verlag 1997 S. 721–752.

Clare, George Peter 20.12.1920 Wien – 26.3.2009 Newmarket / GB; Verlagsdirektor. C. wuchs als Kind des assimilierten jüdischen Bankmanagers Ernst Klaar und seiner Frau Stella in gutbürgerlichen Verhältnissen auf. Nach dem ›Anschluss‹ Österreichs an Hitlerdeutschland gelang ihm mit seiner Jugendliebe Lisl Beck nach Überwindung erster Schwierigkeiten die Flucht nach Irland. Seine Eltern emigrierten nach Frankreich, wo der Vater in der Pariser Niederlassung seiner Bank arbeiten konnte. Nach dem ›Blitzkrieg‹ versuchten die Eltern im Mai 1940 in die Ardèche zu flüchten, sie wurden aber von der Gestapo aufgegriffen, deportiert und in Auschwitz Opfer des Holocaust. 1941 trat C. freiwillig in die britische Armee ein und diente im Alien Pioneer Corps und in der Royal Artillery; 1946 kam er im Stab der British Control Commission for Germany nach Berlin und arbeitete als Presseoffizier zusammen mit Hugh Greene, dem späteren Direktor der BBC, am Aufbau einer demokratischen Medienlandschaft in Deutschland mit; seine Erfahrungen aus dieser bis 1954 ausgeübten Tätigkeit hat er in seinem zweiten Erinnerungsbuch festgehalten (*Berlin Days*, 1989). In dieser Zeit lernte C., der 1947 britischer Staatsbürger geworden war und seinen Namen anglisiert hatte, Axel Springer persönlich kennen und ebnete diesem den Weg zunächst für dessen Büroniederlassungen in London, später dann auch in Südafrika. Nach einem kurzen Intermezzo als Journalist beim *Manchester Guardian* arbeitete C. von 1954 bis 1983 für Springer: zunächst baute er Springers Nachrichtenagentur FEATURE SERVICES in Press, Photo and Radio in London auf und bekleidete dort bis 1963 eine leitende Position; in der 1960 von ihm mitgegründeten Abteilung Springer Foreign News Service hatte C. bis zu seinem Ruhestand den Direktorenposten inne und legte mit seiner Tätigkeit den Grundstein für die spätere Errichtung von AXEL SPRINGER PUBLISHING INT. LTD. C., der aus seiner ersten Ehe mit Lisl Beck einen Sohn und zwei Töchter und aus der 1965 geschlossenen Ehe mit Christel Vorbringer eine Tochter hatte, lebte seit 1984 im Ruhestand in Dalham, Suffolk. Sein erstes Buch, der immer wieder neu aufgelegte Memoirenband *Last Waltz in Vienna* (1981; deutsche Erstausgabe unter dem Titel *Das waren die Klaars*), der 1982 den W. H. Smith Literary Award erhielt, wurde auch als Fernsehdokumentation für die BBC und den ORF verfilmt.

Douer, Seeber: Die Zeit gibt die Bilder (1992) S. 34 f.; Thomas Kielinger: George Clare, Zeitzeuge und Verlagsmensch. In: Die Welt vom 31.3.2009 [Nachruf; online]; Christopher Hawtree: George Clare: Memoirist who recalled life in Nazi Vienna and postwar Berlin. In: The Independent, 1 July 2009 [Nachruf; online]; Obituary: George Clare in: The JC.COM, 16 Apr. 2009 [online].

Cohen, Bernd Nach Aussage von Walter Zadek wurde die einzige Buchhandlung in der ab 1934 von jüdisch-deutschen Emigranten gegründeten Stadt Nahariya von C. geführt.

Mündliche Mitteilung von Walter Zadek an EF am 23.10.1992.

Cohen, Frederico (auch **Cohn**) Buchhändler. Der Hitleremigrant C. betrieb gemeinsam mit seiner Frau Hilde in São Paulo in Brasilien die LIVRARIA PETER PAN, Rua Barão do Triunfo, 275 S.P. (Brooklyn).

Schriftliche Mitteilung von Gerhard Kurtze an EF vom 20.9.1993; Ubiratan Machado: A Etiqueta de Livros no Brasil. Subsidios para uma historia das livrarias brasileiras. São Paulo: Editora da Universidade da São Paulo 2003 S. 136 [online].

Cohen, Gustavo Jiminez Buchhändler. C. betrieb in Cali im Herzen Kolumbiens die LIBRERÍA CIENTIFICA DE OCCIDENTE; er hatte offenbar auch einige Zeit auf Kuba verbracht und seit damals Kontakte zur Guerilla-Bewegung.

Schriftliche Mitteilung von Gerhard Kurtze an EF vom 20. 9. 1993; Peter Weidhaas: Life before Letters. The well-read Odyssey of the future mister book fair. New York: Locus 2010 S. 247.

Cohen (Bouvier), Klaus 23. 1. 1910 Bonn – 15. 6. 1994 Greenwich, CT; Buchhändler. Der Sohn von Friedrich (1873–1927) und Hedwig C., geb. Bouvier (9. 3. 1883 – 2. 8. 1960) sollte nach Ende seiner Ausbildungszeit die im Familienbesitz befindliche Bonner Verlagsbuchhandlung mit Antiquariat FRIEDRICH COHEN, Am Hof 30, übernehmen und fortführen; 1933 lernte C. in der Berliner Buch- und Kunsthandlung AMELANG, um sich dort einen Einblick in ein schöngeistiges Sortiment zu verschaffen. Die Geschäftsleitung des väterlichen Unternehmens führte interimistisch seine Mutter, die dabei von dem langjährigen Mitarbeiter Eckard Klostermann unterstützt wurde. 1928 übernahm dessen Sohn Vittorio Klostermann die Leitung der geisteswissenschaftlichen Verlagsabteilung von Friedrich Cohen. Das traditionsreiche und solide Unternehmen, das direkt gegenüber der Universität lag, wurde nach der nationalsozialistischen ›Machtergreifung‹ zu einem Hauptangriffsziel der Nazi-Studenten. Durch den ›Judenboykott‹ wirtschaftlich fast ruiniert, verkaufte C.'s Mutter – nach den Nazi-Kriterien eine ›Rassenschänderin‹, weil sie einem Juden vier Kinder geboren hatte – im Herbst 1933 den Verlag an die Firma G. SCHULTE-BULMKE in Frankfurt am Main. In der Hoffnung, das Buchhandlungsgeschäft für ihren Sohn retten zu können, nahm sie am 20. September 1937 ihren Geburtsnamen Bouvier wieder an und änderte den Namen des Sortiments in Buchhandlung H. BOUVIER & CO. Klaus C. und sein Bruder Friedrich A. C. (23. 6. 1904 Bonn – 10. 3. 1967), der eine Laufbahn als Pianist und Komponist einschlug, beide nach den NS-Kriterien ›Halbjuden‹, flohen vor der Verfolgung nach Übersee ins Exil; laut Auskunft von Hans Benecke eröffnete C. als Klaus Bouvier in New York eine Buchhandlung. 1938 wurde Herbert Grundmann (1913–1981), Buchhandelsgehilfe bei der Firma HUGENDUBEL in München und Sohn eines Bankdirektors, als Geschäftsführer bei Bouvier angestellt. 1941 schließlich konnte Grundmann für einen Bagatellbetrag Miteigentümer der H. Bouvier & Co. OHG werden. 1953 – die emigrierten Cohen-Söhne waren nicht nach Deutschland zurückgekehrt – wurde Grundmann Alleininhaber des Unternehmens. Seit 1981 war H. Grundmanns Sohn Thomas Inhaber des Geschäfts und baute es mit Filialen und Übernahmen weiter aus. 2004 wurden die Buchhandlungen Bouvier-Gonski insolvent und wurden im Raum Köln-Bonn von der Thalia-Buchhandelskette übernommen; 2013 wurde die Traditionsbuchhandlung Bouvier geschlossen. Der Bouvier-Verlag besteht noch heute (2019) in Bonn unter der Leitung von Thomas Grundmann.

Adressbuch 1931 S. 111 f.; Verlagsveränderungen 1933–1937 S. 5; Verlagsveränderungen 1937–1943 S. 4; Auskunft des Stadtarchivs Bonn an EF vom 21. 9. 2010; Otto Wenig: Buchdruck und Buchhandel in Bonn. Bonn: Röhrscheid 1968; Universitätsbuchhandlung H. Bouvier & Co. Bonn 1829–1954. Bonn: Bouvier 1954 S. 27; Buchreport Buchhandelsporträts. Hrsg. von Bodo Harenberg und Franz Hinze. Dortmund: Harenberg Kommunikation 1973, S. 89–92; Herbert Grundmann [Hg.]: Bouvier, 1828–1978. Bonn: Bouvier 1978 S. 14–21; Hans Benecke: Eine Buchhandlung in Berlin. Erinnerungen an eine schwere Zeit. Frankfurt / Main: Fischer Tb 1995 S. 86 f.; In Bonn vor der Uni, in Berlin Unter den Linden 69: Buchhandlung Bouvier – ein ›arisierter‹

Betrieb. In: BIFF (Berliner Institut für Faschismus-Forschung) [online]; Karl Gutzmer: Der Bonner Buchhandel im Überblick mit besonderer Berücksichtigung des Dritten Reichs. In: Helmut Heyer: Kultur in Bonn im Dritten Reich. Mit einem Beitrag von Karl Gutzmer. Bonn: Stadt Bonn, Stadtarchiv 2002 (Veröffentlichungen des Stadtarchivs Bonn 62), S. 289–323, hier S. 293–296.

Cohen, Marcel 28. 6. 1919 Berlin – 6. 1. 1996 Reymersholme; Bibliothekar, Verlagsangestellter. C., Sohn eines aus Polen eingewanderten Paares, das sich in Berlin mit einem kleinen Lebensmittelhandel durchbrachte, schloss sich 1933, als 14-jähriger, den Trotzkisten und einer Widerstandszelle an. 1937 wurde er für drei Wochen verhaftet, nach Intervention seines Vaters aber freigelassen. Während die Eltern nach Palästina ausreisten, gelangte Marcel mit Hilfe einer zionistischen Organisation nach Dänemark und, kurz vor dem Einmarsch deutscher Truppen, nach Schweden. Dort war er zunächst in der Landwirtschaft tätig, ehe er – nach Heirat mit Grete 1943 – in Lund eine Stelle in einer Druckerei und dann in der Universitätsbibliothek Lund bekam. 1957 zog das Paar nach Stockholm, wo C. eine Stelle als Redakteur der Enzyklopädie *Fakta* (7 Bde., 1955–1961) erhielt. Danach war er in gleicher Funktion bei ALMQVIST & WIKSELL tätig (*Focus*, 5 Bde., 1958), schließlich als Angestellter des Verlages AB NORDISKA UPPSLAGSBÖCKER, in welchem er an der Erstellung des *Bonniers Lexikon* (15 Bde., 1961–1967) mitarbeitete. Seit Mitte der 1960er Jahre hat sich C. auch wieder politisch engagiert, auf Seiten der radikalen Linken, der trotzkistischen Vierten Internationale. 1971 ausgeschlossen, wandte er sich zunächst dem Anarchismus, dann dem Zionismus zu.

Brief von Erich Aber an EF vom 25. 3. 1995; Helmut Müssener: Exil in Schweden. München: Hanser 1974 S. 182; Håkan Blomqvist: Marcel Cohen är död (1996). In: Socialistiska Partiets Arkiv [online].

Cohen, Martin 6. 3. 1905 Altona – 22. 9. 1962 Delft; Buchhändler, Antiquar. Der Rabbinersohn C. begann in Hamburg eine Ausbildung im Bankhaus Salomon, wechselte dann aber zur Judaika-Buchhandlung A. Goldschmidt in der Grindelallee. Da ihn auch diese Tätigkeit nicht befriedigte, entschloss er sich zur Nachholung des Abiturs und zu einem Studium an den Universitäten Hamburg und Berlin, mit dem Ziel, Bibliothekar zu werden. Da dies für einen Juden schon nicht mehr erreichbar schien und sich die politische Lage zuspitzte (die Quellen sind in diesem Punkt widersprüchlich), ging C. in die Niederlande, wo er zunächst in Leiden im Antiquariat des mit ihm befreundeten J. Ginsberg mitarbeiten konnte. Im Weiteren nahm er die ihm von der jüdischen Gemeinde in Delft angebotene Stelle eines Rabbiners an – wenn er auch kein entsprechendes Examen vorweisen konnte, so hatte er doch eine gründliche Ausbildung durch seinen Vater erfahren. Außerdem aber eröffnete er am 1. 8. 1932 in Delft die ACADEMIA BOEKHANDEL EN ANTIQUARIAAT VOOR TECHNIEK-WETENSCHAP-KUNST. 1935 war C. als einziger Immigrant Gründungsmitglied der von Menno Hertzberger initiierten Nederlandsche Vereeniging van Antiquaren (NVVA). 1941 wurde die Firma ›arisiert‹; C., seit Ende 1932 mit Lisbeth geb. Caspari verheiratet, war in den ersten Jahren der deutschen Besetzung Vorsitzender des Jewish Council in Amsterdam; 1943, als sich die Delfter Juden zur Deportation melden sollten, ging er mit seiner Familie in den Untergrund. Nach dem Krieg eröffnete er die ACADEMIA aufs Neue und führte die Buchhandlung und das Antiquariat in den folgenden 15 Jahren mit großem Erfolg. Von den zahlreichen Ehrungen, die ihm zuteil wurden, sind hier zu erwähnen die Vizepräsidentschaft im niederländischen Buchhändlerverband, der Vorsitz im Antiquarsverband und der Vorsitz in der 1956 gegründeten Internationalen Arbeitsgemeinschaft von Sortimenter-Vereinigungen (IASV); 1960 war C. Ehrengast der Frankfurter Buchmesse. Er starb zwei Jahre später auf der Rückfahrt von der Frankfurter Buchmesse an einem Herzanfall.

Biografisch Archief van de Benelux [online]; Joods Biografisch Woordenboek [online]; SStAL, Bestand Börsenverein, Firmenakte F 00013; Menno Hertzberger: [Nachruf]. In: Het Nederlandse Antiquariaat, 15.10.1962; Piet J.Buijnsters: Geschiedenis van het Nederlandse antiquariaat. Nijmegen: Vantilt 2007 S. 177, 424 (Fn. 24); Vera Bendt: Buchhändler, Antiquare, Sammler, Bibliophile aus Deutschland 1933 bis 1945. In: Imprimatur NF XXVI (2019) S. 67 f.; Michael Studemund-Halévy: Sefaradin Aschkenaz. Die Familie des Martin Cohen. In: Michael Studemund-Halévy; Anna Menny (Hg.): Ort und Erinnerung. Ein historischer Streifzug durch das Jüdische Hamburg von 1930. Hamburg: ConferencePoint 2013 S. 73–91 (dort auch S. 19–28 Abdruck von M. Cohens 1928 verfasster Darstellung ›Ein Streifzug durch die jüdischen Gemeinden‹).

Cohn, Albert 11.7.1871 Magdeburg – 6.9.1944 Auschwitz; Antiquar. C., verheiratet mit Flora geb. Friedenthal, war Inhaber des 1921 gegründeten Antiquariats JANUS in Leipzig (Schenkendorfstraße 62), das auf Naturwissenschaften spezialisiert war. Mitte 1937 emigrierte er mit seiner Familie unter Mitnahme des gesamten Bücherlagers nach Amsterdam. Er setzte dort (C 1, Runstraat 23) seine Tätigkeit mit gleichlautendem Firmennamen fort; sein 1938 gestelltes Ansuchen, mit seinem neuen Unternehmen wieder ins *Adressbuch des deutschen Buchhandels* aufgenommen zu werden (aus dem er bereits 1935 als ›Nichtarier‹ gestrichen worden war), wurde abgelehnt. 1941 wurde in den *Vertraulichen Mitteilungen der Fachschaft Verlag* eine Geschäftsverbindung mit dem ›Inhaber der Buchhandlung ›Janus‹, dem ›Volljuden Israel Leonor Cohn‹‹ als unerwünscht bezeichnet. In diesem Jahr wurde das Antiquariat geschlossen; C. tauchte unter, wurde aber am 5.6.1944 verhaftet und in Westerbork interniert. Am 3.9.1944 wurde er nach Auschwitz gebracht und dort ermordet.

SStAL, BV, F 10.986; VM Fachschaft Verlag Nr. 116–62 vom 1.10.1941 S. 4; Erich Carlsohn: Albert Cohn. Ein Berliner Antiquar, Gelehrter und Menschenfreund. In: Bbl. (FfM) Nr. 39 vom 17.5.1960 S. 748–52; Erich Carlsohn: Die Shakespeare-Forschung Albert Cohns. In: Bbl. (FfM) Nr. 25 vom 29.3.1967 S. 679; Schroeder: ›Arisierung‹ II (2009) S. 385; Vera Bendt: Buchhändler, Antiquare, Sammler, Bibliophile aus Deutschland 1933 bis 1945. In: Imprimatur NF XXVI (2019) S. 67 f.

Cohn, Hans Ulrich Geb. 18.2.1915 Breslau; Buchhändler. C. war nach seiner Emigration aus Deutschland von 1946 bis 1951 bei ALMQUIST & WICKSELLS Universitätsbuchhandel, später bei FRITZES Königl. Hofbuchhandel in Stockholm tätig.

Brief von Erich Aber an EF vom 25.3.1995.

Cohn, Louis 6.7.1877 Kirch-Brombach – 18.10.1957 Frankfurt am Main; Verlagsvertreter. C.s Eltern hiessen Julius und Karoline Cohn, geb. Katz. Er arbeitete, wohl schon seit 1920, als selbstständiger Vertreter für die Berliner Reisebuchhandlung WOLLBRÜCK & CO. von Frankfurt am Main aus. Mit Datum vom 28.8.1935 erhielt C. durch die Reichsschrifttumskammer Berlin aufgrund seiner jüdischen Abstammung ein Berufsverbot (›da Sie nicht arischer Abstammung sind...‹) und wurde zum 1.4.1936 aus der Reichsschrifttumskammer ausgeschlossen. Kurz vor diesem Datum emigrierte er zusammen mit seiner zweiten Ehefrau Hedwig nach Wien, von wo er weiter für den BERLINER VERLAG tätig sein durfte. Nach dem ›Anschluss‹ Österreichs 1938 wurde seine Frau auf offener Strasse festgenommen und verschwand, er selbst emigrierte zunächst nach Italien, wo er nach eigenen Angaben aufgrund seiner Religion keine Arbeit in seiner Branche finden konnte. Danach (August 1938) ist ein kurzer Aufenthalt in der Schweiz belegt; sein Versuch, von dort eine Einreiseerlaubnis für die USA zu erhalten, scheiterte. Ab ca. 1939 hielt sich C. in Lissabon auf, finanziell notdürftig unterstützt durch die örtliche Jüdische Gemeinde. 1946 kehrte C. nach Deutschland zurück und lebte zunächst in München, später in Frankfurt am Main. Cohns Ehefrau Hedwig Cohn, geb. Hamburger, geb. am 24. 5. 1885 in Frankfurt am Main, wurde 1942 ins besetzte Polen deportiert und vermutlich in Sobibór oder Belzec ermordet. Ihr Name findet sich (noch) nicht im Gedenkbuch des deutschen Bundesarchivs, vermutlich, weil sie von Österreich aus deportiert worden ist.

Information von Klaus Hillenbrand; Bayerisches Hauptstaatsarchiv, LEA 8448 (Entschädigungsakte Louis Cohn); Institut für Stadtgeschichte Frankfurt/Main (biographische Angaben Gertrud Cohn); Stadtarchiv Darmstadt (Meldebogen Louis Cohn bzw. der Eltern); doew.at (zur Deportation von Hedwig Cohn)

Cohn, Siegbert (nach US-Naturalisierung: Siegbert **Karoly**) 28. 6. 1884 Berlin – 23. 4. 1942 Santa Monica / CA; Verleger. Der Sohn des Kaufmanns und späteren Preußischen Kommerzienrates Carl C. (1838–1910) war der jüngere Bruder des im Dezember 1938 nach England emigrierten Japanologen und Mitbegründers der *Ostasiatischen Zeitung* William C. (1880–1961). C. absolvierte eine buchhändlerische Ausbildung in Berlin, Paris und London und war danach Mitinhaber und Leiter des 1906 gemeinsam mit Erich Oesterheld gegründeten Verlags OESTERHELD & CO. in Berlin, der sich zu einem der erfolgreichsten deutschen Theaterverlage und Bühnenvertriebe der Weimarer Republik entwickeln sollte. Schon im Jahr zuvor war er durch eine finanzielle Beteiligung Mitbegründer der von Siegfried Jacobsohn gegründeten SCHAUBÜHNE GMBH; die gleichnamige Wochenschrift wurde aber nach raschem Kapitalschwund als erstes Verlagsobjekt vom Verlag Oesterheld & Co. übernommen und verblieb dort bis 1908. C. verlegte außerdem auch die Theaterblätter *Die Deutsche Bühne, Deutscher Bühnenspielplan* und *Die Scene*. Nachdem C. 1935 aus dem Börsenverein ausgeschlossen worden war, musste 1937 der Oesterheld Verlag aufgelöst werden; C. flüchtete in diesem Jahr in die USA; in Santa Monica plante er den Neuaufbau eines Verlages, über den er eine große Zahl seiner deutschsprachigen Autoren in Hollywood vertreten wollte.

Siegbert Cohn: Brief an die ›Weltbühne‹. In: Die Weltbühne 26/1930, II, Nr. 37 vom 9. 9. 1930 S. 390 f.; Bruno Th. Satori-Neumann: Verlag der Scene und Geschäftsführung. In: Die Scene H. 4 (1931) S. 110; Adreßbuch 1931 S. 459; Pem's Personal Bulletins no. 78 (1937) p. 60; Aufbau vom 1. 5. 1942 [Todesmeldung]; Heinz-Dietrich Fischer: Die Weltbühne (1905–1939). In: Deutsche Zeitschriften von 17. bis 20. Jahrhunderts. Hg. von H.-D. Fischer. Pullach: Verlag Dokumentation 1973 S. 323–340; hier S. 324 f.; Gunther Nickel: Die Schaubühne – Die Weltbühne. Siegfried Jacobsohns Wochenschrift und ihr ästhetisches Programm. Opladen: Westdeutscher Verlag 1996 S. 19.

Cohn, Willy Gest. 1953 New York; Buchhändler und Antiquar. C. war Inhaber der 1926 gegründeten BÜCHER-ECKE in Berlin-Wilmersdorf, eines allgemeinen Sortiments mit Antiquariat; der Buchhandlung war auch eine Leihbücherei angeschlossen. Die Firma wurde 1937 von einem Günther Stark übernommen. C. emigrierte in die USA, über seine Tätigkeit im Exil liegen keine Erkenntnisse vor.

Adressbuch 1931 S. 80; Homeyer: Bibliophilen und Antiquare (1966); SStAL, BV, F 1207; Schroeder: ›Arisierung‹ II (2009) S. 383.

Czempin, Arnold Chon 8. 5. 1887 Berlin – 12. 11. 1974 New York; Schauspieler, Kunsthändler, Redakteur, Verleger; Dr. phil. C. studierte ab 1906 in München, ab 1908 an der Universität Wien Kunstgeschichte und klassische Archäologie und promovierte 1911 mit einer Dissertation über den Wiener Kupferstecher Quirin Mark. Von 1917 bis 1923 wirkte C. als Schauspieler in über zwanzig UfA-Filmen mit und war Mitglied der linken Theatergruppe Die Mausefalle unter Gustav von Wangenheim. Um 1930 wohnte C. im sogenannten ›Roten Block‹, einer Künstlerkolonie in Berlin-Wilmersdorf (andere Bewohner waren u. a. Ernst und Karola Bloch, Ernst und Eva Busch, Axel Eggebrecht, Alfred Kantorowicz, Arthur Koestler und Manès Sperber). C. emigrierte nach 1933 nach Palästina und beteiligte sich in Tel Aviv am Lampengeschäft Goldschmidt & Schwabe, in dem er auch Lesungen, u. a. von Arnold Zweig, organisierte. Von 1943 bis 1945 war C. Redakteur der Zeitschrift *Heute und Morgen – Antifaschistische Revue*, deren Hefte 1 bis 8 unter dem Titel *Chug. Kreis der Bücherfreunde* erschienen. C., der gegenüber der Mandatsregierung verantwortlich zeichnete, schrieb unter dem Pseudonym Paratus, andere Mitarbeiter waren → Ernst Loewy, → Willy Verkauf und Arnold Zweig. Die Zeitschrift konnte in dem angespannten innenpolitischen Klima nur intern als kostenlose Publikation für die Mitglieder und Abonnenten des 1943 konstituierten Kreises der Bücherfreunde und der von ihm gegründeten LEVANT PUBLISHING CO. (Lepac) zirkulieren; außerdem erschien bei der Lepac nur noch eine hebräischsprachige Zeitschrift; das Hauptgeschäft bestand im Import von Büchern und Zeitschriften aus dem Ausland, insbesondere aus der Sowjetunion, die an Mitglieder zu Sonderpreisen verkauft wurden. C. ging später in die USA.

Arnold Czempin: Mein Repertoire. New York: Selbstverlag 1969.

Kunst und Literatur im antifaschistischen Exil 1933–1945. Band 5: Exil in der Tschechoslowakei, in Großbritannien, Skandinavien und in Palästina. Frankfurt am Main: Röderberg 1981 S. 583 f.; Ernst Loewy: Zwischen den Stühlen. Essays aus fünfzig Jahren. Hamburg: Europäische Verlagsanstalt 1995; Hermann Zabel [Hg.]: Stimmen aus Jerusalem: Zur deutschen Sprache und Literatur in Palästina / Israel. Münster: Lit 2006, S. 38 f.

Czollek, Walter 8. 4. 1907 Berlin-Charlottenburg – 23. 4. 1972 Berlin; Parteifunktionär, Verlagsleiter. C., einer jüdischen Kaufmannsfamilie entstammend, absolvierte seit 1924 eine Ausbildung zum Textilkaufmann und war bis 1933 in einer Wäschefabrik tätig; 1928–30 studierte er Volkswirtschaft an der Hochschule für Politik. 1929 trat C. der KPD bei. Nach der nationalsozialistischen ›Machtergreifung‹ wurde er 1934 zu zwei Jahren Gefängnis verurteilt; zunächst in Luckau und Berlin inhaftiert, kam er 1936 in das KZ Lichtenburg, 1937 in das KZ Dachau und 1938 in das KZ Buchenwald. 1939 wurde er aus Deutschland ausgewiesen; mit Hilfe der KP gelang ihm die Flucht nach Shanghai, wo er im Juni d. J. eintraf und sofort mit der Parteiarbeit für die KP begann: Bis 1941 leitete C. eine illegale Radiostation der KP Chinas, bis 1947 war er Übersetzer und Sprecher der deutschsprachigen TASS-Sendung *Stimme der Sowjetunion in Shanghai*. 1947 kehrte C. nach Deutschland in die SBZ zurück und arbeitete für die Deutsche Treuhandverwaltung für sequestriertes und beschlagnahmtes Eigentum und als Leiter des Personalbüros des Berliner Industrie- und Handelskontors. Von 1950 bis 1952 war er Lektor für Zeitgeschichte im Verlag VOLK & WELT, stieg danach zum zweiten Geschäftsführer auf und war, nach Besuch eines Lehrgangs an der Deutschen Verwaltungsakademie Forst-Zinna, 1954 bis 1972 Leiter des Verlags Volk & Welt. 1964 wurde der Verlag KULTUR UND FORTSCHRITT angeschlossen. Zu C.'s Ratgebern zählte Hans Mayer, Autor des Verlages und Professor in Leipzig. Im Rahmen des von der KP im Juni 1953 eingeleiteten ›Neuen Kurses‹ war es C. möglich, in dem sogenannten ›Leitverlag‹ ein Programm internationaler zeitgenössischer Belletristik zu verlegen.

DBE Bd. 2 (1995); Simone Barck, Siegfried Lokatis: Fenster zur Welt. Eine Geschichte des DDR-Verlages Volk & Welt. 2. Aufl. Berlin: Ch. Links 2005. Darin: Roland Links: Walter Czollek – Verlagsleiter von 1954 bis 1972 S. 255 f.; Wer war Wer in der DDR (1995) S. 123.

D

Dalberg, Julius J(onas) 21. 5. 1882 Essentho, Hessen – 23. 7. 1943 Sobibór; Anwalt, Antiquar. D. lebte mit seiner Frau Bella (geb. Nuszbaum, 28. 1. 1883 Hersfeld – 23. 7. 1943 Sobibór) in Kassel; er hatte Jura studiert und arbeitete seit 1908 als Rechtsanwalt, seit 1923 am Oberlandesgericht, seit 1924 als Notar. Als Gemeindeältester der örtlichen Jüdischen Gemeinde fungierte er auch als Redakteur der *Jüdischen Wochenzeitung für Kassel, Hessen und Waldeck*, auch veröffentlichte er Aufsätze zur Geschichte der Juden in Kassel. Darüber hinaus war er Büchersammler, besonders von Judaica, und Sammler antiker Kunst. 1933 wurde D. aus der Anwaltsliste gestrichen, auch von Nationalsozialisten misshandelt; am 1. September 1933 wurde er verhaftet und ins Konzentrationslager Breitenau eingeliefert. Zwei Wochen später freigelassen, flüchtete er zusammen mit seiner Frau Bella am 17. 11. 1933 nach Amsterdam und gründete dort das Antiquariat DE PAMPIERE WERELD, das auf wissenschaftliche Literatur zum Judentum spezialisiert war. Nach dem Überfall der Deutschen Wehrmacht auf die Niederlande wurde das Antiquariat 1941 geschlossen. Am 1. 6. 1943 wurde das Ehepaar verhaftet und in das Durchgangslager Westerbork gebracht; von dort ist es zwischen dem 20. und 23. 7. 1943 mit dem 19. Transport in das Vernichtungslager Sobibór deportiert und vermutlich unmittelbar nach der Ankunft ermordet worden. Das Antiquariat De Pampiere Wereld wurde nach dem Krieg wieder eröffnet von → Salomon S. Meyer, der schon seit 1935 Mitarbeiter und seit 1937 Teilhaber des Antiquariats gewesen war.

Piet J. Buijnsters: Geschiedenis van het Nederlandse antiquariaat. Nijmegen: Vantilt 2007 S. 196; Vera Bendt: Buchhändler, Antiquare, Sammler, Bibliophile aus Deutschland 1933 bis 1945. In: Imprimatur NF XXVI (2019) S. 68; Die Gedenksteine von Sobibór (https://sobibor.de/de/familie-dalberg/).

Daves, Joan 14. 11. 1919 Berlin – 25. 6. 1997 Bedford Hills / NY; Literaturagentin. Lieselotte Davidson, wie D. mit Geburtsnamen hieß, war die Tochter eines Berliner Bankiers, der in Auschwitz ermordet wurde; sie studierte zunächst in Paris, erkannte die nationalsozialistische Gefahr und emigrierte 1938 zunächst nach London, 1940 in die USA. Hier arbeitete sie zunächst in New York für INTERSCIENCE PUBLISHERS, danach im Verlag HARPER & BROTHERS, für den sie *Harper's Art Library* entwickelte. 1952 gründete D., die mit dem literarisch äußerst versierten deutschen Emigranten

→ Joachim Kirchberger verheiratet war, in New York eine eigene Agentur, mit der sie vor allem Lizenzen zwischen den USA und dem deutschen Sprachraum vermittelte. Zu den von ihr vertretenen Autoren (und oft Freunden) zählten Nobelpreisträger wie Heinrich Böll, Hermann Hesse, Elias Canetti, Nelly Sachs, Gabriela Mistral, Martin Luther King oder Willy Brandt. Besonderes Gespür bewies sie für die tschechische Dissidenten-Literatur nach 1968 (sie machte Autoren wie Václav Havel, Pavel Kohout oder Ivan Klíma in den USA bekannt) und die Literatur der DDR. D. zählte jahrzehntelang zu den international führenden Literaturagenten, sie vertrat auch die amerikanischen Rechte mehrerer deutscher Verlage wie DTV, DIOGENES VERLAG, R. PIPER & CO. und von Verlagen der HOLTZBRINCK-Gruppe. In den 1980er Jahren geriet die Agentur in Schwierigkeiten, nicht zuletzt aufgrund der mangelnden Anerkennung ausländischer Literatur in Nordamerika, und so musste D. 1989 eine Fusion mit der größeren Agentur WRITERS HOUSE eingehen, die einen Teil ihrer Autoren übernahm.

Hans-Peter Riese: Die Agentin. Zum Tode von Joan Daves. In: FAZ vom 2. 7. 1997 S. 33; New York Times, Obituary, 27 June 1997; Macris: Literatur- und Theateragenten (1989) S. 1360 f.; Writers House. A Literary Agency, History of the House: www.writershouse.com [online]; Hans Altenhein: Joan Daves, Berlin / New York. Spuren einer Literaturagentin. In: AGB 70 (2015), Berlin: de Gruyter 2015 S. 241–246.

Deutsch, André 15. 11. 1917 Budapest –11. 4. 2000 London; Verleger. D. war der einzige Sohn eines jüdischen Zahnarztes; er plante schon früh, in England zu studieren. Nach ersten Semestern an den Universitäten in Budapest, Wien und Zürich emigrierte D. nach dem ›Anschluss‹ Österreichs 1939 nach England und wollte sein Studium an der London School of Economics fortsetzen. Während der Zeit seiner Internierung als *enemy alien* auf der Isle of Man lernte er Arthur Koestler kennen. Nach der Entlassung fand D. eine Anstellung im Londoner Verlag NICHOLSON & WATSON PUBLISHERS; über Bekanntschaft mit → George Weidenfeld lernte er Diana Athill kennen. Zusammen mit ihr gründete D. unmittelbar nach dem Krieg in London ALLAN WINGATE PUBLISHERS LTD.; der Verlag konnte 1949 mit Norman Mailers *The Naked and the Dead* einen Sensationserfolg verbuchen. Als D. 1951 vom Anteilseigner Anthony Gibbs ausmanövriert wurde, baute er (mit tatkräftiger Unterstützung von Diana Athill) die ANDRÉ DEUTSCH LTD., London, auf. Zu den Autoren des nicht sehr großen, aber schon bald hoch renommierten Hauses zählten Jack Kerouac, Norman Mailer, Philip Roth und John Updike; der erste Bestseller waren 1952 die *Memoirs* von Franz von Papen, Vizekanzler in Hitlers erstem Kabinett. D., der in der Kollegenschaft große Anerkennung genoss und auf der Frankfurter Buchmesse lange Zeit den Status als prominentester Vertreter des britischen Verlagswesens behauptete, leitete den Verlag bis 1984. Als damals → Tom Rosenthal als Teilhaber eintrat, blieb D. zwar im Unternehmen, war aber immer mehr nur in Repräsentativfunktionen tätig: 1984–87 als *Chairman* and *Managing Director*, 1987–89 als *joint Chairman* und 1989–91 als *President*. Bereits seit den 1960er Jahren hatte D. sein Betätigungsfeld in Richtung Afrika erweitert; 1962 gründete er in Lagos (Nigeria) die AFRICAN UNIVERSITIES PRESS und 1964 in Nairobi (Kenia) das EAST AFRICA PUBLISHING HOUSE (EAPH). Dieses bis 1988 bestehende Unternehmen, das zum Vorbild nachmaliger selbständiger afrikanischer Verlage wurde, betrieb D. gemeinsam mit dem East African Institute of Social and Cultural Affairs. Das EAHP ging nach Auszahlung der Anteile D.'s 1966 vollständig in das Eigentum des East African Educational Trust über. Heute ist der Verlag A. DEUTSCH ein Imprint der CARLTON PUBLISHING GROUP.

BHE 1; John Calder: André Deutsch [Nachruf]: In: The Guardian, 12 Apr. 2000 [online]; Naim Attallah: No longer with us: André Deutsch [Nachruf] www.quartetbooks.wordpress.com [online] [mit Link zu einem Interview aus N. Attallah: Singular Encounters. London: Quartett 1990]; Westphal: German, Czech and Austrian Jews (1991) pp. 204 f.; Saur: Deutsche Verleger im Exil (2008) S. 214, 218; Diana Athill: André Deutsch: The Great Persuader. In: Immigrant publishers (2009) pp. 29–40; British Library – Sound Archive Catalogue: NLSC Book Trade Lives – Deutsch, Andre [Oral History-Interview; Verzeichnis online]

Deutsch, Hans 27. 4. 1906 Wien – 13. 5. 2002 Lausanne; Rechtsanwalt, Verleger; Dr. jur. D. absolvierte ein Studium der Wirtschafts- und Rechtswissenschaften in Wien und arbeitete bis 1938 als Konzipient in einer Anwaltskanzlei. Nach dem ›Anschluss‹ Österreichs an das Deutsche Reich emigrierte er nach Palästina und war unter dem Namen Dishon als Rechtsanwalt tätig. Nach seiner Rückkehr nach Österreich 1950 betätigte D. sich als Anwalt in Wiedergutmachungsverfahren (u. a. vertrat er die Familien Rothschild und Radziwill) und betrieb diese Prozesse und insbesondere die Rückgabe von geraubten Kunstgegenständen in außerordentlich engagierter Weise und – wie im Falle der Sammlung Hatvany – mit großem Erfolg. Parallel dazu baute er den HANS-DEUTSCH-VERLAG in Wien auf, in welchem er Bücher zum Thema Wiedergutmachung herausbrachte, aber z. B. auch von Oskar Maurus Fontana *Die Welt des Theaters* mit 100 Zeichnungen von Hans Fronius (1964) oder die Werke seines Freundes Max Zweig. Mit dem an den Verlag angegliederten Bühnenvertrieb suchte er auch die Dramen M. Zweigs an den Theatern unterzubringen. Der Verlag wurde hauptsächlich von Hermann Leber (1900–1974) geleitet. 1964 wurde D., der mit den Wiedergutmachungsprozessen zu einem Vermögen gekommen war, in den großes mediales Aufsehen erregenden ›Fall Deutsch‹ verwickelt und musste sich wegen angeblich gefälschtem Beweismaterial verantworten; D. wurde nach 8-jährigem Prozess freigesprochen; verbittert kämpfte er zeitlebens um seine Rehabilitierung vor der Öffentlichkeit. Bereits seit geraumer Zeit in der Schweiz lebend, eröffnete er dort, zur Unterbringung seiner seit der Nachkriegszeit aufgebauten Kunstsammlung, 1989 ein Privatmuseum Musée Fondation Deutsch in Belmont-sur-Lausanne.

BHE 1; HABV/DNB; Kurt Emmenegger: Der Fall Deutsch. Tatsachen zu einem Justizskandal. New Haven / CT: 1789 Editions 1970; Max Zweig: Lebenserinnerungen. Vorwort von Hans Mayer. 2. Aufl. Gerlingen: Bleicher 1992 S. 200–08; Wikipedia; Burkhart List: Die Affäre Deutsch. Braune Netzwerke hinter dem größten Raubkunst-Skandal. Berlin: Das Neue Berlin 2018.

Deutsch, Julius 2. 2. 1884 Lackenbach – 17. 1. 1968 Wien; Parteifunktionär, Journalist, Verleger; Dr. jur. Der Sohn eines burgenländischen Gastwirtes fing 1898 eine Druckerlehre an, brachte sich als Hilfsarbeiter durch und wurde bald in sozialdemokratischen Vereinigungen politisch aktiv, u. a. im Verein jugendlicher Arbeiter in Wien und als Mitarbeiter der Lehrlingszeitschrift *Der jugendliche Arbeiter*. Zwischen 1901 und 1905 ging er einer Tätigkeit als reisender Handelsvertreter nach und bereitete sich daneben, von Victor Adler gefördert, auf das Abitur vor, das er 1905 ablegte. Anschließend studierte D., zu dieser Zeit Gründer und Vorsitzender des Vereins internationaler sozialistischer Studenten, in Zürich Rechts- und Staatswissenschaften; er schloss das Studium 1908 mit der Promotion ab. Während seines nachfolgenden Aufenthalts in Berlin lernte D. Karl Kautsky und Rudolf Hilferding kennen. 1908 kehrte er nach Wien zurück, wo er 1909 Parteisekretär der SAPD wurde und eine vielseitige politische und journalistische Tätigkeit (u. a. bis 1934 für die *Arbeiter-Zeitung*) entfaltete. Am Ersten Weltkrieg nahm D. als Frontoffizier bis 1917 teil, 1917/18 war er ins Kriegsministerium in Wien abkommandiert. In der ersten österreichischen Republik hatte D. hohe politische Ämter inne, u. a. war er von 1920 bis 1934 Mitglied des Nationalrats, Mitglied im Parteivorstand der SDAP und Obmann des Schutzbunds bis zu dessen Verbot 1933. Von 1926 bis 1934 war D. Vorsitzender der Internationalen Kommission zur Abwehr des Faschismus, die 1926 unter Beteiligung fast aller sozialdemokratischen Selbstschutzverbände in Europa mit Sitz in Wien gegründet worden war. Im November 1932 trat D. als Gesellschafter der Wiener Volksbuchhandlung F. SKARET / DR. R. DANNEBERG ein, die er selbständig vertrat und die im Juni 1933 den neuen Firmennamen Wiener Volksbuchhandlung F. SKARET & CO. erhielt. Zwei Jahre später, am 2. Juni 1935 ordnete die Bundespolizeidirektion Wien die Beschlagnahme des Vermögens und sämtlicher Vermögenswerte der OHG sowie deren Auflösung an, da seit dem 12. Februar 1934 der sozialdemokratischen Partei in Österreich jedwede Betätigung untersagt worden war und D. nur formell als Eigentümer zeichnete, tatsächlicher Eigentümer war die Sozialdemokratische Arbeiterpartei Österreichs. D. war bereits im Februar 1934 in die ČSR geflüchtet, 1936/37 beteiligte er sich am Spanischen Bürgerkrieg, engagierte sich danach in Paris für die in Frankreich internierten Spanienkämpfer und war 1938/39 Mitglied im Thomas-Mann-Ausschuß zur Wiederbelebung der deutschen Volksfront. Im Juni 1940 flüchtete D. nach Bordeaux, von wo er mit einem britischen Visum nach London emigrieren konnte. Ab Anfang 1941 in New York, betätigte sich D. auch in den USA als Exilpolitiker; so war er u. a. Mitarbeiter der Free World Association, einer internationalen Organisation mit dem Ziel des demokratischen Wiederaufbaus nach dem Krieg, und ab Februar 1942 im Exekutivkomitee des neugegründeten Austrian Labor Committee. Im Frühjahr 1946 kehrte D. nach Wien zurück, wurde Mitglied im Parteivorstand der SPÖ und von der Partei (nach Ablehnung von Regierungsämtern und eines Nationalratmandats) zum Direktor der Holding KONZENTRATION bestellt, in der alle parteieigenen Papierfabriken, Druckereien, Zeitungen, Verlage und Buchhandlungen zwecks zentraler Leitung zusammengefasst wurden. ›Das Werk gedieh und wuchs in kurzer Zeit zum größten Verlagsunternehmen Österreichs heran. [...] damit war nun die ganze Produktion, angefangen vom Papier bis zur Zeitung oder dem Buch in einem einzigen Unternehmen vereint.‹ (*Ein weiter Weg* S. 385) Wie D. in seinen Lebenserinnerungen betonte, machte ihm die Tätigkeit als Verleger ›viel Freude‹, denn es gelang ihm, ›bedeutende Schriftsteller, Gelehrte und Politiker des In- und Auslandes als Mitarbeiter zu gewinnen‹: ›Es ist nicht zuviel gesagt, dass die Verlagsanstalten der ›Konzentration‹ zu geistigen Sammelpunkten wurden, die mithalfen, der alten Kultur unseres kleingewordenen Landes zu dienen.‹ D., der in dritter Ehe mit der bekannten Schriftstellerin Adrienne Thomas verheiratet war, erneuerte seine früheren Verbindungen vor allem auch mit emigrierten Autoren, so mit Thomas und Erika Mann, mit Carl Zuckmayer und seiner Frau Alice Herdan-Zuckmayer, mit Erich Maria Remarque, Arthur Koestler oder Franz Theodor Csokor. 1952 schied D. nach Differenzen mit der Parteispitze aus der Geschäftsführung der Konzentration aus und betätigte sich danach als freier Publizist und Schriftsteller.

[Auswahl] Julius Deutsch: Die Kinderarbeit und ihre Bekämpfung. Zürich: Rascher 1907; ders.: Geschichte der österreichischen Gewerkschaftsbewegung. Wien: Brand 1908; ders.: Wesen

und Wandlung der Diktaturen. Wien: Weg-Verlag 1953; ders.: Ein weiter Weg. Lebenserinnerungen. Zürich: Amalthea 1960.
BHE 1; Hupfer: Antiquarischer Buchhandel (2003) S. 253 f.

Deutsch, Julius 4. 3. 1902 Wien – 9. 9. 1987 Wien; Parteifunktionär, Buchhändler. D. absolvierte zunächst in der Wiener Buchhandlung SIEGFRIED SCHLEISSNER von 1916 bis 1919 eine Buchhändlerlehre; danach war er Gehilfe in der Buchhandlung J. FRANKFURTER und im CENTRAL-ANTIQUARIAT in der Mariahilfer Straße. Gegen Ende des Ersten Weltkriegs wurde D. Mitglied der linksradikalen Jugendbewegung in Wien. Er trat 1918 der KPÖ bei, in der er in der Folge bis 1933 als Parteifunktionär tätig war. In dieser Zeit war er häufig im Ausland, dabei wurde er 1923 durch ein französisches Militärgericht im Ruhrgebiet wegen antimilitaristischer Aktivitäten zu vier Monaten Haft verurteilt, 1932 wurde durch ein jugoslawisches Gericht in seiner Abwesenheit sogar ein Todesurteil über ihn verhängt. Er blieb neben seiner Parteiarbeit aber auch in seinem erlernten Beruf tätig: Anfang Februar 1926 wurde ihm die Konzession zum Betrieb einer Buchhandlung mit Antiquariat im III. Bezirk, Radetzkystraße 13, erteilt; den Geschäftsnamen DIE BÜCHERQUELLE führte er nur inoffiziell auf dem Briefkopf. Anfang der 1930er Jahre konnte D. den Korporationsbeitrag wegen der schlechten Geschäftslage nicht bezahlen, so dass sich die Korporation gegen die Erteilung der von D. beantragten Konzession zum Betrieb einer Leihbibliothek aussprach. Nach den Februarkämpfen wurde D. am 18. April 1934 wegen kommunistischer Betätigung zu sechs Wochen Lagerhaft in Wöllersdorf verurteilt und ihm auch die Gewerbeberechtigung entzogen. Im Anschluss emigrierte D. zusammen mit seiner Frau Erika Magaziner (1903–1987) im Parteiauftrag in die Schweiz, war von 1936 bis 1938 in Paris im Organisationsapparat für die Spanienkämpfer tätig und richtete 1937 an der österreichisch-schweizerischen Grenze Anlaufstellen für Brigadisten ein. Nach Ausbruch des Zweiten Weltkrieges emigrierte D. 1940 nach Südamerika (Bolivien), wo er in La Paz eine LIBRERÌA AMÉRICA gründete und daneben auch weiterhin politisch aktiv blieb, hauptsächlich in der Federación de Austriacos libres en Bolivia. 1946 kehrte D. nach Wien zurück und übernahm leitende Funktionen (Prokurist, Vertriebsleiter) im KPÖ-eigenen GLOBUS VERLAG. Im Rahmen der Globus-Konzernstruktur war er auch offiziell Geschäftsführer der Buchhandlung DAS INTERNATIONALE BUCH am Trattnerhof und 1948 Konzessionsnehmer für die ebenfalls dem Globus-Verlag gehörende ERSTE WIENER FACHBUCHHANDLUNG in der Stroblgasse 2; das Geschäft wurde 1958 in die Wollzeile 20 verlegt. 1967 wurde D. pensioniert.
BHE 1; Adressbuch 1931 S. 125; Wolfgang Kiessling: Der Fall Baender. Ein Politkrimi aus den 50er Jahren der DDR. Berlin: Dietz 1991 S. 30 f. [auch tw.online]; Anzeiger des österr. Buchhandels Nr. 20 (1987) S. 210; Christina Köstner: ›Wie das Salz in der Suppe‹. Zur Geschichte eines kommunistischen Verlages – Der Globus Verlag. Magisterarbeit. Wien 2001, passim; Schwarz: Verlagswesen der Nachkriegszeit (2003) S. 184–89 [online]; Hupfer: Antiquarischer Buchhandel (2003) S. 281; Christina Köstner: Das Salz in der Suppe. Der Globus Verlag. In: Gerhard Renner, Wendelin Schmidt-Dengler, Christian Gastgeber (Hg.): Buch- und Provenienzforschung. Festschrift für Murray G. Hall zum 60. Geburtstag. Wien: Praesens 2009, S. 129 –144.

Deutsch, Sascha Adolf Buchhändler. D. betrieb in Santiago de Chile eine LIBRERÍA STUDIO. Die NS-Schrifttumsbehörden wiesen die deutschen Verlage und Buchhandlungen darauf hin, dass sich D. auch unter dem Firmennamen LIBRERÍA JACOB beliefern ließ; eine Geschäftsverbindung mit dem ›emigrierten Juden‹ sei abzulehnen.

SStAL, BV, F 14161; VM Fachschaft Verlag Nr. 38 vom 9.11.1938 und ebd., Nr. 47 vom 15.2.1940 S. 4.

Diamant, Paul Joseph 12.2.1887 Wien – 30.4.1966 Jerusalem; Verlagsteilhaber, Publizist; Dr. jur., Dr. phil. D. war der Sohn eines jüdischen Advokaten; er besuchte das humanistische Gymnasium in Wien und anschließend die Universität Wien, wo er zwei Doktorate in Rechtswissenschaften und Philosophie erwarb. In seinem Brotberuf in einer Anwaltskanzlei tätig, galt D.'s hauptsächliches Interesse der Geschichtswissenschaft, und hier besonders der Heraldik und genealogischer Forschung. Schon seit seiner Schulzeit engagierte D. sich für den Zionismus: er gründete ein zionistisches Mittelschülerorgan, war in zionistischen Hochschulvereinen Mitglied, nahm als Delegierter an den zionistischen Kongressen von 1911 und 1913 teil und beteiligte sich finanziell und publizistisch am Aufbau zionistischer Presseerzeugnisse (*Tagblatt*, *Wiener Morgenzeitung*, *Der Judenstaat*). Am Ersten Weltkrieg nahm D. im Dragoner Regiment der k. k. Armee teil. Nach 1918 widmete D. sich erneut der zionistischen Bewegung; bis 1938 unternahm er viele Reisen nach Palästina und hielt sich dort auch immer wieder für längere Zeit auf. 1926 beteiligte D. sich an der Finanzierung der neu gegründeten Verlagsanstalt DR. ZAHN UND DR. DIAMANT, Wien-Leipzig, mit Firmensitz in Wien XVIII, Messerschmidtgasse 48. Der Wiener Kunsthistoriker Dr. Leopold Zahn (geb. 1890) war der Geschäftsführer dieses auf Geisteswissenschaften und Belletristik spezialisierten Verlags. Die Verlagstätigkeit erstreckte sich nur auf kurze Zeit, bereits im November 1927 ging Zahn nach Berlin, lebte zwischenzeitlich in Wien, nach 1938 wieder in Berlin. Im Jahr 1930 wurde die Konzession für die Verlagsanstalt Dr. Zahn und Dr. Diamant zurückgenommen; im Mai 1942 wurde sie offiziell aus dem Handelsregister gelöscht. D., der bereits seit den ausgehenden 1920er Jahren landwirtschaftliche Vorbereitungskurse für zionistische Pioniere auf einem ererbten Gut in Oberösterreich organisiert hatte, war seit 1938 für die Alijah Beth, die illegale zionistische Einwanderung nach Palästina, aktiv, mit der er Ende 1938 auch selbst auswanderte. In Palästina lebte er anfänglich in Moza bei Jerusalem, wo er einen Bauernhof bewirtschaftete, später zog er nach Jerusalem, wo er seine vielfältige literarische, publizistische und wissenschaftliche Tätigkeit insbesondere zu jüdischen politischen Themen und auf dem Gebiet jüdischer Familienforschung weiter pflegte.
    Private Collection Paul Diamant P 27 [mit biographischer Skizze P 27/1,8], in: The Central Archives for the History of the Jewish People Jerusalem (CAHJP) [online]; Hall: Österr. Verlagsgeschichte II (1985) S. 480 f.; Evelyn Adunka: Art. Paul Joseph Diamant. In: Österreichisches Biographisches Lexikon ab 1815, 2., überarb. Aufl., Lfg. 2 15.3.2013 [online].

Dirnhuber, Annie (Anna) 28.2.1892 Wien –1958 Birmingham; Buchhändlerin, Antiquarin. D. war eine Tochter des jüdischen Wiener Antiquars Bernhard Stern, dessen 1862 gegründetes Geschäft C. TEUFEN'S NACHF. BUCHHANDLUNG UND ANTIQUARIAT BERNHARD STERN sich in der Wiedner Hauptstraße 13 befand. Nach dem Tod des Vaters 1906 führte die Mutter Antonie Stern die kleine, auf technische Fachliteratur und Schulbücher spezialisierte Firma bis 1923 weiter, bis ihre Töchter Therese Reichmann und Annie Dirnhuber, die schon seit Jahren im Geschäft mitgearbeitet hatten, Gesellschafterinnen wurden. 1933 wurde die Firma im Handelsregister gelöscht, und D., die seit 1908 als Buchhändlerin tätig war, führte das Geschäft am bestehenden Standort als Buchhandlung und Antiquariat ANNA DIRNHUBER, VORM. TEUFEN'S NACHF. allein weiter. Vor dem ›Anschluss‹ Österreichs an Hitlerdeutschland strebte D. die Übergabe des Geschäftes an ihren ›arischen‹ Ehemann, den Architekten Karl D. (1889–1953), mit dem sie seit 1919 verheiratet war und der u. a. für die Gemeinde Wien Wohnhausanlagen errichtete, und an den Angestellten Anton Fric an; 1938 wurde aber nur der Ankauf durch Fric zum niedrigen Preis von RM 15 000 behördlich genehmigt. Das Ehepaar D. ging am 30. Juni 1939 mit seinen beiden Kindern nach England in die Emigration, wo es 1948 naturalisiert wurde. Karl D. erhielt in Birmingham durch die Firma Cadbury Bros Bournville eine Arbeitserlaubnis und arbeitete in weiterer Folge bei der Firma Jack Cotton, Ballard and Blow bis zu seinem Tod 1953 als angestellter Architekt. Nach dem Krieg einigte sich Fric mit D. gütlich und führte die Buchhandlung bis 1977 weiter, dann ging sie in den Besitz der Firma Manz über.

The National Archives, Kew [online]; www.myheritage.at; Hupfer: Antiquarischer Buchhandel (2003) S. 106 f.; Architektenlexikon [online]; biographiA. Lexikon österreichischer Frauen. Hg. v. Ilse Korotin, Bd. 1, Wien: Böhlau 2016 S. 601 f.

Dormitzer, Ida 25. 10. 1886 Nürnberg – 17. 4. 1966 Huntington / IN; Buchhändlerin. Nach dem Besuch der Höheren Mädchenschule und der Handelsschule in Nürnberg war D. drei Jahre in der Kurz- und Spielwarenhandlung ihres Vaters David D. tätig, bevor sie 1905 in die Großhandelsabteilung der Drogerie Dr. Karl Soldan wechselte. Von 1908 bis Ende 1923 arbeitete sie im Warenhaus H. Tietz & Co., wo sie zunächst die Leihbibliothek, dann die Buch-, Schreibwaren- und Musikalienhandlung selbständig führte. 1924 eröffnete sie in Nürnberg eine eigene Buchhandlung, den BUCHLADEN IDA DORMITZER in der Luitpoldstrasse 11, mit Spezialisierung auf Schöne Literatur, Kunst und Jugendschriften. 1935 erwarb sie die Buchhandlung EWER in München, die von ihrer älteren Schwester → Luise Therese Bing geleitet wurde. Diese Münchner Buchhandlung musste 1937 in eine Einzelfirma unter dem Namen Luise Bings umgewandelt und nach dem Novemberpogrom 1938 geschlossen werden; ihre Nürnberger Buchhandlung musste D. im Frühjahr 1938 aufgeben und an die ortsansässige Buchhandels- und Verlagsgesellschaft Frommann verkaufen. Das nicht verkaufte jüdische Schrifttum war der Grundstock eines ›jüdischen Buchvertriebs‹, den D. von März 1938 bis zu ihrer Auswanderung in die USA im Oktober 1938 von einem kleinen Laden aus führte. Nach ihrer Ankunft in New York arbeitete D. zunächst als Haushaltshilfe. 1941 eröffnete sie an der Adresse 37th Avenue, Jackson Heights ein Geschäft für Schreibwaren und Bücher, in dem ihre ebenfalls in die USA emigrierte Schwester stundenweise aushalf. In der Zeitschrift *Aufbau* bot sie 1950 ›Bücher für jedes Alter und jeden Geschmack‹ an.

SStAL, BV, F 12261 (mit Hinweisen zur ›Arisierung‹ der Nürnberger Buchhandlung Ida Dormitzer); BayHStAM, LEA EG 92034; Aufbau vom 15. 12. 1950 S. 14.

Dreßler, Bruno 11. 2. 1879 Ebersbach / Sachsen – 2. 8. 1952 Zürich; Verleger. Der gelernte Schriftsetzer war SPD-Mitglied und wurde 1912–24 Vorsitzender des Bildungsverbandes der Deutschen Buchdrucker, außerdem übernahm er die Geschäftsführung der Buchdrucker-Werkstatt und des Verlags des Bildungsverbandes in Berlin. Am 24. 8. 1924 wurde auf seine Anregung hin auf dem Vertretertag des Bildungsverbandes der Deutschen Buchdrucker als besondere Abteilung dieser Organisation die Buchgemeinschaft BÜCHERGILDE GUTENBERG ins Leben gerufen, die sich der sozialdemokratischen Arbeiterbewegung und dem Volksbildungsgedanken einerseits sowie der Druckkunst andererseits verschrieb. D. übernahm die Geschäftsführung in Leipzig und Berlin und baute die Büchergilde zu einer fortgesetzt expandierenden Buchgemeinschaft aus. Bis 1931 entstanden in Deutschland 27 Geschäftsstellen nebst Filialen in Prag, Wien und Zürich (seit 1927); 1933 zählte sie 85 000 Mitglieder. Am 2. 5. 1933 wurde die Büchergilde in Berlin von der Deutschen Arbeitsfront gewaltsam übernommen; D. wurde entlassen, kam wegen der Verlagerung von Buchbeständen nach Zürich, Prag und Wien für sechs Wochen in Untersuchungshaft und emigrierte schließlich im Sommer 1933 in die Schweiz. In Zürich baute er zusammen mit Gründungsmitgliedern wie Hans Oprecht und dem Typographen Josef Wieder die bisherige Filiale zur Zentrale der Genossenschaft Schweizerische Büchergilde Gutenberg aus, dabei arbeitete er mit vielen deutschen Exil-Verlagen und ihren Autoren zusammen. Bis zu seiner Pensionierung Ende 1946, als er die Leitung des Unternehmens seinem Sohn → Helmut D. übergab, konnte die Büchergilde einen beträchtlichen Aufschwung verzeichnen. Der umfangreiche Nachlass von Bruno und Helmut D. befindet sich im Fritz-Hüser-Institut in Dortmund.

BHE 1; DBE; LGB; Cazden: Free German Book Trade (1967) pp. 358 f.; Helmut Dressler: Werden und Wirken der Büchergilde Gutenberg. Zürich: Büchergilde Gutenberg 1950; Beate Messerschmidt: ›Von Deutschland herübergekommen‹. Die Vertreibung des freiheitlichen Gildengeistes 1933. Zur Buchgemeinschaft ›Büchergilde Gutenberg‹. In: Thomas Koebner [Hg.]: Jahrbuch Exilforschung. Bd. 3. Edition Text + Kritik: München 1985 S. 183–96; Beate Messerschmidt: ›Von Deutschland herübergekommen‹? Die Büchergilde Gutenberg im Schweizer Exil. München: Tuduv 1989; Luise Maria Dressler: Erfüllte Träume. Bruno und Helmut Dreßler und die Büchergilde Gutenberg, 1924–1974. Frankfurt am Main: Union 1997; Robert Höffner: Die Büchergilde Gutenberg: Nachlass Dreßler 1879–1999. Essen: Klartext 2002; Saur: Deutsche Verleger im Exil (2008) S. 218 f.

Dreßler, Helmut 5. 12. 1910 Leipzig – 18. 12. 1974 Frankfurt am Main; Verleger; Dr. jur. D., Sohn von → Bruno D. und SPD-Mitglied wie sein Vater, studierte ab 1932 Rechtswissenschaften in Berlin und Heidelberg. 1933 wurde er nach einer illegalen sozialistischen Sonnwendfeier für einige Wochen inhaftiert und vom Universitätsstudium in Deutschland ausgeschlossen. Er emigrierte 1934 in die Schweiz und studierte in Bern Betriebswirtschaft. 1938 promovierte D., 1939 wurde er (nach einem Sanatoriumsaufenthalt) inoffizieller Mitarbeiter der von seinem Vater geleiteten BÜCHERGILDE GUTENBERG in Zürich. D. bemühte sich jedoch vergeblich um eine Arbeits- und Aufenthaltsgenehmigung in der Schweiz, er ging daher 1940 nach Italien, wo er in Rom und Perugia weitere Studien betrieb. Im darauffolgenden Jahr kehrte er nach Deutschland zurück und wurde zunächst als Werbeassistent tätig, ab 1942 dann als Anzeigenleiter im SOCIETÄTSVERLAG Frankfurt / Main. 1944 machte er eine Kur in Arosa und blieb anschließend in der Schweiz: Er ging nach Zürich und wurde erneut Mitarbeiter in der von seinem Vater geleiteten Buchgemeinschaft. 1946 kehrte D. nach Frankfurt zurück und bemühte sich um den Wiederaufbau der Büchergilde Gutenberg in Deutschland, seine Ehefrau Luise Wille-D. war ihm dabei bald eine engagierte Partnerin. Am 17. März 1947 konnte die BÜCHERGILDE in Frankfurt als Tochtergesellschaft des DGB und der IG Druck und Papier neu gegründet werden. Unter D.'s Führung entwickelte sie sich zu einer der größten und bedeutendsten deutschen Buchgemeinschaften. D. wurde 1952 Vorsitzender des Arbeitskreises der Buchgemeinschaften, Mitglied der Abgeordnetenversammlung und des Verlegerausschusses des Börsenvereins des deutschen Buchhandels sowie Beiratsmitglied der Deutschen Bibliothek; er wurde mit dem

Großen Bundesverdienstkreuz und der Plakette Förderer des deutschen Buches ausgezeichnet.

Helmut Dressler: Werden und Wirken der Büchergilde Gutenberg. Zürich: Büchergilde Gutenberg 1947; Bücher voll guten Geistes. 30 Jahre Büchergilde Gutenberg 1924–1954. Bearb. von Werner Hansen, Helmut Dreßler und Heinz Winfried Sabais. Frankfurt am Main: Büchergilde Gutenberg 1954.

BHE 1; DBE; LGB; Luise Maria Dressler: Erfüllte Träume. Bruno und Helmut Dreßler und die Büchergilde Gutenberg, 1924–1974. Frankfurt am Main: Union 1997; Robert Höffner: Die Büchergilde Gutenberg: Nachlass Dreßler 1879–1999. Essen: Klartext 2002; Saur: Deutsche Verleger im Exil (2008) S. 219.

Droß, Gerhard Friedrich Wilhelm (in den USA: Dross, Gerard Frederick) 22. 3. 1891 Freiwalde – September 1977, Ithaca, New York. D. diente im Ersten Weltkrieg als Leutnant in einem Infanterieregiment; in den 1920er Jahren wurde er Mitarbeiter in → Walter Schatzkis FRANKFURTER BÜCHERSTUBE. Als nach 1933 die Buchhandlung ›arisiert‹ werden sollte und Schatzki seine Emigration vorbereitete, übernahmen dessen Schwager Richard Schumann und D. in freundschaftlicher Weise die Anteile. 1938 folgte D. aufgrund der zunehmenden Kriegsgefahr Walter Schatzki in die USA; an seiner Stelle trat Heinrich Cobet in die Firma ein und übernahm D.s Anteile. In New York arbeitete D. erneut für Walter Schatzki in dessen Antiquariat.

Richard Schumann: Walter Schatzki. Frankfurt – New York. In: Bbl. (Ffm) Nr. 16, 25. 2. 1983 S. A76–78; hier S. A 77; Fried Lübbecke: Fünfhundert Jahre Buch und Druck in Frankfurt am Main. Frankfurt am Main: H. Cobet 1948, S. 191: ›Gerhard Droß, ein alter Mitarbeiter der Bücherstube, folgte ihm [Walter Schatzki] nach New York‹; Ruth Langen-Wettengl: Die Frankfurter Bücherstube 1920 bis 1995. In: AdA NF 7 (2009) S. 92–105, hier S. 97, 103; Stultifera navis 1946, 3–4, S. 76.

Drucker, Erich (Erich Harpuder) 25. 1. 1905 – Sept. 1986 New York; Buchhändler. D. war der Sohn eines Textilfabrikanten und arbeitete zwischen 1927 und 1933 im väterlichen Betrieb; gleichzeitig war er politisch in der Sozialdemokratie engagiert und baute sich eine umfangreiche Bibliothek zum Thema Marxismus auf. Nach der NS-Machtübernahme betätigte er sich in der SAP-Ortsgruppe Charlottenburg aktiv im Widerstand; er wurde noch 1933 wegen ›Vorbereitung zum Hochverrat‹ verhaftet und im Gestapogefängnis Berlin-Tempelhof inhaftiert. Von dort kam er in das KZ Oranienburg, wo er mit Erich Mühsam zusammentraf. Nach 2½-jähriger Haftzeit entlassen, ging D. in den Untergrund, rettete sich 1938 nach Prag und flüchtete von dort nach Frankreich, wo er 1941 auf Seiten der Alliierten als *Prestataire* kämpfte. Nach dem Einmarsch der deutschen Wehrmacht in Frankreich schlug D. sich in den unbesetzten Süden durch. Es gelang ihm, in die USA zu emigrieren, wo er sich nach Ende des Zweiten Weltkriegs mit einem deutsch-amerikanischen Buchvertrieb und als Buchhändler in New York beruflich eine neue Existenz aufbaute (ERICH DRUCKER BOOKS, Box 66, 10024 NY). Sein Nachlass spiegelt eindrucksvoll D.'s lebenslang starkes Interesse an Philosophie und Literatur; eigene literarische Arbeiten blieben weitgehend unveröffentlicht.

Erich Drucker: Aus fernen Ländern Wir. 24 Sonette um Deutschland. New York: Verlag für Socialistische Dichtung 1945.

Schriftliche Mitteilung von Gerhard Kurtze an EF vom 20. 9. 1993; Erich Drucker Collection. 1921–1980 Leo Baeck Institute Digital Collections AR 3176 [online]; [Erinnerungen 1933–1941] Paris und Lissabon 1938–1941. 255 S. Ms. Kurzbeschreibung in: Max Kreutzberger [Hg.]: Leo

Baeck Institute New York. Bibliothek und Archiv. Katalog Bd. 1. Tübingen: Mohr Siebeck 1970 S. 399; Heinrich Wilhelm Wörmann: Widerstand in Charlottenburg Berlin 1933–1945. Berlin: Gedenkstätte Deutscher Widerstand 2002 S. 80–84; Don Heinrich Tolzmann: German-Americana. A Bibliography. Westminster: Heritage Book 2007 p. 182.

Dworetzki, Eva 30. 10. 1908 Danzig – 22. 10. 1971 Pembury / Kent; Buchhändlerin. D., Tochter eines jüdischen Getreide- und Futtermittelhändlers, absolvierte nach ihrem Schulabschluss 1928 eine Buchhändlerlehre in der HANSA-BUCHHANDLUNG, der Danziger Filiale von GRAEFE & UNZER (Königsberg), und blieb dort bis 1934. Da ihr als Jüdin die Entlassung drohte, gründete sie noch im gleichen Jahr die WEICHSEL-BUCHHANDLUNG, die sie 1938 nach ihrem erzwungenen Austritt aus der Firma ihrem Teilhaber überlassen musste. Sie emigrierte nach London und fand eine Anstellung in der Buchhandlung BUMPUS (in der auch → Fritz Homeyer tätig war). 1952 stieg sie zur Leiterin der ausländischen Abteilung auf; als sich BUMPUS 1959 nach einem Eigentümerwechsel verkleinerte, musste sie sich nach einer anderen Möglichkeit umsehen, ihre speziellen Kenntnisse im Handel mit fremdsprachigen Büchern anzuwenden. Sie wechselte – faktisch mit der gesamten Abteilung – zu DILLON'S UNIVERSITY BOOKSHOP LTD., wobei sie – um nach ihrer bisherigen Belletristik-Verkaufstätigkeit auch für das wissenschaftliche Buch gerüstet zu sein – vor Stellenantritt noch ein Praktikum in einer Fachbuchhandlung in Cambridge absolvierte. Bei Dillon's erwarb sie sich sehr rasch hohe Anerkennung, nicht nur in ihrem z. T. prominenten Kundenkreis (darunter zahlreiche deutsche Emigranten); sie wurde mehrfach als Vertreterin des deutschen Buches im Ausland von deutschen Rundfunkanstalten interviewt und genoss in den 1960er Jahren auf der Frankfurter Buchmesse den Status eines Ehrengastes. Sie entwickelte auch verlegerische Ideen und gab diese u. a. an den SUHRKAMP VERLAG weiter (aus einem ihrer Vorschläge hat sich die Idee der Suhrkamp Texte und daraus jene der *edition suhrkamp* entwickelt). 1970 beendete sie aufgrund einer Umorganisation des Unternehmens ihre Tätigkeit bei Dillons'; im Jahr darauf erkrankte sie schwer und starb nach kurzer Leidenszeit. Auf einer am 2. November 1971 im National Book League Centre in London von Kollegen organisierten Trauerfeier hielt der bekannte Publizist George Steiner die Gedenkrede.

Briefe von Gertrud Meili-Dworetzki [Schwester von D.] an EF vom 4. 3. 1992 und 12. 4. 1992; Karl Heinz Bohrer: Bei Blackwell und Dillon. Deutsche Literatur in englischen Buchläden. In: FAZ vom 1. 7. 1969 S. 22; Miss E. D. [Nachruf] In: The Bookseller, 30 Oct. 1971; Sigfred Taubert: E. D. zur Erinnerung. In: Bbl. (FfM) Nr. 20 vom 10. 3. 1972 S. 507; Gertrud Dworetzki: Heimatort Freie Stadt Danzig [mit: Thomas Omansen: Gdansk-Danzig-Gdansk: Rückblicke]. Düsseldorf: Droste 1985 [Kapitel ›Meine Schwester‹ S. 144–54].

Dzialoszynski, Josef Benjamin 2. 1. 1885 Kempen / Posen – 1960 Haifa; Buchhändler. D. wuchs mit neun Geschwistern auf; sein Vater übersiedelte nach dem Tod von D.'s Mutter nach Wiesbaden, bald darauf mit seiner zweiten Ehefrau nach Frankfurt am Main. Dort besuchte D. das Gymnasium und absolvierte eine kaufmännische Lehre. 1912 heiratete er die Bürokorrespondentin Betty Jaffé und folgte ihr nach Leipzig, wo beiden durch die Hilfe eines Onkels seiner Frau eine Existenzgrundlage als Geschäftsleute ermöglicht wurde. Im Februar 1938 genehmigten die nationalsozialistischen Behörden → Oscar Porges, dem Inhaber der Buchhandlung mit Antiquariat und Verlag M. W. KAUFMANN, den Verkauf ›als jüdischen Buchverlag und Buchvertrieb‹ an D. Der

Eintrag vom 25. Juli 1938 im Handelsregister lautet: ›Der Erwerber führt dieses Geschäft als Jüdischen Buchverlag und Buchvertrieb im Sinne der Verordnung des Herrn Sonderbeauftragten Hinkel weiter unter der alten Firma M. W. Kaufmann‹. Die traditionsreiche jüdische Leipziger Buchhandlung auf dem Brühl 34/40, ›Roter Löwe‹, in deren großem Erdgeschossverkaufsraum sich unzählige Judaica, Hebraica, Ritualgegenstände und Musikalien fanden, konnte sich aber nur mehr wenige Monate halten: sie wurde ein Opfer der Pogromnacht vom 9. zum 10. November 1938. D. konnte sich einer Verhaftung entziehen, indem er sich für zwei Tage bei einer ›arischen‹ Hausangestellten versteckte. Bei seinem Versuch, die Grenze zur Schweiz zu passieren, wurde D. gefangen, für zwei Tage in Bregenz in Gewahrsam genommen und danach nach Leipzig zurückgeschickt. Am 13. Februar 1939 gab D. seinen Gewerbeschein zurück, nachdem der Buchhandlung bereits mit Anordnung zum 31. Dezember 1938, wonach bis zu diesem Datum alle jüdischen Verlage und Buchhandlungen aufzulösen seien, jegliche Existenzgrundlage entzogen worden war. Unter größten Schwierigkeiten gelang es D., für sich, seine Frau und die beiden minderjährigen Kinder ein ›Familienzertifikat‹ nach Palästina zu erhalten; die beiden ältesten Kinder befanden sich bereits in Palästina, der Sohn Abraham war zu Beginn des Jahres 1938 nach Belgien gegangen, wo er ein Rabbinerseminar besuchte. Auch ihm gelang später von dort die Flucht nach Palästina. Mit den wenigen Büchern, die er mit auf die Flucht nehmen konnte, versuchte D., sich in Haifa eine neue Existenz aufzubauen. Er betrieb eine kleine Buchhandlung, in der er auch Ritualien verkaufte.

Andrea Lorz: Die Verlagsbuchhandlung M. W. Kaufmann in Leipzig. Firmengeschichte einer der ältesten jüdischen Buchhandlungen Deutschlands und Lebensschicksale ihrer Besitzer. In: Leipziger Jahrbuch zur Buchgeschichte. Bd. 7. Wiesbaden: Harrassowitz 1997 S. 107–24, insbes. S. 120–23.

Dzimitrowsky (Dzimitrowski), Abraham 1873 Lida /Litauen–1943 New York; Verlagsleiter. D. wurde in einem Ort in der Nähe von Wilna geboren. Er studierte an der Wiener Musikakademie und kam Anfang des 20. Jahrhunderts nach Kiew, wo er als Kantor und Chorleiter an der Brodski-Synagoge, der größten der Stadt, tätig wurde. Zwischen 1918 bis 1922 leitete er die Musiksektion der jüdischen Kulturliga in Kiew, die er mit aufbauen half. Ende 1922 flüchtete D. wegen des aufkommenden Antisemitismus in der jungen Sowjetunion nach Wien, wo er bei der UNIVERSAL EDITION eine Anstellung als Lektor fand. 1928 schloss die Universal Edition ein umfangreiches Kooperationsabkommen mit dem Moskauer STAATSVERLAG ab, wonach beinahe alle neuen Werke sowjetischer Komponisten gleichzeitig bei beiden Verlagen erscheinen sollten. Die Universal Edition übernahm den Vertrieb der Werke im Westen; für die Umsetzung des Abkommens wurde bei der Universal Edition eine eigene Russische Abteilung eingerichtet, deren Leitung D. bis zu ihrer Einstellung 1931 innehatte. In der Folge übernahm D. die Leitung des neu organisierten Verlags JIBNEH, der bereits 1925 von der Universal Edition gekauft worden war und als eine eigene Abteilung für jüdische Musik geführt wurde. Unter D. wurde Jibneh zum wichtigsten Verlag für die Musikliteratur der neuen Jüdischen Schule und trug wesentlich zu ihrer weltweiten Verbreitung bei. 1928 beteiligte sich D. an der Gründung des Wiener Vereins zur Förderung jüdischer Musik, außerdem wurde er im selben Jahr Leiter des Jüdischen Gesangvereins in Wien, den er zu professioneller Reife führte. Dieser regen Tätigkeit setzte die ›Annexion‹ Österreichs durch Hitlerdeutschland ein abruptes Ende. Nach einigen erfolglosen Versuchen gelang D. 1939 endlich die Flucht in die USA. Dort konnte er bis zu seinem Tod die Verlagstätigkeit von Jibneh fortsetzen; in seinen letzten Lebensjahren war D. außerdem Leiter der Musikabteilung des YIVO Institute of Jewish Research in New York.

Fetthauer: Musikverlage (2004) S. 462; Jascha Nemtsov: Die neue Jüdische Schule in der Musik. Wiesbaden: Harrassowitz 2004; ders.: The History of the Jewish Music Publishing Houses Jibneh and Juwal. In: Musica Judaica vol. XIX (2007); LexM [online].

E

Eberlein, Hugo 4. 5. 1887 Saalfeld / Thüringen –12. 1. 1944 UdSSR; Verlagsleiter, Parteifunktionär. E. machte eine Lehre als Zeichner und wurde 1906 Mitglied der SPD, an deren linkem Flügel er sich politisch engagierte. 1917 trat er der USPD bei und wurde bei der Gründung des Spartakusbundes im November 1918 zum Geschäftsführer und Mitglied der Zentrale gewählt. Noch im selben Monat kam E. nach Berlin und baute dort das Vertriebsnetz des Zentralorgans des Bundes, *Die Rote Fahne*, auf. Er schloss sich der KPD an und war von der Gründung an mit einer kurzen Unterbrechung bis Juni 1929 Mitglied des Zentralkomitees. Die Geschäftsführung des ZK und leitende Mitarbeit im Organisationsbüro hatte er aber 1920 mit der Leitungsübernahme des Verlags DIE ROTE FAHNE aufgegeben; ab diesem Zeitpunkt agierte E. als Vertrauensmann der Komintern. Ab 1921 hatte E. einen Sitz im preußischen Landtag. 1924/25 leitete E. die Verlage und Druckereien der Partei. Unmittelbar nach der nationalsozialistischen ›Machtergreifung‹ flüchtete E. im April 1933 in die Schweiz und sorgte in der Folge in Mittel- und Westeuropa im Besonderen für die unter verschiedenen Decknamen unternommene Finanzierung kommunistischer Presseorgane und Teilorganisationen. Im September 1935 wurde er schließlich in Straßburg wegen Paßvergehens verhaftet und im März 1936 in die Schweiz abgeschoben. Im September desselben Jahres beorderte ihn die kommunistische Partei in die UdSSR; 1937 wurde er von dem NKVD verhaftet. Über sein weiteres Schicksal geben die Quellen unterschiedlich Auskunft: Nach einer Information soll E. 1940 vor der Auslieferung an Deutschland in der Haft verstorben sein, eine andere setzt sein Todesdatum auf den 12. Januar 1944. Die SED rehabilitierte E. posthum.

BHE 1.

Edelmann, Hans 22. 4. 1907 Wien –1. 6. 1978 Wien; Buchhändler, Antiquar. E. war Sohn des Kantors Owse Leb E. und dessen Frau Julie, geb. Lemberger, Betreiberin einer Klavierhandlung in Wien; seit März 1929 war er Mitarbeiter der von → Dr. Felix Reichmann geführten Wiener Buch- und Antiquariatshandlung ALOIS REICHMANN im IV. Bezirk, Wiedner Hauptstraße 18. 1936 trat er zum katholischen Glauben über, um die Katholikin Helene Hammerschmied zu heiraten; politisch war er an der Sozialdemokratie orientiert. Nach dem ›Anschluss‹ Österreichs und kurzer Haft flüchtete E. über Jugoslawien nach England; dort wurde er 1940 als *enemy alien* interniert und auf der ›Dunera‹ nach Australien weiterverschickt, wo er 1942–1946 Militärdienst leistete und in den Camps als Tenor in musikalischen Veranstaltungen der Exilanten auftrat. Danach kehrte E. nach Wien und zu seiner dort verbliebenen Frau zurück; im Oktober 1946 löste er einen der beiden öffentlichen Verwalter der 1940 von Amts wegen aus dem Handelsregister gelöschten Firma Alois Reichmann ab. 1949 ging die Buchhandlung in den Besitz der Republik Österreich über, und E., dem Emilie und Felix Reichmann aus den USA eine Vollmacht erteilt hatten, führte gemeinsam mit Elvira Grosz als unmittelbarer staatlicher Verwalter die Geschäfte bis zum Abschluss des Rückstellungsverfahrens am 26. April 1951 weiter. Ab diesem Zeitpunkt war E. zunächst mit Felix Reichmann, ab 1972 mit dessen Sohn Paul Eigentümer der Wiener Buchhandlung.

Hupfer: Antiquarischer Buchhandel (2003) S. 189; Birgitta Stieglitz-Hofer: Buch- und Antiquariathandlung Alois Reichmann, Buch-, Kunst- und Musikalienhandlung Dr. Martin Flinker [online]; Katja Bertz: ›Arisierung‹ im österreichischen Buchhandel. Auf den Spuren der Buchhandlungen Richard Lányi, Alois Reichmann, Josef Kende, Moritz Perles, M. Breitenstein, Heinrich Saar und Dr. Carl Wilhelm Stern. Diplomarbeit, Wien 2009 [online]; Albrecht Dümling: Die verschwundenen Musiker. Jüdische Flüchtlinge in Australien. Köln: Böhlau 2011 S. 31, 44, 92, 105 f., 220 f., 382.

Edinger, Wolfgang 1915 Frankfurt am Main–1950 Jerusalem; Buchhändler. E., Sohn der Historikerin Dr. Dora E., Enkel des bekannten Neurologen Ludwig E., war im Verlag → FELIX J. KAUFFMANN, dem führenden Judaica-Verlag, zum Buchhändler ausgebildet worden. Nach seiner Emigration nach Palästina wurde er ca. 1938 gemeinsam mit → Ulrich Salingré Juniorpartner in dem 1935 von → Schalom Ben-Chorin in Jerusalem gegründeten Sortiment und Antiquariat HEATID (›Die Zukunft‹). Die Buchhandlung wurde zu einem kulturellen Zentrum und zu einem Treffpunkt der Professoren und Studenten in der Stadt. E. verstarb früh an einer heimtückischen Krankheit; die Firma wurde von seiner Witwe Igra (geb. Juni 1922 Kaliningrad – August 2005 Jerusalem), gemeinsam mit Friedel Moos, bis gegen Ende der 1980er Jahre weitergeführt. In einem Nachruf im New Yorker *Aufbau* heißt es zu E., er sei ein ›überaus gebildeter Berater seiner Kunden in den verschiedensten Sprachen und Literaturen‹ gewesen, darüber hinaus ›ein Freund seiner Angestellten und ein Mittelpunkt jenes Jugendkreises, dessen palästinozentrischer Zionismus sich mit ständigem Einsatz für ein besseres Verhältnis der beiden Völker des Landes untrennbar verband.‹

Brief von Schalom Ben-Chorin an EF vom 12.1.1992; Interview EF mit Schalom Ben-Chorin am 21.10.1992; Blumenfeld: Ergänzungen (1993); Aufbau vom 24.11.1950 S.7; Zadek: Buchhändler II (1971) S. 2941; Adressbuch 1955 S. 773.

Efron, George 27.1.1898 St. Petersburg – Januar 1969 New York; Buchhändler, Antiquar. Während seines 1915 begonnenen Studiums der Anatomie in St. Petersburg musste E. mit seiner Familie 1918 Russland verlassen. Sein Vater, der schon in St. Petersburg Verleger gewesen war, gründete 1920 in Berlin-Charlottenburg den Buchverlag EFRON. E. studierte an der Technischen Hochschule und erwarb dort den Titel eines Ingenieurs, außerdem half er im Verlagshaus seines Vaters aus. Nach dessen frühem Tod arbeitete er in der Buchbinderei CARL EINBRODT in Leipzig, danach in einer Uhrenfabrik in Schwenningen; der jüdisch geführte Efron Verlag wurde 1933 aus dem *Adressbuch des Deutschen Buchhandels* gestrichen. 1937 musste E. erneut emigrieren; im Herbst erreichte er sein Exilland USA. Mit der Hilfe von Freunden (des Verlegers → Herbert Bittner, des Kunsthändlers → Curt Valentin und der Buchhändler W. Liebmann, Struck und Weyhe) eröffnete er 1938 eine eigene Buchhandlung in New York. Er spezialisierte sich auf neue und antiquarische Kunstbücher und Drucke, gab auch (in vier- bis sechswöchigem Abstand) Listen heraus. Nach seinem Tod 1969 wurde das Geschäft geschlossen; die Bestände wurden von seiner Witwe Johanna E., geb. Thomsen, der ehemaligen langjährigen Mitarbeiterin des Antiquars → Walter Schatzki, an in- und ausländische Kunden und Händler verkauft.

Adressbuch 1931 S. 153; Verlagsveränderungen 1933–1937 S. 7; Rosenthal-Fragebogen [Brief von Johanna Efron an Bernard M. Rosenthal Jan. 1987]; Bach, Fischer: Antiquare (2005) S. 346.

Ehrenstein, Carl 9. 9. 1892 Wien –10. 1. 1971 Bromley / Kent; Schriftsteller, Übersetzer, Verlagsmitarbeiter. E. war der jüngere Bruder von Albert E. (1886–1950). Er lebte in Wien und Berlin und debütierte vor Ausbruch des Ersten Weltkriegs als expressionistischer Erzähler (*Klagen eines Knaben*, erschienen 1913 im Kurt Wolff Verlag). Seine ›jüdischen Lausbubengeschichten‹ unter dem Titel *Der Zumpel* erschienen 1928 als Fortsetzung in der *Frankfurter Zeitung*. Ende der 1920er Jahre ging E. im Auftrag von Adalbert Droemer, Inhaber des KNAUR VERLAGS, nach London, um englische Bestseller für die Serie *Romane der Welt* zu finden und zu übersetzen; seit 1929 arbeitete er auch für den Verlag PUTNAM als Übersetzer. E. nahm seinen Bruder eine Zeit lang bei sich in London auf, bevor dieser nach New York emigrierte. Der Briefwechsel der beiden Brüder dokumentiert anschaulich die verzweifelten Anstrengungen, denen die aus Hitlerdeutschland geflüchteten Autoren und Verleger ausgesetzt waren, die auf dem englischsprachigen Buchmarkt ihre Existenz zu sichern versuchten. E. war Übersetzer u. a. von Werken E. A. Poes, Arnold Bennetts und P. C. Wrens.

Albert Ehrenstein: Werke. Bd. 1: Briefe. Hg. von Hanni Mittelmann. Göttingen: Wallstein 1989; Hans Flesch-Brunningen: Verführte Zeit: Lebens-Erinnerungen. Wien: Brandstätter 1988 S. 80 f.

Ehrlich, Herbert E.; Buchhändler. E. war seit 1927 Mitinhaber der 1823 gegründeten KOEBNERSCHEN BUCHHANDLUNG EHRLICH & RIESENFELD in Breslau. In einer Aufstellung der RSK hieß es 1937, E. sei in die USA abgereist. 1937 wurde die Buchhandlung von einem Günter Standke übernommen.

SStAL, BV, F 12088, Adressbuch des Deutschen Buchhandels 1933; Willy Cohn. Kein Recht, nirgends. Tagebuch vom Untergang des Breslauer Judentums 1933–1941. Hg. von Norbert Conrads. Köln, Weimar, Wien: Böhlau 2006 (Neue Forschungen zur schlesischen Geschichte 13,1 und 13,2). 2 Bde., hier Bd. 1 S. 282: [Eintrag vom 30. September 1935, Breslau] ›Mit Ehrlich, dem Inhaber von Koebner, lange unterhalten; auch er fürchtet durch die verschärfte Ariergesetzgebung seine Zulassung zu verlieren, so bricht eine jüdische Existenz nach der anderen zusammen. All das sieht in der Praxis ganz anders aus als in den Reden, die von Nürnberg ausgingen.‹

Ehrlich, Siegwart (ursprgl. Siegbert) 17. 12. 1881 Leipzig – 20. 1. 1941 Barcelona; Komponist, Musikverleger. E. war erfolgreicher Schlager- und Revuekomponist in Berlin (Pseudonyme Victorio, Sidney Ward) und emigrierte 1933 aus Deutschland. In Barcelona gründete er den Musikverlag EDITION VICTORY (auch: Editional Victory, Ehrlich-Verlag).

Fetthauer: Musikverlage (2004) S. 463; Wikipedia; Handbuch des deutschsprachigen Exiltheaters 1933–1945, Bd. 2: Biographisches Lexikon der Theaterkünstler im Exil. Hg. v. Frithjof Trapp u. a., Teil 1, München: K. G. Saur 1999 S. 210.

Ehrlich, Wolfgang Geb. 1909 Tilsit/Ostpreußen; Buchklub-Organisator; Dr. E. studierte Philosophie (Dr. phil.) und schloss sich der kommunistischen Bewegung an; 1933 wanderte er nach Palästina aus und war dort als führendes Mitglied der palästinensischen KP zusammen mit Louis Fürnberg Gründer und Leiter des JERUSALEM BOOK CLUBS der LEPAC. Dieser Buchklub wurde fast fünf Jahre lang zu wöchentlichen Zusammenkünften von antifaschistischen Intellektuellen genützt, die über politische, wirtschaftliche, philosophische und literarische Themen diskutierten. E. war u. a. mit Else Lasker-Schüler und Arnold Zweig eng befreundet; bei letzterem hat er auch zur Radikalisierung von dessen politischen Einstellungen beigetragen. Nach 1945 war E. Mitglied des Politbüros der Kommunistischen Partei Israels; seit 1982 lebte er in einem Pensionistenheim in Bajit Bakfar.

Kunst und Literatur im antifaschistischen Exil 1933–1945. Band 5: Exil in der Tschechoslowakei, in Großbritannien, Skandinavien und in Palästina. Frankfurt am Main: Röderberg 1981 S. 585; Walter Laqueur: Geboren in Deutschland. Der Exodus der jüdischen Jugend nach 1933. Berlin: Propyläen 2000; Viera Glosiková: ›… Es wäre sehr hübsch und gar nicht paradox, wenn mir Prag zu einer Premiere verhelfen würde …‹. Einige Bemerkungen zur Beziehung Arnold Zweigs zu den deutschsprachigen Autoren aus der Tschechoslowakei. In: Brücken: Germanistisches Jahrbuch. NF Bd. 14 (2006) S. 245–62 [online].

Eichner, Erich 1906 Budapest? –10. 8. 1974 Rio de Janeiro; Buchhändler, Verleger, Antiquar. E. war gebürtiger Altösterreicher, er verbrachte seine buchhändlerischen Lehr- und Gehilfenjahre in Budapest. Bereits vor 1933 kam er nach Brasilien und war dort einige Jahre lang in Rio de Janeiro als Buchhändler bei der Fa. LIVRARIA ALEMÃ, Deutsche Buch- und Zeitschriftenhandlung, von Frederico Will tätig. 1935 gründete er gemeinsam mit → Walter Geyerhahn und dessen Bruder Stefan in Rio ein eigenes Unternehmen: Die Buchhandlung in der Rua do Rosario 135/137 LIVRARIA EDITÔRA KOSMOS & CIA (mit einer Filiale in São Paulo, später auch in Porto Alegre) spielte bald eine bedeutende Rolle in der Entwicklung des brasilianischen Buchgewerbes. E. und Geyerhahn betätigten sich als Buchhändler – vertrieben wurde in der Hauptsache fremdsprachige Literatur –, als Antiquare und auch als Verleger: Zusammen mit der Amsterdamer Firma MEULENHOFF & CO. gründeten sie 1954 den Verlag COLIBRIS EDITÔRA mit Sitz in Rio de Janeiro und Amsterdam. Hier erschien 1958 das bedeutende Nachschlagewerk *Bibliografia Brasiliana*. Schon zuvor war E. verlegerisch aktiv gewesen, so hatte er als Herausgeber 1944 den aufwendigen Photobildband *Cidade e Arredores do Rio de Janeiro. A Joia do Brasil* bei Kosmos Editôra Erich Eichner & Cie. herausgebracht. Als Taubert im Auftrag des Börsenvereins Lateinamerika bereiste, hielt er in seinem Bericht fest, es handle sich bei der Livraria Kosmos um ›eines der führenden und besten buchhändlerischen Unternehmen Brasiliens‹, auch die beiden Filialen gehörten an ihren Orten zu den besten Buchhandlungen und würden von hervorragenden Sachkennern geleitet; in São Paulo, dem Mittelpunkt des brasilianischen Buchhandels, von Stefan Geyerhahn. Taubert sprach den in das Exil nach Brasilien gegangenen deutsch-jüdischen Buchhändlern eine entscheidende Rolle für die intellektuelle Entwicklung des Landes zu: ›damit kam ein neues Element ins Land, das, intellektueller als die traditionellen deutschsprachigen Einwanderer und Siedler, eine größere Aufgeschlossenheit für das Buch mitbrachte.‹ Um 1960 habe das Unternehmen siebzig Angestellte beschäftigt, das ›vorzügliche Antiquariat pflegte vor allem Bücher über Südamerika, Brasiliana, ältere und moderne Naturwissenschaft, Goetheana, außerdem wissenschaftliche Zeitschriften. Wichtig ist auch die Graphikabteilung.‹ Gemeinsam mit Walter Geyerhahn und dessen Bruder Stefan hatte E. auch die erste südamerikanische nationale Organisation der International League of Antiquarian Booksellers (ILAB), die Associação Brasileira de Livreiros Antiquários (ABLA) gegründet und war als jahrzehntelanges Mitglied des Brasilianischen Buchhändler- und Verlegerverbandes ständiger Besucher der Frankfurter Buchmesse.

Erich Eichner: Einerseits und andererseits. In: Bbl. (FfM) Nr. 81 vom 12. 10. 1973 S. 1725–27.

Informationen von Susanne Bach u. Gerhard Kurtze an EF; SStAL, BV, F 11. 763; VM Fachschaft Verlag Nr. 163–86 vom 1. 12. 1941 [S. 1: Belieferung untersagt; dort fälschlich: Fichner]; s. auch BHE 1, Art. Walter Geyerhahn; Taubert: Lateinamerika (1961) S. 157, 161, 163 f., 167; Der Buchhändler und Antiquar Erich Eichner gestorben In: AdA 8/1974, A 269 [redaktionelle Notiz].

Eisemann, Heinrich 5. 8. 1890 Frankfurt am Main – 3. 12. 1972 London; Antiquar. E. übersiedelte nach seiner Ausbildung im Frankfurter Verlagsbuchhandel 1907 nach Rom. Als Teilhaber der LIBRERÍA LANG verbrachte er die Jahre des Ersten Weltkrieges in der Schweiz. 1921 gründete er ein angesehenes Antiquariat für mittelalterliche Bilderhandschriften in Frankfurt am Main, er war verheiratet mit der Tochter von M. S. Goldschmidt, einem renommierten Kunsthändler. Da er als Antiquar auf ein Ladengeschäft und die Herausgabe von Katalogen verzichtete, war E. nur Kennern der Branche bekannt. Von 1923–27 fungierte E. gemeinsam mit Isidor Mendel auch als Direktor der HERMON VERLAGS AG, die danach in den Verlag des Israelit und Hermon GmbH aufging, der offenbar bis 1935 bestanden hat. E. hat sich so um die Herausgabe des Frankfurter Wochenblatts *Der Israelit* verdient gemacht; auch war er Mitglied der Kommission zur Erforschung der Geschichte der Frankfurter Juden. Mit 31. März 1937 musste er auf behördliche Anordnung seinen florierenden Antiquariatshandel beenden. In einem Aktenvermerk über die Firma HEINRICH EISEMANN, Devisenstelle Frankfurt vom 12. Mai 1941, heißt es: ›Eisemann und seine Familie wurden ausgebürgert, seine Vermögenswerte sowie die seiner Frau und Kinder von der Geheimen Staatspolizei Frankfurt / M. beschlagnahmt.‹ Mit Hilfe von englischen Kunsthändlern führte E. von 1937 an seinen Handel in London weiter. Er beteiligte sich am Aufbau der Schocken-Bibliotheken in Berlin, Jerusalem und New York. Der Kosmopolit E. verfügte über gute Kontakte zu Sammlern und agierte hauptsächlich als Vermittler von Autographen, Inkunabeln und Kleinoden der Malerei. Für einige bedeutende Sammler bot er bei den Versteigerungen von Sotheby's und Christie's auf die gewünschten Objekte. Sein Kollege → Bernd H. Breslauer beschrieb seine Tätigkeit folgendermaßen: ›He acted almost exclusivly as a middleman, buying and selling on commission which earned him another sobriquet, that of ›Mr. Ten Per Cent‹‹. Sein bekanntester Auftraggeber war wohl der Schweizer Sammler Martin Bodmer. Bis 1965 betätigte sich E. in London erfolgreich als Antiquar: ›His unrivalled knowledge of medieval illuminated manuscripts and early printed books placed him in the first rank of world booksellers. In addition to this, he had a unique knowledge of the drawings of Duerer, Cranach, Rubens and Rembrandt and almost unrivalled knowledge of the autographs of Luther, Goethe and Heine‹ (*The Times*). E.'s Handbibliothek wurde vom 18. bis 20. April 1966 in London bei Sotheby's versteigert.

BHE 1; Adressbuch 1928 (II S. 11), 1935; Verlagsveränderungen 1900–1932 S. 29; Homeyer: Bibliophilen und Antiquare (1966) S. 137; Fried Lübbecke: Fünfhundert Jahre Buch und Druck in Frankfurt am Main. Frankfurt a. Main: H. Cobet 1948 S. 202; Eduard Trautschold: 50jähriges Berufsjubiläum von Heinrich Eisemann. In: Bbl. (FfM) Nr. 26 vom 29. 3. 1957 S. 410; Heidi Dürr: Frankfurter Antiquare heute. In: Bbl. (FfM) Nr. 77 vom 28. 7. 1973 S. A425 [Hinweis auf einen Nachruf in: The Times, 12 Dec. 1972]; Bernd Breslauer: Martin Bodmer remembered. In: Book Collector vol. 37 no. 1 (1988) pp. 43 f.; Bach, Biester: Exil in London (2002) S. A255 f.

Eisenstein, Arthur 1. 5. 1893 Wien – Juli 1965 New York?; Buchhändler, Antiquar, Verleger. Die in Wien seit 1885 bestehende Buchhandlung mit Antiquariat J. EISENSTEIN & CO. wurde 1922 mit Eintritt des Gesellschafters Arthur E. in eine offene Gesellschaft umgewandelt; an der Adresse Währinger Straße 2/4 wurde sowohl ein allgemeines Sortiment, ein wissenschaftliches Antiquariat wie auch ein Verlag betrieben. Nach dem Tod von Jakob E. am 18. Juni 1933 wurde Arthur E. Alleininhaber der Firma, in deren Verlag seit 1931 die *Wiener Freimaurer-Zeitung* erschien. Nach dem ›Anschluss‹ wurde er bis Mai 1939 in den KZ Buchenwald und Dachau inhaftiert. Offenbar ging E. im Juli 1939 in die Emigration nach Großbritannien; jedenfalls erfolgte seine Abmeldung mit der Angabe ›nach London‹. Buchhandlung und Verlag wurden von Amts wegen über Dr. Gottfried Linsmayer abgewickelt und liquidiert.

Hupfer: Antiquarischer Buchhandel (2003) S. 157; https://collections.arolsen-archives.org/de.

Eisler, George Bernhard 14. 8. 1892 Hamburg – 18. 11. 1983 Hamburg Barmbek; Verleger. E. war der Sohn des aus Budapest nach Hamburg zugezogenen Heinrich E. (1853–1924), der 1883 den Hamburger Zeitschriften- und Fachbücherverlag HEINR. EISLER gegründet hatte. Er absolvierte zwar eine kaufmännische Lehre, strebte aber eine Wissenschaftskarriere in den Fächern Theologie und Philosophie an; an den Universitäten Freiburg und Tübingen hörte er 1920/22 Vorlesungen u. a. von Edmund Husserl und Martin Heidegger. Zu diesem Zeitpunkt firmierte E. bereits als Kommanditist im väterlichen Unternehmen, da sein Bruder Fritz im Ersten Weltkrieg gefallen war. Nach dem Tod des Vaters rückte E. als persönlich haftender Gesellschafter an die Spitze eines Konzerns, der mittlerweile Zweigniederlassungen in Berlin und Frankfurt am Main hatte und zu dem die ANNONCEN-EXPEDITION, die Deutschland weit als Branchenführer im Anzeigengeschäft galt, die Graphische Kunstanstalt LABISCH & EISLER sowie der VERLAG DER DEUTSCHEN HOTELNACHRICHTEN gehörten; 1924 heiratete E. die Hamburgerin Käthe Basseches (geb. 1898), mit der er vier Kinder bekam. Schon im April 1933 geriet der Verlag unter politischen Druck: er wechselte den Firmennamen zu FACHVERLAG AG, als ›arischer‹ Teilhaber trat Paul Hartung ein und am 18. Oktober 1933 erfolgte die Umgründung in eine GmbH. E. schied im Dezember aus dem Vorstand aus, seine Mutter Ida Ernestine geb. Eysler trat aber als Gesellschafterin ein. Im Juli 1935 verkaufte E., vertreten durch Ernst Minden, den Fachverlag weit unter seinem wirklichen Wert an das Münchner Buchgewerbehaus M. MÜLLER & SOHN und sah sich gezwungen, seinen Immobilienbesitz zu veräußern. Zu diesem Zeitpunkt war E. bereits seit eineinhalb Jahren in der Emigration: er war Anfang 1934 mit seiner Familie über die Schweiz nach England gelangt. In London gründete E. 1937 den Buchverlag FOCAL PRESS und ein Institut für hebräische Studien; in E.'s Wohnung an der Adresse Oak Hill Park fand auch die Mutter im November 1937 Zuflucht; sie starb dort im Februar 1939. 1940 gelangte E. mit seiner Familie in die USA und gründete in New

York eine Zweigniederlassung des Londoner Verlags. Inwieweit diese Firma mit der Focal Press von → Andor Kraszna-Krausz zusammenhängt, ist nicht dokumentiert. Jedenfalls gründete E., der die amerikanische Staatsbürgerschaft annahm und seinen Vornamen anglisierte, in New York auch ein zweites Unternehmen, den kartographischen Verlag GLOBAL PRESS. Die Geschäfte gingen aber nicht so gut, so dass E. sich nach Kriegsende um die Klärung der Eigentumsfragen seines Besitzes in Deutschland bemühte. Sein Lebensmittelpunkt blieb die 1950er Jahre hindurch noch New York, obwohl E. 1951 in Deutschland die Heinrich Eisler Annoncen-Expedition neu als GmbH gründete und als Geschäftsführer fungierte; die Firma wurde 1959 in HEINRICH EISLER WERBUNG umbenannt. Die anwaltlichen und gerichtlichen Auseinandersetzungen um Restitution und Wiedergutmachung zogen sich bis in die 1970er Jahre: im Juni 1951 wurde mit dem Buchgewerbehaus M. Müller & Sohn ein Vergleich ausgehandelt, 1954 erhielt E. den Verlag der *Deutschen Hotelnachrichten* rückerstattet. Ab 1961 lebte E., der sich im Jahr zuvor von seiner ersten Frau getrennt hatte, wieder in Hamburg; 1963 heiratete er die gebürtige Hamburgerin Charlotte Johanna Minna Rodewald (1917–1979), zog in ihre Wohnung nahe der jüdischen Gemeinde in der Sierichstraße ein und lernte noch im hohen Alter Hebräisch. Seine drei Söhne und drei Töchter blieben in den Aufnahmestaaten USA resp. England wohnhaft; sein 1931 in Hamburg geborener Sohn Colin T[obias] war Kunsthistoriker an der New York University.

Adressbuch 1931 S. 157; Walk: Kurzbiographien (1988); New York Times, 9 Dec. 1983 [Obituary]; Aufbau vom 16.12.1983 S. 4; Reinhard Mehring: Die Hamburger Verlegerfamilie Eisler und Carl Schmitt (Carl Schmitt Opuscula). Plettenberg: Carl-Schmitt Förderverein 2009 S. 8–18.

Eisler, Hilde (eigentlich Brunhilde), geb. Rothstein, 28.1.1912 Tarnopol / Galizien – 8.10.2000 Berlin; Buchhändlerin, Redakteurin. E. ging nach einer Buchhändlerlehre 1930 nach Berlin und war dort bis 1934 Mitarbeiterin im MARX-ENGELS-VERLAG. 1931 der KPD beigetreten, übte sie nach 1933 im Rahmen des kommunstischen Widerstands eine Kuriertätigkeit zwischen Deutschland und der Schweiz aus, bis sie 1935 in Berlin verhaftet und im darauffolgenden Jahr nach Polen ausgewiesen wurde, 1937 emigrierte sie nach Frankreich; während des Spanischen Bürgerkriegs war sie am ›Deutschen Freiheitssender 29,8‹ tätig. 1939 ging sie in die USA, heiratete dort 1942 Gerhart Eisler und unterstützte ihren Ehemann in New York bei seiner journalistischen Arbeit. 1949 kehrte sie nach (Ost-)Berlin zurück und war Mitbegründern der Zeitschrift *Wochenpost* und 1955–1976 Chefredakteurin des *Magazin* (beide im BERLINER VERLAG).

www.bundesstiftung-aufarbeitung.de; Gottfried Hamacher u. a.: Gegen Hitler. Deutsche in der Résistance, in den Streitkräften der Antihitlerkoalition und der Bewegung Freies Deutschland. [online].

Elek, Paul 1906 Budapest –1976 London; Verleger. Der Sohn eines jüdischen Druckers war altösterreichischer Staatsbürger und kam 1929 zum ersten Mal nach England. 1938 emigrierte er nach Großbritannien und begann während des Zweiten Weltkrieges in London in einer kleinen Druckerei Jahrbücher zu drucken und zu verlegen und gründete nach 1945 im Stadtteil Hatton Garden ELEK BOOKS LTD., später PAUL ELEK LTD. In den 1950er Jahren erzielte er mit der Reihe *Camden Classics*, sorgfältig edierten und von angesehenen Illustratoren ausgestatteten Klassikerausgaben, einen beachtlichen

Erfolg; die Buchreihen *Vision of England* (1946–50) und *Cities of Art* stehen am Beginn seines Segments an sorgfältig ausgestatteten Reiseführern. Auch im *book-packaging* konnte E. mitmischen: so beteiligte er sich mit TIME LIFE an den Serien *Coaching* und *The Grand Tour*. Binnen drei Jahrzehnten verlegte E. über 1000 Titel, heute erkennt man in den reich bebilderten Englandbüchern seines Verlages Dokumente von unschätzbarem zeithistorischem Wert.

Westphal: German, Czech and Austrian Jews (1991) p. 205; Colophon 1 (1950) S. 35 f.; A Vision of England. The decade after World War II was a golden age of illustrated topographical books on Britain. Among the finest were those published by Paul Elek. In: Apollo, 1 Apr. 2008 [online].

Eliasberg, Ahron 30. 7. 1879 Pinsk / Russland –14. 10. 1937 Jerusalem; Verleger; Dr. phil. Der im russischen Pinsk geborene Kaufmannssohn E. studierte in Leipzig und Heidelberg. Gemeinsam mit seinem engen Freund Martin Buber, den er, obwohl sie miteinander verwandt waren, erst während seines Studiums in Leipzig kennengelernt hatte, schloss er sich 1897 der zionistischen Bewegung an. Er engagierte sich hier stark: so nahm er an diversen zionistischen Kongressen als Delegierter teil, außerdem war er Mitglied der von Haim Weizman gegründeten zionistischen Demokratischen Fraktion. 1907 schloss E. sein Studium mit der Promotion ab, 1911 besuchte er zum ersten Mal Palästina. Im folgenden Jahr übernahm er die Leitung des von der Zionistischen Organisation getragenen JÜDISCHEN VERLAGES, der im Laufe der Zeit mangels verlegerischer Führung, Interesse und finanzieller Mittel verkümmert war. E.'s Versuche, die Strukturen des Berliner Unternehmens zu reorganisieren und das nationaljüdische Programm zu modernisieren, blieben relativ erfolglos, so dass er 1915 seinen Vertrag aufkündigte. Trotz dieser nominellen Trennung blieb er bis 1920 Leiter des Verlages, erst in diesem Jahr schied er aufgrund der dauerhaften wirtschaftlichen Probleme und der mangelnden Unterstützung durch die Zionistische Organisation aus der Geschäftsführung aus. Er blieb aber weiterhin im nun von Martin Buber geleiteten Jüdischen Verlag tätig, der sich 1920, wohl aus finanziellen Erwägungen, mit dem ebenfalls kulturzionistisch ausgerichteten WELT-VERLAG zusammenschloss. Der offiziell am 1. Januar 1919 gegründete Welt-Verlag hatte V. Jacobson, → Gustav Krojanker und Alwin Löwenthal zu Geschäftsführern. Die Verbindung der beiden Verlage dauerte nur ein Jahr; am 20. September 1921 übernahm E. den deutschsprachigen Teil des Welt-Verlages mit allen Verlagsrechten. In dem nun als WELT-VERLAG DR. AHRON ELIASBERG firmierenden Berliner Unternehmen brachte er vor allem moderne, in deutscher Sprache verfasste nationaljüdische Literatur heraus. 1926 gliederte er seinem Verlag eine jüdische Buchgemeinschaft an, den HEINE-BUND. Die Mitgliedschaft sollte deutschsprachigen Juden im In- und Ausland die Möglichkeit bieten, anspruchsvollere jüdische Literatur billig zu beziehen. Die Buchgemeinschaft, deren Programm sich nicht von dem des Welt-Verlages unterschied, bestand vermutlich bis 1932/33; 1934 wurde der Welt-Verlag als ›erloschen‹ gemeldet. Am 1. Juni 1933 stellte E. die Verlagsarbeit ein und emigrierte noch im gleichen Jahr mit seiner Frau Dora geb. Weisbrehm und seinen beiden Söhnen nach Palästina. Hier fand er Einkünfte aus journalistischer Tätigkeit, außerdem wurde er 1935 Mitarbeiter des Keren Hayossod, des Palästina-Aufbaufonds, dem er bereits 1925 beigetreten war.

HABV/DNB; Adressbuch 1921, 1922 (Abt. II S. 30), 1931, 1935; Verlagsveränderungen 1933–1937 S. 29; Tentative List p. 17; Homeyer: Bibliophilen und Antiquare (1966) S. 129; Nicole

Emilie Kraus: Der Heine-Bund. Eine jüdische Buchgemeinschaft. Magisterarbeit. Mainz 1997 [unter Verwendung von Auskünften der Jewish National University Library, Jerusalem]; Almanach 1902–1964. Berlin: Jüdischer Verlag 1964; Bbl. (Lpz) Nr. 41 vom 11. 10. 1983 S. 782; Kühn-Ludewig: Jiddische Bücher (2008) S. 181.

Englander, Alois 13. 5. 1907 Prag –13. 2. 1996 Wien; Verleger, Honorarkonsul. E. (bis 1940: Engländer) studierte 1927 und 1932 bis 1935 in seiner Heimatstadt Prag Rechtswissenschaften und Medizin, unterbrochen von Tätigkeiten als Volontär in Zucker-, Milch- und Bergbaubetrieben, als Bankbeamter und als Arbeiter in einer böhmischen Zuckerraffinerie. 1936 siedelte er nach Wien über und erwarb die dort ansässige Buchhandlung FRIEDRICH WILHELM FRICK (Verlag Theater für junge Leute). Bereits Ende 1937 kehrte E. nach Prag zurück, wo er an einem antinationalsozialistischen Dokumentarfilm mitarbeitete und sich schließlich freiwillig zur ČSR-Armee meldete, die sich angesichts des deutschen Einmarsches teilmobilisierte. 1939 flüchtete E. mit einem österreichischen Pass nach Stockholm und gelangte 1940 mit einem deutschen Pass über die UdSSR und Japan in die USA. Dort führte er ein wechselhaftes und politisch engagiertes Leben: Bis 1943 lebte er in New York, wo er als Filmproduzent arbeitete und daneben als Vizepräsident der Assembly for a Democratic Austrian Republic, als Mitarbeiter der Zeitschrift *Freedom for Austria / Freiheit für Österreich* und als Mitglied von Austrian Action tätig war. 1943 zog er nach Hollywood, wo er mit verschiedenen kleineren Tätigkeiten seinen Lebensunterhalt bestritt. Bereits 1945 siedelte E. nach New York zurück und machte sich hier als Verleger selbständig. 1947 remigrierte E. nach Wien und war von 1948 bis zu ihrem Verkauf 1950 als öffentlicher Verwalter der Verlagsbuchhandlung Frick tätig – der Buchhandlung, die ihm 1936/37 schon gehört hatte. E. blieb anschließend in Wien und wurde noch auf verschiedenen Gebieten tätig, u. a. als Mitarbeiter zahlreicher internationaler Zeitungen und Zeitschriften. Auch engagierte er sich für eine ökologische Politik (Mitbegründer der Vereinten Grünen Österreichs), insbesondere im Kampf gegen das Kernkraftwerk Zwentendorf.

BHE 1; Schwarz: Verlagswesen der Nachkriegszeit (2003) S. 92–98.

Enoch, Kurt 22. 11. 1895 Hamburg –15. 2. 1982 Puerto Rico; Verleger; Dr. E. stammte aus einer jüdischen Familie. Sein Vater war der Antiquariatsbuchhändler Oscar E. (1860–1934), der später eine Druckerei mit Verlagsabteilung gründete. E. brach 1915 eine im Vorjahr begonnene Lehre bei der GSELLIUS' SCHEN BUCHHANDLUNG in Berlin ab, um sich als Kriegsfreiwilliger zu melden. Er blieb bis 1918 im Feld und kehrte mit Tapferkeitsauszeichnungen (u. a. dem Eisernen Kreuz I. und II. Klasse) zurück. In seiner Heimatstadt Hamburg setzte er sein (während der Buchhändlerlehre begonnenes) Studium der Nationalökonomie fort, das er 1921 mit der Promotion abschloss. 1922 übernahm er die Leitung der belletristischen Verlagsbuchhandlung seines Vaters, GEBR. ENOCH UND OSCAR ENOCH. E. legte von Beginn an starke verlegerische Ambitionen an den Tag: Er konnte junge, aber durchaus schon erfolgreiche Hamburger Autoren wie Hans Leip an seinen Verlag binden, später verlegte er auch prominente Autoren wie Ernst Glaeser oder Klaus Mann, dessen gesamte literarische Produktion vor 1933 bei E. erschien. 1932 rief er zusammen mit britischen Kollegen eine internationale Taschenbuchreihe ins Leben, die der berühmten englischsprachigen Leipziger Paperback-Reihe *Edition Tauchnitz* Konkurrenz machen sollte: in der *Albatross Modern Continental Library*, deren

Gestaltung Hans Mardersteig übertragen wurde, erschienen britische und amerikanische Titel als Paperback-Reprints für den Vertrieb in Europa. Diese niedrigpreisige Reihe führte mit ihrem typischen Format einen neuen Standard in der Taschenbuchgestaltung ein, den nicht zuletzt PENGUIN 1937 übernehmen sollte. Das Konzept war so erfolgreich, dass E. nach kurzer Zeit die *Edition Tauchnitz* übernehmen konnte, die nun – unbemerkt von der Öffentlichkeit – in seinem Hause betreut wurde. Am 8. August 1936 emigrierte E. nach Paris, wo er die Firma CONTINENTA gründete, die die Auslandsauslieferung der nach wie vor in Deutschland befindlichen *Albatross*- und *Tauchnitz-Editionen* übernahm. Die Verlags- und Distributionsunternehmen in Hamburg wurden an den bisherigen Geschäftsführer von ALBATROSS, Max Christian Wegner, verkauft (der die Firma 1939 als GROSSOHAUS WEGNER ins Handelsregister eintragen ließ); mit dem Erlös finanzierte E. seine Übersiedlung. Die Continenta und die später in London gegründeten Firmen IMPERIA LTD. und ENOCH LTD. wurden erfolgreiche Export- und Verlagsunternehmen, so dass E. wirtschaftlich unabhängig von *Albatross / Tauchnitz* war. Mit Kriegsbeginn im September 1939 wurde E. aufgrund seiner deutschen Staatsangehörigkeit in Frankreich als feindlicher Ausländer für drei Monate interniert. Nach seiner Entlassung im Dezember lagen die Geschäfte fast völlig brach; mit OBELISK PRESS als Partner startete E. ein neues Verlagsprojekt, UNICORN PRESS, doch diese Paperback-Reprintreihe scheiterte, kaum dass der erste Band (John Steinbecks *The Grapes of Wrath*) erschienen war, an der deutschen Offensive auf Frankreich im Sommer 1940. E. wurde verpflichtet, als *Prestataire* in der französischen Armee zu dienen, schlug sich in den Süden Frankreichs durch und konnte mit Hilfe des Emergency Rescue Comitee ein Visum für die USA erlangen; er verkaufte seine Anteile an der Continenta an den bisherigen Geschäftsführer Jean Louis Bricaire, und im Oktober 1940 gelang es ihm schließlich unter großen Schwierigkeiten, mit seiner Frau, seinen zwei Töchtern und seiner Schwester Frankreich zu verlassen und über Spanien und Portugal in die USA einzureisen. Auch in seinem zweiten Exilland konnte E. geschäftlich schnell wieder Fuß fassen: Er suchte Kontakt zu emigrierten Verlegerkollegen wie → Eric Proskauer und → Kurt Wolff und gründete zusammen mit → Henry Koppell die ENOCH PUBLISHING CO. Noch in Paris geknüpfte Verbindungen zum Gründer und Direktor der Penguin Books Ltd., Allen Lane, verschafften ihm nach einem Jahr in den USA den Posten des Vizepräsidenten der 1939 gegründeten US-Importfiliale von Penguin. Durch den Kriegseintritt der USA im Dezember 1941 wurde die Einfuhr der britischen Bücher nach Amerika sehr erschwert, so dass sich die US-Filiale von Penguin in einen eigenständigen Verlag umwandelte. Am 12. Mai 1945 wurde E. mit dem Erwerb von 40 % der Anteile Mitinhaber und Präsident dieser Firma. Meinungsverschiedenheiten mit Lane über die Fortführung des Unternehmens führten zu einem Bruch mit Penguin; E., seit 1947 US-amerikanischer Staatsbürger, und sein Partner Victor Weybright kauften im Januar 1948 den Verlag und benannten ihn um in NEW AMERICAN LIBRARY OF WORLD LITERATURE INC. (NAL); er wurde einer der ersten großen Taschenbuchverlage der USA (→ André Schiffrin). Seit 1948 erschienen unter zwei, später drei Imprints (*Signet*, *Mentor* sowie *Key*) mit großem Erfolg *quality paperback*-Reihen, mit denen ein neuer Markt im Inland wie auch im Export eröffnet wurde. 1960 wurde das florierende Unternehmen (›Good reading for the Millions‹) an die TIMES-MIRROR CO., Los Angeles, verkauft, zu deren ›Architekten‹ E. gezählt wird; er blieb denn auch innerhalb dieses Konzerns bis 1968 der New American Library als Geschäftsführer und Mitglied des Aufsichtsrats verbunden. Auch noch im Rentenalter war E. mit ungebrochener Energie an vielen kulturellen Einrichtungen der USA unterstützend tätig und gehörte seit 1968 dem Rat des National Book Committee an; in seinem Haus in Woodstock in den Catskills waren die Größen des angloamerikanischen Bookbusiness zu Gast (→ Peter Mayer, Brad Wiley), zu seinen Nachbarn im Apartmenthouse in der Upper Eastside zählten Richard Nixon und Nelson Rockefeller. E.'s verlegerische Laufbahn demonstriert eindrucksvoll, wie sich das europäische Konzept der *Tauchnitz-* und *Albatross*-Ausgaben als grundlegend für das englischamerikanische System des Taschenbuchs erwiesen hat, das nach dem Zweiten Weltkrieg den Weg zurück nach Deutschland gefunden hat.

Kurt Enoch: The paper-bound book: Twentieth century publishing phenomenon. In: The Library Quarterly vol. XXIV no. 3 (July 1954) pp. 211–25; ders.: Memoirs of Kurt Enoch. Written for His Family. [Privatdruck Margaret M. Enoch] New York 1984.

BHE 1; Verlagsveränderungen 1933–1937 S. 3, 7; Walk: Kurzbiographien (1988) S. 81; Materialien [Arbeitsunterlagen von R. Jaeger] in HABV/DNB; Bbl. (FfM) vom 23. 2. 1982 S. 436; Landshoff: Querido Verlag (1991) S. 162; Koepke: Exilautoren und ihre Verleger (1989) S. 1435 f.; Roland Jaeger: Kurt Enoch (1895–1982) und der Gebrüder-Enoch-Verlag (1913–1936). In: Bbl. Nr. 43 vom 30. 5. 2000 (AdA Nr. 5 (2000)) S. A288–300; Roland Jaeger: Kurt Enoch. In: John M. Spalek [Hg.]: Deutschsprachige Exilliteratur seit 1933. Bd. 3: USA. Teil 3. München: Saur 2002 S. 3–12; Fischer: Verlegeremigration nach 1933 (2002) S. 288 f.; Fischer: Buchgestaltung im Exil (2003) S. 67–86; Saur: Deutsche Verleger im Exil (2008) S. 216, 219; Gordon Graham: Kurt Enoch: Paperback Pioneer. In: Immigrant publishers (2009) pp. 41–50.

Ephraim, Herbert Geb. 11. 9. 1889 Görlitz; Buchhändler; Dr. E. war Mitinhaber des 1912 gegründeten BUCHLADEN KURFÜRSTENDAMM, Spezialbuchhandlung für Kunstliteratur und bildende Kunst. Außerdem wurde er zusammen mit Peter List 1920 von Axel Juncker (1870 Kopenhagen–1952 Kopenhagen) in dessen 1902 in Berlin gegründeten Verlag als Mitinhaber aufgenommen; Juncker ging allerdings zwei Jahre später zurück nach Dänemark und eröffnete dort ein Antiquariat. Der Verlag wurde später an → Kurt Leo Maschler verkauft. Nach 1933 ist E. zusammen mit seiner Frau Susanne geb. Putzrath nach Palästina ausgewandert.

Adressbuch 1931; Aufbau vom 27. 8. 1943 [Traueranzeige, unter den Hinterbliebenen E. mit Frau Susanne geb. Putzrath, Tel Aviv]; Art. Axel Juncker in: DBE (2. Ausgabe); Aufbau, 27. 8. 1948, S. 18 (Todesanzeige Conrad Putzrath).

Erel, Shlomo Geb. 1916 Neustadt / Posen; Diplomat, Verleger. E. besuchte das Gymnasium in Breslau und machte dort 1935 sein Abitur. In den Jahren des Nationalsozialismus wanderte er nach Palästina aus und lebte dort mit seiner Frau Naomi geb. Kluger zunächst im Kibbuz Galed nahe dem Berg Carmel. E. gelangte in den engeren Kreis um Ben Gurion und schlug eine Diplomatenlaufbahn ein; 1948–51 hielt er sich als Beauftragter der Jewish Agency in den USA und in Kanada auf, war anschließend im Büro des israelischen Premierministers tätig und ging 1955–57 wieder für die Jewish Agency nach Argentinien und Uruguay. Den Aufenthalt in Südamerika setzte er als Repräsentant des israelischen Verteidigungsministeriums fort. Nach seiner Rückkehr nahm E. die Stelle eines *Managing Directors* beim AM OVED Taschenbuchverlag an. In den 1970er Jahren wurde E. Direktor des Israel Book & Printing Center, eines privaten Zusammenschlusses israelischer Verleger, zuständig für die Auslandskontakte des israelischen Import- und Exportbuchmarktes. Diese Position übte er bis 1981 aus; in dieser Eigenschaft gehörte er auch viele Jahre dem Direktorium der Internationalen Buchmesse in Jerusalem an und knüpfte zahlreiche Verbindungen zu deutschen Verlagen. E. hat auch als Buchautor Anerkennung gefunden; sein Interesse galt hier u. a. der Rolle der zentraleuropäischen Juden und der Bedeutung der deutschsprachigen Immigration für Israel.

Shlomo Erel: Neue Wurzeln. 50 Jahre Immigration deutschsprachiger Juden in Israel. Gerlingen: Bleicher Verlag 1983; ders. [Hg.]: Jeckes erzählen. Aus dem Leben deutschsprachiger Einwanderer in Israel. (Edition Mnemosyne. 12). 2. Aufl. Wien: Lit 2004.

Emet Jazir: ›Nachhilfestunden für Anfänger‹. Jede Hilfe für ausländische Verleger in Israel. Das ›Israel Book & Printing Center‹. In: Bbl. (FfM) Nr. 69 vom 29. 8. 1978 S. 1762.

Ettinger, Oskar Geb. 1875 Lemberg / Galizien; Musikverleger. E. war in Berlin Inhaber des OSKAR ETTINGER Musikverlages und ging 1933 ins Exil nach Österreich; vermutlich arbeitete ab 1933 bis zum ›Anschluss‹ Österreichs an Hitlerdeutschland beim Wiener DA CAPO VERLAG. Sein letzter bekannter Aufenthaltsort ist Bukarest.

Fetthauer: Musikverlage (2004) S. 463; LexM [online].

Ettinghausen, Maurice Leon 25. 1. 1883 Paris –14. 11. 1974 Oxford; Antiquar; Dr. E. war nicht eigentlich ein Hitleremigrant; seine Berufsausbildung in Deutschland und seine lebenslang gepflegten engen Beziehungen zu später exilierten deutschen Antiquaren rechtfertigen aber seine Aufnahme in die vorliegende Dokumentation. Der Sohn des Kaufmanns Hermann E. gelangte mit seinen Eltern vor dem Ersten Weltkrieg nach England, wo der Vater als Kaufmann arbeitete; E. besaß die englische Staatsbürgerschaft. Er begann seine Berufslaufbahn zunächst als Journalist für deutsche und englische Zeitungen und lebte seit 1906 als *Correspondent* in München, wo 1910 auch sein Sohn Walter zur Welt kam. 1912 wurde E. Assistent in der Antiquariatsfirma LUDWIG ROSENTHAL, in der er innerhalb kurzer Zeit Prokura hatte und für die er internationale Verkaufsverhandlungen führte: so stand er 1912 in Korrespondenz mit Belle da Costa Greene, der Bibliothekarin J. Pierpont Morgans, dem Rosenthal eine einzigartig erhaltene Ausgabe der *Biblia pauperum* anbot. Anfangs der 1930er Jahre war E. in leitender Funktion beim Londoner Antiquariat MAGGS BROTHERS LTD. angestellt; 1931 korrespondierte er mit → Erwin Rosenthal wegen des Ankaufs der Maihinger Bibliothek des Fürsten Eugen von Oettingen-Wallerstein. Zeitweise leitete E. die Pariser Filiale von Maggs. In den 1940er Jahren war E., dessen Neigung vor allem spanischen und portugiesischen Büchern galt, Associate im Antiquariat von → Albi Rosenthal in Oxford, The Turl. Sein Sohn Walter Eytan (1910–2001) war israelischer Diplomat.

Maurice Ettinghausen: Rare books and royal collectors. Memoirs of an antiquarian bookseller. New York: Simon and Schuster 1966.

Die Rosenthals (2002) S. 79, 88, 172, 226 f.

Eulenburg, Kurt 22. 2. 1879 Leipzig –10. 4. 1982 London; Musikverleger; Dr. phil. 1911 wurde E. Teilhaber in dem 1874 gegründeten, für die Herausgabe von Taschenpartituren bekannten Musikverlag seines Vaters ERNST EULENBURG. E. hatte zuvor Vergleichende Philologie in Leipzig studiert und danach im väterlichen Verlag das verlegerische Handwerk gelernt. Nach dem Tod des Vaters 1926 übernahm er die Firma als Alleineigentümer. Er verlegte vor allem die Werke Mozarts, die hier u. a. von Alfred Einstein herausgegeben wurden, und wirkte in den Ausschüssen des Deutschen Musikalien-Verleger-Vereins (DMVV) mit. Aufgrund seiner jüdischen Herkunft 1938 mit einem Berufsverbot belegt und vorübergehend inhaftiert, emigrierte E. im Mai

1939 in die Schweiz; sein Leipziger Verlag wurde ›arisiert‹ und ging 1941 nach zeitweiliger Treuhandverwaltung durch Gerhard Noatzke in den Besitz von Horst Sander vom Leipziger Musikverlag F. E. C. LEUCKART über. E. gründete von Basel aus mit Hilfe der britischen Firma GOODWIN & TABB die ERNST EULENBURG LTD. in London, 1945 übersiedelte E. nach London, weil er in der Schweiz keine Arbeitserlaubnis erhielt. In den folgenden Jahren konnte er den Verlag vergrößern; 1947 eröffnete er gemeinsam mit Albert Kunzelmann eine Filiale in Zürich, die EDITION EULENBURG GMBH. E. publizierte, seit 1948 als Verlagsleiter der Edition Eulenburg Ltd., einige bis dahin unbekannte Werke klassischer Komponisten und machte sukzessive die Publikationen der alten Leipziger Firma wieder zugänglich. Die Restitutionsbemühungen, die E. von London aus betrieb, blieben aussichtslos. 1950 gründete er deshalb gemeinsam mit Erich Otto eine Zweigniederlassung des Eulenburg Verlages in Stuttgart. 1968, im Alter von 89 Jahren, zog er sich aus der Geschäftsleitung zurück; die Firma war schon 1957 vom Musikverlag SCHOTT & CO. LTD., London, übernommen, aber bis zu E.'s Rücktritt als selbständiges Unternehmen weitergeführt worden.

BHE 2; Fetthauer: Musikverlage (2004) S. 464; LexM [online]; Saur: Deutsche Verleger im Exil (2008) S. 228.

Eytan, Reuven 22. 9. 1909 München–1987 Jerusalem; Verlagsangestellter, Verbandsfunktionär; Dr. phil. Der promovierte Kunstgeschichtler E., mit Geburtsnamen ursprünglich Richard Eisen, engagierte sich stark in der zionistischen Bewegung; so war er Vorstandsmitglied der Zionistischen Vereinigung für Deutschland (ZVfD). Ab 1934 war er als stellvertretender Geschäftsführer des DELPHIN VERLAGES (→ Richard Landauer) in München und als Verlagsangestellter in Leipzig tätig. 1937 emigrierte E. nach Großbritannien, wo er seine kunsthistorischen Studien wiederaufnahm, im März 1938 dann nach Palästina. Von 1940 bis 1945 war E. als Angestellter bei der britischen Zensurabteilung in Jerusalem, Aleppo und Beirut beschäftigt. Nach 1945 hatte er verschiedene Funktionen inne, u. a. in der World Zionist Organisation und im Bezalel National Museum in Jerusalem.

BHE 1; Art. Richard Landauer in: Aufbau vom 4. 10. 1960; Barbara Schier: Der Delphin-Verlag Dr. Richard Landauer. Eine Studie zur Ausschaltung eines jüdischen Verlegers im Dritten Reich. In: Buchhandelsgeschichte H. 2 (1995) S. B 51–60; B 59 f., Fn. 54.

F

Faber du Faur, Curt von (Faber, Kurt von) 5. 7. 1890 Stuttgart–10. 1. 1966 New Haven / CT; Antiquar, Verleger; Dr. phil. Der Sohn aus adeligem Haus – F.'s Vater war Militär, seine Mutter, geborene Baronesse Cotta von Cottendorf, entstammte der Verlegerfamilie Cotta – schlug nach dem Abitur 1909 zunächst ebenfalls eine militärische Laufbahn ein. Nach dem Ende des Ersten Weltkriegs begann F. in München und Gießen Kunstgeschichte zu studieren; Anfang der 1920er Jahre wohnte er als Hauslehrer der Baronin von Münchhausen in Florenz. 1923 gründete F. in München gemeinsam mit dem Kunsthistoriker Dr. Georg Karl das Kunst- und Literaturantiquariat KARL & FABER, Max-Joseph-Straße 7; gleichzeitig begann er selbst Erstausgaben deutscher Literatur von 1495 bis 1870 zu sammeln. Das Antiquariat spezialisierte sich bald auf Auktionen von Büchern, Autographen und Arbeiten auf Papier. 1927 promovierte F. in Gießen zum Dr. phil., 1928 heiratete er die deutschamerikanische Baronesse Emma von Ploetz, die aus erster Ehe zwei Kinder hatte. 1939 schied F. aus der Münchener Firma aus und emigrierte in die USA, dabei gelang es ihm, seine umfangreiche bibliophile Sammlung mitzunehmen. Er arbeitete zunächst als Gastlektor an der Harvard University; 1942 beteiligte er sich in New York gemeinsam mit seinem Stiefsohn → Kyrill Schabert an der Gründung von PANTHEON BOOKS INC. (→ Kurt Wolff). 1944 wurde F. Research Associate Professor und Kurator der germanistischen Bibliothek an der Yale University, der er seine 7000 Bände umfassende einzigartige Barocksammlung verkaufte, Schenkungen folgten. Von 1951 bis zu seiner Emeritierung 1959 lehrte F. als Universitätsprofessor in Yale, behielt seine Funktion als *rare book expert* und Bibliothekskurator aber bis zu seinem Tod bei. Die Stanford University verwahrt seinen Nachlass; 1965 wurde F. von der Bundesrepublik Deutschland mit dem Bundesverdienstkreuz ausgezeichnet.

[Auswahl] Curt von Faber du Faur: Der Hausbuchmeister. Berlin: Gloria Verlag 1927; ders.: Deutsche Barocklyrik. Salzburg: Pustet 1936; ders., gem. mit Kurt Wolff: Tausend Jahre deutscher Dichtung. New York: Pantheon 1949; ders., gem. mit Konstantin Reichardt, Heinz Bluhm [Hg.]: Wächter und Hüter. FS für Hermann J. Weigand. New Haven / CT: Yale University Press 1957; ders.: German Baroque Literature. New Haven / CT: Yale University Press 1958.

German Baroque Literature: A Catalogue of the Collection in the Yale University Library by Curt von Faber du Faur. In: Bbl. (FfM) Nr. 8 84. 11. 1958 S. 1434–36; Kurt von Faber du Faur Papers, 1923–1966, Collection number: M 0562, Department of Special Collections, Stanford University Libraries; Otto F. Best, Jane Mehl: Auch eine Flucht aus dem ›Turmzimmer‹: ›Creative Writing‹ und Germanistik im Exil. In: John M. Spalek [Hg.]: Deutschsprachige Exilliteratur seit 1933. Bd. 2: New York. Teil 2. Bern: Francke 1989 S. 1325–40, hier S. 1334 f.; Interview mit Hans Koch. In: Bbl. (FfM) Nr. 24, 25. 3. 1977 S. A122–27; Christa Sammons: Faber du Faur, Curt von. In: Internationales Germanistenlexikon 1800–1950. Hg. und eingeleitet von Christoph König. Berlin, New York: De Gruyter 2003, Bd. 3 S. 463 f.

Fabian, Kurt Buchhändler; Dr. F. stammte vermutlich aus Berlin; Mitte der 1930er Jahre betrieb er in Brasilien in São Paulo die AGENCIA LITERARIA EUROPAEA. Nach Auskunft der Auslandsorganisation der NSDAP vertrieb F. hauptsächlich ›Hetz- und Emigrantenliteratur‹ (›Die Lieferung an diese Firmen müßte als politische Unzuverlässigkeit angesehen werden‹). Tatsächlich hat sich F. eng an die Emigrantenkreise angeschlossen, wie seine Mitarbeit an der Exilzeitschrift *Das Andere Deutschland* (Buenos Aires) und anderen Organen belegt. F. hat seinen Wohnsitz nach dem Krieg nach Montevideo verlegt; Ende 1947 ist er nach Deutschland zurückgekehrt.

Kurt Fabian: Der Kampf der deutschen Antifaschisten in São Paulo (1933–1945). Ein Rückblick. In: Notgemeinschaft deutscher Antifaschisten Nr. 13 (1946) S. 12.

SStAL, BV, F 11. 763 [Brief von Frederico Will an den BV]; VM Fachschaft Verlag Nr. 9 vom 11. 3. 1936 S. 4; VM Fachschaft Verlag Nr. 28 (1937), S. 4.

Fabian, Ruth 29. 5. 1907 Bockow bei Berlin–17. 3. 1996 Paris; Politische Aktivistin, Buchhändlerin. F. wuchs in Berlin als Tochter von Alwin Loewenthal (1881–1931) auf, der 1918 Mitbegründer des WELT-VERLAGS (→ Gustav Krojanker, → Ahron Eliasberg) und 1920–25 Gesellschafter des JÜDISCHEN VERLAGS war. Sie machte 1926 ihr Abitur und studierte anschließend Jura; während des Studiums löste sie sich von den zionistischen Ideen des Elternhauses und trat der SPD bei. Noch vor Ablauf ihres Referendariats am Kammergericht in Berlin wurde sie aufgrund des nationalsozialistischen ›Arisierungsprozesses‹ entlassen. In erster Ehe war F. verheiratet mit dem sozialdemokratischen Politiker Walter F., mit dem sie in Berlin bis 1935 in der Widerstandsorganisation der sozialistischen Arbeiterpartei tätig war. F. emigrierte in die ČSR und von dort nach Paris, wo sie ihren Lebensunterhalt mit den Einkünften aus einem von ihr gegründeten Zeitungsausschnittbüro bestritt. Seit 1939 war sie mit F. für das Emergency Rescue Committee von Varian Fry tätig, seit 1940 in Marseille. 1942 flüchtete F. mit Mann und Tochter (→ Annette Antignac) in die Schweiz und arbeitete dort als Angestellte des Schweizer Arbeiterhilfswerks in Zürich. Nach Ende des Krieges ging F. nach Paris zurück, wo sie nach der Trennung von ihrem Mann Lebensgefährtin von → Fritz Picard wurde, mit dem sie 1951 in Paris nahe dem Literaturviertel Saint-Germain-des-Près die deutsche Buchhandlung LIBRAIRIE CALLIGRAMMES gründete, ein Geschäftslokal in der Rue du Dragon, ›25 Quadratmeter mit Waschbecken‹. Bereits ab 1945 war sie Vorstandsmitglied der Solidarité, der Hilfsorganisation für deutsche und österreichische jüdische NS-Opfer in Frankreich; für ihre Leistungen wurde F. mit dem großen Bundesverdienstkreuz geehrt. Die berühmte Pariser Buchhandlung, die noch zweimal ihren Standort änderte, wurde nach dem Tod Picards von F.'s Tochter Annette Antignac bis zur Schließung 1998 weitergeführt.

Deutsches Exilarchiv / DNB: Teilnachlass mit Lebensdokumenten EB 92/128; Helga Grebing [Hg.]: Lehrstücke in Solidarität. Briefe und Biographien deutscher Sozialisten 1945–1949 (Quellen und Darstellungen zur Zeitgeschichte. Bd. 23). Stuttgart: Deutsche Verlags-Anstalt 1983; Bbl. (FfM) Nr. 50 vom 23.6.1987 S.1792; Sammlung Fritz Picard – Librairie Calligrammes Paris. [Antiquariatskatalog] Hannover: Antiquariat ›Die Silbergäule‹ 1992; Klaus Voigt: Zum Tode von Ruth Fabian [Nachruf]. In: Neuer Nachrichtenbrief der Gesellschaft für Exilforschung Nr. 7 (Juni 1996) S. 6f.; Pierre-Olivier François: Heimat der Exilliteratur. In Paris mußte der älteste deutsche Buchladen nach 47 Jahren schließen. In: Berliner Zeitung vom 10.12.1998 [online].

Fabian, Walter (Zvi) 1910–2000; Buchhändler. F. stellt ein anschauliches Beispiel für die zahlreichen kleinen Emigrationsbuchhändler dar, die in Palästina eine bescheidene Existenz führten. So erinnerte sich → Walter Zadek an ›Herr[n] Fabian mit einem Eselskarren in den Plätzen der Scharon-Ebene‹, und auch → Ilse Blumenfeld war F. nachdrücklich in Erinnerung geblieben: ›Buchhandlung in Ra'anana. Belieferte die umliegenden Dörfer mit seinem Esel. Die Buchhandlung existiert noch, und einer der Söhne führt sie weiter.‹ In der Tat gibt es die vom Sohn Isaac F. geführte Buch- und Schreibwarenhandlung FABIAN BOOKS AND STATIONERY in Ra'anana (4 Brenner Street) noch heute (2020) als inzwischen bedeutend größeres Unternehmen.

Mitteilung von Avraham Frank (Jerusalem) an EF vom 13.10.2010; Blumenfeld: Ergänzungen (1993); Zadek: Buchhändler II (1971) S.2941; www.fabian.co.il/aboutos [mit Fotos vom Bücherkarren und den späteren Buchhandlungen].

Fabinyi, Andrew (Andor) 27.12.1908 Budapest – 25.7.1978 Hornsby / Sydney; Buchhändler, Verleger; Dr.phil. Der Sohn des Rechtsanwalts Imre F. und dessen Frau Margit geb. Nagel, wuchs in einer ›altösterreichischen‹ Familie zweisprachig auf; er besuchte das Minta Gymnasium in Budapest und studierte anschließend an der katholischen Pázmány Universität; seine Dissertation schrieb er zum Thema ›Die Psychologie der Ästhetik‹. In der Folge arbeitete F. in der LAUFFER'SCHEN BUCHHANDLUNG in Budapest und gründete 1932 einen Importvertrieb englischer Bücher. Aus Sorge vor der ungarischen Revisionspolitik und dem Erstarken nationalsozialistischer Volksgruppenpolitik suchte F. um ein Ausreisevisum nach Neuseeland an. Er erreichte am 17. Juli 1939 Melbourne und entschied sich, in Australien zu bleiben, weil er sofort eine Anstellung in der Buchhandlung F. W. CHESHIRE fand. Im Mai 1940 erhielt F., mit anglisiertem Vornamen, die Aufenthaltsgenehmigung, zuvor hatte er im Oktober 1939 die Bibliothekarin Elisabeth Clare Robinson geheiratet; die Eheleute bekamen fünf Kinder. Zwischen 1942 und 1946 diente F., der 1944 eingebürgert wurde, in den Citizen Military Forces. Als Geschäftsführer des der Buchhandlung angeschlossenen kleinen Verlags war F. seit 1954 gemeinsam mit Frank Walter Cheshire (1896–1987) maßgeblich beteiligt an der Formung des 1957 gegründeten Verlagshauses F. W. CHESHIRE PUBLISHING PTY LTD. F.'s verlegerisches Konzept beruhte auf einem breit aufgefächerten Programm, das sowohl zeitgenössische belletristische Autoren umfasste (u. a. Robin Boyd's *The Australian Ugliness*) wie politische und landwirtschaftliche Sachbücher, Kunstbände und Lehrbücher, letztere waren zuvor aus Großbritannien importiert worden. Mehr noch: Der mit Filialen in Canberra und Sydney expandierende Verlag legte die Basis für eine genuin australische Buchproduktion und regte, vor Gründung der kontinentalen Universitätsverlage, ein eigenständiges wissenschaftliches Publikationswesen an. Als F. 1968/69 den Vorstandsposten bei Cheshire innehatte, umfasste die Gruppe auch die LANSDOWNE PRESS, JACARANDA PRESS und BELLBIRD BOOKS. 1969 wechselte F. in leitender Funktion zu PERGAMON PRESS (Australia) und war von 1975 bis 1977 Direktor des Unternehmens, wollte den Kurs von → Robert Maxwell aber nicht mittragen. Nach seinem Weggang von Pergamon widmete F. sich dem Schreiben und ging als *Research Fellow* an die University of New South Wales; dem Buchhandel und Verlagsgeschäft blieb F. aber dennoch als Direktor des LA TROBE UNIVERSITY BOOKSHOP (seit 1970) und von LONGMAN CHESHIRE (seit 1977) bis zu seinem Tod verbunden. F., der 1960 mit dem Order of the British Empire geehrt wurde, wirkte auf vielen buchhandelsorganisatorischen, kulturellen und kulturpolitischen Ebenen: er führte u. a. die Australian Book Week ein, war Präsident des Australian Bookfair Committee (1955–60), Vorsitzender des Australian Book Trade Advisory Committee (196–68), Präsident der Australian Book Publishers Association (1965–70), Abteilungsdirektor der Library Association of Australia und von 1966 bis 1977 in leitenden Positionen in der UNESCO. Unter dem Pseudonym Peter Pica schrieb er in der *Australian Book Review* Glossen zu allen Fragen des kontinentalen und asiatischen Buchhandels. Der australische Schriftsteller und Verlegerkollege Max Harris nannte F. ›the most practical visionary in the history of modern Australian publishing‹.

[Auswahl] Andrew Fabinyi: The Australian Literary Scene. Canberra: News and Information Bureau 1960; ders.: Social and Cultural Issues of Migration. Sydney: Pergamon Press 1970.

IfZ/BA; Bbl. (FfM) Nr. 66 vom 20. 8. 1965 S. 1714; John McLaren [ed.]: A nation apart. Essays in honour of Andrew Fabinyi: personal views of Australia in the eighties. Melbourne: Longman Cheshire 1983; Art. Andrew Fabinyi von John Curtain. In: Australian Dictionary of Biography. Vol. 14. Melbourne University Press 1996 pp. 121 f.; John Arnold, Deirdre Morris [ed.]: Art. Andrew Fabinyi in: Monash Bibliographical Dictionary of 20th Century Australia. Port Melbourne / Victoria: Reed Reference Publishing 1994 p. 175.

Faltitschek, Max 4. 10. 1888 – Sept. 1975 Miami, FL; Buchhändler. F. war, zusammen mit der Witwe des Wiener Buchhändlers Wilhelm Müller (1849–1928), Lily Müller geb. Bachmayr, Charles J. Riegler und Alfred Rechnitzer (gest. 27. 3. 1938) seit 1927 Miteigentümer der renommierten Universitätsbuchhandlung R. LECHNER in Wien I, Graben. Die 1816 gegründete Traditionsbuchhandlung in bester Innenstadtlage betrieb seit 1885 eine Manufaktur für Photographie, die, bereits wenige Jahre nach ihrer Gründung um einen Fabriksneubau erweitert, zu den photographischen Pionierunternehmen der k. k. Monarchie zählte. F., wie die anderen Eigentümer Jude, wurde nach dem ›Anschluss‹ Österreichs an Hitlerdeutschland enteignet. Seit dem 17. März 1938 fungierte der ehemalige Angestellte Friedrich Hoffmann als kommissarischer Verwalter, kurze Zeit danach kam es zu Verhandlungen mit Walter Krieg, einem aus dem ›Altreich‹ stammenden ›Ariseur‹. F. gelang es, in die USA zu emigrieren, wo er 1944 die amerikanische Staatsbürgerschaft erwarb. Nach 1945 betrieb F. das Rückstellungsverfahren der Firma R. Lechner, das sich äußerst kompliziert gestaltete. Mit Erkenntnis der Rückstellungskommission vom 22. Februar 1957 wurden Walter Kriegs Erben als Unternehmensinhaber dazu verurteilt, den Rückstellungswerbern F. und Maria Sachs, der Witwe von Alfred Rechnitzer, die Universitätsbuchhandlung R. Lechner zurückzugeben; die tatsächliche Restitution erfolgte erst drei Jahre später. Am 17. Juli 1964 wurde das Unternehmen im Handelsregister gelöscht.

Adressbuch 1931 S. 366 f.; Öhlberger (2000) S. 130; Pawlitschko: Jüd. Buchhandlungen (1996) S. 78; Schwarz: Verlagswesen der Nachkriegszeit (2003) S. 140–49.

Feigl, Franz Friedmann 21. 10. 1900 – 20. 3. 1993 Palm Beach, FL; Buchhändler. F., Sohn von Rechtsanwalt Dr. Oskar und Kamilla Julie F., wurde nach Jura-Studium in Österreich 1932 als Rechtsanwalt zugelassen; er war verheiratet mit Marianne geb. Heimler. Nach seiner Flucht aus Österreich wurde er 1944 in New York als Buchhändler in 157, Christopher St. (New York 14) tätig und vertrieb dort freie deutsche Literatur. Nach 1945 verlegte er sich ganz auf den Antiquariatsbuchhandel; auch lieferte er Beiträge für buchhändlerische Fachorgane in Deutschland. In den 1950er Jahren dürfte er in näherer Verbindung mit H. P. KRAUS INC. gestanden haben (bereits F.s Vater Oskar war in Wien Bevollmächtigter Kraus' gewesen). 1978 verheiratete sich F. mit Annie J. Stransky in Manhattan, NY.

Beiträge von Franz F. Feigl in *Börsenblatt* und *Aus dem Antiquariat*: Zur Vollendung des Nachdrucks der Bibliographie der Zeitschriftenliteratur (1962, S. 88); National-Bibliographien im Nachdruckprogramm (Bbl. 23 / 1967, S. 3053–3055); Wiegendrucke in französischen Bibliotheken – die Geschichte eines Gesamtkatalogs (1970, 4, S. 69–71).

Cazden: German Exile Literature (1970), S. 176.

Feilchenfeldt, Walter 21. 1. 1894 Berlin – 9. 12. 1953 Zürich; Verleger, Kunsthändler; Dr. phil. F., Sohn eines praktischen Arztes, entwickelte schon in seiner Jugend künstlerische Ambitionen (er schrieb Gedichte und wollte Schauspieler werden); nach dem Abitur am Französischen Gymnasium in Berlin entschloss er sich 1912 dennoch, Nationalökonomie zu studieren, zunächst in Freiburg, dann in seiner Heimatstadt Berlin und schließlich in Heidelberg, wo er sich mit dem Lyriker Ernst Blass befreundete. Er unterbrach sein Studium 1914, um sich als Kriegsfreiwilliger zu melden, so dass er erst 1918 zum Dr. phil. promovierte. 1919 trat F. in den PAUL CASSIRER VERLAG, Berlin (→ Bruno Cassirer) ein, als Mitarbeiter knüpfte er enge Beziehungen zu Robert Musil, Else Lasker-Schüler, Ernst Bloch und gestaltete das Verlagsprogramm zumindest mit; 1922 schied F. aus dem Verlag zwar aus, wurde Vorstandsmitglied der PAUL CASSIRER

VERLAGS-AG und wechselte in die Kunsthandlung PAUL CASSIRER, deren Mitinhaber er 1923 wurde, er betreute aber die Weiterführung des Verlagsprogramms. Nach Paul Cassirers spektakulärem Selbstmord im Januar 1926 führte F. die renommierte Firma zusammen mit → Dr. Grete Ring, die ebenfalls Teilhaberin des Verlages und der Kunsthandlung war, bis zu seiner Emigration fort. Die Bedeutung F.'s für den Verlag ist auch für die Zeit vor Cassirers Tod nicht zu unterschätzen; zu seinen Verdiensten zählen vor allem die Autorenpflege, u. a. von Ernst Barlach und Max Jacob Friedländer, dessen kunsthistorisches Werk *Die altniederländische Malerei* in 14 Bänden er herausgab (bis Bd. 11, erschienen 1933; die Bde. 12–14 vermittelte F. an den Verleger Sijthoff in Leiden). Zu den ersten Büchern, die F. bei Cassirer herausbrachte, zählten Blochs Essays *Durch die Wüste* und die überarbeitete Fassung von *Geist der Utopie* (beide 1923). Für Blochs Band *Spuren* (1930) erhielt F. zusammen mit dem Drucker Jakob Hegner eine Auszeichnung für die Buchgestaltung. Am 28. März 1933 emigrierte F. in die Niederlande, wo er als Rechtsnachfolger des Paul Cassirer Verlages die Leitung der bereits 1923 gegründeten holländischen Filiale AMSTERDAM'SCHE KUNSTHANDEL PAUL CASSIRER übernahm, während Grete Ring die englische Zweigniederlassung in London leitete. 1936 heiratete F. in Amsterdam die Ullstein-Photographin Marianne Breslauer (1909–2001), Tochter eines berühmten Berliner Architekten und Enkelin von Julius Lessing. Bei Kriegsausbruch befand sich F. zufällig in der Schweiz; dieser Umstand bewahrte ihn vor der nationalsozialistischen Verfolgung, zwang ihn aber zum zweiten Mal innerhalb weniger Jahre, sich in einem fremden Land eine neue Existenz aufzubauen; die holländische Firma wurde nun von Helmuth Lütjens, einem langjährigen Mitarbeiter, geleitet. Vermutlich half F. Ernst Bloch beim Geldtransfer aus Hitler-Deutschland; belegt ist, dass F. sich bei Emil Oprecht dafür verwendete, dass dessen Zürcher Verlag OPRECHT & HELBLING die früheren bei Cassirer erschienenen Bloch-Titel zur Auslieferung übernahm; schließlich sicherte F. im Sommer 1938 das von den USA verlangte Affidavit durch den Nachweis von $ 700, so dass Bloch mit Frau und Sohn aus der bedrohten Tschechoslowakei flüchten konnte. F. selbst war als Immigrant während des Krieges in der Schweiz eine Firmengründung untersagt; erst nach Kriegsende wurde ihm eine Arbeitserlaubnis erteilt. 1947 eröffnete er in Zürich die Firma KUNSTHANDEL WALTER FEILCHENFELDT, die er bis zu seinem plötzlichen Tod durch Gehirnschlag zu einem der Hauptumschlagplätze für Werke der Impressionisten machte; seine Frau führte bis 1990 die Kunsthandlung weiter, sein 1939 in Amsterdam geborener Sohn Walter F. ist seit 1966 in der bis heute existierenden väterlichen Firma tätig. F. war stellvertretender Vorsitzender des Verbandes des Deutschen Kunst- und Antiquitätenhandels.

BHE 1; DBE; Verlagsveränderungen 1933–1937 S. 37; Erhard Göpel: Der Kunsthändler Max [sic!] Feilchenfeldt gestorben. In: FAZ vom 14. 12. 1953 S. 6; Konrad Feilchenfeldt, Rahel Feilchenfeldt-Steiner: Walter Feilchenfeldt als Verleger. Vorstudien zu einer Geschichte des Paul Cassirer Verlags. In: De Arte et Libris. Festschrift Erasmus 1934–1984. Amsterdam 1984 S. 119–27; Rahel E. Feilchenfeldt, Markus Brandis: Paul Cassirer Verlag Berlin 1898–1933: eine kommentierte Bibliographie; Bruno und Paul Cassirer Verlag 1898–1901; Paul Cassirer Verlag 1908–1933. München: Saur 2004; Rahel E. Feilchenfeldt [Hg.]: Ein Fest der Künste. Paul Cassirer. Der Kunsthändler als Verleger. München: C. H. Beck 2006 S. 38 f., 337, 405; Marianne Feilchenfeldt Breslauer: Bilder meines Lebens. Erinnerungen. Wädenswil: Nimbus 2009.

Feisenberger, H. A. 14. 3. 1909 Magdeburg – 27. 8. 1999 Orlando / Florida; Antiquar; Dr. jur. Hellmut Albert F. besuchte in Leipzig die Thomasschule und sammelte bereits während seines mit dem Doktorat abgeschlossenen Jurastudiums an der Universität Berlin bibliophile Ausgaben deutscher Literatur; an der Universität Grenoble lernte er Französisch, das er fließend beherrschte. Da ihm aus ›rassischen‹ Gründen die Ablegung des Assessorexamens und damit die Ausübung seines erlernten Berufes in Deutschland verwehrt wurde, ging er, auf Anraten seines Vaters, des renommierten, am Reichsgericht in Leipzig tätigen Juristen Albert Feisenberger, unter Mitnahme seiner Büchersammlung Anfang Juni 1933 nach England. Durch Vermittlung von → Maurice Ettinghausen vom Antiquariat MAGGS stieg er als Juniorpartner von Irving Davis in das Antiquariat DAVIS & ORIOLI ein und lernte dort das Handwerk und den englischen Antiquariatsmarkt gründlich kennen. Auch kam er in Kontakt mit bedeutenden Berufskollegen, unter ihnen auch die aus Österreich und Deutschland stammenden → E. P. Goldschmidt, Henry Zeitlinger und → Ernst Weil. Unter ihrem Einfluss entwickelte sich sein besonderes Interesse an früher Wissenschaftsliteratur. In den Kriegsjahren ging der Absatz bei Davis & Orioli zurück, so dass sich die Geschäftspartner wieder trennten; F., der zum Militärdienst nicht angenommen wurde, fand Arbeit als *part-time cataloguer* beim Auktionshaus SOTHEBY'S. 1945 heiratete er Joan Mair, Witwe des im Krieg gefallenen Schriftstellers John Mair, die als gelernte Buchhändlerin bereits seit 1938 Mitarbeiterin in der Katalogabteilung von Sotheby's war. Nach dem Krieg machte sich F. als Antiquar selbständig, ging später eine Geschäftspartnerschaft mit Richard Gurney ein und brachte in dieser Zeit 18 profunde Kataloge heraus. Aufgrund der ungünstigen wirtschaftlichen Entwicklung wurde 1952 die Zusammenarbeit mit Gurney gelöst; F. nahm eine Stelle als *chief cataloguer* bei WILLIAM DAWSON LTD. an, bis er 1960 in der gleichen Funktion zum Auktionshaus Sotheby's wechselte und dort zum *associate director* aufstieg. In dem damals stark expandierenden Auktionshaus fand F. ein fruchtbares Betätigungsfeld vor; er konnte hier von seiner enormen Kenntnis der Wissenschaftsgeschichte guten Gebrauch machen und war maßgeblich dafür verantwortlich, dass Sotheby's einen hervorragenden Ruf für seine qualitätvollen Auktionskataloge erwarb. In der Branche als ›Feisy‹ weithin bekannt, zählte F. inzwischen mit E. P. Goldschmidt und Ernst Weil zu den gelehrtesten Antiquaren seiner Generation. Einen spezifischen Ausdruck fand dies in der führenden Rolle, die F. bei der Zusammenstellung der berühmten Ausstellung *Printing and the Mind of Man* (Earls Court / British Museum 1963) einnahm, auf der eine (von F. stark geprägte) Auswahl jener Bücher gezeigt wurde, die das Denken des Menschen in den vergangenen 500 Jahren am stärksten beeinflusst haben. F. ging 1975 als *chief cataloguer* in den Ruhestand, blieb aber bis 1983 als *consultant* für Sotheby's tätig. Danach zog er sich nach Galloway am Solway Firth zurück, ging aber nach einiger Zeit nach London zurück, um mit der Welt der Bücher in Kontakt zu bleiben. 1992 starb seine Frau Joan; die letzten Jahre seines Lebens verbrachte er bei dem älteren seiner beiden Söhne in den USA. F.'s Referenzbibliothek, mit vielen Widmungsexemplaren bedeutender Kollegen, wurde noch vor seinem Tod im April 1998 im Londoner Auktionshaus Bloomsbury versteigert.

Printing and the Mind of Man. Catalogue of the exhibitions at The British Museum and at Earls Court. [Ausst.-Kat.] London 1963; John Carter [ed.]: Printing and the Mind of Man. A descriptive catalogue illustrating the impact of print on the evolution of Western civilisation during five centuries. London: Cassell & Co. 1967. 2nd rev. and enlarged ed. München: K. Pressler 1983. [Dt. Ausgabe unter dem Titel: Bücher die die Welt verändern. Ausgewählt und hg. von John Carter und Percy H. Muir, unter Mitwirkung von Nicolas Barker, H. A. Feisenberger u. a. München: Prestel 1968; Lizenzausgaben Darmstadt: Wiss. Buchges. 1969, München: dtv 1976.]

Interview EF und UB mit F. in London am 1.4.1995; Nicolas Barker: H. A. Feisenberger [Nachruf]. In: The Independent, 20 Sept. 1999 [online], auch in: Nicolas Barker: At First, All Went Well & Other Brief Lives. London: Bernard Quaritch 2019 S. 177–180; Philobiblon Jg. 44 (2000) S. 67; Bach, Biester: Exil in London (2002) S. A 256.

Feith, Anna Geb. 26. 5. 1879; Buchhändlerin. Nachdem ihr Mann Julius F. (geb. 1864) im Jahr 1928 aus dem Börsenverein ausgeschieden war, weil er die finanziellen Vorschreibungen nicht erfüllen konnte, und 1936 den Gewerbeschein für die von ihm 1913 gegründete Buchhandlung JULIUS FEITH in Wien V, Pilgramgasse 10, zurückgelegt hatte, führte F. geb. Bock die Firma weiter. Der Buchhandlung war ein Antiquariat und seit 1931 eine Leihbücherei angeschlossen. Die ›jüdische‹ Buchhandlung wurde, vermutlich wegen Geringfügigkeit, nicht ›arisiert‹; F. ging aber offensichtlich ins Exil: sie lebte 1961 nachweislich in Oxford, 17 Polstead Road, wohin ihr mitgeteilt wurde, dass ihre Firma als ›nicht gesperrt‹ verzeichnet wurde.

Hupfer: Antiquarischer Buchhandel (2003) S. 235 f.

Feldheim, Philipp 1. 12. 1901 Wien – 24. 5. 1990 New York; Buchhändler, Verleger. F. war der Sohn von Hermann F. und seiner Frau Josefa geb. Weissmann; er betrieb nach Abschluss seiner Schulbildung und Absolvierung der Handelsschule in Wien unter der Aufsicht von Rabbi Joseph Zevi Duschinsky Tora- bzw. Talmudstudien in Jerusalem, kehrte dann nach Wien zurück und engagierte sich in der Agudat Israel, einer jüdisch orthodoxen, nicht-zionistischen Sammelbewegung, deren Geschäftsführender Ausschuss seinen Sitz in Wien hatte; als seine berufliche Tätigkeit gab F. für diese Jahre Textildrucker an. In der Reichspogromnacht verhaftet, entschloss er sich, Österreich zu verlassen, und erreichte 1939 über London die USA mit $ 30 in der Tasche. In New York betätigte F. sich zunächst von seiner Wohnung in Brooklyn / Williamsburg aus als Buchimporteur und vertrieb orthodoxe Literatur im Tür-zu-Tür-Verkauf; 1941 eröffnete er in der Lower Eastside eine jüdische Spezialbuchhandlung, zuerst in Essex Street, dann in der Grand Street, schließlich am East Broadway (THE HOUSE OF THE JEWISH BOOK). Anfänglich dürfte er auch die Vertretung des SCHOCKEN VERLAGS, Tel Aviv, wahrgenommen haben. Die Buchhandlung entwickelte sich zu einem wichtigen Treffpunkt der (ultra-)orthodoxen Judenschaft in New York. F. selbst stand seit den ausgehenden 1940er Jahren unter dem Einfluss von Rabbi Joseph Breuer (Washington Heights), der ihn ermunterte, die bedeutsamen Schriften des deutschen Rabbi Samson Raphael Hirsch ins Englische zu übersetzen; F. war auch am ersten Talmud-Druck in den Vereinigten Staaten beteiligt. Ebenfalls noch in den 1940er Jahren gründete F. seinen Verlag PHILIPP FELDHEIM, INC., der durch die Publikation klassischer religiös-jüdischer Literatur (besonders der Seforim, der hebräischen Bücher für das Tora-Studium) und durch übersetzerische und editoriale Pionierleistungen bald beträchtliche Bedeutung gewann. 1968 errichtete die Philipp Feldheim, Inc. mit FELDHEIM PUBLICATIONS, LTD. einen Zweig in Israel, und setzte ihre Programmerweiterung u. a. mit der *Torah Classics Library* erfolgreich fort. F. starb 1990 nach längerer Krankheit; schon zuvor hatten aber seine beiden Söhne die Leitung des Unternehmens übernommen, das zum größten Verlag von Judaica in englischer Sprache herangewachsen war: Feldheim Publications, Ltd. in Jerusalem unter Rabbi Yaakov F., und in New York (seit 1982 in Nanuet / NY) unter Rabbi Yitzchak F. (geb. 1950). Die berühmte Buchhandlung in der Lower Eastside,

96 East Broadway, die weltweit über eines der größten Sortimente jüdischer Literatur und ein bedeutendes Antiquariat verfügte, war bereits im Jahr 1988 mit einem Aufsehen erregenden Schlussverkauf aufgegeben worden.

IfZ/BA; Cazden: German Exile Literature (1970) p. 176; Shnayer Z. Leiman: Montague Lawrence Marks: In a Jewish Bookstore. In: Tradition vol. 25 no. 1 (Fall 1989) pp. 59–69; Israel Book Trade Directory 1997–8. Jerusalem 1997 p. 19; Encyclopedia Judaica. Bd. 6. 2nd ed. Detroit: Macmillan 2007; the Seforim blog, 2 June 2009 [online]; At Feldheim They Go ›By the Book!‹ [Interview mit Yitzchak Feldheim]. In: Parnassa Connection. Premier Issue [online]; Gallery of Book Trade Labels: www.sevenroads.org.

Feldman(n), Theo(dor) 5. 12. 1891 Wien – 4. 5. 1957 New York. F. war in Wien zwischen 1919 und 1938 in seinem Hauptberuf Prokurist einer Textilfabrik, daneben leitete er zwischen 1922/23 und 1931/32 als Obmann der Volkshochschule Ottakring deren Literarische Fachgruppe, die mit ihren wöchentlichen Autorenlesungen fast allen bedeutenden österreichischen Schriftstellern jener Jahre ein Podium bot: so trug beispielsweise Hermann Broch dort mehrmals aus seinem noch unveröffentlichen Roman *Die Schlafwandler* vor und präsentierte den jungen Elias Canetti zum ersten Mal der Öffentlichkeit. Nach dem ›Anschluss‹ Österreichs flüchtete F. in die USA, baute sich in New York eine neue Existenz als Buchhändler auf (THEO FELDMAN BOOKS, 609 West 114th St.) und wurde auch dort eine wichtige Persönlichkeit innerhalb der Literaturszene der österreichischen Emigration: so findet sich sein Name neben denen von Ferdinand Bruckner, Hermann Broch oder Alfred Polgar als Unterzeichner des vom Austro-American-Council initiierten Aufrufes ›Bücher für die Demokratie‹ vom 6. August 1946, einer Büchersammelaktion für Österreich. Als Buchhändler widmete sich F. vor allem dem Handel mit Autographen und bibliophilen Ausgaben, seine Kataloge galten als mustergültig. F. erwarb 1951 Teile der Wiener Bibliothek Hermann Brochs – die 2500 Bücher waren zwölf Tage nach dem Tod des Schriftstellers in den USA eingetroffen –, und verkaufte sie später an den exilierten Sozialdemokraten Josef Buttinger (der seine Studienbibliothek inklusive der Broch-Bibliothek 1971 der Universitätsbibliothek Klagenfurt als Schenkung vermachte).

Sammlung Theo Feldman Papers, New York Public Library; Rathauskorrespondenz 6. 8. 1946 [online]; Aufbau vom 15. 3. 1957 S. 8; Ernst Waldinger [Nachruf auf F.] In: The German Quarterly vol. 30 no. 4 (1957) p. 285; Ernst Waldinger: Erinnerungen an Theo Feldmann. In: Die österreichische Volkshochschule Jg. 17 (1966) S. 10; Cazden: German Exile Literature (1970) p. 176; Paul Michael Lützeler: Hermann Broch. Eine Biographie. Frankfurt am Main: Suhrkamp 1985 S. 368; K. Amann, H. Grote: Die Wiener Bibliothek Brochs. Kommentiertes Verzeichnis des rekonstruierten Bestandes. Wien: Böhlau 1990; Herbert-Exenberger-Archiv der Theodor Kramer Gesellschaft (https://theodorkramer.at/projekte/exenberger/mitglieder/theodor-feldmann).

Fellner, Hans 13. 6. 1925 Wien – 18. 7. 1996 London; Antiquar. F., Sohn eines Bankiers und späteren Diplomaten (Kulturattaché an der französischen Botschaft in Wien), wuchs in Wien unter der Obhut seiner Großmutter auf und besuchte hier das Akademische Gymnasium. Mit einem Kindertransport (›Kinderzug‹) gelangte er 1938 nach dem ›Anschluss‹ Österreichs als 13-jähriger nach Birmingham und absolvierte dort, nach Abschluss seiner Schulbildung, auf der Universität ein Ingenieurstudium. Nach verschiedenen Anstellungen, u. a. bei Standard Cable, fand er in den frühen 1950er Jahren in London zu seinem eigentlichen Beruf: Er wurde Mitarbeiter in der Buchhandlung DAVID NUTT im Londoner Westend; 1956 machte er sich selbständig und eröffnete ein Antiquariat in 28 Museum Street. Rund zwanzig Jahre lang führte er erfolgreich das im ersten Stock des Hauses gelegene, u. a. auf wirtschafts- und politikhistorische Literatur, auch auf Dichtung des 18. Jahrhunderts und Werke der englischen sowie deutschen Romantik spezialisierte Antiquariat, bis er sich 1976 aus Gesundheitsgründen entschloss, eine Stelle als *Cataloguer* am Book Department des Auktionshauses CHRISTIE'S anzunehmen. In dieser Eigenschaft hat er zahlreiche herausragende Sammlungen und Einzelstücke, Handschriften ebenso wie kostbare Bücher, beschrieben und bewertet. Im Rahmen dieser Tätigkeit, zuletzt als Direktor der Abteilung und danach als Consultant, erwarb er sich die Anerkennung als einer der eminentesten Experten des Metiers. F. war seit 1943 verheiratet mit Jessica Thompson (ein Sohn und eine Tochter), seit 1981 (in dritter Ehe) mit Sheila Ramage (eine Tochter). F.s *reference library* wurde am 30. 3. 2016 bei Chiswick Auctions versteigert.

Telef. Interview EF mit F. am 1. 4. 1995 in London; Nicolas Barker: Hans Fellner [Nachruf]. In: The Independent, 23 July 1996 p. 21 [online]; Felix de Marez-Oyens: Hans Fellner [Nachruf]. In: The Times, 26 July 1996 [online]; Bbl. Nr. 69, 27. 8. 1996 S. A367; Bach, Biester: Exil in London (2002) S. A259 f.

Ferber, Maximilian 19. 7. 1888 – nach 1962; Buchhändler und Antiquar. F. absolvierte die Mittelschule und danach eine Buchhändlerlehre. Bis zum Ausbruch des Ersten Weltkriegs war er an mehreren Stellen in Buchhandlungen in Deutschland tätig; er rückte als Freiwilliger ein, wurde mit der silbernen Tapferkeitsmedaille geehrt und blieb aufgrund einer Gehirnhautentzündung Kriegsinvalide. Nach 1918 arbeitete er als Leiter des Sortiments in der sozialdemokratischen WIENER VOLKSBUCHHANDLUNG. 1921 machte F. sich mit der Buch- und Musikalienhandlung MAXIMILIAN FERBER in Wien V selbständig, gab diese aber im Oktober 1926 wieder auf, da er in der Zwischenzeit ab 1924 die Geschäftsleitung der 1904 gegründeten Buchhandlung GOTTLIEB LEICHTER übernommen und die Tochter des 1920 verstorbenen Buchhändlers und Antiquars Gottlieb Leichter geheiratet hatte. F. erhielt die Gewerbeberechtigung für das Geschäft in Wien IV, Margaretenstraße 25, das unter dem Namen MAXIMILIAN FERBER VORM. GOTTLIEB LEICHTER fortgeführt wurde. Nach dem ›Anschluss‹ Österreichs an Hitlerdeutschland wurde dem Juden F. der Weiterbetrieb untersagt und die Buchhandlung ›arisiert‹. F. emigrierte nach England, wo er als Hilfsarbeiter seinen Lebensunterhalt verdiente. Im August 1946 kehrte F. nach Wien zurück und betrieb die Rückgabe seiner Buchhandlung, die in einem verwahrlosten Zustand die Kriegszeit überdauert hatte; der ›Ariseur‹ Friedrich Toda (1908–1993) war in jugoslawischer Kriegsgefangenschaft. Nach Abschluss des Rückstellungsverfahrens baute F. das Geschäft wieder neu auf; Ende 1953 erwarb er mit Leibrenten und Fusionsvertrag das nahegelegene BUCH- UND KUNSTANTIQUARIAT MALOTA, legte beide Unternehmen nach Umwandlung in eine offene Handelsgesellschaft zusammen und firmierte ab März 1954 als Vereinigtes Antiquariat und Buchhandlung FERBER & MALOTA. F. trat am 23. Oktober 1962 aus der Firma aus.

HUPFER: Antiquarischer Buchhandel (2003) S. 212 f.

Feuchtwanger, Ludwig 28. 11. 1885 München – 14. 7. 1947 Winchester / GB; Rechtsanwalt, Verleger; Dr. phil. F., Sohn des Industriellen Sigmund F. und von Johanna F. geb.

Bodenheimer, Bruder von Lion und → Martin F., studierte seit 1904 in München und Berlin Rechts- und Wirtschaftswissenschaften und promovierte 1908 in Geschichte. Von 1913 bis 1933 arbeitete er in München als Anwalt am Obersten Landesgericht, übte daneben aber noch mehrere Tätigkeiten aus. So war er von 1914 an bis 1933 ohne Unterbrechung geschäftsführender Direktor des Verlages DUNCKER & HUMBLOT in München und Leipzig sowie Aufsichtsratsmitglied in der GEORG HIRTH AG, beides bedeutende Münchener Verlagsunternehmungen dieser Epoche. In den 1930er Jahren engagierte F. sich stark für jüdische Belange: Er gab von 1930 bis 1938 die *Bayerische Israelitische Gemeindezeitung* heraus, war von 1930 bis 1939 Direktor der Bibliothek der Israelitischen Kultusgemeinde München und leitete zwischen 1936 und 1939 das Jüdische Lehrerhaus. 1933 trat F. als geschäftsführender Direktor bei Duncker & Humblot zurück, konnte jedoch zunächst noch als wissenschaftlicher Leiter im Verlag weiterarbeiten, bis er 1935 aus der Reichsschrifttumskammer ausgeschlossen wurde. Nachdem im November 1938 seine bedeutende Privatbibliothek beschlagnahmt und er zeitweilig im KZ Dachau inhaftiert worden war, emigrierte er im Mai 1939 mit seiner Frau Erna nach England. 1940 wurde er auf der Isle of Man interniert; von 1941 an arbeitete er bis zum Kriegsende als Buchhalter und Dolmetscher für die US-Luftwaffe in Großbritannien.

The Publishers' Archive, University of Reading, AUC 86/6 [mit eigenhändigem Lebenslauf]; BHE 1; DBE; Hans Lamm: Von Juden in München. Ein Gedenkbuch. München: Ner-Tamid-Verlag 1959 S. 379; Max Gruenewald: Critic of German Jewry. Ludwig Feuchtwanger and his Gemeindezeitung. In: Yearbook of the Leo Baeck Institute vol. XVIII (1972) pp. 75–92; Evelyn Adunka: Der Raub der Bücher. Plünderung in der NS-Zeit und Restitution nach 1945. Wien: Czernin 2002 S. 157–61 [zur geraubten Bibliothek F.'s]; Markus Stumpf: Ergebnisse der Provenienzforschung an der Fachbereichsbibliothek Judaistik der Universität Wien. In: NS-Provenienzforschung an österreichischen Bibliotheken. Anspruch und Wirklichkeit. Hg. von Bruno Bauer, Christina Köstner-Pemsel und Markus Stumpf. Graz, Feldkirch: Wolfgang Neugebauer 2011, S. 155–188 (bes. S. 164–176); Edgar Feuchtwanger: In Memoriam Ludwig Feuchtwanger [www.rijo-research.de] (2008); Martin Dreyfus: Mit ›Mythos‹, fürchte ich, kommt man der Sache nicht bei‹, oder ›Schlechte Aussichten für Verleger‹. Die Verleger Ludwig und Martin Feuchtwanger. Vortrag am 9.5.2009, Konferenz der International Feuchtwanger Society, Wien 6.–9.5.2009; Heike Specht: Die Feuchtwangers. Familie, Tradition und jüdisches Selbstverständnis. Göttingen: Wallstein 2006.

Feuchtwanger, Martin (Moshe) 18.12.1886 München – 9.11.1952 Tel Aviv; Verleger, Journalist. F., Sohn einer aus Fürth stammenden jüdischen Fabrikantenfamilie, wuchs mit seinen acht Geschwistern, darunter der später berühmte Schriftsteller Lion F. und der Verleger → Ludwig F., in München auf. Er studierte einige Semester deutsche Literatur, Philosophie und Staatswissenschaft in Berlin und München, und begann an der *Saalezeitung* in Halle als Redaktionsvolontär seine journalistische Laufbahn; seine Berichte, Feuilletons und Buchbesprechungen wurden bald von anderen Blättern nachgedruckt, als Korrespondent vieler Zeitungen kam F. in Kontakt zu führenden Journalisten der Weimarer Republik. Den Ersten Weltkrieg erlebte F. als Armierungssoldat an der Westfront, wo er für dreieinhalb Jahre in französische Kriegsgefangenschaft geriet. Es gelang ihm im September 1919 aus dem Arbeitslager zu fliehen, in Belgien wurde er aufgegriffen, im Dezember 1919 wieder zurück in das Arbeitslager geschickt, von wo er im Januar 1920 in ein deutsches Kriegsgefangenen-Rückkehrerlager überstellt wurde. F. begann zunächst wieder als Zeitungsredakteur und Korrespondent zu arbeiten, gründete aber 1923 die Korrespondenzen *Unterm Strich, Die Frau und ihre Welt* und *M. F. Korrespondenz,* bald darauf die Korrespondenz *Freude und Humor* und andere Sparten mehr, die alle schnell wirtschaftlich reüssierten. Innerhalb von zwei Jahren leitete F. einen Großbetrieb, dem er 1927 eine eigene Druckerei, einen Romanvertrieb und bald darauf den FÜNF-TÜRME-VERLAG angliederte, in dem Kitschromane in hohen Auflagen erschienen. ›Hitler war erst zehn Tage Reichskanzler, da erschien Staatsrat Jordan in meinem Betrieb, hieß mich verschwinden, sammelte die Leute um sich, fuchtelte mit der Peitsche herum und hielt eine Ansprache, die Juden seien minderwertige Subjekte, Diebe, Wucherer, Feiglinge, Verräter, jedes jüdische Wort sei eine Lüge. Hitler werde mit den Juden aufräumen.‹ (*Zukunft ist ein blindes Spiel* S. 169 f.) Im März 1933 flüchtete F., dem die Nationalsozialisten das Vergehen der ›Rassenschande‹ anhängten und mit Enteignung drohten (was in den Folgemonaten sukzessive und unter bürokratischen Schikanen dann auch in die Tat umgesetzt wurde), über die Schweiz in die ČSR, wo er in Prag erneut unternehmerisch tätig wurde: Er konnte brachliegende Verlagsanstalten mit Lizenzen für sich nutzbar machen und brachte unter deren Firmennamen NEUGEBAUER, TAUBELES und OLYMPIA VERLAG populäre, preiswerte Bücherserien heraus (*Glücksromane, Blau-Gold-Romane*). Mehr unternehmerisches Glück als mit den deutschsprachigen Romanzeitschriften *Der schöne Roman* und *Die große Romanzeitung* hatte F. mit der tschechischen Romanzeitung *Krasny Roman.* Von Prag aus betrieb F. die Gründung des Verlags ÉDITION OLYMPIA in Paris, Rue St Honoré, der in das Handelsregister eingetragen wurde, außerdem gründete er die Romanzeitschrift *Le Beau Roman* und eine französische Buchserie, die durch die LIBRAIRIE HACHETTE vertrieben wurde. Nach der Okkupation der ČSR durch Hitlerdeutschland wurde F. einen Tag lang brutal verhört, musste eine Verpflichtungserklärung unterschreiben, nach der er seiner Ausbürgerung zustimmte und auf jegliche Ansprüche an das Deutsche Reich verzichtete, und gelangte zusammen mit seiner Frau mit einem illegalen Palästinatransport am 30. April 1939 außer Landes; im September kam F. nach einer gefahrvollen Schiffspassage in Tel Aviv an. Dort sorgte zunächst seine Frau mit einem Hutsalon und einer Mittagstafel für zahlende Gäste für den Lebensunterhalt, nachdem die erwarteten Einkünfte aus dem in der Schweiz abgewickelten Verkauf der Zeitschriften *Der schöne Roman* und *Die große Romanzeitung* nach der ersten Zahlung ausblieben. Mit dem Verlag von Reiseführern und einer billigen Taschenbuchreihe *The Famous Novel* begann F. 1940 wieder im Buchhandel tätig zu werden und baute unter den schwierigen politischen und wirtschaftlichen Verhältnissen in der Gründungsphase des Staates Israel seinen Verlag ED. OLYMPIA auf, in dem neben Sachbüchern auch belletristische Titel emigrierter Schriftsteller erschienen.

Martin Feuchtwanger: Ebenbilder Gottes. Ein Roman. Tel Aviv: Ed. Olympia 1952; ders.: Zukunft ist ein blindes Spiel. Erinnerungen. München: Langen Müller 1989.

BHE 1; DBE; Emigration I (1971) S. 2906; Verlagsveränderungen 1933–1937 S. 8; Ludwig F. Toby: The Feuchtwanger Family. Ed. Olympia: Tel Aviv 1952; Cazden: Free German Book Trade (1967) p. 352; Saur: Deutsche Verleger im Exil (2008) S. 219 f.; Martin Dreyfus: Mit ›Mythos‹, fürchte ich, kommt man der Sache nicht bei‹, oder ›Schlechte Aussichten für Verleger‹. Die Verleger Ludwig und Martin Feuchtwanger. Vortrag am 9.5.2009, Konferenz der International Feuchtwanger Society, Wien 6.–9.5.2009.

Firner, Walter 5.3.1905 Wien – 3.5.2002 Wien; Dramaturg, Verleger. F., mit Geburtsname Walter Feinsinger, nahm schon als 16-jähriger Schauspielunterricht und arbeitete im Folgenden als Schauspieler und Dramaturg an Bühnen in Saarbrücken, Königsberg, Bonn, Hamburg und Berlin. 1927 heiratete er die Schauspielerin Irma Carla Stein, mit der zusammen er einige Drehbücher schrieb. 1933 kehrte er in seine Heimatstadt Wien zurück und war hier bis 1938 als Leiter und Regisseur an der Österreichischen Volksbühne tätig, nebenher hatte er auch diverse Engagements an anderen österreichischen Bühnen. Schon ab 1935 antisemitischer Hetze ausgesetzt, emigrierte F. 1938 in die USA und wurde 1939 Mitglied des *Executive Board* der Vereinigung exilierter Bühnenkünstler in den USA (ARAG). 1942 wurde er in New York Mitglied der deutschsprachigen Theatergruppe The Players From Abroad, zwischen 1939 und 1945 übernahm er in Hollywood einige kleinere Filmrollen. 1946 kehrte F. mit seiner Frau nach Wien zurück, wo er ab 1946 eine Professur am Wiener Konservatorium erhielt. Er arbeitete als Regisseur an Wiener Bühnen, aber auch in den Niederlanden, in Deutschland, in der Schweiz und in Skandinavien. Außerdem wurde er Direktor und Chefdramaturg des GLORIETTE-VERLAGES, Wien und Basel, und war Inhaber des Bühnenverlags ATHENE-EDITION, Wien, Zürich und New York. Von 1950 bis 1975 war er Professor an der Akademie der schönen Künste in Wien. In zweiter Ehe war F. mit der Sängerin Judith Helwig verheiratet.

BHE 2; Bolbecher, Kaiser: Österr. Exilliteratur (2000) S. 191 f.

Fischel, Paul 18. 6. 1886 Královské Vinohrady – 9. 6. 1960 London, Verleger. F., Sohn von Gustav und Charlotte F., absolvierte 1905–1910 in Prag ein Jura-Studium (Dr. jur.), arbeitete daneben für die Redaktion des *Prager Tagblatts* und gründete 1913 in Mährisch-Ostrau die *Morgenzeitung und Handelsblatt*, bei dem er auch als Chefredakteur fungierte. Nach dem Tod von Julius Kittl 1922 übernahm er als Geschäftsführer die Leitung von dessen 1880 in Mährisch-Ostrau errichteten Verlag und führte ihn als VERLAG JULIUS KITTLS NACHF. weiter. Unter anderen verlegte er die deutschsprachigen Veröffentlichungen von Karel Čapek. Das Unternehmen, an das auch eine Druckerei angegliedert war und zu dessen Gesellschaftern hauptsächlich der Prager Mercy-Pressekonzern (u. a. mit dem Herausgeber des *Prager Tagblatts* Rudolf Keller), aber auch F.s Ehefrau Paula F. gehörte, war offenbar sehr erfolgreich, denn das Verlagshaus Julius Kittl's Nachf., Keller & Co. war am Rowohlt Verlag am Beginn der 1930er Jahre mit einer Einlage von 3 Millionen Mark beteiligt. Mit der Finanzpartnerschaft verbunden waren verschiedene Formen der Kooperation: in Mährisch-Ostrau wurden nicht nur mehrere Bücher des Rowohlt Verlags gedruckt, sondern auch vertrieben – vor allem nach 1933, als die Bücher zahlreicher Rowohlt-Autoren in Deutschland verboten waren (Ernst Weiß, Th. Th. Heine, Alfred Wolfenstein, Alice Berend u. a.). Insgesamt können wohl rund 25 Titel dem Bereich der Exilliteratur zugerechnet werden; von den NS-Schrifttumsbehörden wurde Julius Kittls Nachf. denn auch bald als Emigrantenverlag beargwöhnt, der überdies zahlreiche ›Judenbücher‹ im Verlagsprogramm habe. In der Tat kamen bei Kittl auch zahlreiche Autoren (wie Ludwig Winder oder Felix Weltsch) heraus, die der ›Prager Literatur‹ zugerechnet werden und die nach 1938 ebenfalls ins Exil gingen. Doch konnte der Verlag, der bis Ende 1935 noch im *Börsenblatt* Anzeigen schaltete und bis 1938 im *Adressbuch des Deutschen Buchhandels* eingetragen war, noch jahrelang einen Teil seiner Produktion im Dritten Reich ausliefern; auch diente er als ausländischer Vertriebskanal für in Deutschland verbotene Literatur, u. a. für die Kafka-Ausgabe des Schocken Verlags. F. arbeitete in diesen Zusammenhängen auch eng mit

→ Kurt L. Maschler zusammen, der schon seit 1934 die Herstellung und Auslieferung der Erich Kästner-Bücher seines Atrium Verlags von Julius Kittl's Nf. vornehmen ließ. Als am 14. März 1939 die Deutsche Wehrmacht Mährisch-Ostrau besetzte, sollte F. verhaftet werden; er war aber bereits mit seiner Familie nach London geflüchtet. Nach Errichtung des Protektorats Böhmen und Mähren erfolgte die Liquidierung des Verlags und die Beschlagnahmung der gesamten Lagerbestände. In London war F. gemeinsam mit den ebenfalls dorthin emigrierten Kurt L. Maschler und → Eugen Prager an der Gründung eines neuen Verlags beteiligt, der LINCOLNS-PRAGER PUBLISHERS LTD. Das Verlagsprogramm dieser Gemeinschaftsgründung war auf das politische Sachbuch ausgerichtet, mit Titeln wie *Botschafter Henderson berichtet über Hitler, Göring, Ribbentrop* sowie *Die Wahrheit über die deutschen Konzentrationslager in amtlichen Dokumenten*, ferner *Hitlers Weg zum Krieg* und die *Declaration of the Sudeten-German Social-Democrats* (alle 1940); 1944 erschien dort Jan Masaryks Buch *Speeking to my country*. Nur Dosio Kofflers 1942 erschienene Satire *Die deutsche Walpurgisnacht (The German witches' Sabbath: a satire in five scenes)* machte hier eine Ausnahme. Erst nach 1945 erweiterte sich das Programmspektrum von Lincolns-Prager um Kulturführer, Bildbände und Belletristik. Das Verlagsunternehmen bestand bis in die 1960er Jahre; F. selbst, der in der Exilzeit in London auch mit dem tschechoslowakischen Exilministerium für Industrie, Handel und Gewerbe in London zusammengearbeitet hatte, starb im Juni 1960.

Auswahl-Katalog der Buchhandlung Julius Kittls Nachfolger Mähr.-Ostrau. Mähr. Ostrau: Julius Kittls Nachfolger [1938].

SStAL, BV, F 04782; Volker Dahm: Das jüdische Buch im Dritten Reich, S. 182, 352; Murray G. Hall: Böhmische Verlagsgeschichte, Verlag Jul. Kittl Nachf. [online]; Stephan Füssel: Belletristische Verlage. In: Geschichte des deutschen Buchhandels im 19. und 20. Jahrhundert. Die Weimarer Republik 1918–1933. Band 2, Teil 2. Hrsg. von Ernst Fischer und Stephan Füssel. Berlin: de Gruyter 2012, S. 31; David Oels: Rowohlts Rotationsroutine. Essen 2013, S. 54–56; Murray G. Hall: Österreichische Verlagsgeschichte, Löwit Verlag [online]; Christian Bartsch / Heiko Schmidt: Die Brüder Emmerich und Eugen Prager und ihre Verlage In: die Vitrine. Fachblatt für linke Bibliomanie (Berlin), Heft 1, 2002, S. 4–26, S. 15–19; Judith Claudia Joos: Trustees for the public? Britische Buchverlage zwischen intellektueller Selbständigkeit, wirtschaftlichem Interesse und patriotischer Verpflichtung zur Zeit des Zweiten Weltkriegs. Wiesbaden: Harrassowitz 2008, S. 148 f.

Fischer, Benno Buchhändler. Ein DR. BENNO FISCHER VERLAG war in Augsburg in den 1920er Jahren bis ca. 1932 aktiv (z. B. *Altjüdisches Schrifttum, außerhalb der Bibel*. Übersetzt und erläutert von Paul Rießler. 1928). Im *Adressbuch des Deutschen Buchhandels* von 1931 ist der Verlag nicht mehr verzeichnet. Tauberts Bericht von 1961 zufolge wurde die LIBRERÍA BENNO FISCHER in Santiago de Chile von F. im Jahr 1937 gegründet, eine kleine, ›aber moderne‹ Sortimentsbuchhandlung mit angeschlossener Leihbücherei, wobei das Hauptlager zum Großteil aus deutschsprachigen Büchern bestand: ›Das deutsche Lager macht einen sehr guten Eindruck, es zeugt von einer anspruchsvollen Kundschaft, die man in erster Linie in jüdisch-deutschen Emigrantenkreisen zu suchen hat. Herr Fischer wird von Fräulein Hilda Kohn in seiner schönen Arbeit unterstützt.‹

Taubert: Lateinamerika (1961) S. 103.

Fischer, Grete 6. 2. 1893 Prag – 28. 3. 1977 London; Schriftstellerin, Übersetzerin, Lektorin. Die Tochter des jüdischen Fabrikanten Karl F., der 1942 im KZ Theresienstadt ermordet wurde, übersiedelte nach dem Germanistik- und Musikwissenschaftstudium in Prag nach Berlin, wo sie 1917 bis 1922 hauptberuflich als Lektorin für den PAUL CASSIRER VERLAG (→ Bruno Cassirer), dann als Mitarbeiterin von Vicki Baum bis 1933 für den ULLSTEIN VERLAG (→ Franz Edgar Ullstein, → Frederick Ullstein, → Hermann Ullstein, → Karl H. Ullstein, → Rudolf Ullstein) tätig war. Gleichzeitig arbeitete F. auch als Journalistin, vor allem im Bereich der Musikkritik. Ihr erster Roman *Nicht traurig sein* konnte 1933 nur mehr in einem Vorabdruck erscheinen. Wie alle jüdischen Mitarbeiter und Mitarbeiterinnen des Ullstein Verlags wurde F. im April 1933 gekündigt, sie unternahm, ohne die Absicht dort einzuwandern, eine Reise nach Palästina, hielt sich eine Zeit lang in Paris auf und emigrierte 1935 nach London, wo sie ihre literarische und journalistische Tätigkeit wieder aufnahm und am deutschen Programm der BBC freiberuflich mitarbeitete, sich vor allem aber der heilpädagogischen Betreuung hirngeschädigter Kinder und Jugendlicher widmete. Unter dem anglisierten Namen M. Fisher publizierte sie 1943 bis 1947 Kinderbücher unter dem Reihentitel *How Things are made*. 1949 erhielt F. die britische Staatsbürgerschaft; aufgrund ihrer vielseitigen Sprachkenntnisse arbeitete sie später wieder als Lektorin eines britischen Verlags. F. wurde auch durch ihre Übersetzungen aus dem Englischen und Jiddischen bekannt; sie verfasste Kinderbücher, pädagogische Werke und Gedichte, auch unter ihren Pseudonymen Margaret Fisher, Johann Emanuel Engel und Joseph Amiel. F. war Mitglied im Deutschen PEN-Club London und mit zahlreichen bedeutenden Personen des kulturellen Lebens bekannt (u. a. Bert Brecht, Ernst Barlach, George Bernard Shaw, Oskar Kokoschka, Otto Klemperer, Erich Maria Remarque und Peter Suhrkamp).

Grete Fischer: Dienstboten, Brecht und andere Zeitgenossen in Prag, Berlin, London. [Lebenserinnerungen] Olten: Walter 1966.

BHE 2; IfZ/BA: Brief F. an Prof. Friedmann vom 1. 1. 1947; Mitteilungen des Süddeutschen Archivs. 48. Folge. November / Dezember 1977; Bolbecher, Kaiser: Österr. Exilliteratur (2000) S. 194 f.

Fischer, Harry (Heinrich) R. 30. 8. 1903 Wien –12. 4. 1977 London; Kunsthändler, Antiquar. F.'s ursprünglicher Vorname war Heinrich; nach dem vorzeitigen Austritt aus dem humanistischen Schottengymnasium ohne Abitur absolvierte der Sohn eines Rechtsanwalts zwischen 1918 und 1921 eine Buchhändlerlehre in Wien und Berlin. F. war Mitglied der Wandervogel-Bewegung und bis 1923 in sozialistischen Jugendverbänden. 1923 gründete er am Wiener Kohlmarkt in bester Innenstadtlage eine eigene Buchhandlung, wo er auch verlegerisch tätig wurde. Von 1931 bis 1935 war er Teilhaber der Buchhandlung BERGER UND FISCHER in Wien, von 1935 an Teilhaber der Buchhandlung FRIEDRICH WILHELM FRICK, ebenfalls Wien. In dieser Zeit war F. Mitglied im Gremium der österreichischen Buchhändler, Verleger und Antiquare. Pläne, zusammen mit → Walter Neurath einen eigenen Verlag zu gründen, scheiterten aufgrund der politischen Entwicklung. Nach der Annexion Österreichs 1938 emigrierte F. mit einem Touristenvisum nach Zagreb in Jugoslawien, wo er eine Druckerei aufbaute. Im Mai 1939 siedelte er nach London über; 1940 wurde er für ein halbes Jahr auf der Isle of Man interniert. Von 1941 bis 1943 diente F. im britischen Pioneer Corps, von 1944 bis 1945 war er als Journalist für die *Financial Times* und als Mitarbeiter im Austrian Centre in London tätig. 1945 nahm er die britische Staatsbürgerschaft an und fand eine Anstellung als Buchhändler in der Londoner ST. GEORGE'S GALLERY. Im folgenden Jahr gründete er mit einem anderen Wiener Emigranten, Frank K. Lloyd (vormals Franz Kurt Levai), in der Old Bond Street die Kunstgalerie MARLBOROUGH FINE ARTS, die in ihren Anfängen auch mit *rare books, prints and pictures* handelte, mit der Zeit jedoch zu einer der weltweit größten Galerien für moderne Kunst wurde und seit Beginn der 1960er Jahre Zweigstellen in New York und Rom besitzt. F. machte sich mit Ausstellungen insbesondere um die Positionierung Noldes und Kokoschkas auf dem internationalen Kunstmarkt verdient. 1971 verließ F. Marlborough im Unfrieden, noch bevor sich die Galerie in eine skandalöse Auseinandersetzung mit den Erben des Malers Mark Rothko verwickelte, und gründete noch im selben Jahr zusammen mit seinem Sohn Wolfgang G. F., der bis dahin schriftstellerisch tätig gewesen war, eine neue Galerie, FISCHER FINE ART, die er bis zu seinem Tod mit Erfolg leitete.

BHE 1; H. G. Alexander: Kunsthändler Harry Fischer gestorben. In: Aufbau vom 29. 4. 1977; [Nachruf] The Times, 15 Apr. 1977 p. 14; Nachruf auf Frank Lloyd. In: New York Times, 8 Apr. 1998; Westphal: German, Czech and Austrian Jews (1991) p. 200; Andreas Hüneke: Fischers Liste. Die kunsthistorische Forschung und die ›Entartete Kunst‹: Zu dem Fund in London. In: FAZ vom 9. 5. 1997 S. 33; Öhlberger (2000) S. 80; Bach, Biester: Exil in London (2002) S. A262, A265; Schwarz: Verlagswesen der Nachkriegszeit (2003) S. 92–98 [online].

Fischer, Katharina Buchhändlerin. F. leitete nach dem Tod ihres Mannes die am 1. April 1942 gegründete LIBRERÍA FISCHER in Buenos Aires im Vorort Belgrano; eine deutschsprachige Buchhandlung mit allgemeinem Sortiment und angeschlossener Leihbücherei.

Taubert: Lateinamerika (1961) S. 124.

Fisher, Peter Thomas 2. 6. 1921 Wien – 27. 2. 2004 Englishtown, NJ; Buchhändler, Verleger. Als Sohn des bekannten Buchhändlers Oskar Fischer in Wien aufgewachsen, absolvierte F. 1936 bis 1938 eine Ausbildung im Wiener Verlag MICHAEL WINKLER und in der Wiener Buch-, Kunst- und Musikhandlung mit Verlag OTTO LORENZ. Nach der Annexion Österreichs gelang es F., nach Budapest zu entkommen; aus Prag, in das im März 1939 die deutschen Truppen einmarschiert waren, vermochte F., dank eines Empfehlungsschreibens von Stefan Zweig, in die USA zu emigrieren. In New York versuchte F., sich eine Existenz als Buchhändler aufzubauen. Bereits im Juli 1939 veranlasste ihn seine verzweifelte wirtschaftliche Lage, sich mit der Bitte um finanzielle Hilfe an Zweig zu wenden, der sich jedoch außerstande sah, F. zu unterstützen. Bis zum Freitod Zweigs 1942 hielt F. aber den Briefkontakt aufrecht; in seinem letzten Schreiben bat er um eine Empfehlung als Buchhändler gegenüber Franz Werfel. F. errichtete eine Buchhandlung in der 260 W 71st Street und setzte sich stark für den Vertrieb deutscher Bücher ein. Ein Katalog aus dem Jahr 1946/47 trägt den Titel *New Books from Germany and Austria*; um diese Zeit engagierte sich F. auch im Literarischen Forum, einer Vereinigung exilierter in New York lebender Autoren. F.'s Buchhandlung wurde dementsprechend von namhaften Künstlern und Schriftstellern frequentiert, darunter Rudolf Arnheim, Erich Auerbach, Julius Bab, Hermann Broch, Ferdinand Bruckner, Marlene Dietrich, Albert Ehrenstein, Martin Gumpert, Hermann Kesten, Arthur Koestler, Lotte Lenya, Erika und Klaus Mann, Hilde Marx, Harry Zohn. In seinem Verlag erschienen u. a. 1946 von Gilbert Robert *meine reime deine reime* und 1952 der Lyrikband *Inmitten aller Sterne* von Ruth Cohn. Doch auf Dauer konnte F. sich mit einer auf das deutschsprachige Exil fokussierten Buchhandlung und Verlagstätigkeit nicht behaupten. 1958 nahm F. einen Managerposten in der Verkaufs- und Werbeabteilung der NEW YORK GRAPHIC SOCIETY an; ab 1963 arbeitete er als Manager bei HARCOURT, BRACE & WORLD BOOKSTORE in New York und bei der SPRINGER PUBLISHING CO. Danach machte F. sich im Buchhandel unter dem Namen PIMPERNAL BOOKS wieder selbständig. F. war seit dem 13. Februar 1948 verheiratet mit Gabriele Ilse (Gaby) Fischer, geb. Feuchtwanger (23. 8. 1918 München – 23. 7. 1979 USA), Tochter von Fritz Naphtali Feuchtwanger.

Deutsches Exilarchiv / DNB: EB 70/117 (American Guild for German Cultural Freedom. Monatshefte 38 (1946) no. 6 p. 377); The German Quarterly vol. 14 no. 2 (March 1941) p. vii [Anzeige der Buchhandlung Fisher]; Cazden: German Exile Literature (1970) p. 176; Catalogue 20. Bibliography A–K. New York: Peter Tumarkin o. J. pp. 96 f. [Kat.-Nrn. 479–81: Korrespondenz F. mit Stefan Zweig, Gästebuch F.].

Flatow, Se'ew (Zeev) Importbuchhändler. Begann als Lehrling in → Saul Kliers ABC-BOOKSTORE in der Allenbystr., Tel Aviv, eines Bücher-Großimports mit Leihbibliothek. Nachfolgend stieg er zum Leiter des Unternehmens auf, das vor einigen Jahren von der Firma → Steimatzky übernommen worden ist.

Brief von F. Pinczower an EF vom 12. 12. 1991; briefliche Mitteilung von Gerhard Kurtze an EF vom 20. 9. 1993.

Flechtheim, Alfred 1. 4. 1878 Münster – 9. 3. 1937 London; Kunsthändler, Verleger. F.'s Vater war im deutschen Getreidegroßhandel tätig, seit 1897 unterhielt er den Firmensitz in Düsseldorf. Nachdem der junge F. wegen Schwierigkeiten mit dem Direktor seines Gymnasiums nach der mittleren Reife hatte die Schule verlassen müssen, besuchte er zunächst ein Internat am Genfer See und erhielt anschließend eine kaufmännische Ausbildung bei Geschäftsfreunden seines Vaters in Paris, Liverpool, Antwerpen und Odessa. 1908 wurde er in das elterliche Unternehmen aufgenommen; hier hielt er es aber nur kurz aus und wurde von seinem verständnisvollen Vater bald wieder entlassen. Schon als junger Mann gehörte F. der Gesellschaft der Bibliophilen an und begann, avantgardistische Kunst zu sammeln, besonders die Werke französischer und rheinländischer Künstler. Schnell machte er sich als Kunstsammler einen Namen. So trat er bei den richtungsweisenden *Sonderbund-Ausstellungen* 1910 und 1912 in Düsseldorf und Köln, in denen moderne französische und deutsche Künstler gemeinsam präsentiert wurden, als Mitorganisator auf. 1913 eröffnete er seine erste eigene Galerie in Düsseldorf, beraten von dem bedeutenden in Paris tätigen Kunsthändler Daniel-Henry Kahnweiler und unterstützt von dem Berliner Kunsthändler Paul Cassirer. F.'s Karriere als Kunsthändler wurde vom Ersten Weltkrieg unterbrochen, an dem er als Kavallerie-Leutnant teilnahm; nur wenige Monate nach Kriegsende eröffnete F. 1919 seine Galerie jedoch bereits wieder und konnte ihr in den folgenden Jahren Filialen in Köln, Frankfurt, Berlin und Wien hinzufügen. 1921 begründete er die avantgardistische Kunstzeitschrift *Der Querschnitt*, die zunächst als *Marginalien aus der Galerie*, ab 1923 unter der Redaktion von Hermann von Wedderkop als eigenständiges Publikationsorgan erschien (seit Heft 5 des Jahrgangs 1924 im Propyläen-Verlag). In seiner 1923 gegründeten QUERSCHNITT VERLAG AG brachte F. vor allem kostbare, heute legendäre Mappenwerke, sorgfältig bearbeitete Kunstkataloge und bibliophile Drucke heraus. 1923 erschien im Querschnitt

Verlag das Blockbuch *Theben* von Else Lasker-Schüler. 1927 zog F. mit dem Hauptsitz seiner Galerie von Düsseldorf nach Berlin um, wo er in den folgenden Jahren berühmte moderne Künstler wie Picasso, Matisse und Rousseau ausstellen konnte und das Gesellschaftsleben mit Soireen in seinem Salon bereicherte. 1928 erwies ihm die Kunstwelt anlässlich seines 50. Geburtstages mit einem in 350 Exemplaren erschienenen und von seinem Mitarbeiter → Curt Valentin herausgegebenen Privatdruck ihre Reverenz. Der Ausbruch der Weltwirtschaftskrise 1929 ging auch an F.'s Kunstimperium nicht spurlos vorüber: die Filialen mussten bis auf Düsseldorf schließen. Folgenschwerer war aber die zunehmende, antisemitische Hetzkampagne gegen die ›entartete Kunst‹ durch den aufkommenden Nationalsozialismus. Schon vor 1933 setzte der Prozess der Ausgrenzung und wirtschaftlicher Repressalien ein, der F. 1933 über Zürich und Paris nach Großbritannien in die Emigration trieb. F.'s Düsseldorfer Galerie wurde ›arisiert‹ und 1936 als ›erloschen‹ gemeldet; auch seine Privatsammlung löste sich ab 1933 unter der Verfolgung der Nazis auf; das NS-Raubgut, zerstreut und auf zum Teil verschlungenen Wegen in viele deutsche Museen gelangt, gilt bis heute als der größte und komplizierteste Restitutionsfall der Bundesrepublik. In London fasste F. in der MAYOR GALLERY rasch Fuß; noch 1933 organisierte er hier eine erste Ausstellung. Große Aufmerksamkeit erlangte er 1936 als Mitveranstalter der vielgerühmten *Exhibition of Masters of French 19th Century Painting*. 1937 starb der bedeutende Kunsthändler wahrscheinlich an einer Blutvergiftung. Seine aus Sicherheitsgründen 1936 von ihm geschiedene Frau Betty nahm am 15. November 1941 in Berlin eine Überdosis Schlaftabletten, als sie von der ihr bevorstehenden Deportation Nachricht erhielt.

BHE 2; DBE; Adressbuch 1931 S. 197; Verlagsveränderungen 1933–1937 S. 9; Alex Vömel: Alfred Flechtheim, Kunsthändler und Verleger. In: Imprimatur. NF Bd. V (1967) S. 90–96; Alfred Flechtheim – Sammler, Kunsthändler, Verleger. [Ausst.-Kat.] Kunstmuseum Düsseldorf 1987; Ottfried Dascher: Die Ausgrenzung und Ausplünderung von Juden. Der Fall der Kunsthandlung und des Kunsthändlers Alfred Flechtheim. In: Werner Abelshauser [Hg.]: Wirtschaftsordnung, Staat und Unternehmen. Neue Forschungen zur Wirtschaftsgeschichte des Nationalsozialismus. FS für Dietmar Petzina zum 65. Geburtstag. Essen: Klartext 2003 S. 125–38; Ottfried Dascher: Alfred Flechtheim – Kunsthändler, Sammler und bibliophiler Verleger. In: Marginalien H. 175 (2004) S. 8–14; Godula Buchholz: Karl Buchholz. Buch- und Kunsthändler im 20. Jahrhundert. Sein Leben und seine Buchhandlungen und Galerien Berlin, New York, Bukarest, Lissabon, Madrid, Bogotá. Köln: Dumont 2005; Ralph Jentsch: Alfred Flechtheim – George Grosz. Zwei deutsche Schicksale. Bonn: Weidle Verlag 2008.

Fleischer, Victor 12. 9. 1882 Komotau / Böhmen –1951 London; Verleger, Schriftsteller; Dr. phil. Nach einem Studium der Philosophie und Kunstgeschichte in Leipzig, München und Wien mit der Promotion 1905 arbeitete F. als Archivar des Fürsten von Liechtenstein in Wien; er war verheiratet mit der Schauspielerin Leontine geb. Schlesinger (Künstlername L. Sagan). Seit 1910 lebte F. in Deutschland, 1920 war er an der Gründung der FRANKFURTER VERLAGS-ANSTALT AG in Frankfurt am Main beteiligt, deren Programm damals auf Architektur und Kunstgewerbe ausgerichtet war; u. a. brachte sie 1921–36 das *Jahrbuch des Städelschen Kunst-Instituts* in Frankfurt heraus. Nach dem Zusammenschluss mit dem JULIUS BARD VERLAG übersiedelte der Verlag nach Berlin. In der zweiten Hälfte der 1920er Jahre übernahm F. als persönlich haftender Gesellschafter den Verlag HEINRICH KELLER in Berlin, dessen Gründung auf das Jahr 1727 zurückging. 1935 emigrierte F. nach England, wo er nach einer längeren

Erkrankung eine Anstellung bei der Standard Bank of South-Africa gefunden haben dürfte. F., der mit Stefan Zweig befreundet und Mitglied des Deutschen Exil-PEN war, war parallel zu seiner verlegerischen Tätigkeit als Verfasser zahlreicher Novellen, Romane und Dramen sowie als Herausgeber ausgewählter Erzählungen Jean Pauls, Winckelmanns *Geschichte der Kunst des Altertums* sowie der *Tierfabeln des klassischen Altertums* hervorgetreten.

Adressbuch 1931 S. 312; DBE; Oswald Oberhuber [Hg.]: Die Vertreibung des Geistigen aus Österreich. [Ausst.-Kat.] Wien: Zentralsparkasse und Kommerzialbank 1985 S. 85; Dokumentationsarchiv des österreichischen Widerstandes [Hg.]: Österreicher im Exil 1934 bis 1945. Protokoll des internationalen Symposiums zur Erforschung des österreichischen Exils von 1934 bis 1945. Wien: Österreichischer Bundesverlag für Unterricht, Wissenschaft und Kunst 1977 S. 404; Deutsches Literaturarchiv Marbach am Neckar, Splitternachlass: ca. 100 Briefe, überwiegend von Stefan Zweig an F. [vgl. Jahrbuch der Dt. Schillergesellschaft Jg. 29 (1985) S. 596].

Fleischmann, Rudolf 28. 10. 1898 Scrod? Vertreter; Dr. F. war als Reisender u. a. für → Wieland Herzfeldes MALIK VERLAG tätig. So reiste er 1936 für Malik durch Österreich, die Schweiz und Italien. Weitere Angaben konnten nicht ermittelt werden.

Wieland Herzfelde, Briefe (1991) S. 104, 176.

Fleischner, Alfred Geb. 27. 7. 1894 Prag; Buchhändler, Astrologe. Dr. F. übernahm in Wien die Buchhandelskonzession, die von Rudolf Genner am 5. Juni 1925 zurückgelegt worden war. Ab 1. August 1925 betätigte sich F. in Wien I., Tuchlauben 13 (Eingang Kleeblattgasse 4), wohl noch ohne offenes Ladengeschäft, als Buchhändler, verlegte die Firma aber bereits 1926 nach Wien VII., Burggasse 70. Dort führte er ein Sortiment DR. ALFRED FLEISCHNER mit Antiquariats-, Reise- und Versandbuchhandlung und schloss auch eine Leihbibliothek an. F. war bis in die erste Hälfte der 1930er Jahre tätig, am 21. 6. 1935 legte er jedoch das Gewerbe zurück; die Buchhandlung wurde von → Edith Fürth übernommen. Er selbst bot nunmehr – wie aus Werbeanzeigen im *Neuen Tage-Buch* 1938 hervorgeht – unter der Adresse I., Tuchlauben 13, astrologische Beratung, Persönlichkeitsanalysen und Schicksalsprognosen an, und behielt diese Tätigkeit auch nach seiner 1938/39 erfolgten Flucht in die USA bei: Von einer New Yorker Adresse aus (311 West 97St) verdiente er seinen Lebensunterhalt mit Zukunftsvorhersage und astrologisch gestützter Lebensplanung.

Perles' Adressbuch; Hupfer: Antiquarischer Buchhandel (2003) S. 277; Anzeigen im Aufbau Almanac. New York: German-Jewish Club 1941 S. 67 (›Ihr Schicksal deutet wissenschaftlich aus den Sternen DR. ALFRED FLEISCHNER‹) oder in Vogue 101 (1943) 1, S. 17.

Fles, Barthold 7. 2. 1902 Amsterdam –19. 12. 1989 Laren / NL; Literaturagent, Verleger, Schriftsteller, Übersetzer. F. absolvierte nach dem Besuch der Handelsschule ein Volontariat in der Importabteilung des Verlags ALLERT DE LANGE, dem sich eine Ausbildung zum Buchhändler in London und Leipzig anschloss. 1923 ging er in die USA mit dem Ziel, eine Anstellung als Verlagslektor zu finden. Er wurde freier Mitarbeiter bei New Yorker Verlagen wie HARPER & BROS, APPLETON & CO. oder SMITH & HAAS. 1933 kehrte er im Auftrag von Smith & Haas als Literaturscout nach Europa zurück, um Lizenzrechte zu erwerben (u. a. von Jakob Wassermann, Ignazio Silone). Aufgrund seiner guten Kontakte wagte F. 1933 den Schritt in die Selbständigkeit und eröffnete an der 5th Avenue 507 in New York eine eigene Agentur und erhielt von Allert de Lange und

QUERIDO die Alleinvertretung der deutschen Abteilung für Exilliteratur. 1935 besuchte F. im Auftrag des Bostoner Verlagshauses LITTLE, BROWN & COMP. den XV. Internationalen PEN-Kongress in Paris und nahm als Mitglied der niederländischen Delegation am Zweiten Internationalen Schriftstellerkongress zur Verteidigung der Kultur in Spanien teil. Auch dort lernte er zahlreiche prominente Vertreter des deutschsprachigen Exils kennen. In Folge wurde F. zum wichtigsten Vermittler der von ihm betreuten Schriftsteller, darunter Ödön von Horvath, Irmgard Keun, Heinrich Mann, Thomas Mann oder Joseph Roth, für das amerikanische Lesepublikum. Die mit dem Impressum Barthold Fles gedruckten Gedichtbände der deutschen Exilschriftsteller Hans Sahl (*Die hellen Nächte*, 1942), Berthold Viertel (*Fürchte dich nicht!*, 1941) und Max Hermann-Neiße (*Letzte Gedichte, Mir bleibt ein Lied*, beide 1942) können als im Selbstverlag erschienen gelten. F. war Mitbegründer des europäischen PEN-Klubs in den USA und als Rezensent u. a. für den *Aufbau* (NY), die *New York Times Book Review, Publishers' Weekly* oder *Das neue Tagebuch* literaturvermittelnd tätig. Nach Kriegsende verlor Fles' Agentur die spezielle Bedeutung für die deutsche Exilliteratur: insgesamt war es ihm bis 1942 gelungen, über 60 von Emigranten verfasste Titel bei Verlagen unterzubringen. F. betrieb sein Büro mit hauptsächlich amerikanischen und englischen Klienten bis 1985 und führte danach ein zurückgezogenes Leben in einem Altersheim für pensionierte Künstler in den Niederlanden.

Barthold Fles: The Literary Agent. In: The Writer vol. 64 no. 10 (1951) pp. 319–23, und no. 11 pp. 361–65, abgedruckt in: Madeleine Rietra [Hg.]: Heinrich Mann: Briefwechsel mit Barthold Fles 1942–1949. Berlin: Aufbau 1993 S. 181–99.

Deutsches Exilarchiv / DNB: Teilnachlass EB 89/21 [Briefe]; weitere Bestände mit Briefen von und an F. im Heinrich Mann-Archiv der Akademie der Künste zu Berlin und im Lion Feuchtwanger-Archiv der University of Southern California; Cazden: German Exile Literature (1970) p. 147, 197; Koepke: Exilautoren und ihre Verleger (1989) S. 1423, 1444; Madeleine Rietra: ›Muss man dann immer postwendend Geld senden um überhaupt mit Ihnen verkehren zu können?‹ Joseph Roth und Barthold Fles in Briefen. In: Sjaak Onderdelinden [Hg.]: Interbellum und Exil. FS für Hans Würzner. Amsterdam: Rodopi 1991 S. 199–224; Madeleine Rietra: Der New Yorker Literaturagent Barthold Fles als Vermittler zwischen der alten und neuen Welt (1933–1945). In: Michael S. Batts [Hg.]: Alte Welten – neue Welten. Akten des IX. Kongresses der Internationalen Vereinigung für Germanische Sprach- und Literaturwissenschaft. Tübingen: Niemeyer 1996; Madeleine Rietra: Heinrich Mann / Barthold Fles: Autor / Agent. In: Hans Würzner [Hg.]: Deutsche Literatur im Exil in den Niederlanden 1933–1940. Amsterdam: Rodopi 1994 S. 151–62; Skalicky: Literaturagenten in der Emigration (2001) S. 109 f.; Madeleine Rietra [eingel. und hg. von]: Aber das Leben marschiert weiter und nimmt uns mit. Der Briefwechsel zwischen Joseph Roth und dem Verlag De Gemeenschap 1936–1939. Köln: Kiepenheuer & Witsch 1991 S. 238 f. u. ö.

Flinker, Martin 18. 7. 1895 Czernowitz / Österreich-Ungarn – 21. 6. 1986 Paris; Buchhändler, Verleger; Dr. jur. Auf Wunsch des Vaters, eines k. k. Militärarztes, studierte F. Jura und schloss das Studium mit der Promotion ab. Anschließend begann er in einer Bank zu arbeiten, trat aber 1920 in die renommierte Wiener Buchhandlung HUGO HELLER am Bauernmarkt ein, um sich seiner Leidenschaft, der Literatur, zu widmen. 1922 trat F. zum Protestantismus über und heiratete Franziska Ippen, Tochter einer zum Katholizismus konvertierten großbürgerlichen jüdischen Familie. Nach dem Tod Hellers im November 1923 ging die Firma in die BUKUM AG vormals Hugo Heller & Cie. auf, doch steckte das Unternehmen Mitte der 1920er Jahre in finanziellen Schwierigkeiten, so dass manche Geschäftsbereiche abgestoßen werden mussten. In der Zeit, in der

F. bei der Bukum beschäftigt war, veröffentlichte er den ersten seiner später berühmt gewordenen literarischen Almanache, die ein Verzeichnis über das Angebot der Buchhandlung sowie bisher unveröffentlichte Texte zeitgenössischer Autoren enthielten. Am 21. Februar 1928 wurde F. die Kollektivprokura in der Bukum erteilt, jedoch am 30. Januar 1931 wurde diese Prokura wieder gelöscht: F. eröffnete am 12. März 1931 seine eigene Sortimentsbuchhandlung am Kärntnertor in der Wiedner Hauptstraße 2, die sich auf den Handel mit moderner Literatur spezialisierte. Sie wurde schnell zu einer bekannten literarischen Institution: Stefan Zweig, Joseph Roth, Annette Kolb, Elias Canetti, Thomas Mann, Musil, Schnitzler, Werfel u. a. gingen hier ein und aus. F. publizierte weiterhin seine Almanache (*Dr. Martin Flinker's Ratgeber für Bücherfreunde*, 1933, unter wechselndem Titel bis 1938) und veranstaltete Lesungen von bekannten Dichtern. Unmittelbar nach der Annexion Österreichs emigrierte F. mit seinem 13-jährigen Sohn Karl (seine Frau weigerte sich mitzugehen, zog zu ihrer Familie nach Blansko in die ČSR und kam später in einem Konzentrationslager um) nach Zürich. Er ließ das Sortiment zurück (laut Inventar des Bücherlagers 4808 Bücher); der Verkauf an seinen ehemaligen Mitarbeiter Franz Lazansky wurde von der Vermögensverkehrsstelle auf Betreiben des nationalsozialistisch gesinnten Vorsitzenden der Buchhändlergilde Karl Berger aus ›Wettbewerbsgründen‹ vereitelt. Eine Entschädigung bekam F. nie. In Zürich bemühte F. sich mit Hilfe Thomas Manns um ein Aufenthaltsvisum für die Schweiz; als die Aussicht auf ein solches jedoch geschwunden war, wandte er sich nach Frankreich. Am 13. Juli 1938 kam er in Paris an, hatte hier jedoch große Schwierigkeiten, Anschluss an die Literatenszene zu finden. Mit Nachhilfeunterricht und dem Verkauf von Briefmarken hielt F. sich über Wasser. Im Frühjahr 1939 zog er in die Provinz, nach Caen in der Normandie. Hier wurde er im September vom Kriegsbeginn überrascht; F. wurde interniert, während es seinen (noch nicht einmal 16-jährigen) Sohn nach Limoges verschlug, wo er von der Militärzensurbehörde als Übersetzer für die Post deutscher Kriegsgefangener dienstverpflichtet wurde. Aufgrund seiner Kontakte gelang es Karl, dass sein Vater aus dem Internierungslager entlassen wurde und zu ihm kommen konnte. Von Limoges aus flüchteten beide im Juni 1940 nach dem deutschen Überfall auf Frankreich nach Bordeaux und von dort über Madrid nach Marokko, wo sie in Tanger strandeten und die Jahre des Krieges überdauerten. Nach Kriegsende erfuhr F. vom Tod seiner Frau im KZ Theresienstadt. Einen kurz erwogenen Rückkehrplan nach Österreich verwarf er und kehrte Ende 1945 nach Frankreich zurück. 1947 eröffnete F. in Paris am Quai des Orfèvres 68, mit finanzieller Hilfe des französischen Abgeordneten und späteren Ministerpräsidenten Robert Schuman und überzeugt von seiner Mittlerfunktion zwischen der deutschen und französischen Literatur, eine deutsche Buchhandlung: die LIBRAIRIE MARTIN FLINKER. Um seine Schulden begleichen zu können, hielt F. die Buchhandlung jahrelang bis tief in die Nacht geöffnet, was sie zu einem vielbesuchten Intellektuellentreffpunkt machte. F. war nicht bloß Buchhändler, sondern auch Verleger: MAISON D'ÉDITION war der Zusatzname der Librairie Martin Flinker – von Henri Michaux erschienen in den Èditions Flinker zwei Gedichtbände. F. veröffentlichte auch hier wieder zwischen 1954 und 1958 seine nunmehr zweisprachigen literarischen Almanache und publizierte auch selbst, vor allem literaturkritische Essays über Thomas Mann, Robert Musil, Rudolf Kassner und Joseph Roth. Bis zu seinem Tod 1986 leitete F. seine Librairie, die er zu einer bedeutenden Anlaufstelle für französische Germanisten und alle Literaturfreunde gemacht hat. 1973 wurde er für seine Verdienste um die deutschfranzösische Verständigung zum Ritter der Ehrenlegion ernannt, 1977 erhielt er die Ehrenmedaille des deutschen Buchhandels. Sein Sohn, der Anfang der 1950er Jahre in der Schweiz eine verlegerische Ausbildung erhalten und bis 1960 in der väterlichen Buchhandlung und im Verlag mitgearbeitet hatte, betrieb danach im Quartier Latin eine Galerie für zeitgenössische Kunst; er starb 1991. Zuvor hatte der Berner Buchhändler Kurt Salchi 1989 von Karl F. die Buchhandlung Flinker erworben, doch entgegen seiner ursprünglichen Absicht das Geschäft nicht fortgeführt: 1990 schloss die Librairie Martin Flinker. Der Nachlass Martin F.'s (Librairie allemande Martin Flinker) befindet sich im IMEC Institut Mémoires de L'Édition Contemporaine, Paris.

Henri Plard: Joseph Roth und das alte Österreich. In: David Bronsen [Hg.]: Joseph Roth und die Tradition. Darmstadt: Agora 1975 S. 98–130, hier S. 130; Bbl. (FfM) Nr. 49 vom 21. 6. 1977 S. 6 [Verleihung der Ehrenmedaille des Börsenvereins]; Bbl. (FfM) Nr. 55 vom 12. 7. 1977 S. 13 f.; Bbl. (FfM) Nr. 75 vom 20. 9. 1977 S. 16 [Berichtigung]; Bbl. (FfM) Nr. 54 vom 8. 7. 1986 S. 1896; Hans Scherer: Martin Flinker, der Buchhändler. Ein Emigrantenleben. Frankfurt: Frankfurter Bund für Volksbildung 1988; ders.: Erinnerung an Martin Flinker (1895–1986). In: Musil-Forum Jg. 13/14 (1987/88) S. 280–83; Bbl. (FfM) Nr. 58 vom 21. 7. 1989 S. 2279; Bbl. Nr. 22 vom 16. 3. 1990 S. 952 [Schließung der ältesten deutschsprachigen Buchhandlung in Paris]; Landshoff: Querido Verlag (1991) S. 424; Isabelle Pleskoff [Hg.]: Martin et Karl Flinker. De Vienne à Paris. [Ausst.-Kat.] Paris: Musee d'art et d'histoire du Judaisme 2001; Florian Welle: Der Buchhandelskünstler. Paris erinnert an Martin und Karl Flinker. In: SZ vom 24. 4. 2002 S. 18; Ralf Klingsieck: Bei Flinker in Paris gestöbert. Erinnerung an einen legendären Buchhändler. In: Bbl. Nr. 43 vom 31. 5. 2002 S. A271–74; Hall: Pariser Ausstellung zu Ehren Martin Flinkers. Ein Vorbericht. In: Mitteilungen der Gesellschaft für Buchforschung in Österreich H. 1 (2001) S. 25–28 [online]; Hupfer: Antiquarischer Buchhandel (2003) S. 260; Krista Scher-Weyl: Der Buchhändler Martin Flinker Wien /Tanger / Paris 1895–1986. Sein Briefwechsel mit einer Wiener Freundin im Exil. In: Zwischenwelt 20. Jg. (Sept. 2003) S. 42–45; Enderle-Ristori: Das ›freie dt. Buch‹ (2004) S. 42 f.; Birgitta Stieglitz-Hofer: Buch- und Antiquariathandlung Alois Reichmann, Buch-, Kunst- und Musikalienhandlung Dr. Martin Flinker (Seminararbeit, Wien 2009) [online].

Foges, Wolfgang 27. 2. 1910 Wien – 6. 3. 1983 London; Verleger. F. wurde als Sohn eines wohlhabenden Gynäkologen in Wien geboren, die jüdische Familie kam ursprünglich aus Böhmen. F. erhielt seine Schulbildung in Internaten in Schweden und Deutschland, nach dem Abitur betätigte er sich in Wien als Journalist und publizierte, u. a. gemeinsam mit Bruno Kreisky, in Zeitschriften (u. a. in *Die neue Jugend* der Studentenbewegung Bund Neuland); später wurde er Direktor der von ihm ins Leben gerufenen Modezeitschrift *Moderne Welt*, die in der Tschechoslowakei gedruckt wurde. Von Wien aus unternahm er Geschäftsreisen nach England, um Bestellungen zu akquirieren. Noch vor dem Anschluss Österreichs an Hitlerdeutschland emigrierte F. 1934 mit seiner Frau Katharina Schütte, die aus Westfalen stammte, nach Großbritannien. Mit finanzieller Unterstützung durch Lord Glenconnor (C. Tennant & Co.) gründete F. 1937 in London den *packager* ADPRINT: ›One of Foges' ideas – how far he was initially responsible for it is hard to say – was the development of so-called ›book-packaging‹. [...] Knowledge of the market supplied the idea for a particular book; an author was then found, along with a designer to create an appealing format, and economical printers to produce it. The colour reproductions in particular were often printed in other countries.‹ (Mosse: *Second Chance* p. 197) F. brachte hier also seine zuvor bereits in Österreich praktizierten Geschäftsmethoden erfolgreich ein, u. a. arbeitete er mit dem ebenfalls emigrierten deutschen Graphiker F. H. K. Henrion (1914–1990) zusammen. Auch → Walter Neurath, der später THAMES & HUDSON gründete, und sein Schulfreund → Paul Steiner, der schon in Wien als Chefredakteur der *Modernen Welt* mit ihm zusammengearbeitet hatte, waren Geschäftspartner von F. Zusammen mit Neurath brachte F. für COLLINS die 142 Einzeltitel umfassende Reihe *Britain in Pictures* heraus, die, vom Ministry of Information in mehrere Sprachen übersetzt, auf den nationalen Buchmärkten der Mitgliedsstaaten des Commonwealth vertrieben wurde. Während des Zweiten Weltkriegs wirkte F. auch als Berater für Druck und Publikationen für das Colonial Office: er entwickelte und produzierte die *Corona Library Series*, illustrierte Bücher zu den einzelnen britischen Kolonialstaaten. 1941 erhielt F. die britische Staatsbürgerschaft. Adprint war dennoch kein nachhaltiger Erfolg beschieden; F. verkaufte das Unternehmen an die BRITISH PRINTING CORP., die später von → Robert Maxwell übernommen wurde. Erneut mit geborgtem Geld entwickelte F. Anfang der 1950er Jahre unter dem Imprint von RATHBONE BOOKS und in Zusammenarbeit mit DOUBLEDAY & CO. INC., New York, die *Wonderful World*-Buchreihe, der weitere sehr erfolgreiche Buchreihen in internationaler Kooperation folgten. 1960 gründete F. ALDUS BOOKS als Subunternehmen von DOUBLEDAY & CO., in dessen Verlagsleitung → Frederick Ullstein eintrat; zu den Autoren des erfolgreichen Verlags zählten J. B. Priestley und Julian Huxley. Im Verlauf der wachsenden internationalen Verlagskonzentration gingen sowohl Rathbone wie Aldus schließlich vollständig in Doubleday auf; F.'s innovative Leistung für das britische Verlagswesen wird heute allgemein anerkannt. Sein Sohn Peter, geboren am 20. September 1944 in London, lebt als Regisseur in New York.

Werner E. Mosse [ed.]: Second Chance: Two Centuries of German-speaking Jews in the United Kingdom. Tübingen: Mohr Siebeck 1991 pp. 197 f., 200; Ursula Seeber [Hg.]: Kleine Verbündete. Vertriebene österreichische Kinder- und Jugendliteratur. Wien: Picus 1998 S. 64; Valerie Holman: Print for Victory. Pook Publishing in Britain 1939–1945. London: British Library 2008; David Lambert: Wolfgang Foges and the new illustrated book in Britain: Adprint, Rathbone Books, and Aldus Books. In: Paul Stiff [ed.]: Modern Typography in Britain: graphic design, politics, and society (Typography papers. 8). London: Hyphen Press 2009.

Fränkel, Lipa Buchhändler. F. leitete zusammen mit seinem Vater, dem Gelehrten Rabbi David Fraenkel (1877 Galizien–1948 New York) in der Taborstraße 24, Wien II, das gleichnamige Antiquariat, das mit wertvollen Beständen internationale Geschäftsbeziehungen unterhielt. Am 1. Mai 1938 nahm Adolf Eichmann mit Gestapobeamten im Geschäft einen Lokalaugenschein vor und ordnete die Versiegelung der Buchhandlung an. In 56 Kisten verpackt, wurden die Bücher, überwiegend Judaica, nach Berlin in das SD-Hauptamt verbracht. Die Bücher gelten heute als verschollen. F. konnte mit seinem Vater im Dezember 1938 Wien verlassen, beide emigrierten in die USA; in der New Yorker East Side, Essex Street, betrieb F. bis 1961 eine Buchhandlung.

Evelyn Adunka: Der Raub der Bücher. Plünderung in der NS-Zeit und Restitution nach 1945. Wien: Czernin 2002 S. 78 f.; Gerhard Jagschitz, Stefan Karner: ›Beuteakten aus Österreich‹. Der Österreichbestand im russischen ›Sonderarchiv‹ Moskau. Graz: Selbstverlag des Ludwig Boltzmann-Instituts für Kriegsfolgen-Forschung 1996 S. 209; Schroeder: ›Arisierung‹ II (2009) S. 360.

Frank, Abraham Geb. 1923 Flacht / Hessen; Zeitschriftenjournalist und -herausgeber, Buchhändler. F. verbrachte seine Kindheit im nordhessischen Flacht bei Diez an der Lahn und Ludwigsburg; bis zum Alter von zwölf Jahren besuchte er das Stuttgarter Karlsgymnasium, dann beschlossen seine Eltern aufgrund der für Juden in Deutschland immer prekärer werdenden Lage, nach Palästina auszuwandern. Die Familie erreichte Haifa im Mai 1936 mit ›Kapitalistenzertifikat‹, aber ohne finanziellen Rückhalt. In dem abgelegenen Dorf Migdal bei Tiberias versuchte der Vater, ehemals ein erfolgreicher Kaufmann, die Existenz seiner Familie durch Landwirtschaft zu sichern. F. schloss die High School in Afula ab und nahm 1941 in Tel Aviv eine buchhändlerische Tätigkeit bei der Firma PALES auf, die er dann bei HERZFELDER fortsetzte. 1945–1950 arbeitete er als Sales Agent für Tel Aviv und Südisrael und war in dieser Eigenschaft mit dem Grossovertrieb von Büchern und Kunstreproduktionen befasst. Auch war er ehrenamtlich als Sekretär der Wholesale Booksellers Association in Tel Aviv tätig. Er selbst sah sich als ›Produkt einer gestörten Erziehung‹, denn in Deutschland hätte er vermutlich eine akademische Ausbildung erfahren. In Tel Aviv begann F. sich auch sozialpolitisch zu engagieren: Er leitete die Jugendgruppe der Alija Chadascha, seit 1950 bereiste er als Angestellter der Jewish Agency Kanada, Großbritannien und die USA und war mit allen organisatorischen Fragen der Beratung und Integration von Einwanderern betraut, 1957–59 und 1967/68 als Leiter der Einwanderungsbehörde in England, danach als Leiter der Einwanderungsabteilung der zionistischen Weltorganisation in Nordamerika. Direkt und indirekt war er für die Einwanderung von rund 10 000 westlichen Juden persönlich verantwortlich. In diesem Zusammenhang war er vielfach beratend bei der Auflösung deutscher Emigrantenbibliotheken tätig; er selbst baute eine private Büchersammlung auf. Seit 1982 lebte F. wieder überwiegend in Israel; nach seiner Pensionierung engagierte er sich als Vizepräsident und Kulturreferent des 1932 gegründeten Irgun Olej Merkas Europa, der Dachorganisation der deutschen, österreichischen und tschechischen Einwanderer. F. war Redakteur beim Mitteilungsblatt *MB* dieser sozial-kulturellen Organisation und widmete sich der Spurensuche der einstmals blühenden deutsch-jüdischen Kultur in Deutschland. Er reiste in regelmäßigen Abständen nach Deutschland, um noch bestehende Synagogen und Friedhöfe zu betreuen und instandsetzen zu lassen, Vorträge zu halten und genealogische Nachforschungen anzustellen; seine Korrespondenzen und Untersuchungsmaterialien werden in den Central Archives for the History of Jewish People (CAHJP) in Jerusalem aufbewahrt.

Abraham Frank (u. a.): Ihre Seele sei eingebunden in das Bündel des Lebens. Die jüdische Gemeinde und der jüdische Friedhof zu Grosskrotzenburg. Hanau: CoCon 2002; ders., gem. mit Werner A. Gueth, Johannes Kempf: Zachor. Ein Buch des Gedenkens. Zur Erinnerung an die jüdische Gemeinde Hachenburg. Stadt Hachenburg 2002; ders.: The Fürth-Katzenstein Family. Biographies and genealogic charts. Jerusalem 2002; ders., gem. mit Gerhard Buck: The Eschenheimer and the Nachmann Families – Biographies and Geneological Charts. Jerusalem 2003; ders., gem. mit Alfred Schneider: The Spier Family of Zwesten (Hesse, Germany). Biographies, Genealogical Charts. Jerusalem 2004; ders.: The Dinkelsbühler, Hönigsberger und Wilmersdörfer families of Floss and Fürth (Bavaria). Biographies and genealogical charts. Vol. 5. Jerusalem 2006; ders.: Ich habe viele hundert Grabsteininschriften auf jüdischen Friedhöfen in Deutschland entziffert. In: Salean A. Maiwald: Aber die Sprache bleibt. Begegnungen mit deutschstämmigen Juden in Israel. 2. Aufl. Berlin: Karin Kramer 2009 S. 156–68.

Telefonate EF mit F. am 17. u. 23. 10. 1992 in Tel Aviv; Brief von Erwin Lichtenstein an EF vom 24. 3. 1992; The Central Archives for the History of the Jewish People Jerusalem (CAHJP), Sammlung Abraham Frank – P 254 [online]; Lebensgeschichte Abraham Frank (Lukas Welz: Dokumentation fuer den Irgun Olej Merkas Europa Jerusalem, August 2006) unter www.irgunjeckes.org [online].

Frank, Elisabeth (Liesl) 10. 9. 1903 Wien – 21. 3. 1979 München; Literatur-, Theater- und Filmagentin. F. war die Tochter der berühmten Schauspielerin und Operettendiva

Fritzi Massary (1882–1969) und Adoptivtochter des Schauspielers Max Pallenberg. Sie verließ Deutschland 1933 am Tag nach dem Reichstagsbrand zusammen mit ihrem ersten Ehemann Bruno F. (1887–1945), einem der bedeutenden Schriftsteller der Weimarer Republik. Bis sie im Oktober 1937 endgültig in die USA emigrierten, pendelten die Eheleute zwischen London und Österreich hin und her. In Los Angeles trafen die F.'s auf die mit ihnen bestens befreundeten Kollegen Lion Feuchtwanger und Thomas Mann. Die Franks konnten sich in Beverly Hills (513 North Camden Drive) ein repräsentatives Haus kaufen, in dem früher Charlie Chaplin gewohnt hatte; es wurde zu einem beliebten Treffpunkt von ›Weimar am Pazifik‹, Mitbewohnerin war die 1938 ebenfalls ins Exil gegangene Fritzi Massary, die dort bis zu ihrem Tod 1969 lebte. Liesl und Bruno F. gründeten den European Film Fund, einen Hilfsfond für die weniger erfolgreichen Emigranten in Hollywood, und zeichneten sich auch sonst durch ihre Hilfsbereitschaft aus. Nach dem Tod Bruno F.'s übersiedelte F. nach New York und heiratete dort den aus Wien stammenden Regisseur Leo Mittler. Anfang der 1950er Jahre kehrte F. als Agentin für die deutschsprachigen Rechte amerikanischer Bühnenautoren nach Deutschland zurück, zunächst nach Hamburg. In dritter Ehe heiratete F. 1965 den Autor Jan Lustig (1902–1979), der 1933 nach Paris emigriert war und 1940 mit einem Visum in die USA immigrieren konnte. Seine langjährige Arbeit als Drehbuchautor für MGM in Hollywood, u. a. für Filme mit Billy Wilder, war über Vermittlung von F. zustande gekommen. F. lebte zuletzt in München im Herzogpark.

Bolbecher, Kaiser: Österr. Exilliteratur (2000) S. 462 [Art. Jan Lustig]; Jan Lustig: Ein Rosenkranz von Glücksfällen. Protokoll einer Flucht. Bonn: Weidle Verlag 2001; Sascha Kirchner: Der Bürger als Künstler. Bruno Frank (1887–1945). Leben und Werk. Düsseldorf: Grupello 2009.

Frankenstein, Betty 7. 3. 1882 in Crone / Posen – 5. 7. 1960; Verlegerin. F. war bis zu ihrem 14. Lebensjahr Schülerin der Mittelschule in Crone, an der ihr Vater Lehrer und Rektor war. Um 1899 übersiedelte sie nach Berlin, um dort eine Höhere Handelsschule zu besuchen. Als Dr. Arthur Hantke im Frühjahr 1904 das Zentralbüro der Zionistischen Vereinigung für Deutschland (ZVfD) einrichtete, stellte er sie als Sekretärin an. F. stand – unter wechselnden Präsidenten – über dreißig Jahre im Dienst der Zionistischen Vereinigung, zuletzt als deren Geschäftsführerin. Im Oktober 1910 übernahm sie die Geschäftsführung des Verlags der *Jüdischen Rundschau* sowie die Verwaltung des Jüdischen Nationalfonds, nach dem Ersten Weltkrieg wurde sie zudem in der Leitung des Palästina-Amtes tätig. Ihre Absicht, 1934 nach Palästina auszuwandern, hat sie auf Wunsch von Hantke, der ab 1926 Direktor der Keren Hajessod in Jerusalem war, und im Interesse der nach Palästina auswandernden Juden in Berlin aufgegeben. Erst im September 1938 verließ sie Deutschland. In Jerusalem konnte sie aufgrund ihres schlechten Gesundheitszustandes nicht mehr berufstätig sein und lebte von Unterstützung. Betty Frankenstein starb am 5. Juli 1960 auf dem Flug von Tel Aviv nach München.

Landesverwaltungsamt Berlin Abt. III – Entschädigungsbehörde Reg. Nr. 54 562; Liste der noch tätigen Juden, Halbjuden usw. gemäss Verfügung IK 518/908, Stand vom 15. 3. 1937. BArch R 56 V/102.

Freud, Martin (Jean-Martin) 7. 12. 1889 Wien – 25. 4. 1967 Hove / GB; Verlagsleiter; Dr. jur. Der älteste Sohn Sigmund F.'s besuchte das Maximilian Gymnasium in Wien und studierte nach dem Abitur an der Exportakademie und an der Universität Wien die

Rechte. Nach seiner Promotion 1913 rückte er zur österreichisch-ungarischen Armee ein und geriet in Italien bis 1919 in Kriegsgefangenschaft. 1924 bis 1927 arbeitete F. als Prokurist in einer Bank, und übernahm Anfang der 1930er Jahre im zuvor von → Adolf Storfer geleiteten INT. PSYCHOANALYTISCHEN VERLAG die Aufgabe der Sanierung der Finanzen. 1938 nach einer Hausdurchsuchung von der Gestapo festgenommen und verhört, emigrierte F. 1939 zusammen mit seinem Vater nach London, wo im gleichen Jahr im Verlag des britisch-jüdischen Hitlergegners VICTOR GOLLANCZ sein Roman *Parole d'honneur* erschien. 1940 als *enemy alien* auf der Isle of Man interniert, meldete er sich freiwillig zum Pioneer Corps. Nach 1945 arbeitete F. in verschiedensten Berufen, war außerordentliches Mitglied der britischen psychoanalytischen Gesellschaft und engagierte sich in jüdischen Emigrantenorganisationen.

Bolbecher, Kaiser: Österr. Exilliteratur (2000) S. 209 f.; Christiane Rothländer: Die Liquidation des Internationalen Psychoanalytischen Verlags und der Raub des Vermögens der Familie Freud. In: Mitchell G. Ash (Hrsg.): Materialien zur Geschichte der Psychoanalyse in Wien 1938–1945. Frankfurt am Main: Brandes & Apsel 2012 S. 97–154.

Freudenthal, Josef 1. 3. 1903 Geisa / Thüringen – 5. 5. 1964 New York; Musikverleger; Dr. jur. Nach dem Jurastudium an der Würzburger Universität fand F. 1926 eine Anstellung als Syndikus im Leipziger Musikverlag A. J. BENJAMIN, in dem er bald vom Rechtsberater zum Direktor aufstieg. 1936 emigrierte er in die USA, wo er 1937 und 1938 fünf europäische Musikverlage sowie den Tel Aviver Buchverlag HOZAAH IVRIT CO. als Agent vertrat. 1938 gründete er die TRANSCONTINENTAL MUSIC PUBLISHERS CORP., den größten amerikanischen Verlag für Synagogenmusik. 1944 erhielt F. die amerikanische Staatsbürgerschaft. F., der selbst auch Synagogen- und Populärmusik komponierte sowie musikwissenschaftliche Artikel und Hörfunkmanuskripte verfasste, leitete den Verlag bis zu seinem Tod; er war Vorstandsmitglied des National Jewish Music Council. F.'s Frau Mari Barova führte den Verlag noch bis 1980 selbständig weiter und übergab ihn dann an die Union of American Hebrew Congregations.

BHE 2; Fetthauer: Musikverlage (2004) S. 465; LexM [online]; Saur: Deutsche Verleger im Exil (2008) S. 228 f.; URJ Books and Music: A Brief History of Transcontinental Music Publications – A division of the Union for Reform Judaism [online].

Freund, Joachim Hellmut 12. 9. 1919 Berlin – 29. 2. 2004 Frankfurt am Main; Lektor. F.'s Vater war als stellvertretender Chefredakteur der *Deutschen Allgemeinen Zeitung* ein angesehener Publizist. Er legte 1938 als einer der letzten Juden am berühmten Askanischen Gymnasium in Berlin-Kreuzberg sein Abitur ab. Am 28. Januar 1939 verließ er mit seinen Eltern aufgrund ›rassischer‹ Verfolgung Deutschland per Schiff und emigrierte nach Südamerika, wo er in Montevideo / Uruguay zunächst als Deutschlehrer, dann journalistisch als Redakteur der Zeitung *La Voz del Día* und als Sekretär des Dirigenten Fritz Busch tätig wurde. 1947 kehrte F. nach Deutschland zurück. Seit 1960 und bis zu seinem Tod war F. an der Seite von → Rudolf Hirsch und Günter Busch Lektor des S. FISCHER VERLAGS und des FISCHER TASCHENBUCH VERLAGS. In dieser Funktion bestimmte F. maßgeblich das Programm des Verlages mit, u. a. war er verantwortlich für die Werkausgaben und Briefwechsel-Ausgaben Schnitzlers und Hofmannsthals, die Editionen der Tagebücher Thomas Manns und Werke Werfels, Golo Manns und Peter de Mendelssohns.

Günther Rühle: Jung im Geiste. Ein Nachruf auf den Fischer-Lektor J. F. In: Bbl. Nr. 11 vom 11.3.2004 S. 48; SZ vom 3.3.2004 [Nachruf von Thomas Meyer]; Vikki Schaefer, Leo Domzalski [Hg.]: Vor dem Zitronenbaum. Autobiographische Abschweifungen eines Zurückgekehrten; Berlin – Montevideo – Frankfurt am Main / J. Hellmut Freund. Frankfurt am Main: S. Fischer 2005.

Freund, Peter (Josef) 9.4.1906 Berlin – Juli / August 1982 Jerusalem; Verleger; Dr. F., Sohn des Historikers und Rabbiners Dr. Ismar F., erhielt eine Ausbildung in Berlin an der Universität und an der Hochschule für die Wissenschaft des Judentums, war anschließend als Religionslehrer an einer Schule in Berlin-Grunewald und danach als Rabbiner tätig, zunächst in Trautenau und seit 1937 in Erfurt. Im November wurde er in das KZ Buchenwald verschleppt; nach seiner Freilassung emigrierte er 1939 nach Palästina und gliederte 1941 dem von ihm dort gegründeten Vervielfältigungsbüro einen deutschsprachigen Verlag an, die EDITION DR. PETER FREUND, die – als Einmann-Betrieb – allein in den Kriegsjahren 1941 bis 1945 28 Schriften verlegte (nach anderen Zählungen nur 19). Den Anfang setzte das Projekt einer systematischen Herausgabe deutscher Dichtung in Palästina (vgl. Nr. 1 der *Hausmitteilungen* des Verlags): F. selbst tippte die Manuskripte auf Wachsmatrizen und produzierte mit diesem ›Stencil‹-Verfahren mit der Handkurbel abgezogene kleine Auflagen von kaum mehr als 200 Stück – vielfach auch nur 100, denn der Kreis der Interessenten war klein, und die so bescheiden ausgestatteten Broschüren wirkten auf viele Buchliebhaber wenig attraktiv. Nach Ende des Zweiten Weltkriegs, als allgemein der Kontakt zu den europäischen Verlegern wiederhergestellt war, kam die Tätigkeit des Verlags bald zum Erliegen. F. war fortan ausschließlich als Regierungsbeamter tätig.

E. G. L.: [Nachruf:] In: AJR Information, Vol. 37, August 1982, No. 8, S. 9 [online]; Felix Daniel Pinczower [hg. u. eingel. von]: Bibliographie der Schriften der Edition Dr. Peter Freund, Jerusalem. Tel Aviv: Pinczower-Reprints 1974; Brief vom 7.10.1991 und 28.10.1991 mit Ergänzungen; Cazden: Free German Book Trade (1967) p. 352; Zadek: Buchhändler I (1971) S. 2906; Hermann Zabel [Hg.]: Stimmen aus Jerusalem: Zur deutschen Sprache und Literatur in Palästina / Israel. Berlin: Lit Verlag 2006 S. 267; Juden in Thüringen 1933–1945. Biographische Daten, Bd. 1. Ergänzungen und Korrekturen. Hg. v. Siegfried Wolf. Erfurt 2001 S. 134; http://www.alemannia-judaica.de/erfurt_texte.htm.

Freund, Robert 29.5.1887 Saaz / Böhmen – 29.1.1952 New York; Verleger; Dr. phil. Altösterreichischer Herkunft, war F. nach dem Zerfall der Donaumonarchie tschechoslowakischer Staatsbürger; er studierte an den Universitäten München und Wien und verkehrte hier in Künstlerkreisen um Oskar Kokoschka, Karl Kraus und Peter Altenberg. Am 1. Juli 1926 trat F. als Teilhaber in den in finanziellen Schwierigkeiten befindlichen Münchener R. PIPER VERLAG & CO. ein und sorgte in der Folge als Cheflektor mit der Ausweitung des Programms auf internationale Literatur, insbesondere aus dem englischen und französischen Bereich, für einen Modernisierungsschub. Es gelang ihm, die Rechte so prominenter Autoren wie André Maurois und Marcel Proust für den Verlag zu gewinnen. F. akquirierte auch den Schriftsteller Bruno Brehm für Piper, der im ›Dritten Reich‹ zum Bestsellerautor werden und mit seinen Romanen entscheidend zum wirtschaftlichen und politischen Überleben des Unternehmens beitragen sollte. Dabei wusste der völkisch gesinnte Autor die Abhängigkeit des Verlags von seinen Erfolgen durchaus für sich zu instrumentalisieren: Immer wieder drohte er ab 1934 dem ›halbjüdischen Verlag‹ mit Abwanderung, um seine Honorarforderungen durchzusetzen. Auch F. selbst geriet zusammen mit seinem Partner Reinhard Piper unter Druck: Im Zuge der ›Entjudungsmaßnahmen‹ verlangte im November 1935 die Reichsschrifttumskammer Auskunft: ›Ich bitte, mich über die Besitzverhältnisse Ihres Verlages zu unterrichten. Angeblich arbeitet in Ihrem Unternehmen nichtarisches Kapital.‹ Nach dem Erlass der Nürnberger Rassegesetze zog F. aus der für ihn lebensbedrohlichen Lage die Konsequenzen und schied aus dem Verlag aus; um ihn auszahlen zu können, wurde das Verlagsgebäude in der Römerstraße 1 verkauft und Piper zog in die Georgenstraße 4. Der Plan, in Wien einen Piper-Verlagsableger zu gründen, scheiterte. Darauf gründete F. im Oktober 1936 mit seinen Partnern Paul Maric-Mariendol und Rudolf Lichy den BASTEI VERLAG, der die letzte vor dem ›Anschluss‹ Österreichs vorgenommene belletristische Verlagsneugründung war. Im Frühjahr 1937 nahm der Verlag seine Tätigkeit auf, doch bereits Ende Juli 1937 wurde F. bei der Generalversammlung ›über sein Ersuchen‹ seiner Funktion als Geschäftsführer enthoben und der Verlag aus vorgeschobenen devisenrechtlichen Gründen vom deutschen Buchmarkt ausgesperrt. Der ›Anschluss‹ Österreichs an Hitlerdeutschland besiegelte das Ende des Verlags. F. emigrierte zunächst in die Schweiz, wo er einen Großteil des Bastei-Lagers und die Verlagsrechte an den RASCHER VERLAG verkaufte; nach wenigen Monaten Aufenthalt in Paris emigrierte F. weiter in die USA. In New York gründete F. die *Twin Prints* und *The Twin Editions*, zwei Reihen farbiger Gemäldereproduktionen, ähnlich den *Piperdrucken*, die als exzellente Druckwerke in der Kunstbranche einen großen Erfolg verbuchen konnten. Ab 1944 kamen auch noch Kunstbücher dazu. Nach Inkrafttreten der Wiedergutmachungsgesetze bemühte F. sich erfolglos, erneut bei Piper einzusteigen. Nach seinem Tod führte seine Frau Grete den Exilverlag weiter, sie überlebte ihren Mann allerdings nur um wenige Monate; in der Folge übernahm die NEW YORK GRAPHIC SOCIETY die *Twin Editions*.

Piper Verlagsarchiv; Robert Freund: Prints Like Twins. Color collotype reproductions. In: Newsweek, 27 July 1942 p. 62; Bernhard Zeller [Hg.]: In den Katakomben: jüdische Verlage in Deutschland 1933–1938 (Marbacher Magazin. 25). [Ausst.-Kat.] Marbach am Neckar: Dt. Schillergesellschaft 1983 S. 86; Hall: Österr. Verlagsgeschichte II (1985) S. 74–77; Hartmut Binder: Ernst Polak – Literat ohne Werk. In: Fritz Martini [Hg.]: Jahrbuch der Dt. Schillergesellschaft. Jg. 23. Stuttgart: Kröner 1979 S. 366–415, hier S. 411; Albert Ehrenstein: Werke. Bd. 1: Briefe. München: Klaus Boer 1987 S. 251, 411; Klaus Piper [Hg.]: 75 Jahre Piper. Bibliographie und Verlagsgeschichte 1904–1979. München: Piper 1979 S. 44–51; Edda Ziegler: 100 Jahre Piper. Die Geschichte eines Verlages. München: Piper 2004; Hendrik Edelman: Other Immigrant Publishers of Note in America. In: Immigrant publishers (2009) pp. 200 f.

Freyer, Erich 1886 Stettin–1967 Ramat-Chen / Israel; Verleger. F., Bruder von → Kurt F., war seit 1921 Geschäftsführer der HOFFMANN'S VERLAG GMBH in Berlin (O 27, Blumenstraße 22). Der Verlag war 1890 von dem bedeutenden sozialdemokratischen Politiker Adolph Hoffmann (gest. 1930) gegründet worden und verlegte freidenkerische und entschieden linksorientierte politische Schriften; dem Verlag war ein Versandbuchhandel angeschlossen. Aufgrund der Ausrichtung seines Programms wurde der Verlag nach der ›Machtergreifung‹ zur Zielscheibe nationalsozialistischer Angriffe: Am 10. Mai 1933 wurde das Gebäude gestürmt und die Bücher wurden zur Verbrennung auf dem Opernplatz gebracht. F. schloss daraufhin sofort den Verlag (Liquidation 1934) und emigrierte noch am gleichen Tag nach Paris; danach hielt er sich zunächst bei seinem Bruder in Amsterdam auf und ging später, wie dieser, nach Palästina. F. war zeitlebens ein aktiver Anhänger der zionistischen Bewegung (1905 Mitbegründer des Herzl-Clubs in Stettin). Seine nichtjüdische Frau Hilde und seine Tochter Yvonne (später Journalistin in der DDR) waren in Berlin geblieben. In Israel, wo er sich u. a. mit der Neuherausgabe von Jacob Peises *Geschichte der Synagogen-Gemeinde Stettin* befasste (1965), hatte F. seinen letzten Wohnsitz in Ramat Gan.

Adressbuch 1931 S. 274; Walk: Kurzbiographien (1988); Gernot Bandur: Adolph Hoffmann. Freireligiöser, sozialistischer Verleger und Politiker. In: Kulturamt Prenzlauer Berg / Prenzlauer Berg Museum [Hg.]: ›Kein Jenseits ist, kein Aufersteh'n‹ Freireligiöse in der Berliner Kulturgeschichte. [Ausst.-Kat.] Berlin 1998 [online]; Ruvik Rosenthal: Blumenstrasse 22. Firenze: La Giuntina 2006, passim. [romanhafte Verarbeitung der Geschehnisse um 1933; Rosenthal ist Enkel von Kurt Freyer und Großneffe von Erich Freyer]; Ruvik Rosenthal: Vom Intimen zum Geschichtlichen und zurück: Zur Blumenstraße 22. In: Moshe Zimmermann [Hg.]: Zweimal Heimat. Die Jeckes zwischen Mitteleuropa und Nahost. Frankfurt am Main: Beerenverlag 2005 S. 334–38.

Freyer, Kurt 25. 5. 1885 Darkehmen / Ostpreußen – 24. 5. 1973 Kfar Szold / Israel; Kunsthistoriker, Antiquar, Bibliothekar; Dr. phil. F., Bruder von → Erich F., war nach seinem Kunstgeschichtestudium Assistent am Museum in Flensburg, fand nach dem Ersten Weltkrieg aber keine Anstellung mehr und wurde in Berlin Antiquar, sein Spezialgebiet waren Miniaturbücher. Sein Antiquariat Utopia Buchhandlung & Antiquariat FREYER & CO. in der Keithstraße 13 wurde offiziell am 15. März 1923 gegründet. Als persönlich haftender Gesellschafter wird im Adressbuch → Dr. Fritz Schiff genannt. F. gehörte zu den ersten Mitgliedern der Soncino-Gesellschaft der Freunde des jüdischen Buches e. V. 1931 offerierte F. in seinem Katalog 57 die an die Dresdner Bank verpfändete wertvolle Privatbibliothek des durch Freitod aus dem Leben geschiedenen Inhabers der in wirtschaftliche Schieflage geratenenen Graphischen Kunstanstalt RICHARD LABISCH & CO. Walter Metzenberg (›Luxus- und Pressendrucke, die Drucke der Maximilian-Gesellschaft, Bibliographie und Buchwesen‹; Metzenberg hatte in der Funktion des Schatzmeisters der Maximilian-Gesellschaft deren Barvermögen veruntreut). F. emigrierte im März 1933 gemeinsam mit seiner Frau Anna (geb. Heymann, 1886–1971) nach Amsterdam und wurde dort (möglicherweise mit aus Deutschland mitgebrachten Büchern) Leiter des eben gegründeten Antiquariats der Buchhandlung P. A. Hemerijck. Deren Inhaber A. T. Kleerekoper wurde 1942 enteignet, im folgenden Jahr von Westerbork nach Sobibór deportiert und dort im Juli 1943 ermordet. F. war bereits im August 1937 nach Palästina ausgewandert. Eine Tätigkeit als Antiquar scheint er dort nicht mehr ausgeübt zu haben, befasste sich aber nun wieder mit Kunstgeschichte. In der Entwicklung seines Weltbildes vom Zionismus und Nationalismus im Alter zum Sozialismus und Marxismus gelangt, zuletzt von Georg Lukács beeinflusst, interessierte sich F. insbesondere für den historischen Materialismus im Zusammenhang mit der Kunstgeschichte und verfasste ein zweibändiges Werk, für das er allerdings weder in der Bundesrepublik Deutschland noch in der DDR einen Verlag fand. In seinen letzten Lebensjahren leitete er die Bibliothek des von ihm und seiner Frau mitgegründeten Kibbuz Kfar Szold.

Kurt Freyer: Über das Sammeln kleiner Bücher. In: Mikrobiblion. Das Buch von den kleinen Büchern. Berlin: Horodisch & Marx 1929.

Mündliche Mitteilung von Walter Zadek an EF am 23. 10. 1992; Adressbuch 1931 S. 538, 641; Ernst Loewy: Zwischen den Stühlen. Essays und Autobiographisches aus 50 Jahren. Hamburg: Europäische Verlagsanstalt 1995 S. 36 f.; www.heymannfamily.com [online]; weitere Literatur wie Erich Freyer; Buijnsters, Piet J.: Geschiedenis van het Nederlandse antiquariaat. Nijmegen:

Vantilt 2007 S. 186; Vera Bendt: Buchhändler, Antiquare, Sammler, Bibliophile aus Deutschland 1933 bis 1945. In: Imprimatur NF XXVI (2019), S. 69, v. a. aber S. 77–95: ›Die Fallstudie: Utopia und Hemerijck‹, mit umfangreicher Information zu Kurt Freyer sowie A. T. Kleerekoper.

Freyhahn, Zeev 11. 7. 1883 Breslau – 3. 12. 1965 Tel-Aviv; jüdischer Gelehrter, Verleger und Buchhändler; Dr. Wilhelm F. (später auch Freyhan) trat 1911 mit einer Schrift *Zurück zur Thora* hervor, in der er sich an die gläubige jüdische Jugend wandte, die aber auch in liberaleren Kreisen Beachtung fand. Er gab mit den Anstoß zur Gründung der Agudas Jisroel 1912 in Kattowitz, einer Sammlungsbewegung des traditionell-orthodoxen Judentums verschiedener Richtungen, die im Prinzip antimodernistisch und gegen den als zu weltlich empfundenen Zionismus eingestellt war. F. zog sich jedoch aus der Bewegung zurück, als diese sich gegenüber anderen Richtungen als zu wenig verständigungsbereit zeigte. In Breslau initiierte er ein jüdisches Schulwerk, das bis 1938 das Abitur verlieh. In diesem Jahr nach Palästina ausgewandert, hielt er sich dort von allem öffentlichen Wirken fern und eröffnete in Tel Aviv zunächst einen Verlag, anschließend eine Buchhandlung in der Mendelestraße (Ecke Ben Yahuda Street), in der bis Ende der 1980er Jahre religiöse Literatur, hebräische und fremdsprachige Bücher sowie Schreib- und Spielwaren geführt wurden. Dem Laden war eine Leihbücherei angeschlossen.
Mitteilung von Abraham Frank vom 13. 10. 2010; Blumenfeld: Ergänzungen (1993); Brief Erwin Lichtenstein an EF vom 21. 10. 1992; Wilhelm Freyhan 60 Jahre. In: Aufbau vom 19. 11. 1943 S. 16.

Friedberg, Bernhard 19. 12. 1876 Krakau – 1961 Israel; Buchhändler, Diamantenhändler. F. kam 1900 nach Frankfurt, wo er für den Verleger und Buchhändler Ignatz Kauffmann (→ Felix Ignatz Kauffmann) arbeitete. Im August 1906 machte er sich mit einer Sortimentsbuchhandlung für Judaica und Hebraica selbständig. Im Jahr darauf trat Joseph Sänger als Teilhaber in die Firma ein, die sich nun SÄNGER & FRIEDBERG nannte. F. trat bereits 1910 aus der Firma aus, die aber unter der Führung von Joseph Sänger und nach dessen Tod 1930 unter jener seiner Witwe → Rebecka Sänger bis in den Beginn der 1930er Jahre weiter bestand. Schon seit den 1890er Jahren hatte F. eine Anzahl von Biographien in hebräischer Sprache veröffentlicht und bis 1906 zwei Kataloge herausgegeben, zudem war er Mitarbeiter mehrerer Zeitschriften. Ab 1932 ließ er eine Reihe historischer Arbeiten zum hebräischen Druckwesen, zum Teil im Selbstverlag, erscheinen. Sein Hauptwerk ist das Lexikon *Beit Eked Sefarim*, das als wichtiges bibliographisches Nachschlagewerk gilt. In den 1930er Jahren verließ F. Deutschland und ging nach Antwerpen, wo er sich dem Diamantenhandel zuwandte. Bei der Besetzung Belgiens durch die deutschen Truppen im Jahre 1940 verlor er seine wertvolle Bibliothek sowie alle Papiere. 1946 ließ sich F. in Tel Aviv nieder; dort setzte er seinen Diamantenhandel fort.
S. Wininger [Hg.]: Große Jüdische National-Biographie. Bd. 2. Czernowitz: Piata Alexandri 1927 S. 323 f.; Encyclopaedia Judaica. Vol. 7. Jerusalem 1971 Sp. 173 f.; Junk: Jüd. Buchhandel in Frankfurt (1997) S. 116.

Friedenthal, Richard 9. 6. 1896 München – 19. 10. 1979 Kiel (auf Reisen); Lektor, Verleger, Schriftsteller; Dr. phil. Nach Dienst an der Front und Verwundung zurückgekehrt, studierte F. Germanistik, Philosophie und Kunstgeschichte in Berlin, Jena und München und promovierte 1922 in München zum Dr. phil. Danach war er als Schriftsteller tätig, was ihn in Verbindung zu Stefan Zweig brachte; seine Gedichte, Romane und Novellen erschienen unter anderem in der DVA und im INSEL VERLAG. Hauptberuflich engagierte F. sich jedoch im Verlagswesen: Nach einer 1928 in Berlin begonnenen Tätigkeit als Lektor und Herausgeber stieg er 1930 zum Verlagsdirektor bei TH. KNAUR NACHF. (Inh. Adalbert Droemer) auf. Im Bestreben, preisgünstige Bücher herzustellen, wurde die Reihe *Romane der Welt* mit Thomas Mann als Herausgeber gestartet, in der wöchentlich Lizenztitel aus aller Welt als Volksausgaben herauskamen. Auch das 1931 erschienene, in seiner Konzeption neuartige einbändige Konversationslexikon war ein riskantes und ehrgeiziges Projekt: F. gab es mit einem Stab von etwa 30 Mitarbeitern in Eigenregie heraus, da die großen Lexikonverleger eine Lizenzausgabe ablehnten. Erstmals wurde mit derartig dünnem Papier ein Rotationsdruck versucht; die Kosten mussten so gering wie möglich gehalten werden. Das Lexikon wurde ein großer Verkaufserfolg, es erschienen sogar Lizenzausgaben in Europa und den USA. F. blieb dem Knaur Verlag treu, obwohl er nach diesem Erfolg viele Angebote anderer Unternehmen, unter anderem vom ULLSTEIN VERLAG, erhielt. Nach der NS-›Machtübernahme‹ verlor F., ebenso wie sein Vater Prof. Hans F., Anthropologe an der Berliner Universität, seine Arbeitsmöglichkeiten. Aufgrund seiner jüdischen Herkunft wurde er nicht in die Reichsschrifttumskammer aufgenommen, doch sollte er sich auf Anweisung der Wehrmacht für Wehrübungen und für den Kriegsfall bereithalten. Der Versuch, umfangreiches Material für eine moderne Wörterbuchreihe mit ins Ausland zu nehmen, wurde kurz vor Abschluss der Vorarbeiten durch den Zugriff der Gestapo zunichte gemacht. Auch der Knaur Verlag wurde überwacht: Adalbert Droemer, der F. auch nach seinem erzwungenen Ausscheiden aus dem Unternehmen inoffiziell zu Rate zog, musste auf Druck des Regimes die Verlagsleitung offiziell seinem Sohn Willy übertragen. F.'s gesamter Besitz wurde beschlagnahmt; nur mit dem von den Nationalsozialisten genehmigten Betrag von zehn Reichsmark und einem für sechs Wochen bewilligten Urlaubsschein der Wehrmacht entkam er im Spätherbst 1938 nach England, wo ihn Stefan Zweig in seinem Haus aufnahm und ihn einige Zeit als eine Art Sekretär beschäftigte. Die Bemühungen, sich in London eine neue berufliche Existenz aufzubauen, blieben zunächst erfolglos. Im Sommer 1940 wurde F. mit anderen Emigranten auf der Isle of Man interniert. Abermals durch die Hilfe Stefan Zweigs erhielt er ein Einreisevisum nach Argentinien, durfte dieses Visum jedoch nicht nutzen; erst durch Intervention des britischen PEN-Clubs konnte F.'s Freilassung erwirkt werden. Er nahm nun Gelegenheitsarbeiten an und brachte 1943 mit finanzieller Unterstützung von Freunden einen Privatdruck seines Gedichtbandes *Brot und Salz* in 600 Exemplaren zustande, der drucktechnisch von dem ebenfalls im Londoner Exil lebenden → Jakob Hegner überwacht wurde. Danach arbeitete F. bis 1948 unter anderem als Übersetzer für die BBC. Er verwaltete den literarischen Nachlass Stefan Zweigs (→ Kurt L. Maschler), gab mehrere Bände bei → Gottfried Bermann Fischer in Stockholm heraus, ebenso die nach dem Krieg neu erscheinende *Neue Rundschau* (1945– 50, zusammen mit Joachim Maass) und fand so – auch durch die Kontaktaufnahme mit der VIKING PRESS in New York – wieder Zutritt in die Verlagswelt. F. wurde 1947 *by naturalization* englischer Staatsbürger; 1950 kehrte er nach München zurück, wo er 1951– 55 die DROEMERSCHE VERLAGSANSTALT Th. Knaur Nachf. leitete. F. beschloss aber, sich wieder ganz seiner eigenen schriftstellerischen Tätigkeit zu widmen; zu diesem Zweck zog er 1956 zurück nach London, wo er bis zu seinem Tod 1979 lebte. Er verfasste mehrere z. T. aufsehenerregende historische Biographien, unter anderem über Leonardo da Vinci, Händel, Goethe und Luther, und machte damit den in England üblichen Typus der *life and times*-Biographie in Deutschland populär. F. gehörte seit 1950 zum Vorstand des deutschen PEN-Zentrums, 1968 wurde er zusammen mit Erich Kästner zum Ehrenpräsidenten gewählt. F.'s Nachlass liegt im Deutschen Literaturarchiv Marbach am Neckar.

Richard Friedenthal: Die Welt in der Nußschale. München: Piper 1956. [›Sachroman‹ über seine Internierungszeit auf der Isle of Man].

BHE 2; DBE; Gabriele Tergit: International PEN, a world Association of writers. London: Int. PEN 1968 S. 24–26; Uri Benjamin [d. i. Walter Zadek]: Literatur richtet sich nicht nach dem Paß. Verleger in der Emigration: Richard Friedenthal. In: Bbl. (FfM) Nr. 65 vom 16. 8. 1974 S. 1294–97; Klaus Piper [Hg.]: … und unversehens ist es Abend. Von und über R. F.: Essays, Gedichte, Fragmente, Würdigung, Autobiographisches. München: Piper 1976 S. 23–64.

Friedländer, Eduard Geb. 16. 2. 1894 Berlin; Rechtsanwalt und Notar, Buchhändler; Dr. jur. F. war vor seiner Zwangsemigration Rechtsanwalt am Kammergericht in Berlin. Da er nach der nationalsozialistischen ›Machtergreifung‹ wegen seiner jüdischen Herkunft seinen Beruf nicht ausüben durfte, ging er im Februar 1937 nach Brasilien. Dort wurde er Gesellschafter der am 1. Oktober 1939 gegründeten Buchhandlung LIVRARIA ELITE in São Paulo, Mitinhaber waren (ab 1953?) Franz Luft und Ilse Haas-Luft. Taubert berichtete von der Livraria Elite, die fast nur deutschsprachige Bücher führte: ›Die Buchhandlung Elite erfreut sich überall eines guten Rufes. Herr Luft gehört zu den aktivsten Buchhändlern des Landes. […] Der Kundenkreis besteht mit starkem Einschlag der jüdisch-deutschen Emigration aus Österreichern, Schweizern und Einwanderern aus Ost- und Südosteuropa.‹ 1942 bemühte sich F. um den Zusammenschluss der parteipolitisch unabhängigen deutschsprachigen Buchhandlungen in Südamerika.

Berendsohn II (1976) S. 146; Cazden: Free German Book Trade (1967) p. 354; Taubert: Lateinamerika (1961) S. 167; Taubert: Mit Büchern die Welt erlebt (1992) S. 331; Simone Ladwig-Winters: Anwalt ohne Recht. Das Schicksal jüdischer Rechtsanwälte in Berlin nach 1933. Berlin: be.bra 2007, S. 157.

Friedländer, Günter 22. 2. 1914 Halle –14. 1. 1994 Miami Beach, FL; Rabbiner, Publizist, Verleger. F. studierte von 1932 bis 1934 an der Hochschule für Politik, von 1933 bis 1938 an der Lehranstalt (Hochschule) für die Wissenschaft des Judentums in Berlin. Von 1937 an war er als Hilfsprediger der jüdischen Gemeinde Berlin tätig, ab 1938 arbeitete er als freier Journalist. 1939 emigrierte er mit seiner Frau über Frankreich und Bolivien nach Argentinien; während sie als Hausangestellte arbeitete, wurde er Rabbiner in Buenos Aires. Gleich im ersten Jahr rief er gemeinsam mit → Hardi Swarsensky die zionistische Zeitschrift *Jüdische Wochenschau* (›Semana Israelita‹) ins Leben, die dieser bis 1968 verlegte; von 1942 bis 1945 gaben die beiden auch noch die Zeitschrift *Porvenir – Zeitschrift für alle Fragen des jüdischen Lebens* heraus. Beide Blätter erschienen in der 1942 ebenfalls von Swarsensky und F. gegründeten EDITORIAL ESTRELLAS, einem Verlagshaus für deutsch-jüdische und argentinisch-jüdische Schriftsteller in Buenos Aires. 1945 gab F., gemeinsam mit H. Swarsensky, im eigenen Verlag die Anthologie *Das Buch des Lebens* heraus. 1954 ging F. erneut nach Bolivien und übernahm als Rabbiner und Direktor die Leitung der jüdischen Schule in La Paz. 1962 zog er nach Chile, wo er in Valparaiso wiederum als Rabbiner tätig war und gleichzeitig eine Professur für Theologie sowie diverse Funktionärstätigkeiten wahrnahm. 1971 bis 1979 war er Rabbiner in Bogota, Kolumbien; seit 1979 lebte er in Miami Beach, FL und war von dort aus als Korrespondent für die Zeitung *Die Welt,* den Springer-Auslandsdienst (SAD) und den NDR tätig.

BHE 1; Kiessling: Exil in Lateinamerika (1984) S. 468 f.; SSDI; Internationaler Nekrolog 1994. München: K. G. Saur 1996, S. 344.

Friedländer, Zvi Herbert 9.10.1898 Züllichau / Brandenburg – nach 1970 in Israel; Verleger. F. arbeitete zunächst als Prokurist und Einkäufer in einem Textilgeschäft; daneben war er in der zionistischen Bewegung aktiv. 1933 wurde er entlassen, daraufhin wanderte er noch im August mit seiner Familie nach Palästina aus, wo er sich zum Kartographen umschulen ließ. 1934 gründete er in Haifa einen Verlag, in dem er palästinensische und israelische Stadtpläne und Landkarten herausgab. Im Zweiten Weltkrieg kämpfte F. für die britische Luftwaffe.

BHE 1; Walk: Kurzbiographien (1988).

Friedmann, James Illy 19.8.1900 Posen – 29.8.1971 Buenos Aires; Buchhändler, Verleger. Nach Besuch des Marinegymnasiums und Kriegsdienst im Ersten Weltkrieg (Kriegsfreiwilliger 1917 beim Pionierregiment Königsberg / Ostpreußen) nahm F. (eigentlicher Vorname Isidor) seinen Wohnsitz in Berlin. Er absolvierte eine Verlagsbuchhändlerlehre; 1924/25 machte er eine Studienreise in die USA. Danach war F. in Buchhandlungen und im Verlagswesen zunächst als Angestellter im HERMANN MÜLLER VERLAG und dann selbständig als Buchhändler und Antiquar tätig. 1935 wurde er als Jude aus der RSK ausgeschlossen und musste seine Buchhandlung JAMES FRIEDMANN & CO. in Berlin, Münzstraße 4, aufgeben. Danach war er in verschiedenen europäischen Ländern auf Arbeitssuche, erhielt aber nirgendwo eine Aufenthalts- und Arbeitserlaubnis. Während seine Frau und seine 9-jährige Tochter zurückbleiben mussten (sie kamen 1940 ins Lager Theresienstadt und wurden dort 1945 befreit), emigrierte F. 1938 aus Deutschland und kam auf abenteuerlichen Wegen über die Flussgrenze aus Paraguay nach Argentinien (später legalisiert). In Buenos Aires war er in den ersten Monaten auf der Grundlage zweier mitgebrachter Bücherkisten als Wanderbuchhändler tätig, der Privatkunden in ihrer Wohnung aufsuchte. Gleichzeitig erwarb er preisgünstig Bücher von Mitemigranten, oft ganze Bibliotheken. Bald richtete er in einem Winkel eines Zigarrengeschäfts einen Bücherstand mit antiquarischen Büchern ein, aus dem die deutschsprachige Buchhandlung COSMOPOLITA mit angeschlossener Leihbibliothek entstand. Dabei war F. von der unbürokratischen, vorurteilslosen und hilfsbereiten Bevölkerung Argentiniens aufs Angenehmste überrascht. Um der schlechten Versorgung mit zeitgenössischer (unpolitischer) Literatur abzuhelfen, entschloss sich 1940 ein Komitee von Emigranten zur Gründung eines FREIEN DEUTSCHEN BUCHVERLAGS, der wenig später in EDITORIAL COSMOPOLITA umbenannt wurde; F. fungierte – zunächst als ›Verleger wider Willen‹ – bis 1946 als Verlagsdirektor, als Auslieferungsstellen sollten die Hilfskomitees der Einwanderungsfürsorgestellen hauptsächlich in ganz Nord- und Südamerika dienen. Das Komitee nahm Verbindung mit dem Übersetzer und Literaturagenten → Alfredo Cahn auf, um Publikationsrechte an Werken Stefan Zweigs zu erwerben, der in ganz Südamerika der prominenteste und geschätzteste deutsche Autor war. Seine besondere Aufgabe sah der Verlag in der geistigen Fürsorge für die versprengten, freiheitlich gesinnten Geistesarbeiter, denen Veröffentlichungsmöglichkeiten geboten werden sollten. Bis 1946 erschienen mehr als zwanzig Publikationen exilierter Schriftsteller (u. a. von → Johan Luzian) in der Editorial Cosmopolita, die damit der bedeutendste Exilverlag in Argentinien war, noch vor der EDITORIAL ESTRELLAS von → Hardi Swarsensky und → Günter Friedländer. Sein buchhändlerisches Unternehmen konnte F. bis zu seinem Tod 1971 noch bedeutend vergrößern und 1963 in eine Kapitalgesellschaft umwandeln; der angeschlossene Verlag brachte v. a. Bücher über Technik und Fortbildungsliteratur in spanischer Sprache heraus. Taubert hielt 1964 auf seiner Lateinamerika-Reise zur Cosmopolita SRL fest: ›1939 gegründete allgemeine Sortimentsbuchhandlung mit drei Filialen mit Leihbüchereien, das Unternehmen ist auch verlegerisch tätig. Die deutschsprachige Leihbücherei wird als die größte des Landes bezeichnet. [...] Der Leiter der deutschen Abteilung ist Herr Joaquim Rohlfs. Das Unternehmen beschäftigt einschliesslich der Filialen 28 Angestellte und Arbeiter.‹ Seit 1967 konnte F. seinen Beruf aus gesundheitlichen Gründen nur noch eingeschränkt ausüben, befasste sich aber weiterhin mit bibliographischen Studien und mit dem Thema Drucktechnik, dem seit seinen Lehrlingsjahren sein besonderes Interesse galt.

James Illy Friedmann: Muttersprache – das Vaterland der Heimatlosen. Erinnerung und Dokumentation eines deutschen Verlegers in der Emigration mit anschliessender Anthologie aus vergriffenen Büchern, Zeitschriften und Zeitungen. Argentinien 1938–1946. Buenos Aires 1963 [Unveröff. Typoskript mit handschriftlichen Ergänzungen und Korrekturen, im Deutschen Exilarchiv / DNB: EB 68b/1]. Vgl. auch HABV/DNB: 25, 1–6 [Splitternachlass James I. Friedmann (sechs Schnellhefter mit photographischen Reproduktionen, Original-Titelblättern und Material für eine Anthologie aus den Publikationen der Editorial Cosmopolita, Original-Schutzumschläge)]. Eine Kopie von Muttersprache: Das Vaterland der Heimatlosen befindet sich auch in der German and Jewish Intellectual Émigré Collection, (GER-034), M. E. Grenander Department of Special Collections and Archives, The University at Albany.

[Lebenslauf in:] Muttersprache – das Vaterland der Heimatlosen S. 359; BHE 2; Latin America and the Literature of Exile (1983) pp. 437 f. – Taubert: Lateinamerika (1961) S. 124; Damus: Dt. Exillit. in Argentinien (1982) S. 41–46; Olga Elaine Rojer: Exiled Novelists of Argentina's Editorial Cosmopolita. In: Dieter Sevin [Hg.]: Die Resonanz des Exils. Gelungene und mißlungene Rezeption deutschsprachiger Exilautoren (Amsterdamer Publikationen zur Sprache und Literatur). Amsterdam: Rodopi 1992 S. 356–68; Daniela Höchtl: Buenos Aires – eine neue Heimat? Die Integration der deutschen Juden in der argentinischen Hauptstadt 1933–1939. München: Grin 2007; Saur: Deutsche Verleger im Exil (2008) S. 220.

Friedmann Buchhändler. F. war zuerst in Jerusalem Vertreter der Zeitschriften- und Buchimportfirma PALES, dann Inhaber einer großen Buchhandlung im Zentrum Jerusalems mit fremdsprachiger Literatur. F. betätigte sich auch als Importeur deutschsprachiger Bücher. Die Buchhandlung wurde später von Dr. Grünspan übernommen und stand unter der Leitung von Gerda Braun. 1986 wurde sie geschlossen.

Blumenfeld: Ergänzungen (1993).

Frisch, Justinian 19. 7. 1879 Kritzendorf bei Wien – 3. 6. 1949 Cambridge / GB, Verleger; Dr. jur. Der Sohn des aus Galizien nach Wien zugewanderten Buchdruckers Moriz F. (1849–1913), der neben seiner eigenen Druckerei von 1900 bis 1903 Leiter der VORWÄRTS-DRUCKEREI war, hatte an der Universität Wien Jura studiert und im Juni 1902 promoviert. Er war mit Auguste (Guste) geb. Meitner verheiratet, der Schwester der nachmals berühmten Physikerin Lise Meitner. Ein halbes Jahr vor dem Tod seines Vaters wurde F. Gesellschafter der Firma DR. FRISCH & CO., vormals Moriz Frisch, in der Drucksorten für Rechtsanwälte produziert wurden. Zugleich war dies aber auch der Verlag des jungen Karl Kraus; hier waren – unter der Ägide Moriz F.'s – ab April 1899 *Die Fackel* und die zweite Auflage von Kraus' satirischer Streitschrift *Eine Krone für Zion* erschienen. Moriz F. hatte zusammen mit seinem Sohn Justinian 1901/02 sogar gegen Kraus (erfolglos) um die Namensrechte an der *Fackel* prozessiert. In der Fa. Dr. Frisch & Co. gab Justinian F. nach unüberbrückbaren Differenzen mit dem zweiten Gesellschafter, dem preußischen Staatsbürger Alfred Simon, im August 1914 seine Anteile am Verlag ab und zeichnete nur noch als Prokurist. Im Mai 1916 schied F. gänzlich aus dem nunmehr als DR. FRISCH & CO. Papierverschleiß und Buch-, Stein- und Kupferdruckerei in Wien firmierenden Unternehmen aus, erklärte sich aber mit der Beibehaltung seines Namens im Firmenwortlaut einverstanden. Das Unternehmen wurde 1920 von dem gelernten Buchdrucker → Ernst Wilhartitz, der 1916 als Gesellschafter eingetreten war, als Alleininhaber übernommen. In der Folge war F. als technischer Leiter, seit 1920 als Prokurist und Vizedirektor bei der WALDHEIM-EBERLE AG tätig, einem der größten Druckunternehmen Österreichs. Als → Gottfried Bermann Fischer 1936 Teile des S. Fischer Verlags von Berlin nach Wien verlegte, trat F. als Buchhersteller und Buchgestalter in den BERMANN-FISCHER VERLAG ein. Nach dem ›Anschluss‹ Österreichs wurde er in ein KZ gebracht; nach seiner (durch Bermann Fischer mit Hilfe der Familie Bonnier beförderten) Freilassung und Visaerteilung flüchtete er nach Stockholm, um in dem dort 1938 eröffneten Exilverlag Bermann Fischers wieder die Leitung der Herstellung zu übernehmen. Unter den schwierigen Bedingungen des Krieges und des Exils, die sich vor allem auf die Papierbeschaffung und die Satzarbeiten mit nicht-deutschsprachigen Setzern und Korrektoren auswirkten, gelang es F., gemeinsam mit → Walter Singer, den Verlag auf eine beachtliche Höhe zu bringen. Hervorhebenswert ist aber auch F.'s Bedeutung, die er sich als Übersetzer v. a. von Werken Pearl S. Bucks, William Saroyans oder Schalom Aschs erworben hat. Gelegentlich arbeitete er an der *Österreichischen Information*, dem Nachrichtenblatt der Exilösterreicher in Schweden, mit. Nach Auflösung des Bermann-Fischer Verlags 1948 ging F. nach England, wo sich sein Sohn Otto Robert F. aufhielt, der zu einem der bedeutendsten Vertreter der frühen Atomforschung geworden war: Gemeinsam mit seiner Tante Lise Meitner hatte er eine Deutung der Kernspaltung erarbeitet und auch diesen Begriff geprägt; während des Krieges war er als Mitglied der britischen Arbeitsgruppe am Manhattan-Projekt, dem Bau einer Atombombe in den USA, beteiligt gewesen. Nachlassbestände finden sich u. a. in der Wren Library des Trinity College in Cambridge (NL Dr. Otto Robert Frisch).

Justinian Frisch: Geist und Zweck der Schrift. Ihre Aufgaben in der Werbekunst. Wien: C. Barth 1927.

Brief von Gottfried Bermann Fischer an EF vom 27.8.1990; Hall: Österr. Verlagsgeschichte II (1985) S. 137, 321; Murray G. Hall: Verlage um Karl Kraus. In: Kraus Hefte H. 26/27 (Juli 1983) S. 2–31; Durstmüller: Druck in Österreich III (1989) S. 226; Murray G. Hall, Gerhard Renner: Handbuch der Nachlässe und Sammlungen österreichischer Autoren. Wien: Böhlau 1992 S. 81; Nawrocka: Bermann-Fischer im Exil (1998), passim.

Frischauf(-Pappenheim), Marie 4.11.1882 Preßburg – 24.7.1966 Wien; Ärztin, Publizistin, Verlagsleiterin; Dr. med. F. stammte aus einem liberalen jüdischen Elternhaus; nach dem Abitur am Czernowitzer Mädchengymnasium nahm sie als eine der ersten Frauen überhaupt und gegen den Willen der Familie 1903 ein Medizinstudium auf. Nach ihrer Promotion 1913 machte sie eine Facharzt-Ausbildung zur Dermatologin und war am Wiener Allgemeinen Krankenhaus Spitalsärztin, wo sie ihren späteren Mann, den Psychiater Hermann F. kennenlernte. Ab 1908 veröffentlichte sie auch Gedichte und Prosastücke, u. a. in der *Fackel* von Karl Kraus. Für Arnold Schönberg verfasste sie 1909 das Libretto ›Erwartung‹. Nach dem Ersten Weltkrieg, während dem sie in einem Militärspital in Schlesien im Einsatz war, trat sie der neugegründeten KPÖ bei, im Rahmen der Roten Hilfe setzte sie sich für politische Häftlinge und die Betreuung von Flüchtlingen ein. 1927 wurde sie Vorsitzende der Österreichischen Arbeiterhilfe. Zusammen mit Wilhelm Reich engagierte sie sich in sexualaufklärerischer Beratung und verfasste mit Annie Reich die Broschüre *Ist Abtreibung schädlich?*, die 1934 beschlagnahmt wurde. 1930 übernahm F. die Leitung des Verlages WEIDMANN & CO. (vormals EGON GRÜNBERG & CO.), eigentlich der Verlag der Kommunistischen Jugendinternationale in Österreich. Nach den Februarkämpfen 1934 wurde sie vorübergehend inhaftiert, der Verlag durchsucht und seine Bücher wurden konfisziert. F. ließ sich von ihrem Mann scheiden, um ihn nicht zu gefährden, und emigrierte unmittelbar danach nach Paris. Dort arbeitete sie als Ärztin, betätigte sich aber auch hier wieder in Exil-KP-nahen Organisationen. Im Frühjahr 1940 als ›feindliche Ausländerin‹ im Lager Gurs interniert, vermochte sie 1941 mit Unterstützung der League of American Writers über New York nach Mexiko zu emigrieren. Auch dort arbeitete sie als Ärztin, war Mitarbeiterin der Zeitschriften *Austria Libre* und *Freies Deutschland* und Mitglied der KPÖ-Gruppe. Im Mai 1947 kehrte sie über Murmansk nach Wien zurück, da sie für die Durchreise durch die USA kein Visum erhalten hatte, und leitete bis 1955 ein Ambulatorium der Wiener Gebietskrankenkasse; für verschiedene Zeitungen und Zeitschriften setzte sie ihre emanzipatorische und gesellschaftspolitische publizistische Tätigkeit fort.

Bolbecher, Kaiser: Österr. Exilliteratur (2000) S. 226–28.

Frommel, Wolfgang 8. 7. 1902 Karlsruhe –13. 12. 1986 Amsterdam; Herausgeber, Verleger. Der Sohn des evangelischen Theologen Otto F. ging seit 1909 in Heidelberg zur Schule und wechselte als Internatsschüler an das humanistische Gymnasium von Wertheim. Seit 1921 studierte F. an der Universität Heidelberg Germanistik, Theologie und Pädagogik und gründete mit Theodor Haubach eine christlich-sozialistisch orientierte Studentengruppe. Über seinen Freund Percy Gothein, Mitglied im George-Kreis, begegnete F. 1923 dem kultisch verehrten Dichter, eine Begegnung, die ihn für sein Leben prägte. Während der folgenden Studienjahre in Berlin versammelte F. einen Kreis von Gleichgesinnten um sich und gründete 1930 zusammen mit Gothein und → Edwin Maria Landau den Verlag DIE RUNDE, der in seiner programmatischen humanistischen Konzeption und personellen Organisationsstruktur als Vorläuferunternehmen von CASTRUM PEREGRINI gelten kann; als ›spiritus rector‹ führte F. der Runde zahlreiche Autoren zu, überwiegend aus dem Wertheimer Kreis, er selbst publizierte unter dem Pseudonym Lothar Helbig 1932 die damals viel beachtete Schrift *Der dritte Humanismus*, die 1936 in der dritten Auflage von den Nationalsozialisten verboten wurde. Seit 1933 leitete F. im Südwestdeutschen Rundfunk in Frankfurt die Abteilung Wort, in seiner elitären Mitternachtssendung beim Reichssender Berlin waren auch systemkritische Denker zu Gast, bis ab 1935 verschärfte Kontrollen eine Fortsetzung nicht länger erlaubten. Bereits im Sommer 1935 hatte sich der Kreis um F. ein letztes Mal in Saas / Graubünden versammelt, viele Mitglieder sahen sich in diesem Zeitraum zur Emigration genötigt. F., der sich konsequent weigerte, der NSDAP oder der RSK beizutreten, wurde nach Publikation des zuletzt von ihm mitinitiierten Bandes *Gedichte* (1937) im *Völkischen Beobachter* wegen des homoerotischen Charakters der Dichtungen angeprangert, worauf er sich zur Emigration entschloss. Er ging zunächst nach Basel, wo er beim Verlag → BENNO SCHWABE als Lektor Aufnahme fand. Von dort führte ihn der Weg der Emigration über Zwischenstationen in Zürich und Paris in die Niederlande, wo er 1939 mit Hilfe niederländischer Freunde wie dem Schriftsteller Adriaan R. Holst eine Aufenthaltsgenehmigung erhielt. Über Holst lernte F. 1941 die Malerin Gisèle van Waterschoot van der Gracht kennen, die im selben Jahr in Amsterdam, Herengracht 401, eine Wohnung bezog, die während der Besatzungszeit zu einem Versteck für Hitlerflüchtlinge wurde. F., zu dieser Zeit als Lektor in der AKADEMISCHEN VERLAGSANSTALT PANTHEON des emigrierten Verlegers → Karl Kollár tätig, fand hier seit Juli 1942 Unterschlupf. Das Versteck hatte den Decknamen ›Castrum Peregrini‹, zu deutsch ›Pilgerburg‹, in Anspielung auf eine als uneinnehmbar geltende Kreuzfahrerfestung in Haifa. Bei Pantheon erschienen zwischen 1941 und 1943 alle sechs während des Zweiten Weltkriegs im Auftrag von Castrum Peregrini publizierten klandestinen *Kentaur-Drucke*, darunter als Bd. 2 von Rudolf Pannwitz *Weg des Menschen* mit einer Einleitung von F. Nach 1945 blieb F. in den Niederlanden, und gründete gemeinsam mit Gisèle van Waterschoot van der Gracht die literarische Zeitschrift *Castrum Peregrini*, die 1951 zum ersten Mal erschien. Die in drei Lieferungen pro Jahr in nummerierter Auflage erscheinende Zeitschrift basierte auf einer Verlagsstiftung, die im Haus an der Herengracht, das Gisèle van Waterschoot van der Gracht 1958 erwerben konnte, ihren Sitz hatte. Thematischer Schwerpunkt der Zeitschrift war George und seine Umgebung; die Zeitschrift stellte zu Jahresbeginn 2008 ihr Erscheinen ein, 2010 wurden die bibliophilen Kostbarkeiten der Georgica-Sammlung von Castrum Peregrini bei Hauswedell & Nolte versteigert. 1973 wurde F. für seine Rettung jüdischer Verfolgter in Yad Vashem vom Staat Israel als Gerechter unter den Völkern ausgezeichnet.

Günter Baumann: Dichtung als Lebensform. Wolfgang Frommel zwischen George-Kreis und Castrum Peregrini (Epistemata. Reihe Literaturwissenschaft. Bd. 135). Würzburg: Königshausen & Neumann 1995; Manuel R. Goldschmidt, Michael Philipp [Hg.]: Argonaut im 20. Jahrhundert. Wolfgang Frommel. Ein Leben in Dichtung und Freundschaft. Dokumentation zur Ausstellung im Rahmen der 12. Europäischen Kulturtage Karlsruhe 1994. Um eine Rede und die Bibliographie Wolfgang Frommels erweiterte Ausgabe. Amsterdam: Castrum Peregrini 1996; Claus Victor Bock [Hg.]: Wolfgang Frommel in seinen Briefen an die Eltern 1920–1959. Amsterdam: Castrum Peregrini 1997; Stephan C. Bischoff [Hg.]: Ich gab dir die Fackel im Sprunge. W. F. Ein Erinnerungsbericht von Friedrich W. Buri. Potsdam: Verlag für Berlin-Brandenburg 2009. Carina Schmidt: ›Over typografie en vriendschap‹. Die bibliophilen Untergrunddrucke des deutsch-niederländischen Exilverlages Castrum Peregrini während des Zweiten Weltkrieges. Magisterarbeit. Universität Mainz 2009; Joke Haverkorn van Rijsewijk: Entfernte Erinnerungen an W. Mit einem Nachwort von Michael Philipp. Würzburg: Osthoff 2013.

Front, Theodore 26. 11. 1909 Darmstadt – 28. 11. 2003 Los Angeles; Musikantiquar. F., der älteste von drei Söhnen, war nach dem Abitur beseelt von der idée fixe, Operndirektor zu werden, und nahm in München das Studium der Theaterwissenschaft bei Artur Kutscher auf, brach es jedoch aus Enttäuschung nach zwei Semestern wieder ab. Er volontierte anschließend ein Jahr am Hessischen Landestheater in Darmstadt, danach ging er als Assistent an die Städtische Oper Berlin, bis er, nach eineinhalb erlebnisreichen Saisonen, im März 1933, wie andere jüdische Mitarbeiter, entlassen wurde. Auf der Suche nach Möglichkeiten zur Fortsetzung der Karriere kam er 1934 nach Leningrad, um sich dort einer russischen Avantgarde-Theatertruppe anzuschließen; diese künstlerischen Hoffnungen erfüllten sich jedoch nicht. Zurück in Berlin, heiratete er im Januar 1935 die Pianistin Victoria Ginsburg, der er in 42-jähriger Ehe verbunden blieb. Spät, im Herbst 1938, entschloss er sich, zusammen mit seiner Frau, zur Flucht aus Deutschland und erreichte am 11. Oktober New York; Bemühungen um eine Anstellung im Bereich von Oper und Schauspiel blieben aber auch hier vergeblich. F. erarbeitete damals eine Übersetzung von Hector Berlioz' *Treatise on Instrumentation* in der von Richard Strauss revidierten Fassung ins Englische, mit der er sich bleibende musikologische Verdienste erwarb (gedruckt 1948 bei E. F. Kalmus). 1940–50 hatte F. eine Anstellung in einer Wohnungsverwaltung, dann zog er um an die Westküste, weil ihm über Vermittlung von Freunden dort eine interessante Stelle in einem der besten Schallplattenläden in Los Angeles (GATEWAY TO MUSIC) angeboten wurde. Zu seinen Aufgaben gehörte die musikalische, textliche und technische Vorbereitung der Sonntagabend-Platten-Konzerte. Als das Unternehmen unter dem Druck von Billigkonkurrenz 1958 schließen musste, arbeitete F. zwei Jahre im HOUSE OF SIGHT AND SOUND im San Fernando Valley, u. a. befasst mit High Fidelity-Geräten. 1960 unternahm er – um seinem ungeliebten Job zu entfliehen – Vorbereitungen zur Eröffnung eines Musikantiquariats, knüpfte Kontakte mit mehreren Universitätsbibliotheken an der Westküste und machte eine Einkaufsreise nach Europa, konnte dann aber 1961 über Vermittlung von → Kurt L. Schwarz das Musikantiquariat seines überraschend verstorbenen Freundes → Ernst Gottlieb übernehmen. Er erstellte im Laufe der Zeit mindestens 55 Antiquariatskataloge sowie daneben Kataloge im normierten Format, die sogenannten *Front Slips* (hauptsächlich zu Neuerscheinungen), nahm Bibliotheksschätzungen vor und veröffentlichte eine Reihe, die *Front Music Publications*. Um seine Kunden (nach und nach 500 Bibliotheken weltweit) umfassend bedienen zu können, bot F. neben antiquarischer auch die neu erschienene Musikliteratur an. In seiner zum 20-jährigen Bestehen seiner Firma und als ›a tribute on the fiftieth anniversary of the Music Library Association‹ veröffentlichten Schrift blickte er 1981 auf seine Tätigkeit zurück, die für ihn eine fortgesetzte Zeit des Lernens war: ›When I started, just twenty years ago, as an antiquarian music dealer, I was handicapped in four ways: shortage of funds, lack of knowledge, misconceptions about the collector's attitude, and ignorance of library practices.‹ Das Geschäft war in diesen beiden ersten Jahrzehnten zunächst rasch gewachsen, durchlebte allerdings auch Krisen. Im Juli 1980 trat Christine Clarke als Teilhaberin in die Firma ein und übernahm sie später ganz; 1986 beschäftigte das Unternehmen sechs Angestellte. F. arbeitete auf der Grundlage eines *semiretirement* bis Ende Oktober 2003 weiter mit. THEODORE FRONT MUSICAL LITERATURE, INC. bezeichnet sich, zeitweise in Van Nuys / CA und zuletzt in Santa Clarita / CA angesiedelt, als ›the oldest established sheet music and music book dealer in the Western United States‹.

Theodore Front: An Antiquarian Music Dealer's Education (Front Music Publications. No. 3). Beverly Hills /CA: Front 1981.

Rosenthal-Fragebogen; Christine Clark [Nachruf]. In: Notes vol. 60 no. 4 (June 2004) pp. 927 f.; Los Angeles Times Obituaries, Dec. 7, 2003 [online]; Darwin Scott [ed.]: For the Love of Music. Festschrift in Honor of Theodore Front on his 90th Birthday (Antiqua / Musica. Vol. 2). Lucca: Lim Antiqua 2002; Bach, Fischer: Antiquare (2005).

Frucht, Karl 5. 9. 1911 Brünn – 8. 3. 1991 Wien; Literaturagent, Verlagsmitarbeiter; Dr. jur. F. kam als Kleinkind mit seinem Vater, der Herausgeber der *Brünner Nachrichten* war, nach Ausbruch des Ersten Weltkriegs nach Wien; hier studierte er nach dem Abitur an der Universität Jura und promovierte 1936. Mit der Schriftstellerin Hertha Pauli (1906–1973) gründete er 1933 die ÖSTERREICHISCHE KORRESPONDENZ, eine literarische Agentur, zu deren Klienten u. a. F. Th. Csokor, Th. Kramer, F. Werfel, E. Friedell und C. Zuckmayer zählten. 1934 schloss F. Freundschaft mit Walter Mehring, dessen *Die Nacht des Tyrannen* durch Vermittlung der Agentur noch vor dem ›Anschluss‹ Österreichs an Hitlerdeutschland bei OPRECHT in Zürich erscheinen konnte. Im März 1938 emigrierte F. in die Schweiz, und von dort weiter nach Paris; dort war er zusammen mit Hertha Pauli im Kreis um Joseph Roth und richtete für Ödön von Horvath nach dessen tödlichem Unfall das Begräbnis aus. Im Herbst 1940 wurde F. als ›feindlicher Ausländer‹ in Meslay du Maine interniert; nach der Freilassung schlug er sich über Toulouse nach Marseille durch und arbeitete dort mit Varian Fry zusammen. Über Lissabon konnte F. sich im Februar 1941 nach Norfolk / VA retten; dort verdiente er seinen Lebensunterhalt als Farmarbeiter und Kellner und kam mit der US-Army als Offizier des *Prisoner of War Interrogation-Teams* nach Europa. Zurück in den Staaten arbeitete F. in New York als Autor für die AMERICAN HISTORICAL PUBLISHING CO., später ebenda für den technischen Handbuchverlag MILES-SAMUELSON. In den 1960er Jahren war F. in der Öffentlichkeitsarbeit der WHO angestellt. Erst 1960 kam F. erstmals wieder nach Wien zurück, nach seiner Pensionierung war F. in Wien um die Ordnung des Nachlasses von Hertha Pauli bemüht.

Karl Frucht: Verlustanzeige. Ein Überlebensbericht. Wien: Kremayr & Scheriau 1992.

Hertha Pauli: Der Riß der Zeit geht durch mein Herz. Ein Erlebnisbuch. Wien: Zsolnay 1970; Bolbecher, Kaiser: Österr. Exilliteratur (2000) S. 229 f.

Fuchs, Gerard J. (ursprgl. Gerhard Jacob F.) 27. 6. 1899 Berlin – 30. 9. 1992 New York; Buchhändler, Antiquar. F., Sohn von Prof. Dr. Maximilian F. und Helene F., führte in Berlin (W 50, Nürnberger Straße 64) eine 1923 gegründete Versandbuchhandlung mit Antiquariat; auch befasste er sich mit Buchimport und führte ausländische Literatur. Fachlich war er auf Sprachwissenschaft spezialisiert. In der NS-Zeit meldete F. seine Firma als ›Jüdischen Buchvertrieb‹ an; der Firmenakte im SStAL zufolge ging sie am 15. November 1937 in den Besitz der aus Wien stammenden Maria Gräfin von Tassul zu Daxberg-Eisert über, am 1. September 1938 in jenen von Hermann Forwerk. 1938 wurden die Bücherbestände vom Jüdischen Kulturbund übernommen. F. flüchtete mit seiner Frau Margot M. geb. Cohn (1918–1978) im Mai 1939 mit dem letzten Schiff, das nach Shanghai ging. Dort eröffnete er in der Szechuen Road 416 einen EMIGRANTS' BOOK SERVICE, in welchem er von seiner im 2. Stock gelegenen Wohnung aus Bücher (überwiegend antiquarisch) in fünf Sprachen anbot, u. a. ›interessante deutsche Literatur, preiswerte englische Buecher, foerdernde Sprachlehrbuecher‹ (nach einer Werbeanzeige im *Shanghai Jewish Chronicle*). Kurze Zeit darauf änderte er Namen und Adresse und führte einen COSMOPOLITAN BOOK SERVICE in der Nanking Road, wieder mit einem Schwerpunkt auf Sprachlehr- und Wörterbüchern. 1947 führte ihn sein Emigrationsweg in die USA, nach New York, wo er sich bald erneut als Buchhändler betätigte und den Buchhandel eine Zeit lang im selben Haus wie → Mary S. Rosenberg betrieb. Später, an der Adresse 2061 Broadway, umfasste sein zunehmend wachsendes Sortiment fast ausschließlich deutschsprachige Bücher; GERARD J. FUCHS führte auch deutschsprachige Schulbücher und war neben → Friedrich Krause,

→ Arthur M. Adler und Mary Rosenberg bis in die 1980er Jahre einer der wichtigsten Buchimporteure in New York.

SStAL, BV, F 12. 435; Briefliche Mitteilung von Gerhard Kurtze an EF vom 20. 9. 1993; Brief von Walter Zadek an EF vom 6. 10. 1991; mündliche und schriftliche Auskunft von Alexa Gelberg an EF vom 10. 12. 2010 und 11. 1. 2011; www.geni.com; Dahm: Das jüdische Buch (1993) S. 519; Der Jüdische Kulturbund in Deutschland (1992) S. 338; Bbl. 1981, S. 1951.

Fürstner, Otto 17. 10. 1886 Berlin –18. 6. 1958 London; Musikverleger. F.'s Vater Adolph F. (1833–1908) war der Gründer des Musikverlags ADOLPH FÜRSTNER in Berlin, der vornehmlich Opern u. a. von Richard Strauss, Hans Pfitzner und – über den firmenzugehörigen Verlag C. F. MESER – Werke von Richard Wagner verlegte. F. erhielt eine solide Ausbildung als Verlagskaufmann bei BOTE & BOCK in Berlin, CHAPPELL in London und HEUGEL in Paris. 1910 gründete er eine Filiale in Paris, wurde 1911 Teilhaber der Firma Adolph Fürstner und 1922, nach dem Tod der Mutter, Alleininhaber. Als es F. in den 1930er Jahren unmöglich wurde, seinen Verlag in Deutschland weiterzuführen, verkaufte und verpachtete er vor seiner Zwangsemigration einen Teil der Verlagsrechte an seinen langjährigen Prokuristen Johannes Oertel. Noch im selben Jahr gründete dieser in Berlin einen eigenen Verlag. F. ging ins Exil nach Großbritannien, wo er mit den aus Deutschland mitgenommenen Verlagsrechten den Musikverlag FÜRSTNER LTD. gründete; 1943 verkaufte F. seine Rechte an Werken von Richard Strauss für die nicht von Deutschland besetzten Länder an den Musikverlag BOOSEY & HAWKES. 1950 wurde von F. und Oertel ein notarieller Vertrag abgeschlossen, und die Verlagsrechte wurden im Rahmen eines Vergleichs neu verteilt. Nach dem Tod F.'s übernahm seine Frau Ursula die Verlagsleitung von Fürstner Ltd., 1970 verkaufte sie sämtliche Rechte an der Firma Fürstner Ltd. und remigrierte nach Deutschland. Heute befindet sich Fürstner unter dem Dach von SCHOTT MUSIC, Mainz.

NDB [Art. Oertel]; Fetthauer: Musikverlage (2004) S. 466 f.; LexM [online].

Fuhrmann, Ernst 19. 11. 1886 Hamburg –18. 11. 1956 New York; Verleger, Schriftsteller, Photograph. F. wuchs als Sohn einer begüterten Hamburger Kaufmannsfamilie auf; er absolvierte eine Kaufmannslehre, wandte sich aber ab 1906 der Literatur zu. 1911 heiratete er die Dichterin Elisabeth Paulsen. Neben seiner Tätigkeit als selbständiger Kaufmann verfasste F. ein zwischen Esoterik und Expressionismus schillerndes, apokryphes literarisches Œuvre, das dem großen Publikum unbekannt blieb, ihm aber innerhalb der künstlerischen deutschen Avantgarde einen Nimbus sicherte. 1914 erschien die erste Auswahl aus seinen Dichtungen in einer fünfbändigen Ausgabe. 1919 wurde F. von dem Hagener Kunstmäzen Karl Ernst Osthaus zum Leiter des Deutschen Museums für Kunst in Handel und Gewerbe und des FOLKWANG-VERLAGS an das Folkwang Museum berufen. Als Verlagsleiter initiierte F. u. a. die Schriftenreihen *Werke der Urgermanen* und die opulent mit schwarz-weißen Tafelseiten ausgestatteten Bände der Reihe *Kulturen der Erde*, die auf bildende Künstler der Zeit (u. a. Hannah Höch, Hans Arp und Laszlo Moholy-Nagy) großen Einfluss ausübten. Nach dem Tod Osthaus' 1921 gewann F. die Protektion des Großherzogs Ernst Ludwig von Hessen-Darmstadt und siedelte mit dem Verlag nach Darmstadt über. Noch im Jahr des Konkurses des Folkwang-Verlages, der vom VERLAG GEORG MÜLLER in München übernommen wurde, gründete F. 1923 den AURIGA VERLAG in Gotha; Verlagssitz war 1924 Darmstadt und Berlin,

1925 nur Berlin. Die erlesenen Kunstbuchausgaben erlangten internationale Resonanz; F.'s photographische Tätigkeit als ›Bildregisseur‹ wirkte stilbildend für die ›Neue Sachlichkeit‹. Mit seinen Schriften, Verlagswerken und dem von ihm unter Mitwirkung v. a. von Albert Renger-Patzsch betreuten Photo- und Diapositivarchiv fand F. Aufmerksamkeit bei vielen Kulturschaffenden seiner Zeit, wie Rainer Maria Rilke, Hugo von Hofmannsthal, Martin Buber oder Alfred Döblin. 1925 erlosch der Auriga Verlag; 1928 gelang es F. jedoch mit Unterstützung des Düsseldorfer Großindustriellen Paul Multhaupt die Reste des Folkwang-Verlags vom Verlag Georg Müller zurückzukaufen und mit dem Auriga Verlag zum FOLKWANG-AURIGA-VERLAG in Friedrichssegen / Lahn zu vereinen. Hier erschien 1931, finanziell ermöglicht durch den illustren Freundeskreis, eine zehnbändige *Sammel-Ausgabe* der Schriften F.'s. Nach der NS-›Machtergreifung‹ nahm sich F.'s Mäzen Paul Multhaupt das Leben; über F. verhängten die Nationalsozialisten ein Publikationsverbot. Bis zu F.'s Emigration Ende August 1938 existierte der Verlag nur noch als Bildarchiv unter dem Namen Folkwang-Archiv, Berlin. In New York scheiterte F.'s Versuch, zusammen mit seinen ebenfalls geflüchteten ehemaligen Mitarbeitern → Ernest Mayer und Lotte Jacobi mitgebrachtes photographisches Material über die dazu gegründete Agentur BLACK STAR zu vermarkten. Bis zu seinem Tod schrieb F. in beengten Verhältnissen unermüdlich an seinem literarischen Werk weiter, das sich verstreut in umfangreichen Teilnachlässen (u. a. im Deutschen Literaturarchiv Marbach, an der Staats- und Universitätsbibliothek Hamburg, im Karl Ernst Osthaus-Museum, Hagen) erhalten hat.

Rainer Stamm: Der Folkwang Verlag und seine Nachfolger. Verlagsgeschichte, Bibliografie sämtlicher erschienener Publikationen. In: Buchhandelsgeschichte H. 3 (1992) S. B 81–89, B 89–97; Albert Renger-Patzsch-Archiv [Hg.]: Die Welt der Pflanze. Photographien von Albert Renger-Patzsch und aus dem Auriga-Verlag. [Ausst.-Kat.] Ostfildern-Ruit: Cantz 1998; Rainer Stamm: Der Folkwang-Verlag. Auf dem Weg zu einem imaginären Museum. Diss. Frankfurt am Main: Buchhändler-Vereinigung 1999; Lutz Jahre: Der Folkwang-Verlag. Weltmuseum in Buchform. In: Bbl. Nr. 80 vom 5. 10. 2001 (AdA Nr. 9 (2001)) S. 551–55; Rainer Stamm: ›Ein Versuch phantastischen Ausmaßes‹. Ernst Fuhrmann – Schriftsteller, Verleger, Biosoph und Bildregisseur. In: John M. Spalek [Hg.]: Deutschsprachige Exilliteratur seit 1933. Bd. 3: USA. Teil 5. München: Saur 2005 S. 72–92; Dorothea Peters: Kunstverlage. In: Ernst Fischer, Stephan Füssel [Hg.]: Geschichte des Deutschen Buchhandels im 19. und 20. Jahrhundert. Bd. II: Weimarer Republik. Teil 1. München: Saur 2007 S. 504 f.

G

Gabelin, Bernward 15. 2. 1891 Krefeld – 20. 10. 1983 Berlin; Verleger. Nach Militärdienst vor und im Ersten Weltkrieg war G. Redakteur und Herausgeber von Organen der SPD bzw. USPD, nach 1920 der KPD. Er entwickelte sich zum Fachmann für Literaturvertrieb und war in dieser Funktion in verschiedenen Bezirken der Partei in führender Stellung tätig; seit 1927 arbeitete er im Bereich Propaganda für die Bezirksleitung Berlin-Brandenburg, zeitweise auch für das Zentralkomitee der KPD. 1928 bis 1930 leitete er in Berlin den INTERNATIONALEN ARBEITER-VERLAG und den AGIS-VERLAG, anschließend bis 1933 den Verlag der REVOLUTIONÄREN GEWERKSCHAFTSOPPOSITION (RGO-Verlag). 1934 ging er in die Tschechoslowakei, 1935 in die Sowjetunion und war dort als Kontrollredakteur in Engels tätig. 1938 wurde er verhaftet, 1939 aber wieder freigelassen. Er arbeitete zunächst wieder in Engels, seit 1942 als Politinstrukteur in Kriegsgefangenenlagern bei Stalingrad. 1944/45 war er Mitarbeiter der Zeitung und des Senders *Freies Deutschland*, nach Kriegsende der Deutschlandabteilung der TASS in Moskau. 1946 kehrte G. nach Deutschland (SBZ) zurück und war zunächst Direktor einer höheren Polizeischule, dann Chefredakteur der Zeitschrift *Die neue Gesellschaft*, bis er im September 1948 zum Direktor des SACHSENVERLAGS DRESDEN berufen wurde. Von 1951 bis 1958 war er Direktor des AKADEMIE-VERLAGES in Ost-Berlin, seit 1965 Leiter des Büros für Druckerei und Verlagswesen der Akademie der Wissenschaften der DDR, später kommissarischer Leiter des DRUCKEREI- UND VERLAGSKONTORS BERLIN.

DBE; BHE 1; Inge Diersen: Lexikon Sozialistischer Deutscher Literatur. Halle (Saale): VEB Bibliographisches Institut Leipzig 1964, Art. Verlage; Art. B. G. In: Deutsche Kommunisten. Biographisches Handbuch 1918 bis 1945. Hg. von Hermann Weber und Andreas Herbst. 2., überarbeitete und stark erweiterte Auflage, Berlin: Karl Dietz Verlag 2008.

Gall, Elsa 27. 7. 1888 –16. 1. 1963 Lake Elsinore, CA; Buch- und Kunsthändlerin. Nach dem plötzlichen Tod ihres Mannes Hermann G. am 6. Februar 1932 im 60. Lebensjahr wurde G. Anfang 1933 Inhaberin der alteingesessenen Firma HALM & GOLDMANN Kunsthandlung und Kunstverlag, Buchhandlung und Antiquariat in Wien I, Opernring 11. Sie verzichtete auf das Recht des Witwenfortbetriebes und erwarb im Januar 1933 die Konzession für den Kunsthandel, Josef Kende wurde 1934 die Konzession für den Buchhandel einschließlich des Antiquariats verliehen. Im März 1938 kam es zur ›Arisierung‹ von Halm & Goldmann, beginnend mit einer einschüchternden ›Beschlagnahme‹ seitens einiger ›nicht berechtigter Personen‹, die von G. die Herausgabe von Sparbüchern und Bargeld forderten. Der neue Firmenname EDHOFFER & KASIMIR, nach den ›Ariseuren‹, dem Radierer Luigi Kasimir (1881–1962) und dem Kunstverleger Ernst Edhoffer (1886–1960), wurde im Januar 1939 in das Handelsregister eingetragen. Unter Verlust des Geschäftes, einer Liegenschaft sowie von Wertpapieren gelang G. im Mai 1939 die Emigration in die USA, wo sie in Kalifornien ihren Wohnsitz nahm. Nach dem Zweiten Weltkrieg bemühte G. sich um die Restitution des eingezogenen Vermögens, ein in ihrem einstigen Besitz gewesenes Gemälde Rudolf von Alts wurde G. zurückgegeben.

Adressbuch 1931 S. 239; Verlagsveränderungen 1933–1937 S. 11; Verlagsveränderungen 1937–1943 S. 11; Hall: Jüd. Verleger, Buchhändler 1938 (1988) [online]; Hupfer: Antiquarischer Buchhandel (2003) S. 104 f.; Stefania Domanova, Georg Hupfer: ›Arisierung‹ am Beispiel der Firmen Halm & Goldmann und Verlag Neuer Graphik (Würthle & Sohn Nachf.) [online]; Mentzel: Opfer des NS-Bücherraubes. In: GMS Medizin – Bibliothek – Information. Vol. 8 Nr. 3 (2008) [online; darin weitere Quellenangaben].

Galliner, Peter 19. 9. 1920 Berlin–19. 12. 2006 Berlin; Verlagsdirektor. G. wuchs als Sohn eines sozialdemokratisch orientierten Rechtsanwalts und führenden Mitglieds der jüdischen Reformgemeinde in Berlin auf. Im Januar 1939 gelang ihm die Flucht nach Großbritannien; seine Eltern, die diese Flucht arrangiert hatten und zurückbleiben mussten, nahmen sich 1942 aufgrund drohender Deportation das Leben. Nach zeitweiliger Internierung als *enemy alien* auf der Isle of Man arbeitete G. in London 1944 bis 1947 für die Nachrichtenagentur Reuters, von 1947 bis 1960 als höchst erfolgreicher Auslandsmanager der *Financial Times*. Damals holte ihn Axel Springer nach Berlin, wo er zum Vorsitzenden der Geschäftsführung des von Springer erworbenen ULLSTEIN VERLAGS berufen wurde. Nach vier Jahren kehrte er aber nach London zurück, um dort als Vizepräsident und Managementdirektor der BRITISH PRINTING CORPORATION PUBLISHING GROUP tätig zu werden. Von 1970 bis 1975 arbeitete er in der Position des Chairman der PETER GALLINER ASSOCIATES als internationaler Verlagsberater. 1975 bis 1993 war G. Direktor des INTERNATIONAL PRESS INSTITUTE und setzte sich, gemäß der Zielsetzung dieser Vereinigung von Zeitungsherausgebern und -redakteuren, für Belange der Pressefreiheit ein. Bereits 1961 wurde dem Medienpionier das Bundesverdienstkreuz 1. Klasse verliehen; weitere Ehrungen erhielt G. in den nachfolgenden Jahrzehnten.

Simone Ladwig-Winters, Peter Galliner (Hg.): Freiheit und Bindung. Zur Geschichte der jüdischen Reformgemeinde zu Berlin von den Anfängen bis zu ihrem Ende 1939. Hentrich & Hentrich, 2003.

BHE 1; DBE; Wikipedia.

Ganz, Felix 1884 Köln – 27. 8. 1937 Jerusalem; Buchhändler. G. war ein Sohn von Alexander G. (1851– 29. 5. 1923 Köln), der 1880 die 1942 in Köln gegründete LENGFELD'SCHE BUCHHANDLUNG übernahm und sie in Verbindung mit einem Antiquariat sowie mit einer Leihbibliothek, die zu den leistungsfähigsten Deutschlands zählte, stetig ausbaute. Felix G. war, nach Besuch der Buchhändlerschule in Leipzig, seit 1913 Teilhaber; 1919 kam sein Schwager → Max Pinette als weiterer Mitinhaber hinzu. Die Buchhandlung war zuletzt in der Zeppelinstraße 9 situiert und war 1930 mit drei Etagen, acht Schaufenstern und 12–15 Angestellten die größte und bedeutendste der Stadt. Aufgrund zunehmender Repressionen gegenüber ihren jüdischen Eigentümern entschloss sich G., zusammen mit seiner Ehefrau Therese (Resi) geb. Lobbenberg (1894 Köln – 1988 New York), im Oktober 1934 nach Palästina auszuwandern, wo er sich an einer Süßwarenproduktion beteiligte, aber bereits 1937 an einer Leberkrankheit verstarb. Resi G. ging nach 1945 in die USA. Inzwischen hatte Max Pinette die Kölner Buchhandlung allein geleitet; unter ihm hatte zuletzt auch das Antiquariatsgeschäft einen Aufschwung genommen. Doch mit Jahresbeginn 1936, wenige Monate vor seiner Flucht nach Brüssel, sah er sich gezwungen, die Firma in ›arische‹ Hände zu geben; die langjährigen Angestellten Hans Schmitt und Sophie Lutze übernahmen, zusammen mit einem Geldgeber Albert Rheinemann, im Einvernehmen mit den Vorbesitzern die Buchhandlung und führten sie bis zu deren Zerstörung durch Fliegerbomben am 31. Mai 1942. Nach einem Neuanfang 1948 und verschiedenen Inhaberwechseln gehört die Lengfeld'sche Buchhandlung heute wieder zu den bestgeführten Sortimenten Deutschlands. – Von der Kölner Buchhändlerfamilie Ganz waren neben Felix G. auch noch viele andere von der NS-Verfolgung direkt betroffen: sein Bruder Karl Justus (1893–1953), der eine Buchhändlerlehre bei A. Francke in Bern absolviert hatte, in der elterlichen Firma aber nicht zum Zuge kam, war mit seiner Frau Minnie geb. Meyer (1897–1984) 1934 nach Frankreich (Fontenay-aux-Roses nahe Paris) und nach Verschleppung in verschiedene Lager 1943 über Spanien nach Casablanca geflohen; nach dem Krieg kehrten sie nach Frankreich zurück. Jetzt erst konnte sich Karl buchhändlerisch betätigen; er verkaufte nun jene wertvollen Bücher und Manuskripte alter Musik, die sein Schwager Pinette vor seiner Flucht nach Frankreich in einigen Kisten in die Schweiz geschickt hatte; Minnie G. betätigte sich zwischen 1950 und 1960 als Buchhändlerin im Stadtteil Saint-Antoine in Paris und war ebenfalls auf Bücher über alte Musik spezialisiert. Anna Ballin (1888–1942), die Schwester Felix G.s, wurde in Köln in ein ›Judenhaus‹ gebracht und mit dem Transport vom 30.10.1941 in das Ghetto Litzmannstadt deportiert, wo sie am 29.8.1942 starb. Ihr Sohn Gottfried Ballin (1914–1943) absolvierte eine Buchhändlerlehre in der Leng'feldschen und sollte für eine Übergabe des Geschäfts an die nächste Generation vorbereitet werden; er war Mitglied einer sozialistischen Widerstandsgruppe, wurde verhaftet, zu fünf Jahren Zwangsarbeit verurteilt und 1943 in Auschwitz ermordet. Sein Bruder Wolfgang B. (1911–1993) emigrierte in die USA und wurde Arzt; ein weiterer Bruder, Arnold Ballin (1917–1958), entkam nach Palästina, ging später nach Südafrika und starb 1958 durch Freitod.

Schroeder 2009 II, S. 385; Brigitte Bilz und Fritz Bilz (Hg.): Die Familie Ganz und die Lengfeld'sche Buchhandlung. Lebensgeschichten einer jüdischen Buchhändlerfamilie. (Kleine Reihe des NS-Dokumentationszentrums der Stadt Köln, 2). Berlin: Metropol 2020.

Ganz, Walter Stefan 16.3.1896 Frankfurt / Main – November 1966 Yonkers, NY; Antiquar. G. war Sohn des Kaufmanns Alfred G. und dessen Ehefrau Martha. Über seine Tätigkeit vor 1933 und seine Flucht in die USA ist nichts näher bekannt; 1942 war er bereits in Yonkers NY registriert. Seine Geschäftstätigkeit als Antiquar hat er in seinen Privaträumen in Yonkers bei New York (58, Beechwood Terrace) spätestens 1948/49 aufgenommen, bis 1965 sind 50 Kataloge erschienen. Als ›dealer in rare books‹ war G. spezialisiert auf illustrierte Bücher des 17. und 18. Jahrhunderts, besonders auf Literatur über Reisen und Entdeckungen auf allen Kontinenten vor 1900, er bot aber auch ›Americana, Arts, Classics, Literature, History, Maps, Views, Portraits‹ an. Ein Jahr nach G.' Tod erwarb die Indiana State University als Ergänzung zu ihrer Sammlung alter Bücher dessen gesamtes Lager, insgesamt 18.500 Bände, von denen 4400 ausgesuchte Bände im Special Collections Department der 1973 fertiggestellten Cunningham Memorial Library aufgestellt wurden.

www.ancientfaces.com (https://www.ancientfaces.com/person/walter-ganz-birth-1896-death-1966/12593801); geni.com; Indiana State University Library, Rare Books Collection (http://library.indstate.edu/about/units/rbsc/rbooks/rbooks-idx.html); Book dealers in North America 1954/1955. London Sheppard Press 1954, S. 94 [online]; Schroeder: ›Arisierung‹ II, S. 385 (nur zur Lengfeld'schen Buchhandlung).

Garnman, Horst 11.12.1923 Dresden – 7.8.2010 Amsterdam; Buchhändler. G. (früher Garnmann) war ein jüngerer Vetter von → Abraham Horodischs Frau Alice G.; seine Eltern (der Vater wurde in Auschwitz ermordet, die Mutter war Nichtjüdin) hatten ihn als 15-jährigen 1938 zur Rettung in die Niederlande geschickt, wo er die deutsche Besatzungszeit und den Krieg im holländischen Untergrund in Rotterdam, später Arnheim und ab 1943 in Amsterdam überstand. Im Sommer 1941 hatte er seine Cousine noch in Amsterdam besucht, danach aber den Kontakt verloren. Im Mai 1945 suchte G. das ERASMUS-Geschäft am Amsterdamer Spui auf, das von → Martin Oppenheim zur Wiedereröffnung vorbereitet wurde. Da im ausgeraubten Antiquariat ein Bücherlager nicht mehr vorhanden war, begannen G. und Oppenheim zunächst mit dem Verkauf von Illustrierten. Erst als die Eheleute Horodisch mit einem Bücherstock aus dem Schweizer Exil nach Amsterdam zurückgekommen waren, konnte wieder ein regulärer Antiquariatshandel aufgebaut werden. Nach dem plötzlichen Tod Oppenheims wurde G. mit der Abteilung An- und Verkauf neuer Bücher betraut, während Horodisch sich dem Handel mit antiquarischen Büchern widmete. Bald konnte der Laden am Spui mit dem traditionellen Namen ERASMUS ANTIQUARIAAT EN BOEKHANDEL das wachsende Angebot an Titeln nicht mehr fassen, worauf G. die Entscheidung traf, sich in der modernen Abteilung ausschließlich auf das Angebot von Kunstbüchern und Titeln zur Buchgeschichte zu beschränken. Mit dieser Spezialisierung schuf sich Erasmus einen institutionellen Kundenkreis: seit Anfang der 1950er Jahre entwickelte sich die Buchhandlung zu einem internationalen Lieferanten für Bibliotheken und Museen. Die kommerziellen Erfolge des weltweiten Versandbuchhandels, mit dem Erasmus einen immer größeren Anteil am Umsatz erwirtschaftete, sind dem Verdienst G.'s zuzuschreiben. Bis 1969 befanden sich beide von G. geleitete Abteilungen, die moderne Buchhandlung und die Versandbuchhandlung, im gleichen Haus am Spui 2. 1970 wurde G., der 1957 in die Niederlande eingebürgert worden war, Teilhaber von Erasmus; als das Unternehmen 1984 in eine GmbH umgewandelt wurde, kam es zur Drittelung: Horodisch, G. und Kurt Tschenett zeichneten mit gleichen Anteilen und waren gleichberechtigte Direktoren. Unter G. vollzog sich auch noch die Modernisierung des Unternehmens: 1991 wurden das Antiquariat und die Buchhandlung am Spui aufgelöst und Erasmus Boekhandel konzentrierte sich ausschließlich auf das wissenschaftliche Versandgeschäft. 1993 ging G. in den Ruhestand, nachdem er fast fünfzig Jahre lang bei Erasmus tätig gewesen war.

Abraham Horodisch: Schlussbemerkung: Fünfzig Jahre Buchhändler in Amsterdam. In: De Arte et Libris. Festschrift Erasmus. 1934–1984. Amsterdam 1984 S. 465–69; van der Veen: 75 Jahre Erasmus (2009) S. 26 ff.; Klemperer Online. Tagebücher 1918 bis 1959, Herausgeberkommentierung zu einem Eintrag vom 24. September 1943 (›Briefwechsel und Gespräche mit Horst Garnman‹).

Gerrard, Gerhard 13. 9. 1906 Oswiecim (vorm. Auschwitz) / Polen – 21. 5. 1998 Harrow, London; Buchhändler, Verleger. G. hieß mit Geburtsnamen Schlesinger, sein Vater war ein deutscher Fabrikant. 1922 begann G. eine Buchhändlerlehre bei JULIUS HAINAUER in Breslau, wo er auch seine spätere Frau Hilde Weissenberg (4. 10. 1907 Kreuzenort bei Ratibor / Oberschlesien – 22. 10. 1993 Harrow, London) kennenlernte; sie heirateten 1929 und ließen sich in Berlin-Tempelhof nieder. Als Jude verlor G. im Januar 1934 seine Anstellung in der Berliner GUTENBERG-BUCHHANDLUNG. Im April 1934 emigrierten die Eheleute nach Italien und gründeten unter ihrem bisherigen Namen Schlesinger eine deutsche Leihbücherei, den BÜCHERKREIS (CIRCOLO LIBRARIO). Die Geschäftsidee hatte durchaus Erfolg: Nach ersten Anfängen in einem kleinen Apartment mit ein paar hundert mitgebrachten deutschen Büchern, einem Fahrrad zur Auslieferung und einem Telefon, für das in Italien bei Ortsgesprächen lediglich Miete zu zahlen war, zogen die Jungunternehmer bald mit ihrem Geschäft ins Zentrum von Mailand um, in die Via Victor Hugo Nr. 3. Der Circolo Librario bot monatliche und vierteljährliche Abonnements von Büchern an bei freier Lieferung nach Hause inklusive Wiederabholung. Daneben war eine wöchentliche Ausleihe im Geschäft möglich, und es gab Sonderkonditionen für außerhalb von Mailand wohnende Leser. Angeboten wurden auch Fachzeitschriften und ausländische Zeitungen, darunter die *Times*, die *Neue Zürcher Zeitung*, das *Berliner Tageblatt*, das *Neue Wiener Journal* und die *Jüdische Rundschau*; 1935 konnte der jährlich erscheinende Katalog um englische, französische und italienische Literatur erweitert werden. Das Unternehmen florierte nach anfänglichen

Anlaufschwierigkeiten, so dass zusätzlich mit dem Buchverkauf begonnen wurde: Im kleineren Ausmaß versorgten die G.'s auch den italienischen Buchhandel mit deutscher, zum Teil verbotener Literatur, so dass das Deutsche Konsulat mit Boykott und Beschlagnahmung drohte. In den Mailänder Jahren wurden die G.'s mit ihrem Circolo Librario für die zahlreichen Emigranten aus Deutschland und Österreich zu einer Anlaufstelle und einem sozialen Knotenpunkt. 1937 zog G.'s Frau Hilde aufgrund gesundheitlicher Probleme der mittlerweile halbjährigen Zwillinge Renato und Gabriella nach Siusi in den kühleren Norden, wo sie mit dreihundert deutschen Büchern aus Mailand die kleinere BIBLIOTHECA CIRCOLANTE eröffnete; im September war die Familie wieder gemeinsam in Mailand. Als Mussolini im Oktober 1938 den Auswanderungsbefehl an alle nach 1911 eingewanderten Juden erließ, befanden sich die Eheleute in der Zwangslage, innerhalb eines halben Jahres ein neues Zufluchtsland zu finden. Im Zuge des beginnenden ›Exodus‹ flohen die G.'s mit Hilfe des PEN-Club nach England, wodurch sie allen schwer transportablen Besitz verloren; das Geschäft konnte an einen italienischen Interessenten verkauft werden. Da sie das für die Einreisebewilligung erforderliche Kapital nicht aufweisen konnten, musste sich das Ehepaar als Hausangestellte verdingen. Im Mai 1940 kam G. für zehn Monate in Internierungshaft auf der Isle of Man und wurde entlassen, als → Fritz H. Landshoff, der Inhaber des Amsterdamer QUERIDO VERLAGS, bestätigte, dass G. seine antinationalsozialistische Literatur unter den Mailänder Buchhändlern verbreitet hatte. Der Einstieg in die Buchbranche war den G.'s während des Krieges unmöglich, 1946 konnten sie – da sie immer noch ›Ausländer‹ waren, mit einem englischen Geschäftspartner und Direktor – schließlich trotz der schwierigen Nachkriegsverhältnisse eine Buch- und Schreibwarenhandlung in Colne, einer nordenglischen Kleinstadt, eröffnen. G. besuchte Londoner Verleger zum Aufbau von Handelsbeziehungen, und nach einigen Jahren konnten die Eheleute ihr Geschäft um eine Filiale in Nelson, einer benachbarten größeren Stadt, erweitern. Daneben begannen sie mit einer verlegerischen Tätigkeit, indem sie Bücher von regionalem Interesse und Wanderführer publizierten, und änderten ihren Nachnamen in Gerrard. Bei GERRARD PUBLICATIONS erschien dann eine insgesamt 40 Bände umfassende Serie *Walks for Motorists*, in der für die meisten landschaftlich reizvollen Gegenden Englands Wanderrouten für motorisiert Reisende beschrieben waren. 1971 wurde die Buchhandlung, nicht aber der Verlag, verkauft; 1974 siedelten die G.'s nach London über, von wo sie den Verlag weiterführten. Um 1980 wurde das Unternehmen an den Verlag FREDERICK WARNE (Publishers) LTD. verkauft, weil sich die Eheleute außerstande sahen, den florierenden Verlag auch im Alter weiterzuführen; G. übte noch einige Jahre eine beratende Tätigkeit aus. Später übernahm der PENGUIN-Konzern den Verlag.

    Hilde Gerrard: We were lucky. [unveröffentlichtes Typoskript; Kopie im Besitz von EF]; Catalogo del Circolo Librario. Der Bücherkreis. Mailand 1935.

    Briefwechsel G. mit EF 1992; http://gen.scatteredmind.co.uk/show_person/310; VM Fachschaft Verlag Nr. 15 (1936): Mailand, Bücherkreis.

Gesang, Jacob 4.3.1887 Kalisz / Polen – 26.11.1960 St. Kilda, Victoria / Australien; Buchhändler, Verleger. G., der seit 1889 in Berlin lebte, übernahm im Dezember 1911 die 1863 gegründete hebräische Buchhandlung C. BOAS NACHF., Sortiment und Verlag. In der ›Reichskristallnacht‹ wurde das Geschäft mit den Kultusartikeln verwüstet und fast der gesamte Bücherbestand zerstört. Nicht vernichtete Werke des eigenen Verlages musste G. der Abteilung Verlag des JÜDISCHEN KULTURBUNDES übergeben, für die er bei Verkauf 20% des Ladenpreises auf ein vom Kulturbund eingerichtetes Konto erhalten sollte. Die zur Kontoführung notwendigen Unterlagen wurden G., der mit seiner Frau Erna Deutschland im März 1939 verlassen hatte, nach Shanghai gesandt. In der ab 1937 unter japanischer Herrschaft stehenden Hafenstadt, in die Flüchtlinge auch ohne Visum einreisen konnten, lebte das Ehepaar bis 1947: Am 1. September 1939 eröffnete G. eine Buchhandlung, in der er nicht nur jüdische Literatur und Ritualgegenstände verkaufte, sondern auch hebräische Literatur verlegte. Als im Februar 1943 an alle ›staatenlose Flüchtlinge‹ der Befehl erging, innerhalb von drei Monaten in einen besonderen ›Distrikt‹ im Stadtteil Hongkew umzusiedeln, musste auch das Ehepaar G. in das Ghetto umziehen, das man nur mit einem Ausgangspass verlassen durfte. Im Februar 1947 wanderte G. mit seiner Frau in Australien ein. Dort verstarb er 1960.

Adressbuch 1926 S. 60; Adressbuch 1931 S. 57 f.; Tentative List p. 13, 16; Landesverwaltungsamt Berlin Abt. III – Entschädigungsbehörde Reg. Nr. 56 702; Bbl. Nr. 222 vom 24. 9. 1897 S. 6785; The Jewish Voice of the Far East. Jüdisches Nachrichtenblatt 1. Jg. Nr. 4 (1940) S. 5; Werner Levie: Arbeitsbericht des Jüdischen Kulturbundes in Deutschland e. V. vom 1. 10. 1938 – 30. 6. 1939, Berlin 12. 7. 1939, Anlage 3: Liste der Verlage, die vom Jüdischen Kulturbund in Deutschland e. V. Abteilung Verlag übernommen sind. In: Der Jüdische Kulturbund in D (1992) S. 338.

Gewürz-Freund, Szyja (Osias-Salo) 31. 1. 1895 – 19. 8. 1961 Basel; Antiquar. G. entstammte einer frommen ostjüdischen Familie; er wuchs in Frankfurt am Main auf, kam dann nach Berlin; dort heiratete er 1924 Rosi geb. Kormis. Von Berlin flüchtete er nach der nationalsozialistischen ›Machtergreifung‹ nach Wien; nach der Annexion Österreichs 1938 ging er nach Italien, was ihn aber nicht vor Verfolgung bewahrte: Fast ein Jahr lang wurde er im Lager Campagna Eboli interniert. Nach dem Zweiten Weltkrieg suchte G. zunächst in Rapallo, dann in Basel wieder eine Existenz aufzubauen, mit Unterstützung seiner zweiten Frau Mia geb. Freund. Er führte ein Antiquariat für belletristische und wissenschaftliche Judaica, wobei er seinen Beruf weniger kommerziell auffasste als vielmehr als einen Dienst an den Bücherfreunden wie auch an Bibliotheken und wissenschaftlichen Institutionen. G. hat sich auch um die christlich-jüdische Verständigung verdient gemacht.

Ernst Ludwig Ehrlich: [Er liebte die Menschen]. In: Israelitisches Wochenblatt / Journal Israélite Suisse Nr. 35 vom 1. 9. 1961, sowie in: Allgemeine Wochenzeitung der Juden in Deutschland. Sonderausgabe zu Rosch Haschanah 5722 [8. 9. 1961]; https://stolpersteine-guide.de/biografie/626/max-und-dora-gewurz.

Geyerhahn, Walter 17. 3. 1912 Wien – 1. 12. 1990 Rio de Janeiro; Antiquar. G. absolvierte die Handelsakademie und arbeitete anschließend im Kaffee-Importhandel Hollindia AG seines Vaters in Wien. Im Jahre 1935 emigrierte er nach Brasilien und gründete dort gemeinsam mit → Erich Eichner, seinem Vater Norbert G. (8. 2. 1885 Wien – 12. 9. 1943 Rio de Janeiro) und seinem Bruder Stefan G. (1920 Wien – ca. 1997 São Paulo) das Buchantiquariat mit angeschlossenem Verlag und Vertrieb LIVRARIA KOSMOS EDITÔRA Rio de Janeiro mit Zweigstellen in São Paulo und Pôrto Allegre: ›die Firma gehörte als Sortimentsbuchhandlung zu den besten Brasiliens. Aber auch der Verlag durfte sich hoher Qualität rühmen, und das angeschlossene bibliophile Antiquariat genoss internationales Ansehen. Auch hier hatte die aus der NS-Zeit stammende Einwanderung das

Kulturleben des Landes ungemein bereichert. Das Sortiment pflegte alle großen Sprachgebiete mit Vorrang für das Englisch-Amerikanische, gefolgt vom Deutschen, dem Portugiesischen, Spanischen und Französischen. Neben allgemeiner Literatur waren Technik, Naturwissenschaften, Landwirtschaft und Kunst gepflegte Spezialgebiete‹ (Taubert: Lateinamerika). Das Antiquariat war auf Südamericana und Brasiliana spezialisiert. In der Zeit nach dem Zweiten Weltkrieg war die Buchhandlung ein wichtiger Geschäftspartner für den Vertrieb deutscher Verlage; außerdem eröffnete G. auch eine Kunstgalerie Astrea. 1941 heiratete G. die Brasilianerin Heloisa Leonie Moya und wurde vier Jahre später brasilianischer Staatsbürger. G. gehörte dem Repräsentantenhaus Guanabara an, war Mitglied der International Association of Secondhand Booksellers, der International Association of Retail-Booksellers und im Verband der Antiquare Österreichs; er gründete gemeinsam mit Erich Eichner und seinem Bruder Stefan die Associação Brasileira de Livreiros Antiquários (ABLA), die 1954 der International League of Antiquarian Booksellers (ILAB) beitrat, und war deren Präsident bis zu seinem Tod.

BHE 1; Em busca dos livros raros. In: Revista do Domingo Nr. 18 vom 5. 8. 1976; Schriftliche Mitteilung von Gerhard Kurtze an EF vom 20. 9. 1993; Taubert: Lateinamerika (1961) S. 157, 161, 163 f., 167; Taubert: Mit Büchern die Welt erlebt (1992) S. 331; Heinz Sarkowski, Heinz Götze: Der Springer-Verlag: Stationen seiner Geschichte 1945–1992. Berlin: Springer 1994 S. 206; Saur: Deutsche Verleger im Exil (2008) S. 220; Wie weit ist Wien. Lateinamerika als Exil für österreichische Schriftsteller und Künstler [Begleitbuch zu der Ausstellung der Österreichischen Exilbibliothek im Literaturhaus in Wien]. Hg. von Alisa Douer und Ursula Seeber, unter Mitarbeit von Edith Blaschitz. Wien: Picus 1995, S. 95 f.; Handbuch österreichischer Autorinnen und Autoren jüdischer Herkunft 18.–20. Jahrhundert. Hg. von der Österreichischen Nationalbibliothek. 1. Bd., München: K. G. Saur 2002 S. 416; Associação Brasileira de Livreiros Antiquarios, Homepage [online].

Gichermann, Nahum 28. 2. 1895 Sargorod / Ukraine –1959 Israel; Verleger. G. kam 1919 nach Deutschland, bis 1922 war er als Gasthörer an der Universität Berlin und als ordentlicher Student an der Handelsschule eingeschrieben. Anschließend wurde er Geschäftsführer und Direktor verschiedener Berliner Unternehmen, so auch des ULLSTEIN VERLAGES. Daneben war er Inhaber und Direktor einer chemischen Fabrik in Dollbergen, außerdem arbeitete er in der zionistischen Bewegung mit. 1934 musste er seine vielfältigen Tätigkeiten aufgeben und emigrierte mit seiner Familie nach Palästina. Von 1939 bis 1946 war er als Vertreter einer chemischen Fabrik in Tel Aviv beschäftigt, anschließend wurde er Geschäftsführer des Zeitungsverlags JEDIOT CHADASCHOT. Diesen Posten bekleidete er ebenso wie die 1953 angetretenen Ämter des Präsidenten des israelischen Zeitungsverlegerverbandes und des Vertreters Israels in der International Newspaper Association bis zu seinem Tod 1959.

BHE 1.

Ginsburg, Sigmar (Simcha) 20. 1. 1892 Karlsruhe – Sept. 1956 Tel Aviv; Rechtsanwalt, Antiquar; Dr. jur. Der Sohn des Kaufmanns Bezallel G. kam als 2-jähriger mit seiner Familie nach Königsberg; er studierte dort und war danach als Anwalt bzw. als Syndikus des Stinnes-Konzerns tätig. Seit 1918 war er mit Gerta geb. Hermann verheiratet und hatte zwei Töchter. In Königsberg betätigte er sich an führender Stelle in der örtlichen zionistischen Bewegung, auch war er Mitglied in der Soncino-Gesellschaft der Freunde des jüdischen Buches. Am 3. Juli 1933 wanderte er in Palästina ein und führte dort in

Tel-Aviv an der Kreuzung Ben Jehuda-Street / Nes Ziona-Street in seiner Parterrewohnung ein ›hochstehendes Antiquariat [...], für das er stets neues Material zu erlangen suchte‹ (E. Lichtenstein). Ein von ihm verfasstes Manuskript zur Familiengeschichte der Ginsburg / Günzburg befindet sich im Archiv des Leo Baeck Institute in New York.

Sigmar Ginsburg: Die Geschichte unseres Zweiges der Familie Ginsburg. Durch viereinhalb Jahrhunderte [1500–1946], 1946. [Unveröffentlichtes Manuskript] LBI Memoir Collection ME 187 [online].

Brief Erwin Lichtenstein an EF vom 21.10.1992; Homeyer: Bibliophilen und Antiquare (1966) S. 129; Gustav Radbruch Gesamtausgabe. Bd. 18: Briefe II (1919–1949). Bearb. von Günter Spendel. Heidelberg: C. F. Müller 1995 S. 71, 370.

Glanz, Heinrich 13.8.1891 Wien–11.9.1958 New York; Verleger, Buchhändler; Dr. jur. G. war das dritte von insgesamt fünf Kindern des aus Galizien zugewanderten jüdischen Ehepaares David und Regine G., der Vater war Kunstblumenerzeuger. G. besuchte wie seine beiden Brüder Berthold und Rudolf das Carl-Ludwig-Gymnasium in Wien und studierte von 1910 bis 1915 an der Universität Wien Jura. 1916 heiratete er die Englisch- und Französischlehrerin Selma Leitner, zu dieser Zeit unterrichtete er an einer jüdischen Schule Religion. 1919 war er eine Zeit lang in Palästina, er kehrte aber nach Wien zurück und wurde wieder im Schuldienst an jüdischen Schulen tätig. G. gilt als einer der Mitbegründer der Zionistischen Vereinigung in Wien. In den Anfang der 1920er Jahre datieren die ersten Versuche von G., einen Verlags- und Kommissionsbuchhandel für den Vertrieb jüdischer und pädagogischer Verlagswerke anzumelden. Da G. keine buchhändlerische Ausbildung hatte, zog sich die Gründung hin, obwohl G. schon als Vertreter für den JÜDISCHEN VERLAG, Berlin, den BENJAMIN HARZ VERLAG und den MENORAH-VERLAG, Berlin – Wien, tätig gewesen war. 1927 erhielt G. endlich die gewünschte Konzession, beschränkt auf den Vertrieb und Verlag von Hebraica und Judaica (Reihe *Jüdisch-politische Bibliothek*). Im Jahr 1933 kam es aufgrund der politischen Entwicklungen in Deutschland zu einer Zäsur in der Firmengeschichte: G.'s Geschäfte wurden durch Einfuhrerschwernisse und aufgrund von Devisenbestimmungen erheblich beeinträchtigt, die Firma wurde aus dem *Adressbuch* gestrichen. Unmittelbar nach dem ›Anschluss‹ Österreichs an Hitlerdeutschland wurde die Firma DR. HEINRICH GLANZ, in der u. a. das *Theodor-Herzl-Jahrbuch* erschienen war, geschlossen und das Verlagslager und die Privatbibliothek von G. von der Gestapo ›sichergestellt‹. G. und seine Ehefrau verließen Wien am 5. Dezember 1938 mit dem Ziel Großbritannien: G. wurde 1939 in London als *Publisher & Bookseller* tätig; er führte Bücher in englischer, hebräischer, deutscher und französischer Sprache. Wie lange sich die Eheleute in London aufhielten, ist nicht aktenkundig; ab Dezember 1940 hatten sie ihren ständigen Wohnsitz in New York, und G. war erneut von seiner Wohnung aus als Buchhändler und Verleger tätig: Zwischen 1944 und 1953 erschienen im Verlag H. H. GLANZ mehrere Titel zu jüdischen Themen, darunter auch ein Buch seines Bruders Rudolf G. (*Jews in American Alaska 1867–1880*); ein Verkaufskatalog mit Theatralia bestätigt G.'s antiquarische Tätigkeit (Dr. H. H. Glanz, 112 Haven Avenue, NY-City). Für das geregelte Einkommen sorgte seine Frau, die an der New York University Französisch unterrichtete. Nach 1946 litt G. unter erheblichen gesundheitlichen Problemen, so dass er seine Berufstätigkeit nicht weiterverfolgen konnte. Ein ›Härteantrag‹, den seine Frau 1958 beim Fonds für Hilfeleistungen an politische Verfolgte in Wien einreichte, wurde durch den Tod von G. nichtig. Nach seinem Ableben gelangte seine umfangreiche Bibliothek über die New Yorker Buchhandlung A & B BOOKSELLERS in die Gottesman Collection von Hebraica und Judaica am Harry Ransom Humanities Research Center, University of Texas, Austin.

SStAL, BV, F 12. 024; Adressbuch 1931 S. 210; Verlagsveränderungen 1933–1937 S. 10; Tentative List p. 8; Gold: Juden in Österreich (1971) S. 114; Daniela Putschögl: Der jüdische Verleger Heinrich Glanz. Eine Monographie. Diplomarbeit. Universität Wien 2004; Murray G. Hall: Der jüdische Dr. Heinrich Glanz Verlag in Wien. Mit Bruchstücken einer Biographie. In: Mitteilungen der Gesellschaft für Buchforschung in Österreich Nr. 1 (2004) S. 15–24.

Gloeckner, André Gest. Februar 1971 Lugano; Verleger. Bei G. handelt es sich sehr wahrscheinlich um jenen Andreas Glöckner, der in Wien einen 1929 gegründeten und aufgrund umfangreicher Produktion mehrfach insolventen Verlag führte, der 1933 als erloschen gemeldet wurde. 1934, als G. die Gewerbeberechtigung entzogen wurde, war er unbekannten Aufenthalts. Offensichtlich war er nach Paris gegangen und trat dort bereits seit 1935 unter der Namensform André Gloeckner wieder als Verleger in Erscheinung, mit den von ihm geleiteten ÉDITIONS HYPÉRION, die bis zum Einmarsch der deutschen Truppen ein bemerkenswert umfangreiches Kunstbuch-Programm realisierten. Im Mittelpunkt standen Bücher über berühmte Maler wie Degas, Daumier, Goya, Renoir, Picasso, aber auch gut ausgestattete Publikationen wie *Costumes nationaux – Autriche / Hongrie / Pologne / Tchechoslovaquie* (1938) und *Costumes Français* (1939). Es erschienen davon auch englischsprachige Ausgaben; vertrieblich arbeitete G. hier mit der von → Kurt Enoch in London gegründeten Buchimport/-exportfirma Imperia zusammen. G. verließ Paris unmittelbar vor dem Einmarsch der deutschen Truppen und hielt sich zunächst im nicht besetzten Teil Frankreichs auf, bevor er in die USA flüchtete. Dorthin hatte er schon von Paris aus geschäftliche Beziehungen aufgebaut, zu der von Alexander Deutsch geleiteten ART BOOK PUBLICATIONS, INC., und dies erlaubte es ihm – indem er Deutsch und einen Eugen Fodor als Geschäftspartner bzw. Teilhaber gewinnen konnte –, seine Tätigkeit als Verleger 1940 fast ohne Unterbrechung in New York fortzusetzen, mit der HYPERION PRESS, die anfänglich vor allem an die Pariser Kunstbuchproduktion anknüpfte. G. ging zunächst verschiedene Kooperationen ein, u. a. ein *joint venture* mit HARPER AND BROTHERS, publizierte aber auch gemeinsam mit Museen und Galerien. Er arbeitete damals mit der amerikanischen Kunstwissenschaftlerin Aimée Crane zusammen, die er 1947 heiratete. Nach erfolgreichen Jahren als Kunstbuchverleger zog sich das Ehepaar nach Lugano in der Schweiz zurück; G. starb dort 1971.

Aimée Crane [-Gloeckner]: Art in the Armed Forces. Pictured by Men in Action. New York: Garland 1972, Introduction [Neuausgabe; 1. Ausgabe New York: Hyperion Press 1944).

SStAL, BV, F 13.513 Glöckner-Verlag Andreas Glöckner, Berlin und Wien (1929–1942); Verlagsveränderungen 1933–1937 S. 10; Adressbuch 1933; Hall: Österreichische Verlagsgeschichte, Glöckner Verlag Andreas Glöckner [online] (http://verlagsgeschichte.murrayhall.com/?page_id=295.

Glücksmann, Rosa Geb. 31. 3. 1890 Beuthen; Buchhändlerin. G., geb. Tworoger, hatte in Berlin hinter dem Alexanderplatz eine Buchhandlung und Antiquariat mit Leihbücherei ALFRED GLÜCKSMANN betrieben (nach ihrem Ehemann A. G, geb. 1890 Slaskie), ihre Mitinhaberin war Mathilde Friedländer. Nach ihrer Emigration nach Palästina führte G. ›in der feinsten Wohngegend der Neustadt Jerusalems‹ in der Ramban Street von ihrer Wohnung aus eine Leihbücherei, bemerkenswert ob des ›köstlichen rauhen, aber herzlichen‹ Berliner Tons ihrer Inhaberin‹ (Zadek).

http://gen.scatteredmind.co.uk/show_person/5461; Zadek: Buchhändler II (1971) S. 2941 f.; Adressbuch 1931, S. 213; Homeyer: Bibliophilen und Antiquare (1966) S. 138.

Gode von Aesch, Alexander (Gottfried Friederich) 30. 10. 1906 Bremen –10. 8. 1970 Mount Kisco / NY; Literatur- und Sprachwissenschaftler, Lektor, Verleger. Der Sohn von Heinrich G. und Anna geb. von Aesch besuchte die Grundschule in Deutschland und in der Schweiz und studierte an den Universitäten von Wien, Paris-Sorbonne und an der Columbia University, wo er 1930 den MA und 1941 den PhD erwarb. 1931 heiratete der Deutschamerikaner in New York Johanna Roeser und schlug zunächst eine Universitätskarriere ein: er war 1931 am Germanistikinstitut der Columbia-Universität tätig, 1932 Prof. of German am Albright College, Reading / PA, 1935–38 an der University of Chicago. Von 1943 bis 1946 arbeitete G. als Lektor beim Verlag THOMAS Y. CROWELL in New York und versuchte dort – mit wenig Erfolg – die deutsche Exilliteratur zu lancieren. 1933–53 war er außerdem bei der International Auxiliary Language Association tätig, 1948–53 Forschungsdirektor bei Interlingua, seit 1953 Leiter der Abteilung Science Services. Pläne von 1946, unter dem Sammelnamen GATEWAY BOOKS Werke europäischer und südamerikanischer Autoren in den USA in englischer Übersetzung zu vertreiben, verliefen sich. Fritz von Unruhs Romanmanuskript *Der nie verlor* bewog G., zusammen mit seinem Freund → Rudolf Schick auf einer knappen Finanzbasis 1947 einen Verlag zu gründen; STORM PUBLISHERS brachte bis 1960 v. a. die pazifistischen Werke von Fritz von Unruh heraus: *The End Is Not Yet* erschien 1947 als Originalausgabe, die deutsche Fassung erschien ein Jahr später unter dem Titel *Der nie verlor* in Bern. G. war kein eigentlicher Hitleremigrant, er stand aber als Verleger in enger Verbindung mit der deutschsprachigen Emigration.

Alexander Gode von Aesch-Collection, Papers 1924–1976 (GER-107), Storm Publishers (GER-090), beide Sammlungen in M. E. Grenander Department of Special Collections & Archives, German Intellectual Emigré Collection, University at Albany / State University of New York, Storm Publishers Records, 1940–1968 (GER-090); Winfield Scott Downs [ed.]: Who is who in New York (City and State) 1960. New York: Lewis 1960 p. 471; Koepke: Exilautoren und ihre Verleger (1989) S. 1423, 1428; Fischer: Verlegeremigration nach 1933 (2002) S. 277.

Götz, Hans 8. 10. 1896 Hamburg – 25. 4. 1966 Kopenhagen; Antiquar. G. besuchte in Hamburg das Gymnasium und nahm als Offizier am Ersten Weltkrieg teil. 1921 eröffnete er in der Hansestadt die BÜCHERSTUBE HANS GÖTZ zunächst an der Esplanade, die später in den Großen Bleichen und danach an die Rothenbaumchaussee übersiedelte. G. veranstaltete Autorenlesungen, gestaltete bibliophile Ausgaben und gab zahlreiche Verkaufskataloge heraus; Höhepunkte seiner Antiquarstätigkeit waren die Versteigerung der Bibliothek von Maltzahn und die Versteigerung der Bibliothek der Adelsfamilie Chorinski im Jahr 1930, die in der Branche internationales Aufsehen erregte. 1935 emigrierte G. nach Dänemark; da ihm eine selbständige Berufstätigkeit nicht gestattet wurde, musste er in verschiedenen Firmen arbeiten. Während der deutschen Besatzung gelang ihm 1941 die Flucht nach Schweden. Nach Ende des Krieges ging G. nach Kopenhagen zurück und wurde dort 1946 Leiter des neu gegründeten Antiquariats des Verlagshauses BRANNER. 1952 kaufte G. BRANNER'S BIBLIOFILE ANTIKVARIAT und eröffnete an der Bredgade ein Ladengeschäft, das rasch zu einem Treffpunkt interessierter Sammler wurde.

Einer der letzten Höhepunkte seiner Tätigkeit war die Katalogerarbeitung für die Ekman-Auktion, die Ende 1965 in Kopenhagen durchgeführt wurde. Nach seinem Tod führte seine Tochter Maria, die bereits zuvor im Antiquariat mitgearbeitet hatte, das Geschäft weiter.

Ernst Hauswedell: Hans Götz verstorben. In: Bbl. (Ffm) Nr. 55 vom 12.7.1966 S.1394; Edith Oppens: Der Mandrill. Hamburgs zwanziger Jahre. Mit Illustrationen von Clara Blumenfeld. Hamburg: Seehafen-Verlag 1969 S.129; Biester: Streifzüge (2008) S.479; Roland Jaeger: Tore zur Bücherwelt: Hamburgs Antiquariate und Auktionshäuser der Zwischenkriegszeit (II). In: AdA NF 9 (2011) S.3–20, hier S.5–8.

Gold, Hugo 15.10.1895 Wien – 20.11.1974 Tel Aviv; Verleger, Historiker; Dr. phil. Nachdem er am Ersten Weltkrieg teilgenommen und die Jahre 1915 bis 1918 in Kriegsgefangenschaft in Sibirien verbracht hatte, studierte der Sohn eines Tischlermeisters an der Deutschen Universität in Brünn Geschichte, wo er 1928 promovierte. Bereits 1918/19, gleich nach der Rückkehr aus der Gefangenschaft, hatte G. begonnen, im JÜDISCHEN BUCH- UND KUNSTVERLAG seines Onkels Max Hickl in Brünn mitzuarbeiten; nach dessen Tod im November 1924 übernahm er die Leitung des 1900 aus zionistischer Initiative gegründeten Unternehmens. Er gab hier Kalender und populäre jüdische Zeitschriften wie die *Jüdische Volksstimme* und die *Zeitschrift für die Geschichte der Juden in der Tschechoslowakei* (1930–38) heraus, aber auch Standardwerke zur Geschichte der jüdischen Gemeinden in Böhmen und Mähren. 1932 nach Prag übersiedelt, wanderte G.1939/1940 illegal nach Palästina ein. Nach einer sechsmonatigen Internierung gelang ihm 1943 die Wiedereröffnung seines Verlages als OLAMENU PUBLISHING HOUSE in Tel Aviv. Unter großen materiellen Schwierigkeiten, fast ohne Mitarbeiter und vielfach angefeindet von etablierten Historikern, publizierte G. Bücher über das mitteleuropäische Judentum, so 1958 / 1962 die beiden Bände des umfangreichen Sammelwerks *Geschichte der Juden in der Bukowina*, 1966 *Die Geschichte Juden in Wien. Ein Gedenkbuch* und 1971 *Die Geschichte der Juden in Österreich. Ein Gedenkbuch*. In seinem Verlag erschienen auch Festschriften für Max Brod und den Historiker des Frühzionismus Nathan Michael Gelber sowie die Schriftenreihe des nur auf dem Papier bestehenden Zwi-Perez-Chajes-Instituts von Harry Zohn, in der u. a. 1971 das bio-bibliographische Lexikon *Österreichische Juden in der Welt* erschien. Neben Sachbüchern kam auch Erzählliteratur und Lyrik bei Olamenu heraus, so 1965 von Ernst Joseph Görlich *Ruth. Geschichte eines Wiener jüdischen Mädchens* oder 1972 die *Gedichte* von Stella Rotenberg. Von 1964 bis 1974 verlegte G. die *Zeitschrift für die Geschichte der Juden in Österreich*, in seinem Todesjahr 1974 *Das Gedenkbuch der untergegangenen Judengemeinden Mährens*. G. wurde 1967 mit dem Theodor-Körner-Literaturpreis ausgezeichnet; er hinterließ seine Ehefrau Mirjam geb. Pikkel und zwei Kinder in Israel.

BHE 1; DBE; Bolbecher, Kaiser: Österr. Exilliteratur (2000) S. 246 f.; Saur: Deutsche Verleger im Exil (2008) S.220; Evelyn Adunka: Über den israelischen Verleger und Historiker Hugo Gold. In: Zwischenwelt. Literatur, Widerstand, Exil. 19 (2002), Nr. 1, S. 51–58.

Goldberg, Lea(h) 29.5.1911 Königsberg –15.1.1970 Jerusalem; Schriftstellerin, Wissenschaftlerin, Verlegerin; Dr.phil. G. ist in erster Linie als herausragende hebräischsprachige Dichterin und Kinderbuchautorin bekannt; sie betätigte sich aber auch verlegerisch. Zunächst hatte sie eine wissenschaftliche Laufbahn angestrebt: Sie promovierte mit einer Arbeit über semitische Sprachen an der Universität Bonn, konnte jedoch aufgrund ›rassischer‹ Verfolgung nicht an der Universität bleiben. 1935 wanderte G. nach Palästina aus und wurde später Professorin für Vergleichende Literaturwissenschaft an der Hebrew University von Jerusalem. Zunächst aber war sie seit 1936 als Literaturredakteurin bei der Zeitschrift *Davar li-Yeladim* tätig und entwickelte damals ein besonderes Interesse an Kinderliteratur; seit 1937 erschienen von ihr zahlreiche, in Sprache und Konzept innovative Kinderbücher. 1943 gründete sie die Kinderbuchserie *Ankorim*, in welcher sie nachfolgend als Lektorin im Verlag SIFRIAT POALIM mehr als dreißig Kinderbuchklassiker und nicht weniger als 65 eigene Kinderbücher veröffentlichte. Einige von ihnen, wie *Dirah Lehaskir* (1959), wurden vielfach neu aufgelegt. G. war auch als Übersetzerin tätig und übertrug Kinderbücher aus dem Russischen sowie die Märchen von Hans Christian Andersen und der Gebrüder Grimm ins Hebräische. Auch als Wissenschaftlerin galt ihr Augenmerk der Kinderliteratur; 1978 erschien ihre Untersuchung über den Kinderbuchautor und seine Leser. In Würdigung ihrer Bedeutung sowohl in Lyrik und Drama wie in der Erzählprosa erhielt G. posthum den Israel Preis für Literatur.

Lea Goldberg: Verluste – Antonia gewidmet. Roman. Aus dem Hebräischen und mit einem Nachwort herausgegeben von Gundula Schiffer. Wuppertal: Arco 2016.

Celina Mashiach: Children's Literature in Hebrew. In: Jewish Women's Archive [online]; Yfaat Weiss: Lea Goldberg. Lehrjahre in Deutschland 1930–1933. Göttingen: Vandenhoeck & Ruprecht 2010; Yael Darr: The Nation and the Child: Nation building in Hebrew children's literature, 1930–1970. Amsterdam: John Benjamins Publishing 2018, bes. S. 58–65.

Goldberg, Simon Geb. 1894; Antiquar. G. führte die GOETHE-BUCHHANDLUNG, ein Antiquariat mit Musikalienhandel in Berlin; sie wurde aber bereits im *Adressbuch* 1931 als erloschen gemeldet. Wann G. sich zur Auswanderung nach Südamerika entschlossen hat, konnte nicht ermittelt werden; nach Ecuador kam er 1939. G. eröffnete mit den aus Deutschland transferierten umfangreichen Beständen in zentraler Lage in Quito ein Antiquariat LIBRERÍA INTERNACIONAL, das bald das größte seiner Art in der Hauptstadt war. Durch sein hochwertiges Bücherangebot, zu dem auch Inkunabeln und viele Seltenheiten gehörten, gewann er neben den deutschen Emigranten auch die Intellektuellenschicht der Stadt bald zu seinen Kunden; zudem erweiterte er sein Angebot um spanisch-lateinamerikanische Literatur. Trotz der relativ günstigen Voraussetzungen geriet die Firma in den 1950er Jahren in Zahlungsschwierigkeiten. ›Den hierdurch ausgelösten Skandal überlebte Goldberg nicht lange‹ (Kreuter: Wo liegt Ecuador? S. 289). Allerdings scheint er noch in fortgeschrittenem Alter gezwungen gewesen zu sein, als Angestellter seines Landsmannes → Carlos G. Liebmann in einem Ableger von dessen LIBRERÍA im Hotel Humboldt zu arbeiten; außerdem dürfte er Liebmann zahlreiche Inkunabeln und andere wertvolle Bücher zur Begleichung einer Schuld überlassen haben.

Adressbuch 1931 S. 217; María-Luise Kreuter: Wo liegt Ecuador? Exil in einem unbekannten Land – 1938 bis zum Ende der fünfziger Jahre. Diss. Berlin: Metropol-Verlag 1995 S. 41, 288 f.; Edgar Freire Rubio: Quito. Tradiciones, testimonio y nostalgia. Bd. IV. Quito: Libresa 2002 S. 153.

Goldberg, Walter Gest. 13.1.1955 New York. Buchhändler. G. unterhielt eine Import-/Export-Buchhandlung WALTER GOLDBERG BOOKS in New York in 144, Columbus Ave (66 St), seit 1949 in 1966 Broadway. Im *Aufbau* bot er 1950 von Telford Taylor *Die Nürnberger Prozesse – Kriegsverbrechen und Völkerrecht* (mit einem Vorwort von Robert F. Kempner) an. Dieses Buch war in Oprechts Europa Verlag erschienen, dessen US-Vertretung Goldberg wahrnahm. Außerdem hat er die Auslieferung der Editorial

Cosmopolita (Buenos Aires), des S. Fischer Verlags (Frankfurt / Main), des Amalthea Verlags (Wien) und des Florian Kupferberg-Verlags (Mainz-Kastel) übernommen. Als Importeur und Grossist in New York war G. ein Konkurrent von → Mary S. Rosenberg.
Aufbau, Nr. 46, 17. November 1950, S. 12; Aufbau, 15. Dezember 1950, S. 14; ABA Bulletin 1955.

Goldberger, Siegfried G. war Inhaber der am 1. 9. 1907 in Frankfurt am Main gegründeten Reise-, Grosso- und Kommissionsbuchhandlung SIEGFRIED GOLDBERGER, außerdem Geschäftsführer der ›wissenschaftlichen Reise- und Versandbuchhandlung‹ DEUTSCHES BÜCHERHAUS FRANKFURT AM MAIN GMBH. 1935 übergab er das Deutsche Bücherhaus, das inzwischen auch als Leihbuchhandlung fungierte, an Karl Meininger. Am 18. 3. 1936 wurde G. aus der RSK ausgeschlossen und zur Liquidation seiner Firmen binnen sechs Wochen aufgefordert; diese Frist wurde bis 31. 3. 1937 verlängert, bis der Betrieb im Laufe des Jahres 1937 eingestellt wurde. G. flüchtete in die USA; über seine Lebensverhältnisse dort konnte nichts ermittelt werden. Nach Kriegsende versuchte G. in einem Rückerstattungsverfahren sein Geschäftshaus, das allerdings im Bombenkrieg völlig zerstört worden war, von Karl Meininger zurückzuerlangen. In einem Vergleich vor dem Landgericht erreichte er 1955 nicht mehr als die Erstattung der Prozesskosten von 100 DM.
Adressbuch des Deutschen Buchhandels 1931, 1932; Benno Nietzel: Handeln und Überleben. Jüdische Unternehmer aus Frankfurt am Main 1924–1964 (Kritische Geschichtswissenschaft, 204). Göttingen: Vandenhoeck & Ruprecht 2012 S. 180, 288.

Goldhammer, Alfred Gest. Anfang Januar 1979, Haifa; Buchhändler. Der aus Wien stammende G., Sohn von Dr. Leo (später Arye, auch Arie) G.(-Zahavi, 1884–1949), einem führenden österreichischen Zionisten, gründete und betrieb nach seiner 1939 gemeinsam mit seinem Vater unternommenen Flucht nach Palästina seit 1941 die Buchhandlung ›PALBO‹ BOOKS in Haifa. Die Firma befasste sich auch mit dem Import deutscher und englischer Bücher und dem Buchgroßhandel.
Blumenfeld: Ergänzungen (1993); Österreichisches Biographisches Lexikon (Art. Dr. Leo Goldhammer) [online]; div. Adressbücher des deutschen Buchhandels; The Jerusalem Post Magazine, div. Ausgaben vom Januar/Februar 1979 [online].

Goldmann Der streng orthodoxe G. führte eine Leihbücherei und Buchhandlung in Petach Tikwa; im Geschäft tätig war auch Dr. Grünewald, der später Rabbiner in München wurde.
Blumenfeld: Ergänzungen (1993); Zadek: Buchhändler II (1971) S. 2941.

Goldmann, Karl 7. 11. 1881 Fürth / Bayern –1. 5. 1956 München; Lektor, Antiquar, Schriftsteller; Dr. phil. Der Sohn eines Bankiers und Fabrikanten kam mit den Eltern 1890 nach München, wo er das Gymnasium besuchte. Im Anschluss daran studierte er an den Universitäten München und Straßburg Kunstgeschichte und promovierte bei Dehio in Straßburg 1905. Bis zum Ausbruch des Ersten Weltkriegs arbeitete G. im Verlag EGON FLEISCHEL in Berlin als Lektor, dort erschienen zwischen 1908 und 1920 auch drei Erzählbände von ihm. Am Ersten Weltkrieg nahm G. als Freiwilliger teil; nach 1918 lebte er als freier Schriftsteller und betrieb ein im *Adressbuch des Deutschen*

Buchhandels nicht verzeichnetes (Privat-)Antiquariat in Berlin. 1935 emigrierte G. nach Italien und flüchtete von dort, 1938 als ›Nichtarier‹ ausgewiesen, nach Zypern weiter; sein Vater verstarb 1938 in München, seine beiden Schwestern Berthe verh. Spittel und Else verh. Wassermann, wurden 1941 bzw. 1943 deportiert und Opfer des Holocaust. 1940 wurde G. auf Zypern als Deutscher von den Engländern bis zur Evakuierung nach Israel interniert. Nach acht Jahren, die G. in Jerusalem zubrachte, wollte er sich in Bozen niederlassen, es wurde ihm aber die Aufenthaltsberechtigung verweigert, so dass er 1949 nach München remigrierte. Auf Zypern und in Israel verfasste G. autobiographische Aufzeichnungen mit dem Titel *Between two spring-feasts*.

Brief von Hilde Rosenthal-Wolf vom 14. 1. 1977 an das IfZ, IfZ/BA.

Goldscheider, Gaby / Gabriele Maria 7. 3. 1929 Wien – Oktober 2012 Cowes; Antiquarin. Die Tochter von → Ludwig G. emigrierte 1938 mit ihren Eltern nach England, wo sie die Universität in Oxford besuchte. Später wurde sie als Antiquarin tätig und spezialisierte sich mit großem Erfolg auf ›Holmesiana‹ und ›Doyleana‹; zum Autor der Sherlock Holmes-Detektivromane brachte sie 1977 eine Bibliographie heraus, die im Zusammenhang mit ihrem Katalog 11 zu benutzen war. Ihr Antiquariat hatte in den 1970er Jahren seinen Sitz in Windsor, einer Stadt im Südwesten von London (Grafschaft Berkshire); nach einer Unterbrechung eröffnete sie in Cowes auf der Isle of Wight 1994 erneut ein Ladengeschäft.

Gaby Goldscheider: Conan Doyle bibliography. A bibliography of the works of Sir Arthur Conan Doyle. [Privatdruck] Windsor 1977.

BHE 2 [Art. Ludwig Goldscheider]; http://www.friendsofnorthwoodcemetery.org.uk/burial-record/goldscheider-gabriele-maria/; Cole's Register of British Antiquarian and Secondhand Bookdealers. York: Spoon River Press 1988.

Goldscheider, Ludwig 3. 6. 1896 Wien – 26. 6. 1973 London; Kunsthistoriker, Verleger; Dr. phil. G.'s Vater war Juwelier und Goldschmied. Nachdem G. als Offizier der österreichisch-ungarischen Armee am Ersten Weltkrieg teilgenommen hatte, studierte er ab 1919 Kunstgeschichte an der Universität in Wien und publizierte Gedichte. Nach seiner Promotion 1923 gründete er im selben Jahr gemeinsam mit → Béla Horovitz und → Fritz (Frederick) Ungar den PHAIDON-VERLAG in Wien, wo zunächst Luxusdrucke, Dünndruck-Ausgaben von Klassikern und später vor allem illustrierte Kunstbücher erschienen. Wie Ungar schied auch G. um die Mitte des Jahres 1925 als Gesellschafter aus, blieb aber dem Unternehmen als Mitarbeiter in leitender Stellung durch alle Wechselfälle hindurch verbunden. Während sich Horovitz hauptsächlich um das Geschäftliche kümmerte, war G. für das Verlagsprogramm und die Ausstattung sowie die Überwachung der Herstellung der Bücher verantwortlich und hat durch seine Expertise entscheidend zu dem überragenden Erfolg beigetragen, den Phaidon vor allem mit seinen großformatigen Bildbänden in den 1930er Jahren auf dem gesamten deutschsprachigen Markt feiern konnte. Die Bücher fanden nicht nur reißenden Absatz; die z. T. mit Farbtafeln und Detailvergrößerungen ausgestatteten Bände wurden auch von Kunsthistorikern als eine wahre ›Schule des Sehens‹ und als ein imaginäres Museum der Kunst gewürdigt. Durch einen Coup des englischen Verlegers Stanley Unwin konnte das Unternehmen noch rechtzeitig vor dem ›Anschluss‹ Österreichs nach London transferiert werden und belieferte von dort aus in den Vorkriegsjahren den deutschen Markt. Noch im März

1938 emigrierte G. mit seiner Familie über Paris nach Antwerpen, im Juni 1938 dann weiter nach Großbritannien. Béla Horovitz, der ebenfalls nach England geflüchtet war, und G. begannen noch im selben Jahr, den Verlag als PHAIDON PRESS in London wiederaufzubauen. G. nahm 1946 die britische Staatsbürgerschaft an und war bis zu seinem Tod 1973 als Direktor, Autor, Herausgeber und Buchgestalter für die Phaidon Press tätig. G.'s Nachlass wird im Getty Center for the History of Art and the Humanities in Santa Monica aufbewahrt; den Nachlassverwahrern gilt er als ›one of the most influential art book publishers of the twentieth century‹.

SStAL, BV, F 7163; BHE 2; DBE; Ernst Fischer: The Phaidon Press in Vienna 1923–1938. In: Visual Resources vol. 15 no. 3 (1999) (Special Issue on The Early History of the Phaidon Press, 1923–1967) pp. 289–309; Hall: Österr. Verlagsgeschichte II (1985) bes. S. 363–72; Elly Miller: Ludwig Goldscheider: a Memoir. In: Visual Resources vol. 15 no. 3 (1999) (Special Issue on The Early History of the Phaidon Press, 1923–1967) pp. 331–42; Ernst Fischer: Zwischen Popularisierung und Wissenschaftlichkeit. Das illustrierte Kunstbuch des Wiener Phaidon Verlags in den 1930er Jahren. In: Katharina Krause [Hg.]: Kunstwerk – Abbild – Buch. Das illustrierte Kunstbuch von 1730 bis 1930. München: Deutscher Kunstbuchverlag 2007 S. 239–65; Saur: Deutsche Verleger im Exil (2008) S. 229; Anna Nyburg: Émigrés. The Transformation of Art Publishing in Britain. London: Phaidon Press 2014.

Goldschmidt, Arthur 3. 10. 1891 Frankfurt am Main – 22. 8. 1960 New York; Antiquar, Kunsthändler. G., seit 1908 Direktor des *Berliner Börsen-Courier*, war Geschäftsführer des 1918 gegründeten BIBLIOPHILEN VERLAGS O. GOLDSCHMIDT-GABRIELLI in Berlin (Inhaberin war G.'s Ehefrau, die Schriftstellerin Olga G. geb. Metzel, 1880–1969), der den Bibliophilen Leopold Hirschberg als Berater hatte. Er war eng befreundet mit dem renommierten Berliner Antiquar und Auktionator → Paul Graupe. Der Verlag bestand nur wenige Jahre und brachte insgesamt zehn Titel heraus. G. und Graupe entschlossen sich 1936 gemeinsam zu emigrieren und beabsichtigten in London, Grosvenor Street, eine Galerie zu eröffnen. Vor Verlegung ihres Geschäftssitzes änderten sie ihren Plan und entschieden sich für Paris. 1937 gründeten G. und Graupe an der Place Vendôme Nr. 16 die Firma PAUL GRAUPE & CIE.; G. übernahm dabei aufgrund seiner besseren Sprachkenntnisse Aufgaben der Kundenpflege und des Einkaufs, während Graupe die fachliche Bearbeitung erledigte. Drei Jahre später wurde das Unternehmen von der Vichy-Regierung beschlagnahmt; G. wie auch Graupe gelang es, in die USA zu emigrieren, wo sie in New York im Kunsthandel tätig blieben. G.'s Frau Anne Marie Kelsen-G. war während der 1930er Jahre im Berliner Geschäft Graupes angestellte Mitarbeiterin.

Adressbuch 1931 S. 52; geni.com; Personenakte Landesarchiv Berlin, A. Rep. 234-04 Nr. 2617; H. E. Goldschmidt: Der bibliophile Verlag O. Goldschmidt-Gabrielli (Berlin-Wilmersdorf). In: Bbl. (FfM) Nr. 51 vom 27. 6. 1975 (AdA Nr. 2 (1975)) S. A208 f.; Chris Coppens: Der Antiquar Paul Graupe (1881–1953). In: Gutenberg-Jahrbuch 1987 S. 262–64; Howard J. Trienens: Landscape with Smokestacks: The Case of the allegedly plundered Degas. Evanston: Northwestern University Press 2000 p. 26, 39, 40 ff.; www.lostart.de [Beteiligte Privatpersonen].

Goldschmidt, Ernst 1906 Tavikovice (Tajkowitz) / Mähren – 27. 11. 1992 Brüssel; Verleger; Dr. phil. G., der Bruder des Komponisten und Dirigenten Nicholas G., hatte an der Universität Wien das Doktorat in Kunstgeschichte erworben und außerdem eine drucktechnische Ausbildung erfahren; seit 1931 war er mit Zus (Betsy) de Vries (1905–

1995), der Tochter des wohlhabenden jüdischen Rotterdamer Geschäftsmannes Louis de Vries, verheiratet. Er ging bereits vor dem ›Anschluss‹ Österreichs aus Wien fort und übersiedelte mit seiner Frau nach Brüssel, wo er zunächst am Museum Oude Kunst eine Anstellung fand. In der Folge gründete er im November 1936 die ÉDITIONS DE LA CONNAISSANCE, ein Verlagshaus für Kunstbücher, an der Adresse 33 Place Brugmann; sein Codirektor war der belgische Architekt Marcel Schmitz. Während des Zweiten Weltkriegs diente G. als Freiwilliger zunächst in der französischen, dann in der englischen Armee. Nach 1945 setzte er seine verlegerische Tätigkeit bis zu seinem 75. Lebensjahr fort. Die Kunstbücher und Ausstellungskataloge der Éditions de la Connaissance waren ebenso geschätzt wie die bei ihr seit 1956 erscheinende internationale Kunstzeitschrift *Quadrum*. G. vermachte seine 25 000 Stücke umfassende Sammlung an Kunstkatalogen und Kunstbüchern dem Musée d'Art Contemporain de Marseille (Centre de Documentation Ernst Goldschmidt).

SStAL, BV, F 14. 123: Ernst Goldschmidt: Auskunftsbogen für Verleger: Societé Anonyme ›Editions de la Connaissance‹; Quadrum, revue internationale d'art moderne (1956–1966). L'art contemporain en 20 épisodes [Ausstellung in Paris 2008]; La Famille marchande Butler de La Rochelle. The merchant Butler Family of La Rochelle [Familiengeschichte; online].

Goldschmidt, E(rnst) P(hilipp) 1. 12. 1887 Wien –18. 2. 1954 London; Antiquar; Dr. G., Sohn einer wohlhabenden Wiener Bankiersfamilie, studierte klassische Geschichte in Cambridge. Schon früh entwickelte er eine Passion für das Sammeln alter Bücher und Einbände. Er arbeitete am Gesamtkatalog der Wiegendrucke, bereiste die Klosterbibliotheken in Südosteuropa und schloss sich dann dem Antiquariat GILHOFER & RANSCHBURG in Wien an; 1919 erhielt er die Einzelprokura, 1920 wurde er gemeinsam mit Wilhelm Schab (→ William Henry Schab) als Gesellschafter eingetragen, trat aber im September 1923 als solcher wieder aus und etablierte sich noch im gleichen Jahr als selbständiger Antiquar für Frühdrucke und Handschriften in London. Sein damaliger Kollege Schab erklärte diesen Schritt: ›In 1923 the German Booksellers Association made an attempt to impose regulations which were in force in Germany upon the Austrian book-trade. Mr. Goldschmidt protested vigorously against this action. This and the beginnings of pro-German sentiment in Austria caused his decision to move to England.‹ G. – gebürtiger Österreicher mit holländischem Pass – war also weit früher und vorwiegend aus berufspolitischen Motiven außer Landes gegangen, er gehörte aber, als Jude, nach 1933 zur Schicksalsgemeinschaft der aus NS-Deutschland Vertriebenen und unterhielt auch enge Beziehungen zu vielen von ihnen. Ganz besonders trifft dies zu auf → Ernst Weil, den G. unmittelbar nach dessen Eintreffen 1933 in London an seiner Firma beteiligte: Weil sollte sich insbesondere um die Geschichte der Wissenschaften sowie um Photographiegeschichte kümmern. Tatsächlich trug er maßgeblich dazu bei, dass in den folgenden zehn Jahren als Ergebnis der fruchtbaren Zusammenarbeit eine Reihe hervorragender Antiquariatskataloge erscheinen konnte. 1943 kam es zur Trennung, die beiden gingen von nun an wieder eigene Wege. G., der Englisch völlig akzentfrei und auch fließend Latein sprach, diente einer ganzen Generation von Antiquaren als Vorbild, gerade unter den Emigranten, so zum Beispiel → Emil Offenbacher und → Bernard Rosenthal. Unter seinen Altersgenossen galt er vielen als ›der wohl klügste und gebildetste internationale Antiquar‹ (Homeyer) oder als der ›gelehrteste Antiquar, den es je gab‹ (Nebehay). Diesen Ruf erwarb G. nicht zuletzt durch seine zahlreichen Veröffentlichungen zu buchhistorischen Themen, so etwa zu Renaissanceeinbänden. Nach G.'s Tod 1954 führte Jacques Vellekoop das Antiquariat bis zur Versteigerung der *Reference Library and Stock* am 8. Juli 1993 bei Christie's in London fort.

Ernst Weil: In Memoriam. E. P. Goldschmidt – Bookseller and Scholar. In: Journal of the History of Medicine and Allied Sciences vol. IX (Apr. 1954) pp. 224–32; Preface in: E. P. Goldschmidt Reference Library (Christie's Catalogue 8/9 July 1993); Ernst Weil: In Memoriam E. P. Goldschmidt. In: Das Antiquariat X. Jg. (Mai 1954) S. 117 f.; Hans Koch: E. P. Goldschmidt zum Gedächtnis. In: Bbl. (Ffm) Nr. 33 vom 27. 4. 1954 S. 233 f.; R. O. Dougan: E. Ph. Goldschmidt, 1887–1954. In: The Library. 5th Series vol. IX no. 2 (June 1954) pp. 75–84; Nachruf auf E. P. Goldschmidt. In: The Book Collector vol. 3 no. 2 (1954) pp. 119 ff.; Christian M. Nebehay: Die goldenen Sessel meines Vaters. Gustav Nebehay (1881–1935) Antiquar und Kunsthändler in Leipzig, Wien und Berlin. Wien: Brandstätter 1983 S. 197 f.; Bach, Biester: Exil in London (2002) S. A 252 f.; Fritz Homeyer: Ein Leben für das Buch. Erinnerungen. Aschaffenburg: Gesellschaft der Bibliophilen 1961 S. 138; Hupfer: Antiquarischer Buchhandel (2003) S. 111, 151, bes. Anm. 529; Schroeder: ›Arisierung‹ II (2009) S. 368.

Goldschmidt, Hans Eberhard 22. 3. 1908 Wien – 17. 2. 1984 Wien; Verleger, Antiquar; Dr. phil. Der Sohn von Dr. Hans E. G. (1873–1963), eines höheren Beamten der Finanzprokuratur, und Elisabeth, geb. von Schuhmacher (1881–1959), Tochter des damaligen Salzburger Landeshauptmanns, absolvierte neben dem Studium der Germanistik und Geschichte an der Universität Wien von 1927 bis 1932 eine Lehre in der Buchhandlung LECHNER. Während des Studiums agierte er als Mitglied der Kommunistischen Studentenfraktion; von 1932 bis 1937 ging er, über Vermittlung von → Johannes Wertheim, als Redakteur der Verlagsgenossenschaft Ausländischer Arbeiter nach Moskau, wo er u. a. den späteren GLOBUS Buchverlagsleiter Alois Rottensteiner kennenlernte. Nach seiner Rückkehr nahm er für kurze Zeit seine Studien wieder auf, bis er durch die politischen Umstände gezwungen war, von März bis August 1938 als illegaler Fluchthelfer für die Rote Hilfe im Untergrund zu arbeiten. Über die Schweiz kam G. im September 1938 nach England und engagierte sich dort bis zu seiner Internierung bei österreichischen Flüchtlingsorganisationen. Im Verlauf der Auseinandersetzungen um den Hitler-Stalin-Pakt wurde G. aus der Partei ausgeschlossen. Im Juli 1940 wurde G. als *enemy alien* festgehalten und auf dem berüchtigten Schiff ›Dunera‹ zusammen mit zweieinhalbtausend überwiegend jüdischen Internierten nach Australien verbracht. Im Dezember 1941 wieder zurück in London, war er als *helping hand* von → Joseph Suschitzky bis Oktober 1942 mit dem Aufbau der Antiquariatsabteilung der Buchhandlung FOYLES beschäftigt. Die letzten Kriegsjahre bis April 1946 hörte G. für die BBC deutsche und russische Sendungen ab und schrieb unter dem Pseudonym Hans Fischhof für mehrere Emigrantenzeitschriften Artikel über österreichische Themen aus Literatur und Geschichte. Im Mai 1946 remigrierte G. auf offizielle Anforderung der KPÖ nach Wien und wurde zuerst Direktor des GLOBUS-VERLAGS (bis Dezember 1947), später des SCHÖNBRUNN-VERLAGS (bis Dezember 1957); außerdem schrieb er von 1946 bis 1956 regelmäßig für die *Volksstimme* und promovierte 1949 zum Dr. phil. Mit der Beendigung seiner Verlagsleitertätigkeit kam es auch zum endgültigen Bruch mit der KPÖ, 1957 trat G. aus der Partei aus. Im Jahre 1958 übernahm er von Michael Steinbach das Antiquariat in der Döblinger Hauptstraße. Bis zu seinem Tod 1984 leitete er das nunmehr als ANTIQUARIAT DR. GOLDSCHMIDT firmierende Geschäft mit den Spezialgebieten Karl Kraus und Autographen; später wurde es von Georg Fritsch übernommen. Der angesehene Buchhändler war Mitglied im Verband der Österreichischer Schriftsteller, im Österreichischen Verlegerverband und im Verband der Antiquare Österreichs. Ein literarisches Porträt von G. lieferte Thomas Bernhard in seinem Buch *Die Billigesser* (1980).

BHE 1; Ingo Nebehay: Zum 60. Geburtstag von Dr. Hans E. Goldschmidt. In: Anzeiger des Verbandes der Antiquare Österreichs Nr. 7 (April 1968) S. 1; Eckart Früh: Hans Eberhard Goldschmidt [Nachruf]. In: Kraus-Hefte H. 31 (Juli 1984) S. 15 f.; Bolbecher, Kaiser: Österr. Exilliteratur (2000) S. 248; Christina Köstner: ›Wie das Salz in der Suppe‹. Zur Geschichte eines kommunistischen Verlages – Der Globus Verlag. Magisterarbeit. Wien 2001; Christina Köstner: Das Salz in der Suppe. Der Globus Verlag. In: Gerhard Renner, Wendelin Schmidt-Dengler, Christian Gastgeber (Hg.): Buch- und Provenienzforschung. Festschrift für Murray G. Hall zum 60. Geburtstag. Wien: Praesens 2009, S. 129–144; bes. S. 136–138.

Goldschmidt, Lucien 3.3.1912 Brüssel–17.12.1992 New York; Antiquar. Nach der Schulausbildung am französischen Lyzeum in Berlin absolvierte G. von 1930 bis 1933 eine Lehre bei dem Auktionator Max Perl. Nach dem Reichsjudenboykotttag am 1. April 1933 emigrierte er nach Paris und arbeitete dort für Pierre Berès. Sehr bald erkannte G. die Gefahr, die von Deutschland für ganz Europa ausging, und wanderte im September 1937 in die USA aus. Noch im gleichen Jahr eröffnete er für Berès eine Antiquariatsfiliale in New York, W 56th Street, die er mit einer Unterbrechung durch den Militärdienst (1943–46) bis 1953 leitete. Anschließend gründete er mit seiner Frau Marguerite Studer G., einer englischen Bibliothekarin, das Antiquariat LUCIEN GOLDSCHMIDT, INC. in New York (seit 1966 unter der für Bücherliebhaber ›magischen‹ Adresse 1116 Madison Avenue) mit den Spezialgebieten Illustrierte Bücher, Architektur und Graphik (von Dürer über Hogarth bis Braque, Matisse oder Picasso). John Russell hat die Galerie G.'s in der *New York Times* beschrieben: ›the kind of book-cum-picture shop that Daumier would have liked to draw and in which Baudelaire would have whiled away the hours.‹ Im Verlauf ihrer 35-jährigen Geschäftstätigkeit brachte die Lucien Goldschmidt Inc. neben mehr als 100 Listen insgesamt 63 wissenschaftlich gründlich bearbeitete Kataloge heraus; herausragend etwa der Katalog 52 *The Good Citizen, a Collection of Books Written to Further or to Undertake the Improvement of Mankind* (1981) zur politischen Theorie von der Antike bis zur Gegenwart. 1969 publizierte er, gemeinsam mit dem Sammler Herbert Schimmel, eine sorgfältig kommentierte Ausgabe der Briefe von Toulouse-Lautrec. Der Antiquar stand in Verbindung mit zahlreichen großen Bibliotheken und Museen sowie den bedeutenden Sammlern Lessing J. Rosenwald und Philip Hofer, die seine Passion für die Kombination von Buch und Graphik teilten und von ihm in ihrer Sammeltätigkeit beeinflusst wurden. Auch betätigte G. sich fast dreißig Jahre lang als aktives Mitglied des Grolier Club in New York; 1972 veranstaltete er dort die bahnbrechende Ausstellung *The truthful lens* mit Weston J. Naef, dem Kurator für Photographie am Metropolitan Museum of Art (die frühe Photographie gehörte, wie z.B. auch die Architekturzeichnung, zu seinen vielfältigen Interessengebieten). Im November 1986 zog sich G. nach 56-jähriger Tätigkeit als Antiquar aus dem aktiven Handel zurück; die zuletzt in der 83rd Street ansässige Firma wurde geschlossen. Seine in Fachkreisen bekannte Handbibliothek wurde am 12. Mai 1994 bei Swann Galleries in New York versteigert. Über seine lebenslange Erfahrung im internationalen Antiquariatsbuchhandel und über die besondere Bedeutung qualitätsvoller Katalogerstellung gab er 1989 in einer auch im Druck erschienenen Vorlesung *The scenery has changed* Auskunft. G., der kurz vor seinem Tod den International Fine Print Dealers Association's Lifetime Achievement Award erhielt, wurde in den Nachrufen als eine Verkörperung europäischer Kultur und geistiger Unabhängigkeit charakterisiert.

Lucien Goldschmidt: The scenery has changed. The Purpose and Potential of the Rare Book Trade. 5th Sol. M. Malkin Lecture in Bibliography at Columbia University, New York 1989. New York: Book Arts Press 1990.

Rosenthal-Fragebogen; Dickinson: Dictionary (1998) pp. 75 f.; Jacob L. Chernofsky: Lucien Goldschmidt. In: AB Bookman's Weekly no. 22 (March 1993) pp. 1217 f.; Nicolas Barker: [Nachruf]. In: The Independent, 6 Jan. 1992; [Nachruf] New York Times, 18 Dec. 1992; Lucien Camille Goldschmidt 1912–1992 (Memorial tribute from friends and family). New York 1993; Bach, Fischer: Antiquare (2005) S. 342.

Goldschmidt, Robert 12. 12. 1895 Höxter –1943 Łódź; Verleger, Verlagsvertreter. G., Sohn von Michael und Marie G., betrieb 1918 bis 1920 den von ihm gemeinsam mit Fritz Jacobsen in Hannover gegründeten ZWEEMANN-VERLAG, in welchem u. a. die spätexpressionistisch-dadaistische Zeitschrift *Der Zweemann. Monatsblätter für Dichtung und Kunst* (hrsg. von Christoph Spengemann und Friedrich Wilhelm Wagner, Nov. 1919 bis Aug. 1920), erschien, aber auch eine Reihe von Gedichtbänden sowie programmatische Literatur zur Kunst, u. a. 1920 *Spengemanns Die Wahrheit über Anna Blume* (mit von Kurt Schwitters illustriertem Umschlag). Nach Aufgabe des Zweemann Verlags war G. als Verlagsvertreter tätig, spätestens seit 1926 für → Wieland Herzfeldes Malik-Verlag. Diese Tätigkeit, mit der er für die Verbreitung der Malik-Bücher Beträchtliches leistete, behielt er auch bei, als Herzfelde mit seinem Verlag ins Exil nach Prag ging. Von dort aus bereiste G. das Ausland, u. a. die Schweiz, Frankreich und die Niederlande. Nach Einrichtung des Protektorats Böhmen und Mähren bereitete G. im Oktober 1940 mithilfe der Jüdischen Gemeinde Prag die Ausreise mit Ziel Shanghai vor, wurde aber verhaftet und gemeinsam mit seiner Frau Friedel (Frieda, auch Elly, geb. Meyer, 19. 9. 1897 Halberstadt) mit Transport A als Nr. 170 bzw. Nr. 171 am 16. 10. 1941 von Prag nach Łódź deportiert, wo beide, vermutlich Ende 1943, ermordet wurden.

www.holocaust.cz/de/opferdatenbank/opfer/141572-robert-goldschmidt/ [mit Porträtfoto]; Arolsen Archives; Wieland Herzfelde, Briefe (1991) S. 104, 178.

Goldschmidt, Victor 3. 6. 1907 – Dez. 1973; Verleger. G. war als Enkel des Firmengründers Inhaber und Geschäftsführer des GRIEBEN VERLAGS, der als Reiseführer- und Landkarten-Verlag hohe Anerkennung genoss. 1935 übertrug G. als ›Nichtarier‹, um den Betrieb zu retten, die Hälfte seiner Anteile der langjährigen Mitarbeiterin Katharina Feldmann; er selbst blieb zu 50% daran beteiligt. Ende 1935 wurde er jedoch vom Bund Reichsdeutscher Buchhändler aufgefordert, die sich in ›nichtarischen‹ Händen befindlichen Gesellschaftsanteile an ›geeignete arische Persönlichkeiten‹ zu verkaufen; am 4. Januar 1936 wurde er aus der RSK ausgeschlossen. Ein von ihm eingebrachter Antrag auf Verlängerung der Frist für die Weitergabe seiner Gesellschaftsanteile bis Ende 1936 wurde genehmigt, ebenso ein weiterer Verlängerungsantrag bis Ende 1938, der allerdings schon den vollständigen Rückzug G.'s aus der Geschäftsführung vorsah. Diese Frist wurde durch das persönliche Eingreifen des RSK-Vizepräsidenten Wilhelm Baur auf 31. Mai 1938 verkürzt. Seit Frühjahr 1939 suchte G. seine Anteile an den ALBATROSS-VERLAG bzw. dessen Geschäftsführer Erich Kupfer zu verkaufen, Verzögerungen und die besonderen Umstände (u. a. auch die Folgen der Reichspogromnacht) führten dazu, dass er von seinem im Prinzip sehr ertragreichen Verlag gerade noch RM 10 000 retten konnte. G., der auch die Rechte an dem Verlag CALVARY & CO., Berlin (→ Otto Mayer) erworben hatte, der bereits um 1935 seine Verlagstätigkeit einstellen musste, ging nachfolgend in die Schweiz und errichtete in Basel die heute noch bestehende, in vierter Generation von Salomon G. geführte Verlagsbuchhandlung VICTOR GOLDSCHMIDT, die, in der Nähe der Synagoge gelegen, ein großes Sortiment an Judaica und jüdische Ritualien anbietet und ihr Angebot auch online zugänglich macht.

SStAL, BV, F 3.309; Verlagsveränderungen 1942–1963 S. 36; Dahm: Das jüdische Buch (1993) S. 92–99.

Goldstein, Joachim M. 23. 11. 1904 Berlin – 24. 11. 1969 West-Berlin; Bühnenverleger, Theateragent. G. war, nach einer Lehrzeit im GRAPHISCHEN KABINETT Israel Ber Neumanns, Angestellter des ERICH REISS VERLAGS und der angeschlossenen Theateragentur. Einem von ihm ausgefüllten Auskunftsbogen zufolge hat er auch im Hoffmann und Campe-Antiquariat gearbeitet und war zeitweise Geschäftsführer im Buchladen Kurfürstendamm sowie der Kant-Buchhandlung. 1926 gründete er die Verlags- und Versandbuchhandlung JOACHIM GOLDSTEIN in Berlin-Niederschöneweide, in der er die Bücherreihe *Selbstverlag junger Autoren* herausbrachte; 1928 war er Gründer und bis 1935 Eigentümer des Theaterverlags LITERATUR UND BÜHNE. 1935 wurden G.'s Unternehmen aus dem *Adressbuch des Deutschen Buchhandels* gestrichen. Er führte dann mit Zulassung der Behörden bis 1938 den JOACHIM GOLDSTEIN JÜDISCHEN BUCHVERLAG in Berlin-Wilmersdorf mit Veröffentlichungen für den Reichsverband der jüdischen Kulturbünde in Deutschland (Almanach *Pult und Bühne*). Im Oktober 1938 emigrierte er nach Palästina und gründete in Tel Aviv einen Verlag JOACHIM GOLDSTEIN & CO., in dem er bis 1942 u. a. deutsche Kinderbücher in hebräischer Übersetzung sowie Bücher von Max Brod und → Schalom Ben-Chorin herausbrachte. Von 1942–45 übte er eine Verwaltungstätigkeit in der britischen Armee aus, später erwarb G. die Ginzburg Theateragentur in Haifa. Auch war er kaufmännischer Direktor des Cameri Theaters in Tel Aviv und der dortigen Volksoper. 1957 kehrte G. nach West-Berlin zurück und war hier u. a. als Lektor im MAX HESSE VERLAG und als Intendant für die Deutsche Oper tätig; zudem arbeitete er als Journalist für diverse Zeitungen.

Joachim Goldstein: Aus meiner Mappe [Dichtungen]. Berlin: Selbstverlag 1926.
SStAL, BV, F 15. 126 [mit Auskunftsbogen 1926]; BHE 2; Adressbuch 1931 S. 214; Verlagsveränderungen 1933–1937 S. 10; Tentative List p. 14; Aufbau vom 1. 9. 1939 S. 19; Harald Stucke: Joachim Goldstein – Verleger in Berlin und Tel-Aviv. In: Blickfang. Bucheinbände und Schutzumschläge Berliner Verlage 1919–1933. 1000 Beispiele, illustriert und dokumentiert. Berlin: Jürgen Holstein 2005 S. 134–138; Saur: Deutsche Verleger im Exil (2008) S. 220.

Goldstein(-Mironescu), Miron Verleger. G. war Inhaber des am 1. Januar 1933 in Berlin gegründeten ÄGYPTOLOGISCHEN VERLAGS MIRON GOLDSTEIN; er flüchtete, um der rassistischen Verfolgung zu entkommen, mit seiner Frau Else Gertrud nach der Geburt ihrer Tochter Nofretete Zita 1937 nach Bukarest. Die Familie, die in Rumänien während des Krieges in einem Arbeitslager interniert war, ging 1951 nach Israel, wo G. in Nahariya seinen Fachverlag weiterführte. Else suchte in Deutschland ein Rückerstattungsverfahren in Gang zu bringen; 1954 nimmt sie sich in Heidelberg das Leben. 1957 unternahm G. den Versuch der Remigration nach Deutschland und firmierte mit seinem Verlag MIRON

MIRONESCU in Berlin. Der Versuch scheiterte offenbar; 1959 ging G. wieder nach Israel zurück.

SStAL, BV, F 15. 574; HABV/DNB (25. 772); Adressbuch 1935; Verlagsveränderungen 1933–1937 S. 1, 10; Verlagsveränderungen 1942–1963 S. 6, 130; www.stolpersteine-speyer.com/biographien [Fam. Scharff].

Gordon, Paul 28. 12. 1895 – Febr. 1984; Verleger, Literaturagent, Theaterunternehmer, Filmproduzent. G. war ein Ungar, der 1920 in Berlin den auf Theaterstücke spezialisierten PAUL GORDON VERLAG gründete. In den 1920er Jahren war G. ein bisweilen nicht unumstrittener Faktor im Berliner Theaterleben: Für Uraufführungen der von ihm vertretenen Autoren mietete er Theater an und produzierte die Aufführungen. Das Spektrum reichte dabei von Singspielen von Victor Clement (*Skandal im Savoy*, *Märchen von der Fledermaus*) bis zur unautorisierten UA von Robert Musils Stück *Die Schwärmer* (Regie: Jo Lhermann) im Theater in der Stadt in der Kommandantenstraße, das G. 1929 übernommen hatte. 1937 wurde der Jude G., dessen Verlag enteignet wurde, in die Zwangsemigration getrieben. Er ging nach Paris, wo er im Théâtre Pigalle eine Dramatisierung von Joseph Roths Roman *Hiob* zur Aufführung brachte. Von Frankreich gelang G. die Flucht in die USA. Auch die Hollywood-Produktionen von G. zeigen ein breites Spektrum: vom politischen Zeitstück *Monseigneur* (mit Michèle Morgan in der Hauptrolle) über die Show *That we may live* (mit Martha Eggert und Jan Kiepura) und die heute vergessene Carl Zuckmayer-Verfilmung *Passport to Heaven* (1941) bis zu dem erfolgreichen Menuhin-Film *Concert Magic*, dem ersten abendfüllenden Musikfilm (1948), bei dem G. auch als Regisseur zeichnete und der in den Studios von Charlie Chaplin gedreht wurde. Nach Ende des Krieges erstreckte sich G.'s Tätigkeit wieder auch auf Deutschland; nun reüssierte G. mit dem PAUL GORDON KLEINKUNST-VERLAG, der Sketche und Unterhaltungsstücke auf den Markt brachte; insbesondere mit den Stücken mit Heinz Erhardt erzielte G. große Publikumserfolge. In den 1980er Jahren fand G. in dem Berliner Schauspieler Bernd Bauer einen geeigneten Nachfolger. Bauer trat in G.'s Verlag ein, gründete 1986 den Verlag BERND BAUER und überführte in diesen die alten Rechte aus dem Gordon Verlag.

Menuhin ließ nicht schneiden. In: Der Spiegel vom 29. 9. 1949; Neue und alte Tabus. Serie ›Deutschsprachige Theaterverlage‹. In: Bbl. Nr. 61 vom 3. 8. 1993 S. 18 f.; Bernd Bauer Verlag [online].

Gottlieb, Ernest (Ernst Emanuel) 27. 9. 1903 München – 5. 9. 1961 Los Angeles; Antiquar, Verleger; Dr. G., Sohn eines Kaufhausbesitzers, promovierte 1926 in Politikwissenschaften (Kiel / München) mit einer bibliographischen Arbeit über Walter Rathenau, die 1929 im Verlag S. Fischer publiziert wurde, und arbeitete in Berlin bis 1930 im Rathenau-Archiv. 1930 bis 1934 unternahm er privat literarische, kunstgeschichtliche und musikwissenschaftliche Studien in München und Italien und ging aus eigenen Stücken bei dem bekannten Antiquar Emil Hirsch in die Lehre. Daneben dürfte er gelegentlich auch im elterlichen Kaufhaus gearbeitet haben. Zusätzlich erlernte er das Buchbinderhandwerk und studierte Architekturphotographie bei Otto Moll-Gonzales. 1938 emigrierte G. in die USA und arbeitete zehn Jahre lang in Los Angeles als Porträtphotograph, u. a. in Emigrantenkreisen (Photos von Thomas Mann, Franz Werfel, Alma Mahler-Werfel, Bruno Walter etc.). 1944 wurde er naturalisiert und nannte sich fortan Ernest E. G. Mit dem

Copyrightspezialisten und Literaturagenten → Felix Guggenheim hatte er zwei Jahre zuvor die PAZIFISCHE PRESSE gegründet, in der, gedruckt von der Plantin Press in Los Angeles, bis 1948 elf bibliophil gestaltete Werke ausschließlich exilierter Autoren in limitierter, signierter Auflage erschienen. Dem Unternehmen war damals kein kommerzieller Erfolg beschieden; heute sind die Titel von Franz Werfel, Thomas Mann, Lion Feuchtwanger und anderen Emigranten gesuchte Zeugnisse der Exilliteratur. Im April 1947 eröffnete G., mit finanzieller Unterstützung durch seine Frau und zusammen mit seinem Mentor → Kurt L. Schwarz, der ihn mit den Grundbegriffen des Metiers vertraut machte, eine Antiquariatsbuchhandlung. G. spezialisierte sich auf Anraten Schwarz' auf Musikliteratur und teilte sich, bei getrennter Buchführung, die Räumlichkeiten mit dem aus Wien stammenden Antiquar. Einige Jahre später wurde diese Bürogemeinschaft aufgehoben, G. agierte von einer eigenen Adresse 450 Beverly Drive, ebenfalls in Beverly Hills (1960 nach Palm Springs verlegt) und brachte bis 1961 dort, neben zwanzig Listen, 35 Verkaufskataloge heraus, mit Schwerpunkten auf Musiktheorie, Musikgeschichte, einzelnen Komponisten und Instrumentengattungen, wobei er neben antiquarischer auch neue Literatur lieferte. Zu seinen Kunden gehörten u. a. Arnold Schönberg, Igor Strawinsky, Ernst Krenek, Bruno Walter oder Alfred Einstein, aber auch zahlreiche amerikanische Bibliotheken und Privatsammler. G., Mitglied verschiedener musikologischer Gesellschaften, fungierte als Auslieferer für mehrere deutsche Musikverlage, auch publizierte er eine Reihe *Facsimile Editions on Rare Books of Music* und war Co-Publisher der im Kasseler BÄRENREITER VERLAG erschienenen Serie *Documenta Musicologica*. Nach seinem unerwartet frühen Tod führte → Theodore Front das Ernest E. Gottlieb Musical Literature Antiquariat unter dem Namen THEODORE FRONT, Successor to Ernest E. Gottlieb Musical Literature weiter.

 Rosenthal-Fragebogen [Brief Theodore Front vom 19. 9. 1986]; Dickinson: Dictionary (1998) pp. 83 f.; KLS [Kurt L. Schwarz]: Ernest Gottlieb. In: Antiquarian Bookman vol. 18 no. 14 (1961) p. 1168; Kurt L. Schwarz: Ernest E. Gottlieb (1903–1961). In: Bbl. (FfM) Nr. 95 vom 28. 11. 1961 S. 2072; Bbl. vom 27. 11. 1998; Roland Jaeger: New Weimar on the Pacific. The Pazifische Presse and German exile publishing in Los Angeles 1942–1948. Translated from the German by Marion Philadelphia and edited by Victoria Dailey. Los Angeles: Victoria Dailey Publisher 2000; Roland Jaeger: Die Pazifische Presse. In: John M. Spalek [Hg.]: Deutschsprachige Exilliteratur seit 1933. Bd. 3: USA. Teil 2. München: Saur 2001 S. 311–42, bes. S. 332–34; Bach, Fischer: Antiquare (2005) S. 346 f.; Buchhändlermarke unter www.sevenroads.org [online].

Gottschalk, Erica Geb. 11. 7. 1914 Leipzig; Buchhändlerin. G., Tochter eines jüdischen Rechtsanwaltes, war in der Leipziger Buchhandlung HARRASSOWITZ tätig, da ihr seit 1933 der Zugang zu einem Universitätsstudium versagt war. Sie engagierte sich im Widerstand gegen den Nationalsozialismus: so leitete sie die Leipziger antifaschistische Gruppe Stadtteil Zentrum, die dem illegalen Kommunistischen Jugendverband Deutschlands (KJVD) untergeordnet war. Wegen ›Vorbereitung des Hochverrats‹ wurde sie am 15. August 1935, nachdem sie bereits acht Monate in Untersuchungshaft hinter sich hatte, zu einer Freiheitsstrafe von drei Jahren Zuchthaus verurteilt; außerdem wurden ihr für vier Jahre die bürgerlichen Ehrenrechte aberkannt. Nach der Haftzeit in der Landesstrafanstalt Waldheim gelang ihr die Emigration nach Schweden.

 Rat des Bezirkes Leipzig [Hg.]: Juden in Leipzig. Eine Dokumentation. [Ausst.-Kat.] Leipzig 1988 S. 21 ff., 113.

Gottschalk, Fred S. Buchhändler. G. lebte seit ca. 1936 in New York. Er betrieb eine Buchhandlung mit moderner englischsprachiger, französischer und deutscher Literatur sowie eine Leihbücherei; das Exilarchiv der Universität Hamburg ist im Besitz eines Briefes von G. vom 29. Januar 1942, in dem er Informationen über Bücher erteilt, die über seine New Yorker Buchhandlung erhältlich sind. Eine Todesanzeige in der Emigrantenzeitschrift *Aufbau* vom 9. April 1943 über das Ableben von Franziska G. ist von ihm unterzeichnet. Weitere biographische Angaben konnten nicht ermittelt werden.

Cazden: German Exile Literature (1970) p. 176; Aufbau vom 9.4.1943; Paul Walter Jacob-Archiv, Walter-A.-Berendsohn-Forschungsstelle für deutsche Exilliteratur, Briefe von Fred S. Gottschalk an PWJ [online].

Gottschalk, Helen / Elena 11.5.1900 Breslau –1.3.1982 New York; Buchhändlerin. G., Tochter von Dr. med. Eugen G. und Lucie G., gründete 1922 in Berlin den ELENA GOTTSCHALK VERLAG, einen bemerkenswerten Avantgarde-Verlag, in welchem – zum Teil in der Buchreihe ›Die tollen Bücher‹ – u. a. Bücher von Walter Mehring, Mynona (Salomo Friedlaender), Otto Flake, Walter Serner, Max Hermann-Neiße, Paul Althaus (*Jack, der Aufschlitzer*, 1924) oder Gerhart Pohl (*Das Tagebuch merkwürdiger Verführungen*, 1924) erschienen. Pohl (1902–1966; nach 1933 nicht emigriert), mit dem G. (nach kurzer Ehe mit Alfred Wilhelm Cohn) auch verheiratet war, gab die Zeitschrift *Neue Bücherschau* heraus, die ebenfalls vom Elena Gottschalk Verlag vertrieben wurde. Der Verlag, der nicht zuletzt durch seine unkonventionellen Buchgestaltungs- und Werbemethoden Aufmerksamkeit erregte, war 1926 insolvent und wurde in der Substanz von den Verlagen Rowohlt bzw. Gustav Kiepenheuer aufgekauft. G. emigrierte nach 1933 in die USA, seit 1941 war sie in New York als Buchhändlerin tätig und vertrieb dort freie deutsche Literatur. Im *Aufbau* vom 30. Januar 1942 und 17. März 1944 inserierte sie als Buchhändlerin und Antiquarin an der Adresse 105 E 24 Street Room 1-A, die Bibliotheken und Musikalien ›zu besten Preisen‹ kauft, über ein reichhaltiges Lager verfügt und Kataloge auf Anforderung verschickt. Ein Jahr später war sie laut Inserat im *Aufbau* vom 2. Februar 1945 verzogen an die Adresse 11 E 92nd Street, im Dezember 1946 an der dann bleibenden Adresse HELEN GOTTSCHALK FOREIGN BOOKS 1672 2nd Avenue (86th/87th Street) New York 28, NY. Auch nach Kriegsende blieb sie (mindestens bis zum Beginn der 1960er Jahre) auf den Import deutschsprachiger Bücher spezialisiert; ebenso handelte sie mit deutschsprachigen Second hand-Büchern.

www.geni.com; Maxim Newmar: Currently Available German Realia. In: The Modern Language Journal vol. 30 no. 8 (Dec. 1946) pp. 560–74; Cazden: Free German Book Trade (1967) p. 364; Cazden: German Exile Literature (1970) p. 84, 176; Buchhändlermarke: www.sevenroads.org [online]; Harald Stucke: Elena Gottschalk – die unbekannte Verlegerin. In: Blickfang. Bucheinbände und Schutzumschläge Berliner Verlage 1919–1933. 1000 Beispiele, illustriert und dokumentiert. Berlin: Jürgen Holstein 2005 S. 134–138; Monica Schütte, Wolfgang U. Schütte: Der Elena Gottschalk Verlag – oder nebulose Spintisierer interessierten nicht. Verlagsgeschichte und Bibliographie. Leipzig: Connewitzer Verlagsbuchhandlung 2015.

Gottschalk, Ludwig 15.2.1917–18.3.2001 New York; Antiquar. Der Neffe von → Paul G. arbeitete nach dem Abgang vom Gymnasium 1935 in der Berliner Firma seines Onkels mit, nach dessen Emigration ab 1936 in dessen Antiquariatshandel in Den Haag. Im Gegensatz zu seinem Onkel war es ihm nicht möglich, Europa rechtzeitig zu verlassen: ›I stayed behind and carried out the business under the greatest difficulties.‹ Er überstand die gefährliche Zeit, indem er sich im Haus eines Mitarbeiters des Verlags Nijhoff verborgen hielt; im November 1946 wanderte er schließlich mit dem geretteten holländischen Lager in die USA aus und blieb bis 1948 bei Paul G. in New York, bis er im November 1948 sein eigenes Antiquariat, die Firma BIBLION INC. in Forest Hills / NY eröffnete. Dort verkaufte er u. a. die von ihm gerettete, bedeutende pharmakologische Sammlung, die er noch in Deutschland von dem Prager Medizinprofessor Emil Starkenstein (ermordet 1942 im KZ Mauthausen) erworben und die er an verschiedenen Stellen im Schwarzwald versteckt hatte, bis er sie nach Kriegsende wieder zusammenführen konnte. Die Firma ist bis heute aktiv, als Geschäftsführerin zeichnet Dorothee G.

Rosenthal-Fragebogen; Edelman: International Publishing in the Netherlands, 1933–1945, S. 93.

Gottschalk, Paul 24. 6. 1880 Berlin – 23. 2. 1970 New York; Antiquar. G. legte 1899 sein Abitur am Friedrichs-Gymnasium in Berlin ab und absolvierte zunächst bei ASHER & CO. in Berlin eine 3-jährige Lehre (und hörte nebenbei Vorlesungen an der Universität), danach trat er in Frankfurt in die Firma BAER & CO. ein. Schon damals konnte er der Library of Congress eine von ihm zusammengestellte Kollektion historischer Musikalien verkaufen. Auf ausgedehnten Reisen durch Europa, insbesondere in Italien, erwarb G. sich vertiefte Kenntnisse des europäischen Antiquariatsmarktes; auch eignete er sich damals gute Sprachkenntnisse im Italienischen, Französischen, Englischen und Spanischen an. Vor allem aber baute er sich zu jener Zeit ein kleines Lager an illuminierten Manuskripten, Inkunabeln und Büchern mit Holzschnittillustrationen auf. 1906 unternahm er seine erste Geschäftsreise in die USA und knüpfte dabei zahlreiche wichtige Kontakte. Insbesondere an der amerikanischen Ostküste und im Mittelwesten gab es viele Bibliotheken und private Sammler, die seine Dienste in Anspruch nehmen wollten; als deren Agent begab er sich zurück nach Europa auf die Suche nach den gewünschten seltenen Büchern, nach Handschriften und anderen bibliophilen Kostbarkeiten ebenso wie nach wissenschaftlichen Buchreihen und Zeitschriftenserien. Diese Aufträge und ein Startkapital von RM 15 000 ermöglichten ihm 1907 die Eröffnung des Antiquariats PAUL GOTTSCHALK in Berlin W 8, Unter den Linden 3a. Auf einer zweiten USA-Reise 1908 (der noch zahlreiche weitere folgen sollten) vertiefte und erweiterte er seine Verbindungen; enge Geschäftspartner waren seither u. a. Donald Wing (Yale) und Belle da Costa Greene (Pierpont Morgan Library). Auch nach dem Ersten Weltkrieg genoss G. als kenntnisreicher Händler über Deutschland hinaus hohes Ansehen und pflegte seinen internationalen Kundenstamm. Zwischen 1907 und 1942 brachte er elf nummerierte sowie einige nicht nummerierte Kataloge heraus, darunter 1930 den eindrucksvollen Folio-Katalog *A collection of original manuscripts of the world's greatest composers*. Im Bereich der Musikautographen zählte zu den Höhepunkten der Verkauf von Brahms' Notenhandschrift der 1. Symphonie. Die weiteren Schwerpunkte seiner Händlertätigkeit lagen einerseits auf gelehrter Literatur und Reihenpublikationen aus allen europäischen Ländern, andererseits auf Handschriften und Frühdrucken wie etwa Bibeln mit Holzschnittillustrationen und auf Pergament gedruckten Büchern. Nach der nationalsozialistischen Machtübernahme betrieb G. sein Geschäft noch bis September 1936, dann verbrachte er – auf der Basis eines Scheinvertrags mit der Fa. Martinus Nijhoff und unter Devisenzahlungen an die Reichsbank (bis Juni 1938 fast RM 70 000) – einen Großteil seines Bücherlagers nach Den Haag. Das Berliner Geschäft wurde von seiner langjährigen Mitarbeiterin Ilse Brauer mit Ladeneinrichtung und dem verbliebenen Teil des Lagers übernommen. Als Jude wurde G. aus dem Börsenverein und aus dem *Adressbuch des Deutschen Buchhandels* 1936/37 gestrichen; jede Verbindung mit seiner Firma in Den Haag wurde offiziell für unerwünscht erklärt. In der Branchenzeitschrift *Der Buchhändler im Neuen Reich* (H. 3, März 1940) wurde er beschuldigt, er habe unter Hinweis darauf, fünfzehn Verwandte unter beträchtlichem finanziellem Aufwand aus Deutschland herausgeholt zu haben, seine offenen Rechnungen nicht bezahlt. Tatsächlich hat G. seinen engen Verwandten die Flucht ermöglicht und sie damit vor dem Konzentrationslager bewahrt; darüber hinaus ist er aber auch, unter freiwilliger Zahlung von Verzugszinsen, seinen geschäftlichen Verpflichtungen nachgekommen. Während G.'s jährlicher Amerikareise erfolgte im Mai 1940 die deutsche Invasion in die Niederlande, eine Rückkehr war ihm damit unmöglich geworden. Nachdem er zuvor schon einen Teil seiner Bücher nach Amerika geschickt hatte, beschloss er, sich auf Dauer in den USA niederzulassen. Sein wissenschaftliches Antiquariat in Holland wurde von Johann Clemens Groetschel, dem Leiter der Ortsgruppe der nationalsozialistischen Deutschen Arbeitsfront in Den Haag, ›kommissarisch verwaltet‹. In New York wurde G. zunächst von seinem Hotelzimmer aus tätig, später betrieb er ein Ladengeschäft in 21 Pearl Street c/o TICE & LYNCH, zuletzt in 84 University Place. G. spezialisierte sich in den USA auf die Sammelgebiete Zeitschriften und Autographen, aber auch auf *rare books*. Sein Neffe → Ludwig G. überlebte in Holland und rettete den Bestand des dort verbliebenen Lagers. Nach Ende des Zweiten Weltkriegs nahm G. seine Geschäftsreisen wieder auf, im Gepäck erneut Suchlisten US-amerikanischer Bibliotheken nach europäischen wissenschaftlichen Zeitschriften. Auch erneuerte er seine lebenslange Freundschaft mit Karl Jaspers, dessen Frau eine Kusine G.s war. In seiner 1965/66 bzw. 1967 erschienenen Autobiographie konnte er auf eine 60-jährige, erlebnisreiche berufliche Karriere zurückschauen, die ihn zu einem der bedeutendsten Antiquare seiner Zeit und einem herausragenden Vermittler zwischen Europa und Amerika werden ließ.

Paul Gottschalk: Die Buchkunst Gutenbergs und Schöffers. Berlin: Gottschalk 1918 [Prachtwerk]; ders.: Memoirs of an Antiquarian Bookseller. Gainesville, University of Florida Library 1967 [Privatdruck]; Paul Gottschalk: Memoiren eines Antiquars. Sonderdruck aus dem Börsenblatt (FfM) Nr. 99 vom 14. 12. 1965 [I] S. 2660–64; Nr. 7 vom 25. 1. 1966 [II] S. 100–10; Nr. 15 vom 22. 2. 1966, [III] S. 241–48 und Nr. 22 vom 18. 3. 1966 [IV] S. 477–85.

Rosenthal-Fragebogen; SStAL, BV, F 10. 989; BHE 1; Aufbau vom 30. 1. 1942 S. 16; Paul Gottschalk †. In: Bbl. (FfM) Nr. 21 vom 13. 3. 1970 S. 595; AJR Information, April 1970, S. 12 [online]; Dickinson: Dictionary (1998) pp. 84 f.; Bach, Fischer: Antiquare (2005) S. 348; Biester: Streifzüge (2008) S. 479; Schroeder: ›Arisierung‹ I (2009) S. 302–05; Schroeder: ›Arisierung‹ II (2009) S. 373 f.

Gradenwitz, Peter Emanuel 24. 1. 1910 Berlin – 27. 7. 2001 Tel Aviv; Musikwissenschaftler, Musikverleger; Dr. G. studierte von 1929 bis 1936 an den Universitäten Berlin, Freiburg im Breisgau und Prag Musikwissenschaft, Literatur, Philosophie, Geschichte, daneben auch Komposition bei Hanns Eisler u. a. Er promovierte 1936 an der Universität Prag und ging noch im selben Jahr über London nach Palästina ins Exil. Dort unterrichtete G. Musik und arbeitete als Journalist, Musikwissenschaftler und für den Rundfunk. 1949 gründete G. in Tel Aviv unter Teilhabe des israelischen Komponistenverbandes und des Leeds Publishing House die ISRAEL MUSIC PUBLICATIONS LTD., den ersten Musikverlag Israels von internationalem Rang, in dem in der Mehrzahl Kompositionen von zeitgenössischen, in Israel lebenden Komponisten erschienen. 1952 wurde der Verlag mit Schwerpunkt auf religiöse Musik, aber auch mit Kompositionen von Schönberg, Milhaud oder Martinů selbständig. Daneben gründete G. den Unterhaltungsmusikverlag ILAN MELODY PRESS, dessen Einnahmen den Israel Music Publications zugutekamen. Nach 30-jähriger Tätigkeit verkaufte G., der seit 1968 auch an der Universität Tel Aviv lehrte und seit 1980 Honorarprofessor für Musikwissenschaft an der Universität Freiburg war, den Verlag.

Julius H. Schoeps [Hg.]: Neues Lexikon des Judentums. Gütersloh: Bertelsmann-Lexikon Verlag 1992 S. 173 f.; Fetthauer: Musikverlage (2004) S. 468; EXIL Jg. 21 Nr. 2 (2001) S. 64.

Graetzer(-Prager), Carola August 1902 Kassel – Juni 1998 Tel Aviv; Buchhändlerin. G., Tochter von Simon und Juliane Ehrman, verheiratet mit Alfred Graetzer (Juli 1896 Gleiwitz – 1944 Auschwitz), war Inhaberin der BÜCHERSTUBE CAROLA GRAETZER in Gleiwitz, die nach 1933 als jüdische Buchhandlung noch unter dem 1922 in Genf getroffenen ›deutsch-polnischen Minderheitenschutzabkommen‹ weiterbetrieben werden konnte, nach dessen Auslaufen im Juli 1937 aber verkauft werden musste. G. hatte sich allerdings bereits 1936 polizeilich nach Prag abgemeldet. Entweder direkt oder über Prag ging sie jedoch nach Palästina. Eine Betätigung als Buchhändlerin ist für G., die sich offenbar wiederverheiratet hat, in Palästina bzw. Israel nicht nachzuweisen.

www.geni.com; Jerusalem Post, 22. 6. 1998; SStAL, BV, F 01230; Dahm: Das jüdische Buch im Dritten Reich (1993), S. 513; Barbian: Literaturpolitik im NS-Staat, S. 303.

Graf, Oskar Maria 22. 7. 1894 Berg am Starnberger See – 28. 6. 1967 New York; Schriftsteller, Verleger, Selbstverleger. G. war nach dem Tod des Vaters (1906) Bäckerlehrling bei seinem Bruder Max. 1911 ging er nach München, brachte sich mit Gelegenheitsarbeiten durch und versuchte eine Existenz als Schriftsteller. Am 1. Dezember 1914 zum Wehrdienst eingezogen, verbrachte G. wegen Befehlsverweigerung während des Ersten Weltkriegs nahezu ein Jahr in verschiedenen Irrenanstalten, bis er 1916 als dienstuntauglich entlassen wurde. Es folgten erste Veröffentlichungen, ab 1920 war G. als Dramaturg beim Arbeitertheater Die neue Bühne tätig, bis ihm 1927 der literarische Durchbruch mit seinem autobiographischen Buch *Wir sind Gefangene* gelang. Sein während einer Vortragsreise am 12. Mai 1933 in der *Wiener Arbeiter Zeitung* erschienener Aufruf ›Verbrennt mich!‹ erregte großes Aufsehen; kurz darauf wurde G. offiziell ausgebürgert. Nach dem Februaraufstand 1934 emigrierte G. von Wien aus mit seiner Lebensgefährtin Mirjam Sachs nach Brünn und nahm als entschiedener Verfechter der Einheitsfront gegen Hitler gemeinsam mit Klaus Mann, Ernst Toller und anderen emigrierten deutschen Schriftstellern im August desselben Jahres am 1. Unionskongress der Sowjetschriftsteller in Moskau teil; anschließend bereiste er sechs Wochen lang die Sowjetunion. In Prag gehörte G. neben Anna Seghers und → Wieland Herzfelde zum Redaktionsstab der Monatsschrift *Neue Deutsche Blätter*; die Jahre im tschechoslowakischen Exil waren auch für sein eigenes literarisches Werk sehr produktiv (*Der harte Handel*, Amsterdam: Querido 1935; *Der Abgrund*, London: Malik 1936; *Anton Sittinger*, London: Malik 1937). 1938 gelang es G., für sich und Mirjam Sachs ein amerikanisches Visum zu erhalten. Am 26. Juli 1938 erreichten sie New York. 1942 beteiligte G. sich hier zusammen mit Wieland Herzfelde und anderen deutschen Exilschriftstellern an der Gründung des AURORA-VERLAGS, in dem seine Bücher *Der Quasterl. Dorf- und*

Jugendgeschichten (1945) und der Roman *Unruhe um einen Friedfertigen* (1947) erschienen. Von allen exilierten deutschen Schriftstellern betrieb G., der 1957 die US-amerikanische Staatsbürgerschaft erhielt, den Selbstverlag am intensivsten: er verkaufte die Bücher – am meisten das *Bayrische Dekameron* und den Roman *Bolwieser* – bei seinen populären Leseabenden. 1960 wurde G. von der Wayne State University die Ehrendoktorwürde verliehen, auch erhielt er Ehrungen aus beiden Teilen Deutschlands.

Dichter und Verleger. In: Aufbau vom 27. 6. 1941 S. 11; Aufbau vom 26. 11. 1943 S. 8; Rolf Recknagel: Ein Bayer in Amerika. O. M. Graf. Leben und Werk. Ost-Berlin: Verlag der Nation 1974; Gerhard Bauer: Gefangenschaft und Lebenslust. Oskar Maria Graf in seiner Zeit. Eine Werk-Biographie. München: Süddeutscher Verlag 1987; Koepke: Exilautoren und ihre Verleger (1989) S. 1423, 1444; Peter Becher [Hg.]: Drehscheibe Prag. Deutsche Emigranten 1933–1939. [Ausst.-Kat.] München: Oldenbourg 1989 S. 103–09; Volker Weidermann: Das Buch der verbrannten Bücher. Köln: Kiepenheuer & Witsch 2008.

Grafe, Innozenz 5. 1. 1916 Wien –1992 Schweiz; Verlagslektor. G., Sohn des Lyrikers und Übersetzers Felix G., der 1942 wegen eines antinazistischen Gedichts hingerichtet wurde, konnte sein Studium der Klassischen Philologie und Sprachwissenschaft an der Universität Wien am 21. Juli 1938 noch im Rahmen einer ›Nichtarierpromotion‹ abschließen. Gleichzeitig und bis zu seiner Ausreise hat er auch für den Wiener PHAIDON VERLAG von → Béla Horovitz und → Ludwig Goldscheider Korrektur gelesen und auch an Gedichtzusammenstellungen gearbeitet. Nach dem ›Anschluss‹ flüchtete G. über die Schweiz (wo er die für Wien geplante Heirat mit Henrietta G. nachholte) nach Großbritannien. Dort war er, wie viele deutschsprachige Immigranten, zunächst als *secret listener* in geheimdienstliche Tätigkeiten eingebunden. 1946 schloss er sich wieder der von Horovitz inzwischen nach London übersiedelten PHAIDON PRESS an und arbeitete in den folgenden Jahrzehnten dort als Lektor, auch als Übersetzer, später als Cheflektor und einer der Direktoren des wachsenden Unternehmens. Grafe verfasste auch zum 50-jährigen Jubiläum der Phaidon Press eine kurzgefaßte Verlagsgeschichte. Auch seine beiden Töchter waren in die Verlagsarbeit involviert, u. a. bei der Erstellung der aufwändigen Kataloge, die von Phaidon für Museen und große Sammlungen produziert wurden. Nach einem langen und erfolgreichen Arbeitsleben im Phaidon Verlag, der seiner Expertise viel verdankte, war er als freier Redakteur für das *Concise Oxford English Dictionary* tätig. G. starb 1992 auf einer seiner Urlaubsreisen, die ihn regelmäßig in die Schweiz geführt hatten.

Phaidon Jubilee Catalogue. London: Phaidon 1973 (Verf. I. Grafe).

Gedenkbuch der Universität Wien [online]; Anna Nyburg: Émigrés. The Transformation of Art Publishing in Britain. London: Phaidon Press 2014 S. 69–71, 186. Für weitere Literatur zum Phaidon Verlag bzw. Phaidon Press → Béla Horovitz.

Graupe, Paul 29. 5. 1881 Neu-Trebbin / Mark Brandenburg – 9. 2. 1953 Baden-Baden; Antiquar, Kunsthändler. G. begann sofort nach der Schulzeit mit einer Lehre bei JOSEPH JOLOWICZ und ERNST REHFELD in Posen, anschließend sammelte er Kenntnisse bei LIPSIUS UND FISCHER in Kiel, GUSTAV FOCK in Leipzig, FRIEDRICH COHEN in Bonn, JACQUES ROSENTHAL in München und → MARTIN BRESLAUER in Berlin. Schon im Juni 1907 machte er sich in Berlin selbständig, indem er das 1881 gegründete Antiquariat von GEORG LISSA in der Kochstraße 3 übernahm und unter seinem Namen weiterführte; 1911 verlegte er sein Geschäft in die Lützowstraße

38. Neben Auktionshäusern wie denen von Karl Ernst Henrici und Max Perl entwickelte sich G. schnell zum renommiertesten Auktionator in Berlin: Er konnte sein Unternehmen in den 1920er Jahren, ohne über großes Kapital zu verfügen, zu einem weltbekannten Auktionshaus ausbauen. Zwischen 1916 und 1936 führte G. 148 Auktionen durch. Während er sich anfangs noch auf bibliophiles Antiquariat beschränkte, erweiterte er seine Auktionen bald auf dekorative Graphik und Malerei. Aufgrund seines Weltrufs und der damit verbundenen Deviseneinnahmen bekam G. noch im Februar 1936 eine Sondergenehmigung, als jüdischer Unternehmer Auktionen abhalten zu können. Wenig später wurde sein Buch- und Kunstauktionshaus zugunsten von Hans Walter Lange ›arisiert‹, der es bis Kriegsende leitete; der Firmenname Antiquariat PAUL GRAUPE wurde mit September 1937 als ›erloschen‹ gemeldet. Nachdem es G. gelungen war, ausreichende Geldmittel an den Nazibehörden vorbei ins Ausland zu transferieren, verließ er Ende 1936 Deutschland – zusammen mit → Arthur Goldschmidt –, um sich in Paris niederzulassen (ursprünglich war London geplant). Im Jahr 1940 wurden seine gemeinsam mit Goldschmidt betriebene Handelsgesellschaft sowie Kunstgegenstände aus privatem Besitz von der Vichy-Regierung beschlagnahmt, so dass G. sich gezwungen sah, nach New York zu übersiedeln. Wie in Paris verzichtete er auch dort darauf, ein offenes Ladengeschäft zu betreiben; 1945 erhielt er die amerikanische Staatsbürgerschaft. Nach dem Tod seiner Frau kehrte G. nach Europa zurück, lebte zurückgezogen in Paris, hielt sich aber öfter zur Behandlung seiner Hüftknochentuberkulose, an der er seit seiner Jugend litt, zu Kuren in der Schweiz und auch in Baden-Baden auf.

DBE; StAL, F 3288; Adressbuch der Antiquare Deutschlands und des gesamten Auslands. Mit selbstbiographischen Beiträgen bedeutender Antiquare. Weimar: Straubing & Müller 1926 S. 16–18; Deutscher Wirtschaftsführer (1929) Sp. 768; Dt. Reichsanzeiger Nr. 203 vom 3. 9. 1937; Dt. Reichsanzeiger Nr. 277 vom 1. 12. 1937; Verlagsveränderungen 1937–1943; Aufbau vom 11. 4. 1941; Walter Krieg [Nachruf]. In: Das Antiquariat Nr. 9 vom 10. 3. 1953 S. 81 f.; Georg Ecke: Paul Graupe †. In: Bbl. (FfM) Nr. 24 vom 24. 3. 1953 S. 129 f.; Homeyer: Bibliophilen und Antiquare (1966) S. 138; Percy H. Muir: Minding my own Business. London: Chatto & Windus 1956 p. 174; (Christian M. Nebehay) In: Bbl. (FfM) Nr. 42 vom 27. 5. 1986 S. A217–19; Chris Coppens: Der Antiquar Paul Graupe (1881–1953). In: Gutenberg-Jahrbuch 1987 S. 255–64; Patrick Golenia, Kristina Kratz-Kessemeier und Isabelle le Masne de Chermont: Paul Graupe (1881–1953). Ein Berliner Kunsthändler zwischen Republik, Nationalsozialismus und Exil. Mit einem Vorwort von Bénédicte Savoy. Köln, Weimar und Wien: Böhlau 2016.

Greissle, Felix 15. 11. 1894 Wien – 26. 4. 1982 Manhasset / NY; Musikwissenschaftler, Musikverleger. G. war mit Arnold Schönbergs Tochter Gertrude verheiratet und Mitarbeiter der UNIVERSAL EDITION in Wien. 1938 emigrierte G. mit seiner Frau in die USA. Auf Vermittlung Schönbergs erhielt G. bei G. SCHIRMER in New York eine Stelle und stieg dort bald zum *Director of Serious Music Publications* auf. Ab 1947 arbeitete er für den Musikverlag EDWARD B. MARKS, außerdem wirkte er als Lehrer für Musiktheorie und Komposition an der Columbia University sowie an der Philadelphia Musical Academy.

Fetthauer: Musikverlage (2004) S. 468 f.

Greßhöner, Maria (Ps. Maria Osten) 20. 3. 1908 Muckum / Krs. Lemgo – 8. 8. 1942 Moskau; Verlagsmitarbeiterin, Schriftstellerin. G. wuchs bei ihren Eltern auf einem Bauernhof in Westfalen auf, seit 1911 auf einem Gutshof in Neugolz östlich von Stettin. Nachdem der Vater 1914 in den Kriegsdienst eingezogen worden war, musste die Mutter mit den drei Kindern den Hof allein bewirtschaften. G. besuchte die Höhere Mädchenschule in der Kreisstadt Deutsch Krone und danach ein Lyzeum in Berlin Lichterfelde, das sie ohne Schulabschluss verließ. Sie strebte eine künstlerische Ausbildung an, nahm Zeichenunterricht bei den expressionistischen Malern Willy Jaeckel und Ludwig Meidner und geriet in die Berliner Künstlerszene der 1920er Jahre. Sie unterhielt zu dem Verleger → Wieland Herzfelde eine Beziehung, wurde Angestellte des MALIK-VERLAGS und trat 1927 in die KPD ein. 1928 gab sie ihr literarisches Debut mit der Erzählung *Mehlgast*. Als Zeichen ihrer Sympathie zur UdSSR publizierte sie unter dem Pseudonym Maria Osten. Eine Ehe mit dem Filmregisseur Ewgeni Tscherbjakow hielt nur kurz (vermutlich bis 1929), verstärkte aber G.'s Interesse an sowjetischer Kunst und Literatur. Durch ihre Lektoratstätigkeit im Malik-Verlag stand G. in Kontakt zu sowjetischen Autoren wie Maxim Gorki, Isaak Babel und Sergej Tretjakov. 1932 lernte sie den sowjetischen Journalisten Michail Kolzow (1898–1942) kennen und übersiedelte nach Moskau, um ihm nahe zu sein; G. nahm die sowjetische Staatsbürgerschaft an, um eine Arbeitserlaubnis und das Wohnrecht zu erhalten. In Moskau wurde sie Mitarbeiterin der 1936 von Willi Bredel, Lion Feuchtwanger und Bertolt Brecht herausgegebenen literarischen Exilzeitschrift *Das Wort*, die in Kolzows Jourgaz-Verlag erschien und deren Pariser Redaktion sie 1938 übernahm. Als G. in Paris von der Verhaftung Kolzows erfuhr, der ein Opfer der stalinistischen Säuberungspolitik zu werden drohte, reiste sie 1940 entgegen allen Warnungen nach Moskau, um ihm beizustehen. Sie konnte für ihn nichts bewirken, war aber auch selbst nicht mehr in der Lage auszureisen, und kümmerte sich damals um Margarete Steffin, die Bertolt Brecht auf seinem Fluchtweg in Moskau zurückgelassen hatte. 1941 wurde G. vom NKWD verhaftet, als ›französische Spionin‹ angeklagt und erschossen.

NDB 19 S. 613 f.; Simone Barck [Hg.]: Lexikon Sozialistischer Literatur. Ihre Geschichte in Deutschland bis 1945. Stuttgart: Metzler 1994; Ursula El-Akramy: Transit Moskau – Margarete Steffin und Maria Osten. Hamburg: Europäische Verlagsanstalt 1998.

Gross, Babette Lisette 16. 7. 1898 Potsdam – 8. 2. 1990 Berlin; Publizistin, Verlegerin. G. war die Tochter des Potsdamer Brauereibesitzers Thüring, ihre Schwester war Margarete Buber-Neumann. Nach dem Lehrerinnenexamen 1919 trat sie 1920 der KPD bei, zu dieser Zeit heiratete sie → Fritz G. 1922 wurde sie Mitarbeiterin der Internationalen Arbeiterhilfe (IAH) und im NEUEN DEUTSCHEN VERLAG in Berlin, dessen Geschäftsführung sie 1925 übernahm. Dieses Unternehmen war Teil eines großen kommunistischen Medienkonzerns, der von → Willi Münzenberg aufgebaut und geleitet wurde. Seit 1925 war G. Münzenbergs Lebensgefährtin; im März 1933 floh sie mit ihm nach Paris und war dort bis 1936 Geschäftsführerin im Verlag ÉDITIONS DU CARREFOUR. 1937 wandte sich Münzenberg wegen Differenzen in der Frage der Volksfront- bzw. Einheitsfrontbildung von der KPD ab und gründete im darauffolgenden Jahr die Wochenschrift *Die Zukunft*, deren Geschäftsführung G. übernahm. Schon 1937 war sie aus der KPD ausgetreten, weil ihr Lebensgefährte von Moskau aus in bedrohliche ideologische Konflikte verwickelt wurde. Anschließend trennten sich die Wege: Während Münzenberg nach einer Internierung bei Lyon 1940 auf dem Weg in die Schweiz durch Mord oder Selbstmord zu Tode kam, wurde G. in Gurs interniert und konnte nach ihrer Freilassung aus Europa flüchten: 1941 gelangte sie über Portugal nach Mexiko. 1947 kehrte sie

nach Deutschland zurück und war 1949 eine Mitgründerin der *Frankfurter Allgemeinen Zeitung*, in deren Geschäftsleitung sie bis 1951 tätig war. In den folgenden Jahren publizierte sie in diversen Organen und verfasste mehrere Werke zur politischen Zeitgeschichte, u. a. eine Biographie Willi Münzenbergs (1967).
BHE 1; DBE.

Gross, Carola (Lola) Geb. 21. 1. 1910 Bückeburg; Buchhändlerin. G., Tochter von Emil Berl und Gertrud geb. Lewkonja, absolvierte eine Buchhandelslehre und war seit 1928 als Gehilfin bei der Firma OSCAR ENOCH, Buch- und Zeitschriftengroßhandlung in Hamburg tätig; nach ihrem erzwungenen ›Austritt aus dem Buchhandel‹ im März 1937 ›auf generelle Anordnung der Reichskulturkammer‹ (so der Wortlaut des von Oscar Enoch ausgestellten Zeugnisses) war sie noch bis Anfang 1939 in Berlin als Sekretärin bei einer jüdischen Firma tätig. Als Zionistin gelang ihr, zusammen mit ihrem Mann Walter G. (1911–1955), die Auswanderung nach Palästina. In Jerusalem verdiente G. als Kindermädchen, dann in einem Versicherungsbüro ihren Unterhalt. 1950 übersiedelte das Ehepaar nach Tel Aviv, dort war G. bis 1981 als Sekretärin im Büro einer Parfümerie-Fabrik angestellt: ›In den Buchhandel bin ich leider nicht zurückgekommen.‹
Korrespondenz EF mit G. [Briefe vom 2. 2. 1992, 26. 2. 1992].

Gross, Felix ca. 1888–31. 7. 1960 Kapstadt; Verleger; Buchautor; Dr. phil. Nach bisherigem Erkenntnisstand war G. nach seinem Studium u. a. in Oxford zunächst Privatsekretär Houston Stewart Chamberlains, des Schwiegersohnes von Richard Wagner, bekannt v. a. als Verfasser des Werkes *Grundlagen des Neunzehnten Jahrhunderts*, und anschließend Forschungsassistent des deutschen Biologen und Philosophen Jakob von Uexküll. Im Ersten Weltkrieg arbeitete er als Journalist, angeblich aber auch als Agent deutscher Nachrichtendienste. In der ersten Hälfte der 1920er Jahre lebte er in Berlin, verheiratet mit Elsa geb. Rosenblum; um 1925 kam die Tochter Ursula (seit 1956 verh. U. Barnett) zur Welt. 1928 gründete er den VERLAG „FROHE ZUKUNFT" in Wien VII, Karl-Schweighofer-Gasse 3, und betrieb diesen, bis er 1935 nach Südafrika emigrierte. Der Verlag diente hauptsächlich zur Herausgabe eigener Bücher, in denen G. eine verquere Mischung von Wagnerianismus und christlicher Weltanschauung vertrat: Ein Jesus-Buch erschien dort ebenso wie *Die Erlösung des Judentums, abgeleitet aus seiner weltgeschichtlichen Mission* oder der Innenarchitektur-Ratgeber *Aus einem Zimmer drei machen*. In dem Londoner Verlag Hurst & Blackett publizierte er – als eine Fortsetzung seines 1940 erschienenen Buches *I knew those spies* – 1941 *Hitler's Girls, Guns, and Gangsters*, ein aus Fakten, Halbwahrheiten und Gerüchten zusammengesetztes Insiderbuch zum Innenleben der NS-Führung. Die teilweise grotesk anmutenden, aber auch nicht völlig frei erfundenen Geschichten rund um das Privatleben Adolf Hitlers wollte G. als Beitrag zur psychologischen Kriegsführung gegen das NS-Regime verstanden wissen. In Kapstadt hat sich G. wieder als Journalist (Mitglied des Owl-Clubs) und Buchautor, besonders zu afrikanischen Themen (Biographie zu Cecil Rhodes), sowie – schon seit 1938 – als *Managing Editor* einer INTERNATIONAL PRESS AGENCY betätigt. Nach seinem Tod wurde die Agentur von seiner Tochter Ursula Barnett weitergeführt; sie hat sich später von London aus auch als Literaturagentin betätigt.
Adressbuch 1931, S. 225; Verlagsveränderungen 1933–1937, S. 10; South-Africa. Cape Town: Tafelberg-Uitg. 1960, S. 148; Adrienne Barnett: Ursula Barnett obituary, in: The Guardian (world),

15. 2. 2016 [online]; Blog: Gesellschaftlicher Aufbruch – jetzt! Beitrag vom 24. 5. 2014 [dubios] (http://studgenpol.blogspot.com/2014/05/).

Gross, Fritz 20. 3. 1897 Wien – 7. 10. 1946 London; Publizist, Buchhändler, Leihbibliothekar. Der Sohn eines Edelsteinhändlers rebellierte als Jugendlicher sowohl gegen seine bürgerliche wie auch jüdische Herkunft und wurde unmittelbar nach Ende des Ersten Weltkriegs Aktivist in den Arbeiter- und Soldatenräten des Roten Wien. Seinen autobiographischen Aufzeichnungen zufolge ging er bald in das ›größere und aussichtsreichere Deutschland‹, wo er in den nächsten zehn Jahren unterschiedliche Tätigkeiten u. a. als Archivar, Buchhändler, Redakteur und Büroangestellter ausübte. 1919 ließ er sich in Heidelberg nieder, um Nationalökonomie zu studieren, wurde aber bald wegen ›Verletzung des nationalen Empfindens‹ relegiert. Zuvor schon war er in Berlin der KPD beigetreten; in der Folge engagierte er sich in linken politischen Gruppierungen wie dem BPRS und der Internationalen Arbeiter-Hilfe, als deren ›Reichssekretär‹ er 1923 aufscheint. 1920 hatte er in Berlin Babette Thüring, ebenfalls eine politische Aktivistin, Mitarbeiterin und nachmalige Lebensgefährtin von → Willi Münzenberg, geheiratet, der gemeinsame Sohn kam 1923 zur Welt (→ Babette G.); 1921 lebte G. als Buchhändler in Frankfurt / Main. Nach der Trennung von seiner Frau ging G. nach Hamburg, wo er im pazifistischen Umkreis von Magda Hoppstock-Huth (Internationale Frauenliga für Frieden und Freiheit) tätig wurde. Während dieser Zeit wurde er wegen angeblich trotzkistischer Umtriebe aus der KPD ausgeschlossen. Nach der nationalsozialistischen ›Machtergreifung‹ emigrierte G. nach England und nahm, nach vorübergehenden Aufenthalten in Oxford und Bath, seinen Wohnsitz in London 3 Regent Square, Bloomsbury; an dieser legendären Adresse wohnte eine ganze Reihe pazifistischer und sozialdemokratischer Emigranten aus dem Freundeskreis von Hoppstock-Huth. G., dessen Großzügigkeit und Kultiviertheit aus vielen Zeugnissen überliefert ist, betrieb im Kellergeschoss des Hauses mit seiner eigenen, rund 4000 Bände umfassenden Büchersammlung eine Leihbücherei mit Antiquariat, die u. a. von den Schriftstellern Hans Flesch-Brunningen, Karl Otten und Erich Fried aufgesucht wurde. 1936 gab G. zusammen mit Abraham Weiner die Anthologie *Modern German Verse* heraus. Von April 1933 bis 1940 verfasste G. in deutscher Sprache eine vierzehntägliche Kolumne im *Spectator* zu deutschen Themen. Daneben publizierte G. auch Artikel u. a. in der *Contemporary Review* und im *Aufbau*. G. verkehrte in Kreisen wie dem Freien Deutschen Kulturbund, später in dessen nicht-kommunistischer Abspaltung Club 1943, sowie im deutschen Exil-PEN. Überdies bemühte er sich Anfang 1942 um einen übernationalen, unpolitischen Zusammenschluss eines European Club, der sich schon den Fragen einer Nachkriegsordnung stellen sollte. Im Juni 1940 kam G. als *enemy alien* zunächst in die Internierungslager von Kempton Park und Huyton, im August schließlich in das Lager auf der Isle of Man. Von dort wurde er bereits im September wegen eines Herzleidens entlassen. G. initiierte in der Folge den Aufruf, eine *Anthology of Internment Culture* herauszubringen, die ein Zeugnis liefern sollte ›für die kulturelle Leistungsfähigkeit emigrierter Mitteleuropäer‹; Adressaten dieses Aufrufs waren Gruppierungen wie das Austrian Centre, der Czech Refugee Trust Fund und der Freie Deutsche Kulturbund. Nach dem Tod seines Vaters im Hammersmith Hospital verkaufte der Sohn Peter Gross 1947 die Bibliothek an die Allied Control Commission for Germany, die Bibliotheken in Deutschland mit Exemplaren der von den Nazis ›verbrannten Bücher‹ aufstockte.

Teilnachlässe von G. werden in der Wiener Library (London), im Exilarchiv der DNB (Frankfurt / Main) und im DLA aufbewahrt.

Bolbecher, Kaiser: Österr. Exilliteratur (2000) S. 255 f.; Charmian Brinson, Marian Malet: Fritz Gross: An Exile in England. In: German Life and Letters vol. 49 no. 3 (July 1996) pp. 339–53; Charmian Brinson, Marian Malet: The House at 3 Regent Square. In: Charmian Brinson [Hg.]: ›England? Aber wo liegt es?‹ Deutsche und österreichische Emigranten in Großbritannien 1933–1945. München: Iudicium 1996 S. 99–109; Jan Zimmermann: Hoffnung trotz Skepsis. Zu Leben und Werk des Schriftstellers Fritz Groß (1897–1946). In: Archiv für Geschichte des Widerstandes und der Arbeit 15 (1998), S. 233–258.

Grossbard, Robert 24. 9. 1897 – 20. 3. 1975 New York; Verlagsmitarbeiter; Dr. phil. G. war bereits seit mindestens 1932 in → Frederick Ungars SATURN-VERLAG in Wien tätig. 1938 emigrierte er mit seiner Frau Margot in die USA und war in New York erneut Mitarbeiter in Ungars Exil-Verlag. Siehe auch → Robert Lohan.

Aufbau vom 28. 3. 1975 S. 20; Hall: Österr. Verlagsgeschichte II (1985); Jessica Roland: Zwischen Hudson und Donau. Der Verleger Frederick Ungar im amerikanischen Exil. Magisterarbeit. Universität Mainz 1997, zit. Brief von Franz Kobler an F. Ungar vom 8. 10. 1944 (Ungar-Papers F–K).

Grossberger, Herbert (Golan Zwi) 10. 12. 1890 Bodenwies – 28. 4. 1954 Kiryat Bialik; Verleger. G., der sich auch schriftstellerisch und als Maler und Zeichner betätigte, war Jugendfreund von Hermann Meister, mit dem zusammen er ab 1911 in dessen Heidelberger SATURN-VERLAG HERMANN MEISTER die expressionistische Monatszeitschrift *Saturn* herausgab. 1914 bis 1918 leistete er Kriegsdienst; anschließend Studium mit Promotion 1924. 1925 wurde er Geschäftsführer und Lektor in dem von Robert Renato Schmidt errichteten MERLIN VERLAG, und noch im gleichen Jahr gründete er die VERLAGSBUCHHANDLUNG HERBERT GROSSBERGER in Heidelberg, die sich auf Medizin und Naturwissenschaften spezialisierte. Nach erzwungener Schließung des Verlags wanderte der engagierte Zionist G. 1939 nach Palästina aus und wurde dort 1941 Lehrer in einem Kinderheim in Kiryat Bialik, einem Vorort von Haifa, und nahm den Namen Zwi Golan an.

Adressbuch 1931 S. 225; Verlagsveränderungen 1933–1937: 1933 im Adressbuch gestrichen; Walk: Kurzbiographien (1988); Wikipedia; MB vom 14. 5. 1954; Leo Baeck Institute Jerusalem; Paul Raabe, Ingrid Hannich-Bode: Die Autoren und Bücher des literarischen Expressionismus. Ein bibliographisches Handbuch. Stuttgart: Metzler 1985, S. 174; Thomas Hatry: Abseitig. Robert R. Schmidt und der Merlin-Verlag Heidelberg und Baden-Baden 1926–1932. Lebensabriss und Biographie. Mit einem Anhang zu Herbert Grossberger. Heidelberg: Antiquariat T. Hatry 2015.

Grosshut, Friedrich Sally 16. 7. 1906 Wiesbaden – 7. 10. 1969 North Bergen / NY; Schriftsteller, Antiquar in Palästina; Dr. jur. Der Sohn eines polnischen Antiquitätenhändlers studierte 1925 bis 1929 Rechtswissenschaften in Frankfurt am Main und promovierte 1932. Im Jahr darauf emigrierte G. nach Palästina und gründete 1936 zusammen mit seiner Frau Sina in Haifa aus eigenen Buchbeständen ein deutschsprachiges Antiquariat: ›Wir hatten vor, mit dem Erlös aus den ersten Verkäufen weitere Bücher von den deutsch-jüdischen Einwanderern zu erstehen, denn bis 1938 konnten viele von ihnen noch ihren ganzen Haushalt, einschließlich Kunstgegenstände und Bücher, mitnehmen. Das waren die, die sich glücklich schätzen durften, den Nazis – wenn auch verarmt, so doch überhaupt – entfliehen zu können, wohingegen die meisten der Juden, denen große Betriebe gehörten, kurzerhand in den Konzentrationslagern ermordet, vergast wurden. Diejenigen, die ihr Leben und ihre private Habe retten konnten, brachten zum Teil ganz wunderbare, mitunter vieltausendbändige Bibliotheken mit, denn die meisten stammten aus kultivierten und gebildeten Familien, waren Intellektuelle mit manchmal zwei und drei Doktordiplomen. Von diesen nach Palästina Verschlagenen also konnten wir Bücher en masse aufkaufen. Und welche Bücher! Seltene und teure Ausgaben, mit viel Liebe und Kunstverständnis teuer in Deutschland erworben, mussten von ihnen für wahre Schundpreise verkauft werden, weil sie oftmals einfach nicht das nötige Geld für die Befriedigung der dringendsten täglichen Bedürfnisse hatten. Hinzu kam, dass nur wenige der des Deutschen mächtigen Juden materiell in der Lage waren, sich den Luxus eines seltenen Buches, selbst bei einem lächerlichen Preis, zu leisten. Hätten wir damals nur etwas Geld übriggehabt, um wenigstens einen kleinen Teil dieser erlesenen Ausgaben behalten zu können, wir wären heute reich, doch wir sahen uns gezwungen, sie mit zumeist ganz geringem Profit sofort weiterzuverkaufen. [...] allein schon durch den Büchereinkauf hatten wir Kontakt mit vielen sehr gebildeten Leuten. Oft genug aber war dies auch äußerst peinlich, und wir kamen uns wie Ausbeuter vor, wenn wir ihre schmerzerfüllten Gesichter bemerkten, das tiefe Bedauern und die Resignation, weil sie sich von ihren geliebten Büchern trennen mussten, und dies für einen Bruchteil des wirklichen Werts. [...] Im übrigen wurde uns schnell klar, dass unsere kleine Bücherstube bald ohne Bücher sein würde, denn nach 1938 durfte kein Jude mehr seinen privaten Besitz aus Deutschland mitnehmen.‹ Neben dem Antiquariat unterhielt das Ehepaar G. in seiner Wohnung in der Bargiora-Straße eine ›Vortragsgemeinschaft‹, die sich bald zu einem literarischen Zentrum für deutschjüdische Schriftsteller wie Arnold Zweig, Else Lasker-Schüler oder Max Brod entwickelte und zehn Jahre existierte. 1941/42 fungierte G. zusammen mit Arnold Zweig als Herausgeber der Zeitschrift *Orient*. Nach Ende des Zweiten Weltkriegs ging G. nach Schweden, wo er als Journalist arbeitete; 1949 übersiedelte das Ehepaar G. in die USA; aus Krankheitsgründen – G. litt unter epileptischen Anfällen – schlug er eine Dozentenstelle für Deutsche Geschichte an der New Yorker Universität aus und erwarb seinen Lebensunterhalt in einer Textilfabrik, nebenbei verfasste er Artikel für Emigrantenzeitschriften. 1957 erhielt G. von der BRD eine finanzielle Wiedergutmachung. Von dem Betrag erwarb G.'s Frau Sina ein kleines Geschäft für Handtaschen, hier konnte G. stundenweise mitarbeiten und widmete sich sonst seiner schriftstellerischen Arbeit. Nach G.'s Tod übersiedelte seine Witwe zu ihrer Schwester nach Los Angeles, den Nachlass ihres Mannes (unvollendete Romane und Novellen, Briefwechsel u. a. mit Hermann Kesten, Lion Feuchtwanger, O. M. Graf, Arnold Zweig) übereignete G. der University of New Hampshire.

Sina Grosshut: Mosaik eines Lebens. London: The World of Books 1987 S. 48 ff.

DBE; Berendsohn II (1976) S. 164; Helmut Pfanner: Friedrich Sally Grosshut. In: John M. Spalek [Hg.]: Deutschsprachige Exilliteratur seit 1933. Bd. 2: New York. Teil 1. Bern: Francke 1989 S. 294–304; International Feuchtwanger Society Konferenz, Vortrag 7. 9. 2009 im Rahmen der Veranstaltung ›Exil – Glaube und Kultur‹ von Andrea Chartier-Bunzel: Exil in Palästina – Friedrich Sally Grosshut im ideologischen Spannungsfeld zwischen Antifaschismus, Zionismus, Sozialismus und Kapitalismus, www.orpheustrust.at [online].

Grossmann, Walter 5. 6. 1918 Wien – 29. 5. 1992 Conway / MA; Buchhändler, Buchimporteur, Antiquar; Dr. G. absolvierte in Wien das Realgymnasium an der Stubenbastei und machte anschließend eine Lehre bei dem exilierten BERMANN-FISCHER VERLAG, der wenige Tage nach der Annexion Österreichs geschlossen wurde. Er fand in der Folge eine Anstellung in der Buchhandlung LÖWIT in der Wiener Wollzeile, die als jüdische Buchhandlung geführt wurde, bis der Inhaber Dr. Fritz Mayer Präger von der Gestapo verhaftet wurde (→ Frederick Praeger). Als die Einreisebewilligung für die USA auf sich warten ließ, wollte G. durch die Vermittlung eines sogenannten ›Führers‹, der gegen hohe Bezahlung eine illegale Einwanderung ermöglichte, in die damalige Tschechoslowakei fliehen; vor der Grenze wurde die Flüchtlingsgruppe jedoch von der SS aufgegriffen und festgenommen. Nach dem Verhör wurden G. und sein Fluchtgefährte, ein älterer Sanatoriumsbesitzer, freigelassen und entkamen über die tschechische Grenze nach Prag. Aus der ČSR gelang G. die Emigration in die USA, wo er nach dem Krieg gemeinsam mit seiner Frau Maria geb. Schweinburg (12. 6. 1919 Wien – 31. 3. 2003 Cambridge, MA) begann, Kontakte zu europäischen Verlegern aufzubauen. Die Eheleute gründeten eine Buchimportfirma, ERGA FOREIGN BOOKS, und arbeiteten zunächst von ihrer Wohnung in der Ware Street in Cambridge / MA aus, später zogen sie in die Lexington Avenue um. Den thematischen Schwerpunkt legten sie auf ihre Interessensgebiete, klassische und mittelalterliche Studien, Theologie sowie deutsche und französische Literatur, und gaben ab Februar 1947 gedruckte Kataloge heraus, die die Bücher nach den genannten Themen und nach Sprachen (Englisch, Französisch, Deutsch, Italienisch, Niederländisch, Schwedisch und Dänisch / Norwegisch) geordnet auflisteten. 1951 beendeten sie diese Tätigkeit; beide Eheleute waren mittlerweile in Harvard promovierte Historiker. G. übernahm eine Stellung in der Harvard University Library, seine Frau in der Andover-Harvard Theological Library. Von 1969 bis 1984 war G. Direktor der Bibliothek der University of Massachusetts in Boston und bis zu seiner Emeritierung 1987 dort auch als Professor tätig.

Walter Grossmann: Abschied von Österreich. Ein Bericht. [Privatdruck] 1975.
Brief von G. an EF vom 24. 12. 1991; Kataloge von ERGA Foreign Books (Febr. u. Nov. 1947); BHE 2; www.genlookups.com/ma/webbbs_config.pl/noframes/read/1221.

Grünberg, Aron 4. 3. 1893 Kolomea / Galizien − 2. 9. 1970 Sowjetunion; Verlagsdirektor. G. wurde in Galizien als österreichisch-ungarischer Staatsbürger geboren und lebte später in Wien. Er emigrierte in die Sowjetunion, kehrte 1945 nach Österreich zurück, wo er von Oktober 1948 bis Januar 1954 als kaufmännischer Direktor im kommunistischen GLOBUS-VERLAG tätig wurde. Später ging er in die Sowjetunion zurück.

Christina Köstner: ›Wie das Salz in der Suppe‹. Zur Geschichte eines kommunistischen Verlages – Der Globus Verlag. Magisterarbeit Wien 2001.

Grünebaum, Julius (Jitzchak) 9. 12. 1890 Kassel – 18. 11. 1977 Haifa; Buchhändler. G. wurde 1890 als Sohn des Thoraschreibers und Buchhändlers Bernhard G. in Kassel geboren; dieser hatte im November 1878 ein Geschäft für Hebraica und Judaica sowie jüdische Ritualien und Synagogenstickereien gegründet. G. trat 1909 in die väterliche Buchhandlung ein und leitete sie bis zu seiner Auswanderung nach Palästina im Oktober 1933. Seine ehemalige Mitarbeiterin Jenny Michel hielt den Betrieb aufrecht, bis sie die Buchhandlung auf behördliche Anordnung hin im Jahre 1935 schließen musste. Michel eröffnete ein eigenes Geschäft, in dem sie bis zur ›Reichspogromnacht‹ einen Handel mit Gebetbüchern und Kultusgegenständen betrieb. G. eröffnete nach seiner Einwanderung nach Palästina eine hebräische Buchhandlung und Leihbibliothek in Tel Aviv namens GRUENEBAUM'S BOOK CORNER, in der er auch deutschsprachige Literatur führte. Seit Mitte der 1960er Jahre lebte er in Haifa und verkaufte dort von seiner Wohnung aus antiquarische Hebraica und Judaica.

HessHStAWI Abt. 519/A Nrn. Ka 409 und 1125; Abt. Z 460/F Nr. N 1083; Schreiben Jenny Michels an den Rkw. Hinkel vom 11.12.1935. BArch R 56 V/102 (MF-Feld 197); SStAL, BV, F 11.000 und 11.403.

Günther, Margarete / Grete 19.8.1902 Wien – 27.3.1954 Wien; Buchhändlerin. Die Tochter des Wiener Buchhändlers Arnold Schlesinger (1866–9. April 1942, vermutl. Selbstmord, gemeinsam mit seiner Frau Amalie), seit 1902 bis zur ›Arisierung‹ seines Betriebes 1940 Inhaber der Buchhandlung KUPPITSCH in Wien, verließ nach dem ›Anschluss‹ Österreichs zusammen mit ihrem Ehemann → Otto G. und den beiden Töchtern Monika und Elisabeth (Zita) 1939 Wien und gelangte über die Fluchtländer Schweiz, Frankreich und Portugal 1942 in das US-amerikanische Exil. Von New York aus betrieb G. nach Ende des Zweiten Weltkriegs die Rückgabe des väterlichen Geschäftes; die Restitution erfolgte 1948, nachdem G. mit dem seit 1945 als öffentlicher Verwalter eingetragenen Arthur Franz Leitfuss einen Vergleich geschlossen hatte. Im August 1950 kehrte G. nach Wien zurück und übernahm gemeinsam mit ihrem Mann die Buchhandlung. Nach G.'s Tod erfolgte am 7. März 1956 der Übergang auf eine Kommanditgesellschaft mit den persönlich haftenden Gesellschaftern Otto G. und den Töchtern → Zita Seidl und → Monika Beer. Noch im Jahr 2016 wurden nach 1938 geraubte Bücher, die in der Veterinärmedizinischen Universität Wien gelandet waren, von dieser an die Buchhandlung Kuppitsch restituiert.

SStAL BV, F 5.337; Adressbuch 1931 S.356; Hupfer: Antiquarischer Buchhandel (2003) S. 54–58; Korrespondenz CF mit Elisabeth M. Seidl, 22.9.2009 und 13.10.2009; Kuppitsch Firmengeschichte online; Florian Dandler, Claudia Hausberger: Restitution geraubter Bücher an der Vetmeduni Vienna. In: Mitteilungen der VÖB 69 (2016) Nr. 3/4, S.476–481 [online].

Günther, Otto 20.4.1895 Wien –17.6.1963 Wien; Publizist, Verleger. Nach dem Studium an der Hochschule für Welthandel in Wien wurde G. ab 1925 als Verleger und Herausgeber von Zeitungen tätig (u.a. *Christliche Frauenzeitung, Bürgermeisterzeitung, Das moderne Hotel, Donauländerzeitung*). Der aktive Legitimist wurde 1933 Vizepräsident der Kaisertreuen Volkspartei und Chefredakteur von deren Parteiorgan. Nach der Annexion Österreichs 1938 wurde G. verhaftet und mit dem ersten Österreicher-Transport ins KZ Dachau deportiert. 1939 wurde er entlassen und emigrierte mit seiner Familie nach Frankreich, wo er in Nizza die Zeitschriften *La femme provençale* und *La Française chrétienne* herausgab. 1941/42 gelang ihm mit seiner Familie die Weiterflucht in die USA; in New York agierte G. als publizistischer Berater Otto von Habsburgs und zeichnete als Herausgeber der von November 1944 bis Oktober 1949 monatlich erscheinenden antikommunistischen Zeitschrift *Austria* im Verlag der GUNTHER PUBLICATIONS, 1775 Broadway; zudem trat er als Organisator von kulturellen Veranstaltungen von Künstlerinnen und Künstlern der österreichischen Emigration auf. 1950 kehrte G. nach Österreich zurück, erhielt in der Buchhandlung seiner Frau → Grete G. die Prokura und nahm in Wien seine Tätigkeit als Herausgeber von *Das moderne Hotel* wieder auf.

BHE 1; Ernst Schwager: Österreichische Wissenschaftler in Frankreich. In: Friedrich Stadler [Hg.]: Vertriebene Vernunft II. Emigration und Exil österreichischer Wissenschaft. Wien: Jugend und Volk 1988 S. 949; ›Printed in the Austrian Language‹ – Die österreichische Emigrantenzeitschrift ›Austria‹. In: Newsletter der ÖNB Nr. 3 (September 2007) [online].

Günzburg, Paul 8. 3. 1887 Frankfurt am Main –1974 Israel; Buchhändler. Der gelernte Buchhändler G., der bis zur Auflösung zum 31. März 1933 in Frankfurt Mitinhaber der Buchhandlung VOLKSBILDUNGSHEIM GÜNZBURG UND BAUMANN war und das Geschäft geführt hatte, gründete im Mai 1933 in Paris gemeinsam mit dem Emigranten Joachim Schmidt (geb. 7. April 1907 in Eisleben) und der Holländerin Alida Fontaine (geb. 6. Oktober 1909 in Amsterdam) die internationale Buchhandlung BIBLION, die aus einer ursprünglich vermutlich ambulant betriebenen Leihbibliothek am Montparnasse (25, Rue de Bréa) hervorging. Zur Seite stand G. eine Gruppe linker jüdischer Emigranten, darunter die Berlinerin Käthe Hirsch und die Berliner Schriftstellerin Ruth Lewald, die bis zum Herbst 1936 in der Buchhandlung mitarbeitete. Die Buchhandlung mit angeschlossener Leihbibliothek und modernem Antiquariat existierte mit bescheidenen Mitteln. Finanzielle Schwierigkeiten führten im Dezember 1936 zu einem Wechsel in der Unternehmensführung; eine Verbindung zu der gleichnamigen Buchhandlung, die → Walter Zadek 1934 in Tel Aviv gegründet hatte, ist nicht auszuschließen. Es ist ungeklärt, ob G., der bis zur deutschen Okkupation in Paris lebte, an dem bis Sommer 1939 existierenden Betrieb beteiligt war. 1940 gelang es G., nach Israel zu emigrieren.

Adressbuch 1931 S. 230; Enderle-Ristori: Das ›freie dt. Buch‹ (2004) S. 45.

Gütermann, Heinrich 20. 1. 1888 Bamberg –11. 2. 1963 Montevideo / Uruguay; Verleger. Der Neffe von Albert Bensheimer war ab 1899 im Familienbetrieb der 1838 gegründeten J. BENSHEIMER VERLAGSBUCHHANDLUNG in Mannheim tätig, seit 1906 als Juniorchef, seit 1907 als Sozius und ab 1917 als Alleinerbe des Unternehmens. Nachdem er von 1914 bis 1917 am Ersten Weltkrieg teilgenommen hatte, gelang es G., den beachtlichen Buchverlag als führenden juristischen Fachverlag zu entwickeln, daneben schloss G. in der ALLGEMEINEN VERLAGSANSTALT MÜNCHEN diverse Fach- und belletristische Verlage zusammen und war zusätzlich am 1924 gegründeten Kunstverlag CASA EDITRICE APOLLO in Bologna beteiligt. Zugleich war G. Verleger der *Neuen Badischen Landes-Zeitung*, die sein Schwiegervater, der Brauereibesitzer und Eigentümer der Walzmühle Jakob Feitel, maßgeblich mitfinanzierte. Als Mitte der 1920er Jahre, durch die Wirtschaftskrise bedingt, der Verlag der Zeitung prekär wurde, kam es zu einer Kapitalverflechtung mit dem Zeitungskonzern Ullstein. Schon vor 1933 von der nationalsozialistischen Hetzpropaganda als ›verjudetes‹ liberales Blatt attackiert, musste die zuvor schon ›gleichgeschaltete‹ *Neue Badische Landes-Zeitung* am 28. Februar 1934 ihr Erscheinen einstellen. Nach dem Zwangsverkauf von Druckerei und Verlag Bensheimer 1936/37 emigrierte G. im August 1938 nach Paris; zwischen 1939 und 1941 war er in verschiedenen französischen Lagern interniert. Im März 1942 ging G., der 1941 aus dem ›Dritten Reich‹ offiziell ausgebürgert worden war, nach Uruguay und gründete 1944 in Montevideo eine internationale Grossobuchhandlung H. GUTERMANN, in der er etwa zur Hälfte deutschsprachige Literatur, hauptsächlich Belletristik, führte. G. betrieb mit seinem Unternehmen auch Detailverkauf und übernahm die Vertretungen ausländischer Verlage.

BHE 1; Adressbuch 1931 S. 11, 43, 106; Taubert: Lateinamerika (1961) S. 138; Walk: Kurzbiographien (1988); Hans Joachim Fliedner: Die Judenverfolgung in Mannheim. Bd. 2. Stuttgart: Kohlhammer 1971; Udo Leuschner: Neue Badische Landes-Zeitung (1856–1934) [online].

Guggenheim, Felix 6.6.1904 Konstanz – 21.6.1976 Beverly Hills / CA; Verleger, Rechts- und Finanzberater; Dr. rer. pol.; Dr. jur. G. war der Sohn von Alfred und Gisela geb. Billigheimer; seine Großeltern väterlicherseits gehörten zu den Gründern der Neuen Israelitischen Gemeinde in Konstanz. Nach Ablegung des Abiturs am humanistischen Gymnasium studierte G. an den Universitäten München und Hamburg und promovierte 1925 in Zürich zum Dr. rer. pol. und 1926 in Leipzig zum Dr. jur. Nach einer kurzen Tätigkeit als Wirtschaftsjournalist bei der *Vossischen Zeitung* trat er 1926 in das Bankhaus Schoenberger in Berlin ein, wo er bis 1931 Referent eines der Bankdirektoren war. Nach dessen Tod hätte G. in die Reichskreditgesellschaft eintreten können; er verließ jedoch das Unternehmen und wurde Vorstandsmitglied und Generalbevollmächtigter der Druckerei SEYDEL AG und der DEUTSCHEN BUCHGEMEINSCHAFT. Obwohl der Konzern schon 1933 ›arisiert‹ wurde, gelang es ihm, in dieser Position zu verbleiben. Erst 1938 gab G. seine Stellung auf und emigrierte mit seiner Frau, der Schauspielerin Evelyn Holt, in die Schweiz, dann nach England. Im Sommer 1940 wollte G. über Kanada nach Shanghai gehen, verließ dann aber Nordamerika nicht mehr und reiste über Seattle in die USA ein. Er ließ sich in Los Angeles nieder und rief dort verschiedene Firmen ins Leben, so eine Plastikfabrik und einen Betrieb für Anbau und Verarbeitung von Zitrusfrüchten. Mit den Erlösen dieser Unternehmungen konnte er einen kleinen Verlag finanzieren: 1942 gründete er zusammen mit seinem Freund → Ernst Gottlieb die PAZIFISCHE PRESSE, in der bibliophile Ausgaben der Werke exilierter deutscher Schriftsteller publiziert wurden. Bis 1948 erschienen elf Titel in nummerierten, signierten Ausgaben zu 150 bis 250 Exemplaren von Franz Werfel, Bruno Frank, Friedrich Torberg, Leonhard Frank, Alfred Neumann, Alfred Döblin und Lion Feuchtwanger; von Thomas Mann veröffentlichte die Pazifische Presse in 500 Exemplaren *Das Gesetz*, *Leiden an Deutschland* und *Thamar*. Werfels Gedichte und Feuchtwangers Theaterstück *Wahn* wurden gemeinsam mit → Mary S. Rosenberg in New York hergestellt und von ihr vertrieben. G. war Präsident des Jewish Club of 1933 sowie in den Jahren 1941/42 Mitgründer und Vorsitzender des Ausschusses gegen Internierung von Einwanderern als feindliche Ausländer. Nach dem Krieg knüpfte er seine alten Beziehungen zu deutschen Schriftstellern, Verlegern und Druckereien wieder an und baute als Rechts- und Finanzsachverständiger einen regen Austausch von deutschen und amerikanischen Copyrights auf. Als Literaturagent sorgte er im Dienste von Autoren und Verlagen erfolgreich für die Verwertung von Übersetzungs- und Filmrechten; außerdem organisierte er die Herausgabe international betreuter, in mehreren Sprachen erschienener Bücher. 1966 erhielt G. das Bundesverdienstkreuz 1. Klasse für seine Bemühungen um die Etablierung deutscher Autoren auf dem internationalen Buchmarkt.

BHE 1; Cazden: German Exile Literature (1970) p. 203; Walk: Kurzbiographien (1988) S. 130; Erich Bloch: Geschichte der Juden von Konstanz im 19. und 20. Jahrhundert. Konstanz: Stadler 1971 S. 211–14; Herbert A. Strauss [ed.]: Jewish Immigrants of the Nazi Period in the USA. Vol. 3 part 1: Guide to the Oral History Collection of the Research Foundation for Jewish Immigration, New York. München: Saur 1982 pp. 42 f.; Koepke: Exilautoren und ihre Verleger (1989) S. 1431; Roland Jaeger: ›Luxus-Bändchen‹ des Exils: die ›Pazifische Presse‹ (1942–48). In: AdA Nr. 11 (1998) S. A766 f.; Roland Jaeger: ›Pazifische Presse‹. In: John M. Spalek [Hg.]: Deutschsprachige Exilliteratur seit 1933. Bd. 3: USA. Teil 2. München: Saur 2001 S. 311–42; Skalicky: Literaturagenten in der Emigration (2001) S. 121 f.; Fischer: Verlegeremigration nach 1933 (2002) S. 277 f.

Gumbert, Hans Ludwig 1. 7. 1903 Hannover –13. 10. 1994 Utrecht; Antiquar. Nach einem Jura-Studium u. a. in Göttingen war G. als Referendar tätig, danach in einem Anwaltsbüro in Berlin. Im März 1933 bestand er das Assessorexamen, an eine juristische Laufbahn war aber im nationalsozialistischen Deutschland aufgrund seiner jüdischen Herkunft nicht zu denken. Ein Jahr auf Reisen, übernahm er 1934 unter dem Namen seiner Frau eine Leihbücherei in Solingen. Er selbst war in einem Haus voller Bücher aufgewachsen; sein Vater war ein Sammler von Erstausgaben klassischer und deutscher Literatur, und G. hatte schon als Jugendlicher gelegentlich für ihn auf Auktionen eingekauft. Auch wurde er bereits in der Studienzeit auf Georg Christoph Lichtenberg aufmerksam, mit dem er sich zeit seines Lebens beschäftigen sollte. Am 1. Oktober 1935 emigrierte er mit Unterstützung einiger Freunde in die Niederlande und entschied sich dort – da er als Jurist keine Anstellung finden konnte –, in Nijmegen, Van Weiderenstraat Nr. 78, eine Antiquariatsbuchhandlung HET OUDE BOEK zu eröffnen. Der Buchbestand beruhte zunächst auf seiner überwiegend aus väterlichem Erbe gespeisten Privatbibliothek, und auch das gesamte Interieur wurde von G. selbst angefertigt. Bei seiner Ankunft sprach er kein Wort Niederländisch. In dem Antiquariat verkaufte er zum einen moderne französische Bücher zu günstigen Preisen, zum anderen konzentrierte er sich auf alte Literatur und Geschichte, aber auch auf Philosophie und alte Theologie. HET OUDE BOEK entwickelte sich bald zu einem Ort, an dem sich Buchliebhaber, Studenten und Professoren trafen. Auch brachte G. Kataloge oder besser Bücherlisten heraus, die einfach gehalten waren, aber durch die Preisgestaltung überzeugten. Als im Juni 1942 in den besetzten Niederlanden das Tragen des Davidsterns eingeführt wurde, tauchte G. in einem Dachbodenversteck unter; das Geschäft wurde formell an eine Angestellte (eig. Lehrling), Marianne Andriessen-Canoy (geb. 1920), verkauft und von dieser und G.s nichtjüdischer Frau Maria Martha (›Martel‹) Gumbert-Bischoff (1903–1988) weitergeführt. Nach dem Krieg errichtete G. gemeinsam mit einem Freund ein weiteres Antiquariat, erhielt aber bereits 1946 das Angebot, als Direktor in das 1865 gegründete, damals aber stark heruntergewirtschaftete Antiquariat und Buchauktionshaus BEIJERS in Utrecht einzutreten. Am 1. 1. 1947 trat er diese Stelle an und es gelang ihm, dem Unternehmen wieder internationalen Rang zu verschaffen, hauptsächlich mit erfolgreichen Auktionen und mit mehr als hundert Lager- und noch mehr Versteigerungskatalogen, von denen einige besondere Bedeutung erlangten (z. B. jener zu emblematischen Büchern). G. betätigte sich auch verlegerisch; 1951–1958 erschien als Hauszeitschrift der Fa. Beijers die Zeitschrift *Folium librorum vitae deditum*. Zu der Kollegenschaft hielt G. Abstand; er galt denn auch als eigensinnig, allerdings auch als hochgelehrter Vertreter seiner Zunft. 1986 wurde ihm von der Technischen Hochschule Darmstadt der Titel eines Dr. h. c. verliehen, insbesondere für seine umfangreichen Lichtenberg-Forschungen und -veröffentlichungen (*Lichtenberg und Holland*, Utrecht 1973; *Lichtenberg in England*, 2 Bde., Wiesbaden 1977; *Lichtenberg: London-Tagebuch*, Hildesheim 1979; *Bibliotheca Lichtenbergiana* [Katalog], Wiesbaden 1986).

Hans Ludwig Gumbert: ›In het licht van de Verlichting‹. In: Levensgeschiedenissen van Duitse Joden in Nederland. Vertaald door Carlien Brouwer en Annegret Böttner. Amsterdam [1988], S. 59–67.

Ehrung für Dr. Hans Ludwig Gumbert. In: AdA 1/1987, A 35; Anton Gerits: Books, Friends, and Bibliophilia. Reminiscences of an Antiquarian Bookseller. New Castle, Delaware: Oak Knoll Press 2004 S. 242 und 251; Buijnsters, Piet J.: Geschiedenis van het Nederlandse antiquariaat. Nijmegen: Vantilt 2007 S. 184 f., 219 f.; Buijnsters, Piet J.: In memoriam dr. Hans Ludwig Gumbert (1903–1994). In: De Boekenwereld 11 (1994–95), S. 50–55 [Interview; online]; Johann Peter Gumbert: Nachruf. In: Lichtenberg-Jahrbuch 6, Saarbrücken 1994, S. 226–233 [mit Bibliographie der Publikationen G.s; online].

Gumperz, Julian 12. 5. 1898 – Febr. 1972 Gaylordsville / CT; Soziologe, Verlagsteilhaber; Dr. G. war in Amerika als Sprössling einer wohlhabenden deutsch-amerikanischen Industriellenfamilie zur Welt gekommen; nach dem Ende des Ersten Weltkriegs betätigte er sich als kommunistischer Aktivist und engagierte sich im Berliner Dadaismus: gemeinsam mit Karl Osten und → Wieland Herzfelde gab G. von 1919 bis 1922 das expressionistisch-avantgardistische Magazin *Der Gegner. Blätter zur Kritik der Zeit* heraus, war Mitarbeiter der *Roten Fahne* und unterstützte finanziell die Gründung des MALIK-VERLAGS. 1921 wurde er Mitinhaber des Verlags; seine Frau Hede Eisler geb. Tune, lernte er 1923 in der Malik-Buchhandlung kennen, die Ehe wurde 1928 geschieden, im selben Jahr löste er sich von der KPD. Er studierte in der Folge in Halle und ab 1929 bei Friedrich Pollock in Frankfurt Nationalökonomie und wurde nach seiner Promotion Pollocks Mitarbeiter am Institut für Sozialforschung, das sich die Erforschung des wissenschaftlichen Marxismus zum Ziel gesetzt hatte. Nach der Institutsschließung durch die Nationalsozialisten organisierte er 1934 die Übersiedlung des Instituts in die USA, emigrierte aus Deutschland und arbeitete in New York bis 1941 am Institut. Zeitweilig Börsenmakler der Herman Weil Foundation, machte er diese Tätigkeit schließlich zu seinem Beruf und schrieb zusammen mit Johann Rydl das kommunismuskritische Buch *Ypsilon* (1947); in den 1960er Jahren war G. Präsident der Basic Economic Appraisals, Inc. und Finanzberater.

Julian Gumperz: The Therapeutic Factory and its Inventory Problems. In: Financial Analysts Journal vol. 22 no. 5 (Sept./Oct. 1966) pp. 109–11; ders.: From a Closed to an Open System. In: Financial Analysts Journal vol. 22 no. 6 (Nov./Dec. 1966) pp. 117–19.

IfZ/BA; Guy Stern: Hertha Pauli. In: John M. Spalek [Hg.]: Deutschsprachige Exilliteratur seit 1933. Bd. 2: New York. Teil 2. Bern: Francke 1989 S. 752–71, hier S. 757, 768.

Guttentag, Werner (Karl Alexander) 6. 2. 1920 Breslau – 2. 12. 2008 Cochabamba / Bolivien; Verleger, Buchhändler. G. arbeitete nach drei Jahren Realgymnasium (1934 bis 1937) als Lehrling bei den Schlesischen Furnierwerken in Breslau und fing an, Maschinenbau an der Jüdischen Schule zu studieren. Schon als 14-jähriger war er zur Freien Deutsch-Jüdischen Jugend gestoßen und war als Kurier für die linke Untergrundbewegung tätig. G. flüchtete 1937 vor der nationalsozialistischen Verfolgung über Luxemburg und Belgien in die Niederlande, wo er in einem Lager eine Ausbildung als Schlosser erhielt. 1939 folgte er seinen emigrierten Eltern, die ihm ein Einreisevisum besorgt hatten, nach Bolivien und war bis 1943 in Cochabamba als Angestellter in einem Juwelierladen tätig, von 1943 bis 1945 bei einer Bergwerksgesellschaft in Oruro. G., der seit 1940 auch als Mitarbeiter der Zeitschrift *Das andere Deutschland* hervortrat, gründete 1945 die Sortimentsbuchhandlung LIBRERÍA LOS AMIGOS DEL LIBRO in Cochabamba (die in den Jahren 1953/54 bis 1955 mit Max Basch als Mitinhaber mit dem Namenszusatz Guttentag & Cia. firmierte, danach war G. wieder Alleininhaber), mit einer von seiner Mutter geführten Leihbibliothek. Darüber hinaus war G. als Grossist im Buchimport wie auch im -export tätig. Das Sortiment entwickelte sich mit insgesamt fünf kleineren und größeren Filialen in allen wichtigen Städten (u. a. UNIVERSAL BOOKSTORE in La Paz, mit Inh. Werner, Eva und Margarete G.) zur bedeutendsten fremdsprachigen Buchhandlung des Landes. G. war aber nicht nur als kultureller Vermittler tätig, sondern er richtete sein Augenmerk in besonderem Maße auf die Förderung der bolivianischen Kultur und Literatur: Veranlasst durch ein Manuskript des einzelgängerisch-radikalkommunistischen Autors Jesús Lara, gliederte er der Firma 1952 in Cochabamba einen Verlag EDITORIAL LOS AMIGOS DEL LIBRO an, in dem im Laufe der folgenden Jahrzehnte rund 1200 Titel erscheinen sollten, darunter viele Werke von besonderer nationaler Bedeutung. So etwa war G. seit 1962 Herausgeber der jährlich erscheinenden *Bio-Bibliografia Boliviana*, mit der Bolivien damals zu den wenigen lateinamerikanischen Ländern gehörte, die über eine regelmäßig erscheinende Nationalbibliographie verfügten. Der Verlag brachte zudem kulturelle Zeitschriften und eine Serie von Boliviana heraus; in 80, auch einzeln verkauften Bänden erschien hier die *Enciclopedia Boliviana* zu allen Bereichen der Geschichte, Ökonomie, Politik, Wissenschaft und Kultur Boliviens. 1969 stiftete G. einen Literaturpreis, den nach seinem Vater benannten Premio Erich Guttentag, der für die Förderung der zeitgenössischen bolivianischen Autoren eine wichtige Funktion gewann. In den 1980er Jahren geriet die Buchhandelskette in eine wirtschaftliche Krise, Filialen mussten geschlossen werden und der Verlag konnte kaum mehr Neuerscheinungen herausbringen. G.'s Leistung wurde aber zu seinen Lebzeiten vielfältig gewürdigt: er erhielt den Condor de los Andes, die höchste Auszeichnung Boliviens, und 1993 den Orden Parlamentaria al Merito Democratico; die Stadt Cochabamba ernannte ihn zum Ehrenbürger, die bolivianische Post veröffentlichte 1998 eine Sondermarke mit seinem Porträt. Schon 1973 wurde G. das Bundesverdienstkreuz 1. Klasse der Bundesrepublik Deutschland verliehen.

[Auswahl] Werner Guttentag: Una Tradicion Transplantada. (Eine verpflanzte Tradition). 1972; ders.: Problems of Latin American Booksuppliers. 1974; ders.: Book Trade of the World. In: Bbl. (FfM) Nr. 81 vom 12.10.1973 S. 1734, 1736; ders.: Emigré in Bolivia: The story of ›Los Amigos del Libro‹. In: Logos vol. 2 no. 1 (1991) pp. 18–20.

Gespräch Susanne Bach mit EF am 2.5.1991 in München; BHE 1; Taubert: Lateinamerika (1961) S. 92; Tages-Anzeiger Zürich (Magazin) vom 11.11.1972; Bbl. (FfM) Nr. 29 vom 12.4.1988 S. 1256 [Guttentag über das Börsenblatt]; Taubert: Mit Büchern die Welt erlebt (1992) S. 321; Bbl. Nr. 67 vom 24.8.1993 S. 24 [Verlagsporträt]; Bbl. Nr. 69 vom 30.8.1994 S. 24 [Ordensverleihung]; Bbl. Nr. 62 vom 4.8.1998 S. 20 [G. auf einer bolivianischen Briefmarke]; Interview Alix Arnold mit G. In: ila Nr. 244 (April 2001); Gert Eisenbürger: Der Bücherfreund. Abschied von Werner Guttentag [Nachruf]. In: ila Nr. 321 (Dez. 2008 / Jan. 2009) [online]; Julius H. Kriszan: Fluchtziel Bolivien. München: Grin 2009; Stefan Gurtner: Guttentag. Das Leben des jüdischen Verlegers Werner Guttentag zwischen Deutschland und Bolivien. Lich/Hessen: Verlag Edition AV 2012; Irene Münster: Das Buch als Gastgeschenk: Deutsch-jüdische Buchhändler und Verleger in Lateinamerika. In: Von Europa nach Südamerika – Deutsch-jüdische Kultur in der Emigration. Hrsg. v. Liliana Ruth Feierstein. (Münchner Beiträge zur jüdischen Geschichte und Kultur 10 (2016), Heft 2). München: Lehrstuhl für Jüdische Geschichte und Kultur an der Ludwig-Maximilians-Universität München 2016, S. 66–76.

Guttmann, Oskar 16.6.1885 Brieg / Schlesien – 8.9.1943 New York; Musikverleger; Dr. jur. G. studierte an der Berliner Universität zunächst Jura, um dann seiner Neigung zur Musik zu folgen. Er wurde Kapellmeister und wirkte später in Breslau als Musikkritiker und Musikpädagoge, bis er 1929 durch eine Verpflichtung an die Synagoge in der Oranienburger Straße erneut nach Berlin übersiedelte. In der Folge widmete er sich als Herausgeber und Komponist der jüdischen Kultmusik. Nach 1933 emigrierte G. zunächst nach Palästina, wo er sich 1937 zusammen mit Eduard Gans um die Gründung eines Verlags für jüdische Musik bemühte. Bald wechselte er in die USA, wo er eine Stelle im Astoria Center of Israel in Queens / NY fand; 1941 übernahm er die musikalische Leitung an der Spanish and Portuguese Synagogue in New York.

Aufbau vom 17. 9. 1943 [Nachruf]; Fetthauer: Musikverlage (2004) S. 469; Jascha Nemtsov: Oskar Guttmann und Alfred Goodman. Berlin: Hentrich & Hentrich 2009.

Gutwillig, Gustav 12. 9. 1888 –12. 6. 1983; Buchhändler; Dr. G. ist als Inhaber der Buchhandlung ALTES RATHAUS in Wien I, Wipplingerstraße 8, für die Zeit von 1923/ 24 bis 1938 nachgewiesen. Die auf rechtswissenschaftliche Literatur spezialisierte Buchhandlung betrieb auch eine Leihbücherei und ein Reise- und Versandgeschäft und hatte zehn Beschäftigte. Unmittelbar nach dem ›Anschluss‹ Österreichs an Hitlerdeutschland agierte seit März 1938 das NSDAP-Mitglied Karl Stary als Geschäftsführer der Buchhandlung; G., der als Jude die Zeichen der Zeit erkannt hatte, hielt sich seit Februar 1938 in Italien auf und kehrte von dort nicht mehr nach Wien zurück. Als bevollmächtigten Vertreter schaltete er einen Rechtsanwalt ein, der für ihn den Verkauf der Buchhandlung abwickeln sollte. Stary erhielt auch den Zuschlag als ›Ariseur‹ der Wallishausser'schen Buchhandlung (→ Franz Bader), die er an der Adresse der Buchhandlung Altes Rathaus weiterführte: beide Buchhandlungen standen auf der ›1. Liste der nichtarischen und politisch unzuverlässigen Buchhandlungen und Verleger in Wien nach dem Stande vom 13. März 1938‹. Im Dezember 1948 stellte G. aus dem New Yorker Exil über seinen Rechtsanwalt Reinhard Dollinger den Rückstellungsantrag. Da das Geschäft im September 1944 vorgeblich durch einen Bombenschaden völlig zerstört worden war, wandte sich Stary, dessen Geschäft seit Juni 1945 im Zuge der ›Entnazifizierung‹ ein öffentlicher Verwalter beigestellt worden war, direkt an G. mit einer Darlegung aller gegen den Rückstellungsanspruch sprechenden Umstände, so dass G. seinen Antrag offenbar nicht weiter verfolgte. 1951 verlief die Angelegenheit im Sand. Einem Gerichtsverfahren beim New Yorker Supreme Court lässt sich entnehmen, dass G. in New York mit seinem Bruder Robert G. (1891–1968) als Ko-Partner die Fa. Abalton's Photo Fit Co. betrieben hat.

WStLA MA 119 / Karton A23/70; Öhlberger (2000) S. 73; Moritz Perles [Hg.]: Adressbuch für den Buch-, Kunst-, Musikalienhandel und verwandte Geschäftszweige von Österreich. Wien: Perles S. 29; Adressbuch 1931 S. 84; Buchhas: Österr. Buchhandel im NS (1993); Pawlitschko: Jüd. Buchhandlungen (1996) S. 118–23; Schwarz: Verlagswesen der Nachkriegszeit (2003) S. 111 f. [online]; Gabriele Anderl: ›Arisierung‹ von Mobilien. Wien: Oldenburg 2004, S. 91–93; Schroeder: ›Arisierung‹ II (2009) S. 386; Karl Stary: Wallishausser'sche Buchhandlung [online]; New York Supreme Court: Gustav Gutwillig [online; o. J.].

Gysi, Irene 10. 3. 1912 St. Petersburg – 6. 5. 2007 Berlin; Funktionärin, Verlegerin. Die Diplom-Volkswirtin G. geb. Lessing trat 1937 der KP bei; sie emigrierte 1939 nach Frankreich und war dort nach dem Kriegsausbruch zeitweilig im Frauenlager Gurs interniert. Aufgrund eines Parteibeschlusses kehrte sie 1940 gemeinsam mit ihrem Lebensgefährten und späteren Ehemann → Klaus G. nach Deutschland zurück und war bis 1945 in Berlin als freie Mitarbeiterin des Wirtschaftsverlags HOPPENSTEDT & CO. tätig, u. a. als Verfasserin einer Firmenjubiläumsschrift. Nach Ende des Kriegs war G. 1945 Mitbegründerin der Zeitschrift *Frau von heute*. Sie trat 1946 der SED bei und wurde Mitarbeiterin der Zentralverwaltung für Industrie. Seit 1949 leitete sie den Berliner Verlag KULTUR UND FORTSCHRITT, von 1951 bis 1956 dann den traditionsreichen

Verlag RÜTTEN & LOENING. Nach 1957 war sie im Ministerium für Kultur der DDR tätig; sie leitete hier (bis 1977) die Abteilung für kulturelle Beziehungen mit dem Ausland. Zuletzt war G. von 1978–88 Direktorin des DDR-Zentrums des Internationalen Theaterinstituts (ITI) der UNESCO.

BHE 1; Wer war Wer in der DDR (1995) S. 262; Karin Hartewig: Zurückgekehrt. Die Geschichte der jüdischen Kommunisten in der DDR. Köln: Böhlau 2000 S. 172–80; Thomas Engel: Irene Gysi. In: ITI Impuls 2007 [online].

Gysi, Klaus 3. 3. 1912 Berlin – 6. 3. 1999 Berlin; Politiker; Verlagsleiter; Dipl.-Volkswirt. Der Arztsohn G. studierte nach dem an der Odenwaldschule abgelegten Abitur von 1931–35 Volkswirtschaft in Frankfurt / Main, Paris und Berlin; seit 1931 war er Mitglied der KPD und der Roten Studentenbewegung. 1935 aus ›rassischen‹ Gründen von der Universität relegiert, ging er nach illegaler Parteiarbeit in Berlin zunächst in die ČSR und war 1939 Mitglied der Studentenleitung der KPD in Paris. Nach Kriegsbeginn interniert, kehrte er 1940 auf Parteibefehl (Parteiname Paul Rimer) nach Deutschland zurück, wo er bis 1945 am Widerstand teilnahm und, wie auch seine Frau Irene, im Verlag Hoppenstedt Anstellung fand. Bald nach der Befreiung wurde G. von der amerikanischen Besatzungsmacht das Amt des zweiten Bürgermeisters in Berlin-Zehlendorf übertragen. 1945–48 zeichnete G. als Chefredakteur der Zeitschrift *Aufbau*; seit 1946 Mitglied der SED, war er in zahlreichen politischen Funktionen tätig: 1949–54 als Volkskammerabgeordneter, daneben Bundessekretär. Im Zuge parteiinterner Ermittlungen über seine Vergangenheit wurde G. 1951 in die marxistische Literaturproduktion kommandiert und fungierte von 1952–57 als Leiter der Abteilung Deutsche Literaturgeschichte im Verlag VOLK UND WISSEN und danach von 1957–66 als Nachfolger → Walter Jankas als Leiter des AUFBAU-VERLAGS, des bedeutendsten Verlags der DDR. 1957–77 war G. Mitglied des Präsidiums des Kulturbundes der DDR. Von 1959–66 hatte er den Vorsitz des Börsenvereins der Deutschen Buchhändler zu Leipzig inne. Zwischen 1956–65 war G. als IM beim MfS erfasst. Im Anschluss an seine Verlagstätigkeit erhielt G. hohe politische Ämter im Staatsapparat: 1966–73 war er Kulturminister der DDR, danach (bis 1978) Botschafter in Italien, im Vatikan und auf Malta; 1979 ernannte Honecker G. zum Staatssekretär für Kirchenfragen, 1988 trat er in den Ruhestand. 1990 trat er der PDS bei.

BHE 1 [Art. Irene Gysi]; Wer war Wer in der DDR (1995) S. 262; Bbl. (Lpz) Nr. 9 vom 29. 2. 1972 S. 153; Bbl. (Lpz) Nr. 9 vom 27. 2. 1962 S. 125 f.; Bbl. (Lpz) Nr. 20 vom 12. 3. 1999 S. 24; Karin Hartewig: Zurückgekehrt. Die Geschichte der jüdischen Kommunisten in der DDR. Köln: Böhlau 2000 S. 172–80.

H

Haas, Herta 11. 10. 1907 Frankfurt am Main – 10. 5. 2007 Hamburg; Buchhändlerin, Übersetzerin; Dr. phil. H., Tochter des Frankfurter Verlagskaufmanns Emil Doctor, begann nach dem Abitur gegen den Willen ihres Vaters ein Studium der Geschichte und Romanistik; dieses schloss sie im Sommersemester 1934 mit einer Dissertation über die ›franco-russischen Beziehungen‹ ab. Da ihr als Jüdin die angestrebte Anstellung als Bibliothekarin verwehrt wurde, ging die Philologin 1934 nach Italien, wo sie sich in der

Nähe von Treviso als Kindermädchen und Französischlehrerin ihren Lebensunterhalt verdiente. 1939 flüchtete H. nach England, wo sie zunächst als Hilfskrankenschwester und Pflegerin tätig wurde. 1941 fand sie eine Anstellung in der bedeutenden Londoner Buchhandlung BLACKWELL und bearbeitete dort die Auslandsbestellungen. Besonders lange Bücherbestelllisten erhielt sie von Willy Haas, dem bekannten Film- und Literaturkritiker und Herausgeber sowie Verleger der Zeitschrift *Die literarische Welt*, der nach seiner Emigration damals als Soldat der britisch-indischen Armee am Fuße des Himalaja stationiert und als Zensor tätig war. Aus dieser buchhändlerischen Verbindung entstand eine enge Brieffreundschaft, der eine (Fern-)Verlobung und, nach Willy Haas' Rückkehr nach England am 13. März 1947, acht Tage später die Heirat folgte. Als ihr Mann im Jahr darauf nach Deutschland remigrierte (zunächst als britischer Controller beim Wiederaufbau einer demokratischen Presse), blieb sie – aus innerem Widerstand gegen das Land ihrer Vertreiber – in London. Erst 1954 folgte sie ihm nach Hamburg, wo Willy Haas es inzwischen als Redakteur der Zeitungen *Die Welt* und *Welt am Sonntag* (Pseudonym Caliban) wieder zu einiger Prominenz gebracht hatte. Sie selbst arbeitete als Übersetzerin, u. a. der Werke von Henry James. Nach dem Tod ihres Mannes 1973 unternahm H. große Reisen und wurde in Hamburg-Eppendorf zu einer bekannten Figur des Kulturlebens. Besondere Verdienste erwarb sie sich 1981 als Mitbegründerin und Propagatorin der Organisation Terre des Femmes – Menschenrechte für die Frau sowie 1998 bei der Wiederbegründung der *Literarischen Welt* als Literaturbeilage der *Welt*.

Gabriele Kreis: Frauen im Exil. Dichtung und Wirklichkeit. 2. Aufl. Düsseldorf: Claassen 1984 S. 73–76, S. 229 f.; Die Welt vom 11. 10. 2006 [online]; Die Welt vom 11. 10. 2007 [online]; Terre de Femmes [Nachruf] unter www.frauenrechte.de [online].

Haas, Otto 2. 12. 1874 Frankfurt am Main – 27. 4. 1955 London; Buchhändler, Musikantiquar, Musikverleger. H. durchlief eine klassische Antiquariatsausbildung: Nach dem Abitur 1895 am Realgymnasium Frankfurt am Main und der Lehre bei JOSEPH BAER sammelte er drei Jahre Auslandserfahrung bei BRENTANO'S in New York. Schließlich arbeitete H. bei BRESLAUER & MEYER (→ Martin Breslauer) als Gehilfe, bevor er 1903 von Leo Liepmannssohn dessen renommiertes Berliner Musikantiquariat in der Bernburgerstraße 14 erwarb. Die von H. im Antiquariat LIEPMANNSSOHN veranstalteten 64 (Musik-)Autographen-Auktionen waren Höhepunkte des Berliner Antiquariatslebens: durch seine Hände gingen u. a. 66 Originalmanuskripte Mozarts, die er aus dem Familienbesitz von dessen einstigem Verleger Johann Anton André erworben hatte. Höhepunkte bedeuteten die zusammen mit Karl Ernst Henrici veranstaltete Auktion der Sammlung Wilhelm Heyer 1926/27 und die 1928 gemeinsam mit Martin Breslauer durchgeführte Versteigerung der Wolffheim-Sammlung, an deren Entstehung Liepmannssohn / Haas und Breslauer großen Anteil gehabt hatten. Auch dem damals bedeutendsten Sammler auf dem Gebiet, Paul Hirsch, war H. in vielfältiger Weise beim Aufbau der Kollektion behilflich; von ihm stammte die Sammlung von Ignaz Moscheles, die den Grundstock von Hirschs berühmter Musikbibliothek darstellte. Nach der nationalsozialistischen ›Machtergreifung‹ wurde H. aufgrund seiner jüdischen Herkunft aus der RSK ausgeschlossen und sein Geschäft 1936 aufgelöst; er musste den Hauptteil seines Autographenlagers an die Antiquariate GUSTAV FOCK in Leipzig und J. A. STARGARDT in Berlin verkaufen. Im Sommer 1936 ging H. nach Großbritannien ins Exil. Mit Hilfe englischer Kollegen wie Cecil Hopkinson und Percy Muir gelang es H. schnell, sich in London /

Hampstead, 49 Belsize Gardens, zu etablieren. Noch im gleichen Sommer gab er seinen ersten Katalog heraus, der von der Londoner Presse wohlwollend aufgenommen wurde: ›the first London catalogue [...] is as interesting as we expect a Liepmannssohn catalogue to be.‹ Die nächsten Jahre waren vom Angebotsschwund an bedeutenden Autographen gekennzeichnet, so dass selbst ein international bekannter Antiquar wie H. Schwierigkeiten mit der Materialbeschaffung hatte. Trotz allem belieferte er in London die bekannten und wohlhabenden Emigranten Paul Hirsch und den Schriftsteller und Autographensammler Stefan Zweig. Seine Schwester Mathilde, die als Mitarbeiterin und Prokuristin in Berlin agierte, starb 1955 in der Schweiz, im gleichen Jahr wie H. Die Firma OTTO HAAS & CO., ANTIQUARIAN BOOKSELLER wurde von → Albi und Maude Rosenthal übernommen und auf höchstem Niveau weitergeführt. Albi R. würdigte seinen Vorgänger 1966 aus Anlass des 100-jährigen Bestehens der Firma Liepmannssohn: ›Haas set new standards of bibliographical accuracy and scrupulous reliability in the field of antiquarian bookseller's cataloging.‹ Die fünf Jahrzehnte später von Tochter Julia Rosenthal weitergeführte Fa. Otto Haas wurde, nach 83-jährigem Bestand an der unter Musikaliensammlern weltbekannten Adresse 49, Belsize Gardens, am 22. November 2019 geschlossen; der Verkauf des Lagers und die Betreuung der Stammkunden erfolgte seither von Julia R.s Oxforder Antiquariat aus (→ Albi Rosenthal). Das Archiv wurde an die British Library abgegeben; es umfasst u. a. alle annotierten Kataloge der Firmen Leo Liepmannssohn (Berlin) und Otto Haas (London).

SStAL, BV, F 13. 361; BHE 2; DBE; Adressbuch der Antiquare Deutschlands und des gesamten Auslands. Mit selbstbiographischen Beiträgen bedeutender Antiquare. Weimar: Straubing & Müller 1926 S. 21–24; Deutscher Wirtschaftsführer (1929) Sp. 819; Mitteilung [zum 75. Geburtstag von H.]. In: AdA (1949) Beilage zum Bbl. (FfM) Nr. 93 vom 6. 12. 1949 S. A741; Günther Mecklenburg: Otto Haas zum Gedächtnis. In: Bbl. (FfM) Nr. 49 vom 21. 6. 1955 S. 394; Albi Rosenthal: Otto Haas, Antiquarian Bookseller (1874–1955). In: Brio vol. 3 no. 1 (1966) p. 4; Daily Telegraph, 4 July 1936; Bbl. vom 24. 11. 1928; The Times, 30 Apr. 1955; The Clique (14/21 May 1955); Notes vol. XII (1955) pp. 369 f.; Survey of dealers specializing in antiquarian music and musical literature. In: Notes. 2nd Series vol. 23 no. 1 (Sept. 1966) pp. 28–33; Fetthauer: Musikverlage (2004) S. 469; Bach, Biester: Exil in London (2002) S. A256 f.

Haas, Robert 16. 4. 1898 Wien – 5. 12. 1997 Valhalla / NY; Bibliophiler Verleger, Kalligraph, Handpressendrucker; Dipl. Ing. H.'s Vater, der mit Stoffen handelte, war aus Ungarn nach Wien gekommen, seine Mutter stammte aus Mähren. H. absolvierte nach dem Ersten Weltkrieg, in dem er als österreichisch-ungarischer Offizier gedient hatte, an der Technischen Universität in Wien ein Studium der Elektrotechnik, das er 1925 abschloss. Daneben war er an der Kunstgewerbeschule Meisterschüler bei Rudolf von Larisch, dem bahnbrechenden Erneuerer der Kalligraphie. 1925 gründete H. gemeinsam mit dem Künstler Carry Hauser und dem Druckereibesitzer Friedrich Siegel (→ Siegle, Fred) in Wien die bibliophile Handpresse OFFICINA VINDOBONENSIS, arbeitete als Graphiker und Schriftgestalter und erwarb sich auch als Photograph einen Namen. H.'s Pressendrucke erschienen in einer Auflage von 100 bis 500 Exemplaren, u. a. für die Wiener Bibliophilen-Gesellschaft. Nach dem ›Anschluss‹ Österreichs an Hitlerdeutschland emigrierte H. zunächst nach England, weil ihm das Geld zur Passage nach New York fehlte; erst im Frühjahr 1939 gelangte er in die USA. Paul Standard, ein New Yorker Typograph, vermittelte H. einen langfristigen Auftrag des BOOK OF THE MONTH CLUB, der ihm die finanziellen Mittel für die Gründung der RAM PRESS an die Hand gab, die bis 1986 bestand und zu deren Auftraggebern Museen, Kunstgalerien und Liebhaber gehörten. Kurzzeitig plante H. außerdem, zusammen mit → Hugo Steiner-Prag eine graphische Firma mit angeschlossener Privatschule aufzumachen. Neben seiner Tätigkeit als Handpressendrucker war H. auch als Professor für Typographie und Druckkunst tätig, zunächst von 1954 bis 1967 an der Cooper-Union Art School, später an der State University of New York in Purchase und an der Yale University.

Franz Planer [Hg.]: Das Jahrbuch der Wiener Gesellschaft 1929. Wien: Planer 1929; Elfi Hartenstein: Heimat wider Willen. Emigranten in New York. Begegnungen. Berg: VGB Berg 1991 S. 137–54; Irene Schlegel: Hugo Steiner-Prag. Sein Leben für das schöne Buch. Memmingen 1995 S. 157; Fischer: Buchgestaltung im Exil (2003) S. 164 f.; Robert Haas. Der Blick auf zwei Welten. Framing two Worlds. Hg. von Anton Holzer und Frauke Kreutler [Ausstellungskatalog, Wien-Museum]. Berlin: Hatje Cantz 2016.

Hagen, Joseph 1891 Siegburg–1970 Nijmegen, Antiquar. Der Sohn eines deutschen Industriellen und einer jüdischen Mutter wuchs im französischen Jura auf, studierte in Paris an der Sorbonne und entwickelte ein breitgestreutes Interesse an Theologie, bildender Kunst und östlicher Philosophie. Nach seiner 1938 erfolgten Flucht in die Niederlande arbeitete er bis 1940 in Nijmegen in der Antiquariatsabteilung von BOEKHANDEL DEKKER & VAN DE VEGT. Die Jahre der Besetzung überlebte er als ›Untertaucher‹. Nach 1945 setzte er seine Tätigkeit bei Dekker & Van de Vegt fort. H. wird als faszinierender Mensch geschildert, der viele Kontakte zu Büchersammlern hatte, die ihn im 1. Stock des Geschäftshauses der Firma gerne aufsuchten, wo er für eine besondere Atmosphäre sorgte. Als H. 1961 in Pension ging, wurde die Antiquariatsabteilung aufgelassen.

Vera Bendt: Buchhändler, Antiquare, Sammler, Bibliophile aus Deutschland 1933 bis 1945. In: Imprimatur NF XXVI (2019) S. 69; Uitgeverij Dekker & Van de Vegt 1856–1989. Geschiedenis en catalogus van een fonds, samengesteld en ingeleid door K.W.J. van Rossum. Nijmegen: Katholiek Documentatie Centrum 1995 S. 42.

Hahn, Rodolfo Musikverleger. In Breslau aufgewachsen, kam H. nach einem Studium der Rechtswissenschaften nach Berlin, wo er mit → Rolf Marbot eine Wohnung teilte. 1933/34 lebte H. in Budapest im Exil. Gemeinsam mit Marbot gründete H. Mitte der 1930er Jahre in Paris die ÉDITIONS MERIDIAN; später flüchtete er nach Südamerika und lebte in Buenos Aires. Seine Verlagsanteile übergab H. nach Ende des Zweiten Weltkriegs an Marbot.

Fetthauer: Musikverlage (2004) S. 470.

Hainauer, Alice 20. 5. 1914 Posen–1998 London; Verlegerin. H., geb. Spanier, war die Schwester von → Gerhard Spanier und Ehefrau des Breslauer Musikverlegers → Ernst Julius H., mit dem sie 1936 ins Exil nach Großbritannien ging. In London wurde sie Mitarbeiterin im Verlag JULIUS HAINAUER LTD. und führte die Firma nach dem Tod ihres Mannes Mitte der 60er Jahre noch bis 1985 weiter.

Fetthauer: Musikverlage (2004) S. 470; LexM [online]; Michael Hepp: Die Ausbürgerung deutscher Staatsangehöriger 1933–1945. Berlin: de Gruyter 1985, Liste 172, S. 326.

Hainauer, Ernst Julius 2. 1. 1907 Breslau–1970 London; Musikverleger. Julius H. (1827–1897), der Großvater von H., war Gründer des seit 1802 in Breslau ansässigen

Musikalienverlags mit Buchhandlung JULIUS HAINAUER. H. absolvierte seine Lehrzeit im renommierten Leipziger Musikverlag BENJAMIN und übernahm nach dem Tod seines Vaters Arthur Ismer H. (1863–1929) die Leitung des Familienunternehmens. Mit der Machtübernahme der Nationalsozialisten am 30. Januar 1933 begann die vollkommene Zerstörung des jüdischen Lebens in Breslau; am 1. April 1933 erfolgte der Boykott der jüdischen Geschäfte. H. sah sich gezwungen, die dem Verlag angeschlossene Buch- und Musikalienhandlung zu verkaufen. 1934 wurde der auf Salonmusik und polnische Komponisten spezialisierte Verlag als ›nichtarische‹ Firma aus dem *Adressbuch des Deutschen Buchhandels* gestrichen, laut Leipziger Börsenvereinskartei erlosch der Verlag 1938. H. emigrierte zusammen mit seiner Ehefrau → Alice H. nach Großbritannien und gründete 1936 in London JULIUS HAINAUER LTD. (Registrierung 18. Juni 1938). Mit dieser Firma verwertete er die Rechte des Breslauer Verlags und betrieb einen Service für Leihbibliotheken. Zeitweise arbeitete H. auch für den Musikverlag von → Richard Schauer. Nach H.'s Tod führte seine Frau das Unternehmen Julius Hainauer Ltd., 78 Raffles House, Brampton Grove, Hendon, London, weiter.

Adressbuch 1931 S. 237; Fetthauer: Musikverlage (2004) S. 470; LexM [online].

Halle, Ida Geb. 29.5.1881 Schnaittach; Antiquarin. H. geb. Fichtelberger, führte nach dem Tod ihres Mannes Julius (fr. Isaak) H. (18.12.1864 Schnaittach – 9.12.1927 München) das 1889 gegründete, auf Alte Drucke (besonders Inkunabeln, Americana, Kupferstiche) spezialisierte Seltenheitsantiquariat J. HALLE in München, Ottostraße 3a, weiter. Wissenschaftlicher Mitarbeiter in der Firma war der in der Branche hoch geschätzte Bibliograph Ernst Schulte-Strathaus (1881–1968), der die niveauvollen Kataloge gestaltete; er und Albert Fichtelberger hatten 1931 auch Prokura. Nach der NS-›Machtergreifung‹ gab H. einen Teil des Lagers einem in die Niederlande flüchtenden Bekannten der Familie, → Ernst Horwitz, zum kommissionsweisen Verkauf in den Niederlanden mit; einen anderen Teil konnte → Emil Offenbacher, seit 1931 Angestellter, nach Paris transferieren. Die Münchener Firma wurde 1935 liquidiert, die verbliebenen Bestände wurden bei KARL & FABER in München und bei GRAUPE in Berlin versteigert. Ida H. selbst emigrierte am 26. Juni 1936 in die Schweiz und führte in Zürich den Antiquariatsbuchhandel fort. Über diese Tätigkeit konnte nichts Näheres ermittelt werden.

Auskunft des Stadtarchivs München, das umfangreiches Material zur Fa. Halle aufbewahrt; Adressbuch 1931 S. 238; Hans Lamm: Von Juden in München. Ein Gedenkbuch. München: Ner-Tamid-Verlag 1959 S. 231; Homeyer: Bibliophilen und Antiquare (1966); Uri Benjamin [d. i. Walter Zadek]: Antiquare im Exil: Dr. Abraham Horodisch. In: Bbl. (FfM) Nr. 42 vom 29.5.1973 S. A186–91, hier A188; [Nachruf auf Emil Offenbacher in:] AdA Nr. 11 (1990) S. 473 ff.; Hellmuth Wallach: Münchner Antiquare von einst. [Privatdruck] München: Hartung & Hartung 1993 S. 18; Wittmann: Hundert Jahre Buchkultur (1993) S. 169; Wittmann: Münchens jüdische Antiquariate (2009) S. 23–42.

Hallgarten, Georg(e) Wolfgang Friedrich 3.1.1901 München – 22.5.1975 Washington DC; Verleger, Historiker; Dr. phil. Aufgewachsen in bildungsbürgerlichem Elternhaus, war H. Gründer eines republikanischen Studentenbundes und schloss sein Studium der Geschichtswissenschaft 1925 mit der Promotion ab. Die Habilitation des Historikers wurde durch den politischen Umbruch 1933 vereitelt. 1935 emigrierte H. nach Frankreich, im Pariser Exil war er gemeinsam mit → Friedrich Alexan (d. i. Alexander Kuppermann) Inhaber der ÉDITIONS MÉTÉORE, welche die beiden von → Bernhard Rosner übernommen hatten. In der Hauptsache war H. aber als Lektor an der École des Hautes Études Sociales et Internationales tätig. 1937 ging er in die USA und nahm 1938 eine Lehrtätigkeit am Brooklyn College auf; 1942–45 Soldat, fand er dann bis 1949 eine Anstellung als Historiker in der US-Army. Daran schloss sich eine weltweite Tätigkeit als Gastprofessor an. Seit 1951 war H. als Berater für das amerikanische Außen- und Verteidigungsministerium tätig; 1972 wurde er auf einen Lehrstuhl an die University of North Carolina in Charlotte berufen. Er trat als Verfasser zahlreicher Schriften hervor, in denen er u. a. die Rolle der Industrie beim Aufstieg des Nationalsozialismus untersuchte.

Georg W. Hallgarten: Als die Schatten fielen. Erinnerungen vom Jahrhundertbeginn zur Jahrtausendwende. Frankfurt am Main: Ullstein 1969 bes. S. 208, 211.

DBE; Joachim Radkau: George W. F. Hallgarten. In: Hans-Ulrich Wehler [Hg.]: Deutsche Historiker. Bd. 6. Göttingen: Vandenhoeck & Ruprecht 1980 S. 103–18.

Hamel, Georg / George C. 1919 – 26. Oktober 1972 Berlin; H. war kurze Zeit in einem Antiquariat in Berlin tätig; 1939 emigrierte er in die USA, kehrte aber später nach Berlin zurück und betätigte sich hier seit 15. 5. 1958 neuerlich als Antiquar mit der Fa. GEORGE C. HAMEL. Offenbar war er auch bemüht, eine Literary Agency International George C. Hamel aufzubauen.

Carlos Kühn: George C. Hamel. Ein Nachruf. In: AdA 11/1972 A 433 f.; Janos Frecot: Sammeln und Lesen als Welterfahrung. Berliner Antiquariatsreminiszenzen aus vierzig Jahren. In: AdA 3/1987 A 141–145, hier A 145 (Wiederabdruck in Janos Frecot: Von Gärten und Häusern, Bildern und Büchern. Texte 1968–1996. Hg. von Ulrich Domröse und dem Museumspädagogischen Dienst Berlin. Berlin: Nicolai 2000 S. 39–47); Deutsches Literaturarchiv Marbach, Suhrkamp Archiv, Bestand Siegfried Unseld Archiv, Korrespondenz, 1 Brief 1972.

Hamlyn, Paul Bertrand 12. 2. 1926 Berlin – 31. 8. 2001 London; Verleger. H. hieß mit Geburtsnamen Paul Bertrand Wolfgang Hamburger. Er emigrierte 1933 im Alter von sieben Jahren mit seinen Eltern und seinen drei Geschwistern (darunter Michael Hamburger, der sich als Lyriker und Übersetzer einen Namen machen sollte) nach Großbritannien, wo sein Vater Richard Hamburger, Professor für Kinderheilkunde, als Arzt und Berater an einem jüdischen Kinderkrankenhaus in London eine Stellung finden konnte. H. besuchte zunächst eine Quäkerschule in Letchworth (Hertfordshire) und musste, nachdem sein Vater gestorben war, ab 1941 als kleiner Angestellter in ZWEMMER'S BOOKSHOP in der Londoner Charing Cross Road und als Bürojunge des Magazins *Country Life* seinen Unterhalt verdienen. Zu diesem Zeitpunkt änderte er seinen Nachnamen. Im Zweiten Weltkrieg wurde er als *Bevin Boy* zum Hilfsdienst eingezogen und in einer Waliser Kohlenzeche eingesetzt. H. war in erster Ehe mit Eileen Watson (gest. 1969) verheiratet, aus dieser Ehe stammten seine beiden Kinder Michael und Jane; 1970 heiratete er die Designerin Helen Guest, die ihn überlebte. Nach dem Ende des Zweiten Weltkriegs startete H. seine eindrucksvolle Karriere als *self-made man* im Verlagsgeschäft. Als 22-jähriger begann er auf dem Londoner Camden Market als Kleinhändler von Second-Hand-Büchern und Restexemplaren; er erkannte in der Massenproduktion von billigen Büchern, verbunden mit dem Absatz in Supermärkten und Warenhäusern, ein enormes Marktpotential, und gründete ein Jahr später, 1949, den Buch- und Tonträgerverlag HAMLYN PUBLISHING GROUP: hier erschienen billig in der Tschechoslowakei gedruckte Buchreihen für ein großes Publikum (*Books for Pleasure, Golden Pleas-*

ure Books); dieses Konzept entwickelte er später weiter mit Kunstdrucken (*Prints for Pleasure*, ab 1960) und Schallplatten (*Records for Pleasure*, ab 1961 gemeinsam mit einem New Yorker Verlag; *Music for Pleasure*, ab 1965, gemeinsam mit der EMI). Erste ›cash-cow‹ mit dem Imprint *Paul Hamlyn* war *Cookery in Colour* (1960): das erste, durchgehend farbig gedruckte Kochbuch in Massenauflage, das über viele Jahre immer wieder in Neuauflagen erschien. 1964 verkaufte H. den Verlag an die INT. PUBLISHING CORPORATION (IPC), deren Direktor mit Verantwortung für alle Buchveröffentlichungen er von 1965 bis 1969 war. Der Millionendeal war innerhalb des britischen Buchbusiness der erste in dieser Größenordnung, die Verlagsgruppe umfasste ODHAMS, NEWNES, BUTTERWORTHS, GINN, TEMPLE PRESS und COUNTRY LIFE, wo H. als Junge angefangen hatte. Über Nacht war H. damit einer der größten Verleger Großbritanniens, die Hamlyn Group expandierte in die überseeischen Märkte nach Australien und Neuseeland. Die Übernahme von IPC durch REED führte 1969 zum Rückzug H.'s aus dem Vorstand; binnen kürzester Zeit formte er 1970/71 im Rahmen seiner Funktion als *Joint Managing Director* von Rupert Murdochs Firma NEWS INTERNATIONAL seinen neuen Verlag OCTOPUS: auch mit diesem Verlag produzierte H. Bücher für große Kaufhausketten nicht nur in England, sondern weltweit auf allen englischsprachigen Märkten; zwölf Jahre nach der Gründung wurde Octopus bei seinem Börsengang 1983 mit £ 55 Millionen bewertet. Dazwischen lagen strategisch wichtige Marketingaktivitäten: der Aufbau von MANDARIN PUBLISHERS in Hong Kong durch H.'s ehemaligen Designer Geoff Cloke, zusammen mit David Frost die Gründung von SUNDIAL PUBLICATIONS, die Schaffung der Octopus-Marke *St Michael* für Marks & Spencer (darunter der Megaseller *Microwave Cookery Book* mit über 1 Million Auflage) und, 1976, zusammen mit HEINEMANN, der Start der preiswerten Literatur-Reihe *Heinemann / Octopus Library*. Dem Börsengang folgte eine Reihe von Übernahmen: 1984 erwarb Octopus den Kinderbuchverlag BRIMAX BOOKS, dem folgte der Zukauf des Paperback-Distributors WEBSTER GROUP (BOUNTY BOOKS). Im Juli 1985 erfolgte der Zusammenschluss von Octopus und der Heinemann Gruppe, die über 8000 Verlagstitel einbrachte. 1986 kaufte H. von Reed seinen ehemaligen Verlag Hamlyn zurück und erweiterte sein Portfolio mit PAN BOOKS und MITCHELL BEAZLEY. 1987 wurde die gesamte Octopus Verlagsgruppe von Reed International für £ 500 Millionen übernommen, wobei H. einen Großteil der Aktien behielt und bis zu seinem Ausscheiden 1997 in der Unternehmensspitze mitarbeitete. Heute befinden sich die Paul Hamlyn Group und die Octopus Publishing Group unter dem Dach von HACHETTE LIVRE. Als Mäzen erwarb sich H. mit der 1972 gegründeten Paul Hamlyn Foundation große Verdienste: er spendete u. a. erhebliche Summen an die Bodleian Library in Oxford; die Präsenzbibliothek im British Museum trägt in Würdigung seiner Förderung ebenso seinen Namen wie ein Foyer des Royal Opera House Covent Garden in London. H., der in Nachrufen als ›father of illustrated publishing‹ und als eine der Schlüsselfiguren des britischen Verlagswesens im 20. Jahrhundert bezeichnet wurde, war Träger hoher Auszeichnungen: er wurde 1993 zum Commander of the Order of the British Empire ernannt, fungierte 1993 bis 1999 als Kanzler der Thames Valley University, London, und wurde 1998 in den Adelsstand erhoben (Baron Hamlyn of Edgeworth). Die Paul Hamlyn Foundation / CODE Europa Collection in der Oxford Brookes University Library ist eine der bedeutendsten Sammlungen zu Buchhandel und Buchproduktion in Afrika.

Bis heute wirken die Paul Hamlyn Foundation und der Helen Hamlyn Trust wohltätig auf vielen kulturellen und sozialen Feldern.

BHE 1; John St. John: William Heinemann. A Century of Publishing 1890–1990. London: Heinemann 1990; Westphal: German, Czech and Austrian Jews (1991) p. 204; Nicholas Faith: Obituary: Lord Hamlyn. In: The Independent, 4 Sept. 2001 [online]; More tributes to Paul Hamlyn. In: The Bookseller, 3 Sept. 2001; Saur: Deutsche Verleger im Exil (2008) S. 214, 220 f.; Philip Jarvis, Sue Thomson: Paul Hamlyn: ›There Must Be Another Way ...‹ In: Immigrant publishers (2009) pp. 51–68 (In: Logos vol. 14 no. 3 (2003) pp. 120–130); Iain Stevenson: Book Makers: British Publishing in the Twentieth Century. London: British Library 2010; Newcomer's Lives. The story of immigrants as told in obituaries from The Times. Ed. Peter Unwin. London: Bloomsbury 2013 S. 156–160.

Hammer, Victor 9. 12. 1882 Wien – 10. 7. 1967 Lexington / KY; Schriftgraphiker, Pressendrucker, bibliophiler Verleger. H. studierte an der Akademie der bildenden Künste in Wien Malerei, wandte sich aber nachfolgend der Gebrauchsgraphik zu. Er entwickelte 1921 für die Gießerei Klingspor in Offenbach eine Schrift (Hammer-Unziale) und betrieb in den 1920er Jahren in Florenz eine Druckoffizin (STAMPERIA DEL SANTUCCIO). Nach einem 2-jährigen Aufenthalt in London nahm er 1934 in Wien eine Professur an der Akademie an, wurde jedoch 1938 aus ›rassischen‹ Gründen entlassen. H. emigrierte in die USA; er lebte zunächst in Aurora, New York, wo er am Wells College unterrichtete und seine Tätigkeit als Pressendrucker fortsetzte: Zwischen 1941 und 1949 brachte er, teilweise mit dem Imprint HAMMER PRESS, 18 bibliophile Drucke heraus, davon zehn in deutscher Sprache. 1948 übersiedelte H. nach Lexington, wo er bis zu seiner Pensionierung 1953 an der Transylvania University als *artist-in-residence* wirkte.

Fischer: Buchgestaltung im Exil (2003) S. 165 f. [dort weiterführende Literaturhinweise].

Hammer, Walter (eig. Walter Hoesterey) 24. 5. 1888 Wuppertal Elberfeld – 9. 12. 1966 Hamburg; Schriftsteller, Verleger. H. war in seiner Jugend in der Wandervogel-Bewegung aktiv; ab 1906 betätigte er sich unter dem Pseudonym Walter Hammer schriftstellerisch. Nach dem Ersten Weltkrieg, an dem er ab 1915 nur kurz als Soldat teilgenommen hatte, gab er in Hamburg im von ihm 1920 gegründeten Verlag JUNGE MENSCHEN fortschrittliche Zeitschriften heraus, darunter *Junge Menschen* (1920–27), eines der wichtigsten Organe der Jugendbewegung. 1921 wurde von rechten Kreisen ein Bombenattentat auf H. verübt, dem er entgehen konnte. 1922 gründete er an seinem damaligen Wohnort Werther bei Bielefeld den FACKELREITER-VERLAG, in dem er pazifistische und bündische Literatur von international anerkannten Autoren verlegte. Hier gab er auch die Zeitschrift *Der Fackelreiter* sowie von 1923 bis 1927 die *Junge Republik* als Organ der von ihm gegründeten Republikanischen Freischaren heraus. Bis 1933 dominierte die politische Arbeit: so war H. in der Republikanischen Partei Deutschlands und in verschiedenen republikanischen Reichsausschüssen tätig, 1924 gehörte er mit Carl von Ossietzky zu den Spitzenkandidaten der Republikanischen Partei, 1932 war er, neben z. B. Einstein und Kästner, einer der Mitunterzeichner des Appells für eine Einheitsfront der Arbeiterparteien gegen den Nationalsozialismus. 1933 wurde H. in Schutzhaft genommen, konnte seine publizistische Tätigkeit aber unter dem Tarnnamen UHLENHORSTER BUCH UND BILD GMBH in Hamburg fortführen. Im Dezember 1933 floh er nach Amsterdam, wo er in der literarischen Abteilung von Radio Hilversum arbeitete. 1934 – sein Hamburger Fackelreiter-Verlag war zu diesem Zeitpunkt bereits von den NS-

Behörden geschlossen – ging H. nach Dänemark und engagierte sich im Rahmen seiner Tätigkeit als Kopenhagener Fremdenführer im illegalen Widerstand. Dort stand er u. a. mit Walter A. Berendsohn in Kontakt und regte diesen zu seiner Materialsammlung und Abfassung des ersten Exilüberblicks Die humanistische Front an. Darüber hinaus arbeitete er mit der von dem dänischen Sozialdemokraten Hans Peter Poulsen am 1.1.1934 errichteten Buchhandlung H. P. Poulsen's Boghandel zusammen und erstellte für sie ein von ihm (anonym) bevorwortetes Bücherverzeichnis mit entschieden antinazistischer Ausrichtung, das er im Rahmen seiner Widerstandsarbeit an deutsche Touristen verteilt hat. Im Mai 1940 versuchte er vergeblich nach Schweden zu fliehen; im August wurde er von der dänischen Polizei festgenommen und an die Gestapo ausgeliefert. Wegen ›Vorbereitung zum Hochverrat‹ kam H. in den berüchtigten Folterkeller des Reichssicherheitshauptamtes in Berlin, anschließend in das Gefängnis Moabit. Nach einem missglückten Selbstmordversuch wurde H. 1941 in das KZ Sachsenhausen eingeliefert und im Oktober 1942 zu fünf Jahren Zuchthaus in Brandenburg-Görden verurteilt. Im April 1945 wurde er von der Roten Armee befreit. In den folgenden Jahren widmete H. sich in Brandenburg der Bergung von Häftlingsakten und ihrer Aufarbeitung durch ein Forschungsinstitut; in diesem Zusammenhang baute er ein Archiv, ein Museum und eine Gedenkstätte auf. Als seine Arbeitsstelle 1950 auf Veranlassung der SED geschlossen wurde, flüchtete H. nach West-Berlin, übersiedelte nach Hamburg und gründete dort das private Walter-Hammer-Archiv über Widerstand und Verfolgung (nach 1966 dem Institut für Zeitgeschichte in München übergeben). 1957 heiratete er Erna Schulz, die vor 1933 seine Mitarbeiterin bei der Zeitschrift *Junge Menschen* und im Fackelreiter-Verlag gewesen war.

BHE 1; DBE; Verlagsveränderungen 1933–1937 S. 8; Verlagsveränderungen 1942–1963 S. 62; Steinky: Hamburger Kleinverlage (1997) S. 82–109; Axel Flake, Heiko Schmidt: Der in Elberfeld geborene Verleger und Publizist Walter Hammer (1888–1996). Ein Beitrag zu Jugendbewegung, Pazifismus und Widerstand. In: Geschichte im Wuppertal 14 (2005) S. 60–94 [auch online]; http://www.boghandlereidanmark.dk/.

Hanfstaengl, Ernst 2.2.1887 München – 6.11.1975 München. Der Sohn des wohlhabenden deutschen Verlegers und Kunsthändlers Edgar Hanfstaengl (1842–1910) studierte nach dem Abitur in München bis 1909 in den USA an der Harvard Universität. Bis 1919 leitete er die Filiale des elterlichen Kunstverlags in New York, die zu diesem Zeitpunkt als Folge des Ersten Weltkriegs durch den Alien Property Custodian zwangsversteigert wurde. H. kehrte darauf nach München zurück und studierte von 1921 bis 1927 Geschichte bei Karl Alexander von Müller. Seit einer Teilnahme an einer Parteiveranstaltung der frühen NSDAP intensivierte H. seine Kontakte zu Adolf Hitler und zählte gemeinsam mit dem Münchner Verlegerehepaar Hugo und Elsa Bruckmann zu dessen finanziellen Förderern. 1923 beteiligte H. sich am Hitlerputsch, und gewährte Hitler nach dem Scheitern Zuflucht in der Münchner Familienvilla. Als Teilhaber der Kunst- und Verlagsanstalt FRANZ HANFSTAENGL sorgte er gegen den Widerstand seines Bruders Edgar (1883–1958) dafür, dass ›Nationales‹ in das Verlagsprogramm aufgenommen wurde. 1931 wurde H. zum Leiter des Auslandspresseamts der NSDAP ernannt, wobei sich Hitler H.'s hervorragende Auslandsbeziehungen zunutze machte. 1933 kam es zu einem Zerwürfnis zwischen H. und Goebbels, worauf H. aus dem inneren Zirkel der Macht ausgeschlossen wurde; 1936 reichte H.'s amerikanische Frau Helene die Scheidung ein und kehrte in die USA zurück. Desillusioniert über die politische Entwicklung floh H. im März 1937 zusammen mit seinem Sohn Egon (geb. 1921) über die Schweiz nach England. Mit Beginn des Zweiten Weltkrieges wurde H. interniert und nach Kanada überführt. Auf Betreiben von Präsident Franklin D. Roosevelt, mit dem H. seit seiner Studienzeit in Harvard persönlich bekannt war, wurde H. 1942 in die USA überstellt und als politischer und psychologischer Berater der Alliierten im Krieg gegen Deutschland eingesetzt. Nach Kriegsende kehrte H. am 3. September 1946 nach Deutschland zurück und wurde am 13. Januar 1949 von der Spruchkammer Weilheim rehabilitiert. Sein Sohn Egon und Eva Rhomberg (geb. 1917) wurden 1953 in einem Familienvertrag als künftige Verlagseigner bestimmt.

Ernst Hanfstaengl: Zwischen Weißem und Braunem Haus. Memoiren eines politischen Außenseiters. München: Piper 1970.

Adressbuch 1931 S. 241; Peter Conradi: Hitlers Klavierspieler. Ernst Hanfstaengl: Vertrauter Hitlers. Verbündeter Roosevelts. Frankfurt am Main: Scherz 2007; Boris Fuchs, Silvia Werfel: Franz S. Hanfstaengl – Künstler, Kaufmann, Fotograf. Kunstverlag 1833 bis 1980: Reproduktionen und Kunstdrucke auf höchstem Niveau. In: Journal für Druckgeschichte. NF 15 (2009) S. 39–41 (Deutscher Drucker Nr. 8 (2009)).

Harpner, Stefan Gustav Geb. 5. 7. 1930 Wien; Musikverleger. H. stammt aus einem kultivierten bürgerlichen Elternhaus, sein Großvater Gustav H. (1864–1924) war einer der führenden Juristen seiner Zeit: als renommierter Anwalt der Wiener Kultur- und Musikszene, zudem als der wichtigste Parteianwalt der österreichischen Sozialdemokratie, wurde er 1919 von Karl Renner zum ›Anwalt der Republik‹ bestellt. H.'s Vater Otto H. (1900–1959), dem nach dem ›Anschluss‹ Österreichs an Hitlerdeutschland wegen seiner jüdischen Abstammung die Berufsausübung als Anwalt untersagt worden war, emigrierte am 8. August 1938 nach England; seine Mutter Lisa geb. Hitschmann folgte ihrem Mann im Januar 1939 mit den Kindern Stefan Gustav und Lotte. Kurz nach Ausbruch des Zweiten Weltkriegs übersiedelte die Familie nach Cambridge; in einem Internierungslager lernte der Vaters H.'s, der sich ab 1944 als Gründer der Anglo-Austrian Democratic Society politische, soziale und kulturelle Verdienste erwarb, den Musikverleger → Alfred A. Kalmus kennen. Nach Abschluss seiner Schulbildung arbeitete H. einige Zeit in einem Reisebüro, bis er 1952 über Kalmus zur Londoner Zweigniederlassung UNIVERSAL EDITION LTD. kam. 1958 remigrierte er nach Wien, heiratete hier 1961 Susanne geb. Kalmus (1924–2009) und setzte sich in der UNIVERSAL EDITION, in deren Leitung er mitarbeitete, für die Erweiterung des Verlagsprogramms ein, u. a. für die *Rote Reihe* und die *Accademia musicale*. Nach dem Tod seines Schwiegervaters Alfred A. Kalmus war H. 1972 Vorstandsmitglied der Universal Edition. 1985 schied er aus dem Unternehmen aus und übernahm eine leitende Position bei RICORDI in München; 1991 bis 1999 war er Direktor der ANGLO-AUSTRIAN MUSIC SOCIETY LTD.

Fetthauer: Musikverlage (2004) S. 470 f.; https://www.crt-ii.org/_awards/_apdfs/Hitschmann_Heinrich_Heinrich_Nachlass.pdf; Ilse Reiter: Gustav Harpner (1864–1924): vom Anarchistenverteidiger zum Anwalt der Republik. Wien: Böhlau 2008 S. 548–553.

Harris, Robert 8. 2. 1918 Leipzig – 27. 12. 1981 Birmingham. H. war ein Sohn von → Henri Hinrichsen; wie seine Brüder → Max, Walter und Hans-Joachim Hinrichsen war auch er für die Nachfolge im traditionsreichen Musikverlag C. F. PETERS in Leipzig bestimmt. Nach der Machtübernahme der Nationalsozialisten wurde H. auf das von dem Hitleremigranten Dr. Kurt Hahn gerade gegründete schottische Internat Gordonstoun geschickt; nach dem Schulabschluss kam H. nochmals nach Deutschland und arbeitete bis 1938 in Leipzig als Assistent seines Bruders Hans-Joachim. Nach dem Überfall der Nazis auf das Verlagshaus C. F. Peters flüchtete H. nach Berlin, um von dort seine Auswanderung zu organisieren. Im Juli 1939 gelang ihm gerade noch rechtzeitig die Flucht nach Großbritannien, wo er in die britische Armee eintrat. H. wurde nicht mehr verlegerisch tätig.

Fetthauer: Musikverlage (2004) S. 471; LexM [online].

Harz, Benjamin 1. 10. 1878 Kúty / Galizien – 26. 3. 1942 Nadwórna; Buchhändler und Verleger. H. entstammte einer Familie, die als Großbuchhändler in Galizien und in der Bukowina tätig war; im Jahr 1900 eröffnete er in Nadwórna, Galizien, eine Buch-, Antiquariats-, Musik- und Schreibwarenhandlung. Ende 1909 ließ er sich mit seiner 1902 geehelichten Frau Marie (Miriam) in Berlin nieder, wo er die vermutlich erste Großbuchhandlung in Deutschland eröffnete, die insbesondere jüdische und hebräische Bücher vertrieb. Seine buchhändlerische Tätigkeit wurde nur durch eine längere Geschäftsreise in die USA im Jahre 1911 und den Militärdienst von 1915 bis 1918 unterbrochen. 1915 fügte H. seinem Geschäft den BENJAMIN HARZ VERLAG hinzu, der sich in zwei Abteilungen gliederte: eine für allgemeine Gebiete und eine für Judaica und Hebraica. Damit betrieb er eine gezielte Buchherstellung für das Moderne Antiquariat; besonders in der Inflationszeit 1922/23 erzielte er mit der Ramschproduktion hohe Gewinne: ›Nach Druck hoher Auflagen und Verkauf eines kleinen Teils davon zu hohen Preisen (wodurch die Kosten bereits gedeckt waren) setzte er den Rest vor allem nach Deutschland in den Warenhausbuchhandel ab, der dann mit auffälligen ›statt‹-Preisen die Kunden köderte.‹ (Hupfer) In den folgenden Jahren konnte H. das Geschäft um mehrere Niederlassungen in Berlin sowie zwei Filialen in Wien erweitern (1924 wurde ihm in Wien XIV, Schwendergasse 24 / Mariahilferstraße 221 die Konzession für den Buch-, Kunst- und Musikalienhandel erteilt) und gehörte damals – neben der Wiener Fa. R. LÖWIT von Max Mayer Präger (Vater von → Frederick Praeger) – zu den führenden Betreibern des Ramschbuchhandels im deutschsprachigen Raum. Im Juli 1937 wurden H. und seine Frau im Zuge der ›Regelung der Frage jüdischer Buchverkäufer und Buchverleger im Reichsgebiet‹ zur Führung eines ›Jüdischen Buchverlags und Buchvertriebs‹ zugelassen; Ende 1938 wurde das Geschäft geschlossen. Im März 1939 flüchtete H. nach Palästina und versuchte, den Benjamin Harz Verlag hier wiederaufzubauen. Als er im August 1939 in geschäftlichen Angelegenheiten von Palästina über Rumänien nach Polen gereist war, wurde er vom Ausbruch des Krieges überrascht. Es gelang ihm nicht, das Land zu verlassen, und er blieb in Nadwórna, das bis zur Besetzung durch deutsche Truppen im Sommer 1941 unter sowjetischer Verwaltung stand. Im März 1942 wurde H., der Mitglied des Judenrates von Nadwórna war, aus seinem Büro geholt und auf Befehl des Gestapo-Leiters des Ortes erschossen.

Amtsgericht Charlottenburg 90 A 43840 †1938; Landesverwaltungsamt Berlin Abt. III Entschädigungsbehörde Reg. Nrn. 338 595 und 373 400; BArch R 56 V/102: Mitteilung der RSK, Gruppe Buchhandel, Leipzig, an die RSK, Berlin, vom 13. 3. 1937; Tentative List p. 8; Hupfer: Antiquarischer Buchhandel (2003) S. 275; Kühn-Ludewig: Jiddische Bücher (2008) S. 188.

Hearst, Ernest (urprgl. Erwin Herz) 1. 12. 1912 Berlin –1975; Publizist, Bibliothekar. H., Sohn des ULLSTEIN-Verlegers → Emil Emanuel Herz, brach im Juli 1933 sein im

Vorjahr begonnenes Studium der Rechtswissenschaften ab und emigrierte in die Schweiz. Noch im Oktober desselben Jahres ging er – von seinen Eltern finanziell unterstützt – nach Frankreich. 1934 siedelte er dann nach Großbritannien über, wo er bis 1939 in einer literarischen Agentur mitarbeitete. H., der 1942 seinen Namen anglisierte, kämpfte im Zweiten Weltkrieg bis 1943 in der britischen Armee, anschließend arbeitete er in der WIENER LIBRARY in London. 1946 gab er diesen Posten auf und wurde Direktor der Druckerei COLOURPRINT LTD., 1958 kehrte er jedoch zur Wiener Library zurück. Seit 1966 war H. dort Mitherausgeber des *Wiener Library Bulletin*.
BHE 1.

Hecht, Erich Buchhändler, Verleger. H. war Inhaber der 1897 gegründeten Firma VERLAGSBUCHHANDLUNG UND ANTIQUARIAT ERICH HECHT in München, Lucile-Grahn-Straße 38, außerdem Geschäftsführer des 1919 errichteten MUSEN-VERLAGS an derselben Adresse. Beide Unternehmen wurden 1933 im *Adressbuch des Deutschen Buchhandels* gestrichen. H. wanderte nach Palästina aus und wurde dort Mitarbeiter, später Nachfolger von → Max Baender / Bender in der Buchimportfirma E. J. HERZFELDER in Tel Aviv. Nach dem Tod Baenders gründete er 1969 mit → Rolf Schuster ein auf (bes. deutschsprachige) Kunstbücher und Kunstdrucke spezialisiertes Buchimportunternehmen COSMOPOLITE LTD. (57 Yehuda Halevi Street); die Firma bestand bis 1980. Im *Börsenblatt* hieß es 1975, S. 2486: ›Wolfgang[!] Hecht, ein Besessener seines Berufes, der zuerst als Angestellter und jetzt als Mitinhaber des ›Cosmopolite Ltd.‹ in Tel Aviv seit über 15 Jahren das heikle Geschäft des Importhandels betreibt […].‹

SStAL, BV, F 03712; Blumenfeld: Ergänzungen (1993); Adressbuch 1931 S. 250, 435; Verlagsveränderungen 1933–1937 S. 11; Israel Book Trade Directory. Jerusalem 1975; Zadek: Buchhändler I (1971) S. 2908.

Hecht, Ernest 21. 9. 1929 Prostejov, Tschechoslowakische Republik – 13. 2. 2018 London; Verleger. H. galt zum Zeitpunkt seines Todes als eine der letzten großen Verlegerpersönlichkeiten der deutschen Zwangsemigration nach 1933. Er entstammte einem assimilierten jüdischen Elternhaus: sein Vater Richard H. war ein gebürtiger Wiener, der in Brünn ein mittelständisches Textilunternehmen führte. Vor der nationalsozialistischen Bedrohung flüchtend, kam H. 1939 mit einem Kindertransport nach England. Von der ersten Unterkunft in London, Tottenham Court Road, wurde er zusammen mit vielen anderen Kindern aufs Land nach Wiltshire evakuiert. Er besuchte die Polytechnic Secondary School und studierte am Hull University College bis 1950 Wirtschaftswissenschaften. 1951 begann er in der Londoner Wohnung seiner Eltern mit seinem Verlag SOUVENIR PRESS; H. repräsentiert so unter den Verlegern eine ›zweite Emigrantengeneration‹. Über Jahrzehnte hinweg konnte der belletristische Verlag dank einer klugen ›Mischkalkulation‹ seine Unabhängigkeit bewahren: unter den Autoren der Souvenir Press befanden sich mehrere Literaturnobelpreisträger ebenso wie der esoterische Schriftsteller Erich von Däniken. Die Reihe *Condor quality Paperbacks* versammelte anspruchsvolle Autoren wie Pablo Neruda oder Jorge Luis Borges; auf mehr als 70 Titel wuchs die Reihe *Human Horizons* an mit Fachliteratur zur Thematik geistig und körperlich Behinderter. Als bekennender Fußballfan – H. war Sponsor von Arsenal London und brasilianischer Fußballteams – hat der Verleger auch viele Bücher zum Thema Fußball herausgebracht. In der Verlagsbranche wurde Souvenir Press Ltd., 43 Great Russell Street, London, mit zuletzt

500 Titeln in der Backlist als der letzte größere konzernunabhängige Publikumsverlag Englands angesehen. Für seine Lebensleistung wurde H. vielfach geehrt, u. a. 2001 mit dem British Book Awards Lifetime Achievement Award; die höchste Auszeichnung erhielt er 2015 mit der Aufnahme in den Most Excellent Order of the British Empire (OBE).

Westphal: German, Czech and Austrian Jews (1991) pp. 205 f.; Logos vol. 19 no. 4 (2009) pp. 178–82; Jason Cowley: The last of the literary entrepreneurs. In: The Times, 11 Nov. 2000 [online]; Obituary: Ernest Hecht – Refugee from Nazi-occupied Czechoslovakia who founded a major publishing house and had a grand passion for Arsenal. In: The Times, Febr. 15. 2018 [online]; Liz Thomson: Ernest Hecht obituary. Founder of the fiercely independent Souvenir Press who arrived in Britain on the Kindertransport on the eve of the second world war. In: The Guardian, 19. 2. 2018 [online]; Ernest Hecht, independent publisher – obituary. In: The Telegraph, 28. 2. 2018 [online].

Hegner, Jakob 25. 2. 1882 Wien – 24. 9. 1962 Lugano; Verleger, Typograph. H. verbrachte seine Kindheit und Jugend in Wien, wo er zusammen mit Stefan Zweig das humanistische Wasagymnasium besuchte. Nach dem Studium der Kunst- und Literaturgeschichte in Leipzig absolvierte H. von 1899 bis 1903 ebenfalls in Leipzig eine Druckereilehre. Anschließend wurde er dort im Verlag HERMANN SEEMANN NACHF. als Lektor tätig; parallel dazu gründete er in Berlin den MAGAZIN-VERLAG JACQUES HEGNER, in dem er u. a. die *Kulturhistorische Liebhaberbibliothek* und (gemeinsam mit René Schickele) das *Neue Magazin* herausgab. Nachdem er nach 1904 einige Jahre in Florenz studiert hatte, siedelte H. sich 1910 in Hellerau bei Dresden an, wo er 1912 den HELLERAUER VERLAG JAKOB HEGNER gründete (eingetragen am 19. Juni 1913). Nach Ausbruch des Ersten Weltkriegs hielt sich H. in Wien auf, wo er Mitglied der redaktionellen Gruppe des Kriegspressequartiers war und an der Zeitschrift *Österreichisch-Ungarische Kriegsberichte* mitarbeitete; 1917/18 gab er zusammen mit dem Schriftsteller Franz Blei die intellektuelle katholische Zeitschrift *Summa* heraus, die im Hellerauer Verlag erschien. Nach dem Ersten Weltkrieg richtete H. die HELLERAUER DRUCKEREI ein, die er zu einer der bedeutendsten Druckereien der Zeit machte, indem er sich (entgegen dem Zeitgeschmack) der Wiederentdeckung klassizistischer und vorklassizistischer Schriften widmete und bibliophile Klassikerdrucke im Handsatz herstellte. 1930 musste er in der Folge der Weltwirtschaftskrise sein Unternehmen schließen, woraufhin er in der Leipziger Druckerei OSCAR BRANDSTÄTTER als Direktor tätig wurde. Dort vertrat er ein europäisch-christliches Programm; so verlegte er die Werke von Romano Guardini. 1936 wurde H. aus der Reichskulturkammer ausgeschlossen; noch im selben Jahr übersiedelte er nach Wien, wo er den THOMAS-VERLAG JAKOB HEGNER mit Sitz in der Neuwaldegger Straße 24 gründete. Als Verleger von Kurt Schuschniggs Buch *Dreimal Österreich* stand er unter der Beobachtung der RSK. 1937 kam es zu behördlicher Korrespondenz bezüglich der umstrittenen Aufnahme des Thomas-Verlags, der Mitglied des Vereins der Österreichischen Buch-, Kunst- und Musikalienhändler war, in das *Adressbuch des Deutschen Buchhandels*. Nach der Annexion Österreichs 1938 flüchtete H., der tschechoslowakischer Staatsbürger war, nach London; bis zum Ende des Krieges war er hier in verschiedenen Verlagen als Berater beschäftigt. 1946 gelang es ihm, wieder als selbständiger Verleger Fuß zu fassen: Er ging in die Schweiz, wo ihm der Verlag OTTO WALTER in Olten die Gründung des SUMMA-VERLAGES ermöglichte. 1949 konnte er dann noch gemeinsam mit dem Verleger J. P. Bachem den JAKOB HEGNER VERLAG in Köln gründen. Mit diesen beiden Unternehmen vermochte es H., an seine alten verlegerischen und typographischen Erfolge anzuknüpfen. H. gehörte 1960 zu den Gründungsgesellschaftern des DEUTSCHEN TASCHENBUCH VERLAGES (DTV). Nach dem Tod H.'s wurde der Verlag von Hans Bachem weitergeführt, bis 1974 die Tätigkeit erlosch.

BHE 1; DBE; LGB 2; BV Leipzig F 12015 (VM Fachschaft Handel Nr. 7 vom 23.12.1937); Homeyer: Bibliophilen und Antiquare (1966) S. 23–25; Georg Kurt Schauer: Meister und Mittler. Jakob Hegner zu seinem 75. Geburtstag am 25. Februar 1957. In: Bbl. (FfM) Nr. 13 vom 26.2.1957 S. 234–36; Hans Martin Jürgensmeyer [Hg.]: Rückschau und Ausblick. Jakob Hegner zum achtzigsten Geburtstag. Köln, Olten: Hegner 1962; Daniel Brody: Gedenkblatt für Jakob Hegner. In: Bbl. (FfM) Nr. 18 vom 5.10.1962 S. 1709 f.; Fischer: Buchgestaltung im Exil (2003) S. 167 f.

Heidelberger, Ernst Geb. 6.11.1908 Bad Mergentheim, gest. nach 1982 in Colombes/Frankreich; Buchhändler, Verleger; Dr. phil. Der Sohn aus jüdischer Kaufmannsfamilie besuchte zunächst in seiner Heimatstadt die Schule, wechselte 1924 auf das Realgymnasium von Würzburg und begann an der dortigen Universität nach dem Abitur ein Studium der Philologie, das er an den Universitäten von Leipzig und Bonn fortsetzte, wo u. a. Ernst Robert Curtius zu seinen Lehrern zählte. 1929/30 studierte H. ein Semester an der Sorbonne in Paris. Nach seiner Promotion 1931 heiratete er im gleichen Jahr Gertrud, geb. Weißbart (31.12.1905 Würzburg; Dr. phil.) und unterrichtete an Gymnasien in Bad Godesberg und in Düsseldorf. 1933 wurde H., der damals mit der KPD sympathisierte, von den Nationalsozialisten mit einem Berufsverbot belegt; im Juni 1933 entschloss er sich, gemeinsam mit seiner Frau nach Frankreich zu emigrieren. In Paris bewegte er sich bald in Kreisen der politischen Emigration; im Komintern-Büro des Institut pour L'étude du Fascisme lernte er Arthur Koestler, Manès Sperber und Hans Friedberg kennen. Im Frühjahr 1935 emigrierte H. mit seiner Familie nach Palästina und eröffnete in Ramat-Gan, einem Vorort von Tel Aviv, eine Buchhandlung, in der er, mit fachlicher Beratung durch → Walter Zadek, ein Sortiment deutscher Exilliteratur aufbaute. Dem Geschäft war wenig Erfolg beschieden, so dass H. Mitte 1937 diese Buchhandlung an → Manfred Braun verkaufte und erneut mit seiner Familie nach Frankreich ging, wo er sich in der Volksfrontbewegung engagierte. Im September 1937 eröffnete er im Quartier Latin, 21 Rue Cujas, die Buchhandlung SCIENCE ET LITTÉRATURE, die Emigrantenzeitschriften und Bücher von Exilverlagen führte. Johann Schmidt (d. i. Laszlo Radvanyi) warb H. an, als Herausgeber der *Zeitschrift für freie deutsche Forschung* der *Freien deutschen Hochschule* zu fungieren, deren erste Nummer im Juli 1938 erschien. In der Folge verlegte H. auch Alfred Döblins Anthologie *Die deutsche Literatur im Ausland seit 1933* (1938) und einen Essayband von Manès Sperber. Nach Kriegsbeginn 1939 musste H., der vorübergehend im Stadion von Colombes interniert wurde, seine Buchhandlung verlassen; er gelangte über Marseille nach Algerien, wo er sich der Fremdenlegion anschloss. Im September 1940 erreichte H. wieder Südfrankreich (Toulouse) und wurde Widerstandskämpfer in der *Résistance*. Der Versuch H.'s, nach Ende des Zweiten Weltkriegs auf juristischem Weg die Pariser Buchhandlung zurückzuerhalten, scheiterte. Er arbeitete in der Folge 1947/48 in der Verwaltung eines Waisenhauses für deportierte Kinder in Pougues-les-Eaux, und bemühte sich bei der Schulbehörde von Düsseldorf um den beruflichen Wiedereinstieg als Lehrer. Nachdem ihm die Behörde ein Praktikum von einem Jahr vorschreiben wollte, gab H. diese Bemühungen auf und ging als Buchhalter in mehreren kleinen Unternehmen einem Brotberuf nach, veröffentlichte aber daneben literarische Artikel zu deutschen jüdischen Schriftstellern, vor allem in der Zeitschrift

L'Arche. 1964 nahm H. wieder die deutsche Staatsbürgerschaft an, blieb aus familiären Gründen aber in Frankreich. H.s Tochter Irene H.-Leonard (geb. 18. 8. 1944 in Chalabre) war Professorin für Deutsche Literatur in Brüssel und ist Honorary Professor in London; neben einer Biographie hat sie auch das Gesamtwerk von Jean Améry herausgegeben.

Ernst Heidelberger: Une vie en tranches. In: Exilés en France. Souvenirs d'antifascistes allemands émigrés (1933–1945). Paris: Éditions François Maspero 1982 S. 190–213.
NL Bundesarchiv Potsdam; Enderle-Ristori: Das ›freie dt. Buch‹ (2004) S. 45 f.

Heiliger, Hans Importbuchhändler. In seinem Geburtsort Brandenburg an der Havel war H. 1932–1938 Inhaber der Buchhandlung IHR BUCHLADEN; 1938 flüchtete er nach Palästina und eröffnete dort eine Import- und Großbuchhandlung für medizinische Fachliteratur. Neben der Zentrale in Haifa (MEDICAL BOOKS & PERIODICALS, 5 Nahalal Street, Bat Galim, Haifa) errichtete er auch Zweigstellen in Jerusalem und Tel Aviv (diese geführt von → Shalom Miron) und errang so eine beherrschende Stellung auf diesem Sektor. Das Unternehmen wurde später von neuen Inhabern fortgeführt.

Interview EF mit Shalom Miron am 22. 10. 1992 in Tel Aviv; Brief Walter Zadek an EF vom 6. 10. 1991; Blumenfeld: Ergänzungen (1993); Palestine Post, 16 July 1945 p. 4; Zadek: Buchhändler II (1971) S. 2940; blha-recherche.brandenburg.de/detail.aspx?ID=1153259.

Heimann, Hugo 15. 4. 1859 Konitz / Westpreußen – 23. 2. 1950 New York; Verleger, Politiker. Nach dem Besuch des Gymnasiums in Berlin absolvierte H. zunächst eine Buchhändlerlehre, von 1880 bis 1884 dann ein Volontariat in London. 1885 wurde er Juniorpartner, 1890 schließlich Alleineigentümer der J. GUTTENTAG VERLAGSBUCHHANDLUNG für Rechtswissenschaft in Berlin. Er brachte die zahlreichen neuen Gesetze jener Zeit in zuverlässigen Ausgaben heraus, wobei sich seine Strategie bewährte, die Bearbeiter der Gesetzesentwürfe und zuständigen Ministerialbeamten durch großzügige Honorare als Herausgeber und Kommentarverfasser zu gewinnen. Innerhalb weniger Jahre wurde H. dadurch zu einem reichen Mann. Inzwischen hatte er sich der sozialdemokratischen Bewegung angeschlossen und trennte sich 1899 von seinem Verlag (der 1919 in DE GRUYTER aufging), um sich ganz der politischen Arbeit widmen zu können. Von 1900 bis 1932 war er Stadtverordneter in Berlin, von 1908 bis 1910 Mitglied im Preußischen Landtag, von 1920 bis 1932 Mitglied des Reichstages. Der Welt des Buches blieb er im Bereich der Volksbildungsarbeit verbunden, indem er – mit enormem persönlichem, auch finanziellem Aufwand – nach dem Beispiel der englischen *Free Public Libraries* die erste öffentliche Bibliothek und Lesehalle in Berlin zur unentgeltlichen Benutzung stiftete; sie wurde ein überwältigender Erfolg und 1920 als Hugo Heimannsche Bibliothek der Stadt Berlin überlassen. Erschüttert über die politische Entwicklung Deutschlands beendete H. 1932 seine politische Tätigkeit. Ende 1939 emigrierte er nach New York, wo er als 80-Jähriger mit RM 10 ankam. Bis zu seinem Tod nahm er dort weiterhin an wissenschaftlichen und politischen Veranstaltungen teil.

Hugo Heimann: Vom tätigen Leben. Berlin: Arani 1949 [Autobiographie].
BHE 1; DBE; Homeyer: Bibliophilen und Antiquare (1966) S. 139; Ernest Hamburger: Juden im öffentlichen Leben Deutschlands. Tübingen: Mohr 1968 S. 530–533.

Heimann, Willy (Luitpold) 12. 3. 1899 Schweinfurt – 27. 7. 1978 Zürich; Antiquar. H. legte 1917 in Schweinfurt das Abitur ab und nahm als Kanonier am Ersten Weltkrieg teil. Nach Entlassung aus dem Militärdienst studierte H. ab 1919 in München Germanistik und Kunstgeschichte und gründete noch im selben Jahr mit seinem Jugendfreund → Hanns Wolff sein erstes Buch- und Kunstantiquariat in München, HEIMANN & WOLFF, das er von seiner Privatwohnung aus bestritt, mit den Spezialgebieten Illustrierte Bücher, Moderne Buchkunst, Pressendrucke und Graphik. 1931 trennten sich die beiden; H. führte nach einer kurzen Beteiligung an der BÜCHERSTUBE HORST STOBBE in München seit 1932 wieder ein eigenständiges Buch- und Kunstantiquariat in der Brienner Straße 10, bis ihm die Reichskulturkammer 1935 jede buchhändlerische Tätigkeit verbot und er als Berater für Auswanderer tätig wurde. Ein geringes Einkommen erzielte er aus dem Verkauf seiner Buchbestände an oder mit Hilfe von befreundeten Kollegen. In der ›Reichspogromnacht‹ erhielt H. den Befehl, innerhalb von 24 Stunden München zu verlassen; sein Berufskollege Helmuth Domizlaff und der Maler und Buchillustrator E. M. Schultheiss versteckten den Verfolgten. Seiner Frau gelang es unterdessen, mit den beiden Kindern in die Niederlande zu entkommen, in Hamburg traf die Familie schließlich wieder zusammen. Durch das Engagement hoher schwedischer Beamter – ehemaliger Kunden H.'s – erhielt er ein Visum und eine Arbeitserlaubnis für Schweden. Zur Vorbereitung seiner Emigration zurück in München, griff die durch einen missgünstigen schwedischen Buchhändler alarmierte Gestapo zu; nach Verhören und Schikanen konnte H. schließlich jedoch mitsamt dem Großteil seiner Bücher auswandern. Am 29. September 1939 traf er mit seiner Frau in Stockholm ein, wo er bis 1947 vor allem in der Buchführung im dortigen THULINS ANTIKVARIAT arbeitete; die Stelle hatte ihm Domizlaff beschafft. Im Oktober 1947 übernahm er die Leitung des eigens für ihn und seine umfassenden bibliophilen Kenntnisse eingerichteten *Rare Book Departments* von SANDBERGS BOKHANDEL in Stockholm. Inhaltlich hatte H. seine Interessensgebiete längst in Richtung der alten Druckdenkmäler und der älteren wissenschaftlichen Literatur erweitert. Die unter seiner Regie 1947 bis 1966 erschienenen Kataloge von Sandbergs Seltenheitsantiquariat zeugen in Typographie und Inhalt von der hohen Qualität seiner Arbeit, besonders der 1958 erschienene Katalog 12 *Carolus Linnaeus 1707–1778*, der die Sammlung eines verstorbenen Göteborger Apothekers mit 892 Nummern verzeichnete und anlässlich des 250. Geburtstags des schwedischen Botanikers erschien. H., der 1948 die schwedische Staatsbürgerschaft erhielt, zählte höchste Kreise bis hin zum schwedischen König zu seinen Kunden. 1967 trat er in den Ruhestand; die Buchbestände der *Antikvarisk Avdelning* wurden in alle Welt verkauft. Um 1970 ging H. nach Zürich und gründete dort noch einmal ein Antiquariat, das er allerdings nur noch wenige Jahre führen konnte.

Brief von Erich Aber an EF vom 24.10.1993; Brief Erich Aber an den Archivar Hermann Staub vom 22.1.1993, HABV/DNB; StAM Pol. Dir. München 13670; BayHStAM LEA BEG 25237; Homeyer: Bibliophilen und Antiquare (1966) S. 139; Hans Koch: Glückwunsch für Willy Heimann. In: Bbl. (FfM) Nr. 45 vom 5.6.1959 (AdA Nr. 6 (1959)) S. 695; Alfred Frauendorfer: Lob der Bescheidenheit. Willy Heimann zum 70. Geburtstag am 12. März 1969. In: Bbl. (FfM) Nr. 21 vom 14.3.1969 (AdA Nr. 3 (1969)) S. 517 f.; Uri Benjamin [d. i. Walter Zadek]: Deutsche Buchhändler im Exil ... auch der König war sein Kunde: Willy Heimann. [Unveröffentlichter Artikel, vorgesehen für AdA Nr. 10 (1978) im HABV/DNB]; Wittmann: Hundert Jahre Buchkultur (1993) S. 169; Wittmann: Münchens jüdische Antiquariate (2009) S. 23–42.

Hein, Otto Geb. 17.6.1887 Brünn; Musikverleger. H. errichtete 1920 zusammen mit seinem Bruder Erwin Hein (geb. 3.5.1980 Brünn) und mit finanzieller Unterstützung des Komponisten Robert Stolz den auf zeitgenössische Schlagermusik spezialisierten WIENER BOHÈME VERLAG, mit einer Niederlassung in Berlin; im Verlag erschienen zahlreiche Erfolgskompositionen des deutschen Schlagers jener Jahre. 1929 gründete H. zusammen mit der UNIVERSUM-FILM AG (UfA) und den Musikverlegern → Viktor Alberti und → Armin Lackenbach Robinson zur Verwertung von Filmmusikrechten den UFATON-VERLAG, dessen Mitgesellschafter der Bohème Verlag wurde. Zur Zeit der Weltwirtschaftskrise Anfang der 1930er Jahre geriet der Bohème Verlag wegen der Produktion überhöhter Auflagen in wirtschaftliche Schwierigkeiten. In Folge wurde 1931 die Wiener Bohème GmbH mit einem Gesellschaftsvertrag der Universum-Film AG gegründet; H. fungierte als Geschäftsführer, schied aber wenig später aus. 1932 kamen die Wiener Bohème GmbH und der Ufaton-Verlag unter das Dach der Universum Film AG (UfA). Nachdem H. nach der NS-›Machtergreifung‹ aufgrund seiner jüdischen Herkunft auch aus dem Vorstand der Ufa entfernt wurde, emigrierte er im April 1933 von Berlin aus nach Paris und arbeitete dort im Verlag EDITION CODA SA, Rue Lafayette. Später gelang H. die Immigration nach Großbritannien, wo eine verlegerische Tätigkeit nicht mehr dokumentiert ist. Sein Bruder Erwin, der von Anfang der 1930er Jahre bis 1935 mit seinem DACAPO VERLAG unter dem Dach des WIENER OPERETTEN VERLAGS (→ Alfred A. Kalmus) Musikwerke verlegte, meldete im Handelsregister am 18. 5. 1935 an der gleichen Adresse des Dacapo Verlags (Wien 3., Landstraßer Hauptstraße 1) den ERWIN HEIN. VERLAG VON MUSIK- UND BÜHNENWERKEN an, der aber 1937 bereits wieder insolvent war und aufgelöst werden musste. Grund dafür war die gravierende Verschlechterung der Absatzverhältnisse auf dem deutschen Markt; Erwin H.s Vertriebstätigkeit wurde seit 1935 von der antisemitischen reichsdeutschen Fachpresse wiederholt diffamiert; er soll darauf bei der Reichspressekammer einen Prozess angestrengt haben. Erwin H. hat sich am 20. 6. 1938 nach Paris abgemeldet; dort verliert sich seine Spur.

Adressbuch 1931 S. 702; Fetthauer: Musikverlage (2004) S. 473; Murray G. Hall: ›Ausgerechnet Bananen …‹: Zur Geschichte des Wiener Bohème-Verlags. In: Austrian Posters. Zur Geschichte der visuellen Kommunikation, 21. 4. 2018 [online].

Heine, Fritz 6. 12. 1904 Hannover – 5. 5. 2002 Zülpich / Eifel; Parteifunktionär, Verleger. H. besuchte zunächst die Handelshochschule, absolvierte dann eine kaufmännische Lehre und war bis 1925 Angestellter in Hannover. Schon seit 1919 hatte er sich politisch engagiert, 1922 war er der SPD beigetreten und ab 1925 dann hauptberuflich im Dienst der Partei tätig. Nach der nationalsozialistischen ›Machtergreifung‹ wirkte er (u. a. als Kurier) im In- und Ausland im Untergrund; im Mai 1933 emigrierte H. wegen persönlicher Gefährdung und auf Wunsch der Parteileitung in die ČSR. Hier arbeitete er als Sekretär für Verlags- und Propagandafragen des Exil-Parteivorstandes im Sopade-Büro in Prag. Außerdem war er Geschäftsführer und Umbruchredakteur der Zeitschrift *Neuer Vorwärts* (NV) und in der Leitung des GRAPHIA-VERLAGES in Karlsbad. Im Herbst 1937 übersiedelte H. im Rahmen der von der ČSR-Regierung veranlassten Verlegung des NV nach Paris. Im Mai und Juni 1940 wurde er interniert und diente in der französischen Armee als *Prestataire*. In der Folge engagierte er sich in verschiedenen Organisationen für die Rettung von politischen Flüchtlingen, im Centre Américain de Secours (Varian Fry) in Marseille war er 1940/41 einer der Hauptorganisatoren der Flüchtlingshilfe (1988 wurde ihm hierfür von Israel die Auszeichnung Gerechter der Völker zuerkannt). Im Februar 1941 ging H. nach Lissabon, noch im Juni desselben Jahres flüchtete er weiter nach Großbritannien, wo er Mitglied des für die Kriegszeit in London gebildeten SPD-Parteivorstandes wurde. Im Februar 1946 kehrte H. nach Deutschland zurück und ließ sich in seiner Heimatstadt Hannover nieder. Im Mai 1946 wurde er in den geschäftsführenden Parteivorstand der SPD gewählt und war hier bis 1957 für das Pressewesen verantwortlich. 1958 wurde er Geschäftsführer des SPD-eigenen Verlags- und Presseverbunds KONZENTRATION GMBH in Bad Godesberg; 1970 kamen Posten als Geschäftsführer von WESTFALENDRUCK in Dortmund und als Gesellschafter mehrerer Verlagsunternehmen hinzu. 1974 ging H. in den Ruhestand und lebte bis zu seinem Tod in Bad Münstereifel.

BHE 1; Stephan Appelius Heine: Die SPD und der lange Weg zur Macht. Essen: Klartext 1999.

Heinemann, Heinz (Heinrich) Egon 23. 3. 1912 Wiesbaden – 20. 9. 1979 Montreal; Buchhändler, Antiquar. Aufgewachsen in Berlin, absolvierte H. nach der humanistischen gymnasialen Schulausbildung und Universitätsstudien in Kunstgeschichte eine Lehre bei der Buchhandlung HANNEMANN. Bereits 1934 eröffnete er in Berlin seine eigene OLIVA BUCHHANDLUNG, der eine Antiquariatsabteilung angeschlossen war. 1936 wurde H. aufgrund seiner jüdischen Herkunft und seiner Weigerung, den Verkauf jüdischer und anderer in der Zwischenzeit verbotener Autoren einzustellen, gezwungen, die Buchhandlung zu schließen. Er war aber imstande, die schon geschlossene und beschlagnahmte Buchhandlung noch zu verkaufen (Käufer: Hermann Kerckhoff). Für den Verlag der Piperdrucke ging H. anschließend für eine Zeit nach Südamerika. Zu seiner Familie nach Berlin zurückgekehrt, gelang ihm im Februar 1939 die Ausreise ohne Visum nach Shanghai, dort arbeitete er mit → Kurt L. Schwarz im WESTERN ARTS BOOKSTORE und eröffnete 1941 in der vornehmen Avenue Joffre die WESTERN ARTS GALLERY mit dem deutschsprachigen Zusatz ›vormals Buchhandlung Olivaer Platz Berlin‹. Der Laden diente den Emigranten als Umschlagplatz für Nachrichten und finanzielle Hilfsmittel, zog aber durch sein Angebot an raren Büchern und an Antiquitäten auch die Mitglieder der (nicht-vertriebenen) deutschen Kolonie an. 1945 gehörten H. in Shanghai, Peking und Nanking fünf eigene Buchhandlungen. Während der chinesischen Revolution 1949 wurden die Buchhandlungen beschlagnahmt; ab 1951 saß H., nachdem er wegen angeblicher Spionage unter Anklage gestellt worden war, 14 Monate im Gefängnis. Mit Hilfe internationaler Organisationen, vor allem aus den USA und Kanada, befreit, durfte das Ehepaar H. 1953 nach Kanada ausreisen. Bald nach seiner Ankunft in Montreal im Juni 1953 beteiligte sich H. am MANSFIELD BOOK MART, um dann einige Monate später den kleinen Buchladen zu kaufen. In der Folge unternahm er Einkaufsreisen nach Europa, wurde ständiger Gast vieler Buchmessen und Buchauktionen in Europa und organisierte 1962 die erste Beteiligung Kanadas an der Frankfurter Buchmesse; sein Geschäft in Montreal, dem er 1963 ein zweites, größeres gegenüber der McGill University hinzufügte, diente als *literary meeting place* für Autoren und Bücherliebhaber. Der Sortimenter, der neben kanadischen auch ausländische und hier schwerpunktmäßig deutschsprachige Bücher führte, betätigte sich nebenbei als Verleger: Sein erster Titel war die englische Übersetzung von Wilhelm Buschs *Max und Moritz*. Als Antiquar baute H. neben einer großen Sigmund Freud-Sammlung auch einen bedeutenden Bestand an Canadiana auf. H. war 1966 Mitbegründer der Alcuin Society und Mitglied in vielen Kulturvereinigungen. Nach seinem Tod 1979 wurde das Geschäft bis zur Liquidation 1981 von seinen ehemaligen Angestellten weitergeführt.

Rosenthal-Fragebogen; Sheila Fischman: Heinz Heinemann: A rare man of letters. In: The Gazette, 29 Sept. 1979; Gerhard Kurtze: Wiesbaden, Schanghai, Montreal. In: Bbl. (FfM) Nr. 91 vom 13. 11. 1979 S. 2246 [Nachruf] siehe auch S. 6836; Astrid Freyeisen: Shanghai und die Politik des Dritten Reiches. Würzburg: Königshausen & Neumann 2000 S. 435, 438 f.

Heinman, William S. 27. 3. 1901 Wien – 20. 4. 1988; Importbuchhändler, Antiquar; Dipl. Ing. Nach dem Abitur nahm H. ein ingenieurwissenschaftliches Studium an der Technischen Universität in Wien auf, das er mit dem akademischen Grad eines Diplomingenieurs abschloss. Daneben belegte er Kurse an der Graphischen Lehr- und Versuchsanstalt bei Prof. Eder und verschaffte sich an der Albertina Kenntnisse der dekorativen Graphik. Nachfolgend arbeitete er für eine französische Edelholzfirma und publizierte einige *technical papers*, die ihm in der Vorkriegszeit mehrfach zu geschäftlichen Reisen in die USA verhalfen. Nach der Annexion Österreichs an Hitlerdeutschland emigrierte H. im September 1939 in die USA. Aufgrund des herannahenden Krieges durfte er als *enemy alien* nicht in seinem erlernten Beruf arbeiten. Wegen seiner guten Sprachkenntnisse riet man ihm zum Foreign Language Importbuchhandel, den er dann im kleineren Rahmen schon vor seinem Militärdienst betrieb, welchen er in Südostasien (1942–45) ableistete. Nach Kriegsende nahm H. in New York seinen Importhandel und Büchervertrieb wieder auf, mit einem Schwerpunkt auf Wörterbüchern und Nachschlagewerken; er selbst beschrieb das Warenangebot seiner Buchhandlung als ›rather exotic and out of the way than rare or antique‹. Bis zur Mitte der 1980er Jahre baute H. ein Lager von rund 5000 Büchern auf und dazu eine umfangreiche Handbibliothek; den gestiegenen Arbeitsaufwand bewältigte er mit Hilfe von zwei Angestellten, einem Lagerarbeiter und einem externen Buchhalter; seit 1972 wurde er außerdem in der Führung der Geschäfte von seiner niederländischen Frau Gerda de La Fontaine Verwey (Schwester des Direktors der Amsterdamer Universitätsbibliothek und Professors für Bibliographie Herman de La Fontaine Verwey) unterstützt, mit deren Kenntnissen der Handel mit holländischen Büchern ausgebaut wurde. H.'s Frau hatte in Leiden studiert, und war in den USA Bibliotheksmitarbeiterin in den niederländischen und belgischen Informationsbüros in New York. Besonders intensive Handelsbeziehungen wurden von H. auch mit Polen angesponnen. H. stand in freundschaftlicher Beziehung zu → Frederick Bernett und → George Efron und gehörte wie diese zu den ersten Mitgliedern der Antiquarian Booksellers' Association of America. Aufgrund einer langen Krankheit und nach mehr als vierzig Berufsjahren verkaufte H. seine Firma 1986 an das traditionsreiche Leidener Verlagshaus E. J. BRILL.

Rosenthal-Fragebogen [Briefantwort vom 10. 11. 1986]; Bach, Fischer: Antiquare (2005) S. 350 f.

Heinsheimer, Hans W[alter] 25. 9. 1900 Karlsruhe –12. 10. 1993 New York; Musikverleger und Musikpublizist; Dr. Nachdem seine Schullaufbahn zu Kriegsende 1918 von einem kurzen Militärdienst unterbrochen worden war, legte H. das Abitur ab und studierte anschließend Jura und Musik in Heidelberg, München und Freiburg im Breisgau, wo er 1923 promovierte. Er fand dann eine Anstellung im renommierten Wiener Musikverlag UNIVERSAL-EDITION, in dem er 1925 die Leitung der Opernabteilung und die Redaktion ihres Organs *Anbruch* übernahm. Gleichzeitig war H. künstlerischer Berater zeitgenössischer Komponisten und bearbeitete Opern; so arrangierte er 1925 Alban

Bergs *Wozzeck* und 1928 Bertolt Brechts und Kurt Weills *Dreigroschenoper*. Er stieg so zur ›grauen Eminenz‹ der Universal Edition auf, des ›fortschrittlichsten, spektakulärsten Musikverlags Europas, ja der Welt‹ (so H. selbst 1980). H. befand sich gerade auf einer Reise in Cuba, als 1938 die Annexion Österreichs erfolgte. Er kehrte daraufhin nicht nach Europa zurück, sondern beschaffte sich ein Visum für die USA und ließ sich in New York nieder. Hier begann er zunächst als Vertreter der Universal Edition bei ASSOCIATED MUSIC PUBLISHERS (AMP) zu arbeiten, übernahm dann die Leitung des amerikanischen Ablegers des Musikverlages BOOSEY & HAWKES, und wechselte 1947 zum Musikverlag G. SCHIRMER, wo er ab 1957 als Verlagsleiter und ab 1972 als Vizepräsident tätig war. In dieser Funktion arbeitete er eng mit Bartók und Strawinsky zusammen, verlegte Carlo Menotti oder Leonard Bernstein, außerdem förderte er die Rezeption Benjamin Brittens in Amerika und verhalf Aaron Copland zum Durchbruch. Verschiedentlich wurde H. als der ›mächtigste Mann im europäischen Musikleben‹ bezeichnet. Im Ruhestand war H. als Musikkritiker für verschiedene europäische Zeitungen tätig, u. a. für die *Frankfurter Allgemeine Zeitung*.

Hans Heinsheimer: Best Regards to Aida. The defeats and victories of a music man on two continents. New York: A. A. Knopf 1968; dt.: Schönste Grüße an Aida. Ein Leben nach Noten. München: Nymphenburger 1969 [Autobiographie]; Selbstbetrachtung zum 80. Geburtstag. In: Aufbau vom 19. 9. 1980.

BHE 2; DBE; LexM [online]; Bernard Holland: Hans W. Heinsheimer dies at 93. Top Publisher of Classical Music. In: New York Times, 14 Oct. 1993 [online]; Herbert Arthur Strauss: Jewish Immigrants of the Nazi Period in the USA. Vol. 3/1. London: Saur 1982 p. 45; Dietmar Polaczek: In neunzig Jahren hundert Geliebte. In: FAZ vom 25. 9. 1990; Dietmar Polaczek: Der Opernoberherr. Zum Tod des Verlegers und Musikpublizisten Hans W. Heinsheimer. In: FAZ vom 14. 10. 1993; In memoriam. In: Aufbau vom 5. 11. 1993; Fischer: Verlegeremigration nach 1933 (2002) S. 286; Fetthauer: Musikverlage (2004) S. 473; Saur: Deutsche Verleger im Exil (2008) S. 229.

Heller, Alfred 8. 9. 1885 München – 1. 5. 1956 Jerusalem; Druckereibesitzer, Verleger; Dr. Nach der mittleren Reife trat H. als Lehrling in das Unternehmen seines Vaters Benno H. BUCHDRUCKEREI UND VERLAG B. HELLER ein, das dieser 1879 als J. Schaumberg'sche Druckerei erworben hatte. Der Lehre folgten ein Studium am Buchdruckereitechnikum in Leipzig und ein Studium der Staatswissenschaften in München und Tübingen, mit Abschluss 1911 als Dr. rer. pol. Nach dem Ersten Weltkrieg, an dem er als Leutnant teilnahm, kehrte H. in den Betrieb des Vaters zurück, dessen Teilhaber er seit 1909 war; 1920 übernahm er die Firma und war so Inhaber der einzigen jüdischen Druckerei in München. Als Zeitungsverleger brachte er *Das jüdische Echo* (erster Jahrgang 1913) sowie die *Bayerische Israelitische Gemeindezeitung* (gegründet 1879) heraus, deren Redakteur Lion Feuchtwangers Bruder → Ludwig Feuchtwanger war; außerdem war er Mitherausgeber der Zeitschrift für die jüdische Jugend *Das Zelt*. Unter H.s Leitung wuchs das Unternehmen, das auch die israelitischen Gemeindekalender für München, Augsburg, Würzburg, Fürth, Bamberg, Freiburg und Worms sowie kleinere Schriften jüdischen Inhalts und Drucksorten für die Ortsgruppe München des Centralvereins deutscher Staatsbürger jüdischen Glaubens herstellte, zu beachtlicher Größe. Auch Fritz Rosenthals (später → Schalom Ben-Chorin) *Messiasspiel* und sein Lyrikband *Das Mal der Sendung* sind dort noch 1933 und 1934 herausgekommen. Von 1928 bis 1933 lehrte H. an der Meisterschule für Buchdrucker in München, deren Gründungsmitglied er war. Nach der ›Machtergreifung‹ im Frühjahr 1933 wurde die Setzerei von einem nationalsozialistischen Mob verwüstet; H. selbst wurde eine Woche lang im Polizeigefängnis inhaftiert. Zum Zwecke der ›Arisierung‹ seines Betriebes wandelte er die Einzelfirma Buchdruckerei B. Heller 1936 in die Buchdruckerei Heller GmbH um. Während seiner einmonatigen Inhaftierung im KZ Dachau nach der Pogromnacht im November 1938 wurde H. gezwungen, eine notarielle Vollmacht zur Veräußerung seiner Geschäftsanteile zu unterschreiben; nur der Verlag blieb sein Eigentum. H. und seine Frau Friedl versuchten 1939, Palästina illegal zu erreichen. Sie wurden von den Engländern aufgegriffen, über das Lager Athlit bei Haifa mit 1500 anderen jüdischen Flüchtlingen nach Mauritius verbracht und dort bis 1945 in einem ehemaligen Polizeigefängnis interniert. In diesen Jahren schrieb H. unter dem Pseudonym Dr. Seligmann einen Bericht über seine Odyssee, aus dem er später ein Typoskript erstellte; ein Auszug wurde im *Bulletin* des Leo Baeck Institute (H. 81/1988)) publiziert. Nach vier Jahren und acht Monaten kamen sie in Palästina an, wo Friedl Heller wenige Tage später starb. Von Dezember 1945 bis März 1951 arbeitete H. als Leiter einer Druckerei in Haifa; 1952 zog er zu seiner Tochter nach Jerusalem. Dort eröffnete er eine kleine Werkstatt zur Herstellung von Büttenpapier, die bis zu seinem Tode bestand.

Alfred Heller: Dr. Seligmanns Auswanderung. Der schwierige Weg nach Israel. Hg. v. Wolfgang Benz (Beck'sche Reihe. Bd. 414). München: Beck 1990.

StadtAM PMB; BayHStAM LEA BEG 8881; Adressbuch 1931 S. 257; Tentative List p. 19; Art. Heller, Alfred. In: Deutsches Literatur Lexikon. Hrsg. von Lutz Hagestedt, Bd. XVI, Berlin: de Gruyter o. J.; 50jähriges Jubiläum des Verlages B. Heller. In: Bayerische Israelitische Gemeindezeitung H. 13 (1929) S. 214; Karl Baur: Wenn ich so zurückdenke. Ein Leben als Verleger in bewegter Zeit. München: dtv 1985 S. 225 f.; Wittmann: Hundert Jahre Buchkultur (1993) S. 169; Barbara Duden: Geschichte in Geschichten: ein historisches Lesebuch. Frankfurt am Main: Campus 2003 S. 168 ff.; Wolfgang Benz: Deutsche Juden im 20. Jahrhundert: eine Geschichte in Portraits. München: C. H. Beck 2011 S. 108–122.

Heller, F. Thomas 6. 6. 1902 Wien – 24. 6. 1984 New York; Buchhändler, Antiquar. Der Sohn des renommierten jüdischen Wiener Buchhändlers Hugo Heller (gest. 1923) studierte Kunstgeschichte in Wien. Nach dem plötzlichen Tod des Vaters wurde dessen 1905 gegründetes Geschäft aufgelöst, doch seit 1924 zeichnete H., anfangs gemeinsam mit Ernst P. Tal und Arnold Weinberger, Kollektivprokura in der 1922 in das Handelsregister eingetragenen Firma BUKUM AG FÜR BUCH- KUNST UND MUSIKALIENHANDEL VORMALS HUGO HELLER & CIE. (Wien I, Bauernmarkt 3). H. spezialisierte sich auf Kunstbücher und belieferte von seiner Wohnung aus Kunden. Nachmalige, oft nur für kurze Zeit eingetragene Verwaltungsratsmitglieder der ab 1934 in Liquidation befindlichen BUKUM waren u. a. Moriz Schenker, Rudolf Bing und → Martin Flinker; H.'s Prokura wurde 1933 gelöscht. Nach der Annexion Österreichs 1938 sah sich H. gezwungen, gemeinsam mit seiner Verlobten Mia Hasterlik Wien zu verlassen. Das Paar wollte über Frankreich in die USA emigrieren. Von Paris aus gelang es Hasterlik, mit einem Visum nach New York weiterzureisen; H. versuchte es nach einem halben Jahr von England aus, wo er zunächst aber als *enemy alien* interniert wurde. Clifford Maggs, der mit H.'s Vater gut bekannt gewesen war, gab ihm die Möglichkeit, für MAGGS BROTHERS Bücherlisten zu erstellen; auf Maggs' Rat hin eignete H. sich während seiner Londoner Zeit in der Bibliothek des British Museum profundes Wissen über medizingeschichtliche Literatur an. Im Frühjahr 1943 konnte H. endlich nach New York auswandern und gründete mit Kommissionsware von Maggs ein Antiquariat, das auf medizinhistorische und wissenschaftliche Bücher des 16. bis 18. Jahrhunderts spezialisiert war. Von ihrem Apartment in Greenwich Village verschickten Mia und Thomas H. getippte, mit einer Vervielfältigungsmaschine abgezogene Bücherlisten (*yellow sheets*) an ihre Kunden (insgesamt sollten es fast 200 Kataloge und Listen werden); das Lager war klein und H. setzte auf schnellen Warenumschlag. H. fand, nicht zuletzt aufgrund seiner guten Kenntnis der englischen Sprache, schnell Anschluss an die amerikanischen Kollegen. Zwischen 1950 und 1980 begab sich H. jedes Jahr im Sommer auf Einkaufsreisen nach Europa, und bereiste im Frühjahr mit seinem Wagen von New York bis Kalifornien die US-amerikanischen Universitätsbibliotheken und andere Kunden. Der begabte Klavierspieler und begeisterte Skifahrer fand daneben auch Zeit, um seinen Hobbys zu frönen. Auch wenn seine Frau Mia in die An- und Verkäufe niemals direkt involviert gewesen war, bedeutete ihr Tod 1973 einen schweren Schlag für ihn; 1977 verheiratete er sich noch einmal (Mariann H.). Nachdem H. 1981 krankheitsbedingt in den Ruhestand gegangen war, führte James A. Hinz (1938–2001) die Antiquariatsgeschäfte der F. THOMAS HELLER INC., seit 1983 in Swarthmore / PA, weiter.

Rosenthal-Fragebogen; Dickinson: Dictionary (1998) pp. 97 f.; Ingo Nebehay: Thomas Heller †. In: Anzeiger des Verbandes der Antiquare Österreichs Nr. 21/22 (Nov. 1984); Hall: Österr. Verlagsgeschichte II (1985) S. 433; Hupfer: Antiquarischer Buchhandel (2003) S. 256–63; Bach, Fischer: Antiquare (2005) S. 345.

Hellmann, Richard 22. 6. 1890 –1944 KZ Auschwitz; Buchhändler, Antiquar. Nach der Ausbildung zum Buchhändler bei FOCK in Leipzig, PARKER in Oxford und WAGNER in Freiburg im Breisgau gründete H. dort 1922 die nach ihm benannte Buchhandlung mit angeschlossenem Antiquariat, deren Spezialgebiet Kunst und Ägyptologie war. Im Dezember 1935 wurde er aufgrund seiner jüdischen Abstammung aus dem BRB und damit aus der RSK ausgeschlossen; Anfang 1936 verlor H. seine Mitgliedschaft im Börsenverein Deutscher Buchhändler und wurde zur Auflösung seines Betriebes gezwungen, die er selbst im Laufe des Jahres 1936 durchführte. H. emigrierte mit seiner Frau Thea geb. Sauter, die schon im Freiburger Geschäft Prokura hatte, nach Luxemburg, wo er am 4. November 1936 seine Buchhandlung mit Antiquariat in der Rue Semois in das Handelsregister eintragen ließ. H. beschränkte seine buchhändlerische Tätigkeit auf einen reinen Versandbetrieb und belieferte vor allem große Universitätsbibliotheken, seine Spezialgebiete waren Kunstwissenschaft, Bibliographie sowie bibliophile Werke. Innerhalb Luxemburgs wurde nicht geliefert aus Rücksicht gegenüber ortsansässigen Buchhändlern, die aus Furcht vor der neuen Konkurrenz Beschwerde bei der Regierung eingelegt hatten. Einem Ende 1936 gestellten Antrag H.'s auf Aufnahme seiner Luxemburger Firma in das *Adressbuch des Deutschen Buchhandels* und Mitgliedschaft im Börsenverein wurde nicht entsprochen, wodurch H. von vielen deutschen Verlegern nicht mehr beliefert wurde. In einer Eingabe an die Leipziger Geschäftsstelle vom 11. Februar 1937 stellte H. seine prekäre Situation dar: ›Das Fehlen des *Börsenblattes* und die Lieferungsweigerung der Barsortimente und vieler Verleger machen mir den ordnungsgemäßen Einsatz für die deutsche wissenschaftliche Literatur im Ausland äußerst schwierig, fast unmöglich. Von der Devisenstelle Karlsruhe wurde mir immer zugesichert, dass mir nach meiner Auswanderung, zumal da ich Schwerkriegsbeschädigter bin und erhebliche Devisenbeträge abgeliefert habe, keinerlei Schwierigkeiten verursacht würden.‹ Am 1. November 1940 übernahm H.'s Ehefrau die auf ihren Namen umfirmierte Buchhandlung mit neuer Adresse in der Hermann-Löns-Straße 88. Nach der Besetzung Luxemburgs durch das Deutsche Reich wurde Thea Sauter, die ›Arierin‹ war, von der Zivilverwaltung die Fortführung ihrer buchhändlerischen Tätigkeit gestattet unter der Auflage, dass die ›jüdische Firmenbezeichnung‹ Richard Hellmann nicht mehr verwendet wird, dass ihr Ehemann nicht mitarbeitet und dass sie den Betrieb nach Ende des Krieges an ihren Neffen Ferdinand Fraißl in Esslingen, der damals Kriegsdienst leistete, übergibt. Die Buchhandlung mit Antiquariat TH. SAUTER suchte erneut, über den Börsenverein reguläre Geschäftsverbindungen nach Deutschland anzuknüpfen, worauf die nunmehr zuständige Außenstelle des Reichspropagandaministeriums in Luxemburg beim Börsenverein intervenierte. 1942 schließlich konnte sich die buchhändlerische Tätigkeit von Sauter dem behördlichen Zugriff nicht mehr entziehen. Die polizeiliche Schließung wurde von der Landeskulturkammer Luxemburg damit begründet, dass Thea Sauter fälschlicherweise behauptet habe, ›dass sie von ihrem Manne, der Jude ist, getrennt lebt, was aber tatsächlich nicht der Fall ist.‹ H. wurde 1942 festgenommen, am 28. Juli nach Theresienstadt deportiert und nach dem 29. September 1944 im KZ Auschwitz ermordet.

SStAL, BV, F 13. 174; Adressbuch 1931 S. 258; Paul Sauer: Die Schicksale der jüdischen Bürger Baden-Württembergs während der nationalsozialistischen Verfolgungszeit 1933–1945. Stuttgart: Kohlhammer 1969 S. 322; The Central Database of Shoah Victims' Names [online]; Schroeder: ›Arisierung‹ II (2009) S. 385.

Hendelson, William H. 26. 7. 1904 Berlin – 28. 5. 1975 New York; Verlagsangestellter, Herausgeber. Willy Hendelsohn, der das Gymnasium in Berlin-Grünewald besucht hatte, wurde bereits 1922, im Alter von 18 Jahren, Mitgesellschafter im Berliner Verlag KNAUR NACHFOLGER Adalbert Droemers, wo er mit *Knaurs Enzyklopädie* und *Knaurs Weltatlas* zwei erfolgreiche Verlagsobjekte herausgab; er war auch persönlich haftender Gesellschafter des 1886 gegründeten Verlagshauses G. HENDELSOHN, Berlin W 50, Prager Straße und des Verlags JUGENDHORT (WALTER BLOCH NACHF.). 1933 wurde G. Hendelsohn als ›erloschen‹ gemeldet; 1934 musste H. Knaur verlassen. Er emigrierte 1938 in die USA und ließ sich in New York nieder. Von 1940 bis 1941 war er bei DOUBLEDAY, von 1941 bis zu seinem Tod 1975 bei dem Enzyklopädieverlag FUNK & WAGNALLS als leitender Redakteur und Herausgeber beschäftigt: In beiden Verlagshäusern war H. für die Veröffentlichung einer bemerkenswerten Zahl von Enzyklopädien und Jahrbüchern verantwortlich.

BHE 2; Adressbuch 1931 S. 259, 652; Verlagsveränderungen 1933–1937 S. 11; Who was who in America. 65th ed. Marquis: New Providence / NJ 2010; Fischer: Verlegeremigration nach 1933 (2002) S. 287; Saur: Deutsche Verleger im Exil (2008) S. 231.

Henning, Carlos Buchhändler. Der promovierte Akademiker H. gründete im Herbst 1938 in Asunción in Paraguay die internationale Buchhandlung LIBRERÍA UNIVERSAL, Casilla Correo 432, die bald zur führenden des Landes wurde. Sein Neffe → Klaus Henning wurde 1942 Mitarbeiter, später Mitgesellschafter des Unternehmens, dessen Kundenkreis sich fast ausschließlich aus Mitgliedern der deutschsprachigen Kolonie zusammensetzte: ›Es handelt sich um ein allgemeines Sortiment, das sich stark auch für das wissenschaftliche Buch einsetzt und auch auf diesem Gebiet eine Schlüssel-

stellung im Land innehat [...] Herr Dr. Henning erfreut sich in Paraguay eines besonderen Ansehens, das sich sowohl aus der Qualität seiner buchhändlerischen Arbeit als auch aus seiner gewinnenden Persönlichkeit ergibt.‹ (Taubert) H. remigrierte in späteren Jahren nach Deutschland.
Taubert: Lateinamerika (1961) S. 145 f.

Henning, Klaus 14. 7. 1921 Trier – 21. 7. 2008 Asunción; Buchhändler. H. emigrierte mit seiner Familie 1934 nach Paraguay und verbrachte die ersten Jahre in der landwirtschaftlichen Kooperative Colonia Carlos Pfannl, einer 1931 gegründeten Einwandererkolonie, zu der nach der NS-›Machtergreifung‹ in Deutschland politisch und ›rassisch‹ Verfolgte stießen. Mit 21 Jahren begann er als Angestellter in der kleinen Buchhandlung seines Onkels → Carlos H. in Asunción zu arbeiten, wurde in der Folge Miteigentümer, und als sein Onkel nach Deutschland remigrierte, übernahm er die Buchhandlung zur Gänze. Er hatte ein internationales Sortiment belletristischer und wissenschaftlicher Literatur in fünf Sprachen und betrieb das Geschäft bis zu seinem Ruhestand. Die LIBRERÍA UNIVERSAL wurde danach geschlossen. Aus einem Hobby entwickelte H. in den 1960er Jahren ein zweites berufliches Standbein mit der Produktion von Photopostkarten (in 35 Jahren entstand eine Produktion von rund 1 Million, davon 700.000 in Farbe), hatte aber bis zur Demokratisierung des Landes in den frühen 1990er Jahren oft mit der Zensur des Regimes Stroessner zu kämpfen; später ließ H. seine Postkarten auch in Deutschland und in den USA drucken.
http://www.portalguarani.com/1933_klaus_henning.html; Taubert: Lateinamerika (1961) S. 145 f.; Nicolas Forster: Die österreichischen Auslandssiedlungen in Südamerika unter besonderer Berücksichtigung derer in Brasilien [online]; Klaus Henning: Autoretratto. In: abc digital, 20. 3. 2003 [online].

Henschel, Edgardo 14. 7. 1932 Hamburg – 24. 10. 2012 Buenos Aires; Buchhändler. Der Sohn von → Juan H. emigrierte mit seiner Familie 1938 nach Argentinien und besuchte die Deutsche Volksschule und anschließend das Argentinische Gymnasium in Buenos Aires. Nach Mitarbeit in der Buchhandlung seines Vaters übernahm er 1968 die Firma, die seither als LIBRERÍA ANTICUARIA EDGARDO HENSCHEL firmierte. Das Bücherangebot wurde von ihm durch Aufbau neuer Abteilungen verbreitet; Schwerpunkte lagen jetzt auf deutschen Erstausgaben, Kinderbüchern, Judaica, Reiseliteratur (bes. Südamerika), alten Landkarten und Graphik. Mitarbeiterin im Antiquariat Edgardo Henschel war seit ca. 1997 Viviana Steinberg, die ebenfalls aus einer aus NS-Deutschland geflüchteten Familie stammte (→ Bernard Steinberg). 1992 besuchte H. erstmals eine deutsche Buchmesse (quodlibet in Hamburg) und kam danach öfter nach Deutschland. 2007 feierte die Buchhandlung ihr 130-jähriges Bestandsjubiläum. Nach dem Tod H.s führte seine Witwe Evelina W. de Henschel (geb. Evelyn Wohlgemuth) die Buchhandlung nur noch kurze Zeit weiter; im Mai 2014 wurde die Schließung bekanntgegeben und das rund 15.000 überwiegend deutschsprachige Bücher umfassende Lager zum Verkauf gestellt.
Lit.: Siehe Juan Henschel sowie: boersenblatt.net, 28. 11. 2012 [online]; boersenblatt.net, 22. 5. 2014 [online].

Henschel, Juan 8. 12. 1899 – 2. 7. 1979 Buenos Aires; Antiquar, Buchhändler. Hans Martin H., Sohn des Buchhändlers Israel H., absolvierte eine Lehre in der Buchabteilung im Kaufhaus des Westens. Seit 1927 hatte er Prokura in der 1877 von seinem Onkel Adolf H. in Hamburg gegründeten und seit 1895 von seinem Vater als Alleininhaber geleiteten wissenschaftlichen Export- und Antiquariatsbuchhandlung HENSCHEL & MÜLLER, Stadthausbrücke 37, die mit ihren zwei Filialen weltweite Kontakte pflegte und auch als Verlag aktiv war; u. a. erschienen hier die in wissenschaftlichen Kreisen geschätzten *Folia Ethno-Glossica. Blätter für Völkerkunde, Sprachwissenschaft, Verwandtes.* Nach dem Tod des Vaters 1928 leitete H. das modern ausgestattete Geschäft, in welchem ein eigener Leseraum eingerichtet war. 1935/36 wurde H. gezwungen, die Geschäfte an die ›Ariseure‹ Werner Hundertmark und Hermann Rhein zu verkaufen, um dem zu erwartenden Ausschlussverfahren des Bundes Reichsdeutscher Buchhändler e. V. zuvorzukommen, was den finanziellen Ruin der Familie bedeutet hätte. H. flüchtete Ende 1937 über die Niederlande nach Argentinien, 1938 folgten ihm seine Frau und sein kaum 6-jähriger Sohn Edgar nach. In Buenos Aires, Reconquista 533, eröffnete H., nachdem er vorübergehend als Angestellter im Buchhandel eine Beschäftigung gefunden hatte, 1940 sein Antiquariat LIBRERÍA JUAN HENSCHEL; den Grundstock bildete seine eigene, kleine Privatbibliothek. H., der mit Stefan Zweig befreundet war, belieferte vor allem deutschsprachige Immigranten; er erwarb Sammlungen von Mitgliedern der deutschen Kolonie in Buenos Aires, doch blieben mit Katalogen auch Verbindungen nach Europa bestehen. Einen thematischen Schwerpunkt bildete das Antiquariat im Bereich der Americana aus. Nach einigen Jahren konnte ein Gebäude im Zentrum der Stadt bezogen werden: das Etagengeschäft entwickelte sich zu einer Oase für Bücherfreunde im Banken- und Büroviertel. 1968 zog sich H. zurück und übergab die Führung der Firma an seinen Sohn → Edgardo H.

Brief von Edgardo Henschel an EF vom 4. 10. 1993; Taubert: Lateinamerika (1961) S. 126; Marion Arbolave: Eine Dynastie im Buchhandel. Hundert Jahre Antiquariat Henschel. In: Aufbau vom 15. 7. 1977; Gottwalt Pankow: Das Antiquariat Henschel in Buenos Aires wird 120 Jahre alt. In: Bbl. (FfM) Nr. 33 vom 25. 4. 1997 (AdA Nr. 4 (1997)) S. A206–08; Frank Bajohr: ›Arisierung‹ in Hamburg. Hamburg: Christians 1998 (2. Aufl.) S. 109; Gertrud Seydelmann: Gefährdete Balance: ein Leben in Hamburg 1936–1945. Hamburg: Junius 1996 S. 42; Librairia Anticuaria Edgardo Henschel: 130. Firmenjubiläum. In: AdA NF Nr. 2 (2007) S. 158; Schroeder: ›Arisierung‹ II (2009) S. 385; Roland Jaeger: Tore zur Bücherwelt: Hamburgs Antiquariate und Auktionshäuser der Zwischenkriegszeit (I). In: AdA NF 8 Nr. 6 (2010) S. 261–81, hier S. 269–71.

Herlitschka, Herberth E[gon] 26. 12. 1893 Wien – 6. 6. 1970 Bern; Übersetzer. H. lebte in Wien und war auch selbst literarisch tätig, vor allem aber war er als Übersetzer überaus produktiv. Er konzentrierte sich dabei auf englischsprachige Autoren wie Aldous Huxley, Thornton Wilder, William Butler Yeats, Storm Jameson, David Garnett, William Faulkner, D. H. Lawrence, Katherine Mansfield oder Virginia Woolf. Er lieferte Übersetzungen u. a. für den Insel Verlag und den Verlag von → Herbert Reichner, bis er 1938 nach London emigrierte, wo er, nach dem Zeugnis des ebenfalls exilierten Dichters Erich Fried, eine regelrechte ›Literaturfabrik‹ betrieb. Nach dem Krieg ging H., weiterhin als Übersetzer aktiv, in die Schweiz.

Erich Fried in: Zwischenwelt I, S. 84; Papers of Herberth E. Herlitschka, University of Reading, Special Collections.

Herrnstadt, Rudolf 18. 3. 1903 Gleiwitz / Schlesien – 28. 8. 1966 Halle; Redakteur, Politiker, Verleger. Der Sohn eines Rechtsanwaltes arbeitete, nach Abbruch eines Jura-

Studiums, seit 1924 als Lektor im Berliner DREI MASKEN VERLAG, einem führenden Theaterverlag jener Zeit. 1928–30 war er Redakteur und 1930–39 in Prag, Warschau und Moskau Auslandskorrespondent des *Berliner Tageblatts*. H., der 1929 der KPD beigetreten war, arbeitete seit 1930 für den Sowjetischen Militär-Nachrichtendienst und 1940–43 in Moskau im Generalstab der Roten Armee. 1944/45 war er Mitglied im Nationalkomitee Freies Deutschland und Chefredakteur von dessen Zeitung *Freies Deutschland*. Nach seiner Rückkehr nach Berlin im Mai 1945 war er Mitbegründer des BERLINER VERLAGS und bis 1949 Chefredakteur der *Berliner Zeitung*, danach der Zeitung *Neues Deutschland*, zugleich Volkskammerabgeordneter. 1950 Mitglied des ZK der SED und Kandidat des Politbüros, wurde er für den Arbeiteraufstand am 17. Juni 1953 mitverantwortlich gemacht und 1954 aus der SED ausgeschlossen; er verlor auch alle sonstigen Ämter und Funktionen. Bis 1966 war er als Angestellter im Deutschen Zentralarchiv in Merseburg tätig.

Wer war Wer in der DDR (1995) S. 298 f.; Irina Liebmann: Wäre es schön? Es wäre schön! Mein Vater Rudolf Herrnstadt. Berlin: Berlin Verlag 2008.

Hertzka, Jella 4. 2. 1873 Wien – 13. 11. 1948 Wien; Gartenbauarchitektin, Musikverlegerin. Die gelernte Gartenbauarchitektin H. geb. Fuchs gründete 1913 die erste höhere Gartenbauschule für Mädchen in Wien, die sie bis 1938 leitete; in den 1930er Jahren waren viele der Schülerinnen junge Zionistinnen, die sich dort auf ihre Kibbuz-Arbeit in Palästina vorbereiteten. Verheiratet war H. seit 1897 mit dem Musikverleger Emil H. (1869–1932), der seit 1907 geschäftsführender Direktor der UNIVERSAL EDITION AG war. Die entschiedene Pazifistin, die mit → Helene Scheu-Riesz eng befreundet war und deren reformpädagogische verlegerische Initiativen finanziell unterstützte, engagierte sich gesellschaftlich vielfältig: Sie initiierte Josef Hoffmanns Künstlerkolonie im Kaasgraben, Wien XIX, förderte die Gründung des Cottage-Lyzeums und betätigte sich als Mäzenin junger Künstler. Nach dem Ende des Ersten Weltkrieges beteiligte sie sich aktiv an der Rückführung von Kriegsgefangenen. Vor allem aber war H. eine prominente Protagonistin der Wiener bürgerlichen Frauenbewegung: als Vorsitzende des Neuen Wiener Frauenclubs (den sie 1903 mit gegründet hatte) seit 1909 war sie aktiv im Bund der österreichischen Frauenvereine, dazu übernahm sie 1921 noch die Präsidentschaft der neu gegründeten Internationalen Frauenliga für Frieden und Freiheit; in dieser Funktion organisierte sie u. a. internationale Frauenkongresse in Wien. Nach dem Tod ihres Mannes rückte H. 1932 als Aktionärin in den Verwaltungsrat der Universal Edition nach. Nach dem ›Anschluss‹ Österreichs an Hitlerdeutschland 1938 wurde die Jüdin H. gezwungen, ihre Anteile an der Universal Edition zu veräußern. Sie emigrierte noch im selben Jahr nach Großbritannien, wo sie als Gartenbauarchitektin ihren Lebensunterhalt bestritt. 1946 kehrte die inzwischen 73-jährige nach Österreich zurück und bemühte sich um den Wiederaufbau des Verlages. Sie machte Alfred Schlee, der schon seit 1928 dem Unternehmen angehörte und während des Krieges versucht hatte, den Verlagsbetrieb aufrechtzuerhalten, zum Geschäftsführer und leitete die Universal Edition bis zu ihrem Tod 1948 als öffentliche Verwalterin.

BHE 1; DBE; Fetthauer: Musikverlage (2004) S. 474; Jella Hertzka. Frauen in Bewegung (Ariadne) [online].

Herz, Emil (Emanuel) 5. 4. 1877 Essen – 7. 7. 1971 Rochester / NY; Verleger; Dr. phil. Der Sohn eines jüdischen Häute- und Fellhändlers besuchte in Warburg das Gymnasium

Marianum und absolvierte danach in Bonn ein Germanistikstudium. Nach einer 2-jährigen Verlagslehre im Hamburger medizinisch-naturwissenschaftlichen Verlag von LEOPOLD VOSS wechselte er Anfang September 1903 zum Berliner ULLSTEIN VERLAG (→ Franz Edgar Ullstein, → Frederick Ullstein, → Hermann Ullstein, → Karl H. Ullstein, → Rudolf Ullstein), wo er im Auftrag von Louis Ullstein die zu diesem Zeitpunkt noch sehr kleine Buchabteilung des Pressehauses eigenverantwortlich und mit großem Erfolg zu einem echten Buchverlag ausbaute. Als 1921 die offene Handelsgesellschaft Ullstein & Co. in die ULLSTEIN AG umgewandelt wurde, wurde H. Mitglied des ersten Vorstandes. Zu seinen Verdiensten zählt die Einführung des *Ullstein-Buches* ebenso wie die 1919 erfolgte Gründung der Ullstein-Abteilung PROPYLÄEN-VERLAG, in dem u. a. die berühmten Serien *Propyläen-Weltgeschichte* und *Propyläen-Kunstgeschichte* erschienen. Der größte Bucherfolg der Ägide H. war Erich Maria Remarques *Im Westen nichts Neues* (1929), zu den Bestsellerautoren des Verlages zählte auch Vicki Baum. 1934 erzwangen die Nazis H.'s Entlassung; 1936 ging er ›mit Bitternis erfüllt‹ (Soschka) zusammen mit seiner Familie in die Emigration: zunächst in die Schweiz, dann nach Italien, 1939 nach Kuba, 1941 schließlich in die USA, wo er sich in Rochester / NY niederließ und seine Erinnerungen schrieb.

Emil Herz: Denk ich an Deutschland in der Nacht. Die Geschichte des Hauses Steg. Berlin: Verlag des Druckhauses Tempelhof 1951 [Erinnerungen].

BHE 1; 50 Jahre Ullstein. 1877–1927. Berlin: Ullstein 1927; Emil Herz – 70 Jahre. In: Aufbau vom 4. 4. 1947 S. 10; Cyrill Soschka: Ullstein und Propyläen. Emil Herz zum hundertsten Geburtstag. In: Bbl. (FfM) Nr. 27 vom 5. 4. 1977 S. 10; W. Joachim Freyburg [Hg.]: Hundert Jahre Ullstein: 1877–1977. 4 Bde. Berlin: Ullstein 1977; Ute Schneider: Die ›Romanabteilung‹ im Ullstein-Konzern der 20er und 30er Jahre. In: IASL 25 H. 2 (2000) S. 93–114.

Herz, Eva 1912 Berlin – 30. 10. 2001 São Paulo / Brasilien; Buchhändlerin. H. flüchtete mit ihrem Mann und ihrer Mutter 1938 aus Berlin vor ›rassischer‹ Verfolgung nach Brasilien. In São Paulo baute sie 1939, zur Aufstockung des Haushaltsgeldes, mit anfänglich nur zehn deutschsprachigen Büchern aus ihren privaten Beständen von ihrer Wohnung aus einen Buchverleih auf, mit dem sie in der deutschen Emigrantenkolonie ihr Publikum fand. 1947 errichtete H. eine Firma für den Leihbuchhandel, 1950 begann sie auch mit dem Verkauf von Büchern und gründete die LIVRARIA CULTURA. 1969 gab sie den Buchverleih auf und widmete sich ausschließlich dem Sortimentsbuchhandel. Im gleichen Jahr übernahm ihr Sohn Peter / Pedro die Geschäftsleitung; ein größeres Ladenlokal wurde in der Avenida Paulista, im Gebäude der Nationalversammlung, eröffnet. 2000 folgte eine Niederlassung in einem Shopping-Center; nach dem Tod von H. expandierte das Unternehmen weiter: Filialbetriebe wurden 2003 in Porto Alegre, 2004 in Recife und 2005 in Brasília eröffnet, weitere folgten in Fortaleza und in São Paulo selbst. Insgesamt gehören heute 11 Buchhandlungen zu der Buchhandelskette; das neue, 2007 eröffnete, inmitten von Restaurants, Kaffeehäusern oder Kinos gelegene Geschäft in São Paulo ist mit 4300 m² auf drei Etagen die größte Buchhandlung Brasiliens. Die Buchhandlungen, die auf der Basis eines 2,6 Millionen Titel umfassenden Katalogs durchschnittlich 150 000 Titel vorrätig halten (darunter auch viele fremdsprachige), sind sowohl Zentren der Kultur wie auch des Entertainments. 1995 war die Livraria Cultura in Brasilien Pionier im Online-Buchhandel. Pedro H. und seine beiden Söhne Sergio und Fabio beschäftigen in ihrem in drei Einheiten gegliederten Unternehmen insgesamt mehr als tausend Angestellte und verfolgen weiterhin die Geschäftsprinzipien ihrer Mutter, Qualität, Service und breite Auswahl; sie haben damit 800 000 namentlich registrierte Kunden gewonnen, die monatlich einen Newsletter erhalten. 2010 wurden sowohl in Brasília wie in São Paulo jeweils ein Veranstaltungszentrum ›Teatro Eva Herz‹ eröffnet, wo neben szenischen Aufführungen auch Konzerte, Shows und öffentliche Diskussionen stattfinden.

Livraria Cultura [Homepage]; Brazil's Biggest Bookseller Expands Vertically. In: Publishers Weekly 10 Jan. 2000 [online]; Caso de successo: Livraria cultura [online]; Eva Herz, a história da Livrairia Cultura [online]; Brasiliens größtes, bestes, meistbesuchtes Buchkaufhaus – von verfolgten Berliner Juden 1948 in Sao Paulo gegründet. In: Hart Brasilientexte [online]; Florian Leu, Carlos Hanimann: Bildung, Bildung, Bildung. Pedro Herz, Buchhändler, Bloco D 32–1. In: NZZ Folio, Januar 2014 [online].

Herz, Ida 18. 10. 1894 Nürnberg –12. 2. 1984 London; Buchhändlerin. H. war die Tochter des jüdischen Kaufmanns Moritz H. und seiner Frau Lina geb. Besselau. Sie absolvierte eine Lehrzeit in einem Sortiment in Nürnberg, war dann in der alteingesessenen Buchhandlung SCHRAG in der Königinstraße im Zentrum Nürnbergs angestellt und arbeitete Anfang der 1920er Jahre in Frankfurt am Main in der berühmten Buchhandlung JOSEPH BAER als Antiquarin. Dort lernte sie Thomas Mann kennen, dessen Werk sie seit langem bewunderte; sie war eine leidenschaftliche Sammlerin aller Thomas-Mann-Ausgaben und den Schriftsteller betreffenden Zeitungs- und Zeitschriftenartikel. Im Laufe der Zeit stellte Mann selbst ihr Material und Manuskriptabschriften zur Verfügung; 1925 beauftragte er H., die er in seinem Roman *Doktor Faustus* als Kunigunde Rosenstiel verewigt hat, seine große Münchener Bibliothek zu ordnen. Um 1927/28 war H. beim S. FISCHER VERLAG in Berlin tätig, aus familiären Gründen (der Vater starb 1929) ging sie aber nach Nürnberg zurück und trat als Prokuristin in das elterliche Geschäft, die Darmhandlung Herz & Besselau ein. Nach Manns Emigration aus Hitlerdeutschland schleuste H. aus der unter Beobachtung der NS-Behörden stehenden Münchner Wohnung nach seinen Anweisungen die Handbibliothek des Schriftstellers, u. a. aber auch das Familiensilber, das Grammophon und Schallplatten, in 37 Kisten heraus und sandte sie an eine Deckadresse in Basel. Am Tag nach der Verabschiedung der ›Nürnberger Gesetze‹, am 16. September 1935, emigrierte H., die kurzzeitig von den Nationalsozialisten in Untersuchungshaft genommen worden war, über die Schweiz nach London, wo sie zwischen 1936 und 1944 als Bibliothekarin am Warburg-Institute hilfsweise tätig war, von 1944 bis 1950 als Buchhändlerin bei der HENRY SOTHERAN LTD. und zuletzt bis zu ihrer Pensionierung im Sekretariat des Wiedergutmachungsamtes für jüdische Flüchtlinge arbeitete. Ihre Mann-Sammlung hatte sie vor ihrer Emigration in zwei Kisten im französischen Konsulat in München deponiert, von wo der Bestand zunächst in den Besitz der amerikanischen Armee, danach des Pariser Außenministeriums gelangte. 1947 erhielt H. die Sammlung zurück, die sie in der Folge weiter ausbaute. 1960 vermachte H. ihre umfangreiche Korrespondenz und ihre Sammlung dem Thomas-Mann-Archiv in Zürich. Eine ganze Anzahl von Thomas Mann-Ausgaben aus H.'s Nachlass konnte vor einigen Jahren aus einem Londoner Antiquariatskeller geborgen werden.

C. V. Wedgwood: Obituary Ida Herz. In: ABA Newsletter no. 122 (March 1984); Hans-Otto Mayer: Ida Herz – eine Weggenossin Thomas Manns. In: Bbl. (FfM) Nr. 96 vom 30. 11. 1979 (AdA Nr. 11 (1979)) S. 402–05, dazu Leserbrief von Eberhard Polscher: Falscher Eindruck. In: AdA Nr. 12 (1979) S. A486 f.; Klaus W. Jonas: Ein Leben für Thomas Mann: Erinnerungen eines Sammlers und Bibliographen an Ida Herz (1894–1984). In: Hefte der Deutschen Thomas-Mann-

Gesellschaft H. 4 (Sept. 1984); Friedhelm Kröll: Die Archivarin des Zauberers. Ida Herz und Thomas Mann. Cadolzburg: ars vivendi 2001; Antiquariat Loidl: Katalog 45 (2001). Vorwort des Sammlers [auch online]; Gerhard Jochem: Jakob Wassermann und Nürnberg unter www.rijo-research.de [online].

Herzfeld, Barbara 19.12.1898 Budapest–1970 Buenos Aires; Buchhändlerin. H., geb. Friedmann, war Büroangestellte, Journalistin und Übersetzerin; 1927 wurde sie die zweite Ehefrau von John Heartfield. Sie ging mit ihm 1933 ins Exil, verließ ihren Mann jedoch in der Zeit in Prag (die Scheidung erfolgte erst 1952) und flüchtete anschließend zuerst nach Paris, dann nach Argentinien. In Buenos Aires eröffnete sie am 26. Dezember 1938 eine BÜCHERSTUBE RECONQUISTA. In den 1950er und 1960er Jahren trat die Buchhandlung, die deutsches Antiquariat führte, aber auch spanischsprachige Neuerscheinungen bereithielt, unter dem Namen LIBRERÍA B. DE HERZFELD (Casilla de Correo, 2450) auf. Zeitweilig dürfte auch der Redakteur der Exilzeitung *Argentinisches Tageblatt* Peter Bussemeyer (1904–1964), der in Deutschland Korrespondent der *Frankfurter Zeitung* gewesen war, in der Librería B. de Herzfeld mitgearbeitet haben. H. hat mehrfach die Frankfurter Buchmesse besucht.

Kiessling: Exil in Lateinamerika (1984) S. 483 f.; Öhlberger (2000) S. 114; https://heartfield.adk.de/personenindex.

Herzfeld, Maria O. Buchhändlerin. H. war die Frau des jüdischen Literaturwissenschaftlers Dr. Hans H. aus Frankfurt, die Eheleute waren nach 1933 aus Deutschland geflüchtet und nach Argentinien gegangen. Hans H. wurde in Buenos Aires einer der führenden Köpfe des Exils, er publizierte zahlreiche Artikel im antifaschistischen *Argentinischen Tageblatt*. Nach dem Tod ihres Mannes blieb H. in Buenos Aires und wurde argentinische Staatsbürgerin. Sie arbeitete als Journalistin, u. a. für Rundfunkanstalten, aber auch als Buchhändlerin und kam wiederholt nach Deutschland zur Frankfurter Buchmesse.

Bbl. (FfM) Nr. 81 vom 12.10.1973 S. 1741, 1743; Sebastian Schoepp: Das ›Argentinische Tageblatt 1933–1945‹. In: Vierteljahrshefte für Zeitgeschichte 43. Jg. H. 1 (Jan. 1995) S. 75–113, hier S. 82.

Herzfelde, Wieland (urspr. Wieland Herzfeld) 11.4.1896 Weggis / CH – 23.11.1988 Berlin; Verleger. Nach dem frühen Tod der Eltern, mit welchen er 1913 nach Deutschland eingewandert war, studierte H. Germanistik und Medizin an der Universität Berlin. 1914 meldete er sich als Freiwilliger zum Kriegsdienst, wurde aber sehr schnell zum Pazifisten. Aus dieser Motivation heraus publizierte er zusammen mit seinem Bruder John Heartfield und George Grosz 1916 die oppositionelle Zeitschrift *Neue Jugend* in Berlin, mit der auch ein erster Schritt zu der am 1. März 1917 erfolgten Lizenzerteilung für einen Buchverlag gesetzt wurde. Der so entstandene, bis 1933 von H. geleitete MALIK-VERLAG widmete sich anfänglich der Literatur des Dadaismus und der revolutionären Linken, im weiteren dann sozialkritischen deutschen und amerikanischen (Upton Sinclair) sowie sowjetrussischen Autoren. 1918 trat H. in die KPD ein, hielt aber als Verleger Abstand zur Partei und legte Wert auf eine gewisse Eigenständigkeit. Der Malik-Verlag gehörte zu den markantesten Literaturverlagen der Weimarer Republik; dazu trug auch John Heartfield als Buchgestalter v. a. mit seinen Fotomontage-Umschlägen nicht unwesentlich bei. Bald nach der Machtübernahme 1933 wurde der Malik-

Verlag von den Nationalsozialisten beschlagnahmt, H. ging in den Untergrund und konnte im März nach Prag entkommen. Dort führte er den Verlag mit Unterstützung der tschechischen KP fort. Da eigenständige Unternehmen in der ČSR von einem tschechoslowakischen Staatsbürger geleitet werden mussten, ließ H. im Juni 1934 den Verlag als Prager Zweigstelle des Malik-Verlags London registrieren. H. verlegte Werke im Exil lebender sozialistischer Autoren wie Johannes R. Becher, Bertolt Brecht, Oskar Maria Graf und → Max Seydewitz. Zwischen September 1933 bis August 1935 gab er zusammen mit Graf, Anna Seghers und Jan Peterson die monatlich erscheinende Exilzeitschrift *Neue Deutsche Blätter* heraus, mit dem Ziel, eine volksnahe literarische Front zu bilden. In Zusammenarbeit mit → Willi Münzenberg gründete H. im April 1933 mit Bruno Frei und Franz Carl Weiskopf die bis März 1936 erscheinende Zeitung *Der Gegen-Angriff* in Prag, Paris und Basel und schrieb Beiträge für verschiedene politische und literarische Zeitungen und Zeitschriften. In London führte er nach der erzwungenen Flucht aus Prag im Oktober 1938 den Malik-Verlag weiter, bis er 1939 in die USA auswanderte und dort in New York fünf Jahre später den SEVEN SEAS BOOKSHOP eröffnete, in welchem er auch Briefmarken verkaufte. Daneben setzte H. seine publizistische Tätigkeit fort. Er verfasste Beiträge für den *Aufbau* und weitere Periodika. 1941 entstand der Plan, über die Veranstaltungsorganisation der deutschen Schriftsteller Die Tribüne eine aus 1000 Anteilsscheinen bestehende Verlagskooperative aufzubauen. Daraus entwickelte sich mit H. als treibender Kraft und mit Beteiligung u. a. von Brecht, Graf, Weiskopf, Döblin, Lion Feuchtwanger, Heinrich Mann und → Ernst Waldinger im Herbst 1945 der AURORA VERLAG antifaschistischer Schriftsteller in New York, der sich ausschließlich der Pflege und Erhaltung der Exilliteratur widmete. Zwischen 1944 und 1947 erschienen zwölf Titel, die von SCHOENHOF'S FOREIGN BOOKSTORE vertrieben wurden. Der Leiter der deutschsprachigen Abteilung von Schoenhof's, der aus Österreich stammende → Paul Müller, hatte durch eine Anschubfinanzierung maßgeblichen Anteil bereits an der Entstehung des Aurora Verlags. Im Frühjahr 1949 gab H. das Unternehmen endgültig auf und ging zurück nach Deutschland, in die DDR. Dort übernahm der Ost-Berliner AUFBAU-VERLAG die gesamte Aurora-Produktion in eine neue Reihe. H. selbst wurde die Wiederaufnahme seiner verlegerischen Tätigkeit nicht ermöglicht, stattdessen wurde er zum Professor für Soziologie der neueren Literatur an der Universität Leipzig berufen. Nach seiner Emeritierung betätigte er sich als Journalist, Literaturkritiker und gemeinsam mit seinem Bruder als Bühnenbildner und Buchdesigner. H. war von 1967 bis 1970 Sekretär der Sektion Dichtkunst der Deutschen Akademie der Künste in Ost-Berlin und von 1959 bis 1970 Präsident des PEN-Zentrums der DDR. Er erhielt 1959 den Heinrich Heine-Preis, den Vaterländischen Verdiensorden in Silber (1961) und Gold (1966), 1981 den Karl-Marx-Orden; 1986 wurde er zum Ehrenbürger von Berlin ernannt.

Wieland Herzfelde: Immergrün. Merkwürdige Erlebnisse und Erfahrungen eines fröhlichen Waisenknaben. Berlin: Aufbau 1949 [erweiterte Fassungen 1966 u. 1976].

SStAL, BV, F 13. 321; BHE 2; DBE; Adressbuch 1931 S. 298; Verlagsveränderungen 1933–1937 S. 16; Verlagsveränderungen 1942–1963 S. 16 (Aurora), 124 (Malik); Cazden: Free German Book Trade (1967) p. 350, 361; Cazden: German Exile Literature (1970) p. 177; Der Malik-Verlag 1916–1947. [Katalog] Berlin: Aufbau 1966; James H. Fraser: German Exile Publishing: The Malik – Aurora Verlag of Wieland Herzfelde. In: German Life & Letters vol. XXVII no. 2 (1973/74) pp. 115–24; Gabriele Leschke: Der Malik-Verlag. In: Buchhandelsgeschichte H. 3 (1985) S. 81–98; Georg Ramseger: Ein Leben für eine Schimäre: ein nicht Unumstrittener, in jedem Fall aber ein großer Beweger, wird heute 90 Jahre alt: Wieland Herzfelde (Malik). In: Bbl. (FfM) Nr. 29 vom 11.4.1986 S. 1030/31; Frank Hermann: Kulturpolitische Tradition und Funktionen des Malik-Verlages während des Prager Exils 1933–1938. In: EXIL Jg. 9 Nr. 1 (1989) S. 7–35; Koepke: Exilautoren und ihre Verleger (1989) S. 1423, 1432–34; Frank Hermann: Elf exilierte Schriftsteller in Amerika. Versuch über die Entstehung des Aurora-Verlages. Mit Bibliographie. In: Marginalien H. 113 (1989) S. 3–22; Frank Hermann: Malik. Zur Geschichte eines Verlages 1916–1947. Düsseldorf: Droste 1989; Friedrich Pfäfflin [Hg.]: Tribüne und Aurora. Wieland Herzfelde und Berthold Viertel. Briefwechsel 1940–1949. Mainz: v. Hase & Koehler 1990; Fritz Matke: Aurora Verlag und Aurora-Bücherei. Eine Ergänzung; mit Bibliographie. In: Marginalien H. 118 (1990) S. 28–39; Frank Hermann: Wirkung, Funktion und kulturpolitische Tradition des Malik-Verlages während des Prager Exils 1933–1938. In: Leipziger Jahrbuch zur Buchgeschichte. Bd. 1. Wiesbaden: Harrassowitz 1991 S. 189–213; Ulrich Faure: Im Knotenpunkt des Weltverkehrs. Herzfelde, Heartfield, Grosz und der Malik-Verlag 1916–1947. Berlin: Aufbau 1992; Fischer: Verlegeremigration nach 1933 (2002) S. 273 f.; George Wyland-Herzfelde: Glück gehabt. Erinnerungen. München: dtv 2003, passim; Saur: Deutsche Verleger im Exil (2008) S. 221.

Herzfelder, E. J. Zwischenbuchhändler. H. errichtete nach seiner Ankunft in Palästina in Tel Aviv am 1. Februar 1936 die Import- / Exportbuchhandlung, Grossist und Verlagsvertretung E. J. HERZFELDER. In dem Unternehmen waren zahlreiche weitere Emigranten aus Deutschland tätig, so etwa seit 1948 → Max Baender und seine Ehefrau Eva Baender sowie in seiner Nachfolge → Erich Hecht und → Rolf Schuster, auch Abraham Frank. Das Unternehmen führte Bücher aus aller Welt ein und war besonders auf Kunst- und Geisteswissenschaften sowie wissenschaftliche Reproduktionen spezialisiert.

Brief von F. Pinczower an EF vom 12.12.1991; Adressbuch 1955 S. 773; The Palestine Gazette No. 1655, S. 239.

Hess, Béla Geb. 1.6.1893 Raasdorf / Burgenland / Österreich-Ungarn; Buchdruckereibesitzer, Verleger. H. erwarb mit Datum vom 1. Juni 1936 von → Dr. Leo Landau den Verlag mit Versandbuchhandlung C. BARTH in Wien I, Hessgasse 7, der seit Mitte der 1920er Jahre auf Fachliteratur zum Thema Reklame spezialisiert war, am Beginn der 1930er Jahre aber ein breiteres Spektrum bediente. H. setzte diese Linie eines ›Verlags für Wirtschaft‹ fort, mit einer Neuauflage von Simon Bicks *Das ABC des Steuerträgers. Ein Taschenlexikon für Steuer- und Wirtschaftsfragen* und Titeln wie Robert Hackers *Das ABC der Durchschreibbuchhaltung. Ein Handbuch über Technik, Abschluß und schwierige Fälle*, Josef Michael Pasztors *Verhängnisvolle Betriebsfehler. Ein Buch für den Chef* oder Hugo Schlesingers *Krise und Kapitalstruktur. Ein Beitrag zur Krisenforschung* sowie Ernst Ruzickas *Das deutsche Währungsexperiment im Lichte der Friedensidee*. Bald nach dem ›Anschluss‹ Österreichs an das Deutsche Reich wurde H. am 1. Juni 1938 aus ›rassischen‹ Gründen enteignet und der Betrieb unter kommissarische Verwaltung gestellt; dazu wurde Dipl.-Kfm. Carl Heinz Puschner bestellt, ein fachfremdes NSDAP-Mitglied. H. wurde gezwungen, seine beiden Unternehmen – er war seit 1926 Mitinhaber und seit 1935 Alleineigentümer der ASTORIA-DRUCKEREI vormals G. ROTH GMBH in Wien III – ›infolge notwendiger Arisierung‹ zu veräußern; die Abwicklung des C. Barth Verlags und seine Löschung aus dem Handelsregister zogen sich bis 22. Juni 1944 hin. H. flüchtete im April 1939 nach England; über seinen Aufenthalt dort war nichts zu ermitteln. Offenbar aber hat er oder haben seine Nachkommen nach Ende des Zweiten Weltkriegs die Restituierung seiner Betriebe angestrengt.

Adressbuch 1931 S. 33; SStAL, BV, F 00472 (1936–1938, 1943); Durstmüller: Druck in Österreich III (1989) S. 217, 238, 273; Hall: Österr. Verlagsgeschichte I (1985) S. 424; Hall: Österr. Verlagsgeschichte II (1985) S. 71 f.; Murray G. Hall: C. Barth als Verlag für Reklamefachliteratur. In: Austrian Posters. Zur Geschichte der visuellen Kommunikation, 4. 8. 2018 [online].

Hess-Cohn, Berta 11. 3. 1893 Osnabrück –1981 Schweiz; Verlegerin. Berta Cohn wuchs in Berlin auf und genoss eine ausgezeichnete Schulbildung. 1926 heiratete sie Arthur Hess (geb. 11. Juli 1879), Enkel von Isaak H., der 1817 ein nachmals bedeutendes Antiquariat in Lauchheim gegründet hatte (seit 1838 Ellwangen, mit angegliederter Sortimentsbuchhandlung), und jüngster Sohn von Moritz H., der das Geschäft durch einen – seit 1905 in Stuttgart angesiedelten – Verlag I. HESS & CO. erweitert hatte. Arthur H. war seit 1905 als Prokurist, seit 1920 als Gesellschafter (gemeinsam mit seinem Cousin Isidor, 23. Juni 1868 – 9. Februar 1942 Pflegeanstalt Heggbach bei Biberach), seit 1928 als Alleinunternehmer im Verlag tätig und erweiterte das auf Recht und Wirtschaft spezialisierte Programm beträchtlich, vor allem durch die erfolgreiche Herausgabe neuer Fachzeitschriften (u. a. 1922 *Steuer und Wirtschaft*) und Buchreihen (z. B. durch Veröffentlichung der Urteile des Reichsfinanzhofs). Seine Ehefrau Berta arbeitete im Unternehmen mit, konnte rechtlich auch als Gesellschafterin gelten (ohne schriftliche Vereinbarung) und hatte in jedem Fall Anteil daran, dass das Unternehmen am Ausgang der Weimarer Republik zu den angesehensten Fachverlagen im Bereich des Wirtschafts- und Verwaltungsrechts zählte. Antiquariat und Buchhandlung waren abgetrennt worden, nahmen aber ebenfalls eine positive Entwicklung: Sie waren auf die Rechts- und Staatswissenschaften spezialisiert, aber auch auf Geschichte, Kirchenrecht und Theologie, und zählten die größten europäischen Bibliotheken zu ihren Kunden. – Bereits 1933 wurde von der RSK die ›Arisierung‹ des Verlags verlangt, doch konnte das Ehepaar H. durch Intervention angesehener Persönlichkeiten eine Sondergenehmigung zur Weiterführung des Unternehmens erlangen. Allerdings mussten verschiedene bedeutende Verlagsobjekte sukzessive aufgegeben werden: Bereits im Juli 1933 war für die Zeitschrift *Arbeitswissenschaft* das Ende gekommen, die Zeitschrift *Steuer und Wirtschaft* wurde 1934 vom Verlag JULIUS SPRINGER übernommen. Versuche, durch eine Verlagsneugründung (Fachverlag für Wirtschafts- und Steuerrecht GmbH, gegr. 27. November 1934, ab 1938 Fachverlag für Wirtschafts- und Steuerrecht SCHÄFFER & CO.) das Unternehmen der Verfolgung zu entziehen, scheiterten. Arthur H. erlag am 23. September 1937 einem Herzleiden, das sich durch die Belastungen jener Jahre entscheidend verstärkt hatte. Seine Witwe Berta H.-C. unterwarf sich nun den Maßnahmen der Behörden und emigrierte am 7. Mai 1940 zusammen mit ihrem schwerkranken Bruder Alfred Cohn, der sechs Wochen im Konzentrationslager Dachau festgehalten worden war, in die Schweiz, wo sie – nach einigen Schwierigkeiten mit der Erteilung einer Aufenthaltsbewilligung – einen neuen Verlag gründete. Eingebürgert wurden Berta H.-C. und ihr Bruder in der Schweiz erst 1950. Als ein Vermächtnis ist in Basel die Berta Hess-Cohn Stiftung zur Förderung wissenschaftlicher Publikationen errichtet worden. An dem Schäffer Verlag, der nach 1945 bis in die Gegenwart die Tradition des Verlags I. Hess fortsetzte, waren seit 1950 im Zuge der Wiedergutmachung Berta H. und Alfred Cohn wieder als Gesellschafter beteiligt.

Adressbuch 1931 S. 265; Adressbuch 1939 S. 19; Zelzer: Stuttgarter Juden (1964) S. 488 [mit fehlerhaften Angaben]; Horst Göppinger, Gerhard Hiller: Der Untergang des jüdischen Verlages I. Heß im Dritten Reich. In: Steuer und Wirtschaft Nr. 1 (Feb. 1998) S. 81–91 [auch als Sonderdruck erschienen]; 100 Jahre C. E. Poeschel Verlag: www.schaeffer-poeschel.de [online]; Familie Hess aus Lauchheim + Ellwangen. In: Alemannia Judaica [Stammbaum der Buchhändler- und Verlegerdynastie Hess] [online]; Janine Kern: ›...mit der Pflege des kranken Bruders vollauf beschäftigt‹: Berta Hess-Cohn – Verlegerin im Untergrund. In: Geschichten aus der Empore. Auf den Spuren jüdischer Frauen in Basel. Basel: Verein Frauenstadtrundgang 1999, S. 121–127.

Hess, Julius 24. 11. 1900 München – 22. 12. 1940 Bern; Antiquar. H. war der Sohn des in München seit 1887 ansässigen Antiquars Gottlob Hess (1863–1914). Nach dem Tod des Vaters wurde er Teilhaber des auf wertvolle illustrierte Bücher, Kupfer- und Farbstiche spezialisierten Antiquariats G. HESS in der Brienner Straße 9, das er bis zu seiner Emigration in die Schweiz im Dezember 1936 gemeinsam mit seiner Mutter → Rosa Meta H. leitete. Vor seiner Emigration hatte H. mehreren ›nichtarischen‹ Kunden geholfen, ihr Vermögen wenigstens teilweise ins Ausland zu verbringen, indem er für sie wertvolle Bücher kaufte und diese mit der Post unauffällig ins Ausland versandte. Auch er selbst war in der Lage, die wertvolleren Stücke nach Bern mitzunehmen, wo er bis zu seinem frühen Herztod erneut ein Antiquariat führte. Zu seinen Mitarbeitern gehörte damals → Susanne Bach(-Eisenberg), die bibliographische Arbeiten für ihn erledigte.

StAM Pol. Dir. München 13883; Hans Lamm: Von Juden in München. Ein Gedenkbuch. München: Ner-Tamid-Verlag 1959 S. 231; Susanne Bach: Karussell. Von München nach München (Frauen in der Einen Welt. Sonderbd. 2). Nürnberg 1991 S. 42 f., 48, 52; Wittmann: Münchens jüdische Antiquariate (2009) S. 23–42; Familie Hess aus Lauchheim + Ellwangen. In: Alemannia Judaica [Stammbaum der Buchhändler- und Verlegerdynastie Hess] [online].

Hess, Rosa Meta 27. 3. 1877 Köln – 13. 1. 1957 Bloomington / IN; Antiquarin. Nach dem Tod ihres Ehemannes, des Antiquars Gottlob H. (1864–1914), leitete H. geb. Sinn das Geschäft, in dem sie bereits seit 1908 tätig war, gemeinsam mit dem Sohn → Julius H. weiter. Das Antiquariat, das aus der 1817 von Isaak H. (1789–1866) in Lauchheim gegründeten, 1838 nach Ellwangen verlegten Firma hervorgegangen war, hatte seit 1887 seinen Firmensitz in München. Im August 1935 wurde H. die Berufstätigkeit im Kunst- und Antiquariatshandel untersagt. Sie hatte die Absicht, nach Wien auszuwandern, wo sie weiterhin im Buchhandel tätig sein wollte. Zu diesem Zwecke führte sie – mit Zustimmung der Devisenbewirtschaftungsstelle und nach Zahlung der entsprechenden Reichsfluchtsteuer – einen Teil ihres Bücherbestandes nach Wien, einen anderen Teil in die Schweiz aus. Im August 1936 wanderte sie jedoch nicht nach Österreich aus, sondern emigrierte in die USA. Ihr Sohn war nun bis zu seiner eigenen Emigration der einzige Gesellschafter des Antiquariats.

StAM Pol. Dir. München 13890; BayHStAM LEA BEG 7392.

Hessel, Franz 21. 11. 1880 Stettin – 6. 1. 1941 Sanary-sur-Mer; Verlagslektor, Schriftsteller, Übersetzer. Nach dem Studium in Freiburg / Breisgau, Berlin, München und Paris arbeitete H. 1919–1933 als Lektor im ROWOHLT VERLAG, wo er junge deutsche Autoren, darunter auch Mascha Kaléko, förderte, ihnen zur Erstveröffentlichung verhalf und das Verlagsprogramm wesentlich mitprägte. 1924 gab H. die literarische Zeitschrift *Vers und Prosa* heraus. Im Oktober 1938 gelang seine Flucht aus Berlin vor allem dank der Initiative seiner Frau Helen H. Grund, einer Modejournalistin, die die Ausreisepapiere besorgt hatte, ihren Mann in Berlin abholte und ihn im Zug bis nach Belgien begleitete, bevor sie aus beruflichen Gründen noch einmal kurz nach Berlin zurückkehrte. H.

reiste weiter nach Paris, wo Helen und die Söhne Ulrich und Stéphane bereits seit Jahren lebten; in der französischen Hauptstadt fand er im gleichen Jahr Anstellung als Bibliothekar in der Avenue Foch Nr. 30. In diesem Haus sollte nach dem Krieg das Jüdische Dokumentationszentrum Paris (Centre de Documentation Juive contemporaine) provisorisch untergebracht werden, mit H.'s Sohn Ulrich als Archivar. Noch vor dem Einmarsch der deutschen Truppen 1940 floh die Familie aus Paris nach Sanary-sur-Mer, wo sie zunächst im Haus Aldous Huxleys, dann bei einer ehemaligen Opernsängerin Unterschlupf fand. Während der deutschen Besatzung wurde H. von Mai bis Juli 1940 im Internierungslager Les Milles bei Aix-en-Provence festgehalten. H. war als Lyriker, Erzähler und Übersetzer französischer Werke u. a. von Honoré de Balzac und Marcel Proust tätig; im Laufe der 1980er Jahre wurde der Autor wiederentdeckt und die wichtigsten seiner Texte neu aufgelegt.

Manfred Flügge [Hg.]: Letzte Heimkehr nach Paris. Franz Hessel und die Seinen im Exil. Berlin: Das Arsenal 1989; Teilnachlass Franz Hessel, BArch Berlin-Potsdam; Paul Mayer: Ernst Rowohlt. Reinbek: Rowohlt 1968; ders.: Lebendige Schatten. Aus den Erinnerungen eines Rowohlt-Lektors. Reinbek: Rowohlt 1969; EXIL Jg. 8 Nr. 2 (1988) S. 105; EXIL Jg. 9 Nr. 2 (1989) S. 87.

Hill, Claude 28. 7. 1911 Berlin – 10. 12. 1991 Princeton, NJ; Germanist, Publizist, Verlagsmitarbeiter; Dr. phil. H.'s Geburtsname war Klaus Hilzheimer, er war der Sohn von Arthur und Lotte H. geb. Friebus und wuchs auf dem väterlichen Rittergut auf. H. studierte Germanistik 1930/31 an der Universität Jena, 1931/33 an den Universitäten Wien und Göttingen und 1935/37 wieder an der Universität Jena, wo er mit der Dissertation *Das Drama der deutschen Neuromantik* promovierte; daneben verdiente er jahrelang als Buchhändler und Verlagsmitarbeiter seinen Lebensunterhalt. 1938 heiratete H. Helen Leiter (der gemeinsame Sohn Thomas, geb. 1950, studierte an der Cornell University Jura und lebt als Rechtsanwalt in Washington DC). Nach der NS-Machtübernahme wurde H. aus der RSK ausgeschlossen; aufgrund seiner ›halbjüdischen‹ Herkunft war es ihm verwehrt, weiterhin in einem Kulturberuf tätig zu sein. Im August 1938 gelang ihm über die Niederlande die Emigration in die USA, wo er mit Hilfe der Quäker eine Anstellung in einer New Yorker Buchhandlung fand. Von 1940 bis 1943 war H. am Asheville College beschäftigt. Danach war er zwischen 1943 und 1945 in der kriegswichtigen Position eines Kommentators und Programmdirektors bei *Voice of America*. Nach Kriegsende setzte H. unter anglisiertem Namen seine Universitätslaufbahn fort: von 1946 bis 1951 als Assistant Professor an der Rutgers University, New Brunswick / NJ, und ebenda von 1951 bis zu seiner Emeritierung 1979 als Professor im Fach Germanistik; Marksteine seiner Universitätstätigkeit waren die von ihm veranstalteten Symposien zu Bertolt Brecht (1971) und Thomas Mann (1975). Seit 1961 fungierte H. als Berater für deutschsprachige Literatur bei HARPER & ROW PUBLISHERS INC. und gab dort ab 1968 *Harpers deutsche Bibliothek* heraus. H. war Mitglied in der German-American Writers Association NY.

IfZ/BA.

Hill, George 15. 7. 1905 Berlin – 30. 4. 1995 London; Verleger; Dr. phil. H.'s Geburtsname war Günther Hell; er studierte in Berlin und Heidelberg Klassische Philologie und Archäologie und promovierte 1933 in Berlin. Seit 1929 in erster Ehe mit Agnes Olga, der jüngeren Tochter von → Bruno Cassirer verheiratet, arbeitete er im Verlag seines Schwiegervaters mit. 1938 emigrierte er nach England, 1940–45 diente er in der Britischen Armee; in seinen freien Stunden bearbeitete er Verlagstitel für die BRUNO CASSIRER PUBLISHERS LTD., u. a. ein Buch über die Zeichnungen von Delacroix. Nach dem Krieg übernahm er als Managing Director die Leitung der Bruno Cassirer Publishers Ltd. in Oxford; mehr als 120 sorgfältig erarbeitete Titel zur Kunstgeschichte, Philosophie und Religionswissenschaft sind unter seiner Ägide erschienen. Der 1950 gemeinsam mit dem Berliner F. A. HERBIG VERLAG unternommene Versuch, wieder in Deutschland Fuß zu fassen, indem einige der früher erfolgreichen Verlagstitel als Neuausgaben erschienen, wurde bald wieder aufgegeben. Die Firma erlosch, als H. 1990 in Ruhestand ging.

BHE 1; NDB 3 [jeweils Art. Bruno Cassirer]; Heinz Sarkowski: Bruno Cassirer. Ein deutscher Verleger 1898–1938. In: Imprimatur. NF Bd. VII (1972) S. 107–138; Westphal: German, Czech and Austrian Jews (1991) p. 207.

Hinrichsen, Hans-Joachim 22. 8. 1909 Leipzig – 27. 9. 1940 Internierungslager St. Cyprien, Perpignan; Verleger, Verlagsjustitiar; Dr. jur. Der Sohn von → Henri H. vom renommierten Leipziger Musikverlag C. F. PETERS schloss ein Jurastudium 1934 mit einer Promotion über Fragen des Urheberrechts ab. Bereits seit 1929 war er für Peters tätig; 1934 begann er eine reguläre Verlagslehre bei den Musikverlagen HOFMEISTER-FIGARO und DOBLINGER in Wien sowie bei FOETISCH FRÈRES in Lausanne. Ab Oktober 1935 arbeitete er im Leipziger Familienunternehmen, dessen Teilhaber er, neben seinem Vater und seinem Bruder → Max H., wurde. Im November 1938 erhielt H. Berufsverbot, die Geschäftsräume des Verlagshauses wurden in der Nacht zum 10. November demoliert, die Lagerbestände in der Lindenstraße geplündert, H. am 13. November verhaftet und einen Tag später in das KZ Sachsenhausen überführt. Die Zwangsarisierung der Firma C. F. Peters lief über den Treuhänder und SS-Standartenführer Hans-Joachim Noatzke, der Zwangsverkauf erfolgte im Juli 1939. Nach mehreren fehlgeschlagenen Versuchen gelang H. erst 1940 die Ausreise aus Deutschland, er traf mit seinen Eltern in Brüssel zusammen und floh nach dem Einmarsch der Deutschen in Belgien weiter nach Frankreich. Dort wurde er von der französischen Polizei im Lager St. Cyprien inhaftiert, das bald von den Deutschen übernommen wurde, wo er, an Typhus erkrankt, starb.

Fetthauer: Musikverlage (2004) S. 474 f.; Irene Lawford-Hinrichsen: Music Publishing and Patronage. C. F. Peters: 1800 to the Holocaust. Edition Press 2000; Erika Bucholtz: Henri Hinrichsen und der Musikverlag C. F. Peters. Deutsch-jüdisches Bürgertum in Leipzig von 1891 bis 1938 (Schriftenreihe wissenschaftliche Abhandlungen des Leo Baeck Institute. 65). Tübingen: Mohr Siebeck 2001; Norbert Molkenbur: C. F. Peters 1800–2000, Ausgewählte Stationen einer Verlagsgeschichte. Leipzig: Sachsenbuch 2001; Erika Bucholtz: Ausgrenzung und ›Arisierung‹. Der Leipziger Musikverlag C. F. Peters. In: Gibas: ›Arisierung‹ in Leipzig S. 98–114; Petersiana Nr. 19 (2009) S. 13 f.

Hinrichsen, Henri 5. 2. 1868 Hamburg – 17. 9. 1942 Auschwitz; Musikverleger; Dr. jur. Nach dem Besuch einer Privatschule und des Johanneums in Hamburg trat H. zunächst in die Firma seines Vaters ADOLPH HINRICHSEN & CO. ein. 1887 übersiedelte er nach Leipzig zu seinem Onkel Max Abraham, Inhaber des renommierten Musikverlags C. F. PETERS. Bevor er dort 1891 als Mitarbeiter tätig wurde, absolvierte er noch

Lehrjahre bei HUG & CO. in Basel, bei SCHOTT FRÈRES in Brüssel sowie bei AU-
GENER & CO. in London. 1894 wurde H. Teilhaber bei Peters, und erbte diesen Verlag
nach dem Tod seines Onkels 1900. 1926 etablierte H. in New York eine eigene Vertriebsabteilung von Peters. H. wurde als Verleger, Handelsrichter, Geheimrat und Stadtverordneter zu einem der prominentesten Bürger Leipzigs und war auf vielfache Weise als
Mäzen engagiert: so war er Hauptstifter der von Henriette Goldschmidt gegründeten
und 1911 eröffneten Hochschule für Frauen und stiftete 1926 der Universität Leipzig
mit dem Ankauf der Heyerschen Sammlung das Musikinstrumentenmuseum. 1929 verlieh die Universität Leipzig H. die Ehrendoktorwürde. Nach dem Machtantritt der Nationalsozialisten wollte H. die Gefahr nicht wahrhaben und blieb, auch aus Pflichtgefühl
gegenüber dem Verlag und der Stadt Leipzig, zunächst in Deutschland. Erst nachdem
H. aus der RMK ausgeschlossen und sein Verlag ›arisiert‹ wurde, entschied sich H. zur
Flucht. Aus dem Erlös des Zwangsverkaufs des Verlags und privaten Besitzes, von dem
H. die ›Reichsfluchtsteuer‹ sowie weitere Zahlungen wie die ›Judenvermögensabgabe‹,
die ›Auswanderer-Abgabe‹ und weitere Steuern zu zahlen hatte, sollten H. und seine
Familie eine Restsumme von RM 450 000 erhalten. Die Abwicklung der den Verlag
betreffenden Angelegenheiten wurde jedoch so verschleppt, dass H. Ende Januar 1940
Brüssel völlig mittellos erreichte, gemeinsam mit seiner Frau Martha, die dort 1941 an
Zuckerkrankheit verstarb, weil sie als Jüdin kein Insulin erhielt. H. wurde Mitte Septem-
ber 1942 in Brüssel verhaftet und nach Auschwitz deportiert, wo er noch am Tag seiner
Ankunft ermordet wurde.

Archiv des Verlags: SStL, Bestand Nr. 21. 070 (1800–1945), siehe Petersiana Nr. 7 (Juni
2009) S. 7–12; Irene Lawford-Hinrichsen: Music Publishing and Patronage. C. F. Peters: 1800 to
the Holocaust. Kenton: Edition Press 2000; Erika Bucholtz: Henri Hinrichsen und der Musikverlag
C. F. Peters. Deutsch-jüdisches Bürgertum in Leipzig von 1891 bis 1938 (Schriftenreihe wissen-
schaftliche Abhandlungen des Leo Baeck Instituts. 65). Tübingen: Mohr Siebeck 2001; Norbert
Molkenbur: C. F. Peters 1800–2000, Ausgewählte Stationen einer Verlagsgeschichte. Leipzig:
Sachsenbuch 2001; Fetthauer: Musikverlage (2004) S. 475 f.; Erika Bucholtz: Ausgrenzung und
›Arisierung‹. Der Leipziger Musikverlag C. F. Peters. In: Gibas: ›Arisierung‹ in Leipzig (2007)
S. 98–114; Saur: Deutsche Verleger im Exil (2008) S. 229 f.; Petersiana Nr. 19 (Juni 2009) S. 22–
27.

Hinrichsen, Max 6. 7. 1901 Leipzig –17. 12. 1965 London; Musikverleger. Der älteste
Sohn von → Henri H. und Martha Bendix H. besuchte die Nicolaischule und machte
ab 1919 eine gründliche Ausbildung als Musikverleger bei BOTE & BOCK in Berlin
und HUG & CO. in Zürich. 1926/27 war H. als Geschäftsführer bei PETERS EDITION
PUBLISHERS, der New Yorker Vertriebsabteilung des väterlichen Musikverlages C. F.
PETERS in Leipzig, tätig, und schuf in Toronto eine kanadische Peters-Vertretung. 1928
erhielt H. Prokura im Leipziger Haus, seit 1. Juli 1931 firmierte er als Firmenteilhaber
und hatte bis 1937 die Leitung von C. F. PETERS LEIPZIG inne, wo er gleichzeitig ab
1931 *Peters Musik Bibliothek* verwaltete und als Mitherausgeber des Jahrbuches fungierte. 1937 emigrierte H. nach Großbritannien und gründete am 10. März 1938 in London
den Musikverlag HINRICHSEN EDITION LTD. London. Mit der Einrichtung einer
Konzert- und Künstleragentur, dem 1942 bis 1965 von ihm geleiteten Hinrichsen Concert Direction and Artists Management, erweiterte er sein Arbeitsfeld in der britischen
Hauptstadt. In den Jahren 1944 bis 1961 veröffentlichte er darüber hinaus *Hinrichsen's
Musical Year Book.* 1945 (nach anderen Quellen 1949) gründete er in London zusätzlich

zur *Hinrichsen Edition* die *Peters Edition*; seit 1947 besaß H. die britische Staatsbürgerschaft. In den zwei Jahrzehnten nach Ende des Zweiten Weltkriegs entwickelte H. das Londoner Verlagshaus zu einem weltweit angesehenen Unternehmen, das seine Frau Carla nach seinem Tod engagiert weiterführte. Als einer der drei Kommanditisten baute H. ab 1950 zusammen mit seinem Bruder → Walter H. die Firma seines Vaters unter dem Namen VERLAGSGRUPPE C. F. PETERS FRANKFURT – LONDON – NEW YORK neu auf. H. war Mitglied in den Herausgeberkommissionen für *Music, Libraries and Instruments* (1961) – eine Aufzeichnung des gemeinsamen Kongresses der International Association of Music Libraries (IAML) und der Galpin Society 1959 in Cambridge – und *Dictionary of International Biography* (1963). 1965 wurde er mit der Ehrenmitgliedschaft des Trinity College of Music in London ausgezeichnet; H. war Mitglied in zahlreichen Berufsverbänden wie der Music Publishers Association, der American Musical Society und der IAML.

BHE 2; BRIO vol. 3 no. 1 (1966) p. 20 [Obituary]; Fetthauer: Musikverlage (2004) S. 476; Irene Lawford-Hinrichsen: Music Publishing and Patronage. C. F. Peters: 1800 to the Holocaust. Kenton: Edition Press 2000; Erika Bucholtz: Henri Hinrichsen und der Musikverlag C. F. Peters. Deutsch-jüdisches Bürgertum in Leipzig von 1891 bis 1938 (Schriftenreihe wissenschaftliche Abhandlungen des Leo Baeck Instituts. 65). Tübingen: Mohr Siebeck 2001; Norbert Molkenbur: C. F. Peters 1800–2000, Ausgewählte Stationen einer Verlagsgeschichte. Leipzig: Sachsenbuch 2001; Fischer: Verlegeremigration nach 1933 (2002) S. 286; Erika Bucholtz: Ausgrenzung und ›Arisierung‹. Der Leipziger Musikverlag C. F. Peters. In: Gibas: ›Arisierung‹ in Leipzig (2007) S. 98–114.

Hinrichsen, Walter 23. 9. 1907 Leipzig – 21. 7. 1969 New York; Musikverleger. Der zweite von fünf Söhnen der Eheleute → Henri H. und Martha Bendix H. arbeitete nach einem kurzen Studium an der Leipziger Musikakademie und einer Verlagsausbildung bei ANTON J. BENJAMIN in Hamburg, FOETISCH FRÈRES in Lausanne, TONGER in Köln, SCHOTT FRÈRES in Brüssel und AUGENER & CO. in London ab 1931 im väterlichen Musikverlag C. F. PETERS in Leipzig. Unter dem Druck der politischen Ereignisse floh H. 1936 in die USA, wo er zunächst bei der Vertreterfirma von Peters in Chicago arbeitete. Nach dem Dienst in der US-Armee von 1942 bis Kriegsende war H. als US Music Officer in der Berliner US-Kommandatur bis 1947 mitbeteiligt an der Verlegung der wichtigsten Leipziger Verlage und des Börsenvereins nach Westdeutschland, er wirkte auch aktiv am Wiederaufbau der GEMA mit; mit seiner Beteiligung erfolgte im Juni 1945 in Leipzig die Rückübertragung des Verlags C. F. Peters mit allen anhängenden Verlagen an seine Person. Kurz darauf erfolgte die erneute Enteignung durch die sowjetische Militäradministration: Am 14. August 1946 wurde die Rückgabe an H. 1945 durch den SED-Bezirksvorstand West-Sachsen für ungesetzlich erklärt und der Verlag in Folge in der SBZ / DDR treuhänderisch verwaltet; im November 1950 wurde der VEB EDITION PETERS in das Handelsregister eingetragen und damit die neuerliche Enteignung vollzogen. Ab 1947 war H. wieder in Chicago tätig, bevor er 1948 mit seinem Cousin Walter Bendix einen eigenen Musikverlag, die C. F. PETERS CORP., in New York ins Leben rief, die eng mit dem Londoner Unternehmen seines Bruders → Max H. zusammenarbeitete. Beide Brüder gemeinsam bauten seit 1950 in Frankfurt am Main den deutschen Stammverlag wieder auf (C. F. PETERS Frankfurt) und schlossen sich zur VERLAGSGRUPPE C. F. PETERS FRANKFURT – LONDON – NEW YORK zusammen, die zu einem der weltweit führenden Musikverlagshäuser wurde; der amerikanische Zweig, den H. bis zu seinem Tode leitete, wurde zu einem der wichtigsten Verlage für zeitgenössische amerikanische Musik. H. wurde mit dem American Composers Alliance Award geehrt.

BHE 2; Who was who in America. 65th ed. Marquis: New Providence / NJ 2010; [Privater Gedenkdruck mit Biographie und Würdigungen:] Walter Hinrichsen 23 September 1907–21 July 1969. A Tribute. [verm. New York 1969]; Fetthauer: Musikverlage (2004) S. 474 f.; Koepke: Exilautoren und ihre Verleger (1989) S. 1436 f.; Irene Lawford-Hinrichsen: Music Publishing and Patronage. C. F. Peters: 1800 to the Holocaust. Kenton: Edition Press 2000; Erika Bucholtz: Henri Hinrichsen und der Musikverlag C. F. Peters. Deutsch-jüdisches Bürgertum in Leipzig von 1891 bis 1938 (Schriftenreihe wissenschaftliche Abhandlungen des Leo Baeck Instituts. 65). Tübingen: Mohr Siebeck 2001; Norbert Molkenbur: C. F. Peters 1800–2000, Ausgewählte Stationen einer Verlagsgeschichte. Leipzig: Sachsenbuch 2001; Das Jahr 1945 und die Zeit danach – zum Wirken von W. H. In: Petersiana Nr. 3 (2005) S. 8–29; Erika Bucholtz: Ausgrenzung und ›Arisierung‹. Der Leipziger Musikverlag C. F. Peters. In: Gibas: ›Arisierung‹ in Leipzig (2007) S. 98–114; W. H. – 40. Todestag. In: Petersiana Nr. 19 (Juni 2009) S. 5–11.

Hirsch, Carlos (fr. Karl) 31.10.1895 Usingen / Taunus – 27.9.1974 Buenos Aires; Grossobuchhändler. H. war 1922–1935 Rechtsanwalt in Saarbrücken und als Bibliophile bekannt. Er emigrierte im Februar 1935 nach Frankreich; nach seiner Entlassung aus der Internierung in Gurs ging er im März 1940 nach Argentinien und gründete in Buenos Aires noch im gleichen Jahr eine Grossobuchhandlung; seit Ende der 1950er Jahre unterhielt das Unternehmen auch eine Filiale in London CARLOS HIRSCH LTD. Die Firma gehörte für deutsche Verlage, insbesondere Wissenschaftsverlage wie Springer, zu den bedeutendsten Importbuchhandlungen in Südamerika. H., der über weitgespannte internationale Beziehungen verfügte, war auch im Verband des argentinischen Verlagswesens und Buchhandels Cámara Argentina del Libro an zentraler Stelle für Fragen des Buchimports verantwortlich tätig.

Kurt Enoch: Memoirs of Kurt Enoch. Written for His Family. [Privatdruck Margaret M. Enoch] New York 1984 p. 102 [Enoch war mit H. in Frankreich interniert]; Taubert: Lateinamerika (1961) S. 126; Taubert: Mit Büchern die Welt erlebt (1992) S. 325; Heinz Götze: Der Springer-Verlag: Stationen seiner Geschichte. Teil II: 1945–1992. Berlin: Springer 1994 S. 206; Peter Wettmann-Jungblut: Rechtsanwälte an der Saar 1800 bis 1960. Geschichte eines Berufsstandes. Blieskastel: Gollenstein 2004 S. 202, 250 f., 504.

Hirsch, Emil 14.3.1866 Mergentheim – 27.7.1954 New York; Antiquar. Der Kaufmannssohn kam nach Besuch der ersten Gymnasialklassen als 15-jähriger zu LUDWIG ROSENTHAL in München in die Lehre. 1884/85 arbeitete er dort ein Jahr lang als Gehilfe und ebenfalls ein Jahr im Antiquariat OSCAR GERSCHEL in Stuttgart, dann zwei weitere Jahre lang wieder in München bei LUDWIG ROSENTHAL. Im Oktober 1888 übernahm er die Leitung des Antiquariats von ZAHN & JAENSCH in Dresden, 1890 wurde er Leiter des Antiquariats J. HESS in Ellwangen. 1892 wurde H. Teilhaber des Antiquariats von GOTTLOB HESS in München, Arcostraße 1 (→ Julius Hess, → Rosa Meta Hess). Im November 1897 machte H. sich mit einem Ladengeschäft in der Karlstraße 6 selbständig und spezialisierte sich auf den Handel mit Bavarica und Monacensia. Aufgrund mangelnder Nachfrage verkaufte er diese Bestände aber an die LENTNERSCHE BUCHHANDLUNG in München und verlagerte seinen Schwerpunkt auf deutsche Literatur und später auf Inkunabeln und Luxusdrucke, die mehr im Sammelinteresse der 1910er und 1920er Jahre lagen. H. zählte 1907 zu den Gründungsmitgliedern der Gesellschaft der Münchener Bücherfreunde. Seit 1916 veranstaltete H. wichtige Auktionen (wie die der Sammlungen Arthur Rümann, Karl Voll, Georg Hirth, Sayn-Wittgenstein oder Piloty) und pflegte Geschäftskontakte mit Literaten und Malern wie Karl Wolfskehl, Wilhelm Trübner und Franz Marc. Die Buchkunstbewegung förderte er intensiv; so regte er Hans von Weber zu den *Hundertdrucken* an und unterstützte als Subskribent die BREMER PRESSE. Laut Emil Preetorius waren H.'s Geschäftsräume (seit 1925 am Karolinenplatz 2) ›der inoffizielle Treffpunkt [...] für das geistig-künstlerische München‹. Der Antiquar war leitendes Mitglied im Münchner Verband des Deutschen Kunst- und Antiquitätenhandels und insgesamt ein hervorragender Repräsentant der Blütezeit des Antiquariatsbuchhandels in dieser Stadt. Als Kenner der deutschen und französischen Buchillustration, Einbandkunst und der klassischen und romantischen Literatur erstellte H. über das Tagesgeschäft hinauswirkende Kataloge, die heute noch als Referenzwerke konsultiert werden. Schon bald nach der nationalsozialistischen ›Machtergreifung‹ hatte H. unter Schikanen der Behörden zu leiden. Am 12. August 1933 wurde er vom Amtsgericht München aus dem Verzeichnis der beeidigten Sachverständigen für alte Bücher gestrichen, im Juni 1935 wurde es ihm untersagt, Auktionen zu veranstalten, drei Monate später teilte man ihm mit, dass er nicht die Voraussetzungen für die Mitgliedschaft in der Reichskammer mitbringe, für die Auflösung seines Geschäftes wurde ihm eine Frist von vier Wochen eingeräumt. Durch Einlegung eines Widerspruchs konnte H. die Geschäftsauflösung hinauszögern. Im Mai 1937 meldete H. aufgrund weiterer Repressalien bei der Münchener Polizeidirektion die Schließung seiner Firma an. Anfang 1938 stellte H. gemeinsam mit seiner Frau Anna den Antrag auf Auswanderung in die USA zu ihren Kindern Maria und Rudolf. Damals bereits 72-jährig, gelangte H. mit seiner Frau auf einem Auswandererschiff nach New York, um dort in dem von seinem 1937 immigrierten Schwiegersohn → Hellmuth Wallach gemeinsam mit → Walter Schatzki in der Madison Avenue betriebenen Antiquariat mitzuarbeiten. H. ging noch bis ein Jahr vor seinem Tod täglich ins Geschäft. Teile der Bibliothek (*An important collection of books on bibliography, printing and kindred subjects from the library of the late Emile Hirsch*) versteigerte das INTERNATIONAAL ANTIQUARIAAT MENNO HERTZBERGER am 22. Oktober 1957 in Amsterdam. Das Geschäft wurde bis 1970 von Wallach weitergeführt, der schon all die Jahre von der gleichen Firma aus, aber unabhängig, mit Graphik und Kunstbüchern gehandelt hatte.

Rosenthal-Fragebogen; LGB 2; Bayerisches StA München Polizeidirektion München 13951; Arthur Rümann [Hg.]: Der niederträchtige Postreuter aus München. Emil Hirsch zum 60. Geburtstag. München 1926; Bbl. 86 vom 16.4.1926 S.14; Emil Hirsch. Zum 14. März 1936. [Festgabe zum 70. Geburtstag.] Privatdruck 1936; Homeyer: Bibliophilen und Antiquare (1966) S.34 f., 140; Arthur Rümann: Emil Hirsch †. In: Bbl. (FfM) Nr. 76 vom 24.9.1954 S.558; Percy Muir: Minding my own Business. London: Chatto & Windus 1956 pp. 166 ff.; Hans Lamm: Von Juden in München. Ein Gedenkbuch. München: Ner-Tamid-Verlag 1959 S.231; Wittmann: Hundert Jahre Buchkultur (1993) S.169; Die Rosenthals (2002) S.147 f.; Bach, Fischer: Antiquare (2005) S.341 f.

Hirsch, Leon 2.10.1886 Berlin – 27.7.1954 Bern; Verleger, Schriftsteller. H.'s Anfänge als Verleger datieren von 1904, als er im GEISER-VERLAG LEON HIRSCH ein Bändchen von Leo Tolstoi publizierte und danach einige antimilitaristische Schriften herausbrachte. In Berlin-Schöneberg ansässig, begann H. während des Ersten Weltkriegs sich besonders für in der Öffentlichkeit noch unbekannte Autoren einzusetzen, außerdem brachte er Werke von Erich Mühsam (*Dem Andenken Gustav Landauers*, 1919), Erich Weinert (*Affentheater*, 1925) und Karl Schnog (*Gezumpel*, 1925) sowie eine revolutionäre Dichtungsanthologie heraus. In den 1920er Jahren führte H. einen kleinen Buch- und Kunstladen in Berlin und rief dort 1926 ein an wechselnden Orten auftretendes antifaschistisches Kabarett Die Wespen ins Leben. Namens des Leon Hirsch Verlages veranstaltete er regelmäßig Autorenabende – insgesamt über fünfzig – , durch die unbekannte oder bislang verkannte Künstler eine Gelegenheit zur Präsentation ihrer Werke erhielten; auch Schauspieler, Tänzer und Musiker konnten dieses Forum nutzen. 1933 flüchtete H., der einzelne Künstlerabende politischen Strafgefangenen gewidmet hatte, in die Schweiz: Ein ärztliches Attest über eine Lungenerkrankung und die Verschreibung eines Kuraufenthaltes eröffneten ihm den Weg ins Exil. Die Hoffnung, beim Züricher Politkabarett Cornichon mitwirken zu können, wurde allerdings enttäuscht; ein Erlass vom 31. März 1933 verbot den Emigranten jegliche Erwerbstätigkeit und forderte – aus Angst vor einer ›Überfremdung‹ – das baldmögliche Verlassen des Landes. H.'s am 25. April 1933 an die Züricher Polizeidirektion gerichteter Antrag auf Aufenthaltsbewilligung und Arbeitserlaubnis wurde am 6. Juni bedingt abgelehnt: Im Vierteljahrestakt wiederholten sich nun die Anträge des Emigranten und die befristeten Aufenthaltsgenehmigungen, die ihm aufgrund einer finanziellen Unterstützung durch den Leiter des Cornichon-Kabaretts, Dr. Walter Lesch, bewilligt wurden. Im Mai 1934 zog H. in das Tessin, zunächst nach Ascona, dann nach Brissago bei Locarno. Der Plan, sich mit einem Verlag den Lebensunterhalt zu sichern, ließ sich nicht realisieren; H. lebte vom Verkauf eigener Gemälde und Zeichnungen und später von jüdischer, sozialdemokratischer und privater Flüchtlings- und Notstandshilfe. 1936 veröffentlichte er als Privatdruck (faktisch aber in dem von → Walther Victor geleiteten Verbano-Verlag, Locarno) eine Mappe mit Handzeichnungen und Gedichten von Erich Mühsam aus seinem Besitz. Nach Entdeckung einer Leukämieerkrankung Anfang der 1950er Jahre kam er in das kantonale Universitätsspital Bern, wo er bis zu seinem Tod 1954 knapp zwei Jahre lang medizinisch versorgt wurde. Der Nachlass H.s befindet sich im Deutschen Exilarchiv 1933–1945, Frankfurt am Main.

Wolfgang U. Schütte: Leon Hirsch – Verleger ohne Verlagshaus. Fakten. Vermutungen und Zitate über den Buchhändler und Verleger Leon Hirsch (1886–1954). In: Bbl. (Lpz.) 32 (1976), Nr. 42 S. 791–95 (auch in: Marginalien, H. 71, 1978 S. 25–44); Bbl. (Lpz) Nr. 46 vom 23. 10. 1984 S. 824; Wolfgang U. Schütte: Von Berlin nach Brissago. Auf den Spuren von Leon Hirsch in der Schweiz. Berlin: Der Morgen 1987; Michael Faber: Verlags- und Verlegergeschichte oder 1 plus 1 gleich 10? In: Bbl. (Lpz) Nr. 19 vom 10. 5. 1988 S. 361–63 [Rezension des Schütte-Buchs]; Martin Dreyfus: Abgewiesen und aufgenommen. Deutsch-jüdische Exilverleger in der Schweiz. In: Aufbau Nr. 9 (Okt. 2005) S. 12 f.

Hirsch, Rudolf 22. 12. 1905 Berlin –19. 6. 1996 Frankfurt am Main; Verleger; Dr. phil. H. (mit eigentl. Vornamen Raphael) war Sohn eines Arztes; er begann zunächst ein Medizinstudium, verlegte sich dann aber auf die Kunstgeschichte, Archäologie und Philosophie, und schloss das Studium in Berlin und Wien mit der Promotion ab. H. verfasste als Autor Essays über französische Maler wie Cézanne und Poussin sowie über italienische und niederländische Gemälde der Alten Pinakothek in München. 1933 ging er, da er sich wegen seiner jüdischen Herkunft Verfolgungsmaßnahmen ausgesetzt sah, wie auch sein Bruder Wolfgang nach Amsterdam, wo er 1936/37 als freier Lektor für die Verlage ALLERT DE LANGE und QUERIDO tätig war; seine verwitwete Mutter führte dort in der Jan Willem Brouwer Straat 21 die Pension Hirsch, in der u. a. Klaus Mann, → Fritz H. Landshoff, → Hermann Kesten und → Walter Landauer wohnten. Nach einem Aufenthalt in Italien kehrte H. in die Niederlande zurück und überlebte die Zeit der deutschen Besatzung im Untergrund. 1948 übernahm er die Stelle eines Lektors in der Verlagsgesellschaft BERMANN-FISCHER / QUERIDO in Amsterdam, nach seiner Rückkehr nach Deutschland war er seit 1950 zunächst als Cheflektor des von → Gottfried Bermann Fischer in Frankfurt neugegründeten Verlags S. FISCHER tätig, seit 1954 als dessen Geschäftsführer. Bis zu seinem Ausscheiden 1962 konnte H. in dieser Position wesentlich zum erfolgreichen Wiederaufbau des Unternehmens beitragen; ein zu H.'s 70. Geburtstag erschienener Gratulationsband dokumentiert die besondere Stellung und Anerkennung, die er sich auch als Verlegerpersönlichkeit erworben hat. H. gab 1950–62 (1961/62 zus. mit Joachim Maass) die seit 1890 bestehende Kulturzeitschrift *Die Neue Rundschau* heraus. Besonders verdient machte er sich um das Werk Hugo von Hofmannsthals: Er war Nachlassverwalter und Hauptherausgeber der historisch-kritischen Edition. 1963/64 war H. als Leiter des INSEL VERLAGS tätig, nachdem dieser durch die Suhrkamp-Gesellschafter übernommen worden war. Dies bezeichnete den Endpunkt von H.'s verlegerischer Tätigkeit; im Anschluss daran hat er sich v. a. auf seine editorische Arbeit konzentriert und übte in diesem Zusammenhang von 1967 bis zu seinem Tod eine beratende Tätigkeit am Freien Deutschen Hochstift in Frankfurt am Main aus.

BHE 2, DBE; J. Hellmut Freund [Red.]: Für Rudolf Hirsch. Zum siebzigsten Geburtstag am 22. Dezember 1975. Frankfurt am Main: S. Fischer 1975; R. H. zum achtzigsten Geburtstag. Eine Hofmannsthal-Matinée, veranstaltet am Sonntag, den 15. Dezember 1985 im Kammerspiel Frankfurt. Frankfurt am Main 1986; Christoph König [Hg.]: Internationales Germanistenlexikon 1800–1950. Bd. 2. Berlin: de Gruyter 2003 S. 755 f. [u. a. mit Angaben zu Nachrufen und zu den Nachlassbeständen v. a. im Freien Deutschen Hochstift und im Deutschen Literaturarchiv]; Joachim Heimannsberg [Hg.]: Klaus Mann: Tagebücher 1936–1937. München: edition spangenberg 1990 S. 195 u. passim; Landshoff: Querido Verlag (1991) S. 75 f., 460; Buchreport Nr. 26 (1996) S. 78; Saur: Deutsche Verleger im Exil (2008) S. 221.

Hirschler, Bernard (Benjamin Zevulun) 1919 Bratislava – Februar 1990 London, Antiquar. H., Sohn eines Oberrabbiners und selbst zum Rabbi ausgebildet, emigrierte nach London, wo er Nechama Wosner heiratete (ein Sohn, geb. 1944 London) und 1943 ein Antiquariat BERNARD HIRSCHLER für Judaica und Hebraica eröffnete (62, Portland Avenue, London N16), das er bis zu seinem Tod 1990 führte. B. war auch Mitglied der ABA. In einem Nachruf wurde er als ›one of Britain's foremost dealers in Hebraica and Judaica‹ bezeichnet. Bei H. ausgebildet wurde Daniel Kestenbaum, der über die Zwischenstationen Swann Galleries and Bloomsbury seit 1995 erfolgreich ein auf jüdisch-hebräische Literatur spezialisiertes Auktionshaus in New York aufbaute. Nach Kestenbaum, der H. als einen ›old-time Jewish book-dealer, a Vizhnitz chasid with a white beard‹ beschreibt, hat der Antiquar zwei Häuser besessen: eines, das er bewohnte, und ein anderes voll mit Büchern, für jeden Themenbereich ein eigenes Zimmer.

http://www.loebtree.com/hirscheler.html; www.ancestry.com; ILAB-Adressbücher 1968, 1977; [Nachruf]. In: Antiquarian Book Monthly Review 17 (1990) S. 179; Abigail Klein Leichman: A Conversation with Daniel Kestenbaum. In: Jewish Standard, 22. 5. 2009 [online].

Hochheimer, Heinz 17. 4. 1911 Steinheim / Westfalen – 1. 3. 1980 São Paulo; Zwischenbuchhändler. Der Sohn des jüdischen Getreidegroßhändlers Moritz Julius H. emigrierte mit seinen Brüdern Fritz (1915–1988) und Alfred (1902–1968) und seiner Mutter Ella geb. Steinberg nach Brasilien. Dort betrieb er seit 1936 in São Paulo die Grossobuchhandlung IMPORTADORA FLAMINGOS LTDA., über die der Börsenverein 1937 ein Belieferungsverbot verhängte.

SStAL, BV, F 12016; auch: F 11. 763 [denunziatorisches Schreiben von Frederico Will]; Pg. Diário Oficia do Estado de São Paulo 23/02/1941 [online]; VM Fachschaft Verlag, Nr. 28 (1937), S. 4; Genealogie Familie Hochheimer aus Steinheim [online].

Holm, Hans 3. 1. 1895 Hamburg – 31. 10. 1981 Greifswald; Verlagsleiter. H.'s Vater war Arbeiter; er erlernte den Beruf eines Dekorationsmalers, war ab 1914 Weltkriegsteilnehmer an der Westfront und ab 1918 aktiv im Hamburger Arbeiter- und Soldatenrat. 1918/19 war H. Mitglied im Spartakusbund und trat in die KPD ein. Anschließend war H. als Buchhändler in der HOYMSCHEN BUCHHANDLUNG in Hamburg, Admiralitätsstraße 19, angestellt. Als Mitglied der KPD zeichnete er in den 1920er Jahren als nomineller Verlagsleiter des KP-Verlages CARL HOYM NACHF. LOUIS CAHNBLEY, Hamburg. Seine Aufgaben waren rein technischer Natur: er hatte Verhandlungen mit den Druckereien zu führen und die Herstellung zu kontrollieren. Aufgrund der Machtkämpfe innerhalb der KPD wurde H. 1924 entlassen und aus der Partei ausgeschlossen. Nach der Übernahme des KPD-Parteivorstandes durch Ernst Thälmann wurde er wieder voll rehabilitiert. Er arbeitete 1926 bis 1929 in Berlin als Leiter der VEREINIGUNG INTERNATIONALER VERLAGSANSTALTEN VIVA, einem Zusammenschluss kommunistischer Parteiverlage, und daran anschließend als Leiter der Abteilung Buchverlag des Münzenberg-Verlages NEUER DEUTSCHER VERLAG sowie bis 1933 als Leiter der Buchgemeinschaft UNIVERSUM-BÜCHEREI FÜR ALLE. Zu dieser Zeit war er Mitglied in der Agitpropabteilung des ZK der KPD. 1929 wegen Meinungsverschiedenheiten als ›Versöhnler‹ von seinen Aufgaben entbunden, leistete er in der Folge Basisarbeit. Im April 1933 ging H. im Auftrag der Partei nach Kopenhagen, vier Monate später nach Zürich und war ab November 1934 in Paris bei den ÉDITIONS SOCIALES INTERNATIONALES tätig. Von März 1936 bis Herbst 1938 war H. in Prag eingesetzt. Im März 1939 flüchtete er über Polen nach Norwegen, wo er nach der deutschen Okkupation als Herausgeber illegaler Schriften und Leiter eines Grenztransportapparates Parteiarbeit leistete, bis er im Juni 1943 verhaftet und in das KZ Sachsenhausen deportiert wurde. 1945 befreit durch die ›Bernadotte-Aktion‹, kam H. aus dem Waldlager Wittstock / Mecklenburg als ›Norweger‹ mit den ›Weißen Bussen‹ nach Schweden, wo er Verbindung mit Herbert Wehner aufnahm. Im August 1945 übersiedelte H. nach Norwegen, wo er im Auftrag der NKP die Leitung eines norwegischen Parteiverlags übernahm. Im Februar 1948 remigrierte H. nach Deutschland und wurde in der SBZ beim ZK der SED Hauptreferent für Buchwesen. Im Juni 1956 im Zusammenhang der politischen ›Säuberungen‹ aus der Partei ausgeschlossen, wurde H. auf den Posten eines Leiters der Presseabteilung im MITTELDEUTSCHEN VERLAG abgeschoben. Bereits im Oktober 1956 wieder rehabilitiert, war H. zuletzt bis 1960 mit der Verlagsleitung des URANIA-VERLAGS in Leipzig beauftragt, bis er 1961/62, erneut in innerparteiliche Machtkämpfe verwickelt, als Kopf einer ›parteifeindlichen Gruppierung‹ innerhalb des Verlagswesens diskreditiert wurde.

BHE 1; Bundesstiftung Aufarbeitung, Biographische Datenbanken [online]; Steinky: Hamburger Kleinverlage (1997) S. 236 ff.; Michael F. Scholz: Skandinavische Erfahrungen erwünscht?

Nachexil und Remigration: die ehemaligen KPD-Emigranten in Skandinavien und ihr weiteres Schicksal in der SBZ/DDR. Stuttgart: Franz Steiner Verlag 2000, S. 358.

Homeyer, Fritz 23. 8. 1880 Posen –10. 10. 1973 London; Antiquar; Dr. phil. H.'s Vater Axel H. war Oberstleutnant; nach dem Besuch des humanistischen Gymnasiums in Posen, ab 1894 in Berlin-Charlottenburg, studierte H. ab 1900 Germanistik an den Universitäten Freiburg, Leipzig, Heidelberg und Berlin, wo er 1908 bei dem Germanisten Erich Schmidt promovierte. Danach war H. als Assistent an der Königl. Akademie der Wissenschaften Berlin mitbeteiligt an der Herausgabe der historisch-kritischen Wieland-Ausgabe, dozierte an der Freien Hochschule und an der Humboldt-Akademie. Der Erste Weltkrieg, in dem er von 1915 bis 1918 als Soldat diente, bedeutete das Ende seiner akademischen Karriere. 1918 wurde H., der schon vor Kriegsausbruch aus Erwerbsgründen Beiträge zu Antiquariatskatalogen verfasst hatte, Angestellter bei dem Berliner Antiquar → Martin Breslauer. 1923 übernahm er die Aufgabe, für die Vereinigung wissenschaftlicher Verleger (später WALTER DE GRUYTER VERLAG) ein wissenschaftliches Antiquariat aufzubauen. Ab Januar 1930 bis zur zwangsweisen Auflösung 1937 war H. Erster Vorsitzender des Vereins der Berliner Buch- und Kunstantiquare; schon in den 1920er Jahren war er auch Redakteur der *Monatshefte für Bücherfreunde und Graphiksammler* und fungierte als Sekretär der Maximilian-Gesellschaft, zudem war er Sachverständiger für Antiquariatsangelegenheiten der Berliner Landgerichte. Seit 1931 übernahm H. zusätzlich zu seiner Tätigkeit für de Gruyter auch die Leitung der AKADEMISCHEN BUCHHANDLUNG GROTE und der Buchhandlung für Kunst und Wissenschaft ARTHUR COLLIGNON. Seine im Zuge dieser Aufgabenbereiche entstandenen über 40 Antiquariatskataloge waren für Sammler und Kollegen von erheblicher Bedeutung. Als Opfer von Denunziationen – der Gauobmann Gustav Langenscheidt beantragte eine Verurteilung wegen Landesverrats – entschloss sich H. nach dem Ausschluss aus der Reichsschrifttumskammer und aus Rücksicht auf seine jüdische Ehefrau Helene geb. Simon-Eckardt im April 1938 nach London auszuwandern; mit im Fluchtgepäck war seine Bibliothek. Dort unterstützte ihn Martin Breslauer, bis der britische Verleger Stanley Unwin ihm eine Position in der Fremdsprachenabteilung der altehrwürdigen Buchhandlung J. & E. BUMPUS vermitteln konnte. H. veranstaltete bei seinem Arbeitgeber Buchausstellungen, hielt Fortbildungsabende für die jüngeren Angestellten und hatte Kontakt zu den emigrierten deutschen Antiquaren und Bibliophilen, u. a. zu → Otto Haas, → Paul Hirsch, → Heinrich Eisemann, → E. P. Goldschmidt und → Ernst Weil. Er fand jedoch keinen Anschluss an die britische Antiquariatsszene. H. remigrierte 1951 aufgrund einer Anstellung seiner Frau an der Universität in Saarbrücken (sie habilitierte sich 1955 in Tübingen als erste Frau in Deutschland im Fach Klassische Philologie), kehrte jedoch 1963 nach England zurück und verbrachte seine letzten Lebensjahre wieder in London. H. ist der erste Versuch einer Zusammenschau der jüdischen Bibliophilen- und Antiquarsszene zu verdanken, die unter der Herrschaft des Nationalsozialismus der Verfolgung und Vertreibung ausgesetzt war.

Fritz Homeyer: Zwölf Jahre Buchhändler in London. In: Imprimatur. Bd. X (1950) S. 185– 89; ders.: Ein Leben für das Buch. Erinnerungen. Aschaffenburg: Pattloch / Gesellschaft der Bibliophilen 1961; ders.: Deutsche Juden als Bibliophilen und Antiquare (Schriftenreihe wissenschaftlicher Abhandlungen des Leo Baeck Instituts. 10). 2., erweiterte und verbesserte Aufl. Tübingen: Mohr 1966 (1. Aufl. 1963).

University of Reading, Archive of British Publishing and Printing AUC 53/3 Korrespondenz Homeyer / Stanley Unwin; LGB 2; BHE 2; Georg Ecke: Dr. Homeyer zum 23. August 1955. In:

Bbl. (FfM) Nr. 67 vom 23. 8. 1955 S. 537; Eugen Mayer: Ein Buchhändler und seine Welt. In: MB Nr. 36/37 vom 8. 9. 1961 S. 18; Max Niderlechner: Fritz Homeyers Erinnerungen. In: Bbl. (FfM) Nr. 15 vom 20. 2. 1962 S. 237–39; Deutsche Juden als Bibliophilen und Antiquare [Rez.]. In: Bbl. (FfM) Nr. 58 vom 19. 7. 1963 S. 1265–68; Bernhard Wendt: Ein Grußwort zum 90. Geburtstag. In: Bbl. (FfM) Nr. 26 vom 1. 4. 1970 und Nr. 67 vom 21. 8. 1970 S. A197; Hans Benecke: Eine Buchhandlung in Berlin. Erinnerung an eine schwere Zeit. Frankfurt am Main: Fischer Tb 1995 S. 169 f.; Bach, Biester: Exil in London (2002) S. A258 f.; Markus Vinzent: Biographie und Historiographie. Helene Homeyer: Frau – ›Halbarierin‹ – Exilierte. In: Beat Näf [Hg.]: Antike und Altertumswissenschaft in der Zeit von Faschismus und Nationalsozialismus. Mandelbachtal: edition cicero 2001 S. 439–64; Internationales Germanistenlexikon 1800–1950. Hg. und eingeleitet von Christoph König. Berlin, New York: De Gruyter 2003, Bd. 3 S. 802 f.; Melanie Mienert: Herbert Cram, Fritz Homeyer und »Der Strick« – Der Verlag Walter de Gruyter im »Dritten Reich«. In: Verlage im »Dritten Reich«. Hrsg. von Klaus G. Saur. Frankfurt am Main: Vittorio Klostermann, 2013 (ZfBB Sonderbände 109) S. 51–60; Angelika Königseder: Walter de Gruyter. Ein Wissenschaftsverlag im Nationalsozialismus. Tübingen: Mohr Siebeck 2016 S. 80–90.

Horch, Franz 21. 1. 1901 Wien – 14. 12. 1951 New York; Dramaturg, Verleger, Literaturagent; Dr. phil. H. war der Sohn eines deutschen Generalkonsuls. Er ging 1926 nach seiner Promotion an der Universität Wien als Dramaturg an Max Reinhardts Deutsches Theater in Berlin. 1931 wechselte er zum DEUTSCHEN LICHTSPIELSYNDIKAT Berlin. Nach der NS-›Machtergreifung‹ kehrte er nach Wien zurück und war dort bis 1938 beim ZSOLNAY-VERLAG Leiter der Theater- und Filmabteilung und Dramaturg am Theater in der Josefstadt. 1938 flüchtete H. vor der ›rassischen‹ Verfolgung über Zürich nach New York, wo er die Schauspielerin Maria Guttman (in den USA: Hirschman) heiratete, die Regisseurin des Young People Theatre und seit 1938 als Literaturagentin tätig war. Den Beruf des literarischen Agenten ergriff nun auch H.; er übernahm neben der Vertretung von Exilschriftstellern (u. a. Thomas Mann, Franz Werfel, Erich Maria Remarque, Lion Feuchtwanger, Alfred Polgar, Hertha Pauli) auch die Vertretung US- und lateinamerikanischer Schriftsteller (u. a. Upton Sinclair, John Dos Passos, James Thurber, Erskine Caldwell) für den europäischen Markt (→ Annie und Hugo Lifczis) mit Ausnahme Deutschlands und Österreichs. Nach 1945 damit befasst, eine Spezialabteilung für die Vertretung deutschsprachiger Autoren der Nachkriegszeit aufzubauen, starb H. im Alter von 51 Jahren. Seine Witwe Maria H. (gest. 1963 in Zürich) führte die Agentur unter Mitarbeit von Rosalyn Targ weiter.

Deutsches Exilarchiv / DNB: EB 96/107 [Korrespondenzstücke mit Franz Horch im Nachlass des Schriftstellers Wilhelm Speyer (1887–1952)]; Cazden: German Exile Literature (1970) p. 147; Aufbau vom 8. 3. 1963 S. 19; Guy Stern: Hertha Pauli. In: John M. Spalek [Hg.]: Deutschsprachige Exilliteratur seit 1933. Bd. 2: New York. Teil 2, Bern: Francke 1989 S. 752–71, hier S. 755; Macris: Literatur- und Theateragenten (1989) S. 1355 f.; Bolbecher, Kaiser: Österr. Exilliteratur (2000) S. 321 f.

Horodisch, Abraham 3. 2. 1898 Lodz / Polen (ehem. russ.) – 7. 11. 1987 Amsterdam; Antiquar; Dr. Dr. h. c. H. wuchs in einer wohlhabenden, assimilierten und hochgebildeten Bankiersfamilie auf, die aus Angst vor den antisemitischen Unruhen aus dem zaristischen Russland 1906 nach Königsberg in Ostpreußen gezogen war. Nach seiner Gymnasialzeit studierte der mehrsprachig erzogene H. auf Drängen des Vaters von 1915 bis 1918 Wirtschaftslehre an den Universitäten Berlin und Frankfurt am Main und schloss das Studium mit der Dissertation ab. Schon früh hatte H. mit dem Sammeln von Büchern begonnen, wobei sein Hauptinteresse auf den Gebieten Typographie, Illustration und weiteren Aspekten der Buchgestaltung lag; besondere Bewunderung empfand er für die Drucke des Venezianers Aldus Manutius aus der Zeit um 1500 und für die moderne Buchillustration Alfred Kubins. 1920 gründete er, gemeinsam mit Ernst Rathenau, in Berlin den EUPHORION VERLAG, der in wenigen Jahren zum wichtigsten bibliophilen Verlagsunternehmen jener Zeit wurde. 1924 verließ er aufgrund von Unstimmigkeiten mit seinem Kompagnon Rathenau den Euphorion Verlag und errichtete mit Moses Marx den Verlag MARX & CO. (ab 1926 HORODISCH & MARX), der – mit angeschlossener Druckerei – bibliophile Werke herausbrachte und auch auf die Publikation von Musikpartituren spezialisiert war. Da Marx 1926 eine Stelle als Bibliothekar in den USA annahm, führte H. das Unternehmen 1927 bis 1933 in Alleinregie. Seit 1929 war er Inhaber der Handpresse ALDUS DRUCK, die den bibliophilen Zweig der Druckerei der Brüder → Erich und → Reinhold Scholem bildete, mit denen H. befreundet war. Zuvor schon war H. 1924 Mitbegründer der Soncino Gesellschaft der Freunde des jüdischen Buches, deren *Mitteilungen* er zwischen 1928 und 1932 herausgab. In Berlin machte er auch die Bekanntschaft Albert Einsteins und gab 1929 eine Auswahl aus seinem Werk im SONCINO VERLAG heraus. H. gehörte außerdem mehreren bibliophilen Kreisen an, wie dem Berliner Bibliophilen-Abend, dem Fontane-Abend und dem von ihm mitbegründeten Kreis der Berliner Bücherfreunde; als leidenschaftlicher Büchersammler besaß er eine bedeutende Kollektion von Erstausgaben von Werken der deutschen Literatur. Nachdem bereits im März 1933 die jüdischen Mitglieder des Berliner Bibliophilen-Abends zum Austritt aufgefordert worden waren, entschied sich H., nicht länger im nationalsozialistischen Deutschland zu leben und ging in die Emigration: Im Nachtzug erreichte er am 22. Juni 1933 Amsterdam, auch seine etwa zweitausend Bände umfassende Privatbibliothek konnte er dorthin transferieren; der Verlag Horodisch & Marx wurde bald darauf durch eine Razzia der Gestapo verwüstet und das gesamte Bücherlager beschlagnahmt und vernichtet. Da H. im Aufnahmeland über das für einen Verlag und eine Druckerei erforderliche Investitionskapital nicht verfügte und ihm die Führung einer Sortimentsbuchhandlung von der niederländischen Buchhändlervereinigung (zunächst) nicht erlaubt wurde, richtete er in dem von ihm angemieteten Haus in der Amsterdamer Spuistraat 314 das Geschäft ERASMUS ANTIQUARIAAT EN BOEKHANDEL ein und ließ es am 16. März 1934 in das Handelsregister eintragen; die von Menno Hertzberger 1935 gegründete Nederlandsche Vereeniging van Antiquaren nahm H. sofort als neues Mitglied auf. 1934 heiratete H. in zweiter Ehe die mit ihm emigrierte gebürtige Berlinerin Alice Garnman (ursprgl. Garnmann, 1905–1984), eine auf den Entwurf von Exlibris spezialisierte Graphikkünstlerin, die fortan alle Drucksachen des Unternehmens gestaltete. Die wirtschaftlichen Umstände erwiesen sich als günstig: Als Folge der Weltwirtschaftskrise hatten sich nicht nur die für das neu gegründete Antiquariat einzukaufenden Bücher rapide verbilligt, sondern auch die Löhne für Angestellte sowie die Mietkosten; darüber hinaus fand H. mit Unterstützung von → Walter Baumann, mit dem er sich zum Aufbau des Unternehmens zusammengetan hatte, schnell Eingang in kulturell interessierte Kreise, weil dieser guten Kontakt zu den ›großbürgerlichen‹ Kaufleuten der Stadt hatte. Die Tatsache, dass H. bis zu seiner Aufnahme in die holländische Buchhändlervereinigung 1940 keine Bücher von inländischen Verlegern beziehen durfte, sowie die Einsicht, dass er sich angesichts der politischen Lage nicht auf das deutschsprachige Buch beschränken dürfe, veranlasste ihn zu wiederholten

Büchereinkaufsreisen nach London und Paris; das Geschäft gewann so von Anfang an einen internationalen Charakter. Ein Kapital von ƒ 20 000, das der ebenfalls aus Berlin emigrierte Bankierssohn → Ernst Rosenberger im Dezember 1935 in das Unternehmen investierte, ermöglichte es H., wertvolle Drucke zu erwerben und in ein repräsentativeres Lokal umzuziehen, vom Spui 314 nach Spui 2. In der Hauptsache erfolgte der Bücherverkauf durch die ab 1935 erscheinenden Kataloge, die H., ab 1936 zusammen mit dem aus Kassel stammenden Buchhändler → Dr. Martin Oppenheim, erarbeitete. Bereits im April 1937 schied Rosenberger als stiller Teilhaber wieder aus, seinen Anteil übernahm ein bibliophiler Freund H.'s, der Amsterdamer Bankier Paul Auerbach; beide sollten den Krieg nicht überleben. H. handelte aber ab Mitte der 1930er Jahre nicht nur mit antiquarischen Büchern: er verkaufte auch die Exil-Ausgaben von ALLERT DE LANGE und QUERIDO, und deren Vertrieb in Deutschland lief teilweise über Horodisch & Marx in Berlin: laut Auskunft von H. war dieser Umsatz damals eine wichtige Einkommensquelle für ihn. Nach dem Einfall der deutschen Wehrmacht im Mai 1940 wurde H.'s Situation zusehends schwierig. Im November 1941 wurde aufgrund der ›Arisierungsbestimmungen‹ der gebürtige Bielefelder Heinrich Vossiek als deutscher Verwalter von Erasmus eingesetzt; dieser, ein langjähriger Kunde des Antiquariats, ließ allerdings den Geschäften ihren eigenen Gang: selbst leidenschaftlicher Sammler, hatte er sich die Oberaufsicht über einige der renommiertesten Antiquariate in Holland zuteilen lassen. Als der Druck durch die Besatzungsmacht stärker wurde, veräußerte H. seine namhafte Büchersammlung, um sich durch die frei gewordenen Geldmittel und mit falschen ›arischen‹ Papieren im Juli 1942 die Flucht über Belfort in Frankreich in die Schweiz zu ermöglichen. Von der Schweizer Grenzpolizei entdeckt, wurde er bis Frühjahr 1943 im Sammellager Sumiswald im Kanton Bern untergebracht, bis ihn der Direktor der Fribourger Universitätsbibliothek zum Dienst zu sich beorderte. H. konnte mit seiner Frau vom Juli 1943 bis zur Repatriierung nach Amsterdam im Dezember 1945 in Fribourg bleiben. In dieser Zeit veröffentlichte er im Verlag der PAULUS-DRUCKEREI ein umfangreiches Werk über die Anfänge des Buchdrucks in Fribourg, ohne einen Lohn dafür annehmen zu dürfen. In Amsterdam war im August 1944 Gerrit Robert van Calcar Veenstra zum neuen Verwalter von Erasmus ernannt, nach drei Monaten aber von Carl Ortmann als Liquidator abgelöst worden. Nach Ende des Krieges und der Besatzung eröffnete im Mai 1945 der aus dem Untergrund wieder aufgetauchte Mitarbeiter und Teilhaber Martin Oppenheim erneut die antiquarische Buchhandlung am Spui, nachdem er den Laden bei der Rückkehr völlig leergeräumt vorgefunden hatte. Er brachte das Geschäft wieder in Gang, bis H. im Herbst 1945 nach Amsterdam zurückkehrte, mit einem Büchervorrat im Gepäck. Der Schwerpunkt des Unternehmens verschob sich nach dem Krieg unter Mitarbeit von → Horst Garnman zunächst in Richtung allgemeiner Sortimentsbuchhandel, weil das Kapital fehlte, ein attraktives Antiquariatslager aufzubauen, währenddessen die Verleger dem weithin geschätzten H. großzügige Kredite einräumten. 1949 wurde H. mit dem Aufbau einer Bibliothek für einen südamerikanischen Sammler betraut, außerdem versetzte ihn eine Zwangsversteigerung deutscher Bücher in Amsterdam in die Lage, einen ersten Spezialkatalog deutscher Bücher anbieten zu können; die meisten Bücher verkauften sich sofort, zum Großteil an amerikanische Bibliotheken. Auch im Sortiment erkannte H. das Potential des weltweiten Bibliotheksgeschäfts. Im Laufe der Zeit spezialisierte sich H. in seiner Lagerhaltung: Nach einer anfänglich breiten Streuung an geisteswissenschaftlichen und literarischen Werken konzentrierte sich Erasmus auf die Bereiche Buch- und Kunstgeschichte. Auch im Antiquariat war eine solche Spezialisierung auf die Bereiche bibliophiler Bücher und Drucke des 16. Jahrhunderts merklich; H. gelangte in den Besitz umfangreicher privater Büchersammlungen, die unter anderem die Geschichte des russischen Buches sowie französische Holzschnitte des 16. Jahrhunderts, Buchminiaturen und künstlerische Graphik betrafen. H. verfasste regelmäßig wissenschaftliche Publikationen über Themen wie die Buchillustrationen von Picasso und Kubin, Oscar Wilde, Druckerzeichen oder Miniaturbücher; als Sammler setzte er seine Schwerpunkte auf expressionistische Kunstwerke, Alfred Kubin und Heinrich von Kleist, Miniaturbücher, buchhistorische Themen, illustrierte Bücher, Judaica und russische Bücher. 1984 konnte H. mit einer aufwendig gestalteten Festschrift das 50-jährige Bestehen seines in internationalem Maßstab agierenden Erasmus-Antiquariats feiern. Im selben Jahr starb am 12. Dezember seine Frau Alice. H. wurde für seine kulturellen Verdienste 1978 mit der Auszeichnung Zilveren Anjer Prins Bernhard Fonds (›Silberne Nelke‹) der Niederlande geehrt, 1985 erhielt er für sein Wirken im Interesse der Buchwissenschaft die Ehrendoktorwürde der Universität Amsterdam. Die Gründung eines Abraham-Horodisch-Lehrstuhls für die Geschichte des Buches an der Universität Tel Aviv und die Horodisch Collection in der Sourasky Central Library der Universität Tel Aviv mit ca. 8000 Bänden zeugt von H.'s Verbundenheit zur Wissenschaft und zum Staat Israel. Nach H.'s Tod wurden Antiquariat und Buchhandlung von seinem seit 1945 bei Erasmus tätigen Mitarbeiter → Horst Garnman, einem Vetter seiner Frau Alice Garnman, weitergeführt.

Abraham Horodisch: Der Euphorion Verlag. In: Imprimatur. NF Bd. 6 (1971) S. 105–20 [mit Bibliographie]; ders.: Schlussbemerkung: Fünfzig Jahre Buchhändler in Amsterdam. In: De Arte et Libris. Festschrift Erasmus. 1934–1984. Amsterdam 1984 S. 465–69.

SStAL, BV, F 4.214 (Horodisch & Marx Verlag GmbH); BHE 2; Adressbuch 1931 S. 283; Verlagsveränderungen 1933–1937 S. 12; Amor Librorum. Bibliographic and other Essays. A Tribute to Abraham Horodisch on his Sixtieth Birthday. Amsterdam: Erasmus 1958 (darin: Emma Dronckers: Werken en geschriften van Dr. Abraham Horodisch. Een chronologische, bibliografische samenvatting, S. IX–XVII); Zum 60. Geburtstag von Dr. Abraham Horodisch. In: Bbl. (FfM) Nr. 8 vom 28. 1. 1958 S. 46 f.; Jenny Gans-Premsela: Vluchtweg. Baarn: Bosch & Keuning 1990; Rudolf Adolph: Bibliophile Porträts: Dr. Abraham Horodisch. In: Bbl. (FfM) Nr. 91 vom 12. 11. 1963 S. 2018–20; Bernhard Wendt: Zum 70. Geburtstag von A. Horodisch. In: Bbl. (FfM) Nr. 13 vom 13. 2. 1968 S. 317; Uri Benjamin [d. i. Walter Zadek]: Antiquare im Exil: Dr. Abraham Horodisch. In: Bbl. (FfM) Nr. 42 vom 29. 5. 1973 S. A186–91; Bbl. (FfM) Nr. 95 vom 27. 11. 1987 (AdA (1987)) S. A460; Bbl. (FfM) Nr. 92 vom 17. 11. 1987 S. 8254; Edita Koch: Ein nimmermüder Antiquar. Zum einjährigen Todestag von Abraham Horodisch. In: EXIL H. 2 (1988) S. 96 f.; Frank Hermann: Deutsche Antiquare in Amsterdam. In: Bbl. (Lpz) Nr. 49 vom 4. 12. 1990 S. 907 f.; Fischer: Buchgestaltung im Exil (2003) S. 173 [zu Alice Horodisch-Garnman]; Schroeder: ›Arisierung‹ I (2009) S. 296 f.; Schroeder: ›Arisierung‹ II (2009) S. 377; van der Veen: 75 Jahre Erasmus (2009), mit weiterführenden Literaturhinweisen S. 92 f.; Vera Bendt: Buchhändler, Antiquare, Sammler, Bibliophile aus Deutschland 1933 bis 1945. In: Imprimatur NF XXVI (2019), S. 70.

Horovitz, Béla 18. 4. 1898 Budapest – 9. 3. 1955 New York; Verleger; Dr. jur. H. stammte aus einer religiösen jüdischen Familie. Nachdem er am Sophiengymnasium in Wien das Abitur gemacht, als Offiziersaspirant und Einjährig-Freiwilliger im Ersten Weltkrieg gedient und sein Studium der Rechtswissenschaften an der Universität Wien 1922 mit der Promotion abgeschlossen hatte, gründete H. am 15. November 1923 (offizielles, im *Adressbuch des Deutschen Buchhandels* genanntes Gründungsdatum) gemeinsam mit →

Ludwig Goldscheider und Fritz Ungar (→ Frederick Ungar) den PHAIDON-VERLAG in Wien. Um die Mitte des Jahres 1925 schieden Ungar und Goldscheider als Gesellschafter des Unternehmens aus; eine materiell vorteilhafte Heirat hatte Horovitz in die Lage versetzt, den Phaidon Verlag in das alleinige Eigentum zu übernehmen. Ungar gründete 1926 in Wien einen eigenen Verlag, den SATURN-VERLAG, den er nach seiner Emigration 1938 in New York weiterführte, Goldscheider dagegen blieb Phaidon als Mitarbeiter in leitender Stellung verbunden, ein halbes Jahrhundert lang, bis zu seinem Tod 1973. Der Verlag brachte in der zu Ende gehenden Inflationszeit – wohl als eine Spekulation auf die damalige ›Flucht in die Sachwerte‹ – eine Serie von sieben bibliophilen Drucken heraus (*Phaidon-Drucke*), anschließend Werke der klassischen Literatur (Shakespeare) in billigen Ausgaben für die studierende Jugend, später auch zeitgenössische Literatur (u. a. Hofmannsthal, Friedell, Wassermann, Klabund und Schnitzler) und Werkausgaben (Miguel de Unamuno). Besonderen Erfolg hatte er aber vor allem mit kunst- und kulturgeschichtlichen Werken, die mit erstklassigen Bild-Reproduktionen im Kupfertiefdruck ausgestattet waren und – auf der Grundlage mutig bemessener Großauflagen – zu unüblich günstigen Preisen auf den Markt geworfen wurden: Zuerst reich illustrierte Ausgaben u. a. von Theodor Mommsens *Römischer Geschichte* oder Jacob Burckhardts *Die Kultur der Renaissance in Italien*, und auf einer nächsten Stufe dann Bildbände u. a. zu Leonardo, Botticelli, Michelangelo, Raffael, Dürer, Rembrandt oder El Greco, die z. T. in einer großformatigen Reihe mit detailvergrößernden Bildausschnitten erschienen. Der Phaidon Verlag kann so den Anspruch erheben, ein Pionier des preisgünstigen und trotzdem qualitätvollen Kunst-Bildbandes gewesen zu sein. Da er Mitte der 1930er Jahre Beziehungen v. a. zu Partnern im englischsprachigen Raum anknüpfte und etwa mit der Oxford University Press gemeinsame Editionen veranstaltete, war der Verlag auch einer der Pioniere des im Kunstbuchsektor später so wichtigen internationalen *Co-Publishing*. 1936 schloss H. mit dem bedeutenden englischen Verleger Stanley Unwin ein Abkommen, das sich sehr bald als überlebenswichtig für den Verlag erweisen sollte: Unwin, der die bedrohte Lage Österreichs und des Verlags erkannte, bot 1937 Horovitz an, das Bücherlager von Phaidon zu kaufen und es damit vor einem Zugriff der Nazis zu sichern. H. nahm das Angebot an und verkaufte am 1. März 1938, also noch vor der Annexion Österreichs durch Hitler-Deutschland, auch noch die Rechte an den Büchern an Stanley Unwin, der nunmehr als neuer Inhaber gegenüber dem ›Dritten Reich‹ auftreten und eine ungehinderte Belieferung des deutschen Buchmarktes verlangen konnte. Er tat dies auch zum Ärger der NS-Behörden sehr offensiv; tatsächlich wurden die Bücher des Phaidon Verlags damals von den deutschen Buchhändlern und ihrem Publikum immer noch stark verlangt. Unwin stärkte seine Position, indem er teilweise in Deutschland drucken ließ; zudem fand die Phaidon-Produktion nun auch im englischsprachigen Raum zunehmendes Interesse. H. war nach dem ›Anschluss‹ Österreichs zur Emigration gezwungen und flüchtete, unter Verlust des gesamten kostbaren Bild- und Verlagsarchivs, mit seiner Familie nach Großbritannien. In London übernahm er, zusammen mit Goldscheider, der über Frankreich ebenfalls nach England gelangt war, wieder die Führung des Verlags, der unter dem Namen PHAIDON PRESS in den Jahren des Krieges und danach von den beiden erfolgreich weiter ausgebaut werden konnte; dem Unternehmen wurden in den folgenden Jahren Tochtergesellschaften in Zürich und New York angegliedert und ein internationaler Vertrieb aufgebaut. Ähnlich wie → Walter Neurath mit THAMES AND HUDSON nahm auch die Phaidon Press maßgeblichen Einfluss auf die Entwicklung der britischen und der internationalen Verlagsproduktion im Bereich des illustrierten Kunstbuchs. Als Lektor bzw. Cheflektor des Verlags spielte neben L. Goldscheider der ebenfalls aus Wien emigrierte → Innozenz Grafe eine bedeutende Rolle. Zusätzlich zu dieser Sparte gründete H. 1944 die Verlagsabteilung *The East and West Library for Judaica*, in der er vor allem mittelalterliche jüdische Literatur in englischer Übersetzung herausgab, in der aber auch die *Yearbook*-Serie des Leo Baeck Instituts erschien. 1951 gründete er gemeinsam mit J. C. Witsch in Deutschland die PHAIDON VERLAGS GMBH, deren Verlagssitz nach kurzer Zeit von München nach Köln verlegt wurde. H. starb 1955 auf einer Besuchsreise in den USA an einem Herzschlag; nach seinem Tod setzte zunächst seine Witwe Lotte H. sein Lebenswerk fort, später stiegen ihre Tochter → Elly Miller und ihr Schwiegersohn Harvey Miller in den Verlag ein. Nach mehreren Eignerwechseln wurde Phaidon Teil der Verlagsgruppe MUSTERLIN mit Sitz in Oxford; eine Finanzkrise Anfang der 1990er Jahre wurde überwunden, als eine Investorgruppe um Mark Futter und Richard Schlagmann Phaidon kaufte und in Rückbesinnung auf das verlegerische Konzept der Gründer erneut auf qualitätvoll illustrierte Kunstbücher setzte. Dabei wurden auch viele der klassischen Phaidon-Titel neu aufgelegt. Heute ist Phaidon London wieder einer der international führenden Verlage in der Sparte *visual arts*.

Between East and West. Essays dedicated to the memory of Béla Horovitz. Hrsg. von Alexander Altmann. London: East and West Library 1958.

SStAL, BV, F 7.163; University of Reading, Publishers' Archive, Allen and Unwin Archive; BHE 1; VM 237–273 vom 1.6.1942, 5; Verlagsveränderungen 1937–1943 S. 13, 20; Verlagsveränderungen 1942–1963 S. 153; Tentative List p. 9; Bbl. (FfM) Nr. 29 vom 13.4.1955 S. 246 f.; Between East and West. Essays dedicated to the memory of Béla Horovitz. In: Bbl. (FfM) Nr. 23 vom 20.3.1959 S. 392; M. Papo: Béla Horovitz. In: Gold: Juden in Österreich (1971) S. 111 f.; Phaidon Jubilee Catalogue. London: Phaidon 1973; Hall: Österr. Verlagsgeschichte I + II (1985), bes. II S. 363–72; Westphal: German, Czech and Austrian Jews (1991) pp. 201 f.; Nigel Spivey: Phaidon 1923–1998. London: Phaidon 1999; Ernst Fischer: The Phaidon Press in Vienna 1923–1938. In: Visual Resources vol. 15 no. 3 (1999) (Special Issue on The Early History of the Phaidon Press, 1923–1967) pp. 289–309; Harvey Miller: Phaidon and the Business of Art Book Publishing: 1923–1967. In: Visual Resources vol. 15 no. 3 (1999) (Special Issue on The Early History of the Phaidon Press, 1923–1967) pp. 343–53; Ernst Fischer: Zwischen Popularisierung und Wissenschaftlichkeit. Das illustrierte Kunstbuch des Wiener Phaidon Verlags in den 1930er Jahren. In: Katharina Krause [Hg.]: Kunstwerk – Abbild – Buch. Das illustrierte Kunstbuch von 1730 bis 1930. München: Deutscher Kunstbuchverlag 2007 S. 239–65; Phaidon History, Homepage Phaidon Verlag [online]; Anna Nyburg: Émigrés. The Transformation of Art Publishing in Britain. London: Phaidon Press 2014.

Horwitz, Ernst Morits Martin 17.5.1909 Berlin – 9.10.1941 KZ Mauthausen; Antiquar; Dr. H. besuchte von 1918 bis 1926 das Askanische Gymnasium und anschließend bis 1928 das Vereinigte Friedrichs-und-Humboldt-Gymnasium; an den Universitäten Würzburg, Marburg und Berlin widmete er sich dem Studium der Wirtschaftswissenschaften. Mit Ausnahmegenehmigung konnte er 1935 als ›Nichtarier‹ sein Promotionskolloquium ablegen. Eigentlich hätte er den Pressevertrieb seines Vaters Nachmin H. in Deutschland übernehmen sollen, der im Umfeld der Poale Zion-Partei angesiedelt war und u. a. jiddische Zeitschriften verbreitete. Als H. mit seiner Frau Anna H.-Kahn, einer Cousine von → Abraham Horodisch, nach Holland emigrierte, nahm er Bücher des verstorbenen Münchener Antiquars → J. Halle mit – die Witwe hatte die Bücher H. mitgegeben zum kommissionsweisen Verkauf. Im Herbst 1940 wurde er in Amsterdam auf dem Weg zur Post während einer überraschenden NS-Einzelaktion mit 200 anderen Menschen von einer Streife aufgegriffen und (wahrscheinlich zu Menschenversuchen) ins KZ Mauthausen gebracht, wo er an ›akuter Leberatrophia‹ starb. Seine Frau wurde auf der Flucht in Frankreich aufgegriffen und im Vernichtungslager Sobibór ermordet.

Uri Benjamin [d. i. Walter Zadek]: Antiquare im Exil: Dr. Abraham Horodisch. In: Bbl. (Ffm) Nr. 42 vom 29. 5. 1973 S. A 186–91, hier S. A 188; Kühn-Ludewig: Jiddische Bücher (2008) S. 191; Versteinerte Spuren. Zur Erinnerung an ehemalige jüdische Studierende der Friedrich-Wilhelms-Universität. Humboldt-Universität zu Berlin 2010 S. 27 f. [online]; Karlhans Kluncker: Das geheime Deutschland: über Stefan George und seinen Kreis. Bonn: Bouvier 1985, S. 143.

I

Igersheimer, Hermann 7. 6. 1900 Heilbronn – 27. 8. 1978 New York; Verlagsvertreter. I., Cousin von Max Horkheimer, ging bereits 1924 nach Amsterdam und eröffnete dort eine Buchimportfirma. Nach 1933 fungierte er als Verlagsvertreter für Exilverlage, besonders für → Fritz H. Landshoffs QUERIDO VERLAG; er war hier für die Niederlande und Belgien zuständig (sein Kollege → Friedrich Sussmann für die Schweiz, Tschechoslowakei, Italien, Österreich, Ungarn und Rumänien). I. nahm gleichzeitig die Verlagsvertretung für den holländischen Verlag DE GEMEENSCHAP sowie für den SCHOCKEN VERLAG in Deutschland wahr. Nach Beginn des Zweiten Weltkriegs emigrierte I. weiter in die USA und hat in New York noch ein Mal ein Buchimportunternehmen aufgebaut. Er war Mitglied im Vorstand der Hermann Weill Memorial Foundation und unterstützte finanziell Horkheimers Institut für Sozialforschung.

Aufbau vom 29. 9. 1978 S. 24 [Todesanzeige]; Landshoff: Querido Verlag (1991) S. 51, 82, 318, 329, 332, 372–74; Madeleine Rietra [eingel. und hg. von]: Aber das Leben marschiert weiter und nimmt uns mit. Der Briefwechsel zwischen Joseph Roth und dem Verlag De Gemeenschap 1936–1939. Köln: Kiepenheuer & Witsch 1991 S. 252; Dahm: Das jüdische Buch (1993) S. 117, 420, 456, 461; Evelyn M. Jacobson [ed.]: Max Horkheimer: A Life in Letters. Selected Correspondence. Lincoln / NB: University of Nebraska Press 2008 p. 384.

Irmer, Erich 26. 3. 1908 Berlin – 20. 5. 1985 Australien; Verleger. I. firmierte als der Inhaber des Berliner ISK (Internationaler Sozialistischer Kampf-Bund)-Verlages ÖFFENTLICHES LEBEN. Im Mai 1933 wurde er in ›Schutzhaft‹ genommen; im folgenden Jahr war er einer der Führer der illegalen ISK-Arbeit, einer im Sommer 1934 in Fünfergruppen organisierten Widerstandsbewegung von 20–25 Personen in Berlin. Der von I. privat weitergeführte Verlag sollte zunächst aus der Untergrundarbeit herausgehalten werden, weil man das weitere Erscheinen der *Abhandlungen der Fries'schen Schule* nicht gefährden wollte, er konnte aber im Notfall als Koordinierungsstelle mit eingeschaltet werden. Nachdem I. eine sieben Monate währende Haftstrafe in Moabit verbüßt hatte, flüchtete er nach Frankreich. Dort baute er 1937 zusammen mit Hanna Fortmüller (→ Hanna Bertholet) den Exilverlag ÉDITIONS NOUVELLES INTERNATIONALES (ENI) auf, in welchem u. a. Bücher von Anna Siemsen, Alfred Kerr und Kurt Hiller erschienen. Ende 1939 kam I. in ein französisches Internierungslager, setzte sich aus Frankreich ab und wurde in England, wo er kurzzeitig als Führungsmitglied der ISK-Gruppe London politisch aktiv war, erneut als *enemy alien* eingestuft und in ein Lager nach Australien verschickt. Nach Ende des Zweiten Weltkriegs blieb I. in Australien; er heiratete, änderte seinen Namen in Eric Innis und war als Sozialarbeiter tätig. Der 1937 liquidierte Verlag ÖFFENTLICHES LEBEN nahm seine Tätigkeit nach 1948 als Verlag ÖFFENTLICHES LEBEN GMBH in Göttingen und Hamburg wieder auf und verlegte seinen Sitz 1954 nach Frankfurt am Main.

BHE 1; Verlagsveränderungen 1937–1943 S. 13, 28; Verlagsveränderungen 1942–1963 S. 145 f.; Werner Link: Die Geschichte des Internationalen Jugend-Bundes (IJB) und des Internationalen Sozialistischen Kampf-Bundes (ISK). Ein Beitrag zur Geschichte der Arbeiterbewegung in der Weimarer Republik und im Dritten Reich. Meisenheim / Glan: Anton Hain 1964; Sabine Lemke-Müller: Ethischer Sozialismus und soziale Demokratie: Der politische Weg Willi Eichlers vom ISK zur SPD. Bonn: Neue Gesellschaft 1988 S. 102, 119; Paul Bonart: But we said ›No‹. Voices from the German Underground. San Francisco: M. Backman Productions 2007 pp. 73–76, 192 f.

J

Jacobsohn, Edith 26. 10. 1891 Berlin-Schöneberg – 31. 12. 1935 London. J. war das dritte Kind des vermögenden jüdischen Bauunternehmers Max Schiffer; sie besuchte nach dem frühen Tod ihrer Mutter eine englische Schule, die den Grundstein für ihre ausgeprägte Anglophilie legte. Durch ihre Verwandtschaft (→ Bruno und Paul Cassirer waren ihre Cousins) und die 1915 geschlossene Ehe mit dem Herausgeber der Wochenzeitschrift *Die Weltbühne* Siegfried J. (1881–1926) stand sie mitten im Kulturbetrieb der Weimarer Republik, sie selbst schrieb journalistische Beiträge für die *Weltbühne* und unterstützte mit ihrem Vermögen die wiederholt vom Konkurs bedrohte Zeitschrift ihres Mannes. In ihrem gastfreundlichen Haus trafen sich regelmäßig Alfred Polgar, Kurt Tucholsky, Arnold Zweig, Hermann Kesten und andere *Weltbühne*-Autoren. Gemeinsam mit ihrer Freundin und ehemaligen Lehrerin Edith Lillie Weinreich geb. Williams betrieb sie die INT. ÜBERSETZUNGS-AGENTUR und benutzte als Übersetzerin das Pseudonym Edith Lotte (E. L.) Schiffer, ihren Geburtsnamen; von ihr übersetzte Bücher erschienen im 1924 von ihr zusammen mit Edith Weinreich und Annie Williams gegründeten Verlag WILLIAMS & CO., der sich bald zu einem erfolgreichen Kinder- und Jugendbuchverlag entwickelte. Nach dem plötzlichen Tod ihres Mannes im Jahre 1926 führte J. als Inhaberin den Verlag der Weltbühne SIEGFRIED JACOBSOHN & CO. weiter. Als Verlegerin von Williams animierte sie Erich Kästner, Kinderbücher zu schreiben: 1929 erschien *Emil und die Detektive*, das Kinderbuch wurde ein Weltbestseller. Bei Williams & Co., der eine antinationalistische, von der gängigen Jugendliteratur abweichende Ausrichtung hatte, erschienen auch *Pu der Bär* von A. A. Milne und *Doktor Dolittle* von Hugh Lofting, beide Bücher übersetzt von J. Nachdem J. 1927 in Vertretung ihres noch minderjährigen Sohnes Peter (1916–1998) die *Weltbühne* zugefallen war, stand sie im Fokus rechtsradikaler Angriffe. Vorsichtshalber gründete sie 1932 in Wien einen Ableger des Zeitschriftenverlags; noch in der Nacht des Reichstagsbrandes emigrierte J. im Februar 1933 nach Wien, überließ die Geschäftsführung in Berlin ihrer Mitarbeiterin Cecilie Dressler (1905–1978), die ihrer Chefin Teile des Barvermögens nach Wien brachte, und zog einige Monate später in die Schweiz, wo sie beide Verlage verkaufte (die *Neue Weltbühne* an Hermann Budzislawski, Williams & Co. an den Verleger → Kurt Maschler, der wiederum Ende 1936 Cecilie Dressler die Anteile an Williams & Co. übertrug). In England zerschlugen sich J.'s Hoffnungen, durch ihre Sprachkenntnisse und Beziehungen in einem Verlag oder in einer Agentur eine Stellung zu finden. Sie brachte sich mühselig mit gelegentlichen Übersetzungsarbeiten durch, unter dem Pseudonym Steffi Anton übersetzte sie aus dem Exil für ihren ehemaligen Verlag in Berlin. Weil sie keine Arbeitserlaubnis erhalten hatte, ging sie eine Scheinehe mit dem Engländer John Forster ein und erwarb damit die englische Staatsbürgerschaft. Sie starb, gänzlich verarmt, mit 44 Jahren an einem Schlaganfall im Exil.

Adressbuch 1931 S. 705; Verlagsveränderungen 1933–1937 S. 24, 29; Verlagsveränderungen 1937–1943 S. 31; Verlagsveränderungen 1942–1963 S. 222; Frank Flechtmann: ›Mein schöner Verlag, Williams & Co.‹ Erinnerung an Edith Jacobsohn. In: Marginalien 142. Heft (1996) S. 11–34; Frank Flechtmann: ›Mein schöner Verlag, Williams & Co.‹ Erinnerung an Edith Jacobsohn. Über einen vergessenen Verlag berühmter Bücher. Mit einer Bibliografie 1925–1955. [Ausst.-Kat.] Berlin: Omnis-Verlag 1997; Theodor Brüggemann: Kinderbuch und Zeitgeschichte: Der Verlag Williams & Co. Mit einer Bibliographie. In: Bbl. vom 15. 8. 2003 (AdA Nr. 4 (2003)) S. 247–74; Frank Flechtmann: Zum Jubiläum des Cecilie Dressler Verlages, ebd. S. 315 f.

Jacoby, Hans 21. 8. 1904 Salzburg – 23. 11. 2004 Den Haag; Buchhändler. J. war deutscher Staatsbürger, sein Vater war 1885 aus Württemberg nach Salzburg gezogen, seine Mutter kam aus Heilbronn. J. besuchte in seiner Geburtsstadt die Oberrealschule und legte 1922 das Abitur ab; schon in Salzburg hatte er unter antisemitischen Anfeindungen seiner Mitschüler zu leiden. Er ging deshalb nach München und begann dort in der Buchhandlung CHRISTIAN KAISER am Marienplatz eine Buchhändlerlehre; nebenbei hörte er an der Universität kunstgeschichtliche und philosophische Vorlesungen. 1925 zog J. nach Bonn und arbeitete dort in der wissenschaftlichen Buchhandlung von FRIEDRICH COHEN, später BOUVIER & CO. 1927 lernte er in Leipzig den Direktor der Buchhandlung VAN STOCKUM kennen und nahm dessen Angebot an, in Den Haag ab Juli 1927 als Leiter der deutschen und französischen Abteilung einzutreten. 1929 wechselte er auf die Stelle des Leiters der Buchabteilung des Wiener Kunstverlags WOLFRUM. Er bezeichnete dies später als den größten Fehler seines Lebens: Die Buchabteilung war nur sehr klein und musste nach dem Börsenkrach von 1929 Konkurs anmelden, vor allem aber war J. mit starkem Antisemitismus konfrontiert. Nach eigener Aussage wäre er nicht eingestellt worden, wenn man gewusst hätte, dass er Jude war. Im Sommer 1931 folgte er deshalb der brieflichen Einladung seines früheren Arbeitgebers, wieder in die Niederlande zu kommen. Nach dem ›Anschluss‹ Österreichs an Hitlerdeutschland gelang es dem 1939 naturalisierten J., seinen betagten Vater (seine Mutter war bereits 1926 verstorben) zu sich nach Den Haag zu holen. Als J. mit seiner Frau Jeannette geb. Asch (1910–1988), die er 1941 geheiratet hatte, untertauchen musste, konnte er seinen Vater noch in ein jüdisches Altersheim bringen, wo dieser Anfang 1943 starb. Die Eheleute J. lebten 26 Monate an verschiedensten Adressen, bis sie im Oktober 1944 in Bergen op Zoom befreit wurden. Dort arbeitete J. bis September 1945 als für die Zuteilung von Automaterialien zuständiger Beamter und nebenbei als Journalist bei der Tageszeitung *De Avondster*. In dieser Zeitung erschien im November 1944 sein Erlebnisbericht ›Wij Joodse Onderduikers‹, vermutlich der erste Artikel eines jüdischen Verfassers, der im befreiten Gebiet der Niederlande erschienen ist. Im September 1945 konnte J. mit seiner Frau nach Den Haag an seinen früheren Arbeitsplatz zurückgehen und auch seine alte Wohnung beziehen. J., der sich um den Aufbau einer Exportabteilung verdient gemacht hatte, wurde 1949 Direktor der Firma van Stockum, in den 1960er Jahren schließlich Teilhaber. Er blieb bei dieser renommierten Buchhandlung bis zu seinem Ruhestand 1972; von 1972 bis 1974 war J. noch als Berater für den ELSEVIER VERLAG tätig, der die Buchhandlung van Stockum gekauft hatte. Vor allem aber widmete er sich wieder journalistischen und schriftstellerischen Arbeiten: er schrieb Buchbesprechungen für die jüdische Wochenzeitung *Nieuw Israelitisch Weekblad*, war von 1973 bis zu ihrer Einstellung 1985 Redakteur der Monatsschrift *Israel*, für die er viel übersetzte und in der seine Kolumne ›Neuigkeiten aus Israel und der jüdischen Welt‹ erschien. Der zionistisch eingestellte J. war auch in der Loge B'nai Brith aktiv. In seinen letzten Lebensjahren verfasste J. Novellen, seine Erinnerungen und beschäftigte sich intensiv mit Kafkas Leben und Werk. Auch wenn J. schon vor 1933 in den Niederlanden berufstätig war, so verstand er sich doch immer ›auf der Seite der Emigranten‹ (Interview).

Hans Jacoby: Ter Herinnering. Memoirs van een boekverkoper als ooggetuige van de twintigste eeuw. Den Haag: Van Stockum, Belinfante & Coebergh 1992; ders.: Een Joodse Saga en andere verhalen, beschouwingen en herinneringen. Amsterdam: Heuff 1994.

Brief J. an den Börsenverein des Deutschen Buchhandels vom 27. 4. 1994 (HABV/DNB); Brief J. an Ursula Seeber vom 13. 9. 1993 (Dokumentationsstelle für neuere österreichische Literatur); Korrespondenz EF mit J. [Briefe Mai, Juni, September 1994, 4. 2. 1997]; Interview EF mit J. am 3. 10. 1994 in Den Haag; Albert Lichtblau: Als hätten wir dazugehört. Österreichisch-jüdische Lebensgeschichten aus der Habsburgermonarchie. Wien: Böhlau 1999 S. 443–52; Salzburg Stolpersteine, Art. Adolf Jacoby [online].

Jacoby, Kurt 25. 12. 1893 Insterburg / Ostpreußen –1. 9. 1968 New York; Verleger. J. arbeitete bereits als Schüler in der Buchhandlung seines Onkels mit; nach dem Abitur studierte er an der Universität München Kunstgeschichte, im Ersten Weltkrieg war er Offizier in einem Artillerieregiment. Seine ersten Verlagserfahrungen sammelte er in der Herstellungsabteilung bei B. G. TEUBNER in Leipzig, bevor er zu JULIUS SPRINGER wechselte, wo er jahrelang sehr erfolgreich im Wissenschaftsverlag tätig war. Nach seiner Eheschließung 1923 mit Agnes-Charlotte Jolowicz, der jüngsten Tochter des berühmten Wissenschaftsantiquars → Leo Jolowicz, übernahm er eine leitende Funktion in der 1906 von seinem Schwiegervater in Leipzig gegründeten AKADEMISCHEN VERLAGSGESELLSCHAFT, die in den 1920er Jahren zum (nach dem Springer-Verlag) zweitgrößten naturwissenschaftlichen Verlagsunternehmen Europas heranwuchs, bis sie 1938 ›arisiert‹ wurde. Das Unternehmen firmierte von 1940 bis 1947 mit dem Zusatz Becker & Erler KG, seit 1947 mit nachgestelltem Geest & Portig KG; seit 1968 war es mit dem Verlag B. G. Teubner zu einer wirtschaftlichen Einheit verbunden. – Am 10. November 1938 wurde J., so wie sein Schwiegervater und sein Schwager → Walter Johnson (ursprgl. Walter Jolowicz), verhaftet; er kam in das KZ Buchenwald, wurde nach kurzer Zeit entlassen, und am 22. Dezember 1938 erneut in ›Schutzhaft‹ genommen. Zur Begründung hieß es, er ›sabotiere die Arisierung‹ der Akademischen Verlagsgesellschaft. Zur gleichen Zeit war auf Anweisung des Reichsministeriums für Volksaufklärung und Propaganda der SS-Standartenführer Gerhard Noatzke aus Berlin als Treuhänder sowohl für das Unternehmen GUSTAV FOCK BUCHHANDLUNG als auch für die Akademische Verlagsgesellschaft eingesetzt worden. In letzter Minute konnte J. 1941 über die UdSSR und Japan in die USA emigrieren. Gespräche mit → Eric Proskauer, eine bereits 1937 angepeilte Verlagspartnerschaft nunmehr zu realisieren und dem mittlerweile prosperierenden Verlag INTERSCIENCE beizutreten, blieben ergebnislos. Darauf gründete J. noch im selben Jahr gemeinsam mit Walter Johnson den wissenschaftlichen und Lehrbuchverlag ACADEMIC PRESS INC. und die Reprintanstalt JOHNSON REPRINTS, beide in New York, 125

E 23rd Street (ab den späten 1950er Jahren 111 5th Avenue), wobei J. mit 5% nur Minderheitseigentümer wurde. J. war in beiden Unternehmen hauptverantwortlich für die Programmlinien und die Kontakte zur *scientific community*; ersten Periodika auf den Gebieten der Biologie und Biochemie folgten Zeitschriften zu allen Fachdisziplinen der *Life Sciences, Physical Sciences* und des *Engineering*. Ab 1941 zeichnete J. auch als Herausgeber des Rezensionsorgans *Advances*: eine innovative Publikation, der bis Mitte der 1960er Jahre Dutzende weitere Informationsmittel für die verschiedensten Wissenschaftszweige folgten. Academic Press zählte zu diesem Zeitpunkt mit einem Umsatzvolumen von $ 10 Millionen zu den größten wissenschaftlichen Verlagen weltweit. J., der Mitglied der National Academy of Sciences war, blieb bis zu seinem Tod 1968 in der Unternehmensleitung aktiv; im Januar 1970 wurde Academic Press von HARCOURT BRACE JOVANOVICH übernommen.

Firmenarchiv des Leipziger Unternehmens: SStAL, Bestand Nr. 21091; Laufzeit: 1829–1991; 10, 20 LfM Akten, 35 Photos; Datenbank und Findbuch (2003); SStAL, BV, F 1.327; BHE 1; Friedrich Schulze: Buchhandlung Gustav Fock GmbH. 1879–1929. In: Aus Wissenschaft und Antiquariat. Festschrift zum 50jährigen Bestehen der Buchhandlung Gustav Fock. Leipzig 1929 S. 383–91; Friedrich Schulze: ›Buchfock‹. Ein kurzer Rückblick auf die Entwicklung der Buchhandlung Gustav Fock […], anlässlich der Veröffentlichung des Antiquariats-Kataloges No. 500. [Leipzig 1930]; Albert J. Phiebig: The Jolowicz Family. A List compiled for Dr. Ernst Jolowicz. New York 1948; New York Times [Nachruf], 2 Sept. 1968; Andrea Lorz: ›Strebe vorwärts‹. Lebensbilder jüdischer Unternehmer in Leipzig. Leipzig: Passage Verlag 1999 S. 92 f., 97 ff.; Fischer: Verlegeremigration nach 1933 (2002) S. 291 f.; Saur: Deutsche Verleger im Exil (2008) S. 215, 231 f.; Edwin F. Beschler: Walter J. Johnson and Kurt Jacoby: Academic Press. In: Immigrant publishers (2009) pp. 69–88.

Jacoby, Lucia 6.5.1889 Königsberg / Ostpreußen – Oktober 1944 ermordet im KZ Auschwitz; Verlegerin. Die Tochter eines früh verstorbenen Journalisten verbrachte einen Teil ihrer Schulzeit in Frankfurt am Main. Zu Beginn der 1920er Jahre war sie in Berlin Sekretärin in der Redaktion der Monatsschrift *Im Deutschen Reich*, der Zeitschrift des Central-Vereins deutscher Staatsbürger jüdischen Glaubens. Im Redaktionshaus befand sich auch der kurz vorher vom Central-Verein als Wiederbelebung des traditionsreichen jüdischen Buchvertriebs und Buchverlags gegründete PHILO-VERLAG UND BUCHHANDLUNG GMBH. In den Folgejahren widmete sich J. dem Unternehmen mit besonderem Engagement; sie leitete bis zum Zeitpunkt seiner Schließung nach der Pogromnacht am 9./10.11.1938 als Geschäftsführerin sowohl den Philo-Verlag wie auch die Buchhandlung, die 1933 in die Pariser Straße in Berlin übergesiedelt waren. Die Zeit nach 1933 brachte dem Philo-Verlag einen den neuen politisch verordneten Publikationsverhältnissen geschuldeten Aufschwung: Autoren, die von ihren deutschen Verlegern aus ›rassischen‹ Gründen nicht mehr unter Vertrag genommen wurden, wechselten zum Philo-Verlag oder zum JÜDISCHEN VERLAG (→ Siegmund Kaznelson). J. verlegte das *Philo-Lexikon*, das *Philo-Zitatenlexikon* und als letzten Titel den *Philo-Atlas*, ein Handbuch für jüdische Auswanderung, zudem Belletristik jüdischer Schriftsteller. Anfang 1936 bemühte sich J. wiederholt, die Existenz des Unternehmens zu erhalten, das sich nach nationalsozialistischer Vorschrift ausdrücklich als jüdischer Kulturbetrieb ausweisen und entsprechend auf die Produktion jüdischer Literatur beschränken musste. Im Februar 1937 wurde offenbar ein Amsterdamer Büro gegründet. Am 9. November 1938 wurden die Schaufenster der Buchhandlung eingeschlagen, am 31. Dezember des gleichen Jahres schloss die Gestapo den Philo-Verlag. J. bereitete sich auf die Emigration vor, erlernte den Beruf der Säuglingspflegerin, Englisch und Holländisch. Doch die Bemühungen J.'s, sich außer Landes zu bringen, schlugen letztlich fehl, ein Kuba-Visum wurde durch die Heraufsetzung der Altersgrenze für Arbeitspflicht gegenstandslos, der Plan, nach Panama zu flüchten, war aussichtslos. J. wurde 1942 in das Ghetto Theresienstadt deportiert und gilt seit Mai, spätestens Oktober 1944 als in Auschwitz ›verschollen‹.

SStAL, BV, F 15. 151 [u. a. Schreiben der RSK bzw. Wilhelm Baur vom 21. 12. 1936]; Sieben Jahre Philo-Verlag. In: C.-V. Zeitung vom 5. 3. 1926; Walk: Kurzbiographien (1988); Arolsen Archives; E. G. Lowenthal [Hg.]: Bewährung im Untergang. Ein Gedenkbuch. 2. erw. Aufl. Stuttgart: Deutsche Verlagsanstalt 1966 S. 81–83; Helmuth F. Braun: Der Philo-Verlag 1919–1938. Ein Berliner Verlag für jüdische Abwehr- und Aufklärungsliteratur. In: Berlinische Notizen H. 4 (1987) S. 90–103; Susanne Urban-Fahr: Der Philo-Verlag 1919–1938 (Haskala. 21). Hildesheim: Georg Olms Verlag 2001.

Jacoby, Paul 1905 Königsberg –1965 Jerusalem; Buchhändler. J. war der Sohn des jüdischen Breslauer Rechtsanwalts und SPD-Mitglieds Siegfried Jacoby (1872–1927). Er emigrierte, so wie seine jüngeren Brüder Yoram Konrad J., der bereits 1934 durch die Haavarah mit einem A I-Zertifikat vorausgegangen war und später in Israel als Rechtsanwalt und Ministerialbeamter eine Karriere machte, Heinrich (geb. 1909), Hans Kurt (geb. 1918) und seine Mutter Elfriede geb. Behrendt nach Palästina. Zuvor seit 1932 als Lehrer an jüdischen Schulen in Berlin und Breslau berufstätig, eröffnete er nach seiner Ankunft 1939 in Jerusalem eine Leihbücherei; J. war aktives Mitglied der Foreign Book Trade Association.

Mdl. Auskunft von Erwin Lichtenstein an EF am 22. 10. 1992 in Kfar Shmajarhu / Israel; BHE 1, S. 326 [Art. Jacoby, Konrad Yoram].

Jadassohn, Alexander 31. 3. 1873 Leipzig – 22. 12. 1948 New York; Musikverleger. J., Sohn des Komponisten, Musiktheoretikers, Pianisten und Pädagogen Salomon J., gehörte 1897 zu den Mitbegründern des auf Unterhaltungs- und Chormusik spezialisierten HARMONIE-VERLAGS, der später in seinen alleinigen Besitz überging; möglicherweise ging dieser Verlag aus der Leipziger Harmonie Verlagsgesellschaft hervor, die von seinem Schwager geleitet wurde. Darüber hinaus war J. als Redakteur im NORD UND SÜD VERLAG sowie als Verlagsbuchhändler tätig und der S. SCHOTTLAENDERS SCHLESISCHEN VERLAGS-ANSTALT in Breslau sowie dem DREI MASKEN VERLAG in München verbunden. 1902 übersiedelte J. nach Berlin, 1922 gründete J. gemeinsam mit Hans Bartsch, Ernst Bloch und dem seit 1900 in den USA erfolgreich tätigen Musikverleger Max Dreyfus den RONDO-VERLAG, der Werke aus dem bedeutenden Bühnenverlag FELIX BLOCH ERBEN und aus Dreyfus' New Yorker Musikverlag vertrieb. 1935 übernahm J. den Rondo-Verlag vollständig. Darüber hinaus war er Inhaber und Leiter des MODERNEN MUSIKVERLAGS KARL KOEHLER GMBH. Nach 1933 hatte J. als Musikverleger mit erheblichen Schwierigkeiten zu kämpfen, da viele der in seinen Verlagen publizierten Kompositionen als ›unerwünscht‹ galten und er selbst zu den nach den NS-›Rassengesetzen‹ Verfolgten zählte. In Leipzig gelagerte Notenbestände wurden beschlagnahmt. Versuche J.'s, seine Verlage an seine nicht verfolgte Ehefrau bzw. seinen Stiefsohn Werner Kiewitt abzugeben, scheiterten; Teile seiner Verlage, so die Bühnenvertriebsabteilung des Harmonie-Verlags, wurden ›arisiert‹ und seine Firmen 1935 als ›nichtarische Verlage‹ aus dem *Adressbuch des Deutschen Buchhandels* gestrichen. 1935 erfolgte auch J.'s Ausschluss aus der RSK; 1937 war er zwar noch nicht offiziell aus der RMK ausgeschlossen, durfte jedoch nicht mehr als Verleger tätig sein. Im März 1938 flüchtete J. mit seiner Familie in die USA und traf in New York mit seinem Sohn Kurt J. zusammen, der für die Verwertungsgesellschaft SESAC arbeitete. Seine Berliner Musikverlage hatte J. der treuhänderischen Obhut seines Bücherrevisors Martin Klinger überlassen, der später deportiert wurde, sowie seines langjährigen Angestellten Wenzel Kohlert. Letzterer wurde 1939 ohne Wissen J.'s Liquidator der Verlage. 1940 wurde die Liquidation des Rondo-Verlags wieder rückgängig gemacht und der Verlag, der auch die Rechte des Harmonie-Verlags übernahm, an Rudolf Eichmann (gest. 1966) verkauft. Gegen ihn strengten J., der in seiner Wohnung in der W 83rd Street in New York ein Büro der HARMONIE PUBLISHING COMPANY betrieb, bzw. seine Erben nach 1945 ein Restitutionsverfahren an. 1947 verfasste J. einen ausführlichen Bericht über die Geschichte und vor allem die Liquidation bzw. ›Arisierung‹ seiner Verlage.

Adressbuch 1931 S. 244; Verlagsveränderungen 1942–1963 S. 82 f.; Fetthauer: Musikverlage (2004) S. 478; LexM [dort auch genauere Hinweise auf J.'s Bericht].

Jaeger, Hans 10. 2. 1899 Berlin –12. 10. 1975 London; Verleger; Dr. phil. Bereits vor dem Studium der Geschichte, Germanistik, Philosophie und Volkswirtschaft in Berlin, Frankfurt am Main und Köln schloss sich J. im Dezember 1918 dem Spartakusbund an, dann der KPD. Seit 1925 war er Mitglied des Instituts für Sozialforschung in Frankfurt am Main, wo er auch die von Friedrich Pollock und Dr. Felix Weil eingerichtete MARX-ENGELS-VERLAGSGESELLSCHAFT leitete. Diese wurde am 30. 9. 1929 aufgelöst, jedoch erfolgte noch im gleichen Jahr in Berlin die Errichtung einer neuen MARX-ENGELS-VERLAG GMBH, die Teil des MÜNZENBERG-KONZERNS war und in welcher die kommunistischen Grundlagenwerke von Marx, Engels und Lenin erschienen. J. übernahm neuerlich die Führung dieses Verlags; neben dieser Arbeit entfaltete er eine intensive Schulungs- und Rednertätigkeit für die KPD, verfasste viele Beiträge für linksradikale Zeitungen und Zeitschriften und machte innerhalb der Partei und ihrer Verbände politische Karriere. Anfang 1933 reiste er nach Dänemark, um die Umsiedlungsmöglichkeiten für den Verlag zu erkunden. Bald nach der Machtübernahme der Nationalsozialisten wurde der Verlag geschlossen, allerdings als ›rein wissenschaftlicher Verlag‹ behördlich von der Streichung der kommunistischen Verlage aus dem Adressbuch ausgenommen. Diese erfolgte erst, als nach eigenen (unzutreffenden) Angaben der Verlag nach Moskau verlegt wurde. Da J. nach dem Reichstagsbrand auf der Fahndungsliste stand, ging er auf Anweisung des Moskauer Marx-Engels-Instituts am 16. März 1933 nach Prag; während eines kurzen Aufenthalts in Moskau lehnte er die ihm angetragene Übernahme des Marx-Engels-Verlags in Leningrad ab. Die sich ankündigende Distanzierung von der Partei gipfelte in J.'s KPD-Austritt im Juni 1935 und dem Parteiausschluss durch die Komintern. 1937 war J., der bereits seit Anfang der 1930er Jahre weitsichtig aber erfolglos innerhalb der KPD vor dem Einbruch des Nationalsozialismus in die Arbeiterklasse gewarnt hatte, Gründungsmitglied der Deutschen Front gegen das Hitlerregime. Bis zu seiner Flucht nach Polen am 28./29. März 1939 lebte J. in Prag, wo er zwischen 1933 und 1938 als Chefredakteur für das Nachrichtenblatt *Aeropress* arbeitete. Ende April dieses Jahres emigrierte er nach Großbritannien, wo er 1940/41 in einem Internierungslager festgehalten wurde. Im Jahr seiner Internierung erfolgte die Ausbürgerung (britischer Staatsbürger wurde J. erst 1949). 1943 spielte J. eine führende Rolle bei der Gründung des Club '43, eines Emigrantenzentrums, in welchem wöchentlich Vorträge über aktuelle Themen, über Kunst und Literatur gehalten wurden. J. war später Präsident der Vereinigung, die er mit großem Engagement, unterstützt von seiner Frau Carola, bis zu seinem Tod weiterführte. Mit der Herausgabe verschiedener Periodika, z. B. seit 1948 des *Bulletin on German Questions* und seit 1957 der *Afro-Asian / Latin-American Information*, leistete er einen wichtigen Beitrag zum interkulturellen und internationalen Informationsaustausch und zur Völkerverständigung. J. wurde 1958 mit dem Bundesverdienstkreuz ausgezeichnet.

SStAL, BV, F 14. 634; BHE 1; DBE; Adressbuch 1931 S. 403; Verlagsveränderungen 1933–1937 S. 16; Hans Jäger. In: Aufbau Nr. 43 vom 24. 10. 1975; Werner Rosenstock: Tribute to Hans Jaeger. In: Journal of the Association of Jewish Refugees vol. II p. 75; Gabriele Tergit: Autobiographien: International PEN, a World Association of Writers. London: Int. PEN 1968.

Jahoda, Martin 13. 12. 1903 Wien –18. 7. 1990 New York. J. war nach dem Tod seines Vaters Georg Jahoda (1926) gemeinsam mit Friedrich Siegel / → Fred A. Siegle Mitinhaber der Qualitätsdruckerei JAHODA & SIEGEL in Wien, die seit 1901 *Die Fackel* druckte und als einzige in der Lage war, die außerordentlich hohen Ansprüche Karl Kraus' – und dies jahrzehntelang bis zu dessen Tod 1936 – zu erfüllen. Jahoda & Siegel waren daneben auch verlegerisch tätig (Näheres dazu im Art. → Siegle). Nach dem ›Anschluss‹ Österreichs im März 1938 erfolgte die Schließung und ›Arisierung‹ von Druckerei und Verlag; J. flüchtete in die Vereinigten Staaten (seine Mutter Hedwig, gemeinsam mit Emil Siegel nominell Inhaberin des Verlags Jahoda & Siegel, starb 1943 im Holocaust) und eröffnete dort wieder eine kleine Druckerei, ehe er sich mit seinem früheren Partner Fritz Siegel, der sich in den USA Fred R. Siegle nannte, erneut zusammenschloss und mit ihm in New York ein Druckereiunternehmen, die PROFILE PRESS eröffnete, das – wie zuvor in Wien – auf anspruchsvolle Aufgaben spezialisiert war. Nach einiger Zeit nahmen sie auch die verlegerische Produktion bibliophiler Bücher auf und erwarben sich damit einen guten Ruf, so etwa brachten sie 1946 eine Neuauflage der von Jahoda und Siegel 1911 erstpublizierte Erzählung *Tubutsch* von Albert Ehrenstein in englischsprachiger Übersetzung heraus, wieder ausgestattet mit den Illustrationen von Oskar Kokoschka. Obwohl J. und Siegle das 1938 ›arisierte‹ Wiener Unternehmen 1955 rückerstattet wurde, blieben die beiden in den USA, um dort ihre erfolgreiche Tätigkeit fortzuführen.

www.geni.com; Claudia Reitmayr: ›Arisierung‹ im Wiener Buchdrucks- und Verlagswesen anhand zweier Fallbeispiele: Die Druckerei ›Jahoda & Siegel‹ und der Verlag ›Richard Lányi‹. Dipl.-Arb., Universität Wien 2004. – Das Deutsche Literaturarchiv Marbach a. N. bewahrt eine Karl Kraus Sammlung Georg und Martin Jahoda. Weitere Literatur siehe Siegle, Fred R.

Jakoby, Lotte (auch: Charlotte Jacoby) 1905 Allenstein –1998 Jerusalem; Leihbuchhändlerin. J., geb. Segall, war mit ihrem Mann Paul (1905–1962) aus Hitlerdeutschland nach Palästina eingewandert; in Jerusalem mietete sie 1940 einen Nebenraum der Buchhandlung HEATID (→ Ben-Chorin, → Edinger, → Romann, → Eli Rothschild, → Salingré) und betätigte sich dort als Leihbibliothekarin, ›um den ›Hunger‹ der lesewütigen deutschen Einwanderer‹ zu stillen. Als Grundlage diente ihr zunächst die aus Deutschland mitgebrachte Büchersammlung ihres Mannes, später kam dann die populäre

deutschsprachige Gegenwartsliteratur hinzu: ›Auf dem Schreibtisch von Lotte Jakoby stehen in uralten Holzkästen 4093 Bücherkarten. Auf ihnen finden sich Namen wie Simmel, Marie Louise Fischer, Utta Danella, Kirst, Willi Heinrich und Leon Uris.‹ Ende der 1970 Jahre war dies die letzte deutschsprachige Leihbücherei in Jerusalem.
    Bbl. (FfM) Nr. 69 vom 29. 8. 1978 S. 1776.

Janka, Walter 29. 4. 1914 Chemnitz–17. 3. 1994 Potsdam; Verleger. J., Sohn eines Werkzeugmachers, erlernte den Beruf des Schriftsetzers. Als KPD-Mitglied wurde er 1933 verhaftet und war bis 1935 im Zuchthaus Bautzen und im KZ Sachsenburg inhaftiert. Aus Deutschland ausgewiesen, emigrierte er in die ČSR; 1936 bis 1939 kämpfte J., zuletzt als Major, in der republikanischen spanischen Armee (Interbrigaden). Nach dem Sieg der Franco-Truppen ging J. nach Frankreich, wo er 1939 bis 1941 in den Lagern von St. Cyprien, Gurs, Le Vernet und Les Milles interniert war. 1941 flüchtete er über Casablanca nach Mexiko und war zunächst als Berichterstatter für einen KPD-Pressedienst tätig; danach wurde er Geschäftsführer des offiziell am 10. Mai 1942 gegründeten Verlags EL LIBRO LIBRE, des bedeutendsten Exilverlags der 1940er Jahre, in dem innerhalb eines Zeitraums von vier Jahren 21 Bücher u. a. von Heinrich Mann, Anna Seghers, Bruno Frank und Egon Erwin Kisch erschienen. J. kümmerte sich um die technische und organisatorische Arbeit des Verlags. 1946 übernahm er die Leitung der KPD-Gruppe in Mexiko. Im Frühjahr 1947 remigrierte J. nach Ostdeutschland und war zunächst als Vorstandsvorsitzender der DEFA, seit 1950 als stellvertretender Leiter, ab 1952 als Direktor des AUFBAU-VERLAGS in Berlin tätig. 1956 wurde er wegen angeblicher konterrevolutionärer Verschwörung verhaftet und 1957 in einem spektakulären Schauprozess zu einer 5-jährigen Haftstrafe verurteilt. Aufgrund internationaler Proteste wurde J. 1960 vorzeitig aus der Haft entlassen und arbeitete in den folgenden Jahren als Dramaturg für die DEFA. 1972 erfolgte die Wiederanerkennung als Verfolgter des Naziregimes und die erneute Aufnahme in die SED; zur Zeit der Wende erlangte er als Zeitzeuge eine gewisse Aufmerksamkeit und wurde im Mai 1990 vom Obersten Gericht der DDR öffentlich rehabilitiert.
    Walter Janka: Schwierigkeiten mit der Wahrheit. Essays. Reinbek bei Hamburg: Rowohlt 1989; Alfred Eichhorn [Hg.]: Nach langem Schweigen endlich sprechen. Briefe an Walter Janka. Weinheim: Quadriga 1990; Walter Janka: Spuren eines Lebens. Reinbek bei Hamburg: Rowohlt 1991; ders: … bis zur Verhaftung. Erinnerungen eines deutschen Verlegers. Berlin: Aufbau 1993; ders.: Die Unterwerfung. Eine Kriminalgeschichte aus der Nachkriegszeit. München: Hanser 1994.
    BHE 1; DBE; Cazden: Free German Book Trade (1967) p. 353; Wolfgang Kiessling: Alemania libre in Mexiko. Bd. 2: Texte und Dokumente zur Geschichte des antifaschistischen Exils (1941–1946). Ost-Berlin: Akademie-Verlag 1974 S. 249–51; Judith Marschall: Aufrechter Gang im DDR-Sozialismus. Walter Janka und der Aufbau Verlag. Münster: Westfäl. Dampfboot 1994; Olivia C. Díaz Pérez: Der Exilverlag El Libro Libre in Mexiko. In: Jahrbuch Exilforschung (2004) S. 156–79.

Johnson, Walter J. 29. 7. 1908 Leipzig–15. 12. 1996 New York; Antiquar und Verleger. Als Sohn von Martha J. geb. Finkelstein, Tochter des bekannten Leipziger Rauchwarenhändlers Saul Finkelstein, und Leo Jolowicz (1868–1940), der sowohl die bedeutende wissenschaftliche Buchhandlung mit Antiquariat GUSTAV FOCK in Leipzig übernommen und zu einem kaufmännischen Großbetrieb ausgebaut (um 1930 war das Firmenlager in Leipzig mit zwei Millionen Büchern größer als jede deutsche Universitätsbibliothek) wie auch 1906 die AKADEMISCHE VERLAGSGESELLSCHAFT gegründet hatte, wuchs J. in kultivierten bürgerlichen Verhältnissen auf. Nachdem er 1927 das Leipziger König-Albert-Gymnasium erfolgreich absolviert hatte, studierte er an der Universität Heidelberg, an der Sorbonne in Paris und am University College, London, Archäologie und machte gleichzeitig in allen diesen Städten Lehrstation in Buchhandlungen. Ab 1933 zeichnete er als Prokurist der Buchhandlung Gustav Fock GmbH, seit 1935 war er zusätzlich Mitinhaber der Akademischen Verlagsgesellschaft. Ende Juni 1938 wurde er, wie sein Vater, aus dem Unternehmen ausgeschlossen, zwei Monate später reiste er nach London, um die Flucht der Familie vorzubereiten. Aufgrund von Restriktionsmaßnahmen seitens der nationalsozialistischen Behörden, u. a. Passverweigerung, kehrte er zurück, wurde am 10. November 1938 verhaftet und in das KZ Buchenwald überstellt. Am 7. Dezember 1938 kam J. frei mit der Auflage, umgehend Deutschland zu verlassen. Doch wurde Anfang Januar die Auswanderung der Familie kommentarlos abgelehnt, obwohl J. der Zahlung aller geforderten Beträge für die Deutsche Golddiskontbank nachgekommen war. J. wurde von einer Behörde zur nächsten verwiesen, zudem musste er sich monatlich bei der Gestapo melden. Erst im Frühjahr 1940 konnte sich J. mit seiner Frau Thekla in Sicherheit bringen: der Fluchtweg führte die beiden über die UdSSR und Japan in die USA. Hier nahm J. nicht nur die amerikanische Staatsbürgerschaft an, er änderte auch seinen Namen und führte in New York die Familientradition als Wissenschaftsantiquar und Verleger weiter. Er gründete 1941 mit seinem Schwager → Kurt Jacoby analog zum väterlichen Verlags- und Antiquariatsmodell die Verlagsgesellschaft ACADEMIC PRESS INC. (AP), 125 E 23rd Street, und im folgenden Jahr an derselben Adresse das wissenschaftliche Antiquariat WALTER J. JOHNSON, später kam die Firma JOHNSON REPRINTS hinzu. J. war der für die Finanzen zuständige Manager und hielt zusammen mit seiner Frau 95 % des Unternehmens. Im Rahmen des vom United States Office of the Alien Property Custodian (APC) organisierten Nachdruckprogramms erwarb J. für die AP Nachdrucklizenzen; die Grundidee dieses transkontinentalen Wissenstransfers hat er auch nach Auslaufen des APC-Programms 1946 weiterverfolgt. J. machte sich mit den Kenntnissen aus Wissenschaftsverlag und Wissenschaftsantiquariat den damals enorm großen, kriegsbedingten Bedarf an Ergänzungsjahrgängen für naturwissenschaftliche Zeitschriften in Bibliotheken zunutze, sein Reprintunternehmen expandierte in hohem Tempo – parallel zu jenem von → H. P. Kraus, mit dem er in diesem Bereich gelegentlich zusammenarbeitete, alles in allem aber doch in klarem Konkurrenzverhältnis stand (J. legte den Schwerpunkt allerdings mehr auf die Naturwissenschaften, Kraus auf die Geisteswissenschaften). Ende der 1950er Jahre übersiedelte J.'s Unternehmen in die 5th Avenue, mittlerweile war der jährliche Umsatz auf $ 3 Millionen angewachsen. Seit den 1950er Jahren führten J. geschäftliche Aufenthalte auch wieder nach Deutschland. Ein Wiedereinstieg in Leipzig war chancenlos; mit Jacoby initiierte J. deshalb einen Neubeginn der Arbeit der AKADEMISCHEN VERLAGSGESELLSCHAFT in Frankfurt am Main. Zweigstellen unterhielt die AP auch in Paris und seit 1958 in London. Im März 1968, als der Umsatz von J.'s Unternehmen $ 13 Millionen erreicht hatte, ging die AP an die Börse. Im Januar 1970 kaufte die Verlagsgruppe HARCOURT BRACE JOVANOVICH die AP; Johnson Reprints wurde von FAXON übernommen. Damit begann der Umwandlungsprozess eines unabhängigen Verlagshauses zur Tochter eines Konzernriesen: 1986 war der Jahresumsatz von AP auf $ 70 Millionen gestiegen, die Backlist umfasste 12 000 Titel, mit

400 bis 600 Neuerscheinungen pro Jahr, der Zeitschriftenkatalog wies 158 Periodika aus. J. blieb auch nach dem Verkauf der AP verlegerisch aktiv: er erwarb vier deutsche Verlage (Dr. Max Gehlen, Franz Steiner, Johann Ambrosius Barth sowie Akademische Verlagsgesellschaft Athenaion), die er allerdings nach wenigen Jahren weiterverkaufte, um sich mit seiner Firma Walter J. Johnson Inc. auf das Antiquariatsgeschäft zu konzentrieren und sich mit seinem 1976 gegründeten Verlagshaus ABLEX PUBLISHING CORP., Norwood, erneut der Publikation wissenschaftlicher Zeitschriften, Jahrbücher und Nachschlagewerke zu widmen. Seine bedeutende Sammlung wissenschaftsgeschichtlicher Werke ging als Schenkung an das Albany Medical College / NY. Als J., der sich nach eigenen Aussagen nicht mehr als Emigrant sehen und auch an die Zeit vor 1933 nicht mehr erinnert werden wollte, starb, wurde in den Nachrufen hervorgehoben, dass ›zahlreiche Entwicklungen und Impulse im gesamten internationalen Verlagswesen [...] durch ihn ausgelöst oder vorangetrieben worden‹ waren; er galt als eine der eindrucksvollsten, erfolgreichsten und wirkungsvollsten Persönlichkeiten des internationalen wissenschaftlichen Buch- und Zeitschriftenmarktes des 20. Jahrhunderts.

Walter Johnson: The Development and Mechanics of Reprints. Paper given October 1964 at the meeting of the College and University Libraries Section of the New York Library Association (71st Annual Conference of NYLA); ders.: Copyright Problems. (Unpublished paper given on 15 Oct. 1966 to Midwestern Regional Group of the Medical Library Association).

Rosenthal-Fragebogen; SStAL, BV, F 12. 407 [Akte Max Weg]; LGB 2; Verlagsveränderungen 1942–1963 S. 33, 126 [Lizenzen Mayer & Müller GmbH Berlin]; Dickinson: Dictionary (1998) pp. 107 f.; Friedrich Schulze: Buchhandlung Gustav Fock GmbH. 1879–1929. In: Max Buchner [Hg.]: Aus Wissenschaft und Antiquariat. Festschrift zum 50jährigen Bestehen der Buchhandlung Gustav Fock. Leipzig 1929 S. 383–91; Friedrich Schulze: ›Buchfock‹. Ein kurzer Rückblick auf die Entwicklung der Buchhandlung Gustav Fock [...], anlässlich der Veröffentlichung des Antiquariats-Kataloges No. 500. [Leipzig 1922]; Albert J. Phiebig: The Jolowicz Family. A List compiled for Dr. Ernst Jolowicz. New York 1948; Erich Carlsohn: Leo Jolowicz. In: Bbl. (FfM) Nr. 6 vom 20. 1. 1961 S. 76–80; Erich Carlsohn: Alt-Leipziger Antiquare. In: Bbl. (FfM) Nr. 92 vom 4. 11. 1980 (AdA 10 (1980)) S. A452–58, hier S. A455; Friedrich Pfäfflin: Die totale Reproduktionsindustrie. In: Gutenberg-Jahrbuch 1972 S. 267–72; Louis Uchitelle: Walter J. Johnson, 88, Refugee Who Founded Academic Press [Nachruf]. In: New York Times, 23 Dec. 1996 [online]; Klaus G. Saur: Walter J. Johnson [Nachruf]. In: Bbl. Nr. 15 vom 21. 2. 1997 S. 32; Andrea Lorz: ›Strebe vorwärts‹. Lebensbilder jüdischer Unternehmer in Leipzig. Leipzig: Passage Verlag 1999, darin: Familie Jolowitz S. 83–123, hier bes. S. 113 f.; Bach, Fischer: Antiquare (2005) S. 351; Saur: Deutsche Verleger im Exil (2008) S. 215, 232; Edwin F. Beschler: Walter J. Johnson and Kurt Jacoby: Academic Press. In: Immigrant publishers (2009) S. 69–88; Albert Henderson: Walter J. Johnson and the Scholarly Reprint. In: ibidem, S. 89–98 [zuvor in LOGOS vol. 17 no. 1 (2006) pp. 42–47].

Jokl, Otto 18. 1. 1891 Wien – 13. 11. 1963 New York; Verlagsmitarbeiter, Komponist; Dr. J. war von 1926 bis 1935 Schüler und Assistent von Alban Berg und arbeitete als Lektor bei der UNIVERSAL EDITION in Wien; dort arbeitete er eng mit dem Komponisten bei der Drucklegung von dessen Partituren zusammen. 1934 erhielt J., der auch als Kapellmeister in Wien und an der Kroll-Oper in Berlin wirkte, für seine Orchestersuite op. 21 den Emil-Hertzka-Preis. Nach dem ›Anschluss‹ Österreichs hatte er wegen seiner jüdischen Herkunft unter Repressalien zu leiden und verstummte als Komponist. Es gelang ihm, 1940 nach New York zu emigrieren, wo er als Redakteur im Musikverlag ASSOCIATED MUSIC PUBLISHERS (APM) eine Anstellung fand. J.'s Nachlass befindet sich in der Bayerischen Staatsbibliothek in München.

Fetthauer: Musikverlage (2004) S. 479; Homepage Musikverlag Doblinger: Verzeichnis der Komponisten (›Verfemte‹) [online].

Jolowicz, Albert 20. 6. 1869 Posen – 5. 1. 1945 Long Island / NY; Antiquar. Mit Albert J., dem jüngeren Sohn von Joseph J. (1840–1907), war bereits die dritte Generation der Familie im Buchhandel tätig: Der Großvater Paul J. hatte Anfang der 1860er Jahre das Geschäft von F. D. MOSES in Posen übernommen, das im Oktober 1862 auf seinen Sohn Joseph J. überging. Dieser hatte seine buchhändlerische Ausbildung in Berlin bei CALVARY & CO. erhalten, bevor er als Gehilfe nach Zürich und Paris geschickt wurde; 1864 legte er in Posen die damals noch erforderliche Prüfung zur selbständigen Führung einer Buch- und Antiquariatshandlung ab und baute dann vor allem das wissenschaftliche, auf slawische Literatur spezialisierte Antiquariat aus, das Weltgeltung erlangte. Nach seinem Tod übernahm Albert das Geschäft in Posen, während der ältere Bruder → Leo J. die Sortiments- und Verlagsunternehmen in Leipzig und Berlin – darunter die 1906 von ihm gegründete AKADEMISCHE VERLAGSGESELLSCHAFT, die Buchhandlung MAYER & MÜLLER sowie der Verlag GUSTAV FOCK, in den er 1887 eingetreten war – übernahm. 1922 verlegte J. die Buchhandlung nach Berlin, wo sie für einige Zeit als EWER-ANTIQUARIAT JOSEPH JOLOWICZ unter einem Dach mit der EWER-BUCHHANDLUNG HANS WERNER, Knesebeckstraße 54/55, bestand, bevor sie 1928 in eigene Geschäftsräume in der Meineckestraße 12 verlegt wurde. Nach der nationalsozialistischen ›Machtergreifung‹ 1933 erhielt J. eine ›Sondergenehmigung‹ zur Lieferung polnischer Literatur an Universitäts- und öffentliche Bibliotheken. Nachdem ihm diese Ende März 1937 entzogen worden war und er sein Geschäft nicht mehr fortführen durfte, musste J. seine Bestände verschleudern. Er sah sich zur Emigration nach New York gezwungen, wo sein Sohn → Paul J. als Buchhändler und Antiquar lebte, und verließ im Juli 1937 Deutschland.

BArch R 56 V/102: Mitteilung der RSK, Gruppe Buchhandel, Leipzig, an die RSK, Berlin, vom 13. 3. 1937. Betr. Meldung über den Stand der Entjudung. Anlage: Aufstellung aller derzeit im Bereich des Buchhandels noch tätigen Voll-, Dreiviertel- und Halbjuden und mit Voll- und Dreivierteljuden Verheirateten; Landesverwaltungsamt Berlin Abt. III – Entschädigungsbehörde Reg. 376 826; Arthur Kronthal: Das erste wissenschaftliche Antiquariat des Ostens. In: Menorah. Jüdisches Familienblatt für Wissenschaft, Kunst und Literatur. Jg. 7 (1929) S. 431–33; Aufbau Nr. 11 vom 12. 1. 1945, S. 17.

Jolowicz, Leo 12. 8. 1868 Posen – 7. 6. 1940 Leipzig; Antiquar, Verleger. Der ältere Sohn des international bekannten Posener Buchhändlers Joseph Jolowicz (1840–1907) kam über eine Ausbildungsstelle in Aachen 1887 nach Leipzig zu GUSTAV FOCK; der renommierte Antiquar förderte den tüchtigen jungen Mitarbeiter, ließ ihn in den Filialen in San Francisco und New York Auslandserfahrung sammeln und bereitete ihn nach seiner Rückkehr 1896 vor, sein Nachfolger zu werden. Bereits zwei Jahre später wurde ein Gesellschaftervertrag aufgesetzt, in dem J. gemeinsam mit seinem Jugendfreund Gustav Rothschild die Abteilungen wissenschaftliches Antiquariat, Buchhandlung und Zentralstelle für Dissertationen von Gustav Fock in Leipzig übernahm, die er in der Folge zu einem kaufmännischen Großbetrieb von Weltgeltung ausbaute: Fock hatte in den meisten größeren Städten Deutschlands Filialen sowie japanische und amerikanische Auslandsvertretungen. Außerdem gründete J. 1906 die AKADEMISCHE VERLAGS-GESELLSCHAFT, erwarb 1916 die Berliner Buchhandlung MAYER & MÜLLER und erweiterte das Leipziger Unternehmen 1923 um den C. F. WINTER'SCHEN VERLAG; in den 1920er Jahren erregte das Angebot einer in Kurland erworbenen 800 Exemplare umfassenden Aldinen-Sammlung die Aufmerksamkeit der Fachwelt. J. gehörte zeitweilig dem Vorstand des Vereins der deutschen Antiquariats- und Exportbuchhändler in Leipzig an und war Mitglied des Bibliophilen-Abends; 1921 wurde J. von der Technischen Hochschule in Karlsruhe mit der Verleihung eines Ehrendoktorates gewürdigt. Den Höhepunkt des Wirkens des Antiquariats Gustav Fock dokumentiert die Festschrift zum 50-jährigen Firmenjubiläum 1929. Zu diesem Zeitpunkt hatte Buchfock (so die berühmte Telegrammadresse) 160 000 internationale Kunden, das wissenschaftliche Antiquariat war auf mehr als 1,5 Millionen Bücher angewachsen und stellte das weltweit größte seiner Art dar. Nach 1933 konnte J. wegen seiner Exporttätigkeit und den damit verbundenen Deviseneinnahmen für das Reich länger als andere jüdische Antiquare arbeiten, bis er im Juli 1937 im Zuge der ›Entjudung‹ des deutschen Buchhandels- und Verlagswesens eine Neufassung des Gesellschaftervertrages unterzeichnen musste: Als ›Arier‹ wurde der seit 1926 in der Firma tätige Prokurist Dr. Willy Erlers eingesetzt. Im Juni 1938 wurde L. gezwungen, seinen Austritt aus der Firma zu erklären, wenige Wochen später wurde sein Reisepass gesperrt. Im Zusammenhang mit der Pogromnacht vom November 1938 wurde der 70-jährige verhaftet und nach erniedrigenden Prozeduren wieder freigelassen. Im Mai 1940 musste J. seine Wohnung aufgeben, wenig später verstarb er in seiner neuen Wohnung in der Jacobstraße 11. Die Akademische Verlagsgesellschaft wurde 1940 zur Gänze ›arisiert‹ und trug bis 1947 den Namen BECKER & ERLER KG. Später wurde sie umbenannt in GEEST & PORTIG KG und war zu DDR-Zeiten einer der führenden wissenschaftlichen volkseigenen Verlage.

Friedrich Schulze: Buchhandlung Gustav Fock GmbH. 1879–1929. In: Aus Wissenschaft und Antiquariat. Festschrift zum 50jährigen Bestehen der Buchhandlung Gustav Fock. Leipzig 1929 S. 383–91; Friedrich Schulze: ›Buchfock‹. Ein kurzer Rückblick auf die Entwicklung der Buchhandlung Gustav Fock [...], anlässlich der Veröffentlichung des Antiquariats-Kataloges No. 500. [Leipzig 1922]; Wilhelm Olbrich: Gustav Fock. In: AdA (1949) S. A509f.; Erich Carlsohn: Leo Jolowicz. In: Bbl. (FfM) Nr. 6 vom 20. 1. 1961 S. 76–80; Andrea Lorz: ›Strebe vorwärts‹. Lebensbilder jüdischer Unternehmer in Leipzig. Leipzig: Passage 1999, darin: Familie Jolowicz S. 83–123.

Jolowicz, Paul 30. 3. 1905 Posen –10. 2. 1966 New York; Verlagsmanager. Der Sohn von → Albert J. war in den 1920er und 1930er Jahren in der Firma GUSTAV FOCK seines Onkels → Leo J. tätig, seit 1930 als Leiter der New Yorker Filiale des Unternehmens. Durch die Annahme der amerikanischen Staatsbürgerschaft 1938 entzog sich J. endgültig den judenfeindlichen Maßnahmen des Nationalsozialismus. Nachdem sein Cousin → Walter Johnson sowie → Kurt Jacoby in New York erneut als Verleger Fuß gefasst hatten, arbeitete J. bei der ACADEMIC PRESS mit, wo er zuletzt als Leiter des Secondhand Periodical Departments der WALTER J. JOHNSON INC. arbeitete. Später war er Besitzer des Antiquariats MINERVA in New York. J. war verheiratet mit → Ruth J.

SStAL, BV, F 1.327; Brief von Erich Aber an EF vom 24. 10. 1993; Andrea Lorz: ›Strebe vorwärts‹. Lebensbilder jüdischer Unternehmer in Leipzig. Leipzig: Passage 1999, bes. S. 111.

Jolowicz, Ruth 28. 7. 1907 Leipzig –12. 6. 2005 New York. J., Tochter von Martha und Fritz von Eltzsch, war die Ehefrau von → Paul J. Sie begleitete ihren Mann, als er die Vertretung in der New Yorker Filiale von GUSTAV FOCK übernahm, und wurde später

Vorstandsmitglied im Familienkonzern ACADEMIC PRESS; 1971 zog sie sich daraus zurück. J. war, wie andere Familienmitglieder, aktiv in der Deutsch-Amerikanischen Community ›Kleindeutschland‹ und verstarb, als eine der ältesten Einwohnerinnen Manhattans, mit 98 Jahren in ihrer Wohnung nahe Gramercy Park.
Memorial Ruth von Eltzsch Jolowicz [online].

Jordan, Fred Geb. 9.11.1925 Wien. J.'s Geburtsname war Alfred Rotblatt; 14-jährig wurde er 1939 mit Hilfe der zionistischen Jugendorganisation Youth Aliyah vor der nationalsozialistischen Bedrohung nach Großbritannien in Sicherheit gebracht. Von 1943 bis 1946 diente er in der britischen Armee, anschließend studierte er einige Monate lang Journalismus in London. Noch 1946 kehrte er nach Wien zurück und setzte dort seine Studien fort; daneben arbeitete er für die Tageszeitung der amerikanischen Besatzungskräfte. Als er 1949 sein Studium abgeschlossen hatte, ging J. in die USA, wo er zunächst in verschiedenen Verlagshäusern tätig war. 1956 fand er eine Anstellung beim New Yorker Verlag GROVE PRESS, wo er eine steile Karriere machte: Er begann als *Sales and Promotion Manager*, wurde 1960 *Editor-in-Chief* und schließlich Vizepräsident. Rund fünfzehn Jahre lang leitete er Grove Press, einen Verlag, in welchem Autoren wie Samuel Beckett, Eugène Ionesco und Harold Pinter verlegt wurden. 1977 verließ er Grove Press und arbeitete bei GROSSET AND DUNLAP INC. in New York; 1979 kündigte er auch hier und wurde Präsident und Verleger bei METHUEN INC., ebenfalls in New York. 1981 machte er sich selbständig und gründete die FRED JORDAN BOOKS. 1990 wurde er als Nachfolger → André Schiffrins zum Leiter von PANTHEON PRESS berufen, die bereits seit 1961 Tochter der Random-House-Gruppe war, von 1991 bis 1993 war er *Chairman* des Unternehmens. 2000 lebte J. in Croton-on-Hudson nördlich von New York. J. repräsentiert den Typus des Verlegeremigranten, der seine Berufslaufbahn in den USA absolvierte, als Manager aber nie die europäische Perspektive verloren hat.
BHE 2; Who's Who in America 2001. Reed Publishing 2000; Wikipedia (dt.); Fischer: Verlegeremigration nach 1933 (2002) S. 281 f.; Saur: Deutsche Verleger im Exil (2008) S. 221 f.

Joseph, Louis (vermutlich angenommener Name) 21.3.1880 Wronski / Polen – 8.6.1942 Amsterdam; Buch- und Zeitschriftenverleger. J. war Inhaber des MODENVERLAGS LE GRAND CHIC in Wien, der sich im *Adressbuch des Deutschen Buchhandels 1933* mit dem Gründungsdatum 1890 als die ›älteste und größte Kunstanstalt für Modefachblätter‹ darstellte. Im *Adressbuch 1933* wird J. auch als Inhaber des VERLAGS GUSTAV LYON genannt, eines großen Verlags für Modezeitungen und Schnittmuster, gegründet 1865 in Berlin, mit Zweighäusern in Amsterdam, Barcelona, Kairo, Kopenhagen, London, Mailand, New York, Paris, Prag, São Paulo, Stockholm, Warschau, Wien und Zürich! Angegeben wird auch eine lange Liste von Zeitschriften, von *Wiener Chic*, *Moderne Toiletten* über *Mode der eleganten Frau* und *Le Gout Parisien* bis zu *Blusen-Neuheiten* und *Lyon's Moderne Handarbeiten*. Die schiere Größe des Unternehmens scheint dann nach 1933 auch bei den ›Arisierungs‹-Überlegungen der NS-Behörden eine Rolle gespielt zu haben; V. Dahm referiert hierzu aus einer gegen Goebbels und die RSK gerichteten Beschwerdeschrift des Reichswirtschaftsministers Hjalmar Schacht vom 13. Februar 1936, in der dieser den Modezeitschriften- und Schnittmusterverlag Gustav Lyon in Berlin als Beispiel für ein Unternehmen heranzieht, dessen Zerschlagung große wirtschaftliche Verluste mit sich bringen würde: ›Die bereits 1842 gegründete Firma beschäftige im ganzen Reich ca. 3000 Menschen, der Jahresumsatz betrage durchschnittlich 5 Millionen RM, wovon im Jahre 1935 1 060 000 RM auf den Export entfallen seien, ›und zwar ohne Verwendung ausländischer Rohstoffe und ohne Inanspruchnahme von Ausfuhrzuschüssen‹. Falls das Unternehmen liquidiert werde, würden jüdische Konkurrenten in Wien und Paris die alleinigen Nutznießer dieser Maßnahme sein.‹ Über das tatsächliche Schicksal des Verlags Gustav Lyon ist vorerst wenig bekannt; bei Barbian findet sich der Hinweis, J. habe für die Übergabe des Verlags Aufschub erhalten, weil er sich auf den glänzenden Absatz seiner Modezeitschriften berufen konnte; 1935 habe er Devisen im Wert von mehr als einer Million RM an die Reichsbank überwiesen. Diesen Angaben zufolge hatte das Unternehmen in Deutschland nur 650 Beschäftigte. Im übrigen war J. noch bei anderen Verlagen als Inhaber eingetragen, so bei dem in Berlin unter der gleichen Adresse wie der Gustav Lyon Verlag (Schmidstrasse 19/29) ansässigen DEUTSCHEN MODENVERLAG, der ursprünglich 1914 von Gustav Lyon gegründet worden war und in den *Verlagsveränderungen 1900–1932* bereits als erloschen bezeichnet wird; die Bestände seien in den Gustav Lyon Verlag übergegangen. Ebenfalls als Inhaber eingetragen war J. beim Berliner FAVORIT-VERLAG GEORG LEHMANN (wieder an der gleichen Adresse wie der Verlag Gustav Lyon und der Deutsche Modenverlag und z. T. mit den gleichen Geschäftsführern), der 1903 errichtet, aber wohl erst 1928 von J. übernommen worden war. Auch in diesem Fall handelte es sich um einen Zeitschriftenverlag. J.s Modenverlag Le Grand Chic in Wien ist von Dr. Ella Köllmer übernommen und damit ›arisiert‹ worden. J. gelang es offenbar, zusammen mit seiner Frau Herta geb. Sklarek (17. 10. 1888 Krotoschin / Polen – 16. 7. 1943 Sobibór; ein Sohn, Markus Joachim 1920–1943 Sobibór) nach Amsterdam zu flüchten. Dort sind sie nach der Besetzung der Niederlande aufgegriffen und in Vernichtungslager deportiert worden.

Adressbuch des Deutschen Buchhandels 1933; SStAL, BV, F 06549 (Modenverlag Le Grand Chic, Wien); Der Zeitschriftenverleger 41 (1939), S. 471; Dahm: Das jüdische Buch im Dritten Reich (Neuausgabe) S. 70; Barbian: Kap. 3.3: Die ›Arisierung‹ des deutschen Buchhandels. In: Geschichte des deutschen Buchhandels, Bd. 3/1, S. 115; Joods Monument [online]; Jüdische Gewerbebetriebe in Berlin 1930–1945 (Verlags- und Druckereiwesen) [online].

Juda, Hans Peter 25. 9. 1904 Trier – 3. 2. 1975 London; Journalist, Verleger. J. studierte Wirtschaftswissenschaften, Jura und Soziologie in München, Freiburg, Berlin, Frankfurt und Paris. Von 1928 an arbeitete er beim *Berliner Tageblatt*; 1933 wurde er Mitherausgeber der Berliner *Wirtschaftszeitung*. Noch im selben Jahr emigrierte er mit seiner Frau Elsbeth nach Großbritannien und ließ sich in London nieder. 1935 gründete er hier das Fach-Exportmagazin für Textilien *The Ambassador*, das er bis 1970 als Verleger und Herausgeber leitete. Daneben übernahm J. die Leitung diverser Verlage, so 1964 die von THOMSON PUBLISHERS LTD. und die von BURLINGTON MAGAZINE PUBLISHERS LTD., 1967 die von KRAUS-THOMSON ORGANISATION LTD. Er erhielt, auch als Förderer der Kunst, mehrfach Auszeichnungen (1955 Order of the British Empire, 1970 Commander of the Order of the British Empire).

BHE 2; Walk: Kurzbiographien (1988); In Memoriam Mr. Hans Peter Juda. In: AJR Information 30, No. 3, March 1975 p. 10.

Junk, Wilhelm 3. 2. 1866 Prag – 3. 12. 1942 Den Haag; Antiquar; Dr. phil. h. c., Dr. rer. nat. h. c. J. stammte aus einer alteingesessenen Prager Akademikerfamilie, bis 1890 führte er seinen Geburtsnamen Wilhelm Jeitteles. Sein Onkel mütterlicherseits, Dr. Julius Friedländer, holte J. 1882 zur buchhändlerischen Ausbildung in sein 1828 vom Vater Raphael Friedländer gegründetes ANTIQUARIAT R. FRIEDLÄNDER & SOHN nach Berlin. Nach dem Tod des Onkels und der Tante übernahm J. zusammen mit den Mitarbeitern Ernst Buschbeck und Otto Budy 1891 den Betrieb, dessen Mitinhaber er bis 1899 blieb. 1900 rief er in der Reichshauptstadt sein eigenes Unternehmen Verlag und Antiquariat für Naturwissenschaften W. JUNK ins Leben: ein wissenschaftliches, auf Entomologie und Botanik spezialisiertes Antiquariat, das zahlreiche mustergültige Kataloge von hohem fachbibliographischem Wert herausbrachte. J. baute daneben auch einen wissenschaftlichen Verlag auf, den er aber 1910 an den gerade neu gegründeten Verlag TH. A. WEIGEL in Leipzig verkaufte, um sich ganz dem expandierenden Antiquariatsgeschäft widmen zu können. Später nahm J. wieder eine verlegerische Tätigkeit auf und initiierte enzyklopädische Werke und internationale naturwissenschaftliche Reihen wie den *Coleopterorum Catalogus*, den *Lepidopterorum Catalogus* oder den *Fossilium Catalogus* als umfassende Verzeichnisse der bekannten Käfer- und Schmetterlingsarten sowie der Versteinerungen, außerdem verlegte er die *Facsimile-Edition*, in der naturwissenschaftliche Grundlagenwerke aus dem 17. bis 19. Jahrhundert als Neudruck erschienen, sowie eine *Natur-Führer*-Serie. J. betätigte sich zudem selbst als Autor, hauptsächlich im Bereich der naturwissenschaftlichen Bibliographie und über Carl von Linné, aber auch hinsichtlich antiquarischer und verlegerischer Interessen: 1906 veröffentlichte er das *Internationale Adreßbuch der Antiquar-Buchhändler*, in dem er etwa 1900 Adressen mit Angabe der Spezialisierung verzeichnete; daneben publizierte er vielfach über die Zukunft des Buchhandels und die Tätigkeit des Antiquars. Seiner bibliophilen Neigung trug J. durch die Herausgabe einiger aufwendig ausgestatteter Bände Rechnung, lange Jahre fungierte er engagiert als 2. Vorsitzender des Berliner Bibliophilen-Abends. Durch finanzielle Unterstützung seitens der Notgemeinschaft für die deutsche Wissenschaft hatte der Verlag W. Junk nach dem Ersten Weltkrieg trotz der äußerst schwierigen wirtschaftlichen Lage weiter publizieren und seine wissenschaftlichen Reihen fortsetzen können. Für seine Verdienste um die Naturwissenschaft wurde J. 1922 von der Universität Frankfurt am Main mit der philosophischen und 1923 von der Universität Innsbruck mit der naturwissenschaftlichen Ehrendoktorwürde ausgezeichnet. 1931 umfaßte der Verlagskatalog beinahe 400 Werke auf naturwissenschaftlichem Gebiet. Bald nach der ›Machtergreifung‹ der Nationalsozialisten emigrierte J., der tschechoslowakischer Staatsbürger war, 1934 mit seiner Familie nach Den Haag: Neben der ›abweichenden Gesinnung‹ und der Gefährdung durch ›rassische‹ Verfolgung machten die Schwierigkeiten, die erforderliche Literatur für das hochspezialisierte Antiquariat im Ausland zu erwerben, einen Umzug in ein Land ohne Devisenbewirtschaftung notwendig. Auf zwei Schiffen wurden die Lagerbestände von Antiquariat und Verlag mit einem Gesamtgewicht von 120 000 kg von Berlin nach Den Haag transportiert: Dieser Umzug, der der RSK im September 1934 angezeigt wurde, erregte im Nachhinein die Aufmerksamkeit der Reichsanstalt für Land- und Forstwirtschaft, doch konnte nur festgestellt werden, dass auch die RSK ohne jede Kenntnis von den Ausmaßen dieser gewaltigen Übersiedlung geblieben war (in einer Aktennotiz wurde der Antiquariatsbestand sogar mit 140 000 kg beziffert, der jährliche (Devisen-)Verlust, den das Deutsche Reich durch den Weggang J.'s erleide, mit RM 25 000). J. hatte seine Bestände somit glücklich vor dem Zugriff des NS-Regimes gerettet und seine Existenz im holländischen Exil gesichert;

dadurch konnte er sein Geschäft unter dem Namen W. JUNK als Verlag und naturwissenschaftliches Antiquariat an der Adresse Oude Scheveningsche Weg 74 fast bruchlos weiterführen. Angesichts seines hohen Alters sah er sich jedoch mit dem Betrieb beider Geschäftszweige überfordert und entschloss sich 1935 zum Verkauf des Antiquariats an → Rudolph Schierenberg und → Dr. Otto Liebstaedter, der A. ASHER'S IMPORT & EXPORT BOEKHANDEL in Den Haag leitete. Liebstaedter und Schierenberg führten das Unternehmen unter der Bezeichnung ANTIQUARIAAT W. JUNK als gesonderte Firma fort. Im Zuge der deutschen Besetzung der Niederlande musste Liebstaedter aus der Firma ausscheiden, während Schierenberg als Nichtjude den Betrieb weiterführen konnte (zur weiteren Geschichte siehe unter R. Schierenberg).

J. leitete nun ausschließlich den Verlag Dr. W. Junk, später UITGEVERIJ DR. W. JUNK; er wurde darin unterstützt von seinem Schwiegersohn → Dr. Walter Weisbach, der nach 1933 ebenfalls in die Niederlande emigriert war und seit 1937 auch Mitinhaber des Verlags war. In einem Schreiben des Börsenvereins vom 24. Dezember 1938 wurde J. die Mitgliedschaft aberkannt, weshalb die Leipziger Kommissionsfirma VOLCKMAR ihre Vertretung des Dr. W. Junk Verlages zum 1. Juli 1939 niederlegte. J.'s Widerspruch, den er zum einen mit seiner tschechoslowakischen Staatsbürgerschaft, die ihn nicht unter die Reichsgesetzgebung stelle, und zum anderen mit dem wirtschaftlichen Nutzen seines Verlages für Deutschland begründete, blieb letztlich ohne Wirkung. Obwohl das Reichswirtschaftsministerium im November 1939 die Wiederaufnahme J.'s in den Börsenverein forderte, lehnte es die Kommissionsfirma Koehler & Volckmar ab, die Vertretung wieder aufzunehmen; als Begründung wurde auf die nicht einheitliche Linie des Propaganda- und des Wirtschaftsministeriums in Fragen der geschäftlichen Verbindungen mit jüdischen Emigranten hingewiesen. J. zog nun seine Druckaufträge aus dem ›Reich‹ zurück und wollte Lieferaufträgen nur dann entsprechen, wenn eine schriftliche Genehmigung durch die zuständige Reichsstelle für die direkte Bezahlung – das ›Clearing‹ – mit der Bestellung rechtsverbindlich zugesichert werden konnte. 1940 schließlich, nach dem Einmarsch der deutschen Truppen in die Niederlande, wurde J. gezwungen, seinen Verlag Uitgeverij Dr. W. Junk in ›arische‹ Hände abzugeben. Die Leitung wurde Johann Clemens Groetschel, Leiter der Ortsgruppe der nationalsozialistischen Deutschen Arbeitsfront in Den Haag, übertragen, während Walter Weisbach die Abwicklung alter Lieferungsverpflichtungen erledigen musste. Vorgesehen waren Übernahme und Verkauf der gesamten, nun doch in nationalsozialistische Hände gefallenen Bestände durch den Leipziger Kommissionär Carl Friedrich Fleischer; nur die biologische Fachrichtung des Verlagsprogrammes sollte mit ›arisierten‹ Zeitschriftenredaktionen weiterbestehen. Wilhelm Junk nahm sich im Dezember 1942 aus Furcht vor der drohenden Verhaftung und Deportation durch die Gestapo gemeinsam mit seiner Ehefrau Elli das Leben. Die Unternehmensleitung lag nach 1945 in den Händen Walter Weisbachs; nach dessen Tod übernahm 1962 dessen Witwe, J.'s Tochter Irma-Marie Weisbach-Junk, die Führung der Uitgeverij Dr. W. Junk. 1988 wurde die Uitgeverij W. Junk von dem Konzern Kluwer Academic Publishers übernommen, der 2004 mit Springer fusionierte.

Wilhelm Junk: Wege und Ziele bibliophiler Vereinigungen. Berlin 1929; Uitgeverij Dr. W. Junk. 1899–1959. 60 years publishers for descriptive, experimental and applied natural sciences, agricultural, biochemical and medical research work. Den Haag 1959 [mit Verlagsbibliographie]; W. Junk. I. Verlag. II. Antiquariat. Berlin 1931 [Katalog; mit autobiogr. Vorwort]; A. C. Klooster [Hg.]: W. Junk: 50 Jahre Antiquar. Ein nachgelassenes Manuskript. Den Haag: Junk 1949.

SStAL, BV, F 4.521; BHE 2; Adressbuch 1931 S. 302; Verlagsveränderungen 1933–1937 S. 13; Verlagsveränderungen 1937–1943 S. 13; NDB 10, S. 692; Deutscher Wirtschaftsführer (1929) Sp. 1075 f.; Buchhandlung und Antiquariat R. Friedländer & Sohn. Festschrift zum 125jährigen Jubiläum. Berlin 1953; Homeyer: Bibliophilen und Antiquare (1966) bes. S. 141; Sigfred Taubert: Wilhelm Junk: 50 Jahre Antiquar [Buchbesprechung]. In: Bbl. (FfM) Nr. 7 vom 24. 1. 1950 S. A53 f.; Rudolf Fritsch: Sterben die Antiquare aus? In: Bbl. (FfM) Nr. 19 vom 7. 3. 1950 S. A189; Erich Carlsohn: Alt-Berliner Antiquare. In: AdA Nr. 11 (1980) S. A481–88, hier S. A485; Schroeder: ›Arisierung‹ I (2009) S. 297 f.; Schroeder: ›Arisierung‹ II (2009) S. 374 (dazu: Allard Schierenberg: Rudolf Schierenberg und Antiquariaat Junk. In: AdA NF 8 (2010) S. 55 f. [Brief an die Redaktion]); Edelman, Hendrik: International Publishing in the Netherlands, 1933–1945. German Exile, Scholarly Expansion, War-Time Clandestinity. Leiden, Boston: Brill 2010, S. 110–114; Buijnsters, Piet J.: Geschiedenis van het Nederlandse antiquariaat. Nijmegen: Vantilt 2007, S. 183 f., 199, 276–278.

Jurovics, Samuel 1888 – 4. 9. 1942 New York; Buchhändler, Gelehrter; Dr. J. war zunächst in der Fa. Poppelauer tätig; im März 1921 gründete er in Berlin eine eigene BUCHHANDLUNG SAMUEL JUROVICS in der Kleinen Präsidentenstr. 3, dann Königstraße 6a, die auf Judaica, Hebraica, Orientalia, Philologie, Philosophie und Theologie spezialisiert war. Er führte auch Graphik und Antiquariat sowie jüdische Ritualiengegenstände; außerdem war er mit Manuldruck beschäftigt. J. war Mitglied der Soncino-Gesellschaft der Freunde des jüdischen Buches und war an deren hebräischen Bibeldruck-Projekt beteiligt, das von der Officina Serpentis in Berlin 1927–1929 realisiert wurde. Zuvor hatte er auch an einem Tora-Druck mitgewirkt, gemeinsam mit Meer Gold, Meno Max Hirsch und Arthur Spanier. Der Buchladen Jurovics ging 1932 in Konkurs. Nach der NS-Machtübernahme führte J. aber noch einmal einen Jüdischen Buchvertrieb in der Wullenweberstraße 4/5. 1938 flüchtete er mit seiner Frau Edith und Kindern aus Deutschland, wobei die Familie über mehrere Länder zerstreut wurde: Edith blieb in England, Esra kam in die Niederlande (starb später im Holocaust), Hanna und Miriam in die Schweiz, Benjamin und Raphael nach Palästina. J. selbst gelangte nach New York, wo seine Schwester lebte und wo er versuchte, Partner für den Druck einer hebräischsprachigen Bibel zu finden. Er starb bereits 1942 an einer Krebserkrankung, ohne noch einmal eine buchhändlerische Tätigkeit aufgenommen zu haben.

Adressbuch 1932, 1933; Dahm: Das jüdische Buch, S. 520; www.joodsmonument.nl/en/page/ 401926/comments-by-esra-s-sister; The Jewish Post. A Journal for Indiana Jewry (Indianapolis), 8, No. 22, 10. 11. 1939; www5.kb.dk/letters/judsam/2011/mar/dsa/object30980/da/.

Jutrosinski, Ernst (auch: Jutro) 1901 Berlin –1953 Paris; Antiquar. J., Bruder von → Hans Wolfgang und → Kurt J., war Leiter der Antiquariatsabteilung bei Paul Graupe in Berlin; er war der erste Mann von → Eva Neurath, die ebenfalls bei Graupe beschäftigt war. Nach einer kurzen Zwischenstation in der Kurt Wolff Verlagsgruppe Peter Reinholds in München, die damals nur noch das Lager abverkaufte, emigrierte er 1933 nach Frankreich, wo er in Paris erneut für seinen früheren, ebenfalls emigrierten Arbeitgeber Graupe tätig wurde, indem er An- und Verkäufe antiquarischer Bücher vermittelte, u. a. die Bibliothek des englischen Sammlers Edward Speyer. Nachdem er 1937 als politischer Flüchtling anerkannt wurde, konnte er 1938 bei der – eigentlich auf Kunsthandel spezialisierten – Firma Paul Graupe Cie. offiziell angestellt werden. In Paris hatte er als Bewohner des Hotel Helvetia Kontakt zu zahlreichen deutschen Emigranten; mit Hans

Sahl, der ihn in seinem autobiographischen Roman *Die Wenigen und die Vielen* als ›Borinski‹ porträtiert hat, war er befreundet. Zu Beginn des 2. Weltkriegs wurde J. im Stade de Colombes interniert, er wurde aber bald wieder entlassen und trat 1939 in den Dienst der französischen Armee; 1940 wurde er aus Dünkirchen nach Großbritannien evakuiert. Im englischen Exil gehörte er bis zu seiner Entlassung Ende 1942 dem Pioneer Corps an. Danach war er für den prominenten englischen Antiquar Percy Muir tätig; nach 1945 arbeitete er wieder in Frankreich. Nach Aussage von Marie Kelsen-Goldschmidt, der Frau von → Arthur Goldschmidt, war J. ›far more than an employee of his [Graupes] book antiquariat, he was a much missed scholar in his field after his tragic death in Paris‹.

Aufbau vom 8.1.1943, S. 5; BHE 1 (unter dem Eintrag seines Bruders Chanan Yatir; Chris Coppens: Der Antiquar Paul Graupe (1881–1953). In: Gutenberg-Jahrbuch 1987 S. 264; Bbl. Nr. 96 vom 30.11.1990 S. A473–75; Patrick Golenia, Kristina Kratz-Kessemeier und Isabelle le Masne de Chermont: Paul Graupe (1881–1953). Ein Berliner Kunsthändler zwischen Republik, Nationalsozialismus und Exil. Mit einem Vorwort von Bénédicte Savoy. Köln, Weimar und Wien: Böhlau 2016, 151 f., 162, S. 231.

Jutrosinski, Hans Wolfgang (in Palästina / Israel: Chanan Yatir) geb. 31. Juli 1903 Berlin; Antiquar. J., Sohn eines Sanitätsrates und Bruder von → Ernst und → Kurt J., erlernte den Antiquarsberuf bei STRUPPE & WINCKLER, einem auf Rechts- und Staatswissenschaften spezialisierten Antiquariat und Sortiment in Berlin und war 1927 bis 1935 in tätig. Nach seiner Entlassung aufgrund seiner jüdischen Herkunft war er um 1936 im Antiquariat GUSTAV FOCK als Angestellter tätig. Auch hier arbeitete er auf seinem Fachgebiet der Rechts- und Staatswissenschaften; er zeichnete verantwortlich für den Katalog 681 *Rechtsgeschichte*, erschienen 1933, und den großen Katalog *Staatswissenschaften* in vier Teilen sowie für weitere Kataloge von G. Fock. J. wanderte 1935/36 über Großbritannien nach Palästina aus. Dort war er bis 1949 im Buchhandel tätig, zeitweise auch im Dienst der britischen Armee, bis er 1949 eine Ministerialbeamtenlaufbahn einschlug. 1956–1962 war er im Ministerium für Handel und Industrie Leiter der Abteilung für Bücher- und Zeitungsimporte; anschließend und bis zu seiner Pensionierung 1968 Leiter der Abteilung für den Import chemischer Produkte.

Brief Erich Aber an den Archivar des Börsenvereins Hermann Staub vom 22.1.1993, HABV/DNB; BHE 1 (unter Yatir); SStAL, F 10913, 1937, zu Buchhandlung und Antiquariat in Tel-Aviv; Patrick Golenia, Kristina Kratz-Kessemeier und Isabelle le Masne de Chermont: Paul Graupe (1881–1953). Ein Berliner Kunsthändler zwischen Republik, Nationalsozialismus und Exil. Mit einem Vorwort von Bénédicte Savoy. Köln, Weimar und Wien: Böhlau 2016, S. 231, Fn. 604.

Jutrosinski, Kurt K. (in den USA: Jutro) 25.2.1905 Berlin–1.9.1986 Kew Gardens, New York; Verlagsangestellter. Der Bruder von → Ernst und → Hans Wolfgang J. war bei einem Berliner Verlag tätig. Nach 1933 war er Leiter des Mitgliederbüros des Jüdischen Kulturbundes Berlin; 1938/39 in Sachsenhausen interniert, flüchtete er anschließend über die Niederlande nach New York.

Leo Baeck Institute, New York: Jutrosinski Family Collection AR 7018; E 1046, Kurt Jutro, »Erlebnisse eines ›Schutzhäftlings‹ in einem Konzentrationslager des Dritten Reichs während der Monate November–Dezember 1938« 1939; Brief Erich Aber an den Archivar des Börsenvereins Hermann Staub vom 22.1.1993 (mit abweichenden Hinweisen), HABV/DNB. Patrick Golenia, Kristina Kratz-Kessemeier und Isabelle le Masne de Chermont: Paul Graupe (1881–1953). Ein

Berliner Kunsthändler zwischen Republik, Nationalsozialismus und Exil. Mit einem Vorwort von Bénédicte Savoy. Köln, Weimar und Wien: Böhlau 2016, S. 231, Fn. 604.

K

Kagan, Abram S. (auch: **Abraham Kahan**) 1889 Witebsk – 5. 12. 1983 Pennington / Lawrenceville NJ; Verleger. K. nahm in Petrograd an der Juristischen Fakultät ein Studium auf, das er mit Promotion abschloss. Wie seine Cousins → Bendit Kahan und → David Kahan, liebte er Bücher; in Petrograd gründete er im Revolutionsjahr 1917 den Verlag NAUKA I SKOLA (Wissenschaft und Schule) und im darauffolgenden Jahr den Verlag PETROPOLIS. Eine akademische Laufbahn blieb ihm im neuerrichteten Staat verwehrt, deshalb verließ er 1922 die Sowjetunion und errichtete in diesem Jahr in Berlin gemeinsam mit → Jakob Bloch und dessen Schwager S. Grinberg die PETROPOLIS VERLAG AG (zuletzt W 15, Meinekestraße 19), die sich in den 1920er Jahren europaweit mit Veröffentlichungen klassischer und zeitgenössischer russischer Literatur einen Namen machte, mit Werken von Emigranten und Nicht-Emigranten wie Ivan Bunin, Vladimir Nabokov, Ilja Ehrenburg oder Boris Pilnjak. Im Dezember 1922 gründete K. in Berlin mit → David Kahan, der auch an Petropolis beteiligt war, außerdem die OBELISK VERLAGSGESELLSCHAFT, die überwiegend christliche Religionsphilosophie herausbrachte. Um auch antisowjetische Emigrantenliteratur publizieren zu können, ohne seine Kontakte in die Sowjetunion zu gefährden, gründete er Anfang der 1930er Jahre die Verlage PARABOLA und GRANIT; in letzterem erschienen u. a. Werke Leo Trotzkis. Noch 1932 erwarb er von Ullstein die Aktienmehrheit der Logos AG, mit der er sich einen Importweg in die Sowjetunion sicherte, arbeitete im Import-/Exportgeschäft aber auch mit dem Haus Mosse zusammen. K., der als Verleger zeitweise die finanzielle Unterstützung der im Ölgeschäft reich gewordenen Kahan-Familie genoss, trug mit seinen Initiativen zu der russischen Literaturproduktion in Berlin entscheidend bei: ›Migranten aus dem Russischen Reich schufen in der deutschen Metropole eine Verlagslandschaft, die ihresgleichen sucht. Der Slawist Gottfried Kratz ermittelte für den gesamten Zwischenkriegszeitraum 275 Druckereien und Verlage, die allein im Jahr 1923 siebentausend Titel herausbrachten, dazu kamen rund fünfzig, die auf jiddische Literatur spezialisiert waren, und einige hebräische Verlage.‹ (Dohrn, S. 338) K., der inzwischen auch mit antiquarischen Büchern handelte (über die 1922–1928 bestehende RUSSKAJA KNIGA, die Russische Buch AG, an der er beteiligt war), suchte seine verlegerische Arbeit in Deutschland bis 1938 fortzuführen, flüchtete dann aber über Paris (wohin er Gelder und Bücher des Petropolis Verlags hatte transferieren lassen) in die USA und gründete dort 1943 INTERNATIONAL UNIVERSITIES PRESS INC. Der Verlag spezialisierte sich zunächst auf die Veröffentlichung psychoanalytischer Schriften in der Nachfolge Sigmund Freuds, verbreiterte aber in den folgenden Jahrzehnten das Spektrum auf das gesamte Gebiet der Psychoanalyse, Psychotherapie und Psychologie sowohl mit Buchpublikationen wie auch mit einer Reihe von Fachzeitschriften (u. a. *Journal of Clinical Psychoanalysis, Modern Psychoanalysis, Psychoanalysis and Psychotherapy*). Das Verlagsunternehmen bestand bis 2003.

Adressbuch 1931 S. 471; Dr. Abram S. Kagan [obituary]. In: New York Times, 8. 12. 1983, D S. 23; André Schiffrin: Verlage ohne Verleger. Über die Zukunft der Bücher. Berlin: Wagenbach 2000 S. 17; Kühn-Ludewig: Jiddische Bücher (2008) S. 215; Thomas R. Beyer, Gottfried Kratz,

Xenia Werner: Russische Autoren und Verlage in Berlin nach dem Ersten Weltkrieg. Berlin: Berlin-Verlag Spitz 1987 S. 99, 104; Chronik russischen Lebens in Deutschland 1918–1941. Hg. v. Karl Schlögel u. a. [Reprint]. Berlin: Akademie Verlag / Berlin, Boston: de Gruyter 2016 S. 538, 543; Verena Dohrn: Die Kahans aus Baku. Eine Familienbiographie. Göttingen: Wallstein 2018 S. 336–339, 343 f., 450 f.

Kahan, Bendit (auch: Bendet) 14. 11. 1877 in Brest-Litowsk / Weißrussland – 27. 12. 1952 Petach Tikwa / Israel; Buchhändler, Verleger. K. kam als Kind nach Frankfurt am Main, wo er eine höhere Schule besuchte. Im Februar 1920 gründete er in Berlin, seinem Wohnsitz seit 1914, die Firma JALKUT GMBH Buchhandlung und Verlag, der die Herausgabe hebräischer und jiddischer Literatur bezweckte. Im Mai 1920 trat K.'s → Bruder David als Gesellschafter ein (K.s Cousin → Abram / Abraham K. gehörte 1922 zu den Mitbegründern des PETROPOLIS-VERLAGS). Im Weiteren übernahm K. die Generalvertretung und allgemeine Auslieferung der traditionsreichen Verlagsanstalt WWE. & GEBR. ROMM in Wilna (von den Kahans 1916 erworben) und des hebräischen Verlags A. J. STYBEL in Warschau (der dann auch bis 1930 nach Berlin übersiedelte); beide gehörten u. a. durch Talmud-Editionen und Herausgabe rabbinischer Schriften zu den bedeutendsten Verlagen der jüdischen Diaspora. Teile der Produktion aus diesen Verlagen wurden in Berlin gebunden und von hier aus weltweit vertrieben. Die Buchhandlung verkaufte K. im November 1926 an seinen langjährigen Mitarbeiter → Rubin Mass; den Verlag führte er bis zu seiner Vertreibung aus Deutschland fort. Auch hatte er die Bestände des jiddischen Verlags SHVELN (Schwellen) übernommen und führte diesen in Berlin-Charlottenburg zunächst unter dem neuen Namen RUBIKON mit großformatigen künstlerisch gestalteten Büchern sowie Bilderbüchern für Kinder fort, ließ ihn aber bereits 1924 in Jalkut aufgehen. Mit Jalkut, Romm, Stybel (1930 nach Tel-Aviv verkauft) und dem 1928 in Berlin mit David K. wiederbelebten Chaim Verlag (gegr. 1917 in St. Petersburg, später in Palästina weitergeführt) hatte K. eine Zeitlang eine beherrschende Stellung im hebräischen Verlagswesen in Deutschland und darüber hinaus inne. Bei Jalkut erschien 1927 auch ein *Verzeichnis für den jüdischen Buchhandel*, mit den Adressen von rund 350 Firmen in aller Welt, die gleichsam das internationale Absatzgebiet der von K. engagiert gelenkten Berliner Verlage repräsentierten. Im Juni 1928 erwarb K. auch die 1874 gegründete Druckerei H. ITZKOWSKI von der Schwiegertochter des Gründers, veräußerte sie jedoch ein Jahr darauf an den Drucker Osias Fürst. Da die Erträge aus dem Jalkut Verlag, der seit der Weltwirtschaftskrise mit großen Absatzschwierigkeiten kämpfte, und dem (1922 gegründeten) hebräischen Verlag AJANOTH, zu dessen Gesellschaftern K. ebenfalls zählte, zum Lebensunterhalt nicht mehr ausreichten, nahm er 1930 zusätzlich die Tätigkeit des Kassenverwalters in der in Familienbesitz befindlichen Firma NITAG Naphta-Industrie auf. Im April 1933 flüchtete K. mit seiner Familie aus Deutschland und wanderte nach Palästina ein; aufgrund seiner Austrittserklärung vom 30. Juni 1933 wurde K. aus der Mitgliederliste des Börsenvereins gestrichen. Ob er seine Firmen nach Palästina verlegt hat, ist nicht bekannt; allerdings hat er aus den Lagerbeständen des Verlags bis 1938 offiziell genehmigte Sendungen hebräischer und jiddischer Bücher sowie deutschsprachiger Judaica nach Tel Aviv erhalten; ebenso Papier und Druckplatten.

SStA Leipzig, F 14.634 [Marx Engels Verlag]; Landesverwaltungsamt Berlin Abt. III – Entschädigungsbehörde Reg. Nr. 68 828 und 41 158; SächsStAL BV I 567, Nr. 11373; Amtsgericht Charlottenburg 90 HRA 69 934 † 1936; Adressbuch 1931 S. 291; Verlagsveränderungen 1933–

1937 S. 13; Kühn-Ludewig: Jiddische Bücher (2008) S. 192–94, 198; Chronik russischen Lebens in Deutschland 1918–1941. Hg. v. Karl Schlögel u. a. [Reprint]. Berlin: Akademie Verlag / Berlin, Boston: de Gruyter 2016 S. 538, 543; Verena Dohrn: Die Kahans aus Baku. Eine Familienbiographie. Göttingen: Wallstein 2018, bes. Kap. 16: Bücherliebe. Oetrograd, Willno, Berlin, S. 325–347.

Kahan, David 25. 10. 1882 in Brest-Litowsk / Weißrussland – 10. 11. 1959 in Tel Aviv; Verleger, Industrieller. Die Familie Kahan war in Russland im Erdölgeschäft tätig und besaß vor allem in Baku ergiebige Ölvorkommen, Raffinerien sowie Tankerdampfer zum Transport des Öls. K. gründete mit seinem Bruder Leonid die Firma NITAG Naphta-Industrie in Berlin, wo er sich 1920 niedergelassen hatte. Zudem war K. Gesellschafter des von seinem Bruder → Bendit K. ins Leben gerufenen Verlagsunternehmens JALKUT GMBH in Berlin und der ROMM Buchvertriebsgesellschaft mbH in Charlottenburg, die die Firma WWE. & GEBR. ROMM in Wilna vertrat und deren Druckwerke in Deutschland vermarktete. Ende 1923 wurde die Vertriebsgesellschaft aufgelöst, die Bücher und Schriften der Gesellschaft nach Beendigung der Liquidation K. zur Verwahrung übergeben. K. war nicht nur an Jalkut und den Verlagsunternehmen seines Cousins → Abram Kagan beteiligt, sondern auch an dem von → Simon Rawidowicz 1922 gegründete AJANOTH-Verlag, als dessen Auslieferer Jalkut fungierte. K. emigrierte im April 1933 nach Palästina.

Landesverwaltungsamt Berlin Abt. III – Entschädigungsbehörde Reg. Nr. 68 831; LAB A Rep. 342–02 Nr. 6805; Tentative List p. 14; Verena Dohrn: Die Kahans aus Baku. Eine Familienbiographie. Göttingen: Wallstein 2018 bes. S. 339 f.; 342.

Kahn, Lonnie Importbuchhändlerin. 1936 aus Königsberg nach Palästina eingewandert, war K. zunächst Angestellte im ABC-Bookstore → Saul Kliers in Tel Aviv. 1943 erhielt sie eine eigene Gewerbeberechtigung und errichtete in der Yehuda Halevi Street in Jerusalem die Buchimportfirma LONNIE KAHN. 1948 verlegte sie den Sitz der Firma nach Tel Aviv und spezialisierte sich dort sehr erfolgreich auf die Einfuhr englischsprachiger Literatur (Schwerpunkt Lehrbücher). Rasch entwickelte sich Lonnie Kahn & Co. Ltd. zu einem führenden Unternehmen des israelischen Zwischenbuchhandels; später kamen auch verlegerische Aktivitäten hinzu (z. B. Sam Wagenaar: *Women of Israel*, 1961), vor allem im Bereich der Kunst- und Designliteratur. K., die seit Ende der 1940er Jahre mit Heinz Karlinski verheiratet war, kam noch als 80-jährige jeden Tag in das Büro, obwohl zu diesem Zeitpunkt längst ihr Sohn Itamar Karlinski und ihre Schwiegertochter Aviva die Firmenleitung übernommen hatten.

Blumenfeld: Ergänzungen (1993); Brief von F. Pinczower an EF vom 12. 12. 1991; Israel Book Trade Directory 1977; Asher Weill [ed.]: Israel Book Trade Directory 1992. A Guide to the publishers, printers, booksellers and the book trade in Israel. Jerusalem: Weill 1991 p. 56; Zadek: Buchhändler I (1971) S. 2908; Atira Winchester: Beyond the Books. In: Jerusalem Post, 18 Feb. 2005 [online].

Kalischer, Werner 29. 9. 1898 – März 1992 San Diego / CA; Buchhändler und Antiquar. K. war seit Mitte der 1920er Jahre Inhaber und (als Nachfolger von → Walter Zadek) Geschäftsführer der 1919 gegründeten KURFÜRST-BUCHHANDLUNG in Berlin W 62, Nettelbeckstraße 7/8. 1926 wurde unter der gleichen Adresse das BÜCHER-KABINETT errichtet, dessen Geschäftsführung K. seit 1928 im Rahmen einer GmbH gemeinsam mit seiner Frau Alina innehatte. Es handelte sich um eine anthroposophische Bücherstube, die zugleich als Verlagsauslieferung des Philosophisch-Anthroposophischen Verlages am Goetheanum fungierte. 1933 ging die Inhaberschaft und Geschäftsführung des Bücher-Kabinetts auf Dorothea Herrmann über, die dem Laden ein umfangreiches Antiquariat hinzufügte. Als ›Halbjüdin‹ hatte Dorothea Herrmann zuvor beim BRB bzw. der RSK eine Ausnahmegenehmigung beantragen müssen. 1935 wurde das Bücher-Kabinett auf behördliche Anweisung aus dem *Adressbuch des Deutschen Buchhandels* entfernt. K. emigrierte 1933 nach Spanien und von dort weiter nach Paris, wo er wieder als Buchhändler tätig wurde. Von dort aus ging er in die USA, wo er 1992 hochbetagt starb.

Adressbuch 1931; Schroeder: ›Arisierung‹ I (2009) S. 311 f.; Das Bücherkabinett Berlin – Geschichte [online]; Geni-Genealogy – Werner Kalischer [online].

Kallir, Otto 1. 4. 1894 Wien – 30. 11. 1978 New York; Kunsthändler, Kunsthistoriker, Verleger; Dr. phil. K. (bis 1934: Nirenstein-Kallir), Sohn eines Rechtsanwaltes, studierte 1912 bis 1914 und 1918 bis 1920 an der TH Wien Ingenieurwissenschaften; in den dazwischen liegenden Kriegsjahren diente er als Oberleutnant. 1919 gründete K. den VERLAG NEUER GRAPHIK. 1920 wurde er Leiter der Kunstbuchabteilung im ambitionierten Wiener RIKOLA VERLAG, gab diesen Posten jedoch 1923 auf und errichtete in der Grünangergasse die NEUE GALERIE, die er bis zu seiner Emigration führte. Neben der Galerie, in der u. a. erstmals eine größere Ausstellung mit Werken Egon Schieles stattfand, errichtete er ebenfalls 1923 den VERLAG DER JOHANNESPRESSE, der bis 1928 einige bibliophile Bücher in guter Ausstattung und limitierter Auflage herausbringen konnte, u. a. Werke und illustrierte Ausgaben von Thomas Mann, Hugo von Hofmannsthal, Richard Beer-Hofmann und Max Roden. In den folgenden Jahren widmete sich K., der seit 1927 nebenbei an der Universität Wien Kunstgeschichte studierte und 1931 promovierte, ganz seiner Tätigkeit als Kunsthändler, wobei er international renommierte Künstler wie van Gogh, Munch und Signac ebenso ausstellte wie führende österreichische und deutsche (z. B. Schiele, Kokoschka, Kubin und Beckmann). Zum druckgraphischen Werk von Klimt, Kokoschka, Kubin und Schiele brachte K. auch bibliophile Editionen heraus. 1938 wurde die Galerie von einer langjährigen Mitarbeiterin, Dr. Vita Maria Künstler, ›arisiert‹. K. emigrierte in die Schweiz, wo er aber keine Arbeitserlaubnis erhielt, und von dort weiter nach Frankreich. In Paris versuchte er, eine GALERIE ST. ETIENNE – benannt nach dem Wiener Stephansdom – aufzubauen; bereits im August 1939 musste K. jedoch mangels Arbeitserlaubnis weiter emigrieren und ging in die USA, wo der Ableger seiner Pariser Galerie nach dem Ausbruch des Zweiten Weltkriegs sein einziger Stützpunkt blieb. In der New Yorker Galerie St. Etienne handelte er vor allem mit Bildern österreichischer und deutscher Expressionisten sowie mit amerikanischer primitiver Kunst; K. war der Entdecker von Grandma Moses. 1944 knüpfte er an seine Verlegertätigkeit in den 1920er Jahren an und eröffnete die JOHANNES PRESS in New York neu, mit Büchern u. a. wieder von Beer-Hofmann (1938: *Schlaflied für Mirjam*, eine handschriftliche Faksimile-Produktion in Kleinstauflage, sowie *Paula. Ein Fragment*), Rainer Maria Rilke und Max Roden. Dabei hatte K. mit Herstellungsproblemen zu kämpfen, da er die aufwendige Ausstattung und den bibliophilen Charakter der Veröffentlichungen der Wiener Johannespresse in New York nicht ohne Weiteres realisieren konnte; deshalb wurden z. B. die Bücher von Max Roden in Österreich gedruckt. Erst 1967 (*A Sketchbook by Egon Schiele*) waren die ästhetischen Standards wieder erreicht, welche die von K. verlegten Publikationen auszeichneten. K.

führte die Galerie wie auch den Verlag bis zu seinem Tod 1978; seither stand die Galerie unter der Leitung seiner Tochter Jane K., gemeinsam mit Hildegard Bachert (geb. 1921), die K. seit 1940 unterstützt und ihm 38 Jahre lang zugearbeitet hat. K. war als zeitweiliger Präsident der Austrian American League auch eine bedeutende Persönlichkeit in der Gruppe der österreichischen Emigranten in den USA; in Österreich wurde er mit dem Großen Ehrenzeichen der Republik und dem Silbernen Ehrenzeichen der Stadt Wien ausgezeichnet.

BHE 2; DBE; Cazden: German Exile Literature (1970) S. 213; John Spalek [ed.]: Guide to the archival materials of the German-speaking emigration to the United States after 1933. Vol. 1.1. Charlottesville: University Press of Virginia 1978 p. 455 f., Vol. 3.1, p. 25 (Hildegard Bachert); Interview EF mit Hildegard Bachert am 13.3.2001 in der Galerie St. Etienne, New York; Jane Kallir: Saved from Europe. Otto Kallir and the History of the Galerie St. Etienne. New York: Galerie St. Etienne 1999; Grace Glueck: Otto Kallir, ›Discoverer‹ of Grandma Moses, Dies [Nachruf]. In: New York Times, 1.12.1978; Hall: Jüd. Verleger, Buchhändler 1938 (1988) [online]; Koepke: Exilautoren und ihre Verleger (1989) S. 1423, 1430 f.; Stefania Domanova, Georg Hupfer: ›Arisierung‹ am Beispiel der Firmen Halm & Goldmann und Verlag Neuer Graphik (Würthle & Sohn Nachf.) [online]; Saur: Deutsche Verleger im Exil (2008) S. 230.

Kallir, Rudolf F(ranz) (Geburtsname Nirenstein) 18.8.1895 Wien – 25.1.1987 New York; Autographensammler und -händler. K., Sohn von Dr. Jacob und Clara Nirenstein, war Bruder des Kunsthändlers und Verlegers → Otto Kallir-Nirenstein. Nach einem Jura-Studium war er seit 1921 in Prag in einem internationalen Stahlkonzern tätig; noch vor der Errichtung des deutschen Protektorats in der Tschechoslowakei flüchtete er nach Großbritannien, nach Kriegsende weiter in die USA. Durch seine Flucht verlor er sein gesamtes Vermögen, nicht aber die wertvolle Autographensammlung, mit deren Aufbau er bereits als Gymnasialschüler begonnen hatte und die er nun weiter pflegte. Den Schwerpunkt legte er auf Musikautographen, aber auch Naturwissenschaften, Dichtung und (sozialistische) Politik fanden darin Platz. Zunächst wieder in der metallverarbeitenden Industrie tätig (Vizepräsident der Mannex Corp.), diente ihm seine Kollektion dazu, in New York einen Autographenhandel INTERNATIONAL AUTOGRAPHS aufzubauen, den er vor allem nach erreichtem Ruhestand von seiner Wohnung am Riverside Drive aus als *marchand amateur* betrieb. Bis 1977 brachte er 25 Kataloge heraus; außerdem publizierte er in Fachorganen über einzelne Stücke seiner Sammlung und wurde auch immer wieder von Bibliotheken und Auktionshäusern als Experte konsultiert. K. war verheiratet mit der Sprachenlehrerin Moina M. geb. Rademacher (1906 Prag – 1972 New York) und hatte eine Tochter, die Pianistin Lilian Kallir-Frank (1941–2004).

Rudolf F. Kallir: Autographensammler – lebenslänglich. Mit einem Geleitwort von Gottfried von Einem. Zürich, Freiburg i. Br.: Atlantis 1977.

https://weber-gesamtausgabe.de/de/A005018.html; The New York Times (Obituary), 27.1.1987, B, S. 8; Reminiscences of Rudolf F. Kallir, 1981 (Oral history-Dokument, angefertigt von Rose Stein, Columbia University Libraries, New York); Librarium 21 (1978), Heft 1, S. 36–43.

Kallmann, Max 1873 Geroda – 3.10.1946 New York; Buchhändler, Verleger, Unternehmer. Der aus Frankfurt am Main zugezogene K. erwarb am 15. Mai 1895 die 1828 gegründete Leipziger Verlagsbuchhandlung M. W. KAUFMANN, eine der ältesten jüdischen Buchhandlungen Deutschlands. Er widmete sich dem bestens eingeführten Geschäft, das über weitverzweigte internationale Verbindungen verfügte, mit großem Engagement und baute vor allem den Verlag jüdischer wissenschaftlicher Literatur und Belletristik aus. Zu den Autoren des Hauses zählten Abraham Geiger, Gustav Karpeles, Lion Wolff und Heinrich-York Steiner. 1914 erschien bei M. W. Kaufmann der erste *Vierteljahresbericht für die jüdische Literatur*, ein Rezensionsorgan für Judaica und Hebraica unter der Redaktion von Rabbiner Reinhold Lewin; dem ambitionierten Unternehmen war durch Ausbruch des Ersten Weltkriegs keine Fortsetzung beschieden. Ein wichtiger Programmzweig des Verlags waren neben Bibel- und Thora-Ausgaben, Gebetbüchern und Kommentaren die Synagogen-Kompositionen, die in zahlreichen Auflagen erschienen. Auch das Antiquariat florierte, wie der Ankauf u. a. der Bibliotheken Weiß (Wien), Prof. Josef Wertheimer (Genf) oder der Bibliothek der Israelitischen Lehrerbildungsanstalt Hannover zeigt. 1904 hatte K. Martha Eisinger aus Merchingen geehelicht, 1905 und 1912 waren die beiden Söhne Kurt und Martin zur Welt gekommen. Beide Eheleute engagierten sich stark in sozialen und religiösen Vereinigungen der jüdischen Gemeinde Leipzigs. 1925 ließ K. die Buchhandlung, die nunmehr auf dem Brühl 8 domizilierte, neu gestalten. Die umfangreichen Umbauarbeiten berücksichtigten eine Sortimentserweiterung, die den Anforderungen eines modernen Buchhandels Rechnung trug: nunmehr wurde auch eine ›gediegene Auswahl an Werken deutscher Literatur‹ angeboten. Mit den Jahren betrieb K. zusätzlich zu seiner Tätigkeit als Buchhändler auch die Etablierung eines Unternehmens für den Import von Ritualien sowie von für jüdische Feste typischen Früchten und Pflanzen. Diese zweite Firma unter dem Mantel von F. W. Kaufmann hatte ihren Sitz zunächst in Berlin. Nachdem sich K. 1927 aufgrund gesundheitlicher Probleme dazu entschlossen hatte, die Buchhandlung an → Oscar Porges zu verkaufen, meldete er seine Handelsfirma unter dem gleichen Namen zuerst als Zweigniederlassung, kurz darauf als selbständige Niederlassung unter Hinzufügung des Zusatzes ›Esrogim-Export‹ in Leipzig an. Daraus resultierende bürokratische Verwicklungen konnten durch eine nachträglich eingeholte Genehmigung der Erbin des ursprünglichen Firmenbesitzers Moses Wolf Kaufmann bewältigt werden, so dass neben Porges' Buchhandlung M. W. Kaufmann auch K.'s Unternehmen F. W. KAUFMANN ESROGIM-EXPORT firmierte. Nach der nationalsozialistischen ›Machtergreifung‹ bemühte K. sich um Auswanderung und wurde aufgrund der Verordnungen zur Zwangsveräußerung seiner Besitztümer angehalten, der Erlös ging auf ein Sperrkonto bei der Dresdner Bank. Nach Zahlung einer ›Sühneleistung‹ und der ›Reichsfluchtsteuer‹ gelang ihm zusammen mit seiner Ehefrau Ende 1939 die Flucht aus Deutschland; die Dresdner Bank informierte das Bezirksamt Berlin-Charlottenburg über die Aufhebung der Sicherheitsanordnung, da die ›Eheleute Kallmann Ende Juni 1939 aus Deutschland in die USA (New York) auswanderten.‹ In New York eröffnete K. in 825 W 180th Street ein Antiquariat mit jüdisch-wissenschaftlichen Werken, den Grundstock dazu bildeten die Sammlungen von zwei aus Deutschland geflüchteten Rabbinern.

Aufbau vom 21.2.1941 S.14; Aufbau vom 26.2.1943 S.18; Aufbau vom 11.10.1946 S.32 [Todesanzeige]; Andrea Lorz: Die Verlagsbuchhandlung M. W. Kaufmann in Leipzig. Firmengeschichte einer der ältesten jüdischen Buchhandlungen Deutschlands und Lebensschicksale ihrer Besitzer. In: Leipziger Jahrbuch zur Buchgeschichte. Bd. 7. Wiesbaden: Harrassowitz 1997 S. 107–24, bes. S. 120–23.

Kalmer, Joseph (Josef) 17.8.1898 Nehrybka / Galizien – 9.7.1959 Wien; Redakteur, Literaturagent. K.'s Vater Max Kalmus war ein vermögender Gutsverwalter, der mit seiner Frau und den beiden Söhnen 1915 nach Wien gekommen und zuletzt Beamter im österreichischen Handelsministerium war. K. zog als Einjährig-Freiwilliger in den Ersten Weltkrieg und musterte als Leutnant der Reserve ab. 1917/18 studierte K. an der Universität Wien Ethnologie und Sinologie und arbeitete daneben als Fremdsprachenkorrespondent für eine Wiener Bank. Unter dem Einfluss des Expressionismus und pazifistischer Strömungen startete er 1920 die auf 40 Bände angelegte *Bibliothek für die Internationale des Geistes. Phalanx* (davon drei erschienen) im VERLAG DER WIENER GRAPHISCHEN WERKSTÄTTE und übersetzte dafür Texte von Tolstoj und Gorki. 1921 übernahm er die literarische Redaktion der Oktober-Ausgabe der Zeitschrift *Ver!*. In den 1920er Jahren beruflich als Journalist tätig, arbeitete K. als Herausgeber und Übersetzer an dem großen Literaturprojekt *Weltanthologie des XX. Jahrhunderts* mit (davon erschienen *Europäische Lyrik der Gegenwart 1900–1925*, 1927) und schrieb unter dem Pseudonym Edith Cadivec erotische Romane. Bereits vor 1938 hat er sich gelegentlich auch als Literaturagent betätigt. Zum Zeitpunkt des ›Anschlusses‹ Österreichs an Hitlerdeutschland war K. Chefredakteur des CENTRAL EUROPEAN NEWSPAPER SERVICE in Wien; aus der Gestapohaft wurde er entlassen, da ihm Freunde ein ČSR-Visum besorgen konnten. Von Prag gelang K. 1939 die Flucht mit dem Flugzeug nach London, wo er von den Quäkern und seinem Bruder Fritz, einem Geschäftsmann, unterstützt wurde. Im Mai 1940 als *enemy alien* interniert, gab er im Lager auf der Isle of Man die Zeitung *Mooragh Times* heraus und wurde darauf beim Ministry of Information als *Science Editor* der in 30 Sprachen verbreiteten *European Correspondence* angestellt. Seine Kontakte zur Literaturszene der österreichischen Emigration, u. a. zu Erich Fried, pflegte K. weiter, und veröffentlichte in Exilanthologien eigene Gedichte. 1946 figurierte K. als Londoner Redaktion der von Otto Basil herausgegebenen Zeitschrift *Plan*. 1947 erhielt er die britische Staatsangehörigkeit. Seit Kriegsende betrieb K. gemeinsam mit seiner Frau Erica geb. Ehrenfest (1913–1986) die Agentur KALMER, zu den von ihnen vertretenen Autoren zählten u. a. Günther Anders, Fritz Brügel, Hans Flesch-Brunningen, Erich Fried, Marlen Haushofer, Hilde Spiel und Hermynia zur Mühlen. K. arbeitete eng mit dem Wiener EUROPA VERLAG zusammen, für den er auch als Übersetzer tätig war. Im Weiteren engagierte sich K. als literarischer Agent auch für die Verbreitung asiatischer Literatur im deutschsprachigen und englischsprachigen Raum.

Nachlass im Österreichischen Literaturarchiv, ÖLA 45/96; Nachlass im Österreichischen Literaturarchiv, ÖLA 110/98 [Erica Kalmer]; Bolbecher, Kaiser: Österr. Exilliteratur (2000) S. 360 f.; Konstantin Kaiser: Nicht fremde Weite. Der Lyriker, Journalist, Übersetzer Joseph Kalmer. In: Mitteilungen des Instituts für Wissenschaft und Kunst H. 2 (1987) S. 52–59; Tanja Gausterer: Der Literaturvermittler Joseph Kalmer. Versuch einer Annäherung. Diplomarbeit. Wien 2004.

Kalmus, Alfred A. 16.5.1889 Wien – 25.9.1972 London; Musikverleger; Dr. jur. K. studierte seit 1909 an der Universität Wien Jura und promovierte 1913 über Urheberrecht; zugleich studierte er bei Guido Adler Musikwissenschaft und absolvierte eine Lehre bei der UNIVERSAL EDITION. Zwischen 1914 und 1918 war er Soldat im Ersten Weltkrieg und ging danach bis 1923/24 zur Universal Edition zurück. Zu dieser Zeit gründete er den WIENER PHILHARMONISCHEN VERLAG, dem er mit → Dr. Ernst Roth vorstand. 1927 ging er zurück zur Universal Edition, die den Philharmonischen Verlag als Subverlag übernahm. Nach dem Tod Emil Hertzkas leitete K. ab 1932 zusammen mit → Hugo Winter und → Hans W. Heinsheimer die Universal Edition. 1936 ging K. infolge der politischen und wirtschaftlichen Entwicklung Österreichs nach London und baute dort die Zweigniederlassung UNIVERSAL EDITION (London) LTD. auf; gleichzeitig wirkte er weiter in Wien als Geschäftsführer der Universal Edition, bis diese nach dem ›Anschluss‹ Österreichs 1938 ›arisiert‹ wurde und ihre jüdischen Inhaber ihre Aktienanteile verkaufen mussten. Im Zuge der geänderten Besitzverhältnisse des Wiener Stammhauses kam es zu Verhandlungen über den Status von Universal Edition (London) Ltd., in deren Folge das britische Unternehmen 1939 an BOOSEY & HAWKES verkauft wurde. 1940 war K. als *alien enemy* im Lager Huyton interniert. Anschließend arbeitete er für Boosey & Hawkes und gründete dort 1941 die auf zeitgenössische russische Komponisten spezialisierte ANGLO-SOVIET PRESS. 1945 erhielt er die britische Staatsbürgerschaft. 1949 machte K. sich mit der Universal Edition Ltd. in London wieder selbständig und übernahm mit der neugegründeten Vertriebsfirma ALFRED A. KALMUS LTD. die Generalvertretung der Universal Edition Wien für den Commonwealth. 1951 erfolgte in Wien die konstituierende Generalversammlung der alt-neuen Universal Edition, in deren Vorstand K. berufen wurde. K. war der ältere Bruder des seit 1926 in New York tätigen Musikverlegers Edwin F. K. und Schwiegervater von → Stefan Gustav Harpner.

Adressbuch 1931 S. 638; Verlagsveränderungen 1937–1943 S. 26; Fetthauer: Musikverlage (2004) S. 480; LexM [online].

Kanel, Hirsch Verleger. Ing. K. war Inhaber des 1924 gegründeten Verlags mit Reisebuchhandlung H. KANEL in Wiesbaden, Geisbergstraße 14. Er firmierte mit seinem Verlag seit etwa 1935 in Tel Aviv, Dizengoff Road 151; im *Israel Yearbook 1950/51* ist S. 360 auch ein Buchexport-Stützpunkt H. Kannel Exporters in New York (163 West, 21st St.) verzeichnet.

Adressbuch 1931 S. 307; Verlagsveränderungen 1933–1937 S. 13; Tentative List p. 19 no. 111.

Karger, Fritz 13. 5. 1903 Berlin – 15. 5. 1990 Basel; Verleger; Dr. jur. Der jüngere Bruder von → Heinz K. war bis 1933 in Berlin als Rechtsanwalt tätig; nach der nationalsozialistischen ›Machtergreifung‹ war ihm die Ausübung seines Berufes untersagt. 1936 bereitete K. in Basel den Umzug des in Familienbesitz befindlichen medizinischen Fachverlags S. KARGER vor und gründete ebendort im gleichen Jahr den Exilverlag HAUS ZUM FALKEN. An der gleichen Adresse Stapfelberg 2 firmierte bis zu einem Umzug in ein größeres Domizil in der Holbeinstraße 22 (bis 1953) auch der Verlag S. Karger. Ende 1938 erklärte sich der Haus zum Falken Verlag bereit, *Über den Prozeß der Zivilisation* von Norbert Elias in zwei Bänden herauszubringen, unter Verwendung der bereits in Deutschland hergestellten Druckbogen; der Druckvermerk ›Printed in Germany‹ wurde geschwärzt. K. arbeitete später jahrelang in leitender Funktion in der S. KARGER AG mit.

Fritz Karger: Heinz Karger zum 60. Geburtstag. [FS] Basel: Karger 1955; Fata Libelli. In: Peter Gleichmann [Hg.]: Human Figurations. Essays for / Aufsätze für Norbert Elias. Amsterdam: Stichting Amsterdams Sociologisch Tijdschrift 1977 S. 23 f.

Akte F 10859 [Abschrift einer Zuschrift des Schweizerischen Buchhändler-Vereines vom 5. Juli 1937]; BHE 1, Art. Heinz Karger; Hermann Korte: Über Norbert Elias: das Werden eines Menschenwissenschaftlers. Opladen: Leske u. Budrich 1997 S. 19.

Karger, Heinz 10. 11. 1895 Berlin – 27. 3. 1959 Tessin / CH; Verleger; Dr. rer. pol., Dr. h. c. K. absolvierte Lehrjahre in Berlin in der Akademischen Buchhandlung HAL-

LER & SCHMIDT und studierte nach der Teilnahme am Ersten Weltkrieg in Würzburg Nationalökonomie, schloss 1922 mit der Promotion ab und wurde anschließend Inhaber des 1890 von seinem Vater Samuel K. (geb. 21. Mai 1863 Obornik / Posen) gegründeten medizinischen Fachverlags S. KARGER in Berlin; daneben engagierte er sich als Vorstandsmitglied in der Gesellschaft zur Förderung der Wissenschaft des Judentums. Nach der NS-Machtübernahme wurde der Verlag gezwungen, alle jüdischen Wissenschaftler aus ihren Verlagstätigkeiten zu entlassen; K. ahnte, dass sich die Repressionen bald auch auf die Inhaber des Verlags ausweiten würden, aber die Weigerung seines Vaters, Deutschland zu verlassen, machte Fluchtpläne zunächst unmöglich. Am 1. Juli 1935 starb Samuel K., und bereits am nächsten Tag wurde K. aufgefordert, das Unternehmen in ›arische‹ Hände zu übergeben. Er unternahm verschiedene Reisen nach Zürich, in die Niederlande und die Tschechoslowakei, um einen potentiellen neuen Firmenstandort zu erkunden, hatte aber keinen Erfolg. Durch die Vermittlung Prof. Heinrich Polls, dessen Abschied von der Universität Hamburg die Nationalsozialisten erzwungen hatten, wurde der Weg für den Verlagsumzug nach Basel frei, auch weil das Unternehmen in der dortigen medizinischen Fakultät in hohem Ansehen stand. K.'s jüngerer Halbbruder → Fritz K. zog 1936 nach Basel um und vertrat die Verlagsinteressen, bis im April 1937 der komplette Umzug von Unternehmen und Familie vollzogen war. Zwei Wochen nach der Flucht wurde das Berliner Warenlager von den Nationalsozialisten geräumt und konfisziert. Dennoch konnte etwa die Hälfte des Bücher- und Zeitschriftenvorrats zurückgefordert und das Übrige an den Kommissionär Rudolf Heublein in Leipzig zur Aufbewahrung und zu eventuellem Verkauf geschickt werden, was nur aus Rücksicht auf die politischen und wirtschaftlichen Beziehungen zur Schweiz gestattet wurde; Jahre später ging auch dieses Kapital an die Nationalsozialisten verloren. Nach dem ›Anschluss‹ Österreichs übernahm S. Karger den aus Wien emigrierten jüdischen Verlag ARS MEDICI (→ Max Ostermann) sowie die gleichnamige medizinische Zeitschrift. Das NS-Regime verhängte einen Boykott über die Firma, die jetzt in Basel als S. Karger AG eine neue Existenz gefunden hatte: Weder durften deutsche Institute und Kliniken Karger-Publikationen beziehen, noch war deutschen Autoren die Kontaktaufnahme gestattet; 1937/38 wurden die Sortimenter in offiziellen Rundschreiben der Gruppe Buchhandel in der RSK vor Karger ›gewarnt‹ und jegliche Geschäftsbeziehung untersagt, 1940 wurde die Karger AG Basel endgültig aus dem *Adressbuch des Deutschen Buchhandels* gestrichen. Dahinter stand der Vorwurf, Karger betreibe bewusste Gegengründungen zu Fachzeitschriften in Deutschland; als Herausgeber fungierten dabei aus deutschen Universitäten ausgeschiedene jüdische Professoren, wie Prof. Bruno Kisch im Fall der Zeitschrift *Cardiologia*. Tatsächlich stellte K. den Verlag damals konsequent auf eine neue, internationale Basis: Die Fachzeitschriften erschienen von nun an in mehreren Sprachen, 1939 wurde die Firma mit der Gründung einer Filiale in New York erweitert. Während des Krieges produzierte K. weiter, ohne die Auflagenzahlen wesentlich zu verringern, und sammelte, da es kaum Absatzmärkte gab, einen immens großen Vorrat an Publikationen an, in der festen Überzeugung, dass bessere Zeiten kommen würden. Finanzielle Unterstützung erhielt der Verlag während dieser Zeit von drei großen in Basel ansässigen chemisch-pharmazeutischen Unternehmen. Nach Beendigung des Krieges überbrückten die lagernden Karger-Veröffentlichungen die entstandenen Bedarfslücken; das Programm expandierte auf 57 medizinische Zeitschriften (u. a. *Acta Haematologica, Acta Psychotherapeutica, Annales Paediatrici, Cardiologia, Dermatologica, Gastroenterologia*) und 75 wissenschaftliche Buchserien, in diesem Segment schuf K. den ›Kompendium‹-Buchtyp. Nach K.'s Tod 1959 wurde die Leitung des zu einem der größten Wissenschaftsverlage auf dem Sektor der Medizin herangewachsenen Hauses von K.'s Sohn → Thomas übernommen. 1955 war K. die medizinische Ehrendoktorwürde der Universität Basel verliehen worden. Die Stiftung Heinz-Karger-Preis honoriert hervorragende wissenschaftliche Arbeiten.

SStAL, BV, F 10. 859; BHE 1; DBE; Verlagsveränderungen 1937–1943 S. 14; Heinz Karger zum 60. Geburtstag. [FS] Basel: Karger 1955; [biographische Skizze in:] S. Karger. Vollständiger Verlagskatalog 1890–1960. Basel: Karger 1960; Harold M. Schmeck, Jr.: Karger – Turning medical progress into print. A Mirror of a Century of Medical and Scientific Publishing. Basel: Karger 1990; Manfred Stürzbecher: Medizinische Verlage mit besonderer Berücksichtigung Berlins. In: Von Göschen bis Rowohlt. Beiträge zur Geschichte des deutschen Verlagswesens. FS für Heinz Sarkowski zum 65. Geburtstag. Wiesbaden: Harrassowitz 1990 S. 140–49, hier S. 141 f.; Saur: Deutsche Verleger im Exil (2008) S. 215, 232.

Karger, Thomas Geb. 17. 2. 1930 Berlin; Verleger; Dr. h. c. mult. Der Sohn von → Heinz K. emigrierte als 7-jähriger im April 1937 mit seiner Familie nach Basel, wo sich der im Familienbesitz befindliche Berliner Wissenschaftsverlag S. KARGER neu niedergelassen hatte. Im Frühjahr 1949 beendete er seine schulische Ausbildung mit der ›Matura Typus C‹ und trat am 1. Juli dieses Jahres in den Verlag S. Karger AG ein. Bis 1950 ließ er sich im Verlagswesen ausbilden, u. a. durch Aufenthalte bei STECHERT-HAFNER in New York und BLACKWELL SCIENTIFIC in Oxford. 1958 heiratete er Yvette Weil. Nach dem Tod seines Vaters übernahm er 1959 die Leitung des von seinem Großvater Samuel K. gegründeten medizinischen Fachverlags. Am 1. November 1960 wurde die KARGER LIBRI AG gegründet, eine internationale Zeitschriftenagentur und Buchhandlung in Basel. K. erweiterte den Betrieb neben der seit 1939 in New York bestehenden Filiale um eine Niederlassung von Verlag und Buchhandlung in Germering / München; nachfolgend entstand ein weltweites Vertriebsnetz mit Vertretungen in Paris, London, Neu Delhi, Tokyo, Singapur, Bangkok und Sydney. 1979 wurde die KARGER PUBLISHERS INC. in New York gegründet, heute in Farmington / CT. Am 1. Oktober 1982 trat K.'s erster Sohn Steven in den Verlag ein, am 1. Dezember 1989 der Zweitgeborene Philip in die akademische Buchhandlung Karger Libri AG in Basel. 1972 und erneut 1993 wurde K. mit der medizinischen Ehrendoktorwürde der Universitäten Hamburg und Basel ausgezeichnet; in ihrer Laudatio würdigte die medizinische Fakultät Basel K. als Begründer und Verleger weltweit angesehener und verbreiteter Fachzeitschriften aus den verschiedensten Bereichen der Medizin; 1982 wurde K. mit dem Julius Adams Stratton Prize for Cultural Achievement in Boston ausgezeichnet.

BHE 1; Allzeit voran. FS für Thomas Karger zu seinem 60. Geburtstag. Basel: Karger 1990 S. 4; weitere Literatur siehe Heinz Karger.

Katz, Arthur (geb. 30. 3. 1876 Bibra) und **Selma K.** (geb. 1. 6. 1874 Bibra), Buch- und Schreibwarenhändler. Die BUCH- UND PAPIERHANDLUNG ARTHUR KATZ, die auch mit Zeitungen und Briefmarken handelte und nach den Steuerlisten der jüdischen Gemeinde nur geringe Umsätze erzielte, wurde 1919 von Selma Katz in Marburg (Lahntor 5) eröffnet und 1921 auf ihren Bruder Arthur überschrieben. Nach antisemitischen Übergriffen schon in der Frühzeit der NS-Herrschaft – im März 1933 waren evangelische und katholische Gesangbücher, Bibeln und Heiligenbilder aus dem Sortiment beschlagnahmt worden – sahen sich die Geschwister gezwungen, das Geschäft zu verkaufen; es wurde am 1. Juni 1933 durch Übernahme von Käthe Keuscher, Prokuristin der Buch- und Kunsthandlung Adolf Ebel in Marburg, ›arisiert‹. Arthur K. führte von seiner Wohnung aus bis Anfang Januar 1934 einen Zeitungsvertrieb weiter, seine Schwester arbeitete als Schneiderin für jüdische Familien. Arthur und Selma K. sind im Juni 1936 in die USA (Brooklyn) ausgewandert; konkrete Nachweise zu ihrem Aufenthalt dort fehlen.

SStAL, BV, F 04731 (K. Keuscher, 1937–1939); Barbara Händler-Lachmann, Thomas Werther: Vergessene Geschäfte, verlorene Geschichte. Jüdisches Wirtschaftsleben in Marburg und seine Vernichtung im Nationalsozialismus. Marburg: Hitzeroth 1992 S. 49, 70, besonders 206; E-Mail-Auskunft Stadtarchiv Marburg, 31. 10. 2019.

Katz, Otto 27. 5. 1895 Prag – 3. 12. 1952 Prag; Verleger, Publizist, Parteifunktionär. Nach dem Besuch einer Handelsschule arbeitete K. ab 1922 in der Berliner Verlagsbranche, zeitweise als Verlagsleiter bei Leopold Schwarzschild. 1922 trat er der KPD bei. 1927 wurde K. zum Verwaltungsdirektor der PISCATOR-Bühnen ernannt, ab September 1929 arbeitete er in der *Universum*-Bücherei der Internationalen Arbeiterhilfe (IAH) mit und war, zum engeren Kreis um → Willi Münzenberg gehörend, dessen Verbindungsmann zur Film- und Theaterbranche. Ende 1930 flüchtete K. vor Beginn eines Prozesses wegen Steuerhinterziehung während seiner Tätigkeit bei Piscator nach Moskau, wo er in leitender Funktion in der Filmindustrie arbeitete. Im Frühjahr 1933 holte Münzenberg K. nach Paris, wo er in dessen engstem Kreis als Mitarbeiter tätig wurde: K. war Chefredakteur und eigentlicher Verfasser des *Braunbuchs über Reichstagsbrand und Hitlerterror*; ab Juli 1936 engagierte er sich im Kriegshilfskomitee für das Republikanische Spanien und als Leiter der Agence d'Espagne in Paris und war damit inoffizieller Propagandaleiter der republikanischen spanischen Regierung für Westeuropa. Nach dem Zusammenbruch der spanischen Republik hielt sich K. kurz in den USA auf, kehrte wieder nach Paris zurück und emigrierte nach dem Kriegsausbruch 1939 in die Vereinigten Staaten. Im Sommer 1940 ging K. nach Mexiko, wo er an der Formierung einer KPD-Gruppe mitwirkte. 1942 initiierte K. ein Schwarzbuch über nationalsozialistischen Terror (*El Libro Negro*) zur Aufklärung der südamerikanischen Öffentlichkeit, das er als Chefredakteur betreute; er wurde Mitglied des literarischen Beirats im Verlag EL LIBRO LIBRE und gab den Anstoß zur Herausgabe einer Tarnausgabe der *Deutschen Zeitung von Mexiko*, um mit diesem publizistischen Organ einer fingierten deutschen Widerstandsgruppe den Kampf gegen den Nationalsozialismus zu lancieren. Seit 1942 war K. als Berater des Präsidenten des lateinamerikanischen Gewerkschaftsbundes tätig und organisierte mit dessen Hilfe Vorlesungszyklen deutscher Kommunisten an der Arbeiteruniversität Obrero in Mexiko. Anfang 1946 reiste K. mit einem tschechoslowakischen Diplomatenpass in die ČSR, wo er sein politisches Engagement als Mitglied der tschechischen KP und als Redakteur ihres Zentralorgans *Rudé Právo* fortführte. Anfang 1952 wurde K. im Zusammenhang mit der sogenannten Slánský-Affäre als angeblicher britischer und zionistischer Agent verhaftet, zum Tode verurteilt und am 3. Dezember des Jahres hingerichtet. 1963 wurde er rehabilitiert und postum mit dem Orden der Republik der ČSSR ausgezeichnet.

BHE 1.

Kauffmann, Felix Ignatz 7. 2. 1878 Frankfurt am Main – 15. 11. 1953 New York; Verleger, Antiquar; Dr. phil. Nach dem Schulbesuch absolvierte K. ein Volontariat bei der

Frankfurter Firma JOSEPH BAER & CO., dem ein Studium der Orientalistik, Philosophie und Alten Geschichte in Heidelberg folgte, das er 1903 mit der Promotion abschloss. 1902 trat K. in das Verlagsunternehmen seines Vaters I. KAUFFMANN, M. LEHRBERGER & CO. ein. Er leitete das Unternehmen, das am 1. Juli 1909 auf ihn überging, bis zur erzwungenen Liquidation am 31. Dezember 1938. Die Firma I. KAUFFMANN in Frankfurt war im Jahre 1832 von dem aus dem Elsass eingewanderten Isaak K. (1805–84) als Antiquariat mit hebräischen Büchern gegründet worden. 1850 wurde ein Verlag angegliedert, in dem u. a. die Hauptwerke des Rabbiners Samson Raphael Hirsch erschienen. Nach Isaak K.'s Tod war das Unternehmen an den Sohn Ignatz (1849–1913) übergegangen, der seit 1877 Teilhaber war. Erst Ignatz K. wurde Mitglied in buchhändlerischen Fachverbänden; er trat dem Börsenverein der Deutschen Buchhändler zu Leipzig und dem Mitteldeutschen Buchhändler-Verband bei. Unter seiner und noch viel mehr unter der Geschäftsführung seines Sohnes und Nachfolgers K. gelangte der Betrieb systematisch zu Ausdehnung und Erweiterung. Mit dem Kauf der Firmen S. LEHRBERGER und M. LEHRBERGER & CO., den Nachfolgefirmen der Offizin Wolf Heidenheims in Rödelheim, führte K. das traditionsreiche Verlagshaus für Gebetbücher wieder in einem Betrieb zusammen. Wiederholt gelang es K., Bücher von besonderer Seltenheit aufzuspüren. Seine sensationellste Transaktion war die Vermittlung des letzten ›freien‹ Pergamentexemplars einer 42zeiligen Gutenberg-Bibel, das 1930 an die Library of Congress in Washington zum Preis von RM 1,2 Millionen veräußert wurde. Da aus der Ehe K.'s mit Jeanette Kirchheim kein männlicher Nachfolger und Erbe des Unternehmens hervorging, bereitete er seine Töchter Hilde (geb. 7. Juni 1910) und Doris Erna (geb. 3. Mai 1912) auf die spätere Übernahme der Betriebe vor. Hilde trat nach dem Schulbesuch 1931 in den väterlichen Verlag ein. In den Jahren vor ihrer 1938 erfolgten Auswanderung hatte sie Prokura und ›unter normalen Umständen […] wäre [sie] lebenslänglich Prokuristin dieses Unternehmens geworden, bzw. wäre sie auch Mitinhaberin geworden.‹ (HessHStAWI Abt. 518 Nr. 10317). Ihre Schwester Doris sollte nach gründlicher Fachausbildung in Leipzig die Leitung der Firma übernehmen. Ihre praktische Ausbildung im herstellenden und vertreibenden Buchhandel ergänzte sie durch theoretischen Unterricht, u. a. an der Deutschen Buchhändler-Lehranstalt in Leipzig, die sie nach 1933 als Jüdin jedoch nicht mehr besuchen durfte. Nach dem erzwungenen Abbruch ihrer Ausbildung kehrte sie nach Frankfurt zurück und arbeitete bis zu ihrer Auswanderung 1936 im väterlichen Betrieb. K. war nach 1933 Mitglied des Kulturbundes Deutscher Juden in der Sektion Frankfurt am Main. 1937 stellte er einen Antrag auf Führung einer ›rein jüdischen‹ Buchhandlung, dem auch stattgegeben wurde. Im selben Jahr verlor er die Mitgliedschaft in der RSK und im Börsenverein. Im Dezember 1938 ordnete das Reichsministerium für Volksaufklärung und Propaganda die Auflösung des Betriebes an. Das Geschäft musste sofort geschlossen werden, die Lagerbestände von Antiquariat und Verlag wurden 1939 an den Jüdischen Kulturbund verkauft. Umfangreiche Bestände des Verlages wurden vom Kulturbund ins Ausland verkauft; der Rest – so die K. zugegangene Information – wurde auf Anordnung des Reichspropagandaministeriums eingestampft. Das Antiquariatslager wurde nach Angaben K.'s an das nationalsozialistische Institut zur Erforschung der Judenfrage in Frankfurt überführt. Im Mai 1941 wanderte K., der seit 1939 die Frankfurter Zweigstelle des KULTURBUND-VERLAGES geleitet hatte, über Portugal in die USA aus, wo er bis zu seinem Tod lebte. Aufgrund seines Einverständnisses, in New York eine Verkaufsstelle für die im

Besitz des Jüdischen Kulturbundes in Deutschland befindlichen Buchbestände zu errichten, erhielt er eine schriftliche Bestätigung, die seine Auswanderung befürwortete und als dringlich einstufte. K. arbeitete in New York an der Adresse 326 W 101st Street weiterhin als Buchhändler, doch bildete nun das allgemeine Antiquariat den Schwerpunkt seiner Arbeit. Seine Pläne, auch in den USA verlegerisch tätig zu werden, konnte er dagegen nicht verwirklichen. Kurz nach seiner Ankunft in New York unterbreitete er dem *Aufbau* seine Vorschläge, der Zeitung eine Verlagsabteilung anzugliedern. Die Publikationen sollten sich an die jüdischen Immigranten aus Deutschland richten und ihnen die Eingewöhnung in das fremde Milieu erleichtern.

F. I. Kauffmann: Hebraica, Judaica, Manuskripte, Inkunabeln, Erstdrucke, Seltene Ausgaben, Karäische Literatur u. a. m. aus dem gesamten hebräischen Schrifttum. Mit einem Geleitwort zum hundertjährigen Bestehen der Firma J. Kauffmann 1832–1932. Katalog 89. Frankfurt am Main: Kauffmann 1932.

Korrespondenz und Telefonate von EF mit Reuben Avnari (1910–2003), Stiefsohn von Dr. Felix Kauffmann, im Februar / März 1992 sowie Zusammentreffen mit ihm am 26.3.1992 in München; Leo Baeck Institute NY, LBIA AR-C. 933/2633; StAL, BV, I Nr. 566 u. F 12. 269; StadtA Ffm. S 2/8864; Brief von Doris Meyerhoff geb. Kauffmann vom 16.6.1997 an KJ; HessHStAWI Abt. 518 Nrr. 10317, 10319 und 10324, Abt. 676 Nr. 8178, Abt. 519/A Nr. Ffm. 1331, Abt. 519/D Nr. JS 3902, Abt. 519/D Nr. AU 1573/41; Tentative List p. 18; Adressbuch 1931 S. 311; Verlagsveränderungen 1942–1963 S. 102, 117; Aufbau vom 11.9.1942 S. 10 [Anzeige]; Braun: Schluss-Verkauf (1992) bes. S. 160 f.; Junk: Jüd. Buchhandel in Frankfurt (1997) S. 93–108; Fetthauer: Musikverlage (2004) S. 480.

Kaufmann, Eric (Erich) Geb. 2.3.1881 Berlin; Buchhändler. Dipl. Ing. Erich K. war von 1920 an als Prokurist in der Berliner Reise- und Versandbuchhandlung KARL BLOCK, Kochstraße 9, tätig. Er wurde in den folgenden Jahren zum Kompagnon Blocks, 1929 alleiniger Inhaber. 1935 musste K. die Firma verkaufen. Er emigrierte gemeinsam mit seiner Frau Frieda geb. Block über die Schweiz in die USA und gründete 1946 zusammen mit → Friedrich Sussmann, der zuvor Verlagsvertreter von QUERIDO in Prag und Amsterdam gewesen war, die TRANSBOOK CO. INC. Das Unternehmen, das mindestens bis 1950 bestand, übernahm die amerikanische Vertretung des nach dem Krieg in Amsterdam wiederaufgebauten Querido Verlages. In den 1950er Jahren trat ein Verlag TRANSBOOK in New York mit hochwertigen Kunstbüchern hervor, die z. T. mit anderen Verlagen, u. a. in Italien, koproduziert wurden.

Adressbuch 1931 S. 56 f.; Cazden: German Exile Literature (1970) p. 177; Hubert Schorn: Der Richter im Dritten Reich. Geschichte und Dokumente. Frankfurt am Main: Klostermann 1959, S. 549.

Kaufmann, Sally 26.2.1890 Ungedanken / Hessen – 29.11.1956 Giv'atajim b. Tel-Aviv; Publizist, Buchhändler. K. eröffnete als Kriegsversehrter 1921 gemeinsam mit seiner Frau Helene geb. Enoch einen Lebensmittelladen in der Kasseler Innenstadt, ehe er Mitte 1924 Herausgeber und Chefredakteur der *Jüdischen Wochenzeitung für Cassel, Hessen und Waldeck* wurde, für die auch prominente Autoren wie Arnold Zweig, Theodor Lessing, Heinz Pol oder Max Brod Beiträge lieferten. Ende der 1920er Jahre war K. auch Verleger einiger kleinerer Zeitungen, mit einer Verlagsfiliale in Düsseldorf. Bereits 1932 ging er aufgrund des zunehmenden politischen Drucks nach Belgien, wo er als Korrespondent für die *Frankfurter Zeitung* tätig wurde, bis er im April 1933 mit seiner Familie über Cannes nach Palästina ausreiste. Dort lebte er zunächst von seinen Ersparnissen; 1937 wurde er in Tel-Aviv Angestellter, 1939 Inhaber des LIBERTY BOOKSTORE von → Herbert A. Stein. 1953 musste er diese von ihm mit wenig Erfolg ausgeübte Tätigkeit aufgeben; 1956 starb er nach schwerer Krankheit verarmt an seinem Wohnort Giv'atajim.

Blumenfeld: Ergänzungen (1993); Wikipedia (dt.); www.kassel-stolper.com; Dietfrid Krause-Vilmar: Streiflichter zur neueren Geschichte der jüdischen Gemeinde Kassel. In: Jens Flemming [Hg.]: Juden in Deutschland. Streiflichter aus Geschichte und Gegenwart. Kassel University Press 2007 S. 9–26, hier S. 21; Ungedanken – Kassel – Tel-Aviv: Die Geschichte einer Auswanderung (26. 6. 2016). In: Schwerer Sand, Blog von Jonas Dörge [online].

Kayser, Rudolf 28. 11. 1889 Parchim – 5. 2. 1964 New York; Verlagsmitarbeiter, Publizist; Dr. phil. K. studierte seit 1910 Germanistik, Philosophie und Kunstgeschichte in Berlin, München und Würzburg und publizierte 1911 bis 1914 in der Zeitschrift *Aktion*, später auch in *Der Neue Merkur* und *Zeit / Echo* (Pseudonym Anton Reiser). Nach seiner Promotion 1914 arbeitete K. als Lehrer in Berlin, bevor er 1919 als Mitarbeiter in den S. FISCHER VERLAG eintrat; 1922 übernahm er die Redaktion der *Neuen Rundschau* und engagierte sich daneben als Dramaturg an der Berliner Volksbühne. 1933 wurde K., seit 1924 Schwiegersohn Albert Einsteins, Berufsverbot erteilt. Er emigrierte in die Niederlande, wo er zwei Jahre lang eine wichtige Funktion als Leiter der deutschsprachigen Abteilung des Wissenschaftsverlags A. W. SIJTHOFF ausübte. Seit 1936 in den USA, entfaltete K. eine umfassende Lehrtätigkeit, zuletzt (1951 bis 1957) als Professor für deutsche Sprache und Literatur an der Brandeis University in Waltham / MA. Besondere Bekanntheit erlangte er als Biograph.

DBE; Killy Literatur Lexikon (1988–93) Bd. 6 S. 262 f.; Thomas S. Hansen: Rudolf Kayser. In: John M. Spalek [Hg.]: Deutschsprachige Exilliteratur seit 1933. Bd. 2: New York. Teil 1. Bern: Francke 1989 S. 421–32.

Kaznelson, Siegmund 17. 5. 1893 Warschau – 20. 3. 1959 Jerusalem; Publizist, Verleger, Buchhändler; Dr. jur. Die Eltern K.'s stammten aus Bobruisk in Weißrussland, wo sein 1895 verstorbener Vater als Arzt tätig war. Kurz vor der Jahrhundertwende zog die Mutter mit dem Knaben in die nordböhmische Stadt Gablonz, wo er 1911 das Abitur ablegte. Anschließend nahm K. an der Deutschen Universität in Prag das Studium der Rechtswissenschaften auf, das er im Oktober 1918 mit der Promotion abschloss. Schon früh ein Mitglied der zionistischen Bewegung, wurde er als Journalist für die deutschsprachigen zionistischen Blätter *Selbstwehr* und *Die Welt* tätig. 1918 gehörte K. zu den Gründern des Jüdischen Nationalrats der Tschechoslowakei. 1920 übersiedelte K. nach Berlin und trat in den seit 1902 bestehenden JÜDISCHEN VERLAG ein; in diesem sowie der dem Verlag angeschlossenen EWER-Vertriebsgesellschaft und den EWER-Buchhandlungen in Berlin und München übernahm er ab 1921 die Aufgabe eines Geschäftsführers; ab 1923 redigierte er die im Jüdischen Verlag erscheinende Zeitschrift *Der Jude*. 1925 erwarb er von der Zionistischen Organisation die zwei Drittel der Gesellschaftsanteile, die dieser gehörten und die auf den Namen ihres Treuhänders Rechtsanwalt Dr. Arthur Hantke eingetragen waren. Das restliche Drittel kaufte K. von den privaten Eigentümern. Da K. selbst staatenlos war, wurden sämtliche Gesellschaftsanteile seinem Vetter und Treuhänder, dem Rechtsanwalt und Notar Ludwig Aschkenasi, übertragen; K. fungierte weiterhin als Geschäftsführer des Jüdischen Verlags und brachte in der Zeit seiner Verlagsleitung bedeutende Judaica heraus. Das Unternehmen hatte einen starken Exportanteil von 60–70%, vor allem nach Osteuropa und Palästina. Im Jahre 1931 gründete K. daher in Jerusalem die HOZAAH IVRIT LTD. (›The Jewish Publishing House‹ Ltd.) als Tochtergesellschaft des Jüdischen Verlages, die in erster Linie Parallelausgaben zu den Ausgaben des deutschen Mutterhauses herausgab; 1932 erwarb er das seit 1902 bestehende ANTIQUARIAT UND AUKTIONS-INSTITUT MAX PERL, Unter den Linden 19, aus dem Nachlass des verstorbenen Eigentümers. Im Zuge der ›Arisierung‹ des Buchhandels musste K. dieses 1935 an den ehemaligen Mitarbeiter Horst Rittershofer abtreten. K. hatte zunehmend mit der Zensur zu kämpfen, sein 1935 erschienenes Werk *Juden im deutschen Kulturbereich* wurde von der Staatspolizei Berlin verboten, beschlagnahmt und vernichtet, ebenso erging es dem im Jüdischen Verlag veröffentlichten Titel *Jüdisches Fest – Jüdischer Brauch* (1936), in dem Beiträge verbotener Autoren wie Stefan Zweig und Thomas Mann enthalten waren. Anfang Januar 1937, nachdem von den Nazis über ihn ein Veröffentlichungsverbot verhängt worden war, flüchtete K. mit seiner Ehefrau und deren Mutter im Auto von Berlin nach Triest, von wo sie mit dem Schiff im März desselben Jahres nach Haifa gelangten. Wenige Tage später erreichten sie Jerusalem. Neben der Weiterführung des Verlages betrieb er gemeinsam mit → Gustav Krojanker das Zeitungsprojekt *Jüdische Weltrundschau*, das Organ kämpfte von Beginn an mit finanziellen Schwierigkeiten und musste nach wenigen Monaten im Sommer 1939 sein Erscheinen einstellen. In der Folgezeit beschränkte sich K. darauf, vorhandene Bestände früherer Verlagswerke abzusetzen und überarbeitete seinen in Deutschland verbotenen, druckfertigen Sammelband *Juden im deutschen Kulturbereich*. Nach Kriegsende bemühte sich K. um Entschädigung für seine zwangsliquidierten Betriebe in Deutschland, da er seine frühere selbständige Tätigkeit wieder aufnehmen wollte. Gleichzeitig plante er die Herausgabe von Atlanten und Globen mit hebräischer Beschriftung in Zusammenarbeit mit deutschen Verlagen. Zu diesem Zwecke beantragte er ein Darlehen, auf dessen Auszahlung, da sich diese jahrelang hinauszog, er schließlich resigniert verzichtete. Der Jüdische Verlag in Berlin wurde 1958 restituiert, ein Jahr später erschien in ihm noch die von K. herausgegebene Anthologie von 322 Gedichten aus vier Jahrhunderten *Jüdisches Schicksal in deutschen Gedichten*. Nach K.'s Tod wurde der Jüdische Verlag von seiner langjährigen Mitarbeiterin Ilse Walter erhalten und behauptete sich bis 1978, dann erfolgte die Übernahme durch den ATHENÄUM VERLAG. K.'s Frau Lise, die ihren Mann seit seinen Prager Jahren begleitet und im Hintergrund immer mitgearbeitet hatte, starb 1974 ebenfalls in Jerusalem. Im Juli 1990 übernahm der SUHRKAMP VERLAG den Jüdischen Verlag.

Siegmund Kaznelson [Hg.]: Juden im deutschen Kulturbereich. Ein Sammelwerk. 2., stark erw. Ausg. Berlin: Jüdischer Verlag 1959.

Amtsgericht Charlottenburg 97 B 9588 Nz † 1968; Landesverwaltungsamt Berlin Abt. III – Entschädigungsbehörde Reg. Nr. 63 819; BHE 1; Tentative List p. 15; DBE Bd. 5; Verlagsveränderungen 1942–1963 S. 99; Jüdischer Verlag im Suhrkamp Verlag. Almanach 1992. Frankfurt am Main: Suhrkamp 1992 S. 19 ff.; Schenker: Der Jüdische Verlag (2003) bes. S. 263–80.

Keins, Pablo (fr. Paul) 16. 8. 1909 Berlin – 20. 1. 1967 Buenos Aires; Antiquar; Dr. phil. K. studierte zunächst in München bei Karl Vossler Romanistik. Nach seiner Promotion entschloss sich der Enkel von Leo Olschki und Cousin von → Bernard M. Rosenthal zu einer Karriere im Antiquariat und absolvierte eine Ausbildung im Schweizer Buch- und Kunstantiquariat L'ART ANCIEN, zunächst in Lugano, ab 1929 dann in Zürich. 1934 zog K. nach Madrid und eröffnete dort die LIBRERÍA J. PABLO KEINS, die er vor allem durch die Erwerbung einer großen Bibliothek altspanischer Literatur zu Erfolg brachte. Der Spanische Bürgerkrieg zwang ihn zur Emigration; 1937 wanderte er nach Argentinien aus. In der Florida, einer Hauptstraße von Buenos Aires, gründete er eine neue Firma, ein bibliophiles Antiquariat mit dem Schwerpunkt Südamericana. Schon bald entwickelte sich die Librería J. Pablo Keins zu einem kulturellen Zentrum der argentinischen Gesellschaft: K. zählte den großen Schriftsteller Jorge Luis Borges zu seinen Freunden. Neben seiner erfolgreichen Tätigkeit als Antiquar, die ihn nach Ende des Weltkriegs auch auf zahlreiche Einkaufsreisen nach Europa und auf Geschäftsreisen zu US-amerikanischen Bibliotheken und Sammlern führte, fertigte er Übersetzungen ins Spanische an und veröffentlichte romanistische Studien. K. hielt sich zeitweise in München auf; Teile seiner Bestände hat er auf der Antiquariatsmesse in Stuttgart ausgestellt und verkauft. Nach seinem Tod 1967 führte seine Witwe Trude geb. Lebermann (13. 5. 1907 Nürnberg – 20. 5. 1996 East Meadow, New York) das Geschäft weiter; 1969 veröffentlichte sie den Katalog Nr. 20.

E[rwin] R[osenthal]: Pablo Keins †. In: Bbl. (FfM) Nr. 17 vom 28. 2. 1967 S. 380; Bernard M. Rosenthal: Cartel, Clan, or Dynasty? The Olschkis and the Rosenthals 1859–1976. In: Harvard Library Bulletin vol. XXV no. 4 (Oct. 1977); Taubert: Lateinamerika (1961) S. 127; Irene Münster: Librerías y bibliotecas circulantes de judíos alemanes en la Ciudad de Buenos Aires, 1930–2011. In: Estudios Migratorios Latinoamericanos 25 (2011), S. 157–175.

Kesten, Hermann 28. 1. 1900 Nürnberg – 3. 5. 1996 Riehen bei Basel; Schriftsteller, Lektor. K., Sohn eines jüdischen Kaufmanns, legte 1919 das Abitur am humanistischen Melanchthon-Gymnasium in Nürnberg ab und studierte anschließend ein Semester Jura und Volkswirtschaft in Erlangen, dann zusätzlich Geschichte, Germanistik und Philosophie in Frankfurt. Im Frühjahr 1923 brach er das Studium ab, nachdem er auf dem Frankfurter Hauptbahnhof einen Koffer mit den Manuskripten zu seiner Dissertation über Heinrich Mann verloren hatte. Ab 1926 war er als freier Schriftsteller tätig, 1927 wurde er Autor des GUSTAV KIEPENHEUER VERLAGS (hier erschien auch sein vielbeachteter erster Roman *Josef sucht die Freiheit*, 1928). Kurz darauf wurde K. Cheflektor des inzwischen von Kiepenheuer, → Fritz H. Landshoff und → Walter Landauer gemeinsam geleiteten Berliner Verlags. In dieser Zeit entwickelten sich seine Freundschaften zu bedeutenden Schriftstellern wie Joseph Roth, Heinrich Mann, Ernst Toller, Klaus Mann u. a. K. wurde aufgrund seiner liberalen Haltung von der völkischen Presse scharf attackiert; nach der ›Machtergreifung‹ durch die Nationalsozialisten wurde es in Deutschland für ihn gefährlich. Am 2. März 1933, drei Tage nach dem Reichstagsbrand, las er noch im Berliner Rundfunkhaus aus seinem jüngsten Roman (*Der Gerechte*), dann emigrierte er nach Paris. Im Mai 1933 wurde ihm von dem niederländischen Verleger Gerard de Lange, der bedrohten und verbotenen deutschsprachigen Schriftstellern ihre publizistische Freiheit und ein einigermaßen geregeltes Einkommen sichern wollte, die geschäftliche und literarische Leitung der jüngst gegründeten Deutschen Abteilung des ALLERT DE LANGE VERLAGS angeboten. K. lehnte jedoch ab und schlug für diese Position seinen Freund → Walter Landauer vor; er selbst blieb, überwiegend von Paris aus, als Lektor und literarischer Berater für den Allert de Lange Verlag tätig und hat in dieser Funktion das Programm des Exilverlags bis 1940 entscheidend mitgestaltet. Anfang September 1939 wurde er in Frankreich festgenommen und fünf Wochen lang als

›feindlicher Ausländer‹ in den Lagern von Colombes und Nevers interniert. Am 17. Mai 1940 verließ K. Paris in Richtung Amerika, seine Frau Toni geb. Warowitz, die seit Juni 1940 in Gurs interniert war, konnte sich schließlich ebenfalls nach New York retten. K. wurde im Juli 1940 gemeinsam mit Thomas Mann ehrenamtlicher Berater des Emergency Rescue Committee, das europäische Flüchtlinge bei ihrer Emigration in die USA unterstützte. Ab 1943 war er wieder publizistisch tätig, außerdem knüpfte er mit Übersetzungen und der Herausgabe von Anthologien an seine Funktion als Literaturvermittler an. 1949 wurden K. und seine Frau amerikanische Staatsbürger, im selben Jahr besuchte er erstmalig wieder Deutschland und Europa. Bis in die 1970er Jahre lebte er nun abwechselnd in Rom und in New York; in dieser Zeit entstanden viele Essays, Romane und Erzählungen. K. war aber auch weiterhin als Literaturvermittler (nun mit dem Schwerpunkt auf den Werken der im ›Dritten Reich‹ verfemten Literaten) aktiv, außerdem engagierte er sich in Schriftstellerverbänden: Er war korrespondierendes Mitglied der Deutschen Akademie für Sprache und Dichtung, Darmstadt, und der Akademie der Wissenschaften und der Literatur, Mainz, sowie Mitglied (von 1972 bis 1976 Präsident) des PEN-Zentrums der Bundesrepublik Deutschland. Nach dem Tod seiner Frau 1977 zog K. (nach einem vorübergehenden Aufenthalt in den USA) zu einer Jugendfreundin nach Basel. Nach deren Tod übersiedelte er in ein jüdisches Altersheim in Riehen bei Basel.

BHE 2; DBE; KLG; Uri Benjamin [d. i. Walter Zadek]: Die Rettung der emigrierten Literatur. In: Bbl. (FfM) Nr. 33 vom 25. 4. 1972 S. 795–98; Andreas Winkler: Hermann Kesten im Exil (1933–1940). Hamburg: Lüdke 1977; Kerstin Schoor: Verlagsarbeit im Exil. Untersuchungen zur Geschichte der deutschen Abteilung des Amsterdamer Allert de Lange Verlages 1933–1940. (Amsterdamer Publikationen zur Sprache und Literatur. Bd. 101). Amsterdam: Rodopi 1992; Cornelius Schnauber: Hermann Kesten. In: John M. Spalek [Hg.]: Deutschsprachige Exilliteratur seit 1933. Bd. 2: New York. Teil 1. Bern: Francke 1989 S. 433–46; Silke Schlawin: Die Anthologie Heart of Europe: ein Exilprojekt von Hermann Kesten und Klaus Mann für den L. B. Fischer Verlag (New York). In: AGB 54 (2001) S. 1–110; Martin Dreyfus: Nach New York und zurück. Über die Geschichte der deutsch-jüdischen Verleger vor, während und nach dem Zweiten Weltkrieg. In: Aufbau Nr. 9 (Oktober 2005) S. 6–8.

Kirchberger, Joe H. 29. 10. 1910 Berlin – 24. 9. 2000 Tampa, FL; Buchhändler, Vertreter, Schriftsteller. K., ursprünglich Joachim Heinrich K., Sohn von Dr. Paul und Mathilde K., war väterlicherseits jüdischer Herkunft und studierte Jura in Berlin und Heidelberg. Nach der NS-›Machtergreifung‹ wurde er als Referendar nicht in den Staatsdienst übernommen und absolvierte eine Buchhandelslehre in einer großen Berliner Buchhandlung, bis ihm auch dies verwehrt wurde und er sich 1936 zur Emigration entschloss. In den USA arbeitete er zunächst wieder im Buchhandel, dann in einem von einem österreichischen Ingenieur gegründeten Unternehmen mit pulvermetallurgischer Produktion. Eine durchschlagende berufliche Veränderung ergab sich, nachdem er die Literaturagentin → Joan Daves kennenlernte und sie 1962 heiratete. K. nahm eine Tätigkeit als Schriftsteller, Herausgeber und Übersetzer auf: Ein guter Kenner der deutschen Literatur, verfasste er eine Reihe von Sachbüchern zu historischen und kulturgeschichtlichen Themen, die gewöhnlich zeitgleich sowohl in englischsprachigen wie deutschsprachigen Ausgaben erschienen (u. a. *The French Revolution and Napoleon*; *Great Women of the Bible in Art and Literature*; *The Civil War and Reconstruction: an eyewitness history*; *Zeugen ihrer Zeit*; *Knaurs Großes Rätsel Lexikon*; *Das große Sprichwörterbuch* u. a. m.). Gemeinsam mit seiner Frau war er regelmäßiger Besucher der Frankfurter Buchmesse; als sie starb, folgte er ihr bald darauf in den Tod.

Hellmann-Kirchberger Family Collection, Leo Baeck Institute, New York [online]; Hans-Joachim Störig: Splitter. Umrisse einer Biographie. BoD 2009 S. 189 f.

Kirstein, Hermann 1891 Berlin – 1969 London; Bankier, Antiquar. K. war einer Zeitschriftennotiz aus dem Jahr 1922 zufolge in Berlin vor 1933 Teilhaber im Bankhaus seines Onkels Emil K. Nach seiner Emigration nach Großbritannien war er mindestens zwei Jahrzehnte lang in London als Antiquar tätig. Offenbar hat er sich dort bereits um die Mitte der 1930er Jahre etabliert; in buchhändlerischen Adressbüchern wird 1937/1940 seine Adresse mit NW 4, 130a Brent Street angegeben. In späteren Quellen wird er als Inhaber eines auf ›early scientific and medical books‹ spezialisierten Antiquariats an der Adresse London SE 19, 3 Lassa Road, beschrieben (*Directory* 1957/58). Über seine Herkunft und frühere berufliche Tätigkeit konnte nichts Näheres ermittelt werden, doch ergibt sich aus einer im *Aufbau* 1946 erschienenen Suchanzeige, dass K. aus Berlin stammte und mit Bianca geb. Frey (1907 – 1958) verheiratet war. Sein Aufenthalt wurde zum damaligen Zeitpunkt (wohl zu Unrecht) in Australien vermutet, denn am 24. 7. 1946 erhielt er die britische Staatsbürgerschaft.

Der Kritiker. Wochenschrift für Politik, Kunst und Wissenschaft H. 4 (1922) S. 64 [Reprint; online]; Int. Adressbuch der Antiquare (1937/38) S. 91; Int. Adressbuch der Antiquare (1940) S. 90; Aufbau vom 8. 11. 1946 S. 35; A Directory of Dealers in Secondhand & Antiquarian Books in the British Isles 1957/58. London: Shepard Press 1957 p. 114; https://www.thegazette.co.uk/London/issue/37734/page/4756/data.pdf.

Klatzkin, Jacob 3. 10. 1882 Kartuszkaja Bereza / Russland – 26. 3. 1948 Vevey / CH; Publizist, Verleger; Dr. phil. K., Sohn des Rabbiners Elijah Ben Naftali Herz K., studierte Philosophie in Marburg und Bern. Noch während seines Studiums, zwischen 1909 und 1911, war er als Schriftleiter der zionistischen Zeitschrift *Die Welt* tätig. Nach seiner Promotion 1912 arbeitete er für diverse hebräische Zeitschriften (u. a. *HaZeman, HaShiloah, HaTekufah*), von 1915 bis 1919 war er dann Schriftleiter des *Bulletin Juif* in Lausanne. In dieser Zeit gründete er auch seinen ersten Verlag, AL HAMISHMAR, in dem er Bücher über jüdische Fragen veröffentlichte. 1921 ging K. nach Heidelberg und gründete dort gemeinsam mit Nahum Goldmann die *Freien Zionistischen Blätter*, die beide bis 1922 herausgaben. 1923 bauten K. und sein Partner in Berlin den ESCHKOL-VERLAG auf. 1924 initiierten sie zusammen das großangelegte Projekt der deutschsprachigen, zehnbändigen *Encyklopaedia Judaica* (erschienen 1928–34), für die K., ebenso wie für deren zweibändige hebräische Ausgabe *Enzyklopedyah Yisrealit* (1929–32), als Hauptschriftleiter verantwortlich war. K., der in diesen Jahren auch einige philosophische Werke verfasst hatte, emigrierte 1933 in die Schweiz. 1941 ging er in die USA, wo er am College of Jewish Studies in Chicago als Dozent tätig wurde. 1947 kehrte er in die Schweiz zurück, wo er kurz darauf starb.

BHE 1; DBE; KÜHN-LUDEWIG: Jiddische Bücher (2008) S. 184; Evelyn Adunka: Art. J. K. In: Andreas B. Kilcher (Hg.): Metzler Lexikon jüdischer Philosophen. Stuttgart: Metzler 2003, S. 348–350.

Klausner, Margot 1905 Berlin – 1975 Tel Aviv; Verlagsmitarbeiterin, Filmproduzentin, Schriftstellerin. Die Tochter des galizischen Fabrikanten Julius K. studierte in Berlin

Kunstgeschichte und Theaterwissenschaften; sie war schon 1925 nach Palästina ausgewandert. Zusammen mit ihrem Mann Yehoshua Brandstetter engagierte sie sich in jenen Kreisen des deutschen Zionismus, welche die jüdische Kultur fördern und die jüdisch-deutsche Öffentlichkeit mit der jüdisch-osteuropäischen Kultur bekannt machen wollten. 1927 kehrte K. nach Berlin zurück, um als organisatorische Leiterin die Überführung der berühmten Theatertruppe Habima nach Palästina zu bewerkstelligen. Bis 1936 war sie Leiterin der Truppe und betätigte sich daneben für die Jugendalijah. Besonders auch am Film interessiert, gründete das Ehepaar Brandstetter in Palästina die erste israelische Filmproduktionsfirma URIM. Ihr erster Film *Land of Promise* ist eines der wichtigsten Zeitdokumente des Zionismus und gewann 1935 beim Filmfestival Venedig einen Preis. Nach dem Ende des Zweiten Weltkriegs gründete K. das erste Filmatelier des Landes (Israel Motion Picture Studios Herzliyyah Ltd. in Tel Aviv, 1947) und wurde Mitarbeiterin im Theaterverlag MOADIM PALESTINIAN PLAY PUBLISHERS. K. schrieb außerdem Romane, Bühnenstücke und Erzählungen.

Margot Klausner: Julius Klausner. Eine Biographie. Düsseldorf: Kalima-Druck 1974.

BHE 1; Walk: Kurzbiographien (1988); Dov Amir: Leben und Werk der deutschsprachigen Schriftsteller in Israel. Eine Bio-Bibliographie. München: Saur 1980; Moshe Zimmermann [Hg.]: Zweimal Heimat. Die Jeckes zwischen Mitteleuropa und Nahost. Frankfurt am Main: Beerenverlag 2005; Jewish Women's Archive – Margot Klausner [online].

Klein, Erich Buchhändler. K. war laut Meldung der Deutschen Botschaft Lima an den Börsenverein in Leipzig vom November 1940, die sich auf Auskünfte des in Lima ansässigen Musikalienhändlers Guillermo Brandes stützte, ein aus Deutschland geflüchteter jüdischer Emigrant. Er übernahm 1940 in Lima die 1938 von → Herbert Weil gegründete LIBRERÍA INTERNACIONAL DEL PERÚ SA, Casilla Lima 1417, die einzige von einem Hitlerflüchtling betriebene Buchhandlung in diesem Land: ›Ursprünglich hatte man eine grössere deutsche Abteilung unterhalten. Diese wurde aber dann aufgelöst, als kein sachkundiger Leiter mehr vorhanden war.‹ (Taubert) Die Buchhandlung muss ein gut organisiertes Vertriebssystem aufgebaut haben, jedenfalls wurde sie US-amerikanischen Bibliotheken im Rahmen des *Farmington Plan* als Geschäftspartner für den Bezug von Büchern aus Bolivien, Ecuador und Peru empfohlen. Taubert spricht für Anfang der 1960er Jahre von einem Jahresumsatz in Höhe von umgerechnet DM 3,5 Millionen: ›Dabei spielt der Buchabsatz gerade wissenschaftlicher und technischer Bücher durch Agenten, die das ganze Land bereisen, eine grosse Rolle.‹ Das Unternehmen von K., der als bibliophiler Sammler u. a. von Americana bekannt war, war auch als Verlag tätig.

SStA Leipzig, BV, F 1.011 [G. Brandes, Schreiben der Dt. Gesandtschaft in Lima vom 6. 11. 1940 an den Börsenverein]; Schriftliche Mitteilung von Gerhard Kurtze vom 20. 9. 1993 an EF; Taubert: Lateinamerika (1961) S. 84 f.

Klier, Saul 18. 6. 1898 Czernowitz –1955 Tel-Aviv; Importbuchhändler; Dr. K. wuchs an seinem Geburtsort und in Wien auf, wo er dann auch ein Universitätsstudium absolvierte. Im 1918 rumänisch gewordenen Czernowitz / Cernăuți betrieb er in der Folge als einer der Geschäftsführer die Eminescu G. m. b. H., Reise- und Versandbuchhandlung. 1935 wanderte er nach Palästina aus und errichtete 1938 den ABC LIBRARY & BOOK STORE in Tel Aviv, der sich auf die Einfuhr deutschsprachiger Bücher v. a. aus der Schweiz spezialisierte. K. stand in engem Kontakt mit deutschsprachigen Autoren in Palästina / Israel wie Arnold Zweig, Max Brod und Schalom Asch. K. war jahrelang Vorsitzender der u. a. von → Erwin Lichtenstein angeregten Foreign Book Trade Association. K. verstarb bei einem Besuch in New York. Danach leitete zunächst die Witwe K.s Honora und dann der bisherige Mitarbeiter → Zeev Flatow (er hatte als Lehrling im ABC-Bookstore begonnen) die Firma, die später von → Steimatzky übernommen wurde.

Brief Zeev Flatow an Gerhard Kurtze vom 4.10.1993; Blumenfeld: Ergänzungen (1993); Alexander Aurel [ed.]: The Near and Middle East Who's Who. Vol. I: Palestine Trans-Jordan 1945–1946; Erwin Lichtenstein: Bericht an meine Familie. Ein Leben zwischen Danzig und Israel. Mit einem Nachwort von Günter Grass. Darmstadt: Luchterhand 1985 S. 144, Register.

Klotzer, Charles Lothar Geb. 1.11.1925 Berlin; Zeitungsverleger. K., Sohn eines jüdischen Lehrerehepaares, emigrierte im März 1939 im Alter von dreizehn Jahren mit seinen Eltern nach Shanghai, nachdem sein Vater von 1938 an im KZ Buchenwald interniert gewesen und schließlich aus Deutschland ausgewiesen worden war. Von 1939 bis 1947 besuchte K. eine Wirtschaftsschule in Shanghai, daneben arbeitete er in diversen Jobs, u. a. als Sekretär des American Jewish Joint Distribution Committee (JDC). Er war auch Mitglied der britischen Untergrundorganisation Rover Group; als Folge dieser Aktivität wurde er von den Japanischen Militärbehörden in Shanghai von 1943 bis 1945 inhaftiert. 1947 emigrierte die Familie mit Hilfe des JDC in die USA, wo K. zunächst eine Anstellung als Buchhalter fand. Von 1949 bis 1960 studierte er an der Washington University, St. Louis, politische Wissenschaften und Englisch, daneben war er vor allem als Zeitungsverleger tätig: Von 1948 bis 1951 gab er die in Illinois erscheinende *Troy Tribune* heraus, ab 1954 dann, nachdem er die amerikanische Staatsbürgerschaft angenommen und den Militärdienst absolviert hatte, den *Greater St. Louis Jewish Star* und *Jewish Light*. In den folgenden Jahren gründete er noch einige im ganzen Mittelwesten der USA erscheinende politische und kulturelle Zeitschriften wie *Focus / Midwest* (ab 1960) und die *St. Louis Journal Review* (ab 1970).

BHE 1; D. J. Wilson: Any Port in the Storm? Charles Klotzer's ›St. Louis Journalism Review‹ has been taking on water for years. In: St. Louis Magazine (Aug. 2007) [www.stlmag.com; online].

Knight, Max 8.6.1909 Pilsen–31.8.1993 Berkeley / CA; Verlagsleiter; Dr. jur. K.'s Geburtsname war Max Eugen Kühnel, sein Vater Bernhard war Vizepräsident des Wiener Bankvereins. K. verbrachte eine behütete Kindheit in einem assimilierten jüdischen Elternhaus; er erhielt eine humanistische Schulbildung, zusätzlich sportliche Ausbildung und musischen Unterricht und begann an der Universität Wien ein Jurastudium. Dort befreundete er sich mit Joseph Epstein (1909–99; später Joseph Fabry), und beide begannen, oft unter gemeinsamem Pseudonym (am bekanntesten Peter Fabrizius), eine schriftstellerische Zusammenarbeit, die sie über alle Etappen ihres späteren Lebensweges begleiten sollte: sie berichteten über diese erstaunliche Koautorschaft 1988 in ihrer ›duography‹ *One and One makes Three: Story of a Friendship*. Während seines Studiums schrieb K. regelmäßig für das *Neue Wiener Tagblatt*; 1933 promovierte er und arbeitete anschließend in einer Wiener Rechtsanwaltskanzlei. Nachdem K. ab 1937 seinen beruflichen Schwerpunkt auf die journalistische Tätigkeit verlegt hatte, flüchtete er am 11. März 1938, dem Tag von Schuschniggs Abdankung, aus Österreich nach England und konnte in London für den *Daily Herald* und *Jewish Spectator* arbeiten. Sein Plan, in die USA zu emigrieren, ließ sich Anfang 1940 nicht kurzfristig verwirklichen, so dass K. über Halifax und Vancouver nach Shanghai flüchtete, wo er am 5. Oktober 1940 eintraf. Dort verdiente er sich seinen Lebensunterhalt als Englischlehrer und Reporter der *North China Daily News*. Mit Hilfe von Epstein erhielt K. im Frühjahr 1941 ein Visum für die USA und arbeitete während des Krieges in San Francisco im Pressebüro des Office of War Information. In der Folge machte er an der University of California, Berkeley, seinen Studienabschluss in Politologie und fand 1950 eine Anstellung in der UNIVERSITY OF CALIFORNIA PRESS. Dem Verlag, in dem K. als Lektor, Leiter des Übersetzungsprogramms und Chefredakteur wirkte und für den er auch viele Übersetzungen aus dem Deutschen, darunter Werke von Brecht, Morgenstern, Benn und Hans Kelsen anfertigte, blieb er bis zu seinem Ruhestand 1976 verbunden. Für seine Übersetzungen der Werke von Johann Nestroy und Karl Kraus wurde K. mit dem Goldenen Ehrenzeichen für Verdienste um die Republik Österreich ausgezeichnet.

University at Albany, M. E. Grenander Department of Special Collections and Archives, The German and Jewish Intellectual Émigré Collection: Max Knight Papers 1909–1993 (GER-050); Literaturhaus Wien, Österreichische Exilbibliothek, Nachlass Max Knight N1.EB-7; Douer, Seeber: Die Zeit gibt die Bilder (1992) S. 84 f.; Max Knight. In: John M. Spalek [Hg.]: Deutschsprachige Exilliteratur seit 1933. Bd. 4: Bibliographien: Schriftsteller, Publizisten und Literaturwissenschaftler in den USA. Teil 3. Bern: Saur 1994 S. 940–51; Johannes Evelein: Max Knight. In: John M. Spalek [Hg.]: Deutschsprachige Exilliteratur seit 1933. Bd. 3: USA. Teil 2. München: Saur 2001 S. 234–44.

Koch, Bernhard 5. 2. 1894 Aachen–1978 München; Verleger, Buchhändler. K. war Mitinhaber des Verlages ALBERT LANGEN in München, von 1927 an dann Geschäftsführer der ZEITGEIST-BUCHHANDLUNG in Berlin. Im April 1933 emigrierte er nach Prag, wo er den Verlag BERNHARD KOCH – Internationale Nachrichtenagentur gründete. Von Oktober 1934 bis September 1938 war er unter der Redaktion von → Hans Jaeger Herausgeber des vom ČSR-Außenministerium unterstützten volkssozialistischen Pressedienstes AERO PRESS. Wahrscheinlich noch 1938 emigrierte K. nach Großbritannien, wo er nach dem Beginn des Krieges interniert wurde.

BHE 1.

Koch, Ernst (Ernest) 29. 7. 1899 München–24. 2. 1984 San Francisco, CA; Musikalienhändler und Musikverleger. K. war gemeinsam mit Fritz Koch (gest. 30. 5. 1950; er führte zusätzlich ein Antiquariat, zuletzt in der Theatinerstraße 31) Eigentümer des 1889 in München gegründeten Musikhauses SIGMUND KOCH in der Neuhauser Straße 50. Als Ernst K. ins Exil ging, führte Fritz K. das Geschäft allein weiter. 1936 wurde die Musikalienhandlung aus dem *Adressbuch des Deutschen Buchhandels* gestrichen und der Laden nach der Reichspogromnacht zerstört. In den USA ließ sich Ernst K. in San Francisco nieder; er dürfte sich dort nicht mehr in seinem angestammten Beruf betätigt haben. Er war verheiratet mit Eve Valerie geb. Heller (1910 Prag–2003 San Francisco). 1950 und erneut 1965 machte K. Ansprüche wegen Entziehung der mit 31. Dezember 1938 aufgrund der Verordnung zur Ausschaltung der Juden aus dem deutschen Wirtschaftsleben geschlossenen Firma und des ›arisierten‹ Musikhauses geltend, die durch Schadenersatz beglichen wurden.

Adressbuch 1931 S. 330; Fetthauer: Musikverlage (2004) S. 481; Wittmann: Hundert Jahre Buchkultur (1993) S. 169; Wolfram Selig: ›Arisierung‹ in München. Die Vernichtung jüdischer Existenz 1937–1939. Berlin: Metropol-Verlag 2004 S. 336–338.

Koch, Fritz (ursprgl. Cohn) 11.2.1887 Berlin–1966; Verlagsmitarbeiter; Dr. K. war Sohn von Isidor Cohn und der zweitältesten Tochter Leopold Ullsteins, Else Ullstein (1862–1959), und gehörte somit der erweiterten Ullstein-Familie an. Er war Mitglied der Berliner Anwaltskammer und einer der Justiziare des Ullstein-Konzerns. Nach 1933 nach London emigriert, fungierte er als Direktor der 1944 gegründeten ULLSTEIN TRUST LTD. und war in die Bemühungen um die Restitution des Familienunternehmens eingebunden.

Quellen und Literatur: siehe die Angaben zu den Angehörigen der Ullstein-Familie sowie Simone Ladwig-Winters: Anwalt ohne Recht. Das Schicksal jüdischer Rechtsanwälte in Berlin nach 1933. 2., erg. u. erw. Aufl., Berlin: be.bra 2007, S. 197.

Königsberger, Josef 24.1.1879 Krakau–1945; Verleger, Komponist. K. komponierte Unterhaltungsmusik und Operetten (*Das Spielzeug Ihrer Majestät*, UA Köln 1930) und gründete 1927 in Berlin-Wilmersdorf die EDITION KALEIDOSKOP, in der er seine eigenen Werke herausbrachte. Nach der NS-›Machtergreifung‹ emigrierte er nach Wien, sein Berliner Verlag wurde handelsgerichtlich gelöscht. Von Österreich aus stellte K. 1937 beim Börsenverein einen Antrag auf neuerliche Eintragung seines Verlags Edition Kaleidoskop, dessen Auslieferung vermutlich Breitkopf & Härtel innehatte. Nach dem Anschluss Österreichs an Hitlerdeutschland 1938 flüchtete K. nach Frankreich; im selben Jahr wurde er aus der RMK ausgeschlossen.

Fetthauer: Musikverlage (2004) S. 481.

Körper, Adolf Geb. 6.6.1883 Wien; Buchhändler. Sohn von Rosa K., der Witwe des Buchhändlers Josef Joachim K. (gest. 21. Juni 1917), die ab September 1917 die Antiquariatsbuchhandlung für allgemeine und hebräische Literatur in Wien I, Rauhensteingasse 5, führte. K. nahm am Ersten Weltkrieg als Oberleutnant teil. Mit seinem Eintritt wurde die Firma 1920 in eine offene Handelsgesellschaft unter Beibehaltung des Firmennamens J. KÖRPER umgewandelt. Am 5. Januar 1932 wurde K., nachdem seine Mutter Rosa (gest. 27.6.1933) im Einvernehmen ausgeschieden war, Alleininhaber des Antiquariats. Nach dem ›Anschluss‹ Österreichs an Hitlerdeutschland sah K. sich gezwungen, den Gewerbeschein zurückzulegen; er meldete sich am 1. Dezember 1938 ›nach New York‹ ab. Die Firma wurde am 22. Oktober 1941 von Amts wegen gelöscht. In New York, wo er mit seiner Frau Irma Irene geb. Weiss lebte, hat sich K. (jetzt A. Korper) seit 1.7.1941 und bis in die beginnenden 1960er Jahre in 655 W, 160th Str. als Buchhändler und Antiquar betätigt und sich dabei auf das Gebiet der graphischen Künste und der Kalligraphie spezialisiert.

SStAL, BV, F 05044; www.geni.com; Das Antiquariat 7 (1951), diverse Hefte; Adressbuch des Deutschen Buchhandels (nach 1945); Öhlberger (2000) S. 124; Hupfer: Antiquarischer Buchhandel (2003) S. 135.

Kohn, Hein (Heinz) 25.3.1907 Augsburg–1.10.1979 Hilversum; Verleger, Buchhändler, Literaturagent. K., Sohn eines jüdischen Textilfabrikanten, besuchte die reformpädagogische Freie Schulgemeinde Wickersdorf. Nach einem 2-jährigen Volontariat in der LAMPART'SCHEN VERLAGSBUCHHANDLUNG in Augsburg 1924 bis 1925 besuchte er zwei Jahre lang die Leipziger Buchhändler-Lehranstalt; in dieser Zeit trat K. der Sozialistischen Arbeiter-Jugend (SAJ) und der republikanischen Organisation

Reichsbanner Schwarz-Rot-Gold bei. In der Folge verband K. seine Buchhandelstätigkeit mit seiner sozialdemokratischen Gesinnung: er arbeitete u. a. als Vertreter und Lektor für die BÜCHERGILDE GUTENBERG und vertrat den Verlag VOLKSSTIMME, Bremerhaven. Gemeinsam mit seinem Freund Friedrich Oetinger, dem späteren Kinderbuchverleger, leitete er ab 1926 die HEINRICH HEINE BUCHHANDLUNG in Hamburg. Daneben war er als freier Filmkritiker für das linksliberal ausgerichtete *Hamburger Echo* tätig. Als sozialdemokratischer Buchhändler und Verleger war K. der nationalsozialistischen Verfolgung besonders ausgesetzt, erst recht, seit er zu Beginn 1932 die Liebesbriefe des homosexuellen SA-Führers Ernst Röhm publiziert hatte. Nach dem Erlass der Reichstagsbrand-Notverordnung sah sich K. zur Flucht aus Deutschland gezwungen: Mit Hilfe holländischer Freunde konnte er sich ein Arbeitsvisum für die Niederlande beschaffen und passierte am 5. Mai 1933 mit RM 10 in der Tasche die Grenze. In Hilversum fand er eine Beschäftigung als Lektor beim Arbeiterradio VARA, für das er ab 1934 eine monatlich erscheinende Schriftenreihe mit Übersetzungen deutscher Autoren herausgab (*Der Bücherfreund Solidarität*). K., der seinen Vornamen in Hein abgewandelt hatte, übernahm die Vertretung der inzwischen nach Zürich ausgewanderten Büchergilde Gutenberg für Holland; im Herbst 1933 gründete er nach deren Vorbild eine eigene Buchgemeinschaft mit Verlag, die BOEKENVRIENDEN SOLIDARITEIT. Aufgrund von Differenzen mit seinem Geschäftspartner Jan Hilvers war er gezwungen, 1936 eine Neugründung vorzunehmen: In dem unter dem Namen HET NEDERLANDSCHE BOEKENGILDE firmierenden Verlag mit angeschlossenem Buchklub erschienen zahlreiche Werke verfolgter deutscher Schriftsteller, auch in Koproduktion mit niederländischen Verlagen (QUERIDO, MEULENHOFF). Trotz der Gefahr, der er durch seine Tätigkeit und seine jüdische Herkunft ausgesetzt war, blieb K. auch während der Okkupation der Niederlande in Holland. Ab 1940 – die Boekengilde hatte aufgrund des antifaschistischen Inhalts ihrer Bücher Publikationsverbot – war K. vor allem im Untergrund aktiv. Währenddessen konnte seine ›arische‹ Frau Rosel geb. Sirch, die K. 1933 ins Exil gefolgt war, in Hilversum das mit der Buchgemeinschaft verbundene Versandgeschäft sowie das daneben entstandene Antiquariat weiterführen. K. wurde 1942 bei einer Razzia festgenommen und in das Arbeitslager Hevelte gebracht, es gelang ihm aber, nach kurzer Zeit zu fliehen und bis zur Befreiung der Niederlande in Hilversum unterzutauchen. Für den kleinen illegalen Verlag DE BEZIGE BIJ (›Die fleißige Biene‹), der bibliophile Handpressendrucke von politischen Schriften und belletristischen Werken herstellte, reiste er umher und verkaufte die Hefte an einen kleinen Kreis von Sammlern. Nach dem Krieg fand der inzwischen mittellos gewordene Buchhändler eine Anstellung als Verlagsleiter bei VAN DITMAR in Amsterdam, die er bis 1950 innehatte. Daneben gründete er 1947 wieder eine Buchgemeinschaft, die GENOOTSCHAP VOOR BOEKENVRIENDEN (später DE BOEKENVRIEND VERZENDBOEKHANDEL), die mit Verlags-Restposten zu herabgesetzten Preisen handelte. Wenige Jahre später bündelte K. seine Branchenkenntnisse und Kontakte zu Exilschriftstellern wie beispielsweise Thomas Mann und Bertolt Brecht und gründete 1951 in Hilversum die Literaturagentur INT. LITERATUUR BUREAU (ILB, in den 1970er Jahren übernommen von seinem Sohn → Menno K. und inzwischen fortgeführt von seiner Enkelin Linda K.) und vertrat zunächst den KURT DESCH VERLAG, dann auch die Verlage SUHRKAMP, ROWOHLT und PIPER in Holland. In den 1950er Jahren erhielt K. die holländische Staatsbürgerschaft. Bis zu seinem Tod am 1. Oktober 1981 war K. jährlich auf der Frankfurter

Buchmesse; er vermittelte deutsche Schriftsteller wie Rolf Hochhuth, Willi Heinrich oder Heinz G. Konsalik in die Niederlande und führte niederländische Autoren wie Ly Corsary oder Jan de Hartog in die deutsche Literaturszene ein. K.'s seit der Zeit des Exils angelegte große Sammlung von Exilliteratur wird heute in der Universitäts- und Landesbibliothek Bonn verwahrt; in den letzten Lebensjahren war er Mitherausgeber der *Bibliothek der verbrannten Bücher*, erschienen im Konkret Literatur-Verlag Hamburg.

Teilnachlass im Deutschen Exilarchiv / DNB: EB 94/294, Bestand 0078; BHE 2; Uri Benjamin [d. i. Walter Zadek]: Die Rolle der Emigration als Brücke zwischen Kulturen. In: Bbl. (FfM) Nr. 25 vom 28. 3. 1972 S. 585–89; Bbl. (FfM) Nr. 81 vom 12. 10. 1973 S. 1704; Werner Schartel: Nachruf. In: Konkret Nr. 11 (1979) S. 44; Hein Kohn †. In: Europäische Ideen H. 49 (1981) S. 26; Peter M. Manasse: Hein Kohn (1907–1979), uitgever en literatuuragent. Aerdenhout 2000; Skalicky: Literaturagenten in der Emigration (2001) S. 122; Linda Kohn: Cross-Over Literature. 55 jaar Internationaal Literatuur Bureau. Soesterberg 2003; Nicole Koch: Literarischer Spürsinn und Diplomatie. Der Literaturagent Hein Kohn. Mag. Arb., Universität Mainz 2008.

Kohn, Menno Geb. 1945; Literaturagent. Der Sohn von → Hein Kohn begann seine buchhändlerische Ausbildung in den 1960er Jahren als Volontär im Verlag MEULENHOFF in Amsterdam und trat bald in die Agentur seines Vaters ein, wo er zunächst die englische Abteilung betreute. Ab Mitte der 1970er Jahre bis 2003 hatte er die Leitung des INT. LITERATUUR BUREAU (ILB) in Hilversum inne. Er erweiterte den Lizenzhandel für Übersetzungen in das Niederländische mit Autoren aus der englischen, amerikanischen und lateinamerikanischen Literatur (u. a. Jorge Luis Borges, Julio Cortázar, John Fowles und Stephen King) und vermittelte Harry Mulisch und Cees Nooteboom an deutsche Verlage. 2003 übergab er die Leitung des Internationaal Literatuur Bureau an seine Tochter Linda. Die Enkelin von Hein K. hatte zuvor den Studiengang ›Information and Public Relations‹ an der Akademie für Journalistik in Tilburg sowie ein Studium der Buch- und Informationswissenschaft an der Universität von Amsterdam absolviert und danach als *Content Managerin* bei dem Reiseunternehmen ElmarReizen und als Verlagsassistentin in der Kinderbuchabteilung des Verlags GOTTMER (Haarlem) gearbeitet. Sie verlegte die Agentur von Hilversum nach Amsterdam und setzt dort bis auf den heutigen Tag die Tradition der nunmehr ältesten literarischen Agentur der Niederlande fort, sucht aber auch neue Wege der Unternehmensführung.

Quellen und Literatur wie im Artikel zu Hein Kohn sowie: Homepage des Internationaal Literatuur Bureau Linda Kohn ILB [online].

Kohner, Paul 29. 3. 1903 Teplitz-Schönau – 16. 3. 1988 Los Angeles; Filmproduzent, Film- und Literaturagent. Der Sohn eines Kinobesitzers im k. k. Kurort Teplitz-Schönau lernte Anfang der 1920er Jahre Carl Laemmle kennen, den Präsidenten der UNIVERSAL STUDIOS in Hollywood, der ihm eine Stellung bei der New Yorker Niederlassung der Filmgesellschaft anbot. Kohner brachte es dort zum Leiter der Abteilung für Auslandswerbung, bis er 1927 als Produzent nach Hollywood geholt wurde. 1931 bis 1933 stand er der Berliner Niederlassung der EUROPEAN UNIVERSAL als Produktionsleiter vor. 1933 verließ K. Deutschland, und nahm in Österreich die Arbeit an der Filmproduktion *Brennendes Geheimnis* nach der Erzählung von Stefan Zweig auf, die auf Befehl von Joseph Goebbels abgebrochen werden musste. Nach seiner Rückkehr in die USA war K. wieder als Produzent tätig, nun für MGM und COLUMBIA; 1938 ließ er sich als selbständiger Filmagent in Hollywood nieder. Schon bald nutzte er seine vielfältigen

Kontakte zu den Filmstudios für die Hitler-Emigranten. Zu seinen großen Verdiensten gehört sowohl die persönliche finanzielle Bürgschaft, die er für mehr als sechzig Flüchtlinge übernahm, als auch die Gründung (gemeinsam mit Elisabeth Frank, der Frau von Bruno Frank, und dem Regisseur Henry Koster) des European Film Fund. Dieser Hilfsfond, als dessen Präsident Ernst Lubitsch fungierte, sammelte Gelder für bedürftige Emigranten, besorgte Visa und ermöglichte nicht wenigen die Finanzierung der Schiffspassage in die USA. Zu den von Kohner vertretenen deutschen Künstlern zählten Heinrich Mann, Franz Werfel, Bertolt Brecht, Erich Maria Remarque u. a.; Korrespondenz, Verlagsunterlagen und Manuskripte K.'s aus den Jahren 1938 bis 1955 hat die Deutsche Kinemathek, Berlin, erworben.

Cazden: German Exile Literature (1970) p. 147; Macris: Literatur- und Theateragenten (1989) S. 1353 f.; Skalicky: Literaturagenten in der Emigration (2001) S. 113 f.

Kollár, Karl (Kálmán Géza) 22. 3. 1898 Baja / Österreich-Ungarn – Juli 1950 München; Verleger, Buchhändler. K. entstammte einer traditionsreichen Buchhändlerfamilie aus der Batschka (sein Vater August K. starb am 10. November 1939 im 89. Lebensjahr) und stieg nach einem Jurastudium in Budapest, Graz und Leipzig, das er 1924 mit der Promotion abschloss, in das Buchgewerbe ein. Er arbeitete zunächst an der Universitätsbibliothek in Pécs, vermutlich in der Erwerbsabteilung, und war ab 1929 im Vertrieb des VERLAGS DER UNIVERSITÄT BUDAPEST tätig. 1936 eröffnete er in Wien einen eigenen wissenschaftlichen Verlag, der unter dem Mantel des in Wien I, Opernring 3 firmierenden alteingesessenen Verlags FRANZ LEO & COMP. geführt wurde. Dort verlegte er rund fünfzehn Bücher zu verschiedenen Themen aus Philosophie, Geschichte und Kunstgeschichte, darunter Karl Kerényis Werk *Apollon. Studien über antike Religion und Humanität*. Aufgrund der zunehmenden nationalsozialistischen Bedrohung verlagerte K. sein Unternehmen bereits im Juli 1937 nach Amsterdam, im Impressum seiner Publikationen vermerkte er neben Amsterdam aber nach wie vor Wien als Erscheinungsort. In Leipzig sorgte der Kommissionär Carl Friedrich Fleischer für den Vertrieb von K.'s Büchern in Deutschland. 1938 heiratete K. die Niederländerin Maria-Theresia Veen, Tochter des Verlegers Lambertus Jacobus Veen (L. J. VEEN'S UITGEVERSMAATSCHAPPIJ NV Amsterdam), gemeinsam hatten sie beide schon ab Oktober 1937 an der Leidsegracht 78, der Adresse des Verlags des nachmaligen Schwiegervaters von K., LEO & CO. unter dem neuen Namen TIEFLAND VERLAG weitergeführt. Bis 1943 publizierte K. in diesem Verlag allerdings nur zehn Titel. Außerdem gab K. die Zeitschrift *Theater der Welt. Zeitschrift für die gesamte Theaterkultur* heraus, die 1937/38 in sechs Nummern erschien. Kurz nach Etablierung des Tiefland Verlags gründete K. an derselben Adresse ein zweites Unternehmen, die Akademische Verlagsanstalt PANTHEON, in der bis zum Jahr seiner Scheidung und der Löschung beider Firmen im Handelsregister 1947 61 Titel erschienen, darunter dreizehn Untergrunddrucke, unter denen sich alle sechs während des Zweiten Weltkriegs im Auftrag von CASTRUM PEREGRINI publizierten klandestinen *Kentaur-Drucke* befanden (→ Wolfgang Frommel). Den größten wirtschaftlichen Erfolg verbuchte K. mit der Zeitschrift *Helicon. Revue internationale des problèmes généraux de la littérature*, in deren Redaktionsboard internationale Wissenschaftler berufen wurden, darunter Fernand Baldensperger von der Harvard University. 1943 musste das Periodikum kriegsbedingt sein Erscheinen einstellen. Das Buchprogramm von Pantheon bestand beinahe ausschließlich aus deutschen

Titeln, der thematische Schwerpunkt lag auf Veröffentlichungen zu Antike und Humanismus, Religion, Kunst- und Kulturgeschichte. Im Juni 1941 stellte K. Wolfgang Frommel als Lektor ein, der dem Verlag neue Autoren aus dem George-Kreis zuführte. K. legte ein bemerkenswertes verlegerisches Geschick an den Tag: Bis auf die klandestinen Drucke waren alle Verlagstitel von Tiefland und Pantheon auch im deutschen Buchhandel erhältlich. Nach 1947 verlegte K. die Akademische Verlagsanstalt Pantheon zunächst nach Antwerpen, dann nach Brüssel, und setzte seine Tätigkeit als Verleger in Belgien bis zu seinem Tod fort.

Carina Schmidt: ›Over typografie en vriendschap‹: Die bibliophilen Untergrunddrucke des deutsch-niederländischen Exilverlages Castrum Peregrini während des Zweiten Weltkrieges. Magisterhausarbeit. Universität Mainz 2009; Hendrik Edelman: International publishing in the Netherlands, 1933–1945. German exile, scholarly expansion, war-time clandestinity. Leiden: Brill 2010 S. 145–157; Hendrik Edelman: Scholarly Publishing in Occupied Holland. Kálmán Kollar, Tiefland and Pantheon Akademische Verlagsanstalt in Amsterdam 1937–47. In: Quaerendo 36/1–2 (2006) S. 98–113; Ulla Remmer: Die Wiener Buchhandlung Franz Leo & Comp. in der ersten Hälfte des 20. Jahrhunderts. In: Mitteilungen der Gesellschaft für Buchforschung in Österreich 2017-2 S. 23–49, bes. S. 30–36.

Koppell, Henry G. (Heinz Günther) 20. 10. 1895 Berlin – 4. 12. 1964 New York; Verleger. K. war nach Teilnahme am Ersten Weltkrieg 1924 in Berlin an der Gründung eines der ersten deutschen Buchklubs beteiligt, der DEUTSCHEN BUCH-GEMEINSCHAFT. In dieser wie in der zugehörigen Druckerei SEYDEL & CO. (ebenfalls Berlin), in der zwölf Fachorgane und Magazine gedruckt wurden, war er bis 1932 als Geschäftsführer und Teilhaber tätig; die Deutsche Buch-Gemeinschaft war damals mit ca. 500 000 Mitgliedern die größte Buchgemeinschaft der Welt. Im *Adressbuch des deutschen Buchhandels* 1931 wird K. auch als einer der Geschäftsführer der OTTO HOFFMANNS VERLAG GMBH genannt, gemeinsam mit → Erich Liepmann und Paul Leonhard. 1932 begab er sich auf eine Weltreise, von der er nicht mehr in das mittlerweile nationalsozialistisch regierte Deutschland zurückkehrte: Er wählte seinen Wohnsitz zunächst in Palästina, wo er an der *Palestine Post* mitarbeitete. Nach Erhalt der Einreisegenehmigung ging er 1936 in die USA, wohin seine Frau Gabriele geb. Kaufmann, eine promovierte Philologin, schon 1934 geflohen war. Dort gründete er am 15. August 1938 in New York die ALLIANCE BOOK CORP. (New York & Toronto), zusammen mit → Fritz H. Landshoff, mit dem er schon in der Weimarer Zeit in Kontakt gestanden und den er auf der Durchreise in die USA in Amsterdam getroffen hatte. Landshoff, der zur Gründung in die USA geflogen war, vertrat in diesem Falle die drei Exilverlage QUERIDO, ALLERT DE LANGE und BERMANN-FISCHER, die mit der Alliance Book Corporation (ABC) den amerikanischen Markt erschließen wollten. K. fungierte mit einer Einlage von $ 25 000 als Geldgeber (durch seinen frühen Weggang aus Deutschland hatte er sein offenbar beträchtliches Vermögen retten können) und als Präsident des Unternehmens, das mit dem Verlag LONGMANS, GREEN & CO. kooperierte und im gleichen Gebäude untergebracht war. Die ABC hatte eine Abnahmeverpflichtung gegenüber den drei europäischen Verlagen von 100–250 Titel im Jahr, mit 55 % Rabatt, wollte aber auch selbst Bücher von deutschsprachigen Exilanten in englischen Übersetzungen herausbringen. Das erste Vorhaben des Kommissionshandels scheiterte und wurde bereits im Juli 1940 wieder aufgegeben; trotz großer Bemühungen und ambitionierter Kataloge hatten sich weder an Universitäten, Schulen und Bibliotheken noch unter den Exilanten oder den deutschstämmigen Amerikanern Interessenten für deutschsprachige Exilliteratur gefunden. Ohnehin hatte damals schon der Krieg jede weitere Verlagstätigkeit in Amsterdam verhindert. Auch die Pläne für die Gründung eines deutschen Buchklubs in den USA, den K. gemeinsam mit dem Leiter des Amsterdamer Exilverlages QUERIDO → Fritz H. Landshoff organisieren wollte, mussten trotz hohen Werbeaufwands fallengelassen werden. K. beteiligte sich auch an der Gründung der ENOCH PUBLISHING CO. des Schicksalsgefährten → Kurt Enoch. Mit Übersetzungen dagegen war K. sehr erfolgreich: Bei der ABC erschienen amerikanische Ausgaben der Bücher von Hermann Rauschning, → Hermann Kesten oder Emil Ludwig mit guter Resonanz; Jan Valtins *Out of the Night* war 1941 mit 400 000 verkauften Exemplaren ein absoluter Bestseller. Jedoch bereits 1942 verkaufte K. seine Firma an den renommierten amerikanischen Verlag ZIFF-DAVIS; in späteren Jahren betätigte er sich in der Reisebranche.

Adressbuch 1931 S. 274; BHE 1; Time Magazine, 21 Apr. 1941: Refugee Makes Good [online]; Henry G. Koppell Is Dead. Publisher of Foreign Writers. In: New York Times, 6 Dec. 1964; Cazden: Free German Book Trade (1967) pp. 361 f.; Cazden: German Exile Literature (1970) pp. 80 ff. u. 175; Koepke: Exilautoren und ihre Verleger (1989) S. 1409–45, bes. S. 1411 f.; Landshoff: Querido Verlag (1991) S. 124–30 u. 154; Fischer: Verlegeremigration nach 1933 (2002) S. 284 f.; Nawrocka: Kooperationen (2004) S. 69 f.; Saur: Deutsche Verleger im Exil (2008) S. 222.

Kormis, Herman 29. 11. 1895 –1. 3. 1969 New York; Buchhändler. K. war Inhaber der 1932 gegründeten MODERNEN DEUTSCHEN BUCHHANDLUNG in New York, 2nd Avenue, später 250 E 48th Street, einer Spezialbuchhandlung für sozialistische Literatur; außerdem fungierte er als Sekretär des Deutsch-Amerikanischen Kulturverbands (DAKV), der 1935 mit Sitz in New York gegründet wurde und in dem prominente exilierte Schriftsteller wie Thomas Mann, Ernst Toller oder O. M. Graf mitarbeiteten. Vor 1935 unterhielt K., der weder Parteimitglied noch Sympathisant war, gute Kontakte zu deutsch-amerikanischen kommunistischen Gruppierungen; mit der Spaltung der Linken in der Emigration wurde seine Buchhandlung, bis dahin unangefochten das führende sozialistische Sortiment in New York, bis 1941 konkurrenziert von der in unmittelbarer Nachbarschaft situierten kommunistischen DEUTSCHEN ZENTRAL-BUCHHANDLUNG. K.' Buchhandlung wurde erst nach dessen Tod 1969 geschlossen.

Cazden: Free German Book Trade (1967) passim; Cazden: German Exile Literature (1970) p. 176.

Kornfeld, Kurt 13. 2. 1887 –1. 2. 1967 New York; Verleger. K. war seit 1914 gemeinsam mit Heinrich K. Mitinhaber und seit 1921 (nach Heinrich K.s Tod) Alleininhaber des 1866 gegründeten, auf den Vertrieb von Feuilletonromanen an Zeitungen spezialisierten CARL DUNCKER VERLAGS in Berlin und der 1883 ebenfalls in Berlin errichteten FISCHER'S MEDICINISCHER BUCHHANDLUNG H. KORNFELD. Er war somit als Wissenschaftsverleger tätig, aber auch als Verleger und Literaturagent im Bereich der (Feuilleton-)Romanliteratur. Seit 1928 bildete der Duncker Verlag einen Publikationsschwerpunkt auch im Bereich der publizistikwissenschaftlichen Literatur aus (*Jahrbuch der Tagespresse* 1928 ff.; *Handbuch der Weltpresse* 1931 f.; Reihe ›Zeitung und Zeit‹ 1931 ff.). Nach der NS-›Machtergreifung‹ erfolgte 1935 die Übernahme von Buchhandlung, Verlag und Zeitschriften von Fischer's medicinischer Buchhandlung H. Kornfeld durch den GEORG THIEME VERLAG, dessen Leiter Dr. Bruno Hauff mit dem Erwerb K. ›einen Freundschaftsdienst‹ erwies (Hauff war bereits seit 1929 Anteilseigner der Firma, die damals nach Leipzig umzog). Der Carl Duncker Verlag wurde 1936/1937 ›arisiert‹, indem er von Rudolf Reymer und Otto Schnabbel übernommen wurde. K. flüchtete 1935 in die USA und gründete im darauffolgenden Jahr in New York gemeinsam mit den ebenfalls aus Berlin stammenden Emigranten → Ernest Mayer, vordem Eigentümer des MAURITIUS-VERLAGS, und → Kurt S. Safranski die BLACK STAR PUBLISHING CO., der als erste professionelle Photoagentur an der Westküste die BLACK STAR AGENCY angeschlossen war. Dabei brachten Mayer und besonders der frühere Ullstein-Mitarbeiter Safranski profunde Kenntnisse hinsichtlich der Produktion von illustrierten Magazinen mit; aber auch K. konnte die Erfahrungen, die er als pragmatisch denkender Verleger und im Rahmen seiner Tätigkeit als Vermittler von Abdruckrechten im Feuilleton- bzw. Zeitschriftenbereich gesammelt hatte, in das Unternehmen einbringen. Auch war ursprünglich an die Aufnahme einer Buchproduktion gedacht, was aber dann nicht realisiert wurde. Black Star setzte in den USA neue Standards im Photojournalismus und entwickelte sich in enger Zusammenarbeit mit berühmten Photographen sowie Illustrierten wie *Life* oder dem *Time Magazine* zu einer der bedeutendsten Photoagenturen weltweit.

Mündl. und schriftl. Auskünfte von Phoebe Kornfeld (Enkelin) an EF 2017 bis 2019; Adressbuch 1931 S. 145, 178, 339; Johannes G. Gostomzyk: Die Taten offen legen – den Opfern Namen geben. In: Thieme eJournals, 14. 2. 2007 [online]; Johannes Donhauser: Das Gesundheitsamt im Nationalsozialismus. Eine Dokumentation [online]; Howard Chapnick: Truth needs no ally: inside photojournalism. University of Missouri Press 1994 p. 115; C. Zoe Smith: Emigré Photography in America. Contributions of German Photojournalism from Black Star Picture Agency to Life Magazine, 1933–1938. Diss. University of Iowa 1983; Michael Torosian: Black Star. The Ryerson University Historical Print Collection of the Black Star Publishing Company. Portfolio Selection and Chronicle of a New York Photo Agency. Introduction by Peter Higdon. Toronto: Lumiere Press 2013; Martin Münzel: Tempelhof – Manhattan und zurück. In: ›Der ganze Verlag ist einfach eine Bonbonniere‹ (2015), S. 388–406; Phoebe Kornfeld: Passionate Publishers. The Black Star Photo Agency Founders Ernest Mayer, Kurt Safranski, and Kurt Kornfeld – Catalysts of the American Revolution in Photojournalism (im Erscheinen).

Korngold, B. Geb. 16. 8. 1896 Mährisch-Ostrau. K. gründete nach seiner Ankunft in den Niederlanden in Utrecht (Achter St. Pieter 17) ein auf Klassische Philologie spezialisiertes ANTIQUARIAAT B. KORNGOLD. Die Zeit der Besetzung hat er als ›Untertaucher‹ überlebt, danach aber sein Antiquariat wieder geöffnet. In der Einladung zur ›First International Antiquarian Book Fair‹ der ILAB in Amsterdam vom 4. bis 9. Oktober 1965 wird er im Programm unter den teilnehmenden Mitgliedern der Nederlandschen Vereeniging van Antiquaren aufgeführt.

Vera Bendt: Buchhändler, Antiquare, Sammler, Bibliophile aus Deutschland 1933 bis 1945. In: Imprimatur NF XXVI (2019) S. 67; Piet Buijnsters: Geschiedenis van het Nederlandse Antiquariaat. Nijmegen: Vantilt 2007 S. 242; ILAB (https://ilab.org/sites/default/files/documentation_center/files/523_1965_20amsterdambookfair.pdf).

Kramer, George 11. 3. 1862 in Pittsburg – 1935 in Jerusalem / Palästina; Buchhändler. Bevor sich K. 1886 dauerhaft in Hamburg niederließ, hatte er zwanzig Jahre seines Lebens in Russland verbracht und vier Jahre in Südafrika gelebt; im Januar 1886 hatte er als Bürger der Kapkolonie die britische Naturalisation erhalten. K. gründete im April 1887 eine hebräische Buchhandlung im jüdischen Viertel Hamburgs. Anfang des

20. Jahrhunderts betrieb er einige Jahre in seiner Wohnung eine Filiale des Geschäftes. Da seine zweite Frau durch ihre Heirat mit K. nicht die deutsche Staatsangehörigkeit verlieren wollte, stellte er im November 1920 einen Antrag auf Einbürgerung in Hamburg, dem im Mai 1921 entsprochen wurde. Im Oktober 1934 kündigte K. seine Wohnung und die Geschäftsräume in der Grindelallee, da er seine Auswanderung nach Palästina betrieb. Da er dort seinen Lebensunterhalt ebenfalls als Buchhändler bestreiten wollte, nahm er einen Bücherstock aus Hamburg mit. Anfang November 1934 wanderte das Ehepaar in Palästina ein und ließ sich zunächst in Tel Aviv nieder. Kurze Zeit nach der Übersiedlung nach Jerusalem im Januar 1935 verstarb K.

StAH, 231–7 HRA Bd. 18, Nr. 4898; 314–15 OFP, F 1348; 332–7 Staatsangehörigkeitsaufsicht B VI 1914–1924, Nr. 2633; 522–1 Jüdische Gemeinden 992b Kultussteuerkartei Deutsch-Israelitische Gemeinde in Hamburg; Hamburger Adreß-Buch 119. Jg. (1905) Abt. II S. 340.

Kraszna-Krausz, Andor 12. 1. 1904 Szombathely / Österreich-Ungarn – 24. 12. 1989 Buckinghamshire / GB; Verleger. K. wurde auf dem Staatsgebiet der Donaumonarchie geboren und wuchs in einem assimilierten jüdischen Elternhaus auf: seine Eltern Adolf Krausz und seine Mutter Iren geb. Rosenberger schickten ihn auf das katholische Gymnasium seiner Geburtsstadt. Nach der Matura 1922 studierte K. zunächst dem Willen des Vaters folgend Jura in Budapest, wo er sich den Doppelnamen Kraszna-Krausz zulegte, und ging dann nach München, um dort Filmtechnik zu studieren. 1925 begann er als Filmpublizist zu arbeiten und wurde Berliner Korrespondent des Fachmagazins *Close up*. Von 1926 bis 1936 gab K. auf Betreiben des Verlegers Wilhelm Knapp das neue, alle vierzehn Tage erscheinende Magazin *Die Filmtechnik* heraus, das eine echte Marktlücke besetzte. 1934 unterrichtete K. an der Filmabteilung der Reimann Schule, Berlin, und war als einziger Europäer Mitglied der American Society of Motion Pictures. Nachdem Nazi-Deutschland ihm jegliche weitere Berufsausübung verwehrte, emigrierte K. 1937 nach England und gründete 1938 in London die FOCAL PRESS, einen Verlag, der sich auf Photographiebücher spezialisierte und sich sehr bald Reputation erwarb. Verlagsdomizil war K.'s Wohnung in 31 Fitzroy Square, seine Frau Irma war seine engste Mitarbeiterin. Zu den ersten Publikationen des jungen Verlags zählten Übersetzungen von zwei Photographierleitfäden, die 1935/36 bei KNAPP, Halle, erschienen waren. Bis zu K.'s Tod erschienen 1200 Titel mit einer Gesamtauflage von 50 Millionen Exemplaren. Focal Press hatte sowohl wissenschaftliche Werke und technische Handbücher im Programm wie kunsthistorische Photobücher (z. B. *Focal Encyclopedia of Photography*), und begleitete darüber hinaus die (audio)visuelle Medienentwicklung des 20. Jahrhunderts. Focal wurde zwar in den 1960er Jahren von der PITMAN PUBLISHING CORP. übernommen, doch blieb K. bis 1978 Verlagsleiter und sicherte Focal Press den Rang des weltweit führenden Verlages für Photographie, Film und Fernsehen. 1979 wurde Focal Press Teil von BUTTERWORTHS bei REED (heute REED ELSEVIER), im gleichen Jahr erhielt K. den Kulturpreis der Deutschen Gesellschaft für Photographie e. V.; 1989 wurde K. die Ehrendoktorwürde der Bradford University verliehen; als Schenkung ging K.'s mehrere tausend Bände umfassende Bibliothek an das National Media Museum in Bradford. Die 1983 gegründete Kraszna-Krausz-Foundation vergibt seit 1985 jährlich die Kraszna Krausz Book Awards für herausragende Photo- und Filmbücher.

Gordon Graham: ›Only a link in the chain‹. A tribute to a great publisher. In: The Bookseller, 1 Dec. 1979 p. 2454; Westphal: German, Czech and Austrian Jews (1991) p. 203; Jane Dorner:

Andor Kraszna-Krausz: Pioneering Publisher in Photography. In: Immigrant publishers (2009) pp. 99–110; The Krasna-Krausz-Foundation – History of the Foundation [online].

Kraus, Hans Felix Geb. 1916; Verlagsagent. F. war ein österreichischer Graphik-Künstler, der sich auch als Buchillustrator betätigte, u. a. für die nach Zürich ins Exil gegangene BÜCHERGILDE GUTENBERG. In den USA, in die er sich aufgrund seiner jüdischen Herkunft geflüchtet hatte, stieg er in Tenafly / NJ in den Buchhandel ein. 1946 wurde er dort Agent der Büchergilde Gutenberg und vertrat auch andere Schweizer Verlage. Einige Titel der Büchergilde erschienen damals als Imprint von H. Felix Kraus.

Cazden: German Exile Literature (1970) p. 86, 176, 201.

Kraus, Hans Peter 12. 10. 1907 Wien – 1. 11. 1988 Ridgefield / CT; Antiquar, Verleger. Der aus einer jüdischen Arztfamilie stammende Hans Peter K. absolvierte nach Besuch der Handelsakademie 1924 eine Lehre in der Wiener Universitätsbuchhandlung LECHNER, die auf Kunst und Architektur spezialisiert war. Anschließend arbeitete er v. a. in Osteuropa als selbständiger Vertreter für den Berliner Kunstbuchverlag WASMUTH sowie seit 1929 für die Leipziger Firma KARL W. HIERSEMANN und die AKADEMISCHE VERLAGSGESELLSCHAFT von → Walter Jolowicz / Johnson und → Kurt Jacoby. 1932 eröffnete er ein eigenes Antiquariat, zunächst in einem Raum in der Wohnung seiner Mutter, seit 1935 in der Praterstraße 17 in Wien II (an derselben Adresse firmierte 1935 bis zur Löschung der Eintragung im Februar 1939 die AKADEMISCHE VERLAGSGESELLSCHAFT MBH Niederlassung Wien). Mit dem rasch expandierenden Geschäft (eine gewisse Grundlage lieferten Erwerbungen aus der Bibliothek Thun-Hohenstein, die im Rahmen einer 5-teiligen Auktion 1934/35 in Prag versteigert wurde) errang K. erste Erfolge in dieser Branche und beschäftigte nach eigenen Angaben bereits zehn Mitarbeiter, unter ihnen den nach 1945 sehr bekannten Antiquar Gerd Rosen, der aber 1939, obwohl ›Halbjude‹, unter der Protektion u. a. Baldur von Schirachs nach Berlin zurückging. Nach der Annexion Österreichs im März 1938 wurde K., aufgrund einer Denunziation durch einen Mitarbeiter Alfred Wolf, nachfolgend der ›Ariseur‹ der Firma, verhaftet und in den Konzentrationslagern Dachau und Buchenwald interniert. Im April 1939 kam K. mit einem Häftlingstransport nach Wien in das Gefängnis Roßauer Lände. Einige Wochen darauf kam er mit der Auflage frei, Österreich binnen zweier Monate zu verlassen (die näheren Umstände der Entlassung hat er in seiner Autobiographie *A Rare Book Saga* nicht beschrieben). Es gelang K., mit einem Durchreisevisum für Schweden in die USA zu fliehen. Am 12. Oktober 1939 (Kolumbus-Tag) erreichte er New York, in seinem Gepäck ein Exemplar des berühmten ›Kolumbus-Briefs‹ von 1494, und konnte dort sehr rasch wieder an seine buchhändlerische Tätigkeit anknüpfen: 1940 – in diesem Jahr schloss er auch die Ehe mit Hanni Zucker (1919–2003), die aus begütertem österreichischen Haus stammte und ebenfalls im Oktober 1939 die USA erreicht hatte – gründete er das auf alte Handschriften und Drucke, insgesamt aber auf ein breites Fächerspektrum ausgerichtete Antiquariat H. P. KRAUS RARE BOOKS in New York, mit einem Ladengeschäft in 16 E 46th Street. In diesen ersten Jahren arbeitete er öfter mit dem ebenfalls aus Wien emigrierten Kollegen → William H. Schab zusammen. K. unterhielt Kontakte zu vielen bedeutenden Sammlern wie Lessing J. Rosenwald, Sir Alfred Chester Beatty, Arthur Houghton oder Kuratoren wie Belle da Costa Greene von der Pierpont Morgan Library; auch stand er in zunehmend enger Verbindung mit bekannten europäischen Bibliophilen und Sammlern wie Martin Bodmer, Peter Ludwig oder Otto Schäfer, für dessen Frühdruck-Kollektion K. der Hauptlieferant gewesen ist. In seinem bald weltberühmten Antiquariat beschäftigte er Emigranten wie → Hans Nachod sowie den bereits in den 1930er Jahren in die USA gekommenen Bibliothekar und Buchwissenschaftler → Hellmut Lehmann-Haupt. Zu seinen Geschäftspraktiken gehörte der Erwerb ganzer Bibliotheken und bedeutender Sammlungen (z. B. 1949 die mehr als 20 000 Bände umfassende Kollektion des Fürsten Liechtenstein), von denen er dann, mit großem Gewinn, vieles einzeln oder in kleineren Partien veräußerte. In der Öffentlichkeit trat K. vor allem durch den An- und Verkauf einzelner kostbarer Bücher hervor, von Stundenbüchern bis zur Gutenberg-Bibel; die Krönung bedeutete hier der 1983 (gemeinsam mit Quaritch, London) durchgeführte Verkauf des aus dem 12. Jahrhundert stammenden Evangeliars Heinrichs des Löwen um $ 11,7 Millionen nach Deutschland, den höchsten Preis, der bis dahin für ein Buch bezahlt worden war. Angesichts solcher spektakulären Transaktionen wurde K. in den USA und Europa als bedeutendster Antiquar seiner Zeit betrachtet; bei manchen seiner Kollegen stieß der großzügige Stil seines Auftretens v. a. bei Auktionen auf Kritik. Ungeachtet dieser Vorbehalte fanden neben seiner hochwertigen Ware auch seine aufwendig ausgestatteten und – auf Grundlage einer herausragenden bibliographischen Handbibliothek – detailreich bearbeiteten Verkaufskataloge allgemeine Anerkennung; zahlreiche der insgesamt 223 Kataloge, in denen faktisch nur Rara und Rarissima angeboten wurden, haben den Charakter eines Referenzwerks. Dazu kamen noch Hunderte von Listen, über welche die Antiquaria verkauft wurden (vgl. die Katalogbibliographie von R. Folter im Jubiläumskatalog *Fifty Years*, 1982). – K. war noch auf anderem Gebiet ein erfolgreicher Unternehmer: Bereits 1948 hatte er ein Zeitschriftenantiquariat KRAUS PERIODICALS INC. New York gegründet, als sich die Gelegenheit zum Erwerb des Zeitschriftenlagers der H. W. WILSON CO. bot. Aus diesem heraus entwickelte sich die KRAUS REPRINT CORP. New York (errichtet 1962), mit einer europäischen Filiale in Liechtenstein, in der er – wie parallel dazu auch → Walter J. Johnson – eine Vielzahl von Reprints vor allem von wissenschaftlichen Büchern und Zeitschriften herausbrachte. Diese wurden nicht nur – nach dem ›Sputnik-Schock‹ – für die amerikanischen Ausbauprogramme der Universitäten benötigt, sondern auch von den europäischen Bibliotheken, die mit den Reprintbänden ihre Kriegsverluste kompensierten. 1968 zog sich K. aus dem operativen Geschäft der beiden Unternehmen zurück, die im selben Jahr mit der Thomson Int. Corp. Ltd. zur KRAUS-THOMSON ORGANIZATION (seit 1988 Kraus Organization Ltd.) zusammengeschlossen wurden; mit Herb Gstalder blieb ein Schwiegersohn K.'s (verheiratet mit der zweiten der vier Töchter) in der Reprint-Firma tätig. K. selbst widmete sich nachfolgend mit voller Energie seinem Antiquariat (in diese Zeit fallen seine großen *Coups* wie die Ankäufe der Gutenberg-Bibel, von Teilen der Sammlungen M. Bodmer und Phillipps und des erwähnten Evangeliars Heinrichs des Löwen), bis er um 1987 aus gesundheitlichen Gründen die Leitung an den Germanisten Dr. Roland Folter übergab, der dort seit 1977 im Bereich Frühdrucke und mittelalterliche Handschriften tätig war. Nach dem Tod K.'s wurde das Antiquariat von seiner Witwe Hanni, der Tochter Mary Ann und hauptverantwortlich von Roland Folter (seit April 1989 verheiratet mit Mary Ann) weitergeführt. Nach dem Tod der Witwe 2003 wurde das Antiquariat geschlossen, das Lager sowie die Handbibliothek wurden an Sotheby's verkauft und zum größten Teil später als Eigenware versteigert. K. war Mitglied in zahlreichen Bibliophilen-Gesellschaften und Bibliothekskuratorien; viele Einrichtungen verdanken ihm großzügige Schenkungen. An erster Stelle ist hier zu nennen The Kraus Collection of Sir Francis Drake an der Library of Congress.

H. P. Kraus: Inter-American and World Book Trade [Privatdruck]. New York 1944; ders.: Ein merkwürdiger Beruf. In: Bbl. (FfM) Nr. 13 (1957), Nr. 50 vom 21.6.1957 S. 802/3; ders.: ›To My Friends and Clients‹. 30 Years 100 Catalogues. New York: Kraus 1962; Hellmut Lehmann-Haupt [ed.]: Homage to a Bookman. Essays on Manuscripts, Books and Printing, Written for Hans P. Kraus on his 60th birthday. FS Berlin: Mann 1967; H. P. Kraus: On Book Collecting. The Story of my Drake Library. The James Ford Bell Lecture no. 6. New York 1969; ders.: Sir Francis Drake. A Pictorial Biography. Amsterdam: N. Israel 1970 [mit Katalog der Sammlung; vgl. auch The Kraus Collection of Sir Francis Drake [online]]; ders.: A Rare Book Saga. New York: Putnam 1978 [dt.: Die Saga von den kostbaren Büchern. Zürich: Schweizer Verlagshaus 1982].

BHE 1; DBE; Gespräch EF mit Hanni Kraus am 12.3.2001, New York und Roland Folter am 15.3.2001; Gersen: H. P. Kraus, New York – Der achtzigste Katalog. In: Bbl. (FfM) Nr. 50 vom 21.6.1957 S. 803 f.; Fritz Neugass: H. P. Kraus, Buchantiquariat in New York. In: Die Weltkunst vom 15.9.1960 S. 9; H. P. Kraus. Zu seinem 60. Geburtstag. In: Bbl. (FfM) Nr. 83 vom 17.10.1967 S. 2402 f.; Fritz Neugass: Huldigung für H. P. Kraus. In: ibidem. S. 2408–10; Alexander Wischnewski: Kraus hat's. Das Börsenblatt zu Besuch beim bedeutendsten Antiquar der Welt. In: Bbl. (FfM) Nr. 6 vom 19.1.1979 S. 133–35; Werner Bodenheimer: Eine sagenhafte Autobiographie. In: Bbl. (FfM) Nr. 17 vom 27.2.1979 S. A67–70; Leona Rostenberg, Madeleine B. Stern: H. P. Kraus. In: Bbl. (FfM) Nr. 80 vom 26.9.1980 S. A387 f.; Bbl. (FfM) Nr. 89 vom 8.11.1988 S. 3372; In Memoriam Hans Peter Kraus 1907–1988. Mt. Vernon, New York: Colish 1989; The private library of Hans P. Kraus. [Katalog] Parts I–III [Part I mit einer Einleitung von R. Folter]. New York: H. P. Kraus [1990–1992]; Andrea Lorz: ›Strebe vorwärts‹. Lebensbilder jüdischer Unternehmer in Leipzig. Leipzig: Passage 1999 S. 106; Anzeiger. Die Zeitschrift für die österreichische Buchbranche Nr. 5 (2003) S. 5; H. P. Kraus wird versteigert. In: Buchreport-Magazin Nr. 11 (2003) S. 155; Hupfer: Antiquarischer Buchhandel (2003) S. 290 f.; Bach, Fischer: Antiquare (2005) S. 337 f.; Markus Brandis: H. P. Kraus – eine Saga? Würdigung eines großen Antiquars. In: AdA NF Nr. 5 (2007) S. 351–54; Jens J. Christoffersen: An Antiquarian Odyssey. Random Recollections of a Life in Bookselling. Kingwood, Texas 1997 [Privatdruck], S. 17–24 (auch in ABAA Newsletter Vol. VIII (1977), No. 2 u. No. 3); Saur: Deutsche Verleger im Exil (2008) S. 215, 232; Schroeder: ›Arisierung‹ II (2009) S. 371–73: Walter Mentzel: Die ›Antiquariats- und Exportbuchhandlung Alfred Wolf‹ – ehemals Hans Peter Kraus und Leo Weiser. Die Geschichte eines Raubunternehmens. In: NS-Raubgut in Museen, Bibliotheken und Archiven. Viertes Hannoversches Symposium (hrsg. von Regine Dehnel), (Zeitschrift für Bibliothekswesen und Bibliographie, Sonderband 108). Frankfurt am Main 2012 S. 441–454.

Krause, Friedrich 16.12.1897 Leipzig –13.5.1964 Lausanne; Verleger. K. arbeitete nach dem Studium der Politologie und Zeitungswissenschaften in Leipzig als Bankangestellter, bevor er 1929 zunächst als Redakteur bei der *Neuen Leipziger Zeitung*, dann als Chefredakteur der *Tessiner Illustrierten* tätig wurde. 1933 flüchtete er nach Österreich und ließ sich in Bregenz nieder, wurde Miteigentümer des 1993 von → Emil Oprecht gegründeten EUROPA-VERLAGS ZÜRICH und arbeitete als Lektor und Korrektor für den Verlag OPRECHT & HELBLING. 1937 oder Anfang 1938 übersiedelte K. gänzlich in die Schweiz. 1938 eröffnete Oprecht in New York eine Filiale seiner beiden Verlage und stellte sie unter die Leitung von K., der zugleich als Vertriebsagent für andere Schweizer Verlage fungierte. Zwischen 1938 und 1945 erschienen ca. 130 Titel mit dem Imprint *Europa* bzw. *Oprecht* New York / Zürich. K. selbst gründete vor Ende des Zweiten Weltkriegs in New York einen eigenen Verlag, den FRIEDRICH KRAUSE

VERLAG (dort erschienen u. a. 1944 von Oscar Meyer: *Von Bismarck zu Hitler*, und die Reihe *Dokumente des anderen Deutschland*). Bereits seit Beginn der 1940er Jahre betrieb er aber hauptsächlich eine Importabteilung für deutschsprachige Exilliteratur, KRAUSE'S ZENTRALSTELLE FÜR FREIE DEUTSCHE LITERATUR (Deutsche Bücher-Zentrale, 138 Haven Avenue), die nicht nur Emigranten und Bibliotheken amerikanischer Colleges und Universitäten belieferte, sondern nach 1942 auch deutsche Kriegsgefangene in US-amerikanischen Camps. In einer Anzeige in *The German Quarterly* vom März 1941 nahm er für sich in Anspruch, ›jetzt das groesste Lager der Welt an freier deutscher Literatur‹ zu haben. Nach 1945 zeigte sich K. im Rahmen der Reeducation-Programme der Westalliierten besonders engagiert: so beriet er das Office of Military Government for Germany (OMGUS) und schickte Fachbücher zur deutschen Geschichte und Publikationen des deutschen Exils in die amerikanische Besatzungszone. Im März 1946 eröffnete K. am Broadway eine Buchhandlung verbunden mit großem Antiquariat. Nach seiner Rückkehr nach Deutschland war K. Inhaber des sozialdemokratisch ausgerichteten BOLLWERK VERLAGS Offenbach am Main und des BRÜCKENBAUER VERLAGS in Köln, in dem u. a. die Zeitschrift *Die andere Seite: Ein unabhängiges Diskussionsorgan für Gewerkschafter* (1955 ff.) erschien. Seine letzten Lebensjahre verbrachte er in Lausanne.

BHE 1; [Interview in:] Aufbau vom 5. 12. 1941; Aufbau vom 22. 3. 1946 S. 9; Cazden: Free German Book Trade (1967) p. 352, 355 f., 363; Cazden: German Exile Literature (1970) pp. 82 f., 147, 176; S. Fischer, Verlag [Ausst.-Kat. 1986] S. 535; Koepke: Exilautoren und ihre Verleger (1989) S. 1412; Saur: Deutsche Verleger im Exil (2008) S. 222.

Krell, Max 24. 9. 1887 auf Hubertusburg in Wermsdorf – 11. 6. 1962 Florenz; Lektor, Schriftsteller. K. studierte Germanistik und Philosophie in Leipzig, München und Berlin. Danach arbeitete er als Dramaturg am Hoftheater in Weimar und unternahm ausgedehnte Reisen. Nach dem Ersten Weltkrieg war er als Redakteur, Theaterkritiker, Schriftsteller und Chefredakteur der Zeitschriften *Die Große Welt* und *Der Die Das* in München, Berlin und Leipzig tätig, bis er ab 1925 bis zu seiner Emigration 1936 die Leitung der ›Romanabteilung‹ im ULLSTEIN VERLAG ausübte. Ernst Rowohlt hatte den jungen Germanisten, der schon Verlagserfahrung im Darmstädter Verlag DIE DACHSTUBE gesammelt hatte, an den Ullstein Verlag empfohlen. K. betreute bei Ullstein in enger Zusammenarbeit mit seinem Vorgesetzten → Emil Herz u. a. die Werke von Bertolt Brecht, Lion Feuchtwanger und Ernst Toller. Seinen größten Erfolg als Lektor verbuchte er mit dem 1929 erschienenen Bestseller *Im Westen nichts Neues* von Erich Maria Remarque. 1931 heiratete K. die 18-jährige Schriftstellerin Johanna Sibelius, von der er sich wenig später scheiden ließ. 1936 emigrierte K. über die Schweiz nach Italien, wo er bis zu seinem Lebensende als freier Schriftsteller und Übersetzer in Florenz tätig war.

Max Krell: Das alles gab es einmal. Frankfurt am Main: Scheffler 1961.

Killy Literatur Lexikon (1988–93) Bd. 7 S. 29; Ute Schneider: Die ›Romanabteilung‹ im Ullstein-Konzern der 20er und 30er Jahre. In: IASL Jg. 25 H. 2 (2000) S. 93–114.

Kretz, Otto 1899 Wien – 30. 9. 1945 Bankstown / Australien; Buchhändler. K. war seit dem März 1935 persönlich haftender Gesellschafter der 1934 in das Handelsregister eingetragenen Kommanditgesellschaft BUKUM Buch-, Kunst- und Musikalienhandlung Neubauer & Cie., Wien I, Bauernmarkt 3, mit angeschlossenem Antiquariat, Buchhandlung und Leihbibliothek, die den gesamten Geschäftsbetrieb der liquidierten Firma BUKUM AG vormals Hugo Heller & Cie. übernahm. Die Buchhandlung war in der Zeit des ›Ständestaats‹ ein zentraler Treffpunkt der Revolutionären Sozialisten; der Organisationsleiter Karl Holoubek, nach dem Krieg Wiener Polizeipräsident, erhielt in der Buchhandlung eine Scheinanstellung (siehe auch → Klara Schmelz und → Meta Steinitz). Der Betrieb wurde nach dem ›Anschluss‹ ab 1939 von den nationalsozialistischen Behörden ›abgewickelt‹, K. meldete sich nach Australien ab; die Firma wurde wegen Betriebseinstellung 1941 gelöscht. K. wurde zusammen mit seiner Frau Irma geb. Klein (1.1.1899–27.9.1963 Rookwood, Australien) am 31.12.1938 beim illegalen Grenzübertritt in die Schweiz festgenommen; es gelang aber den beiden doch, 1939 nach Australien zu gelangen. Dort schloss sich K. der Free Austria League Sydney an, beantragte 1944 die Naturalisierung, starb aber bereits im darauffolgenden Jahr. Eine Tätigkeit als Buchhändler ist für das australische Exil nicht nachweisbar.

BHE 1 (Art. Gerhard Felser); Hupfer: Antiquarischer Buchhandel (2003) S. 256–63; Stefan Keller: Délit d'humanité: l'affaire Grüninger. Lausanne: Editions d'en bas 1994, S. 126; Dasrote-Wien.at [online].

Krojanker, Gustav 1.6.1891 Berlin – Juni 1945 Tel Aviv; Verleger, Publizist; Dr. Der Sohn des Schuhfabrikanten Hermann K. studierte Volkswirtschaftslehre in Berlin, Freiburg und München und promovierte 1914; seit diesem Jahr gehörte er dem Präsidium des Kartellverbandes Jüdischer Verbindungen (KJV) an. Nach der Teilnahme am Ersten Weltkrieg übernahm er als Direktor und Vorstandsmitglied die Führung der Schuhfabrik Conrad Tack & Cie. und engagierte sich in der deutschen zionistischen Bewegung. K. veröffentlichte Untersuchungen über die Rolle der Juden in der deutschen Kultur sowie über die Situation der Juden in Polen; um sich dieser politisch-kulturellen Arbeit für das Judentum ganz widmen zu können, schied er 1928 aus der Leitung der Schuhfabrik aus. Daneben war er einige Jahre als Direktor bzw. Geschäftsführer des JÜDISCHEN VERLAGS sowie des WELT-VERLAGS Berlin tätig, an dessen Gründung 1919 er gemeinsam mit → Ahron Eliasberg beteiligt war; zudem war er Mitarbeiter verschiedener jüdischer Periodika. K. trat mit öffentlichen Warnungen vor dem Nationalsozialismus an die jüdische Bevölkerung hervor, so 1932 mit seiner Publikation *Zum Problem des neuen deutschen Nationalismus*, und emigrierte noch im selben Jahr nach Palästina. In seinem neuen Heimatland arbeitete er bei der Alijah Chadashah-Partei und als Schriftleiter und Journalist ihres Zeitungsorgans *Ammudium*, für die Tageszeitung *Haaretz* verfasste er Beiträge über hebräische Literatur. Gemeinsam mit → Siegmund Kaznelson betrieb K. das Projekt eines internationalen Organs für die zerstreute deutschsprachige Judenschaft *Jüdische Welt-Rundschau*; außerdem war er in die Organisation der jüdischen Auswanderung aus NS-Deutschland involviert.

IfZ/BA; DBE; Schenker: Der Jüdische Verlag (2003) S. 277.

Kuraner, Max(im), 16.12.1901 Metz – 26.3.1978 Neustadt/Weinstraße; Verlagsangestellter. K. war Sohn eines Metzgers und fand nach kaufmännischer Lehre eine Anstellung in einem Verlag. 1919 schloss er sich der kommunistischen Jugend an; 1921 wurde er Mitglied der KPD. 1933 ging er nach Paris, wo er im Parteiauftrag bis 1935 als Angestellter des HUMANITÉ-VERLAGES in Paris in der Inseratenexpedition Hermes arbeitete. Im Humanité-Verlag erschien auch die deutsche Ausgabe des Zentralorgans der KPF. Gleichzeitig betätigte sich K. als Kurier der Auslandsleitung der KPD; in Metz geboren, konnte er aufgrund seiner guten Sprachkenntnisse auch als Franzose gelten. 1936 bis 1939 kämpfte er in den Internationalen Brigaden im Spanischen Bürgerkrieg. 1939 hielt er sich erneut in Frankreich auf und trat aus der KPD aus. Nach Kriegsbeginn in verschiedenen Lagern interniert, gelang ihm 1943 die Flucht; er schloss sich der Résistance an. Im Februar 1946 kehrte er nach Deutschland zurück, war Redakteur der *Rheinpfalz*, 1948 bis 1954 stellvertretender Landeskommissar für Politische Säuberung und 1950 bis 1959 für die SPD Mitglied des Landtags Rheinland-Pfalz.

Hamacher: Gegen Hitler online; Maxim Kuraner. In: Hermann Weber, Andreas Herbst: Deutsche Kommunisten. Biographisches Handbuch 1918 bis 1945. 2., überarbeitete und stark erweiterte Auflage. Karl Dietz, Berlin 2008 [online]. Wikipedia; H. A. Walter: Deutsche Exilliteratur 1933–1950: Bd. 2: Europäisches Appeasement und überseeische Asylpraxis. Stuttgart: Metzler 1984 S. 350.

L

Lachmann-Mosse, Hans 9. 8. 1885 Berlin – 18. 4. 1944 Oakland / CA; Verleger. L. war der letzte Chef der großen Zeitungsverlegerfamilie Mosse in Berlin und Schwiegersohn von Rudolf Mosse (1843–1920). Er trat 1910 als Mitarbeiter in das Verlagsunternehmen ein, heiratete 1911 Felicia Mosse, das einzige Kind Rudolf Mosses, und übernahm nach dem Tod des Schwiegervaters 50% des BERLINER TAGEBLATTS. 1930 wurde er Generalbevollmächtigter des gesamten Mosse-Verlags. Wegen seiner jüdischen Herkunft sah sich L. nach der Gleichschaltung der Zeitung 1933 zur Emigration gezwungen und flüchtete zunächst nach Paris. 1939 ließ er sich scheiden und heiratete Karola Strauch, mit der er 1939 nach Kalifornien auswanderte.

Elisabeth Kraus: Die Familie Mosse. Deutsch-jüdisches Bürgertum im 19. und 20. Jahrhundert. [Habil.-Schrift] München: C. H. Beck 1999.

Lackenbach Robinson, Armin 23. 2. 1900 Wien – 12. 9. 1985 Bad Ischl; Musikverleger, Texter. L. war verheiratet mit der Sängerin und Schauspielerin Trude Robinson Lieske (15. 8. 1899 Berlin – 15. 1. 1991 Bad Ischl) und gemeinsam mit → Victor Alberti Gründer und Inhaber der auf Unterhaltungsmusik spezialisierten VERLAGSGRUPPE ALROBI in Berlin, zu der die Subunternehmen Alrobi Musikverlag GmbH und Alberti, beide Rankestraße 34, Drei Masken Verlag AG, Friedrichstraße 129, sowie Doremi und Charivari gehörten. Daneben war L. gemeinsam mit Victor Alberti, → Otto Hein und der Universum-Film AG (UfA) 1929 an der Gründung des UFATON-VERLAGS beteiligt. Nach der NS-›Machtergreifung‹ wurden die Musikverlage, an denen L. beteiligt war, ›arisiert‹; L. ging in die Schweiz ins Exil und gründete 1934 in Zürich die MUSIKVERLAG UND BÜHNENVERTRIEB AG. Anfang 1937 schied L. aus dem Verwaltungsrat dieser Firma aus und emigrierte 1938 zusammen mit seiner Frau in die USA. 1949 kehrten sie zurück und lebten zunächst im Tessin; nach Rückerstattung seiner Verlage verkaufte er diese an die UfA und lebte seit 1957 mit seiner Frau am Haidenhof in Bad Ischl, in dem sich viel Prominenz aus der Film- und Operettenwelt einfand.

Adressbuch 1931 S. 9, 12, 141; Verlagsveränderungen 1942–1963 S. 10 (Alrobi-Verlag), 53 (Drei Masken Verlag); Fetthauer: Musikverlage (2004) S. 483; LexM [online]; www.kulturpfadebadischl.at/heidenhof/.

Lamm, Louis (Yehuda) 12. 12. 1871 Wittelshofen / Bayern –19. 11. 1943 KZ Auschwitz; Buchhändler, Antiquar. L. wuchs als ältestes von sechs Kindern einer ärmlichen, jüdisch-orthodoxen Familie in Buttenwiesen auf. Sein Vater Max L. war Spengler von Beruf, machte sich aber auch als Herausgeber eines jüdischen Wochenkalenders einen Namen. L. besuchte die Volksschule und kam im Alter von dreizehn Jahren bei einer orthodoxen Familie in Frankfurt am Main als Pflegekind unter. Nach einer mehrjährigen Lehre im Antiquariat A. J. HOFFMANN hielt er sich an die Abmachung mit seinem Lehrherrn, niemals im Umkreis von 500 km ein Konkurrenzgeschäft zu errichten, und eröffnete im Juni 1903 zusammen mit Bernhard Nathansen in Berlin die Buchhandlung NATHANSEN & LAMM, Sortiment und Antiquariat. 1905 heiratete er Julia Pinczower (9. 4. 1880 Sandomitz –10. 11. 1940 Amsterdam); das Ehepaar hatte drei Kinder. L., der nach dem Ausscheiden Nathansens im Februar 1905 das auf Judaica spezialisierte Geschäft in der Gegend des Stadtbahnhofs Börse unter seinem Namen führte, brachte Antiquariatskataloge heraus (bis 1919 waren es bereits 26), die ihm Absatzmärkte in ganz Europa und in den USA erschlossen. In seinem bald nach Eröffnung der Buchhandlung gegründeten Verlag LOUIS LAMM, zu dessen zeitweiligen Mitarbeitern → Rubin Mass gehörte, veröffentlichte er hauptsächlich Werke zur jüdischen Geschichte; viele davon hatte er selbst verfasst. Vor allem zwei in seinem Verlag publizierte Reihen waren sehr erfolgreich: *Lamms Bibliotheca Judaica*, die vergriffene Titel wieder zugänglich machte, und *Lamms jüdische Feldbücherei*, deren Bände während des Ersten Weltkrieges zu Tausenden an die Front und in die Kriegslazarette gingen. Sein Berliner Geschäft, Treffpunkt jüdischer wie nichtjüdischer Gelehrter (L. gehörte auch zu den Gründungsmitgliedern der Soncino-Gesellschaft der Freunde des jüdischen Buches), betrieb L. bis zu seiner Emigration in die Niederlande Anfang Dezember 1933. In Amsterdam setzte er mit aus Deutschland mitgebrachten Büchern und Antiquitäten seine berufliche Tätigkeit fort: insgesamt sechzehn Rheinkähne voll Judaica ließ er von Berlin nach Amsterdam fahren. An seiner Wohnadresse Amstel 3 errichtete L. im Frühjahr 1934 ein Geschäft, in dem anfänglich auch der ebenfalls aus Deutschland geflüchtete → Salomon S. Meyer tätig war. 1935 brachte L. seinen ersten Katalog in den Niederlanden heraus, *Bibliotheca Judaica Iberica* mit 1244 Nummern. L. war aber nicht nur Spezialist auf dem Gebiet von alten Drucken, er handelte auch mit jüdischen religiösen Gegenständen. So lieferte er in der Zeit zwischen 1937 und Mai 1940 regelmäßig Exponate an das 1930 gegründete Jüdisch-Historische Museum in Amsterdam. Nach der Besetzung der Niederlande versuchte L. nicht unterzutauchen. Er kam in das Durchgangslager Westerbork und im November 1943 nach Auschwitz. Dort wurden er und seine Tochter Fanny (geb. 1911) am 19. November 1943 ermordet. Das Antiquariat und die Wohnung L.s wurden geplündert; ein kleiner Rest des Buchbestandes wurde 1950 bei Burgersdijk & Niermans versteigert, wobei größere Teile von Salomon S. Meyer für den Wiederaufbau seines Antiquariats De Pampiere Wereld erworben wurden. L.s Sohn Heinrich L., der sich nach Palästina retten konnte, verfasste das Gedenkblatt, das seit 1994 in Yad Vashem aufbewahrt wird.

S. Wininger [Hg.]: Große Jüdische National-Biographie. Bd. 3. Czernowitz: Piata Alexandri 1928; ibidem, Nachtrag in Bd. 7 (1935); Amtsgericht Charlottenburg 91 HRA 20576 †1937: Louis Lamm; BLHA Potsdam Rep. 36 A OFP Berlin-Brandenburg Nr. A 2391; Tentative List p. 15; Schriftliche Mitteilung an KJ von Dr. Dané, Abt. Information & Dokumentation des Nederlands Instituut voor Oorlogsdocumentatie, Amsterdam, vom 20. 5. 2003; Neue Jüdische Monatshefte Jg. 4 H. 2/4 (1919/20) S. 78–81; Der Israelit Jg. 69 Nr. 22 (1928) S. 4–5; Uri Benjamin [d. i. Walter Zadek]: Die Welt als Vaterland (III) In: Bbl. (FfM) Nr. 24 vom 25. 3. 1977 S. A96; Gernot

Römer: Schwäbische Juden. Leben und Leistungen aus zwei Jahrhunderten in Selbstzeugnissen, Berichten und Bildern. Augsburg: Presse-Druck- und Verlags-GmbH 1990 S. 61–72; In Memoriam. רכול. Den Haag 1995 S. 424; Peter M. Manasse: Louis Lamm (1871–1943). Antiquaar en uitgever in Berlijn en Amsterdam. Amsterdam: Champlemy Pers 2008 [dt. Ausgabe: Louis Lamm (1873–1943). Antiquar und Verleger in Berlin und Amsterdam. Amsterdam: Champlemy Pers 2009]; Schroeder: ›Arisierung‹ II (2009) S. 375 f.; Gad Freudenthal: Louis Lamm (1871–1943): A Short Biography of a Dedicated Judaica Publisher and Bookseller. In: zutot. Perspectives on Jewish Culture 14 (2017) S. 125–132; Vera Bendt: Buchhändler, Antiquare, Sammler, Bibliophile aus Deutschland 1933 bis 1945. In: Imprimatur NF XXVI (2019), S. 71 f.

Landau, Edwin Maria 20. 9. 1904 Koblenz – 2. 1. 2001 Zürich; Verleger, Übersetzer, Herausgeber. L. stammte aus einer seit 1800 in Koblenz ansässigen Familie. Sein Vater war als Amtsgerichtsrat berufstätig; seine Mutter Julie geb. Wollheim war die Tochter eines Wiener Bankiers. L. promovierte nach einem Studium der Literatur, Kunstgeschichte und Philosophie und absolvierte u. a. bei Jakob Hegner in Hellerau eine Verlagslehre. 1931 gründete er in Berlin zusammen mit → Wolfgang Frommel den dem Kreis um Stefan George nahestehenden Verlag DIE RUNDE; L. zeichnete als Typograph für das kunstvolle, aber schlichte Erscheinungsbild der Runde-Bücher verantwortlich. 1935 musste L. wegen seiner jüdischen Herkunft auf Anordnung der RSK den Verlag verlassen, dem zuvor schon vom Unternehmer Gerhard Bahlsen aus einer finanziellen Krise geholfen worden war. L. übertrug Die Runde Bahlsen, der den Verlag bis 1943 weiterführte, und floh zunächst in die Schweiz, doch der Versuch, Teile des Verlagsprogramms im Basler Verlag BENNO SCHWABE unterzubringen, blieb aufgrund der Schweizer Asylgesetzgebung ohne Erfolg. Im Januar 1938 emigrierte L. nach England. Als während seiner Rückreise von einem Besuch in der Schweiz der Zweite Weltkrieg ausbrach, wurde L. in Frankreich im Internierungslager in Gurs festgehalten, später nach Les Milles, danach in das Arbeitslager Salins de Giraud verlegt. Im März 1943 erhielt L. wegen besonderer Gefährdung offiziell politisches Asyl in der Schweiz und wurde dort bis 1945 interniert. Nach Kriegsende blieb L. in der Schweiz, deren Staatsbürgerschaft er 1956 erwarb. Er arbeitete als Übersetzer und Herausgeber (Claudel- und Reinhold Schneider-Ausgaben). 1974 gründete L. die Association Suisse des Amis de Paul Claudel, er war Präsident der Reinhold-Schneider-Gesellschaft und Funktionär im PEN-Zentrum deutschsprachiger Autoren im Ausland.

Killy Literatur Lexikon (1988–93) Bd. 7 S. 129; Das Portrait: Edwin Maria Landau. In: Neuer Nachrichtenbrief der Gesellschaft für Exilforschung Nr. 3 (Juli 1994) S. 19 f.; Mahnmalkoblenz – Familie Edwin Landau [online].

Landau, Leo Geb. 2. 8. 1887 Chrzanow, Galizien; Verleger. L., promovierter Historiker, erwarb 1922 gemeinsam mit dem Buchhändler und Antiquar Robert Coën (1976 Wien – 1. 6. 1942 Lager Maly Trostinec) von Walter Benesch die VERLAGS- UND GROSSBUCHHANDLUNG C. BARTH in Wien, die zuletzt hauptsächlich Belletristik österreichischer Autoren herausgebracht hatte. Seit Ende 1923 war L. Alleininhaber, da Coën als Gesellschafter ausschied. Mit der Neuübernahme durch L. änderte sich das Verlagsprogramm; den neuen Schwerpunkt bildete Reklamefachliteratur, beginnend mit Karl Lauterers *Lehrbuch der Reklame. Einführung in das Werbewesen* (1923). Vor allem ab 1926 und 1927 wurde diese Linie fortgesetzt, mit Titeln wie Harry Nitsch' *Die Reklame des Hotel- und Gastgewerbes, der Kurorte und des Fremdenverkehrs* und Hanns Kropffs

Wie werde ich Reklamechef? Ein Wegweiser für alle, die Reklame als Beruf wählen und für jene Geschäftsleute, die ihre Reklame selbst besorgen. Auch wurde L. 1927 vom Verband österreichischer Reklamefachleute mit dem Verlag ihres Organs *Österreichische Reklame* beauftragt. Aus der Menge der in diesem und im folgenden Jahr erschienenen Bücher seien genannt Hans Wündrichs *Der Prospekt als geschäftliches Werbemittel*, ferner eine Neuauflage der *Modernen Kundenwerbung* von Hugo R. Fleischmann (Inhaber des auf Musikalia spezialisierten Lloyd-Verlags, 6. 2. 1886 Tulln – 2. 6. 1942 Deportation nach Minsk, ermordet in Maly Trostinec, Weißrussland) oder zwei Titel von Justinian Frisch (*Geist und Zweck der Schrift* sowie *Das Wiener Straßenbild. Gesehen vom Standpunkt des Reklamers*, Bd. 1 einer 1928 gestarteten Reihe ›Die Straßenreklame der Weltstädte‹). Buchhandelsgeschichtlich von besonderem Interesse ist 1928 das Erscheinen des Werkes von Horst Kliemann *Wie und wo erfasse ich Käuferschichten? Einteilung der Käufermassen in Interessenschichten als Grundlage des Verkaufs- und Produktionsplanes*, denn Kliemann hat zwischen 1923 und 1932 in mehreren Publikationen versucht, die neuesten Erkenntnisse der Werbewirtschaft und -psychologie auf die Belange des Buchhandels anzuwenden. In den folgenden Jahren kam es erneut zu einer radikalen Verlagerung des Programmschwerpunktes; L., der langjähriges, zionistisch orientiertes Vorstandsmitglied der Israelitischen Kultusgemeinde in Wien war, verlegte um 1930 hauptsächlich Palästina-Literatur (u. a. von Abraham Granovsky *Die Bodenfrage und der jüdische Aufbau in Palaestina*) und brachte im Verlag C. Barth auch für kurze Zeit die Zeitschrift *Palästina. Monatsschrift für den Aufbau Palästinas* heraus. Dies blieb jedoch Episode; kurz darauf wechselte die Spezialisierung auf die Themen Buchhaltung und Rechnungswesen, mit Simon Bicks *Der Betrieb im Spiegel der kurzfristigen Erfolgsrechnung* (1932) und dessen *A B C des Steuerträgers* (1934 u. ö.). L. brachte auch eine kommentierte Ausgabe der 1934 novellierten Gewerbeordnung oder von Karl Kollross *Die Exekution auf Vermögensrechte und Unternehmungen*. Hervorhebung verdient ein außerhalb dieser Linie erschienenes, bedeutendes und von Marcell Klang mit beträchtlichem Aufwand erarbeitetes biographisches Nachschlagewerk *Die geistige Elite Österreichs. Ein Handbuch der Führenden in Kultur und Wirtschaft* (1936). Doch gab es auch 1934 eine Rückkehr zum Reklame-Thema, indem der Werbegrafiker Hugo Dachinger den C. Barth Verlag dafür gewann, den Vertrieb und die weltweite Vermarktung des von ihm erfundenen ›Reklamographen‹ (ein Apparat zur Projektion von Werbetexten auf Schaufenster) zu übernehmen. Dachinger hat nach seiner Emigration nach Großbritannien dort auf ähnlichem Gebiet mit → Ernst Rosenfelder in der Firma Transposter Advertising zusammengearbeitet. L. hat den C. Barth Verlag 1936 an → Béla Hess verkauft; sein weiteres Schicksal ist ungeklärt, es gibt aber Hinweise darauf, dass es ihm gelungen ist, nach Palästina auszuwandern.

 Murray G. Hall: C. Barth-Verlag (Wien). In: Österreichische Verlagsgeschichte [online]; Murray G. Hall: C. Barth als Verlag für Reklamefachliteratur. In: Austrian Posters. Zur Geschichte der visuellen Kommunikation, 4. 8. 2018 [online]; Frank Stern, Barbara Eichinger (Hg.): Wien und die jüdische Erfahrung 1900–1938: Akkulturation, Antisemitismus, Zionismus. Wien, Köln, Wiemar: Böhlau 2009 S. 98; Evelyn Adunka: Exil in der Heimat. Über die Österreicher in Israel. Wien: Studien Verlag 2002, S. 119.

Landauer, Richard 13. 2. 1881 Augsburg – 7. 8. 1960 Tutzing; Verleger; Dr. jur. L., Sohn des Betreibers einer seit mehreren Generationen in Familienbesitz befindlichen Baumwollweberei in Augsburg, studierte an den Universitäten München und Genf Jura und Philosophie und promovierte an der juristischen Fakultät in Erlangen. Nach einigen Jahren Verlagsvolontariat in Berlin und München gründete er 1911 in München den DELPHIN VERLAG LANDAUER & ZUTT OHG, der nach der Löschung der OHG 1914 als DELPHIN VERLAG DR. LANDAUER firmierte. Mit ambitionierten Büchern über moderne Kunst, besonders mit den auflagenstarken Titeln der preiswerten Reihe *Kleine Delphin Kunstbücher*, konnte er sein Verlagshaus zu einem erfolgreichen Unternehmen ausbauen. Im Ersten Weltkrieg, an dem er ab 1916 als Freiwilliger teilnahm und als Offizier für seine Tapferkeit mit dem Eisernen Kreuz 1. Klasse ausgezeichnet wurde, regte L. den Versand der *Kleinen Delphin Kunstbücher* an die Front per Feldpost an. Der Erfolg der Reihe hielt auch nach Kriegsende an: In nur wenigen Jahren erreichte die Reihe bis 1925 eine Gesamtauflage von weit über einer Million. In seinem finanziell gut fundierten Verlag bot L. gleichzeitig auch teure ledergebundene Bände und kostbare graphische Mappenwerke (Goya, Pellegrini u. a.) für anspruchsvolle und zahlungskräftigere Kunden an. Auch brachte er in ihrer Konzeption wegweisende große Bildbände heraus, etwa zu *Alt-Spanien* oder *Alt-Dänemark*, aber auch reich bebilderte Werke zu der Malerei der Moderne von Monet bis Picasso. Mit der 1923 begonnenen Monographienreihe *Deutsche Volkskunst* hoffte L. auf einen dem Zeitgeist entsprechenden Erfolg. Seit 1928 war L. außerdem im Vorstand und mit Gesamtprokura auch Geschäftsführer der Münchener G. HIRTH VERLAG AG, in welcher die Zeitschrift *Jugend* erschien, die seinerzeit dem Jugendstil den Namen gegeben hatte und immer noch eine große Leserschaft besaß. Am 6. November 1933 meldete L. den Delphin Verlag von München nach Landshut um, wo sein Schwiegervater großes Ansehen genoss. Unterstützt wurde L. in der neuen Landshuter Niederlassung von seinem stellvertretenden Verlagsleiter Richard Eisen (→ Reuven Eytan). In den Folgejahren bemühte er sich besonders um den Verkauf seiner 1933 zwangsweise eingestellten Reihe *Deutsche Volkskunst*, um die nötigen Geldmittel für die geplante Emigration aufzutreiben; im April 1937 wurde L. auf Anweisung der RSK jegliche buchhändlerische Tätigkeit untersagt und die Reihe ging an den Weimarer Verlag HERMANN BÖHLAU'S NACHF. Am 8. April 1937 wurde der Delphin Verlag aus dem Handelsregister gelöscht. L. musste sich 1938 mit seiner Frau Edith geb. Hirsch und seinen drei Kindern in Klöstern versteckt halten, bis ihm die Flucht nach England gelang. Als er dort als *enemy alien* interniert wurde, bat seine Frau den bedeutenden englischen Verleger Stanley Unwin um Intervention. Seit Mai 1941 arbeitete L., der im Krieg seine Frau verlor, im Londoner Verlag ALLEN & UNWIN, zunächst in untergeordneter Stellung als Bürokraft (*junior clerk*). Nach 1945 war er noch einige Jahre im Foreign Rights Department des Verlages tätig, kehrte aber 1954 nach Deutschland zurück und suchte von München aus für Allen & Unwin Übersetzungsrechte an deutsche Verlage zu vermitteln. Nach Erhalt einer Wiedergutmachungszahlung zog er sich 1958 nach Feldafing bei München zurück.

The Publishers' Archive, University of Reading, AUC 91/7, AUC 116/15, AUC 419/9; Adressbuch 1931 S. 123, 272; Verlagsveränderungen 1933–1937 S. 5; Art. Richard Landauer in: Aufbau vom 14. 10. 1960 S. 6; Bbl. (FfM) Nr. 68 vom 26. 8. 1960 S. 1405 [Personal- und Firmennachrichten]; Wittmann: Hundert Jahre Buchkultur (1993) S. 169 f.; Barbara Schier: Der Delphin-Verlag Dr. Richard Landauer. Eine Studie zur Ausschaltung eines jüdischen Verlegers im Dritten Reich. In: Buchhandelsgeschichte H. 2 (1995) S. B 51–60.

Landauer, Walter 31. 8. 1902 Berlin – 20. 12. 1944 KZ Bergen-Belsen; Verleger. L. hat am Berliner Mommsen-Gymnasium Abitur gemacht, anschließend einige Semester Jura studiert und 1923 eine Stelle als Volontär in dem ambitionierten Verlag DIE SCHMIEDE angenommen; hier hat er die ersten grundlegenden Einblicke in das Verlagsgeschäft gewonnen. Seit 1924 unterstützte er → Rudolf Leonhard im Lektorat des Verlages. 1927 bot ihm sein Schul- und Studienfreund → Fritz H. Landshoff die Stelle eines kaufmännischen Leiters beim GUSTAV KIEPENHEUER VERLAG an, in den er selbst 1926 eingetreten war. L. akzeptierte, und gemeinsam mit Landshoff, der für die literarische Leitung des Verlags verantwortlich war, und dem Schriftsteller → Hermann Kesten, der 1928 als Cheflektor eingestellt wurde, machte er den Potsdamer (ab 1929 Berliner) Verlag zu einem Zentrum der fortschrittlichen deutschen Literatur. Mit Autoren wie Bert Brecht, Ernst Toller, Carl Zuckmayer, Lion Feuchtwanger, Arnold Zweig, Anna Seghers oder Joseph Roth avancierte das Unternehmen rasch zu einem der wichtigsten deutschen Verlage im ersten Drittel des Jahrhunderts. Im März 1933, wenige Wochen nach der ›Machtergreifung‹ Hitlers, schied L. – ebenso wie Kesten – aus dem Kiepenheuer Verlag aus. L. emigrierte kurz darauf nach Paris und bemühte sich ohne Erfolg um eine Anstellung in einem deutschsprachigen Verlag in der Schweiz, in Österreich oder in der Tschechoslowakei. Am 1. September übernahm er formell die geschäftsführende Leitung der Deutschen Abteilung des Amsterdamer ALLERT DE LANGE VERLAGS, deren literarische Leitung Hermann Kesten seit Mai innehatte. Den Aufbau des Verlagsteils leitete L. zunächst von Paris aus in die Wege; nach Amsterdam zog L. erst im Mai 1934 um. In den folgenden Jahren errang ALLERT DE LANGE neben dem von Landshoff geleiteten QUERIDO VERLAG (ebenfalls in Amsterdam) eine führende Stellung unter den deutschen Exilverlagen: Zwischen 1933 und 1944 sind insgesamt 93 Werke von 49 Autoren erschienen, darunter zahlreiche Werke der verbotenen und inzwischen selbst emigrierten ehemaligen Kiepenheuer-Autoren, wie etwa Joseph Roth. Besonders nach dem Freitod des Verlagsinhabers Gerard de Lange war L. in der Lenkung des Verlags gefordert. Zusammen mit Landshoff und → Gottfried Bermann Fischer wurden einige innovative Formen der Zusammenarbeit vereinbart (gemeinsame Auslieferung; Reihe *Forum-Bücher*), die aber sehr bald durch den Ausbruch des Zweiten Weltkriegs zum Erliegen kamen. Nach der Besetzung Amsterdams musste der Allert de Lange Verlag seine Arbeit einstellen. L. war zunächst dort geblieben, da er sich um eine niederländische Aufenthaltsgenehmigung für seine noch in Deutschland lebende Mutter bemüht hatte. Trotz der strengen Flüchtlingspolitik der Niederlande und einer neuen Welle der Judenverfolgungen in Deutschland war es ihm Anfang 1939 gelungen, seine Mutter nach Amsterdam zu holen, wo er einige Monate lang von sehr wenig Geld mit ihr zusammenlebte. Im Mai 1940 stürzte sich L. aus dem Fenster seiner (von der Mutter des im Verlag mitarbeitenden → Rudolf Hirsch geführten) Pension, als er einen SA-Mann an der Pension klingeln sah und dies irrtümlich auf sich bezog. Nach einem mehrwöchigen Krankenhausaufenthalt kehrte er in die Pension zurück und versuchte nun doch, aus Holland zu fliehen. Trotz großer Bemühungen von inzwischen in Amerika angekommenen Freunden, Geld und Visa für ihn zu beschaffen, gelang es ihm nicht mehr, das Land zu verlassen. Es fehlte nicht nur das Geld, L. wollte auch seine Mutter nicht zurücklassen, für die ebenso wie für ihn selbst kein Visum zu erhalten war. Er tauchte bis zum Sommer 1943 bei Freunden eines Bekannten unter, die ihn und seine Mutter mit zehn weiteren Juden mitten in Amsterdam in einer Villa versteckt hielten. Im Frühherbst 1943 versuchte er, über Belgien und Frankreich in die Schweiz zu entkommen, wurde auf der Flucht aber von der Gestapo verhaftet, in das Straflager von Westerbork gebracht und im Januar 1944 schließlich nach Deutschland ins KZ Bergen-Belsen deportiert. Dass er als ›devisenwichtiger Jude‹ eingestuft wurde (inzwischen hatte er auch die ecuadorianische Nationalität zugesprochen bekommen), bewahrte ihn vor der Gaskammer, rettete ihm aber nicht das Leben: L. ist am 20. Dezember 1944 in den Armen eines Mithäftlings, seines Freundes → Friedrich Sussmann, verhungert.

Cazden: Free German Book Trade (1967) p. 351; Thema, Stil, Gestalt 1917–1932. 15 Jahre Literatur und Kunst im Spiegel eines Verlages. [Ausst.-Kat.] Leipzig: Gustav Kiepenheuer Verlag 1984; Landshoff: Querido Verlag (1991) passim; Kerstin Schoor: Verlagsarbeit im Exil. Untersuchungen zur Geschichte der deutschen Abteilung des Amsterdamer Allert de Lange Verlages 1933–1940. Amsterdam: Rodopi 1992 S. 243–46; Schroeder: ›Dienstreise nach Holland‹ (1999) S. 37–48; Cornelia Caroline Funke: ›Im Verleger verkörpert sich das Gesicht seiner Zeit‹. Unternehmensführung und Programmgestaltung im Gustav Kiepenheuer Verlag 1909 bis 1944. Wiesbaden: Harrassowitz (in Komm.) 1999; Nawrocka: Kooperationen (2004) S. 61 f.; Martin Dreyfus: Nach New York und zurück. Über die Geschichte der deutsch-jüdischen Verleger vor, während und nach dem Zweiten Weltkrieg. In: Aufbau Nr. 9 (2005) S. 6–8; Wilfried F. Schoeller: Ein Verschollener – Walter Landauer bei Allert de Lange. In: Veit Johannes Schmidinger [Hg.]: Transit Amsterdam. Deutsche Künstler im Exil 1933–1945. München: Allitera 2007 S. 49–60.

Landsberg, Hans 13. 9. 1892 Oldenburg –1944 KZ Auschwitz; Buchhändler. L. führte gemeinsam mit seinem Vater Moritz und seinem Bruder → Otto L. die BUCHHANDLUNG LANDSBERG in Oldenburg (Genaueres dazu unter Otto L.). Nach der NS-›Machtergreifung‹ und den beginnenden Drangsalierungen durch die Behörden betrieb L. vom Oktober 1934 bis September 1938 eine Vertretung für Papier und Verpackungsmaterial. 1938 gelang ihm die Flucht nach Frankreich (Nizza), wo er als Altwaren- oder Antiquitätenhändler tätig war. In den Kriegsjahren verhaftet und ins Sammellager Drancy gebracht, wurde er am 2. 10. 1944 in das Vernichtungslager Auschwitz deportiert und vermutlich bald nach der Ankunft ermordet.

Erinnerungsbuch für die jüdischen NS-Opfer aus Oldenburg [online]; Oldenburger Jahrbuch, Bd. 70/71, Isensee Verlag 1973, S. 60. Weitere Literatur wie → Otto Landsberg.

Landsberg, Otto 11. 7. 1891 Oldenburg –23. 6. 1969 London. L., Sohn von Moritz (1856 Oldenburg –1940, Selbstmord im KZ) und Flora L. geb. Cohn (1864–1926), führte seit 1920 gemeinsam mit seinem Vater und seinem Bruder → Walter L. in der Stadt Oldenburg die von ihrem Großvater 1836 gegründete BUCHHANDLUNG LANDSBERG, zu der auch ein ›Hof-Antiquariat‹ sowie ein Kunst- und Antiquitätenhandel gehörte. Am 30. Oktober 1935 erhielt er vom Bund reichsdeutscher Schriftsteller die Aufforderung, das Geschäft zu liquidieren oder ›an eine geeignete arische Persönlichkeit‹ zu verkaufen; bis 15. November räumte man ihm die Möglichkeit zu ›selbständiger Disposition‹ ein. Mit 31. Dezember 1935 wurde Moritz aus der RSK ausgeschlossen, wogegen alle drei Inhaber der Buchhandlung Berufung einlegten; Moritz L. habe – seit 1877 in der Buchhandlung tätig – seine Zuverlässigkeit jederzeit bewiesen. Sie bewirkten so im Olympiajahr 1936 einen einjährigen Aufschub, bis am 24. Dezember 1936 eine letzte Nachfrist bis 31. März 1937 gesetzt wurde. Ein weiterer Einspruch blieb erfolglos; schließlich wurde die Firma an den Bremer Buch- und Kunsthändler Heinrich F. Jördens weit unter Wert verkauft: Vom Verkaufspreis zahlte dieser nur 500 RM in bar, übernahm allerdings Verbindlichkeiten über mehr als 5600 RM, der Rest sollte in Raten abbezahlt werden. Nach dem erzwungenen Verkauf arbeitete Otto L. seit

1. 7. 1937 als Handelsvertreter der Weingroßkellerei S. Neugarten in Mainz, wurde aber auch aus dieser Beschäftigung hinausgedrängt; der Weinbauwirtschaftsverband Norddeutschland wollte es nicht gestatten, dass ein Jude in einer ›rein deutschen‹ Stadt als Weinhändler tätig wird. Nach der Pogromnacht des 9./10. November 1938 wurden Moritz L. und seine Söhne verhaftet, Otto wurde in das KZ Sachsenhausen gebracht, nach einigen Tagen aber wieder freigelassen. Am 24. 8. 1939 konnte er mit seiner Frau Martha geb. Cohnheim nach Großbritannien flüchten, wo er 1965 verstarb.

Udo Elerd, Ewald Gässler: Die Geschichte der Oldenburger Juden und ihrer Vernichtung. Oldenburg: Isensee 1988 S. 36, 114; Mathias Krispin [Bearb.]: Ein offenes Geheimnis: ›Arisierung‹ in Alltag und Wirtschaft in Oldenburg zwischen 1933 und 1945 [Ausstellungskatalog]. Oldenburg: Isensee 2001; Barbian: Literaturpolitik im NS-Staat, S. 301–303; Jörg Paulsen: Erinnerungsbuch. Ein Verzeichnis der von der nationalsozialistischen Judenverfolgung betroffenen Einwohner der Stadt Oldenburg 1933–1945. Bremen: Temmen 2001, S. 103 f.

Landsberger, Kurt Gest. 1948 Tel Aviv; Buchhändler, Antiquar. L. war vor seiner Emigration in der Buchabteilung des Schocken-Kaufhauses in Chemnitz tätig; 1934 wanderte er nach Palästina aus, betrieb dort zunächst einen Straßenstand für deutsche Bücher und Schallplatten, gründete aber sehr bald eine auf deutschsprachige Literatur spezialisierte Buchhandlung mit Antiquariat in Tel Aviv. Er kaufte in großem Stil ganze Bibliotheken von Einwanderern aus Deutschland auf. Nach seinem Tod durch Herzinfarkt ging seine nichtjüdische Frau zurück nach Deutschland; die Firma LANDSBERGER BOOKSHOP wurde von → Itamar Parnes, dort bereits seit 1935 angestellt, und später von dessen Witwe → Esther Parnes übernommen.

Brief von Walter Zadek an EF vom 6. 10. 1991; Blumenfeld: Ergänzungen (1993); Esther Parness [!], Ernst Laske und der Landsberger Bookshop – Wir waren eines der führenden Antiquariate für deutsche Bücher. In: Salean Maiwald: Aber die Sprache bleibt. Begegnungen mit deutschstämmigen Juden in Israel. 2. Aufl. Berlin: Karin Kramer 2009 S. 87–94; Klaus Hillenbrand: Deutsche Bücher. Nachruf: Die Buchhandlung Landsberger Books in Tel Aviv gibt es nicht mehr. In: taz vom 20. 2. 2010 [online].

Landshoff, Fritz Helmut 29. 7. 1901 Berlin – 30. 3. 1988 Haarlem / NL; Lektor, Verleger; Dr. phil. Nach dem Beginn eines Medizinstudiums wechselte L. zur Germanistik über und setzte sein Studium in München und Frankfurt fort. Im Anschluss an seine Promotion 1926 mit einer Dissertation über Theodor Fontane absolvierte er Lehrzeiten bei RÜTTEN & LOENING in Frankfurt am Main und als Hersteller bei Gustav Kirstein im Leipziger E. A. SEEMANN VERLAG. Am 1. Januar 1926 trat L. als Partner und Mitdirektor in den GUSTAV KIEPENHEUER VERLAG (damals Potsdam, seit Januar 1929 Berlin) ein; im September 1928 holte er → Hermann Kesten als Lektor und ab 1. Januar 1929 seinen Studienfreund → Walter Landauer vom Verlag DIE SCHMIEDE als kaufmännischen Geschäftsführer in das Unternehmen. Als literarischer Leiter förderte L. in dieser Zeit mit Autoren wie Bertolt Brecht, Gottfried Benn, Heinrich Mann, Arnold Zweig, Ernst Glaeser, Ernst Toller und Anna Seghers die junge linksorientierte Literatur der Weimarer Republik. Früh realisierten L. und die Mitarbeiter die von der neuen Regierung drohende Gefahr und zogen ihre Konsequenzen: Nachdem die Bücher eines der kreativsten literarischen Verlage der vergangenen Republik zum Großteil verboten und beschlagnahmt worden waren, wurde das Unternehmen bis 1935 liquidiert, Gustav Kiepenheuer zog sich mit einem kleinen Verlag, in dem er unverfängliche Autoren verlegte, nach Weimar zurück, die übrigen leitenden Mitarbeiter L., Hermann Kesten und Walter Landauer wurden von den niederländischen Verlagen QUERIDO und ALLERT DE LANGE angeworben und verließen das Land. Bereits im April 1933 hatte L. in Berlin Besuch von Nico Rost, einem niederländischen Schriftsteller und Übersetzer, erhalten, der ihm im Auftrag von Emanuel Querido das Angebot unterbreitete, einen deutschsprachigen Verlagszweig im Amsterdamer Querido Verlag als Forum für die in Deutschland verbotenen Autoren aufzubauen und zu leiten. Noch am selben Abend reiste L. mit dem Nachtzug nach Amsterdam und wurde mit Emanuel Querido handelseinig: Die Anteile des neu gegründeten Verlagszweigs gehörten zur Hälfte Querido, zur Hälfte L., der das einzubringende Kapital teilweise von Freunden lieh, teilweise als Vorschuss auf sein Gehalt auszahlen ließ. Der niederländische Verlag war zuständig für alle Ausgaben, die Herstellung, die Buchhaltung und den Verkauf, während L. als Verlagsleiter die Autoren anwerben und an das Amsterdamer Unternehmen binden sollte. Auch in der Grundausrichtung herrschte ein Konsens: Kein Buch sollte produziert werden, das im nationalsozialistischen Deutschland eine Chance hätte. Dennoch musste gelegentlich Rücksicht auf die politische Situation der Niederlande genommen werden, um den Verlag nicht zu gefährden (Heinrich Manns zweiter Essayband *Es kommt der Tag* wurde deshalb mit Einverständnis des Autors dem Züricher OPRECHT VERLAG übergeben). Bereits nach einer einwöchigen Rundreise durch Frankreich und die Schweiz konnte L. 1933 mit zahlreichen Verträgen in der Tasche in die niederländische Hauptstadt zurückkehren; mit Anna Seghers, Heinrich Mann, Lion Feuchtwanger, Arnold Zweig und Ernst Toller hatte L. viele der einstigen Kiepenheuer-Autoren gewonnen und entwickelte den Verlag neben Allert de Lange zu einem der bedeutendsten Verlage der deutschsprachigen Exilliteratur. Unterstützt von → Werner Cahn und seiner Sekretärin Jetty Weintraub (→ Jetty Cahn-Weintraub) verlegte L. zwischen November 1933 und der deutschen Invasion im Mai 1940 in seinem kleinen Geschäftszimmer in der Keizersgracht 333 mehr als 130 Titel von etwa fünfzig Autoren, darunter Heinrich Manns *Henri Quatre*, Lion Feuchtwangers *Erfolg* und Klaus Manns *Mephisto*. Außerdem publizierte er 1933 bis 1935 die von Klaus Mann initiierte und herausgegebene literarisch-kulturpolitische Monatsschrift *Die Sammlung*, in der Exilautoren unterschiedlicher politischer Couleur zu Worte kamen. Aus der Zusammenarbeit entwickelte sich eine enge Freundschaft beider Männer. Die Auflagenhöhe der Exilausgaben war durch das beschränkte Absatzgebiet außerhalb Deutschlands (ein Markt, der vor 1933 nur etwa 10 % des deutschen Verlagsumsatzes ausmachte) entsprechend niedrig – mehr als die Hälfte der Titel blieb unter 3000 Exemplaren –, in Einzelfällen wie beispielsweise Feuchtwangers Roman *Geschwister Oppenheim* konnte aber auch eine Auflage von 25 000 Exemplaren erreicht werden. Der Versuch des NS-Regimes, den in manchen Gebieten besonders großen Erfolg der Exilverlage einzudämmen, blieb im Allgemeinen ohne Resultat. Von L.'s Büro in der Keizersgracht aus wurde auch der Aufbau eines internationalen Verteilersystems betrieben, Kontakte zum ausländischen Buchhandel geknüpft sowie die Gewinnung zuverlässiger Buchvertreter verfolgt, um für die Verbreitung der ›anderen‹ deutschen Literatur zu sorgen. Mit sogenannten ›Rentenverträgen‹, in welchen das Honorar in Form eines monatlichen Fixums garantiert wurde, sicherte L. die materielle Existenz seiner meist mittellos geflüchteten Autoren und schuf dadurch für viele die Grundlage für eine Fortsetzung des literarischen Schaffens. Bei Querido arbeitete L. bereits mit seinem entfernten Verwandten → Gottfried Bermann Fischer zusammen, der die seit 1938 in seinem Stockholmer Exilverlag erscheinenden Werke u. a. von Thomas Mann,

Carl Zuckmayer, Franz Werfel und Stefan Zweig häufig in den Niederlanden drucken ließ, wo sie von L. betreut wurden. Gemeinsam mit → Henry G. Koppell gründete er 1938 die ALLIANCE BOOK CORP. in New York, die den Vertrieb der europäischen Exilwerke in den USA bewerkstelligen sollte. Mit Bermann Fischer und Walter Landauer von Allert de Lange hat L. auch eine Zentralauslieferung der drei Exilverlage aufgebaut. Während des Überfalls der deutschen Wehrmacht auf die Niederlande im Mai 1940 hielt sich L. wegen Verhandlungen mit MacMillan und anderen Verlagen in London auf und entging so dem Zugriff der Nationalsozialisten. Die Archive des Querido Verlages wurden zur Vernichtung jeglicher ›Beweismittel‹ verbrannt, alle Aktivitäten gestoppt. Emanuel Querido und seine Frau fielen 1942 in die Hände der Gestapo und wurden im KZ Auschwitz ermordet. Um die Verlagsrechte zu sichern, meldete L. den Querido Verlag von London aus in Batavia – das heutige Jakarta – an, eine vorausschauende Tat, die eine Weiterführung des Verlags nach 1945 ermöglichte. Zunächst aber nahm der BERMANN-FISCHER VERLAG in Stockholm auf L.'s Bitte hin die Werke unter anderem von Vicki Baum, Lion Feuchtwanger, Bruno Frank und Erich Maria Remarque in verlegerische Obhut (einige Titel des Stockholmer Verlages tragen das Impressum Querido Verlag Batavia). L. selbst ging in die USA, wo er gemeinsam mit Gottfried Bermann Fischer in New York die L. B. FISCHER PUBLISHING CORP. ins Leben rief. L. arbeitete mit dem Schwerpunkt Finanzen und Vertrieb, Bermann Fischer mit dem Schwerpunkt Herstellung; für die Verwaltungsaufgaben wurde Marinus Warendorf engagiert, Hauptgeldgeber war der aus Polen emigrierte Marcel Roth. Zahlreiche ehemalige S. Fischer- und Querido-Autoren waren allerdings mit ihren englischsprachigen Rechten schon fest bei anderen amerikanischen Verlagen verpflichtet und konnten nicht bei L. B. Fischer erscheinen, wo ausschließlich englisch publiziert wurde. 1946 kehrte L. zurück nach Amsterdam und war dort zunächst Mitbegründer und *Co-Manager* des medizinischen Referateorgans *Excerpta Medica* (Amsterdam und New York), bemühte sich aber auch um den Wiederaufbau des Querido Verlags. Mit begrenztem Erfolg: Die Versuche, die Bücher in den Westzonen Deutschlands unterzubringen, stießen auf zahlreiche Hindernisse, nicht zuletzt auch auf ein Desinteresse an Exilliteratur im Publikum. 1950 beschloss L., den Gedanken an eine Verlegertätigkeit in Deutschland aufzugeben; 1951 bis 1985 leitete er als *Executive Vice President* die europäische Niederlassung des von seinem Sohn geleiteten großen New Yorker Kunstverlags HARRY N. ABRAMS in Amsterdam und engagierte sich in der internationalen Koproduktion. Er lebte abwechselnd in New York und den Niederlanden. L. wurde wegen seiner Verdienste um die deutsche Exilliteratur 1982 mit der philosophischen Ehrendoktorwürde der FU Berlin ausgezeichnet. 1987 erhielt er den Gutenberg-Preis der Stadt Leipzig (DDR). In seinem autobiographischen Werk *Amsterdam, Keizersgracht 333* vermittelt er in Darstellung und Briefen einen plastischen Einblick in die Situation des Exilverlagswesens.

Fritz H. Landshoff: Querido-Verlag 1933–1940. In: Marginalien H. 96 (1984) S. 12–21; Fritz H. Landshoff: Amsterdam, Keizersgracht 333, Querido Verlag. Erinnerungen eines Verlegers. Mit Briefen und Dokumenten. 2. Aufl., Berlin und Weimar: Aufbau 1991.

BHE 2; DBE; Adressbuch 1931 S. 317; Verlagsveränderungen 1933–1937 S. 14; Verlagsveränderungen 1942–1963 S. 158; Bbl. (FfM) Nr. 9 vom 1.2.1983 S. 258; Nr. 24 vom 24.3.1987 S. 984 [Leipziger Gutenberg-Preis]; Bbl. (Lpz) Nr. 15 vom 14.4.1987 S. 243; Nr. 40 vom 6.10.1987 S. 709 f.; Ivo Frenzel: Vermittler zwischen zwei Kulturen. Erinnerungen an F. L. In: SZ vom 30.4./1.5.1988 S. XVIII; Bbl. (FfM) Nr. 28 vom 8.4.1988 S. 1237; Bbl. (Lpz) Nr. 20 vom 17.5.1988 S. 177; Bbl. Nr. 77 vom 27.9.1991 S. 3284–86; Frithjof Trapp: Die Bedeutung der Verlage Allert de Lange und Querido für die Entwicklung der deutschen Exilliteratur zwischen 1933 und 1940. In: Ehrenpromotion Hermann Kesten u. Fritz H. Landshoff am Fachbereich Germanistik der FU Berlin am 5. Mai 1982 S. 6–26; Gotthard Erler: Für die ›Erhaltung des deutschen Buches‹. Fritz H. Landshoff und der Querido-Verlag. In: Weimarer Beiträge Jg. 31 H. 6 (1985) S. 975–82; Fritz Helmut Landshoff, ein Verleger im Exil. In: Auskunft. Zeitschrift für Bibliothek, Archiv und Information in Norddeutschland. 5. Jg. (1985) S. 77–86; Elisabeth Wehrmann: Vermittler zwischen der alten und der neuen Welt: Fritz Helmut Landshoff wird 85 Jahre alt. In: Bbl. (FfM) Nr. 59 vom 25. 7. 1986 S. 1978 f.; Hartmut Pätzke: Erinnerungen an Fritz Helmut Landshoff. In: Marginalien H. 114, S. 68–73; Werner Kohlert: Erinnerungsbilder an Fritz H. Landshoff. In: AdA/Bbl. Nr. 43, 29. 5. 2001, A271–A274; Koepke: Exilautoren und ihre Verleger (1989) S. 1423–26; Gernot U. Gabel: Die Heimat Döblins, der Seghers und der Manns. In: Bbl. Nr. 100 vom 14. 12. 1990 S. 3943 f.; Ulrich Ott [Hg.]: Fritz H. Landshoff und der Querido-Verlag: 1933–1950 (Marbacher Magazin. 78). [Ausst.-Kat] Marbach am Neckar: Dt. Schillergesellschaft 1997; Schroeder: ›Dienstreise nach Holland‹ (1999) S. 37–48; Ernst Fischer: Verlegen à fonds perdu: Gustav Kiepenheuer als Unternehmerpersönlichkeit. In: Günther Schulz [Hg.]: Geschäft mit Wort und Meinung. Medienunternehmer seit dem 18. Jahrhundert. München: Boldt 1999 S. 129–45; Cornelia Caroline Funke: ›Im Verleger verkörpert sich das Gesicht seiner Zeit‹. Unternehmensführung und Programmgestaltung im Gustav Kiepenheuer Verlag 1909 bis 1944. Wiesbaden: Harrassowitz (in Komm.) 1999; Silke Schlawin: Die Anthologie ›Heart of Europe‹: ein Exilprojekt von Hermann Kesten und Klaus Mann für den L. B. Fischer Verlag (New York). In: AGB Bd. 54 (2001) S. 1–110; Nawrocka: Kooperationen (2004) S. 61; Martin Dreyfus: Nach New York und zurück. Über die Geschichte der deutsch-jüdischen Verleger vor, während und nach dem Zweiten Weltkrieg. In: Aufbau Nr. 9 (2005) S. 6–9; Wilfried F. Schoeller: Keizersgracht 333 – Fritz H. Landshoff bei Querido. In: Veit Johannes Schmidinger [Hg.]: Transit Amsterdam. Deutsche Künstler im Exil 1933–1945. München: Allitera 2007 S. 61–70; Saur: Deutsche Verleger im Exil (2008) S. 222. – ›Vom Büchermachen in finsteren Zeiten. Gespräche mit Fritz Landshoff‹. Ein Film von Gotthard Erler, Werner Kohlert und Karlheinz Mund. DEFA-Studio für Dokumentarfilme, produziert 1983/84.

Lang, Joseph (Jola) 5. 4. 1902 Erkenez / Österreich-Ungarn – 10. 9. 1973 Frankfurt am Main; Buchhändler, Parteifunktionär. Jüdisch-bäuerlicher Herkunft, kam L. nach dem Tod der Mutter als 3-jähriger zu seinem Onkel nach Mainz; hier ging er bis 1918 zur Oberrealschule und machte danach eine Buchhändlerlehre. Er arbeitete seit 1922 zunächst in Frankfurt, dann in Berlin als Buchhändler. Seit 1920 war L. Mitglied der linkskommunistischen Arbeiterpartei Deutschlands, später der KPD, aus der er Anfang 1929 wegen rechtsoppositioneller Ansichten ausgeschlossen wurde. Er wurde daraufhin Mitglied der Kommunistischen Partei Deutschlands / Opposition (KPDO), und ging 1932 nach dem Ausschluss auch aus dieser Splittergruppe zur SAPD. Als Mitglied der illegalen SAPD-Bezirksleitung Berlin-Brandenburg 1933 verhaftet, gelang ihm nach der Entlassung aufgrund seiner ungarischen Staatsangehörigkeit im Februar 1934 die Flucht in die ČSR. Der damals als Verlagsvertreter tätige → Fritz Picard soll ihn wochenlang in seiner Wohnung vor den NS-Behörden verborgen gehalten haben. In Prag wurde L. Leiter des SAPD-Auslandsbüros; auch arbeitete er hier als Buchhändler und Vertreter der deutschen Exilverlage OPRECHT Zürich, ALLERT DE LANGE und BERMANN-FISCHER. Nach dem Münchner Abkommen flüchtete L. nach Paris und wurde dort Mitglied der SAPD-Auslandsleitung. Seinen Lebensunterhalt verdiente er sich, indem er, mit einem Bauchladen unterwegs, Bücher an deutsche und österreichische Emigranten verlieh. Nach Kriegsausbruch war L. von Mai bis Oktober 1940 in Montauban interniert. Im Oktober 1940 gelangte er von Lissabon aus auf einem Flüchtlingsschiff in die USA. In New York sicherte L.

sein Auskommen als Inhaber eines kleinen Textilgeschäftes. 1950 ging L. zurück nach Deutschland, wo er sich 1952 in Frankfurt am Main niederließ und parteipolitisch als SPD-Bezirksrat und Kreisdelegierter des DGB engagierte. Von 1952 bis zu seinem Ruhestand 1967 war L. Leiter der Buchhandlung des BUND-VERLAGES im Frankfurter Gewerkschaftshaus, die unter seiner Führung zu einem Forum des kritischen Dialogs zu Themen aus Politik, Wirtschaft und Gesellschaft wurde und zu einem Treffpunkt der linken Intelligenz weit über Frankfurt hinaus.

BHE 1; Helga Grebing [Hg.]: Lehrstücke in Solidarität. Briefe und Biographien deutscher Sozialisten 1945–1949. Stuttgart: Deutsche Verlags-Anstalt 1983; Alexander U. Martens: Fritz Picard [Nachruf]. In: Bbl. (FfM) Nr. 91 vom 16. 11. 1973 S. 1976 f.

Lansburgh, Werner Neander 29. 6. 1912 Berlin – 20. 8. 1990 Uppsala; Schriftsteller, Hersteller, Typograph; Dr. jur. L. war der Sohn des bedeutenden jüdischen Nationalökonomen, Finanzschriftstellers und Inhabers des Berliner BANK-VERLAGS Alfred L. (1872–1937), der Selbstmord beging, nachdem ihm das nationalsozialistische Regime sein Lebenswerk zerstört und ihn um seinen Besitz gebracht hatte: Die von Alfred L. zwischen 1908 und 1934 herausgegebene Zeitschrift *Die Bank. Monatshefte für Finanz- und Bankwesen* und sein Verlag waren nach 1933 ›arisiert‹ worden. L., der als Kind von Kurt Tucholsky einen Setzkasten zum Geschenk erhalten hatte, besuchte das Gymnasium in Berlin, schrieb schon als Jugendlicher für das *Berliner Tageblatt* und fing 1930 ein Jurastudium an. Nachdem er aufgrund seiner jüdischen Herkunft keine Perspektive für die Ausübung eines juristischen Berufes in Deutschland hatte, emigrierte L. 1933 in die Schweiz, wo er an der Universität Basel sein Studium fortsetzte. 1934 ging er nach Spanien, schlug sich dort als Gelegenheitsarbeiter durch und engagierte sich 1936/37 politisch auf Seiten der Republikaner. 1938/39 wieder zur Fortsetzung des Studiums in der Schweiz, konnte L. im Spätsommer 1939 von einer Reise in Schweden wegen Ausbruch des Zweiten Weltkriegs nicht nach Basel zurückkehren. Er arbeitete als Sprachlehrer und wurde finanziell von seiner späteren Frau Elisabeth Almquist unterstützt. 1942 erwarb er den Doktortitel der Rechte ›summa cum laude‹ der Universität Basel über ein externes Prüfungsverfahren der Universität Uppsala. Bis Ende des Krieges war L. für die englische Botschaft in Stockholm tätig und als Nachrichtensprecher für den deutschen Sender der BBC sowie den geheimen Radiosender Gustav Siegfried I., von 1945 bis 1952 ebenfalls in Stockholm in der Presseabteilung der US-amerikanischen Botschaft. Erst 1952 begann L. in der Verlagsdruckerei der Universität Uppsala mit seiner Verlagstätigkeit: hier arbeitete er bis 1966 als Korrektor, Übersetzer, Herstellungsleiter und Typograph, in der Folge wechselte er als Hersteller zu BONNIER STOCKHOLM und ging 1972 wieder zurück an den Universitätsverlag Uppsala. Als Schriftsteller publizierte L. zunächst unter dem Pseudonym Ferdinand Brisson in schwedischer Sprache Romane. Seine Versuche, als Schriftsteller in Deutschland Fuß zu fassen und auf Dauer zurückzukehren, blieben erfolglos; den größten Erfolg verbuchte er in Deutschland mit dem englisch-deutschen Sprachlernbuch *Dear Doosie: eine Liebesgeschichte in Briefen* (1977). L.'s 1961 bei Almqvist & Wiksells, Stockholm, erschienenes typographisches Handbuch *Sättningsregler. Med Appendix Manuskriptets Redigering* ist bis heute in den skandinavischen Ländern ein Standardwerk. In späteren Jahren lebte L. abwechselnd in Hamburg und Uppsala.

Werner Lansburgh: J: Eine europäische Vergnügungsreise. Ahrensburg: Damokles Verlag 1968; ders.: Strandgut Europa. Erzählungen aus dem Exil 1933 bis heute. Köln: Bund Verlag

1982; ders., Frank Wolf Matthies: Exil – ein Briefwechsel. Mit Essays, Gedichten und Dokumenten. Köln: Bund Verlag 1983; ders.: Feuer kann man nicht verbrennen. Erinnerungen eines Berliners. Frankfurt am Main: Ullstein 1990.

Adressbuch 1931 S. 30; Verlagsveränderungen 1933–1937 S. 2; BHE 2 1983 S. 387; Anita Kretz: Werner Lansburgh – ein Autor im Exil. Stockholm 1971.

Lantz, Robert 20. 7. 1914 Berlin –18. 10. 2007 New York; Literaturagent, Bühnenagent, Filmagent. Der Sohn des erfolgreichen Bühnenschriftstellers Adolf L. (1882–1949) verlebte eine privilegierte Kindheit im Berlin der 1920er Jahre. L. begann seine Berufslaufbahn als Dramaturg bei dem DREI MASKEN VERLAG in Berlin, als Regieassistent bei der UfA und hatte mit dem von ihm herausgegebenen literarischen *Blatt des Jahrgangs 1914* bereits Aufmerksamkeit erregt, als ihm nach 1933 aufgrund seiner jüdischen Herkunft jegliche Publikationsmöglichkeit genommen wurde. 1935 gelang L. die Flucht nach England. In London erhielt er eine Anstellung als Gutachter für deutsches Filmmaterial bei 20TH CENTURY FOX und PARAMOUNT PICTURES. 1940 wurde L. Dramaturg bei COLUMBIA PICTURES, zuletzt war er in London bei UNIVERSAL INTERNATIONAL Abteilungsleiter. 1946 nahm L. die britische Staatsbürgerschaft an und ging mit einer Green Card in die USA. Er arbeitete für mehrere Agenturen in New York und weiterhin für die Hollywood-Studios, bevor er für Bert Allenberg das New Yorker Büro von dessen Künstleragentur übernahm. Bald darauf machte er sich mit seiner eigenen Agentur ROBERT LANTZ LTD. in New York City selbständig. Er vertrat u. a. die Verlagsrechte der Schriftsteller Romain Gary, Erich Maria Remarque und Carson McCullers. In den 1950er Jahren versuchte sich L. mit weniger Erfolg als Broadwayproduzent und als Filmproduzent und gründete gemeinsam mit Joseph L. Mankiewiecz die FIGARO PRODUCTIONS; darauf widmete er sich wieder verstärkt seiner Agententätigkeit. In den 1980er und 1990er Jahren war seine unabhängige Firma unter dem Namen THE LANTZ OFFICE INC. eine der führenden Autoren- und Künstleragenturen mit Niederlassungen in New York und Los Angeles, zu L.'s Klienten gehörten Künstlerinnen und Künstler wie Elizabeth Taylor, Maria Schell, Yul Brynner, Richard Burton, Milos Forman oder Leonard Bernstein, dessen Nachlass er verwaltete.

Macris: Literatur- und Theateragenten (1989) S. 1357 f.; Robert Lantz, 93, Agent to the Stars, dies. In: New York Times, 20 Oct. 2007 [online]; Hanns-Georg Rodek: ›Wie mir Einstein gestern Abend erklärte …‹ Der Hollywood-Agent Robert Lantz ist tot. In: Die Welt vom 27. 11. 2007 S. 29.

Laske, Ernst 9. 8. 1915 Berlin –11. 5. 2004 Kibbuz Bror Chail; Antiquar. L., Sohn des Kleiderfabrikanten, Kunstmäzens und Bibliophilen Gotthard Laske (1882–1936), der den Berliner Fontane Abend gegründet hatte und eine 10 000 Bände umfassende Bibliothek besaß, war seit seiner Kindheit ein ›Büchernarr‹. 1934 legte er sein Abitur ab und war danach in der Textilbranche tätig. Nachdem sein Vater 1936 Selbstmord begangen hatte (die Mutter kam in Auschwitz um), und L. selbst vier Wochen im KZ Buchenwald inhaftiert gewesen war, ging er zunächst nach Dänemark, dann nach Schweden ins Exil und wanderte im Februar 1948 nach Palästina aus. Die väterliche Bibliothek wurde von den Nazis geraubt, nur einige ihm kostbare Bände konnte L. über die Jahre seiner Flucht retten. L. lebte bis 1976 mit seiner Ehefrau im Kibbuz Neod Mordechai nahe der syrischen Grenze, wo er Kühe molk; später arbeitete er in einer Schuhfabrik. Schon in diesen Jahren wurde L. Stammkunde im Antiquariat LANDSBERGER in Tel Aviv, bis ihn die Inhaberin → Esther Parnes einlud, ihr beim Auspreisen der Bücher behilflich zu sein. Letztlich führte er dann aber zwanzig Jahre lang, bis 1995, die Abteilung für deutschsprachige Bücher, war im An- und Verkauf tätig und war Kunden mit seinem enormen Bücherwissen ein äußerst versierter Gesprächspartner. Die Bücher stammten meist von deutschen Juden, die ins Exil nach Israel geflüchtet waren. Seine Hauptlieferanten waren aber auch seine Hauptklientel, die zunehmend weniger wurde. Der Berliner Publizist Klaus Hillenbrand beschreibt das Bücherlager des Antiquariats in der Ben Yehuda Street: ›Bei der Suche stellte sich schnell heraus, dass die verstaubten Bücher häufig in keinem guten Zustand waren, was keineswegs in Herrn Laskes Zigarettenkonsum gründete. Diese Bücher hatten einiges mitgemacht, ebenso wie ihre früheren Besitzer, die mit ihren in die Innendeckel geklebten Exlibris präsent blieben. Sie kamen aus Deutschland, auf der Flucht vor den Nazis, in hölzernen Containern, Lifts genannt, übers Meer nach Palästina. Die Bücher bildeten den Rest bürgerlicher Existenz des vormals demokratischen Deutschlands, der nun vertrieben wurde. Sie verwiesen im damals armen Israel auf ein früheres Leben, dem manche der Jeckes nachtrauerten. Viele der Bücher besaßen Wasserschäden. Ihre gewellten Einbanddecken zeugten davon, dass die Lifts an Bord der Schiffe nicht dicht genug verschlossen waren. Oft waren die Rücken abgeplatzt. Manche Werke trugen verblasste Grüße aus einer untergegangenen Welt auf der Titelseite: In Widmungen wünschten die Zurückgebliebenen in Deutschland dem Auswanderer alles Gute in der neuen Heimat.‹

Gespräch EF mit L. am 24.10.1992 in Tel Aviv; Brief von L. an EF vom 21.9.1992; Walk: Kurzbiographien (1988); Wikipedia; Thorsten Schmitz: Lesen, ein Leben lang. In: SZ vom 17.12.1997 [auch unter www.haGalil.com]; Herbert Meinke: Ernst Laske 1915–2004. In: AdA NF 2 (2004) S. 398; Hartmut Pätzke: Ernst Laskes Beziehungen zu bibliophilen Vereinigungen. In: AdA NF 2 (2004) S. 473–475 [Leserbrief]; Klaus Hillenbrand: Eine irre gute Idee: Tel Aviv. In: *taz* vom 3.5.2008 [online]; Salean A. Maiwald: Aber die Sprache bleibt. Begegnungen mit deutschstämmigen Juden in Israel. 2. Aufl. Berlin: Karin Kramer 2009. Darin: Esther Parnes, Ernst Laske und der Landsberger Bookshop – Wir waren eines der führenden Antiquariate für deutsche Bücher. S. 87–94; Klaus Hillenbrand: Deutsche Bücher. Nachruf: Die Buchhandlung Landsberger Books in Tel Aviv gibt es nicht mehr. In: taz vom 20.2.2010 [online]; Verena Lenzen: Deutsch-jüdische Buchkultur zwischen Sammlung und Zerstreuung. Von Berlin nach Tel Aviv: Gotthard und Ernst Laske. In: Soncino-Gesellschaft der Freunde des jüdischen Buches. Hg. von Karin Bürger u. a. Berlin: de Gruyter 2014 S. 133–136.

László, Alexander (Sandor) 22.11.1895 Budapest – 14.11.1970 Los Angeles / CA; Musikverleger, Komponist. L. studierte zwischen 1903 und 1914 an der Budapester Musikakademie Klavier und Komposition und war anschließend als Pianist und Dirigent u. a. bei Max Reinhardt in Berlin tätig. Von 1921 bis 1924 studierte er bei Adolf Sandberger an der Universität München. In den 1920er Jahren machte L. avantgardistische Experimente mit der sogenannten ›Farblichtmusik‹ und dem ›Sonchromatoskop‹; er arbeitete für Rundfunk und Film (u. a. Filmmusik für *Westfront 1918* von G. W. Pabst), war musikalischer Direktor der Firma EMELKA FILM in München und Professor an der dortigen Staatlichen Filmakademie. 1933 flüchtete L. vor rassistischer Verfolgung nach Ungarn, wo er wieder in der Filmbranche arbeitete, 1938 ging er neuerlich ins Exil in die USA. In New York nahm er 1940/41 als Leiter der American Colorlight-Music Society noch einmal seine licht- und tontechnischen Versuche auf. Danach unterrichtete er am Institute of Design in Chicago. 1943 zog L. nach Kalifornien, wurde Leiter des

Musikverlags GUILD PUBL. OF CALIFORNIA und leitete das Symphonieorchester Hollywoods. Bis zu seinem Tod komponierte L. die Musik für ca. 60 Spiel- und über 2000 Fernsehfilme.

    Jörg Jewanski: Die Farblichtmusik Alexander Lászlós. In: Zeitschrift für Kunstgeschichte Nr. 1 (1997) S. 12–43; Claus Pias: Zum Kitsch intensiviertes Erleben. In: FAZ 20. 8. 1997; Fetthauer: Musikverlage (2004) S. 484.

Laub, Elias (auch Ilya) 10. 1. 1885 Polen – 5. 10. 1949 New York; Buchhändler, Verleger. Laub war nach der Jahrhundertwende mit seiner aus der Ukraine stammenden Ehefrau Rachel Lea geb. Lachowsky aus Polen nach Deutschland eingewandert und 1907 der SPD beigetreten. 1917 wurde er Mitglied der USPD, zählte vermutlich aber bereits seit 1915 zur Gruppe um Rosa Luxemburg; 1918 war er aktiv in der Spartakusgruppe Ortsverein Pankow. Zu dieser Zeit Angestellter der Reichsstelle für Obst und Gemüse, firmierte L. 1921 als Geschäftsführer der kommunistischen VEREINIGUNG INT. VERLAGS ANSTALTEN (VIVA) und zeichnete wenig später als Inhaber der am 1. Mai 1920 gegründeten E. LAUB'SCHEN VERLAGSBUCHHANDLUNG GMBH (vorm. A. Seehof & Co.), die 1924 von dem Remscheider Arbeiterführer Otto Brass (1875–1950) und dem USPD-Politiker Bernhard Düwell (geb. 1891) erworben wurde. Nach den *Verlagsveränderungen im deutschen Buchhandel 1933–1937* ist die Laub'sche Verlagsbuchhandlung Berlin 1934 erloschen; bis zur Stilllegung des Verlags 1933 durch die Nationalsozialisten hatte Brass in ihr sozialistische Literatur verlegt. L. war schon 1924 mit seiner Familie nach Antwerpen übersiedelt. 1939 flüchtete er vor der Expansionspolitik Hitlers in die USA. In New York erwarb L. eine kleine Druckerei und nahm erneut eine verlegerische Tätigkeit mit der Firma E. LAUB PUBLISHING auf; 1943 erschien hier der Gedichtband *Tears* von Angelica Balabanoff, 1946 *Ist River* des bedeutenden jiddischen Schriftstellers Sholem Ash. L.'s Tochter Rose Laub Coser (1916–1994) lehrte als Soziologin an der State University of New York.

    findagrave.com; Horst Gebauer: Die Laubsche Verlagsbuchhandlung. In: Bbl. (Lpz) Nr. 3 vom 17. 1. 1984 S. 59–60; Ottokar Luban: Führung und Basis des Rosa-Luxemburg-Karl-Liebknecht-Kreises in Berlin (Spartakusgruppe), 1915–1918. In: Bruno Groppo [Hg.]: Gesichter in der Menge. Kollektivbiographische Forschungen zur Geschichte der Arbeiterbewegung (ITH Tagungsberichte. Bd. 40). Leipzig: Akademische Verlagsanstalt 2006; Jewish Womens Archive, Encyclopedia, Art. Rose Laub Coser [online].

Laub, Julius 25. 3. 1891 Gleicherwiesen – 1. 12. 1964 New York; Antiquar, Buchhändler. L., im 1. Weltkrieg schwer verwundet, war ursprünglich Kaufmann in Lehrberg; er kam als Hitleremigrant im November 1939 nach New York, wo er → Mary S. Rosenberg wiedertraf, mit der er in Deutschland bei einem Englischsprachkurs Bekanntschaft geschlossen hatte. 1947 heirateten die beiden; schon zuvor hatte L., parallel zu seiner Frau, von der gemeinsamen Wohnung aus als Wissenschaftsantiquar zu arbeiten begonnen.

    Biographische Datenbank Jüdisches Unterfranken [online]; Elfi Hartenstein: Heimat wider Willen. Emigranten in New York. Berg am See: Verl.-Gemeinschaft Berg 1991 S. 261–72.

Lawford-Hinrichsen, Irene 8. 4. 1935 Leipzig – 1. 5. 2017 London; Verlagsmitarbeiterin, Musikschriftstellerin, Journalistin, Dozentin. L. wurde 1935 in Leipzig in die berühmte Musikverlegerfamilie Hinrichsen geboren: Ihr Großvater → Henri Hinrichsen war Inhaber und Leiter des Musikverlags C. F. PETERS, ihr Vater → Max Hinrichsen und seine Brüder → Walter Hinrichsen und → Hans-Joachim Hinrichsen Teilhaber und Mitarbeiter dieses Verlags. Nach den NS-›Rassengesetzen‹ galt L. als ›Mischling ersten Grades‹. Im November 1937 gingen ihre Eltern mit ihr ins Exil nach Großbritannien, wo Max Hinrichsen die Firma HINRICHSEN EDITION LTD. und später die PETERS EDITION, London aufbaute. Nach ihrem Schulabschluss 1951 und einer Lehrzeit in Frankreich, Österreich und Deutschland bei verschiedenen Verlagen und Musikalienhandlungen (TONGER, MÖSELER, HIEBER, C. F. PETERS Frankfurt / Main, LIBRAIRIE FLAMMARION Paris) arbeitete L. 1953/54 bis 1960 bei der Hinrichsen Edition Ltd. in London. 1969 war sie Mitbegründerin des PHILATELIC MUSIC CIRCLE; seit 1985 war sie dessen Präsidentin. 1991 kehrte sie das erste Mal nach Leipzig zurück und hielt im Stammhaus einen Vortrag über die Geschichte des Verlags C. F. Peters. 2000 veröffentlichte sie eine Monographie über den Verlag C. F. Peters und die Familie Hinrichsen. Sie war lange Jahre im Kuratorium der Ephraim Carlebach-Stiftung Leipzig aktiv.

I. Lawford-Hinrichsen: Music Publishing and Patronage. C. F. Peters: 1800 to the Holocaust. London: Edition Press 2000.

Fetthauer: Musikverlage (2004) S. 484; LexM [online]; www.carlebach-stiftung-leipzig.de.

Lazarus, Ludwig 4.4.1900 Berlin – 3.11.1970 Hannover; Antiquar, Buchhändler. L. war der zweite Sohn des Buchhändlers und Antiquars Hermann L.; seine Mutter Rosie (1868–1942) war Teilhaberin des Berliner Antiquariats A. ASHER & CO. L. besuchte in Leipzig die Buchhändlerlehranstalt, holte als 30-jähriger das Abitur nach und begann Soziologie, Geschichte und Kunstgeschichte zu studieren; im vierten Semester war ihm aber als Juden der Zugang zur Universität verschlossen. 1933 übernahm er von einem Auswanderer das Antiquariat DIE FUNDGRUBE in Berlin-Charlottenburg, das nachfolgend zum Sammelpunkt der illegal tätigen sozialdemokratischen Widerstandsgruppe Neu Beginnen wurde. Im März 1936 wurde L. verhaftet und vom 23. März 1936 an im Zuchthaus Brandenburg-Görden festgehalten, ab März 1938 bis zum 21. April 1939 im KZ Buchenwald. Sein Antiquariat wurde von Gertrude Arntz-Winter ›arisiert‹. Im Februar 1940 gelang ihm die Flucht über Italien mit einem Schiff ins japanisch besetzte Shanghai, wo er einen EUROPEAN BOOKSHOP betrieb. L. war außerdem im Vorstand der Association of Refugees from Germany und als Vorstandsmitglied im örtlichen SPD-Bezirksverband engagiert. Vom Mai 1943 bis August 1945 war L. im Ghetto Shanghai festgehalten. 1948 ging er nach London; ein Jahr später kehrte er schließlich aus dem Exil zurück und lebte seitdem in Hannover. Er befasste sich als Publizist mit Fragen der deutsch-jüdischen Beziehungen, engagierte sich in der jährlichen Woche der Brüderlichkeit und steuerte als Historiker und Genealoge wichtige Beiträge zu Sammelwerken über die Geschichte des niedersächsischen Judentums bei. L. wurde mit dem Verdienstkreuz 1. Klasse des Niedersächsischen Verdienstordens ausgezeichnet.

Ludwig Lazarus: Der brave Soldat Lazarus unter den Nazis. In: Walter Zadek [Hg.]: Sie flohen vor dem Hakenkreuz. Selbstzeugnisse der Emigranten. Ein Lesebuch für Deutsche. Reinbek bei Hamburg: Rowohlt 1981 S. 77–88 [nach mündlichen Angaben überarbeitet vom Hg.].

IfZ/BA Slg. Ludwig Lazarus; Eike Middell [Mitarb.]: Exil in den USA. Mit einem Bericht ›Shanghai – Eine Emigration am Rande‹. (Kunst und Literatur im antifaschistischen Exil 1933–1945. Bd. 3). Frankfurt am Main: Röderberg 1980 S. 483; Aufbau vom 4.2.1965; Ein historisches Tondokument: Ludwig Lazarus, einer der ›Shanghailänder‹ über das Leben in der Emigration. In: Fluchtpunkte. Deutsche Lebensläufe in Shanghai. SWR-Feature von Ursula Krechel; Ursula Krechel: Fluchtpunkte. Deutsche Lebensläufe in Shanghai (Richard Stein – Ludwig Lazarus). In: Exil H. 2 (2007); Ursula Krechel: Shanghai fern von wo. Roman. Salzburg: Jung und Jung 2008; Leserbrief von Margrit Tenner, Heidelberg [Hinweis zur ›Arisierung‹ der Fundgrube durch Gertrude Arntz-Winter]. In: AdA NF 7 (2009) Nr. 6 S. 418.

Lebach, Lili Buchhändlerin geb. 16. 4. 1911 Wuppertal-Elberfeld. L., die 1933 nach Krefeld bzw. Wuppertal-Sonnborn gezogen war und dort als Handelsvertreterin gearbeitet hat, ist vermutlich erst 1941 nach Südamerika entkommen. In Argentinien war sie seit dem 8. Juli 1942 bis 1979 Inhaberin der in Buenos Aires in der Geschäftsstrasse Avenida Corrientes gegründeten allgemeinen Sortimentsbuchhandlung LIBRERÍA PIGMALIÓN mit Leihbücherei und Antiquariat, die sich bald zu einem der führenden Buchläden der Stadt entwickelte. Das Sortiment war bestimmt von einem hochwertigen Angebot an fremdsprachiger, vor allem englisch- und deutschsprachiger Literatur; zu ihren Kunden gehörten deutschsprachige Kreise, darunter die deutsch-jüdische Emigration, Argentinier und Amerikaner. Der Schriftsteller und Literaturwissenschaftler Alberto Manguel war als Jugendlicher 1964 bis 1968 einer der Vorleser für den erblindeten Jorge Luis Borges, half nach der Schule aber auch immer wieder in L.'s Buchhandlung mit, zu deren Kunden Borges selbst gehörte. L. führte – nach Berichten von → Susanne Bach – in den 1940er und beginnenden 1950er Jahren ganz gezielt die Produktion deutschsprachiger Exilverlage; darüber hinaus hat sie sich, auf Betreiben des Literaturagenten → Alfredo Cahn, auch verlegerisch betätigt und eines der bedeutsamsten Werke der deutschen Exilliteratur im deutschsprachigen Erstdruck herausgebracht: Im Verlag PIGMALIÓN in Buenos Aires ist 1942 Stefan Zweigs *Schachnovelle* in einer limitierten Auflage von 300 Exemplaren erschienen. Bei Pigmalión sind gelegentlich auch noch andere Bücher herausgekommen, wie 1943 Newton Freitas' *Maracatú: motivos típicos y carnavalescos*. 1963 wurde die Gesellschaftsform in Libreria y Editorial Pigmalion S.R.L. mit den Teilhabern Lili Lebach, Walter Lebach und Ilse Lebach verh. Dessau geändert. Die Buchhandlung Pigmalión wurde 1979 geschlossen, weil das Haus in der Avenida Corrientes 515 abgerissen wurde.

Eleonore Stockhausen: Guido Rotthoff: Krefelder Juden. Röhrscheid 1981; Taubert: Lateinamerika (1961) S. 129; Taubert: Mit Büchern die Welt erlebt (1992) S. 325; Alberto Manguel: Eine Geschichte des Lesens. Reinbek bei Hamburg: Rowohlt 1999 S. 25 f.; Jorge Luis Borges: Im Labyrinth. Erzählungen, Gedichte, Essays. Aus dem argentin. Spanisch von Gisbert Haefs. Hg. von Alberto Manguel. Frankfurt am Main: Fischer Tb 2003 [Zitat aus seinem Nachwort]; Öhlberger (2000) S. 150; Susanne Buchinger: Stefan Zweig – Schriftsteller und literarischer Agent. Die Beziehungen zu seinen deutschsprachigen Verlegern (1901–1942). Frankfurt / Main: Buchhändler-Vereinigung 1998 S. 380; Münster, Irene: Librerías y bibliotecas circulantes de los judíos alemanes en la Ciudad de Buenos Aires, 1930–2011. In: Estudios Migratorios Latinoamericanos 25 (2011), No. 70 S. 157–175; Elke Rehder: Anmerkungen zur Schachnovelle von Stefan Zweig. In: AdA NF 12 (2014) Nr. 6, S. 273–279; Elke Rehder: Deutsche Erstausgabe der Schachnovelle von Stefan Zweig (https://www.elke-rehder.de/stefan-zweig/lili-lebach-pigmalion.htm); https://schachnovellenreise.wordpress.com/2019/01/19/riesenueberraschung-zu-beginn-des-neuen-jahres/ [Photo].

Lebendiger, Hendryk (Henry, Enrique) Geb. 18. 1. 1911 Pulawy / Polen; Musikverleger. L. war Inhaber und Direktor der EDITION FERMATA in Warschau; er ging nach 1933 in die Emigration nach Amerika. Reichsdeutsche Quellen liefern dazu unterschiedliche Angaben: die NS-Publikation *Judentum und Musik* gibt 1938 die USA als seinen

Exilort an, dagegen heißt es in den *Vertraulichen Mitteilungen der Fachschaft Musikverleger* von 1939, L. habe in Buenos Aires, Argentinien, die Edicion Fermata gegründet. Tatsächlich erschien 1936 in der EDICION FERMATA der erste Tango *Nostalgias*. Mit seinem Musikverlag hatte L. viel Erfolg, 1951 nahm L. Ben Molar, eine Schlüsselfigur in der Popularisierung des Tango, als Partner auf und gründete 1954 in Brasilien FERMATA DO BRAZIL; der Musikverlag, der auch ein eigenes Plattenlabel produzierte, wurde mit Werken von Tom Jobin, Roberto Carlos oder Héctor Villalobos zu einem international erfolgreichen Konzern. In den 1960er Jahren eröffnete Fermata Do Brazil, São Paulo, Zweigstellen in New York, Zürich, Tokio und Mexico-City (1965 fusioniert zu RGE FERMATA). Ralph Siegel erinnert sich in seiner *Autobiografie* an den ›Boss of Bossa Nova‹: ›Enrique war […] ein genialer Geschäftsmann. Er vertrat die große deutsche GEMA – allein – in diversen Belangen, und war für mich der beste Musikverleger Südamerikas und ein echter Macher.‹

Fetthauer: Musikverlage (2004) S. 484; Fermata do Brasil – Homepage (Company / History) [online]; Ralph Siegel: Die Autobiografie. 2. Aufl., München: LangenMüller 2015.

Lehmann, Ludwig Buchhändler, Bankier. L. stammte aus Berlin; nach Palästina emigriert, unterhielt er in der Allenby Street in Tel Aviv einen Bücherstand, den er auf markant marktschreierische Weise bediente. Nach Angaben von Walter Zadek konnte man in seinem ›großen, offenen Straßen-Bookstall […] die überraschendsten Funde machen‹ (u. a. frühe Rilke-Ausgaben). Einen weiteren *Bookstall* dürfte er um 1945 in Haifa in der Herzl Street unterhalten haben. L. machte später Karriere als Bankier und soll auch Besitzer einer kostbaren Bibliothek geworden sein, ›darin eine wertvolle Sammlung alter Ausgaben des Flavius Josephus und einen Schatz an moderner Graphik. Man begegnete ihm auf den Versteigerungen der besten europäischen Häuser‹ (Zadek). In einem Leserbrief replizierte L. auf seine Charakterisierung durch Zadek: ›Ich habe sowohl in Israel wie auch in der Schweiz, wo ich Gründer der bekannten UTO-Bank bin, einen erstklassigen Ruf, kann Referenzen angeben und bin auch in Argentinien Verleger und bei sämtlichen deutschen Antiquariaten bestens bekannt, da ich selbst Besitzer eines der größten südamerikanischen Antiquariate bin.‹ Tatsächlich kann in Montevideo in Urugay eine Buchhandlung LUDWIG LEHMANN nachgewiesen werden, später eine LIBRERÍA LEHMANN, SA in San José in Costa Rica. Lehmann war auch ein international bekannter Bibliophile; er sammelte u. a. Literatur und Dokumente zur Geschichte Südamerikas.

Mündliche Auskunft Walter Zadek an EF am 19. 10. 1992; MB Nr. 2 vom 12. 1. 1945 S. 2; Uri Benjamin [d. i. Walter Zadek]: Die Welt als Vaterland. [II]: In: Bbl. (FfM) Nr. 16 vom 25. 2. 1977 (AdA Nr. 2 (1977)) S. A38–42, hier S. A39. – Antiquare im Exil – Die andere Seite [Entgegnung L.'s auf den Artikel im Bbl.]. In: Bbl. (FfM) Nr. 24 vom 25. 3. 1977 S. A218; Ulrich Ammon: Die internationale Stellung der deutschen Sprache. Berlin: de Gruyter 1991 S. 392.

Lehmann-Haupt, Hellmut 4. 10. 1903 Berlin – 11. 3. 1992 Columbia / MO; Kunst-, Literatur- und Buchhistoriker, Antiquar; Dr. phil. Der Sohn eines deutschen Historikers und Orientalisten ging nach Abschluss seiner Dissertation über schwäbische Buchillustrationen des 15. Jahrhunderts 1929 in die USA. Zuerst war er dort für die *Encyclopedia Britannica*, dann als Kurator des Rare Book Department der Bibliothek der Columbia University in New York tätig; neun Jahre danach wurde er an der Columbia's School of

Library Service zum Assistant Professor für Buchkunst berufen. Während des Zweiten Weltkriegs war L. Captain in der Intelligence Division der US-amerikanischen Militärregierung und nach dessen Ende als deren Berater für den kulturellen Wiederaufbau in Deutschland mit dem speziellen Aufgabengebiet Buch- und Verlagswesen tätig. L. war an der Umsiedlung Leipziger Verlage nach Wiesbaden beteiligt; auch unterstützte er Gottfried Bermann Fischer bei dessen Bemühungen um die Wiedereröffnung seines Verlages in Deutschland, wie er in umgekehrter Richtung in den USA zuvor schon anderen in der Buchbranche tätigen Hitlerflüchtlingen bei der Integration in das neue Umfeld behilflich gewesen war, darunter dem Illustrator und Akademieprofessor Hans Alexander Müller. Seit 1950 war L. für das New Yorker Antiquariatshaus von → H. P. Kraus als Berater und Bearbeiter von Katalogen (*chief bibliography expert*) tätig; er machte sich als Inkunabelforscher einen Namen sowie durch zahlreiche Publikationen zu verschiedensten buchgeschichtlichen Themen. 1980 wurde er in Mainz mit dem renommierten Gutenberg-Preis (Festrede von Siegfried Unseld) ausgezeichnet.

Zu den bis 1975 publizierten Werken L.'s siehe: Donald C. Dickinson: Hellmut Lehmann-Haupt. A bibliography. New York: The typophiles 1975. – Hellmut Lehmann-Haupt: Current trends in antiquarian books (Library Trends vol. 9 no. 4). Urbana / IL: University of Illinois 1961; ders. [ed.]: Homage to a Bookman. Essays on Manuscripts, Books and Printing. Written for Hans P. Kraus. Berlin: Mann 1967; ders.: Peter Schöffer aus Gernsheim und Mainz. Übers. und Vorw. von Monika Estermann. Wiesbaden: Reichert 2002.

Sigfred Taubert: Das antiquarische Buch in Nordamerika. In: Bbl. (FfM) Nr. 64 vom 10. 8. 1962 S. 1418–22; Bbl. (FfM) Nr. 58 vom 11. 7. 1980 S. 1680 f. [zur Verleihung des Gutenberg-Preises]; William H. Honan: Hellmut E. Lehmann-Haupt, 88, Author and Bibliography Expert [Nachruf]. In: New York Times, 12 March 1992 [online].

Lenk, Erich 15. 2. 1886 Stuttgart – 12. 7. 1951 Wood Side / NY. L. war Sohn des Stuttgarter Verlegers Maximilian Levy (1849–1925) und jüngerer Bruder von → Richard L., mit dem er sich ab 1918 die Verlagsleitung von LEVY & MÜLLER teilte. 1920 heiratete L. Gertrude Emilie Stern (1896–1971), die Tochter von Hermann Stern, Leiter des Handelsteils der *Frankfurter Zeitung*. Noch vor der nationalsozialistischen ›Machtergreifung‹ ließ sich L. gemeinsam mit seinem Bruder im Dezember 1930 als persönlich haftender Gesellschafter mit geändertem Namen in das Handelsregister eintragen. Mit der Namensänderung von Levy in Lenk war die Voraussetzung auch für die Änderung des Verlagsnamens gegeben, die im Frühjahr 1933 mit dem Namen HEROLD VERLAG R. & E. LENK erfolgte. In den Folgejahren versuchten die Brüder L. unter zunehmendem politischem Druck ihre verlegerische Tätigkeit unter wechselnden Firmennamen (siehe Artikel → Richard L.) fortzusetzen; alle diese Bemühungen fanden im Laufe des Jahres 1939 ihr Ende mit der erzwungenen Geschäftsaufgabe und Löschung sämtlicher Firmeneinträge in das Stuttgarter Handelsregister. L. und seine Frau verließen mit ihrer Tochter Hildegard, nach Entrichtung der Judenvermögensabgabe und einer ›Kopfsteuer‹, Ende Februar 1939 Stuttgart mit der Bahn in Richtung Manchester. Der Sohn Walter hielt sich bereits in Manchester auf und konnte im Mai 1939 eine Schiffspassage von Southampton nach New York nutzen. Erst am 13. März 1940 konnte sich die in England zwischenzeitlich internierte Familie in Liverpool nach New York einschiffen; dort wollte L. als Repräsentant britischer Verlage tätig werden und konnte dafür auch eine Empfehlung des prominenten Londoner Verlegers Stanley Unwin vorweisen. In den USA arbeitete L. aber zunächst als Reisevertreter, dann von 1941 bis 1947 als einfacher Angestellter in einer Brauerei in Brooklyn. 1947 stellten die Brüder L. über ein New Yorker Anwaltsbüro, später auch ein Stuttgarter Anwaltsbüro, ihre Restitutionsanträge, die in einen Vergleich mündeten. Die betagten Brüder L. und ihre Nachkommen, die US-Bürger geworden waren und in äußerst bescheidenen Verhältnissen lebten, entschieden sich gegen eine Rückkehr nach Deutschland und verkauften am 29. Januar 1951 den Herold Verlag über einen Abtretungsvertrag; wenige Monate später verstarb Erich L. Seine Witwe wurde von 1957 bis zu ihrem Tod im April 1971 vom Landesamt für Wiedergutmachung Stuttgart mit einer bescheidenen Hinterbliebenenrente unterstützt.

DLA Marbach Nachlass Levy / Lenk; The Publishers' Archive, University of Reading, AUC 91/ 11; Adressbuch 1931 S. 375; Verlagsveränderungen 1933–1937 S. 12, 15; Zelzer: Stuttgarter Juden (1964) S. 488; Friedrich Pfäfflin: Levy & Müller. Verlag der ›Herold-Bücher‹ Stuttgart. Stuttgart: Verband Deutscher Antiquare 2010.

Lenk, Richard 11. 10. 1880 Stuttgart – Mai 1972 Kew Gardens / NY; Verleger; Dr. phil. Der Sohn des Verlegers Maximilian Levy (1849–1925), des Gründers und Leiters der Verlagsbuchhandlung LEVY & MÜLLER, Rosenbergstraße 113, besuchte das Karlsgymnasium in Stuttgart und ab 1898 die Universitäten Tübingen, Berlin und Heidelberg, wo er sich dem Studium der deutschen, englischen und französischen Sprachwissenschaften und Literaturen widmete. Im Jahre 1903 promovierte er an der Universität Heidelberg. Im väterlichen Geschäft erlernte er den Beruf des Verlagsbuchhändlers zuerst als Gehilfe, dann als Prokurist; im August 1918 heiratete L. Martha Hirsch (Wiesbaden 24. 9. 1892 – Kew Gardens / NY 1967), im selben Jahr wurde er, zusammen mit seinem Bruder → Erich L., Teilhaber. Als Mitinhaber der Firma Levy & Müller verlegte er vor allem Jugendbücher. Am 13. Dezember 1930 ließen sich die Brüder mit geändertem Familiennamen als persönlich haftende Gesellschafter in das Handelsregister eintragen; im Frühjahr 1933 wurde der Verlagsname geändert in HEROLD VERLAG R. & E. LENK, wobei der bisherige Verlag Levy & Müller als inaktive Firma fortbestand. Im Zuge der politischen Gleichschaltung des deutschen Buchhandels in den Jahren 1934/ 35 wurde den Brüdern L. die Fortsetzung ihrer verlegerischen Tätigkeit unmöglich gemacht. 1935 wurde L. als ›Nichtarier‹ von der Reichsschrifttumskammer gezwungen, sein Geschäft zu verkaufen. Der Herold-Verlag R. & E. Lenk wurde 1936 ›arisiert‹ zur Firma HEROLD VERLAG GMBH Stuttgart. Ende 1937 unternahmen die Brüder Lenk den Versuch, den in seiner Geschäftstätigkeit ruhenden Verlag Levy & Müller als jüdischen Buchverlag und Buchvertrieb zu reaktivieren, doch wurde diese Firma im Zuge politisch verordneter Selbsteignung nach wenigen Monaten aufgelöst. L. gelang es zusammen mit seiner Frau Ende Juli / Anfang August 1941 mit einem amerikanischen Visum über Portugal in die USA zu emigrieren, wo sie sich in New York niederließen. L. verdiente dort den Lebensunterhalt als einfacher Arbeiter in einer Lederfabrik, verlor aber 1946 mit 66 Jahren seine lebensnotwendige Anstellung, während seine Frau Martha noch als Näherin in einer Wäschefabrik zum Einkommen der Familie beitragen konnte. 1947 wurde L. die amerikanische Staatsbürgerschaft verliehen. Ihre Kinder hatten das nationalsozialistische Regime und den Zweiten Weltkrieg getrennt von den Eltern überlebt: Der Sohn Herbert hatte im Sommer 1936 die École Superieur de Commerce in Lausanne bezogen und war von dort 1937 an die TH Winterthur übergewechselt. Im Frühjahr 1938 gelang es den Eltern, Herbert unter großen finanziellen Opfern über Stuttgart allein nach England zu verbringen, wohin auch die 12-jährige Tochter Olga am

3. März 1939 mit einem Kindertransport vorausgeschickt worden war; im April 1946 immigrierte Herbert in die USA. 1947 stellten Erich und Richard L. Restitutionsanträge, die am 7. Juni 1949 in einem Vergleich ihr Ende fanden: Der Herold Verlag wurde restituiert und der seit 1924 im Verlagshaus tätige Carl Brück als Geschäftsführer eingesetzt. L. arbeitete nachfolgend für seinen Verlag als Übersetzer einer US-amerikanischen Kinderbuchserie, doch entschied er sich wegen der sich hinziehenden Wiedergutmachungsverhandlungen aus familiären Rücksichten sowie aus Gründen des Alters gegen eine Rückkehr nach Deutschland. Am 29. Januar 1951 verkauften die Brüder L. über einen Abtretungsvertrag den Herold Verlag.

DLA Marbach Nachlass Levy / Lenk; Adressbuch 1931 S. 375; Verlagsveränderungen 1933–1937 S. 12, 15; Zelzer: Stuttgarter Juden (1964) S. 488; Olga Levy Drucker: Kindertransport. Allein auf der Flucht. Aus dem amerikanischen Englisch von Klaus Sticker. Göttingen: Lamuv 1995; Friedrich Pfäfflin: Levy & Müller. Verlag der ›Herold-Bücher‹ Stuttgart. Stuttgart: Verband Deutscher Antiquare 2010.

Leo, Wilhelm 1888 Magdeburg – Dezember 1945 Paris; Buchhändler; Dr. jur. Der jüdische Berliner Rechtsanwalt L., Mitglied der SPD, hatte 1927 einen Verleumdungsprozess gegen den späteren Reichspropagandaminister Joseph Goebbels geführt und gewonnen: deshalb wurde er in der Nacht nach dem Reichstagsbrand von SA-Leuten blutig geschlagen und als einer der ersten ›Schutzhäftlinge‹ Hitlerdeutschlands mehrere Monate im KZ Oranienburg inhaftiert. L. floh nach seiner vorläufigen Entlassung mit seiner Familie im August 1933 mit Hilfe eines professionellen Schmugglers über die belgische Grenze nach Frankreich. In Paris eröffnete er die Buch- und Papierhandlung LIBRAIRIE FRANCO-ALLEMANDE (LIFA) in der Rue Meslay bei der Place de la République. Das Geschäft konnte sich nur durch finanzielle Unterstützung eines begüterten französischen Verwandten L.'s halten und fungierte ab 1938 nur mehr als Leihbibliothek. LIFA erfüllte jedoch als Treffpunkt sozialdemokratischer und kommunistischer Emigranten eine wichtige integrative Funktion im Zusammenhang der Bemühungen um eine antifaschistische Volksfront; die Buchhandlung diente auch als Vortragsraum der Deutschen Volkshochschule und Unterrichtsraum für Sprachkurse von Institutionen der deutschen Emigration. L. war im Exil auch als juristischer Berater seiner Partei in der Union des Immigrés Allemands Anti-Nazis tätig und lebte später untergetaucht im unbesetzten Süden Frankreichs in einem kleinen Dorf in der Nähe von Toulouse; im Oktober 1943 wurde er zum Vizepräsidenten des Komitees Freies Deutschland für den Westen ernannt. L. starb 1945 in Frankreich, wenige Tage vor seiner geplanten Rückkehr nach Deutschland. Sein 1923 in Berlin geborener Sohn Gerhard Leo, der sich 1942 der Résistance angeschlossen hatte, remigrierte nach dem Krieg nach Deutschland, zunächst nach Düsseldorf, 1954 in die DDR; von 1974 bis 1983 war er Korrespondent des *Neuen Deutschland* in Paris, danach war er als freier Publizist tätig.

BHE 1 S. 432; Heike Kleffner: Gerhard Leo. Das Engagement eines Geretteten. [online]; Jürgen Leinemann: Immer quer, immer daneben. In: Der Spiegel Nr. 4 (1993) S. 102–16; Enderle-Ristori: Das ›freie dt. Buch‹ (2004) S. 45.

Leonhard, Rudolf 27. 10. 1889 Lissa (Leszno) / Posen –19. 12. 1953 Ost-Berlin; Schriftsteller; Verlagslektor. L., Sohn eines Justizrats, studierte zunächst Deutsche Philologie, nahm dann aber ein Jura-Studium in Göttingen und Berlin auf; bis 1914 war er im Justizdienst tätig. Aus dem Ersten Weltkrieg kehrte er als Pazifist und Sozialist zurück;

nach temporärer Hilfstätigkeit im Auswärtigen Amt und einem Intermezzo als Leiter des politischen Theaters Die Tribüne nahm er 1923, ebenfalls in Berlin, die Stelle eines Lektors im noch jungen Verlag DIE SCHMIEDE an, der 1921/22 von → Julius B. Salter, → Heinz Wendriner und → Fritz Wurm gegründet worden war. Dass der Verlag einige Jahre lang zu den aktivsten Literaturverlagen der Weimarer Republik zählte, verdankte er – da die Direktoren mehr oder minder literaturunkundig waren – seinen Lektoren: Neben L. war auch → Walter Landauer in dieser Funktion in dem Unternehmen tätig. L. konnte in ganz eigenständiger Arbeit eine auf mindestens 30 Titel angelegte Reihe *Außenseiter der Gesellschaft. Die Verbrechen der Gegenwart* konzipieren, für die er namhafte Autoren wie Alfred Döblin, Egon Erwin Kisch, Iwan Goll, Theodor Lessing als Autoren gewann; auch die Quellenbeschaffung lag in seinen Händen. Weitere prominente Namen waren für die Reihe vorgesehen, doch erschienen 1924/25 insgesamt nur vierzehn Titel, da das hohe literarische Niveau dem Absatz nicht unbedingt förderlich war. L. war in der literarischen Szene gut vernetzt, u. a. als Gründer der Gruppe 1925, und konnte so dem Verlag noch zahlreiche weitere Autoren von Rang zuführen. 1927 verließ L. die Schmiede und ging auf Einladung seines Freundes Walter Hasenclever nach Paris. Nach 1933 war ihm die Rückkehr nach Deutschland versperrt, er engagierte sich an der Seite der KP in der antifaschistischen Volksfront und war Vorsitzender des Schutzverbandes deutscher Schriftsteller im Exil. 1937 nahm er am Spanischen Bürgerkrieg teil, 1939 bis 1941 war er in Vernet und Les Milles interniert, 1943 gelang ihm die Flucht aus dem Auslieferungslager Castres. L. schloss sich in Marseille der Résistance an und überlebte, zeitweise gesundheitlich schwer beeinträchtigt, dort und in Paris. 1950 übersiedelte der Einzelgänger in die DDR.

Zahlreiche Gedichtbände seit 1916, auch Erzählungen, Dramen, Aufsätze und Hörspiele; in Berlin ist 1961–1970 auch eine vierbändige Werkausgabe erschienen. – Rudolf Leonhard: Das Traumbuch des Exils. Hg. von Steffen Mensching. Berlin: Aufbau 2001.

Killy Literatur Lexikon (1988–93) Bd. 7 S. 232 f.; Wolfgang U. Schütte: Der Verlag Die Schmiede 1921–1931. In: Marginalien 1983 H. 90 S. 10–19 u. 19–35; Frank Hermann, Heinke Schmitz: Avantgarde und Kommerz. Der Verlag Die Schmiede 1921–1929. In: Buchhandelsgeschichte H. 4 (1991) B 129–50; Frank Hermann, Heinke Schmitz: Der Verlag Die Schmiede 1921–1929. Eine kommentierte Bibliographie. Morsum: Cicero Presse 1996 bes. S. 11–15; Ute Schneider: Der unsichtbare Zweite. Die Berufsgeschichte des Lektors im literarischen Verlag. Göttingen: Wallstein 2005 S. 144 f.

Lesser, Hans R. Gest. 1951 in London; Buchhändler, Bibliothekar. L. studierte an der Universität Göttingen Theologie und engagierte sich in christlichen Jugendvereinen. 1910 gründete er in Berlin den VERLAG HANS LESSER, in welchem er 1912 eine hochwertige Bibelausgabe mit den berühmten Illustrationen von Gustave Doré herausbrachte. Nach dem Ersten Weltkrieg war er zunächst Geschäftsführer und später Hauptinhaber des Berliner Einkaufshauses für Volksbüchereien, beendete diese Tätigkeit aber 1923. Außer als Verleger war L. auch im Bereich des Modernen Antiquariats aktiv. Um 1930 firmierte er nicht nur mit seinem Verlag, der zu diesem Zeitpunkt die Geschäftsstelle eines literarischen Pressedienstes (LITA) war und die Bücherrundschau *Das glückhaft Schiff* herausbrachte, sondern war auch als Geschäftsführer im 1878 gegründeten ACKER VERLAG, Berlin, angestellt, einem Buch- und Zeitschriftenverlag, der im Besitz der pietistischen Deutschen Evangelischen Buch- und Traktatgesellschaft stand. Von 1927 an war L. außerdem mit der Redaktion der Werbemittel und zahlreicher Kataloge in der Vereinigung Evangelischer Buchhändler betraut. Im Mai 1939 gelang dem Christen jüdischer Abstammung L. durch Fürsprache des Bischofs von Chichester die Emigration nach England; dort hat er sich zunächst als Sozialarbeiter in der Flüchtlingshilfe betätigt. 1942 auf Stellensuche, verwies er in einem Bewerbungsschreiben (dem eine Empfehlung einer Amtsstelle der Presbyterianischen Kirche beilag) auf seine Erfahrung als Buchhändler und Verleger im Bereich religiösen und theologischen Schrifttums und darauf, dass er den ersten religiösen Buchklub Deutschlands gegründet habe. Eine einschlägige berufliche Tätigkeit hat er bis zu seinem Tod 1951 offenbar nicht mehr aufnehmen können.

The Publishers' Archive, University of Reading, AUC 155/5; Adressbuch 1931 S. 2, 373; Vereinigung Evangelischer Buchhändler [Hg.]: Der evangelische Buchhandel. Eine Übersicht seiner Entwicklung im 19. und 20. Jahrhundert. Stuttgart: Verbandssortiment ev. Buchhändler 1961 bes. S. 45; Peter Vodosek: Bibliotheken als Institutionen der Literaturvermittlung. In: Ernst Fischer [Hg.]: Geschichte des deutschen Buchhandels im 19. und 20. Jahrhundert. Bd. 2: Die Weimarer Republik 1918–1933. Teil 1, München: Saur 2007 S. 210.

Lesser, Jonas 3.8.1895 Czernowitz (Bukowina) / Österreich-Ungarn – 9.2.1968 London; Lektor, Übersetzer, Schriftsteller; Dr. phil. L. stammte aus einer Familie orthodoxer jüdischer Gelehrter, viele seiner Angehörigen wurden Opfer des Holocaust. L. wurde streng jüdisch erzogen, er besuchte die Volksschule und das Gymnasium in seiner Geburtsstadt und studierte anschließend an der Universität Wien Altphilologie und Germanistik. Seine Promotion legte er 1925 in Czernowitz summa cum laude ab. Er kann als Repräsentant der Bukowiner jüdischen Intelligenz gelten. 1925 trat L. auf Empfehlung von Arthur Schnitzler in den PAUL ZSOLNAY VERLAG als Lektor ein und übte diese Tätigkeit dreizehn Jahre lang aus; dabei betreute er u. a. Werke von John Galsworthy, Heinrich Mann, Franz Werfel oder Max Brod. Sein eigener Gedichtband *Gewandeltes Leben* (1926 fertiggestellt) blieb unpubliziert, L. war aber regelmäßiger Mitarbeiter der Wiener Monatszeitschrift *Die Glocke*, und auch die großen Wiener Feuilletons in der *Neuen Freien Presse*, der *Wiener Zeitung* oder des *Neuen Wiener Tagblatts* brachten Artikel von L. Ende Juni 1938 musste der Verlag seinen Cheflektor entlassen; im letztmöglichen Augenblick floh L. Ende 1938 mit seiner Frau Serafine, einer promovierten Anglistin, aus der ›Ostmark‹ nach London und wurde dort zunächst von dem angesehenen Historiker G. P. Gooch aufgenommen, an dessen *Contemporary Review* L. in der Folge mitarbeitete. L. fand sich nur schwer in den neuen Verhältnissen zurecht. In seinem Gedicht *In der Fremde* beklagt er sein Schicksal der Entwurzelung: ›Keine Heimat, nur vier Wände / Sind jetzt mein, nicht einmal mein, / Nichts, was mich durch Glauben bände, / Als der Tod; ich bin allein.‹ L. etablierte sich als Beiträger der Oxforder Zeitschrift *German Life and Letters*, arbeitete an seinem literaturwissenschaftlichen Hauptwerk *Thomas Mann in der Epoche seiner Vollendung* (erschienen bei Desch, München 1952) und übersetzte für den deutschen Buchmarkt englische Literatur. Die umfangreiche Korrespondenz des werkkundigen Interpreten L. mit Thomas Mann wurde 2006 veröffentlicht.

Serafine Lesser [Hg.]: Jonas Lesser 1895–1968. Zum Gedächtnis. Nürnberg 1968 bzw. London 1989 [Privatdruck]; Bolbecher, Kaiser: Österr. Exilliteratur (2000) S. 440 f.; Thomas Mann: Briefe an Jonas Lesser und Siegfried Trebitsch 1939–1954 (Thomas-Mann-Studien. Bd. 36). Hg. von Franz Zeder. Frankfurt am Main: Klostermann 2006 [zur Person L. siehe S. 19–24].

Leuwer, Franz (Sohn), in GB Frank Lynder, 26. 2. 1916 Bremen – 21. 5. 1984 Kiel; Buchhändler, Journalist. L. war Sohn von Franz L. (1875 in der Eifel –1916 Bremen), der zunächst Prokurist bei der Bremer Traditionsbuchhandlung Otto von Halem in der Böttcherstraße war und 1903 die Buchhandlung übernahm. Er gründete damals unter seinem eigenen Namen an anderer Adresse die BUCH- UND KUNSTHANDLUNG FRANZ LEUWER, die sich rasch einen guten Ruf als eine für moderne Kunst und Literatur aufgeschlossene Institution der Bremer Stadtkultur erwarb. Franz Leuwer sen. errichtete Filialen auf Wangerooge, Borkum und Spiekeroog, vor allem aber war er darauf spezialisiert, Bordbuchhandlungen auf Passagierschiffen des Norddeutschen Lloyds zu betreiben. Dazu kamen noch eine von Halem übernommene Leihbücherei, eine Teilhaberschaft an der Bremer Lesezirkel GmbH sowie seit 1907/08 ein Verlag mit den Programmschwerpunkten Literatur, Kunst und Reise. Franz Leuwer sen. starb am 9. April 1916, wenige Monate nach der Geburt seines Sohnes Franz, an einem Herzinfarkt; seine Frau Johanna (Anni; 24. 12. 1871 Bremen – 8. 2. 1943 KZ Theresienstadt), als Mitgründerin finanziell zur Hälfte beteiligt, erbte das Unternehmen und übertrug die Geschäftsführung dem Prokuristen Carl Emil Spiegel, der seinerseits Anteile am Geschäft erwarb. Nach der NS-›Machtergreifung‹ 1933 wurde die Firma auf Drängen des Norddeutschen Lloyd, der mit der jüdischen Eigentümerin der Bordbuchhandlungen das Ansehen der Reederei gefährdet sah, ›arisiert‹, indem sie von Carl Emil Spiegel übernommen wurde, gegen eine monatliche Rente für Anni Leuwer. Eine Emigration lehnte sie ab; nach einigen erzwungenen Wohnungswechseln lebte sie in einem ›Judenhaus‹, bis sie am 23. 7. 1942 nach Theresienstadt deportiert wurde, wo sie am 8. 2. 1943 verstarb. Ihre Tochter Elisabeth war bereits 1935 nach London gegangen, ihr Sohn Franz L., der damals bereits eine Buchhändlerlehre absolviert hatte, machte sich in Bremen noch mit Grundkenntnissen des Kaffeehandels vertraut und emigrierte 1938 nach Großbritannien. Dort nahm er den Namen Frank Lynder an und schloss sich dem Royal Pioneer Corps an. Der Journalist Sefton Delmer engagierte L. für seine Geheimdienstorganisation und den Aufbau eines gegen Nazi-Deutschland gerichteten deutschsprachigen Propagandasenders ›Atlantik‹, in welchem Lynder zu einer zentralen Figur aufstieg. Nach Kriegsende erhielt er die britische Staatsbürgerschaft und kam im Juni 1945 als britischer Presse-Offizier erstmals wieder nach Bremen. Danach arbeitete er kurze Zeit bei der Nachrichtenagentur Reuters, dann in Deutschland im VERLAG AXEL SPRINGER, wo er seine Frau, Inge Springer, eine Schwester des Presseverlegers, kennenlernte. Seit 1954 war er Korrespondent des Axel Springer Verlags in London und Kopenhagen. In die Geschichte des deutschen Comics ist L. als Schöpfer des ›Detektiv Schmidtchen‹-Strips eingegangen, von dem er für die *Bild*-Zeitung die ersten 400 selbst angefertigt hat. Einen besonderen Bekanntheitsgrad erwarb sich L., als er im Juni 1961 in Jerusalem in das King David Hotel einbrach und dort Prozessvollmachten von Auschwitz-Opfern stahl, um als Nebenkläger im Prozess gegen Adolf Eichmann auftreten zu können. In Buchhandel und Verlag ist L. nicht mehr zurückgekehrt; die Buchhandlung Franz Leuwer ist 1943 im Bombenkrieg schwer beschädigt, in und nach dem Krieg mehrfach verlegt und schließlich neu übernommen worden.

Kristine Grzemba/Peter Christoffersen (Verf.): Johanna Rose Leuwer, geb. Neumark, *1871. In: Bremer Stolpersteine [online]; Christine Haug: Reisen und Lesen im Zeitalter der Industrialisierung: die Geschichte des Bahnhofs- und Verkehrsbuchhandels in Deutschland von seinen Anfängen um 1850 bis zum Ende der Weimarer Republik. Wiesbaden: Harrassowitz 2007, S. 225;

Wikipedia (Art. Franz Leuwer; Frank Lynder); Nils Aschenbeck: 100 Jahre Buch- und Kunsthandlung Franz Leuwer. Mit einem Beitrag von Erwin Miedtke. Bremen: Donat 2003; Nils Aschenbeck: Agent wider Willen: Frank Lynder, Axel Springer und die Eichmann-Akten. Wiesbaden: Marix 2012.

Levi, Hermann 1892–1970 Israel; Buchhändler. L. war in Stuttgart Inhaber der 1840 gegründeten Buchhandlung R. LEVI, Calwer Straße 25, die er mit dem auf Württembergica spezialisierten Antiquariat in der NS-Zeit dem langjährigen, bewährten Mitarbeiter Friedrich Plessing übergab, der das Geschäft ab 1937 unter seinem eigenen Namen am alten Standort weiterführte. L. selbst emigrierte, zusammen mit seiner Frau Lucie geb. Dessauer am 1. Januar 1939 nach Palästina, wohin bereits deren beide Töchter geflüchtet waren. K. dürfte sich dort nicht mehr buchhändlerisch betätigt haben.

Adressbuch 1931 S. 374; Zelzer: Stuttgarter Juden (1964) S. 488; Peter Amelung: Die Calwer Straße als Bücherstraße. Erinnerungen eines Bücherfreundes. In: 200 Jahre Müller & Gräff. Ein Unternehmen im Spiegel der Wirtschafts- und Buchhandelsgeschichte. Stuttgart: Müller & Gräff 2002 S. 34; Schroeder: ›Arisierung‹ II (2009) S. 359; Sammlungen des Jüdischen Museums Berlin (Tagebücher aus dem 1 WK); www.stolpersteine-hamburg.de [zu Ernst Nathan Dessauer; online]).

Levi, Salli 1894–1951 Israel; Zahnarzt, Musikverleger. L. war nach Absolvierung eines Medizinstudiums im bürgerlichen Beruf Zahnchirurg und begann Mitte der 1920er Jahre sich aktiv am Musikleben der jüdischen Gemeinde in Frankfurt am Main zu beteiligen; er hielt zahlreiche Vorträge über jüdische Musik und betätigte sich als Chorleiter. 1935 ging L. nach Palästina, praktizierte dort als Zahnarzt, studierte nebenbei bei Stefan Wolpe Komposition und gründete 1936 das World Centre for Jewish Music in Palestine (WCJMP) mit dem Ziel der Errichtung eines Verlags für jüdische Musik. Der Plan der Niederlassung eines größeren deutschen oder österreichischen Verlagshauses in Palästina scheiterte jedoch, und die Arbeit des WCJMP brach mit der Auslöschung der jüdischen Gemeinde in Deutschland 1940 zusammen. Siehe auch → Eduard Gans und → Paul Rosenberger.

Fetthauer: Musikverlage (2004) S. 485; Music in the Jewish Community of Palestine 1880–1948: A Social History, S. 234 f. [online].

Levie, Julius 10. 8. 1892 Altona – 4. 6. 1943 Sobibór; Geschäftsmann, Verleger. L. war, wie sein Vater Kaufmann und versuchte sich in verschiedenen Branchen, u. a. im Handel mit Badesalz. Daneben war er aber auch Vorsitzender einer im August 1919 gegründeten Vereinigung ›Theosophia, Lehrverein für Geisteswissenschaft e.V.‹, der auch ein Verlag für esoterische und okkultistische Schriften angeschlossen war. Der am 10. Juli 1920 in Hamburg ins Handelsregister eingetragene THEOSOPHIA VERLAG JULIUS LEVIE hatte, wie auch der Verein, seinen Sitz an der Wohnadresse L.s, Gneisenaustraße 5. Als Verlagsobjekt nachweisbar ist nur eine Publikation, *Das zweite Gehirn: Betrachtungen über die zukünftigen Aufgaben eines wissenschaftlichen Okkultismus* von Ferdinand Maack; L. hat in dem Verlag aber auch ein Gesamtverzeichnis *Theosophisch-okkultistische Bibliothek* herausgebracht, das in 3. Auflage 1929 auf 44 Seiten 2.700 Titel einer Bibliothek auflistete, die entweder seine private oder jene des Vereins gewesen ist. Der Verein wurde 1934 verboten, der Verlag geschlossen; offiziell erlosch er am 13. 12. 1940. L. war nach der Pogromnacht im November 1938 als ›Schutzhäftling‹ in das KZ Fuhlsbüttel verbracht worden; nach seiner Freilassung flüchtete er Anfang 1939 zusammen mit seiner

Mutter Helena in die Niederlande. In Amsterdam suchte er sich wieder eine Existenz als Kaufmann zu schaffen und handelte mit Chemikalien und Büchern. Es ist nicht bekannt, ob es ihm gelungen war, seine Sammlung okkultistischer Bücher in das Exil mitzunehmen. L. übte in Amsterdam auch Funktionen innerhalb der Liberalen Jüdischen Gemeinde aus; auch heiratete er im September 1941 die Berlinerin Irma Lachotzky (geb. 8.11.1909), die als Sekretärin bei dieser Gemeinde tätig war. 1942 wurde das Ehepaar L. im Lager Westerbork interniert. Helena wurde am 1. Oktober 1942 nach Auschwitz deportiert, Julius am 1. Juni 1943 mit einem Zug ins Vernichtungslager Sobibór.

Vera Bendt: Buchhändler, Antiquare, Sammler, Bibliophile aus Deutschland 1933 bis 1945. In: Imprimatur NF XXVI (2019) S. 72; Stolpersteine Hamburg, Beitrag Julius Levie *1892 von Susanne Lohmeyer [online].

Levilliers, Armand (eig. Arnold Levy) 1893 Dudweiler/Saarland–1978 Gometz-le-Chatel; Antiquar; Dr. phil. Der hoch gebildete Kunsthistoriker Arnold Levy-Ginsberg, aufgewachsen in Neunkirchen, war nach einem Studium der Kunstgeschichte (Promotion zum Dr. phil. 1921), Archäologie, Philosophie und Architektur in Freiburg, Darmstadt, München, Berlin und Köln sowie Kriegsteilnahme einer der beiden Geschäftsführer der 1919 gegründeten KURFÜRST-BUCHHANDLUNG in Berlin und Arbeitgeber des in jungen Jahren dort zeitweilig tätigen → Walter Zadek. 1929 zog er in das Saargebiet um und arbeitete dort in der von seinem Großvater gegründeten Joseph Levy Witwe AG, einem Kaufhaus, mit. Die Familie Levy-Ginsberg war Theodor W. Adorno und besonders Walter Benjamin in Freundschaft verbunden. Nach ›vielen Verfolgungsjahren‹ (Zadek) – L. hatte sich im Saarländischen Abstimmungskampf politisch engagiert und emigrierte am 13.1.1935 nach Frankreich – wurde er in Paris als Antiquar tätig und änderte seinen Namen in Armand Levilliers. Später zog er in ein Haus in Gometz-le-Chatel (Île de France) um.

Mündliche Mitteilung von Walter Zadek an EF vom 19.10.1992; Uri Benjamin [d.i. Walter Zadek]: Die Welt als Vaterland [I] [Autobiographie]. In: Bbl. (FfM) Nr. 8 vom 28.1.1977 S. A1–5, hier S. A2; Henri Lonitz [ed.]: Walter Benjamin & Theodor Adorno. The complete correspondence 1928–1940. Cambridge / MA: Harvard University Press 1999, pp. 32 f.; Saarland Biografien [online]; Tobias Fuchs: Das Warenhaus und die Familie. Die Joseph Levy Witwe AG und ihre jüdischen Besitzer. In: Saarbrücker Hefte 112 (2015) S. 89–97.

Lewandowski, Herbert (zahlreiche Pseudonyme, u.a. Lee van Dovski) 23.3.1896 Cassel–4.3.1996 Genf; Schriftsteller, Verleger. L., mit einer germanistischen Dissertation promoviert, ist vor allem als Autor literarischer, kulturgeschichtlicher und sexualwissenschaftlicher Werke hervorgetreten, er war aber auch als Verleger tätig. 1922 erwarb er den Berliner PFEIL-VERLAG, ging jedoch wegen des liberaleren Klimas in den Niederlanden bereits 1923 nach Utrecht und führte dort, besonders aktiv seit 1927, mit einem örtlichen Partner den Pfeil-Verlag weiter, in welchem auch eigene Werke (*Das Tagebuch des Kaspar Hauser*) erschienen. Aufsehen erregte aber v.a. L.s 1927 im Verlag von → Paul Aretz erschienenes Werk *Das Sexualproblem in der modernen Literatur und Kunst*; mit dem Sexualwissenschaftler Magnus Hirschfeld stand er in enger Verbindung. Während L. in NS-Deutschland schon seit 1933 zu den verbotenen Schriftstellern gehörte, wurde der Utrechter Pfeil Verlag noch bis 1936 im *Adressbuch des Deutschen Buchhandels* geführt. 1937 fühlte sich L. nach polizeilicher Durchsuchung des Verlags auch in den Niederlanden gefährdet und flüchtete nach Paris, wo er sich und seine

Familie (er war verheiratet mit Martha, geb. Berkowsky, geb. 23. 4. 1901, und hatte zwei Kinder, Heinz (geb. 1925) und Irma (geb. 1929)) wie zeitweise schon zuvor in den Niederlanden vom Briefmarkenhandel ernährte. Nach Kriegsbeginn von den Franzosen mehrfach interniert, flüchtete er 1941 nach Lyon und von dort – veranlasst vermutlich durch den engen Kontakt, den er zuvor schon mit Hermann Hesse angeknüpft hatte – am 11. 11. 1942 weiter in die Schweiz. Dort war er allerdings bis 1945 erneut zu einem Leben in Internierungslagern (Les Avants sur Montreux, später in Viccosoprano) verurteilt. Nach Kriegsende zog er nach Genf und nahm dort nicht nur seine schriftstellerische und publizistische Arbeit wieder auf, sondern errichtete 1953 auch den NEUEN PFEIL-VERLAG. Auch sorgte er dafür, dass der 1959 von Wilhelm Krohn in Hamburg gegründete Gala Verlag sich auf das Gebiet der erotischen Literatur begab. Ein Teilnachlass L.s liegt in den HelveticArchives der Schweizer Nationalbibliothek.

BHE 2; Lexikon deutsch-jüdischer Autoren. Bd. 15, München: K. G. Saur 2007 S. 411–424; Arolsen Archives [online; mit einer Anzahl von Dokumenten]; Werner Schramm-Itzehoe, Christine Brückner: Im Malstrom der Zeit. Eine Darstellung des dichterischen Lebenswerkes von Lee van Dovski, des Autors von ›Genie und Eros‹ (u. a. mit Curriculum vitae und Bibliographie) Darmstadt: Bläschke 1967; Peter Adamski (Hg.): Herbert Lewandowski, Lee van Dovski, Festschrift zum 92. Geburtstag. Geschichtswerkstatt Kassel, 1988; Kassel-West e. V. [online]; [Nachruf] In: NZZ, 21. März 1996; Klaus Körner: Gütersloh, Globke, Gala: Karl Ludwig Leonhardt, Lektor und Verleger. In: AdA NF 10 (2012) Nr. 5, S. 221–237.

Lewin, Hirsch (Zwi) 18. 10. 1892 Osmány / Weißrussland – 28. 10. 1958 Ramat-Gan / Israel; Buchhändler, Schallplattenverleger. Nach dem Besuch von Cheder und Jeschiwa machte L. eine kaufmännische Ausbildung in Wilna. 1915 wurde er als Zivilgefangener nach Hannover zur Zwangsarbeit verschleppt. Bei Kriegsende kehrte er nach Wilna zurück, wo er als Vertreter für eine Textilfirma tätig war. 1919 ging L. nach Berlin und arbeitete als Buchhändler in der BUCHHANDLUNG GONZER, ab 1922 als Teilhaber. Eine Erbschaft seiner Frau Rodla (1896–1967) ermöglichte ihm im Jahre 1930 die Eröffnung einer eigenen ›Hebräischen Buchhandlung‹, die er im Herbst 1932 um eine Schallplattenabteilung erweiterte. Unter dem Label *Semer* veröffentlichte L. jiddische und hebräische Platten, darunter zahlreiche Aufnahmen berühmter Kantoren. Zudem übte er im Synagogen-Verein Tomchei-Achim das Amt des Rabbiners aus; die Ordination hatte er in seiner Heimat erhalten. Nachdem im Dezember 1937 eine Anordnung Juden die Aufnahme von Musik jüdischer Komponisten und von Juden aufgeführter Musik verbot, musste L. die Schallplattenfirma aufgeben; seine Buchhandlung in der Grenadierstraße 28 konnte er als ›jüdischen Buchvertrieb‹ bis zu ihrer Zerstörung in der Reichspogromnacht fortführen. Im September 1939 wurde L. im KZ Sachsenhausen interniert. Seine Entlassung im Februar 1940 erfolgte unter der Bedingung, Deutschland sofort zu verlassen. Mit einem illegalen Transport gelangte L. an die rumänische Schwarzmeerküste, von wo er auf dem Seeweg Palästina erreichen wollte. Nach dem Kentern des Frachters ›Pencho‹ in der Ägäis wurden die Passagiere auf Rhodos interniert. Im Februar 1942 wurde L. in das Durchgangs- und Internierungslager Ferramonti di Tarsia in Kalabrien, im September nach Fara Filiorum Petri bei Pescara verlegt, wo er seine Frau und die Töchter wiedertraf. Nach der Kapitulation Italiens und der deutschen Besetzung Nord- und Mittelitaliens im September 1943 tauchte die Familie unter und gelangte mit Hilfe italienischer Partisanen zur britischen Armee. Bis zu ihrer Ausreise nach Palästina im Juli 1944, wohin der Sohn Zeev (geb. 1927) drei Jahre zuvor emigriert war, lebte sie im

Lager Bari. In Palästina erhielt L. nach Kriegsende von der britischen Mandatsmacht die Genehmigung zur Gründung einer Schallplattenfirma. 1946 gründete er mit mehreren Investoren zunächst KOL ZION (Stimme Zions), 1947 die Firma HED-ARZI LTD. (Das Echo meines Landes), die nach L.s Tod 1958 von Zeev L. erfolgreich weitergeführt und ausgebaut wurde.

Landesverwaltungsamt Berlin Abt. III – Entschädigungsbehörde Reg. Nr. 162 316; Vorbei ... Beyond Recall. Dokumentation jüdischen Musiklebens in Berlin 1933–1938. Begleitbuch in Englisch und Deutsch. Ed. von Bettina Greve. Hambergen: Bear Family Records 2001; www.jmberlin.de/berlin-transit/orte/lewin.php [mit Bildern].

Lichtenberg, Vera Gest. 11.2.1953 in Wien; Buchhändlerin. L. war die Ehefrau von Georg L. (12.2.1891 Budapest–Juli 1942 Auschwitz), der ursprünglich Bankbeamter war, aber stets seinen bibliophilen Neigungen nachgegangen war und 1923 in der Wiener Innenstadt, Salvatorgasse 10, eine Buchhandlung mit Antiquariat eröffnete. Das Geschäftslokal wurde 1936 in die Jordangasse 1 verlegt. Nach dem ›Anschluss‹ Österreichs wurde die Buchhandlung von dem ›Ariseur‹ Hans von Bourcy, Mitglied der Landesparteileitung der NSDAP, übernommen. Georg L. flüchtete noch 1938 nach Paris; nach der Besetzung Frankreichs wurde er von der Gestapo in das Lager Drancy gebracht; mit Transport vom 19. Juli 1942 wurde er nach Auschwitz gebracht und dort ermordet. Seiner Frau Vera gelang es, sich nach London in Sicherheit zu bringen. Nach Ende des Zweiten Weltkrieges beantragte sie 1948 die Rückstellung der Buchhandlung, ihre Ansprüche wurden nach längeren Verhandlungen in einem Vergleich abgegolten.

Arolsen Archives (Georg Lichtenberg); Adressbuch 1931 S. 379; WK Akt Lichtenberg Vera; Anzeiger Antiquare Nr. 4/5 vom 1.3.1953 S. 1; Buchhas: Österr. Buchhandel im NS (1993) S. 157; Hupfer: Antiquarischer Buchhandel (2003) S. 270 f.

Lichtenstein, Adolf Nachum Geb. 26.6.1906 Mraznica, Polen; Buchhändler. L., Sohn von Emil (Rachmiel) und Clara (Chaja) L. studierte an der Universität Graz und flüchtete 1938 mit seiner Frau Sybille Melitta nach Palästina. L. besaß eine Buchhandlung mit Leihbücherei in der Sheinkin Street in Tel Aviv; zeitweilig fungierte der Laden auch als Agentur für den Deutschen Bücherbund. Er verstarb jung, sein Geschäft ging in andere Hände über.

F. Pinczower, Brief vom 23.12.1991 an EF; Interview EF mit Erwin Lichtenstein am 22.10.1992 in Kfar Shmarjahu / Israel; www.geni.com; Harry Schneiderman [ed.]: Who's who in world Jewry. A biographical dictionary of outstanding Jews. New York 1955.

Lichtenstein, Erwin 16.2.1901 Königsberg / Ostpreußen–22.3.1993 Kfar Shmarjahu / Israel; Rechtsanwalt, Inhaber einer Leihbücherei; Dr. jur. Nach Abschluss seines Rechtsstudiums 1922 arbeitete L. in Königsberg in der Kanzlei seines Vaters. Als das Büro im April 1933 wegen antisemitischer Repressalien geschlossen werden musste, ging L. nach Danzig und wurde dort Syndikus der jüdischen Gemeinde und aktiv in der Organisation der jüdischen Emigration. Er konnte mit seiner Familie im letzten Moment Danzig verlassen und kam im September 1939 mit dem letzten Flüchtlingsschiff nach Palästina. Dort eröffnete er am 1. Januar 1940 auf der Ben-Jehuda-Straße in Tel Aviv die LEIHBÜCHEREI MENDELE für deutsche Bücher, als deren Inhaber er bis ca. Anfang 1950 firmierte. L. teilte sich den Raum mit einem Stricksalon, eine damals nicht ungewöhnliche Vorgangsweise unter Immigranten. Da er den größten Teil seiner privaten Büchersammlung in Danzig ›verschleudert‹ hatte, musste er vieles neu beschaffen. Für hebräischsprechende Kunden – unter ihnen auch Schriftsteller – konnte er die Hilfe der Tochter eines Vetters in Anspruch nehmen. Allerdings kam es damals auf engstem Raum zu so zahlreichen Neugründungen von Leihbüchereien und Buchläden, dass trotz der großen Nachfrage das Leser- und Käuferinteresse stark zersplitterte. Aus dem Impuls heraus, die Interessen innerhalb der Kollegenschaft besser zu organisieren, ergab sich ein neues Betätigungsfeld: Nach 1950 arbeitete L. als Anwalt für die israelischen Importbuchhändler, die sich aus diesen Besprechungen heraus zu einer Organisation, der Foreign Book Trade Association, zusammenschlossen, mit → Saul Klier als langjährigem Vorsitzenden. L. vertrat in deren Vorstand die Sparte Leihbibliothek, die sich in Israel zu einem wichtigen Faktor im fremdsprachigen Buchhandel entwickelt hatte. Eine Darstellung seines Lebens und seiner beruflichen Tätigkeit hat L. 1982 unter dem Titel *Rückblick auf 80 Jahre* verfasst und an Freunde versandt, unter ihnen Günter Grass, der die Drucklegung des Berichts bei Luchterhand veranlasste.

Erwin Lichtenstein: Bericht an meine Familie. Ein Leben zwischen Danzig und Israel. Mit einem Nachwort von Günter Grass. Darmstadt: Luchterhand 1985.

Interview EF mit L. am 20.10.1993 in Kfar Shmarjahu / Israel; Korrespondenz EF mit L. 1992 bis 1993; Erwin Lichtenstein Collection 1926–1989, AR 7193, Leo Baeck Institute, New York; Ruth Shany geb. Lichtenstein. In: Gideon Greif [Hg.]: Die Jeckes: Deutsche Juden aus Israel erzählen. Köln: Böhlau 2000 S. 219–23.

Liebmann, Carlos G. 21.3.1900 Berlin – nach 1978; Buchhändler, Verleger. L., mit Vornamen ursprünglich Karl Wilhelm, war der Sohn des Verlegers Dr. Dr. Otto L. (gest. 1942 in Berlin), der bis 1933 Inhaber der von ihm 1890 gegründeten Verlagsbuchhandlung für Rechts- und Staatswissenschaften OTTO LIEBMANN in Berlin war und außerdem Verleger der *Deutschen Juristen-Zeitung*. Dieser juristische Fachverlag ging 1934 ›aufgrund freundschaftlicher Vereinbarungen‹ an die C.H. Beck'sche Verlagsbuchhandlung München über. ›Carlos Liebmann betonte, daß der Münchener Verlag sich bei dieser von den Behörden erzwungenen Transaktion sehr human, sehr großzügig verhalten hatte.‹ (Taubert: *Mit Büchern die Welt erlebt* S. 318) L. war auch Inhaber und Geschäftsführer des 1923 gegründeten WERK-VERLAGS in Berlin, der am 1. Januar 1938 von Willem Jaspert (auch Geschäftsführer des Karl Siegismund-Verlags und des Süd-Ost-Verlags) mit Sondergenehmigung des Reichspropagandaministeriums übernommen worden ist. L. wurde zeitweise in KZ-Haft genommen. 1939 emigrierte er mit seiner Familie nach Frankreich, im Oktober 1939 dann weiter nach Ecuador, das ihm als einziges Land eine Einreisegenehmigung erteilt hatte. L. suchte sich zunächst durch die Herstellung von Stempeln, Schildern und Notizblöcken sowie durch Verkauf von Schreibwaren und Büroartikeln eine Existenz zu schaffen. In diesen ersten Jahren kaufte und verkaufte er auch deutschsprachige Gebrauchtbücher. 1942 gründete er in Quito an der Plaza de la Independencia ein allgemeines und wissenschaftliches Sortiment SU LIBRERÍA CARLOS G. LIEBMANN mit einem überwiegend spanischsprachigen Buchangebot; innerhalb Ecuadors wurde das Unternehmen auch als Versandbuchhandlung und als Grossobuchhandlung tätig und war darüberhinaus mit Ecuadoriana auch im Buchexport engagiert. Eine ausländische bzw. deutsche Abteilung wurde von Eva Weinberg als Prokuristin geführt; mit dem VICTORY BOOK CLUB wurde der Firma auch eine Leihbibliothek angegliedert. L. war bald auch als Drucker und Verleger erfolgreich tätig; in der CASA EDITORA LIEBMANN erschienen u.a. juristische Ratgeber, etwa von Alfred Karger, der den Immigranten die ecuadorianische Rechtslage verständlich darlegte. Setzte L. also zunächst die Tradition des väterlichen Verlagshauses fort, so brachte er in weiterer Folge immer mehr Bücher südamerikanischer Autoren heraus. Der Verlag und besonders die Buchhandlung entwickelten sich in den 1950er und 1960er Jahren zu einem echten Kulturfaktor im geistigen Leben Ecuadors. L. gehörte als Gründungsmitglied dem Vorstand der nationalen Buchhändler-Vereinigung an und engagierte sich – obwohl in Berlin getauft und vollkommen assimiliert aufgewachsen – nunmehr aktiv in der jüdischen Emigrantenkolonie von Quito. Als in den 1960er Jahren Taubert als Vertreter des Börsenvereins eine Reise durch Südamerika machte, berichtete er über L.: ›Die schweren Schicksalsschläge, die Herr Liebmann durch die NS-Politik erlitten hat, haben ihn zunächst dazu bestimmt, mit dem deutschen Buchhandel nach 1945 keinerlei Kontakt mehr zu suchen. [...] Diese mehr als verständliche abwehrende Haltung gegenüber einer direkten Verbindung hat sich erfreulicherweise in den letzten Jahren aber etwas gelockert [...]. Herr Liebmann ist zugleich eine der maßgebenden Persönlichkeiten in dieser großen, geistig sehr regsamen Emigrantengruppe.‹ (Taubert: *Lateinamerika* S. 77) Tatsächlich hatte L. lange Zeit keine Bücher direkt aus Deutschland bezogen, sondern diese allenfalls über die Schweiz importiert. 1960 betrug der Anteil der nichtspanischsprachigen Bücher im Sortiment rund 30 %; davon stammte knapp ein Viertel aus dem deutschsprachigen Raum.

Carlos G. Liebmann: El desarrollo cultural en el Ecuador. In: Bene Brith Quito 1946–1956. Quito 1956.

BHE 1; Adressbuch 1931 S. 380; Verlagsveränderungen 1933–1937 S. 15; Verlagsveränderungen 1942–1963 S. 119; Taubert: Lateinamerika (1961) S. 77 f.; Bbl. Nr. 293 vom 18. 12. 1933 S. U 3 [Übernahme durch die C. H. Beck'sche Verlagsbuchhandlung]; Taubert: Mit Büchern die Welt erlebt (1992) S. 318 f.; María Luise Kreuter: Wo liegt Ecuador? Exil in einem unbekannten Land 1938 bis zum Ende der fünfziger Jahre. Berlin: Metropol 1995 S. 288; Edgar Freire Rubio: Quito. Tradiciones, testimonio y nostalgia. Bd. IV. Quito: Libresa 2002 S. 152; Stefan Rebenich: C. H. Beck 1763 – 2013: Der kulturwissenschaftliche Verlag und seine Geschichte. München: C. H. Beck 2015 S. 365–380; Irene Münster: Das Buch als Gastgeschenk: Deutsch-jüdische Buchhändler und Verleger in Lateinamerika. In: Von Europa nach Südamerika – Deutsch-jüdische Kultur in der Emigration. Hrsg. v. Liliana Ruth Feierstein. (Münchner Beiträge zur jüdischen Geschichte und Kultur 10 (2016), Heft 2). München: Lehrstuhl für Jüdische Geschichte und Kultur an der Ludwig-Maximilians-Universität München 2016 S. 66–76; bes. S. 74.

Liebstaedter, Otto 4. 8. 1900 Nürnberg – 6. 3. 1969 Hilversum; Antiquar; Dr. rer. pol. Der Sohn eines Nürnberger Arztes unterbrach sein 1919 in Erlangen aufgenommenes Studium der Wirtschaftswissenschaften 1921 für eine Tätigkeit als Bankbeamter und Effektenhändler, nahm es 1925 in Berlin wieder auf und promovierte 1926 in Gießen mit einer Arbeit über *Die Konzentration in der deutschen Margarine-Industrie* (1927 in Gießen im Druck erschienen); danach arbeitete er kurzzeitig als Journalist. Über seinen Freund → Karl Anton Steiner, dessen Verwandte als Bankkaufleute Anteile an dem renommierten Berliner Antiquariat A. ASHER & CO. hielten, kam er in Kontakt mit dem Inhaber Hermann Lazarus (gest. 1923) bzw. dessen Witwe und Nachfolgerin Rosalie (Rosie) Lazarus, geb. Mayer. Zum 1. Juli 1929 trat L. als Teilhaber in die Firma Asher ein, die insbesondere Wissenschaftler, Universitäts- und Staatsbibliotheken belieferte. 1933 wurden L. und Rosie Lazarus zum Verkauf des Antiquariats gezwungen (siehe auch → Ludwig Lazarus). L. emigrierte in die Niederlande und leitete ab 1. August 1933 in Den Haag die Firma A. ASHER'S IMPORT & EXPORT-BOEKHANDEL, einen Zweig des Berliner Sortiments- und Antiquariatsgeschäftes, der später von Nico Israel fortgeführt wurde. 1935 kaufte L. gemeinsam mit → Rudolph Schierenberg das in Den Haag ansässige ANTIQUARIAAT W. JUNK, das sein Inhaber, der emigrierte Antiquar und Verleger → Wilhelm Junk aus Altersgründen veräußerte. Die beiden führten das Antiquariat – L. (wie auch Steiner) zusätzlich zu seiner Tätigkeit bei Asher's – unter dem Namen Antiquariaat W. Junk bis 1940 weiter. Nach der Okkupation Hollands durch die Nationalsozialisten musste L. das Antiquariat Junk auf Befehl der deutschen Besatzer an den nichtjüdischen Kompagnon Schierenberg übergeben. Es gelang L. und seiner Familie mit Hilfe holländischer Freunde als ›Untertaucher‹ der Verfolgung durch die Gestapo zu entgehen. Nach dem Ende des Zweiten Weltkriegs kooperierten L. und Steiner erneut: Unter Beteiligung von Steiners Sohn Julius (geb. 1946) reaktivierten sie A. Asher & Co., jetzt in Amsterdam an der Herengracht, und spezialisierten sich auf das naturhistorische Fachantiquariat. Nach dem Tod Liebstaedters musste bald auch Karl Anton Steiner aus gesundheitlichen Gründen aufgeben; die Firma wurde an Nico Israel verkauft und an die Keizersgracht verlagert, wobei Julius Steiner weiter Manager des Asher-Zweigs blieb. Als sich Nico Israel 1995 zurückzog, wurde die schon 1971 zum namensgebenden Hauptunternehmen avancierte Fa. A. Asher & Co. an Michael Roos verkauft und nach dessen Rückzug 2010 mit dem Antiquariaat Forum (gegr. 1970 von Sebastiaan Hesselink) vereinigt. Das die verschiedenen Traditionsstränge – die Spezialisierung auf Naturgeschichte, Atlanten, illustrierte Bücher und Reiseliteratur und generell auf ›fine books & manuscripts‹ – fortführende Antiquariat ASHER RARE BOOKS steht heute (2019) unter der Leitung von Laurens Hesselink und Julius Steiner.

Adolf Geipel: Buchhandlung A. Asher & Co., Berlin. 1830–1930. In: Bbl. 97 (1930) Nr. 1, 2. Januar 1930 S. 2–5; K. A. Steiner: Zum Gedenken an Dr. Otto Liebstädter. In: Bbl. (Ffm) Nr. 39 vom 16. 5. 1969 S. A 1056; Schroeder: ›Arisierung‹ I (2009) S. 305 f.; Schroeder: ›Arisierung‹ II (2009) S. 374; A. Asher & Co. BV [Homepage]; Antiquariaat Forum [Homepage].

Liepman, Ruth 22. 4. 1909 Polch in der Eifel – 29. 5. 2001 Zürich; Literaturagentin; Dr. jur. L. war die Tochter eines Arztes und wuchs in einem liberalen jüdischen Elternhaus auf, ihr Geburtsname war Lilienstein. Noch vor Ausbruch des Ersten Weltkrieges zog die Familie nach Hamburg, wo L. bis 1925 die reformfreudige Lichtwarkschule besuchte. Schon früh wurde sie Mitglied der KPD, nach ihrem Abitur im Februar 1928 arbeitete sie in einer Hamburger Textilfabrik. Nachdem sie ihr Jurastudium in Hamburg und Berlin abgeschlossen hatte, wurde L. als Referendarin am 21. Juni 1933 aus dem hamburgischen Staatsdienst entlassen und erhielt Berufsverbot. Sie promovierte im Januar 1934 und flüchtete an ihrem 25. Geburtstag ins Exil nach Holland. Am 5. Oktober 1934 erließ die Hamburger Staatsanwaltschaft gegen sie einen Haftbefehl wegen Vorbereitung zum Hochverrat; sie hatte sich während ihrer Studienzeit im illegalen Widerstand der KPD engagiert. In Holland arbeitete L. an dem Buch *Die Rechtslage deutscher Staatsangehöriger im Ausland* mit und lernte den Schweizer Architekten Oskar Stock kennen, den sie später heiratete. Diese Schutzheirat, der Schweizer Pass und eine Stelle beim Schweizer Konsulat in Amsterdam ermöglichten es ihr, Juden und politisch Verfolgte zu retten. 1943 wurde L. denunziert und musste als steckbrieflich gesuchte Kommunistin und Jüdin in den Untergrund gehen. Nach 1945 begegnete die später geschiedene L. bei Freunden in Hamburg dem Journalisten und Schriftsteller Heinz L. (27. 8. 1905

Osnabrück – 6.6.1966 Aragone, Tessin), den sie 1949 in zweiter Ehe heiratete. Liepman war im US-Exil Mitarbeiter des *Time Magazine* gewesen, hatte bereits vereinzelt eigene Erzählungen publiziert und aus dem Exil im Auftrag seiner amerikanischen Agentin Ann Elmo eine Liste von Autoren mitgebracht, die in Deutschland nach Verlegern suchten, darunter Arthur Miller. Die von den L.s 1949 in Hamburg gegründete Agentur war die erste Agentur im Nachkriegsdeutschland; sie vertrat bald eine Reihe deutscher und ausländischer Autoren, darunter englische, holländische, israelische und französische (z.B. Norman Mailer, F. Scott Fitzgerald, Richard Wright). Während Heinz Liepman sich bald wieder ausschließlich dem Schreiben widmete, besorgte L. die Geschäfte der Agentur; große Namen wie J. D. Salinger, Vladimir Nabokov und Stephen King kamen dazu. 1961 verlegte L. den Sitz der weltweit etablierten und geschätzten Agentur nach Zürich. Heinz L. nannte diesen Umzug wiederholt seine ›zweite Emigration‹, die er nur um fünf Jahre überlebte. Die Agentur wurde fortan von L. und ihren zwei Partnerinnen Eva Koralnik und Ruth Weibel geleitet und 1981 in die LIEPMAN AG umgewandelt. Nach dem Tod L.'s waren Koralnik und Weibel die alleinigen Inhaberinnen der Agentur. L. wurde mit der Goldenen Ehrenmedaille der Stadt Zürich ausgezeichnet, die Gesellschaft für Exilforschung verlieh ihr 1998 die Ehrenmitgliedschaft.

Ruth Liepman: Vielleicht ist Glück nicht nur Zufall. Erinnerungen. Kiepenheuer & Witsch 1993.

Bbl. (FfM) Nr. 98 vom 9.12.1975 S.1673–75; Bbl. (FfM) Nr. 32 vom 21.4.1989 S.1481 f.; Bbl. Nr. 45 vom 6.6.2001 S.4860, 4862 [Todesanzeige]; Bbl. Nr. 46 vom 8.6.2001 S.22 f. [Nachruf von] Matthias Wegner in: Exil 21. Jg. Nr. 1 (2001) S.63; Ruth Liepman – Grande Dame der Literaturagenten gestorben. [Nachruf] In: swissinfo vom 31.5.2001 [online]; Skalicky: Literaturagenten in der Emigration (2001) S.122 f.; Wilfried Weinke: Ruth Liepman: Anwältin und Agentin der Autoren. In: Jahrbuch Exilforschung (2004) S.237–47; Homepage Liepman Agency [online]; Wilfried Weinke: Ich werde vielleicht später einmal Einfluß zu gewinnen suchen ... Der Schriftsteller und Journalist Heinz Liepman (1905–1966) – eine biografische Rekonstruktion. Göttingen: V&R unipress 2017.

Liepmann, Erich Geb. 8.7.1886 Groß-Schönebeck; Verlagsleiter. L. war einer der Geschäftsführer der OTTO HOFFMANNS VERLAG GMBH (gegr. 1894) in Berlin, gemeinsam mit → Heinz Günther Koppell und Paul Leonhard. Auch fungierte er als Leiter der Verlagsabteilung der *Jüdischen Rundschau*. Mit Wirkung vom 1. Januar 1939 wurde er zum Leiter der Verlagsabteilung des Jüdischen Kulturbunds bestellt; hier gehörte u. a. die Herausgabe des *Jüdischen Nachrichtenblatts*, das aufgrund des Verbots der jüdischen Presse damals Monopolcharakter hatte, zu seinen Obliegenheiten. L. wanderte bereits im April 1939 nach Palästina aus, wo er sich, von Tel Aviv aus, um den Vertrieb bzw. die Verwertung von im Kulturbund zusammengeführten Bücherbeständen im Vorderen Orient kümmern sollte.

Erich Liepmann: Erinnerungen: Berlin, November 1938 bis April 1939 [April 1956], in den Yad Vashem Archives, Jerusalem, Documents, 01/135; auch (in engl. Übers.) in Saul Friedländer: Nazi Germany and the Jews. Bd. 1: The Years of Persecution, 1933–1939. New York 1997, S. 284.

Adressbuch 1931 S. 274; Braun: Schluss-Verkauf (1992) S. 156.

Lifczis (Lifezis), Anna 6.2.1902 Wien –15.7.1987 Wien; Verlagsmitarbeiterin, Literaturagentin, Übersetzerin. L. wuchs als Tochter des Arztes Julius Schermant in Wien auf. 1921 bis 1931 war sie im Wiener Theaterverlag ihres Onkels Otto Eirich beschäftigt, wo sie den Verlagsbuchhandel von Grund auf lernte; seit Ende der 20er Jahre war sie als Übersetzerin unter dem Namen Annie Reney tätig, u. a. für den HERBERT REICHNER-VERLAG und die BÜCHERGILDE GUTENBERG. Ihr Mann → Hugo L., den sie 1926 ehelichte, vertrat als Rechtsanwalt u. a. den THEATERVERLAG EIRICH und die Tageszeitung *Neues Wiener Journal*. Nach der gemeinsamen Flucht aus Österreich im Juli 1938 gelangte das Ehepaar über die Schweiz und Frankreich im Herbst nach Buenos Aires, Argentinien, wo L. nach vorübergehender Anstellung als Sprachlehrerin und Erzieherin mit ihrem Mann die literarische Agentur INTERNATIONAL EDITORS CO. gründete, die sich, teilweise in Zusammenarbeit mit → Franz Horch, New York, rasch etablieren konnte: Zu den Autoren, für deren Platzierung auf dem spanischsprachigen Markt sie sich besonders einsetzten, gehörten u. a. Arthur Schnitzler, Franz Werfel, Vicki Baum, Joseph Roth, Alexander Lernet-Holenia, aber auch Sigmund Freud. Besonders erfolgreich vertraten sie Leo Perutz, mit dem das Ehepaar L. eng befreundet war: Perutz' Romane wurden auf ihre Vermittlung bei den Verlagen EDITORIAL ÉLAN und EDITORIAL ARGONAUTA herausgebracht, *Der Marques de Bolibar* wurde dabei auch von L., in Zusammenarbeit mit Elvira Martin, ins Spanische übersetzt. In Argentinien schrieb L. ihren Namen Lifezis, um ihn der spanischen Phonetik anzupassen. Nach 1945 arbeiteten die Eheleute L. am Aufbau einer Österreichisch-Argentinischen Kulturgesellschaft mit. Als Peron in Argentinien an die Macht kam, übersiedelte das Ehepaar L. nach Barcelona, wo es bereits in den 1950er Jahren in der Via Layetana eine Agenturfiliale eröffnet hatte. Nach dem Tod ihres Mannes führte L. noch für eine Zeit die Agentur allein weiter, bis sie sie 1973 verkaufte und nach Wien zurückkehrte. 1980 nahm L. wieder die österreichische Staatsbürgerschaft an.

Nachlass im Österreichischen Literaturarchiv, ÖNB; Exilarchiv Teilnachlass EB 87/70 [Korrespondenz, Manuskripte und Übersetzungen]; Bolbecher, Kaiser: Österr. Exilliteratur (2000) S. 445 f.; Roman Roček: Mittlerin zwischen den Welten – Anna Lifezis (Lifczis). In: Mit der Ziehharmonika. Zeitschrift der Theodor-Kramer-Gesellschaft 13. Jg. Nr. 1 (1996) S. 12–17; Skalicky: Literaturagenten in der Emigration (2001) S. 107 f.

Lifczis, Hugo Um 1895 – 1. 7. 1970 Barcelona; Literaturagent; Dr. jur. L. arbeitete bis zum ›Anschluss‹ Österreichs in Wien als Rechtsanwalt; er verhalf vielen illegal aus Hitlerdeutschland entkommenen Emigranten zu neuen Dokumenten. Er emigrierte zusammen mit seiner Frau → Anna L. 1938 über die Schweiz und Frankreich nach Argentinien. Dort gründete er mit dem ebenfalls emigrierten berühmten Wiener Parfumeur M. E. Meyer eine Parfumfabrik, die eineinhalb Jahre später Bankrott ging. Erfolg hatte er aber mit der gemeinsam mit seiner Frau betriebenen Literaturagentur INTERNATIONAL EDITORS CO. in Buenos Aires, später Barcelona; als Kooperationspartner fungierte der Freund → Franz Horch, der sich in New York als Literaturagent niedergelassen hatte. In Konkurrenz stand das Ehepaar L. vor allem zur Agentur von → Alfredo Cahn und auch zu → Friderike Maria Zweig. 1942 erhielt L., zusammen mit seiner Frau, die argentinische Staatsbürgerschaft. Nach dem Krieg engagierte sich L. im Rahmen der kulturellen Zusammenarbeit zwischen der österreichischen Vertretung und Argentinien, so vermittelte seine Agentur Tonbänder von den Salzburger Festspielen an den Argentinischen Rundfunk. 1960 wurde L. das Goldene Ehrenzeichen für Verdienste um die Republik Österreich verliehen. Im selben Jahr übersiedelte L. nach Barcelona, wo er bis zu seiner schweren Erkrankung 1967 die Agenturgeschäfte weiterbetrieb.

Quellen wie Anna Lifczis, sowie: Adolf Engel: Verdienstvolle Österreicher. Dr. Hugo Lifezis – ein kultureller Geschäftsträger Österreichs. In: Der Auslandsösterreicher. H. 2 (1953); Gold: Juden in Österreich (1971) S. 169.

Linden, Samuel 1911 Leipzig – 7. 3. 1986 Hampstead, London; Antiquar. L. war ein Hitleremigrant, der in Deutschland noch nichts mit dem Buchhandel zu tun gehabt hatte. In London baute er sich eine neue berufliche Existenz auf, indem er sich auf den Handel mit Lehrbüchern, insbesondere historischer, schöngeistiger und mathematischer Literatur spezialisierte. Zu seinen Kunden zählten Bibliothekare und Buchhändler, die er mit niedrigpreisigen Katalogen an sich zu binden wusste. Sein vollgestopftes, labyrinthisches Lager hatte der etwas exzentrische, dabei bescheiden und zurückgezogen lebende Antiquar in einem Souterrain in der Craven Street, nahe Charing Cross Station. Ab Mitte der 1970er Jahre handelte L. hauptsächlich mit Restauflagen und Buchbeständen aus Geschäftsauflösungen.

Interview EF mit Albi Rosenthal am 31. 3. 1995; Samuel Linden 1911–1986. In: AdA 4/1986, A 198; Antiquarian Book Monthly Review 13 (1986) S. 148; Eric and Joan Stevens: S. Linden. In: ABA Newsletter no. 145 (Apr. 1986).

List, Kurt 21. 6. 1913 Wien – 16. 11. 1970 Mailand; Musikverleger. L., der bei Berg und Webern studiert hatte, war als Musikwissenschaftler, Dirigent, Musikkritiker, Komponist und Schallplattenproduzent tätig. Er ging ins Exil in die USA, unterrichtete an der Johns Hopkins University, Baltimore, und war beim Musikverlag BOMART als Chairman of the Editorial Board tätig.

Fetthauer: Musikverlage (2004) S. 486; Peter Revers: Egon Wellesz in Oxford. In: Friedrich Stadler [Hg.]: Vertriebene Vernunft: Emigration und Exil österreichischer Wissenschaft 1930–1940. Bd. 2. Münster: Lit Verlag 2004 S. 618, 620.

Loeb, Hermann 6. 7. 1897 Trier – 30. 4. 1963 Basel; Verleger; Dr. phil. Der Trierer Kunsthistoriker L. kaufte 1924 die Verlagsbestände der seit 1774 bestehenden Frankfurter Kunsthandlung F. A. C. PRESTEL und gründete den PRESTEL VERLAG GMBH, in dem zunächst in Zusammenarbeit mit Museen Faksimilemappen zu den Handzeichnungen alter Meister erschienen. Diese im höheren Preissegment angesiedelten Mappen waren für vermögende Sammler, Forscher und Institutionen konzipiert und stellten verlegerisch ein absolutes Novum dar. Ein größeres Publikum erreichte der Verlag ab 1929 mit wissenschaftlichen Gesamtkatalogen bedeutender Sammlungen, und daran anschließend mit der Übernahme der Veröffentlichung des *Wallraf-Richartz-Jahrbuchs* und des *Städel-Jahrbuchs*. Die erfolgreiche Entwicklung des Verlages wurde durch die nationalsozialistische ›Machtergreifung‹ unterbrochen: L. sah sich aufgrund von Repressalien und rassistischer Verfolgung gezwungen, Deutschland zu verlassen, und emigrierte 1933 in die Schweiz, wo er in Basel mit Hilfe von Schweizer Freunden die (bis 1956) bestehende HOLBEIN VERLAG AG gründete. Der Verlag stand bis Kriegsbeginn mit grenzüberschreitenden Ko-Editionen in engen Geschäftsbeziehungen zum Prestel Verlag, für den L.'s Frau Dr. Annemarie L.-Cetto in Frankfurt nach wie vor Prokura hatte. Seine GmbH-Anteile hatte L. am 21. September 1933 seinem langjährigen Mitarbeiter Hans König übertragen, der ab diesem Zeitpunkt als Geschäftsführer eingesetzt war. Zum 31. Dezember 1935 wurde L.'s Mitgliedschaft im BRB gestrichen, er fand nun – eine Ausnahme von der sonstigen Vorgangsweise – am 1. Februar 1936 Aufnahme in den

Schweizerischen Buchhändlerverein. Seine (inzwischen geschiedene) Frau emigrierte nach einer Warnung des Freundes Peter Suhrkamp erst 1939, nachdem sie auch die Anteile von Hans König übernommen hatte, in die Schweiz. Der nun faktisch führerlose Prestel Verlag geriet ins Schlingern und wurde schließlich durch den Aachener Juristen Dr. Paul Capellmann fortgeführt, der frisches Kapital zur Verfügung stellte und das Unternehmen, mit dem Papiergroßhändler Karl Hartmann als Kommanditisten, nach München transferierte; die Kooperationsvereinbarungen mit dem Holbein Verlag, dessen Produktion nach Möglichkeit nach Deutschland übernommen werden sollte, blieben dabei im Prinzip aufrecht. Während der Kriegsjahre wurden jedoch nur wenige Titel veröffentlicht; 1944 wurden sowohl das Münchner Büro als auch die nach Leipzig ausgelagerten Buchbestände durch Bombenangriffe zerstört. Nach dem Krieg und dem Tod Paul Capellmanns 1947 waren es dann dessen Frau Georgette und der neue Verlagsleiter Gustav Stresow, die den Verlag in eine neue Blüte führten. Neue Konzepte für das Kunstbuch und die bald sehr beliebten ›Landschaftsbücher‹ trugen ebenso dazu bei wie die Veranstaltung von internationalen Koproduktionen; hier war es → Kurt L. Maschler, der den ersten Kontakt zu PENGUIN in Großbritannien herstellte. L.'s Verlage, nach Holbein auch der kurzlebige PHOEBUS-VERLAG, haben einen hohen qualitativen Standard im Schweizer Kunstbuchverlag eingeführt; zahlreiche Bücher des bedeutenden Typographen Jan Tschichold erschienen im Holbein Verlag (u. a. *Schriftkunde, Schreibübungen und Skizzieren für Setzer*). Nach dem Zweiten Weltkrieg trat L. auch wieder in das Gesichtsfeld des Prestel Verlages, dem er in beratender Funktion zur Seite stand.

SStAI, BV, F 4147 [umfangreiche Mappe]; Wikipedia; Gustav Stresow [Red.]: Prestel Verlag: 1924–1984. Verlagsgeschichte und Bibliographie. München: Prestel 1984.

Loeb-Larocque, Louis 1. 4. 1912 Saarbrücken –17. 2. 1996 Paris; Antiquar. Aufgewachsen als Walter Loeb in Saarbrücken, besuchte er dort das Reform-Real-Gymnasium und begann anschließend ein Jura-Studium in München, musste dieses aber nach der NS-›Machtergreifung‹ abbrechen. Seine Familie im Saarland optierte für Frankreich; für ihn selbst folgten Jahre der Flucht, die ihn über Strassburg nach Paris und nach dem Einmarsch der deutschen Truppen 1940 nach Südfrankreich und schließlich in die Pyrenäen führten, wo er sich bis Kriegsende unter dem Namen Louis Larocque versteckt hielt. Nach 1945 wurde daraus die Namensform Louis Loeb-Larocque. L.-L. sicherte sich seinen Lebensunterhalt zunächst durch Errichtung eines Spezialgeschäfts für wasserdichte Kleidung in Paris (›Les Imperméables‹), ging aber gleichzeitig seiner schon in Jugendjahren entwickelten Neigung nach und sammelte alte Bücher und Druckgraphik, von denen er im Keller seines Geschäfts ein Lager anlegte. Er betätigte sich einige Jahre lang als *marchand amateur*, strebte aber die Gründung eines Antiquariats an. Nachdem ein erster Versuch im Quartier Latin aufgrund fehlender Konzession scheiterte, erwarb er ein Geschäft mit vorhandener Konzession; 1958 schließlich eröffnete er das Ladenlokal der FA. LOEB-LAROQUE in 36, Rue Le Peletier, das nachfolgend zu einer unter Kennern weltweit bekannten ersten Adresse auf dem Feld der alten Kartographie werden sollte. Seit 1963 brachte L.-L. auch Kataloge heraus, mehr als fünfzig in dreieinhalb Jahrzehnten. Auch gab die fortgesetzte Erweiterung des Geschäftsumfangs Anlass zu Filialgründungen: In Monaco entstand LE CABINET DE L'ESTAMPE ET DU LIVRE ANCIEN, und in Stuttgart errichtete er mit seinem früheren Mitarbeiter Friedrich Weissert als Geschäftspartner das GRAPHIK KABINETT LOEB & WEISSERT, das später von Weissert zur Gänze übernommen wurde. Seit 1980 hielt L.-L. im Hotel Drouet auch Auktionen insbesondere zu alten Landkarten, Atlas-Werken und illustrierter Reiseliteratur vom 16. bis 19. Jahrhundert ab; zur Kartographiegeschichte steuerte er außerdem mehrfach Publikationen bei (wie z. B.: Karten deutscher Gebiete aus der Produktion französischer Verleger des 17. Jahrhunderts. In: *Speculum Orbis*, 1985, S. 3–23), in denen sich die wissenschaftlich fundierte Arbeitsweise des in der internationalen Fach- und Sammlerwelt bestens vernetzten Antiquars dokumentiert. Für die hohe Anerkennung innerhalb der Kollegenschaft spricht seine 1986/87 erfolgte Berufung zum Präsidenten des Syndicat de la Librairie Ancienne et Moderne. Nach seinem Tod wurde die inzwischen in die rue de Tolbiac 31 übersiedelte LIBRAIRIE LOEB-LAROCQUE auf gleich hohem Niveau von seiner Tochter Béatrice L.-L. weitergeführt, die schon seit 1982 im Geschäft mitgearbeitet hat.

Louis Loeb-Larocque 70. In: AdA 4/1982, A 154; Fritz Hellwig: Louis Loeb-Larocque [Nachruf]. In: Cartographica Helvetica. Fachzeitschrift für Kartengeschichte 15/16 (1997), Heft 15 S. 60; Der Antiquar lässt sich fotografieren. Porträts von Joachim W. Siener. Hg. von Eberhard Köstler und Frieder Weitbrecht. Mit Beiträgen von Björn Biester, Wulf D. von Lucius und Joachim W. Siener. Stuttgart: Verband Deutscher Antiquare e. V. 2016 (Nr. 29).

Loewe, Erwin 1895 Berlin–1974 Stockholm; Werbefachmann, Verleger. L. besuchte das Friedrich-Wilhelm-Gymnasium in Berlin, wurde zum Kriegsdienst eingezogen und schlug nach seiner gesundheitlich bedingten vorzeitigen Entlassung die Laufbahn eines Werbekaufmanns ein. Seit 1923 führte er selbständig einen Reklame-Verlag (Werbeagentur) in Berlin; im gleichen Jahr verheiratete er sich. Ende 1933 gründete L. einen Buchklub JÜDISCHE BUCH-VEREINIGUNG, aus dem 1934 eine gleichnamige, nicht auf Gewinn abzielende, von der Reichsvertretung der deutschen Juden getragene Buchgemeinschaft hervorging. Diese Jüdische Buch-Vereinigung e. V. (JBV) wurde von mehr als fünfzehn jüdischen Organisationen unterstützt und sollte die Förderung der jüdischen Buchproduktion im ›Dritten Reich‹ auf eine gemeinsame Basis stellen. L. war 1933–38, neben Erich Lichtenstein, Mitgeschäftsführer der JBV, und seit 1935 auch Inhaber des von ihm gegründeten Verlags ERWIN LOEWE, der in enger Verflechtung mit der JBV operierte; so etwa domizilierte deren Berliner Zentrale an der gleichen Adresse wie der Verlag (Berlin W 50, Schaperstraße 8) und brachte mehrfach Parallelausgaben der JBV-Bücher heraus, um sie (als ›Volksausgaben‹) in den allgemeinen jüdischen Buchhandel einzuschleusen. Eine weitere Verflechtung ergab sich in der Person von Erich Lichtenstein, dessen seit 1920 geführter Verlag damals im Verlag Erwin Loewe aufgegangen war; Lichtenstein (der die NS-Zeit in Deutschland überleben sollte) war nunmehr literarischer Berater oder Lektor des Verlags von L., der für die kaufmännische Führung verantwortlich zeichnete. Die JBV richtete ›Vertrauensstellen‹ u. a. in München ein, weitere waren geplant. Sehr bald zählte die Vereinigung an die 9000 Mitglieder. 1937 hatte die Buchgemeinschaft allerdings mit finanziellen Verlusten und – aufgrund der Emigrationswelle in jenem Jahr – mit einem starken Rückgang der Mitgliederzahl zu kämpfen; im Frühsommer 1938 wurde sie von L. käuflich erworben, musste aber bereits im August 1938 ihre Tätigkeit einstellen. Bis dahin hatte sie 19 Titel herausgebracht, darunter Gertrud Kolmars Gedichtsammlung *Die Frau und die Tiere* (1938). L. führte damals sein Unternehmen als ›Jüdischen Buchverlag‹ und arbeitete im Jüdischen Kulturbund mit; die Bücher seines Verlages wurden vom Kulturbund zur weiteren Verwertung übernommen. L. war 1940 wegen ›unerlaubter literarischer Betätigung‹ kurzzeitig inhaftiert, konnte dann aber nach Schweden flüchten; in Stockholm ist er 1942 als Herausgeber bzw. Verfasser des Gedenkbuches *Elias Gut in memoriam* hervorgetreten.

SStAL, BV, F 15. 127; Testament to the Holocaust: Series One: Archives of the Wiener Library, London: Loewe, Erwin – Stockholm: The Jüdische Buchvereinigung. Eyewitness Accounts: Doc. No. P. II. e. No. 179: 2 pages, Reel 48 [Angabe online]; Dahm: Das jüdische Buch (1993) S. 519; Braun: Bücher im Schluß-Verkauf (1992) S. 157; Hans-Udo Wittkowski [Hg.]: … da werde ich lieber Seifensieder. Erich Lichtenstein im Spiegel seiner verlegerischen und publizistischen Arbeit. Berlin: Blanke 2000 bes. S. 216; Hans-Udo Wittkowski: Der Verleger Erich Lichtenstein. Eine biographische Notiz. In: Buchhandelsgeschichte H. 4 (2001) S. B 122–32, bes. S. B 127, B 132; Saskia Schreuder: Re-Konstruktion von Tradition. Jacob Picards Kehilla-Geschichten in der Jüdischen Buch-Vereinigung. In: Yotam Hotam, Joachim Jacob [Hg.]: Populäre Konstruktionen von Erinnerung im deutschen Judentum und nach der Emigration. Göttingen: Vandenhoeck & Ruprecht 2004 S. 123–52, hier S. 126–28.

Loewenberg, Edith 1903 Berlin–1991 London; Antiquarin. L. erhielt ihre Ausbildung als Antiquariatsassistentin im auf Geistes-, Rechts- und Wirtschaftswissenschaften spezialisierten Antiquariat und Sortiment von → Dr. Hans Preiss in Berlin. 1935 emigrierte sie mit ihrem Mann, dem Berliner Musikhistoriker Dr. Alfred L. (1902–49), Mitherausgeber der *Propyläen Kunstgeschichte* und des *Philo-Lexikons*, nach England, und arbeitete in London weiterhin für den ebenfalls emigrierten Hans Preiss, der sich dort bereits 1933 geschäftlich neu etabliert hatte. 1954 trat sie in die Firma von → Otto Haas ein und war dort bis in ihr hohes Alter eine geschätzte Mitarbeiterin. 1990 musste sie aufgrund zunehmender Gebrechlichkeit ihre Tätigkeit beenden. L. war eine enge Freundin Erika Manns und verbrachte mit ihr regelmäßig Ferienwochen in Thomas Manns Villa in Kilchberg bei Zürich.

A. R.: Obituary Edith Loewenberg. In: ABA Newsletter no. 200 (Oct. 1991) p. 26.

Löwensohn, Gustav 5. 5. 1883 Fürth / Bayern – für tot erklärt 1945 Auschwitz; Verleger. L. stammte aus assimiliertem jüdischem Elternhaus. Er besuchte in seiner Geburtsstadt das Heinrich-Schliemann-Gymnasium und war im Ersten Weltkrieg als Dolmetscher eingesetzt. 1919 trat er, gemeinsam mit seinem Bruder → Robert L. und dem Teilhaber → Albert Rosenfelder, in das Familienunternehmen, den Bilderbuchverlag G. LÖWENSOHN in Fürth ein; sein Vater Theodor L. sen. starb am 10. April 1931 im 78. Lebensjahr. Vor der NS-Zeit war L., Kommerzienrat, Drucker und Verleger in dritter Generation, Vorsitzender des Fachverbands; 1935 konnte er erreichen, dass das Gesetz, wonach Juden vom Druckergewerbe oder Verlagsgeschäft auszuschließen seien, erst zwei Jahre später in Kraft trat. 1937 wurde die Firma G. Löwensohn an die Kunstanstalten May (KAMAG) in Dresden zwangsverkauft. Der Verkaufspreis war dem Schein nach korrekt, es wurden davon aber nur 5 % an die Eigentümer ausgezahlt. Der Verlag wurde 1938 umbenannt in Pestalozzi-Verlag, damals ein kleiner Berliner Verlag, den die Löwensohns 1929 gekauft hatten. Am 31. Dezember 1937 emigrierte L. mit seiner Frau Emmy geb. Mannheimer und den beiden Töchtern nach Holland und von dort nach Belgien; in Brüssel wurde er verhaftet, als er verbotenerweise mit der Straßenbahn fuhr. Am 31. Juli 1943 wurde er nach Auschwitz deportiert. Alle Nachkommen L.'s leben heute in den USA. Nach 1945 wurden 40 % des Löwensohn- und nunmehrigen Pestalozzi-Verlags restituiert, die zu je einem Drittel den früheren Eigentümern bzw. deren Erben zugesprochen wurden. Der Pestalozzi-Verlag entwickelte sich, besonders auf dem Gebiet der Pappbilderbücher, zu einem der führenden deutschen Kinderbuchverlage und expandierte auch durch Übernahme anderer Verlage. Nach weniger günstiger Weiterentwicklung wurde er 1998 vom dänischen Egmont-Medienkonzern übernommen; bereits ein Jahr später wurde der Egmont-Pestalozzi-Verlag dem Egmont-Franz Schneider Verlag in München angegliedert, der später in der Kölner VEMAG Verlags- und Medien AG aufgegangen ist.

Adressbuch 1931 S. 390; Anne-Marie Löwensohn: Gustav Ernst Löwensohn, Fürth (2002) – rijo research 2.0 [online]; Gustav Löwensohn – Fürth Wiki [online]; Gérard Langlois: Histoire de la famille Löwensohn [online]; Bilderbücherfabrik Löwensohn – Jüdische Unternehmen in Fürth – Fiorda 14–18, Jüdisches Leben in Fürth während des Ersten Weltkrieges 1914–1918 [online]; Memoires de la Shoah: Anne-Marie Vitkine, née Löwensohn [Videoaufzeichnung, online].

Löwensohn, Robert 20. 3. 1895 Fürth – 1945 Auschwitz; Verleger. Der jüngere Bruder von → Gustav L. trat nach Besuch einer Technischen Fachschule und abgeleistetem Kriegsdienst 1919 gemeinsam mit diesem und → Ernst Rosenfelder in den 1844 von ihrem Großvater Gerson Löwensohn in Fürth gegründeten Bilderbuchverlag G. LÖWENSOHN ein. Nach dem Zwangsverkauf 1937 flüchtete Robert L. im August 1938 nach Frankreich, wo der Bilderbuchverlag Löwensohn am Beginn der 1930er Jahre einen Filialverlag unter dem Namen BIAS (Abkürzung für ›Bilderbücher in allen Sprachen‹) gegründet hatte, der nun der Familie ein gewisses Auskommen ermöglichte. Allerdings wurde L. von Herbst 1939 bis Frühjahr 1940 interniert bzw. musste als *Prestataire* bei der Produktion von Holzkohle mitarbeiten. L.s Ehefrau Ella wurde nicht interniert, weil sie ein Kind unter 16 Jahren hatte, den Sohn Gerhard. Die Tochter Anne-Marie wurde in Gurs interniert und hat darüber und die Familiengeschichte in den *Memoires de la Shoah* ausführlich berichtet. Die Familie war im September 1940 wieder vereint; L. konnte damals mit Mühe eine Insolvenz von BIAS vermeiden und installierte einen einheimischen Leiter, Louis Villette, der den Kindern bis 1945 monatliche Zahlungen zukommen ließ. Denn L. selbst wurde 1941/42 mehrfach interniert; vor einer großen Verhaftungswelle gewarnt, ging er mit seiner Familie von Paris weiter in den Süden, in die Gegend von Lyon. Dort wurden er und seine Frau am 26. August 1942 erneut verhaftet und in das Sammellager Drancy gebracht. Von dort wurden sie am 18. September 1942 mit dem Transport 34 in das KZ Auschwitz II-Birkenau deportiert, wo Ella vermutlich schon kurz nach Ankunft durch Gas ermordet wurde. L. kam im April 1944 in das Arbeitslager Auschwitz I; Berichten zufolge starb er 1945 auf dem Todesmarsch der Häftlinge Richtung Westen an Erschöpfung. Anne-Marie, verh. Vitkine (1920–2015) und Gerhard (1926–2013), die sich falsche Papiere unter dem Namen Langlois besorgten (den Gerhard als Gérard Langlois nach dem Krieg beibehielt), überlebten; nach dem Krieg arbeitete Gérard bis 1950 in der noch bestehenden Firma BIAS.

Robert Löwensohn – FürthWiki [online]; Anne-Marie Löwensohn: Gustav Ernst Löwensohn, Fürth (2002) – rijo research 2.0 [online]; Gérard Langlois: Histoire de la famille Löwensohn [online]; Bilderbücherfabrik Löwensohn – Jüdische Unternehmen in Fürth – Fiorda 14–18, Jüdisches Leben in Fürth während des Ersten Weltkrieges 1914–1918 [online].

Löwenthal, Ernst G. 28. 12. 1904 Köln – 7. 8. 1994 Berlin; Verbandsfunktionär, Historiker. Nach einem Doktorat in Soziologie arbeitete L. 1929–1938 für den Central-Verein deutscher Staatsbürger jüdischen Glaubens und war – wie → Hans Reichmann – Gesellschafter des PHILO-VERLAGS, der dem C. V. gehörte (→ Lucia Jacoby, →

Alfred Wiener). Er war auch stellvertretender Herausgeber der *C. V. - Zeitung*, gemeinsam mit Hans Oppenheimer gab er 1938 den *Philo-Atlas. Handbuch für die jüdische Auswanderung* heraus. 1939 emigrierte er nach Großbritannien, kehrte ein Jahr nach Kriegsende nach Deutschland zurück, wo er 1947/48 als Direktor der Jewish Relief Unit in der britischen Besatzungszone tätig war.

Diverse Informationen online; Susanne Urban-Fahr: Der Philo-Verlag 1919–1938 (Haskala. 21). Hildesheim: Georg Olms Verlag 2001.

Loewy, Ernst 25. 4. 1920 Krefeld –17. 9. 2002 Frankfurt am Main; Buchhändler, Bibliothekar, Literaturwissenschaftler, Publizist; Dr. h. c. L. wurde als 15-jähriger, noch vor dem Abschluss der Mittleren Reife, von seinen Eltern aufgrund des immer bedrohlicher werdenden Antisemitismus im Rahmen der Jugend-Alijah nach Palästina geschickt, zuvor hatte er in Krefeld fünf Klassen des Realgymnasiums besucht. Von 1936 bis Frühjahr 1938 lebte L. im Kibbuz Kirjath Anavim in der Nähe von Jerusalem, danach übersiedelte er nach Tel Aviv. Er sollte dort ursprünglich eine Stelle in der Buchhandlung HEATID von → Ulrich Salingré antreten, entschied sich aber für eine Buchhändlerlehre im LIBERTY BOOKSTORE von → Herbert A. Stein, einer der größten deutschsprachigen Buchhandlungen in der Stadt, mit breitem Sortiment und angeschlossener Leihbibliothek; Arnold Zweig, Leo Perutz und Sammy Gronemann zählten zu ihren Kunden. Als L.'s Eltern im November 1938 nach Palästina nachkommen konnten, betrieb sein Vater → Richard L., nach einer ersten Beschäftigung im Bereich der Werbung, seit 1942 in Tel Aviv in der Allenby Street einen Bücherstand. L. selbst nahm nach seinem ersten Lehrplatz eine Stellung in der Firma KEDEM an, deren Inhaber der Berliner Buchhändler und Verleger → Lipa Bronstein war. Zu dieser Zeit lernte L. die deutschsprachige Exilliteratur ›in statu nascendi‹ kennen: ›Fast täglich nahm ich bei Walter Zadek, damals Besitzer der Grosso-Buchhandlung ›Biblion‹ in Tel Aviv und noch ohne Prophetenbart, die eben angekommenen Neuerscheinungen von Querido, Allert de Lange und anderen Exil-Verlagen in Empfang.‹ Die Berufstätigkeit im Buchhandel konnte L. erst wieder 1949 aufnehmen, nachdem er während der Kriegsjahre 1942/43 zunächst als Zivilangestellter bei der britischen Armee, und von 1948/49 in der israelischen Armee eingezogen war. In dieser Zeit bewegte sich L. allerdings immer stärker in das publizistische Metier hinein: Zunächst 1942/43 als Redakteur der von Wolfgang Yourgrau und Arnold Zweig herausgegebenen unabhängigen Einwanderer-Zeitschrift *Orient*, an der u. a. → Friedrich Sally Grosshut und → Walter Zadek mitwirkten, danach bis 1945 als nebenberuflicher Redakteur der linksorientierten Zeitschrift *Heute und Morgen – Antifaschistische Revue*. Die ersten acht Hefte dieser Zeitschrift trugen den Titel *Chug. Kreis der Bücherfreunde* (herausgegeben von der LEPAC, → Arnold Chon Czempin). Seit 1945 verheiratet, war L. von 1950 bis 1956 Bibliothekar und Archivar im Auslandspresseamt der israelischen Regierung. Anfang der 1950er Jahre war er kurzzeitig Mitglied der Kommunistischen Partei Israels. Im Herbst 1956 ging er mit seiner Familie (Söhne Ronny, geb. 1946 Tel Aviv; Peter, geb. 1951 Petach Tikwa) nach Deutschland mit der Absicht, sich in der DDR niederzulassen. Zunächst aber hielt er sich zur Regelung von Wiedergutmachungsangelegenheiten in der BRD auf; aufgrund der Niederschlagung des Ungarn-Aufstands 1956 zog er es vor, im Westen zu bleiben. In den Jahren 1957 bis 1964 war L. an der Frankfurter Stadt- und Universitätsbibliothek angestellt, um dort die Judaica-Sammlung zu betreuen; an der Frankfurter Bibliotheksschule legte er 1960 nachträglich die Prüfung zum Diplom-Bibliothekar ab; 1961 kam Sohn Hanno zur Welt. Von 1964 bis zu seiner Pensionierung 1983 war L. als Referent im Deutschen Rundfunkarchiv tätig. Verdienstvoll war seine Arbeit als Literaturwissenschaftler und insbesondere als Exilforscher, der schon seit Ende der 1950er Jahre maßgeblich für die Rezeption der deutschen Exilliteratur wirkte; bereits während seiner Tätigkeit im Rundfunkarchiv hatte L. das DFG-Projekt Exil und Rundfunk angeregt. Von 1984 bis 1991 war L. Vorsitzender der Gesellschaft für Exilforschung e. V., danach Ehrenpräsident, und gab für diese den Nachrichtenbrief heraus. 1989 wurde L. die Ehrendoktorwürde des Fachbereichs Sprach- und Literaturwissenschaft der Universität Osnabrück verliehen, an der L. als Lehrbeauftragter wirkte.

Ernst Loewy: Literatur unterm Hakenkreuz. Das Dritte Reich und seine Dichtung. Eine Dokumentation. Frankfurt am Main: Europäische Verlagsanstalt 1967; ders. [Hg.]: Exil. Literarische und politische Texte aus dem deutschen Exil 1933–1945. Stuttgart: Metzler 1979; ders.: Überleben in Palästina 1936–1939. Auswirkungen der Reichspogromnacht. In: Micha Brumlik [Hg.]: Reichspogromnacht. Vergangenheitsbewältigung aus jüdischer Sicht. Frankfurt am Main: Brandes & Apsel 1988 S. 37–41; ders.: Zwischen den Stühlen. Essays und Autobiographisches aus 50 Jahren. Hamburg: Europäische Verlagsanstalt 1995; ders.: Jugend in Palästina: Briefe an die Eltern 1935–1938. Hrsg. von Brita Eckert (Bibliothek der Erinnerung. Bd. 4). Berlin: Metropol 1997 S. 151–62, 212–14.

Mündliche Mitteilungen L.'s an EF auf der Tagung der Gesellschaft für Exilforschung in Freudenberg 1990; Thomas Koebner [Hg.]: Rückkehr aus dem Exil – Emigranten aus dem Dritten Reich in Deutschland 1945 – Essays zu Ehren von Ernst Loewy. München: Ed. Text + Kritik 1990; Rachel Heuberger [Hg.]: Bibliothek des Judentums: Die Hebraica- und Judaica-Sammlung der Stadt- und Universitätsbibliothek Frankfurt am Main. Entstehung, Geschichte und heutige Aufgaben (Frankfurter Bibliotheksschriften. Bd. 4). Frankfurt am Main: Vittorio Klostermann 1996; Wolfgang Benz: Ernst Loewy: Vom Buchhandelslehrling in Tel Aviv zum Pionier der Exilforschung. In: Claus-Dieter Krohn [Hg.]: Jahrbuch Exilforschung. Bd. 21. München: Edition Text + Kritik 2003 S. 16–23 [Nachruf]; Hans Jörgen Gerlach: Die schwierige Heimat stets im Kopf. Zum Tode von Ernst Loewy. In: Zwischenwelt 19. Jg. Nr. 4 (Feb. 2003) S. 13–15.

Loewy, Richard 15. 2. 1891 Waidhaus / Oberpfalz – 6. 5. 1969 Frankfurt am Main; Buchhändler. L. absolvierte nach Schulbesuch in Waidhaus, Fürth und Nürnberg eine kaufmännische Lehre in Krefeld und nahm 1912 eine Stellung in Bremen an; nach Frontdienst im Ersten Weltkrieg heiratete er im August 1918 Erna Levy (1892–1960). Anschließend war er in Freiburg im Breisgau und Krefeld als Buchhändler tätig; nach der Geburt seines Sohnes → Ernst L. arbeitete er aber als Reisender für große Textilunternehmen und war 1923 bis 1927 Mitinhaber der Tabakwarengroßhandlung Lambertz und Loewy in Krefeld. Nach der Reichspogromnacht emigrierte er im November 1938 zusammen mit seiner Frau mit einem (bereits seit einiger Zeit beantragten) Touristenvisum nach Palästina, ›mit einem Handkoffer und RM 20 in der Tasche‹. Nach seinem Eintreffen in Tel Aviv am 21. November 1938 war L. zunächst als *Advertiser* tätig, seit 1942 dann als Buchhändler. Er führte einen Buchladen, eigentlich einen Bücherstand, mit einem 4 bis 5 m² großen Stoffdach, als Filiale der Buchhandlung LIBERTY, bei der sein Sohn Ernst damals in die Lehre ging. Später war er als Katalogbearbeiter für die Buchhandlung von → Lipa Bronstein tätig. Im Mai 1957 remigrierte L. mit seiner Frau nach Frankfurt am Main.

Ernst Loewy: Zwischen den Stühlen. Essays und Autobiographisches aus 50 Jahren. Hamburg: Europäische Verlagsanstalt 1995; Brita Eckert [Hg.]: Jugend in Palästina: Briefe an die

Eltern 1935–1938 / Ernst Loewy (Bibliothek der Erinnerung. Bd. 4). Berlin: Metropol 1997 bes. S. 176.

Lohan, Robert 2. 4. 1884 Bielitz / Österr.-Schlesien –18. 6. 1953 New York; Gymnasiallehrer, Publizist, Theaterdirektor, Verlagsleiter; Dr. phil. Nach einem Studium an der Universität Wien (Promotion 1906) war L. seit 1907 als Gymnasiallehrer in Klagenfurt und Wien tätig; anschließend arbeitete er als Theaterkritiker und hielt Vorträge über Literatur und Ästhetik. Nach dem Ersten Weltkrieg wendete er sich völlig dem Theater zu und wurde ab 1922 Oberregisseur und stellvertretender Direktor der Wiener Kammerspiele. Seit 1926 war er Professor am Wiener Konservatorium. 1927 war er Gründer und (kurzzeitig) Geschäftsführer des Wiener SPIEGEL-VERLAGS (1929 in den IRIS-VERLAG aufgegangen) und literarischer Leiter des Münchner KULTURVERLAGS. 1934 war er Mitherausgeber eines im Wiener SATURN VERLAG (→ Frederick Ungar) erschienenen Sammelbandes *Das Herz Europas. Ein österreichisches Vortragsbuch*; diese Verbindung zu Ungar sollte sich als wichtig erweisen. Denn nach dem ›Anschluss‹ Österreichs emigrierte L. nach Großbritannien, 1940 weiter in die USA, und fand in New York eine Anstellung bei der FREDERICK UNGAR PUBLISHING & CO. Er wurde in dieser Anfangszeit der wichtigste Mitarbeiter im Unternehmen und gab u. a. eine Reihe von Anthologien v. a. zum Schul- bzw. Hochschulgebrauch heraus (*Living German Literature I / The Golden Age of German Literature; Living German Literature II*, 1945); gemeinsam mit Ungar nahm er 1947 auch ein ehrgeiziges Wörterbuch-Projekt in Angriff; das *German-English Dictionary* musste aber später fallen gelassen werden.

Frederick Ungar Papers, 1940–1988 (GER-092), German and Jewish Intellectual Émigré Collection, M. E. Grenander Department of Special Collections and Archives, University at Albany / State University of New York; DBE; Hall: Österr. Verlagsgeschichte II (1985) S. 381; Jessica Roland: Frederick (Fritz) Ungar. In: John M. Spalek [Hg.]: Deutschsprachige Exilliteratur seit 1933. Bd. 3: USA. Teil 1. München: Saur 2000 S. 448–71.

Loose, Walter 23. 12. 1898 Karlsruhe –18. 12. 1964 Leiden; Antiquar. L., der in Königsberg aufgewachsen ist und schon als Schüler großes Interesse an Büchern und an Buchkunst gezeigt hatte, beendete ein Studium der Kunstgeschichte in Heidelberg 1931 mit einer Dissertation zum Thema *Die Chorgestühle des Mittelalters*. 1933 emigrierte er mit seiner Familie in die Niederlande und übernahm dort zunächst ein Modegeschäft. Da seine Frau Hedwig nichtjüdisch war, konnte sie ihren Mann während der Jahre der deutschen Besetzung der Niederlande schützen. Nach dem Krieg errichtete er in Den Haag (Papestraat 3) das erste auf Kinderliteratur spezialisierte Antiquariat. Neben Büchern führte der Laden auch kleine Spielsachen. Nach L.'s Ableben wurde das ANTIQUARIAAT A. L. LOOSE von seiner Frau Hedwig (1896–1987) und Bob (eig. Rainer L.; 1932 Königsberg – 2011 Scheveningen), einem seiner drei Söhne, mit seiner Frau Jessy weitergeführt. Bob hatte bereits seit 1953 im Geschäft mitgearbeitet; er setzte die von seinem Vater verfolgte Linie – den Verzicht auf Kataloge – fort, erweiterte aber das Bücherangebot u. a. um topographische Werke. Auch unterhielt er gute Kontakte zu Sammlern an der Westküste der USA, durch Teilnahme an Buchmessen in Los Angeles und San Francisco.

Peter Jan Kunst: Büch had geen topbibliotheek. In: De Brief. Boudewijn Büch Gezelschap Büchmania Jg. 8 Nr. 14 vom 24. 8. 2010 [online]; Buijnsters, Piet J.: Geschiedenis van het Nederlandse antiquariaat. Nijmegen: Vantilt 2007, S. 302–305, 425.

Lothar, Hans 18. 7. 1900 Wien – 10. 1. 1944 London; Journalist, Verleger. Der Sohn des österreichischen Schriftstellers Rudolph L. heiratete 1931 die Frankfurterin Anita Seligmann (1904–2002) und war beruflich Leiter des Zentralbüros der Frankfurter SOCIETÄTS-DRUCKEREI und einer der Geschäftsführer der *Frankfurter Zeitung*; kurz bevor die NS-Behörden die jüdischen Inhaber enteigneten, war L. vorgeblich nach London in das ›Auslandsbüro‹ der *Frankfurter Zeitung* geschickt worden, da er auf der Liste der Gestapo stand; seine Frau und die beiden Kinder flüchteten in die Schweiz, 1941 gelang ihnen die Flucht in einem plombierten Zug durch Vichy-Frankreich über Barcelona nach Lissabon und von dort in die USA. L. trat in London als Partner in den Verlag SECKER & WARBURG ein; nach zwei bis drei Jahren wechselte er zum Verlag HAMISH HAMILTON, dessen kontinentale Abteilung er leitete. L. stand in regem Kontakt zur Emigrantenszene, u. a. zu → Ludwig Feuchtwanger, Karl Otten, Robert Musil und Sebastian Haffner, mit dem zusammen er 1940 als *enemy alien* interniert war. Gemeinsam mit Haffner machte L. ab März 1941 im Auftrag des britischen Informationsministeriums die deutschsprachige Exilzeitschrift *Die Zeitung*, L. fungierte bis zur Ablösung durch Dietrich Mende 1942 als ihr erster Herausgeber, Haffner bis 1943 als Hauptverfasser der Beiträge.

BHE 1 S. 461; Robert Musil: Tagebücher. Hg. von Adolf Frisé. Bd. 2. Reinbek bei Hamburg: Rowohlt 1976 781 f.; Donal McLaughlin: ›Zur Begleitmusik von Hitlers Bomben‹: The German-language Newspaper ›Die Zeitung‹ in Wartime London 1941–1945. In: German Life and Letters, 3 July 1992 no. 45; Richard Dove: Karl Otten's Unpublished Novel ›Die Reise nach Deutschland‹. In: The Modern Language Review vol. 92 no. 1 (Jan. 1997) pp. 124–39; Jörg Thunecke: ›Characterology‹, not ›Ideology‹: Sebastian Haffner's Refutation of Daniel Goldhagen in Germany: Jekyll and Hyde (1940). In: I. Wallace [ed.]: German-speaking exiles in Great-Britain. Bd. 1. Amsterdam: Rodopi 1999 p. 76.

Lounz, Gregory 20. 5. 1887 Shavli (Russland, heute Litauen) – August 1975 New York; Buchhändler. Der Hitleremigrant L. lieferte in seinem Artikel ›French Books After the Armistice‹ (in: *Books Abroad*, 1943) einen Augenzeugenbericht über den Einmarsch der deutschen Truppen am 14. Juni 1940 in Paris und die nachfolgenden Maßnahmen der nationalsozialistischen Besatzungsmacht auf dem französischen Buchmarkt. L. gelang im April 1942 gemeinsam mit seiner Frau Anne geb. Beylin (12. 1. 1896 Baku – April 1982 New York) die Flucht in die USA, wo er noch im gleichen Jahr in New York eine Firma für Buchvertrieb und ein wissenschaftliches Antiquariat gründete; in Fachzeitschriften publizierte L. auch Bibliographien u. a. zu französischer medizinischer Fachliteratur und gab halbseitige Annoncen auf. In den 1960er Jahren scheint sich GREGORY LOUNZ BOOKS auf slawistische Literatur spezialisiert zu haben. Sein Geschäft betrieb er von der Adresse 11 E 45th Street, New York, später 45 E 66th Street, zuletzt Lenox Hill, New York.

SSDI; Cazden: German Exile Literature (1970) p. 176; Books Abroad vol. 17 no. 1 (1943) pp. 21–26; The Slavic and East European Journal vol. 3 no. 2 (1959) [Inserat].

Luft, Franz Buchhändler. L. und seine Ehefrau Ilse L.-Haas waren aus Nazideutschland nach Brasilien geflohen und in São Paulo Mitinhaber der von dem ehemaligen Berliner Rechtsanwalt → Eduard Friedländer am 1. Oktober 1939 gegründeten Buchhandlung LIVRARIA ELITE. Sigfred Taubert berichtete, dass ihre ›Arbeit nahezu ausschließlich dem deutschsprachigen Buch galt. Ein wohlsortiertes Lager allgemeinen und speziellen

Charakters erfüllte alle herkömmlichen Wünsche. Gute Beratung hatte der Buchhandlung viele Freunde gewonnen.‹

Taubert: Mit Büchern die Welt erlebt (1992) S. 331; Diário Oficial do Estado de São Paulo [online].

Luzian, Johan 9. 11. 1903 Hamburg – 6. 6. 1996 Chascomús, Argentinien; Schriftsteller, Buchhändler, Verleger. L. hieß mit Geburtsnamen Friedrich Johannes Adolf Lindenkohl, er änderte seinen Namen 1927. Nach einer Theaterausbildung am Thalia-Theater in Hamburg 1924/25 und einem Philosophiestudium 1925 bis 1927 in Hamburg und Bonn war L. zunächst Schauspieler, Rezitator und freier Schriftsteller, ehe er 1930 bis 1936 beim LANGEN-MÜLLER-VERLAG in München als Lektor, Vertreter und Abteilungsleiter tätig wurde. Als ›nicht-arisch‹ verheiratet (mit Leonore Loewenstein) wurde er nach der nationalsozialistischen ›Machtergreifung‹ an einer weiteren Veröffentlichungs- und Verlagstätigkeit gehindert und emigrierte 1936 zuerst nach Paraguay, wo er in Montevideo v. a. mit deutschen Büchern die BÜCHERSTUBE BELGRANO eröffnete. 1938 ging er nach Argentinien und betrieb bis 1940 in Buenos Aires wieder eine Buchhandlung LIBRERÍA JOHAN LUZIAN. Da diese nach Kriegsausbruch von der deutschen Kolonie boykottiert wurde, ging L. nach Chascomús in der Provinz Buenos Aires und war dort als Hotelier sowie 1966 bis 1971 als Transportunternehmer tätig und betrieb gleichzeitig (1965–71) den Buchverlag EDITORIAL EL LAGO mit deutschen und argentinischen Autoren. Seit seiner Einwanderung nach Südamerika lieferte er Beiträge für Emigrantenzeitschriften (*Das Andere Deutschland*) bzw. deutschsprachige Tageszeitungen und Journale in Argentinien und trat auch als Verfasser von Romanen, Biographien, Lyrikbänden und Sachbüchern hervor. L. bekleidete zahlreiche Ehrenämter (u. a. Präsident der öffentlichen Volksbücherei in Chascomús), war Mitglied des argentinischen Schriftstellerverbandes und auch in politischen Funktionen tätig (1962/63 trotz deutscher Staatsangehörigkeit Stadtverordneter der Konservativen Partei in Chascomús). 1965 erhielt L. das Bundesverdienstkreuz für seine künstlerische und organisatorische Arbeit im Dienste deutsch-argentinischer Verständigung.

IfZ/BA; Verlagsveränderungen 1937–1943 S. 5, 16; Berendsohn II (1976) S. 143; Kiessling: Exil in Lateinamerika (1984) S. 473 f.; Latin America and the Literature of Exile (1983), S. 448 f.; Andreas Meyer: Die Verlagsfusion Langen-Müller. Frankfurt am Main: Buchhändler-Vereinigung 1989; Damus: Dt. Exillit. in Argentinien (1982) S. 41–46.

M

Maienthau, Heinz W. 15. 12. 1902 München – 17. 1. 1984 Mérida, Yucatán, Mexiko; 1984; Antiquar. M. repräsentiert einen Sonderfall, denn er ist bereits 1924 in die USA gegangen. Es war dies aber ebenfalls eine Flucht vor nationalsozialistischer Verfolgung, weshalb es geboten erscheint, ihn in dieser Dokumentation zu berücksichtigen. M., Sohn von Max M. und Anna M., geb. Kohn, ist in München aufgewachsen und hat eine Antiquariatslehre an berühmter Adresse absolviert, im ANTIQUARIAT JACQUES ROSENTHAL (→ Erwin Rosenthal); daneben hat er auch Vorlesungen an der Universität gehört. An dem bohemienhaften gesellschaftlichen Leben der jungen Generation in München hat er lebhaft teilgenommen, war Mitglied in einem SPD-nahen Kartell Republikanischer Studenten. Bereits seit 1922 kam es zu gewalttätigen Attacken seitens nationalsozialistischer Gruppierungen; M. war an Leib und Leben bedroht und entschloss sich, nach Berlin zu gehen. Im Spätherbst 1923 kam er nach München, um dort alte Freunde zu treffen. Dort wurde er am 8. November von Uniformierten festgenommen und im Bürgerbräukeller vor Hitler gebracht, der in einen Wutanfall geriet, weil ihm der Jude M. mit brennender Zigarette im Mund gegenübertrat. Es gelang M. aber freizukommen, denn vom Bürgerbräukeller aus nahm just am Morgen des 9. November der Marsch Hitlers und Ludendorffs zur Feldherrnhalle seinen Ausgang, der in den gescheiterten Putsch mündete. M. konnte nachfolgend mit einem vom amerikanischen Konsul in München ausgestellten Visum Deutschland verlassen und erreichte die USA am 5. Dezember 1924. Über seine Erlebnisse hat er einen Bericht verfasst, der nach seinem Tod, am 29. Juli 1986 von einem Abgeordneten (Gary L. Ackerman) im House of Representatives in die Verhandlungen eingebracht wurde (›Heinz W. Maienthau, a 20th Century Hero‹). Über M.s erste Jahre in den USA liegen keine Erkenntnisse vor; jedenfalls hat er aber vom Beginn der 1930er Jahre bis 1937 als Buchhändler in dem von Walter Goldwater in New York gegründeten UNIVERSITY PLACE BOOK SHOP gearbeitet und konnte aufgrund seiner gediegenen Ausbildung bei Jacques Rosenthal Goldwater eine Menge an Wissen und Erfahrung für erfolgreichen Antiquariatsbuchhandel weitergeben. Anschließend ging M. nach Chicago und war dort für das Versandhaus SEARS, ROEBUCK AND CO. tätig; für dieses brachte er 1943/44 einen Patentantrag für das ›design for a toy book‹ (mit versteckten Hohlräumen) ein. Um 1945 hat sich M. dann in Chicago mit einer Fa. MUSEUM BOOK CO. selbständig gemacht, einem Buch- und Zeitschriftenantiquariat, das in den folgenden Jahren eine Reihe von Katalogen herausbrachte; nachgewiesen werden konnte u. a. ein Katalog 29, mit Part I: Serial Publications und Part II: Radical Pamphlets. Nach einigen Jahren dürfte M. aber die Profession gewechselt haben; in dem oben erwähnten Bericht sagt er von sich selbst, dass er als ›investigator in the Office of Special Investigation of the State of Illinois‹ gearbeitet habe. Im Ruhestand hat sich M., der mit Beatrice Haye (Mills) (1910 Chicago –1995 New York) verheiratet war, nach Albuquerque, Bernalillo County, New Mexico, zurückgezogen.

Marvin Mondlin und Roy Meador: Book Row. An Anecdotal and Pictorial History of the Antiquarian Book Trade. Vorwort von Madeleine B. Stern. New York 2004. S. 192 [Dort unzutreffend: ›Maienthau was among Germany's countless thousands of refugees during the 1930s when tyrannical madness was replacing sanity with the rise of Hitler. He was one of the German Jews who managed to flee the country and settle In the United States.‹); AB Bookman's Weekly 76 (1985) S. 246; Extension of Remarks – Government Publishing Office: Heinz W. Maienthau, a 20th Century Hero, Hon. Gary L. Ackerman of New York in the House of Representatives, Tuesday, July 29, 1986, S. 18016 f. [online]

Malow, Schmuel Geb. 15. 3. 1886 Sebrowiczi / Russland; Buchhändler, Holz- und Kohlenhändler. M. besuchte an seinem Geburtsort die Schule und war danach im Holzhandel tätig. Zu Beginn des Ersten Weltkriegs wurde er zum Militär eingezogen, geriet jedoch bald in deutsche Gefangenschaft; bis November 1922 war er im Gefangenenlager Kassel inhaftiert. Die Russische Revolution, die von antisemitischen Ausschreitungen begleitet wurde, veranlasste M., einen streng religiösen Juden, nach seiner Freilassung in Deutschland zu bleiben und seinen Wohnsitz in Frankfurt am Main zu nehmen. Ab 1922 trieb er dort Handel mit hebräischen Büchern und religiösen Gegenständen, anfänglich von der

Privatwohnung aus; außerdem gab er Hebräischunterricht. M.'s Ehefrau Pesa Deborah, die von 1922 bis 1930 ganztägig in der Buchhandlung ihres Mannes tätig war, betrieb für kurze Zeit eine Pension und unterstützte ihren Mann beim Handel mit Kohlen und anderem Brennmaterial, den er 1930 zusätzlich aufgenommen hatte. In den Jahren nach 1930 trat der Buchhandel fast vollständig in den Hintergrund. 1936 wurde M. die Konzession für die Holz- und Kohlenhandlung entzogen, und die Familie war auf die Unterstützung der Wohlfahrt angewiesen. Im Januar 1938 wurde M. aus Deutschland ausgewiesen. Er ging mit seiner Familie zunächst in die Tschechoslowakei. Nach Erhalt der erforderlichen Einreisegenehmigung emigrierte er im Oktober 1938 nach Palästina, wo er bis Mitte der 1950er Jahre als Lastenführer und Eseltreiber arbeitete.

HessHStAWI Abt. 518 Nrn. 10320 und 10321, Abt. 676 Nr. 3858; Junk: Jüd. Buchhandel in Frankfurt (1997) S. 139–41.

Marbot, Rolf (Rolph, Ralph) 28. 5. 1906 Breslau – 22. 8. 1974 Cannes; Musikverleger, Komponist von Unterhaltungsmusik; Dr. jur. M., mit Geburtsname Albrecht Marcuse, studierte Jura und machte danach eine Lehre bei einem Musikverlag in Berlin. Bereits während seines Studiums trat er als Barpianist auf und hatte Erfolg als Autor und Komponist von Schlagern. Eine Reihe der von ihm gemeinsam mit Berthold Reisfeld komponierten Titel, darunter ›Mein kleiner grüner Kaktus‹, gehörte zum Repertoire der Comedian Harmonists. Seit 1927 verwendete M. den Künstlernamen Rolf Marbot. Nach der NS-›Machtergreifung‹ gründete M. 1936 in Wien zusammen mit Reisfeld die EDITION STACCATO GMBH, und nach seiner Weiteremigration nach Paris baute er auch dort einen Verlag für Unterhaltungsmusik auf, die ÉDITIONS MÉRIDIAN, an dem sich sein Freund → Rodolfo Hahn und vermutlich auch Reisfeld beteiligten. M. war Geschäftsführer des Verlags, der vor allem seine und Reisfelds Kompositionen publizierte. Nach der Besetzung Frankreichs durch die Deutschen schloss M. sich der Fremdenlegion an. Im Oktober 1940 demobilisiert, lebte M. von September 1942 bis September 1944 mit gefälschten Papieren unter dem Namen Louis Sandret in Lyon und in dem Dorf Pralognan-la-Vanoise in den französischen Alpen. 1944 ging er zurück nach Paris und übernahm erneut die Leitung seines Musikverlages, den er in NOUVELLES ÉDITIONS MÉRIDIAN umbenannte und der schon 1946 wieder prosperierte. Zugleich baute er die von ihm gegründete SOCIÉTÉ D'ÉDITIONS MUSICALES INTERNATIONALES (SEMI) in Zusammenarbeit mit dem US-amerikanischen Musikverleger Ralph Peer sen. mit internationaler Schlagermusik erfolgreich aus. 1958 gründete M. in Hamburg die EDITION MARBOT. M. war Präsident des Syndikats der Musikverleger der leichten Musik, Vorsitzender der Société des Auteurs, Compositeurs et Éditeurs de Musique und Generalsekretär der Société pour l'administration du droit de reproduction mécanique, des auteurs compositeurs et éditeurs (SDRM). Da M. keine Erben hinterließ, wurden seine beiden Verlage 1979 von der Verlagsgruppe Peermusic übernommen.

Fetthauer: Musikverlage (2004) S. 487; LexM [online].

Marcus, Hans 22. 2. 1912 Duisburg – 21. 3. 1992 Düsseldorf; Antiquar. M. war nach Absolvierung einer Kaufmannslehre seit 1932 im Kaufhaus Tietz in Bonn angestellt; 1933 ging er aufgrund der ›Rassenpolitik‹ des Nationalsozialismus in die Niederlande. Von 1936 bis 1940 arbeitete er in Amsterdam im Antiquariat von → Magdalene Sothmann und → Ernst Brenner. Während der Besetzung der Niederlande ging er in den

Untergrund und war seit 1942 im Widerstand aktiv. Nach Ende des Krieges setzte er die Zusammenarbeit mit M. Sothmann fort, war aber 1948 in Köln in der Bücherstube von Hanns Mayer tätig. 1951 gründete er ein eigenes Antiquariat in Amsterdam, 1956 kehrte er nach Deutschland zurück und errichtete in Düsseldorf ein Buch- und Kunstantiquariat, das auf dekorative Graphik und seltene Bücher bis 1870 spezialisiert war. M. engagierte sich auch im berufsorganisatorischen Bereich; 1977 fanden die 7. ILAB-Messe und der 24. ILAB-Kongress unter seiner Regie in Düsseldorf statt.

Hans Marcus wurde 60 Jahre alt. In: AdA 2/1972, A 99; Norbert Donhofer: Hans Marcus (1912–1992) [Nachruf]. In: BUCH / Anzeiger des österreichischen Buchhandels Jg. 127 Nr. 10 (1992) S. 29; Piet J. Buijnsters: Geschiedenis van het Nederlandse antiquariaat. Nijmegen: Vantilt 2007 S. 185 f.; Der Antiquar lässt sich fotografieren. Porträts von Joachim W. Siener. Hg. von Eberhard Köstler und Frieder Weitbrecht. Mit Beiträgen von Björn Biester, Wulf D. von Lucius und Joachim W. Siener. Stuttgart: Verband Deutscher Antiquare e. V. 2016; Godebert M. Reiß: Von Büchern und Büchernarren. Erinnerungen eines Antiquars. Stuttgart: Edition Vincent Klink 2017.

Marcus, Theodor 20. 4. 1894 Breslau – 28. 3. 1973 Lugano / CH; Verleger; Dr. Der Buchhändlersohn absolvierte 1911 bis 1914 eine Lehre als Verlagsbuchhändler in Breslau, Leipzig und Paris, war aktiv in der Jungbuchhändler-Bewegung, Sozialdemokrat und im Grunde Pazifist, meldete sich aber dennoch im August 1914 freiwillig zum Kriegsdienst. Im Frühjahr 1917 verwundet, geriet er in englische Gefangenschaft, wurde aber bald ausgetauscht. Eine durch Giftgas erlittene Lungenkrankheit kurierte M. in der Schweiz aus. Seit 1920 war er Mitarbeiter, seit 1922 auch Teilhaber am Verlag M. & H. MARCUS. Er verlegte, z. T. in Zusammenarbeit mit wissenschaftlichen Gesellschaften, erfolgreich Werke aus den Bereichen der Rechtswissenschaft, der Geographie und der Geistesgeschichte. M. war u. a. 1926 bis 1932 sehr aktiv im Werbeausschuss des Börsenvereins tätig. Ab 1934 nahmen die Repressalien gegen den schlesischen Verleger zu, der sein Judentum nie verleugnet hatte; Versuche, Teile des Verlags in die Schweiz zu transferieren, stießen auf den Widerstand der dortigen Behörden. Als sich M. 1936 auf einem Buchhändlerkurs in Reichenberg / ČSR zu kritischen Äußerungen hinreißen ließ, wurde er ausgebürgert, kam den behördlichen Maßnahmen aber durch rasche Flucht zuvor. Vorausschauend hatte er sich in der Tschechoslowakei bereits die dort notwendige Arbeitsbewilligung als Verleger besorgt. Den rechtswissenschaftlichen Verlag musste M. damals an Gerhard Martin aus Trebnitz verkaufen, der Transfer der judaistischen Abteilung des M. & H. Marcus-Verlags aus Breslau wurde von der Reichsschrifttumskammer nicht genehmigt. Alle diese Verlage waren letztlich verloren, teils durch Liquidierung, wie der von Stefan Münz in Breslau treuhänderisch weitergeführte Judaica-Verlag, teils später durch Bombenschäden und Einmarsch der Heere in Schlesien. M. war in Prag bis 1940 Direktor des von ihm errichteten ACADEMIA VERLAGS und stand in enger Verbindung mit Professoren sowohl der deutschen wie der tschechischen Universität: ›Die Konzession und einen Teil des Kapitals stellte die K. André'sche Buchhandlung (Arthur Heller) zur Verfügung, den anderen Teil als Darlehen der tschechische Staat.‹ Beim Academia Verlag handelte es sich um einen dreisprachig-wissenschaftlichen Verlag, der sein Absatzgebiet besonders im Ausland finden sollte. Zu den ersten Autoren gehörte Staatspräsident Eduard Benesch mit einer Studie über Descartes, von einer Husserl-Ausgabe konnte nur der erste Band herausgebracht werden. Dennoch erlebte M. diese Jahre in Prag als glückhaft: Als die deutsche Okkupation erfolgte, zählte das Verlagsprogramm bereits 20 bis 30 Nummern. M.

gab am 15. März 1939 gezwungenermaßen seine verlegerische Tätigkeit auf und musste sich nun erneut in Sicherheit bringen. Aber erst im Januar 1940 konnte er das Land mit einem Fremdenpass verlassen. Er war von den deutschen Behörden zum ›wirtschaftswichtigen Juden‹ erklärt worden und arbeitete ehrenamtlich in der Auswanderungsstelle der Prager jüdischen Gemeinde. Mit Unterstützung der jüdischen Gemeinde flüchtete er ›mit seiner Sammlung von Inkunabeln, Klassikern und Napoleon-Autographen zunächst nach Chile, dann an den Genfer See‹ (Homeyer). Über eine verlegerische Tätigkeit M.'s in Südamerika ist nichts bekannt. 1950 kehrte er nach Europa zurück und nahm in der Schweiz, in Grono in Graubünden, seinen Wohnsitz, um hier seinen Ruhestand zu verbringen; die alten Verlagsrechte fielen 1950 an ihn zurück. M. hat seine Altersjahre dazu genutzt, den Wiederaufbau des deutschen Buchhandels zu beobachten und teils mit autobiographischen, teils mit Erinnerungsberichten aus dem ersten Drittel des 20. Jahrhunderts kritisch zu begleiten, auch um, wie er meinte, ›Material zu haben für eine dereinst zu schreibende Geschichte des deutschen Buchhandels des 20. Jahrhunderts‹.

Theodor Marcus: Als jüdischer Verleger vor und nach 1933 in Deutschland. In: Bulletin des Leo-Baeck-Instituts Nr. 26 (1964) S. 138–53 [Autobiographie]; ders.: Das Jahr 1922 und seine Folgen. In: Bbl. (FfM) Nr. 32 vom 21. 4. 1964 S. 689–98; ders.: Von der Grundzahl und Schlüsselzahl zur Buchmark. In: Bbl. (FfM) Nr. 34 vom 30. 4. 1965 S. 785–89; ders.: Die wirtschaftliche Vereinigung Schlesischer Verleger. Eine Genossenschaftsgründung aus dem Jahre 1922. In: Bbl. (FfM) Nr. 84 vom 18. 6. 1965 S. 1155–58; ders.: Begegnungen. Ein Siebzigjähriger erinnert sich. In: Bbl. (FfM) Nr. 63 vom 10. 8. 1965 S. 1582–85; ders.: Verlagsgeschichte und Kulturgeschichte 1900–1930. Ein Augenzeugenbericht. In: Bbl. (FfM) Nr. 93 vom 23. 11. 1965 S. 2511–23; ders.: Verlagsgeschichte und Kulturgeschichte 1900–1930. Ein Augenzeugenbericht II. In: Bbl. (FfM) Nr. 73 vom 10. 9. 1968 S. 2176–88.

BHE 1; Adressbuch 1931 S. 400; Verlagsveränderungen 1933–1937 S. 16; Verlagsveränderungen 1942–1963 S. 124; Walk: Kurzbiographien (1988); Homeyer: Bibliophilen und Antiquare (1966); Bbl. (FfM) Nr. 31 vom 19. 4. 1973 S. 597; Willy Cohn: Kein Recht, nirgends. Breslauer Tagebücher 1933–1941. Hg. von Norbert Conrads. Köln: Böhlau 2008 S. 40, 102, 129, 341.

Margulies, Benzion 19. 10. 1890 Skalat / Galizien – 9. 2. 1955 London; Verleger, Publizist. Der seit 1918 kaufmännisch in Essen tätige und an der Integration polnischer Juden in Deutschland mitwirkende M. emigrierte 1933 nach London, wo er 1934 die Aufenthaltserlaubnis erhielt. Gemeinsam mit seinem bereits 1931 nach Großbritannien ausgewanderten Bruder Alexander und → Simon Rawidowicz gründete er dort den hebräischen Verlag ARARAT und übernahm die Direktion. M. veröffentlichte auf Englisch, Jiddisch und Hebräisch; er war Herausgeber der *Mezuda*, der einzigen hebräischen Literaturzeitschrift Europas während des Zweiten Weltkrieges.

BHE 1.

Margulies, Elisabeth 14. 3. 1905 –11. 11. 1995 (als Elizabeth Elton); Antiquarin. M., die Tochter von Heinrich Ranschburg und Schwester von → Otto Ranschburg, war seit 1925 Mitgesellschafterin des bedeutenden Wiener Antiquariats GILHOFER & RANSCHBURG; ihr Bruder hatte ihr und Wilhelm Schab (→ William H. Schab) 1936 auch noch seine Anteile übergeben. Sie emigrierte 1938 in die USA und führte in zweiter Ehe den Nachnamen Elton. Am 17. Dezember 1946 stellte sie in Wien zusammen mit Schab einen Rückstellungsantrag; am 8. April 1949 verfügte die zuständige Kommission die Rückstellung der 1938/39 ›arisierten‹ Firma an die beiden Antragsteller, die diese aber –

nach Rückziehung aller Ansprüche –1950 überraschend dem einstigen ›Ariseur‹ Hans Werner Taeuber überließen.

Agnes Schildorfer, Ute Simonlehner: ›Arisierungen‹ im Falle der Buch- und Kunstantiquariate Gilhofer und Ranschburg und Dr. Ignaz Schwarz 2001/02 [online]; Hupfer: Antiquarischer Buchhandel (2003) S. 152 f.; Schroeder: ›Arisierung‹ II (2009) S. 368–71.

Maril, Konrad 8. 11. 1889 Wien –19. 8. 1956 Washington D.C.; Verleger, Schriftsteller, Komponist; Dr. jur. M. war promovierter Jurist und zunächst berufstätig an Wiener Straf-, Handels- und Bezirksgerichten, er hatte aber auch am Wiener Konservatorium Musik studiert. Neben seiner Berufsarbeit schrieb er Artikel für Zeitungen. 1924 übernahm er als Nachfolger Leo Greiners die Theaterabteilung des S. FISCHER VERLAGS in Berlin, die er bis Anfang 1936 leitete; auch in Berlin war M. kulturjournalistisch für verschiedene Zeitungen tätig. 1936 folgte M. → Gottfried Bermann Fischer nach Wien, wo er im neu gegründeten BERMANN-FISCHER VERLAG erneut die Theaterabteilung übernahm. Nach dem ›Anschluss‹ Österreichs gelang M. die Emigration in die USA; bis 1942 lebte er in New York als freiberuflicher Schriftsteller, dann verpflichtete er sich bis Kriegsende im US Office of War Information bzw. im State Department. Ab 1946 findet sich der Name M.'s als Mitarbeiter der USIA (US Information Agency); hier war er Mitarbeiter der ersten Stunde von *Voice of America* und verantwortlich für alle Nachrichten aus Österreich. 1951 übernahm M. die Leitung der Österreich-Abteilung der ›Stimme Amerikas‹.

Deutscher Wirtschaftsführer (1929); Biographic Register 1955, United States Department of State, S. 361 [online]; Dr. Konrad Maril, ›Voice‹ Official, 67 [Nachruf]. In: New York Times, 20. August 1956, S. 21; IfZ/BA; Fetthauer: Musikverlage (2004) S. 487; S. Fischer, Verlag [Ausst.-Kat. 1986] S. 308; Gottfried Bermann Fischer: Bedroht – Bewahrt. Der Weg eines Verlegers. Frankfurt am Main: S. Fischer 1967 S. 126.

Marton, Elisabeth 17. 9. 1901 Budapest –18. 5. 1992 New York; Theater- und Literaturagentin. Die Schwester von → George M. sammelte erste Erfahrungen im Budapester Theaterverlag ihres Vaters. Sie assistierte ihm als Copyright-Anwältin in seiner Kanzlei und in der literarischen Agentur, die ihr Bruder später eröffnete. Verheiratet mit dem ungarischen Verleger und Literaturprofessor Baron Ludwig Hatvány, übernahm sie nach dem Tod des Vaters 1938 dessen Firma, obwohl sie 1937 in Hollywood als Drehbuchautorin Fuß gefasst hatte. 1939/40 verlor sie als Jüdin durch die in Ungarn erlassenen Rassengesetze ihre Arbeitserlaubnis. Sie wurde von der Gestapo verhaftet und überlebte ihre Internierung in einem Konzentrationslager in der Nähe von Budapest. Mit Hilfe ihres Bruders nahm sie nach dem Ende des Zweiten Weltkriegs die Tätigkeit in der Agenturbranche neu auf, blieb damit aber relativ erfolglos. 1947 ging sie wieder in die USA und eröffnete 1953 in New York ihr eigenes Büro, spezialisiert auf die Aufführungsrechte an amerikanischen Theaterstücken; zu ihren größten kommerziellen Erfolgen zählten die Broadway-Hits *Man of La Mancha* und *La Cage aux Folles*. Ihre Lebensgeschichte diente David Schechter als Vorlage für sein Stück *Hannah Senesh*.

William H. Honan; Elisabeth Marton, Theater Agent, 90, In U. S. and Abroad. In: New York Times, 20. Mai 1992, Section D, S. 21; Bolbecher, Kaiser: Österr. Exilliteratur (2000) S. 472; Macris: Literatur- und Theateragenten (1989) S. 1359 f.; William H. Honan: Elisabeth Marton, Theater Agent, 90, In US and Abroad. In: New York Times, 20 May 1992 [online].

Marton, Georg(e) (György) 3. 6. 1900 Budapest – 13. 4. 1979 Hollywood / CA; Verleger, Agent, Produzent, Autor; Dr. phil. M. war der Sohn von Dr. Alexander (Sandor) M., der 1906 in Budapest den Theaterverlag GEORG MARTON gegründet hatte und als Copyright-Anwalt viele Beziehungen zu Regisseuren, Verlegern und Autoren in Budapest, Berlin, Wien, New York, Paris und London unterhielt. 1919/20 wurde M. in Wien und Berlin als Künstleragent tätig und war von seinem Vater mit der Gründung weiterer Verlagsbüros in Wien, London, Paris und New York beauftragt; 1924 beendete M. an der Sorbonne sein Studium mit der Promotion. M. führte ab 1924 gemeinsam mit Otto Eirich die Internationale Konzert-Direktion und Theater-Verlags-AG EGIS im Wiener Konzerthaus; gleichzeitig avancierte die Wiener Niederlassung des Bühnen- und Musikverlags Georg Marton Verlag zur Zentrale: sie vertrat zahlreiche österreichische und ungarische Autoren (darunter Ödön von Horvath, Alexander Lernet-Holenia, Franz Molnar, Fritz Habeck). 1938 sollte der Georg Marton Verlag zwangs-›arisiert‹ werden, was vermieden werden konnte, indem sich der Schriftsteller Georg Fraser (→ August Hermann Zeiz) zur treuhänderischen Übernahme bereit erklärte. M. ging 1938 nach Paris, führte dort seinen Verlag als LES ÉDITIONS GEORGES MARTON weiter und wirkte 1938/39 an der Produktion von Max Ophüls' Film *De Mayerling à Sarajevo* mit. 1939 floh M. in die USA, wo er, unterbrochen durch den Armeedienst, in Hollywood u. a. als Agent für Bertolt Brecht und für MGM als Dramaturg arbeitete. In Los Angeles gründete M. 1939 gemeinsam mit dem 1938/39 über England in die USA geflohenen Fachanwalt und Filmagenten Paul Koretz (12. 9. 1885 Wien – 7. 1. 1980 Hollywood) die PLAYMARKET AGENCY, die bis 1944 existierte. Nach 1945 übergab Fraser den Wiener Verlag wieder an Georg Marton, der mit Mira Kutschera eine neue Geschäftsführung einsetzte. M. lebte seit 1949 in Paris als Agent für 20TH CENTURY FOX und verkaufte den Georg Marton Verlag, nachdem die Niederlassung in Hamburg schon 1954 aufgelassen und Mira Kutschera 1966 verstorben war, an den Sohn von Georg Fraser, seinen Freund → Thomas Sessler, der schon zuvor die Interessen des Georg Marton Verlages in Deutschland vertreten hatte. In den 1960er und 1970er Jahren publizierte M. Spionageromane und Erzählungen, die z. T. verfilmt wurden.

Joseph Kürschner [Hg.]: Kürschners Literatur Kalender Jg. 25 (1903). Leipzig: Göschen 1903. Nachdruck München: Saur 1967 S. 1152: Georg Marton Verlag u. Marta Music Edition, Wien I, Bösendorferstraße 4, Bühnen- und Musikverlag; Verlagsveränderungen 1942–1963 S. 125; Fetthauer: Musikverlage (2004) S. 488; Macris: Literatur- und Theateragenten (1989) S. 1356 f.; Bolbecher, Kaiser: Österr. Exilliteratur (2000) S. 472 f.

Maschler, Kurt Leo 19. 1. 1898 Berlin – 24. 3. 1986 London; Verleger. Der Sohn eines aus Galizien stammenden jüdischen Kaufmannes war österreichischer Staatsangehöriger; er arbeitete von 1918 bis 1926 im Buchgroßhandel eines Vetters in Berlin und war Leiter der Frankfurter Filiale. Danach war er bis zu seiner Emigration Inhaber des JOSEF SINGER VERLAGS, der SCHLESISCHEN VERLAGSANSTALT und des AXEL JUNCKER VERLAGS. Im August 1933 übernahm er den damals bedeutendsten deutschen Kinderbuchverlag, den WILLIAMS VERLAG, nachdem dessen Inhaberin → Edith Jacobsohn aus Deutschland geflüchtet war. M. wollte den Verlag, dessen Hauptautor der von ihm bewunderte Erich Kästner war, vor der Auflösung retten, obwohl er damit ein nicht geringes Risiko auf sich nahm. Tatsächlich wurden nachfolgend die Kinderbücher Kästners aus dem Willliams Verlag beschlagnahmt. Daraufhin gründete

M. 1934 in der Schweiz, in Basel, den ATRIUM VERLAG eigens zur Wahrung der Rechte der in Nazi-Deutschland verbotenen Bücher Erich Kästners; bald wurde der offizielle Sitz des in Wahrheit von Berlin aus geleiteten Verlages nach Zürich verlegt, Werke u. a. von Stefan Zweig, Adrienne Thomas, Annette Kolb, Kurt Tucholsky und Erich Fried erschienen hier. M. wurde im Mai 1937 als ›Volljude‹ aus der RSK ausgeschlossen und unter Berufsverbot gestellt; Ende 1936 hatte er bereits der Geschäftsführerin von Williams & Co. Cecilie Dressler inoffiziell die Anteile des Verlags übertragen. Ende August 1937 emigrierte M., Besitzer eines österreichischen Passes, mit seiner Familie nach Österreich, weil ihm die Niederlassung in der Schweiz, obwohl Mitglied im Schweizerischen Buchhändler- und Verlegerverband, verweigert wurde. Im März 1938 flüchtete M. aus Wien in die Niederlande nach Amsterdam. Seine Wohnung, seine Bücher und Sammlungen, sein Büro und Lager in Wien wurden beschlagnahmt. Als er im Frühjahr 1939 die Einreisegenehmigung nach England bekam, wurde London sein neuer Wohnort: Von hier aus leitete er in den nächsten Jahrzehnten den Atrium Verlag, der weiterhin seinen Sitz in Zürich behielt. Von 1937 bis 1940 verlegte M. in Deutschland verbotene Autoren, zu seinen Erfolgsautoren zählte weiterhin und insgesamt 42 Jahre lang Erich Kästner, dessen Auslandsrechte er mit Übersetzungen in 35 Sprachen geschickt vermarktete. Während des Zweiten Weltkrieges erstreckte sich M.'s Tätigkeit auf die Mitgründung von LINCOLNS-PRAGER PUBLISHERS LTD. (→ Eugen Prager) und die Herausgabe antinationalsozialistischer Flugschriften des britischen Nachrichtendienstes. M.'s Vermögen war gemäß der 11. Verordnung zum Reichsbürgergesetz vom 25. November 1941 dem Deutschen Reich verfallen; 1949 wurden M. nach dem 1. Rückstellungsgesetz Bücher und Autographen zurückgegeben. Bald nach dem Ende des Krieges verkaufte M. den Berliner Williams Verlag, der 1941 zwangsweise in CECILIE DRESSLER VERLAG umbenannt worden war, nun auch offiziell an die Inhaberin. M. übernahm in London Direktionsposten bei den Firmen FINE ART ENGRAVERS LTD. und LATIMER TREND LTD., er gründete gemeinsam mit FABER & FABER den FAMA VERLAG, der international auf dem Kunstbuchsektor agierte und etablierte mit den über → Richard Friedenthal erworbenen Autorenrechten an dem in 55 Sprachen übersetzten Werk von Stefan Zweig den Williams Verlag im schweizerischen Zug. M. war außerdem Direktor und Inhaber von ATRIUM PRESS LTD. in London. Den Züricher Atrium Verlag verkaufte er 1975 mit Ausnahme der Rechte an den Büchern von Stefan Zweig und der Weltrechte an Erich Kästners Werk an den mittlerweile in Hamburg ansässigen Cecilie Dressler Verlag (seit 1976 gehört der Atrium Verlag, der seinen Sitz als eigenständiger Verlag in Zürich hat, zur Verlagsgruppe OETINGER). 1982 stiftete M. einen Jugendbuchpreis, den Emil Award, der zugleich an E. Kästner und an dessen Illustrator Walter Trier erinnerte und der bis 1999 jährlich verliehen wurde. Aus der 1931 geschlossenen Ehe mit Rita Lechner stammte der 1933 geborene Sohn → Thomas Michael M., der sich selbst höchst erfolgreich als Verleger betätigt hat.

Restitutionsbericht 2003/04 des Bundesministeriums für Bildung, Wissenschaft und Kultur [online]; BHE 1; Bbl. (FfM) Nr. 6 vom 20.1.1978 S. 106; Bbl. (FfM) Nr. 96 vom 16.11.1982 S. 2584; Bbl. (FfM) Nr. 25 vom 29.3.1983 S. 762; Ernest Redmond Till: Zuviel Hochdeutsch auf der (Zürcher) Bahnhofstraße? Interview mit dem 87-jährigen Kurt L. Maschler in London. Ein Emigrantenschicksal. In: Bbl. (FfM) Nr. 23 vom 22.3.1985 S. 823 f.; Carlo Bernasconi: Wo sich alles um Kästner dreht. Verlagsgeschichte ist auch Geschichte eines Emigrantenschicksals: Atrium in Zürich feiert das 50-jährige mit einem Literaturpreis. In: Bbl. (FfM) Nr. 96 vom 3.12.1985

S. 3169 f.; Bbl. (FfM) Nr. 27 vom 4. 4. 1986 S. 1000; Frank Flechtmann: ›Mein schöner Verlag, Williams & Co.‹ Erinnerung an Edith Jacobsohn. In: Marginalien H. 142 (1996) S. 11–34; Theodor Brüggemann: Kinderbuch und Zeitgeschichte: Der Verlag Williams & Co. Mit einer Bibliographie. In: Bbl. vom 15. 8. 2003 (AdA NF Nr. 4 (2003)) S. 247–74; Bbl. Nr. 16 vom 20. 4. 2006 S. 8.

Maschler, Thomas (Tom) Michael 16. 8. 1933 Berlin; Verleger. Der Sohn von → Kurt L. M. ist einer der bedeutendsten Vertreter der Emigranten in zweiter Generation, die im internationalen Verlagsgeschäft reüssierten. Er emigrierte mit seiner Mutter im Kindesalter 1937/38 über Österreich nach England, ging in Henley-on-Thames zur Grundschule und besuchte anschließend in Reading die Leighton Park School. Als Jugendlicher wollte er nicht in die Fußstapfen seines Vaters treten und hatte als Reiseveranstalter finanziell großen Erfolg; 1955 begann er dann doch eine verlegerische Laufbahn, zunächst als Assistent bei → ANDRÉ DEUTSCH LTD., London; es folgte eine Anstellung bei MACGIBBON & KEE, und von 1958 bis 1960 bei PENGUIN BOOKS. Seine Karriere nahm in den frühen 1960er Jahren die entscheidende Wendung, als er Chef von JONATHAN CAPE wurde: M. machte das bei seinem Eintritt schwächelnde Verlagshaus in den folgenden zwanzig Jahren mit zahlreichen Nobelpreisträgern (insgesamt fünfzehn, u. a. Doris Lessing und Salman Rushdie) zu einem der erfolgreichsten Literaturverlage Großbritanniens und schuf als Gründer des Booker Prize für die gesamte britische Buchwirtschaft ein nachhaltig wirksames Konzept von Branchenmarketing. In den späten 1980er Jahren wurde Jonathan Cape in RANDOM HOUSE eingegliedert, M. blieb im Vorstand, war aber nicht mehr aktiv im Verlagsgeschäft tätig. Seine Memoiren *Publisher* (2005) geben ein anschauliches Bild der internationalen Verlagsgeschichte aus der zweiten Hälfte des 20. Jahrhunderts. Im November 2018 wurde die Privatbibliothek M.s bei Heywood Hill zum Verkauf angeboten; der Verleger Dan Franklin charakterisierte seinen Kollegen in diesem Zusammenhang auf eindrückliche Weise: ›For four decades Tom Maschler was the most important and most talked-about figure in British publishing. A brilliant talent-spotter, he brought to Jonathan Cape an extraordinary range of literary talent – from Gabriel Garcia Marquez to Philip Roth to Martin Amis to Thomas Pynchon to Tom Wolfe to Ian McEwan – and transformed it into the most exciting publisher in London‹.

Tom Maschler: Publisher. London: Picador 2005 (mit Ill. von Quentin Blake).
Nicholas Wroe: Tom Maschler, Talent Spotter. In: The Guardian, 12 March 2005 [online]; www.heywoodhill.com/news/tom-maschler-press-release.

Maslowski, Peter (Markus) 25. 4. 1893 Berlin – 23. 4. 1983 Sommerhausen bei Würzburg; Journalist, Verleger. Nach einer schweren Verletzung im Ersten Weltkrieg schloss sich M. im Lazarett der kommunistischen Spartakus-Gruppe an. Nach der Genesung begann er 1917 mit dem Studium der Germanistik, Geschichte und Philosophie an der Berliner Universität. Mit der Teilnahme an der Novemberrevolution setzte M. seine politischen Aktivitäten fort: Er war Mitgründer eines kommunistischen Soldatenbundes und Verleger des zugehörigen Organs *Der Rote Soldat*, nahm 1919 am Gründungsparteitag der KPD teil und setzte sich neben politischer Agitation als Journalist und Redakteur bei verschiedenen, meist kommunistisch ausgerichteten Zeitungen für die linke Bewegung ein. Am 25. August 1933 verlor M. mit der ersten Ausbürgerungsliste die deutsche Staatsbürgerschaft und floh noch im September nach Polen, 1934 in die Tschechoslowakei und schließlich 1935 über die Schweiz nach Frankreich, wo er Teilhaber der ÉDITIONS DU

CARREFOUR in Paris wurde (→ Willi Münzenberg). In Frankreich entfaltete M. eine vielfältige politische und journalistische Arbeit im Widerstand gegen das NS-Regime, er pflegte Kontakte zu Emigrantenkreisen und agierte zwischen 1935 und 1939 unter den Decknamen Pierre, André Pierre und M. Pierre. Dem KPD-Ausschluss Münzenbergs 1938 folgte M.'s Austritt aus der Partei und der Beitritt zur SPD. Nach seiner Internierung 1939/40 wurde er *Prestataire* in Südfrankreich und betätigte sich unter dem Namen Griman in der Résistance. M. kehrte nach Beendigung der NS-Herrschaft 1945 nach Deutschland zurück und wurde Mitglied der VVN. 1946 erhielt er die Lizenz zur Herausgabe der *Neuen Presse Coburg*, deren Chefredakteur er bis 1963 war; bis 1967 war M. Mitglied im Bundesverband Deutscher Zeitungsverleger; danach arbeitete er als freier Schriftsteller.

BHE 1; DBE.

Mass, Rubin (Reuben) 10. 6. 1894 Wischtinetz (Vistyten) / Litauen – 2. 6. 1979 Jerusalem; Verleger. M., dessen Familie 1906 von Litauen nach Königsberg umzog, war seit 1914 in Berlin ansässig. 1915–18 absolvierte er eine Buchhändlerlehre bei → Louis Lamm in Berlin; anschließend arbeitete er bis 1920 als Korrektor beim MENORAH VERLAG, von 1920 bis 1926 dann bei der JALKUT GMBH Verlag und Buchhandlung. Im November 1926 erwarb M. die Jalkut Buchhandlung von → Bendit Kahan; während seiner Tätigkeit als selbständiger Verlagsbuchhändler in Berlin 1927 bis 1933 brachte er einen hebräischen Literaturkatalog (*Yalkut Sefarim*, 1929) heraus und engagierte sich verantwortlich in einer Gesellschaft zur Veranstaltung von Dichterlesungen hebräischer Autoren. Nach der nationalsozialistischen Machtübernahme sah sich M., der Augenzeuge der Bücherverbrennung am 10. Mai 1933 auf dem Berliner Opernplatz war, hauptsächlich durch die Verhaftung seines Bruders zur sofortigen Flucht nach Palästina veranlasst und schloss einen fiktiven Kaufvertrag mit seinem Angestellten → Aron Sztejnberg ab, der das Unternehmen (1937/38 dann als ›Jüdischen Buchverlag und Buchvertrieb‹) weiterführte. M. erreichte Palästina 1933 mit seiner in sechzehn großen Kisten verpackten Privatbibliothek und gründete noch im gleichen Jahr in Tel Aviv mit einem Grundkapital von ƒ 3000, die er von einem Freund geliehen hatte, den Verlag RUBIN MASS PUBLISHING HOUSE, den er nachfolgend zu einem der führenden Verlagshäuser ausbauen konnte. In den 1930er Jahren übernahm M. auf der Basis eines Kommissionsvertrags den Vertrieb sämtlicher Verlagswerke des nach Palästina transferierten SCHOCKEN VERLAGS (→ Salman Schocken). M. war Mitglied im Verband israelischer Verlagsbuchhändler, in der Internationalen Verleger-Union und Vorsitzender des Verlegerverbandes für hebräische Publikationen. Seit 1948 übernahm er vielfältige gemeinnützige Aufgaben, im Gedenken an die Opfer der NS-Herrschaft sowie der im israelischen Unabhängigkeitskrieg gefallenen Soldaten; er selbst hatte in diesem Krieg seinen Sohn verloren. 1972 wurde M. zum Ehrenbürger von Jerusalem ernannt, wo er bis zu seinem Tod lebte. Das Unternehmen Rubin Mass, das u. a. 1998 die Prozessakten des Eichmann-Prozesses in neun Bänden herausbrachte, besteht unter der Leitung von Oren Mass (geb. 8. 3. 1952 Haifa) bis heute in Jerusalem und gehört mit einem breit gefächerten Programm zu den aktivsten Verlagshäusern Israels; es betätigt sich auch im Buch- und Zeitschriftenhandel.

Rubin Mass: HaIsh u Veito [Der Mensch und sein Haus; autobiographisch]. In: A. Eben Shushan [ed.]: Ve'im Bigvuroth – Fourscore Years. A Tribute to Rubin and Hannah Mass on their Eightieth Birthdays. Jerusalem 1974.

SStAL, BV, F 12. 613; Landesverwaltungsamt Berlin Abt. III – Entschädigungsbehörde Reg. Nr. 69 230; Landesarchiv Berlin – Wiedergutmachungsämter zu Berlin 71 WGA 6393/59; Amtsgericht Charlottenburg 91 HRA 97 512 † 1941; BHE 1; Jewish Telegraph Agency (New York), Daily News Bulletin, Nr. 106, 4. 6. 1979, S. 2; Dahm: Das jüdische Buch (1993) bes. S. 417 f.; Europäische Ideen H. 49 (1981) S. 28 [Nachruf]; BuchMarkt Nr. 11 (2000) S. 26, 30 f.; rubinmass.net.

Maxwell, Ian Robert 10. 6. 1923 Selo Slatina / ČSR (heute Ukraine) – 5. 11. 1991 vor Teneriffa; Verleger. M.'s Geburtsname war Ján Ludvík Hoch; er entstammte einer jüdischen, deutschsprachigen Familie, sein Vater war ein kleiner Viehhändler in dem ruthenischen Dorf Selo Slatina (Solotvino). 1939 wurde die karpato-ukrainische Region von Ungarn besetzt; ein Großteil der Familie fiel, wie die meisten der zweitausend Juden des Dorfes, dem Holocaust zum Opfer. M. wurde als Jugendlicher von der ungarischen Untergrundbewegung als Fluchthelfer rekrutiert, vom Horthy-Regime gefangengenommen und wegen Spionage zum Tod verurteilt. Er konnte fliehen und gelangte 1940 über Budapest als 17-jähriger Flüchtling nach Großbritannien; M. diente im Zweiten Weltkrieg in der britischen Armee und war 1946 als britischer Beschaffungsoffizier in Frankfurt am Main eingesetzt. In dieser Funktion half M. Ferdinand Springer, seinen Verlag in Heidelberg wieder aufzubauen, u. a. auch damit, dass M. in London im März 1947 über die eigens von ihm gegründete Firma European Periodicals, Publicity and Advertising Corporation (EPPAC) und ab 1949 mit einem zweiten Unternehmen, LANGE, MAXWELL & SPRINGER, zusammen mit Springer den weltweiten Vertrieb von wissenschaftlicher, medizinischer und technischer Literatur und von Fachjournalen organisierte (auch anderer deutscher Verlage, u. a. für DE GRUYTER & CO. und URBAN & SCHWARZENBERG). Damit begann M.'s Laufbahn im Verlags- und Vertriebswesen. Nachdem das englische Verlagshaus BUTTERWORTHS seine Anteile aus einem 1948 begonnenen Gemeinschaftsprojekt mit Springer an M. verkauft hatte, formte M. daraus 1951 seinen eigenen Verlag für Wissenschaftsliteratur, die PERGAMON PRESS LTD., mit der amerikanischen Tochter PERGAMON PRESS INC.; der von ihm mit unternehmerischem Weitblick geführte Fachverlag hatte mit dem ehemaligen Springer-Lektor → Paul Rosbaud einen ausgewiesenen Fachmann im Lektorat und erwarb sich bald hohes Ansehen bei der internationalen Wissenschaftselite. Mit einer geschickten Einkaufspolitik gelang es M. in den folgenden beiden Jahrzehnten, einen Verlagskonzern zusammenzubauen und von dem bis Ende der 1970er Jahre anhaltenden Boom des wissenschaftlichen Buch- und Zeitschriftenmarktes zu profitieren (u. a. *Commonwealth and International Library of Sience, Technology, Engineering and Liberal Studies*: die 1961 gegründete Reihe umfasste 1971 tausend Bände). Als *dealmaker par excellence* erweiterte M. sein unternehmerisches Portfolio aber auch durch die Produktion von Opern- und Ballettverfilmungen und gründete bzw. erwarb im Laufe seiner Verlegerkarriere eine Reihe weiterer Firmen, in den 1960er Jahren beispielsweise Buchhandlungen (u. a. in London, Glasgow, Edinburgh), Verlage und Druckereien, die er aber wieder schloss, wenn sie keinen Gewinn abwarfen. 1967 erwarb M., zu dieser Zeit auch Direktor des Pariser Verlags GAUTHIER-VILLARS, die britische Verlagsgesellschaft CAXTON HOLDINGS und formte das Unternehmen INTERNATIONAL LEARNING SYSTEMS CORP. LTD., um den Weltmarkt für Nachschlagewerke zu erobern. In dieser Zeit begann sich die immer stärker werdende Überschneidung von M.'s geschäftlichen und politischen Aktivitäten abzuzeichnen: Von 1964 bis 1970 und ab 1974 war M. Parlamentsabgeordneter der

Labour Party für den Wahlkreis Buckingham. 1968 bis 1970 führte er als Mitglied des Europarates den stellvertretenden Vorsitz im Ausschuss für Wissenschaft und Technik. Pergamon war bereits 1964 in eine Aktiengesellschaft umgewandelt worden, mit M. als geschäftsführendem Direktor (bis 1969). Das Unternehmen verzeichnete Rekordumsätze und expandierte weltweit, mit Zweigstellen in New Delhi, Sydney (→ Andrew Fabinyi) und Tokio. 1974 brachte M. Pergamon, von der nur mehr 28 % der Aktien in seinem Besitz war, mit einem Zeichnungsgebot wieder mehrheitlich an sich. Anfang der 1980er Jahre, nachdem die Bibliotheksbudgets staatlicherseits wieder zurückgefahren worden waren, wandte M. sich dem lukrativen Zeitungs- und Unterhaltungsmarkt zu: Er erwarb 1981 die BRITISH PRINTING CORP. (BPC), die er zu Europas größtem Druckkonzern machte. Mit den Gewinnen kaufte er 1984 die MIRROR NEWSPAPER GROUP mit ihren in Millionenauflage verbreiteten Massenblättern *Daily Mirror* und *Sunday Mirror*, beteiligte sich mit 25 % an dem Musiksender MTV und kaufte kreditfinanziert den New Yorker MACMILLAN VERLAG und *The New York Daily News*. Damit war die MAXWELL COMMUNICATION CORP. PLC endgültig zu einem *Global Player* geworden. Nach dem Zusammenbruch der DDR investierte M. große Summen in die Neuorganisation der ostdeutschen Medienlandschaft; zusammen mit GRUNER + JAHR erwarb er das ehemalige SED-Blatt *Berliner Zeitung*, 1990 gründete er die europäische Wochenzeitung *The European*. Pergamon mit seinen Hunderten Zeitschriften wurde 1991 um $ 770 Millionen von ELSEVIER gekauft. M., dessen Geschäftspraktiken durchaus umstritten waren, starb unter ungeklärten Umständen; um seinen Tod ranken sich bis heute Verschwörungstheorien (er ertrank nach unbemerktem Sturz von seiner Yacht ›Lady Ghislaine‹). Allein zu M.'s mysteriösem Tod ist inzwischen eine Reihe von Büchern erschienen. Die Söhne Ian M. (geb. 1956) und Kevin M. (geb. 1959) bemühten sich vergeblich, das überschuldete väterliche Imperium zusammenzuhalten, wenige Monate nach M.'s Tod kollabierte die börsennotierte MIRROR GROUP, Treuhänder und Zwangsverwalter übernahmen die Abwicklung der rund 400 ineinander verflochtenen Unternehmen und Unternehmensbeteiligungen M.'s. M., der sich mit zunehmendem Alter zu seinen Wurzeln bekannte und ein vehementer Freund des Staates Israel wurde, fand seine letzte Ruhestätte in Jerusalem.

BHE 1; Joe Haines: Maxwell. Macht und Medien. Eine Biographie. München: Heyne 1988; SZ vom 6.11.1991; SZ vom 7.11.1991 S.3 [Nachruf], S.32; Westphal: German, Czech and Austrian Jews (1991) p. 204; Roy Greenslade: Maxwell: The Rise and Fall of Robert Maxwell and his Empire. New York: Simon & Schuster 1992; Albert Henderson: The dash and determination of Robert Maxwell. Champion of dissemination. In: LOGOS vol. 15 (2004) no. 2 pp. 65–75 (auch in: Immigrant publishers (2009) pp. 123–40); Saur: Deutsche Verleger im Exil (2008) S. 215, 222 f.; Ian Stevenson: Book Makers: British Publishing in the Twentieth Century. London: British Library Publishing 2010.

May, Hans 11.7.1886 Wien – 31.12.1958 London; Komponist, Musikverleger. Geboren als Johann Mayer, studierte M. an der Wiener Musikakademie und war danach in Österreich und Deutschland als Unterhaltungspianist und Komponist von Operetten tätig. Anfang der 1920er Jahre ließ er sich in Berlin nieder, wo er mit Paul Leni das politisch-literarische Kabarett DIE GONDEL gründete und für viele Stummfilme die Filmmusiken schrieb. Sein größter Erfolg wurde der Schlager ›Ein Lied geht um die Welt‹ aus dem gleichnamigen Film von 1933. Im selben Jahr floh M. vor der NS-Verfolgung nach Wien, und 1938 über Paris nach London, wo er 1939 zusammen mit

→ Richard Schauer den Schlagermusikverlag SCHAUER & MAY gründete, aus dem er aber bald wieder ausstieg. 1940 wurde er als *enemy alien* im Lager Huyton interniert. Es gelang M. in den folgenden Jahren, auch in Großbritannien erfolgreich als Filmkomponist zu arbeiten; bis Mitte der 1950er Jahre schuf er über 30 Filmmusiken.
Fetthauer: Musikverlage (2004) S. 488.

Mayer, Carl W. 20.12.1889 Frankfurt am Main – 24.4.1967 Lacco Ameno / Italien. Verleger; Dr. jur. Nach dem Studium der Rechtswissenschaft, der Literatur und Musik, das M. mit der Promotion in Jura abschloss, leitete er 1918 bis 1924 den Bühnenverlag CHRONOS. Nach dem Ausscheiden aus dem Verlag arbeitete M. überwiegend im Bereich des Hörfunks; nachdem die Zentrale des Süddeutschen Rundfunks in Stuttgart durch die Nationalsozialisten besetzt und M. am 7. März 1933 entlassen wurde, emigrierte er in die Schweiz, 1934 nach Österreich. Nach der Annexion Österreichs 1938 floh er in die USA. 1949 kehrte er nach Stuttgart zurück, wo er ab 1950 als Leiter in der Hauptabteilung Unterhaltung des SDR wirkte. Seinen Lebensabend verbrachte M. in Italien.
BHE 1; Kürschners Biographisches Theater-Handbuch 1956; Walk: Kurzbiographien (1988).

Mayer, Ernest (Ernst) 7.4.1893 Bingen a. Rhein – 24.4.1983 New York; Verleger, Agenturgründer. M. war nach einer Ausbildung im Bankhaus Wertheimer in Frankfurt am Main und Teilnahme am 1. Weltkrieg 1919 in der Buchhandlung Georg Karl Steinicke in München tätig, wechselte aber nach wenigen Monaten zum Verlag Bruno Cassirer in Berlin, wo er u.a. mit dem Magazin *Kunst und Künstler* befasst war. 1920 erwarb er über einen Verwandten Anteile am Rowohlt Verlag und war dort auch im Zeitschriftenbereich tätig, bis er noch im gleichen Jahr mit → Ernst Weil und → Willi Wolfradt als stillen Teilhabern den MAURITIUS-VERLAG ERNST MAYER, Berlin-Friedenau, Wagnerplatz 7, gründete, der in der Inflationszeit zunächst limitierte Editionen von illustrierten Luxusdrucken herausbrachte, um die damalige ›Flucht in die Sachwerte‹ zu nützen. Von 1920 bis 1932 brachte Mauritius 21 Buchtitel heraus. Seit 1928 arbeitete M. auch mit Fotografen zusammen, zunächst mit Germaine Krull, und baute dieses Betätigungsfeld dann weiter aus: Seit 1929 unterhielt der Verlag eine Bildagentur, die in der reichen Illustriertenlandschaft der Weimarer Republik florierte und schließlich mehr als 40 Fotografen vertrat. Im Frühjahr 1933 übergab M. den Mauritius Verlag und seine ›Schönbildagentur‹ an Helmut Zwez und emigrierte mit 5000 Photos im Fluchtgepäck nach New York, wo er am 8.6.1935 einlangte und dort Ende Dezember die für die Fotografiegeschichte und die Geschichte des illustrierten Magazins hochbedeutende Agentur BLACK STAR mitbegründete (Näheres dazu: → Kurt Safranski, → Kurt Kornfeld).
Interview EF/UB mit Hanna Weil am 30.4.1995 in London; mündl. und schriftl. Auskünfte von Phoebe Kornfeld an EF 2017–2019; Adressbuch 1931 S. 405; Images of History: The Black Star Agency [online]; C. Zoe Smith: Emigré Photography in America. Contributions of German Photojournalism from Black Star Picture Agency to Life Magazine, 1933–1938. Diss. University of Iowa 1983; Marvin Hefferman: Black Star Shines Anew. In: The New York Times, 15.7.2013 [online]; Amy B. Cohen: A Family Uprooted by the Nazis: Mathilde Gross Mayer and Her Family, 12.9.2016, In: Brotmanblog: A Family Journey. Adventures in Genealogy [online]; Michael Torosian: Black Star. The Ryerson University Historical Print Collection of the Black Star Publishing Company. Portfolio Selection and Chronicle of a New York Photo Agency. Introduction by Peter Higdon. Toronto: Lumiere Press 2013; Martin Münzel: Tempelhof – Manhattan und zurück. In:

›Der ganze Verlag ist einfach eine Bonbonniere‹ (2015), S. 388–406; Phoebe Kornfeld: Passionate Publishers. The Black Star Photo Agency Founders Ernest Mayer, Kurt Safranski, and Kurt Kornfeld – Catalysts of the American Revolution in Photojournalism (im Erscheinen).

Mayer, Hermann Joseph 22. 4. 1915 in Wismar – Dezember 2007 Jerusalem; Buchhändler. M. stammt aus einer jüdischen Buchhändlerfamilie, sein Vater → Ludwig Mayer (1879–1978) kam aus Prenzlau in der Uckermark und war einer der ersten deutschen Zionisten. Er war, zusammen mit seiner Frau Hedwig Mayer-Lübke (1882–1923), bereits 1908 nach Palästina gegangen, um in Jerusalem eine Buchhandlung aufzubauen, war aber nach Ausbruch des Ersten Weltkriegs nach Deutschland zurückgekehrt. Seine Kindheit verbrachte M. in Berlin; nach dem Besuch eines Realgymnasiums und einer Handelsschule war er 1931 bis 1. April 1933 Lehrling in der Chemischen Metallgesellschaft Gottfried Münz in Berlin-Charlottenburg. In den folgenden Monaten war er beim Keren Hajessod beschäftigt, bis er im November 1933 nach Palästina auswanderte (seine Eltern und sein Halbbruder → Rafael B. M. waren bereits im August mit einem ›Kapitalistenzertifikat‹ dorthin gelangt). 1933 bis 1937 arbeitete M. in der elterlichen Buchhandlung LUDWIG MAYER in Jerusalem; 1937 schickte ihn sein Vater nach England, um bei FOYLES in London in der Charing Cross Road eine formelle Buchhändlerlehre zu absolvieren. Der Kriegsausbruch beendete diese Ausbildung, M. kehrte nach Jerusalem zurück und betätigte sich von 1942 bis 1945 für die Royal Air Force an verschiedenen Orten als Übersetzer für Deutsch und Französisch. Auch hatte er sich bereits 1935 der Haganah, der zionistischen Untergrundorganisation, angeschlossen und war dort bis zu seiner Einberufung zum israelischen Militär im Mai 1948 engagiert. Seit Oktober 1945 arbeitete er aber hauptberuflich in der Jerusalemer Buchhandlung seines Vaters; von 1952 bis 1957 war M. im israelischen Handelsministerium tätig, als Leiter der Buchimport-Abteilung, zuletzt der Personalabteilung. 1957 kehrte er in die Buchhandlung Ludwig Mayer zurück und führte sie und die angeschlossene Leihbücherei gemeinsam mit seiner aus Fulda stammenden Frau und Rafael M. (die Brüder wurden 1959 Teilhaber der Firma). Zu einer Institution deutsch-jüdischer Kulturgeschichte geworden, spielte sie beim Aufbau des Schul- und Bildungswesens in Israel eine nicht unbeträchtliche Rolle. Die in Jerusalemer Akademikerkreisen beliebte Buchhandlung betrieb 1959 bis 1971 auf dem Gelände der Hebräischen Universität in Jerusalem eine Filiale, den gemeinsam mit dem Ehepaar Moss von der Buchhandlung HEATID gegründeten UNIVERSITY CAMPUS BOOKSHOP. Bis 1997 war M. im Laden anzutreffen, selbst nach dem 1994 erfolgten Verkauf der Firma an den aus der Schweiz stammenden Rabbiner Marcel Marcus und dessen Frau. Die bis heute existierende Buchhandlung Ludwig Mayer (Jerusalem) Ltd., 4 Shlomzion Hamalka Street, führt traditionsgemäß ein großes deutschsprachiges Angebot.

Interview EF mit M. am 22. 10. 1992 in Jerusalem; Briefe von M. an EF vom 2. 2. 1992, 22. 9. 1992 und 18. 4. 1993; Brief von M. an KJ vom 31. 1. 2001; mündliche Mitteilung von M. an KJ am 2. 11. 2003; Gabriele Krämer-Prein: Höhle statt Supermarkt. Vor allem Probleme mit den hohen Preisen. Beispiel: Buchhandlung Mayer in Jerusalem. In: Bbl. (FfM) Nr. 69 vom 29. 8. 1978 S. 1767; Hermann Mayer: ›Ich lese gerade ein Buch über Jeckes…‹. [Interview von Gisela Dachs mit H. M.]. In: Shlomo Erel [Hg.]: Jeckes erzählen. Aus dem Leben deutschsprachiger Einwanderer in Israel (Edition Mnemosyne. 12). 2. Aufl. Wien: Lit 2004 S. 150–54; Susan Goodman: Mayer's Bookstore: It's The Real Thing. In: Jerusalem Post, 11 Jan. 2006 [online]; Haaretz, 19 Dec. 2007.

Mayer, Lola 15. 5. 1906 – 20. 5. 1979 Stoke Poges, GB; Antiquarin. M., geb. Grusemann, war eine engagierte Sozialistin, wie auch ihr Ehemann Jacob-Peter Mayer, der sich nach 1933 im SPD-Widerstand betätigte. Er und seine Frau wurden wegen der Verteilung von Flugschriften arrestiert und für eine Strafzahlung freigelassen. Die während der Olympischen Spiele 1936 gelockerte ›Judenpolitik‹ nutzte das Paar, das Nachwuchs erwartete, um nach England zu flüchten. Dort eröffnete M. zunächst in London ein Antiquariat LOLA MAYER BOOKSELLER, das bereits im *Internationalen Adressbuch der Antiquare 1937/38* unter der Adresse 34 Lanhill Road, London W 9 eingetragen war. Im *Internationalen Adressbuch der Antiquare 1940* wurden als Spezialgebiete Politik, Geschichte, Nationalökonomie, Soziologie und Philosophie angegeben, mithin ihre eigenen Interessensfelder und die ihres Mannes, der in England das Tocqueville Research Center at the University of Reading gründete und dort bis zu seiner Pensionierung als Professor tätig war. Es ist davon auszugehen, dass die beiden ihre privaten Büchersammlungen nach Großbritannien mitbringen konnten. Später betrieb M. gegen Voranmeldung ein Antiquariat deutschsprachiger Bücher in einem Dorf nordwestlich von London, an der Adresse The Grey House, Plough Lane, Stoke Poges, Buckinghamshire. Die Schwerpunkte lagen jetzt auf Literatur, Philosophie, Psychologie und Geschichte.

Homeyer: Bibliophilen und Antiquare (1966) S. 142; Directory 1957–58 p. 97; Seven Roads Gallery of Book Trade Labels [online]; www.findagrave.com; Obituary: Professor J. P. Mayer. In: The Independent 21. 12. 1992 [online].

Mayer, Ludwig 17. 2. 1879 Prenzlau / Uckermark – 2. 6. 1978 Jerusalem; Buchhändler. M. absolvierte nach Besuch des humanistischen Gymnasiums in Prenzlau seine Lehrzeit in Berlin bei der Buchhandlung MAYER & MÜLLER. Weitere Stationen waren nachfolgend die Firmen Liebisch in Leipzig, Hugendubel in München, Tischler in Kiel sowie Singer in Straßburg. In Berlin war M. mit dem Gedankengut Theodor Herzls bekannt geworden, hatte diesen auch noch persönlich kennengelernt und sich der zionistischen Bewegung angeschlossen. 1908 wanderte er nach Palästina aus und gründete in Jerusalem die INT. BUCH- UND KUNSTHANDLUNG GMBH, als deren Geschäftsführer er fungierte und die als die älteste deutsch-jüdische Buchhandlung in Palästina gilt; bald eröffnete er eine (von seinem Teilhaber Dr. Wiesel geleitete) Zweigstelle in Jaffa. Bei Ausbruch des Ersten Weltkrieges musste M. zurück nach Deutschland (das Geschäft übergab er Dr. Theodor Fast, dem Leiter des Lloyd Triestino) und war zunächst in Buchhandlungen in Wismar / Mecklenburg und Münster / Westfalen tätig, ehe er 1917 zum Kriegsdienst eingezogen wurde. Nach Kriegsende wurde M. von → Leo Jolowicz bei GUSTAV FOCK in Leipzig eingestellt, bis er 1922 nach Berlin übersiedelte und dort in der Lutherstraße 46 in seiner Privatwohnung die auf Palästinensia und Orientalia spezialisierte Exportbuchhandlung mit Antiquariat LUDWIG MAYER einrichtete. Aufgrund des vom NS-Regime organisierten Boykotts jüdischer Geschäfte am 1. April 1933 sah sich M. zur Emigration veranlasst. Mit seiner zweiten Frau Selma und seinem jüngeren Sohn Rafael erreichte er Palästina im September 1933 und eröffnete in Jerusalem in der Shlomzion Hamalka Street eine auf wissenschaftliche Literatur spezialisierte Buchhandlung, die sich in den folgenden Jahrzehnten zu einer der führenden Import-Buchhandlungen Israels entwickeln sollte. In den ausgehenden 1950er Jahren wurde sie von seinen beiden Söhnen → Hermann und → Rafael M. übernommen.

Interview EF mit Hermann M. am 22.10.1992 in Jerusalem; Brief von Hermann M. an EF, 2.2.1992; SStAL, BV, F 6.162; Landesverwaltungsamt Berlin Abt. III – Entschädigungsbehörde Reg. Nr. 261 363; schriftliche Mitteilung Hermann M.'s an KJ vom 31.1.2001; mündliche Mitteilung Hermann M.'s an KJ vom 1.2.2004; Adressbuch 1931 S. 406; Verlagsveränderungen 1933–1937 S. 16; Bbl. Nr. 244 vom 19.10.1933; ABA Newsletter no. 64 (July 1978); Cazden: Free German Book Trade (1967) S. 352; Gabriele Krämer-Prein: Höhle statt Supermarkt. Vor allem Probleme mit den hohen Preisen. Beispiel: Buchhandlung Mayer in Jerusalem. In: Bbl. (FfM) Nr. 69 vom 29.8.1978 S. 1767; Ernst G. Lowenthal: Juden in Preussen: biographisches Verzeichnis. Berlin: Reimer 1981; Öhlberger (2000) S. 138; Thomas Schindler: Ein ›jekkischer‹ Buchhändler im ottomanischen Jerusalem. In: Israel Nachrichten vom 26.11.1993 S. 5 u. 8; Israel-Nachrichten Nr. 8392 vom 20.6.1997, Nr. 8398 vom 27.6.1997 und Nr. 8404 vom 4.7.1997 [M.'s Erinnerungen].

Mayer, Otto 25.10.1875 Neustadt in der Pfalz – 6.11.1964 Nizza; Buchhändler und Antiquar. M. übernahm 1906 mit Magnus Schade die 1852 gegründete wissenschaftliche Buchhandlung CALVARY & CO. in der Luisenstraße, später Unter den Linden, und baute sie zu einer modernen Buchhandlung für Kunst und Literatur aus. M. war einer der führenden Sortimenter Berlins, darüber hinaus kundiger Antiquar und bibliophiler Berater von großen Sammlern wie Richard v. Kühlmann und Paul Knopf; seine Buchhandlung wurde von illustren Kunden wie Max Reinhardt, Walter Rathenau, Josef Kainz oder Rudolf Borchardt frequentiert. M. konnte 1935 nach Nizza flüchten, seine Firma wurde ›arisiert‹; die Verlagsrechte einzelner Judaica-Titel erwarben um 1935 BAMBERGER & WAHRMANN, Jerusalem (→ Nathan Bamberger, → Samuel Wahrmann).

Adressbuch 1931 S. 104; Verlagsveränderungen 1933–1937 S. 5; Verlagsveränderungen 1942–1963 S. 36; Bbl. (FfM) Nr. 102/103 vom 22.12.1964 S. 2514; Homeyer: Bibliophilen und Antiquare (1966) S. 142; Schroeder: ›Arisierung‹ I (2009) S. 309 f.; Schroeder: ›Arisierung‹ II (2009) S. 383.

Mayer, Paul 1.11.1889 Köln – 8.3.1970 Zürich; Verlagsmitarbeiter, Schriftsteller; Dr. jur. M. legte 1908 sein Abitur ab und studierte in Berlin, München, Freiburg und Bonn Jura. Noch vor seiner Promotion in Greifswald 1915 publizierte M., der zu den ›Dichterjuristen‹ des Expressionismus gezählt wird, Lyrikbände und ging 1919 als Lektor zum ROWOHLT VERLAG, für den er auch Literatur aus dem Französischen übersetzte. M. avancierte in den 1920er Jahren rasch zum Hauptlektor des Rowohlt Verlags und prägte, zusammen mit dem Lektorkollegen → Franz Hessel, das Programm ganz wesentlich. Nachdem über ihn in Deutschland aus ›rassischen‹ Gründen Berufsverbot verhängt wurde, emigrierte er 1936 in die Tschechoslowakei und war in Mährisch-Ostrau im JULIUS KITTL's NACHF. VERLAG tätig. Nach dem Einmarsch deutscher Truppen floh M. nach Amerika und ließ sich in Mexico City nieder. In dem dort von einem prominenten (kommunistischen) Autorenkollektiv gegründeten Verlag EL LIBRO LIBRE wurde der parteilose M. wieder als Lektor tätig und hatte großen Anteil daran, dass trotz ungünstiger Umstände der deutschen Exilliteratur wieder Publikationsmöglichkeiten geboten werden konnten. 1944 erschien auch sein eigener Gedichtband *Exil* bei El Libro Libre. Nach seiner Rückkehr nach Europa, die erst 1963 erfolgte, hielt sich M. in der Schweiz auf; bereits 1948 war bei F. A. HERBIG, Berlin, eine Anthologie aus seinem lyrischen Werk erschienen, außerdem übersetzte M. für den Rowohlt Verlag Werke von Montaigne und Simone de Beauvoir.

Paul Mayer: Ernst Rowohlt in Selbstzeugnissen und Bilddokumenten. Zum 80. Geburtstag Ernst Rowohlts am 23. Juni 1967. Reinbek bei Hamburg: Rowohlt 1967; ders.: Lebendige Schatten. Aus den Erinnerungen eines Rowohlt-Lektors. Reinbek bei Hamburg: Rowohlt 1969.

Taubert: Mit Büchern die Welt erlebt (1992) S. 313 f.; Thomas B. Schumann: Paul Mayer – Lyriker und Literaturvermittler im mexikanischen Exil. In: Mit der Ziehharmonika 15. Jg. Nr. 1 (1998) S. 53/54.

Mayer, Peter (Michael) 28. 3. 1936 London – 11. 5. 2018 Manhattan, New York; Verleger. Der Sohn des Luxemburgers Alfred Mayer und einer deutschen Mutter (geb. Grundmann), die aus Hitlerdeutschland emigrierten, verbrachte seine frühe Kindheit in Essen und kam als 3-jähriger in die USA: er kann somit zu den Repräsentanten der ›zweiten Generation‹ der Exilverleger gezählt werden. M. besuchte 1952 bis 1956 mit einem Stipendium der Ford Foundation das Columbia College und ging dann nach Oxford, England, wo er am Christ College Politik, Volkswirtschaft und Philosophie studierte. Zurückgekehrt in die USA, nahm er ein Studium für vergleichende französische und deutsche Literatur an der Universität Indiana auf. Zum Abschluss seiner Studien verbrachte M. ein Jahr mit einem Fulbright-Stipendium an der FU in Berlin, wo er sich der Germanistik widmete. 1960 nahm er seine erste Anstellung in einem Verlag an, 1963 kam er als Lektor zu AVON BOOKS, einem der größten Taschenbuchverlage in den USA, der zum HEARST-Pressekonzern gehörte. Bereits ein Jahr später war er *editor in chief* und kurze Zeit darauf Vizepräsident des Unternehmens und Verlagsleiter. 1971 gründete M. zusammen mit seinem Vater in Woodstock, New York, einen eigenen Verlag, OVERLOOK PRESS, wurde dann aber Präsident der *Pocket Book Division* von SIMON & SCHUSTER. 1978 wurde er CEO an der Spitze von PENGUIN INTERNATIONAL und wechselte von New York nach London. Fast zwanzig Jahre lang leitete M. die britische Verlagsgruppe und gründete u. a. Penguin India und Penguin China; er war maßgeblich daran beteiligt, die *New American Library* (→ Kurt Enoch) wieder in Penguin zu integrieren. Ende 1997 begann M., sich zurückzuziehen, mit der Absicht, als Verleger weiter tätig zu bleiben – der unabhängige US-Verlag Overlook Press Inc. war die gesamte Zeit über bestehen geblieben. Von früheren Mitarbeitern und Kollegen wird M. als Vertreter eines konservativen Geschäftsstils beschrieben, weil er stets sehr intensive Autorenbeziehungen pflegte, allerdings auch als Verleger mit Herzblut und mit für den Paperback-Bereich kommerziell höchst erfolgreichen Marketingstrategien: ›He lives and breathes publishing and it was very infectous‹ (Mark Gompertz, Simon & Schuster). M. ist auch als Herausgeber von Anthologien (*The Pacifist Conscience*) und mit literarischen Arbeiten verschiedener Art hervorgetreten. M. erhielt 2007 den Poor Richard Award des New York Center for Independent Publishing. 2002 erwarb Mayer für die Overlook Press die Rechte an Teilen der Backlist und am Namen von ARDIS PUBLISHING, einem Spezialverlag für russische Literatur in Ann Arbor, MI, sowie an DUCKWORTH, einem britischen Independent-Verlag. In einem Erinnerungsartikel der Fachkollegenschaft wurde M. als ›truly one of the best publishers of our time‹ bezeichnet. Weiter hieß es: ›He was the first – and maybe the last and only – publisher who worked with equal skill on both the global corporate level – as visionary leader of Penguin – and on the small independent publisher level – as dedicated steward of his beloved Overlook Press.‹ Und: ›Very few people in our world change it, but Peter Mayer transformed publishing, not just in the UK but globally.‹

Aufbau vom 24.7.1970 S. 6; New York Times, 16 Feb. 1998 [online]; Buchreport-Magazin Nr. 3 (2008) S. 92; Buchreport-Magazin Nr. 5 (2008) S. 38 f.; Doreen Carvajal: Publisher Finds Dream Role As Chief of Smaller Realm [Interview mit Peter Mayer] [online]; Westphal: German, Czech and Austrian Jews (1991) p. 208; Fischer: Verlegeremigration nach 1933 (2002) S. 290; Overlook buys Ardis Press. In: Publishers Weekly, 6.5.2002 [online]; Peter Mayer to be Honored at 2007 NYCIP Benefit (New York Center for Independent Publishing) [online]; Remembering Publisher Peter Mayer. In: Literary Hub, 18. Mai 2018 [online].

Mayer, Rafael B. Geb. 9.2.1927 Berlin-Moabit; Buchhändler. M. kam mit seinen Eltern im August 1933 nach Palästina. Seine buchhändlerische Ausbildung erhielt er ab 1947 bei WILLIAM GREEN & SONS in London; seit den 1950er Jahren war er, gemeinsam mit seinem Halbbruder → Hermann Joseph M., in der Buchhandlung seines Vaters → Ludwig M. in Jerusalem tätig.

Interview EF mit Hermann M. am 22.10.1992 in Jerusalem; Briefe von Hermann M. an EF vom 2.2.1992, 22.9.1992 und 18.4.1993; Gespräch M. mit KJ am 3.8.2000 in Jerusalem.

Meckauer, Walter 13.4.1889 Breslau – 6.2.1966 München; Schriftsteller, Buchhändler; Dr. phil. M., Sohn eines jüdischen Versicherungsdirektors, absolvierte zunächst eine Banklehre und war 1910/11 ein Jahr lang als Angestellter der Deutschen Überseebank in Peking berufstätig, bevor er an der Universität Breslau ein Philosophiestudium absolvierte, das er 1916 mit dem Doktorat abschloss. 1916/17 arbeitete er als Bibliothekar an der Stadtbibliothek von Breslau, übernahm anschließend die Leitung der schlesischen Redaktion der *Ullsteinschen Tageszeitung* und erwarb 1919 die SCHLESISCHE BUCHDRUCKEREI- UND VERLAGSGESELLSCHAFT vorm. S. Schottlaender, die er bis 1922 behielt. Daneben war M. vom Theater fasziniert: er war zwei Jahre Dramaturg des Stadttheaters Gleiwitz und Lektor an der Theaterschule des Deutschen Theaters, Berlin. Nach 1922 verbrachte M. zwei Jahre zurückgezogen als Buchhändler in Garmisch-Partenkirchen. In München erwarb er vom Roland-Verlag die bekannte kritische Monatsschrift *Die neue Bücherschau*, überließ diese aber seinem Freund Gerhard Pohl und ging wieder nach Berlin, wo er sich als freier Schriftsteller und Kulturessayist niederließ. Als Jude verfolgt, emigrierte M. 1933 über die Schweiz nach Italien, wo er sich mit seiner Familie in Positano bis zu seiner Ausbürgerung niederließ. 1939 suchte er in Frankreich Zuflucht, wurde aber dort nach Kriegsausbruch in Antibes und Les Milles interniert. Nach einer abenteuerlichen Flucht mit der Familie konnte er sich 1942 wieder in die Schweiz retten; das ihm dort auferlegte Schreibverbot umging er mit dem Pseudonym Johann Maria Dominik. Nach Ende des Zweiten Weltkriegs ging M. 1947 in die USA, wo er bis 1952 in New York lebte und an mehreren Universitäten Gastvorlesungen hielt. Als sein in New York geschriebener Roman *Die Sterne fallen herab* durch den Verlag Langen-Müller einen Preis erhielt, kehrte M. nach Deutschland zurück und lebte bis zu seinem Tod als freier Schriftsteller in München. Seit 1989 wird vom Meckauer-Kreis in Köln die Walter-Meckauer-Medaille verliehen in Anerkennung für besondere Bemühungen um das Werk vergessener und verfolgter Schriftsteller.

Nachlass W. M. im Archiv der Akademie der Künste, Berlin, und im Deutschen Exilarchiv / DNB; NDB 16 S. 583 f.

Melnik, Alexander 8.6.1899 Berlin; Werbefachmann, Buchhändler. M. war 1920 bis 1926 Teilhaber der Buchhandlung von → Ferdinand Ostertag. Nach 1933 wanderte er nach Palästina aus und betätigte sich als Werbefachmann in Tel Aviv. Darüber hinaus richtete er die Leihbücherei → Erwin Lichtensteins ein.

Erwin Lichtenstein: Bericht an meine Familie. Ein Leben zwischen Danzig und Israel. Mit einem Nachwort von Günter Grass. Darmstadt: Luchterhand 1985 S. 115, Register; Kühn-Ludewig: Jiddische Bücher (2008) S. 209; Inge Thöns, Herbert Plank: Librairie Au Pont de l'Europe. Die erste Exilbuchhandlung in Paris. Göttingen: Wallstein 2018 S. 45 f., 58 f., 64–66.

Melzer, Joseph 28. 2. 1907 Kuty / Galizien – 7. 1. 1984 Darmstadt; Buchhändler, Antiquar, Verleger. M., der im Besitz der polnischen Staatsbürgerschaft war, ging nach vier Volksschulklassen in Berlin als 14-jähriger von der Schule ab und trat zunächst eine Gärtnerlehre in Fulda an, war später in Lüneburg und verdingte sich in Hameln an der Weser als Knecht. 1924 kehrte er nach Berlin zurück und erhielt eine Lehrstelle in der zionistisch ausgerichteten EWER-BUCHHANDLUNG. Anschließend ging er nach Frankfurt am Main und erlernte dort im Antiquariat M. A. WAHRMANN, geführt von → Samuel Wahrmann, den Antiquariatsbuchhandel. 1931 gründete M. die Zeitschrift *Freie jüdische Monatsschau*, von der insgesamt sechs Nummern erschienen. Im September 1932 wandte er sich an eine Reihe bedeutender deutscher Verlage (Rowohlt, Malik, Schocken, Kurt Wolff u. a.) mit der Bitte, ihm eine Vertretertätigkeit im südosteuropäischen Ausland anzuvertrauen, reiste in deren Auftrag nach Wien, Budapest, Bukarest, Sofia, Athen, Istanbul sowie Beirut und gelangte von dort aus nach Palästina, wo ihn die Nachricht von der Reichskanzlerschaft Hitlers erreichte. M. sah sich daher gezwungen, in Palästina zu bleiben, und eröffnete noch 1933 in Tel Aviv die Buchhandlung COSMOPOLIT BOOKSHOP & NEWSPAPER. Aus Akten des Börsenvereins geht hervor, dass M. sich mit dem DEUTSCHEN AUSLANDSVERLAG in Berlin in Verbindung setzen wollte, diesem auf dessen Nachfrage aber im September mitteilte: ›In der Tat sind wir weder im Adressbuch noch im Börsenverein *deutscher* Buchhändler vertreten. Wir sind daran nicht interessiert und Sie werden hoffentlich unser mangelndes Interesse verständlich finden, wenn wir Ihnen erklären, dass wir als jüdische Firma es mit unserem Ehrgefühl unvereinbar finden, einem Verband anzugehören, der die rassische Inferiorität der Juden auf sein Panier geschrieben hat.‹ 1934 eröffnete M. mit → Herbert Stein als Kompagnon in der Sheinkinstraße 9 den LIBERTY BOOKSTORE; er stand offenbar unter Beobachtung, denn das Deutsche Konsulat in Jaffa teilte im Frühjahr 1934 dem Börsenverein folgende Beurteilung mit: ›Juden, gelten als ehrliche, seriöse Geschäftsleute, Kapital dürfte ca. LP 500 betragen und von Stein größtenteils investiert worden sein.‹ M. trennte sich bereits am 20. Februar 1935 vom Liberty Bookstore und überließ Stein den Laden. Er wollte sich nun ausschließlich dem Vertrieb von Zeitschriften und wissenschaftlicher Literatur widmen; außerdem übernahm er den Auftrag, für das PALES-Unternehmen von → Paul Arnsberg ein 14-tägliches *Bibliographisches Bulletin* zu erstellen, das allerdings nicht zustande kam. 1936 wurde M. Partner von → Schalom Ben-Chorin mit der HEATID-Buchhandlung, die sie gemeinsam gegründet haben; das Startkapital war ein Bücherlager, das ihnen Ben-Chorins Schwiegervater → Erwin Rosenthal überließ. Da mit den Einkünften aus der Buchhandlung die Existenzgrundlage der beiden Partner nicht zu sichern war, fasste M. den Entschluss, nach Europa zurückzukehren. Er konnte zur Zeit der Olympischen Sommerspiele in Berlin seine Mutter und Geschwister besuchen und versuchte sich danach in Paris als Buchhändler und Antiquar: an wechselnden Adressen (6, rue Vaugirard und 41, rue Monsieur le Prince) besaß er dort bis Juni 1939 ein Ladengeschäft; 1939 gab er in der Exilzeitschrift *Das Neue Tagebuch* bekannt, er sei von gewissenlosen Teilhabern um sein Bücherlager gebracht worden. Da sein Pass abgelaufen war, reiste M. im August 1939 nach Warschau. Nach dem deutschen Angriff auf Polen hoffte M., der ohne Papiere war, über Osteuropa und die Türkei nach Paris zurückkehren zu können; er wurde jedoch als ›polnischer Flüchtling‹ in der Sowjetunion festgenommen und in ein sibirisches Lager deportiert, wo er als Holzfäller Zwangsarbeit leisten musste. Als die polnische Armee an der Ostfront aufgebaut wurde, kam M. als deren Soldat nach Samarkand / Usbekistan, wo er desertierte. Am 2. November 1942 heiratete M. in Samarkand seine Frau Mirjam geb. Neumann, (geb. 15. Dezember 1915), die zum Lebensunterhalt mit Schneiderarbeiten beitrug; 1945 kam in Samarkand der erste Sohn Abraham zur Welt. Mit der zionistischen Hilfsorganisation Habricha wurde M. mit seiner Familie 1947 repatriiert. Zunächst in Österreich in einem *Displaced Persons*-Lager in Admont angehalten, wo der zweite Sohn, Zwi, geboren wurde, gelangte die Familie im Mai 1948 endlich nach Israel. Dort nahm M. seine Tätigkeit als Buchhändler wieder auf. Zehn Jahre später kehrte er mit der Familie zurück nach Deutschland: somit zählt M. zu den ganz wenigen Remigranten der ins Exil gegangenen deutsch-jüdischen Buchhändler und Antiquare. In Köln gründete er 1958 den MELZER VERLAG, in welchem er Titel verlegen wollte, die im Nationalsozialismus verboten und aus dem allgemeinen Bewusstsein der Deutschen verschwunden waren. Dies erwies sich als aussichtsloses Unterfangen; der Melzer Verlag spezialisierte sich darauf mit Büchern von Leo Baeck, Martin Buber und Franz Rosenzweig auf Judaica, womit er eine programmatisch wichtige Funktion erfüllte; 1964 brachte M. eine Ludwig-Börne-Ausgabe heraus, die sich aber als schwer verkäuflich erwies. Ein Jahr zuvor war M. mit dem Verlag nach Düsseldorf übergesiedelt, ab 1968 war er dann in Darmstadt ansässig. 1965 war Jörg Schröder, zuvor Werbeleiter und Graphiker bei KIEPENHEUER & WITSCH, in den Melzer Verlag eingetreten und suchte ihn in der Folge durch eine komplette Reorganisation zu sanieren, vor allem durch die Umstellung des Programms. Es erschienen nun Belletristik und politische Sachbücher (Viktor Klemperers *Lingua tertii Imperii* ebenso wie Revolutionstexte von Che Guevara und Fidel Castro), aber auch Beat-Literatur (Jack Kerouac), Underground-Lyrik und Comics. Der erotisch-pornographische Roman *Die Geschichte der O*, von dem mehr als 100 000 Exemplare verkauft wurden, sollte die materielle Grundlage für das Unternehmen sicherstellen. Als Schröder eine deutsche Olympia Press gründen wollte, kam es 1969 zum Zerwürfnis zwischen ihm und M.; Schröder entschloss sich zur Gründung des MÄRZ VERLAGS und nahm viele Mitarbeiter und Autoren hinüber in seine Neugründung. Inzwischen hatte Ms. Sohn Abraham eine Ausbildung zum Verlagskaufmann absolviert, 1968 auch den Militärdienst in Israel geleistet; 1970 trat er in den Melzer Verlag ein, M. zog sich nach und nach aus der aktiven Verlagsarbeit zurück und wandte sich wieder dem Antiquariatshandel zu: mit Bibliotheken, die er zum Teil in Israel von Emigranten erwerben konnte, baute M. ein Lager auf und verkaufte die Bücher über Kataloge; diese Tätigkeit betrieb er bis zu seinem Tod. Abraham musste 1982 den Melzer Verlag (da auch die auf Pornografie angelegte Reihe *Zero Press* nicht den erhofften Gewinn brachte) stilllegen; er betätigte sich in der Folge als freier Mitarbeiter von Verlagen, als *packager* für Unternehmen im Bereich des Modernen Antiquariats wie FOURIER oder WELTBILD; daneben stellte er auch Naturkosmetikprodukte aus dem Schlamm des Toten Meeres her. 1988 brachte der streitbare Verleger die Zeitschrift *Semit* heraus, die durch ihre demonstrative Opposition gegenüber der Politik Israels Beachtung fand; sie erschien bis 1992 in unregelmäßiger Folge. 2003 errichtete er, unter Mithilfe seiner Frau Helga, in Neu-Isenburg bei Frankfurt mit dem ABRAHAM MELZER VERLAG ein eigenständiges Unternehmen, mit Schwerpunkten auf Literatur, Kunst, Bildbänden, dem politischen Sachbuch (Rupert Neudeck) und Judaica, mit denen er die kritische Linie fortsetzte (›Das andere jüdische Programm‹). Zusätzlich übernahm Abraham M. das Packaging für andere Verlage; 2009 bis 2012 erschien die Zeitschrift *Der Semit* neu (seit 2014 als Blog), und das Verlagsprogramm wurde reduziert auf Titel zum Nahostkonflikt. 2012 wurde die Verlagstätigkeit eingestellt; 2016 gründete Abraham M. den Cosmics Verlag.

Gespräch EF mit Abraham Melzer am 10. 10. 2010; IfZ/BA (Fragebogen); SStAL, BV, F 11. 427 Melzer; SStAL, BV, F 11. 428 Melzer u. Stein, Liberty Bookstore; SStAL, F 11. 429; SStAL, BV, F 12321 Pales; Brief Walter Zadek an EF vom 6. 10. 91; Zadek: Buchhändler II (1971) S. 2940; Der Spiegel Nr. 36 (1971) S. 124 [online]; Bbl. (FfM) vom 11. 9. 1981 S. 2331; H. St.: Vom Wirken eines jüdischen Verlags in Deutschland. In: Aufbau vom 20. 11. 1981 S. 9; Bbl. (FfM) Nr. 79 vom 11. 9. 1981 S. 2331; Zwi S. Melzer: Gerschom Soncino (1465–1534). Ein jüdischer Drucker zur Zeit der Renaissance. Diplomarbeit (FH für Druck). Stuttgart 1982 [mit persönlichen Mitteilungen im Vorwort]; Jörg Schröder: Siegfried. Hamburg: Galgenberg 1990, passim; Enderle-Ristori: Das ›freie dt. Buch‹ (2004) S. 42, Anm. 71; BuchMarkt Nr. 2 (2005) S. 186 f.; BuchMarkt Nr. 3 (2006), S. 212; BuchMarkt Nr. 3 (2009) S. 180; Schroeder: ›Arisierung‹ II (2009).

Mendel, Bernhard (Bernardo) 17. 10. 1895 Wien – 1. 6. 1967 New York; Jurist, Sammler; Antiquariatsinhaber. M. war nach Abschluss seines Studiums der Rechtswissenschaft und der 1922 erfolgten Eheschließung mit der Wiener Sängerin Johanna Lenz bereits 1925 (nach anderen Quellen 1929) nach Kolumbien ausgewandert und hatte dort als Exportkaufmann Erfolg. Nach dem ›Anschluss‹ Österreichs an Hitlerdeutschland verhalf M. vielen nach Kolumbien gekommenen österreichischen jüdischen Emigranten zu Einreisevisa und Arbeitsgenehmigungen. Mit Koloman Brunner-Lehenstein und → Hans Ungar gründete M. das Comité de los Austriacos Libres. In den frühen 1950er Jahren übersiedelte M., der ein ausgewiesener Büchersammler war, mit seiner Familie (seine Tochter Eva war 1933 in Bogotá zur Welt gekommen), nach New York. Er kaufte 1952 nach dem Tod Lathrop C. Harpers dessen berühmtes, auf Inkunabeln und Americana spezialisiertes Antiquariat und setzte → Otto Ranschburg als Leiter ein. 1961 erwarb die Lilly Library der Indiana University, Bloomington, die Americana-Sammlung M.'s.

The Bernando Mendel collection: an exhibit. Dedication of the Mendel Room, Lilly Library. Bloomington / IN: Indiana University 1964 [online]; An exhibition of books presented to the Lilly Library by Mrs. Bernardo Mendel (Lilly Library Publications. No. 11) Bloomington / IN: Indiana University 1970; Siglinde Kaiser-Bolbecher: Österreichische Emigration in Kolumbien. Universität Salzburg 2002 [online].

Mendelssohn, Peter de 1. 6. 1908 München – 10. 8. 1982 München; Schriftsteller, Publizist, Verleger. M., mit Geburtsnamen Peter Mendelssohn, wuchs als Sohn eines Goldschmieds in der Gartenstadt Hellerau bei Dresden auf und begann 1926 nach Studienabbruch für verschiedene Berliner Zeitungen als Journalist zu arbeiten. Seit 1929 lebte er als freier Schriftsteller; als Übersetzer aus dem Englischen arbeitete er für den Wiener PSYCHOANALYTISCHEN VERLAG. 1930 debütierte er mit seinem Roman *Fertig mit Berlin?*, erschienen bei Reclam in Leipzig. Nach der nationalsozialistischen ›Machtergreifung‹ aufgrund seiner jüdischen Abstammung mit Berufs- und Publikationsverbot belegt, emigrierte M. zunächst nach Wien und kurz darauf nach Frankreich, wo er im Herbst 1933 gemeinsam mit → Paul Roubiczek in Paris den Verlag DER EUROPÄISCHE MERKUR gründete. Der unabhängige Exilverlag war kurzlebig, konnte aber für seine Reihe *Streitschriften des Europäischen Merkur* namhafte Autoren für sich gewinnen, u. a. Lion Feuchtwanger, Heinrich Mann, Arnold Zweig und Walter Mehring. 1936 heiratete M. die junge österreichische Schriftstellerin Hilde Spiel (1911–1990) und ging mit ihr im Herbst des gleichen Jahres nach London; beide arbeiteten dort zunächst journalistisch, 1939 kam die Tochter Christine zur Welt, 1944 der Sohn Felix Anthony. Während des Zweiten Weltkriegs war M. im Auftrag des britischen Informationsministeriums Betreuer der Nachrichtendienste u. a. für die Schweiz und Portugal, 1941 wurde er britischer Staatsbürger. 1944 war M. im Alliierten Hauptquartier in Paris eingesetzt, 1945 wurde er Pressechef bei der Britischen Kontrollkommission in Düsseldorf und Berlin. In dieser Funktion wirkte M. maßgeblich am Aufbau eines demokratischen Pressewesens in der britischen Besatzungszone mit (*Der Tagesspiegel*, *Die Welt*). Nach seinem Ausscheiden aus dem britischen Staatsdienst widmete sich M. wieder eigener journalistischer Tätigkeit, u. a. war er zwischen 1954 und 1970 Korrespondent des Bayerischen Rundfunks in London. 1970 übersiedelte er nach München. M. trat als Verfasser zeit- und literaturkritischer Essays und Autor von Novellen und Romanen hervor. Vor allem aber machte er sich um das Werk Thomas Manns verdient: als Herausgeber der Gesamtausgabe der Werke, der Tagebücher sowie als Verfasser einer maßgeblichen Biographie Thomas Manns. Beachtung fand auch seine umfängliche Darstellung des Verlags S. Fischer. Von 1975 bis zu seinem Tod war M. Präsident der Deutschen Akademie für Sprache und Dichtung.

[Auswahl] Peter de Mendelssohn: Der Zauberer. Das Leben des deutschen Schriftstellers Thomas Mann. 3 Bde. Frankfurt am Main: S. Fischer 1975–92; ders.: S. Fischer und sein Verlag. Frankfurt am Main: S. Fischer 1970; ders.: Zeitungsstadt Berlin. Menschen und Mächte in der Geschichte der deutschen Presse. Berlin: Ullstein 1959.

DBE; Hilde Spiel: Welche Welt ist meine Welt? Erinnerungen 1946–1989. München: List 1990; Hans A. Neunzig [Hg.]: Hilde Spiel – Briefwechsel. München: List 1995.

Menzel, Simon 17. 7. 1899 Storojinet / Bukowina (Rumänien) –1978 Schweiz; Buchhändler, Verleger; Dr. phil. M. stammte aus der Bukowina; in Deutschland war er Inhaber der Buchhandlung DR. S. MENZEL, zunächst in Hamburg und seit April 1931 in Berlin (Müllerstraße 34a). Nach 1933 emigrierte er in die Schweiz und gründete dort im März 1935 (offiziell am 1. Dezember 1934) in Zürich den HUMANITAS VERLAG. Die von M. beantragte Aufnahme ins *Adressbuch des Deutschen Buchhandels* wurde immer wieder zurückgestellt; der Verlag galt den NS-Schrifttumsbehörden als zu bekämpfender Emigrantenverlag. Tatsächlich brachte M. in erster Linie Werke von Exilautoren heraus, darunter Robert Musil (*Nachlaß zu Lebzeiten*), Ernst Weiß und Friedrich Torberg. Möglicherweise war M. damals auch an dem Züricher Verlag DIE LIGA beteiligt. Im Februar 1939 wurde der Humanitas Verlag in eine GmbH umgewandelt; einer der Gesellschafter war → Oscar Porges, der auch zum Geschäftsführer bestellt wurde; 1942 wurde M. offiziell die Geschäftsführungs- und Vertretungsbefugnis entzogen. Im gleichen Jahr wurde die Firma endgültig aus dem *Adressbuch* gestrichen und die Gesamtproduktion in Deutschland verboten (dies wurde 1944 allerdings wieder zurückgenommen!). 1948 nahm M. zusammen mit seiner Frau Sophie (gest. 1957; Schwester von Selma (1901–1979) und Luise/Lili Steinberg (1900–1977), den Inhaberinnen des

Steinberg-Verlags in Zürich) die Gründung des DIANA VERLAGS in Zürich vor, der einerseits die Tradition des Humanitas Verlags fortsetzen sollte, andererseits den Akzent auf englischsprachige Literatur legte – Bücher u. a. von Sinclair Lewis, Somerset Maugham, Pearl S. Buck und John Steinbeck wurden damit dem deutschen Markt zugänglich gemacht. Im Fachbuchbereich lagen die Schwerpunkte auf Archäologie, neuere Geschichte und Religion (M. war Anhänger der an Spinoza orientierten Philosophie Constantin Brunners). Nach dem Tod M.'s ruhte der Verlag einige Jahre, bis er 1983 an Hestia, später an Pabel Moewig und an Rolf Heyne verkauft wurde. Heute gehört der Verlag zu Random House.

SStAL, BV, F 12503; Adressbuch 1932 S. 407; Adressbuch 1939 S. 262; Paul Michael Lützeler [Hg.]: Hermann Broch: Kommentierte Werkausgabe. Bd. 13/1: Briefe I. Frankfurt am Main: Suhrkamp 1981 S. 409 f.; Robert Neumann: Ein leichtes Leben: Bericht über mich selbst u. Zeitgenossen. München: Desch 1963; Renate Heuer: Bibliographia Judaica. Verzeichnis jüdischer Autoren deutscher Sprache. Bd. 2. Frankfurt am Main: Campus 1984; Homepage Diana Verlag / Random House [online].

Merker, Paul 1. 2. 1894 Oberlößnitz bei Dresden – 13. 5. 1969 Ost-Berlin; Politiker, Verlagsleiter, Lektor. M., aus einer Arbeiterfamilie stammend, machte seit seinem Eintritt in die KPD 1921 eine Parteikarriere, die von den im Laufe der Zeit erfolgten ideologischen Kurswechseln deutlich gezeichnet ist. Während seines Lebens hatte M. immer wieder Funktionen bei verlegerischen Unternehmungen der KP bzw. parteinaher Vereinigungen inne. So zeichnete er als Geschäftsführer des 1927 im Rahmen des Agitprop gegründeten INT. ARBEITER VERLAGES, Berlin; der Verlag wurde von den Nationalsozialisten 1933 sofort geschlossen und aus dem *Adressbuch des Deutschen Buchhandels* gestrichen. M. leistete bis 1935 illegale Arbeit in Deutschland, und ging danach im Parteiauftrag über die UdSSR und die ČSR nach Frankreich, wo er einer der führenden Köpfe der Einheitsfrontbewegung war; bei Kriegsausbruch ließ sich M. freiwillig als feindlicher Ausländer registrieren und wurde im Lager Les Milles interniert. 1942 war M. im Exil in Mexiko, wo er im Umfeld der Verlagsgründung von EL LIBRO LIBRE mitwirkte, für den Verlag politische Sachbücher publizierte (*Was wird aus Deutschland?* (1943); *Deutschland: Sein oder Nichtsein*, 2 Bde. (1945)), zudem in der Redaktion der Exilzeitschrift *Freies Deutschland* mitarbeitete und Mitglied im Heine-Bund war. Im Juli 1946 kehrte M. nach Deutschland zurück und übernahm sofort Führungspositionen innerhalb der SED, bis er im August 1950 wegen angeblicher Zusammenarbeit während des Zweiten Weltkriegs mit US-amerikanischen ›Imperialisten‹ aller seiner Ämter enthoben und aus der Partei ausgeschlossen wurde. Er führte danach zwei Jahre lang eine HO-Gaststätte in Luckenwalde, wurde im Dezember 1952 im Zusammenhang mit dem Slánský-Prozess verhaftet und nach mehr als 2-jähriger Untersuchungshaft 1955 in einem Geheimprozess als ›zionistischer Agent‹ zu einer achtjährigen Haftstrafe verurteilt. Im Februar 1956 vorzeitig aus der Haft entlassen, wurde M. bereits im Juli desselben Jahres vom selben Gericht rehabilitiert. Er arbeitete in der Folge von 1957 bis 1961 als Lektor im Verlag VOLK UND WELT, der damals von → Walter Czollek geleitet wurde. Im Ruhestand war M. bis zu seinem Tod Vorsitzender in der Gesellschaft für Deutsch-Sowjetische Freundschaft, postum wurde ihm der Vaterländische Verdienstorden verliehen.

BHE 1 S. 491; Adressbuch 1931 S. 296; Verlagsveränderungen 1933–1937 S. 13; Wolfgang Kiessling: Alemania Libre in Mexiko. 2 Bde. Ost-Berlin: Akademie-Verlag 1974; ders.: Im Widerstreit mit Moskau. Paul Merker und die Bewegung Freies Deutschland in Mexico. In: Beiträge zur Geschichte der Arbeiterbewegung. Jg. 34 Nr. 3 (1992) S. 29–42; ders.: Paul Merker in den Fängen der Sicherheitsorgane Stalins und Ulbrichts. In: Hefte zur DDR-Geschichte (1995). Berlin: Gesellschaftswiss. Forum e. V. 1995.

Merlander, Kurt 15. 4. 1898 – Mai 1980 Burbank bei Los Angeles / CA; Antiquar; Dr. jur. M., Sohn des Handelsvertreters Karl Merländer (geb. 1868, als Samuel M.; gest. 1938 an den Aufregungen der ›Reichspogromnacht‹), studierte Jura und promovierte 1922 in Breslau. Anschließend war er in Berlin als Syndikus für mehrere Fachzeitschriften tätig. 1934 flüchtete er gemeinsam mit seiner Frau Suzette vor der ›rassischen‹ Verfolgung durch den Nationalsozialismus nach Spanien, wegen des Bürgerkriegs weiter nach Italien, um von dort mit Unterstützung des Emergency Committee in Aid of Displaced Persons 1941 in die USA zu gelangen; dort baute M. sich eine neue Existenz als Antiquariatsbuchhändler auf. Zunächst war er für den STANLEY ROSE BOOKSHOP und auch für JAKE ZEITLIN tätig; später betrieb er von seiner Privatadresse in 626 N Valley Street, Burbank / CA (in der Nähe von Los Angeles) ein eigenes Versandantiquariat und brachte durchschnittlich einmal im Jahr einen Verkaufskatalog heraus. In seinem (durchaus ertragreichen) *small business*, das hauptsächlich von *standing orders* lebte, wurde er nur von einer tageweise tätigen Sekretärin unterstützt. Da sich M. in Spanien gute Sprachkenntnisse angeeignet hatte, lag der Schwerpunkt seiner Geschäftstätigkeit auf Hispanica; er handelte aber auch mit deutschsprachiger Literatur sowie – ohne besondere Kenntnisse – mit Musikliteratur. M. war 1949 an der Gründung der Southern California Antiquarian Booksellers' Association beteiligt, die der Errichtung der Antiquarian Booksellers' Association of America vorausging. In den 1970er Jahren musste M. sich nach einer Herzattacke in seiner Tätigkeit einschränken; nach einem Schlaganfall verbrachte er die letzten Lebensjahre, kaum ansprechbar, in einem Hospital. Da sein Sohn René beruflich einen anderen Weg eingeschlagen hatte, wurde nach seinem Tod das Geschäft von → Theodore Front übernommen, der mit ihm seit langem in näherem Kontakt gestanden hatte.

Rosenthal-Fragebogen [Brief von Theodore Front]; Ingrid Schupetta: Richard Merländer, Seidenhändler aus Krefeld – Nachforschungen über einen Unbekannten [online; Richard Merländer war ein Onkel M.'s]; Louis Epstein: The way it was. Oral history transcript: Fifty years in the Southern California book trade (1977) S. 354, 375. Internet Archive [online]; Jake Zeitlin: Books and the imagination. Oral history transcript: Fifty years of rare books (1980) S. 498 f. Internet Archive [online].

Merrill, Helen 11. 5. 1918 Köln – 18. 8. 1997 New York; Theateragentin. M. kam 1939 als Hitleremigrantin zusammen mit ihren Eltern und ihrer Schwester in die Vereinigten Staaten; sie hatte als Schülerin die Schule mehrfach gewechselt und eine Lehre als Photographin gemacht. Zunächst arbeitete M. als Theaterphotographin, später betrieb sie mit Unterstützung des Filmschauspielers Anthony Perkins die OSGOOD GALLERY in Manhattan. Den Beruf als unabhängige Theateragentin ergriff sie erst 1973 mit Gründung ihres Büros HELEN MERRILL LTD., und hier war sie vor allem für Nachwuchsautoren des Off-Off-Broadway wichtig; zu den von ihr vertretenen amerikanischen Bühnenautoren zählten u. a. Christopher Durang, Albert Innaurato, Richard Greenberg, Paul Rudnick und David Henry Hwang.

Mel Gussow: Helen Merrill, Theatrical Agent, Dies at 79. In: New York Times, 20 Aug. 1997 [online]; Macris: Literatur- und Theateragenten (1989) S. 1361.

Meyer, Herrmann M. Z[adok] 1. 2. 1901 Berlin – Februar 1972 Jerusalem; Buchhändler, Antiquar und Verleger; Dr. jur. M. war Mitglied der zionistischen Jugendbewegung, er trug schon als Schüler eine größere Sammlung von kontroversen Schriften über das Judentum zusammen. Seine Bücherleidenschaft veranlasste den Kandidaten der Rechte dazu, 1924 Mitbegründer und bis 1937 Sekretär der Soncino-Gesellschaft der Freunde des jüdischen Buches, Berlin, zu werden; außerdem trat M. als Herausgeber klassischer jüdischer Literatur und hebräischer Werke hervor. Als Jurist war M. nach der nationalsozialistischen ›Machtergreifung‹ die Ausübung seines Anwaltsberufes nicht mehr erlaubt. Im Frühjahr 1933 ging er nach Basel und errichtete dort in Saint-Louis Haut-Rhin, einer Nachbarstadt auf französischer Seite, ein Versandantiquariat LIBRAIRIE SONCINO, das er aber mangels Geschäftskontakten sehr bald wieder aufgeben musste. 1935 ging er nach Amsterdam, wo er bei dem Ehepaar Horodisch wohnte, bis er im Herbst 1935 nach Palästina ausreisen konnte, wobei es ihm gelang, seine Büchersammlung in 60 Kisten nach Jerusalem zu transferieren (der Versuch, seine Judaica- und Mendelssohn-Sammlung über Horodisch' Erasmus-Antiquariat zu verkaufen, war nicht gelungen). Die Bücher ›dienten als Grundstock für ein Antiquariat, das ich bald durch den Ankauf der Bibliotheken anderer Emigranten vergrößern konnte‹. (M.) Zusätzlich zu dem nachmals berühmt gewordenen Antiquariat gründete M. einen Verlag UNIVERSITAS BOOKSELLERS in Jerusalem mit dem Spezialgebiet israelischer Kartographie, u. a. mit dem Nachdruck alter Palästina-Landkarten. Für ihn persönlich größte Bedeutung hatte die Arbeit an der Moses-Mendelssohn-Bibliographie, die 1967 in Berlin bei de Gruyter publiziert wurde. Über das Schicksal seiner Jerusalemer Buchhandlung berichtete 1971 Uri Benjamin (d. i. Walter Zadek): ›Viel länger überdauerte der Universitas Bookshop. Nach seines Vaters Tode hatte der explosiv-tüchtige Herrmann Z. Meyer ihn allein betrieben, zeitweise unterstützt von Frau und Töchtern. […] Obwohl er sich dank seiner umfassenden Kenntnisse, seiner Tatkraft und seiner diplomatischen Fähigkeiten erfolgreich durchgesetzt hat, musste er sich aus Altersgründen kürzlich dazu durchringen, sein Ladengeschäft aufzugeben. Aber zur Beherbergung der bibliophilen Schätze, die er von Jugend an zusammengetragen hatte, gehören ihm wohl auch heute noch verschiedene andere Räumlichkeiten in Jerusalem.‹ Teilnachlässe M.'s befinden sich im Jüdischen Museum Berlin (darunter der Restbestand des Archivs der Soncino-Gesellschaft, soweit dieses die Plünderung der Erasmus-Buchhandlung Horodischs 1942 überstanden hatte) und im Klingspor Museum-Offenbach.

Herrmann M. Z. Meyer: Moses Mendelssohn-Bibliographie, mit einigen Ergänzungen zur Geistesgeschichte des ausgehenden 18. Jahrhunderts. Mit einer Einführung von Hans Herzfeld. Berlin: de Gruyter 1967; ders.: Als deutscher Antiquar in Jerusalem. In: Bbl. Nr. 52 vom 30. 6. 1972 (AdA Nr. 6 (1972)) S. A218–20.

BHE 1; Walk: Kurzbiographien (1988); Leo-Baeck-Bulletin 38, 39 und 42; Bbl. (FfM) Nr. 36 vom 7. 5. 1971 S. 999; Zadek: Buchhändler II (1971) S. 2941; Rainer Fürst, Klaus Schreiber: Rez. zu Ulrich Heider: Die Soncino-Gesellschaft der Freunde des jüdischen Buches e. V. (1924–1937) [online]; Simone Ladwig-Winters [Hg.]: Anwalt ohne Recht. Das Schicksal jüdischer Rechtsanwälte in Berlin nach 1933. 2. Aufl. Berlin: Rechtsanwaltskammer 2007 S. 225 f.; Karin Bürger, Ines Sonder, Ursula Wallmeier (Hg.): Soncino-Gesellschaft der Freunde des jüdischen Buches. Ein Beitrag zur Kulturgeschichte. Berlin: de Gruyter 2014; Bernhard Jensen: Ein Kanon der jüdischen Renaissance. Soncino-Gesellschaft der Freunde des jüdischen Buches. Mit einem Beitrag von Vera Bendt über: Die Sammlung der Soncino-Gesellschaft im Jüdischen Museum Berlin. Göttingen: Wallstein 2017; Vera Bendt: Buchhändler, Antiquare, Sammler, Bibliophile aus Deutschland 1933 bis 1945. In: Imprimatur NF XXVI (2019), S. 72.

Meyer, Salomon S(amson) 28. 12. 1910 Hamburg – 5. 12. 1986 Amsterdam; Antiquar. M. (auch genannt Salo M.) war Handelsvertreter in Ostfriesland, bis er Ende 1933 nach Amsterdam flüchtete. Dort war er zunächst bei → Louis Lamm in dessen SPEZIAL-BUCHHANDLUNG FÜR JÜDISCHE LITERATUR angestellt, der ungefähr zur gleichen Zeit in Amsterdam eingetroffen war. Das Verhältnis zwischen dem Judaica- und Hebraica-Händler Lamm und dem ehrgeizigen M., der nach dem Krieg ein bekannter Antiquar wurde, war nicht von Dauer. Um den Verkauf zu fördern, verkaufte M. 1936 ohne Wissen und Zustimmung von Lamm ein seltenes Buch an die Universität von Yale. Dieser Verkauf führte zum endgültigen Bruch zwischen den beiden. M. war anschließend – zunächst als Mitarbeiter, dann als Kompagnon – im Antiquariat ›DE PAMPIERE WERELD‹ von Julius und Bella → Dalberg tätig, bis es nach der Besetzung der Niederlande geschlossen wurde. M. tauchte unter, wurde aber gefasst und am 14. 1. 1943 in das Lager Westerbork gebracht, von wo er flüchten und sich bis Kriegsende in Brabant verbergen, dort auch den Widerstand unterstützen konnte. Schon im Sommer 1945 entschloss er sich zur Wiedereröffnung des Antiquariats ›De Pampiere Wereld‹ in Amsterdam, das wieder Hebraica und Judaica, jüdische Kunst und Graphik sowie Ritualien führte. 1950 erwarb M. auf einer Auktion zahlreiche Bücher aus dem Besitz seines früheren, in Auschwitz ermordeten Lehrmeisters Louis Lamm. Überhaupt scheint M. immer wieder Judaica und auch Archivmaterialien aus den Beständen untergegangener Antiquariate und aus privaten Sammlungen aufgekauft zu haben, so etwa Bücher und Dokumente aus dem Nachlass von Sigmund Seeligmann (heute im Jüdischen Museum Berlin). Das Geschäft wechselte mehrfach den Standort; seit 1970 befand es sich in großzügigeren Räumlichkeiten an der Keizersgracht 428–432. M. nahm neben seinem Antiquarsberuf auch Aufgaben in der jüdischen Gemeinde Amsterdams wahr, u. a. als ›mohel‹, d. h. er nahm Beschneidungen vor. Nach seinem Tod wurde das Geschäft einige Zeit von seiner Witwe Edith M. (geb. Kupfer) und seinem Sohn Benjamin J. weitergeführt, bis diese später nach Israel auswanderten.

Peter M. Manasse: Louis Lamm (1871–1943). Antiquar und Verleger in Berlin und Amsterdam. Amsterdam: Champlemy Pers 2009 S. 8; Piet J. Buijnsters: Geschiedenis van het Nederlandse antiquariaat. Nijmegen: Vantilt 2007, S. 196, Database Joods Biografisch Woordenboek [online]; Nieuw Israelietisch weekblad (1945–1986) [online]; Vera Bendt: Buchhändler, Antiquare, Sammler, Bibliophile aus Deutschland 1933 bis 1945. In: Imprimatur NF XXVI (2019), S. 72, 98.

Michaelis, Kurt Günter 13. 10. 1913 Berlin – 28. 3. 2005 Goshen / NY; Musiker, Verlagsmitarbeiter. M. war zwischen 1937 und 1941 Oboist im Orchester des Jüdischen Kulturbunds in Berlin. 1941 gelang es ihm, mit dem Visum seines Bruders in die USA zu emigrieren, wo er Mitglied des New Orleans Symphony Orchestra und des Kansas City Philharmonic Orchestra wurde. Seit 1946 war er im Musikverlag G. SCHIRMER in New York tätig, ab 1957 arbeitete M. einundvierzig Jahre lang bei C. F. PETERS New York.

Fetthauer: Musikverlage (2004) S. 487 f.; Peter Conover: Kurt Michaelis. A lifelong friend to orchestra librarians. In: Marcato vol. XV no. 1 (Sept. 2000) [online].

Miller, Elly Geb. 1928 Wien; Verlegerin. Die Tochter des Verlegers → Béla Horovitz ging mit ihren Eltern 1938 über Italien, die Schweiz und Belgien ins Exil nach England. Sie besuchte während des Krieges in London und Oxford die High School und studierte am Somerville College der Universität Oxford Philosophie, Politik und Ökonomie (*Modern Greats*). Nach Abschluss ihres Studiums begann sie für Stanley Morison zu arbeiten, ging dann bis März 1950 als Trainee zur Zweigstelle der OXFORD UNIVERSITY PRESS nach New York und arbeitete danach im Vertrieb des Verlags ihres Vaters PHAIDON PRESS. 1950 heiratete sie Stanley M. (1925–2008). Unter Anleitung von → Ludwig Goldscheider begann M., nachdem sie nebenher einen Typographielehrgang an der Londoner Central School of Art absolviert hatte, mit der Herausgabe und Herstellung von PHAIDON-Titeln. Nach dem Tod ihres Vaters trat ihr Mann, der zuvor in Wissenschaftsverlagen das verlegerische Handwerk gelernt hatte, bei Phaidon ein und übernahm die Geschäftsleitung. In den folgenden Jahren publizierte M. mehrere Bücher für Phaidon, darunter die zweibändige Ausgabe von Henri Focillons *Art of the West*, Joan Evans *Life in Medieval France* und Erardo Aeschlimanns *The Art of Illumination*. Nachdem M. und ihr Mann 1967 Phaidon an → Frederick Praeger verkauft hatten, gründeten die Eheleute erneut einen Verlag, HARVEY MILLER PUBLISHERS, der sich zunächst auf medizinische Lehrbücher spezialisierte. 1970 initiierte M. ein eigenes Imprint für Kunstbücher; die unter ihrer Betreuung erschienenen Fachbücher zu illuminierten Handschriften gelten als buchwissenschaftliche und kunsthistorische Standardwerke.

Materialien im Literaturhaus Wien; Archiv der Österreichischen Exilbibliothek. Weitere Literatur siehe Béla Horovitz und Ludwig Goldscheider.

Miron, Shalom 2. 8. 1904 Wien – 15. 3. 2008 Tel Aviv; Buchhändler, Antiquar. M. hieß mit Geburtsnamen Siegfried Butterkle; er absolvierte ab 1920 eine Buchhändlerlehre bei der Firma M. STERN in Wien (I. Bezirk), besuchte die Fachschule und legte die Gehilfenprüfung ab. Bis 1932 war er in der Buchhandlung und im Antiquariat Stern beschäftigt. Als einer der wenigen Buchhandelsangestellten in Wien war M. an der Jungbuchhändler-Bewegung in Deutschland interessiert; u. a. war er Teilnehmer an der Sommerakademie des Deutschen Jungbuchhandels, als sie in Österreich stattfand. Nach dem Besuch von Abendkursen legte M. als Externist die Reifeprüfung ab; anschließend nahm er ein Studium der Literaturwissenschaft, Geschichte und Philosophie an der Wiener Universität auf, das als Vorbereitung für eine Spezialisierung im bibliophilen Antiquariat (in Deutschland) gedacht war. Nach der nationalsozialistischen Machtübernahme in Deutschland 1933 unterbrach M. sein Studium und gab seine Geschäftspläne auf. Seit 1933 war er bei der Firma J. L. POLLAK'S Buchhandlung und Antiquariat in Wien XV., Mariahilferstraße 140 beschäftigt; nach der Annexion Österreichs wurde er am 30. Juni 1938 aufgrund ›parteiamtlicher Anordnung‹ als jüdischer Angestellter fristlos entlassen. Ende 1938 gelangte M. auf dem Seeweg als illegaler Einwanderer nach Palästina (dort änderte er zunächst seinen Vornamen in Shalom, später – nach der Gründung des Staates Israel – auch den Familiennamen in Miron). Wegen der kriegs- und devisenbedingten Importschwierigkeiten gab es für ihn damals keine Möglichkeit, im Buchhandel tätig zu werden. Ab 1939 war er als Orangenpflücker, im Baugewerbe und beim Straßenbau beschäftigt, während des Zweiten Weltkriegs dann in der Rüstungsindustrie (Air Ministry Work Directorate in der Lagerverwaltung der englischen Air Force; Camp der australischen Soldaten). 1947, nach der Verbesserung der Importsituation, war er an der Gründung der Tel Aviver Filiale der in Jerusalem bestehenden Firma HEILIGER & CO. (→ Heiliger) beteiligt, die auf medizinische und naturwissenschaftliche Literatur spezialisiert war. Diese Filiale hat er bis zur Erreichung des Pensionsalters 1969 geleitet und hatte damit Anteil an der Erringung einer Vormachtstellung des Unternehmens auf dem Gebiet der Einfuhr v. a. medizinischer Fachliteratur nach Israel.

Interview EF mit M. am 22.10.1992 in Tel Aviv; Korrespondenz EF mit M. [zahlreiche Briefe] und Sohn Eli M. 1992–2008.

Mohl, Leo 28.10.1909 Wien – 22.11.2003 Colorado Springs / CO; Buchhändler, Antiquar. Der Sohn von Adolf M. und seiner Frau Frieda geb. Lindner absolvierte in Wien in der Buchhandlung Hugo Heller (BUKUM) eine Buchhandelslehre. Da er sich gewerkschaftlich engagiert hatte, wurde er nach dem ›Anschluss‹ Österreichs an Hitlerdeutschland 1938 in den Konzentrationslagern von Dachau und Buchenwald interniert. Nach seiner Freilassung gelang es ihm, nach England zu emigrieren, wo er seine spätere Frau Hertha (gest. 1997 in Colorado Springs / CO), die ebenfalls aus Wien stammte und ein Flüchtling war, kennenlernte und heiratete. 1941 emigrierten sie in die USA, ließen sich in Colorado Springs / CO nieder und gründeten die Buchhandlung THE BOOK HOME. Seine Frau etablierte einen Näh- und Stopfservice, zusätzlich pachteten sie Farmland und hielten Milchkühe und Black Angus Rinder. Im Zweiten Weltkrieg diente M. in der US-Army. Als Buchhändler und Antiquar war der Autodidakt M. ein regelmäßiger Besucher bei den Auktionen von ROSS AUCTIONS INC. in Colorado Springs und erarbeitete für die Firma tausende Katalogeinträge zu Buchversteigerungen. M. gründete den Austrian-American Enzian Club und war Stiftungsmitglied der University of Colorado Foundation.

Cazden: German Exile Literature (1970) p. 176; The Gazette (Colorado Springs), 27 Jan. 2003 Nachruf [online].

Mohrenwitz, Lothar 3.1.1886 Schweinfurt – 27.2.1960 Zürich; Verlagsleiter, Literaturagent; Dr. phil. M. war einer von drei Söhnen des in Frankfurt am Main lebenden Weinhändlers und späteren Fabrikanten August M. (1884–1942) und seiner Frau Jenny geb. Scheidt. Er studierte an der Universität Frankfurt Kunstgeschichte und promovierte 1912 mit einer Dissertation über Eugène Delacroix. Von 1919 bis 1924 leitete M. den Münchner HYPERION-VERLAG, der 1921 dem KURT WOLFF VERLAG angeschlossen wurde; von dieser Zeit an war M. Mitarbeiter von → Kurt Wolff. Das *Adressbuch des Deutschen Buchhandels* verzeichnet M. gemeinsam mit Marta Görtel als Inhaber der Bücherstube am Wittenbergplatz GÖRTEL & MOHRENWITZ GMBH in Berlin, Passauerstraße 2. Die im Februar 1925 gegründete Buchhandlung mit Antiquariat, spezialisiert auf fremdsprachige Literatur, wurde aber bereits mit 1926 als erloschen vermerkt. Ein Jahr nach Hitlers ›Machtergreifung‹ emigrierte M. 1935 nach London, wurde dort Mitarbeiter von Curtis Brown und handelte von seinem Büro am Strand, Cliffords Inn, als *Literary and Dramatic Agent* deutsche und englische Buchrechte (u. a. vermittelte er Hermann Brochs *Schlafwandler* an den Londoner Verlag MARTIN SECKER und an den Bostoner Verlag LITTLE, BROWN & CO. und vertrat die deutschen Verlagsrechte für Agatha Christie). Während der Kriegsjahre blieb vom deutschsprachigen Buchmarkt nur noch der Schweizer Teil übrig, und so lag es nach Ende des Krieges für M. nahe, seine eigene Agentur in der Schweiz zu gründen, wohin schon gute Kontakte bestanden und von wo aus sich der internationale Zahlungsverkehr am unproblematischsten abwickeln ließ. 1950 etablierte er seine Zürcher Agentur, gab ihr den Namen seiner alten Londoner Telegrammadresse MOHRBOOKS und nahm nach einigen Jahren

Rainer Heumann als Kompagnon auf. M. vermittelte zunächst viele britische Autoren und regte damit in der Schweiz sogar Verlagsgründungen an: so den Berner SCHERZ-VERLAG, dem er einträgliche Titel u. a. von Agatha Christie, Winston Churchill und A. J. Cronin vermittelte. Seit 1960 leitete Rainer Heumann die Agentur, nach dessen Tod 1996 wurde Sabine Ibach Geschäftsführerin. Sie stand als Vorsitzende des Aufsichtsrates der Mohrbooks AG vor, die sich als Vermittlerin angloamerikanischer Literatur profilierte und mit mehr als tausend Abschlüssen pro Jahr als größte literarische Agentur im deutschsprachigen Raum galt. 2013 ging Ibach in den Ruhestand; Mehrheitsanteile und Geschäftsführung wurden von Sebastian Ritscher übernommen.

Bbl. (Ffm) Nr. 4 vom 13. 1. 1976 S. 44–46; Gunhild Kübler: Liebhaber und Geschäftsleute. Von Zürich aus arbeiten die wichtigsten Literaturagenten. In: NZZ Folio Nr. 10 (1991); ZEIT-Magazin Nr. 42 (1991); BuchMarkt Nr. 3 (1996) S. 20 [Interview mit Sabine Ibach]; Buchreport vom 17. 9. 2008; Klaus Flick: Judenhäuser in Wiesbaden (1939–1942). Das Schicksal ihrer Eigentümer und Bewohner [online].

Moll, Herbert Geb. 26. 3. 1920 Kiel, Buchhändler. Begleitet von seinem Vater, erreichte M. Lima als Sechzehnjähriger. Um 1955 begann er dort mit der Errichtung einer Buchhandelskette LIBRERÍAS ABC, die zunächst fünf Buchläden in Peru umfasste (später acht allein in Lima), sich dann aber auch in andere südamerikanische Länder ausbreitete, nach Buenos Aires in Argentinien, nach Brasilien, wo 1973 eine Filiale in São Paulo eröffnet wurde, und nach Caracas in Venezuela; 1978 umfasste sie insgesamt 14 Buchhandlungen. M. betätigte sich auch als Importeur fremdsprachiger Bücher, namentlich solcher aus dem englischen Sprachraum. Die um 1968 in Lima erfolgte Gründung einer ›Asociación Latinoamericana de Distribuidores de libros‹ ging auf eine Initiative M.s zurück, M. hat sich auch als Philatelist einen Namen gemacht, u. a. als Verfasser einer *Historia Postal y Filatélica del Perú, 1874–1900*, die auch ins Deutsche übersetzt worden ist. An der Errichtung der bis über die Jahrtausendwende hinaus bestehenden ABC-Buchhandelskette beteiligt war auch → Emma Barta-Mikl.

Publishers Weekly 1978, S. 42 [online].

Monheit, Schloime 14. 2. 1899 Tarnow / Polen –1. 3. 1953 Haifa; Buchhändler. Salomon M. arbeitete ab Herbst 1915 in der Buchhandlung FRIEDRICH LEHMKUHL in München-Schwabing. Seine Tätigkeit wurde im Ersten Weltkrieg für ein halbes Jahr durch seine Einberufung zum österreichischen Militär unterbrochen; als Lehmkuhl zum Kriegsdienst eingezogen wurde, nahm M. in diesem Zeitraum die Aufgaben der Geschäftsführung wahr. Seine Tätigkeit bei Lehmkuhl endete im Mai 1920; im November dieses Jahres übernahm M. die Leitung der Münchener Filiale der EWER-GESELLSCHAFT FÜR BUCH- UND KUNSTHANDEL MBH, Berlin. Nach einigen Jahren gingen alle Geschäftsanteile auf ihn über, sodass er bis 1934 Alleininhaber der Firma war. Die Buchhandlung in der Ottostraße 2 war ein kulturelles Zentrum des Münchner Judentums, führende Autoren wie Karl Wolfskehl gehörten zum Kundenkreis. Vor seiner Auswanderung nach Palästina im Juli 1934 verkaufte M. seine Geschäftsanteile an → Ida Dormitzer. In Palästina war M. als Mitarbeiter, Geschäftsleiter und Teilhaber in RINGART'S BOOKSHOP in Haifa tätig (→ Berl Ringart). Er leitete dort die deutsche Abteilung und die Lehrmittelabteilung. Seine Geschäftsanteile an der Buchhandlung gingen nach seinem Tode an seine Witwe Tina (Tauba) M. über.

Brief Walter Zadek an EF vom 6.10.1991; Brief von Schalom Ben-Chorin an EF vom 12.1.1992; SStAL, BV, F 7689; Bayerische Landesentschädigungs- und Staatsschuldenverwaltung München LEA BEG 28156.

Morgenstern, Dan Michael Geb. 24. 10. 1929 München; Jazzforscher, Musikschriftsteller, Musikverleger. M., Sohn des bedeutenden jüdischen Schriftstellers Soma Morgenstern (1890–1976), kam auf der Flucht vor der NS-Verfolgung über Österreich und Dänemark 1947 in die USA. Nach einem Studium 1953 bis 1956 an der Brandeis University begann er publizistisch für Musikzeitschriften zu arbeiten und wurde zu einem der führenden US-amerikanischen Jazzforscher. 1961 wurde er Herausgeber der Zeitschrift *Metronome*, 1962/63 der Zeitschrift *Jazz* und zwischen 1964 und 1973 der Zeitschrift *Down Beat*. Als Leiter des Institute for Jazz Studies an der Rutgers University (seit 1976) baute er eine bedeutende Jazzsammlung auf. M. ist Verfasser zahlreicher wissenschaftlicher Jazz-Artikel, er schreibt als Jazzfachmann für Tageszeitungen und Fachorgane, ist Mitherausgeber der *Annual Review of Jazz Studies* und der Buchreihe *Studies in Jazz*.

BHE 2; Fetthauer: Musikverlage (2004) S. 489; National Endowment for the Arts Jazz Masters – Dan Morgenstern. [online].

Moritz, Bruno 1900 Berlin–1966 Ecuador; Buchhändler, Verleger; Dr. M. war Geschäftsmann, daneben zählte er in den 1920er Jahren zu den besten Schachspielern Deutschlands. Ende der 1930er Jahre ließ er sich von seiner nichtjüdischen Frau scheiden, um Lilly Alexander, die Mutter → Werner A. Alexanders, zu heiraten. 1939, noch vor Ausbruch des Zweiten Weltkriegs flüchtete das Paar, vorgeblich der Einladung zu einem Schachturnier folgend, nach London. Dort mittellos und ohne legalen Status lebend, nahmen sie ein von jüdischen Hilfsorganisationen vermitteltes Visum nach Ecuador an, damals eines der wenigen Länder, die (jüdische) Emigranten vorbehaltlos ins Land einreisen ließen. Bald nach ihrer Ankunft 1940 begann M. im Ankunftsort Guayaquil mit dem Aufbau einer Buchhandlung, der LIBRERÍA CIENTIFICA, Luque 231, die bald auch in Quito eine Niederlassung eröffnen konnte. M. spezialisierte sich erfolgreich auf den Import deutschsprachiger Literatur für die Immigranten sowie wissenschaftlicher Literatur und Fachliteratur für ein akademisches Publikum, für Juristen, Ärzte und die Studierenden und Lehrenden der Universitäten in Guayaquil. M.'s Status als international bekannter Schachspieler half ihm bei der Integration in die Bildungsschicht des Landes; zeitweise präsidierte er auch der ecuadorianischen Organisation Sociedad de beneficencia Israelita. M. betätigte sich gelegentlich auch verlegerisch; in der EDITORIAL BRUNO MORITZ (Quito und Guayaquil) erschien 1952 das Buch des deutschen Emigranten und später als Ökologe bedeutenden Arturo Eichler *Nieve y selva en Ecuador*. 1951 übernahm Werner A. Alexander, der auf Bitte seiner Mutter aus Israel nach Ecuador gekommen war, die Führung des Buchhandelsunternehmens und baute es bis 1960 weiter aus. Sein Stiefvater M. ging 1956 nach Deutschland und verlangte von dort aus die Scheidung von Lilly, weil er seine geschiedene Frau noch einmal heiraten wollte. Als Werner A. Alexander sich 1960 entschloss, mit seiner Familie nach Israel zurückzugehen, kam M. wieder nach Guayaquil und übernahm erneut die Leitung der Librería Cientifica als Alleineigentümer. 1964 trat er für Ecuador bei der Schacholympiade in Tel Aviv an. Die Buchhandlung, deren Fremdsprachenanteil 1960 nur noch

10% betrug und die sich auch im Versand- und Grossohandel betätigte, konnte ihren Fortbestand bis in die Gegenwart (2020) sichern.

Taubert: Lateinamerika (1961) S. 78 f.; María-Luise Kreuter: Wo liegt Ecuador? Exil in einem unbekannten Land – 1938 bis zum Ende der fünfziger Jahre. [Dissertation] Berlin: Metropol-Verlag 1995 S. 289; Edgar Freire Rubio: Quito. Tradiciones, testimonio y nostalgia. Bd. IV. Quito: Libresa 2002 S. 153 f.; Gabriel E. Alexander: Me in Guayaquil, Ecuador, 1951–1960 (Jerusalem, 9 Sept. 2008; revised January 26 2009) [online]; Irene Münster: Das Buch als Gastgeschenk: Deutsch-jüdische Buchhändler und Verleger in Lateinamerika. In: Von Europa nach Südamerika – Deutsch-jüdische Kultur in der Emigration. Hrsg. v. Liliana Ruth Feierstein. (Münchner Beiträge zur jüdischen Geschichte und Kultur 10 (2016), Heft 2). München: Lehrstuhl für Jüdische Geschichte und Kultur an der Ludwig-Maximilians-Universität München 2016, S. 66–76; bes. S. 75 f.

Müller, Arthur 1891–1940; Verleger. M. war während der Weimarer Republik Verlagsdirektor und Papierlieferant des Berliner *Vorwärts*. Er emigrierte 1933 nach Prag, wo er zunächst als Sekretär im Parteivorstand der ins Exil gegangenen Sozialistischen Partei Deutschlands tätig wurde. Von 1933 bis 1935 war er zum Geschäftsführer des sozialdemokratischen Exilverlags GRAPHIA-VERLAG in Karlsbad bestellt, der vom Vorstand der SPD sowohl mit der Herausgabe sozialdemokratischer Zeitschriften und Bücher, wie auch mit der Herstellung von illegalem Propagandamaterial beauftragt wurde. Als erste Publikation erschien Ende Juni 1933 die Wochenzeitung *Neuer Vorwärts* unter der Redaktion von Friedrich Stampfer, die Zeitung konnte bis Mai 1938 erscheinen; den größten Erfolg verzeichnete der Verlag 1934 mit dem Erlebnisbericht von Gerhart Seger über seine Flucht aus dem KZ Oranienburg. Als M. sich der sozialdemokratischen Splitter-Gruppe Neu Beginnen zuwandte, übernahm Eugen Heinle den Verlag; M. emigrierte während der Sudetenkrise 1938 nach Amerika: Fritz Heine zufolge nach Südamerika, nach anderen Quellen in die USA. Es gibt Hinweise, dass M. sich nach Brasilien gewandt und dort in der (Emigranten-)Kolonie Rolandia in der Provinz Parana verstorben ist.

DBE; Cazden: Free German Book Trade (1967) p. 350; Hartmut Mehringer: Waldemar von Knoeringen. München: Saur 1989 S. 437; Claus-Dieter Krohn, Elisabeth Kohlhaas: Handbuch der deutschsprachigen Emigration 1933–1945. Darmstadt 1998 S. 477; Stephan Appelius: Der Teufel hole Hitler. Briefe der sozialdemokratischen Emigration, S. 173.

Müller, Paul 1899 Wien – Dez. 1964 Cambridge / MA; Verleger, Buchhändler. Als der Wiener Buchhändler Wilhelm M. 1924 nach 30-jähriger Geschäftstätigkeit starb, hinterließ er seinen Söhnen Paul und Ernst die Verlagsbuchhandlung W. MÜLLER, Wien VII, Stiftgasse 15–17. Paul M. trat das väterliche Erbe an und führte den Betrieb, der schon bisher nur eine sehr bescheidene verlegerische Produktion entwickelt hatte, als Buchhandlung mit angegliederter Leihbücherei und Antiquariat an der Adresse Siebensterngasse 13 fort; die Firma fungierte auch als Grossobuchhandlung für Lebensreform-Literatur. Nach dem ›Anschluss‹ Österreichs wurde M. für kurze Zeit im KZ Dachau interniert; aufgrund eines Runderlasses der Reichskulturkammer musste die geschäftliche Tätigkeit am 30. September 1938 eingestellt und die Konzession zurückgelegt werden. Am 14. Februar 1939 meldete sich M. bei den Behörden nach New York ab; nach seiner Ankunft in den USA fand er eine Anstellung in der deutschsprachigen Abteilung der größten US-amerikanischen Buch- und Kunsthandlung für fremdsprachige Literatur SCHOENHOF'S FOREIGN BOOKS mit Sitz in Boston und Cambridge, Mass. und konnte ab 1941, unterstützt von seiner Frau Greta, deren Leitung übernehmen. M. war während seines Exils zusammen mit → Friedrich Krause und → Mary S. Rosenberg maßgeblich an Verlag und Vertrieb der *free German publications* in den USA beteiligt. Unmittelbar nach Ende des Zweiten Weltkriegs wurde ihm der Generalvertrieb der Bücher des AURORA-VERLAGES übertragen, der von → Wieland Herzfelde 1944 mit Unterstützung u. a. von Bertolt Brecht, Alfred Döblin, Lion Feuchtwanger und Heinrich Mann und einer großzügigen Anschubfinanzierung durch M. bzw. Schoenhof's gegründet worden war. Die negative Erfahrung nur geringer Verkaufszahlen mit deutschsprachigen Publikationen machte M. auch mit dem von ihm selbst aufgebauten SCHOENHOF VERLAG, in welchem er u. a. Mascha Kalékos *Verse für Zeitgenossen* (1945) sowie zwei Romane des österreichischen Exilschriftstellers Ernst Lothar (*Der Heldenplatz*, 1945, und *Der Engel mit der Posaune*, 1946) herausbrachte, die zuvor bereits bei Doubleday nicht ohne Resonanz erschienen waren (*The Prisoner*, 1945; *The Angel with the trumpet*, 1946). M. war 1944 Mitbegründer und bis 1964 Präsident der Austro-American Association of Boston. Vermutlich arbeitete er hinsichtlich der Zeitung *Austro-American Tribune* eng mit der österreichischen kommunistischen Emigration zusammen. Nach Ende des Kriegs blieb M. in den USA und konzentrierte sich erfolgreich auf den Import-Buchhandel; mit Erlaubnis des War Department absolvierte M. 1947 eine vierzehntägige Reise nach Deutschland und Österreich, um für Schoenhof's Neuerscheinungen des Jahres 1947 aus deutschen Verlagen einzukaufen. Seit 1961 war M. Präsident und Geschäftsführer von Schoenhof's Foreign Books.

BHE 1; Adressbuch 1931 S. 432; Agent will go to Europe for Books. In: The Harvard Crimson, 21 Aug. 1947 [online]; Cazden: Free German Book Trade (1967) p. 364; Hall: Österr. Verlagsgeschichte II (1985) S. 282 f.; Thomas Steinfeld: Goethe, Foucault und die anderen. Ein Porträt der einzigen Sortimentsbuchhandlung für Bücher aus Europa in den Vereinigten Staaten. In: FAZ vom 5.12.1989 S. 35; Fischer: Verlegeremigration nach 1933 (2002) S. 272–306, hier S. 274 f.; Hupfer: Antiquarischer Buchhandel (2003) S. 248; Daphne Abeel: A Touch of Paris, or Nagaland, in Harvard Square. In: The Newtown Chronicle. A publication of the Cambridge Historical Society vol. VII no. 2 (2007) pp. 1, 6 [online]; Saur: Deutsche Verleger im Exil (2008) S. 223.

Münzenberg, Willi 14.8.1889 Erfurt – 21. oder 22.6.1940 bei Montagne / Frankreich; Politiker, Verleger, Publizist. Der Sohn eines Gastwirtes knüpfte als Jugendlicher Kontakte zu sozialistischen Kreisen; nach Jahren als Hilfsarbeiter in einer Schuhfabrik und früher Tätigkeit als politischer Agitator ging er 1910 als Wandergeselle in die Schweiz, wo er sich einer Gruppe der sozialistischen Jugendorganisation der Schweiz anschloss, in deren Zentralvorstand er bereits 1912 aufrückte. Im Ersten Weltkrieg war M. Leiter des Internationalen Jugendsekretariats in Bern. Durch die Bekanntschaft mit russischen Emigranten wurde er von Züricher Bolschewiki und Lenin beeinflusst, dessen Mitarbeiter er 1915 wurde. Nachdem er als militanter Pazifist im November 1917 an der Organisation eines Generalstreiks in Zürich beteiligt war, wurde er interniert und im November 1918 nach Deutschland ausgewiesen, wo er sich in Stuttgart der linksradikalen Spartakus-Gruppe anschloss. 1919 wurde M. KPD-Mitglied und bereits im selben Jahr Vorsitzender der Kommunistischen Jugendinternationale. 1921 gründete er in Lenins Auftrag die Internationale Arbeiterhilfe (IAH), um die herum er mit Unterstützung der Komintern ein umfassendes kommunistisches Medienunternehmen aufbaute, an dem der NEUE DEUTSCHE VERLAG (geleitet ab 1925 von seiner Lebensgefährtin → Babette Gross, ab 1928 von → Karl Retzlaw), die Verleih-, Vertriebs- und Produktionsgesellschaft PROMETHEUS, die mit der sowjetischen Filmgesellschaft MESCHRABPOM kooperierte, die Buchgemeinschaft UNIVERSUM-BÜCHEREI sowie mehrere Zeitungen und Zeitschriften (u. a. die *Arbeiter Illustrierte Zeitung*, AIZ) beteiligt waren. Als Leiter dieses Konzerns bewies M. großes unternehmerisches Geschick und übte insbesondere auf die linke Intelligenz propagandistischen Einfluss aus. Von 1924 bis 1933 war M. Mitglied des Zentralkomitees der KPD und saß als Abgeordneter im Reichstag. Nach dem Reichstagsbrand im Februar 1933 musste M. als einer der meistgesuchten Kommunisten über das Saargebiet nach Frankreich fliehen; sein Name stand auf der ersten Ausbürgerungsliste des Deutschen Reiches vom 25. August 1933. In Paris kaufte M. durch Vermittlung Paul Nizans den Namen und die Räumlichkeiten der ÉDITIONS DU CARREFOUR am Boulevard St. Germain aus dem Besitz des Schweizers Pierre Levi. Geschäftsführerin des Verlages wurde wieder Babette Gross. Finanziell unterstützt von der Komintern, diente der Verlag als Zentrum der propagandistischen Arbeit deutscher Kommunisten, gleichzeitig auch als Forum für Exilschriftsteller und -publizisten: Unter der Leitung M.'s kamen mehr als 50 Bücher und Broschüren zustande, die z. T. ins Englische und Französische übersetzt wurden. Die größte Resonanz fanden die beiden ›Braunbücher‹ über Reichstagsbrand und Hitlerterror im Zusammenhang mit dem von M. organisierten Reichstagsbrand-Gegenprozesses im September 1933 in London. Im Mai 1934 war er Mitbegründer der Deutschen Freiheitsbibliothek in Paris, außerdem Initiator des der Bibliothek angegliederten Internationalen Antifaschistischen Archivs. Mittels Gründung von Hilfs- und anderen Komitees sammelte M. in Paris Intellektuelle sowohl bürgerlich-demokratischer als auch kommunistischer Ausrichtung mit dem Ziel, eine deutsche Volksfront im Exil gegen den Nationalsozialismus zu schaffen (Münzenberg-Kreis); in diesem Kreis arbeiteten u. a. Leopold Schwarzschild, Heinrich Mann, Max Braun, Hans Schulz, Else Lange, → Otto Katz, Gustav Regler und Arthur Koestler mit. Demselben Ziel diente der im September 1935 von M. gegründete Lutetia-Kreis, der nach einem Pariser Hotel, in dem das erste Treffen stattfand, benannt wurde. Gemeinsam mit Max Braun plante M. ein Antifaschistisches Informationsbüro des aus dem Lutetia-Kreis hervorgegangenen Ausschusses zur Vorbereitung einer deutschen Volksfront; daraus entwickelte sich die Herausgabe der *Deutschen Informationen*. Da M.'s Ziel, kommunistische und sozialdemokratische Kräfte gleichberechtigt zu vereinen, den Plänen der stalinistischen KPD und der Komintern für eine kommunistische Führungsrolle in der Volksfrontbewegung zuwiderlief, wurde er im Ausschuss im Mai 1937 durch Walter Ulbricht ersetzt, der ihn des Trotzkismus bezichtigte. Um dem formellen Ausschluss aus der KPD zuvorzukommen, erklärte M. im März 1939 seinen Austritt aus der KPD. Bereits 1938 hatte M. in Straßburg den Verlag ÉDITIONS SEBASTIAN BRANT gegründet, in dem er neben deutscher Exilliteratur die Zeitschrift *Die Zukunft* (Oktober 1938 – Mai 1940) verlegte. Diese wurde zum Organ der von ihm gegründeten neuen Partei Freunde der sozialistischen Einheit Deutschlands. Nach Bekanntwerden des Hitler-Stalin-Paktes vom 23. August 1939 brach M. endgültig mit dem sowjetrussischen Regime. Nach dem Einfall der deutschen Wehrmacht in die Beneluxstaaten am 10. Mai 1940 kam M. in ein Internierungslager bei Lyon, seine Frau wurde in Gurs interniert und konnte 1941 über Portugal nach Mexiko fliehen. Die genauen Umstände von M.'s Tod sind bis heute ungeklärt: Die Lagerinsassen flüchteten im Juni 1940 in Marschkolonnen vor den vorrückenden deutschen Truppen, M. setzte sich in der Nähe von Charmes vermutlich in Richtung Marseille ab; seine Leiche wurde im Oktober 1940 in einem Waldstück nahe dem Dorf Montagne gefunden.

BHE 1; NDB 18 S. 553 f.; Adressbuch 1931 S. 443; Verlagsveränderungen 1933–1937 S. 18; Hermann Weber, Andreas Herbst: Deutsche Kommunisten. Biographisches Handbuch 1918–1945. Berlin: Karl Dietz Verlag 2004, S. 521–524; Babette Gross: Willi Münzenberg. Eine politische Biographie. Mit einem Vorwort von Arthur Koestler und einem Nachwort von Diethart Kerbs. Leipzig: Forum Verlag 1991 (geringfügig veränderte Neuausgabe der als Nr. 14/15 in der Schriftenreihe der Vierteljahrshefte für Zeitgeschichte (Stuttgart: Deutsche Verlags-Anstalt 1967) erschienenen Ausgabe); Rolf Surmann: Die Münzenberg-Legende. Zur Publizistik der revolutionären deutschen Arbeiterbewegung 1921–1933. Köln: Prometh Verlag 1983; Harald Wessel: Münzenbergs Ende. Ein deutscher Kommunist im Widerstand gegen Hitler und Stalin; die Jahre 1933 bis 1940. Berlin: Dietz 1991; Bärbel Schrader: Willi Münzenbergs Verlags- und Pressearbeit für die internationale Arbeiterbewegung. In: Weimarer Beiträge Jg. 35 (1989) S. 1261–76; Theo Pinkus (Hg.): Willi Münzenberg. Eine Dokumentation zur Muenzenberg-Tagung im September 1989 in Zuerich. Zusammengestellt von Peter Vonderhagen und Brigitte Walz-Richter. Zürich: Studienbibliothek 1990; Tania Schlie, Simone Roche (Hg.): Willi Münzenberg. Ein deutscher Kommunist im Spannungsfeld zwischen Stalinismus und Antifaschismus. Frankfurt am Main: Lang 1995; Sean McMeekin: The Red Millionaire. A Political Biography of Willi Münzenberg, Moscow's Secret Propaganda Tsar in the West. New Haven, CT/London: Yale University Press 2003; Werner Abel, Esther Winkelmann, Raimund Waligora: Willi Münzenbergs Buchverlage im Exil [online].

N

Nachod, Hans 31. 5. 1885 Leipzig – 23. 7. 1958 New York; Archäologe, Antiquariatsmitarbeiter. N.'s Familie zählte zu den einflussreichsten jüdischen Familien Leipzigs, sein Großvater Jacob N. war Bankier, Unternehmer und seit 1873 Präsident des Deutsch-Israelitischen Gemeindebunds, sein Vater Friedrich N. war Kaufmann und Konsul. N. hatte es nicht nötig, einen Brotberuf auszuüben; er studierte Archäologie und arbeitete 1912/13 am Kaiserlichen Archäologischen Institut in Rom. Bei Ausgrabungsarbeiten in Athen lernte er Lilly Euthymia von Hoesslin kennen, 1913 wurde der gemeinsame Sohn Friedrich Jacob Konstantin (Fritz) geboren. Zwischen 1919 und 1939 lebte N. als freier Schriftsteller und stellvertretender Museumskurator in Leipzig. In der Pogromnacht 1938 verwüsteten die Nationalsozialisten die Wohnung N.'s und schleppten N. und seinen Sohn durch die Stadt; beide wurden durch das beherzte Einschreiten des Rechtsanwalts und Freundes Martin Drucker gerettet. Am 24. März 1939 emigrierte die Familie unter Zurücklassung ihres Vermögens nach Utrecht und von dort später in die USA. 1941 konnte N. an der Columbia University wissenschaftlich arbeiten, bis er 1943 von → H. P. Kraus als persönlicher Assistent und leitender Berater engagiert wurde; gemeinsam mit → Hellmut Lehmann-Haupt war N. in den Handel kostbarer Inkunabeln von H. P. KRAUS RARE BOOKS eingebunden. Diese Tätigkeit übte N., der ein exzellenter Kenner humanistischer Literatur und ein Petrarca-Spezialist war, bis zu seinem Tod aus. Die Hans Nachod Collection ist im Besitz der University of North Texas (Denton).

To Hans Nachod on the occasion of his seventieth birthday, May 31, 1955: Greetings and tributes from friends and colleagues. [Privatdruck] New York: H. P. Kraus 1955; H. P. Kraus: A Rare Book Saga [Autobiography]. New York: G. P. Putnam's Sons 1978; Adolf Diamant: Chronik der Juden in Leipzig. Chemnitz: Heimatland Sachsen. 1993 S. 122, 180, 192, 404; Karl Buchheim: Eine sächsische Lebensgeschichte: Erinnerungen 1889–1972 (Biograph. Quellen zur Zeitgeschichte. Bd. 16). München: Oldenbourg 1996 S. 175; Josef Reinhold: Zwischen Aufbruch und Beharrung: Juden und jüdische Gemeinde in Leipzig während des 19. Jahrhunderts. Dresden: Sächsische Druck- und Verlagshaus AG 1999 S. 20.

Nagler, Felix Geb. 14. 8. 1901 Berlin; Buchhändler. N. war in Berlin als Buchhändler tätig gewesen, ehe er als Zionist – hierin seinem Bruder Heinz (einem der Führer des jüdischen Jugendbundes Blau-Weiß) folgend – bereits in den 1920er Jahren nach Palästina auswanderte. Er dürfte dort zunächst mit → Jezekiel Steimatzky zusammengearbeitet haben. In Haifa führte er eine Buch- und Kunsthandlung mit Zeitungsvertrieb, die örtlich einige Bedeutung gewann. Auch war eine Leihbibliothek mit Büchern in sechs Sprachen angeschlossen.

SStAL, BV, F 11446 1931–1934; Zadek: Buchhändler II (1971) S. 2941; Uri Benjamin [d. i. Walter Zadek]: Die Welt als Vaterland [I]. In: Bbl. (Ffm) Nr. 8 vom 28. 1. 1977 S. A 1–5; Carola Jüllig: Juden in Kreuzberg. Berlin: Edition Hentrich 1991, S. 96.

Nathan, Peter Buchhändler. N. gründete 1939 in Montevideo / Uruguay eine Leihbibliothek (›Der Bücherkreis‹) mit angeschlossenem kleinem Sortiment und Zeitschriftengeschäft LIBRERÍA NUEVA. Das Bücherangebot erstreckte sich sowohl auf deutsch- wie spanischsprachige Bücher, enthielt auch Judaica, in erster Linie handelte es sich aber um Belletristik und populärwissenschaftliche Bücher. N. betrieb auch Versandhandel. Taubert stellte 1961 bei seinem südamerikanischen Lokalaugenschein fest: ›Der Leser- und Kundenkreis setzt sich vorwiegend aus Emigranten zusammen.‹

Taubert: Lateinamerika (1961) S. 139; Josef Fraenkel: Guide to the Jewish Libraries of the World. Cultural Department of the World Jewish Congress 1959, S. 64.

Neruda, Oskar 10. 5. 1882 Prag – 7. 2. 1953 London; Musik- und Theaterverleger. N.'s Geburtsname war ursprünglich Nefeles; der gebürtige Altösterreicher erhielt nach 1918 die tschechoslowakische Staatsbürgerschaft; er ließ seinen Namen 1930, im Jahr der Heirat mit der Musikverlegerin Ella Entsch (1885–1967), ändern. Seine Frau war als Witwe von Albert Entsch (gest. 1921) die Eigentümerin der 1908 in Berlin gegründeten Vertriebsstelle des Verbandes Deutscher Bühnenschriftsteller und Bühnenkomponisten GmbH (VVB), die Anfang der 1930er Jahre zum verbandsunabhängigen eigenständigen Verlag VERTRIEBSSTELLE UND VERLAG DEUTSCHER BÜHNENSCHRIFTSTELLER UND BÜHNENKOMPONISTEN GMBH wurde. Gemeinsam mit seiner Frau leitete N. als Direktor und Mitinhaber diesen Verlag sowie seinen Musikverlag EDITION NERUDA. 1933 ließen die Eheleute sich scheiden. 1935 wurden Entsch und N., der Hauptgesellschafter des Verlags war, gezwungen, ihre Firmenanteile an Hans C. Sikorski zu verkaufen, der die Firma im NEUEN THEATERVERLAG weiterführte. N. emigrierte Anfang 1936 nach Prag und übernahm dort die Vertretung der VVB. Nach der Besetzung der Tschechoslowakei 1939 wurde N. von der Gestapo verhaftet und drei Monate inhaftiert. Danach gelang es ihm, sich über Polen, Lettland und Skandinavien nach Großbritannien in Sicherheit zu bringen. Das Verlagshaus der VVB am Bayerischen Platz in Berlin wurde am 23. November 1943 bei einem Bombenangriff zerstört; der Neubeginn der Verlags- und Vertriebstätigkeit erfolgte unter provisorischen Bedingungen mit einem Treuhänder in Bad Kissingen. Am 1. Januar 1949 übernahm Ella Entsch, die seit 1936 in leitender Position in der VVB mitgearbeitet hatte, ihren Verlag wieder in Eigenregie, nachdem es 1948 zu einem Vergleich mit Sikorski gekommen war. N., der nicht über die finanziellen

Mittel verfügte, sich am Rückkauf der VVB zu beteiligen, vertrat seit spätestens 1949 bis zu seinem Tod die VVB in Großbritannien. Seit 1949 war als Mitarbeiter auch sein 1931 geborener Sohn Fritz N. in der VVB tätig, der seine Kindheit als ›Halbjude‹ im ›Dritten Reich‹ in Berlin und Bad Kissingen verbracht hatte. Von 1962 bis zu seinem frühen Tod 1991 stand Fritz N. dem Unternehmen vor; seither führt sein Sohn Wolfgang N. den seit 1974 in Norderstedt ansässigen bedeutenden Bühnenverlag, der Werke von Friedrich Hebbel bis Ephraim Kishon betreut und 2008 sein 100-jähriges Bestehen feiern konnte.

Fetthauer: Musikverlage (2004) S. 490; Vertriebsstelle und Verlag Deutscher Bühnenschriftsteller und Bühnenkomponisten GmbH – Verlag – Verlagsgeschichte [online].

Neuer, Oskar (Oscar) 15. 10. 1900 Mährisch-Ostrau – Mai 1984 Forest Hills/Queens, NY; Buchhändler. N. führte seit 30. November 1934 an der Adresse der 1906 von Sigmund Breitenstein gegründeten Wiener UNIVERSALBUCHHANDLUNG UND ANTIQUARIAT Wien IX, Währinger Straße 15, ein Antiquariat und Sortiment, das er vom Vorbesitzer Dr. Rudolf Neuwirth übernommen hatte. Den Buchhandel hatte N. von 1914 bis 1917 bei R. LÖWIT erlernt, nach Angaben in *Das Antiquariat* bei MORITZ PERLES. N.'s Geschäft wurde nach dem ›Anschluss‹ Österreichs an Hitlerdeutschland 1938 liquidiert. Er selbst flüchtete nach New York, und führte dort seit 1943 NEUER'S BUCHHANDLUNG, für die er offensiv Werbung u. a. in der Zeitschrift *Aufbau* betrieb. In der Zeitschrift *Das Antiquariat* erschien 1949 eine Warnung vor Inseraten N.'s, die dieser nach Kriegsende in verschiedenen Wiener Zeitungen und Zeitschriften, aber auch im *Börsenblatt des deutschen Buchhandels* und in der *Schweizerischen Buchhändler-Zeitung* geschaltet hatte mit dem Angebot, ihm Bücher zu verkaufen. ›Manche Buchhandlungen lieferten Bücher im Wert von $ 200 bis 300. Die Absender warteten jedoch vergeblich auf eine Gegenleistung und haben bis heute bis auf einige hundert Zigaretten, die in Amerika wenige Cents gekostet haben, bestenfalls ein kleines Päckchen mit Lebensmitteln, das nicht einen Bruchteil des Wertes darstellte, den die Bücher repräsentierten, erhalten.‹ Allem Anschein nach hat N. sein Geschäft nicht lange nach dem Aufkommen dieser Vorwürfe aufgeben müssen.

›Das Antiquariat‹ (Wien) Jg. V Nr. 13/16 (1949) S. 215; Cazden: German Exile Literature (1970) p. 176; Pawlitschko: Jüd. Buchhandlungen (1996) S. 64; Hupfer: Antiquarischer Buchhandel (2003) S. 222.

Neuhaus, Rudolf 6. 6. 1881 Wien – 20. 7. 1969 Perchtoldsdorf bei Wien; Buchhändler. N. war zunächst Postangestellter, dann Bibliothekar. Nach dem Ersten Weltkrieg machte er Karriere als bildungspolitischer Funktionär der Arbeiterbewegung: als Leiter einer der größten Arbeiterbüchereien des Roten Wien und seit Herbst 1934 als Geschäftsführer der Buchhandlung BUKUM, die den im Ständestaat unterdrückten Revolutionären Sozialisten Österreichs als illegales Zentrum diente (→ Meta Steinitz). Mitte März 1938 von der Gestapo verhaftet, emigrierte N. nach seiner Freilassung 1939 nach Schweden, 1941 weiter nach Mexico-City. Dort gründete N. eine Buchhandlung, deren Anfänge der spätere Besitzer Robert Kolb skizzierte: ›Mitten im Zweiten Weltkrieg, im Sommer 1941, kommt als politischer Flüchtling Robert [!] Neuhaus nach Mexico. Er ist über 60 Jahre alt und er beginnt das, was im ersten Moment unmöglich erscheint, gerettete Bücher anzubieten und zu verkaufen. Der Sprache des Landes nicht mächtig, unbekannt auf dem zwar kleinen, aber immerhin existierenden Markt, beschränkt sich der Umkreis auf Emigranten und alteingesessene, nicht faschistische Deutsche, Österreicher und Schweizer.‹ Die LIBRERÍA INTERNACIONAL in Mexico City, Sonora 204, wurde unter N., der sich als Mitbegründer und Präsident der Accion Republicana Austriaca en México (ARAM) und Vizepräsident der Asociación Pro-Refugiados Políticos de Habla Alemana en México auch politisch engagierte, zu einem intellektuellen Zentrum des Exils; dem schöngeistigen Sortiment war auch eine kleine wissenschaftliche Abteilung angeschlossen. Bevor N. 1949 nach Österreich zurückkehrte, wurde sein Nachfolger, der 1948 aus Österreich nach Mexiko immigrierte Robert Kolb in die schwierigen Bedingungen des mexikanischen Buchmarktes eingearbeitet. Kolb sollte es in den nächsten Jahren gelingen, die Librería Internacional zur größten und wichtigsten internationalen Buchhandlung von Mexikos Hauptstadt zu machen. 1966 hatte sie 40 Angestellte, 20 Abteilungen auf mehreren Stockwerken und eine große Abonnement-Abteilung für wissenschaftliche Zeitschriften: ›Die Librería war zu einer Institution geworden, ein geistig-wissenschaftliches Zentrum ›al servicio del progreso y de la cultura‹‹ (R. Kolb). Bereits 1958 war der Buchhandlung der Verlag EL MANUAL MODERNO angeschlossen worden, der mit LANGE MEDICAL PUBLISHERS kooperierte. Nach seiner Remigration engagierte sich N. in Österreich in der sozialdemokratischen Bildungs- und Kulturarbeit; er erhielt 1961 den Preis der Stadt Wien für Volksbildung und war Träger des Ehrenrings der Büchergilde Gutenberg.

Rudolf Neuhaus: Schreib's auf, Neuhaus! Ein Vertrauensmann erzählt aus seinem Leben. Wien: Verlag Jungbrunnen 1954. [Autobiographie]

BHE 1; Kiessling: Exil in Lateinamerika. (1984) S. 483; Robert Kolb: Robert Neuhaus, der Gründer der Internationalen Buchhandlung in Mexiko (www.literaturepochen.at/exil/multimedia/pdf/neuhausrobert.pdf).

Neuländer, Fritz 10. 7. 1902 Hindenburg – 7. 7. 1963 Montevideo/Uruguay; Buchhändler. N., Sohn von Ludwig und Hulda N., war in Deutschland als Schriftleiter mehrerer jüdischer Regionalblätter, darunter des *Israelitischen Familienblatts Hamburg*, tätig. Nach seiner Flucht nach Uruguay war er zusammen mit seiner Frau Käthe (auch Kate, geb. Schongut, 7. 10. 1907 Kattowitz – 8. 9. 2010 Montevideo) Inhaber der am 6. Oktober 1952 gegründeten Buchhandlung LIBRERÍA NEULÄNDER in der Casilla de Correo 313, Montevideo. Das Hauptlager der allgemeinen Sortimentsbuchhandlung bestand aus deutschsprachiger Literatur, zu einem geringeren Teil aus spanischer und englischer Verlagsproduktion. Taubert vermerkt in seinem Reisebericht, dass die Buchhandlung einen anspruchsvollen Käuferkreis anzieht, ›darunter bedeutende Kreise der deutsch-jüdischen Emigration‹. Daneben betrieb das Ehepaar N. auch eine Leihbücherei, mit einem Schwerpunkt auf Judaica und Hebraica. 1961/62 gab es einen Besitzerwechsel, ab diesem Zeitpunkt firmierten Werner und Eva Pinkus als Besitzer.

www.geni.com; Taubert: Lateinamerika (1961) S. 139; Öhlberger (2000) S. 144; Josef Fraenkel: Guide to the Jewish Libraries of the World. Cultural Department of the World Jewish Congress 1959, S. 64.

Neuman, Walter E. [Emil] 18. 12. 1903 Cottbus – 4. 7. 1987 La Jolla / San Diego, CA; Antiquar. N. handelte nach seiner Ankunft in den USA zunächst von seiner Wohnadresse in 132 Le Doux in Beverly Hills / CA und hatte sich auf *old maps and prints* spezialisiert. Später übersiedelte er in ein kleines Ladengeschäft in Los Angeles, Ecke Melrose Avenue / Robertson Boulevard. N. zählte gemeinsam mit → Ernest Gottlieb, Harry

Levinson und Max Hunley zu den Mitbegründern der kalifornischen Antiquarian Booksellers' Association.

Louis Epstein: The way it was. Oral history transcript: Fifty years in the Southern California book trade (1977). Internet Archive [online]; Jake Zeitlin: Books and the imagination. Oral history transcript: Fifty years of rare books (1980). Internet Archive [online]; Philadelphia Museum of Art – Arensberg Archives – Correspondence – General Correspondence: Neuman, Walter E. [online].

Neumann, Adolf 13. 8. 1878 Wien – Januar 1953 Stockholm; Verleger; Dr. phil. Nach einem Studium an der Wiener Universität arbeitete N. im Verlag und in der Redaktion einer Musikzeitschrift (*Der Merker*); auch war er 1910 bis 1912 kurzfristig Teilinhaber der Fa. BUCHHANDLUNG L. ROSNER & CARL WILHELM STERN VERLAGSBUCHHANDLUNG GMBH in Wien. 1913 übersiedelte er nach Frankfurt am Main und wurde dort Leiter und 1932 auch Gesellschafter im traditionsreichen und bedeutenden Verlag RÜTTEN & LOENING. Unter der Führung von N. und dem Miteigentümer Wilhelm Oswalt (1942 im Konzentrationslager Oranienburg ermordet) wurde das Belletristikprogramm erfolgreich ausgebaut, mit Autoren wie Sigrid Undset, Romain Rolland, Rudolf G. Binding und Waldemar Bonsels. Im Mai 1936 erzwang das NS-Regime den Verlagsverkauf (an den Potsdamer Verleger Albert Hachfeld); N. musste im Zuge der ›Arisierung‹ des Verlagswesens aus seiner Tätigkeit ausscheiden. 1939 konnte er durch die Vermittlung der Schriftstellerin Sigrid Undset nach Oslo flüchten, wo er an der dortigen Universität eine Lehrtätigkeit aufnahm. Der deutsche Einmarsch in Norwegen zwang ihn in den Untergrund; im Oktober 1942 konnte N., inzwischen verheiratet mit Edith Brukner (geb. 31. 1. 1908 Wien, im Juni 1938 über die ČSR nach Norwegen emigriert und später als Journalistin tätig) illegal nach Schweden entkommen und lebte nach der Freilassung aus der südschwedischen Internierungshaft in Stockholm. N. war Mitglied in der Österreichischen Vereinigung in Schweden unter der Leitung Bruno Kreiskys; er arbeitete bei NORSTEDT'S VERLAG und Importbokhandel und bereitete im Auftrag des Verlags ein Buchprogramm vor, mit dem das Unternehmen nach Ende des Krieges auf den deutschsprachigen Markt vorstoßen wollte. Das Projekt scheiterte allerdings, da die Besatzungsmächte in Deutschland für eine Bucheinfuhr jahrelang keine Lizenzen erteilten. Am Beginn der 1950er Jahre gründete N. über seinen Sohn Hanns Neumann in Frankfurt am Main einen Verlag, in welchem er die aus dem Zwangsverkauf des Rütten & Loening Verlags verbliebenen Rechte (von Werken damals unerwünschter Autoren) verwerten wollte. Kaum in Gang gekommen, wurde das Unternehmen bereits insolvent. Allerdings vergab N. für einzelne Titel Lizenzen an den in der Sowjetischen Besatzungszone unter der Verwaltung Ulrich Riemerschmidts wiedererrichteten Rütten & Loening Verlag. Dazu wird N. mit der Äußerung zitiert: ›Nach einer Pause von elf Jahren darf ich mich mit Rütten & Loening wieder so verbunden fühlen, wie ich mich diesem Verlag, der meine Welt gewesen war, vordem verbunden gefühlt hatte.‹ (Wurm, S. 164). Seit 1990 entspann sich ein langwieriger Rechtsstreit um die Restitution des Verlags an die Erben.

BHE 1; Hans-Albert Walter: Deutsche Exilliteratur 1933–1950. Bd. 2. Darmstadt: Luchterhand 1972 S. 150; Irmgard Buck, Georg Kurt Schauer: Alles Lebendige meinet den Menschen. Gedenkbuch für Max Niehans. Bern: Francke 1972, S. 292–302, 459; Helmut Müssener: Österreichische Wissenschaftler im schwedischen Exil. In: Friedrich Stadler [Hg.]: Vertriebene Vernunft II. Emigration und Exil österreichischer Wissenschaft. Wien: Jugend und Volk 1988 S. 965–75 hier S. 970; Carsten Wurm: 150 Jahre Rütten & Loening. Mehr als eine Verlagsgeschichte. Berlin: Rütten & Loening 1994 bes. S. 234–40; Hupfer: Antiquarischer Buchhandel (2003), S. 280; Gaby Staude: Der Verlag Rütten & Loening 1936 bis 1950 – Vom arisierten NS-Verlag zur Sequestermasse und Produktionsgruppe. In: Leipziger Jahrbuch zur Buchgeschichte 7 (1997), S. 189–221, bes. 189–191, 213; https://ruettenundloening.prozessbeobachter.net/.

Neumann, Szyia 23. 4. 1894 Tarnow / Polen – 23. 4. 1979 Miami Beach / FL; Buchhändler. N. betrieb spätestens seit 1923 eine Verlags-, Versand- und Sortimentsbuchhandlung mit Antiquariat in Frankfurt, in der seine Ehefrau Leja als Verkäuferin und Buchhalterin beschäftigt war. Mit dem Ankauf der Lagerbestände der Verlagsbuchhandlung SÄNGER & FRIEDBERG (→ Bernhard Friedberg, → Rebecka Sänger) im Jahre 1933 erweiterte sich N.'s Warenangebot erheblich. Im Oktober 1938 wurde N. mit seiner Frau und seinem Sohn im Zuge der Ausweisung polnischer Juden über die deutsche Ostgrenze abgeschoben. Für Wohnung und Geschäft wurde vom Amtsgericht Frankfurt ein Abwesenheitspfleger bestellt. Während der Reichspogromnacht wurde der Laden aufgebrochen und ein Teil der Bücher auf die Straße geworfen und verbrannt. N., der sich seit Oktober 1938 mit seiner Familie in Krakau aufhielt, bemühte sich Ende des Jahres 1938 erfolglos, einen Teil der Bücher nach Polen schicken zu lassen. Im Juli 1939 kam Leja N. nach Frankfurt, um die Auflösung der Buchhandlung in die Wege zu leiten. Nach der Schätzung des Wertes der in der Buchhandlung verbliebenen Bestände wurde der Großteil der Bücher auf Befehl der Gestapo eingestampft, der restliche Bestand wurde nach Belgien verkauft. Den Verkaufserlös erhielt Leja N. in Devisen, die sie an die Deutsche Reichsbank gegen Reichsmark abliefern musste. Nach der Ausweisung aus Krakau im September 1940 lebten N. und seine Frau bis Mitte Juli 1942 im Ghetto Frysztak (Freistadt); N. wurde als Zwangsarbeiter zum Barackenbau eingezogen. Bei einer Selektion, die Mitte Juli 1942 im Ghetto Frysztak stattfand, befand sich N.'s Frau Leja unter den Selektierten. Sie wurde erschossen und in einem Massengrab verscharrt. N. wurde in das Arbeitslager Krakau-Plaszow gebracht. 1945 wurde N. aus dem KZ Theresienstadt befreit. Von 1948 bis zu seiner Auswanderung in die USA im Oktober 1949 lebte er als *displaced person* im DP-Lager Zeilsheim bei Frankfurt. In den USA war Neumann als Hühnerzüchter tätig.

HessHStAWI Abt. 518 Nr. 10325, Abt. 519/D Nrr. 1466/39 und 598/39, Abt. 519/N Nr. 19212,1; StAL BV I F 15. 169; Junk: Jüd. Buchhandel in Frankfurt (1997) S. 131–35.

Neurath, Eva 22. 8. 1908 Berlin – 21. 12. 1999 London; Verlegerin. N. war die Tochter des jüdischen Tuchmachers Rudolph Itzig; nach dem frühen Tod des Vaters 1917 heiratete ihre Mutter, die in den 1920er Jahren am Kurfürstendamm die Galerie PARTHENON leitete, einen UfA-Rechtsanwalt namens Kahn, der N. adoptierte. Nach vorzeitigem Schulabbruch arbeitete N. im Antiquariat PAUL GRAUPE, wo sie ihren ersten Mann → Ernst Jutrosinski kennenlernte. Die Ehe hielt nur ein Jahr. 1936 heiratete N. den Österreicher Wilhelm Feuchtwang, dem zuliebe sie zum Judentum übertrat (sein Vater war Oberrabbiner von Wien) und von dem sie einen Sohn bekam (der spätere berühmte Sinologe Stephan Feuchtwang). Mit Feuchtwang, dessen Schwester mit dem Rabbiner von Rotterdam verheiratet war, emigrierte N. unmittelbar nach dem ›Anschluss‹ Österreichs an Hitlerdeutschland nach Holland und von dort weiter nach England. Während ihr Mann auf der Isle of Man als *enemy alien* interniert war, lernte er → Walter Neurath kennen, der N. einen Job bei ADPRINT verschaffte. Nach Ende des

Zweiten Weltkriegs entstand das gemeinsame Verlagsprojekt THAMES & HUDSON, in das N. ihr Erspartes in Höhe von £ 150 einbrachte und dem N. zu seinem ersten Titel verhalf: ein reich bebildertes Buch über englische Kathedralen, das COLLINS nicht verlegen wollte. Nach ihrer Scheidung von Feuchtwang und dem Tod von Neuraths zweiter Frau heirateten Walter und Eva Neurath. N. hatte großen Anteil am Erfolg von Thames & Hudson als einem der bedeutendsten Kunstbuchverlage weltweit: sie war in die Herstellung der Bücher ebenso involviert wie in die Programmplanung. Nach dem Tod ihres Mannes aufgrund eines Krebsleidens 1967 übernahm N. gemeinsam mit ihrem Stiefsohn → Thomas N. die Führung des Unternehmens; sie pflegte in ihrem Haus in Highgate und in der Dolphin Villa in der Toskana zu vielen Künstlern und Autoren persönliche Kontakte und blieb bis 1999 als *chairman* von Thames & Hudson im Familienunternehmen aktiv.

Eva Neurath: Was ich meinen Enkeln noch erzählen wollte. Kindheit und Jugend in Berlin, Emigrantin in London, das Lebenswerk: Thames & Hudson, Erinnerungen 1908–1999. Mit einem Nachwort von Stephan Feuchtwang. München: Schirmer Mosel 2017.

Wolfhart Draeger: Berlinerin, noch immer. In: Die Zeit vom 26. 6. 1992 S. 79; Bbl. Nr. 4 vom 14. 1. 2000 S. 30; Buchreport Nr. 3 (2000) S. 3; David Plante: Eva Neurath [Nachruf]. In: The Guardian, 6 Jan. 2000 [online]; Joanna Pitman: 60 Years of Thames & Hudson. In: The Times, 18 Apr. 2009 [online]; Tom Rosenthal: Walter und Eva Neurath. In: The Cottage by the Highway and Other Essays on Publishing: 25 Years of Logos, hrsg. von Angus Phillips. Leiden, Boston: Brill 2015, S. 151–162.

Neurath, Thomas (Tom) Geb. Oktober 1940 Boddington b. Rugby, Northamptonshire, GB; Verleger. N., Sohn von → Walter N. mit seiner zweiten Frau Marianne (gest. 1950 Millstatt), war seit 1961 im Kunstbuchverlag THAMES & HUDSON tätig, den sein Vater 1949 gegründet hatte. Nach dessen Tod 1967 übernahm er als damals 27-Jähriger das verlegerische Erbe und leitete das Unternehmen fast vier Jahrzehnte als *managing director* – unterstützt zunächst von seiner Stiefmutter → Eva Neurath, die als Mitbegründerin des Verlags bis zu ihrem Tod 1991 eine sehr aktive Rolle im Unternehmen spielte. Der Verlag setzte unter N.s Leitung seine internationale Expansion fort, mit einer Tochterfirma in New York und Niederlassungen in Australien (seit 1970), und Paris, Hong Kong und Singapur; er hat gegenwärtig (2020) 150 Angestellte in England und 65 im Ausland. Er erweiterte auch fortlaufend seine Produktpalette, zu der neben Kunst inzwischen auch Fotografie, Architektur, Grafik und Design sowie Geschichte und Archäologie, außerdem Garten, Mode, Inneneinrichtung und Lifestyle gehören; er führt aktuell mehr als 2000 Titel auf seinen Listen. Seit 2005 fungierte Thomas Neurath als *chairman* von Thames & Hudson, seine Schwester Constance Kaine als stellvertretende Vorsitzende; sie war zuvor als *art director* für das Buchdesign verantwortlich. Inzwischen sind auch zwei Töchter Thomas N.s im Verlag Thames & Hudson in leitender Stellung tätig, Johanna und Susanna. 2013 zog sich N. aus der Firma zurück; im gleichen Jahr erhielt er für seine verlegerische Leistung im Familienunternehmen, das sich die Unabhängigkeit bis in die Gegenwart bewahrt hat, den Kraszna-Krausz Foundation's Outstanding Contribution to Publishing Award. N. ist leidenschaftlicher Büchersammler; für seine Bestände haben er und seine Ehefrau eine eigene Bibliothek im Gartenareal errichten lassen.

Lit. wie Eva und Walter Neurath; Dominic Bradbury: The home of Thames & Hudson chairman Thomas Neurath. In: Telegraph.co.uk, 29 Apr. 2009 [online].

Neurath, Walter 1. 10. 1903 Wien – 26. 9. 1967 London; Verleger. N.'s Vater Alois war mit seiner Frau Gisela geb. Frölich aus Preßburg nach Wien gekommen, wo er es als Delikatessenimporteur zu Wohlstand brachte. N. besuchte in Wien Volksschule und Gymnasium und war nach seinem Studium der Philosophie und Kunstgeschichte an der Universität Wien für Verlage und Galerien tätig, darunter auch für WÜRTHLE & SOHN und → Harry Fischer, den späteren Gründer der FISCHER FINE ART GALLERY in London. N. war seit 1925 in erster Ehe mit Lilly Kruk verheiratet. Als der Vater schwer erkrankte, übernahm N. interimistisch die Leitung des Importgeschäftes, um nach dessen Genesung in den jungen VERLAG FÜR KULTURFORSCHUNG einzutreten und von dort in den 1932 gegründeten ZINNEN VERLAG zu wechseln; hier sammelte er erste Erfahrungen im Verlegen illustrierter Bücher ebenso wie zeitgenössischer englischer und amerikanischer Literatur. 1937 war N. noch kurz für die Buchhandlung WILHELM FRICK tätig, doch ging er einige Wochen nach dem ›Anschluss‹ Österreichs Anfang Juni 1938 mit seiner zweiten Frau Marianne nach London, wo er für den Galeristen Harry Fischer tätig wurde und bald bei seinem ebenfalls emigrierten Kollegen → Wolfgang Foges in dessen Verlag ADPRINT LTD. eine Anstellung fand (siehe auch → Paul Steiner); als *production manager* des Book packaging-Unternehmens kreierte er die legendäre *King Penguin*-Hardcover-Reihe und die außergewöhnlich sorgfältig hergestellte Reihe *Britain in Pictures* für COLLINS, die auf über 100 Bände anwuchs. Die propagandistisch verwertete Buchreihe war ausschlaggebend dafür, dass N. nur zwei Wochen lang als *enemy alien* auf der Isle of Man interniert war. Im September 1949 gründete N., der das Kostengefälle zwischen den USA und den vergleichsweise günstigeren Produktionsbedingungen in Europa erkannte, gemeinsam mit seiner dritten Frau Eva Feuchtwang (→ Eva Neurath) den Kunstverlag THAMES & HUDSON mit Büros in London und New York. Anfangs vertrat Thames & Hudson New Yorker Verlage wie ABRAMS, aber auch die Publikationen der großen Museen (Metropolitan Museum of Art, Museum of Modern Art) auf dem englischen Buchmarkt, die unter dem eigenen Imprint erschienen. Bald erwarb der Verlag zudem mit eigenen Kunstbüchern einen hervorragenden Ruf: anders als der konkurrenzierende und damals führende Kunstbuchverlag PHAIDON PRESS des Wiener Emigranten → Béla Horovitz setzten die N.'s auf durchgängigen Farbdruck und in den Text integrierte Illustrationen. Der Übernahme der Reihe *Britain in Pictures* folgten im rasch expandierenden Konzern als Gemeinschaftsproduktionen mit anderen Verlagen reich illustrierte *book-packaging*-Serien zu erschwinglichen Preisen wie *The World of Art* oder *Ancient Peoples and Places*; das umfangreiche Verlagsprogramm umfasste bald nicht mehr nur Titel aus bildender Kunst und Photographie, sondern deckte auch die Themenbereiche Architektur, Religion, Philosophie, Literatur, darstellende Kunst etc. ab; als Herausgeber und Autoren wirkten zahlreiche renommierte Fachgelehrte. Der reich illustrierte Bildband *From Giotto to Cezanne: A History of Western Painting* fand weltweit in mehreren hunderttausend Exemplaren und in mehr als zwanzig Sprachen übersetzt Verbreitung. N. wurde von der Republik Österreich mit dem Goldenen Ehrenzeichen ausgezeichnet. Nach N.'s Tod übernahmen seine Witwe und sein damals 27-jähriger Sohn → Thomas N. aus zweiter Ehe das verlegerische Erbe.

BHE 1; Bbl. (FfM) Nr. 2 vom 5. 1. 1968 S. 59 [Nachruf]; Interview mit Publisher T & H in: Art Book Review vol. 1 (March 1982); Westphal: German, Czech and Austrian Jews (1991) pp. 199 f.; Francis Haskell: Die schwere Geburt des Kunstbuchs. Berlin: Wagenbach 1993; Fischer: Verlegeremigration nach 1933 (2002) S. 287; Saur: Deutsche Verleger im Exil (2008) S. 230; Tom Rosenthal: Walter and Eva Neurath: Their Books Married Words with Pictures. In: Immigrant publishers (2009) S. 111–22 [zuvor abgedruckt in: LOGOS. *The Journal of the World Book Community* vol. 15 no. 1 (2004) pp. 12–19].

Neuwald(-Sherman), Ellen 18. 8. 1915 Berlin – 2. 1. 1990 Laguna Hills / CA; Literaturagentin. N. kam 1939 als deutsche Emigrantin in die USA und arbeitete zunächst in Hollywood als persönliche Sekretärin u. a. von Irene Selznick, George Cukor und Ingrid Bergman. Mit dem Agenturgeschäft befasste sie sich erst nach Ende des Zweiten Weltkriegs. Obwohl ihre deutsche Erziehung und ihre Sprachkenntnisse eine wichtige Rolle bei dem Entschluss spielten, sich als Literaturagentin zu betätigen, war ihr Aktionsradius nicht auf den deutschsprachigen Markt beschränkt. Ihr Büro unterhielt sie an den Adressen 905 West End Avenue, New York und später zusammen mit James Bohan als BOHAN-NEUWALD AGENCY, INC., 27 W 96th Street, New York.

Macris: Literatur- und Theateragenten (1989) S. 1361; Ellen Neuwald Sherman, Literary Agent, 74 [Nachruf]. In: New York Times, 7 Jan. 1990 [online].

Nielsen, Fritz Walter / Frederic W. (eig. Friedrich Wallensteiner; Ps. Fritz Herter) 21. 9. 1903 Stuttgart – 18. 5. 1996 Freiburg i. Br.; Schriftsteller, Selbstverleger, Bankkaufmann. N., der eine Laufbahn als Schauspieler oder Regisseur anstrebte, aber auch in sozialdemokratischen Blättern publizistisch tätig war, reagierte auf die NS-›Machtergreifung‹ mit dem Weggang aus Deutschland. Am 13. Oktober 1933 meldete er sich in Prag als politischer Flüchtling und beteiligte sich mit anderen exilierten Schauspielern an der Gründung eines von Hedda Zinner geleiteten antifaschistisch ausgerichteten Ensembles ›Studio 34‹. Außerdem trat er immer wieder als Vortragskünstler auf, u. a. mit einem Programm ›Buch in Flammen‹, einer Textmontage, in der er Stimmen von NS-Verfolgten mit den lügenhaften offiziellen Verlautbarungen des reichsdeutschen Rundfunks kontrastierte. Im Prager Exil betätigte er sich nun auch als Schriftsteller, wobei seine Veröffentlichungen fast sämtlich im Selbstverlag erschienen und meist vom Michael Kácha-Verlag in Kommission ausgeliefert wurden. Dies gilt jedenfalls für das ›humoristische Epos‹ *Peter Bohnenstroh. Aus dem Leben eines Tolpatschs* (Prag 1935) und den Gedichtband *Kleiner Zyklus Deutschland* (Prag 1935), in denen er u. a. die Nazibonzen frontal attackierte; im Eigenverlag erschienen sind aber auch der Gedichtband *Ernte 1936* (beide Hradec Králove 1937), Nachdichtungen von Gedichten Jan Nerudas (Hradec Králove 1936) und die von N. übersetzten *Tiroler Elegien* von Karel Havlíček sowie eine Anzahl von Kleinschriften. Zwischen 1935 und 1937 sind so unter dem Sammeltitel *Emigrationsband* insgesamt sieben Titel erschienen. Der später auch als ›Don Quichotte der Menschlichkeit‹ bezeichnete N. publizierte in einem *Appell an die Welt* auch drei Offene Briefe an Roosevelt, Daladier und Chamberlain (*Drei Briefe*, 1938), in denen er die fatalen Folgen des Münchener Abkommens voraussagte. Auf diese Weise politisch exponiert, stand er nach der Annexion der ČSR auf der Gestapo-Suchliste auf einem der vordersten Ränge. N. war allerdings bereits im April 1939 über Polen nach London geflüchtet; in Großbritannien 1940 interniert in Eastbourne, danach in Kanada, kehrte er von dort 1941 nach England zurück. 1949 ging er in die USA und stieg dort zum Abteilungsleiter einer Wallstreet-Bank auf. 1960 kehrte er nach Deutschland zurück und nahm dort – mit dem Beginn des Zweiten Weltkriegs am 1. September 1939 als Schriftsteller verstummt – seine literarische Arbeit wieder auf, verstärkt nach seiner Pensionierung 1969. Als sein bedeutendstes Werk kann der Ende der 1970er Jahre erschienene Emigrationsbericht *Emigrant für Deutschland in der Tschechoslowakei, England und Kanada* (Bläschke 1977) gelten.

http://www.fredericwnielsen.de/htm/leben_bio.htm; Miroslav Beck u. a.: Exil und Asyl. Antifaschistische deutsche Literatur in der Tschechoslowakei 1933–1938. Berlin: Volk und Wissen 1981 S. 258–264; Appelle an die Welt – 100 Jahre Frederic W. Nielsen. [Geburtstags-Festschrift, mit informativem Vorwort]; Milada Kouřimská: Es begann in Prag. Eine Frederic W. Nielsen-Biographie. Freiburg i. Br.: Toleranz Verlag 1984; Jana Weinbergerova: Solidarität und poetische Kraft in der Emigration. Fritz Walter Nielsen als Vermittler der tschechischen Kultur. Freiburg i. Br.: Toleranz Verlag 2017; Verbannte und Verbrannte [online].

Nussbaum, Ludwig 27. 6. 1898 Frankfurt am Main – Juni 1974 Miami / FL; Verlags- und Antiquariatsmitarbeiter. N. war das einzige Kind des Kaufmannsehepaares Adolf und Emma N. und kam mit seinen Eltern 1912 nach München. Er besuchte hier das Realgymnasium und absolvierte anschließend eine 2-jährige kaufmännische Lehre in einem Konfektionsgeschäft. Im März 1917 wurde er zum Kriegsdienst eingezogen. Nach dem Ersten Weltkrieg arbeitete N. als leitender Buchhalter im MUSARION VERLAG und ab Dezember 1921 in → Richard Landauers DELPHIN VERLAG. 1926 kehrte er zu seiner Lehrfirma zurück, die aber 1930 aufgelöst wurde. Danach wurde N. arbeitslos; in seinem Bewerbungsschreiben an → Erwin Rosenthal wies N. darauf hin, wie schwierig sich die Arbeitssuche für jüdische Arbeitslose gestalte. Im Dezember 1934 trat N. in das Antiquariat JACQUES ROSENTHAL als Buchhalter ein und erwarb sich innerhalb kürzester Zeit das Vertrauen von Erwin Rosenthal. Trotz des zunehmend von Devisenkontrollen und Ausfuhrbeschränkungen behinderten Auslandsgeschäfts gelangen N. gute Verkäufe; insbesondere oblag ihm die Geschäftsverbindung mit der Genfer Niederlassung der Antiquariatsbuchhandlung Leo Olschki. Im Zuge der von den Nationalsozialisten erzwungenen Geschäftsaufgabe des bedeutenden Antiquariats wurde auch das Beschäftigungsverhältnis N.'s bei Rosenthal aufgelöst; der neue Firmeninhaber Hans Koch stellte N. zwar sogleich zu Jahresbeginn 1936 wieder ein, doch nach der Reichspogromnacht 9./10. November 1938 wurde N. in das KZ Dachau verschleppt und dort als ›Schutzhäftling‹ festgehalten. N. wurde zur Zwangsemigration gedrängt, am 7. Juni 1939 meldete er sich gemeinsam mit seiner Frau nach Shanghai ab. Dort kam er im August 1944 an. N.'s Rückkehrpläne nach Deutschland nach Beendigung des Zweiten Weltkriegs zerschlugen sich, spätestens im Jahr 1951 nahm er mit seiner zweiten Ehefrau Risa seinen Wohnsitz in Florida.

Die Rosenthals (2002) S. 141 f.

O

Oberdoerffer, Fritz 4. 11. 1895 Hamburg – 8. 12. 1979 Austin / TX; Verlagsmitarbeiter; Dr. phil. Der in Jena und Leipzig ausgebildete Musikwissenschaftler O., dessen Forschungsinteresse der Barockmusik und hier insbesondere C. Ph. E. Bach galt, war seit 1925 mit der jüdischen Cellistin Rose-Marie geb. Herschkowitsch (geb. 1900 in Jena) verheiratet; 1926 kam die Tochter Marianne zur Welt und die Familie übersiedelte nach

Berlin, wo O. sein Klavierstudium fortsetzte und 1939 promovierte. 1935/36 war seine Frau aus der Reichsmusikkammer ausgeschlossen worden; in der Folge spielte sie im Orchester des Jüdischen Kulturbundes. 1944 wurde die Familie O. deportiert und musste in einem Lager Zwangsarbeit leisten. Nach Ende des Zweiten Weltkriegs lebte die Familie wieder in Berlin (sowjetischer Sektor), wo O. als Außenlektor beim Berliner Rundfunk eine Verdienstmöglichkeit erhielt. 1949 entschloss sich O., in den USA eine neue Existenz aufzubauen. In New York erhielt er eine Anstellung im Musikverlag C. F. PETERS, bis er 1950 an die Universität Austin / TX berufen wurde. In Zusammenarbeit mit → Walter Hinrichsen blieb er aber als *senior editor* der EDITION PETERS verbunden.

Fetthauer: Musikverlage (2004) S. 491; LexM [online]; Bettina Hinterthür: Noten nach Plan: die Musikverlage in der SBZ/DDR – Zensursystem, zentrale Planwirtschaft und deutsch-deutsche Beziehungen bis Anfang der 1960er Jahre. Stuttgart: Franz Steiner 2006 S. 83; The University of Texas Austin, Obituary [online].

Offenbacher, Emil 11. 6. 1909 Frankfurt am Main –16. 8. 1990 Bennington / VT; Antiquar. O. beendete schon früh seine Schullaufbahn und absolvierte, dem Rat seines Vaters folgend, 1925 bis 1928 eine 3-jährige Banklehre. Seiner bibliophilen Neigung entsprechend zog er nach Berlin, um dort im Auktionshaus von → Paul Graupe unter → Ernst Jutrosinski arbeiten zu können. Anfang der 1930er Jahre ging der junge Antiquar nach Paris zu Frédéric Monier und nach England, wo er Kontakte mit → Ernst Weil, → E. P. Goldschmidt und vor allem → Maurice Ettinghausen pflegte. Nach Deutschland zurückgekehrt, fand er 1931 eine Anstellung bei → J. Halle in München und wurde von Ernst Schulte-Strathaus weiter ausgebildet. Anschließend arbeitete O. aufgrund der schlechten wirtschaftlichen Situation selbständig als Antiquar in Frankfurt. Ende 1933 flüchtete O. vor ›rassischer‹ Verfolgung durch die Nationalsozialisten nach Paris und betrieb in der Rue Pasquier mit einem Teil des Bestandes von J. HALLE ein naturwissenschaftliches Antiquariat. Seine Verlobte Anne Rapp folgte ihm nach Paris, das Paar heiratete im August 1934. O. brachte eine Reihe von Verkaufskatalogen heraus, vor allem aber baute er in Paris die geschäftliche Verbindung zu dem großen naturwissenschaftlichen Sammler Denis Duveen auf (die bedeutende Sammlung ging später an die University of Wisconsin) und traf Vereinbarungen mit dem Münchner Antiquar → Erwin Rosenthal im Falle einer gemeinsamen Emigration in die USA. Mit Kriegsbeginn 1939 musste er in die Provinz nach Niort ausweichen und schrieb dort einen Artikel über den Pamphletisten Paul-Louis Courier. Nach strapaziösen Monaten, in denen O. zwei Mal interniert wurde, gelangte er mit seiner Frau in den Besitz von Visa für Kuba und kam von dort im März 1941 in die USA. In New York nahm O. sofort seine Tätigkeit als Antiquar wieder auf, zuerst in der Madison Avenue, ein Jahr später in 655 5th Avenue, mit der Firma EMIL OFFENBACHER, INC., Old and Rare, deren Eigentümer Erwin Rosenthal war. Anfang 1942 erstellten sie den exquisiten Katalog *Thirty Fine Books*. Von 1943 bis 1945 wurde O.'s Laufbahn durch Arbeiten in einer Rüstungsfabrik unterbrochen; bald nach Friedensschluss eröffnete er aber sein eigenes Antiquariat in Kew Gardens, Queens, das er dort 45 Jahre bis zu seinem Tod 1990 führte. Neben zahlreichen Sammlern zählten auch die medizinischen Fachbibliotheken von Yale und Harvard zu seinen Kunden. Die Geschichte von Medizin, Physik und Chemie stand zwar im Mittelpunkt seiner Tätigkeit, doch befasste er sich ebenso kompetent mit Allgemeiner Geschichte und Literatur, Bildungsgeschichte oder neulateinischer Dichtung. Tatsächlich hatte O. eine profunde Bücherkenntnis auch in entlegeneren Bereichen; er arbeitete sehr gewissenhaft und veröffentlichte in New York 42 Kataloge unter seinem Namen mit dem Schwerpunkt Wissenschaftsgeschichte, beispielhaft ist der epochemachende Katalog Nr. 19 *The Chemical Revolution* (1967). O.'s Handbibliothek wurde 1991 bis 1997 durch den New Yorker Antiquar Jonathan A. Hill über Katalog (Nr. 61, 80, 87, 105 / online) verkauft.

Rosenthal-Fragebogen; Dickinson: Dictionary (1998) S. 158 f.; Jacob L. Chernofsky [übers. von Heike Pressler]: Emil Offenbacher 1909–1990. In: Bbl. (FfM) Nr. 96 vom 30. 11. 1990 (AdA Nr. 11 (1990)) S. A473–75; Lucien Goldschmidt: Emil Offenbacher. In: Book Collector vol. 40 (1991) pp. 260 f.; Bernard Rosenthal: Emil Offenbacher. In: Jonathan A. Hill Catalogue 69. New York 1991 pp. 1–4; Bach, Fischer: Antiquare (2005) S. 344; Godebert M. Reiß: Von Büchern und Büchernarren. Erinnerungen eines Antiquars. Stuttgart: Edition Vincent Klink 2017.

Olschowsky, Herbert Geb. 13. 1. 1901 Breslau; Importbuchhändler. O. reiste vor 1933 als Verlagsvertreter für → Wieland Herzfeldes Malik-Verlag; nach seiner Auswanderung nach Palästina war er zunächst Miteigentümer der 1933 gegründeten Verlagsvertretung und Importbuchhandlung LITERARIA in Tel Aviv, die allerdings nach zwei Jahren in Konkurs ging. O. wurde danach Leiter der Buchabteilung in → Paul Arnsbergs PALES PRESS COMPANY. Anschließend war er bei → Leo Blumstein angestellt; später betätigte sich O. im israelischen Pressewesen.

Auskunft Abraham Frank vom 10. 10. 2010; SStAl BV, F 12321 [Brief Kedem / Lipa Bronstein vom 11. 10. 1938]; www.geni.com; Adressbuch 1955 S. 774; Zadek: Buchhändler I (1971) S. 2908.

Oppenheim, George K. 25. 5. 1909 – Juli 1989 Berkeley, CA; Antiquar. Am Beginn der 1930er Jahre betrieb O. einen Bücherwagen im Westend von Berlin zwischen Schlüterstraße und Kurfürstendamm. In seinem Brief an Bernard Rosenthal äußerte sich Oppenheim über diese Zeit: ›No rarities but I made a modest living during the depression.‹ Wichtigere Objekte gab O. an die Verlagsbuchhandlung WASMUTH ab, die Jahrzehnte später, in den 1980er Jahren, erneut Bücher aus O.'s Katalogen bestellte. O. flüchtete 1933 nach Paris, wo ihm mangels Sprachkenntnissen eine Fortsetzung seiner Berufstätigkeit verwehrt blieb. Nach seiner Immigration in die USA 1941 eröffnete O. ein Antiquariat am Rittenhouse Square in Philadelphia. Doch musste er seine Geschäftstätigkeit aufgrund ungenügender Marktkenntnis bereits nach einem Jahr aufgeben. Anschließend arbeitete er für zweieinhalb Jahre in der Armee und ein weiteres in der Militärverwaltung. Später wurde O. erneut als Antiquariatsbuchhändler tätig, er firmierte als GEORGE K. OPPENHEIM RARE AND FOREIGN LANGUAGE BOOKS in Berkeley, 51 Vallejo Street. Das Antiquariat war laut Aussagen seiner Kollegen nicht sonderlich erfolgreich oder bedeutend.

Gespräch UB mit Ian Jackson Januar 1995 in Berkeley; Rosenthal-Fragebogen.

Oppenheim, Martin 2. 8. 1886 Kassel – Sommer 1949 Amsterdam; Buchhändler, Antiquar; Dr. O. betrieb zusammen mit seiner Frau Hedwig die BÜCHERSTUBE KASSEL (Buchhandlung und Antiquariat, gegr. am 1. April 1926) in der Oberen Königstraße 41. Nach ihrer Emigration in die Niederlande wurde O. in Amsterdam 1936 Mitarbeiter des ERASMUS-Antiquariats von → Abraham Horodisch, und unterstützte diesen bei der

Erarbeitung der Kataloge: ›Von 1934 [recte: 1935] an erschien, zuerst jeden Monat, dann alle drei Wochen, pünktlich ein 48seitiger Antiquariatskatalog. Dank seiner zuverlässigen Bearbeitung brachte er stets ein paar Tausend Gulden ein.‹ (Zadek). Später wurde O. Teilhaber an Horodischs Firma. Nach der Besetzung der Niederlande spitzten sich die Verhältnisse in der als ›jüdisch‹ eingestuften Firma zu, die ab November 1941 einem deutschen Verwalter unterstellt wurde. Als Horodisch mit seiner Frau Alice Horodisch-Garnman(n) im Juni 1942 die Flucht in die Schweiz wagte, versteckte O. Horodischs Bücher- und Kunstsammlung an einem sicheren Ort und tauchte anschließend selbst unter. Unter falschem Namen überstand O. die Gefahr der Deportation; während der Zeit im Untergrund lebte er von Gelegenheitshandel in privaten Kreisen mit Büchern und Briefmarken. Nach der Befreiung Amsterdams durch alliierte Truppen eröffnete er, die Verbindung mit A. Horodisch wieder aufnehmend, noch im Frühjahr 1945 erneut das Erasmus-Antiquariat am früheren Firmensitz am Spui 2. Da die unter deutscher Verwaltung eingesetzten Betreiber des Antiquariats ein devastiertes Geschäft hinterlassen hatten, behalf sich O. mit seinem Mitarbeiter → Horst Garnman zunächst mit dem Verkauf von Illustrierten. Als Horodisch im Dezember 1945 aus dem Schweizer Exil zurückkehrte, brachte er französische und englische Bücher mit; weil der Handel mit Büchern aus zweiter Hand frei war, kamen in den Nachkriegsjahren viele Bücher auf den Markt, oft in Unkenntnis ihres Wertes. O. nutzte die günstigen Verhältnisse zum Einkauf neuer Ware und füllte in dieser Zeit das Erasmus-Lager wieder auf. O. starb bereits 1949 an einer tückischen Krankheit.

Adressbuch 1931 S. 81; Uri Benjamin [d. i. Walter Zadek]: Antiquare im Exil: Dr. Abraham Horodisch. In: Bbl. (FfM) Nr. 42 vom 29. 5. 1973 S. A186–91; Abraham Horodisch: Schlussbemerkung: Fünfzig Jahre Buchhändler in Amsterdam. In: De Arte et Libris. Festschrift Erasmus 1934–1984. Amsterdam 1984 S. 465–69; Schroeder: ›Arisierung‹ II (2009) S. 377, 385; van der Veen: 75 Jahre Erasmus (2009) S. 15–28.

Ostermann, Max 13. 8. 1886 Tauroggen, Russland –12. 4. 1967 Basel; Verleger; Dr. med. O. praktizierte als Arzt in der Spitalgasse, Wien IX, und war Inhaber des ARS MEDICI VERLAGS, Wien, in dem er in der Hauptsache eigene fachwissenschaftliche Werke verlegte (u. a. das *Diagnostisch-therapeutische Handbuch der Ars Medici*). Der Verlag wechselte seinen Sitz 1938 nach Basel, das in Wien verbliebene Lager ›ist eingestampft worden‹ (Mitteilung Börsenverein). Die verlegerische Tätigkeit O.'s blieb im Visier nationalsozialistischer Beobachter; die *Vertraulichen Mitteilungen der Fachschaft Handel*, Nr. 10 vom 3. März 1939, vermeldeten: ›Bei der Zeitschrift ›Ars medici‹ handelt es sich um ein Unternehmen des Juden Ostermann. Dieser Jude ist im März 1938 aus Wien nach Basel emigriert und hat sich mit der nichtarischen Firma Karger liiert. Soviel bekannt wurde, haben einige deutschbewußte Buchhändler eine weitere Auslieferung der jüdischen Zeitschrift ›Ars medici‹ von sich aus abgelehnt und auch die Bezieher entsprechend unterrichtet‹. Ob und in welcher Weise O. dem Verlag von → Heinz Karger verbunden war, konnte nicht ermittelt werden.

Verlagsveränderungen 1937–1943 S. 2; Dahm: Das jüdische Buch (1993) S. 123; Claims Resolution Tribunal – Claim Number: 501523 / [Rückerstattungsverfahren Bankguthaben Max Ostermann; online].

Ostertag, Ferdinand 10. 2. 1893 in Glogau / Schlesien – 30. 5. 1963; Buchhändler, Verleger. Nach dem Besuch des Gymnasiums absolvierte O. eine Lehre in der Buch- und

Musikalienhandlung seines Vaters Georg O. (gest. 1914) in Glogau; danach arbeitete er in Sortimenten in Breslau und Heidelberg. Nach dem Ersten Weltkrieg, an dem er 1917/18 teilnahm, zog er nach Berlin, wo er 1919 die Buch- und Kunsthandlung mit Verlag FERDINAND OSTERTAG & CO. GMBH gründete; → Alexander Melnik war von Juni 1920 bis 1926 sein Teilhaber. Neben der Buchhandlung betätigten sich O. und Melnik auch verlegerisch und brachten u. a. eine bedeutende Pessach-Haggadah-Ausgabe mit Holzschnitten von Jakob Steinhardt (1923) heraus. Die Firma, die sich zunächst auf Judaica und Orientalia spezialisieren wollte, ihr Sortiment aber bald verbreitete, musste 1928 aus wirtschaftlichen Gründen wieder aufgegeben werden. 1931 ging O. nach Paris, wohl um sich, in Deutschland arbeitslos, im französischen Buchhandel nach einer Stelle umzusehen. Die ›Machtergreifung‹ Hitlers im Januar 1933 veranlasste ihn, nicht nach Deutschland zurückzukehren. Am 15. März 1933 gründete er mit den französischen Teilhabern Arnold, Jacques und Claude Naville und zusammen mit seinem ebenfalls emigrierten jüngeren Kollegen → Otto Wittenborn die Buchhandlung AU PONT DE L'EUROPE, deren Geschäftsführung er nachfolgend innehatte. Nach Hinweisen in der Firmenakte des Börsenvereins (SStAL) soll die Eröffnung am 7. April in Gegenwart des französischen Unterrichtsministers und des Legationsrates Dr. Kühn von der Deutschen Botschaft in Paris erfolgt sein. Die Buchhandlung in einer Seitenstraße zwischen Madeleine und Opera wurde zu einem Treffpunkt emigrierter Künstler und Schriftsteller; 1938 wurde sie um eine Leihbücherei für französische und deutsche Literatur erweitert, auch standen ihr zeitweise ein Vortragsraum sowie in enger Nachbarschaft eine elegante Galerie zur Verfügung. Bei Au Pont de l'Europe, als ›deutsch-französisches künstlerisches Informationszentrum‹ ins Handelsregister eingetragen, fanden sich die früheren Berliner Kunden wie Alfred Döblin und Heinrich Mann ein. Ein seit der Eröffnung geführtes Gästebuch (in Thöns / Blank (2018) reproduziert und kommentiert) gibt Auskunft über die prominente Besucherschaft. Aufgrund der französischen Mitinhaber konnte das Unternehmen noch bis 1938 beim Leipziger Börsenverein als Auslieferer für Frankreich firmieren und zugleich als Kommissionär für Exilverlage wie ALLERT DE LANGE tätig werden. Als Wittenborn sich Ende 1935 aus der Firma zurückzog und diese in eine prekäre ökonomische Lage geriet, kaufte sich im November 1936 der polnisch-deutsche Emigrant Adolf Klapholz (2. Dezember 1904 Krakau – 4. 5. 1944 Auschwitz), der zuvor als Buchhalter ausgeholfen hatte, mit einem von den Quäkern gewährten Darlehen in das Unternehmen ein und trat nach außen hin (Anmeldung im *Adressbuch des Deutschen Buchhandels*) als Geschäftsführer auf. Bis zur deutschen Okkupation 1940 bewohnte O. eine Ein-Zimmer-Wohnung an der Peripherie von Paris. Am 6. September 1939 wurden Klapholz und O. interniert, O. kam aber bereits im Oktober aus dem Lager Sourioux (Cher) wieder frei. Klapholz überschrieb nach seiner Entlassung im August 1940 das Unternehmen seiner ›arischen‹ Ehefrau Emmy, doch hatte bereits im Mai 1940 die französische Polizei das Geschäft sequestriert und einem kommissarischen Verwalter unterstellt: das Pariser Handelsregister vermerkt im April 1942 die Enteignung des ›jüdischen Unternehmens‹. Der Verkauf zugunsten der Okkupanten wurde im Oktober 1943 von Ferdinand Niedermeyer vorgenommen, der in Frankreich das Vermögen deutscher Juden verwaltete. Da die Gestapo schon im Januar 1941 den Großteil des Bücherlagers abtransportiert hatte, bestand das Sortiment zu diesem Zeitpunkt nur mehr aus deutschen Klassikerausgaben, englischer und französischer Literatur. Die Buchhandlung (Firmenname, Restlager, Ladeneinrichtung) wurde für FF 230 000 an Joseph Marcillac verkauft; im August 1947 wurde die

Buchhandlung handelsgerichtlich aufgelöst. O., der im November 1940 erneut verhaftet und in das Internierungslager Gurs gebracht und von dort im Juli 1941 nach Les Milles verlegt worden war, erlangte ein Visum in die USA, die er im November 1941 erreichte; 1947 wurde er amerikanischer Staatsbürger und lebte Mitte der 1950er Jahre als Astrologe in New York City.

Berliner Handels-Register. Verzeichnis der in Berlin [...] wohnenden eingetragenen Einzelfirmen, Gesellschaften und Genossenschaften. Nach dem Stande vom 31.12.22. Ausgabe 1923. 59. Jg. Berlin: Ullstein S. 393; SStAL, BV, F 7.251; Landesverwaltungsamt Berlin Abt. III – Entschädigungsbehörde Reg. Nr. 279 312; Verlagsveränderungen 1933–1937 S. 19; Zadek: Buchhändler I (1971) S. 2905; Michaela Enderle-Ristori: Markt und intellektuelles Kräftefeld. Literaturkritik im Feuilleton von ›Pariser Tageblatt‹ und ›Pariser Tageszeitung‹ (1933–1940) (Studien und Texte zur Sozialgeschichte der Literatur. Bd. 57). Tübingen: Max Niemeyer 1997 S. 102–05; Enderle-Ristori: Das ›freie dt. Buch‹ (2004) S. 46 f., 57 f.; Kühn-Ludewig: Jiddische Bücher (2008) S. 211–13; Roland Jaeger: Autorenlesungen und Bauhaus-Produkte: Die Buchhandlung Ferdinand Ostertag in Berlin, 1919 bis 1927. In: AdA NF 14 (2016) S. 201–210; Inge Thöns, Herbert Blank: Librairie Au Pont de l'Europe. Die erste Exil-Buchhandlung in Paris. Göttingen: Wallstein 2018.

Owen, Peter 24.2.1927 Nürnberg – 31.5.2016 London; Verleger. O.'s Geburtsname war Peter Offenstadt. Seine Mutter war Engländerin, weshalb er als 5-jähriger zum Spracherwerb zu seinen Großeltern nach England geschickt wurde. Seine Eltern folgten allerdings unmittelbar nach Hitlers ›Machtergreifung‹, um der rassistischen Verfolgung zu entgehen, der später die in Deutschland verbliebenen Teile der Verwandtschaft zum Opfer fielen. Der Vater O. war im Import / Export-Geschäft tätig, führte aber eine Zeitlang zusammen mit seinem Schwager einen kleinen Verlag VISION PRESS. O. verbrachte seine Schuljahre in London und strebte, nach seinem Schulabgang mit 17, zunächst eine Journalistenlaufbahn an; über Vermittlung seines Onkels, der Zwemmer's Bookshop leitete, kam er in Kontakt zu Verlegern und war kurzzeitig bei einigen Unternehmen tätig, darunter BODLEY HEAD. Er diente dann sechs Monate bei der Royal Airforce und tat sich anschließend, ausgestattet mit einer Papierzuteilung und unterstützt durch seine Mutter, mit Neville Armstrong zur Gründung eines Verlags zusammen, trennte sich aber bald wieder. Mit 24 Jahren, 1951, startete er auf eigene Faust eine Verlegerkarriere, zunächst als Einmann-Unternehmen von der ›Bettkante‹ aus, danach in einem kleinen Büro in Old Brompton Road; seine erste Lektorin war die später berühmte Schriftstellerin Muriel Spark. James Laughlin von NEW DIRECTIONS PUBLISHERS überließ ihm kommissionsweise einige literarische Titel. Zwar versäumte er die Gelegenheit, Samuel Beckett in Verlag zu nehmen, Ende der 1960er Jahre hatte O. jedoch mit der englischen Übersetzung von Hesses Roman *Siddharta*, der zum Kultbuch der Hippies wurde, einen echten *steady-seller* im Programm mit einer Auflage von über 400 000 Exemplaren; zu den berühmten internationalen Autoren (zehn Nobelpreisträger) des bis heute unabhängigen Literaturverlages zählen u. a. Doris Lessing, Anaïs Nin, Henry Miller, Yukio Mishima und Jean Cocteau, aber auch die Namen von Apollinaire, Bowles, Blaise Cendrars, Lawrence Durrell, Gérard de Nerval, Gide, Jean Giono, Julien Green, Cesare Pavese, Gertrude Stein finden sich im Programm. J. G. Ballard meinte in Anspielung auf die bescheidenen Anfänge von PETER OWEN PUBLISHERS: ›Never has an investment of £ 900 produced such vast riches.‹

Peter Owen: Everything is Nice and Other Fiction. The Peter Owen 50th Anniversary Anthology. London: Peter Owen 2001.

Westphal: German, Czech and Austrian Jews (1991) S. 205 f.; Peter Owen – Interview by Steven Fowler. In: Vice Magazin (undatiert) [online]; ›She sat eating caviar and didn't offer me any‹. Interview Duncan Fallowell – Peter Owen. In: telegraph.co.uk, 25 Feb. 2007 [online]; Peter Owen Publishers – About Peter Owen [online]; Peter Owen dies. In: The Bookseller, 31 May 2016 [online]; Peter Owen, publisher – obituary. In: The Telegraph, 31 May 2016 [online]; Peter Owen Obituary. Publisher whose list of writers included 10 Nobel prizewinners. In: The Guardian 1 Jn 2016 [online].

P

Parnes, Esther Geb. 1923 Hamburg; Buchhändlerin. P. geb. Fink wuchs im Hamburger Stadtteil Harvestehude auf; ihr Vater betrieb eine Kohlenhandlung. Im Dezember 1933 wanderte sie, 11-jährig, mit ihren religiös und zionistisch eingestellten Eltern und fünf Geschwistern mit ›Kapitalistenzertifikat‹ nach Palästina aus. Ihr Vater baute zusammen mit einem Lebensmittelchemiker unter beträchtlichen Schwierigkeiten eine kleine Fabrik in Tel Aviv auf. P. besuchte nach dem Schulabschluss eine Handelsschule und fing dann eine Lehre bei einem Photographen an, wechselte aber nach eineinhalb Jahren auf eine Sekretärinnenstelle und war dann als Buchhalterin tätig, zeitweise im väterlichen Unternehmen, danach im Büro einer Traktorenfabrik. 1953 heiratete sie → Sigmund Itamar P., damals bereits Inhaber des LANDSBERGER BOOKSHOP, eines der führenden Antiquariate für deutsche Literatur in Tel Aviv. P. übernahm dort die Buchhaltung und, als ihr Mann 1974 starb, die Führung des Geschäfts. Ein häufiger Kunde, der Büchersammler → Ernst Laske, erklärte sich bereit, bei der Preisfindung der Bücher zu helfen, übernahm aber schließlich die Leitung der Antiquariatsabteilung und übte diese zwanzig Jahre lang aus. Die Buchhandlung hielt manche bibliophile Rarität bereit und pflegte gute Kontakte zum örtlichen Goethe-Institut. P.'s Sohn Ohad (geb. 1962) schlug eine wissenschaftliche Laufbahn im Bereich der Biologie und Wissenschaftsgeschichte ein, die ihn nach Berlin führte. Viele Jahre lang wurde P. in der Führung der Geschäfte durch ihren Enkel Juval Gilad (geb. 1972) unterstützt, der Literaturwissenschaft studierte. Die Firma musste, nach Verlegung ihres Standorts in die Ben-Jehuda-Straße 116, als letzter deutsch-jüdischer Buchladen in Tel Aviv 2009 schließen.

Esther Parness [!], Ernst Laske und der Landsberger Bookshop – Wir waren eines der führenden Antiquariate für deutsche Bücher. In: Salean A. Maiwald: Aber die Sprache bleibt. Begegnungen mit deutschstämmigen Juden in Israel. 2. Aufl., Berlin: Karin Kramer 2009 S. 87–94.

Blumenfeld: Ergänzungen (1993); Klaus Hillenbrand: Deutsche Bücher. Nachruf: Die Buchhandlung Landsberger Books in Tel Aviv gibt es nicht mehr. In: taz vom 20. 2. 2010 [online].

Parnes, Sigmund Itamar (auch Siegmund Erwin Goldenberg) Gest. 1974 Tel Aviv; Buchhändler. P. stammte aus Berlin; 1933 wanderte er nach Palästina ein. Seit 1935 war er in der Buchhandlung → LANDSBERGER angestellt und übernahm diese 1948 nach dem Tod des Inhabers. Nach P.' Tod führte seine Frau → Esther P. die Buchhandlung in der Ben-Jehuda-Straße 7; angeschlossen war ein Antiquariat v. a. für deutschsprachige Literatur, in dem → Ernst Laske tätig war.

https://de.wikipedia.org/wiki/Liste_der_Stolpersteine_in_Berlin-Prenzlauer_Berg#P; weitere Lit. wie Esther Parnes.

Passer, Rolf 27. 10. 1897 Touseni / Böhmen – März 1972 London; Verleger; Dr. rer. nat. P. war tschechoslowakischer Staatsbürger und studierte an der Universität Prag Chemie. Er konnte aber offensichtlich eine gewisse Branchenerfahrung nachweisen, so dass ihm am 25. November 1932 in Wien die Konzession zur Führung des VERLAGS DR. HANS EPSTEIN erteilt wurde, dessen Kommanditist und persönlich haftender Gesellschafter P. zwei Monate zuvor geworden war. Am 17. November 1933 wurde der Firmenname in VERLAG DR. ROLF PASSER umgeändert. P. führte den Verlag auf der ursprünglichen Programmlinie weiter, er verlegte Werke zur Kunst- und Kulturgeschichte, Biographien, Frauenromane, als neue Sparte kam ab 1936 zeitgenössische tschechische Literatur in deutschen Übersetzungen hinzu. Das Unternehmen verzeichnete einen nur schleppenden Geschäftsgang. Die finanzielle Wende kam mit der Gründung eines ›Nebenverlags‹, des ZEITBILD VERLAGS, der vermutlich dank der Vermittlungstätigkeit von → Paul Roubiczek einen schönen Umsatz mit Frauenromanen u. a. von Joe Lederer, Maria Osten-Sacken, von → Hertha Pauli (über Bertha v. Suttner) und Annemarie Selinko machte, obschon der Vertrieb der Bücher des ›Judenverlags‹ schon vor dem ›Anschluss‹ Österreichs von der Reichsschrifttumskammer als ›unerwünscht‹ bezeichnet wurde und einzelne Titel im Deutschen Reich nicht ausgeliefert werden durften. Im Februar 1937 hetzte Will Vesper in der von ihm herausgegebenen Zeitschrift *Die Neue Literatur* über den Verlag Dr. Rolf Passer, ›der Werke voll Fäulnis und Niedertracht nach Deutschland schmuggelt, […] jüdisch, nihilistisch und voll zersetzenden Geschwätzes‹, und setzte hinzu: ›Es genügt aber nun keineswegs, dass man eine einzelne solche Ratte erwischt und hinauswirft. Es gilt einen Weg zu finden, das deutsche Volk vor der schleichenden Hinterhältigkeit aller jüdischen Verlage der Welt unbedingt zu schützen.‹ (*Die Neue Literatur* 38. Jg. H. 2 (Feb. 1937) S. 104). Nach dem ›Anschluss‹ Österreichs leitete P. bis Juli 1938 den Verlag noch persönlich; der Hauptabwickler jüdischer Buchhandelsfirmen in Wien, Dr. Gottfried Linsmayer (an die 40 Firmen) fungierte zunächst als kommissarischer Verwalter, bevor im Mai 1939 eine ehemalige Mitarbeiterin, Therese Kirschner, gegen eine geringe Zahlung den Verlag übernahm; im Dezember 1940 erfolgte die amtliche Namensänderung in VERLAG THERESE KIRSCHNER. Die auf Lager befindlichen ›unerwünschten Bücher‹ wurden eingestampft. → Walter Zadek berichtete später, dass er nach Ende des Zweiten Weltkriegs Bücher aus dem persönlichen Besitz von P. in der Tschechoslowakei unter den von Juden geraubten Beständen gefunden hatte, die damals als herrenloser Besitz verteilt worden waren. P. selbst war 1938 über Berlin nach Prag in die Emigration gegangen, flüchtete vor der Okkupation der ČSR nach Paris und von dort schließlich nach London. In England schlossen P. und die Publizistin und österreichische Emigrantin Ruth Körner nach Ende des Zweiten Weltkriegs die Ehe, doch kam es bereits 1951 wieder zur Trennung, da P.'s ›Lebensmut und Unternehmungsgeist‹ durch das Exil gebrochen war. Seinen Lebensunterhalt musste er sich in England als Industriechemiker verdienen.

Uri Benjamin [d. i. Walter Zadek]: Die Welt als Vaterland [III] In: Bbl. (FfM) Nr. 24 vom 25. 3. 1977 S. A95–104, hier S. A96 [Z. spricht hier vom ›verschleppten Verleger‹ Rolf Passer]; Hall: Österr. Verlagsgeschichte II (1985) S. 119–28; Hall: Jüd. Verleger, Buchhändler 1938 (1988) [online]; Guy Stern: Hertha Pauli. In: John M. Spalek [Hg.]: Deutschsprachige Exilliteratur seit 1933. Bd. 2: New York. Teil 1. Bern: Francke 1989 S. 752–71, hier S. 757 – Deutsches Exilarchiv / DNB: Sign. A IV Curriculum vitae von Ruth Körner; Sigrid Thielking: Gute Europäerinnen. Anna Siemsen und Ruth Körner im Exil [online].

Pauker, Edmond (Eduard) 1887 oder 1888 Budapest – 6. 5. 1962 New York; Literatur- und Theateragent; Dr. jur. P. war bereits vor 1933 auf dem deutschen, europäischen und amerikanischen Buchmarkt im Lizenzhandel als Agent tätig und unterhielt seit 1922 in New York ein Büro. 1938 musste er wegen seiner jüdischen Herkunft sein auf Österreich und Ungarn eingeschränktes Tätigkeitsfeld aufgeben und vertrat in New York und Hollywood Autoren wie Ferenc Molnár, Vicki Baum und Jacques Deval. Ähnlich wie seine Kollegen → Hans Bartsch und → Paul Kohner hatte auch P. gegenüber anderen Exilagenten einen beruflichen Vorsprung, weil er auf bereits vorhandenen Geschäftsbeziehungen aufbauen konnte. Später handelte er auch mit europäischen Verwertungsrechten von amerikanischen Autoren wie Theodore Dreiser; 1959 beendete er seine berufliche Tätigkeit. Seinen Nachlass verwahrt die Yale University.

Edmond Pauker Papers. Billy Rose Theater Division, The New York Public Library for the Performing Arts [Biographical Note];> Macris: Literatur- und Theateragenten (1989) S. 1353.

Pauli, Hertha 4. 9. 1909 Wien – 9. 2. 1973 New York; Schriftstellerin, Schauspielerin, Literaturagentin. P.'s Vater, Jude und Arzt aus Prag, war Direktor des Wiener Biochemischen Instituts, ihre Mutter Mitarbeiterin der liberalen *Neuen Freien Presse*; ihr Bruder Wolfgang P. erhielt 1945 den Nobelpreis für Physik. Sie gab mit siebzehn Jahren ihr Schauspieldebüt am Lobe Theater in Breslau; in der Folge trat sie an den Reinhardt-Bühnen in Berlin auf. Nach der nationalsozialistischen Machtübernahme 1933 kehrte sie in ihre Heimatstadt Wien zurück und gründete gemeinsam mit → Karl Frucht in einer Mansardenwohnung in der Weimarerstraße die literarische Agentur ÖSTERREICHISCHE KORRESPONDENZ; zu den Autoren, die sie vermittelten, zählten prominente Vertreter der österreichischen Literatur wie Guido Zernatto, Franz Theodor Csokor oder Annemarie Selinko. 1936 erschien im P. ZSOLNAY VERLAG ihr erster Roman *Toni*, 1937 folgte im Wiener ZEITBILD VERLAG von → Rolf Passer, mit dem sie eine Affäre hatte, ihr zweiter Roman *Nur eine Frau* über Bertha von Suttner, der in Deutschland nicht ausgeliefert werden durfte. 1938 emigrierte P. nach Paris, wo sie im Kreis um Joseph Roth und Ödön von Horvath verkehrte und bis Juni 1940 als Literaturagentin weiterarbeiten konnte; nach einer Flucht quer durch Frankreich, zusammen mit Walter Mehring, traf sie in Toulouse auf Karl Frucht. Mit Hilfe von Varian Fry flüchtete sie weiter über die Pyrenäen nach Lissabon und kam im September 1940 in Hoboken / NJ an. P. arbeitete für die Filmproduktionsfirma MGM in Hollywood als Literaturagentin, tippte als Brotarbeit Science-Fiction-Manuskripte, wobei sie Englisch lernte, schrieb für verschiedene Zeitungen Artikel und ließ sich schließlich als freie Schriftstellerin in New York nieder: 1942 erschien bei L. B. Fischer ihre Biographie *Alfred Nobel, dynamite king, architect of peace*, es folgten zahlreiche Jugendbücher, Biographien und zeitkritische Romane, zum Teil in Koautorschaft mit ihrem Mann, dem Münchner Hitleremigranten Ernst Basch, der unter dem Pseudonym E. B. Ashton überwiegend als Übersetzer arbeitete. P. lebte nach dem Ende des Zweiten Weltkriegs bis zu ihrem Tod 1973 abwechselnd in New York und Europa; ihr literarischer Nachlass befindet sich in der ÖNB.

Hertha Pauli: Der Riß der Zeit geht durch mein Herz. Wien: Zsolnay 1970 [Autobiographie].

DBE; Hertha Pauli, in Guy Stern: Literatur im Exil. Gesammelte Aufsätze 1959–1989. Ismaning: Hueber 1989; Barbara Bauer, Renate Dürmeyer: Walter Mehring und Hertha Pauli im Exil – ›zwei Parallelen, die im Geist'gen sich berühren‹. In: Wolfgang Benz [Hg.]: Deutsch-jüdisches Exil: das Ende der Assimilation? Identitätsprobleme deutscher Juden in der Emigration. Berlin: Metropol 1994 S. 15–43.

Perl, Walter H. 20.9.1909 Berlin –19.2.1975 Huntington, WV; Germanist, Antiquar. P. studierte in Berlin und Zürich, wo er zum Dr.phil. promoviert wurde. Nach kurzer Lehrtätigkeit in Berlin flüchtete er aus Europa und gelangte über Havanna in die USA, wo er am Brooklyn College und an der Howard University erneut eine Lehrtätigkeit aufnahm. In New York errichtete er 1940 unter der Adresse 256 W 70th Street einen Bücherdienst ACADEMIC BOOK SERVICE, für den er 1942 in der Emigrantenzeitschrift *Aufbau* warb: ›Ständiger An- und Verkauf guter europäischer Bücher‹. Ende 1944 veröffentlichte P. im *Aufbau* einen Aufruf an alle nach 1933 exilierten deutschsprachigen Schriftsteller, Publizisten und Wissenschaftler: ›Fast jeder von diesen geistigen Menschen hat sich bemüht, seine Arbeiten im Druck erscheinen zu lassen, und zahllose Bücher und Aufsätze sind in Zürich und Stockholm, Paris, Amsterdam und Mexico City, New York und Buenos Aires und in hundert andern Städten erschienen.‹ P. beabsichtigte, ›als Leiter des Academic Book Service‹ und in Zusammenarbeit mit dem *Aufbau*, eine Bibliographie des Exils zu publizieren: ›Alle Schriftsteller, Dichter und Wissenschaftler werden hiermit aufgefordert, an die Adresse des ›Aufbau‹, Abteilung Bibliographie der Emigration, eine genaue Liste ihrer seit 1933 außerhalb Deutschlands verlegter Werke: Titel, Verlagsort, Jahr, wenn möglich Seitenanzahl und Verlag, sowie Angabe über die Sprache, in der das Werk veröffentlich wurde, zu senden.‹ Seit 1948 wirkte P. als Germanistikprofessor am Marshall College, Huntington / West Virginia. Er war Spezialist für Thomas Mann, vor allem aber für die österreichische Literatur der Jahrhundertwende; als Nachlassverwalter von Leopold Andrian gab er den Briefwechsel Andrians mit Hugo von Hofmannsthal heraus (1968).
    Cazden: German Exile Literature (1970) S.2, 117, 176, 202; Aufbau vom 4.12.1942 S.22; Aufbau vom 29.12.1944 S.5; Dr. Perl, veteran professor, dead at 65. In: Marshall University News Letter, February 21, 1975 [online].

Perles, Paul 3.6.1908 Wien – 9.12.2001 Northbrook / IL; Buchhändler, Buchhersteller, Buchgestalter. P., Sohn von Oskar P. (1875 –1942 Vernichtungslager Izbica), besuchte das Gymnasium im Wiener Bezirk Hietzing, absolvierte seine buchhändlerische Ausbildung in Leipzig, Köln und London und war in der Folge mit der verlegerischen Verwaltung der im Familienverlag erscheinenden, in Fachkreisen höchst angesehenen *Wiener medizinischen Wochenschrift* befasst; sein Vater und sein Onkel Ernst P. führten die ehemalige k. k. Hofbuchhandlung MORITZ PERLES in der Seilergasse 4 im I. Bezirk. Im März 1938 wurde die Familie P. mit der ›Arisierung‹ der Zeitschrift durch die Gesellschaftsbuchdruckerei Brüder Hollinek konfrontiert, die Buchhandlung wurde von dem berüchtigten ›Ariseur‹ Johann Katzler ausgeräumt. P. gelang es, gemeinsam mit seiner Frau Hedwig geb. Rosenbaum am 12. August 1939 aus Österreich zu flüchten; er wanderte über England mit Protektion von James Joyce in die USA aus, wo er sich zunächst in New York, 1949 schließlich in Northbrook / IL niederließ. Zunächst arbeitete P. im von George C. Macy geleiteten LIMITED EDITIONS CLUB, einem Buchclub, der für seine Mitglieder bibliophile Klassikerausgaben herstellte. Aufträge erhielt P. als Buchhersteller und -gestalter u. a. von der JOHN DAY CO. 1942 ging P. zu YEARBOOK MEDICAL PUBLISHERS INC. nach Chicago, für dessen internationalen Vertrieb er zuständig wurde und wo er es bis zum *vicepresident* brachte. Daneben galt P.'s Interesse der Gestaltung wissenschaftlicher Fachpublikationen, bereits 1949 hatte er dazu publiziert. 1963 erhielt P. den Preis des US Department of Commerce für hervorragende Leistungen im Export. Er verließ den Medizinverlag in den späten 1960er Jahren und wurde *managing editor* des *Journal of Biocommunication*. Mitte der 1970er Jahre ernannte die Glenbrook Hospital Medical Library P. zum leitenden Bibliothekar. Die Überlebenden der Familie P. strebten Mitte der 1950er Jahre in einem zähen Rückstellungsverfahren die Wiederherstellung ihrer Besitzverhältnisse an, sie hatten damit nur zu einem äußerst geringen Teil Erfolg: die Republik Österreich konnte den ›Ariseuren‹ kein Verschulden nachweisen.

Paul Perles: Planning, Design, and Production of the Modern Scientific Book. Brooklyn: George McKibbin & Son Comp. 1949; ders.: Looking Back. World History and Personal Recollections 1914–1994. [Privatdruck] Northbrook.

Verlagsveränderungen 1937–1943 S. 20; Öhlberger (2000) S. 149; Daniela Punkl: Verlag Moritz Perles. Magisterarbeit. Wien 2002; Murray G. Hall: Epitaph auf den Verlag Moritz Perles in Wien, 1869–1938. In: Mitteilungen der Gesellschaft für Buchforschung in Österreich Nr. 1 (2002) S. 12–17; Schroeder: ›Arisierung‹ II (2009) S. 366; Hall: Jüd. Verleger, Buchhändler 1938 (1988) [online].

Perschak, Arthur Geb. 22. 3. 1893 Wien; Buchdrucker, Verleger; Dr. jur. P. studierte an der Universität Wien Rechtswissenschaften; er war seit 1931 Inhaber der Buch- und Kunstdruckerei A. K. PERSCHAK in Wien XXI. Der Betrieb wurde nach dem ›Anschluss‹ Österreichs aus ›rassischen‹ Gründen stillgelegt, P. flüchtete nach Montevideo, Uruguay. Dort nahm er im Club Austriaco eine führende Stellung ein, unterrichtete an der Universität im Fach Soziologie und trat als Sammler uruguaischer Kunst hervor. Als Buchdrucker oder Verleger dürfte P. sich in seiner neuen Heimat nicht betätigt haben.

Durstmüller: Druck in Österreich III (1989) S. 269, § 7; Gold: Juden in Österreich (1971) S. 170; https://studylib.es/doc/8181070/gonzalo-fonseca-entrevista-a-natalia.

Petersilka, Fritz Geb. 1903 Wien; Buchhändler, Verleger. P. erhielt am 19. November 1929 in Wien XVII, Rosensteingasse 39 die Konzession für eine Reise- und Versandbuchhandlung. 1938 ging er zusammen mit seiner Frau Grete geb. Brecher nach Palästina und führte dort in Tel Aviv eine Kunstbuchhandlung MIKRA STUDIO (ohne Ladengeschäft) mit angeschlossener Kunstgalerie; gelegentlich betätigte sich P. auch verlegerisch und brachte Kinderbücher und Luxusdrucke, v. a. Kunstmappen und auch Postkarten heraus. Im Verband der Importbuchhändler war P. einer der Hauptkämpfer für eine vermehrte staatliche Devisenzuteilung. In späteren Jahren lebte er im Künstlerdorf Ein Hod am Karmel bei Haifa und setzte dort den Bücherverkauf in kleinerem Maßstab fort.

Mündliche Auskunft Walter Zadek an EF am 19. 10. 1992 in Holon / Israel; Blumenfeld: Ergänzungen (1993); Adressbuch 1932 S. 467; www.geni.com; Who's who in Israel. Tel Aviv: Bronfman-Cohen 1952; Zadek: Buchhändler II (1971) S. 2940 (›Petersilke‹).

Peterson, Bruno 16. 4. 1900 Berlin – 28. 1. 1966 Berlin; Schriftsetzer, Verlagsmitarbeiter. P.'s Vater war Tischler; er erhielt eine Ausbildung zum Schriftsetzer, trat der KPD bei und arbeitete nach Ende des Ersten Weltkriegs als Korrektor und Setzer im VERLAG DER JUGENDINTERNATIONALE in Berlin. Im Zusammenhang mit der KP-Erwachsenenbildung besuchte er ab 1927 die Parteischule Rosa Luxemburg in Fichtenau, reiste in die UdSSR und arbeitete bis 1930 in der Abteilung Agitprop des ZK der KPD. 1930 bis 1932 war er in leitender Funktion im INTERNATIONALEN ARBEITER VERLAG (→ Paul Merker) eingesetzt und war maßgeblich an der Herausgabe der Reihe der *Roten 1-Mark-Romane* beteiligt; danach erneut Mitarbeit im ZK. Nach der nationalsozialistischen

›Machtergreifung‹ illegal tätig, wurde er von der Gestapo verhaftet und verbüßte eine zweijährige Haftstrafe in Luckau. 1935 erfolgte seine Emigration in die ČSR und von dort mit gefälschten tschechoslowakischen Papieren nach Frankreich. 1937 bis 1939 Leiter der kommunistischen ÉDITIONS PROMÉTHÉE in Paris, wurde er 1939 zur tschechoslowakischen Auslandsarmee eingezogen und geriet nach dem ›Blitzkrieg‹ in deutsche Gefangenschaft. 1945/46 war P. Druckereileiter in Saarbrücken; nach seiner Ausweisung übersiedelte er in die SBZ, trat der SED bei und fand eine Anstellung im Berliner Verlag JHW DIETZ NACHF. In der Nachfolge von → Michael Tschesno-Hell war P. von 1950 bis 1954 Leiter von VOLK UND WELT; in seiner Direktionszeit setzte der Verlag auf eine internationale Ausrichtung des Programms, die sein Nachfolger → Walter Czollek fortführte. P. wurde anschließend Leiter des Berliner Jugendbuchverlags NEUES LEBEN; hier initiierte er u. a. die von Hannes Hegen gestaltete ›Bilderzeitschrift‹ *MOSAIK* als Antwort auf die westlichen Comics. Seit 1963 leitete P. die Geschäfte des Börsenvereins der deutschen Buchhändler zu Leipzig.

BHE 1, S. 555; Bbl. (Lpz) Nr. 6 vom 8. 2. 1966 S. 89; Bbl. (Lpz) Nr. 7 vom 15. 2. 1966 S. 105 f.; Mark Lehmstedt: Die geheime Geschichte der Digedags. Die Publikations- und Zensurgeschichte des Mosaik von Hannes Hegen (1955–1975). Leipzig: Lehmstedt 2010.

Pfeffer, Max 6. 10. 1884 Krakau – Sept. 1964 New York; Bühnenverleger, Komponist, Literaturagent. P. gründete 1915 in Wien den Bühnen- und Musikverlag MAX PFEFFER. Der Verlag war in den 1920er und 1930er Jahren sehr erfolgreich im Lizenzgeschäft zwischen Theaterautoren und Bühnen tätig. Nach dem ›Anschluss‹ Österreichs an Hitlerdeutschland wurde der Verlag ›arisiert‹ und zunächst unter die kommissarische Verwaltung von Alfred Böhme gestellt, der bereits im Mai mit P. einen Kaufvertrag abgeschlossen hatte. Die Vermögensverkehrsstelle setzte diesen Kaufpreis herunter, und P., der am 30. Juni 1938 nach Paris ins Exil ging, erhielt von der Verkaufssumme keine einzige Reichsmark. Von Paris konnte P., gerade noch rechtzeitig vor dem Einmarsch der deutschen Truppen, im Frühsommer 1940 in die USA emigrieren. In New York betätigte er sich, wie schon in Paris, als Literaturagent; zu den von der Agentur MAX PFEFFER vertretenen Autoren zählten Stefan Heym, Fritz Zorn und Oskar Maria Graf. Nach dem Ende des Zweiten Weltkriegs führte P. einen Prozess gegen Böhme, um sein Eigentum zurückzuerhalten; das Verfahren wurde zu P.'s Gunsten entschieden. 1949 verkaufte P. seinen Verlag an den 1948 gegründeten BÜHNEN- UND MUSIKVERLAG HANS PERO. In der *Literary Market Place 1960–1961 Edition* firmierte die Max Pfeffer Literary Agency unter der Adresse 1004 10th Street, Miami Beach 39 / FL.

Cazden: German Exile Literature (1970) S. 147, 204; Aufbau vom 19. 11. 1943 S. 9 und vom 24. 11. 1944 S. 8; Adressbuch 1931 S. 472; Fetthauer: Musikverlage (2004) S. 492; Hugo Wolfgang Philipp: Nur weg möchte ich von hier. Göttingen: Wallstein 2005 S. 41–53, 281; Martina Payr: ›Wissenschaft nach der Mode‹? Die Gründung des Zentralinstituts für Theaterwissenschaft an der Universität Wien 1943. Münster: Lit 2008 S. 147 f.

Pfemfert, Franz 20. 11. 1879 Lötzen / Ostpreußen – 26. 5. 1954 Mexico City; Verleger, Buchhändler, Publizist. P. kam in der Kindheit mit seinen Eltern nach Berlin, besuchte das Joachimsthalsche Gymnasium und musste seine Schulausbildung nach dem Tod des Vaters abbrechen. Um 1900 machte er vermutlich eine Buchdruckerlehre und fand Anschluss an anarchistische und literarische Kreise, in deren Organen er erste Gedichte publizierte. 1910 wurde P. Schriftleiter der radikalliberalen Zeitschrift *Der Demokrat*.

Nach dem Bruch mit dem Herausgeber Georg Zepler gründete P. 1911 die antinationalistische, pazifistische Zeitschrift *Die Aktion*, die zum Sprachrohr des Expressionismus wurde und bis 1932 bestand. Ab 1912 brachte P. die Zeitschrift im eigenen VERLAG DER WOCHENSCHRIFT *DIE AKTION*, Berlin-Wilmersdorf, Nassauische Straße 17, heraus, in dem er zudem expressionistische Literatur verlegte; ab 1916 kamen mit der *Politischen Aktions-Bibliothek* revolutionäre Texte von Lenin, Marx, Liebknecht u. a. hinzu, weiters die Reihen *Aktionsbibliothek der Aeternisten* und die Buchreihe *Der Rote Hahn*. 1917 schuf P. in der Kaiserallee 222 mit der AKTIONS-BUCH- UND KUNSTHANDLUNG ein Forum politischer und künstlerischer Diskussion, das er zusammen mit seiner Frau Alexandra Ramm-Pfemfert (1883–1963) und deren Schwester bis 1927 führte; hier fanden 1917/18 Ausstellungen mit Werken von Karl Schmidt-Rotluff, Egon Schiele u. a. statt. Nach 1927 firmierte die Buchhandlung an derselben Adresse wie der Verlag. Daneben betrieb P. aus Erwerbsgründen auch eine ›Werkstatt für Porträtphotographie‹, seine Frau arbeitete als Literaturagentin und Übersetzerin der Werke von Leo Trotzki. 1932 musste *Die Aktion*, die zuletzt trotzkistische Positionen vertreten und ihren literarischen Einfluss längst verloren hatte, ihr Erscheinen einstellen. Unmittelbar nach der NS-›Machtergreifung‹ – Buchhandlung und Verlag wurden von den Nazis sofort aus dem *Adressbuch des Deutschen Buchhandels* gestrichen – flüchtete das Ehepaar nach Karlsbad, wo P. ein Photoatelier eröffnete. Gesellschaftlich isoliert und stets auf finanzielle Unterstützung durch Freunde angewiesen, übersiedelte er 1936 nach Paris; nach Aufenthalten in Internierungslagern flüchtete er mit seiner Frau 1940 über Südfrankreich und Portugal in die USA, von wo sie schließlich im Frühjahr 1941 an ihre letzte Exilstation Mexico City gelangten. Seine Existenz versuchte P. an allen Exilorten als Photograph zu fristen, zusätzliche Mittel erhielten die Eheleute vom International Rescue Committee. Nach P.'s Tod remigrierte seine Frau nach Deutschland, ließ sich in Westberlin bei ihrer Schwester Maria nieder und widmete sich der Pflege des literarischen Erbes ihres Mannes.

BHE 1; Adressbuch 1931 S. 84, 646; Verlagsveränderungen 1933–1937 S. 3, 25; Paul Raabe: ›Ich schneide die Zeit aus.‹ Expressionismus und Politik in Franz Pfemferts ›Aktion‹. München: dtv 1964; Josef Smolen: Der Rote Hahn. Eine Bibliographie. Berlin-Charlottenburg: Rotes Antiquariat 2019.

Phiebig, Albert J. 2. 1. 1908 Berlin – 27. 3. 2004 New York; Antiquar, Importbuchhändler. P. besuchte 1914 bis 1926 das Friedrichswerder'sche Gymnasium in Berlin; anschließend nahm er – obwohl er sich entschieden dem Buchhandel zugeneigt fühlte – auf Wunsch seines Vaters ein Jurastudium in Berlin auf, das er in Freiburg im Breisgau fortsetzte und 1930 mit einem Referendariat abschloss. Da er seinen Beruf als Jurist nach der nationalsozialistischen ›Machtergreifung‹ nicht ausüben durfte, arbeitete er von 1933 bis 1938 als Chefstatistiker bei der Reichsvertretung der Juden in Deutschland. Im Januar 1939 gelang ihm mit seiner Frau Rosa die Emigration nach New York bzw. Hoboken / NJ. Seine bereits recht umfangreiche Privatbibliothek, darin auch eine bedeutende Sammlung zur Geschichte der Juden in Zentraleuropa, konnte er über Rotterdam in die Neue Welt mitnehmen. Nach ersten Beschäftigungen in einem Sommercamp für Kinder und in der Statistikabteilung des National Refugee Service besuchte er 1940/41 Post-graduate-Kurse an der Columbia University und an der New York University; während des Krieges (1942–1945) arbeitete er als Consultant des Office of Strategic Service in Washington und New York. 1946 erstellte P. eine Marktanalyse für eine Gruppe Schweizer Verleger; so entstand bei ihm die Idee, eine eigene Importbuchhandlung zu eröffnen. Zunächst von seiner Wohnung in Kew Gardens in Queens aus vertrat er zunächst vier kleine Verlage, expandierte jedoch rasch und verlegte 1952 den Betrieb nach White Plains, Grandview Avenue. Er importierte bald *foreign books* und Zeitschriften aus der ganzen Welt, wobei er sich nicht auf Neuerscheinungen beschränkte, sondern auch antiquarische Titel beschaffte. Mit der Zeit drehte sich dieses Verhältnis um, der antiquarische Handel wurde dominant. P. trat auch sehr früh, vorgeschlagen von → Lucien Goldschmidt, der Antiquarian Booksellers' Association of America bei. Der Bücherimport wurde zunehmend auch durch eine Exporttätigkeit ergänzt. Nachdem 1960 seine Ehefrau nach langen Jahren glücklicher Ehe verstorben war, heiratete P. vier Jahre später Marianne Hoff gesch. Jacker, eine ebenfalls aus Berlin stammende Finanzkauffrau, die dem tragischen Schicksal ihrer Familie durch Flucht 1939 im Teenageralter entkommen war. Mit ihrer Unterstützung konnte die Geschäftstätigkeit noch effizienter gestaltet und weiter ausgebaut werden. 1989 beschäftigte die ALBERT PHIEBIG INC. fünf Angestellte und bearbeitete im Jahr rund 3000 Anfragen (auf den Aufbau eines Bücherlagers wurde immer schon verzichtet). Erst 2002, 94-jährig, zog sich P. aus dem Geschäftsleben zurück. Durch seine von überragender Kompetenz getragene buchhändlerische Tätigkeit hat er sich um den internationalen Wissenstransfer große Verdienste erworben; als spezielle Leistungen empfand er selbst die Erstellung einer George-Bernard-Shaw-Bibliothek für die University of North Carolina sowie seine Jack-London-Bibliographie. Als Büchersammler baute er (damit bereits in seiner Jugend beginnend) die vermutlich größte Sammlung von Elzevier-Ausgaben im 20. Jahrhundert auf; die mehr als 800 Titel umfassende Kollektion sollte am 5. Dezember 2001 bei Bloomsbury in London versteigert werden, wurde aber zuvor im Ganzen verkauft.

Albert J. Phiebig: My story [unveröff. Manuskript, Leo Baeck Institute NY].

Rosenthal-Fragebogen; Interview John M. Spalek with Marianne Phiebig about her husband, Albert, 15 Feb. 2006 (German and Jewish intellectual Émigré Collection, University at Albany); Albert Phiebig Collection, 1940–1996, Center for Jewish History, Leo Baeck Institute NY; Sophia Perry: Search for Antique Books ›Matter of Guess‹ Nowadays. In: The Reporter Dispatch (White Plains / NY), 16 Jan. 1957; Hilde Marx: Albert A. Phiebig: Buchsucher und Buchfinder. In: Aufbau vom 7. 9. 1973; Jacob L. Chernofsky: Doing Business With The European Book Trade. In: AB weekly, 23 Feb. 1987 pp. 769–74; Herbert Hadad: Back to a Dream After Nazi Nightmare. In: New York Times, 26 March 1989; Phiebig, Albert J. In: New York Times, 4 Apr. 2004 [Todesanzeige; online]; Bach, Fischer: Antiquare (2005) S. 350.

Philippson, Adolf 2. 1. 1902 Braunschweig–1974 Eutin. Ph. war zunächst Lehrer am Reformrealgymnasium Bad Gandersheim, seit 1929 an der Mädchen-Oberschule in Eutin; als Jude wurde er 1933 entlassen, aufgrund seiner dezidiert nationalistischen Einstellung wurde ihm aber eine Pension für sieben Jahre zugesprochen. Er eröffnete eine BUCHHANDLUNG UND ANTIQUARIAT DR. ADOLF PHILIPPSON in Berlin, musste die Firma aber bald aufgeben und ging in die Niederlande, wo er im Amsterdamer Antiquariat von → Hans Samosch tätig wurde. 1945 kehrte er nach Eutin zurück und nahm seine frühere Tätigkeit als Lehrer wieder auf.

SStAL, Bestand Börsenverein, Firmenakte F 16543; Buijnsters, Piet J.: Geschiedenis van het Nederlandse antiquariaat. Nijmegen: Vantilt 2007 S. 186; John Heineman: Documents on the Jews and the Third Reich (https://www2.bc.edu/john-heineman/Jews.html).

Picard, Fritz 18.11.1888 Wangen – 24.10.1973 Paris; Verlagsvertreter, Buchhändler, Antiquar. P. kam als Ernst Friedrich Pickard (Sohn von Daniel und Rebekka Pickard) auf die Welt; ein Vetter war der bekannte Schriftsteller Jacob Picard. Bereits als Zögling des humanistischen Gymnasiums in Konstanz war er ein Büchernarr und Büchersammler; nach seiner Schulzeit arbeitete er zunächst aber in der Branntwein- und Likörfabrik eines Schwagers und in Köln für ein Seiden-Handelshaus, für das er 1913 als Abteilungsleiter nach Berlin beordert wurde. Im Ersten Weltkrieg war er einem Ersatzregiment in seiner Heimatstadt Konstanz zugeteilt, nach Kriegsende beteiligte er sich aktiv an der Novemberrevolution (in Straßburg und Berlin, Gründung einer USPD-Gruppe in Konstanz). P. ging dann sehr bald zurück nach Berlin, wo er zunächst in einer Flaschengroßhandlung arbeitete, bis er 1921 Verlagsvertreter wurde, zunächst für den AVALUN-VERLAG und E. P. TAL (→ Lucy Tal), beide in Wien, dann für die Verlage DIE SCHMIEDE, LAMBERT SCHNEIDER, → JAKOB HEGNER und vor allem für → BRUNO CASSIRER. Er erwarb sich den Ruf eines außerordentlich erfolgreichen Vertreters, der die Verkaufszahlen vieler Titel, vor allem der von ihm selbst geschätzten, durch seine Sachkenntnis und seinen Einsatz entschieden steigern konnte. P. verkehrte damals viel in Künstlerkreisen in Berlin, im Romanischen Café ebenso wie im Café des Westens. Dort lernte er u. a. Else Lasker-Schüler kennen sowie viele weitere Schriftsteller und Maler, die z. T. zu lebenslangen Freunden wurden; zu ihnen gehörten Erich Mühsam, Erich Kästner, Max Liebermann, George Grosz sowie Ludwig Meidner, der ihn mehrfach malte. Nachdem eine erste Ehe mit Lil Benedickt nach kurzer Zeit wieder geschieden worden war, heiratete P. 1925 die Lyrikerin Elisabeth Greitsch, mit der er seit 1923 einen Sohn Hans hatte. Nach dem Reichstagsbrand Ende Februar 1933 gewährte P. einigen politisch exponierten und daher akut gefährdeten Verlegern und Buchhändlern Unterschlupf. So hielt er → Wieland Herzfelde, den er zuvor oft in dessen MALIK-VERLAG besucht hatte, einige Zeit in seiner Wohnung versteckt, bis dieser Gelegenheit hatte, nach Prag zu flüchten. Auch der Buchhändler → Joseph Lang, Funktionär in der Sozialdemokratischen Arbeiterpartei, fand mit seiner Familie fünf Wochen lang Zuflucht bei P. in Berlin. Er selbst ging damals weiter seiner Tätigkeit als Verlagsvertreter nach, leistete aber im Zuge seiner Auslandsreisen auch illegale Arbeit im Widerstand, u. a. als Verbindungsmann zum Ossietzky-Nobelpreis-Komitee. Nach der Rückkehr von einer Reise aus Prag fand er eine Vorladung in die Zentrale der Gestapo vor; vier Wochen später wurde ein anderer Bruder P.'s, ein Wissenschaftler, aus Deutschland ausgewiesen – wie sich später herausstellte, handelte es sich um eine Verwechslung, man hatte eigentlich den Verlagsvertreter Fritz P. gemeint. Da der Bruder nach Italien ging, lebte P. aufgrund der Verwechslung unbehelligt bis 1938 in Deutschland, konnte auch Auslandsreisen unternehmen, wobei er wiederholt illegale Kurierdienste für den antifaschistischen Widerstand leistete. Im Mai 1938 wurde sein Pass beschlagnahmt, anderen Quellen zufolge hat die Reichsschrifttumskammer P. – wie vielen anderen – amtlich mitgeteilt, er sei als Jude nicht befähigt, zur Verbreitung deutschen Schrifttums beizutragen. P. musste Deutschland verlassen – ebenso wie seine Hauptauftraggeber Bruno Cassirer, der nach England ging und 1941 dort verstarb, und Jakob Hegner, der nach einem Zwischenaufenthalt in Österreich ebenfalls in England landete. P. ging, unter Zurücklassung seiner Bibliothek von 7000 Bänden, nach Paris und lebte dort zunächst von Übersetzungsarbeiten, etwas später zog er mit Familie in die Normandie, nach Bessines. Nach Kriegsbeginn wurde P. in verschiedenen Internierungslagern festgehalten, zuletzt in Bessines-sur-Gartempe in der

Nähe von Limoges; dem Zugriff der Gestapo konnte er sich 1942 durch eine abenteuerliche Flucht in die Schweiz entziehen. Dort kam er erneut in ein Lager, wurde aber auf Gesuch entlassen – das Gesuch stammte von → Ruth Fabian als Angestellter des Schweizerischen Arbeiterhilfswerk; sie wurde danach seine neue Lebensgefährtin. Da P. aus früherer Zeit gute Beziehungen zum Schweizer Buchhandel hatte, durfte er sich in der Schweiz bis 1945 in eingeschränkter Weise buchhändlerisch betätigen. Nach dem Ende des Zweiten Weltkriegs ging er, Ruth Fabian (mit der er inzwischen einen Sohn hatte) folgend, nach Paris, mit einem Kapital von SFR 100 und dem Auftrag von zwei Züricher Antiquaren, in Paris deutsche Bücher zu kaufen. Von einer Wohnung aus baute er nachfolgend einen eigenen Grundstock an Büchern auf und eröffnete zusammen mit Ruth Fabian Anfang 1950 im Quartier Saint-Germain-de-Près die LIBRAIRIE CALLIGRAMMES (Librairie Allemande Calligrammes), eine Buchhandlung mit Antiquariat, die zu einem Treffpunkt deutscher und französischer Autoren, Künstler und Studenten werden sollte: ›Ein Büchergewölbe, ein expressionistischer kleiner Tempel, in dem die aufgestapelten Bücher wie schräge Säulen, nur von guten Geistern festgehalten, bis unter die Decke reichten. Auch auf dem Schreibtisch waren die Bücher so dicht gestapelt, dass für Fritz Picard nur eine kleine Öffnung blieb, durch die er mit seiner weissen Löwenmähne über der hohen Stirn und der obligatorischen, gepunkteten Fliege dem Besucher mit freundlicher Aufmerksamkeit durch seine fokussierende Lupenbrille entgegenblickte.‹ (U. Ottinger) Benannt nach Guillaume Apollinaires *Calligrammes*, einer Sammlung experimenteller Gedichte aus dem Jahr 1918, führte die Buchhandlung hauptsächlich deutschsprachige Bücher des Expressionismus, Dadaismus und der Literatur der 1920er Jahre, aber auch Lichtenberg, Goethe, Hölderlin und Nietzsche; dazu fanden sich die Künstler und Literaten der frühen Moderne selbst ein, Max Ernst, Raoul Hausmann, Hans Richter, Walter Mehring, Franz Jung und andere, auch Annette Kolb sowie Vertreter der Pariser Kunst- und Intellektuellenszene. Auch Lesungen und Vorträge wurden veranstaltet, u. a. von Hannah Arendt, Claire Goll und Paul Celan. Anlässlich des 20-jährigen Bestehens von Calligrammes wurde P. im April 1971 vom Börsenverein des Deutschen Buchhandels für seine Verdienste um die Verbreitung des deutschen Buches geehrt. Nach P.'s Tod 1973 wurde die Buchhandlung von der Tochter Ruth Fabians → Annette Antignac weitergeführt; 1999 musste die Librairie Calligrammes aus wirtschaftlichen Gründen aufgeben.

 Fritz Picard: Wie ich zum Buchhandel kam. In: Der Junge Buchhandel. Beilage zum Bbl. (FfM) Nr. 65 vom 14. 8. 1964 S. J 127 f.
 HABV/DNB [Briefe]; BHE 2; Bernd Abele: Zur Geschichte des Verlages Bruno Cassirer im Nationalsozialismus. Teil II. In: Buchhandelsgeschichte (1990/1) S. B 1–18; Lambert Schneider: F. P. zum 70. Geburtstag. In: Bbl. (FfM) Nr. 92 vom 18. 11. 1958 S. 1485; Josef Söhngen: Fritz Picard 75 Jahre. In: Bbl. (FfM) Nr. 92 vom 15. 11. 1963 S. 2153 f.; Monika von Cube: Geschichten um Paris. Mühlacker: Stieglitz 1968; Erich Lissner: Fritz Picard zum Achtzigsten. In: Frankfurter Rundschau vom 16. 11. 1968 S. V; Bei Picard in der Rue du Dragon. In: Bbl. (FfM) Nr. 92 vom 15. 11. 1968 S. 3015 f.; Alexander U. Martens: Fritz Picard [Nachruf]. In: Bbl. (FfM) Nr. 91 vom 16. 11. 1973 S. 1976 f.; Bbl. (FfM) Nr. 45 vom 4. 6. 1976 S. 826–31 (25 Jahre ›Calligrammes‹); Bbl. Nr. 20 vom 10. 3. 2000 S. 27; Sammlung Fritz Picard – Librairie Calligrammes Paris. [Antiquariatskatalog; mit ausführlicher, dokumentengestützter biogr. Skizze]. Hannover: Antiquariat ›Die Silbergäule‹ 1992; Enderle-Ristori: Das ›freie dt. Buch‹ (2004) S. 42 f.; Manfred Flügge: Calligrammes hat aufgegeben. In: Die Welt vom 23. 3. 1999 [online]; Rahel E. Feilchenfeldt: ›Alles ist umständlich, schon wegen der Sprache, geht langsam …‹ Zwei Briefe und eine Postkarte des Berliner Verlegers Bruno Cassirer aus London, seiner ersten Exilstation, an den ebenfalls exilierten Fritz Picard, seinen ehemaligen Verlagsvertreter, in Paris.

In: Münchener Beiträge zur jüdischen Geschichte und Kultur Nr. 2 (2009) S. 59–74; Dieter Sander: Fritz Picard – Ein Leben zwischen Hesse und Lenin. Klipphausen: Mirabilis 2014; Ulrike Ottinger: Paris Calligrammes (Film, 2020).

Pick, Richard 29. 1. 1903 Linz – Dez. 1974 San Bernardino / CA; Buchhändler. Der Sohn von Isidor P. (gest. 1925) führte das väterliche Papierunternehmen am Linzer Hauptplatz 16 fort. Das nach dem Beginn der NS-Herrschaft im September 1938 in das Verzeichnis jüdischer Gewerbebetriebe aufgenommene Unternehmen wurde behördlich liquidiert, sein Besitz vom Deutschen Reich einverleibt, P. in Dachau interniert. Völlig mittellos verließ P. mit seiner Ehefrau Grete am 20. Dezember 1938 Österreich in Richtung Shanghai, um dort auf ein Einreisevisum in die USA zu warten. Im Oktober 1939 gelangten sie nach Los Angeles und konnten dort mit Hilfe eines Flüchtlingskomitees Fuß fassen. Im Zuge der Rückstellungsverhandlungen bezüglich des geraubten Eigentums dokumentiert ein Brief aus dem Jahr 1946, dass P. zu diesem Zeitpunkt mit seiner Frau in San Bernardino in Kalifornien lebte, wo er die Buch- und Papierwarenhandlung PICK'S BOOK & PEN SHOP in der 462 3rd Street besaß. P. kehrte nicht nach Linz zurück; das von ihm und seinem Anwalt angestrebte Rückstellungsverfahren bezüglich des geraubten Besitzes zog sich unter skandalösen Rahmenbedingungen jahrelang hin, so stellte der österreichische Staat Ersatzforderungen für die ›Unkosten‹, die das Raubgut dem Deutschen Reich verursacht hatte.

Claudia Hofer: Enteignung und Rückstellung von Buchhandlungen, Verlagen und Druckereien im ›Gau Oberdonau‹ unter besonderer Berücksichtigung von Linz. Diplomarbeit. Universität Wien 2009 S. 32, 81–96 [online].

Pinczower, Felix Daniel 29. 5. 1901 Berlin – 24. 7. 1993 Jerusalem; Buchhändler, Antiquar. P. war Neffe des in den 1920er Jahren sehr bekannten Bibliophilen und Judaica-Spezialisten Dr. med. et phil. Ephraim P., dessen bedeutende Sammlung (mit fast 12 000 Bänden die größte Judaica-Sammlung der Welt) um 1930 von der Fa. Otto Harrassowitz erworben und in 2-jähriger Arbeit katalogisiert worden ist (vom Katalog ist 1971 ein Neudruck erschienen). Felix P. ergriff allerdings den Beruf des Sportjournalisten, arbeitete in den beginnenden 1930er Jahren aber auch am *Philo-Lexikon* (Berlin 1936) des von → Lucia Jacoby geführten Philo-Verlags sowie am *Beckmann Sportlexikon* (Wien 1933) mit. Nach Zwangsemigration (im Anschluss an eine Haftzeit im KZ Sachsenhausen) nach Palästina (Ankunft am 19. März 1939) wurde er in Tel Aviv als Buchhändler tätig und spezialisierte sich hier auf das Gebiet des Sportbuches; seine private Sammlung von rund 100 einschlägigen Büchern war Teil des ersten Lagers. P. importierte auch vorzugsweise englischsprachige Sportbücher. Nach Beginn des Zweiten Weltkriegs stellte er sich auf militärische Fachliteratur um und versorgte u. a. die Bibliothek der Haganah-Untergrundbewegung mit Büchern. Diese bildete nach Errichtung des Staates Israel 1948 den Grundstock der Zentralbibliothek der israelischen Armee, an deren weiterem Aufbau P. maßgeblich mitwirkte, indem er fehlende Bücher u. a. auf dem Antiquariatsmarkt beschaffte. Hierzu baute er einen Spezialsuchdienst auf und trat mit Antiquariaten auf der ganzen Welt in Verbindung, die später zu Abnehmern der von P. angebotenen Bücher wurden. Auch bedeutende private Sammler wie der Militärhistoriker Liddell Hart gehörten zu seinen Kunden. P. wurde mit seinem Militaria-Spezialprofil international bekannt und konnte so ein Versandantiquariat mit einem Angestellten aufbauen; P.

wurde dabei und bei der oft mühevollen Tätigkeit der Suche nach vergriffenen Titeln unterstützt von seiner Frau Dr. Hilde geb. Kamerling, einer Berlinerin. Nach und nach erweiterte er seine Spezialgebiete um die Bereiche Zeitgeschichte (auch Holocaust) und deutschsprachige Emigrationsliteratur, auch in englischen Übersetzungen, sowie Judaica und Hebraica; er erstellte dazu regelmäßig kleine Listen. P. hat in seinem Kleinunternehmen F. D. PINCZOWER BOOKS & REPRINTS in der Tel Aviver Sokolov Street auch eine Reprintserie herausgebracht, darunter die von ihm herausgegebene und eingeleitete *Bibliographie der Schriften der Edition Dr. Peter Freund, Jerusalem* (Pinczower-Reprints 1974). Seine Tochter Schoshannah Langerman hat ebenfalls einen Buchberuf ergriffen und war als Leiterin der Bibliothek des Henrietta Szold Instituts in Jerusalem, später als freie Bibliotheksberaterin tätig. P. lebte mit seiner Frau zuletzt in einem Seniorenheim in Jerusalem, ohne seine (nun gelegentlich und nur noch brieflich ausgeübte) Antiquarstätigkeit völlig aufgegeben zu haben.

Felix Pinczower: Bücher im Blut. Vom Sportjournalismus zum Buch-Antiquar. In: Europäische Ideen H. 47 (1980) S. 54 f. [autobiographischer Abriss].

Interview von EF mit P. am 21.10.1992 in Jerusalem; Korrespondenz von EF mit P. mit zahlreichen Briefen zwischen dem 7.10.1991 und dem 6.7.1992; Walk: Kurzbiographien (1988); FOW: Glückwünsche für Felix Pinczower. In: Bbl. (FfM) Nr. 49 vom 22.6.1971 S. A273; FOW [= Felix O. Weigel: Der Antiquar und Buchhändler Felix Pinczower. In: AdA 7/1986, A 320 [Notiz zum 85. Geburtstag].

Pinette, Max 1.6.1878 (1882?) Königsberg / Ostpreußen (?) – 5.6.1945 Saint-Pierre-d'Albigny; Buchhändler, Musikantiquar. Sehr wahrscheinlich ist P. identisch mit jenem Dipl. Ing. Max Pinette aus Berlin, der 1908/09 mit der Aufsicht über den Bau der Schwebefähre in Osten beauftragt war, danach aber seinen Ingenieursberuf nicht mehr ausgeübt haben dürfte. P. heiratete 1914 Lisbeth Ganz (12.9.1888–13.8.1947 Paris), die Tochter von Alexander Ganz, seit 1880 Inhaber der 1842 gegründeten, traditionsreichen (und heute, 2020, noch bestehenden) LENGFELD'SCHEN BUCH- UND KUNSTHANDLUNG in Köln. 1919 wurde er Teilhaber der Buchhandlung, gemeinsam mit → Felix Ganz; nach dessen Flucht aus Deutschland 1934 leitete er zwei Jahre lang das Unternehmen, um dessen Antiquariat er sich als Buch- und Musikliebhaber in besonderer Weise gekümmert hatte. Im Herbst 1936 emigrierte er mit Hilfe des mit ihm befreundeten Percy H. Muir nach Brüssel, wo er sich als Musikantiquar betätigte, da er aus Köln einen wertvollen Musikalien- und Bücherbestand mit sich nehmen konnte. Seine Tätigkeit betrieb er in einem kleinen Haus außerhalb der Stadt von seinem Schreibtisch aus; in vier Jahren brachte er mehrere Kataloge zu alter Musik, Originalmanuskripten und Autographen heraus. Vor der deutschen Invasion im Mai 1940 flüchteten er und seine Frau auf getrennten Wegen nach Frankreich; beide wurden in Lagern festgehalten, fanden einander nach der Entlassung und lebten zunächst, völlig mittellos, in Montauban. Der Versuch eines Grenzübertritts in die Schweiz schlug fehl; das kinderlose Ehepaar lebte danach in Saint-Pierre-d'Albigny in Hochsavoyen, wo P. etwas Geld mit Latein- und Mathematik-Nachhilfestunden verdiente, bis er 1945 an einem Hirntumor starb.

Adressbuch 1931; Homeyer: Bibliophilen und Antiquare (1966); Percy Muir: Minding my own business. London: Chatto & Windus 1956 S. 158, 163; http://www.cimetieres-de-france.fr; https://ge.ch/archives/media/site_archives/files/imce/pdf/refugies_1939-1945/listes/p.pdf; http://www.schwebefaehre.info/Archiv/pages/die-faehre/zur-legende-louis-pinette.php; Britta Bopf: Arisierung in Köln. Die wirtschaftliche Existenzvernichtung der Juden 1933–1945. Köln: Emons 2004

S. 139 ff.; Brigitte Bilz und Fritz Bilz (Hg.): Die Familie Ganz und die Lengfeld'sche Buchhandlung. Lebensgeschichten einer jüdischen Buchhändlerfamilie. (Kleine Reihe des NS-Dokumentationszentrums der Stadt Köln, 2). Berlin: Metropol 2020 bes. S. 195–210.

Pinkus, Theo 21. 8. 1909 Zürich – 5. 5. 1991 Zürich; Antiquar. Paul Theodor P., aus liberalem jüdischem Elternhaus stammend (sein Vater Felix Lazar P. war vorübergehend Sekretär von Theodor Herzl), interessierte sich schon als Jugendlicher für den Buchhandel und besuchte häufig den Zürcher Buchhändler Ryssel in der Buchhandlung Albert Müller. 1927 begann er eine Lehre als Verlagsbuchhändler bei ERNST ROWOHLT in Berlin, die er 1929 erfolgreich beendete. In seinem Wohngebiet in Berlin-Schöneberg, der ›Roten Insel‹, engagierte er sich bei der Linken: er trat dem kommunistischen Jugendverband (KJVD) bei, wurde 1929 von Wilhelm Pieck in die KPD aufgenommen und arbeitete ab 1930 für den NEUEN DEUTSCHEN VERLAG von Willi Münzenberg und für die *Arbeiter-Illustrierte-Zeitung*, bis zu seiner Verhaftung durch die SA im Februar 1933. Nach seiner baldigen Freilassung kehrte er auf dringendes Anraten des Schweizer Botschafters mit 2000 Büchern, überwiegend Socialistica, im Gepäck nach Zürich zurück. Seine parteipolitische Tätigkeit fortsetzend, wurde er dort Redakteur der Schweizer Ausgabe der Presseagentur der Kommunistischen Internationalen INPREKORR. 1940 gründete P. mit einem Startkapital von SFR 1000 den BÜCHERSUCHDIENST für vergriffene oder von den Nationalsozialisten verbotene Literatur: ›Die Zeit war günstig für unser Projekt. […] Als Ende 1940 auch die Lage für die Schweiz immer bedrohlicher wurde, reisten viele Juden vom Zürichberg nach Amerika und verkauften einen großen Teil ihrer Bücher […] So erhielten wir etwa die Restbibliothek von Leonhard Frank, der auch nach Amerika gezogen war.‹ Nach den günstigen Möglichkeiten des Büchererwerbs im Emigrantenmilieu konnte P. nach dem Krieg erneut von den Gegebenheiten im zertrümmerten Europa profitieren. Ergiebig war etwa seine Einkaufsreise in die Tschechoslowakei im Jahr 1947, wo sich Lagerhäuser mit von den Nazis gestohlenen und konfiszierten Büchern befanden, von denen P. große Mengen aufkaufte und mit Eisenbahnwaggons in die Schweiz transferierte: ›Diese ›Konjunktur‹ war absolut einmalig.‹ (T. P.) 1948 erfolgte die Gründung der Firma PINKUS & CO. mit einem Antiquariat, das seither umfangreiche Themenkataloge über bis zu 10 000 antiquarische Bücher herausbrachte und sich dabei von Anfang an auf linke, antifaschistische Literatur teils auch aus Emigrationsverlagen spezialisierte. Ebenfalls 1948 war P. Mitbegründer der Zeitschrift *Zeitdienst* (erschienen bis 1987). Von der DDR, zu der er im Rahmen von Kompensationsgeschäften enge geschäftliche Verbindungen unterhielt, wurde ihm ein leitender Posten in Ostberlin angeboten, P. zog aber die Unabhängigkeit vor. Auch zur Volksrepublik China stand er seit 1949 in Geschäftsbeziehungen. Die guten Geschäfte ermöglichten einen Ausbau des Unternehmens, mit einer Sortimentsbuchhandlung und später einer Verlagsauslieferung; 1959 erfolgte die Gründung des LIMMAT VERLAGS, der zunächst überwiegend Gemeinschaftsausgaben mit DDR-Verlagen herausbrachte. P. besorgte aber auch der 68-er Bewegung in Deutschland die Vorlagen für zahlreiche studentische Raubdrucke. Zeit seines Lebens ein ›Linker‹, war P. bis 1943 Mitglied der Kommunistischen Partei der Schweiz, danach bis 1950 Mitglied der Sozialdemokratischen Partei der Schweiz, dann der Partei der Arbeit. Zusammen mit Amalie P.-De Sassi (1910–1996), mit der er seit 1939 verheiratet war, richtete er 1971 die selbstverwalteten Stiftungen Studienbibliothek zur Geschichte der Arbeiterbewegung in Zürich ein und das Ferien- und Bildungszentrum Salecina bei Majola im

Engadin. Die Firma Pinkus & Cie. ging 1972 als Genossenschaft an die Mitarbeiter über. 1973 wurde das Antiquariat von P.s Sohn Marco neu gegründet; geleitet wurde die Firma seit 1997 von Götz Perll; 1998 kam das genossenschaftliche Unternehmen wieder hinzu. Das ABC Antiquariat Marco Pinkus schloss im März 2016.

DBE Bd. 7; LGB 2; Rudolf M. Lüscher, Werner Schweizer: Amalie und Theo Pinkus-De Sassi. Leben im Widerspruch. Zürich: Limmat 1987 (und 1994); Wolfgang Jean Stock: Der rote Büchernarr. Zum Tod des Zürcher Antiquars Theo Pinkus. In: SZ vom 7.5.1991 S.13; Bbl. Nr. 38 vom 14.5.1991 S.4337 f.; Bbl. Nr. 39 vom 17.5.1991 S.1758; Theo Pinkus †. Suchen und Sammeln für alle – Ein Leben mit Büchern. In: Marginalien H. 123 (1991) S. 13–19; Stiftung Studienbibliothek [Hg.]: Erinnern und Ermutigen: Hommage für Theo Pinkus 1909–1991. Zürich: Rotpunktverlag 1992; Schweizer Buchhandel Nr. 9 (2009) S.2 [Ausstellung in Zentralbibliothek Zürich]; Theo Pinkus (1909–1991). Buchhändler Kommunist Querdenker. Eine Ausstellung der Stiftung Studienbibliothek zur Geschichte der Arbeiterbewegung in der ZB zum 100. Geburtstag von Theo Pinkus. [Ausst.-Kat.] Zürich 2009; Erich Keller: Der totale Buchhändler Theo Pinkus und die Produktion linken Wissens in Europa in der zweiten Hälfte des 20. Jahrhunderts. In: Historische Anthropologie 26 (2018) Nr. 2 S. 126–148 [unter diesem Titel ercheint vorauss. noch 2020 eine von Erich Keller erstellte, ausführliche Biographie P.']; Erich Keller: Theo Pinkus: Der Totale Buchhändler. Der Zürcher Kommunist Theo Pinkus stieg in der Zeit des Kalten Kriegs zum wichtigsten Buchhändler im deutschsprachigen Raum auf. Sein Büchersuchdienst muss auch mit Raubgut gehandelt haben. In: NZZ vom 18.5.2019 [online].

Pinter, Eli M. 1913 in Belgien – 5.1.2004 Haifa; Buchhändler. P. lebte ab 1915 in Frankfurt am Main und verbrachte dort seine Kindheit und Schulzeit. 1934 wanderte er nach Palästina aus. 1953 machte er sich in Haifa selbständig mit dem SIFRI BOOKSHOP (128 Hanassi Avenue, Central Carmel). Er führte die Buchhandlung bis 1981 und starb im hohen Alter als einer der letzten deutschsprachigen Buchhändler Israels.

Briefe von P. an EF vom 11.6.1992, mit Antwort vom 16.7.1992, 19.9.1992; Bbl. Nr. 9 vom 26.2.2004 S.44.

Plaut, Werner (Jonas) 27.12.1898 Elberfeld – 25.7.1951 Chicago; Verleger. P. war seit 1921 Teilhaber und Geschäftsführer des MAIEN-VERLAGS in Oberhof/Thüringen, eines Weltanschauungsverlags der Jugendbewegung, in welchem vornehmlich Werke von Gertrud Prellwitz erschienen, die den Verlag 1929 in eigene Regie übernahm. Plaut brachte im Maien-Verlag auch selbstverfasste Schriften heraus, 1922 ein Bändchen mit Gedichten und 1924 eine Flugschrift *Antisemitismus*. Am Beginn der 1930er Jahre war er von Barmen aus als Verlagsvertreter tätig, bis er Anfang 1932 in Wuppertal-Barmen an seiner Wohnadresse einen eigenen VERLAG WERNER PLAUT gründete und dort in vier Bestandsjahren neun Werke von acht Autoren (unter ihnen Alexander Stenbock-Fermor, Alfred Neumann, Hans Franck oder Helmut Paulus) herausbrachte, Fotobildbände, Romane, Novellen und Erzählungen sowie Gedichte. Der Verlag war mit seinen u. a. von Gunter Böhmer ausgestatteten Büchern auf dem Markt erfolgreich, vor allem mit Reinhold Carl Muschlers mehrfach wieder aufgelegter Novelle *Die Unbekannte*. 1934 mussten die Plauts (die Eheschließung mit Klara geb. Schmidt war 1926 erfolgt) ihre Wohnung verlassen; die Familie zog zwischenzeitlich nach Bad Liebenzell im Schwarzwald, bis für sie und den Verlag in Düsseldorf neue Unterkunft gefunden wurde. Ende 1935 wird P. aus dem Bund Reichsdeutscher Buchhändler ausgeschlossen; am 1.1.1936 erhält er die Aufforderung, den Verlag innerhalb von 18 Monaten zu verkaufen. Im März 1936 wurde der Verlag Werner Plaut mit allen Rechten und unter Übernahme der Verlagsbestände an den 1934 in Dresden gegründeten Wilhelm Heyne Verlag zwangsverkauft. P. ging im Frühjahr 1937 in die USA, seine nicht-jüdische Frau Klara (geb. 1897 in Stuttgart) und die beiden Kinder Hannah (geb. 1928 Oberhof) und Reinhard (geb. 1933 Barmen) folgten ein Jahr später. Erstes Ziel war der Stadtteil Woodside/Queens in New York City, wo P. den Plan einer neuerlichen Verlagsgründung verfolgt, aber nicht realisiert haben dürfte; Anfang der 1940er Jahre übersiedelte er nach Chicago, wo er bis zu seinem Tod 1951 als Production Manager im Schulbuchverlag WILLCOX & FOLLET tätig war.

Hans Altenhein: Werner Plaut Verlag 1932 bis 1936. Ein Gedenkblatt. In: AdA NF 17, 2019, Nr. 3, S. 110–114; SStAL, Bestand Börsenverein, Firmenakte F 12619 (1936–1942, ›Plaut, Werner, Verlag, früher Düsseldorf, Woodside N.Y. (USA). Enthält u. a.: Hinweise auf die Schließung der Firma als nichtarisches Unternehmen und Emigration.‹); Hannah M. Plaut: Through the Eyes of a Child [Erinnerungen, Mai 1993, 11 Seiten], in LBI New York, auch europeana collections [online].

Pokorny, Richard Raphael 16. 7. 1894 Wien – 1978 London; Leihbuchhändler. P. war neben seinem Studium 1919 bis 1922 im Verlagswesen in Wien tätig; danach als Unternehmensleiter und seit 1926 als Rechtsanwalt in Wien. In diesen Jahren trat er als Verfasser mehrerer juristischer Fachbücher, besonders zum Arbeitsrecht, hervor; persönlich war er an psychologischen Studien interessiert, insbesondere an Aspekten der Tiefenpsychologie. 1938 wurde er kurzzeitig verhaftet; nach seiner 1939 erfolgten Emigration nach Palästina – P. war bereits seit 1920 in zionistischen Organisationen aktiv und 1938 Vorsitzender des Palästina-Amtes – war es ihm unmöglich, seinen Beruf als Jurist auszuüben. Da er seine umfangreiche Privatbibliothek nach Palästina retten konnte, richtete er – wie sein etwa gleichaltriger Freund, der Schriftsteller Max Zweig mitteilte – auf dieser Grundlage eine Leihbücherei ein, die auf das Thema Psychologie ausgerichtet war. Diese wissenschaftliche Spezial–Leihbücherei, die sich in Tel Aviv in der Nes-Ziona-Straße 4 befand, wurde von P. bis 1960 geführt. Daneben betrieb er eine Privatpraxis als Graphologe, als der er sich besondere Fachkundigkeit und internationale Reputation erwarb (mit zahlreichen Veröffentlichungen wie *Die moderne Handschriftendeutung*, Berlin 1963); auch schuf er faktisch einen neuen Zweig mit der hebräischen Graphologie (u. a. mit [hebr.] *Handschrift und Charakter. Einführung in die hebräische Graphologie*. Tel-Aviv 1951/52). In seinen letzten Lebensjahrzehnten litt P. an einer schweren Augenkrankheit.

Brief Erwin Lichtenstein an EF vom 21. 10. 1992; BHE 1; Max Zweig: Lebenserinnerungen. Vorwort von Hans Mayer. 2. Aufl. Gerlingen: Bleicher 1992 S. 178–80; Caroline Jessen: Kanon im Exil. Lektüre deutsch-jüdischer Emigranten in Palästina / Israel. Göttingen: Wallstein 2019 S. 72; Barbara Sauer, Ilse Reiter-Zatloukal: Advokaten 1938. Das Schicksal der in den Jahren 1938 bis 1945 verfolgten österreichischen Rechtsanwältinnen und Rechtsanwälte. Wien: Manz 2010, S. 268.

Polak, Ernst 4. 8. 1886 Jitschin / Böhmen – 21. 9. 1947 London; Bankangestellter, Schriftsteller, Lektor, literarischer Agent; Dr. phil. P., auch Ernst Pollak, Sohn eines jüdischen Kaufmanns, wuchs zweisprachig auf. Er besuchte die deutsche Volksschule und ging in Prag-Neustadt auf das k. k. Staats-Obergymnasium und auf eine Handelsschule. Ab 1906 war P. als beamteter Fremdsprachenkorrespondent in einer Filiale der Länderbank in Prag tätig. 1918 ging er nach Wien und arbeitete als Devisenhändler.

1928 holte er das Abitur nach und studierte anschließend Philosophie und Germanistik an der Universität Wien, 1932 promovierte er. P., der schon in den 1920er Jahren in den führenden Prager literarischen Kreisen verkehrt hatte (u. a. befreundet mit Franz Kafka und Max Brod) und zu einem Mittelpunkt der literarischen Caféhausszene Prags geworden war, fand auch in Wien rasch Anschluss an die Literaturkreise: Er arbeitete beratend u. a. für die Verlage PIPER und BERMANN-FISCHER, und lektorierte teilweise Hermann Brochs Roman *Die Schlafwandler* und Franz Werfels *Der veruntreute Himmel*. Friedrich Torbergs Roman *Abschied* vermittelte P. an den HUMANITAS VERLAG Zürich (erschienen 1937). Zwischen 1927 und 1931 publizierte P. unter dem Pseudonym Ernst Schwenk auch selbst literaturkritische Essays in der *Literarischen Welt*. Nach der Annexion Österreichs emigrierte P. über die Tschechoslowakei nach Großbritannien. Dort war er zeitweise als Lektor und literarischer Agent tätig, u. a. für ALLERT DE LANGE und HARPER. Als er bei einem Luftangriff der Deutschen im September 1940 seine Wohnung verlor, ging er nach Oxford und setzte bei Friedrich Waismann sein Philosophiestudium fort. Der Nachlass von P. befindet sich im Deutschen Literaturarchiv Marbach.

DBE; Hartmut Binder: Ernst Polak – Literat ohne Werk. In: Jahrbuch der Deutschen Schillergesellschaft. Jg. 23. Stuttgart: Kröner 1979 S. 366–415.

Pollack, Fred William (Fritz Willy) 24. 6. 1903 Berlin –15. 4. 1963 Herzlia / Israel; Verleger. P. war ein Sohn des Fabrikanten Eugen P. und dessen Frau Mathilde geb. Michaelis. Sein Bruder Heinz arbeitete als Journalist unter dem Namen Heinz Pol für die *Weltbühne* und die *Vossische Zeitung*, er trat auch in der Emigration in Prag, Paris und New York publizistisch hervor. Nach dem Besuch des Fichte-Gymnasiums in Berlin engagierte sich P. in der zionistischen Jugendorganisation Blau Weiss und besuchte die Hachscharah-Schule in Löwenberg, wo Palästina-Pioniere eine landwirtschaftliche Ausbildung erhielten. 1925 war P. eine Zeit lang in den USA, um dort botanische Studien zu betreiben, danach bereiste er Palästina. 1926 trat P. in die DEUTSCHE BUCHGEMEINSCHAFT GMBH in Berlin ein, wo er bald einen Direktorenposten einnehmen konnte, den er bis zu seiner von den Nazis erzwungenen Entlassung 1933 ausübte. Seit 1933 verheiratet, entschloss P. sich zur Emigration nach Palästina und arbeitete in der Vorbereitungszeit im Palästinaamt in der Meineckestraße. Mit einem ›Kapitalistenzertifikat‹ ausgestattet, konnte das Ehepaar P. noch 1933 in Palästina einwandern. P. arbeitete bis 1937 in leitender Funktion bei Assis, danach wurde er Handelsreisender für Fruitarom. Auf einer Geschäftsreise während des Zweiten Weltkriegs in Indien festgesetzt, entschied P. in Bombay zu bleiben, holte seine Familie nach und startete eine Karriere als Presseverleger: zunächst mit der Zeitschrift *The Jewish Advocate*, dann mit *The Central Jewish Board* speziell für die in Indien und Ceylon während des Weltkrieges internierten jüdischen Flüchtlinge, für die er eine Protest- und Hilfsorganisation gründete; nach der Gründung des Staates Israel 1948 folgte das offiziöse Organ *India and Israel*, das arabischer Propaganda entgegenwirken sollte. Daneben betrieb P. mehrere Export- und Importgeschäfte in vielen Regionen Indiens. Nach seiner Rückkehr nach Israel fokussierte P. sein verlegerisches Interesse auf eine Reihe von Philatelie-Magazinen, die Jahre nach seinem Tod noch nachgedruckt wurden.

BHE 1; IfZ/BA.

Pollak, Ernst 3.12.1893 Jägerndorf (Krnov, Mähren) – 8.3.1967 Rom; Verleger. P. brachte als Herausgeber der Reihe *Monographien der Schaffenden* im Bonner Kurt Schroeder Verlag 1926 den Band *Der Baumeister Otto Bartning* heraus; dieser blieb aber der einzige in der Reihe. Im gleichen Jahr gründete er in Berlin-Charlottenburg den auf moderne Architektur spezialisierten ERNST POLLAK VERLAG, in welchem nachfolgend zahlreiche bemerkenswerte Publikationen erschienen: monographische Darstellungen zu großen Architekten wie Frank Lloyd Wright (von Heinrich de Fries, 1926) oder Oskar Kaufmann (1928), aber auch kommentierte und solide ausgestattete Bildbände zu verschiedenen Architekturbereichen, wie *Moderne Ladenbauten* (1928) oder *Moderne Cafés, Restaurants und Vergnügungsstätten* (1929). Neben diesen von P. selbst zusammengestellten Bilddokumentationen entstanden weitere auf Anregung des Verlegers, so Hermann Gescheits *Neuzeitliche Hotels und Krankenhäuser* (1929), Leo Adlers *Neuzeitliche Miethäuser und Siedlungen* (1931) und Emanuel Josef Margolds *Bauten der Volkserziehung und Volksgesundheit* (1931). Hervorhebung verdient ebenfalls das 1929 erschienene Grundlagenwerk von Arthur Korn *Glas im Bau und als Gebrauchsgegenstand* (1929). Gelegentlich kamen auch andere Themen zum Zug, etwa mit dem von Alfred Kerr eingeleiteten Band *Russische Filmkunst* (1927) oder Ernst Otto Hoppés Reise-Photodokumentation *Unterwegs. Skizzen* (1932). In der wirtschaftlichen Rezession um 1930 geriet der Verlag allerdings ins Schlingern; 1932 übernahmen verschiedene buchhändlerische Firmen die Bildbände in ihren Vertrieb. Im *Adressbuch des Deutschen Buchhandels* von 1935 ist die Firma noch ein letztes Mal verzeichnet; um diese Zeit dürfte sich P. vor ›rassischer‹ Verfolgung in Sicherheit gebracht haben und ging – vermutlich über Prag – nach Italien, wie aus einer Warnung in den *Vertraulichen Mitteilungen der Fachschaft Verlag* im August 1942 hervorgeht: ›Der aus Berlin W 57, Frobenstraße 1, emigrierte Buchhändler versucht von Forenza (Provinz di Potenza), Italien, aus, sich verlegerisch und buchhändlerisch zu betätigen. Die Verbindung ist unwillkommen.‹ P., der mit seiner Frau Käthe geb. Falk (30.12.1901 Bonn – 25.5.1983 Rom) geflüchtet war, wurde in Italien interniert. Das Ehepaar ist am Protestantischen Friedhof (Cimitero acattolico) in Rom begraben.

Adressbuch 1931 S. 480; Adressbuch 1935 S. 456; VM Fachschaft Verlag Nr. 274–307 vom 15.8.1942 S. 8; http://www.acdan.it/danmark_italia/scand_data/protcem/work/cem.pdf; Roland Jaeger: Neue Werkkunst. Architektenmonographien der zwanziger Jahre. Mit einer Basis-Bibliographie deutschsprachiger Architekturpublikationen 1918–1933. Berlin: Gebr. Mann 1998 S. 128f.; Autopsie. Deutschsprachige Fotobücher 1918 bis 1945. Hg. von Manfred Heiting und Roland Jaeger. 2 Bde., Göttingen: Steidl 2012, 2014 Bd. 2, S. 388–391.

Pollak, Inga Geb. 9.3.1927 Wien; Bibliothekarin, Buchhandelsangestellte, Antiquariatsmitarbeiterin. Inge P., Tochter von Walter und Emma P., besuchte ein Jahr lang die berühmte reformpädagogische Wiener Schwarzwald-Schule und wechselte 1938 zwangsweise in die Schule für jüdische Kinder in der Sechskrügelgasse. Am 22. Juni 1939 kam sie mit einem Kindertransport nach England und wurde mit ihrer Schwester Lieselotte von einem kinderlosen Ehepaar aufgenommen. Kurz darauf wurde die Frau jedoch schwanger und wollte die beiden Pflegekinder nicht mehr behalten. P. lebte in der Folge mit ihrer Schwester bei zwei älteren Damen. Sie ging bis 1944 in Falmouth, Cornwall, zur Schule und besuchte anschließend ein 2-jähriges Secretarial College in Oxford. Im Anschluss daran arbeitete P. als Bibliothekarin, zunächst in der Oxford Public Library, danach an einer College Library der Universität Oxford. Nach ihrer buchhändlerischen

Tätigkeit im BLACKWELL'S BOOKSHOP war sie Mitarbeiterin im Antiquariat von →
Albi Rosenthal. Nach ihrer Heirat ging P., nunmehr Inga Joseph, 1963 mit ihrem Mann
und ihrem Sohn nach Sheffield, da ihr Mann an der dortigen Universität eine Stellung
erhalten hatte. Sie absolvierte von 1968 bis 1971 eine Ausbildung zur Deutschlehrerin und
unterrichtete von 1971 bis zu ihrer Pensionierung 1991 Deutsch an einer Gesamtschule
in Waltheof, Rowlinson. P., die Zeit ihres Lebens ein Tagebuch führte, veröffentlichte
unter Pseudonym ihre Kindheitserinnerungen und publizierte 1980 bei Macmillan ein
Deutschlehrbuch.

Ingrid Jacoby [Pseudonym]: My darling Diary. A wartime journal – Vienna 1937–39, Falmouth 1939–44. Penzance: United Writers 1998.

Susanne Blumesberger: Schreibend Wurzeln finden. Am Beispiel der Bibliothekarin und (Tagebuch-)Autorin Inga Joseph. Vortrag bei der Tagung ›BücherFrauenBibliotheken‹ in Wien (Nov. 2006) [online]; Imperial War Museum, London [Oral History-Dokument] https://www.iwm.org.uk/collections/item/object/80030108.

Pollak, Oscar (Oskar) G. Buchhändler, Antiquar. P. stammte aus Prag, wo er seit 1932
als Buchhändler tätig war; als Inhaber einer Buchhandlung ist P. in den Adressbüchern
des deutschen Buchhandels 1933/34 nicht verzeichnet. 1940 eröffnete er in Santiago de
Chile, Huérfanos 972, die LIBRERÍA POLLAK, ein allgemeines und wissenschaftliches
Sortiment und Antiquariat, dessen Lager zu etwa 95% aus fremdsprachigen Büchern
bestand. Auf den von der Firma besonders gepflegten Gebieten (Landwirtschaft, Psychologie, Philosophie, Kunst, Musik) gehörte sie zu den bedeutendsten Buchhandlungen
und Antiquariaten des Landes.

Schriftliche Mitteilung von Gerhard Kurtze an EF vom 20.9.1993; Cazden: Free German Book Trade (1967) p. 354; Taubert: Lateinamerika (1961) S. 105.

Polzer, Victor 5.9.1892 Wien –16.2.1965 New York; Autor, Lektor, Antiquar; Dr. phil.
P., mit Geburtsname Pollitzer, war der Sohn eines höheren Beamten des altösterreichischen Versicherungsinstituts Assecurazione Generali mit Hauptsitz in Triest; er verbrachte seine Schulzeit in Prag, Lemberg und Triest, studierte anschließend an der Universität Wien Germanistik und klassische Philologie und schloss sein Studium, das von
vier Jahren Kriegsdienst während des Ersten Weltkriegs unterbrochen wurde, mit der
Promotion ab. Er begann seine berufliche Laufbahn als Buchhändler, gab 1928 im
HERZ VERLAG eine Anthologie *Die Welt in Novellen* heraus und fing im selben Jahr
im ZSOLNAY VERLAG als Lektor an. Daneben arbeitete er als Literaturjournalist für
verschiedene Blätter, u.a. für den *Simplicissimus*. 1931 heiratete er, seine Frau Anne
übersetzte Pearl S. Buck für Zsolnay. Nach 1934 war der Paul Zsolnay Verlag gezwungen, jüdische Mitarbeiter zu entlassen, P. wurde darauf mit Übersetzungsarbeiten betraut.
1938 gelang es P. mit seiner Frau aufgrund einer Bürgschaft von Pearl S. Buck in die
USA zu immigrieren, doch vermochte er es nicht dort beruflich Fuß zu fassen. Mit
Hermann Broch, den er aus Wien kannte, versuchte er ein Hilfskomitee für aus Nazi-Deutschland geflüchtete Wissenschaftler auf die Beine zu stellen; zu den Geretteten
zählten der Romain-Rolland-Übersetzer Paul Amann und seine Frau Dora, die in Südfrankreich gestrandet waren. Nach Ende des Zweiten Weltkriegs war P. in New York im
Antiquariatsbuchhandel tätig, u.a. für STECHERT-HAFNER INC.; daneben arbeitete er
journalistisch für deutsche Blätter, u.a. für den Aufbau.

AR 3683/MF 477 Leo Baeck Archiv NY.

Pordes, Henry 19.2.1925 Berlin –14.11.1998 London; Antiquar, Buchhändler. P. emigrierte 1939 mit seinen Eltern nach Großbritannien. Mit seiner Frau Rita gründete er 1944 mit wenig Erfolg die Buchhandlung R. SEARLE in Clapton Common. Seine Karriere im Restehandel startete erst in den 1950er Jahren mit dem Umzug in die Londoner Cavendish Street, wo er seinen Verlag und den weltweiten Handel mit Second-Hand-Büchern, Modernem Antiquariat und *Out-of-Print*-Titeln betrieb. Eine Zweigniederlassung in Frankfurt am Main wurde 1961 wieder aufgelassen. Seit 1983 ist der Sitz von HENRY PORDES BOOKS LTD. in 58–60 Charing Cross Road; die Firma wurde seit P.'s Tod von seiner Tochter Nicole (geb. 1954) und seinem Schwiegersohn Gino Della-Ragione geführt und 2015 in neue Hände gegeben.

Korrespondenz EF mit P., April 1995; Verlagsveränderungen 1942–1963 S. 155; BuchMarkt Nr. 12 (1998) S. 149; Bbl. Nr. 100 vom 15.12.1998 S. 20; BuchMarkt Nr. 1 (1999) S. 253; The Jewish Chronicle obituaries [online]; Henry Pordes Books Ltd. [Homepage].

Porges, Oscar 8.8.1891 St. Gallen –1959 Zürich; Buch- und Musikalienhändler. P. war seit 1927 der letzte Besitzer der in Leipzig, Brühl 8, ansässigen, 1828 gegründeten Spezialbuchhandlung für jüdische Literatur M. W. KAUFMANN (auch Verlag und Antiquariat), einer der ältesten jüdischen Buchhandlungen in Deutschland überhaupt, die zuvor → Max Kallmann gehört hatte; das Geschäft, das Gebetbücher, Rabbinica, Synagogen-Kompositionen und religiöse Literatur führte sowie mit Ritualien handelte, war weit über Leipzig hinaus bekannt und verfügte über eine mehr als 100-jährige Tradition. Der Diplom-Kaufmann P. war ein Großcousin des ehemaligen Leipziger Rabbiners Prof. Dr. Nathan P., er war, nach Aufenthalten in Frankreich und England, im Alter von 23 Jahren nach Leipzig gekommen. P., der eng mit der Leipziger jüdischen Gemeinde verbunden war, erweiterte das Sortiment der Buchhandlung und schenkte allgemein belletristischer und Reiseliteratur größere Aufmerksamkeit: Der Jubiläumskatalog von November 1928 dokumentiert die zahlreichen Verlagsneuerscheinungen, die P. innerhalb kurzer Zeit herausgebracht hatte. Nach 1933 war die Buchhandlung M. W. Kaufmann im Rahmen der Ghettoisierungspolitik der NS-Schrifttumsbehörden als ›Jüdischer Buchverlag und Buchvertrieb‹ zugelassen. Im März 1938 erfolgte der erzwungene Austritt von P. aus der RSK, gleichzeitig wurde die Firma M. W. Kaufmann als ›nichtarisches‹ Unternehmen aus dem BRB ausgeschlossen. P. musste sich der Zwangsveräußerung seiner Buchhandlung stellen und verkaufte die Buchhandlung an den jüdischen Kaufmann → Josef Benjamin Dzialoszynski. Nach seiner Emigration in die Schweiz erwarb P. Anteile an → Simon Menzels HUMANITAS VERLAG, als dieser im Februar 1939 in eine GmbH umgewandelt wurde, und wurde zum gleichen Zeitpunkt zum Geschäftsführer ernannt. Schon seit 1944 ist P. auch als Inhaber des Züricher PAN-VERLAGS dokumentiert; dieses Unternehmen, das Romane und Sachbücher herausbrachte, ging nach dem Tod P.'s in Liquidation und wurde 1960 als erloschen gemeldet. Aus dem Nachlass von P. sind zahlreiche Exlibris in den Handel gekommen, ebenso seine Judaica-Bibliothek.

SStAL, BV, F 12. 244 sowie F 12. 503 (s. Anzeiger für den Schweizerischen Buchhandel Nr. 5 vom 10.3.1939); Adressbuch 1931 S. 312; Verlagsveränderungen 1942–1963 S. 149; Tentative List p. 19; Katalog Nr. 58: Judaica aus der Bibliothek Oscar Porges. Zürich: Neues Schloss (ca. 1960); Andrea Lorz: Die Verlagsbuchhandlung M. W. Kaufmann in Leipzig. Firmengeschichte einer der ältesten jüdischen Buchhandlungen Deutschlands und Lebensschicksale ihrer Besitzer. In: Leipziger Jahrbuch zur Buchgeschichte. Bd. 7. Wiesbaden: Harrassowitz 1997 S. 107–24, insbes. S. 116–20; Fetthauer: Musikverlage (2004) S. 492; Schroeder: ›Arisierung‹ II (2009) S. 385; Die Schweiz, der Nationalsozialismus und der Zweite Weltkrieg: Schlussbericht, S. 355 f. (https://www.zora.uzh.ch/id/eprint/58651/1/uekd.pdf).

Praeger, Frederick (Fritz) Amos 16. 8. 1915 Wien – 28. 5. 1994 Boulder / CO; Verleger. P., Sohn des bekannten Wiener Buchhändlers und Verlegers Dr. Max Mayer P. (1889 – 1942 in Auschwitz ermordet), Schwiegersohn von R. Loewit, studierte von 1933 bis 1938 politische Wissenschaften und Jura in Wien und Paris. Daneben arbeitete er zeitweilig als Redaktionsmitglied des väterlichen Judaica-Verlages R. LOEWIT, der als der führende jüdische Verlag Österreichs galt (u. a. mit Autoren wie Theodor Herzl und Scholem Alejchem). Nach dem ›Anschluss‹ Österreichs an Hitlerdeutschland (der Verlag wurde 1939 als ›erloschen‹ gemeldet, seine Bestände vernichtet) war es P. nicht mehr erlaubt, sein Studium abzuschließen; er emigrierte im Juli 1938 über Paris in die USA; seine gesamte Familie fiel dem Holocaust zum Opfer. In den ersten Jahren jobbte P. als Möbelpacker, Koch u. a., bis er sich 1941 zur US-Army meldete. Zunächst im Heeresnachrichtendienst eingesetzt, ging er mit der 6. Panzerdivision nach Europa und war bei der Befreiung von Buchenwald dabei. Nach Ende des Krieges blieb P. bis 1948 als Besatzungsoffizier in der Militärverwaltung in Hessen, wo er die Informationsabteilung der US-Militärregierung leitete, wohl auch kurzzeitig Leiter der Publications Branch war. 1946 heiratete er die Berlinerin Cornelia geb. Blaut. Nach seiner Rückkehr arbeitete er zunächst in New York in der Buchabteilung der NASSAU DISTRIBUTING COMPANY, wo er die aus Mitteln des Marshallplanes finanzierte FRANKFURTER INT. VERLAGSAUSLIEFERUNG für den Vertrieb amerikanischer Bücher in den westlichen Besatzungszonen in Deutschland organisierte. 1950 gründete P. den Verlag FREDERICK A. PRAEGER INC., 105 W 40th Street, und nahm zunächst Sachbuchtitel englischer Verlage ins Programm; bald jedoch positionierte er sich, auch dank seiner guten CIA-Kontakte, zum führenden Verleger von Bestsellern zum Thema Kalter Krieg (u. a. Alexander Solschenyzins *One Day in the Life of Ivan Denisovich*; Milovan Djilas' *A New Class: An Analysis of the Communist System*; *The Praeger Publications in Russian History and World Communism*). Ein anderer erfolgreicher Programmsektor in P.'s Verlag war der Bereich Kunst (*Praeger World of Art*-Serie); Ende der 1950er Jahre übernahm er den Vertrieb des noch jungen britischen Verlags THAMES & HUDSON von → Walter und Eva Neurath, mit dem zusammen er für den US-amerikanischen Buchmarkt *Praeger Picture Encyclopedia of Art* produzierte. Kommerziell erfolgreich und politisch einflussreich war das *Praeger Special Studies*-Programm: von Institutionen finanzierte Publikationen in limitierter Auflage zu Themen internationaler Ökonomie und Politik, deren Abnehmer Behörden, Forschungseinrichtungen und Führungskräfte waren. 1965 brachte Praeger 500 neue Titel heraus, der Jahresumsatz bezifferte sich auf $ 3 Millionen; P. besaß 53 % der Aktien, sein Manager, der Wiener Emigrant → George Aldor, 7,5 %. 1966 kaufte die ENCYCLOPAEDIA BRITANNICA INC. den Verlag, der mittlerweile in W 47th Street residierte, für $ 2,5 Millionen; P. setzte seine verlegerische Arbeit zunächst noch mit der Publikationsreihe *Praeger Library of US Government Departments and Agencies* fort. Doch hatte er zu diesem Zeitpunkt schon sein verlegerisches Augenmerk auf Europa gerichtet: Bereits seit 1962 war er Vorstandsvorsitzender bei WEIDENFELD & NICOLSON in London (mit seinem Freund → George Weidenfeld teilte P. die strikte Ablehnung des Kommunismus); 1967 wurde er zusätzlich Präsident von

PHAIDON PRESS, dem von → Béla Horovitz 1938 von Wien nach London verlagerten bedeutenden Kunstbuchverlag. 1967 geriet die Finanzierung etlicher seiner verlegerischen Aktivitäten in den Fokus der Öffentlichkeit. Ein Jahr später verließ P. seinen Verlag (Encyclopedia Britannica verkaufte Praeger 1976 an CBS, 1986 ging der Verlag an GREENWOOD PRESS, heute ist er unter dem Dach von REED / ELSEVIER); er kehrte zuerst nach Österreich zurück, wo er Teilhaber des Verlages FRITZ MOLDEN (Wien, München) wurde. Bei dessen späterem Konkurs 1982 erlitt er beträchtliche Vermögensverluste, wie zuvor schon bei seinem Engagement als Hauptgesellschafter des Axel Juncker-Verlags 1969/70 in München. 1971 bis 1974 war er, ebenfalls in München, Direktor des SCHULER VERLAGS; sein Versuch, in Deutschland mit dem KUNSTVERLAG EDITION PRAEGER als selbständiger Verleger zu reüssieren, blieb ebenfalls glücklos. 1975 kehrte P. mit seiner Familie in die USA zurück, wo er in Boulder / CO mit seinem Freund und Partner Maurice Mitchell, der 1968 von der Enyclopedia Britannica auf das Kanzleramt der Universität Denver gewechselt war, den Verlag WESTVIEW PRESS gründete; der Verlag zog mit zahlreichen Veröffentlichungen auf dem Gebiet der politischen Wissenschaften Aufmerksamkeit auf sich (Nachdruck-Reihe *Encore Editions*); Westview Press wurde drei Jahre vor P.'s Tod um $ 4 Millionen an SCS COMMUNICATIONS verkauft, bis 1991 blieb er dem Unternehmen als Vizepräsident verbunden.

Schriftliche Auskünfte von Klaus G. Saur vom 18.7.2001; SStAL, BV, F 5.875 [Fa. Löwit, Wiesbaden, Berlin]; DBE; Verlagsveränderungen 1937–1943 S. 16; F. A. Präger: Dr. Max Mayer Präger. In: Gold: Juden in Österreich (1971) S. 112; Koepke: Exilautoren und ihre Verleger (1989) S. 1437; Ernst Fischer: The Phaidon Press in Vienna 1923–1938. In: Visual Resources vol. 15 no. 3 (1999) (Special Issue on The Early History of the Phaidon Press, 1923–1967) pp. 289–309; Fischer: Verlegeremigration nach 1933 (2002) S. 285 f.; Hendrik Edelman: Frederick A. Praeger: Apostle of anti-communism who built two publishing houses. In: LOGOS vol. 16 no. 2 (2005) pp. 68–75 [auch in: Immigrant publishers (2009) S. 141–54]; Saur: Deutsche Verleger im Exil (2008) S. 223.

Prager, Emmerich (Imre) 28.12.1902 Budapest – ermordet 23.2.1945 im Lager Kőszeg; Verleger. Der jüngere Bruder von → Eugen P. war in Bratislava als Gehilfe in einer Buchhandlung tätig; seit 1923 mit Wohnsitz in Wien gemeldet, ersuchte er im Mai 1931 um die Verleihung einer Konzession zum Betrieb eines Versand- und Verlagsbuchhandels ohne Ladengeschäft. Im November 1931 wurde dem Ansuchen stattgegeben. Vermutlich fungierte er nur als Strohmann für seinen Bruder, der der eigentliche Verleger des E. PRAGER VERLAGS Wien-Leipzig war. Schon im Gründungsjahr trat der E. Prager Verlag mit einem relativ umfangreichen, links profilierten belletristischen Programm auf; einige Titel erreichten innerhalb kurzer Zeit eine zweite Auflage. In der Zeit des Austrofaschismus nach den Februarkämpfen von 1934 war in Österreich eine sozialistische Verlagstätigkeit nicht mehr möglich. Eugen P. wich mit dem E. Prager Verlag in die Tschechoslowakei aus und firmierte nunmehr als E. Prager Verlag Bratislava Wien Leipzig, mit der Büroadresse Prag II, Lützowova 37; P. blieb in Wien, übernahm von dem Stadtbüro und der Auslieferungsstelle an der ehemaligen Verlagsadresse in der Hohenstaufengasse 15 den Vertrieb für Österreich und beantragte noch im November 1935 eine Verlängerung seiner Konzession als Verlags- und Versandbuchhändler ohne offenes Ladengeschäft. Offensichtlich bestanden durchaus Absatzmöglichkeiten für die Verlagstitel, obwohl die Wiener Verlagsfiliale unter Kontrolle des autoritären Regimes stand: So wurde Julius Deutsch' Essayband *Kontinent in Gärung* in Österreich

verboten und beschlagnahmt. P. war mit seiner buchhändlerischen Vertriebstätigkeit bis in das Jahr 1937 aktiv; in der Zeit nach dem ›Anschluss‹ Österreichs verliert sich zunächst seine Spur. Unter seinem ungarischen Namen Imre P. findet sich sein Name in der Liste der im Lager Köszeg Ermordeten.
 Hall: Österr. Verlagsgeschichte I (1985) S. 426; Hall: Österr. Verlagsgeschichte II (1985) S. 290–93; Christian Bartsch, Heiko Schmidt: Die Brüder Emmerich und Eugen Prager und ihre Verlage. In: Die Vitrine. Fachblatt für linke Bibliomanie Nr. 1 (2002) S. 4–26 [mit Bibliographie der Prager-Verlage].

Prager, Eugen 1894 Budapest–1967 London; Verleger. Der ältere Bruder von → Emmerich P. war Anfang 1920 wegen des Horthy-Regimes nach Wien gegangen; 1933 erhielt er die österreichische Staatsbürgerschaft. Seit 1931 agierte er als Verleger des E. PRAGER VERLAGS Wien Leipzig, für den sein Bruder ab November 1931 nominell die Konzession innehatte. Der Verlag mit der Adresse Wien I, Hohenstaufengasse 15, war schon Monate zuvor mit einer groß angelegten Werbekampagne anlässlich der in Wien stattfindenden Arbeiterolympiade an die Öffentlichkeit getreten und brachte im ersten Jahr seines Bestehens vierzehn Titel heraus, darunter die zwölf Nummern umfassende Romanreihe *Das Gesicht der Zeit. Eine Bücherfolge für Alle*. Bis 1934 erschienen 26 (bislang nachgewiesene) Bücher bei E. Prager, darunter Romane und Erzählungen aus dem Russischen, Ukrainischen, Jiddischen und Ungarischen. Der Verlag bewegte sich thematisch im Umfeld der Sozialdemokratie, war aber kein Parteiverlag. Nach der NS-›Machtergreifung‹ brach für die auf die ›Liste der Schund- und Schmutzschriften‹ gesetzten Titel des Verlags der deutsche Absatzmarkt ein; mit der Veröffentlichung der Broschüre *Marx gegen Hitler* 1933 schnitt der Verlag sich jeglichen Vertrieb in Deutschland ab. Nach den Februarkämpfen 1934 verließ P. im Mai Österreich wegen der Gefahr, aus politischen Gründen an Ungarn ausgeliefert zu werden. Er emigrierte nach Prag und firmierte den Verlag in E. Prager Verlag Bratislava Wien Leipzig um. Autor des ersten Buches des emigrierten Verlages war → Julius Deutsch, der Führer des Republikanischen Schutzbundes und Mitbegründer des Auslandsbüros österreichischer Sozialisten (*Kontinent in Gärung*, 1935). P. nahm in der Folge eine wichtige Position in der Publizistik der österreichischen Exil-Sozialdemokratie ein und bildete ein Verbindungsglied zur Sudetendeutschen Sozialdemokratie (DSAP), die als eigenständige Partei in den 1930er Jahren zahlreiche Anhänger hatte. P. war aber nicht nur für seinen Verlag tätig: 1935 organisierte er in Prag mit der Verlagsangabe Deutsche sozialdemokratische Arbeiterpartei in der Tschechoslowakischen Republik die Herstellung und den Vertrieb des Gedenkbuchs für Koloman Wallisch *Ein Held stirbt*, und auch der Verlag der DSAP-Zeitschrift *Der Kampf. Internationale Revue* wurde von P. betreut. Alle verlegerischen Tätigkeiten P.'s waren finanziell und bezüglich der (in Österreich illegalen) Vertriebsstrukturen eng verzahnt mit dem Auslandsbüro österreichischer Sozialisten (ALÖS). Unter den vierzehn Neuerscheinungen des E. Prager Verlags Bratislava Wien Leipzig im Jahr 1936 finden sich auch zwei Titel einer neuen Reihe *Bunte Romane für Alle*, die wie die Wiener Reihe *Das Gesicht der Zeit* linke Trivialliteratur für ein größeres Publikum auf den Buchmarkt zu bringen versuchte. 1937/38 erschienen nur mehr jeweils drei Titel, darunter Hugo Sonnenscheins Gedichtband *Der Bruder Sonka wandert nach Kalkutta* und eine ungarische Übersetzung von Konrad Heidens Hitler-Buch. Nach der Abtrennung der Sudetengebiete von der ČSR stellte P. die Verlagstätigkeit ein und flüchtete vermutlich noch vor dem Einmarsch der deutschen Truppen in Prag im März 1939 nach England. In London pflegte P. die Kontakte zu den exilierten DSAP-Funktionären weiter. Ab 1940 betrieb er mit geändertem Vornamen Eugène und unter dem Firmennamen LINCOLNS-PRAGER PUBLISHERS LTD., 3 Kenton Street, einen neuen Verlag, der bis in die 1960er Jahre fortbestand; Mitbegründer war → Kurt Leo Maschler. Die in den Kriegsjahren erschienenen Verlagstitel waren beinahe ausschließlich politischer Natur, darunter die *Declaration of the Sudeten-German Social-Democrats* (1940) oder Jan Masaryks Buch *Speeking to my country* (1944). P. gab im Londoner Exil auch den *Sozialdemokrat*, die Halbmonatsschrift der sudetendeutschen Sozialdemokratie heraus. Nach 1945 erweiterte sich das Programm, es erschienen Kulturführer, Bildbände, Belletristik; den Schwerpunkt bildeten weiterhin Veröffentlichungen zu Osteuropa, Judentum und Sozialdemokratie (darunter ab 1956 das *Yearbook of the international socialist labour movement*).

The Publishers' Archive, University of Reading, AUC 117/11; Christian Bartsch, Heiko Schmidt: Die Brüder Emmerich und Eugen Prager und ihre Verlage. In: Die Vitrine. Fachblatt für linke Bibliomanie Nr. 1 (2002) S. 4–26 [mit Bibliographie der Prager-Verlage].

Prager, Werner 20. 5. 1888 Berlin–1966 Rom; Buchhändler, Antiquar. P. war Sohn des bekannten Buchhändlers, Antiquars und Verlegers Robert Ludwig P. (1844–1918), der in Berlin seit 1872 ein auf Rechts- und Staatswissenschaften sowie Nationalökonomie spezialisiertes Antiquariat und Sortiment aufgebaut hatte und auf diesen Gebieten auch verlegerisch tätig gewesen ist. In den 1930er Jahren wurden im Buchhändler-Adressbuch P. und Frl. Gertrud P. als Inhaber der Fa. R. L. PRAGER (NW 7, Mittelstraße 7) genannt; beide waren zugleich auch Mitinhaber der Akademischen Kant-Buchhandlung JOSEPH SINGER (Berlin-Charlottenburg, Kantstraße 124). 1937 flüchtete P. mit seiner Frau und seiner 15-jährigen Tochter Charlotte über Amsterdam nach Italien und eröffnete 1945/46 in Rom in der Via Mentana ein Antiquariat. Allerdings wurde ihm, als 1938 auch in Italien Rassegesetze erlassen wurden, die Ausübung des Antiquarsberufs untersagt und er wurde in das Lager Ferramonti verbracht. Erst nach Ende des Zweiten Weltkriegs konnte P. seine Tätigkeit fortsetzen; er hat dann bis in die Mitte der 1960er Jahre durch Anknüpfung internationaler Geschäftsbeziehungen seine auf Rechts- und Wirtschaftswissenschaften spezialisierte LIBRERIA ANTIQUARIA R. L. PRAGER erfolgreich weiterführen können; zu seinem prominenten Kundenkreis gehörten u. a. der Rechtsphilosoph Norbert Bobbio und der italienische Staatspräsident Luigi Einaudi, der – selbst Bibliophile – P. den Titel *Commendatore* verlieh. 1966 wurde das Geschäft geschlossen.

Adressbuch 1931 S. 483; SStAl, BV, F 10931; Arolsen Archives; Homeyer: Bibliophilen und Antiquare (1966) S. 143; Wilhelm Olbrich: Lebensbilder deutscher Antiquare: Robert Prager. In: Bbl. (FfM) Nr. 34 vom 13. 5. 1949 S. A242 f.; Bbl. (FfM) Nr. 49 vom 20. 6. 1950 S. A487; Wolf C. Müller: Erinnerungen eines achtzigjährigen Antiquars. In: Bbl. (FfM) Nr. 41 vom 21. 5. 1968, S. 1281–85, hier S. 1284; Oliviero Diliberto: La biblioteca stregata. Tracce dei libri di Theodor Mommsen in Italia. (I libri grigi. 4). 2. ed. Roma: Robin Edizioni 2003 S. 29–36.

Preczang, Ernst 16. 1. 1870 Winsen an der Luhe – 22. 7. 1949 Sarnen / CH; Lektor, Schriftsteller. P. (Pseudonym Peter Labor) arbeitete nach einer Ausbildung zum Schriftsetzer in einer Buchdruckerei in Buxtehude. Im Alter von zwanzig Jahren schloss er sich der Sozialdemokratie sowie der Gewerkschaftsbewegung an und begann, in deren Presseorganen zu publizieren. Von 1904 bis 1914 redigierte er in Berlin die Wochenschrift *In freien Stunden*; auch engagierte er sich im sozialdemokratischen VORWÄRTS-VERLAG und im Bildungsverband der deutschen Buchdrucker. 1924 war er neben → Bruno Dreßler einer der Initiatoren und Mitbegründer der BÜCHERGILDE GUTENBERG in Leipzig, deren Cheflektor er wurde. In dieser Position setzte er sich bis 1928 massiv für die Verbreitung sozialkritischer Literatur ein. Er selbst schrieb ganz in diesem Sinne zahlreiche Stücke für das Arbeitertheater sowie Romane und Erzählungen. Ihm verdankte die Büchergilde auch die enge Verbindung nach Mexiko zu B. Traven, dem wichtigsten Autor im Programm des Buchklubs. 1933 emigrierte P. in die Schweiz und leitete dort für einige Zeit die Exil-Büchergilde in Zürich, außerdem arbeitete er für die *Zeitschrift der Büchergilde Gutenberg*. Neben seiner Tätigkeit für die Buchgemeinschaft trat P. als Lyriker, Erzähler und Dramatiker in Erscheinung.

DBE; Beate Messerschmidt: ›... von Deutschland herübergekommen‹? Die Büchergilde Gutenberg im Schweizer Exil. München: tuduv 1989.

Preiss, Hans 4.7.1891 Berlin–1.1.1949 London; Buchhändler, Antiquar; Dr.jur. P. besuchte das Luisenstädtische Realgymnasium in Berlin und studierte seit 1910 Rechts- und Staatswissenschaften in Freiburg im Breisgau und Berlin. Nach dem Examen 1913 war er Referendar am Amtsgericht zu Crossen an der Oder; im August 1914 meldete er sich als Kriegsfreiwilliger und wurde im Russlandfeldzug eingesetzt; 1916 erlitt er eine schwere Verwundung und war danach mehrfach zu längeren Lazarettaufenthalten gezwungen. 1918 erwarb er mit einer in Greifswald approbierten Dissertation den Doktortitel. Seit 1920 führte er das auf Geisteswissenschaften, Rechts-, Staats- und Wirtschaftswissenschaften spezialisierte, hoch angesehene Sortiment und Antiquariat DR. HANS PREISS in Berlin, Dorotheenstraße 4, dessen Entstehung auf das Jahr 1912 zurückgeht. Bereits Anfang 1933 gab P. die Firma auf; sie ging nachfolgend in die A. HARNACH & CO. GMBH BERLIN über. P. emigrierte sehr rasch mit einem Teil seines Lagers nach London und eröffnete in 41 Museum Street, Bloomsbury, den HANS PREISS INT. BOOKSTORE mit Antiquariat. Die Buchhandlung war auf Rechts-, Wirtschafts-, Philosophie- und Pädagogik-Literatur spezialisiert, zeichnete sich aber – wie schon vom Mitemigranten → Fritz Gross berichtet – außerdem durch ein bemerkenswertes Veranstaltungsprogramm mit Vorträgen und Lesungen aus; damit setzte P. eine Tradition fort, die er schon in Berlin begonnen hatte. P. unterhielt enge Beziehungen zu deutschen Exilschriftstellern in London, unter ihnen Max Herrmann-Neiße: Zu dessen 50. Geburtstag veranstaltete er am 26. Mai 1936 einen Abend, auf dem Stefan Zweig die Begrüßungsworte sprach und Ernst Toller eine Rede hielt. In seinem Laden verkaufte er auch die Produktion deutscher Exilverlage, wie etwa die Bücher von EL LIBRO LIBRE. Mitarbeiterin im Hans Preiss International Bookstore war → Edith Loewenberg. P. stand nach Kriegsbeginn auf der vom RSHA zusammengestellten geheimen Liste jener Emigranten, die nach Eroberung Großbritanniens von der Gestapo sofort verhaftet werden sollten.

Hans Preiss: Die Konkursmasse als Prozeßpartei, zugleich ein Beitrag zur Lehre vom Parteibegriff. Diss. Greifswald 1918.

Interview mit Albi Rosenthal am 31.3.1995 in London; Brief von Walter Zadek an EF vom 6.10.1991; Adressbuch 1931 S.484; Verlagsveränderungen 1933–1937 S.20; Sonderfahndungsliste G.B. [online]; Fritz Gross: Kleine deutsche Chronik: England. In: Das Wort 3. Jg. H. 10 (Okt. 1938) S.134f.; Homeyer: Bibliophilen und Antiquare (1966) S.143; Fritz Homeyer: Antiquar und Wissenschaft. In: Bbl. (FfM) Nr. 72a vom 9.9.1957 S.30–33, hier S.32; Kiessling: Exil in

Lateinamerika (1984) S. 483; Klaus Völker: Max Hermann-Neiße: Künstler, Kneipen, Kabaretts. Berlin: Hentrich 1991 S. 195; Bach, Biester: Exil in London (2002) S. A259; [Redaktionelle Notiz]. In: AdA 1949/5, A 30; Wikipedia.

Pretzfelder, Otto Geb. 2. 11. 1886 Regensburg; Musikverleger. P., der seit 1925 Mitglied im Vorstand des Deutschen Musikalien-Verleger-Vereins war und 1932 Mitglied in der Tonfilmkommission der GEMA, war Anfang der 1930er Jahre Inhaber des 1892 gegründeten Musikverlages mit Musik- und Instrumentenhandlung HERMANN AUGUSTIN, Berlin, Gertraudtenstraße 10–12, und Geschäftsführer bei der UFATON VERLAGS GMBH. Aus dieser Funktion musste P. 1934 aufgrund seiner jüdischen Abstammung ausscheiden, spätestens 1935 wurde auch sein Musikverlag ›arisiert‹. Zu diesem Zeitpunkt übersiedelte P. nach Nürnberg und beging dort möglicherweise einen Selbstmordversuch. Sein Fluchtweg ins Exil ging über Holland und Prag nach Südamerika, wo er in Buenos Aires unter dem neuen Namen OTTO PRESTON erneut als Musikverleger tätig wurde.

Adressbuch 1931 S. 23; Fetthauer: Musikverlage (2004) S. 492 f.; LexM [online].

Priebatsch, Hans Geb. 25. 10. 1902 Breslau; Verleger, Historiker; Dr. phil. P.'s Vater Felix P. (1867–1926) war ein bedeutender Buchhändler und Verleger von Lehrbüchern und wissenschaftlichen Zeitschriften in Breslau; die Buchhandlung wurde 1926 nach dem plötzlichen Tod des Vaters von der Mutter P.'s weitergeführt, bis er seinen Beruf als Historiker aufgab und als Geschäftsführer und Inhaber von Buchhandlung und Verlag firmierte. 1933/34 wurde die Buchhandlung ›arisiert‹ und 1934 als ›erloschen‹ gemeldet; der Firmenname PRIEBATSCH'S BUCHHANDLUNG blieb aber bis zum Ende des Zweiten Weltkriegs bestehen. P. emigrierte 1934 mit seiner Mutter und seiner Schwester nach Palästina und gründete dort eine Lehrmittelhandlung mit Buchvertrieb SCHOLA ET SCIENTIA, DR. H. Y. PRIEBATSCH.

Adressbuch 1931 S. 485; Verlagsveränderungen 1933–1937 S. 20; http://annaberger-annalen. de/jahrbuch/1998/Annaberg%20Nr.6%20Kap5.pdf.

Pringsheim, Richard Geb. 28. 10. 1924; Musikantiquar. P. war eines von sechs Kindern von Fritz P., Prof. für Bürgerliches Recht in Freiburg im Breisgau und Göttingen. Besorgt über die politische Entwicklung, schickte dieser 1936 vier seiner Söhne nach England; P. besuchte in den folgenden Jahren die von Kurt Hahn (Salem) gegründete Schule in Gordonstoun in Schottland; in den Kriegsjahren musste er eine Internierung über sich ergehen lassen. 1950 gründete er in London das Musikantiquariat MUSICA RARA (W 1, 2 Great Marlborough Street). Er handelte in erster Linie mit Musikalien und Musikinstrumenten, weniger mit Musikbüchern, hatte aber in seinem Ladengeschäft auch Neuerscheinungen auf Lager; rund vier Mal jährlich versandte er Kataloge. P. hat sich auch verlegerisch betätigt und brachte unter dem Label *Musica Rara* zahlreiche Musikraritäten im Druck heraus. Das Unternehmen hatte seinen Sitz später in Monteux in Frankreich und wurde im Jahr 2000 von Breitkopf & Härtel aufgekauft.

Brief von Herbert Ashbrook an UB vom 27. 2. 1996; Survey of dealers specializing in Antiquarian Music and Musical Literature. In: Notes. 2nd Series vol. 23 no. 1 (Sept. 1966) pp. 28–33, hier p. 33.

Proskauer, Eric (Erich) A. 19. 3. 1903 Frankfurt am Main – 3. 11. 1991 New York; Verleger, Chemiker; Dr. rer. nat. P. studierte von 1923 bis 1931 in Leipzig physikalische Chemie; nebenher erledigte er Katalogisierungsarbeiten im Antiquariat MAX WEG, Königstr. 3. Seit 1925 war P. Mitarbeiter der AKADEMISCHEN VERLAGSGESELLSCHAFT, er war dort u. a. mit der Akquise englischsprachiger Übersetzer befasst und gab zusammen mit seinem akademischen Lehrer Carl Drucker 1932 und 1933 das zweibändige *Physikalisch-Chemische Taschenbuch* heraus. 1934 war P. involviert in die Vergabe von Übersetzungsrechten der Akademischen Verlagsgesellschaft an den 1928 gegründeten holländischen Verlag WETENSCHAPELIJKE BOEKHANDEL von Maurits Dekker und Johann Gerhard Nordemann, im selben Jahr veröffentlichte er zusammen mit Arnold Weissenberger bei der CLARENDON PRESS in Oxford den Titel *Organic Solvents* als Ergebnis gemeinsamer Forschungsarbeit. 1936 sondierte P. die Möglichkeiten einer Gründung eines Wissenschaftsverlags in den USA; 1937 emigrierte er und gründete, mit Dekker und Nordemann als Finanziers, im Juli 1937 die NORDEMANN PUBLISHING CO. in New York, als deren → Präsident Kurt Jacoby vorgesehen war (→ Leo Jolowicz legte dagegen ein Veto ein). Für das Verlagsprogramm zeichnete in erster Linie P. verantwortlich, es rekrutierte sich aus der Backlist von GUSTAV FOCK ebenso wie aus Lizenzausgaben der Akademischen Verlagsgesellschaft. Zusätzlich brachte P. Vertragsabschlüsse mit renommierten Wissenschaftlern wie dem emigrierten deutschen Mathematiker Richard Courant und dem ebenfalls emigrierten österreichischen Chemiker Hermann Mark zustande. Pläne, in den USA in Kooperation mit einer projektierten Niederlassung von ELSEVIER in New York zu treten, konkretisierten sich nicht aufgrund des Kriegsausbruchs in Europa und der damit zusammenhängenden Probleme im Geldtransfer. Nachdem auch Dekker in die USA immigriert war, gründeten dieser und P. im Juni 1940 den Verlag INTERSCIENCE PUBLISHERS INC., der an derselben Adresse wie Nordemann firmierte, 215 4th Avenue. Es gelang P. rasch, für Interscience ein Netzwerk bedeutender Naturwissenschaftler zu knüpfen; die Subskriptionen für mehrere Zeitschriftenreihen stellten das Unternehmen auf eine solide Geschäftsgrundlage – so etwa startete P. 1946 mit Hermann Mark das *Journal of Polymer Science*. Während des Zweiten Weltkriegs profitierte der Verlag auch von den Möglichkeiten, mit Nachdrucken konfiszierter deutscher Verlagsrechte billig das Programm zu erweitern: die Aufhebung des Copyrights markiert den Beginn des Reprint-Booms in den folgenden Jahrzehnten. Nach Ende des Zweiten Weltkriegs positionierte sich Interscience rasch auch auf dem internationalen Buchmarkt. Zunächst übernahm das Unternehmen den USA-Vertrieb für ELSEVIER, 1946 erfolgte die Gründung von INTERSCIENCE PUBLISHERS LTD. in London für den Vertrieb in Europa (→ Fritz Weg), 1947 erschien der erste Band der *Encyclopedia of Chemical Technology* in der von Dekker und P. neu gegründeten INTERSCIENCE ENYCLOPEDIA INC., die umsatzstark agierte und bald Projekte des Mutterhauses mitfinanzierte. Das Unternehmen wuchs in der Folge durch Zukäufe – u. a. übernahm Interscience 1955 den Verlag TEXTILE BOOK PUBLISHERS –, geriet dadurch aber in wirtschaftliche Schieflage. 1961 verkauften Dekker, der 33 % der Firmenanteile hatte, und P. (27 %) Interscience an JOHN WILEY & SONS, der sich damit den Grundstock seines Wissenschaftsprogramms erwarb. P. blieb von 1961 bis 1970 als Senior-Vizepräsident und von 1970 bis 1973 als Direktor von John Wiley & Sons verlegerisch tätig.

Eric Proskauer: A Tribute. New York: Wiley [1974].

BHE 1; Walk: Kurzbiographien (1988); Koepke: Exilautoren und ihre Verleger (1989) S. 1435; Leon Sokoloff: Refugees from Nazism and the biomedical publishing industry. In: Studies in History and Philosophy of Science. Part C: Studies in History and Philosophy of Biological and Biomedical Sciences vol. 33 no. 2 (July 2002) pp. 315–24; Fischer: Verlegeremigration nach 1933 (2002) S. 293; Saur: Deutsche Verleger im Exil (2008) S. 216, 232; Hendrik Edelman: Maurits Dekker and Eric Proskauer: A synergy of talent in exile. In: Immigrant publishers (2009) S. 9–28; C. G. Goldsmith: The Scholarly Publishing Scene – Eric Proskauer and his Cohorts. In: Against the Grain, 12.4.2019 [online].

R

Rachelsohn, Benzion Geb. 7.1.1877 Korsowka / Russland; Buch- und Schreibwarenhändler. R. ließ sich 1901 in Frankfurt am Main nieder, wo er zunächst als Privatlehrer tätig war, bevor er um 1907 eine Buch-, Papier- und Schreibwarenhandlung eröffnete. Er verkaufte Geschäftsbücher, Formulare und Drucksachen en gros an Frankfurter Firmen und Läden, deren Aufträge seine Frau einholte. Diese arbeitete außerdem im Laden ihres Mannes mit; sie bediente die Kasse und führte die Geschäftsbücher. Der Laden wurde hauptsächlich von Schülern der Israelitischen Volksschule und der Samson Raphael Hirsch-Schule besucht. Dort war der gesamte Schulbedarf erhältlich: Neben den Schulbüchern und der Lektüre für den Deutschunterricht auch Kreide, Griffel und Schiefertafeln, Tinte, Federn, Hefte. Da R.'s Warenangebot aus ›jüdischen Lehrgegenständen für den Schulgebrauch‹ bestand, konnte er seinen Betrieb ab Juli 1937 als ›jüdischen Buchvertrieb‹ weiterführen. In der Reichspogromnacht 1938 wurde das Geschäft zerstört, Fenster, Türen und das gesamte Lager sowie die Geschäftseinrichtung zertrümmert. R. stellte den Betrieb zum Jahresende ein und bereitete seine Auswanderung vor. Im Oktober 1939 gelangte er über Rom nach Palästina, wo er einige Zeit keine Beschäftigung finden konnte. 1941 erhielt er eine Anstellung als Rabbiner in einem Stadtbezirk von Haifa, die ihm ein monatliches Einkommen sicherte.

HessHStAWI Abt. 518 Nr. 10328; StadtA Ffm. Firmenkartei des Kassen- und Steueramtes Frankfurt; Junk: Jüd. Buchhandel in Frankfurt (1997) S. 141 f.

Ranschburg, Otto 16.5.1899 Wien – 23.9.1985 New York; Antiquar. R. wurde aus dem Gymnasium in den Kriegsdienst eingezogen und erhielt für seinen Einsatz an der italienischen Front die Tapferkeitsmedaille. Nach Entlassung aus der Armee absolvierte er in den Jahren 1919/20 eine Lehre bei → JOSEPH BAER & CO. in Frankfurt am Main, einem der führenden Antiquariate im deutschsprachigen Raum. Anschließend trat er, als Mitgesellschafter (neben seiner Mutter und seinen beiden Schwestern) in das Antiquariat GILHOFER & RANSCHBURG ein, das von seinem 1914 verstorbenen Vater Heinrich R. mitbegründet worden war und in Wien das ›erste Haus am Platz‹ war; mit den Geschäftsführern → E. P. Goldschmidt und → Wilhelm (William Henry) Schab waren dort auch zwei der kenntnisreichsten Antiquare ihrer Zeit tätig. In einer im gleichen Jahr vom Mehrheitsgesellschafter Schab in Luzern / Schweiz gegründeten (noch existierenden) Zweigfirma war R. für die Kataloge verantwortlich und organisierte dort mehrfach bedeutende Buchauktionen, u. a. 1933 zu der Bibliothek der Prinzen Dietrichstein aus Nikolsburg. Seit 1928 unternahmen Schab und R. auch mehrfach Reisen nach Russland und erwarben herausragendes Material aus den Bibliotheken der ehemaligen Zarendynastie. 1938 wurde R. im Zuge der ›Arisierung‹ des Geschäftslebens gezwungen, aus der Firma auszuscheiden, und ging zunächst nach London, wo er sich im folgenden Jahr verheiratete. Das nun GILHOFER genannte Wiener Antiquariat hat sich der Münchener Antiquar Hans Werner Taeuber, ein überzeugter Nationalsozialist, angeeignet. 1939 ging R. zusammen mit seiner Frau Maria und seiner Schwester Elisabeth R., verheiratete Margulies, später Elton, in die USA und eröffnete auf 200 W 57th Street in New York sein eigenes Antiquariat. Schon seit seiner Geschäftstätigkeit in Wien spezialisiert auf Inkunabeln, illustrierte Bücher und Wissenschaftsgeschichte, inzwischen auch auf frühe Americana, war er auf diesen Feldern seit damals am Aufbau und der Weiterentwicklung sowohl privater wie öffentlicher Sammlungen maßgeblich beteiligt. Dabei kamen ihm die bereits in Wien aufgebauten Kundenbeziehungen, etwa zu dem Sammler Lessing J. Rosenwald und zu dem Antiquar Lathrop C. Harper, zugute. In dieser Zeit brachte er elf Verkaufskataloge und zahlreiche Listen heraus; seine reichhaltige Handbibliothek betrachtete er nicht bloß als Arbeitsmittel, sondern auch als einen für ihn persönlich bedeutsamen Besitz. 1952 übernahm R. als *managing director* und Minderheitsteilhaber, in Zusammenarbeit mit dem langjährigen Harper-Mitarbeiter Douglas G. Parsonage, das weltbekannte amerikanische Antiquariat LATHROP C. HARPER, das nach dem Tod Harpers 1950 von dem aus Wien stammenden, nach Kolumbien emigrierten Americana-Sammler → Bernardo Mendel gekauft worden war. Damit stand R. einem der größten und gemeinsam mit Rosenbach bedeutendsten Antiquariate in den USA vor. In dieser Position brachte er mehr als fünfzig Kataloge von hoher Qualität heraus; zu seinen wichtigsten Ankäufen gehörte Mitte der 1950er Jahren der Erwerb eines Teils der Bibliothek von Sir William Stirling-Maxwell mit einer großen Menge von Frühdrucken und einer Cervantes-Kollektion. 1967 erfuhr R.'s Tätigkeit allerdings eine Unterbrechung: Als Mendel starb und sich Verhandlungen um eine Übernahme der Firma zerschlugen, musste diese von der Witwe Mendels zunächst aufgegeben werden; ein großer Teil des Lagers ging an die Indiana University Foundation. R. konnte aber zwei Jahre später gemeinsam mit Parsonage (und mit Unterstützung zweier wichtiger Kunden, Franklin Kissner und Clark Stillman) die Namensrechte zurückkaufen und das Unternehmen Lathrop C. Harper, Inc. mit dem verbliebenen Teil des Lagers weiterführen. Erhalten blieb damit auch der Ruf der Firma als eines der bedeutendsten Antiquariate der USA. Wertvolle Bücherbestände konnte R. akquirieren, als er nach dem Tod → Herbert Reichners dessen Bücherlager erwarb. 1979 wurde die Firma von Felix de Marez Oyens übernommen; R. blieb bis zu seinem Ableben 1985 darin tätig.

Rosenthal-Fragebogen; Dickinson: Dictionary (1998) pp. 170–172; Bernard M. Rosenthal: For Otto Ranschburg. In: AB weekly, 2 June 1969 pp. 23 f.; Christian M. Nebehay: Otto Ranschburg. In: Anzeiger des Verbandes der Antiquare Österreichs (Nov. 1985) S. 1; [Felix de Marez Oyens: Nachruf auf R.]. In: The Book Collector vol. 35 (1986) pp. 98 f.; Agnes Schildorfer, Ute Simonlehner: Arisierungen im Falle der Buch- und Kunstantiquariate Gilhofer & Ranschburg und Dr. Ignaz Schwarz [online]; Hupfer: Antiquarischer Buchhandel (2003) S. 151 u. ö.; Bach, Fischer: Antiquare (2005) S. 341; Schroeder: ›Arisierung‹ II (2009) S. 368–71; Art. Gilhofer. In: Wikipedia, dt. Ausgabe, mit Quellenwert [online]; Gilhofer & Ranschburg in Luzern, Homepage [online]; Godebert M. Reiß: Von Büchern und Büchernarren. Erinnerungen eines Antiquars. Stuttgart: Edition Vincent Klink 2017.

Rapp, Otto 21. 5. 1919 – 1. 1. 1991 New Hyde Park, NY; Buchhändler, Verlagsmanager; R. war Sohn eines Wiener Buchhändlers und hatte vor seiner Zwangsemigration aus

Österreich im Geschäft seines Vaters mitgearbeitet. Er kam über die Schweiz in die USA und fand zunächst bei STECHERT-HAFNER INC. in New York eine Anstellung. Nach 1941 wechselte R. zu → Walter J. Johnsons Unternehmen ACADEMIC PRESS INC. und WALTER J. JOHNSON, INC. Über drei Jahrzehnte, von 1959 bis er 1989 in den Ruhestand ging, war R. bei PERGAMON PRESS INC., New York, als *executive vice president* tätig: einer von nur wenigen Managern, die sich in → Robert Maxwells Verlagsimperium unangefochten behaupten konnten. Seine ausgezeichneten Branchenkenntnisse und sein Kommunikationstalent boten mit die Voraussetzung für den Aufbau eines verzweigten Buchhandels-Vertriebssystems, mit dem Pergamon sein sprunghaft wachsendes wissenschaftliches Fachbuch- und Zeitschriftenprogramm auf dem US-amerikanischen und kanadischen Markt platzieren konnte; R. unterhielt ausgezeichnete Kontakte auch zu Bibliotheken, Universitäten und anderen Institutionen und zeichnete verantwortlich für das monatlich erscheinende *Pergamon Bulletin*.

Albert Henderson: The dash and determination of Robert Maxwell. Champion of dissemination. In: LOGOS vol. 15, no. 2 (2004) pp. 65–75, hier p. 68.

Ratcliff, Ruth 19.10.1905 Detmold –14.8.1995 East Lothian, Schottland; Schriftstellerin, Übersetzerin, Buchhändlerin. R. hieß mit Geburtsnamen Michaelis-Jena; sie absolvierte nach dem Besuch des Gymnasiums in Detmold eine Ausbildung als Buchhändlerin in der dortigen MEYERSCHEN HOFBUCHHANDLUNG. Im Herbst 1931 kündigte M. bei der Hofbuchhandlung und eröffnete am 30. April 1932 gemeinsam mit Hertha Auerbach in Detmold die BÜCHERSTUBE AM RATHAUS. Als am ›Judenboykotttag‹, am 1. April 1933, die Schaufenster mit antisemitischen Parolen beschmiert wurden, überließ sie die Buchhandlung ihrer Freundin und entschloss sich zur Emigration. 1934 ging sie nach Schottland und fand eine Anstellung in der Edinburgher Universitätsbuchhandlung JAMES THIN, wo sie zur Leiterin der Auslandsabteilung aufstieg und bis zu ihrer Eheschließung 1952 mit dem Schriftsteller Arthur Ratcliff tätig war. Danach arbeitete sie auf ihrem Wohnsitz in East Lothian, zum Teil in Gemeinschaft mit ihrem Ehemann, als freischaffende Übersetzerin insbesondere deutscher und englischer Märchenliteratur und als Schriftstellerin. Sie stiftete den Michaelis-Jena Ratcliff-Preis für englische und irische Volkskunde.

Adressbuch 1933, I, S. 80; Ernst Fleischhack: Lippisches Autorenlexikon. Bd. 1. Lemgo: Wagener 1986; Lexikon westfälischer Autorinnen und Autoren [online]; Wikipedia; Zur Erinnerung an Ruth Michaelis-Jena. In: Lippische Landeszeitung vom 6.9.1989.

Rathenau, Ernst (Ernest) 13.9.1897–24.1.1986 Bad Nauheim; Verleger, Kunstsammler; Dr. R., Sohn des Architekten Georg R. und Vetter des 1922 ermordeten Ministers Walther R., trat als Geldgeber in die 1920 von → Abraham Horodisch und dem Graphiker Siegfried Pfankuch gegründete EUPHORION VERLAGS GMBH in Berlin-Charlottenburg ein, die literarische Meisterwerke in handgebundenen Luxusausgaben herausbrachte. Bis 1924 erschienen 35 Titel, seit 1922 wurden unter der Betreuung des als Mitinhaber eingebundenen Kunsthistorikers Hubert Baumgärtel auch Originalgraphiken (u. a. von Lovis Corinth und Ludwig Meidner) vertrieben. Ebenfalls 1922 wird eine Kunsthandlung in der Fasanenstraße eröffnet; auch übernahm der Euphorion Verlag das großangelegte Mappenwerk *Die Schaffenden* vom Gustav Kiepenheuer Verlag (1922 bis 1932 erschienen 12 Mappen mit 120 Graphiken). Diese Aktivitäten wurden durch die

Finanzkraft R.s, aber auch durch die inflationsbedingte ›Flucht in die Sachwerte‹ begünstigt. Nach der Währungsstabilisierung Ende 1923 wurde das Unternehmen umstrukturiert; die Teilhaber schieden nach und nach aus: Horodisch 1925, Pfannkuch und Baumgärtel folgten, sodass R. seit 1927 alleiniger Inhaber und Geschäftsführer war. Der bibliophile Verlag brachte weiterhin schwerpunktmäßig Publikationen für Kunstliebhaber heraus, u. a. Werke zum graphischen Œuvre von Ernst Ludwig Kirchner, Emil Nolde und Edvard Munch. Seit 1930 war R. Inhaber des von ihm in diesem Jahr gegründeten ERNST RATHENAU VERLAGS, an derselben Adresse Fasanenstraße 85; er spezialisierte sich auf Kunstliteratur, v. a. Werkverzeichnisse, und gab das *Museum der Gegenwart* heraus. R. war selbst ein großer Kunstsammler, u. a. gehörte ihm Emil Noldes ›Nadja‹ – im Banksafe über die NS-Zeit und den Krieg gerettet, 1977 gestohlen, nach Wiederauffindung 2007 um € 2,15 Millionen versteigert. 1933 musste R. seine verlegerische Tätigkeit einstellen; er emigrierte 1938 in die USA, und auch der 1935 zwangsweise gelöschte Rathenau Verlag verlegte seinen Sitz nach New York. Im Exil machte R. die bisher nebenbei betriebene Fotografie zu seinem Hauptberuf, führte aber auch den Rathenau Verlag mit Kunstliteratur weiter. Die Auslieferung der nach 1945 erschienenen Titel erfolgte durch den Verlag Dr. Ernst Hauswedell & Co., Hamburg. R. selbst kam nach 1945 immer wieder nach Deutschland zurück und nahm dann Quartier in Bad Nauheim. 2001 erwarb Robert Ketterer die Rechte sowohl am Euphorion als auch am Ernest Rathenau Verlag.

Adressbuch 1931 S. 165, 493; Verlagsveränderungen 1942–1963 S. 60, 159; Friedemann Berger. In: Beate Jahn [Hg.]: Die Schaffenden: eine Auswahl der Jahrgänge I bis III und Katalog des Mappenwerkes. Leipzig: Kiepenheuer 1984 S. 30; Ketterer Kunst, Homepage [online]; www.ernest-rathenau-verlag.de/geschichte.html.

Rawidowicz, Simon 22. 2. 1897 Grajewo / Polen – 20. 7. 1957 Waltham / MA; Verleger, Universitätsdozent. Nach einer umfassenden Lehrtätigkeit zur Pflege hebräischer Kultur und Sprache und politischer Aktivität als Abgeordneter der zionistischen Partei Zeire Zion siedelte R. 1919 zum Studium westlicher Kultur nach Berlin über. Dort entfaltete er bald eine Lehr- und Übersetzertätigkeit und schloss sich 1920 als Herausgeber einem enzyklopädischen Projekt des ESHKOL-Verlagshauses an. 1922 gründete er in Berlin mit Unterstützung von → David Kahan den hebräischen Verlag AJANOT und verfasste und publizierte mehrere Bände über jüdische Philosophie und Geschichte. Neben einer seit 1929 betriebenen Tätigkeit als Bibliothekar der jüdischen Gemeindebibliothek in Berlin rief R. 1931 eine Gesellschaft zur Erhaltung hebräischer Kultur in der Diaspora (Brith Ivrith Olamith) ins Leben, die bis zu seiner Emigration 1933 Bestand hatte. R. flüchtete nach Großbritannien und lehrte bis 1940 am Jew's College in London; von 1941 bis 1947 war er Professor für hebräische Philosophie in Leeds. 1941 gründete R. gemeinsam mit den Brüdern Alexander und → Benzion Margulies den hebräischen Verlag ARARAT in London und gab die hebräischen Zeitschriften *Yalkut* und zeitweise *Mezuda* heraus. 1948 emigrierte er in die USA, wo er eine Lehrtätigkeit zunächst am Chicago College of Jewish Studies und seit 1951 an der Brandeis University in Waltham MA ausübte. In den Mittelpunkt seiner philosophischen Forschungen hat R. die Bedeutung jüdischer Einflüsse auf die Literatur gestellt.

BHE 2; Wikipedia; Lexikon deutsch-jüdischer Autoren. Hg. v. Archiv Bibliographia Judaica. Berlin: de Gruyter 2020, Bd. 18, S. 191–194.

Reichmann, Ernesto (Ernst) Buchhändler. Die 1936 von Ernesto Reichmann gegründete Buchhandlung LIVRARIA CIENTIFICA in São Paulo, Brasilien, war ein wichtiger Geschäftspartner für den Vertrieb der Bücher des Springer Verlags. Die Firma, die einen Schwerpunkt auf medizinische Fachliteratur legte und sich auch verlegerisch betätigte, wurde nach R.s Tod von Sohn Ruy Renato R. und Witwe Hannelore R. (1922 – 21.1.2008) weitergeführt.

Schriftliche Mitteilung von Gerhard Kurtze vom 20.9.1993; SStAL, BV, F 12103 (1936–1938); auch: F 11.763 [Schreiben der Dt. Gesandtschaft an den Börsenverein vom 19.12.1935; denunziatorisches Schreiben von Frederico Will]; VM Fachschaft Verlag, Nr. 28 (1937), S. 4; Heinz Sarkowski, Heinz Götze: Der Springer-Verlag: Stationen seiner Geschichte 1945–1992. Berlin: Springer 1994 S. 206; www.stevenmarx.net/2008/04/hannelore-reichmann-1921-2008/.

Reichmann, Felix 14.9.1899 Wien – 24.7.1987 Ithaka / NY; Buchhändler, Antiquar, Hochschullehrer, wissenschaftlicher Bibliothekar; Dr. R. wurde nach seinem Studium der Kunstgeschichte, Archäologie und Philosophie von 1919 bis 1923, das er mit Promotion abschloss, als Buchhändler in Frankfurt, Paris, Florenz (dort bei Leo Olschki & Co.) und London ausgebildet, ehe er 1926 die väterliche Wiener Buchhandlung mit Antiquariat ALOIS REICHMANN (gegr. 1896) übernahm (Alois Reichmann starb am 27. September 1936) und zusammen mit seiner Mutter Emilie (1871–1950) führte. Die Firma wurde hauptsächlich als Sortiment mit Schwerpunkt auf Schulbüchern geführt, daneben pflegte R. aber auch ein wissenschaftliches und bibliophiles Antiquariat. 1933 heiratete er Lilly Dörfler (1907–1997); die Tochter Ingrid kam 1936 auf die Welt. Nach dem ›Anschluss‹ Österreichs an Hitlerdeutschland 1938 wurde der jüdische Buchhändler von dem langjährigen Angestellten Karl Günther in Bezug auf seine politischen Ansichten denunziert, R.'s Vermögen konfisziert und R. selbst von März 1938 bis Februar 1939 zuerst im KZ Dachau und dann im KZ Buchenwald inhaftiert. Die Wiener Buchhandlung übernahm am 15. April 1938 kommissarisch K. Günther, der als Reinvermögen der Firma RM 38 180 angab, wobei das Warenlager abzüglich der behördlich beschlagnahmten Bücher einen Wert von RM 27 154 hatte. Die Firma wurde schließlich von Johannes Katzler ›arisiert‹, und die Firma Alois Reichmann am 18. November 1940 von Amts wegen im Handelsregister gelöscht. Nach seiner Entlassung aus dem Konzentrationslager emigrierte R. 1939 mit seiner Familie in die USA, während seine Mutter Emilie und seine Schwester Lisbeth (1915–1969) nach Großbritannien gingen. In der Erlangung der US-Einreisepapiere war ihm Douglas Waples von der Bibliothek der University of Chicago behilflich, damals bereits ein persönlicher Freund, der in der Besatzungszeit als Leiter der Publications Control Branch ICD mit ihm erneut in enger Verbindung stehen sollte. R. arbeitete zunächst von 1939 bis 1942 als Kurator am Landis Valley Museum in Pennsylvania, einem Museum für deutsche Volkskunst, und studierte daneben ab 1940 an der University of Chicago Bibliothekswissenschaft; in der Folge wurde er Bibliothekar der Carl Schurz Foundation in Philadelphia. Während des Zweiten Weltkriegs war er im amerikanischen Geheimdienst Office of Strategic Services (OSS) tätig, ab 1945 bis Mai 1946 war er Besatzungsoffizier in Baden-Württemberg und dort als Leiter der Stuttgarter Verlagskontrollabteilung des American Military Government mit der Entnazifizierung und Neuorganisation des deutschen Buch- und Verlagswesens beauftragt. Anschließend war er Consultant der Library of Congress mit dem Auftrag, zur Sammlung der Publikationen beizutragen, die während des Krieges in Europa erschienen waren. Ab 1947 war R. an der Bibliothek der Cornell University in Ithaca / NY tätig und wurde über mehrere Stufen Sammlungsleiter und Kurator der Rara-Abteilung. In diesen Funktionen entwickelte er maßgeblichen Einfluss auf die Sammeltätigkeit der Cornell-Bibliotheken, durch Effizienzsteigerung u. a. durch EDV und die Systematisierung der Ankaufspraxis, speziell bei der Erwerbung ganzer Kollektionen, wobei er sich seine profunde Kenntnis des europäischen Buchhandels zunutze machen konnte. R. lehrte auch an der Universität; 1965 wurde er zum Professor für Bibliographie ernannt und übte diese Tätigkeit bis zu seiner Pensionierung 1970 aus. R.'s Nachlass liegt im Cornell University Archive. – Nach Ende des Zweiten Weltkriegs wurde die ehemalige Buchhandlung Alois Reichmann, nach Plünderungen, zunächst von öffentlichen Verwaltern übernommen, im April 1949 (→ Hans Edelmann) fiel die Firma in den Besitz der Republik Österreich. Nach dem Abschluss des Rückstellungsverfahrens am 26. April 1951 ging die Buchhandlung an den früheren Besitzer R. und an Hans Edelmann zu gleichen Teilen über. Seit 1972 war Hans Edelmann mit seinem Sohn Paul Edelmann Eigentümer der Buchhandlung. Die Firma bestand, zuletzt unter der Leitung von Paul Edelmann, bis 2010.

Felix Reichmann: The Reorganization of the Book Trade in Germany. In: The Library Quarterly vol. 17 no. 3 (1947) pp. 185–200. [auch in: International Book Publishing. An Encyclopaedia. New York: Garland 1995 pp. 547–59]; Bibliographical Control of Reprints. In: Library Resources & Technical Services vol. 11 no. 4 (1967) pp. 415–35; u. a. m.

Stephen A. McCarthy: Felix Reichmann and the development of the Cornell Library. In: Library trends (Baltimore) vol. 15 no. 2 (1966) pp. 215–21; Bulletin of the Cornell University Libraries. Special Issue dedicated to Felix Reichmann. Ithaca, NY 1970 (mit Bibliographie der Werke R.s); Wendland: Kunsthistoriker im Exil (1999) Bd. 1; Birgit Pape: Kultureller Neubeginn in Heidelberg und Mannheim 1945–1949. Heidelberg: Winter 2000 S. 193; Hupfer: Antiquarischer Buchhandel (2003) S. 189 f.; Schroeder: ›Arisierung‹ II (2009) S. 362–65; Elisabeth Hochwarter: Felix Reichmann – Wiener Kunstgeschichte gesichtet [online]; Bertz: ›Arisierung‹ im österr. Buchhandel (2009) S. 73–77; Birgitta Stieglitz-Hofer: Buch- und Antiquariathandlung Alois Reichmann, Buch-, Kunst- und Musikalienhandlung Dr. Martin Flinker (Seminararbeit, Wien 2009) [online]; Hendrik Edelman: Felix Reichmann (1899–1987) Scholar, bookseller and librarian in Europe and the United States [online].

Reichmann, Hans 3. 3. 1900 Hohensalza/Posen – 24. 5. 1964 Wiesbaden; Rechtsanwalt. R. war zunächst als Geschäftsführer des Central-Vereins deutscher Staatsbürger jüdischen Glaubens (C. V.) in Oberschlesien, nach Promotion 1924 und 2. Staatsexamen dann in Hindenburg als Anwalt tätig und ab 1927 als Syndikus in der Hauptgeschäftsstelle des C. V. in Berlin, in welchem er zu einem der zentralen Repräsentanten aufstieg. 1930 Heirat mit Eva geb. Jungmann, die im C. V. als Rednerin und Publizistin, als Mitbegründerin des Jüdischen Kulturbundes und im englischen Exil u. a. als Direktorin der Wiener Library eine wichtige Rolle spielte. R. war gleichsam ex officio auch Gesellschafter des PHILO-VERLAGS UND BUCHHANDLUNG, der dem C. V. gehörte (→ Lucia Jacoby, → Alfred Wiener). Im Philo-Verlag erschien hauptsächlich Literatur, die mit Geschichte und Wesen des Judentums zu tun hatte. In den Jahren nach der NS- ›Machtergreifung‹ – seit 1936 war R. einer der beiden geschäftsführenden Syndici – gewann der C. V. enorme Bedeutung, vor allem als juristisch-wirtschaftliche Beratungsstelle für Auswanderer. Erst nach dem Novemberpogrom 1938, der darauffolgenden Verhaftungswelle (R. selbst war acht Wochen im KZ Sachsenhausen) und der behördlichen Schließung des C. V. entschloss sich auch R. zur Emigration. Am 1. April 1939 ging er mit seiner Frau in die Niederlande und dann weiter nach Großbritannien, wo er nach Internierung zunächst als Hauslehrer tätig war und dann in London die Leitung verschiedener jüdischer Flüchtlingsorganisationen übernahm, von 1955 bis zu seinem Tod jene des United Restitution Office; er war in dieser Position einer der führenden Anwälte in den Wiedergutmachungsverfahren. Er starb auf einer Deutschland-Reise im Mai 1964.

BHE 1; Michael Wildt (Bearb.): Hans Reichmann: Deutscher Bürger und verfolgter Jude. Novemberpogrom und KZ Sachsenhausen 1937–1939. München: Oldenbourg 1998; E. G. Lowenthal [Hg.]: Bewährung im Untergang. Ein Gedenkbuch. 2. erw. Aufl. Stuttgart: Deutsche Verlagsanstalt 1966 S. 81–83; Helmuth F. Braun: Der Philo-Verlag 1919–1938. Ein Berliner Verlag für jüdische Abwehr- und Aufklärungsliteratur. In: Berlinische Notizen H. 4 (1987) S. 90–103; Susanne Urban-Fahr: Der Philo-Verlag 1919–1938 (Haskala. 21). Hildesheim: Georg Olms Verlag 2001.

Reichmann, Henrique Buchhändler, Verleger. R. war 1943 der Gründer der LIVRARIA TRIANGULO in São Paulo, Brasilien, die sich um den Import ausländischer Fach- und Lehrbücher, insbesondere aus dem Technikbereich, verdient machte. Technische Literatur brachte auch der von R. gegründete Verlag POLIGONO heraus. Diesen Verlag verkaufte R. 1977/78 an LIVRO ABERTO in Rio de Janeiro. In der Buchhandlung Triangulo folgte ihm sein Sohn Ronnie nach, der ein zweites Geschäft in Porto Alegre führte. Nach Henrique R., der sich im jüdischen Schulwesen engagierte und (wie → Erich Eichner und → Ernesto Reichmann) von Beginn an auch in der Jury des 1959 ins Leben gerufenen bedeutendsten brasilianischen Literaturpreises Premio Jabuti mitwirkte, wurde eine Straße in São Paulo beim Palmengarten benannt.

Schriftliche Mitteilung von Gerhard Kurtze vom 20. 9. 1993; Laurence Hallewell: O livro no Brasil: sua historia. 2. erw. Aufl. São Paulo: Edusp 2005 S. 686; https://pt.wikipedia.org/wiki/2.%C2%BA_Pr%C3%AAmio_Jabuti.

Reichner, Edith 24. 3. 1909 Wien – 7. 3. 2000 Brewster, MA. R. geb. Schlesinger studierte nach dem Abitur am Französischen Lyzeum in Wien an der Universität Wien und setzte ihre geisteswissenschaftlichen Studien in Oxford, Grenoble und Paris fort. 1930 heiratete sie → Herbert R., emigrierte mit ihm in die USA und führte nach dem Tod ihres Mannes 1971 bis 1986 die Antiquariatsgeschäfte von HERBERT REICHNER Old Rare and Scholarly Books unter der Adresse Shaker Hill, Enfield / NH weiter.

Literatur und Quellen siehe Herbert Reichner.

Reichner, Herbert 8. 3. 1899 Wien – 6. 11. 1971 Pittsfield / MA; Verleger, Herausgeber, Antiquar. R. legte an einem humanistischen Gymnasium in Wien sein Abitur ab und nahm anschließend ein Mathematikstudium an der Technischen Hochschule auf. Bald jedoch trat er ins Verlagsgeschäft ein, wobei sein besonderes Interesse der Bibliophilie galt. So regte er die Publikation einer Festschrift zu Emil Rudolf Weiss' 50. Geburtstag an, die 1926 im Insel Verlag erschien und als deren Herausgeber er fungierte. 1925 gründete er einen eigenen Verlag in Wien VI, Strohmayergasse 6. Der HERBERT REICHNER VERLAG brachte Werke u. a. von Stefan Zweig, Paul Stefan und René Fülöp-Miller heraus; 1935 erschien dort (mit der Jahreszahl 1936) die erste Ausgabe von Elias Canettis berühmtem Roman *Die Blendung*. Zwischen 1928 und 1934 gab R. in Wien, 1934 bis 1937 in Wien, Leipzig, Zürich *Philobiblon. Eine Zeitschrift für*

Bücherliebhaber heraus, eine Vierteljahresschrift für Buch- und Graphiksammler. 1936 wurde die Zeitschrift im Zuge der Zwangsarisierungen vom völkisch orientierten Rudolf M. Rohrer Verlag übernommen, R.'s Bücherlager in Leipzig beschlagnahmt und eingezogen. Nach Protest wurde R. die Ausfuhr in das Ausland erlaubt. Nach dem ›Anschluss‹ Österreichs im März 1938 flüchtete R. zunächst in die Schweiz, im September dann in die USA und gründete in Midtown Manhattan / NY (zunächst 11 W 42nd Street, dann 34 E 62nd Street), unterstützt von Karl Kup (1903–1981), Bibliothekar der Spencer Collection, New York Public Library, ein an dieser Adresse beinahe zwanzig Jahre firmierendes Antiquariat, wobei er sich auf geisteswissenschaftliche Literatur, Werke des 16. Jahrhunderts und Bibliographien, alles beinahe ausschließlich europäischer Provenienz, spezialisierte. Leona Rostenberg, nachmalige Präsidentin der Antiquarian Booksellers' Association of America, absolvierte bei R. seit 1939 eine Lehre, bevor sie sich 1944 in New York mit einem eigenen kleinen, feinen Geschäft etablierte. R.'s Händlerprofil zeigte sich bereits mit dem ersten Verkaufskatalog (1939), dem bis 1968 34 weitere folgen sollten: illuminierte Handschriften, Inkunabeln, Pressendrucke. Als Antiquar baute R. die Burndy Library (Bern Dibner, Norwalk / CT) und Everett Lee DeGolyer Library in Dallas / TX, auf; er galt als exzellenter wissenschaftlicher Antiquar und war ein geschätzter Geschäftspartner für viele US-Colleges und Universitäten, u. a. die Harvard University Library und die Boston Public Library, aber auch für viele finanzstarke Privatkunden. Die von ihm publizierten, in der wissenschaftlichen Beschreibung höchst niveauvollen Kataloge sind heute selbst zu Sammlerstücken geworden. 1956 übersiedelte R. nach zwei Herzinfarkten nach Stockbridge / MA. Nach seinem Tod führte seine Witwe → Edith R. das Antiquariat bis 1986 weiter; sie verkaufte den Bestand en bloc an Lathrop C. Harper, damals unter der Geschäftsführung von R.'s langjährigem Freund → Otto H. Ranschburg. R.'s Handbibliothek, mit 23 000 Bänden nach → H. P. Kraus' Referenzbibliothek die zweitgrößte in privater Hand, wurde 1978 an die Graduate School of New York State University, Binghamton, verkauft. Im Zuge der seit Frühjahr 2009 im Gange befindlichen Restitution österreichischer Archivalien aus dem russischen ›Sonderarchiv‹ Moskau an das Österreichische Staatsarchiv in Wien sind Dokumente zu R.'s Verlag rückgestellt worden.

Herbert Reichner: Die Gutenberg-Bibel der Sammlung Vollbehr. Schicksale des kostbarsten Buches. Wien: Reichner 1927; ders.: Catalogue 5. Great Thinkers From Albertus Magnus To Albert Einstein: Portraits and Books. New York: Reichner [ca. 1944].

Rosenthal-Fragebogen; StAL, F 7513; Liste RSK, Landesleitung Österreich VI 8/16; Publisher's Weekly, 18 Feb. 1939; Dickinson: Dictionary (1998) pp. 172 f.; Anzeiger für den Schweizerischen Buchhandel Nr. 5 vom 10.3.1940; Murray G. Hall: Literatur und Verlagspolitik der dreißiger Jahre in Österreich. Am Beispiel Stefan Zweigs und seines Wiener Verlegers Herbert Reichner. In: Dokumentationsstelle für neuere österreichische Literatur [Hg.]: Stefan Zweig. 1881–1981. Aufsätze und Dokumente (ZIRKULAR. Sondernummer 2 (Okt. 1981)) S. 113–36; Hall: Österr. Verlagsgeschichte I (1985) bes. S. 293–302; Hall: Österr. Verlagsgeschichte II (1985) bes. S. 295–300; Hall: Jüd. Verleger, Buchhändler 1938 (1988) [online]; Murray G. Hall: Stefan Zweig und der Herbert Reichner Verlag. In: Znanstvena Revija (Maribor) vol. 5 Br. 1 (1993) S. 107–16; Murray G. Hall: Stefan Zweig und der Herbert Reichner Verlag. In: Friedrich Gaede [Hg.]: Hinter dem schwarzen Vorhang. Die Katastrophe und die epische Tradition. FS für Anthony W. Riley. Tübingen: Francke 1994 S. 157–66; Leona Rostenberg, Madeleine Stern: Zwei Freundinnen, eine Leidenschaft. Unser Leben für seltene Bücher. Aus dem Amerikanischen von Christian Liedtke. Hamburg: Hoffmann & Campe 2004; Bach, Fischer: Antiquare (2005) S. 349 f.; Schroeder: ›Arisierung‹ II (2009) S. 380.

Reinhardt, Max 30.11.1915 Konstantinopel –19.11.2002 Richmond-upon-Thames, London; Verleger. R.'s Eltern waren beide österreichische Staatsbürger; sie lebten in Triest, bevor der Vater, der Architekt war, von seinem Auftraggeber in die Türkei geschickt wurde. R. wuchs in der kosmopolitischen Gesellschaft der Europäer in Konstantinopel auf und besuchte dort die Englische Schule. Nach seinem Studium an der Ecole des Hautes Études Commerciales in Paris wollte er in London eine Filiale des Comptoir d'Anatolie seines Onkels eröffnen, als der Zweite Weltkrieg ausbrach. Er trat im Juli 1941 der Royal Air Force bei, wurde 1942 ausgemustert und studierte an der London School of Economics weiter. 1946 erhielt R. die britische Staatsbürgerschaft. Durch Zufall konnte er 1947 den kleinen Wirtschaftsbuchverlag H. FOULKS LYNCH (HFL) erwerben; über seine erste Frau, die Schauspielerin Margaret Leighton, bewegte er sich in Künstler- und Schriftstellerkreisen. Auf Anraten von Freunden veränderte R. sein verlegerisches Profil und gründete MAX REINHARDT LTD. als belletristischen Verlag: sein erster Titel war der Briefwechsel von G. B. Shaw mit Ellen Terry. 1953 übernahm R. den Vertrieb der typographisch exklusiven Bücher der NONESUCH PRESS. 1956 heiratete er in zweiter Ehe Joan MacDonald, die Tochter eines amerikanischen Stahlmagnaten, und vergrößerte sein Portfolio mit dem Zukauf des einstmals renommierten, in der Zwischenzeit herabgewirtschafteten Verlags THE BODLEY HEAD: R. machte – mit Graham Greene als Direktor des Verlagsteams – den Verlag, in dem Charly Chaplins Autobiographie und Werke u. a. von Agatha Christie, Eric Ambler und Graham Greene selbst erschienen, zu einer der prominentesten Marken im englischen Buchhandel. Unter dem Imprint *Bodley Head* erschienen auch schöne Kinderbücher und Bücher zu Typographie und Design. 1973 formte R. mit JONATHAN CAPE und CHATTO & WINDUS eine kleine Verlagsgruppe, um den beginnenden Konzentrationsbewegungen im Medienbereich besser standhalten zu können. Trotzdem konnte er als Hauptaktionär den Zerfall der Gruppe, der später auch VIRAGO angehörte, nicht aufhalten. 1985 erlitt R. einen Herzinfarkt, und versuchte dennoch zwei Jahre später ein Comeback als unabhängiger Verleger: er startete mit Unterstützung seines alten Freundes → Peter Mayer unter dem Dach von PENGUIN BOOKS sein Imprint *Reinhardt Books*, Autoren seines Verlages waren wieder Graham Greene und Maurice Sendak. Im Jahr zuvor hatte R. bereits die NONESUCH PRESS erworben, deren Buchgestaltungstradition er aufrecht hielt. Die letzten Lebensjahre R.'s, dem seine Mitgliedschaften in den exklusiven Londoner Gentlemen Clubs Savile, Garrick und Beefsteak viel bedeuteten, waren überschattet von gesundheitlichen Beeinträchtigungen. The Bodley Head wurde 1987 von RANDOM HOUSE erworben, stellte seine Verlagstätigkeit 1990 ein und wurde 2008 von Random House reaktiviert.

Euan Cameron: Max Reinhardt: Shrewd Businessman, Publisher of Famous Authors. In: Immigrant publishers (2009) pp. 155–64; Judith Adamson: Max Reinhardt: A Life in Publishing. Basingstoke: Palgrave Macmillan 2009.

Reisfeld, Berthold (Bert) 12.12.1906 Wien –12.6.1991 Badenweiler / Schwarzwald; Verleger, Schlagerkomponist, Pianist; Dipl. Ing. R. absolvierte eine Klavierausbildung am Konservatorium in Wien und studierte daneben an der Technischen Hochschule, anschließend ging er nach Berlin, wo er als Architekt arbeitete. Anfang der 1930er Jahre fasste er erfolgreich Fuß in der Unterhaltungsmusikbranche und arbeitete wiederholt mit → Rolf Marbot zusammen. Nach der NS-›Machtergreifung‹ flüchtete R. nach Paris und arbeitete dort als Komponist in der Varietészene; vermutlich war R. an den beiden Exilverlagsgründungen von Marbot, der Wiener EDITION STACCATO (1936) bzw. den ÉDITIONS MERIDIAN (1938) finanziell beteiligt. 1938 ging R. in die USA und übernahm seit 1941 in Hollywood die verschiedensten Aufträge in der Film- und Unterhaltungsbranche, u. a. als Arrangeur, Journalist, Schlagerkomponist und Pianist. Der von ihm komponierte Titelsong zu *An Affair to Remember* brachte ihm 1957 eine Oscar-Nominierung ein. R. war Präsident der Hollywood Foreign Press Association. Er starb während eines Kuraufenthaltes in Badenweiler.

Fetthauer: Musikverlage (2004) S. 493; LexM [online].

Reiß, Erich 1. 2. 1887 Berlin – 8. 5. 1951 New York; Verleger. R., Sohn des Fabrikanten Alexander R., gründete 1908 mit einem Teil seines ererbten Vermögens die ERICH REISS VERLAG GMBH in Berlin und war bis 1938 deren Inhaber. Er veröffentlichte in diesem zu den führenden deutschen Literatur- und Bühnenverlagen gehörenden Unternehmen u. a. Werke von Peter Altenberg, Gottfried Benn, Oscar Bie, Karl Edschmid, Bruno Frank, Maximilian Harden, A. Hausenstein, Richard Huelsenbeck, Franz Kafka, Klabund, Hans Josef Rehfisch und Fritz von Unruh. Zwischen 1919 und 1923 publizierte er die literarische Reihe des Expressionismus *Tribüne der Kunst und Zeit*, die periodisch von Maximilian Harden herausgegebene *Zukunft* und die *Blätter des Deutschen Theaters* als Organ der Bühnengenossenschaft Neuer Weg. Mit dem Regisseur Max Reinhardt verband R. eine enge Freundschaft. Von den Nationalsozialisten in ein verlegerisches ›Ghetto‹ gedrängt, gab R. von 1933 bis zu seiner Internierung im Konzentrationslager 1937 ausschließlich Werke jüdischer Autoren heraus. Das Unternehmen wurde Ende 1938 geschlossen, R. selbst wurde durch Bemühungen Selma Lagerlöfs und Karin Michaelis' aus dem Lager befreit und emigrierte 1940 zunächst nach Schweden, dann in die USA, wo er als Theaterkritiker arbeitete und 1940 die bereits 1935 emigrierte Photographin Lotte Jacobi heiratete. 1962 erinnerte eine Ausstellung in Offenbach an den Erich Reiss Verlag.

BHE 2; Adressbuch 1931 S. 502; Tentative List p. 16; Homeyer: Bibliophilen und Antiquare (1966) S. 143; Bbl. (Lpz) Nr. 7 vom 16. 2. 1988 S. 134 f.; Hans-Adolf Halbey: Der Erich Reiss Verlag 1908–1936. In: AGB Bd. 21 (1980) Sp. 1127–255.

Reiss, Kurt 22. 1. 1901 Pforzheim – 21. 4. 1974 Basel; Theaterverleger. Nach dem Besuch eines Mannheimer Gymnasiums arbeitete R. von 1924 bis 1931 als PR-Fachmann für den Theaterkonzern Max Reinhardts, Victor Barnowskys und der Gebrüder Rotter in Berlin. 1935 emigrierte er in die Schweiz, wo er im folgenden Jahr als Besitzer den Theaterverlag REISS AG in Basel eröffnete. Hier erschienen Stücke u. a. von Friedrich Dürrenmatt, Paul Claudel, Carl Sternheim, Federico Garcia Lorca und Jean Anouilh; ab 1945 organisierte R. außerdem Theatertourneen und Gastspiele ausländischer Gruppen. R. war Mitglied und Vizepräsident der Gesellschaft Schweizer Theaterverleger.

BHE 2.

Renka, Jacki(e) eigtl. Jakob Renkazischok, 17. 7. 1916 München – 21. 2. 1970 München; Antiquar. R. war das jüngste von sechs Kindern eines jüdischen deutsch-russischen Schneiders und Kürschners, der mit seiner Familie 1912 nach Deutschland eingewandert war. Er begann zunächst in München eine Elektrikerlehre, ließ sich dann aber in Hamburg für die Arbeit im Kibbuz ausbilden und ging anschließend in das englische Mandatsgebiet Palästina. 1937 meldete er sich als Freiwilliger und kämpfte in den Internationalen Brigaden in Spanien; nach Kriegsende kam er in das Internierungslager in Gurs / Pyrenäen. Zurück in Palästina, nahm er zunächst Gelegenheitsarbeiten an, u. a. als Kellner und Fliesenleger. Mit zwei Kisten voll Büchern begann R. in der Mensa der Universität Jerusalem einen ambulanten Buchhandel, betrieb dann einen Laden RENKA & BRAUN in einem Hausdurchgang bei der Jaffa Road und gründete schließlich um 1949 die Firma RENKA BOOKS, Arlosoroff Street 1. ›Sein in einer zurückgelegenen engen Garage eingerichtetes Antiquariat war für die Eingeweihten einer der Anziehungspunkte des modernen Jerusalem.‹ (Zadek). 1957 ging R. von Israel zurück nach Deutschland und verschickte zunächst von seiner Wohnung in München aus Listen, v. a. zum Spezialgebiet Judaica. In seinem bald darauf in der Schellingstraße eröffneten Ladengeschäft wurde der inzwischen erfahrene, mit gutem Spürsinn ausgestattete Antiquar in genialisch angeräumtem Ambiente eine Anlaufstelle für Bücherfreunde, die auf besondere Funde hofften. Mit Hilfe von Mitarbeitern brachte er in der Folgezeit insgesamt 88 (meist Varia-)Kataloge mit attraktiven Umschlagbildern nach alten Vorlagen heraus. Einen sehr persönlichen Eindruck formulierte C. Schellenberg: ›Jackie Renka ist nicht mehr. Auf der anderen Seite jenseits der Türkenstraße hatte er seinen unsäglich verwahrlosten Laden. Seine Bücher waren verstaubt, aber seine Ansichten frisch. Seine Preise gesalzen und seine Aussprüche sarkastisch. Ehre seinem Andenken!‹

Jackie Renka: Erinnerungen an die Kindheit in München und die Emigrationsjahre. In: Andreas Heusler und Andrea Sinn [Hg.]: Die Erfahrung des Exils. Vertreibung, Emigration und Neuanfang. Ein Münchner Lesebuch. Berlin und Boston: De Gruyter Oldenbourg, 2015 (Studien zur Jüdischen Geschichte und Kultur in Bayern 10), S. 130–133 [mit einer einleitenden Kurzbiographie]; Adressbuch 1955 S. 773; Zadek: Buchhändler II (1971) S. 2941; Gerhard Scheppler: Erinnerung an Jackie Renka. In: Bbl. (FfM) Nr. 17 vom 29. 2. 1972 S. A82–84 (AdA Nr. 2 (1972)); Wittmann: Münchens jüdische Antiquariate (2009) S. 23–42; Carlheinz Schellenberg: Streifzüge in Folio – Münchens Antiquariate aus persönlicher Sicht. In: AdA 8/1972, A330–332, hier A331; Hermann Schreiber: Die Antiquare meines Lebens. In: AdA 1/1996, A9–A12, hier A12.

Retford, Irene 20. 5. 1921 Hamburg – 21. 2. 2009 London; Musikverlegerin. Die Tochter von Rosel und → Richard Schauer vom ANTON J. BENJAMIN MUSIKVERLAG in Hamburg und Leipzig ging 1937 auf ein Internat in der Schweiz und absolvierte 1938/39 eine Handelsschule in Lausanne. Im März 1939 emigrierte sie allein nach Großbritannien, wenig später kamen ihre Eltern und ihre Schwester nach. In London besuchte R. das Pitman-College und leistete während des Zweiten Weltkriegs Kriegsdienst. Ihr Vater baute in London nach der ›Arisierung‹ des Leipziger Musikverlags durch Hans C. Sikorski den Musikverlag SCHAUER & MAY und ab 1943 RICHARD SCHAUER MUSIC PUBLISHERS auf. Wegen seiner Erkrankung trat R. bald in das Verlagsgeschäft ein und unternahm bereits 1946/47 erste Auslandsreisen, die sie auch nach Deutschland führten. Nach dem Tod des Vaters 1952 wurde Rosel Schauer geb. Intrator (1898–1995) Inhaberin des Unternehmens, R. übernahm die Geschäftsleitung. Nach einer mehrjährigen Pause zwischen 1958 und 1967 trat sie wieder in den Verlag ein und war seit Anfang der 1970er Jahre im Vorstand der Music Publishers Association tätig. Von 1980 bis zum Verkauf des Verlags an BOOSEY & HAWKES 2001 war sie alleinige Inhaberin und leitete die Geschäfte in London und in der Zweigstelle in Hamburg.

Fetthauer: Musikverlage (2004) S. 494; LexM [online].

Retzlaw, Karl 10. 2. 1896 Schneidemühl / Posen – 20. 6. 1979 Frankfurt am Main; Verleger, Publizist, Parteifunktionär. Der aus einer Arbeiterfamilie stammende R. führte bis 1935 seinen Geburtsnamen Karl Gröhl. Er kam 1908 nach Berlin, arbeitete in einer Bronzegießerei, war Mitglied im Arbeiterjugend-Bildungsverein und engagierte sich zunächst in der Sozialdemokratie, bis er sich ab 1916 zunehmend linksradikalen Kreisen annäherte. Nach Kriegsdienstverweigerung am Ende des Ersten Weltkriegs, Untertauchen in die Illegalität, Festnahme und Verbüßen einer Haftstrafe wurde R. Mitglied der KPD. Von 1921 bis 1926 war er Geschäftsführer des deutschen KOMINTERN-VERLAGES (mit der angegliederten Verlagsbuchhandlung CARL HOYM). Nach mehreren Moskaureisen und der Verbüßung einer Haftstrafe leitete er als Geschäftsführer von 1928 bis 1933 den NEUEN DEUTSCHEN VERLAG, Teil des kommunistischen Münzenberg-Konzerns (→ Willi Münzenberg, → Babette Gross). Nach der nationalsozialistischen ›Machtergreifung‹ ging R. mit Parteiauftrag in Verlagsangelegenheiten (Universum-Bücherei) in die Schweiz, nach Frankreich und Österreich und blieb als Emigrant in Saarbrücken. Nach dem Bruch mit KPD und Komintern im November 1933 und dem Anschluss an die Trotzkisten war R. unter dem Pseudonym Karl Erde als Journalist tätig; 1935 flüchtete er nach Straßburg, von dort weiter nach Paris. Am 3. Dezember 1936 erfolgte die Ausbürgerung zusammen mit seiner Frau Veronika. Im französischen Exil gründete R. die EDITION ASRA, um die von Max Sievers herausgegebene Zeitschrift *Freies Deutschland* vertreiben zu können. R. engagierte sich vielfältig im Widerstand gegen das NS-Regime, v. a. durch Spionagetätigkeiten (auch im Auftrag des britischen Geheimdienstes). Nach kurzfristiger Internierung 1939/40 flüchtete er nach Südfrankreich, dann über Spanien nach Lissabon. 1940 wurde R. auf Veranlassung des britischen Geheimdienstes nach Großbritannien ausgeflogen. Im Exil gehörte R. mehreren antifaschistischen und antimilitaristischen Gruppen an, u. a. dem von Hans Jaeger gegründeten Klub Konstruktivisten. Nach dem Krieg lebte R. als SPD-Funktionär bis zu seiner Ausweisung 1949 im Saargebiet; ab 1950 war er als Verlagsangestellter der *Frankfurter Rundschau* tätig.

Karl Retzlaw: Spartakus. Aufstieg und Niedergang. Erinnerungen eines Parteiarbeiters. 2. durchges. Aufl. Frankfurt am Main: Verlag Neue Kritik 1972.

BHE 1; DBE S. 337; Jörg Später: Die Kritik des ›anderen Deutschland‹. Otto Lehmann-Rußbüldt, Karl Retzlaw und Hans Jaeger im Londoner Exil. In: Gunther Nickel [Hg.]: Literarische und politische Deutschlandkonzepte 1938–1949. Göttingen: Wallstein 2004 S. 163–85.

Riechert, Paul 21. 12. 1874 in Neuhardenberg / Brandenburg –12. 7. 1951 in Kolding / Dänemark; Druckereibesitzer, Verleger. R.'s Erlebnisse während des Ersten Weltkrieges ließen ihn zum überzeugten Pazifisten werden; erwerbstätig war R. mit seiner Druckerei in Heide in Holstein, die überwiegend Akzidenz-Druckaufträge erledigte. Für seine engagierte sozialdemokratische Einstellung bekannt, wandten sich der Kieler Arzt, Politiker und Publizist Dr. Johannes Leonhart und Johann Ohrtmann an den Gesinnungsfreund, den sie 1927 als Verleger für ihr Organ *Deutsche Zukunft* (DZ) gewinnen konnten. In der Ausgabe vom 1. Oktober 1927 wurde den Lesern mitgeteilt, dass ›der neue Verlag es als seine erste Aufgabe betrachten [wird], den idealen Gedanken der Völkerversöhnung zu hegen und zu pflegen, die Kriegstreibereien erzreaktionärer Nationalisten und Militaristen jedoch mit allen zu Gebote stehenden Mitteln zu bekämpfen und das wahre Gesicht der Kriegsfurie der Menschheit zu enthüllen.‹ Am 4. Februar 1933 wurde R.'s Druckerei polizeilich durchsucht und alle pazifistischen Schriften, Verlagsprospekte und Flugblätter ›sichergestellt‹, R. selbst war massiven Drohungen ausgesetzt, seine bürgerliche Existenz vernichtet. Die Familie R. meldete sich daraufhin zu einer in Flensburg lebenden Tochter ab, und es gelang sogar, noch einige Besitztümer, darunter Druckmaschinen, illegal ins Ausland zu verbringen. In der Folge flüchtete R. zu dem befreundeten Juristen, Publizisten und Sprachlehrer Dr. Arnold Kalisch, einer der bedeutsamsten Persönlichkeiten der deutschen Friedensbewegung vor 1933, der sich schon bald nach der ›Machtergreifung‹ Hitlers vor den Nationalsozialisten in sein Häuschen in Ronshoved am nördlichen Ufer der Flensburger Förde in Sicherheit gebracht hatte; die DZ wurde am 23. Mai 1933 von den neuen Machthabern verboten. R. gelang es, die Besatzungszeit in Dänemark unbeschadet zu überleben, nach Ende des Zweiten Weltkriegs kam er nicht wieder nach Deutschland zurück.

Brief von Maria von Borries an EF vom 12. 2. 1992; Maria von Borries: Der Verleger und Pazifist Paul Riechert, in: Mitteilungen des Beirats für Geschichte der Arbeiterbewegung und Demokratie in Schleswig-Holstein Nr. 13 (1991); Bernd Philipsen: Tinte floss übers Hakenkreuz. Dr. Arnold Kalisch – ein verfolgter Pazifist und Jude [online]; Thomas Pusch: Politisches Exil als Migrationsgeschichte. Schleswig-Holsteiner EmigrantInnen und das skandinavische Exil 1933–1960. Diss. Universität Flensburg 2003 (online).

Riegler, Charles J. (Carlos) Buchhändler, Literaturagent. R. war, zusammen mit der Witwe des Wiener Buchhändlers Wilhelm Müller (1849–1928), Lily Müller geb. Bachmayr, → Max Faltitschek und Alfred Rechnitzer (gest. 27. März 1938), seit 1927 Miteigentümer der renommierten Universitätsbuchhandlung R. LECHNER in Wien I, Graben; wie aus Korrespondenzstücken ersichtlich, war er auch persönlich im Ladengeschäft tätig. Die Traditionsbuchhandlung in bester Innenstadtlage war verknüpft mit der 1885 gegründeten ›Manufaktur für Photographie‹, die eines der photographischen Pionierunternehmen der k. k. Monarchie war. R., Jude wie die anderen Eigentümer, wurde nach dem ›Anschluss‹ Österreichs an Hitlerdeutschland enteignet. Da seine Frau Argentinierin war und er selbst seit 1920 im Besitz der argentinischen Staatsbürgerschaft, emigrierte er nach Südamerika. Er war Gründungsmitglied der patriotischen Emigrantenorganisation Austria Libre und versuchte 1943/44, sich in Buenos Aires mit dem Namen Carlos Riegler in Kooperation mit dem gebürtigen Deutschen Harry Jacobsen als Literaturagent zu etablieren.

Adressbuch 1931 S. 366 f.; University of Reading, The Archive of British Publishing and Printing, Chatto & Windus CW 103/6 Carlos Riegler.

Riepl, Hans (Otto) 28. 3. 1906 – 3. 7. 1967 Frankfurt am Main; Verleger. R. war 1923 bis 1933 als Sortiments- und Verlagsbuchhändler in Erfurt, Gotha und Berlin tätig, unter anderem beim MALIK-VERLAG; zuletzt war er Leiter des Verlags des Kommunistischen Jugend-Verbandes Deutschlands (KJVD). Um der politischen Verfolgung zu entgehen, flüchtete er zunächst in die Tschechoslowakei und arbeitete in Reichenberg und Prag wieder als Buchhändler, 1938 flüchtete er weiter nach Großbritannien. In London schlug er sich mit einer kleinen Goldschmiede-Werkstatt durch; politisch hatte er sich von der KP getrennt und war der Arbeitsgemeinschaft demokratisch-sozialistischer Gruppen beigetreten. 1952 erhielt er über Vermittlung von Freunden das Angebot, als Lektor zur 1946 gegründeten EUROPÄISCHEN VERLAGSANSTALT (EVA) nach Frankfurt am Main zu gehen. Nach einigem Zögern nahm er das Angebot an und löste seine Londoner Werkstatt auf; in Frankfurt trat er der SPD bei. Von Anfang 1953 bis zu seinem überraschenden Tod 1967 war er faktisch Programmleiter der EVA und konnte das von → Hanna Bertholet aufgebaute Profil des Verlags in entscheidenden Punkten erweitern. Die Judaica-Reihe baute er durch Druckkostenzuschüsse aus (u. a. erschien Ismar Elbogen: *Ein Jahrhundert jüdischen Lebens. Die Geschichte des neuzeitlichen Judentums*); weitere Schwerpunkte bildeten sich mit Sachbüchern über die Weimarer Republik und den Nationalsozialismus (Neuauflage von Eugen Kogons *Der SS-Staat. Das System der deutschen Konzentrationslager*; Hannah Arendts *Elemente und Ursprünge totaler Herrschaft*) und mit Dokumentationen zu KZ-Prozessen heraus. Aber auch das Sachbuch zur aktuellen Weltpolitik (teilweise antisowjetisch) und zur Demokratieentwicklung in der Bundesrepublik war erfolgreich, zumal dafür reichlich (wenn auch nicht offen) Fördergelder von verschiedenen US-Stellen zur Verfügung standen und ein Garantieabsatz manchmal schon über die Amerika-Häuser in deutschen Städten gegeben war, die ausgesuchte Titel zur Verteilung anforderten. R. hat aber auch für die Literatur zur gewerkschaftlichen Theorie und Praxis (bes. im Zusammenhang mit den ›Notstandsgesetzen‹) ein ideenreiches Wirken entfaltet. Hervorhebenswert erscheint ferner, dass er 1958 eine Gesamtausgabe der Werke Hans Henny Jahnns in Angriff nahm und mit V. O. Stomps' Eremiten-Presse zusammenarbeitete (Stomps: *Gelechter. Eine poetische Biographie*). Zudem engagierte er ambitionierte Buchgestalter/innen und modernisierte in Zusammenarbeit mit ihnen das ästhetische Profil des Verlags entscheidend. Auch richtete er neue Reihen ein, u. a. die innovative Paperback-Serie *res novae* sowie die *Politischen Texte*, mit denen – sowohl als Hardcover-Bibliotheksausgabe wie als Paperback – klassische Werke der Politologie und Soziologie v. a. für den universitären Gebrauch bereitgestellt werden sollten (auf Empfehlung von → Theo Pinkus gewann R. als Herausgeber dieser Reihe Wolfgang Abendroth, Ossip K. Flechtheim und Iring Fetscher). Eine heimtückische Krankheit setzte seinem Wirken ein abruptes Ende.

BHE 1; Sabine Groenewold [Hg.]: Mit Lizenz. Geschichte der Europäischen Verlagsanstalt 1946–1996. Hamburg: Europäische Verlagsanstalt 1996 S. 33, 53–76; Anhang [Nachrufe auf R. von seinem Freund Heinz-Joachim Heydorn und Joseph Lang, aus der Verlagszeitschrift *Beispiele*, Folge 3 (1967)].

Ring, Grete 5. 1. 1887 Berlin –18. 8. 1952 Zürich; Verlegerin, Kunsthändlerin; Dr. phil. R., eine Nichte des Malers Max Liebermann, promovierte an der Universität München in Kunstgeschichte bei Heinrich Wölfflin und war anschließend seit 1912 Mitarbeiterin in der Kunsthandlung des renommierten Berliner Unternehmens PAUL CASSIRER, Verlag und Kunsthandlung; nach dem Selbstmord Paul Cassirers im Januar 1926 übernahm R. gemeinsam mit ihrem Kollegen → Walther Feilchenfeldt die Leitung des Kunstsalons. Im Januar 1928 fand bei Cassirer eine Van Gogh-Ausstellung statt, die von dem Kunsthändler Otto Wacker beliefert worden war. R. und Feilchenfeldt erkannten, dass es sich bei einem Teil der Gemälde um Fälschungen handelte (›Fall Wacker‹). Um 1930 wurde R. Mitinhaberin des Kunstsalons. Mit der Machtübernahme durch die Nationalsozialisten geriet das Geschäft zunehmend in Bedrängnis und wurde 1937 liquidiert. R. emigrierte über Amsterdam nach England, wo sie sich im Mai 1938 in London niederließ und die 1937 als Zweig der Berliner Firma gegründete Kunsthandlung PAUL CASSIRER LTD. übernahm, die (ab 1952 von Marianne Feilchenfeldt geleitet) bis 1975 existierte. 1940 wurde R.'s Wohnung bei einem deutschen Luftangriff zerbombt. 1949 veröffentlichte sie ihre bedeutendste Publikation *A Century of French Paintings 1400–1500*. R. verstarb während eines Hospital-Aufenthaltes in der Schweiz.

Homeyer: Bibliophilen und Antiquare (1966) S. 144; Rahel E. Feilchenfeldt, Markus Brandis: Paul Cassirer Verlag Berlin 1898–1933: eine kommentierte Bibliographie; Bruno und Paul Cassirer Verlag 1898–1901; Paul Cassirer Verlag 1908–1933. München: Saur 2004; Rahel E. Feilchenfeldt, Thomas Raff [Hg.]: Ein Fest der Künste. Paul Cassirer. Der Kunsthändler als Verleger. München: C. H. Beck 2006 S. 38 f., 405; Marianne Feilchenfeldt Breslauer: Bilder meines Lebens. Erinnerungen. Wädenswil: Nimbus 2009.

Ringart, Berl Geb. in Łódź; Buchhändler. R., dessen Bruder Noah R. (18. 10. 1898 Łódź – 28. 11. 1978 Paris) in Danzig kurzzeitig eine BUCHHANDLUNG RINGART im Stadtgraben 5 geführt hatte (er hatte nach Errettung aus dem besetzten Frankreich als Fotograf für Magnum Paris gearbeitet), wanderte als überzeugter Zionist noch in den 1920er Jahren nach Palästina aus und war dort zunächst als leitender Angestellter bei der Firma → STEIMATZKY tätig. Am 12. Januar 1934 gab er in einer Postkarte dem Börsenverein der Deutschen Buchhändler bekannt, dass er 1933 unter der Firmenbezeichnung RINGART'S BOOKSHOP in Haifa eine Buch-, Zeitschriften-, Kunst- und Lehrmittelhandlung sowie eine Leihbibliothek eröffnet habe; die deutsche Vertretung habe er der EWER-BUCHHANDLUNG in München übertragen. Noch im gleichen Jahr 1934 wurde die Geschäftsleitung der deutschen Abteilung und der Lehrmittelabteilung durch → Salomon Monheit übernommen; Monheit wurde bald auch Teilhaber des Unternehmens. Der später unter dem Namen S. MONHEIT & B. RINGART geführten Buchhandlung wurden zwei Filialen angeschlossen. Die Firma war Mitglied der Foreign Book Trade Association in Palästina / Israel. Nach R.'s Tod wurden die Buchläden geschlossen.

Brief von F. Pinczower an EF vom 12. 12. 1991; Blumenfeld: Ergänzungen (1993); SStAL, BV, F 7689 S. Monheit; Adressbuch 1955 S. 773; Zadek: Buchhändler II (1971) S. 2941; Buchhändlermarke Ringart / Danzig (Slg. Öhlberger); http://www.historisches-unterfranken.uni-wuerzburg.de/juf/Datenbank/detailsinclude.php?global=;search;28665 (Noah Ringart); Josef Tal: Der Sohn des Rabbiners. Ein Weg von Berlin nach Jerusalem. Berlin: Quadriga-Verlag J. Severin, 1985 S. 84.

Rössler, Rudolf 22. 11. 1897 Kaufbeuren – 11. 12. 1958 Kriens / CH; Verleger. R. war, nachdem er von 1916 bis 1918 Kriegsdienst geleistet hatte, als Journalist, Redakteur und als Herausgeber von Theaterzeitschriften tätig; 1929/30 war er Leiter des deutschen Bühnenvolksbundes in Berlin. 1934 emigrierte er aus politischen Motiven in die Schweiz, gemeinsam mit seiner Frau Olga; am 28. April 1937 wurde R. die deutsche Staatsangehörigkeit aberkannt, so dass er sich als Staatenloser in der Schweiz aufhielt. In Luzern leitete R. unter dem Pseudonym R. A. Hermes den neugegründeten VITA NOVA-VERLAG, dessen Programm antinationalsozialistisch auf christlich-humanistischer Grundlage ausgerichtet war; der Verlag, der eng mit der ortsansässigen Buchhandlung Josef Stocker zusammenarbeitete, hat ›entscheidend zur Erhaltung einer unabhängigen Schweiz beigetragen‹ (H. L. Davi): er veröffentlichte vor allem deutsche Exilautoren, u. a. Friedrich Wilhelm Foerster und Waldemar Gurian. R. schloss sich in der Schweiz einer linkskatholischen Gruppe an; ab 1939 war er im Auftrag des Schweizer Nachrichtendienstes tätig. Nach dem Angriff Hitler-Deutschlands auf die UdSSR arbeitete R. gleichzeitig für den sowjetischen Nachrichtendienst in der Schweiz unter der Leitung des Komintern-Agenten Alexander Radó. Unter dem Decknamen Luise, ab August 1942 Lucy, lieferte R. militärische Informationen aus Deutschland, bis er 1944 vorübergehend verhaftet wurde. Diese Verhaftung wurde im Interesse der Schweizer Neutralität vorgenommen; 1945 wurde R. von einem Schweizer Militärgericht der Spionage für schuldig befunden, jedoch für straffrei erklärt. Trotz schwieriger wirtschaftlicher Bedingungen führte R. nach Kriegsende den Vita Nova-Verlag weiter, 1946 bis 1948 (letzte Publikation 1948) mit Sitz in Stuttgart.

Ab 1947 arbeitete er für den Nachrichtendienst der Tschechoslowakei; 1953 wurde R. festgenommen und zu einer Haftstrafe verurteilt; die Landesverweisung blieb ihm aufgrund seiner Dienste für die Schweiz während des Zweiten Weltkrieges erspart.

BHE 1; DBE; NDB; Wikipedia; Schweizer Lexikon. Bd. 5. Luzern: Verlag Schweizer Lexikon 1993; H. L. Davi: Wie es zur Buchhandlung Josef Stocker kam. In: Festschrift Josef Stocker. Luzern: Buchhandlung Josef Stocker AG 1970; Pierre Accoce / Pierre Quet: Moskau wußte alles. Die entscheidende Nachrichtenverbindung im Zweiten Weltkrieg vom OKW über LUCY zu den Alliierten. Zürich: Schweizer Verlagshaus 1966.

Romann, Fritz 1900 – vor 1983; Buchhändler, Antiquar. Friedrich R. war als Buchhändler in Breslau und Berlin tätig, bevor er nach Palästina auswanderte. In Jerusalem leitete er mit Prokura das Antiquariat im oberen Stockwerk der 1935 von → Schalom Ben-Chorin gegründeten Buchhandlung HEATID (seit 1940 HEATID SALINGRÉ & CO.; → Salingré), die ein Treffpunkt der Intellektuellen in der Stadt war. Anfangs die ›rechte Hand‹ von Salingré, ging das Antiquariat später in R.'s Besitz über. Es geriet immer wieder in wirtschaftliche Schwierigkeiten, trotz hervorragender Bestände und eines Publikums, unter dem sich auch viele Literaten befanden. R. selbst war mit dem Schriftsteller Franz Goldstein (Ps. Frango) befreundet, der als Musik- und Literaturkritiker für die *Palestine Post* tätig war. 1970 löste er das Antiquariat auf; das Hamburger Auktionshaus Hauswedell übernahm die Versteigerung der Bücherbestände.

Blumenfeld: Ergänzungen (1993); Adressbuch 1955 S. 773; Zadek: Buchhändler II (1971) S. 2941; Ruth Freund: Erinnerung an Fritz Romann. In: MB Wochenzeitung des Irgun Olej Merkas Europa Nr. 3 (1983) S. 8 [längere Zeit nach R.'s Tod veröff. Nachruf].

Rosbaud, Paul 18. 11. 1896 Graz – 28. 1. 1963 London; Chemiker, Verlagsmitarbeiter und -manager. R. war im Ersten Weltkrieg in der österreichischen Armee eingerückt; nach dem Krieg befand er sich in britischer Gefangenschaft, aus dieser Zeit bewahrte er sich eine ausgeprägte Anglophilie. Ab 1920 studierte er an der Technischen Hochschule in Darmstadt Chemie und setzte seine Studien am Kaiser-Wilhelm-Institut fort. Danach arbeitete er als Wissenschaftsjournalist bei der Zeitschrift *Metallwirtschaft*, später als Herausgeber und Chefredakteur der Zeitschrift *Die Naturwissenschaften* und als Mitarbeiter im Berliner JULIUS SPRINGER VERLAG (→ Bernard Springer), wo er viele führende deutsche Physiker und Chemiker kennenlernte. 1939 schickte er mit Hilfe eines britischen Agenten seine jüdische Frau Hilde geb. Franck und seine einzige Tochter nach Großbritannien, um sie vor der nationalsozialistischen Verfolgung zu schützen. Er selbst blieb in Deutschland, verhalf einer Reihe von Juden, darunter 1938 der Physikerin Lise Meitner, zur Flucht und betätigte sich als Wissenschaftsspion: mit seiner ersten Veröffentlichung im Januar 1939 über Otto Hahns Forschungen im Bereich der Kernspaltung, veröffentlicht im Magazin *Naturwissenschaften*, lieferte er unter dem Decknamen Griffin (›Greif‹) London detaillierte Geheiminformationen über Hitlers Forschungsprogramm zur Kernspaltung. Nach Ende des Zweiten Weltkriegs wurde R. aus Berlin herausgeschleust und traf in London seine Familie wieder. In der Folge war er daran beteiligt, die Organisationsgrundlagen für ein Joint Venture zwischen F. SPRINGER und der Firma BUTTERWORTH SCIENTIFIC PUBLICATIONS LTD. zu schaffen; aus dieser Allianz formte sich der von → Robert Maxwell 1951 gegründete Verlag PERGAMON PRESS, bei dem R. als wissenschaftlicher Lektor und in der Programmplanung arbeitete. Nach dem unvermeidlichen Bruch mit Maxwell ging R. 1958 zu INTERSCIENCE, wo er auf viele wissenschaftliche Mitarbeiter stieß, die in die Emigration gegangen waren und die er noch aus seiner Zeit bei Julius Springer kannte.

Arnold Kramish: Der Greif. Paul Rosbaud – Der Mann, der Hitlers Atompläne scheitern liess. München: Kindler Verlag 1987; Heinz Götze: Der Springer Verlag: 1842–1945. In: Heinz Sarkowski [Hg.]: Der Springer Verlag. Stationen seiner Geschichte. Bd. 1. Berlin: Springer 1994 S. 28 f.; Hendrik Edelman: Maurits Dekker and Eric Proskauer: A synergy of talent in exile. In: Immigrant publishers (2009) S. 9–28.

Rose, Alfred 1. 5. 1912 – 3. 9. 1987 New York Delray Beach, FL; Antiquar. R. stammte aus Hannover (Sohn von Alfred und Edith R., Enkel des hann. Synagogalkomponisten Alfred R., 1855–1919), wo am Beginn der 1930er Jahre in der Scheffelstraße 5 unter dem Namen C. Rose eine Buch- und Musikalienhandlung mit Leihbibliothek bestanden hat. R. führte seit 1941 (bis mindestens 1950) in Kew Gardens / NY, 84–17 Cuthbert Road, ein Antiquariat und inserierte im *Aufbau*, wo er sich zum An- und Verkauf deutscher Bücher in Groß-New York und auswärts anbot. Am 27. Februar 1944 heiratete er Mildred geb. Rothfeld, seine Wohnadresse war 42–29 Judge Street, Elmhurst / NY.

Cazden: German Exile Literature (1970) p. 177; Aufbau vom 11. 9. 1942, vom 12. 2. 1943 und vom 9. 2. 1945 S. 17 [Anzeigen]; Aufbau vom 3. 3. 1944 S. 21 [Hochzeitsanzeige].

Rosenbaum, Rudolf 27. 8. 1894 Wien – 2. 10. 1965 Wien. R., Sohn von → Sigmund R., hatte an der Kunstgewerbeschule mit F. Cizek, J. Hoffmann und R. Larisch als Lehrern eine gediegene Ausbildung erfahren, auch im Familienbetrieb BRÜDER ROSENBAUM setzen und drucken gelernt. 1913 trat er als Assistent des Betriebsleiters in die GESELLSCHAFT FÜR GRAPHISCHE INDUSTRIE ein, in der mit die ersten Offsetmaschinen in Betrieb genommen wurden, aber keinerlei künstlerische Ambition Platz hatte. Nach Militär- und Kriegsdienst (mehrere Auszeichnungen als Offizier) trat er als Prokurist und verantwortlicher Buchdruckleiter wieder in die Gesellschaft für graphische Industrie ein, die unter dem Dach des Kola-Konzerns auch die Fa. Rosenbaum angliederte. Im Rahmen des Konzerns avancierte Rudolf R. neben seinem Vater Sigmund, der Generaldirektor war, zum technischen Direktor. Nach ihrem Rückzug aus dem zum Scheitern verurteilten Großunternehmen wieder mit dem eigenen Familienunternehmen selbständig geworden, hatte R. als Juniorchef großen Anteil an der erfolgreichen Entwicklung der Wiener Druckerei Brüder Rosenbaum in den späten 1920 und den 1930er Jahren. Durch vielseitige Verbindungen gelang es auch in Jahren der Wirtschaftskrise, eine gute Auftragslage zu schaffen und auch für anspruchsvollste Kunden beste Qualität zu liefern. Einen Schwerpunkt bildeten damals ausländische Modejournale, einen anderen das illustrierte Kunstbuch. Nach der ›Arisierung‹ des Unternehmens, das danach als CYLIAXDRUCK WALTER CYLIAX firmierte, flüchtete R. 1939 wie sein Vater nach Griechenland und nach Ägypten und konnte offenbar überall in seinem Metier als Drucker den Lebensunterhalt verdienen. Noch 1945 kehrte er nach Österreich zurück und strengte ein Rückstellungsverfahren an. Er meldete im Juni 1947 erneut eine Firma BRÜDER ROSENBAUM mit den Gesellschaftern Rudolf und Friedrich Rosenbaum am Wiener Handelsregister an; im Jahr darauf wurde im Zuge der Verhandlungen vor der Rückstellungskommission beim Landesgericht für Zivilrechtssachen zwischen den beiden Rosenbaums und der Verlassenschaft nach Walter Cyliax (dieser war bei einem Bombenangriff auf Wien ums Leben gekommen) ein Vergleich geschlossen, mit dem Ergebnis, dass das entzogene Vermögen der ehemaligen Fa. Brüder Rosenbaum einschließlich der Liegenschaft Margaretenstraße 94 zurückerstattet werden musste. R. konnte dem Unternehmen in diesen Nachkriegsjahren noch einmal führenden Rang im Druckgewerbe sichern; auch nahm er wieder eine Verlagstätigkeit auf. Erneut war es vor allem das oft von renommierten Künstlern ausgestattete illustrierte Kunstbuch, insbesondere die Künstlermonographie, das im Mittelpunkt der Produktion stand; zwischen 1953 und 1978 wurde fast jedes Jahr ein Brüder Rosenbaum-Titel unter die ›Schönsten Bücher Österreichs‹ gewählt. R. selbst war 1949 zum Präsidenten des Hauptverbandes der graphischen Unternehmungen Österreichs gewählt worden, bis er 1959 zum Ehrenpräsidenten ernannt wurde. Nach seinem Tod wurde die Fa. Brüder Rosenbaum von R.s Schwiegersohn Johann Schmutzer geleitet (er hatte Trude R. 1937 geheiratet und war nach 1938 mit ihr ins englische Exil gegangen), 1981 musste die Firma geschlossen werden.

Anton Durstmüller d. J., (Norbert Frank): 500 Jahre Druck in Österreich, Bd. 2: Die österreichischen graphischen Gewerbe zwischen Revolution und Weltkrieg 1848 bis 1918. Wien 1986 S. 264; Bd. 3 S. 189, 192–195; weitere Lit. wie → Rosenbaum, Sigmund.

Rosenbaum, Sigmund 4. 5. 1867 Eger / Böhmen – 16. 6. 1945 Kairo; Drucker, Verleger. R. war Sohn von Adam R. (1818–1884), der 1874 in Wien ein Papiergeschäft mit kleiner Druckerei zur Herstellung von Akzidenzdrucken eröffnet hatte, aus der sich nach Errichtung einer ›Papierkonfektionsfabrik‹ und von Werkstätten für Buch-, Stein- und Lichtdruck unter der Führung von Sigmunds Brüdern Heinrich (1852–1908) und Ignaz R. (1854–1913) ein großes Druckunternehmen entwickeln sollte, das um die Jahrhundertwende bereits rund 150 Mitarbeiter beschäftigte. R. besuchte die Kunstgewerbeschule in Wien und war daneben sowie im Anschluss an Auslandsaufenthalte im Familienbetrieb tätig. R. arbeitete als Gestalter von Drucksachen mit Vertretern des Wiener Jugendstils (Josef Hoffmann, Kolo Moser, Joseph Maria Olbrich und Otto Wagner) zusammen. Die Fa. BRÜDER ROSENBAUM erwarb sich damals für ihre qualitätvolle Produktion internationale Reputation. 1910 gründete R., gegen den Widerstand seiner Brüder, einen Verlag, der hauptsächlich künstlerisch gestaltete Druckwerke aus dem Umkreis des Jugendstils herausbrachte, u. a. den Almanach der Wiener Werkstätte. Vor und nach dem Ersten Weltkrieg fusionierte die Fa. Brüder R. mit anderen Großdruckereien, so 1912 mit der GESELLSCHAFT FÜR GRAPHISCHE INDUSTRIE des Bankiers Richard Kola; R. fungierte als Generaldirektor und nahm die fachliche Leitung des Gesamtkonzerns wahr. Um aber wieder stärker künstlerisch-ästhetischen Ansprüchen gerecht werden zu können, lösten R. und sein Sohn → Rudolf R. 1927 die Fa. BRÜDER ROSENBAUM aus dem unter Richard Kola als Konzernherrn exzessiv expandierenden Druck- und Verlagskonglomerat wieder heraus und führten sie in gemeinsamer Teilhaberschaft und unter Anwendung neuester Drucktechnik zu neuer Blüte. Nach dem ›Anschluss‹ 1938 wurde das Unternehmen gegen einen lächerlich niedrigen, aber ohnehin nie gezahlten Kaufpreis durch Walter Cyliax ›arisiert‹; auch privates Eigentum wurde im Rahmen von Hausdurchsuchungen geraubt. Auf diese Weise völlig mittellos geworden, emigrierte R., nach monatelanger Weigerung, über die Gildemeester-Auswanderungs-Hilfe Ende 1939 zunächst nach Griechenland, später nach Ägypten, wo er 1945 starb.

Murray G. Hall: Österr. Verlagsgeschichte 1918–38, 2, 1985; Anton Durstmüller d. J., (Norbert Frank): 500 Jahre Druck in Österreich, Bd. 2: Die österreichischen graphischen Gewerbe zwischen Revolution und Weltkrieg 1848 bis 1918. Wien 1986 S. 262–264, Bd. 3 S. 189, 192–195; Österreichisches Biographisches Lexikon 1815–1950, Bd. 9, S. 250 [auch online].

Rosenberg, Carl Georg(e) Antiquar. R. war im Berliner Buch- und Kunstauktionshaus Max Perl als Antiquar für Kunstliteratur tätig. Nach 1933 emigrierte er nach London und eröffnete dort 1936 im Stadtteil Bloomsbury (922 Great Russell Street) ein auf *fine arts* spezialisiertes Antiquariat C. G. ROSENBERG & CO. LTD. mit Straßenlokal. Die Firma machte sich bald einen guten Namen. In den 1950er Jahren brachte R. jährlich bis zu zehn Kataloge und Listen heraus, in denen er schwerpunktmäßig Referenzwerke zur Kunstgeschichte anbot.

Richard Matthias [Hg.]: Int. Adressbuch der Antiquare (1940) S. 139; Directory 1957–58 p. 46; Homeyer: Bibliophilen und Antiquare (1966) S. 144; Fritz Homeyer: Louis Bondy: Ein Berliner wird Antiquar in London. In: Bbl. (FfM) Nr. 25 (1987) S. A139; Bach, Biester: Exil in London (2002); Buchhändlermarke C. G. Rosenberg: www.sevenroads.org [online].

Rosenberg, Eduard geb. 31.5.1897 Münster; Rechtsanwalt, Buchhändler. R. war Rechtsanwalt in Aachen, bis er im Mai 1934 nach Kopenhagen geflüchtet und von dort ins Exil nach Chile gegangen ist. Da er dort als Jurist nicht tätig werden konnte, entschied er sich für den Buchhändlerberuf: 1950 wurde er gemeinsam mit seiner Frau Annemarie Inhaber der LIBRERÍA SANDER in Valparaiso, die 1940 von → Georg Sander gegründet worden war. Anfang der 1960er Jahre bezog das Geschäft den Großteil seines deutschsprachigen Bücherangebots über die Buchhandlung von → Eduardo Albers, Santiago de Chile.

Taubert: Lateinamerika (1961) S. 106; Simone Ladwig-Winters: Anwalt ohne Recht: Schicksale jüdischer Anwälte in Deutschland nach 1933. Berlin: be.bra Verlag 2007 S. 198 f.

Rosenberg, Heinrich 20.5.1885 Berlin – 18.8.1968 Rio de Janeiro; Antiquar. R. studierte ab dem Wintersemester 1911/12 an der Universität Freiburg. Er war vermutlich Kriegsteilnehmer und betrieb seit 1.3.1920 in Berlin, zunächst von seiner Wohnung in der Xantener Straße aus, ein kleines, bibliophiles Antiquariat. Am 1.2.1927 wurde → Albert Zimmermann sein Teilhaber; zu diesem Zeitpunkt übersiedelte das Antiquariat in die Bayreuther Straße 27 in Charlottenburg. Der Verkaufskatalog 37 des Antiquariats HEINRICH ROSENBERG aus dem Jahr 1931 gibt als Adresse Berlin, Augsburgerstraße 13 an. Insgesamt verzeichnet die Bibliographie der Antiquariats-, Auktions- und Kunstkataloge (BAK) 66 Kataloge des Antiquariats Heinrich Rosenberg aus den Jahren 1920 bis 1937. R. war seit 1928 auch Geschäftsführer des ein Jahr zuvor gegründeten AKADEMIE-VERLAGES Berlin zur Förderung der ›Wissenschaft des Judentums‹, Mitglied der Gesellschaft der Bibliophilen, des Berliner Bibliophilen-Abends und seit dessen Gründung 1927 Mitglied des Fontane-Abends. Als Bibliophile konnte er eine bemerkenswerte Jean Paul- und Lichtenberg-Sammlung zusammentragen. 1935 war er mit der Liquidation seines Geschäftes befasst, 1936 erklärte er seinen Austritt aus dem Börsenverein; am 1.4.1937 übernahm Zimmermann von R. Buchhandlung und Antiquariat und führte die Firma mit Sondergenehmigung (Zimmermanns Ehefrau war jüdischen Glaubens) bis 1943 weiter. R. emigrierte mit Ehefrau Hertha und vermutlich auch den Töchtern Ursula Mirjam, verh. Ollman (geb. 1922) und Renate (geb. 1925) nach Brasilien und starb in Rio de Janeiro. Von einer Geschäftstätigkeit im Exilland ist nichts Näheres bekannt, doch dürfte R.s Enkelsohn Roberto Jacques R. noch 2016 ein (wohl von seinem Großvater errichtetes) Antiquariat in Rio (Botafogo, Rua Gal Polidoro, 58) geführt haben.

SStAL, BV, F 10757 (Firmenakte Rosenberg / Zimmermann); DLA Marbach (Daten zu Brief von Mrs. U. Ollman vom 8.4.2004, HSA, Registratur); Internetquellen; Homeyer: Bibliophilen und Antiquare (1966) S.144; Bbl. (FfM) Nr. 9 vom 31.1.1975 S.A77; Erich Carlsohn: Alt-Berliner Antiquare. In: AdA Nr. 11 (1980) S. A481–88; Ulrich Joost: Aus der Frühzeit der Lichtenberg-Forschung. I. Albert Leitzmanns Lichtenberg-Korrespondenz mit Otto Deneke in Göttingen. In: Lichtenberg-Jahrbuch 1999 S.192–226 (hier S.216, Anm. 16, zu R.); Susanne Koppel: ›… mit Besitzvermerk auf der ersten Seite des zweiten Bogens‹. Bücher des Christian Freiherr Truchseß von Wetzhausen und die Berliner Antiquare Heinrich Rosenberg und Albert Zimmermann. In: Monika Estermann [Hg.]: Parallelwelten des Buches. FS für Wulf D. v. Lucius. Wiesbaden: Harrassowitz 2008 S. 373–412, hier S.404–412; Hermann Staub: Handexemplare von Auktionskatalogen als Forschungsgegenstand: die Nürnberger Antiquariat GmbH 1923 bis 1926. In: AdA NF 15 (2017) S.13–22, hier S.16 [Kurzbiographie]; Caroline Jessen: Der Sammler Karl Wolfskehl. Berlin: Jüdischer Verlag im Suhrkamp Verlag 2018 S.203 [zur Katalogisierung der Wolfskehl-Bibliothek durch H. Rosenberg].

Rosenberg, Käthe 18.12.1883 Berlin–1960 Luzern; Übersetzerin, Literaturscout. R. und ihre Schwester Ilse (1880–1965), die 1900 den Architekten Hermann Dernburg heiratete, waren Töchter des Berliner Bankiers Hermann R. und Cousinen von Katia Pringsheim. In späteren Jahren entwickelte sich eine enge Verbindung der Familie Thomas Manns zu R., die mit ihrer Schwester nach deren Scheidung ab 1914 zusammenlebte. R., die mit Rudolf Borchardt um 1900 ein ›halbes Verlöbnis‹ verband, war zunächst Schauspielerin an der Volksbühne Berlin, bevor sie sich ab den 1920er Jahren als Übersetzerin einen Namen machte, u. a. arbeitete sie für den S. FISCHER VERLAG und die *Insel Bücherei* (Übersetzungen von Vita Sackville-West, Iwan Bunin, Grigol Robakidse). Ilse Dernburg und R. gingen 1939 gemeinsam in die Emigration nach London, im Exil arbeitete R. für den BERMANN-FISCHER VERLAG als Literaturscout und als Übersetzerin (Jean Giono). Nach dem Krieg lebte sie zusammen mit ihrer Schwester in einem Altersheim in der Schweiz.

www.genicom; Wikipedia (Art. Ilse Dernburg); Katia Mann: Meine ungeschriebenen Memoiren. Frankfurt am Main: S. Fischer 1974 S.27; S. Fischer, Verlag [Ausst.-Kat. 1986] S. 533; Peter de Mendelssohn: Der Zauberer. Das Leben des deutschen Schriftstellers Thomas Mann. Frankfurt am Main: S. Fischer 1996. Bd. 3 S. 280–89; Inge Jens: Frau Thomas Mann. Reinbek bei Hamburg: Rowohlt 2003 S. 61.

Rosenberg, Mary S. 7.9.1900 Fürth–3.6.1992 New York; Importbuchhändlerin, Antiquarin. R. arbeitete seit 1916 in der gut eingeführten Buchhandlung und dem auf Rechts- und Staatswissenschaft spezialisierten Antiquariat ihres Vaters Georg Rosenberg in Fürth; nach dessen Tod im Mai 1933 und Beschlagnahmung des Ladens durch die NS-Behörden am 1. August führte sie von der Wohnung aus eine Versandbuchhandlung (bemerkenswerterweise unterstützt von dem Vorstandsmitglied des Börsenvereins Ernst Reinhardt). Als im Winter 1936/37 auch dieser Handel behördlich unterbunden wurde, gründete sie im Rahmen des bis Ende 1938 geduldeten ›jüdischen Ghetto-Buchhandels‹ einen ›Jüdischen Buchvertrieb‹, mit Büchern jüdischer Autoren für ein ausschließlich jüdisches Publikum. Damals wie alle jüdischen Frauen gezwungen, in den Pass den zusätzlichen Vornamen ›Sara‹ eintragen zu lassen, behielt sie dieses S. in ihrem Namen später demonstrativ bei. Im August 1939 emigrierte R. schließlich über England in die USA, nach New York, wo sie am 17. November eintraf. Am 15. Januar 1940 eröffnete sie in einem möblierten Zimmer ein Antiquariat, aus dem nachfolgend die Importbuchhandlung MARY S.

ROSENBERG Publishers, Booksellers and Importers INC. (235 W 108th Street) hervorgehen sollte. R. handelte zunächst mit Büchern innerhalb der Emigrantenschaft und entwickelte sich in diesen Kreisen zu einer Institution; auch vertrieb sie die Bücher des von → Felix Guggenheim und → Ernst Gottlieb betriebenen Verlags PAZIFISCHE PRESSE und unterstützte → Wieland Herzfeldes AURORA Verlag. Im Rahmen des seit 1942 aktiven Nachdruckprogramms des Office of the Enemy Alien Property Custodian erwarb sie Nachdrucklizenzen für eine Anzahl deutschsprachiger wissenschaftlicher Werke und brachte u. a. Richard Hamanns *Geschichte der Kunst* heraus, aber auch Bücher von Thomas Mann und Heinrich Heine. 1946 publizierte sie gemeinsam mit der Pazifischen Presse einen Gedichtband Franz Werfels, 1948 folgte eine Ausgabe von Feuchtwangers Theaterstück *Wahn oder Der Teufel in Boston*. Später arbeitete sie mit ihrem Ehemann, dem Antiquar → Julius Laub, zusammen, 1945 erhielt sie die amerikanische Staatsbürgerschaft. In zahlreichen Katalogen und Listen (bis 1980 waren es rund 320) bot R. die von ihr aus Deutschland importierten Bücher in den USA und darüber hinaus an; für ihre transatlantischen kulturellen Vermittlerdienste wurde sie 1966 mit dem Bundesverdienstkreuz und 1980 mit der Förderurkunde des Deutschen Buchhandels ausgezeichnet. Schon 1947 war R. – als eine der Ersten – in das Nachkriegsdeutschland gereist, um direkte Geschäftskontakte anzuknüpfen; auf der 1949 wiederbegründeten Frankfurter Buchmesse, die sie bis zu ihrer letzten Messe 35 Mal besucht hatte, war sie, mit ihren zahlreichen Umhängetaschen, zu einer legendären Figur geworden.

Interview von EF mit R. in Fürth am 19.5.1992; Rosenthal-Fragebogen; Mary S. Rosenberg Collection, 1992 (Center for Jewish History, Leo Baeck Institute NY); Zeitungsausschnittsammlung (Staats- und Universitätsbibliothek Carl von Ossietzky); Staatsarchiv Nürnberg, Polizeipräsidium Mfr., Abg. 1982, Polizeiamt Fürth, Nr. 489; Niemand hat auf uns gewartet. Mary Sara Rosenberg – Buchhändlerin in New York. Film von Norbert Schmidt, 1992; BHE 2; DBE; Cazden: Free German Book Trade (1967) S. 364; Cazden: German Exile Literature (1970) S. 205 f.; Georg Ramseger: ›Findall New York‹. Mary S. Rosenberg. 40 Jahre Publishers, Booksellers, Importers. In: Bbl. (FfM) Nr. 10 vom 1.2.1980 S. 223 f.; Bbl. (FfM) Nr. 79 vom 23.9.1980 S. 2363; Bbl. Nr. 72 vom 7.9.1990 S. 2764; Bbl. Nr. 73 vom 13.9.1991 S. 3068; Bbl. Nr. 48 vom 16.6.1992 S. 28; Gabriele Kreis: Frauen im Exil. Dichtung und Wirklichkeit. 2. Aufl. Düsseldorf: claassen 1984 S. 121; Buchhandelsgeschichte Nr. 3 (1985). In: Bbl. (FfM) Nr. 73 vom 13.9.1985 S. 95; Koepke: Exilautoren und ihre Verleger (1989) S. 1431; Herlinde Koelbl: Jüdische Portraits. Frankfurt am Main: S. Fischer 1989; Elfi Hartenstein: Heimat wider Willen. Emigranten in New York. Berg am See: Verlagsgemeinschaft Berg 1991 S. 261–72; Ernst Fischer: Rückkehr nach Deutschland. Die Rolle der Emigranten und Remigranten bei der Internationalisierung der Frankfurter Buchmesse. In: Stephan Füssel [Hg.]: 50 Jahre Frankfurter Buchmesse 1949–1999. Frankfurt am Main: Suhrkamp 1999; Roland Jaeger: Die Pazifische Presse. In: John M. Spalek [Hg.]: Deutschsprachige Exilliteratur seit 1933. Bd. 3: USA. Teil 2. München: Saur 2001 S. 311–42, bes. S. 334–37; Fischer: Verlegeremigration nach 1933 (2002) S. 296; Renate Trautwein: Mary S. Rosenberg. In: dies.: Frauenleben in Fürth. Nürnberg: emwe 2003 S. 37–39; Bach, Fischer: Antiquare (2005) S. 350.

Rosenberg, Ruth Geb. 15.8.1905 Berlin; Verlagsmitarbeiterin, Kunsthistorikerin; Dr. phil. R. wuchs in einem kultivierten, assimiliert jüdischen Elternhaus auf. Sie ging auf eine Privatschule und absolvierte ein Studium der Kunstgeschichte in Berlin, Freiburg und München, wo sie 1929 mit einer Dissertation über den flämischen Maler Philippe de Champaigne bei Wilhelm Pinder promovierte. Vor 1933 war sie als wissenschaftliche Hilfskraft am Kupferstichkabinett der Staatlichen Museen Berlin tätig und arbeitete danach drei Jahre lang bis zu ihrer Entlassung aus ›rassischen‹ Gründen im ULLSTEIN-VERLAG, wo sie in der Bildredaktion wichtige Erfahrungen sammelte. Nach kurzzeitiger Mitarbeit für die Zeitschrift *Der Zionist* und gelegentlicher Vermittlungstätigkeit von literarischen Texten für eine Schweizer Illustrierte emigrierte R. Ende 1939 nach England; ihre Mutter überlebte die Kriegsjahre in der Schweiz, ihr Vater in Italien. Im Zweiten Weltkrieg arbeitete R. als Mitglied des Pioneer Corps in der Rüstungsindustrie. Über Empfehlung des Warburg Institute erhielt R. eine Anstellung als Bildredakteurin bei AD-PRINT (→ Wolfgang Foges); später arbeitete sie für den Verlag MAX PARRISH und für das Verlagshaus ODHAMS PRESS (u. a. *English Inns*, 1951; *The Coronation Book of Queen Elizabeth II.*, 1953). → Eva Neurath holte R. 1960 als Herstellerin zum Kunstbuchverlag THAMES & HUDSON (→ Walter Neurath); hier war sie über drei Jahrzehnte lang bis in ihr hohes Alter sowohl mit der Konzeption von Bildbänden und Photobüchern befasst wie auch als Buchgestalterin tätig und hat dazu beigetragen, dass die Qualität der Bücher dieses Verlages weltweit Anerkennung gefunden haben.

The Books of Ruth. In: The Independent, 15 July 1991; Wendland: Kunsthistoriker im Exil (1999). Bd. 1; Sue Bradley [ed.]: The British Book Trade. An Oral History. Chicago: The University of Chicago Press [Interview Cathy Courtney mit R.]; British Library – Sound Archive Catalogue: NLSC Book Trade Lives – Rosenberg, Ruth [Oral History-Interview 1992; Verzeichnis online]; Claudia Hahn, Anna Messner, Sandra Steinleitner: Einblicke – Ausblicke. Jüdische Kunsthistoriker in München. Ausstellung im Studienraum des Jüdisches Museums München 2010/11 [online].

Rosenberger, Ernst (Samuel) 24. 11. 1895 Berlin –1945 Bergen-Belsen; Bankier, Antiquariatsteilhaber. R. war Sohn eines Direktors der Berliner Commerzbank und war in den ausgehenden 1920er Jahren als Prokurist selbst in dieser Bank tätig. Er hatte ein Vermögen geerbt und trat im Dezember 1935 als Teilhaber mit einem Kapital von ƒ 20 000 in das Unternehmen → Abraham Horodischs in Amsterdam ein. Dessen Mitarbeiter → Walter Baumann hatte R. im Herbst 1934 kennengelernt; durch R.'s Investition konnte H. u. a. wertvolle Inkunabeln erwerben und in ein repräsentativeres Geschäftslokal umziehen. R. schied bereits im April 1937 wieder aus der Firma aus; ein bibliophiler Freund Horodischs, Paul Auerbach (1897–1944), übernahm R.'s Anteil und wurde an seiner Stelle stiller Teilhaber bei ERASMUS. Nach Angaben Horodischs haben weder R. noch Auerbach den Krieg überlebt.

Detlef Krause: Jüdische Traditionslinien in der Commerzbank von ihrer Gründung im Jahr 1870 bis zur Mitte der Weimarer Republik. In: Die Commerzbank und die Juden 1933–1945. Hg. v. Ludolf Herbst und Thomas Weihe. München: C. H. Beck 2004, S. 29; The Central Database of Shoah Victims' Names [online]. Für weitere Literatur → Abraham Horodisch.

Rosenfeld, Alfred Buchhändler. R. war zusammen mit seinem Bruder Julius R. Inhaber der vermutlich 1934 gegründeten Buchhandlung LIBRERÍA CENTRAL in Medellin / Kolumbien. Laut Taubert stand die Buchhandlung bezüglich des Imports deutscher Bücher in enger geschäftlicher Verbindung zu der LIBRERÍA CENTRAL in Bogotá (→ Hans Ungar). Einer Anzeige in der Zeitschrift *Aufbau* zufolge hat ein Alfred Rosenfeld (früher Frankfurt am Main) in Guatemala Elsa geb. Goldmann (früher Breslau) geheiratet.

Schriftliche Mitteilung Gerhard Kurtze an EF vom 20. 9. 1993; Taubert: Lateinamerika (1961) S. 71; Aufbau vom 18. 6. 1943 S. 11.

Rosenfelder, Ernst Albert 19. 6. 1894 Fürth – August 1976 London; Verleger. Bereits als 17-jähriger hatte R. als Volontär im Fürther BUCHVERLAG G. LÖWENSOHN eine Kaufmannslehre begonnen, reiste aber bald nach London, Kanada und die USA. In den Vereinigten Staaten war er bei dem Enzyklopädieverlag FUNK & WAGNALLS tätig und leistete Kriegsdienst in der US-Armee. 1919 kehrte er nach Deutschland zurück und leitete dort gemeinsam mit den Brüdern Gustav und Robert → Löwensohn die Bilderbücherfabrik Löwensohn – Geschäftsanteile davon hatte er von seinem 1916 verstorbenen Vater Albert R., einem vermögenden Kaufmann, geerbt. R., der 1920 Elisabeth Dormitzer heiratete, war auch in jüdischen Organisationen in Fürth und Bayern engagiert. 1937 musste das Unternehmen zwangsverkauft werden und ging an die Kunstanstalten May (KAMAG); das Unternehmen wurde jetzt in PESTALOZZI-VERLAG umbenannt, nach dem kleinen Verlag, den die Brüder Löwensohn Ende der 1920er Jahre gekauft hatten. Der Verkaufspreis wurde zu 95 % einbehalten. Anders als Gustav und Robert Löwensohn gelang es R. 1938, nach Großbritannien zu flüchten. 1939 wurde er auf der Isle of Man interniert, aufgrund seines schlechten Gesundheitszustandes aber nach neun Wochen freigelassen. Nachfolgend übernahm R. gemeinsam mit dem aus Österreich emigrierten Erfinder Hugo Dachinger die Leitung der Transposters Advertising Ltd., ein Unternehmen, das sich auf den Druck von Werbetafeln spezialisiert hatte. Nach 1945 kehrte R. nicht nach Deutschland zurück, es wurden ihm aber ebenso wie den Nachkommen der Löwensohn-Brüder seine Anteile an der Bilderbücherfabrik Löwensohn teilweise rückerstattet. Diese betrafen den fortbestehenden Pestalozzi-Verlag, bei dessen Leitung nun R. Mitspracherechte hatte. Darüberhinaus wurde in London eine von R. geführte Firma BRIMAX BOOKS LTD. errichtet, die für den Vertrieb der Pestalozzi-Bücher in Großbritannien sorgen sollte. Um 1970 stieg auch R.s Sohn George Rogers (geb. 1925) in das Unternehmen Brimax ein, das 1984 vom Octopus-Verlag (→ Paul Hamlyn) übernommen wurde.

150 Jahre Pestalozzi-Verlag. Erlangen: Pestalozzi 1994; Wikipedia.

Rosenheim, Jacob 9. 11. 1870 Frankfurt am Main – 3. 11. 1965 Jerusalem; Verleger. Der in streng jüdischem Glauben aufgewachsene R. arbeitete seit 1894 im Verlagswesen und Buchhandel in Berlin. Seit ca. 1920 war er zusammen mit → Selig Schachnowitz Geschäftsführer des 1906 in Frankfurt am Main gegründeten HERMON-VERLAGS (Verlag des Israelit und Hermon GmbH). Der Verlag brachte die Zeitschrift *Der Israelit*, das Zentralorgan des orthodoxen Judentums, sowie Bücher jüdischen Inhalts in deutscher und hebräischer Sprache heraus. R., der zu den führenden Persönlichkeiten im öffentlichen jüdischen Leben in Deutschland gehörte, ging 1935 nach Großbritannien, 1941 dann in die USA, wo er in New York seinen Wohnsitz nahm; 1949 ließ er sich in Israel nieder. R. entfaltete neben seiner verlegerischen Tätigkeit vielfältige Aktivitäten innerhalb jüdisch-orthodoxer Verbände und Interessengemeinschaften.

Yaakov Rosenheim. His Life and Works. In: Joseph Friedenson: Yaakov Rosenheim Memorial Anthology. New York: Orthodox Library 1968.

Brief von Mordechai Noy, Schwiegersohn von R., aus Ramat Gan / Israel an EF vom 30. 12. 1991; BHE 1; Adressbuch 1931 S. 652; Tentative List p. 17.

Rosenthal, Albi 5. 10. 1914 München – 3. 8. 2004 Oxford; Antiquar; Dr. h. c. Albrecht Gabriel R. emigrierte im Mai 1933 als 19-jähriger Abiturient nach England, während seine Eltern und sein jüngerer Bruder → Bernard R. ihren Weg zunächst über Italien nach Frankreich nahmen. Die letzte spektakuläre Veranstaltung im stilvollen Antiquariat in der Brienner Straße 47 (heute 26), eine Ausstellung von Chester Beattys Sammlung mittelalterlicher Manuskripte, war am 1. April 1933 eröffnet worden, dem Tag des ›Judenboykotts‹: die Besucher betraten das Haus durch den Hintereingang, weil ein SA-Trupp das Geschäftsportal verbarrikadiert hatte. Für den ältesten, musikalisch begabten Sohn des Münchner Antiquars und Kunsthistorikers → Erwin R. und seiner Frau Margherita geb. Olschki schien die Berufslaufbahn im renommierten Familienunternehmen vorgezeichnet, hatten die R.'s doch über drei Generationen hinweg sowohl im kulturellen Leben wie auch im Kunst- und Wissenschaftsbetrieb Münchens als Gelehrte und Kaufleute eine hervorragende Rolle gespielt. In London assistierte R. zunächst drei Jahre lang am neugegründeten Warburg Institute dem Kunsthistoriker Rudolf Wittkower. 1935 nahm ihn der Antiquar → E. P. Goldschmidt auf eine Reise in die USA mit; in New York traf er Lathrop Harper und machte die Bekanntschaft mit Belle da Costa Greene, der Bibliothekarin der Pierpont Morgan Library. Auf Betreiben seines Vaters gründete R. zwar 1936 das Antiquariat A. ROSENTHAL LTD., das er von seiner Wohnung im Londoner Stadtteil Mayfair betrieb, doch erst nach weiteren Studien- und Vorbereitungsjahren erschien 1939 sein erster Katalog mit 100 ausgewählten Manuskripten und Drucken aus Mittelalter und Renaissance. R. pflegte guten geschäftlichen Kontakt zu den großen englischen Firmen wie MAGGS, QUARITCH und EDWARDS, stand aber auch mit emigrierten Kollegen wie → Heinrich Eisemann oder dem Wiener Bücherscout → Otto Bielitz in Geschäftsbeziehung. Während R.'s Eltern und sein Bruder Bernard 1941 in die USA auswanderten, verblieb er auch während des Krieges in Europa. Nach der Zerstörung seiner Londoner Wohnung im Bombenkrieg zog er mit dem unversehrt gebliebenen Antiquariatslager nach Oxford; in → Maurice L. Ettinghausen fand er einen erfahrenen Kollegen als Partner, der schon in München bei LUDWIG ROSENTHAL und für die Filiale von MAGGS BROTHERS LTD. in Paris gearbeitet hatte. R. konzentrierte sich auf Verkäufe in die USA, frequentierte die Bodleian Library und nahm regen Anteil am musikalischen Leben vor Ort (R. spielte jahrzehntelang Violine im Universitätsorchester von Oxford, dessen Direktor er schließlich wurde). 1947 heiratete R. die promovierte Kunsthistorikerin Maud Levy (22. 4. 1909 London – 18. 12. 2007 Oxford), Tochter des Herausgebers der Nietzsche-Ausgabe Oscar Levy; der Ehe entsprangen vier Kinder. 1948 gab R. seinen ersten Musikalienkatalog heraus; von seinem Schwiegervater inspiriert, begann R. Nietzsche-Autographen zu sammeln. Ein spektakulärer Fund jener Zeit war R.'s Entdeckung des *La Clayette Manuskripts* im Besitz des Marquis de Noblet, das er an die Bibliothèque Nationale verkaufen konnte. Als R. 1951 den Auftrag erhielt, in Lausanne die Musikaliensammlung des französischen Pianisten Alfred Cortot zu schätzen, schloss er Bekanntschaft mit → Otto Haas, der ebenfalls aus Deutschland geflohen war. Kurz vor Haas' Tod erfolgte 1955 auf Vermittlung von Heinrich Eisemann und des Sammlers Paul Hirsch der Erwerb von OTTO HAAS LTD. Damit trat R. nicht nur in die Fußstapfen seines Münchener Großvaters Jacques R., dessen erster selbständiger Antiquariatskatalog ebenfalls der Musikliteratur gegolten hatte, sondern er konnte seiner musikalischen Neigung nun auch beruflich nachgehen und war in der Nachfolge Haas' an der Adresse Belsize Park Gardens in der Antiquariatsmetropole London vertreten. Im Laufe der Jahre stellte R. das Publizieren von Katalogen ein und verlagerte sich ganz auf das Vermitteln von wertvollen Komponistenautographen an renommierte Institutionen, u. a. an das Beethoven-Haus in Bonn, das Mozarteum in Salzburg, das British Museum (Benjamin Britten, Michael Tippet) oder die Paul Sacher Stiftung in Basel, zu deren Treuhänder R. bestellt wurde und für die er den Nachlass Igor Strawinskys und die Sammlung Anton von Weberns beisteuerte. R. zählte zu den wenigen weltweit anerkannten Experten für Musikautographen und war in der zweiten Hälfte des 20. Jahrhunderts der bekannteste und wohl auch angesehenste Musikantiquar mit weltweiten Kontakten zu Sammlern und Institutionen. Neben seiner beruflichen Tätigkeit sind seine musikwissenschaftlichen Aufsätze und seine bedeutenden Sammlungen von Mozart-Erstdrucken (Schenkung an die Bodleian Library, Oxford) und Nietzsche-Autographen (heute im Archiv des Nietzsche-Hauses, Sils Maria) besonders hervorzuheben. Die Nietzsche-Stiftung ernannte R. und seine Frau Maud als Dank für ihr hochherziges Engagement zu Ehrenmitgliedern, die Oxford University zeichnete R. 1979 mit dem Ehrendoktorat aus. Die Firma A. Rosenthal Ltd., Boswell House, 1–5 Broad Street, wurde von seiner Tochter Julia Rosenthal (geb. 13. Juli 1953 in Oxford) fortgeführt, die zuvor als Assistentin im Londoner Antiquariat SIMS REED LTD. gearbeitet hatte. Vom Archiv des Antiquariats A. Rosenthal hat Julia R. Teile der Bodleian Library, der British Library und vor allem dem Stadtarchiv München übergeben; dieses verwahrt insbesondere einen umfangreichen Bestand an Geschäfts- und Familienkorrespondenz vom Beginn der 1930er bis in die 1990er Jahre aus dem Nachlass von Albi R.

Albi Rosenthal: Jacques Rosenthal, 1895–1995. In: Book Collector (Winter 1995) pp. 574 f.; Rudolf Elvers [Hg.]: FS für Albi Rosenthal. Tutzing: Hans Schneider 1984; Jacqueline Gray [ed.]: Obiter Scripta. Essays, Lectures, Articles, Interviews and Reviews on Music, and other subjects. Oxford: Offox Press 2000 [FS].

Interview EF und UB mit R. in London am 31. 3. 1995; Gespräch EF mit R. Mai 1997, London; BHE 2; Bernard Rosenthal: The Rosenthal and Olschki Families [Typoskript]; Bbl. (FfM) Nr. 52 (1958) S. 838 f.; Bach, Biester: Exil in London (2002) S. A257 f.; Die Rosenthals (2002) bes. S. 176–80, 219, 226 f.; [Nachruf von Ulrich Drüner]. In: AdA NF Nr. 6 (2004) S. 478–81; Nicolas Barker: Albi Rosenthal. Doyen of music booksellers and collector of Mozart and Nietzsche [Nachruf]. In: The Independent, 10 Aug. 2004; Steffen Dietzsch, Leila Kais [Nachruf]. In: IABLIS. Jahrbuch für europäische Prozesse, 14. 9. 2004 [online]; AdA NF Nr. 3 (2008) S. 218 f.; Nicolas Barker: Maud Rosenthal. Oscar Levy's ›daughter-secretary‹. In: The Independent, 22. 1. 2008 [online]; London Life with Liz [Blog], 17. 12. 2018 (Hinweis auf eine Diskussion zum Thema ›Refugees and ambassadors: 20th century émigré booksellers and their books‹, die im Dezember 2018 unter Teilnahme von Julia Rosenthal im Londoner Antiquariat Maggs Bros Rare Books stattgefunden hat).

Rosenthal, Bernard M. 5. 5. 1920 München –14. 1. 2017 Oakland, CA; Antiquar, Verleger. Bernhard Michael R. entstammte als Sohn von Erwin R. und als Enkel von Jacques R. der berühmten Münchner Antiquarsdynastie, die durch Heirat auch mit dem weltbekannten Florentiner ›Bücherpapst‹ Leo Olschki verbunden war (Bernards Mutter Margherita war eine Tochter Olschkis). Der 13-jährige flüchtete mit seiner Mutter und Bruder → Felix R. unmittelbar nach der Bestellung Hitlers zum Reichskanzler am 30. Januar 1933 nach Italien (die weiteren Geschwister wurden in anderen Ländern in Sicherheit gebracht, der Vater ging in die Schweiz, wo seit 1920 der Zweigbetrieb L'ART ANCIEN bestand) und besuchte bis 1938 das Gymnasium in Florenz. Über Frankreich gelangten Mutter und Sohn im Juli 1939 auf italienischer Einreisequota in die USA, nach Berkeley in Kalifornien, wo R. Chemie studierte und dieses Studium 1941 mit dem Baccalaureat abschloss. Nach Pearl Harbour lebte R. wie alle anderen zu *enemy aliens* gewordenen deutschen Immigranten unter starken Einschränkungen und arbeitete als Taxifahrer. 1943 bis Januar 1946 leistete er als amerikanischer GI Kriegsdienst in Europa, nach Ende des Krieges war R. im Auftrag des US-Wirtschaftsministeriums in Deutschland zunächst als Chemiespezialist eingesetzt, von 1947 bis 1949 als Französisch-Dolmetscher beim Alliierten Kontrollrat in Berlin, danach bei einer Restitutionsbehörde in Stuttgart. Gemeinsam mit seinem Bruder → Albi R. traf er mit Hans Koch – der ehemalige Senior-Angestellte war seit 1936 Treuhänder der Firma JACQUES ROSENTHAL – eine einvernehmliche Regelung: Der Übergang des kompletten Lagers in den Besitz des ›arischen‹ Eigentümers wurde rückgängig gemacht und das noch vorhandene Lager neu aufgeteilt. Nach seiner Rückkehr in die USA entschied sich R., Antiquar zu werden. Zu diesem Zweck absolvierte er eine Buchhändlerlehre bei der väterlichen Firma L'Art Ancien in Zürich (geführt von Alfred Frauendorfer), wo er gleichzeitig auch Vorlesungen in Theologie und mittelalterlicher Geschichte an der Universität hörte. 1950 heiratete R. in Zürich Lilli Bohnke (8.7.1922 Berlin–13.3.1979 New York), eine aus Berlin stammende Pianistin; nach Scheidung 1965 heiratete er 1969 Ruth Schwab (geb. 1.1.1941 Luzern). Seit 1951 in New York lebend, war R. zuerst als *cataloguer* bei den PARKE-BERNET GALLERIES tätig, machte sich aber bereits 1953 mit der Firma BERNARD M. ROSENTHAL INC. selbständig und führte bis 1970 dieses Antiquariat in Manhattan (19 E 71st Street, später 120 E 85th Street). In diesem Zeitraum erschienen 21 z.T. reich illustrierte und kommentierte Kataloge; auch konnten – im Zusammenwirken mit L'Art Ancien – einige große Sammlungen verkauft werden. In dieser ersten Phase hat außerdem der Handel mit Faksimileeditionen eine beträchtliche Rolle gespielt. 1970 verlagerte R. seine Firma, die mehr und mehr auf mittelalterliche Handschriften und Frühdrucke sowie auf Wissenschaftsgeschichte, Bibliographie und Paläographie spezialisiert war und sich rasch Ansehen erworben hatte, nach San Francisco (251 Post Street, San Francisco) und 1989 nach Berkeley (5655 College Avenue, Oakland). In San Francisco erschienen die Kataloge 22–29, nebst einer Anzahl von Listen (Nr. 26–50) sowie *special offers* und Bulletins. Aus persönlichem Interesse baute R. seit 1960 eine bemerkenswerte Sammlung von 160 handschriftlich annotierten Büchern, überwiegend aus der Zeit vor 1600, auf; diese Kollektion rezeptionsgeschichtlich bedeutsamer Lektürezeugnisse wurde 1995 von der Yale University für die Beinecke Library erworben und 1997 – mit einem von R. erstellten Katalog – in einer Ausstellung gezeigt (*Renaissance Readers. The Bernard M. Rosenthal Collection of Printed Books with Manuscript Annotations*). Ebenso eng war R. der Bancroft Library, Berkeley, verbunden, deren Direktor, Charles Faulhaber, zur R.-Dynastie notierte: ›In the aristocracy of bibliophiles, Barney's family is royalty.‹ R., der 1963 an der Gründung des ABC Gemeinschaftsantiquariats in New York beteiligt war, fungierte 1966 bis 1968 als Vizepräsident und 1968 bis 1970 als Präsident der Antiquarian Booksellers' Association of America (ABAA) – ein Beleg für die besondere Anerkennung und Sympathie, die ihm von der gesamten Kollegenschaft entgegengebracht wurden. Seine fachliche Kompetenz bewies R. auch als Verfasser von buchgeschichtlichen Schriften. Besondere Hervorhebung verdient aber die im Umkreis der vor dem Nationalsozialismus in die USA geflohenen Antiquare vorgenommene Umfrage, deren Ergebnisse in seine am 15. Dezember 1986 gehaltene Sol M. Malkin-Lecture eingeflossen sind: In ihr hat er die These unterstrichen, dass die nach 1933 erfolgte *gentle invasion* der Antiquare aus Deutschland und Österreich tiefgreifende, positive Auswirkungen auf die amerikanische Antiquariatskultur ausgeübt hat: ›the most lasting influence of these booksellers is not in their sheer number: it's in their expertise, their craftsmanship and what one might call the bibliographical consciousness which all of them brought to their trade.‹

[Auswahl]: Bernard M. Rosenthal: Cartel, Clan, or Dynasty? The Olschkis and the Rosenthals 1859–1976. In: Harvard Library Bulletin vol. XXV no. 4 (Oct. 1977) pp. 381–98; ders.: Mittelalterliche Handschriften, Inkunabeln und Drucke des 15. und 16. Jahrhunderts im heutigen Antiquariat. In: Wolfenbütteler Notizen zur Buchgeschichte IV. Jg. H. 1 (Juli 1979) S. 2–11; ders.: ›What I changed my mind about.‹ Lecture at Columbia University, New York 1982; ders.: The Gentle Invasion: Continental Emigré Booksellers of the Thirties and Forties and their Impact on the Antiquarian Booktrade in the United States. The Second Annual Sol M. Malkin Lecture in Bibliography at Columbia University, New York. New York: Book Arts Press 1987 [auf dt. veröffentlicht als: Die sanfte Invasion. Aus dem kontinentalen Europa emigrierte Buchhändler der 30er und 40er Jahre und ihr Einfluss auf den antiquarischen Buchhandel in den USA. In: Bbl. (FfM) Nr. 87 vom 30. 10. 1987 S. A389–97]; ders.: Catalogs, Lists, Bulletins and Special Offers, published from 1953 to 1988 by Bernard M. Rosenthal, Inc. [Typoskript]; ders.: The Rosenthal Collection of Printed Books With Manuscript Annotations: A Catalog of 242 Editions Mostly Before 1600, Annotated by Contemporary or Near-Contemporary Readers. New Haven: Yale University Press 1997; ders.: Cataloguing Manuscript Annotations in Printed Books: Some Thoughts and Suggestions from the Other Side of the Academic Fence. In: La Bibliofilia, Fascicolo special del Centenario 100 nos. 2–3 (1998) pp. 583–95; ders.: Autobiography and Autobibliography. Berkeley / CA: Ian Jackson 2010 [die ›Autobibliography‹ enthält neben den Publikationen auch eine Aufstellung aller Kataloge und Listen]; Ian Jackson: Addenda and Errata to Bernard Rosenthal's Autobiography and Autobibliography [Berkeley, Ian Jackson, 2017].

Korrespondenz EF mit R. 1993/94; Interview UB mit R. am 6. 1. 1995 in Berkeley / CA; Bernard Rosenthal: The Rosenthal and Olschki Families [Typoskript]; Interview von Daniel J. Slive mit R. [mit Photo], (RBM: A Journal of Rare Books, Manuscripts, and Cultural Heritage) [online]; Bernard M. Rosenthal, Inc. Records, 1916–2001 [Geschäftspapiere und -korrespondenz, privater Briefwechsel, Publikationen, Lehrmaterial] Collection Number BANC MSS 99/317 (Online Archive of California, University of California at Berkeley); Bbl. (FfM) Nr. 52 vom 1. 7. 1958 S. 838–41; AdA Nr. 5 (1990) S. A219; BHE 1; Rare Books & Manuscripts Librarianship vol. 3 no. 1 (Spring 1988) pp. 66–73; AdA Nr. 5 (2000) S. A343; Bernard Rosenthal 80. In: Bbl. Nr. 43 vom 30. 5. 2000 S. A343; Arlene Nielsen: Bernard Rosenthal, the Antiquarian, Scholar, and Friend of the Bancroft Library. In: Bancroftiana no. 118 (Spring 2001); Die Rosenthals (2002) bes. S. 219, 225 f.; Bach, Fischer: Antiquare (2005) S. 334 f., 339 f.; Nachrufe u. a. von Nicolas Barker (N. B.: At First, All Went Well & Other Brief Lives. London: Bernard Quaritch 2019 S. 374–378), Ernst Fischer (in AdA 2 / 2017), John Schulman (https://www.abaa.org/blog/post/in-memoriam-bernard-rosenthal-1920-2017); Bernard M. Rosenthal, 5 May 1920 –14 January 2017. A Biographical and Bibliographical Account by Ian Jackson in the style of the Dictionnaire historique et critique of Pierre Bayle (1646–1706). Berkeley: Printed for The Wednesday Table 2017.

Rosenthal, Else Buchhändlerin. R. gründete 1941 in São Paulo, Brasilien, an der Adresse Rua Don José de Barros 168 eine kleine Sortimentsbuchhandlung, ›die sich vorwiegend mit deutschsprachigen Büchern, daneben aber auch mit englischsprachigen und französischsprachigen beschäftigt. Gepflegt wird Belletristik, die in einer guten Auswahl vorhanden ist.‹ (Taubert). Die Buchhandlung bestand jedenfalls bis an den Beginn der 1960-er Jahre.

Taubert: Lateinamerika (1961) S. 169.

Rosenthal, Ernst 25. 6. 1906 München –1984 Geelong, Australien; Antiquar. Der Zwillingsbruder von → Paul R. arbeitete seit Mai 1925 im Antiquariat des Vaters → Norbert R. mit. Er blieb bei seinem Vater und half ihm bei der durch die nationalsozialistische

Judenverfolgung erzwungenen Veräußerung des umfangreichen Warenlagers und der Geschäftsschließung des Rosenthal-Stammhauses. Nach der Reichspogromnacht im November 1938 wurden R. und sein Vater verhaftet und in das KZ Dachau überstellt, sie mussten dort unter unmenschlichen Bedingungen die Wintermonate 1938/39 verbringen. Vor der Freilassung musste R.'s Vater seine Bereitwilligkeit zum Verkauf des Hauses in der Hildegardstraße erklären, auch musste Ernst R. Zahlungen leisten, die den Juden deutscher Staatsangehörigkeit mit Verordnung vom 12. November 1938 als ›Sühneleistung‹ abverlangt wurden. Im Wiedergutmachungs- und Entschädigungsverfahren hat Ernst R. nach Ende des Zweiten Weltkriegs alle diese Enteignungsvorgänge aufgezeigt. R. gelangte am 31. Mai 1939 mit einem Transitvisum nach England, seine Ehefrau Anneliese geb. Roth, konnte ihm zwei Monate später nachfolgen; die geplante Emigration nach Australien scheiterte durch den Kriegsausbruch am 1. September 1939. Ein in England während des Krieges geborenes Kind starb durch einen tragischen Unfall, die Tochter Eve wurde 1944 ebenfalls in England geboren. R., der sich nach Ende des Zweiten Weltkriegs gemeinsam mit seinem Bruder → Fritz R. um die Restitution des Familienbesitzes bemühte, ging mit seiner Familie später nach Australien.

Bernard Rosenthal: The Rosenthal and Olschki Families [Typoskript]; Die Rosenthals (2002) bes. S. 173, 189 ff., 215; Bernhard Schossig [Hg.]: Ins Licht gerückt: jüdische Lebenswege im Münchner Westen. [Ausst.-Kat.] München: Utz 2008 S. 141–43; A Note About This Family Tree (https://www.olschki.it/media/31980e67.pdf).

Rosenthal, Erwin 9. 4. 1889 München – 28. 8. 1981 Zürich; Kunsthistoriker, Antiquar; Dr. phil. Der Sohn des bedeutenden Münchener ›Hofantiquars‹ Jacques R. besuchte in seiner Geburtsstadt das Humanistische Gymnasium und machte 1908 das Abitur. Anschließend studierte R. Kunstgeschichte in München, Halle an der Saale und Berlin und promovierte 1912 in Halle mit einer Arbeit über *Die Anfänge der Holzschnitt-Illustration in Ulm*. Der universell gebildete Kunsthistoriker arbeitete danach im väterlichen ANTIQUARIAT JACQUES ROSENTHAL mit, das kurz zuvor in ein Palais in der noblen Briennerstraße umgezogen war. Auf seine Initiative ging vermutlich die Publikation der 1913 erstmals erschienenen *Beiträge zur Forschung. Studien und Mitteilungen aus dem Antiquariat Jacques Rosenthal München* zurück, deren Schriftleitung R. innehatte. R., in dessen Haus nahe dem Englischen Garten sich das künstlerisch-intellektuelle München traf, verband seine Tätigkeit als Antiquar stets aufs engste mit seinen wissenschaftlichen Interessen. 1912 hatte R. Margherita Olschki geheiratet, die Tochter des weltweit berühmten Florentiner Antiquars, Verlegers und Buchwissenschaftlers Leo S. Olschki. Nach Ende des Ersten Weltkriegs erweiterte R. seinen Wirkungskreis; neben weitläufiger Reisetätigkeit für das väterliche Geschäft gründete er 1920 in Lugano zusammen mit Olschki die Schweizer Tochterfirma L'ART ANCIEN, die sich bald einen Namen machte und 1929 nach Zürich übersiedelte. Anfang der 1920er Jahre eröffnete R. in Berlin eine kleine Galerie, die er bis 1925 betrieb. Mit der Machtübernahme der Nationalsozialisten änderte sich die Situation der Familie Rosenthal dramatisch. Weitsichtig nahm R. im Mai 1934 die Umwandlung der bisherigen Kommanditgesellschaft in eine GmbH vor, die es ermöglichte, den Grundbesitz dem Privatvermögen zuzuschlagen; R. übernahm die alleinige Geschäftsführung des Antiquariats und bereitete in der Folge die Verlegung der Firma ins Ausland vor. Im August 1935 erhielt R. von der Reichskammer der bildenden Künste in Berlin Berufsverbot, verbunden mit der Aufforderung, das Geschäft binnen vier Wochen aufzulösen. R. selbst leitete darauf die Liquidation der Firma ein, indem er sie im Dezember 1935 seinem langjährigen vertrauten Mitarbeiter Hans Koch verkaufte. Das Antiquariat JACQUES ROSENTHAL verblieb auch nach dem Zweiten Weltkrieg bei Koch, mit dem R. stets in gutem Einvernehmen stand. Der Verkauf ermöglichte es R., einiges von seinem privaten Besitz und dem wirtschaftlichen Wert der Firma zu retten, so konnte er seine umfangreiche Privatbibliothek in die Schweiz transferieren. Im März 1936 gab R. seinen Wohnsitz in München auf und emigrierte, über einen Zwischenaufenthalt in Florenz, in die Schweiz. L'Art Ancien stand zu diesem Zeitpunkt, dank der kompetenten Leitung von Arthur Spaeth und des umfangreichen Lagers, in hohem Ansehen; 1936/37 übernahm Alfred Frauendorfer die Leitung, als Spaeth den Versuch unternahm, sich selbständig zu machen. Da R. von der Schweiz keine Arbeitsgenehmigung erteilt wurde, konnte er sich nicht persönlich in die Arbeit von L'Art Ancien einbringen und gelangte gemeinsam mit seiner Frau im August 1941 mit einem Spezialvisum des Präsidenten Roosevelt in die USA. Er ließ sich zunächst in Berkeley nieder, wo seine zwei jüngsten Söhne das College besuchten, und übersiedelte 1942 nach New York. Dort richtete er an der Adresse 655 5th Avenue ein exklusives Antiquariat ein, dessen Leitung → Emil Offenbacher übernahm. Höhepunkt der ersten Jahre in den USA war der aufwendig und unkonventionell gestaltete Katalog *Thirty Fine Books*, der in der *Literary Review* der *New York Times* besprochen wurde. 1946 zog R. zurück nach Berkeley (19 Hillside Court), so dass sich hier wieder eine Art familiäres Zentrum bildete, und gründete unter eigenem Namen eine neue Firma, die er von seinem Haus betrieb. Der Antiquar und Kunsthistoriker hielt an der Universität Berkeley mehrere Gastvorträge über Dante, Giotto und Picasso. Er unternahm regelmäßig geschäftliche Reisen nach Europa, um sich seiner Schweizer Firma L'Art Ancien zu widmen. Im Jahre 1948 organisierte er eine aufsehenerregende Autographen-Auktion in Zürich mit Manuskripten von Arnold Schönberg, Gustav Mahler, Thomas Mann und Igor Stravinsky, ansonsten erstellte er jedoch keine Kataloge mehr. R. unterhielt Kontakte zu den maßgebenden amerikanischen Sammlern wie Lessing J. Rosenwald und Bibliothekaren wie Philip Hofer von Harvard. Aus wirtschaftlichen Erwägungen ging er 1958 zurück nach Lugano, wo er sich jedoch zusehends seinen kunstgeschichtlichen Forschungen und Publikationen widmete. 1971 zog R. sich aus dem aktiven Berufsleben zurück; seine Frau Margherita starb 1979. Die Schweizer Firma L'Art Ancien wurde bis zu ihrer Liquidierung 1983 von R.'s Sohn → Felix Rosenthal weitergeführt, der bis dahin als Architekt tätig gewesen war. Am 27./28. März 1984 wurde die umfangreiche Handbibliothek von L'Art Ancien in München bei ZISSKA & KISTNER versteigert.

[Auswahl] Erwin Rosenthal: Giotto in der mittelalterlichen Geistesentwicklung. Augsburg: Dr. Filser & Co. 1924; ders.: The changing concept of reality in art. New York: Wittenborn 1962; ders.: The illuminations of the Vergilius Romanus. Zürich: Urs Graf 1972; ders.: Contemporary Art in the Light of History. New York: Wittenborn 1971.

Adolf Seebass: Alfred Frauendorfers Jubiläum. In: Bbl. (FfM) Nr. 33 vom 27.4.1954 S.242; Bernard Rosenthal: The Rosenthal and Olschki Families [Typoskript]; E. Rosenthal: The changing concept of reality in art [Rez.]. In: Bbl. (FfM) Nr. 9 vom 29.1.1963 S.240; Adolf Seebass: Zum achtzigsten Geburtstage Dr. Erwin Rosenthals am 9. April 1969. In: Bbl. (FfM) Nr. 29 vom 11.4.1969 (AdA Nr. 4 (1969)) S.861–63; Adolf Seebass: Verzeichnis der wichtigsten Schriften Erwin Rosenthals. In: Bbl. (FfM) Nr. 39 vom 16.5.1969 (AdA Nr. 5 (1969)) S.1070; Ein Gespräch mit dem Antiquar Hans Koch. In: Bbl. (FfM) Nr. 24 vom 25.3.1977 S.A122–27; AdA Nr. 4 (1979) S.A419; Bernard M. Rosenthal: Cartel, Clan, or Dynasty? The Olschkis and the Rosenthals 1859–1976. In: Harvard Library Bulletin vol. XXV no. 4 (Oct. 1977) pp. 381–98;

Vorwort des Versteigerungskataloges der Handbibliothek von L'Art Ancien am 27./28. März 1984 bei Zisska & Kistner in München; Wittmann: Hundert Jahre Buchkultur (1993) S. 168 f.; Jens Koch: Hans Koch zum hundertsten Geburtstag. In: Bbl. 103/104 vom 30. 12. 1997 S. A674–77; Die Rosenthals (2002) bes. S. 165 ff., 179 ff., 222 f.; Björn Biester: Der Aufstieg der Münchner Antiquarsfamilie Rosenthal zu Weltruhm. In: AdA NF Nr. 1 (2003), S. 37–42 [Sammelrezension].

Rosenthal, Felix 12. 1. 1917 München – 3. 10. 2009 Berkeley / CA; Architekt, Antiquar. R. war der Bruder von → Albi und → Bernard M. R., und Sohn von → Erwin R. Er flüchtete nach der nationalsozialistischen ›Machtergreifung‹ 1933 nach Florenz, die Heimatstadt seiner Mutter Margherita Olschki, führte seine Schulausbildung am dortigen Liceo weiter und immatrikulierte sich anschließend an der Technischen Hochschule in Mailand. Als auch im faschistischen Italien jüdischen Studierenden das Studium verweigert wurde, flüchtete R. nach Paris. Bei Ausbruch des Zweiten Weltkriegs hielt R. sich in der Schweiz auf. Um einer drohenden Internierung zu entgehen, beantragte er ein Visum für Chile, und erhielt dort nach einem einjährigen Zwangsaufenthalt die Einreisegenehmigung in die USA. In Berkeley, wo seit kurzer Zeit schon sein jüngerer Bruder Bernard studierte, konnte R. sein Ingenieurstudium fortsetzen. Nach einem 3-jährigen Dienst in der US Army im Zweiten Weltkrieg, u. a. im US Intelligence Service, studierte R. in Berkeley Architektur und war u. a. Assistent von Erich Mendelsohn. Als *refugee from Nazi Germany* weigerte sich R., in der McCarthy Ära den von der University of California vorgeschriebenen *Loyalty Oath* zu unterschreiben, obwohl er nie etwas mit der Kommmunistischen Partei zu tun hatte, und beendete damit seine akademische Laufbahn. Ab 1948 war R. in San Francisco als Architekt tätig. Nach dem Tod Alfred Frauendorfers, Direktor der väterlichen Zürcher Firma L'ART ANCIEN, im Mai 1971, reiste R. nach Europa, um seinem Vater behilflich zu sein. Bald darauf übernahm er die Leitung der Firma. Nach dem Tod seines Vaters wurde L'Art ancien 1984 aufgelöst; R. kehrte nach Kalifornien zurück, wo er in San Rafael im Ruhestand lebte.

Bernard Rosenthal: The Rosenthal and Olschki Families [Typoskript]; Die Rosenthals (2002) bes. S. 180 ff., 222 f.; Bernard M. Rosenthal: Felix Rosenthal [Nachruf]. In: AdA NF Nr. 6 (2009) S. 417 f.; Felix Rosenthal, non-signer – The Loyalty Oath Controversy, University of California, 1949–1951 [online].

Rosenthal, Fritz 17. 6. 1908 München – 28. 2. 1955 Hilversum; Antiquar. R. war der jüngste Sohn des Münchner Antiquars → Norbert R., der seit 1922 Alleininhaber des von seinem Vater Ludwig R. (1840–1928) gegründeten Antiquariates war. R. lernte das Metier in enger Zusammenarbeit mit den anderen Angehörigen der verzweigten Antiquarsfamilie. Die Familie entschloss sich erst kurz vor dem Krieg zur Emigration und zur mühsamen (Teil-)Verlegung der Firma in die Niederlande. Von seinem Vater erhielt R., der in Den Haag ein neues Geschäft zu eröffnen beabsichtigte, aus dessen großem Münchener Lager (rund 300 000 Bücher) ein verhältnismäßig bescheidenes Konvolut an Büchern (ca. 3.000), dessen Wert von einem Gutachter mit RM 11 000 beziffert wurde und von den Behörden die Genehmigung zur Ausfuhr erhielt. Die Sicherung des weitaus größeren, in Deutschland über die Kriegszeit erhalten gebliebenen Lagerteiles gelang R. erst nach dem Krieg. Anfang August 1937 emigrierte R. gemeinsam mit seiner Frau → Hilde geb. Wolf, und seinem Bruder → Paul nach Holland. In der Willem de Zwijgerlaan 135 in Den Haag eröffneten sie das Antiquariat LUDWIG ROSENTHAL. Nach dem Überfall der deutschen Wehrmacht auf Holland im Mai 1940 wurden die R.'s aus Den Haag ausgewiesen und zogen um nach Hilversum. Als die Judendeportationen aus Holland begannen, lebten sie unter falschem Namen; es gelang R., getarnt zu überleben; seine Frau wurde im Dezember 1944 in das Arbeitslager Westerbork eingewiesen. Nach Ende des Zweiten Weltkriegs begann R. von Neuem als Antiquar. Alles, was er und seine Frau 1940 aus Den Haag nach Hilversum retten konnten, war nach der Schließung des Geschäftes durch die Gestapo 1942 abhandengekommen, auch die kostbare Handbibliothek war gestohlen worden. Im Vorwort zum ersten Katalog 1947, *Interesting Old and Rare Books*, gedachte R. der Toten der Familie. Zur selben Zeit bemühte sich R. zusammen mit seinem Bruder → Ernst, als Erben von Norbert R., mit Hilfe von Anwälten um die Rückerstattung des Familienbesitzes. Günther Koch, der 1940 den Hauptteil des großen Warenlagers zu einem Preis weit unter Wert übernommen hatte, berief sich nun seinerseits auf die Verluste durch Kriegszerstörungen. Nachdem mit Hilfe amerikanischer Besatzungsoffiziere ein Teil des einstigen Bücherbestandes in Schleißheim aufgefunden und als ehemaliger Rosenthal'scher Besitz identifiziert worden war, wurde im Juni 1949 mit Koch ein gerichtlicher Vergleich geschlossen. Die Überstellung des ehemaligen Besitzes in insgesamt 666 großen Kisten erleichterte den Wiederaufbau der Firma in Hilversum; im März 1955 wies R. in einer Anzeige in einer Fachzeitschrift auf diesen Neubeginn hin. Nach R.'s frühem Tod – seine Kollegen betrauerten den Verlust eines ›der befähigsten und international angesehensten niederländischen Antiquare‹ – übernahm seine Witwe Hilde R. die Hilversumer Firma Ludwig Rosenthals Antiquariaat.

Hans Koch: Fritz Rosenthal zum Gedächtnis. In: Bbl. (FfM) 1955 Nr. 26 S. 213; Hans Koch: Ludwig Rosenthals Antiquariaat, Hilversum 1859–1959. In: Bbl. (FfM) Nr. 104 vom 30. 12. 1959 S. 1934 f.; Bbl. Nr. 54 vom 9. 7. 1993 S. 32; Die Rosenthals (2002) bes. S. 189 f., 196, 216 ff.; Biester: Streifzüge (2008) S. 478.

Rosenthal, Heinrich 14. 8. 1879 München – 31. 7. 1960 Luzern; Antiquar. Der jüngste Sohn von Ludwig R. (1840–1928) war seit 1905 Mitinhaber im väterlichen Antiquariat in München in der Hildegardstraße; er trennte sich 1922 davon unter der Bedingung, dass sein Bruder → Norbert ihm aus dem riesigen Lager nur 120 Bücher und Manuskripte überlasse. Mit diesen Kostbarkeiten – Frühdrucken und wertvollen Manuskripten – eröffnete R. sein eigenes, exklusives Antiquariat in der Münchener Innenstadt (zunächst Kanalstraße 31, ab 1924 Promenadeplatz 11). Frühzeitig erkannte er das politische Verhängnis, das Deutschland drohte: bereits im Dezember 1931 gab er in Heft 23 der *Antiquitäten-Rundschau* bekannt, dass er sein Kunstantiquariat in die Schweiz nach Luzern verlegt habe. Dort lebte R. zurückgezogen und handelte in kleinem Rahmen, aber auf höchstem Niveau und mit wohlhabenden Privatkunden und Bibliotheken. Der ihm zustehende Anteil aus den Verkaufserlösen des Familienbesitzes wurde ihm von den deutschen Behörden vorenthalten; am Ende der nationalsozialistischen Herrschaft hatte er den Tod seiner drei Geschwister → Norbert, Adolf und Lina R. im KZ Theresienstadt zu beklagen. Mit seiner durch die Gestapo verfügten Ausbürgerung am 22. Januar 1942 war auch der ihm zustehende Erbanteil an dem Vermögen seiner kinderlosen Geschwister verfallen. Der von R. angestrengte Restitutionsvorgang erstreckte sich über viele Jahre. R.'s Sohn Franz, der als Nachfolger der Firma HEINRICH ROSENTHAL vorgesehen war, starb 1956. Nach R.'s Tod vier Jahre später übernahm die Firma GILHOFER & RANSCHBURG Luzern die Handbibliothek und die Geschäftsräume; die Firma Heinrich Rosenthal erlosch.

Bernard Rosenthal: The Rosenthal and Olschki Families [Typoskript]; Homeyer: Bibliophilen und Antiquare (1966); E. R. [Erwin Rosenthal]: Heinrich Rosenthal †. In: Bbl. (FfM) Nr. 76 vom 23. 9. 1960 S. 1522 f.; J. Parker: Old Men – Old Books. In: Voor Anton Gerits, Amsterdam 1990, S. 19; William H. Schab zum 80. Geburtstag. In: Bbl. (FfM) Nr. 83 vom 17. 10. 1967 S. 2402; Die Rosenthals (2002) S. 82 f., 217, 220.

Rosenthal, Hilde 2. 7. 1910 München–13. 4. 1998 Den Haag; Antiquarin. R. geb. Wolf kam als Studentin der Kunstgeschichte mit dem Antiquariat LUDWIG ROSENTHAL in Verbindung. Seit 1934 mit → Fritz R. verheiratet, entschloss sie sich 1937 mit ihrem Mann zur Flucht in die Niederlande, wo sie in dem zunächst in Den Haag eröffneten Antiquariat mitarbeitete. Im Mai 1940 wurde R. mit ihrem Mann gezwungen, ihren Wohnsitz in Den Haag aufzugeben, es erfolgte die Übersiedlung nach Hilversum. Im Dezember 1944 wurde R. in das Durchgangslager Westerbork eingewiesen, aus dem sie 1945 von kanadischen Soldaten befreit wurde. Gemeinsam mit ihrem Mann baute R. das Antiquariat in Hilversum FA. LUDWIG ROSENTHAL'S ANTIQUARIAAT aus dem Nichts auf. Am 2. Februar 1948 kam die gemeinsame Tochter Edith zur Welt. Nach dem frühen Tod ihres Mannes 1955 übernahm R. die alleinige Leitung des Antiquariats. Der Familientradition folgend, gab sie 1959 zum 100-jährigen Bestehen der Firma den reich bebilderten Jubiläumskatalog Nr. 204 heraus. Anlässlich ihres 70. Geburtstages würdigte der Antiquarskollege Walter Remy ihr Lebenswerk im *Börsenblatt des deutschen Buchhandels*: ›Du hast dann nach dem plötzlichen Tod Deines Mannes [...] in ungebrochener Schaffenskraft und bewunderungswürdiger Energie Dein ganzes Leben dem Hause Ludwig Rosenthal gestellt und ihm durch Dein Werk wieder die Weltgeltung verschafft, die es bis zur Vernichtung auf deutschem Boden fast 80 Jahre lang unangefochten besaß.‹ Das traditionsreiche Antiquariat, das Mitte der 1980er Jahre von Hilversum nach Den Haag übersiedelt war und seit 1994 in Leidschendam, Park Leeuwenberghlaan 1, ansässig ist, pflegt als Spezialgebiete nach wie vor Inkunabeln, Frühdrucke, Hebraica und Humanismus. Es wird seit 1989 von der Tochter Edith Petten-R. geleitet. Sie hat 2017 das Archiv von Ludwig Rosenthal's Antiquariaat (ca. 60 lfm, hauptsächlich nach 1937) der Universiteitsbibliotheek van Amsterdam übergeben, ein sogen. ›Jüdisches Archiv‹ (gefälschte Pässe, Akten der Wiedergutmachungsprozesse etc.) dem Joods Historisch Museum, ebenfalls in Amsterdam.

Bernard Rosenthal: The Rosenthal and Olschki Families [Typoskript]; Incunabula and Postincunabula. Issued to commemorate the 100th anniversary of Ludwig Rosenthal's Antiquariaat. Hilversum, Netherlands 1859–1959. With a short history of the firm. [Centenar Katalog der Firma Ludwig Rosenthal Hilversum / Holland] Hilversum: Rosenthal 1959; Homeyer: Bibliophilen und Antiquare (1966) S. 33; Wilhelm Olbrich, in: AdA Nr. 17 (1950) S. 165 f.; Hans Koch: Ludwig Rosenthals Antiquariaat, Hilversum 1859–1959. In: Bbl. (FfM) Nr. 104 vom 30. 12. 1959 S. 1934 f.; Antiquariat 15. Jg. Nr. 7/8 (1960); Walter Remy: Hilde Rosenthal zum 70. Geburtstag. In: Bbl. (FfM) Nr. 63 vom 29. 7. 1980 S. A327–29; AdA Nr. 7 (1990) S. A312, AdA Nr. 5 (1998) S. A389 f.; Die Rosenthals (2002) bes. S. 217 f.; Piet J. Buijnsters: Geschiedenis van het Nederlandse antiquariaat. Nijmegen: Vantilt 2007 S. 194 f., 218 f., 282–285.

Rosenthal, Norbert 1. 3. 1874 – 25. 6. 1944 KZ Theresienstadt; Antiquar. Der Sohn von Ludwig Rosenthal (1840–1928) war seit 1905 gemeinsam mit seinen Brüdern Adolf und → Heinrich R. Teilhaber der LUDWIG ROSENTHAL OHG in der Hildegardstraße. 1922 wurde R. alleiniger Inhaber des Rosenthal-Stammhauses. Das Münchener Antiquariat gehörte durch den Ankauf zahlreicher privater Sammlungen zu den bedeutendsten seiner Zeit für die Bereiche Inkunabeln, seltene Drucke und Handschriften. R. entdeckte ein erstes Exemplar des vieldiskutierten *Missale Speciale*, das lange Zeit fälschlicherweise als erster Druck Gutenbergs galt. Seit 1925 arbeiteten R.'s Söhne, die Zwillinge → Paul und → Ernst im Antiquariat mit; der jüngere Sohn → Fritz absolvierte zunächst eine Banklehre, trat jedoch etwas später auch in das väterliche Geschäft ein. Als mit Rundschreiben der Reichskammer der bildenden Künste im August 1935 den jüdischen Kunst- und Antiquitätenhändlern die Ausübung ihres Berufes untersagt wurde, sahen sich R. und seine Söhne dazu gezwungen, den Weg eines langsamen Ausverkaufes zu beschreiten. Dieses Vorhaben wurde immer wieder von behördlichen Terminverfügungen zur Geschäftsschließung behindert. Im Juli 1937 beauftragte R. einen Rechtsanwalt mit der Einleitung des Genehmigungsverfahrens für die Auswanderung seiner Söhne Paul und Fritz sowie dessen Ehefrau → Hilde R. geb. Wolf. Der Sohn Ernst blieb in München und half R. bei der aufgezwungenen Liquidation der Firma. 1937/38 schloss R. mit Karl Seuffer einen von der Reichskulturkammer genehmigten Vertrag, der die Verwertung des Warenbestandes zum Gegenstand hatte. Mit Datum vom 4. Oktober 1938 wurde die Firma Ludwig Rosenthal im Handelsregister gelöscht. Nach der Reichspogromnacht wurden R. und sein Sohn Ernst verhaftet und in das KZ Dachau überstellt. Um die Aussicht auf eine Freilassung nicht zu verwirken, erklärte sich R. bereit, dem Verkauf des Hauses Hildegardstraße zuzustimmen. Im weiteren Verlauf wurde, gemäß der Anordnung des Reichspropagandaministers Goebbels, dass jüdische Verlage und Buchhandlungen bis zum 31. Dezember 1938 ›aufzulösen‹ seien, auch das Rosenthal'sche Geschäft von der Vermögensverwertung München GmbH zugesperrt und der Schlüssel der Reichskammer der bildenden Künste ausgehändigt. Fatalerweise waren R. dadurch die seit Anfang Januar 1939 vorhandenen Einreisegenehmigungen für sich und seine Frau Johanna geb. Kronheimer nach Holland nicht mehr zugänglich. R. blieb in der Folge in den schikanösen Abwicklungsvorgang bzw. die ›Arisierung‹ seines Antiquariats eingebunden: im Mai 1939 wurde Max Heiss als Treuhänder der Firma Ludwig Rosenthal eingesetzt; im Juli 1940 teilte Heiss mit, dass der Antiquar Günther Koch das Bücherlager für sein Geschäft in der Neureutherstraße angekauft und der Kunsthändler Ernst Wengenmayr die Graphik erworben habe. Nach Abzug aller Verfahrenskosten blieb von dem wertvollen, rund 300 000 Bücher umfassenden Lager nur ein Erlös von RM 20 000 für den ehemaligen Besitzer R. übrig, der auf ein Sperrkonto eingezahlt werden musste. Der schlechte Gesundheitszustand von R.'s Frau behinderte die Auswanderungsbemühungen der Eheleute; am 20. Februar 1941 starb Johanna R. in München. Im Verlauf der weiter zunehmenden Diskriminierung und Entrechtung der Juden musste auch R. den Judenstern tragen und wurde in die sogenannte ›Judensiedlung‹, ein Barackenlager in Milbertshofen, umquartiert. Im Juli 1942 wurde R. nach Theresienstadt deportiert, wo er zwei Jahre später starb.

Bernard Rosenthal: The Rosenthal and Olschki Families [Typoskript]; DBE; Deutscher Wirtschaftsführer (1929) Sp. 1867; Wilhelm Olbrich: Lebensbilder deutscher Antiquare: Ludwig Rosenthal. In: Bbl. (FfM) Nr. 17 vom 28. 2. 1950, S. A165; Helmuth Wallach: Die Münchner Antiquare von einst. [Privatdruck] München 1993; Wittmann: Hundert Jahre Buchkultur (1993) S. 99; Die Rosenthals (2002) S. 82 f., 173 f., 189–96.

Rosenthal, Paul 25. 6. 1906–1944 KZ Auschwitz; Antiquar. Der Sohn von → Norbert Rosenthal lernte in den 1920er Jahren das Metier innerhalb der verzweigten Antiquarsfamilie und arbeitete im väterlichen Geschäft mit. Anfang August 1937 flüchtete R. gemeinsam mit seinem jüngeren Bruder → Fritz R. und dessen Frau → Hilde R. geb. Wolf nach Holland. In der Willem de Zwijgerlaan 135 in Den Haag eröffneten sie unter Beibehaltung des alten Firmennamens das ANTIQUARIAT LUDWIG ROSENTHAL. Doch wurde den R.'s diese Existenz im Mai 1941 nach zweieinhalb Jahren entzogen: Nach dem Überfall der deutschen Wehrmacht auf Holland im Mai 1940 wurden sie aus Den Haag ausgewiesen. Sie zogen nach Hilversum und lebten dort unter falschem Namen, als die Judendeportationen aus Holland einsetzten. Sein Bruder und seine Schwägerin überlebten die NS-Besatzung, Paul R. und seine Verlobte Eva Gumbert, die sich zusammen mit anderen Juden in einer Wohnung in Hilversum versteckt hielten, wurden verraten, nach Auschwitz deportiert und dort ermordet.

Bernard Rosenthal: The Rosenthal and Olschki Families [Typoskript]; Homeyer: Bibliophilen und Antiquare (1966) S. 32 f.; Hans Koch: Fritz Rosenthal zum Gedächtnis. In: AdA Bbl. (FfM) 1955 Nr. 26 S. 213; Hans Koch: Ludwig Rosenthals Antiquariaat, Hilversum 1859–1959. In: Bbl. (FfM) Nr. 104 vom 30.12.1959 S. 1934 f.; Die Rosenthals (2002) bes. S. 189 f., 196; Björn Biester: Der Aufstieg der Münchner Antiquarsfamilie Rosenthal zu Weltruhm. In: AdA Nr. 1 (2003) S. 37–42 [Sammelrezension]; The Central Database of Shoah Victims' Names [online].

Rosenthal, Tom (Thomas) Gabriel 16.7.1935 London – 3.1.2014 London; Kunstkritiker, Verleger, Publizist. R. kann als Vertreter der ›zweiten Emigrantengeneration‹ gelten: er wurde als Sohn des Orientalisten und Judaisten Erwin Isak Jacob R. (1904 Heilbronn–1991) geboren, der 1933 nach England ins Exil gegangen war und zunächst am University College, London, danach von 1936 bis 1944 an der Manchester University und schließlich in Cambridge als Professor wirkte. R. erlangte am Pembroke College in Cambridge den PhD in Kunstgeschichte und ging 1959 zu dem von → Walter Neurath gegründeten Kunstverlag THAMES & HUDSON, wo er schließlich *managing director* wurde; von 1971 bis 1984 war er Präsident des Literaturverlags MARTIN SECKER & WARBURG LTD., daneben schon von 1981 bis 1984 im Vorstand von HEINEMANN und ab 1984 bis zum Eintritt in seinen Ruhestand 1996 bei → ANDRÉ DEUTSCH LTD. in leitender Funktion tätig. Neben seiner Karriere als Verleger war R. aber auch als Kunstkritiker (u. a. für *The Listener, New Statesman, Independent, Spectator*) und Autor von Monographien zu zeitgenössischer Kunst tätig, als sein magnum opus gilt der Band über den australischen Künstler Sidney Nolan (2002). 2005 erschien für den distinguierten Londoner Verleger eine Festschrift in nummerierter Auflage, zu der befreundete Schriftsteller wie William Boyd, Günter Grass, David Lodge, Nicholas Mosley, Salman Rushdie und Gore Vidal Beiträge lieferten.

[Auswahl] Tom Rosenthal: European Art History (Reader's guides. 4th series no. 4). Cambridge University Press 1960; ders.: American Fiction since 1900 (Reader's guides. 4th series no. 8). Cambridge University Press 1962; ders.: The Art of Jack B. Yeats. London: André Deutsch 1993; ders.: Joseph Albers. Formulation: Articulation. London: Thames and Hudson 2006.

Westphal: German, Czech and Austrian Jews (1991) pp. 198, 205; Anthony Rudolf [ed.]: Life in books: Friends of Tom Rosenthal celebrate his seventieth birthday. London: Menard Press 2005 [FS]; Ion Trewin: Tom Rosenthal Obituary. Publisher adept at balancing the demands of literature and commerce, and a notable writer on art. In: The Guardian, 6.1.2014 [online]; Tom Rosenthal – obituary. A flamboyant publisher who also made his mark as art historian, broadcaster and connoisseur. In: The Telegraph, 22.1.2014 [online]. Obituary: Tom Rosenthal. In: Publishers Weekly, 7.1.2014 [online; mit Berichtigungen seitens Tom Rosenthals Sohn Daniel R.].

Rosin, Axel G. (ursprgl. Gerhardt R.) 11. 12. 1907 Berlin – 27. 3. 2007 New York; Jurist, Buchklub-Direktor. Gerhardt R., Sohn eines Juristen, studierte Jura an der Universität Berlin, machte 1929 in Berlin das Referendariat und 1930 das Examen. Er war in der preußischen Justizverwaltung tätig, bis er 1933 infolge des Ausschlusses aller ›Nichtarier‹ aus dem Beamtenstand durch die Nationalsozialisten Berufsverbot erhielt. Im Januar 1934 emigrierte er in die USA, wo er zunächst als Direktor in einer Schuhfabrik in Luray / VA Beschäftigung fand. 1943 heiratete er die in New York geborene jüdische Schriftstellerin Katharine Scherman, Tochter von Harry Scherman, der 1926 den BOOK OF THE MONTH CLUB ins Leben gerufen hatte. R. übernahm 1936 das Controlling im Rechnungs- und Finanzwesen des Buchklubs; ab 1960 war er dessen Präsident und von 1973 bis zu seinem Ruhestand 1979 Aufsichtsratsvorsitzender. Unter seiner Leitung erreichte der Book of the Month Club eine Mitgliederzahl von 1,25 Millionen und einen Jahresumsatz in Höhe von € 65 Millionen. Im Jahr 2000 wurde der Klub Teil von BOOKSPAN im Besitz von TIME WARNER und BERTELSMANN AG. R. war außerdem Direktor der 1940 gegründeten Scherman-Foundation, die kulturelle und soziale Initiativen sowie Umweltprogramme unterstützt.

BHE 1; Fischer: Verlegeremigration nach 1933 (2002) S. 290; Saur: Deutsche Verleger im Exil (2008) S. 223; Dennis Hevesi: Axel Rosin, 99, Longtime Head of the Book of the Month Club, dies. In: New York Times, 28 March 2007 [online].

Roskin, Janot Susja 17. 4. 1884 Rjesitza bei Witebsk / Weißrussland – 1946 Indianapolis; Sänger, Dirigent, Musikverleger. R. ging 1903 nach Berlin und etablierte 1911 in Halensee ein Konservatorium, das bis 1918 unter seiner Leitung stand. 1916 gründete er in Berlin-Wilmersdorf den auf jüdische Musik spezialisierten VERLAG FÜR NATIONALE VOLKSKUNST, den er 1921 in MUSIKVERLAG HATIKWAH umbenannte. Neben seiner verlegerischen Tätigkeit wirkte R. als Chorleiter der jüdischen Gemeinde Moabit, komponierte chassidische Lieder und Bearbeitungen jüdischer Volksmelodien und war im Berliner Jüdischen Kulturbund aktiv. 1935 wurde R. aus der RMK ausgeschlossen. Vermutlich ging er 1936 in die USA ins Exil. Spätestens 1941 gründete R. in Boston wieder einen Musikverlag unter dem Namen HATIKVAH MUSIC PUB. CO. In der Folgezeit hatte die Firma Adressen in Roxbury, Dorchester / MA sowie Indianapolis / IN; die Verlagsproduktion umfasste ca. 170 Nummern. Den Vertrieb der Verlagswerke übernahm die New Yorker Firma BLOCH PUBLISHING CO. Als Mitglied des Jewish Music Forum hatte R. Kontakt mit der jüdischen Musikszene in den ganzen USA. Nach R.'s Tod übernahm seine Frau, die 1903 geborene Komponistin Evelyn Borofsky Roskin, den Verlag und führte die Firma bis zu ihrem Tod 1967 weiter. Einige Verlagswerke von Hatikvah wurden später von TRANSCONTINENTAL MUSIC PUBLISHERS, New York, neu aufgelegt.

Fetthauer: Musikverlage (2004) S. 495; LexM [online].

Rosner, Bernhard 15. 1. 1909 Worochta / Polen – 1942 Zbaszyn? / Polen ermordet; Verlagsmitarbeiter, Verleger. R., Sohn von Leon R. und Amelie, geb. Zucker, aus Polen stammend, aber rumänischer Staatsbürger, war vor 1933 in linken deutschen Verlagen tätig, u. a. als Geschäftsführer der AGIS-VERLAGS GMBH in Berlin (→ Johannes Wertheim). Im Zuge der innerparteilichen Konflikte wurde er jedoch wegen Zugehörigkeit zur ›Versöhnlerfraktion‹ aus der KPD ausgeschlossen. Im Pariser Exil versuchte er im

Zusammenhang mit der Deutschen Volksfront einen politischen Verlag aufzubauen, 1934 erschien bei ÉDITIONS BERNARD ROSNER als Band 1 der Schriftenreihe des Instituts zum Studium des Faschismus von S. Erckner [d. i. Staschek Scymoncyk] *Exerzierplatz Deutschland.* R., der mit der renommierten französischen Druckerei D'Arcosse in Soissons einen Generalvertrag zur Herstellung der Bücher geschlossen hatte, geriet mit dem Verlag bald in finanzielle Schwierigkeiten; Alexander Kuppermann (→ Friedrich Alexan), dessen Buch *Mit uns die Sintflut* in der Edition Bernard Rosner erscheinen sollte und der dafür bereits einen beträchtlichen Zuschuss gezahlt hatte, zwang ihn, sich unter Geschäftsaufsicht zu stellen und sich zunächst auf den Druck seines und Georg Hallgartens Werk *Vorkriegsimperialismus* zu beschränken. R., der dennoch weitere Verlagsverträge unterzeichnete und dessen finanzielle Lage unhaltbar wurde, flüchtete schließlich aus Paris; Kuppermann und Hallgarten übernahmen den Verlag und gründeten auf dieser Basis den Exilverlag ÉDITIONS MÉTÉORE. R. war im April 1935 nach Spanien gegangen und schloss sich dort im Spanischen Bürgerkrieg 1936/37 der Kulturabteilung der Interbrigaden in Albacete an. Dabei geriet er in die Auseinandersetzungen zwischen Anarchisten, Trotzkisten und Stalinisten, wurde der Mitgliedschaft in der halbtrotzkistischen POUM verdächtigt, aus den Brigaden ausgeschlossen, am 4. März 1937 verhaftet und verhört; nachfolgend wurde er auf dem Gefängnisschiff *Uruguay* im Hafen von Barcelona und im Gefängnis von Castelldefels bis Anfang 1939 festgehalten. Nach seiner Freilassung flüchtete er in die Schweiz. Dort wurde er im Mai 1941 als ›Editeur‹ Bernard R. in einer Liste des Saint Antoine-Gefängnisses in Genf registriert und am 10. 6. 1941 zur Abschiebung zurück nach Frankreich an die Polizei überstellt. Im *Gedenkbuch. Opfer der Verfolgung der Juden unter der nationalsozialistischen Gewaltherrschaft in Deutschland 1933–1945, Bd. 1–2* wird auf der Liste der ermordeten Juden ohne nähere Angaben ein Bernhard Rosner zuletzt im Auffanglager Bentschen (Zbaszyn) in Polen verzeichnet.

Adressbuch 1932 S. 5; George W. Hallgarten: Als die Schatten fielen. Erinnerungen vom Jahrhundertbeginn zur Jahrtausendwende. Berlin: Ullstein 1969 S. 203–11; Maximilian Scheer: So war es in Paris. Berlin: Verlag der Nation 1964 S. 89; Ursula Langkau-Alex: Deutsche Volksfront 1932–1939: zwischen Berlin, Paris, Prag und Moskau. Bd. 3, Berlin: Akademie Verlag 2005 S. 382, 524, 530; Peter Angerer: ›Un petit peu Trotzkist‹. Kaderüberwachung in der Kommunistischen Internationale der dreißiger Jahre. Diplomarbeit. Universität Wien 2008 S. 116; Peter Huber, Michael Uhl: Die Internationalen Brigaden: Politische Überwachung und Repression (2004) [online]; Zentrale Datenbank Yad Vashem.

Ross, Heinrich 10. 8. 1878 Rokytno / Österreich-Ungarn – 3. 8. 1957 Chicago; Druckerverleger. R. kam um 1905/07 zur ROTOPHOT-Postkarten-Firma in Berlin, die 1912 in eine Aktiengesellschaft umgewandelt und in deren Aufsichtsrat R. berufen wurde. Das Unternehmen, dessen Vertrieb R. 30 Jahre lang leitete, war weltweit bekannt für die hervorragende Qualität seiner Photopostkarten. Noch vor dem Ersten Weltkrieg gründete R. seinen eigenen Film- und Photoverlag, den ROSS-VERLAG; ›der Vater der Künstlerpostkarte‹ ließ seine Karten aber bei Rotophot drucken. In den 1920er und 1930er Jahren waren die Ross-Karten mit Porträts bekannter Filmstars und von Film-Standphotos (ca. 40.000 unterschiedliche Motive) europaweite Sammlerobjekte und blieben es bis heute. Der Gründer und Vorsitzende der jüdischen Gemeinde Berlin-Neukölln R. musste nach der nationalsozialistischen ›Machtergreifung‹ seinen Betrieb ›arisieren‹ lassen, der in die TOBIS FILMKUNST GMBH ›integriert‹ wurde; der bekannte Firmenname blieb jedoch bis 1941 erhalten. 1938 sorgte R. dafür, dass seine Kinder Edith und Egon in die USA emigrierten, er selbst ging erst am 13. Mai 1939 in Hamburg an Bord der SS *St. Louis* mit Route auf Kuba. Doch die kubanischen Behörden verweigerten den Landgang der Passagiere; der Versuch, die USA zur Aufnahme zu bewegen, scheiterte, und das Schiff musste über den Atlantik zurück nach Europa, wo es in Belgien einlaufen konnte. Die Passagiere wurden in vier Gruppen aufgeteilt, R. war unter den Emigranten, die von England aufgenommen wurden. Er lebte dort drei Jahre, unterstützt vom Jewish Refugee Committee. Im Oktober 1942 gelang ihm die Einreise in die USA als ›staatenloser‹ Emigrant, wo er in New York bei seiner Tochter, die mit dem an der Metropolitan Opera tätigen Sänger Gerhard Pechner verheiratet war, unterkommen konnte. Später übersiedelte R. zu seinem Sohn nach Chicago und begann dort schon betagt in der Rüstungsindustrie zu arbeiten, um seinem Aufnahmeland Dank abzustatten. Nach den Wiedergutmachungsunterlagen arbeitete er bis zu seinem 84. Lebensjahr.

Adressbuch 1931 S. 519; Walk: Kurzbiographien (1988); Aufbau Nr. 32 (1950) S. 12; Wikipedia (Art. Ross-Verlag); Homepage: www.rosscards.com.

Roth, Ernst 1.6.1896 Prag – 17.7.1971 London; Musikverleger; Dr. jur. R. besuchte nach dem Studium der Rechtswissenschaft in Prag, das er 1921 mit der Promotion abschloss, die Wiener Universität, um bei Guido Adler Musikwissenschaft zu studieren. Von 1922 bis 1928 arbeitete er in leitender Position beim Wiener PHILHARMONISCHEN VERLAG, einer Tochtergesellschaft der UNIVERSAL EDITION; seit 1927/28 arbeitete er als Leiter der Verlags- und Vertriebsabteilung für die Universal Edition in Wien. 1938 folgte R. nach der Annexion Österreichs an das Deutsche Reich einer geschäftlichen Einladung und emigrierte nach London, um dort, gefördert von Ralph Hawkes, beim Musikverlag BOOSEY & HAWKES zu arbeiten. Nach dem Ende des Zweiten Weltkriegs war R. maßgeblich an der Gründung bzw. dem Aufbau der Zweigstellen des britischen Verlags in Bonn und Paris beteiligt. 1949 wurde er zum *general manager* berufen, im Jahr darauf in das *board of directors* gewählt. Auch nachdem R. 1964 die Verlagsleitung niedergelegt hatte, blieb er bis zu seinem Tod als *deputy chairman* der Holding Company sowie *chairman* der Publishing Company dem Konzern verbunden. R. war mit vielen prominenten Musikern wie Arnold Schoenberg, Richard Strauss, Igor Strawinsky und Anton von Webern befreundet; er war maßgeblich am Wachstum von Boosey & Hawkes beteiligt, gab die *Hawkes Pocket Scores* heraus und erwarb sich Verdienste in der Ausarbeitung von Standardverträgen zwischen Musikern (besonders Komponisten) und europäischen Radiostationen. R. war Vizepräsident der Sektion Musik der International Publishers Association.

Ernst Roth: Musik als Kunst und Ware. Zürich: Atlantis 1966; ders.: Von Prag bis London. Erfahrungen. Autobiographische Fragmente. Zürich: Atlantis 1974.

BHE 2; W. Schub: Ernst Roth 1896–1971. In: Tempo Nr. 98 (1972); Fetthauer: Musikverlage (2004) S. 497; LexM [online].

Rothgießer, Heinrich 11.10.1889 Essen – August 1942 Auschwitz; Verleger. R. war Mitinhaber der Buchdruck- und Verlagsanstalt ROTHGIESSER & DIESING in Berlin. Das Unternehmen war ein Pionier im Bereich der Rundfunkliteratur, u. a., durch Herausgabe der 14-täglich erscheinenden Zeitschrift *Radio. Zeitschrift für das gesamte Radiowesen* und einer Anzahl von Büchern zu diesem Thema. Nach 1933 wurde das Unternehmen ›arisiert‹. Während R.s Frau 1933 in die USA ging und sich dort noch einmal verheiratete (Witt), weigerte sich R. zunächst, Deutschland zu verlassen, flüchtete dann aber doch nach Frankreich. Im Sammellager Drancy interniert, wurde er mit dem Transport 17 am 10. 8. 1942 nach Auschwitz deportiert und dort ermordet.

Berliner Bücherwagen BHG 2/2, 540; Howard Witt: The House At 10 Stuhmer Allee. In: Chicago Tribune, 28. 1. 1990 [online]; Borkheide ehrt Georg Rothgießer mit einer Gedenktafel [online]; Find A Grave Memorial [online]; Memorial de la Shoa [online].

Rothschild, Eli 1909 Lübeck–1998 (bei einem Verkehrsunfall im Norden Israels); Buchhändler, Lektor. Nach Abbruch eines Studiums der Literaturwissenschaft und Geschichte wanderte R. 1933 mit B III-Zertifikat nach Palästina aus und war in Jerusalem zunächst als Möbeltischler und bei der britischen Polizei tätig. Danach arbeitete er fünf Jahre lang, von 1939 bis 1943, als Angestellter in der Buchhandlung / Antiquariat HEATID in Jerusalem (gegr. von → Schalom Ben-Chorin, seit 1936 geführt von → Wolfgang Edinger und → Ulrich Salingré) und war dort auf Orientalia und Archäologie spezialisiert. Nach verschiedenen weiteren beruflichen Stationen trat er später als Historiker hervor und stand seit 1963 als Lektor im wissenschaftlichen Dienst des Leo Baeck Instituts.

Eli Rothschild [Hg.]: Meilensteine. Vom Wege des Kartells Jüdischer Verbindungen (KJV) in der Zionistischen Bewegung. [Mit autobiograph. Aufsatz] Tel Aviv 1972; Eli Rothschild: Versöhnende Rufe. Gesammelte Aufsätze. Hg. von Heinz Kremers und Brill 1986.

BHE 1 S. 556; Walk: Kurzbiographien (1988); Eli Rothschild: Jerusalem – Erinnerungen an den Archäologen Sir Flinders Petrie. In: Shlomo Erel [Hg.]: Jeckes erzählen. Aus dem Leben deutschsprachiger Einwanderer in Israel (Edition Mnemosyne. 12). 2. Aufl. Wien: Lit 2004 S. 144 f.

Rothschild, Hans (Sally) 28. 4. 1890 Köln – 22. 12. 1987 Amsterdam; Antiquar. R. promovierte 1922 in Berlin mit einer Arbeit über die süddeutsche Baumwollindustrie und arbeitete anschließend einige Zeit als Buchbinder, bis er, nach Köln zurückgekehrt, dort 1925 ein Antiquariat eröffnete. 1930 war er Mitbegründer und danach auch Geschäftsführer der Bibliophilen-Gesellschaft Köln. 1933 flüchtete er in die Niederlande und übernahm am 18. Februar 1935 den Antiquariatszweig der wissenschaftlichen Buchhandlung und Verlag D. B. CENTEN. 1938 machte er sich mit dem ANTIQUA BOEK-ANTIQUARIAAT in der Keizersgracht 228 selbständig und brachte erste Kataloge heraus. Die Besetzung hat er als Untertaucher überlebt. Nach dem Krieg führte er bis mindestens 1959 das Antiqua Boek-Antiquariaat in der Prinsengracht 200 weiter.

Joseph Theele: Zusahmen-Sprach von dem Bücherschreiben. Den Bücherfreunden gewidmet vom Antiquariat Hans Rothschild. Köln: W. Peipers & Co. 1925. [Privatdruck. Zur Jahrtausendfeier der Rheinlande.]

Adressbuch 1931 S. 519; SStAL, BV, F 18444; Homeyer: Bibliophilen und Antiquare (1966) S. 144; AdA Nr. 3 (2001); Wolfgang Schmitz: 500 Jahre Buchtradition in Köln. Von der Koelhoffschen Chronik bis zu den Neuen Medien. [Ausst.-Kat.] Köln: Univ. und Stadtbibliothek 1999; Peter Neumann: Rothschild, Hans. In: Lexikon für das gesamte Buchwesen. Zweite, völlig neu bearbeitete Auflage. Bd. VI. Stuttgart 2003 S. 384; Vera Bendt: Buchhändler, Antiquare, Sammler, Bibliophile aus Deutschland 1933 bis 1945. In: Imprimatur NF XXVI (2019), S. 74–76.

Rothschild, Jacob 15. 2. 1868 Frankfurt am Main –16. 2. 1949 Yonkers / NY; Buch- und Ritualienhändler. R. übernahm die 1858 gegründete, zweitälteste jüdische Buch- und Ritualienhandlung Frankfurts von seinem Vater Anselm Meier R., einem Thoraschreiber. 1900 erwarb R. die Mitgliedschaft im Börsenverein der Deutschen Buchhändler, die er jedoch 1910 wieder aufgab. Seit dem Ersten Weltkrieg betätigte er sich hauptsächlich als Importeur von Esrogim, Lulovim und Hadassim zum Laubhüttenfest. Zu diesem Zwecke unterhielt er ein eigenes Einkaufshaus in Bordighera. Das Importgeschäft betrieb R. gemeinsam mit der Leipziger Firma M. W. Kaufmann (→ Max Kallmann). Seit 1933/34 lebte R. bei seiner Tochter in Triest und kam nur in den Herbstmonaten mit der importierten Ware nach Frankfurt. Der Frankfurter Staatspolizeistelle, die im Februar 1934 ca. 200 ›kommunistische und jüdische Bücher‹ bei ihm beschlagnahmt hatte, galt er als flüchtig. 1935 sah sich R. zur Auswanderung gezwungen. In diesem Jahr war er noch einmal in Frankfurt, danach kehrte er nie mehr zurück. Der Betrieb wurde im Dezember 1938 gewerbesteuerlich abgemeldet, im Januar 1939 erfolgten die offizielle Einstellung und die Löschung aus dem Handelsregister ›von Amts wegen‹. In Triest wohnte R. bei seiner Tochter und deren Ehemann. Er half in den drei Geschäften des Schwiegersohns für Schuhbesohlung, Hüte und Strumpfreparatur aus und erhielt statt eines Gehalts freie Kost und Logis. Von Italien aus traf er seine Vorbereitungen zur Auswanderung in die USA. Da sich die Beschaffung einer Bürgschaft, eines Affidavit, als schwierig erwies, konnte er erst im Sommer 1941 in die USA einwandern. Dort lebte er bis zu seinem Tod in einem New Yorker Heim der B'nai B'rith Loge, deren Mitglied er war.

Aufbau Nr. 7 vom 13. 2. 1948 S. 37; HessHStAWI Abt. 518 Nr. 10333; StAL BV I Nr. 565; StadtA Ffm. Firmenkartei des Steuer- und Kassenamtes Frankfurt; StAD G 5 Nr. 102; Brief von Israel Nir vom 10. 6. 1997 an KJ; Junk: Jüd. Buchhandel in Frankfurt (1997) S. 108–12.

Rothschild, Manfred Verleger. Der Palästina-Emigrant R. gründete in Jerusalem einen Literaturverlag, von dem nur zwei Titel nachweisbar sind, ein literarhistorisch bedeutsames *Sammelheft jüdischer Dichtung*, an dem Schalom Ben-Chorin mitarbeitete und das Gedichte von Else Lasker-Schüler enthält (*Die Ernte*, 1936), sowie den Lyrikband *Wort aus Leere* von Werner Kraft, erschienen 1937.

Curt D. Wormann: German Jews in Israel: Their Cultural Situation since 1933. In: Leo Baeck Institute Yearbook vol. xv (1970) pp. 73–103; Werner Kraft, Wilhelm Lehmann: Briefwechsel 1931–1968. Bd. 1: 1931–1953. Göttingen: Wallstein 2008 S. 694.

Rothschild, Otto 11. 8. 1883 Berlin – 11. 9. 1961 Cali, Kolumbien; Antiquar. R., Sohn von Salomon und Anna R., Dipl.-Ing. und Kaufmann, war Geschäftsführer des im Mai 1927 gemeinsam mit dem Verlagsbuchhändler Josef Altmann in Berlin gegründeten bibliophilen und wissenschaftlichen Antiquariats ALTMANN GMBH, zunächst in der Tauentzienstraße 7, ab 1934 in der Burggrafenstraße 16. Die Firma erwarb sich durch gut gemachte Kataloge einige Anerkennung; Altmann dürfte jedoch bald aus ihr ausgeschieden sein. Gegen den Ende 1935 verfügten Ausschluss aus dem Bund Reichsdeutscher Buchhändler erhob R. Einspruch mit dem für viele NS-verfolgte Buchhändler repräsentativen Hinweis, dass er ›Abkömmling einer seit über 4 Generationen in Deutschland ansässigen Familie‹ sei und sich ›deutscher Kultur und deutschem Kulturschaffens(!) eng verbunden fühle‹ (Barbian, S. 120). 1939 wanderte der mit Zilla Jacoby verheiratete R. nach Kolumbien aus (lt. Eintragung im Einwohnermeldeamt hat sich R. am 20. Februar 1939 nach Bogotá abgemeldet). Das Antiquariat Altmann wurde am 16. Februar 1940 aus dem Handelsregister gelöscht; eine neuerliche Betätigung als Antiquar in Kolumbien ist für R. nicht nachweisbar.

Wolf Mueller: Zwischen zwei Weltkriegen. Ein Rückblick auf zwei Jahrzehnte des Berliner Antiquariats. In: Bbl. (Ffm) 18. Jg., Nr. 27a, 4. April 1962 (AdA IV., Bernhardt Wendt zum 60. Geburtstag) S. 617–621, hier S. 618 [zu Fa. Rothschild und Altmann, 1927, Laden in der Tauentzienstraße; ›Otto Rothschild ging, wie ich später erfuhr, noch rechtzeitig nach Südamerika.‹]; Homeyer: Bibliophilen und Antiquare (1966) S. 144; François Melis: Die Geschichte des Marxschen ›Redaktionsexemplars‹ der Neuen Rheinischen Zeitung. In: Marx-Engels Jahrbuch 2004. Berlin: Akademie Verlag 2005 S. 79–117, hier S. 102–107; Jan-Pieter Barbian: Kap. 3.3. Die Arisierung des deutschen Buchhandels. In: Geschichte des deutschen Buchhandels im 19. und 20. Jahrhundert, Bd. 3: Drittes Reich, Teil 1, Berlin: de Gruyter 2015 S. 120.

Rothschild, Walther 23. 1. 1879 Barmen / Westfalen – 2. 12. 1967 Carmel / CA; Verleger; Dr. phil. R. schloss sein Studium in Bonn, Leipzig, Freiburg und Frankfurt mit Promotion ab; während des Ersten Weltkriegs war er bei der Marine und wurde mit dem Eisernen Kreuz ausgezeichnet. 1905 gründete er in Berlin den juristischen Verlag DR. WALTHER ROTHSCHILD, der bis 1933 eine beachtliche Anzahl von Publikationen zu Recht und Wirtschaft, auch Rechts- und Wirtschaftsgeschichte, sowie 1907 bis 1933 das *Archiv für Rechts- und Wirtschaftsphilosophie* herausbrachte. 1933 ging der gesamte juristische und geschichtliche Verlag mit Ausnahme der Zeitschrift *Europäische Gespräche* und der Serie ›Politische Wissenschaft‹ an den Verlag für Staatswissenschaften und Geschichte GmbH in Berlin Grunewald über. Bis zu seinem Ruhestand 1935 war R., der Mitglied im Deutschen Verlegerverein war, Leiter des Rothschild-Verlages; 1936 wurde der Verlag liquidiert. Von 1935 bis 1938 lebte R. in Freiburg im Br., von wo er über die Schweiz nach Großbritannien flüchtete und von dort aus 1940 in die USA. R. engagierte sich hinsichtlich der deutsch-französischen Beziehungen sowie in juristischen Gruppen, so gehörte er zu den Begründern des Juristen-Kreises in Berkeley / CA.

BHE 1; DBE; Adressbuch 1931 S. 519; Aufbau Nr. 9 (1958) S. 23; Verlagsveränderungen 1933–1937 S. 21; Verlagsveränderungen 1942–1963 S. 166; Homeyer: Bibliophilen und Antiquare (1966) S. 144.

Rottensteiner, Alois Franz 30. 9. 1911 Neunkirchen / Niederösterreich – 11. 6. 1982 Wien; Schriftsetzer, Korrektor, Verlagsleiter. R. war gelernter Schriftsetzer. Von 1932 bis 1937 lebte er mit seiner Familie in der Sowjetunion; 1937 nach Österreich zurückgekehrt, wurde er nach dem ›Anschluss‹ an Hitlerdeutschland von der Gestapo als ›politisch unzuverlässig‹ überwacht. Von 1940 bis 1945 war er als Russisch-Dolmetscher in der Wehrmacht verpflichtet. Nach Ende des Zweiten Weltkriegs wurde S. Leiter des KPÖ-nahen Buchverlages TAGBLATTBIBLIOTHEK. Er arbeitete neben seinem erst jetzt begonnenen Studium der Philosophie an der Universität Wien auch als Übersetzer (Puschkin, Gogol, Tolstoi u. a.), war von 1952 bis 1955 als Dramaturg bei der WIEN-FILM angestellt, danach Produktionsleiter und Lektor beim Verlag JUGEND UND VOLK und zuletzt, ab 1961, Lektor beim ÖSTERREICHISCHEN BUNDESVERLAG. Seine Bücher, darunter Kinder- und Jugendbücher, in denen er die Erfahrungen von Exil und Entwurzelung verarbeitet hat, erschienen sämtlich unter seinem Pseudonym Alexis Steiner.

Bolbecher, Kaiser: Österr. Exilliteratur (2000) S. 609 f.

Rotter, Erwin Gest. nach 1980; Buchimporteur. R. stammte aus Wien; nach seiner Ankunft in Palästina war er zunächst Mitarbeiter des Buch- und Pressegrosso PALES;

1952 gründete er eine eigene Buchimportfirma die auf die Einfuhr von technischer und naturwissenschaftlicher Literatur, aber auch von Kunstbüchern und Reproduktionen sowie Globen spezialisiert war.

Mündliche Auskunft Walter Zadek an EF am 19.10.1991 in Holon / Israel; Blumenfeld: Ergänzungen (1993); Adressbuch 1955 S. 774; Zadek: Buchhändler I (1971) S. 2908.

Roubiczek, Paul Anton 28.9.1898 Prag – 26.7.1972 Gmund / Bayern; Verleger, Schriftsteller. R. stammte aus einer wohlhabenden deutsch-jüdischen Familie, sein Vater war Inhaber der Press- und Filtertuchfabrik Roubiczek & Fischer und ließ seinem Sohn eine ausgezeichnete Schulbildung zuteil werden. Während der Dienstzeit in der k. k. Armee erlebte R. im Ersten Weltkrieg die Isonzo-Schlachten mit. Nach 1918 studierte er an der deutschen TH in Prag und absolvierte in der Firma seines Vaters eine Lehrzeit. Ein anschließendes Philosophiestudium in Berlin musste R. wegen Erkrankung des Vaters abbrechen, nach dessen Tod leitete er das Prager Unternehmen von 1924 bis 1926. 1927 ging R. nach Berlin und nahm dort die Stelle eines Lektors und Werbeleiters im UNIVERSITAS VERLAG an und arbeitete an seinem sozialphilosophischen Buch *Der mißbrauchte Mensch*. Das 1932 fertiggestellte Manuskript wurde Anfang 1933 vom INSEL VERLAG zunächst angenommen, aber nach der ›Machtergreifung‹ Hitlers aus ›Rassegründen‹ abgelehnt. Im August 1933 verlor R. seine Anstellung. Zusammen mit der Schauspielerin Hermine Apel, die er im Oktober 1933 heiratete, emigrierte er nach Paris, und gründete dort unter Einsatz aller seiner finanziellen Mittel gemeinsam mit → Peter de Mendelssohn den antinationalsozialistisch ausgerichteten Verlag DER EUROPÄISCHE MERKUR / LES ÉDITIONS DU MERCURE DE L'EUROPE, als dessen Direktor er firmierte; bereits im Oktober 1933 erschien Heft 1 der Broschürenreihe *Streitschriften des europäischen Merkur*. Der Verlag brachte in der kurzen Zeit seines Bestehens neun Bücher heraus, darunter Werke von Peter de Mendelssohn, Ernst Glaeser, André Maurois und Walter Mehrings berühmte Balladensammlung ... *und Euch zum Trotz* (1934). R.'s Abhandlung *Der mißbrauchte Mensch* erschien hier 1934 unter dem Pseudonym Paul A. Robert; in den *Streitschriften* publizierten Rudolf Olden, Heinrich Mann, Arnold Zweig. Nachdem der Verlag 1935 in Konkurs gegangen war, übersiedelte das Ehepaar R. nach Wien; dort fand R. eine Anstellung im Verlag von → Rolf Passer und war vermutlich daran beteiligt, dass der im Besitz von Passer befindliche ZEITBILD VERLAG 1936/37 vom Berliner Universitas Verlag die Lizenzen an einträglichen Frauenromanen ablösen konnte. Vier Tage nach der Annexion Österreichs flüchtete R. mit seiner Frau 1938 in seine Heimatstadt Prag und bemühte sich von dort um Einreisevisa in die USA. Die Zeit reichte aber nicht aus, am 15. März 1939 erlebte R. den Einmarsch der deutschen Truppen. Unter dem Vorwand eines Verwandtenbesuchs mit einem von der deutschen Gesandtschaft in Prag ausgestellten Reisevisum für das Reichsgebiet ausgestattet, gelang es Helene R. zusammen mit ihrem Mann bis zur niederländischen Grenze zu kommen, die sie ungesehen passierten. Im Juni 1939 trafen sie in London ein, wo sie in der Wohnung von Peter de Mendelssohn eine erste Unterkunft fanden. In Cambridge war R. 1940 für das War Agricultural Executive Committee als Landarbeiter tätig und seine Frau arbeitete als Dienstmädchen, bis er an der Universität Cambridge die Möglichkeit erhielt, Deutsch und Philosophie zu unterrichten. Lange Jahre ohne feste Anstellung, erhielt er 1956 den ›Ehrenmagistergrad‹ verliehen und war von 1961 bis 1965 ordentliches Mitglied des German Department. 1970 kehrte R., der

Mitglied im deutschen PEN-Club London war, nach Deutschland zurück und verbrachte die letzten Lebensjahre mit seiner Frau in Oberbayern.

Anonym [Paul Anton Roubiczek, Peter de Mendelssohn]: Vom Sinn dieser Emigration. In: Streitschriften des Europäischen Merkur. Paris 1. Jg. H. 4 (1934); Paul A. Robert [d. i. Paul Anton Roubiczek]: Der mißbrauchte Mensch. Paris: Verlag des Europäischen Merkur 1934; Paul Anton Roubiczek: Denken in Gegensätzen. Frankfurt am Main: Klostermann 1961; ders.: Über den Abgrund. Aufzeichnungen 1939–1940. Hrsg. von Jörg-Ulrich Fechner. Mit e. Vorwort von Werner Heisenberg. Wien: Molden 1978.

BHE 2; Gregory Needham: Paul Roubiczek. Some Aspects of his Thinking. In: Theology. A monthly review vol. LXXVI no. 635 (May 1973) pp. 256–63; Peter Becher, Sigrid Canz [bearb. von]: Drehscheibe Prag. Deutsche Emigranten 1933–1939. [Ausst.-Kat.] München: Adalbert Stifter Verein 1989 S. 69–76, 190–195.

Rühle, Otto 23.10.1874 Großvoigtsberg b. Freiberg / Sachsen – 24.6.1943 Mexico-City; Politiker, Pädagoge, Verleger. Der unorthodoxe radikale Marxist und Reformpädagoge R. war zwischen 1907 und 1913 Wanderlehrer des Zentralbildungsausschusses der SPD und von 1912 bis 1918 SPD-Reichstagsabgeordneter. 1918 zählte er zu den Mitbegründern der KPD. R. begegnete 1918/19 in München der zwanzig Jahre jüngeren Alice Gerstel (1894–1943), Tochter einer großbürgerlichen Prager deutsch-jüdischen Familie, die hier ein Studium der Germanistik, Slawistik und Philosophie absolvierte und sich bei dem Adlerianer Leonhard Seiff einer Psychoanalyse unterzog. Durch ihre Heirat vollzog Alice Gerstel den Bruch mit ihrer Familie, R. löste sich von der rätekommunistischen Richtung und näherte sich dem Anarchismus und der Individualpsychologie an. Die Eheleute gründeten 1924 in Dresden-Buchholz den Verlag AM ANDEREN UFER, für den R. als Inhaber firmierte. Hier erschienen im Lauf von zehn Jahren R.'s sozialpädagogische Zeitschriften *Am anderen Ufer. Blätter für sozialistische Erziehung* (1924/25), *Das Proletarische Kind. Monatsblätter für proletarische Erziehung* (1925/26), die allgemein verständliche Schriftenreihe *Schwer erziehbare Kinder* und auch Alice R.-Gerstels wissenschaftliche Arbeit *Der Weg zum Wir. Versuch einer Verbindung von Marxismus und Individualpsychologie* (1927). In zahllosen Vorträgen an Volkshochschulen und Arbeiterbildungsvereinen propagierten R. und seine Frau ihre Vorstellungen von einer sozialistischen Gesellschaft, bis sie 1932, gleichermaßen entmutigt durch den Kurs der KPD wie durch den erstarkenden Nationalsozialismus, ihren Verlag aufgaben und nach Prag übersiedelten. Dort arbeitete R.'s Frau illegal für das *Prager Tagblatt*, bis sie 1936 ihrem Mann folgte, der 1935 in das Exil nach Mexiko gegangen war. R. arbeitete bis 1939 als Berater des mexikanischen Erziehungsministeriums, seine Frau nahm Übersetzungsaufträge an. 1937/38 schrieb Alice R.-Gerstel den Roman *Der Umbruch oder Hanna und die Freiheit*, posthum veröffentlicht 1984; ihre *Kein Gedicht für Trotzki* betitelten Tagebuchaufzeichnungen sind ein Dokument der Isolation und der intellektuellen Einsamkeit: Trotzki und seine Frau zählten im Exil in Mexiko zu den wenigen Gesprächspartnern, ideologisch waren sie einander aber fremd. Nach 1939 lebte das Ehepaar in verzweifelten finanziellen Verhältnissen, R. zeichnete Postkarten, seine Frau verkaufte Carbonpapier und Kreuzworträtsel. Als R. an Herzversagen starb, stürzte seine Frau sich noch am selben Tag aus dem Fenster.

Adressbuch 1931 S. 647; Bernd Schneider: Alice Rühle-Gerstel und Otto Rühle: Versuch einer Synthese von Marxismus und Psychologie. Diplomarbeit. FU Berlin 1980; Sonja Hilzinger: ›Ins Leere fallen‹. Alice Rühle-Gerstels Exilroman ›Der Umbruch oder Hanna und die Freiheit‹.

In: EXIL Nr. 1 (1990) S. 43–52; Hiltrud Haentzschel: ›Kläglich ist das Schicksal der Emigranten‹. Alice Rühle-Gerstel: Auf zehn Jahre produktiven Arbeitens folgt Vergessen. In: SZ vom 24. 3. 1994 S. 18; Gerd Stecklina [Hg.]: Otto Rühle. Leben und Werk (1874–1943). Weinheim: Juventa Verlag 2003.

Runes, Dagobert D(avid) 6. 1. 1902 Czernowitz – 24. 9. 1982 New York; Verleger; Dr. phil. Der Publizist und Verleger R. kann als Vorläufer der Exilverleger der Hitleremigration gesehen werden, da er aufgrund antisemitischer Anfeindungen 1928 aus Österreich auswanderte. Der Abkömmling sephardischer Juden wurde in der Bukowina geboren, die Teil des Habsburgerreiches war. Er besuchte in Zastavna (Czernowitz) eine deutschsprachige Schule und ging dann zum Jurastudium nach Wien. An der Universität wechselte er die Studienrichtung, wurde Schüler von Moritz Schlick, leitete das Ethische Seminar, eine von den Ideen Constantin Brunners inspirierte Studentengruppe, und promovierte mit einer Arbeit über Spinoza. Mit Hilfe der Sozialdemokratischen Partei brachte R., der zum Katholizismus konvertiert war, 1927 ein Buch in einem Freidenker-Verlag heraus (*Der wahre Jesus oder Das fünfte Evangelium*), in welchem er die katholische Kirche für den Antisemitismus verantwortlich machte. Da er eine Anklage wegen Gotteslästerung befürchtete – sein Verleger Rudolf Cerny wurde für die Publikation zu zwei Monaten Arrest verurteilt – sah sich R. 1928 dazu veranlasst, in die USA auszuwandern. In New York übernahm er gemeinsam mit seiner Frau Mary Theresa Gronich zwei bankrotte Zeitschriften und gab sie neu heraus (*The Modern Thinker*, bis 1936; *New Current Digest*, ein Nachdruckmagazin, das in den späten 1930er Jahren vom Konkurrenten READERS DIGEST aufgekauft wurde); durch die intellektuelle Qualität der Beiträge konnte *The Modern Thinker* eine hervorragende Stellung in der New Yorker Presselandschaft für sich beanspruchen. Der von R. 1941 gegründete Verlag PHILOSOPHICAL LIBRARY (PL) entwickelte sich im Verlauf von vier Jahrzehnten zu einem bedeutenden Unternehmen: 1980 umfasste das Programm ca. 2500 Publikationen aus den verschiedensten Bereichen der Geistes- und Naturwissenschaften, zu seinen Autoren zählten neunzehn Nobelpreisträger (u. a. Bertrand Russell, Albert Schweitzer und Boris Pasternak). Auf eine dauerhafte ökonomische Basis stellte den Verlag das 1942 in einer Auflage von 150 000 Exemplaren erschienene *Dictionary of Philosophy*; später profitierte PL vom ›Sputnik-Schock‹ und dem damit einhergegangenen Wachstumsschub des US-amerikanischen Bildungssystems. In der PL erschienen Werke des mit R. befreundeten Albert Einstein (*Out of my later Years*, 1950; *Essays on Humanism*, 1950), von Leonhard Frank (*Dream Mates*, 1946), Emil Froeschel (*The Human Race*, 1947), der Musikwissenschaftler Max Graf und Paul Nettl, von Rudolf Kayser (u. a. *Spinoza: portrait of a spiritual hero*, 1946), Emil Ludwig (*Of Life and Love*, 1945), Hans Reichenbach (*From Copernicus to Einstein*, 1942), Karl Schwarz (*Jewish Artists of the 19th and 20th Centuries*, 1949) und Franz Werfel (*Between Heaven and Earth*, 1944). R., der auch eine Vielzahl populärer Gazetten verlegte (u. a. die Sprachlehrzeitschrift für die neuankommenden Emigranten *Better English*, aber auch *Home Crafts and Hobbies*, *Model Airplane Builder*, *American Lady*), spielte des Weiteren mit der von ihm 1931 gegründeten und bis 1934 geleiteten Volkshochschule (Institute of Advanced Education), an der Persönlichkeiten wie Eleonora Roosevelt ebenso Vorträge hielten wie Heinrich Mann oder Alfred Adler, eine wichtige Rolle als *networker* in der Exilszene. R.'s Vierteljahreszeitschrift *Philosophical Abstracts*, die bis 1956 erschien, wurde später von H. P. Kraus nachgedruckt. R. betätigte sich vielfach

selbst als Herausgeber; so etwa brachte er, mit einer eigenen Einleitung, Karl Marx'
Aufsatz *Zur Judenfrage* 1959 als erste vollständige Übersetzung ins Englische unter dem
Titel *A World without Jews* heraus. R., der 1936 die US-amerikanische Staatsbürgerschaft
erhalten hatte, lebte in ländlicher Abgeschiedenheit in den Catskills, Green County, nahe
New York. Nach dem plötzlichen Tod seiner Frau 1976 erlitt R. einen Schlaganfall; er
heiratete seine enge Mitarbeiterin Rose Morse, zog sich als Direktor des Verlages zurück,
blieb aber alleiniger Herausgeber der PL. Nach seinem Tod wurde der Verlag durch seine
Tochter Regeen Najar R. und seine zweite Ehefrau Rose Morse-R. weitergeführt. Das
New Yorker Büro des Verlages wurde 1998 geschlossen, doch bis zum heutigen Tag
verwaltet Regeen Najar R. die Rechte der Philosophical Library. R.'s besondere Leistung
liegt in der Übertragung seiner Kenntnisse des europäischen Wissenschaftsverlages auf
den expandierenden US-amerikanischen Universitätsbuchmarkt.

Cazden: German Exile Literature (1970) p. 101, 128, 204; Kurt Lubinski: Ein dichtender
Verleger. In: Aufbau vom 6.8.1948 S. 7f.; Gold: Juden in Österreich (1971) S. 171; Dr. Dagobert
Runes, Founder Of the Philosophical Library [Obituary]. In: New York Times, 27 Sept. 1982
[online]; Rochelle Larkin: Philosophical Library Redux. In: Publishers Weekly, 21 Aug. 1987;
Fischer: Verlegeremigration nach 1933 (2002) S. 282f.; Hendrik Edelman: Other Immigrant Publishers of Note in America. In: Immigrant publishers (2009) pp. 197f.; Ulrich E. Bach: Dagobert
D. Runes: Ein streitbarer Verleger in New York. In: Deutschsprachige Exilliteratur seit 1933.
Band 3: USA, Supplement 1. Hg. von John M. Spalek, Konrad Feilchenfeldt, Sandra H. Hawrylchak. Berlin, New York: de Gruyter/Saur 2010 S. 278–294.

S

Saar, Hilda Geb. 10.5.1892 Wien; Buchhändlerin. S. geb. Kohn war die Witwe von
Josef S. (4.9.1879 Wien–7.2.1935 Wien), seit 1920 Inhaber der 1877 von seinem
Vater gegründeten Buchhandlung, Antiquariat und Leihbibliothek HEINRICH SAAR in
Wien XV, Mariahilferstraße 176. S., die schon seit 1916 im Geschäft mitgearbeitet hatte,
erhielt zwar nach dem Tod ihres Mannes die von ihr beantragte Konzession zur Weiterführung des Familienbetriebs, legte aber bald darauf den Gewerbeschein zurück und
beantragte im Juli 1937 die Löschung aus dem Handelsregister: die Buchhandlung hatte
sich seit einem 1933 beantragten Ausgleich nicht mehr erholt und bot keine Existenzgrundlage. Aufgrund ihrer jüdischen Herkunft verließ S. mit ihren beiden minderjährigen Kindern Heinrich (geb. 1926) und Franzi (geb. 1922) Österreich nach dem ›Anschluss‹, das Bücherlager der Buchhandlung ging in den Warenbestand der von dem
›Ariseur‹ Johannes Katzler übernommenen Buchhandlung Reichmann & Co. ein. Über
das Schicksal der Familie während des Zweiten Weltkriegs liegen keine Erkenntnisse
vor. Zwei Brüder von Josef S. lebten schon seit vielen Jahren im Ausland: Richard als
Buchhändler in New York (8.4.1886 Wien–29.5.1928 New York) und Alfred S. als
kaufmännischer Angestellter in London (30.10.1881 Wien–ca. 1938 London), seine
Schwester war im böhmischen Klattau verheiratet. Nach 1945 wurde von dem ›Abwesenheitskurator‹ Walther Richter im Namen von S. und ihren beiden Kindern ein Restitutionsverfahren angestrengt, das aufgrund des unbekannten Aufenthaltsortes der drei Anspruchsberechtigten 1952 eingestellt wurde. Hinweisen zufolge ist S. 1939 nach London
geflüchtet.

Adressbuch 1931 S. 524; www.geni.com; Pawlitschko: Jüd. Buchhandlungen (1996) S. 112; Hupfer: Antiquarischer Buchhandel (2003) S. 123 f.; Bertz: ›Arisierung‹ im österr. Buchhandel (2009) S. 82 f.; Schroeder: ›Arisierung‹ II (2009) S. 367 f.

Sabatzky, Dagobert 25. 8. 1884 Stolp / Pommern – 28. 3. 1962 St. Louis / MO; Buchhändler. Nach dem Schulbesuch in Stolp und Berlin legte S. 1901 die Reifeprüfung für den Einjährig-Freiwilligen Militärdienst ab. In Berlin erlernte er den Beruf des Buchhändlers und war anschließend als Gehilfe tätig, zunächst in Berlin und Montreux, wo er vier Jahre in einer internationalen Buchhandlung als Filialleiter arbeitete, bevor er sich 1910 in München niederließ. 1912 trat er in die Sortimentsbuchhandlung HEINRICH JAFFÉ, Briennerstraße 53, ein, in der er 1921 Prokura erhielt und zuletzt die Position des Geschäftsführers innehatte. Seine Tätigkeit dort dauerte bis Dezember 1932, als er ›wegen jüdischer Rasse‹ entlassen wurde. Im Februar 1933 machte sich S. mit einem eigenen Antiquariat selbständig. Dieses musste er im August 1938 schließen, da ihm wegen des Verkaufs nichtjüdischer Schriften die Zulassungsgenehmigung als ›Jüdischer Buchvertrieb‹ entzogen wurde. Bereits im Juni 1938 war S. verhaftet und ins Polizeigefängnis München gebracht worden. Von dort wurde er Anfang August in das KZ Dachau, Ende September 1938 in das KZ Buchenwald überstellt. Nach seiner Entlassung im April 1939 flüchtete er nach Shanghai, wo er von 1943 bis 1945 inhaftiert war. Im Mai 1948 wanderte er mit seiner Frau Irma (11. 10. 1896 München – 10. 7. 1972 St. Louis), die er 1946 in Shanghai geheiratet hatte, in die USA ein und ließ sich in St. Louis / MO nieder. Dort war er bis 1956 im HAGEDORN BOOKSHOP beschäftigt. In seinen letzten Lebensjahren arbeitete er als Büroangestellter im Sekretariat des Städtischen Kunstmuseums St. Louis.

SStAl, BV, F 14. 563; BayHStAM LEA EG 98547; Dagobert Sabatzky Collection, 1934–1938 (AR 7222), Leo Baeck Institute Archives.

Sacksell, John Henry 1. 2. 1893 Wien – 26. 3. 1950 Salzburg; Buchhändler, Antiquar. S.'s Geburtsname lautete Hans Sachsel; er war seit 1917 in Wien Inhaber der BUCHHANDLUNG F. LANG, seit 1919 Alleininhaber der bedeutenden, zentral gelegenen Universitätsbuchhandlung WILHELM BRAUMÜLLER & SOHN, Graben 21, seit 1922 auch von der Fa. BUCHHANDLUNG UND ANTIQUARIAT J. DIEBLER, die 1926 mit Braumüller vereinigt wurde. Allerdings geriet S. im Gefolge der Weltwirtschaftskrise in finanzielle Nöte und verkaufte im Juli 1931 die Buchhandlung F. Lang, die auch verlegerisch tätig gewesen war, an den Prokuristen Josef Berger und → Heinrich (Harry) Fischer. 1932 musste er für die Fa. Braumüller Ausgleich anmelden; an einer als Auffanggesellschaft neu gegründeten GmbH beteiligten sich die Schriftsteller Guido Zernatto und Friedrich Schreyvogl; S. selbst behielt einen Anteil und konnte die Firma zunächst weiterführen. Nach dem ›Anschluss‹ 1938 wurde die Buchhandlung von einem politisch ›zuverlässigen‹ Verwalter übernommen; S. emigrierte in die USA, wo er seinen Namen anglisierte. Er ließ sich in Jacksonville / FL nieder. Zu seinem 50. Geburtstag im Jahr 1943 hieß es in der Zs. *Aufbau*, seine Buchhandlung sei ›so etwas wie ein Mittelpunkt im Wiener Kulturleben‹ gewesen: ›Mit den meisten lebenden Dichtern und Buchautoren persönlich befreundet, traf sich alles, was Rang und Namen hatte, in seinem Laden, den der Inhaber durch seine Persönlichkeit zur führenden Buchhandlung Wiens erhob.‹ S. dürfte in den USA ohne eigentliche Firmengründung antiquarischen

Buchhandel betrieben haben; jedenfalls hat → Otto Ranschburg von seinem ehemaligen Wiener Kollegen gesprochen als von einem ›brilliant Viennese-Jewish private dealer [...] who was active here for several years after the war‹.

    Rosenthal-Fragebogen: zu Otto Ranschburg, ausgefüllt von Felix de Marez Oyens; Aufbau vom 12. 2. 1943; Hans Peter Fritz: Buchstadt und Buchkrise. Verlagswesen und Literatur in Österreich 1945–1955. Diss. Wien 1989 S. 376 [online]; Hupfer: Antiquarischer Buchhandel (2003) S. 108 f., 155; Art. Hans Sachsel, in: Wikipedia (dt. Ausgabe); Bernd Schuchter: Der Braumüller Verlag und seine Zeit. 235 Jahre – eine Verlagschronik, 1783–2018. Wien: Braumüller 2018.

Saenger, Erwin 4. 5. 1907 in Berlin –18. 10. 1979 Forest of Dean / GB; Buchhändler, Antiquar; Dr. jur. S. war der Enkel des aus Posen stammenden jüdischen Gelehrten Moritz Poppelauer (1824–1880), der im Mai 1860 die hebräische Buchhandlung M. POPPELAUER in Berlin eröffnet hatte. Nach dem Tod Poppelauers führten seine Witwe und seine Tochter Auguste das Geschäft weiter, bis es im August 1894 von seinem Schwiegersohn Jacob S. (1866–1939) übernommen wurde. Dessen Sohn Erwin S. studierte 1925 bis 1930 in Berlin und Heidelberg Jura und leistete nach dem ersten Staatsexamen 1930 bei Gericht und Staatsanwaltschaft die vorgeschriebenen Praxisjahre ab. Als er nach der nationalsozialistischen ›Machtergreifung‹ seinen Beruf als Jurist nicht ausüben durfte (er konnte aber noch 1935 das Doktorat in Heidelberg erwerben), trat er 1933 in das Unternehmen seines Vaters ein, das sich mit dem Verlag, Sortiment und Antiquariat von Hebraica und Judaica sowie dem Verkauf von Ritualgegenständen befasste. Die Firma M. Poppelauer, die die zweitälteste Spezialbuchhandlung in Deutschland war und Weltruf genoss, gehörte zu jenen Buchhandlungen jüdischer Eigentümer, die nach dem Juli 1937 als ›jüdischer Buchvertrieb‹ weiterhin tätig sein durften. Dennoch bemühte sich S., einen Teil der Verlagswerke und das komplette wissenschaftliche Antiquariat im Wert von geschätzten RM 50 000 nach London zu überführen. Nachdem sich Pläne einer Partnerschaft mit dem britischen Unternehmen B. H. BLACKWELL LTD., Oxford, zerschlagen hatten, prüfte S. verschiedene Möglichkeiten, sich in London selbständig zu machen. Sein Vorhaben, die Firma M. Poppelauer in London weiterzuführen, wurde zwar 1937 vom britischen Home Office genehmigt, scheiterte jedoch am Verbot deutscher Behörden, die Bücher auszuführen. S. verließ unmittelbar nach der Pogromnacht des 9. November 1938 mit seiner Frau Lotte geb. Manheim (die Eheschließung war erst am 21. Juli 1938 in der Neuen Synagoge Berlin erfolgt) Deutschland und ging nach London. Im Dezember 1938 ordnete Reichskulturverwalter Hinkel, Sonderreferat im Reichsministerium für Volksaufklärung und Propaganda, die Auflösung von M. Poppelauer an. Die Lagerbestände des Verlages wurden an die Zentrale des Jüdischen Kulturbundes überstellt, die antiquarischen Werke mussten zur Abholung durch das Sonderreferat Hinkel im Propagandaministerium bereitgestellt werden. Alle anderen Bücher und die Ritualgegenstände wurden in eine Filiale des Kulturbundes übergeleitet, deren Leitung Gerda Kestenbaum, seit 1915 Angestellte bei M. Poppelauer, übergeben wurde (sie fiel später, vermutlich in Łódź, dem Holocaust zum Opfer). Jacob S. verstarb am 14. Februar 1939 in Berlin aufgrund einer von den Aufregungen ausgelösten Herzattacke; Auguste S. wurde mit dem 49. Alterstransport am 25. August 1942 deportiert und am 7. Oktober 1942 in Theresienstadt ermordet. S. war in London 1939/40 in THE LINGUIST'S BOOKSHOP angestellt, von Juli 1940 bis März 1941 als *enemy alien* interniert; 1941 bis 1946 war er im Weltkrieg als Werkzeugmechaniker eingesetzt. 1946 bis 1949 arbeitete er bei → HANS PREISS INT. BOOKSELLERS, besuchte daneben aber einen Psychologiekurs am Birkbeck College in London, den er 1948 mit einem Diplom abschloss. 1949 bis 1960 war S. als *cataloguer* an der British Library tätig und arbeitete dort an vorderster Stelle am *British Union Catalogue of Periodicals* mit. Von 1961 an bis zu seinem Tod 1979 betätigte er sich auf privater Basis als Psychotherapeut.

Center for Jewish History / Leo Baeck Institute NY [Internet LBI Archives], M. Poppelauer, A 40/1; Amtsgericht Charlottenburg, 91 A 90139 † 1941 M. Poppelauer; BArch R 56 V/102: Schreiben an die RSK vom 16.4.1936 betr. Nichtarier; Landesverwaltungsamt Berlin Abt. III – Entschädigungsbehörde Reg. Nr. 75823; Neue Jüdische Monatshefte. Zeitschrift für Politik, Wirtschaft und Literatur in Ost und West IV. Jg. H. 2 (Nov. 1919) S. 77/78; Braun: Schluss-Verkauf (1992) S. 157 f.

Sänger, Jonas 11.3.1872 Buttenwiesen – 21.9.1939 Buxton / GB; Verleger, Buchhändler, Antiquar. Nach dem Besuch der Volksschule seines Heimatortes und der Realschule in Bingen am Rhein wurde S., der jüngere Bruder von → Leon S., Kaufmann. 1901 trat er in das Geschäft seines späteren Schwiegervaters Abraham Juda Hofmann in Frankfurt am Main ein, dessen Teilhaber er nach der Eheschließung mit Erna Hofmann im Jahre 1919 wurde. Die seit 1883 bestehende hebräische Buchhandlung mit den Zweigen Verlag, Sortiment und Antiquariat widmete sich dem Verkauf von religiösen Gebrauchsbüchern in hebräischer und deutscher Sprache und von Kultusgegenständen. Zum Jahresende 1935 verlor S. die Mitgliedschaft im Börsenverein, die er im Mai 1921 erworben hatte, aufgrund der angeblichen Nichtzahlung der Beiträge. S. stellte für die Buchhandlung A. J. HOFMANN Antrag auf Führung eines ›rein jüdischen‹ Buchvertriebs, dem auch stattgegeben wurde, da sich das Unternehmen immer explizit als hebräische Buchhandlung präsentiert hatte. Das Jahr 1938 beendete S.'s buchhändlerische Tätigkeit. In der Nacht zum 10. November 1938 wurde sein Laden aufgebrochen, die Ladeneinrichtung zerstört, die Fensterscheiben wurden eingeschlagen sowie Bücher zerrissen und auf die Straße geworfen. Nach Angaben der Familie S. wurden die restlichen im Laden befindlichen Bücher inventarisiert und die Bücherlisten dem Jüdischen Kulturbund in Berlin übergeben. Der Großteil der Bestände musste nach Berlin gesandt werden, der Rest wurde der Zweigstelle des Kulturbundes in Frankfurt übergeben. Im Mai 1939 bereitete S. die Auswanderung der Familie nach England vor. Wenige Monate nach seiner Ankunft verstarb er in Buxton.

Adressbuch 1931 S. 277; Tentative List p. 17; HessHStAWI Abt. 518 Nr. 8629,1; StAA IPSR 5; HWA Abt. 3 Firmenkartei der IHK Frankfurt am Main; SStAL, BV I, Nr. 567 und F 15. 155; HessHStAWI Abt. 519/D Nr. 1333/39; Junk: Jüd. Buchhandel in Frankfurt (1997) S. 116 f.

Sänger, Leon 3.11.1866 Buttenwiesen – 28.11.1943 Vic-Fézensac / F; Verleger, Buchhändler. Um 1900 zog Leo Juda S. mit seiner Familie nach Frankfurt am Main. Dort war er zunächst als Kaufmann, vermutlich im Angestelltenverhältnis, tätig. 1904 gründete S., der 1922 die Mitgliedschaft im Börsenverein erwarb, einen Verlag LEON SÄNGER, der nach inhaltlichen Gesichtspunkten in zwei völlig unterschiedliche Bereiche unterteilt war: neben einer Abteilung für banktechnische Werke bestand eine Verlagsabteilung für jüdische Religions- und Geschichtsbücher, Spiele und Gebetbücher. Außer diesem Verlag besaß S. eine Firma für Berg- und Hüttenprodukte und eine Metallhandlung, die auf seine Ehefrau Sara und seinen Bruder → Jonas S. angemeldet war. Zudem betätigte sich S. als Herausgeber mehrerer Zeitschriften, Schriftenreihen und eines Literaturmagazins. Da er zunehmend Pöbeleien und Verfolgungen seitens der Hitlerjugend ausgesetzt war, beschloss er, seine Geschäfte aufzugeben und Deutschland zu verlassen. Er meldete seine Betriebe im September 1933 gewerbesteuerlich ab und zog mit seiner Ehefrau Sara zur Tochter nach Antwerpen. Aufgrund seines Alters und seiner zunehmenden Erblindung konnte sich S. in Belgien keine neue Existenz aufbauen. Er lebte von der finanziellen Hilfe seines Schwiegersohns. Nach der deutschen Besetzung im Mai 1940 wurde S. mit seiner Frau nach Mecheln / Belgien deportiert, wo sie in einem ›Judenhaus‹ lebten. Im Herbst 1941 gelang es den Eheleuten unter großen Schwierigkeiten, nach Frankreich zu entkommen, wohin sich ihre Tochter 1940 mit ihren Kindern geflüchtet hatte. Seit März 1943 hielten sie sich in einem baufälligen, verlassenen Haus in Vic-Fézensac versteckt, in dem S. im November 1943 starb. Sara S. verstarb 1948.

StAA IPSR 5; HessHStAWI Abt. 518 Nr. 10336; SStAL, BV I, F 567; Junk: Jüd. Buchhandel in Frankfurt (1997) S. 142–46.

Sänger, Rebecka 15. 12. 1871 Frankfurt am Main – 6. 2. 1942 Haifa; Buchhändlerin. S. geb. Hirsch, eine Enkelin des Begründers der Neo-Orthodoxie Samson Raphael Hirsch, hatte höhere Schulbildung und legte vor ihrer Eheschließung mit dem Buchhändler Joseph S. (1877–1930) das Lehrerinnen-Examen ab. Ab 1907 war Joseph S. Mitinhaber der Buchhandlung SÄNGER & FRIEDBERG in Frankfurt am Main, die er nach dem Ausscheiden → Bernhard Friedbergs 1910 bis zu seinem Tod als Alleininhaber unter Mithilfe seiner Ehefrau Rebecka, die auch Prokura hatte, führte. Während des Ersten Weltkriegs, an dem Joseph S. in Litauen teilnahm, leitete S. das Geschäft allein. Nach dem Tod Sängers 1930 war seine Witwe gezwungen, das offene Ladengeschäft aufzugeben. Die Buchhandlung war in den folgenden Jahren am jeweiligen Wohnsitz von S. gemeldet. Anders als ihr Mann, der 1921 in den Börsenverein eingetreten war, verzichtete sie auf diese Mitgliedschaft. 1933 gingen die Bestände der Firma Sänger & Friedberg in die Hände des jüdischen Buchhändlers → Szyja Neumann über, die Buchhandlung wurde 1936 gewerbesteuerlich abgemeldet. S. konnte Anfang des Jahres 1937 nach Palästina emigrieren, wo sie 1942 verstarb.

Adressbuch 1931 S. 528; Tentative List p. 18; HessHStAWI Abt. 518 Nr. 10337, Abt. 519/N Nr. 19212/1; HWA Abt. 3 Firmenkartei der IHK Frankfurt am Main; Junk: Jüd. Buchhandel in Frankfurt (1997) S. 116–19.

Saenger, Samuel 17. 2. 1864 Saagar / Litauen – 6. 5. 1944 Los Angeles / CA; Publizist, Verlagslektor; Dr. phil. Nach dem Abitur 1884 in Berlin studierte S. Philosophie, Sprachen und Geschichte in Heidelberg und Freiburg im Breisgau; die Promotion erfolgte 1888 in Halle. Als Gymnasiallehrer in Berlin tätig, lieferte er 1900 bis 1907 nebenbei publizistische Beiträge für die Zeitschrift *Die Zukunft*; von 1908 bis 1919 war er politischer Redakteur der *Neuen Rundschau* des S. FISCHER VERLAGS und betreute dort unter dem Pseudonym Junius die ›Politische Chronik‹. Seit 1919 war er im diplomatischen Dienst tätig, zunächst (bis Februar 1920) als Botschafter in Prag, danach als Legationsrat im Auswärtigen Amt in Berlin. 1922 kehrte S. in den S. Fischer Verlag zurück und war bis 1934 Mitherausgeber der *Neuen Rundschau*, außerdem Lektor im politisch-historischen Programmsektor des Verlags. 1939 emigrierte S. mit seiner Frau Irma S.-Sethe (Heirat 1898), einer bekannten Violinistin, und seinen beiden Töchtern Magdalene und Elisabeth nach Paris und war dort kurzzeitig Mitarbeiter / Redakteur von Leopold Schwarzschilds *Neuem Tagebuch*. Im März 1941 ging er in die USA; im gleichen Jahr wurde er in Deutschland ausgebürgert (seine Frau 1943). Die Familie ließ sich in Los Angeles nieder; dort starb S. 80-jährig.

Gottfried Bermann Fischer, Brigitte Bermann Fischer: Briefwechsel mit Autoren. Hg. von Reiner Stach. Frankfurt am Main: S. Fischer 1990 S. 490 und passim; Lexikon Music und Gender im Internet: Irma Saenger-Sethe [online].

Safranski, Kurt S. 17. 10. 1890 Berlin –1. 3. 1964 Kingston / NY; Photograph, Verlagsdirektor. S. (ursprgl. Curt Szafranski) war Zeichner, Illustrator und Buchgraphiker, ehe er bei ULLSTEIN zum Verlagsdirektor aufstieg. In dieser Position, besonders als Herausgeber der *Berliner Illustrirten Zeitung* mit fast 2 Mio. Auflage, hatte er großen Einfluss auf die Presseproduktion des Konzerns. Als einer der Ersten verstand er die besondere Rolle der Photographie für die Vermittlung von Inhalten und brachte Bilder der bedeutendsten (Presse-)Photographen der Zeit, wie Erich Salomon und Alfred Eisenstadt. Während der Ullstein Verlag seinen Eigentümern von den NS-Machthabern abgepresst wurde, flüchtete S. aus Deutschland und erreichte am 1. 10. 1934 die USA, wo er zunächst für HEARST PUBLICATIONS tätig wurde. Ein von ihm entworfenes Magazin-Konzept wurde als zu teuer abgelehnt, fand aber Interesse bei LUCE PUBLICATIONS und wurde dem 1936 gestarteten *Life*-Magazin zugrunde gelegt, das nachmals zu einer der populärsten illustrierten Zeitschriften in den USA und weltweit werden sollte. Am 23. 12. 1935 gründete S. mit den ebenfalls aus Berlin stammenden Emigranten → Ernest Mayer, vordem Eigentümer des MAURITIUS-VERLAGS, und → Kurt Kornfeld die BLACK STAR PUBLISHING CO., der die erste große Photoagentur an der Westküste BLACK STAR AGENCY angeschlossen war. Black Star avancierte rasch zu einer der berühmtesten Agenturen, indem sie mit den besten Photographen (Robert Capra, Andreas Feininger, Germaine Krull, Henri Cartier-Bresson u. v. a.) zusammenarbeitete und die großen Illustrierten wie *Life* oder *Time Magazine*, auch *Look*, *Colliers*, *Cosmopolitan*, *Newsweek* etc. belieferte. Insbesondere der Aufstieg von *Life* war eng mit dem von Black Star gelieferten Fotomaterial (Einzelfotos, aber auch Fotoessays) verbunden; 30–40 % der Agenturtätigkeit fielen auf dieses Magazin. S., der auch Vorlesungen an der New School of Social Science hielt, wird in der einschlägigen Literatur als ›Vater des modernen Photojournalismus‹ bezeichnet. In der Tat hat er mit seinem schon in Berlin erworbenen Knowhow wesentlich dazu beigetragen, die Bildverwendung in den US-Magazinen zu revolutionieren. 1953 kehrte er für einige Monate nach Berlin zurück, um noch einmal für die Ullstein-Familie tätig zu werden; er sollte das Konzept für eine neue Sonntags-Illustrierte entwickeln und zugleich die Kooperationsmöglichkeiten mit Axel Springer ausloten. 1957 zog sich S. aus der Unternehmenstätigkeit zurück; 1963 übergaben die Gründer Black Star an neue Eigentümer, an Howard und Ben Chapnick, die bereits seit langem bei Black Star mitgearbeitet hatten. Howard Chapnick leitete das Unternehmen mit anhaltendem Erfolg bis 1988, sein Cousin Ben trat an seine Stelle. Das Archiv von Black Star, ein visuelles Gedächtnis des 20. Jahrhunderts von außerordentlichem dokumentarischem Wert, wurde mit nahezu 300 000 Schwarz-weiß-Photographien von rund 6000 Photographen 2005 der kanadischen Ryerson University übergeben.

Kurt Safranski: Entwicklungsmöglichkeiten der Bildberichterstattung. In: W. Strache [Hg.]: Das Deutsche Lichtbild 1956. Stuttgart: DSB 1955 S. 11–14.

Hermann Ullstein: The Rise and Fall of the House of Ullstein. New York: Simon and Schuster 1943 pp. 39, 78; Die Welt vom 4. 3. 1964; C. Zoe Smith: Emigré Photography in America. Contributions of German Photojournalism from Black Star Picture Agency to Life Magazine, 1933–

1938. Diss. University of Iowa 1983; Howard Chapnick: Truth needs no ally: inside photojournalism. University of Missouri Press 1994 p. 115; Michael Torosian: Black Star. The Ryerson University Historical Print Collection of the Black Star Publishing Company. Portfolio Selection and Chronicle of a New York Photo Agency. Introduction by Peter Higdon. Toronto: Lumiere Press 2013; Martin Münzel: Tempelhof – Manhattan und zurück. In: ›Der ganze Verlag ist einfach eine Bonbonniere‹ (2015), S. 388–406; Lars-Broder Keil: ›Eines Tages war er plötzlich wieder da‹. In: Axel Springer – Inside History, 26. 8. 2019 [online]; Lars-Broder Keil: ›Ich halte solche persönlichen Gefühle für Zeitverschwendung.‹ Ungewöhnliche Unterlagen aus dem Nachlass von Kurt Safranski im Unternehmensarchiv der Axel Springer SE Archiv und Wirtschaft 52 (2019), Nr. 3, S. 119–127; Phoebe Kornfeld: Passionate Publishers. The Black Star Photo Agency Founders Ernest Mayer, Kurt Safranski, and Kurt Kornfeld – Catalysts of the American Revolution in Photojournalism (im Erscheinen).

Salden, Helmut 20. 2. 1910 Essen – 2. 1. 1996 Amsterdam; Buchgestalter, Buchhändler. S. nahm, so wie seine Schicksalsgefährten Susanne Heynemann, Bertram Weihs und Henri Friedlaender, die ebenfalls aus Nazideutschland geflüchtet waren, prägenden Einfluss auf die Entwicklung des holländischen Buchdesigns. Er fand 1938 in den Niederlanden Aufnahme, nachdem er eine Odyssee durch halb Europa hinter sich gebracht hatte, u. a. hatte er in der Schweiz als Buchhändler gearbeitet. Seine Ausbildung hatte S. an der Folkwangschule in Essen bei Max Burchartz erhalten, der dem Ring neuer Werbegestalter angehörte. S. wurde im holländischen Exil Mitarbeiter von Piet Zwart, entschied sich aber nach kurzer Zeit zur Selbständigkeit. Während der deutschen Besatzungszeit in Lagern inhaftiert, überlebte er mit Glück, und ließ sich 1946 dauerhaft in den Niederlanden nieder. S. arbeitete für viele Verlagshäuser, darunter QUERIDO, DE ARBEIDERSPERS und VAN OORSCHOT (*Russische Bibliothek*); S. war der Onkel des Schriftgestalters und Typographen Georg S. (geb. 1930).

Helmut Salden: De vuurproef. Hg. von Mathieu Lommen. Serifpers: 1991.

Katja Vranken: Helmut Salden: Letter Ontwerper en Boekverzorger. Rotterdam: uitgeverij 010 2003; Ralf de Jong u. a.: Buch-Gestalten im Exil: Helmut Salden. Bocholt, Bredevoort: Achterland-Verlag 2011.

Sal(l)es, Wolf 12. 6. 1894 Dobromil / Galizien – 18. 2. 1984 Los Angeles / CA; Buchhändler. S. besuchte in Przemyśl bis zum 15. Lebensjahr die jüdische Schule; daneben erhielt er säkularen Unterricht von Privatlehrern. Anschließend arbeitete er im Geschäft seines Vaters, der eine Kofferwerkstätte betrieb, bis er 1914 als Infanterist in die österreichische Armee eingezogen wurde. Nach dem Ersten Weltkrieg kehrte er zunächst in seinen Heimatort zurück und ging schließlich im August 1920 nach Berlin. Dort eröffnete er in der Grenadierstraße 30 im November des Jahres unter seinem Namen eine hebräische Buchhandlung, in der er – unterstützt von seiner Ehefrau – ausschließlich hebräische Literatur und Gebetbücher sowie Ritualien führte. Im April 1934 trat er zudem als Gesellschafter in die Buchhandlung RUBIN MASS (vormals JALKUT) ein, die → Aron Sztejnberg einen Monat zuvor von seinem ehemaligen Chef → Rubin Mass mit dem Recht der unveränderten Fortführung der Firma übernommen hatte und die nun von beiden als offene Handelsgesellschaft fortgeführt wurde. Beide Buchhandlungen konnten nach dem Juli 1937 als ›jüdische Buchvertriebe‹ weiterbestehen und verkauften hauptsächlich religiöse, zionistische und Palästinaliteratur. In der ›Reichskristallnacht‹ wurden die Buchhandlung WOLF SALLES verwüstet und die Schaufenster der Firma Rubin

Mass zerstört. Nachdem seine auf jederzeitigen Widerruf erteilte Aufenthaltsgenehmigung Anfang Dezember 1938 abgelaufen war, entschloss sich S., der polnischer Staatsangehöriger war, zur Emigration. Am 31. Dezember 1938 machte er sich auf nach Großbritannien, von wo aus er wenige Wochen später in die USA ausreiste. Anfang Februar 1939 erreichte er Boston, dem er jedoch bald den Rücken kehrte, da er dort keinerlei Möglichkeit sah, ein Geschäft zu errichten. In New York lebte er vom Verkauf seiner eigenen geretteten Bibliothek und von der finanziellen Unterstützung seines Bruders. Zum Jahreswechsel 1943/44 eröffnete er in New York einen eigenen Buchladen unter dem Namen ZIONIST BOOKSHOP, der wie die Berliner Unternehmen auf Judaica und Hebraica spezialisiert war. Die mangelhafte Ertragslage und der schlechte Gesundheitszustand seiner Ehefrau bewogen ihn schließlich zum Umzug nach Kalifornien. Dort lebte S., der 1944 die amerikanische Staatsbürgerschaft erhalten hatte, von der Vermittlung von Privatbibliotheken.

Amtsgericht Charlottenburg 91 HRA 97 512 † 1941; Landesverwaltungsamt Berlin Abt. III – Entschädigungsbehörde Reg. Nr. 77 123; Adressbuch für den jüdischen Buchhandel. Berlin: Jalkut 1927 S. 16; Tentative List p. 17; Cazden: German Exile Literature (1970) p. 177.

Salingré, Ulrich 1906–1. Juni 1948 Jerusalem; Redakteur, Buchhändler. S. entstammte einer jüdischen Familie, die bereits seit der Zeit Friedrichs des Großen Heimatrecht in Berlin besaß. Er war vor 1933 im Bereich des Ullstein-Konzerns tätig, u. a. als Redakteur der *Vossischen Zeitung*, mit guten Beziehungen zur Konzernspitze. Als überzeugter Republikaner war er engagiertes Mitglied des überparteilich linksorientierten Reichsbanners Schwarz-Rot-Gold, 1930 stand er in Kontakt mit Hubertus Prinz zu Löwenstein, der später zu einer bedeutenden Figur des deutschsprachigen Exils werden sollte. Nach seiner Flucht aus Deutschland 1934 über Italien nach Palästina fand S. eine erste Anstellung als Nachtportier in Jerusalem. Danach hatte er einen Buchstand in der Ben-Yehuda Street, bis er schließlich in der von → Schalom Ben-Chorin (Fritz Rosenthal) mit → Joseph Melzer gegründeten, seit 1938 von → Wolfgang Edinger geführten Buchhandlung HEATID in der Hassolel Street (später Hawatzellet Street) tätig wurde, die im modernen Teil der Stadt lag. Er leitete als Mitinhaber der Firma das Antiquariat im Oberstock, das sich rasch zu einem Treffpunkt für Buchliebhaber entwickelte; zum engeren Kundenkreis gehörte u. a. → Salman Schocken. Auch die in Jerusalem lebenden nichtjüdischen Gebildeten frequentierten die Buchhandlung, die seit 1938 unter dem Namen HEATID SALINGRÉ & CO. firmierte. 1941 meldete die in New York erscheinende Zeitschrift *Aufbau*: ›Ulrich Salingré leitet z. Zt. in Jerusalem die bedeutendste Antiquariatsbuchhandlung Palästinas.‹ S. veranstaltete Ausstellungen und Lesungen; so etwa zeigte er 1940 Zeichnungen von Else Lasker-Schüler, mit der er eine enge Bekanntschaft pflegte, und hielt im Mai 1940 eine Lesung aus ihren Werken. Er nahm umgekehrt an den ›Kraal-Abenden‹ der Dichterin teil (als Organisatoren betätigten sich → Sally und Sina Grosshut) und hielt dort – in seiner Funktion als Jerusalemer *Deputy Fire Watcher* im Rahmen der Zivilverteidigung – einen Vortrag zum Thema ›Du und der Luftschutz‹ im Zusammenhang mit einem im September 1940 erfolgten italienischen Luftangriff auf Tel Aviv. Heatid wurde von S. auf hohem Niveau geführt, er kaufte wertvolle Privatbibliotheken auf und erstellte eigene Kataloge. Durch Einrichtung eines Lesezimmers machte er das Antiquariat zu einem Anlaufpunkt für die gebildeten Kreise der Stadt; zeitgenössische Beobachter sprachen von einem ›Dream Home for Book Lovers‹ (s. Jessen, S. 73). Nach Angaben Walter Zadeks war S. ›während der Belagerung Jerusalems tot im Bett aufgefunden‹ worden. Die Firma ging nach dem frühen Tod Wolfgang Edingers 1950 auf dessen Witwe Ingra Edinger über; die Buchhandlung bestand bis 1990.

Catalogue 1: Inexpensive books. Joseph Melzer & Fritz Rosenthal. Heatid: [Jerusalem 1936]; Schalom Ben-Chorin: Kritik des Esther-Buches, eine theologische Streitschrift. Jerusalem: Heatid Salingré 1938. Ulrich Salingré: Thomas Mann und die Nationalsozialisten. Ein Interview der Montagspost. In: Volkmar Hansen [Hg.]: Frage und Antwort. Interviews mit Thomas Mann 1909–1955. Hamburg: Knaus 1983 S. 173–75. – Um 1940 mehrere Beiträge in dem buchhändlerischen Mitteilungsblatt Maylibra.

Mündliche Auskunft von Schalom Ben-Chorin an EF am 21.10.1992 in Jerusalem; Aufbau, vom 11.4.1941 S. 24; Nachruf in: Aufbau vom 3.9.1948 S. 5; Palestine Post, 3 June 1948; Adressbuch 1955 S. 773 (Heatid Salingré & Co., Jerusalem, gegründet 1935. Inhaber Ingra Edinger. Geschäftsführer: Dr. Gerhard Rosen; Prokurist Friedrich Romann); Zadek: Buchhändler II (1971) S. 2941; W. Joachim Freyburg [Hg.]: Hundert Jahre Ullstein 1877–1977. Bd. 3. Frankfurt am Main: Ullstein 1977 S. 252 f., 259, 263 f., 293; Eli Rothschild: Jerusalem – Erinnerungen an den Archäologen Sir Flinders Petrie. In: Shlomo Erel [Hg.]: Jeckes erzählen. Aus dem Leben deutschsprachiger Einwanderer in Israel (Edition Mnemosyne. 12). 2. Aufl. Wien: Lit 2004 S. 144 f.; Sigrid Bauschinger: Else Lasker-Schüler. Biographie. Göttingen: Wallstein 2004 S. 416, 429, 443; Martin Nelskamp: Sprache als Heimat. Magisterarbeit. Leipzig 2005 [online]; Caroline Jessen: Kanon im Exil. Lektüren deutsch-jüdischer Emigranten in Palästina / Israel. Göttingen: Wallstein 2019, S. 73–75; Freundschaft mit Else Lasker-Schüler. Widmungen, Porträts, Briefe. Ein quellenkundliches Verzeichnis zu den Werken und Briefen der Dichterin (https://www.kj-skrodzki.de/Dokumente/Text_048s.htm, mit zahlreichen konkreten Hinweisen auf Pressemeldungen zum fünfjährigen Bestandsjubiläum von Heatid, zum Tod S.s sowie zu literarischen Spiegelungen seiner Person bzw. der Buchhandlung in Werken Erich Gottgetreus und Josef Agnons).

Salloch, William 11.4.1906 Layß / Ostpreußen – 4.2.1990 Mount Kisco / NY; Antiquar, Historiker; Dr. phil. Siegfried Arthur Wilhelm S.'s Vater war Lehrer; die Familie stammte von protestantischen Flüchtlingen ab, die 1732 Salzburg verlassen mussten. Im Kleinkindalter mit der Familie nach Berlin übersiedelt, besuchte S. dort das Humanistische Gymnasium und promovierte 1931 an der Universität Berlin; als Mediävist stand er, seit 1932 Universitätsassistent in Tübingen, am Anfang einer wissenschaftlichen Karriere. Doch durch die 1933 geschlossene Ehe mit der ebenfalls an der Universität Berlin promovierten Historikerin und ›Nichtarierin‹ Marianne Blum (9.6.1909 Mannheim – 21.11.1989 Mount Kisco / NY) wurde ihm der Arbeitsantritt als wissenschaftlicher Bibliothekar der Preußischen Staatsbibliothek verweigert. Von 1933 bis 1935 arbeitete S. als Produktionsleiter einer Verlagsbuchhandlung in Leipzig, besuchte dort an der Handelshochschule Kurse zum Antiquariatsbuchhandel und versuchte sich als Verleger von historischen illustrierten Büchern. Im Dezember 1936 emigrierten die Eheleute in die USA, William S. arbeitete in New York eine Zeit lang im J. J. AUGUSTIN VERLAGSHAUS, bis die Sallochs 1939 buchhändlerisch tätig wurden: Die gemeinsame Firma WILLIAM SALLOCH. Old, Rare and Scholarly Books, 344 E 17th Street, New York, wandte sich zunächst mit *mailing lists* zu geisteswissenschaftlicher Literatur an US-amerikanische Bibliotheken, Universitäten und Gelehrte. Während der Kriegsjahre leistete S., seit 1942 amerikanischer Staatsbürger, Kriegsdienst (1942–45) im US Army Medical Corps; in dieser Zeit führte seine Frau Marianne die Geschäftstätigkeit alleine weiter. Im Januar 1946 übersiedelte S. mit seinem Bücherlager in die 7th Avenue South, Greenwich Village NY, und langsam begann sein Aufstieg zu einem der bedeutendsten

Antiquare der USA, spezialisiert auf Inkunabeln, Renaissance- und Barockliteratur sowie Handschriften. 1957 verlagerte das Ehepaar S. seinen Wohn- und Geschäftssitz nach Pinesbridge Road, Ossining / NY, einen Vorort von New York. Dort konnten sie in einem historischen Farmhaus ungestört ihre wissenschaftlich exakten Kataloge u. a. zu europäischer humanistischer Literatur, mittelalterlichen Handschriften, Inkunabeln, Emblembüchern, theologischer Literatur, aber auch zu Americana (u. a. zu früher amerikanischer Musik) erstellen, insgesamt 422 in der Fachwelt als vorbildlich geschätzte Verkaufskataloge, die vielfach als bibliographische Referenzwerke gehandelt werden. S. bezog seine Ware teilweise aus Antiquariatskatalogen, kaufte Bücher aber auch auf Auktionen oder auf seinen Geschäftsreisen in Europa. Die Branche sah in den Eheleuten Salloch exemplarische Vertreter der *gentle invasion* europäischer Buchhändler, Antiquare und Verleger in der zweiten Hälfte des 20. Jahrhunderts. William und Marianne S. waren von der Gründung an Mitglied in der Antiquarian Booksellers' Association of America (ABAA; S. war von 1970 bis 1972 deren Präsident), auch Mitglied in verschiedenen wissenschaftlichen und bibliophilen Vereinigungen; ab 1975 war S. Vorstandsmitglied in der International League of Antiquarian Booksellers (ILAB). 1976 zeigten die Sallochs im Grolier Club eine Ausstellung ihrer Sammlung zum Buchwesen *Books and People*, die im Mai 1984 nochmals in der J. Regenstein Library der Universität Chicago zu sehen war. S. publizierte in deutschen und amerikanischen Fachzeitschriften Artikel zum Antiquariatsbuchhandel. S. und seine Frau wurden in ihren hohen Jahren als ›Philemon und Baucis‹ des internationalen Antiquariatsbuchhandels apostrophiert, nur wenige Monate nach dem Tod seiner Frau starb S. Die wertvolleren Teile des Lagers wurden zusammen mit der Handbibliothek bei Christie's am 17. Mai und 1. Juni 1991 in New York, anderes bei Christie's South Kensington am 31. Oktober 1991 versteigert.

William Salloch: Gesellschaftsarbeiten Basler Buchdrucker. Zur Wirtschaftsgeschichte des Frühdrucks. In: Bbl. (FfM) Nr. 95 vom 29. 11. 1985 (AdA Nr. 11 (1985)) S. A401–11; S. publizierte u. a. den Cooperative Catalog of Members of the Middle Atlantic States Chapter of the Antiquarian Booksellers' Association of America (ca. 1958).

Rosenthal-Fragebogen; Interview UB mit Bernard Rosenthal am 6. 1. 1995 in Berkeley; BHE 1; Dickinson: Dictionary (1998) pp. 192 f.; Bill Salloch heads ABAA. In: AB weekly, 20 Apr. 1970; Karl Pressler: William Salloch wurde achtzig. In: Bbl. (FfM) Nr. 42 vom 27. 5. 1986 (AdA Nr. 5 (1986)) S. A237 f.; Jacob L. Chernofsky: Sharing in the Pursuit of Books and Scholarship. In: AB weekly, 8 Dec. 1986 pp. 2333–35; AB weekly, 1 Jan. 1990 (Obituary of Marianne Salloch); Marianne Salloch 1909–1989. In: AdA 12/1989, A 484; AB weekly, 12 March 1990 p. 1121 (Obituary of William (Siegfried) Salloch) [Verf. Ilse B. Bernett]; William Salloch 1906–1990. In: AdA 3/1990, A 147; Bach, Fischer: Antiquare (2005) S. 339.

Salomon, Martin Franz 13. 3. 1890 Berlin – 10. 12. 1954 London; Buchhändler. S., später Frank Michael Martin, war Miteigentümer mehrerer buchhändlerischer Unternehmen in Berlin, darunter des Berlinischen Buchversandhauses und des Berliner Barsortiments J. UND M. F. SALOMON, dem auch der Zeitschriftenvertrieb DIE BUCHLESE angeschlossen war. Nach dem Verkauf der letztgenannten Firma im Juni 1935 führte S. in Privaträumen eine kleine Buchhandlung, die als Vertrauensstelle der Jüdischen Buchvereinigung sowie der Annahme von Kulturbundmarken diente. Ende Dezember 1937 erwarb S. von → Lipa Bronstein die im Jahre 1921 gegründete Buchhandlung KEDEM – Einrichtung und Buchbestand, Kundenkartei und Firmenbezeichnung für den Buchvertrieb innerhalb Deutschlands – und vereinigte beide Geschäfte. In der ›Reichskristallnacht‹ wurde das Geschäft zerstört; die Bücher wurden dem Berliner Büro des Kulturbundes überstellt, der die Annahme jedoch zunächst verweigerte. S. wurde in das KZ Sachsenhausen gebracht. Nach seiner Entlassung Mitte Dezember 1938 bemühte er sich um seine Auswanderung nach Großbritannien, die im August 1939 erfolgte. Nach dem Kriegsende war S. in einem Photogeschäft als Entwickler, um 1950 als Handlungsgehilfe in einer Buchhandlung tätig.

Landesverwaltungsamt Berlin Abt. III – Entschädigungsbehörde Reg. Nr. 70 368; Adressbuch 1924 S. 541, und 1929 S. 45.

Salter, Julius B(erthold) 17. 2. 1899 Straßburg / Elsass – 8. 8. 1973 Düsseldorf; Verleger. S., Sohn des Konzert- und Theateragenten Norbert S. und Bruder der Buchgestalter Georg und Stefan S., war nach als Leutnant geleistetem Kriegsdienst und Jurastudium in Berlin gemeinsam mit seinem Bruder Georg sowie → Fritz Wurm und → Heinz Wendriner im November 1921 Gründer des Verlags DIE SCHMIEDE GMBH in Berlin, der auf der Übernahme der literarischen Produktion des ROLAND-VERLAGS Dr. Albert Mundt beruhte und 1924 als AG mit S. und Wurm als Vorstandsmitgliedern im Handelsregister eingetragen wurde. Der Verlag, der in den Räumen der 1918 von S.'s Vater Norbert errichteten Theateragentur domizilierte und von diesem weiterhin beträchtliche materielle Unterstützung erfuhr, erregte in den 1920er Jahren Aufsehen durch eine hauptsächlich von den Lektoren → Rudolf Leonhard und → Walter Landauer offensiv betriebene Programmpolitik, mit Publikationen der spätexpressionistischen Avantgarde, mit Ausgaben von Werken Franz Kafkas und Romanen von Joseph Roth (*Hotel Savoy*, 1924). Die enge Freundschaft mit dem damals meistgespielten Dramatiker Georg Kaiser (besonders zur Frau Fritz Wurms, Käthe geb. Fabisch, die einen literarischen Salon unterhielt) wirkte sich auf den Verlag, vor allem auf den an ihn angeschlossenen, zunächst von Wendriner, seit 1924 von → Julius Berstl als eigene GmbH geführten Bühnenvertrieb positiv aus. Aufgrund einer sich schon seit Längerem ankündigenden finanziellen Schieflage musste das Unternehmen 1929 seinen Betrieb einstellen. S. war danach ein Jahr lang Dramaturg an den Robert-Klein-Bühnen in Berlin, bis 1932 Regieassistent in der Stapenhorst-Produktion der UfA; Ende 1932 zog er sich mit Käthe Wurm, der Frau seines ehemaligen Kompagnons, nach Baden-Baden zurück. 1936 emigrierte S. mit Käthe nach Paris; er und der ebenfalls nach Frankreich emigrierte Fritz Wurm meldeten sich als Freiwillige bei der französischen Armee. Nach Beginn des Zweiten Weltkriegs wurde S. im Lager Les Milles, Käthe in Gurs interniert. Den beiden, die inzwischen verheiratet waren, gelang 1940 über Spanien die Flucht in die USA (Ankunft 12. September 1941), wo S., mit Hilfe seines bereits früher in New York angekommenen Bruders Georg(e) S., eine Anstellung in der Druckerei H. Wolff fand, in der auch bereits der jüngere Bruder Stefan S. Unterschlupf gefunden hatte. S. betätigte sich zunächst als Werkzeugdreher, seit 1944 war er Angestellter einer Exportfirma in der Stahlbranche. 1950 kehrte er mit seiner Frau (gest. 1954) nach Europa zurück und nahm seinen Wohnsitz zuerst in Paris, Ende 1960 wieder in Deutschland, wo er in Düsseldorf die Firma Uni-Stahl gründete.

Kurt Tucholsky: Schmiede und Schmiedegesellen. In: Die Weltbühne vom 20. 8. 1929 S. 284 [Polemik gegen den Verlag]; Wolfgang U. Schütte: Der Verlag Die Schmiede 1921–1931. In: Marginalien H. 90 (1983) S. 10–19 u. 19–35; ders.: Avantgarde und Kommerz. Der Verlag Die Schmiede 1921–1929. In: Buchhandelsgeschichte H. 4 (1991) S. B 129–50; Frank Hermann, Heinke Schmitz: Der Verlag Die Schmiede 1921–1929. Eine kommentierte Bibliographie. Morsum (Sylt): Cicero Presse 1996 S. 9–30; Thomas Stansfield Hansen: Classic book jackets: the design legacy of George Salter. New York: Princeton Architectural Press 2005 pp. 13–19, 31, 48.

Samosch, Fritz 16. 10. 1901 Wien – 29. 3. 1983 Amsterdam; Buchhändler, Antiquar. Fritz Heinrich S. war Sohn von Samuel Rosa S. geb. Dambitsch und ein Onkel von → Hans S. Die Eltern waren von Breslau nach Wien gezogen, wo S. als Buchhandelsvertreter tätig wurde. Am 19. Juli 1939 flüchtete er mit seiner Ehefrau aus Wien und ging zu seinem Neffen Hans S. nach Amsterdam, in dessen Antiquariat er mitarbeitete. Bei einer Hausdurchsuchung bei Bekannten wurde S. am 17. August 1942 von der Gestapo verhaftet, bis zum 16. Oktober 1942 in Amsterdam inhaftiert und danach in das Lager Westerbork gebracht. Aufgrund der Bemühungen seiner christlichen Ehefrau wurde er, nach Zwangssterilisation, am 9. Juli 1943 aus Westerbork entlassen; er blieb nach Ende des Zweiten Weltkriegs in den Niederlanden.

HABV/DNB; Arolsen Archives; Schroeder: ›Arisierung‹ II (2009) S. 374 f.

Samosch, Hans 14. 10. 1904 Breslau – 14. 5. 1943 KZ Sobibór; Buchhändler, Antiquar. Der Sohn eines Breslauer Arztes war in den frühen 1930er Jahren bei GUSTAV FOCK in Leipzig tätig und verlor nach der nationalsozialistischen ›Machtergreifung‹ seine Stellung wegen seiner jüdischen Herkunft. 1935 übernahm er, nach dem Tod seiner Mutter Rosalie am 25. 12. 1934, in Vertretung seiner beiden Miterben → Fritz S. und → Walter S. die Leitung der Buchhandlung N. SAMOSCH (Nanny Samosch), einem der bekanntesten Breslauer Sortimente und Antiquariate (Kupferschmiedestraße 13 / Ecke Schuhbrücke 27; 1945 zerstört). Wie alle jüdischen Sortimenter wurde S. Ende 1935 aus dem BRB ausgeschlossen und die Buchhandlung durch Herbert Pfitzner ›arisiert‹, die z. T. kostbaren Bestände konfisziert. S. gelang es 1937, nach Wien zu flüchten, wo sein Onkel Fritz S. Buchvertreter war; noch im März 1938 flüchtete er mit seiner Frau Rose geb. Bial (25. 10. 1910 Bernstadt – 15. 5. 1943 Sobibór) aus dem annektierten Österreich in die Niederlande. Die wertvollen Judaica, die er aus der Breslauer Buchhandlung mitnehmen konnte, bildeten vermutlich den Grundstock des noch im Jahre 1938 von S. im Lange Brugsteeg in Amsterdam gegründeten Antiquariats. Nach der Besetzung der Niederlande musste er erneut sein Antiquariat zwangsveräußern; S. versuchte, zusammen mit seiner Frau unterzutauchen, doch wurden sie von der SS aufgegriffen, im KZ Vught interniert und schließlich in das Vernichtungslager Sobibór deportiert.

Brief Erich Aber an EF vom 24. 10. 1993; SStDresden [Arisierungsvorgang]; Arolsen Archives; Uri Benjamin [d. i. Walter Zadek]: Antiquare im Exil: Dr. Abraham Horodisch. In: Bbl. (FfM) Nr. 42 vom 29. 5. 1973 S. A188; Schroeder: ›Arisierung‹ I (2009) S. 315–17; Schroeder: ›Arisierung‹ II (2009) S. 374 f.; joodsmonument – Hans Samosch and his family (Digital Monument to the Jewish Community in the Netherlands) [online].

Samosch, Walter Buchhändler, Antiquar. S. war gemeinsam mit seinem Onkel → Fritz S. und seinem Vetter → Hans S. Miterbe der Buchhandlung mit Antiquariat N. SAMOSCH, eines der bekanntesten Breslauer Sortimente. S. ging nach Palästina und nahm dort den Namen Zeev Zamosh an. Zwischen 1957 und 1964 korrespondierte er mit seinem Onkel, um Material für ein Wiedergutmachungsverfahren zu sammeln. Im März 1947 stellte er einen Antrag auf Lastenausgleich, dem 1981 insofern stattgegeben wurde, als S. der aus der geringfügigen Arisierungssumme berechnete Wert erstattet wurde.

Richard Matthias [Hg.]: Internationales Adressbuch der Antiquare. Sechste Ausgabe 1937/ 38. Weimar: Straubing & Müller S. 145; Richard Matthias [Hg.]: Internationales Adressbuch der Antiquare. Siebente Ausgabe 1940. Weimar: Straubing & Müller S. 128, 143; Schroeder: ›Arisierung‹ II (2009) S. 379 f.

Sander, Georg Gest. 1949/50; Buchhändler. S. gründete 1940 in Valparaiso in Chile eine Buchhandlung, die nach seinem Tod von → Eduard Rosenberg übernommen wurde. Ergänzende biographische Angaben zu S. ließen sich nicht ermitteln.

Taubert: Lateinamerika (1961) S. 196.

Sauerländer, Wolfgang 19. 9. 1911 München – 27. 10. 1977 St. Gallen / Stmk., Österreich; Lektor, Hersteller in Buchverlagen. S., Sohn von Johann David und Mathilde S., studierte 1930/31 in Wien, 1934 bis zum Beginn des Spanischen Bürgerkriegs in Barcelona und danach bis 1938 in München Jura. Strikt gegen das NS-Regime eingestellt, emigrierte er Ende 1938 in die USA, kam Anfang 1939 gemeinsam mit dem Maler Josef Scharl zum Besuch der Weltausstellung nach New York und blieb dort bis 1974. 1940/ 41 war er ehrenamtlich in der American Guild for Cultural Freedom tätig, der von Hubertus Prinz zu Löwenstein ins Leben gerufenen Hilfsorganisation für deutsche Exilanten, bewarb sich dann aber 1942 bei → Kurt Wolff, mit dem er schon aus Deutschland her bekannt war, und wurde der erste Mitarbeiter in dessen in New York neu gegründetem Verlag PANTHEON BOOKS. Seinem Freund Scharl verhalf S. dann zu seinem wichtigsten Auftrag, den Illustrationen für die Märchen der Brüder Grimm, erschienen 1944 bei Pantheon Books. S. arbeitete sich als Lektor im Verlag nach und nach hoch; als → Jacques Schiffrin, der für die Ausstattung und Herstellung der Pantheon-Bücher verantwortlich war, 1950 überraschend starb, trat er in dessen Funktion ein. S. blieb bei Pantheon bis zum Zeitpunkt der Übernahme durch Random House 1961; am 1. 5. 1961 wechselte er zur Bollingen Foundation, deren Publikationen (die von Pantheon distribuiert wurden) er bis 31. 1. 1969 herstellerisch betreute. Anschließend war er freischaffend als Lektor, Herausgeber (u. a. des Briefwechsels zwischen Sigmund Freud und C. G. Jung) und als Übersetzer tätig. Am 15. Mai 1974 ging er – seit 27. 1. 1971 verheiratet mit Beate Elizabeth geb. Mayer, gesch. Wachstein (24. 12. 1912 Luzern – 29. 1. 2000 New York) – nach Europa zurück und nahm seinen Wohnsitz in Österreich, in St. Gallen in der Steiermark, wo er und seine Ehefrau auch bestattet sind.

www.wikitree.com; www.geni.com; William McGuire: Bollingen: an adventure in collecting the past. Princeton / NJ: Princeton University Press 1982, bes. pp. 61, 236; Werner Berthold, Brita Eckert, Frank Wende [bearb. von]: Deutsche Intellektuelle im Exil. Ihre Akademie und die ›American Guild for German Cultural Freedom‹. [Ausst.-Kat.] München: Saur 1993 bes. S. 404; Hendrik Edelman: Kurt Wolff and Jacques Schiffrin. Two Publishing Giants Start Over in America. In: Immigrant publishers (2009) pp. 185–96, hier pp. 188, 193 f.

Schab, Frederick G. 1924 Luzern / CH – 14. 5. 2020 Woodstock, NY; Kunsthistoriker, Antiquar. Sch. hatte den Bachelor of Arts an der Columbia University und anschließend den Master of Arts am Institute of Fine Arts der New York University erworben, bei hervorragenden Kunsthistorikern studiert und selbst erfolgreich eine akademische Laufbahn eingeschlagen. Anfang der 1950er Jahre entschloss er sich zur Mitarbeit im Geschäft seines Vaters → William H. Sch. und befasste sich hier nicht nur mit *rare books*, sondern auch intensiv mit alteuropäischer Malerei und Graphik, seinem Spezialgebiet.

Zahlreiche Bibliotheken und Museen weltweit gehörten inzwischen zu den Kunden von Schab Gallery; Frederick wirkte auch an der Zusammenstellung der Privatsammlungen von Lessing Rosenwald und Ian Woodner mit, die beide der National Gallery in Washington gestiftet wurden. Ähnliches gilt für die Sammlung der Arthur Ross Foundation, heute im Yale University Art Museum. Bei seinem Tod 2020 hinterließ er seine Ehefrau Margery Stein Sch. sowie zwei Töchter und einen Sohn.

Lit. siehe William H. Schab sowie: www.legacy.com/obituaries/dailyfreeman/ [Nachruf Frederick G. Schab].

Schab, William Henry 19. 9. 1887 Wien –11. 2. 1975 Tuckahoe / NY; Antiquar, Kunsthändler. Nach Lehrjahren bei der Firma KUPPITSCH arbeitete Wilhelm Heinrich Sch. von 1905 bis 1914 als Angestellter im Antiquariat GILHOFER & RANSCHBURG in Wien (→ Otto Ranschburg) und galt dort bald als ›Seele des Betriebs‹. Nach dem Tod Heinrich Ranschburgs wurde er, gemeinsam mit → E. P. Goldschmidt, Geschäftsführer des bedeutenden Antiquariats und eröffnete 1923 eine Filiale in Luzern, kehrte aber 1926 nach Wien zurück. In der Nachkriegszeit führte Sch. in Zusammenarbeit mit der österreichischen Republik die Verhandlungen über Österreichs Kriegspfand (Kunstobjekte). Zwischen 1928 und 1931 kaufte er zusammen mit dem Mitgesellschafter Otto Ranschburg in Moskau Teile der Sammlung der russischen Zarenfamilie; spektakulär war 1930 die Beteiligung von Gilhofer & Ranschburg an dem (tatsächlich von dem *marchand-amateur* Dr. Otto Vollbehr durchgeführten) Verkauf der Gutenberg-Bibel des Benediktinerklosters St. Paul im Lavanttal an die Library of Congress in Washington. 1936 übergab Otto Ranschburg seinen Gesellschafteranteil, vermutlich zu gleichen Teilen, an Sch. und seine Schwester Elisabeth Ranschburg verheiratete Margulies. Nach erzwungener ›Arisierung‹ des Antiquariats (die Rückstellung der Firma an Sch. und die Nachkommen Ranschburgs wurde nach dem Krieg behördlich angeordnet, doch wurde die GILHOFER KG 1950 einvernehmlich an Hans Werner Taeuber übergeben) emigrierte Sch. im September 1938 mit seiner Frau Adele geb. Loewy über die Schweiz und England nach New York, wo er 1939 ankam und unter eigenem Namen wieder ein Antiquariat WILLIAM H. SCHAB, INC., später WILLIAM H. SCHAB GALLERY, eröffnete, anfänglich auch mit → H. P. Kraus zusammenarbeitete und gemeinsam mit diesem nach Ende des Kriegs mehrfach Einkaufsreisen nach Europa unternahm. 1956 konnte Sch. die mehr als fünfzehn Jahre stillgelegte Schweizer Firma wiederbeleben; in New York übersiedelte Sch. 1959 an die Adresse 48 W 57th Street. Die schon während der Zwischenkriegszeit aufgebauten guten Kontakte zu Bibliotheken und Universitäten (so etwa Harvard mit den Kuratoren Philip Hofer und William Jackson) sowie Privatsammlern (darunter Lessing Rosenwald und Albert Lownes, in Europa Martin Bodmer) ermöglichten Sch. seit 1940 die Herausgabe von mehr als 50 sorgfältig erarbeiteten Katalogen und alles in allem den Aufbau einer Firma, die bald wieder Weltgeltung erlangte. Als repräsentativ dafür kann der 1971 erschienene Katalog 51 *From Petrarch to Einstein* gelten, der zahlreiche kostbare Unikate und Raritäten enthielt. Sch. vermittelte Sammlungen der europäischen Aristokratie in die USA (z. B. Herzog Arenberg; Ausstellung zu diesem Verkauf: *L. Rosenwalds Livres anciens des Pays-Bas*, 1961 in Den Haag); in immer stärkerem Maße konzentrierte Sch. sich aber auf den Handel mit Graphik und Zeichnungen. Wie zahlreiche andere emigrierte Kollegen unterhielt Sch. Geschäftsbeziehungen nach beiden Richtungen über den Atlantik; Geschäftssinn und fachliche Kenntnisse verbanden sich in ihm in eindrucksvoller Weise. Von 1972 an übernahm sein Sohn → Frederick G. Sch. immer größere Teile der Geschäftsführung; er selbst nahm aber bis zu seinem Tod im 88. Lebensjahr Anteil besonders an der Katalogarbeit.

Rosenthal-Fragebogen; BHE 1; Jörg Schäfer: William H. Schab zum 80. Geburtstag. In: Bbl. (FfM) Nr. 83 vom 17.10.1967 S. 2400–02; Frederick G. Schab: W. H. Schab. In: The Print Collector's News Letter (Nov. 1975); Hupfer: Antiquarischer Buchhandel (2003) S.153; Bach, Fischer: Antiquare (2005) S.338, erw. Ausgabe in: AdA NF Nr. 1 (2008) S.3–20, bes. S.6; Schroeder: ›Arisierung‹ II (2009) S.368–71.

Schabert, Kyrill S. 1909 Hamburg – 7.4.1983 New York; Verleger. Sch. war der Sohn von Emma und Paul Sch., seine Mutter heiratete später → Kurt von Faber du Faur, mit dem sie 1939 in die USA emigrierte. Sch., der im Exil zunächst als Verkaufsleiter einer Firma berufstätig war, gründete zusammen mit → Kurt Wolff und unter Beteiligung seines Stiefvaters 1942 in New York mit anteilig jeweils $7500 PANTHEON BOOKS. Der Verlag erwarb sich mit seinem europäisch geprägten Programm bald eine beachtliche Reputation (Genaueres dazu in den Artikeln → Kurt Wolff und → Helen Wolff); zu seinen Autoren zählten Hermann Broch und Giuseppe Tomaso di Lampedusa ebenso wie Anne Morrow Lindbergh oder Boris Pasternak; mit den zwischen 1943 und 1960 erschienenen *Bollingen Series* etablierte er ein interdisziplinäres Forum der Begegnung von Kunstgeschichte, Psychologie, Anthropologie, Literatur und Philosophie. Als Kurt und Helen Wolff 1959 beschlossen, sich auf Dauer in der Schweiz niederzulassen, übernahm Sch. die Anteile und blieb bis zur Übernahme durch RANDOM HOUSE 1961 Präsident des Verlages; sein Nachfolger in der Leitung des Verlags wurde → André Schiffrin. Ab 1971 war Sch. an der von ihm mitbegründeten literarischen Agentur und Beratungsfirma MOSELEY ASSOCIATES beteiligt, außerdem war er Vorstandsmitglied des American Book Publishers Council. Sch. hatte seinen Wohnsitz in St. James, Long Island.

Bbl. (FfM) Nr. 39 vom 17.5.1983; William McGuire: Bollingen: an adventure in collecting the past. Princeton / NJ: Princeton University Press 1989 pp. 61, 273, 274; Kyrill S. Schabert, 74, Dead: Ex-Head of Pantheon Books. In: New York Times, 10 Apr. 1983 [online]; Hendrik Edelman: Kurt Wolff and Jacques Schiffrin. Two Publishing Giants Start Over in America. In: Immigrant publishers (2009) pp. 185–96, hier pp. 188, 193 f.

Schachnowitz, Selig 1874 Jurborg / Litauen – 1952 Zürich; Schriftsteller, Zeitschriftenverleger. Sch. wurde in einer Stadt an der Grenze zu Ostpreußen geboren, sein Vater war ein Talmudgelehrter. Er studierte in Deutschland und der Schweiz und wirkte in der jüdischen Gemeinde von Endingen / CH. 1908 wurde er Herausgeber der Zeitschrift *Der Israelit*, des Zentralorgans der deutschen orthodoxen Juden, das im VERLAG DER ISRAELIT UND HERMON GMBH in Frankfurt am Main erschien und in welchem er viele eigene Beiträge publizierte. 1931 ist Sch. als Geschäftsführer des Verlages verzeichnet (siehe auch → Jacob Rosenheim). Im Bereich der schönen Literatur machte Sch. sich als Verfasser von historischen Romanen und von ›Ghettogeschichten‹ einen Namen. Sch. konnte 1938 in die Schweiz emigrieren.

Adressbuch 1931 S.652; Tentative List p. 17; Kenneth H. Ober: Die Ghettogeschichte: Entstehung und Entwicklung einer Gattung. Göttingen: Wallstein 2001.

Schälicke (auch Schälike), Fritz 19. 10. 1899 Berlin – 30. 1. 1963 Berlin; Verleger, Parteifunktionär. Der Sohn einer Arbeiterfamilie arbeitete nach Absolvierung einer Buchhändlerlehre und Teilnahme am Ersten Weltkrieg ab 1920 im Verlagswesen. Zunächst dem Kommunistischen Jugendverband Deutschlands (KJVD) angehörig, wurde er 1920 KPD-Mitglied und machte innerhalb der Partei Karriere, unter anderem als Leiter des Verlags JUGEND-INTERNATIONALE in Berlin (1921–32) und Wien (1932/33). 1927 wurde Sch. als Prokurist des KP-Verlages wegen ›literarischen Hochverrats‹ zu einem Jahr Festungshaft verurteilt, von dem er sechs Monate absaß. 1931 wurde er von der Partei in die UdSSR geschickt, wo er in Moskau zunächst als Verlagsredakteur des Marx-Engels-Lenin-Instituts und anschließend für die Kommunistische Internationale (KI) in der Abteilung Redisdat tätig wurde, ein von Otto Winzer geleitetes Literatur- und Übersetzungsbüro. Gleichzeitig arbeitete er als Vertriebsleiter der deutschen Sektion der Verlagsgenossenschaft ausländischer Arbeiter in der UdSSR (Vegaar), wurde aber 1938 aus seinen Funktionen entfernt, weil er gegen die Verhaftung Erich Wendts protestiert hatte. Sch., der sich der sowjetischen Fraktion der KP anschloss und 1939 die sowjetische Staatsbürgerschaft erhielt, war dann 1941 Leiter des deutschsprachigen Jugendsenders *Sturmadler* und 1943 bis 1945 Mitarbeiter beim Deutschen Volkssender Moskau. Nach Ende des Zweiten Weltkriegs kehrte Sch. im Mai 1945 nach Ost-Berlin zurück und übernahm die Leitung des KPD-Verlags NEUER WEG. Dieser wurde 1946 mit dem SPD-Verlag VORWÄRTS zum SED-Verlag JHW DIETZ NACHF. Berlin (später Dietz Verlag Berlin) vereinigt, den Sch. bis 1962 als Direktor leitete. Seit 1947 war Sch. Mitglied im Verlegerausschuss, seit 1958 im Hauptausschuss des Börsenvereins der Deutschen Buchhändler zu Leipzig. Sch., der sich auch als Funktionär in der sozialistischen Einheitspartei (SED) betätigte, erhielt mehrere Auszeichnungen der Sowjet- und der DDR-Regierung.

BHE 1; DBE; G. Baumgartner, D. Herbig [Hg.]: Biographisches Handbuch der SBZ/DDR 1945–1990. Bd. 2. München: Saur 1997; Bbl. (Lpz) Nr. 5 vom 2. 2. 1988 S. 92.

Schatzki, Walter 26. 8. 1899 Klafeld bei Siegen – 29. 1. 1983 New York; Buchhändler, Antiquar. Sch. schloss 1917 eine kaufmännische Lehre ab, leistete Kriegsdienst und begann danach eine Lehre in einer Jenaer Buchhandlung. 1919 begann er ein Studium der Wirtschaftswissenschaften an Handelshochschulen in München und Frankfurt; währenddessen arbeitete er als Mitglied des Wandervogels als Rad fahrender Wanderbuchhändler ›mit Rucksack und Geige‹ in der Rhön. Sch. wollte dem damals weit verbreiteten Kolportagebuchhandel mit preisgünstigen Jugendbüchern und allgemein verständlicher Wissenschaftsliteratur entgegentreten. Aufgrund einer Erbschaft konnte er 1920 in Frankfurt in der Biebergasse 13 die Jugendbücherstube WALTER SCHATZKI eröffnen; er verzichtete dort auf eine Ladentheke und förderte intensiv die Verlage des Jungbuchhandels DIEDERICHS, INSEL und LANGEWIESCHE. 1923 fügte er seiner zunehmend beliebten Buchhandlung ein Antiquariat hinzu, um sich auch dem alten Kinderbuch widmen zu können. Unter verändertem Firmennamen BÜCHERSTUBE WALTER SCHATZKI, JUGENDBÜCHERSTUBE erweiterte Sch. das Geschäft zu einem allgemeinen Sortiment für Literatur und Geisteswissenschaften und verlegte es 1927 in einen größeren Laden in der Börsenstraße. 1932 verkaufte er von hier aus die erste Kinderbuchsammlung an die New York Public Library (Schatzki-Sammlung). Die Weltwirtschaftskrise Anfang der 1930er Jahre bedeutete einen Rückschlag für den erfolgreichen Buchhändler; in noch ganz anderem Maße aber war er vom politischen Machtwechsel in Deutschland betroffen: Am 1. April 1933, dem ersten ›Boykotttag‹ gegen jüdische Geschäfte, wurde Sch. von pöbelnden Studenten aus seiner Buchhandlung verjagt. Am 31. Dezember 1935 aufgrund seiner jüdischen Abstammung aus der Reichsschrifttumskammer ausgeschlossen, konnte Sch. sich nur noch sporadisch in der Bücherstube aufhalten und traf Vorbereitungen für eine Emigration in die USA. In der Folge unternahm er kurze Reisen in ganz Europa, um Bücher für den amerikanischen Markt zu erwerben. 1936 übergab er unter dem Druck der NS-Behörden die Buchhandlung an seinen Schwager Richard Schumann und seinen Mitarbeiter → Gerhard Droß (dessen Anteile zwei Jahre später Heinrich Cobet übernahm), die sie in Sch.'s Sinne weiterführten. Nach dem frühen Tod seiner Frau Hilde emigrierte Sch. im Dezember 1937 nach New York und begründete hier gleich im folgenden Jahr das Antiquariat WALTER SCHATZKI, Old and Rare Books, Prints and Autographs. Im Mai / Juni 1938 gelang es, unter strenger Kontrolle durch die Devisenstelle beim zuständigen Oberfinanzpräsidenten, Bücher und Graphik im Wert von 6.000 RM sowie die unentbehrliche Handbibliothek im Wert von 3.000 RM gegen eine Abgabe von 4.500 RM nach New York zu transferieren. Die Anfangszeit in der neuen Heimat war für Sch. mit Sprach- und Finanzproblemen verbunden; ein Ladengeschäft konnte er erst 1943 in 56th Street eröffnen (später wechselte er mehrfach die Adresse, ohne Midtown zu verlassen). Sch., der 1948 die US-Staatsbürgerschaft annahm, erarbeitete sich fundierte Kenntnisse des amerikanischen Antiquariatsmarktes und führte, unterstützt von seiner zweiten Frau Barbara, bald ein hoch angesehenes Antiquariat europäischer Prägung. Sein Angebot umfasste insbesondere alte Kinderbücher, Musikalien und dekorative Graphik; der bereits 1941 erschienene Katalog *Children's Books, Old and Rare* bildete für lange Zeit das Referenzwerk in einschlägigen Sammlerkreisen. Zu seinen Kunden zählten Kinderbuchsammler wie Edgar S. Oppenheimer, Elizabeth Ball und Wilbur Macey Stone und Institutionen wie die Pierpont Morgan Library, die New York Public Library und die University of California. Obwohl er mit seinen Geschäften durchaus hohe Umsätze erzielte, führte die Explosion der Mietpreise Mitte der 1970er Jahre dazu, dass Sch. im April 1976, nach fast 40-jährigem Bestehen, sein Ladengeschäft in exzellenter Lage schloss; die Firma selbst bestand allerdings weiter bis Ende 1979. Bis dahin hatte Sch. dem Antiquariatsbuchhandel in New York vielfältige Impulse geben können. Dass er 1962 bis 1964 zum Präsidenten der 1949 von ihm mitbegründeten Antiquarian Booksellers' Association of America gewählt worden war, drückt die Wertschätzung aus, die er in Kollegenkreisen genoss. Seine bedeutende Handbibliothek wurde am 20. September 1979 bei Swann versteigert.

Walter Schatzki: Von Menschen, Büchern und einer Geige. Frankfurt am Main 1924 [zur Wandervogel-Zeit]; Reminiscences. In: Phaedrus (Oct. 1978) pp. 5–13.

Rosenthal-Fragebogen; SStAL, BV, F 12. 036; HessHStAWI, Entschädigungsakte Walter Schatzki; Interview John M. Spalek with Michael Schatzki about his father W. S., 3 June 2009, in: German and Jewish Intellectual Émigré, M. E. Grenander Department for Special Collections and Archives, University at Albany; BHE 2; DBE; Dickinson: Dictionary (1998) pp. 195 f.; Wolfgang Klötzer [Hg.]: Frankfurter Biographie. Personengeschichtliches Lexikon. Bd. 2, Frankfurt am Main: Kramer 1996; Walter Schatzki – Antiquar con amore. In: Aufbau vom 28. 4. 1972; Richard Schumann: Erinnerungen an Walter Schatzki und seine Frankfurter Bücherstube. In: Bbl. (FfM) Nr. 77 vom 28. 9. 1973 S. A418–20; Ingeborg Ramseger: Leslie Shephard: New Forword. In: Children's Books. Old and Rare. [Reprint] Detroit: Gale Research Co. 1974; Christine Pressler: Walter Schatzkis erster Kinderbuchkatalog im Neudruck. In: Bbl. (FfM) Nr. 60 vom 29. 7. 1975

S. A145 f.; Schatzki Book and Print Store is Closing. In: New York Times, 14 Apr. 1976; AB weekly, 7 Jan. 1980 [Anzeige Sch.'s zur Aufgabe seiner Tätigkeit als Antiquar]; Walter Schatzkis Handbibliothek versteigert. In: Bbl. (FfM) Nr. 87 vom 30.10.1979 (AdA Nr. 10 (1979)) S. A377 f.; Richard Schumann: Walter Schatzki: Frankfurt – New York [Nachruf]. In: Bbl. (FfM) Nr. 16 vom 25.2.1983 S. A76–78; AB Bookman's weekly, 21 Feb. 1983 [Nachruf]; Bbl. (FfM) Nr. 94 vom 25.11.1988 S. 3465; Klaus Doderer [Hg.]: Walter Benjamin und die Kinderliteratur. Weinheim 1988 S. 85–92; Cobets Kleine Geschichte der Frankfurter Bücherstube. In: Siegfried Unseld [Hg.]: Frankfurter Bücherstube. Almanach Frühjahr 1989. Frankfurt am Main: Suhrkamp 1989 nach S. 96 (S. I–XX); Fabian Reinecke: Das Einzelne Buch zählt. Eine Geschichte der Frankfurter Bücherstube. [Privatdruck] Frankfurt 1995; Barbara Murken: Walter Schatzki. In: Wandelhalle der Bücherfreunde. NF Jg. 39 (1997) S. 108–10; Bach, Fischer: Antiquare (2005) S. 343 f.; Ruth Langen-Wettengl: Die Frankfurter Bücherstube 1920 bis 1995. In: AdA NF Nr. 2 (2009) S. 92–105 [dazu AdA NF Nr. 3 (2009) S. 213 f.; AdA NF Nr. 4 (2009) S. 287 f.].

Schauer, Richard 24.8.1892 Leipzig –1952 London; Musikverleger. Sch. absolvierte eine verlegerische Ausbildung und nahm am Ersten Weltkrieg teil. Danach ging er nach Leipzig, um im Musikverlag ANTON J. BENJAMIN, dessen Inhaber sein Onkel John Benjamin (1868–1931) war, als Prokurist tätig zu werden. Durch die NS-Rassengesetze bedroht, versuchte er gegen 1936 den Verlag, dessen Mitinhaber er schon seit den 1920er Jahren war, an Freunde zu verkaufen. Zu dieser Zeit war das World Centre for Jewish Music in Palestine daran interessiert, dass der Verlag eine Zweigstelle in Jerusalem einrichtet, die als zentraler Verlag für jüdische Musikliteratur gedacht war. Diese Pläne konkretisierten sich jedoch nicht. Nach der Reichspogromnacht 1938 wurde Anton J. Benjamin, zu dem auch der Verlag N. SIMROCK gehörte, ›arisiert‹ und zwangsweise an Hans C. Sikorski verkauft. Sch. musste mit seiner Frau und seinen beiden Töchtern 1939 ins Exil nach Großbritannien gehen. In London gründete er gemeinsam mit dem Schlagerkomponisten → Hans May den Unterhaltungsmusikverlag SCHAUER & MAY sowie um 1943 die RICHARD SCHAUER MUSIC PUBLISHERS. Nach einem Schlaganfall, den Sch. 1947 erlitten hatte, übernahm seine Tochter → Irene Retford Aufgaben im Verlag. 1951 fand in Hamburg der Restitutionsprozess statt, der ausgehandelte Vergleich sah die vollständige Rückgabe an die vormaligen Eigentümer vor. Nach Sch.'s Tod 1952 wurde seine Frau Rosel Sch. geb. Intrator (1895–1995) Inhaberin, seine Tochter Irene Retford Geschäftsführerin des Musikverlags in London mit der neu aufgebauten Zweigstelle in Hamburg. Siehe auch → Hermann Benjamin.

Adressbuch 1931 S. 43; Fetthauer: Musikverlage (2004) S. 496; LexM [online].

Schendel, Knut Geb. 1914 Berlin; Buchhändler. Sch., Sohn eines jüdischen Sozialisten (gest. 1916 im Krieg), wurde von seiner lutherisch-evangelischen Mutter aufgezogen; aufgrund seiner Abstammung durfte er nach dem Abitur kein Universitätsstudium aufnehmen und begann eine Lehre in einem Verlag, auch besuchte er einen kaufmännischen Kurs für Buchhändler. 1936 entschied er sich zur Emigration und ging nach Brasilien, wo er zunächst im Umland von São Paulo Landwirtschaft betreiben wollte. Nach einiger Zeit zog er aber in die Stadt um und fand eine Anstellung in der LIVRARIA TRIÂNGULO von → Henrique Reichmann. 1954 lernte er Mira (ursprgl. Myrrah) Dagmar Dub (7.6.1919 Zürich – 24.7.1988 São Paulo) kennen, die zusammen mit ihrem ersten Mann Osip Hargesheimer als *displaced person* nach Südamerika emigriert war. 1957 kam die gemeinsame Tochter Ada Clara zur Welt; die Ehe wurde am 17.3.1960 geschlossen.

Mira Schendel machte eine internationale Karriere als bildende Künstlerin und war in Ausstellungen u. a. in der Tate Modern Gallery in London und auf der Documenta 12 in Kassel vertreten; sie galt schließlich als eine der bedeutendsten Künstlerinnen Lateinamerikas. Am 30. 3. 1964 gründete Sch. mit der Geschäftspartnerin Hannelore Kersten, einer deutschen Immigrantin, die LIVRARIA CANUTO, später wurde Kerstens Sohn Jonny Wolff Teilhaber. Die Livraria Canuto wurde bald zu einem Treffpunkt für die Intellektuellen der Stadt (Mira und Knut Sch. standen in engem Kontakt u. a. mit Vilém Flusser); die Buchhandlung importierte aber auch Techniklteratur und war für deutsche Wissenschaftsverlage ein wichtiger Vertriebspartner für ganz Brasilien. Heute wird die Buchhandlung in der dritten Generation von Tatiana Wolff geführt.

www.canuto.com.br; Heinz Sarkowski, Heinz Götze: Der Springer-Verlag: Stationen seiner Geschichte 1945–1992. Berlin: Springer 1994 S. 206; Geraldo Souza Dias: Mira Schendel: Kunst zwischen Metaphysik und Leiblichkeit. Berlin: Galda + Willch 2000 bes. S. 49 f.; Luis Pérez Oramas: León Ferrari and Mira Schendel: Tangled Alphabets. With Essays by Andrea Giunta and Rodrigo Naves. New York: The Museum of Modern Art; São Paulo: Cosac Naify 2009 bes. S. 25 (mit Fotos); Geraldo Souza Dias: Mira Schendel in Brasilien. Der Beitrag emigrierter europäischer KünstlerInnen zur Modernisierung Lateinamerikas. In: ila 338 (Sept. 2010) S. 11–14.

Scherchen, Hermann 21. 6. 1891 Berlin – 12. 6. 1966 Florenz; Dirigent, Musikverleger. Sch. war seit den 1920er Jahren einer der prominentesten Vertreter der Moderne, Gründer und Leiter der NEUEN MUSIK GESELLSCHAFT und Mitherausgeber der Zeitschrift *Melos* 1919/20. Nach 1933 wurde er aufgrund seiner Kontakte zu jüdischen Kreisen und zur Arbeiterbewegung öffentlich diffamiert und verließ Deutschland. Er hielt sich in den folgenden Jahren in der Schweiz, in Frankreich, Belgien und Großbritannien auf, wo er seine Karriere weiter ausbauen konnte: er hatte Engagements als Dirigent, unterrichtete und arbeitete für Rundfunkanstalten. In Brüssel gründete Sch. 1935 den Musikverlag ARS VIVA, in dem er drei Nummern der Musikzeitschrift *Musica viva* sowie Werke Karl Amadeus Hartmanns und Wladimir Vogels herausgab. Er konnte seine ursprüngliche Idee, den Verlag als genossenschaftliches Unternehmen zu führen, jedoch nicht umsetzen und scheiterte mit der Finanzierung aus eigenen Mitteln. 1937 fusionierte er Ars Viva mit dem Budapester RÓZSAVÖLGYI VERLAG, und das Brüsseler Büro wurde aufgegeben. Nach 1945 setzte Sch. sich weiterhin auf vielfältige Weise für zeitgenössische Musik ein und gründete 1950 in Zürich seinen Musikverlag als ARS-VIVA-VERLAG GMBH neu, in dem Kompositionen u. a. von Luigi Nono oder Aribert Reimann erschienen. Heute ist Ars Viva Teil von SCHOTT MUSIC GMBH & CO. KG.

Fetthauer: Musikverlage (2004) S. 497; LexM [online].

Scheu-Riesz, Helene 18. 9. 1880 Olmütz (Olomouc) / Mähren – 8. 1. 1970 Wien; Autorin, Verlegerin, Übersetzerin. Helene Riesz heiratete in Wien den Rechtsanwalt und sozialdemokratischen Stadtrat der Ersten Republik Gustav Sch. (gest. 1935). Sie war in der österreichischen Frauenbewegung und Reformpädagogik aktiv und arbeitete als Publizistin für mehrere Wiener Tages- und Wochenzeitungen, u. a. für die *Neue Freie Presse*, sowie als Schriftstellerin. Eng mit der Reformpädagogin und Schulgründerin Eugenie Schwarzwald (1872–1945) befreundet, war Sch. von den neuen Gedanken der Entwicklungspsychologie fasziniert. Als sie während einer Englandreise auf die sogenannten *Pennybüchlein* aufmerksam wurde, fasste sie den Plan, ein österreichisches Pendant dazu zu schaffen. Mit dem Wiener Buchhändler Hugo Heller startete sie ihren ersten Versuch, eine preisgünstige Kinderbuchreihe *Jugendspiegel* herauszugeben: es erschienen 1906/07 aber nur zwei Hefte der angestrebten Universalbibliothek für Kinder. Ab 1910 war Sch. bei KONEGENS JUGENDSCHRIFTENVERLAG tätig und gab dort bis 1917 57 Bände von *Konegens Kinderbücher* heraus. Nach ihrer Trennung von Konegen verfolgte Sch. in einem eigenen Verlag, dem von ihr 1923 gegründeten SESAM VERLAG, das Konzept, beste Werke der Weltliteratur in kindgerechter Form und zu niedrigsten Preisen auf den Buchmarkt zu bringen weiter: Absolventen der ›Jugendkunstklasse‹ Franz Cizeks an der Wiener Kunstgewerbeschule gestalteten die Titelbilder und Illustrationen der *Bunten Sesam-Bücher*, die auf der Konegen-Kinderbuchreihe beruhte. 1926 erschien das letzte Buch im Sesam Verlag, 1930 wurde der Verlag aufgelöst und 1932 vom deutschen VERLAG FÜR JUGEND UND VOLK übernommen. Ende August 1937 ging Sch. in die USA, wo ihre Tochter verheiratet war; sie lebte in Chapel Hill / NC, seit 1941 in New York, wo sie mit Hilfe der vermögenden Kinderpsychologin Blanche C. Weill einen eigenen Verlag, die ISLAND WORKSHOP PRESS (später ISLAND PRESS), gründete, der bis 1954 bestand und, analog zu den *Bunten Sesambüchern*, die preiswerte Kinderbuchreihe *United World Books* verlegte. Gleichzeitig verlegte Sch. in der OPEN SESAME INC., einem *separate department* der Island Press, zwölf Büchlein der *Sesame Series*, allerdings mit weniger Erfolg. Sch. sah sich, obwohl als Jüdin und Verfechterin sozialdemokratischer und pazifistischer Ideen aufs höchste gefährdet, nicht als Exilierte. Sie begriff ihren Weg nach Amerika als einen Neuanfang und dachte gegen Ende des Zweiten Weltkriegs mit ihrer amerikanischen Buchproduktion auch den europäischen Markt zu beliefern. Im Oktober 1947 reiste sie erstmals wieder nach Europa und verfolgte ihre Anknüpfungsbestrebungen. 1952 gründete sie in Wien erneut einen Verlag, den nur zwei Jahre bestehenden VERLAG HELENE SCHEU-RIESZ, behielt ihren Wohnsitz aber bis 1954 in den Vereinigten Staaten. In diesen zwei Jahren gab sie erneut ein Dutzend *United World Books* in englischer Sprache mit angefügter englisch-deutscher Vokabelliste heraus, doch der Erfolg blieb aus. Danach kehrte Sch. endgültig in das von Adolf Loos erbaute Wohnhaus der Familie in Wien-Hietzing zurück. Sie suchte hier wieder einen literarisch-künstlerischen Salon zu führen und war Mitinitiatorin der Dramatischen Werkstatt bei den Salzburger Festspielen. 1970 starb sie in einem Pflegeheim.

Helene Scheu-Riesz: Gretchen discovers America. A story of pre-war Types in after-war Life. London: Dent, Leipzig: Tauchnitz 1934 (1936); dies.: Open Sesame. Books are Keys. New York: The Island Press 1947 (1952).

BHE 2; DBE; Helene Scheu-Riesz. In: John M. Spalek [Hg.]: Deutschsprachige Exilliteratur seit 1933. Bd. 4: Bibliographien: Schriftsteller, Publizisten und Literaturwissenschaftler in den USA. Teil 3. Bern: Saur 1994 S. 1635–37; Ursula Seeber [Hg.]: Kleine Verbündete. Vertriebene österreichische Kinder- und Jugendliteratur. Wien: Picus 1998 bes. S. 157; Christiane Dreher: Helene Scheu-Riesz. In: John M. Spalek [Hg.]: Deutschsprachige Exilliteratur seit 1933. Bd. 3: USA. Teil 3, München: Saur Verlag 2002 S. 144–63; Fischer: Verlegeremigration nach 1933 (2002) S. 287; Susanne Blumesberger: Sesam öffne dich. Helene Scheu Riesz und die Vision einer modernen Bibliothek für Kinder nach dem Ersten Weltkrieg. In: biblos 53. Jg. H. 1 (2004) S. 21–24; Susanne Blumesberger: Helene Scheu-Riesz (1880–1970). Wien: Präsens 2005; Susanne Blumesberger: ›Ich hoffe, den Tag noch zu erleben, wo jedes Kind Anspruch auf eigene Bücher hat genau so wie den Anspruch auf eigenes Brot‹. Helene Scheu-Riesz – Verlegerin und Visionärin. In: Gerhard Renner, Wendelin Schmidt-Dengler, Christian Gastgeber (Hg.): Buch- und Provenienzforschung. Festschrift für Murray G. Hall zum 60. Geburtstag. Wien: Praesens 2009, S. 23–42; Ariadne-Projekt: Scheu-Riesz, Helene 1880–1970 [online].

Schick, Rudolf 3. 1. 1882 Karlsbad / Böhmen –15. 3. 1956 New York; Verleger; Sch., Sohn von Gottlieb und Berta Sch., war seit 1910 persönlich haftender Gesellschafter des von ihm gegründeten Verlags RUDOLF SCHICK & CO. in Leipzig (Centralstraße 7/9), in welchem juristische Fachliteratur erschien, später auch eine Anzahl einschlägiger Fachzeitschriften, vor allem auch Lehrmittel. Sch. war 1914 in Leipzig Gründungsmitglied des Israelitischen Schulvereins e. V., der den Ausbau der jüdischen Schule zum Ziel hatte; auch war er Gesellschafter der Schulbaugesellschaft mbH, die bis zum Beginn der 1930er Jahre beträchtliche Mittel zum Unterhalt des Schulgebäudes aufbrachte. Im Verlagsprogramm bildete sich schon in der Zeit vor dem Ersten Weltkrieg ein besonderer Schwerpunkt mit den Veröffentlichungen heraus, die sich auf das Leipziger Buchgewerbe bezogen. So erschienen im Verlag Sch.s Kataloge zu Ausstellungen oder Publikationen im Auftrag des Vereins deutscher Buchkünstler, wie 1914 *Neuzeitliche Buchkunst und Angewandte Kunst* oder 1928 der von → Hugo Steiner-Prag herausgegebene Katalog *Europäische Buchkunst der Gegenwart* zu der herausragenden, von Herbert Bayer gestalteten Ausstellung des Vereins deutscher Buchkünstler auf der Pressa in Köln, u. a. mit dem Beitrag ›elementare buchtechnik‹ von Laszlo Moholy-Nagy. Sch. war Funktionär in verschiedenen Verbänden, u. a. im Vorstand des Deutschen Verlegervereins oder im Grassi-Museum, und genoss allgemein hohe Anerkennung. Sein Unternehmen konzentrierte sich nach 1924 immer stärker auf die Herstellung und den Vertrieb von Lehrmitteln, von Lehrheften und Wandbildern, sowohl für allgemeinbildende wie speziell für die Berufsausbildung im naturwissenschaftlich-medizinischen Bereich. Nach 1933 war er gezwungen, sich in dieser Produktion auf die jüdischen Schulen einzuschränken, u. a. mit Lehrbüchern, die im Auftrag des Erziehungsausschusses der Reichsvertretung der Juden in Deutschland erarbeitet wurden. Seit 1937 war die Firma Schick in der Liste der ›Jüdischen Buchverlage und Buchvertriebe‹ verzeichnet. In der Reichspogromnacht 1938 wurde Sch. verhaftet und ins KZ Buchenwald gebracht. Nach seiner Freilassung gelang ihm und seiner Frau Rosa geb. Schub (geb. 1888 in Moskau, mit Sch. verheiratet seit 1906) und seiner Tochter Eva 1939 die Flucht über England zunächst nach Kanada, wo er sich in Toronto bis 1942 aufhielt. Anschließend ging er in die USA und errichtete 1946 in New York (700 Riverside Drive, New York 31) die RUDOLF SCHICK PUBLISHING CO., in der zwar 1946 Alvin Kronachers *Fritz von Unruh. A Monograph* erschien, in der er sich dann aber erneut der Herstellung und dem Vertrieb von Lehrmitteln widmete. 1946 bis 1948 war Sch. auch an dem von → Gode von Aesch gegründeten Verlag STORM PUBLISHERS beteiligt, der auf Literatur und Zeitgeschichte ausgerichtet war. In dem kurzlebigen Verlag erschienen u. a. Bücher von Fritz von Unruh. Am 26. 8. 1948 wurde Sch. amerikanischer Staatsbürger. Die Rudolf Schick Publishing Company dürfte nach Sch.s Tod nach Massachusetts verlegt worden sein (661 Massachusetts Avenue, Arlington 14 / MA); sie trat in den 1960er Jahren als Anbieter v. a. von anatomischen Karten, Skelettmodellen u. ä. hervor.

SStAL, BV, F 15. 147; M. E. Grenander Department of Special Collections & Archives, German Intellectual Emigré Collection, University at Albany / State University of New York, Storm Publishers Records, 1940–1968 (GER-090); HABV/DNB; www.geni.com; Olaf Thormann: Die Gesellschaft der Freunde des Kunstgewerbemuseums zu Leipzig. In: Mitteilungen des städtischen Museums (Leipzig) H. 2 (1993) S. 186 f.; Barbara Kowalzik: Lehrbuch. Die Lehrer und Lehrerinnen des Leipziger jüdischen Schulwerks 1912–1942, vorgestellt in Biogrammen (Leipziger Kalender. Sonderband 2006). Hg. von der Stadt Leipzig. Leipziger Universitätsverlag 2006 S. 253 f.

Schidrowitz, Leo 20. 3. 1894 Wien – 6. 11. 1956 Wien; Verleger. Sch. war während des Ersten Weltkriegs Theaterkritiker des *Wiener Mittagblattes* und der Zeitschrift *Der Merker*; nach 1918 Redakteur der Programmzeitschrift des Wiener Volkstheaters, betätigte er sich seit Beginn der 1920er Jahre erfolgreich als Buchautor, hauptsächlich im Bereich der Kulturgeschichte. So veröffentlichte er (zeitweilig mit dem Institut für Sexualforschung von Magnus Hirschfeld und mit Wilhelm Reich in Verbindung stehend) Werke zu volkskundlich-erotischen Themen, etwa zum *Schamlosen Volkslied des 12.–20. Jahrhunderts* oder eine *Sittengeschichte des Theaters*, als ersten Band einer von ihm herausgegebenen zehnbändigen *Sittengeschichte der Kulturwelt*. Darüber hinaus profilierte sich der engagierte Funktionär des Fußballklubs Rapid (seit 1923) und des Österreichischen Fußballbundes als früher Historiograph der Fußballgeschichte. Schon seit Ende des Ersten Weltkriegs war Sch. auch als Verleger tätig. 1919 wurde er zum Leiter des FRISCH & CO. VERLAGS bestellt, dessen Inhaber damals → Ernst Wilhartitz war. Faktisch zeitgleich verantwortete er als künstlerischer Leiter auch eine Buchserie im Wiener LYRA VERLAG. Im Weiteren gründete Sch. – hauptsächlich zur Publikation seiner zahlreichen eigenen Werke – mehrere Verlage, so 1920 den GLORIETTE-VERLAG (bis 1924), der in der Inflationszeit mit spekulativen Luxusdrucken sowie mit Romanen des damals höchst erfolgreichen Hugo Bettauer (u. a. *Die freudlose Gasse*) hervortrat. 1924 errichtete er im Sinne eines Eigenverlags den LEO SCHIDROWITZ VERLAG; dort brachte er u. a. das von ihm bearbeitete und nacherzählte Memoirenwerk eines Irrenhauspatienten heraus (*Berichte aus dem Irrenhaus*, 1924). Gemeinsam mit zwei Partnern erwarb Sch. 1927 die Konzession für den (bereits seit 1925 und bis ca. 1931 aktiven) VERLAG FÜR KULTURFORSCHUNG AMONESTA & CO., in welchem u. a. die Bände der *Sittengeschichte der Kulturwelt* erschienen. Als Ableger des Amonesta-Verlags wurde 1932 von den gleichen drei Gesellschaftern der ZINNEN-VERLAG gegründet, der bis 1938 rund 30 Titel herausbrachte, durchgehend Übersetzungswerke. ›Im Laufe der Ersten Republik hat es wohl kaum einen zweiten Literaten gegeben, der mit so vielen eigenen österreichischen Verlagsunternehmen verbunden war wie Schidrowitz.‹ (Hall: *Österreichische Verlagsgeschichte*. Bd. II) Nach dem ›Anschluss‹ im März 1938 flüchtete Sch. aus Österreich und gelangte nach Porto Alegre in Brasilien; er nannte sich dort Léo Jerônimo Sch. Der *Aufbau* meldete im August 1941: ›Der Wiener Verleger Leo Schidrowitz ist seit über zwei Jahren in Porto Alegre tätig, wo er im dortigen *Deutschen Volksblatt* gearbeitet hat, um dann das Festbuch zur Zweihundertjahr-Feier der Stadt heraus[zu]geben und endlich seinen eigenen Verlag in Porto Alegre zu begründen.‹ In der EDITORA LÉO JERÔNIMO SCHIDROWITZ ist auch seine Frau Martha (Martha Pawlowna Sch.) als Illustratorin und Buchgraphikerin tätig gewesen; der Verlag dürfte (dann mit Verlagsort Rio de Janeiro) hauptsächlich für die brasilianische Bibliophilengesellschaft (Confraria dos Bibliófilos Brasileiros) produziert haben. 1949 kehrte Sch., wohl auf Einladung des Präsidenten des Österreichischen Fußballbundes Josef Gerö, nach Österreich zurück und wurde dessen ›Propagandareferent‹; erneut trat er, bis zu seinem Tod 1956, als Verfasser einer großen Zahl von Büchern, hauptsächlich zu Sportthemen, hervor.

Léo Jerônimo Schidrowitz: Porto Alegre – Biografia de Uma Cidade. Porto Alegre 1940.

Gerhard Lüdtke [Hg.]: Kürschners Deutscher Gelehrten-Kalender. 4. Ausgabe. Berlin: de Gruyter 1931; Aufbau vom 22. 8. 1941 S. 12; Hall: Österr. Verlagsgeschichte II (1985) S. 372 f.; Der vergessene Propagandist. In: Ballesterer Magazin [online]; René Martens: Turnvater Cantor. In: Jüdische Allgemeine Nr. 47 vom 20. 11. 2008 [online]; Jakob Rosenberg, Georg Spitaler: Grün-weiß unterm Hakenkreuz. Der Sportklub Rapid im Nationalsozialismus. Wien 2011; Matthias Marschik,

Georg Spitaler: Leo Schidrowitz. Autor und Verleger, Sexualforscher und Sportfunktionär. (Jüdische Miniaturen). Hentrich & Hentrich 2015; Ulrich Bach: Leo Schidrowitz' Bilder-Lexikon der Erotik (Wien: 1928–1931). In: Pornographie in der deutschen Literatur. Texte, Themen, Institutionen. Hg. v. Hans-Edwin Friedrich u. a.: München: belleville 2016, S. 267–276.

Schierenberg, Rudolf Eilhard (›Rolf‹) 20. 11. 1900 Düsseldorf – 5. 12. 1991 Lochem, Gelderland; Antiquar. Sch. hat ein Studium an der Universität Tübingen mit der Promotion abgeschlossen; 1934 emigrierte er in die Niederlande und 1935 übernahm er gemeinsam mit → Otto Liebstaedter das ANTIQUARIAAT W. JUNK (→ Wilhelm Junk) in Den Haag. Nach der Besetzung der Niederlande im Mai 1940 musste Liebstädter aus der Firma ausscheiden; dagegen konnte Sch. als Nichtjude den Betrieb in den Kriegsjahren weiterführen. Das Unternehmen hatte auch nach 1945 Bestand: Sch., der nun auch die niederländische Staatsbürgerschaft erhielt, war Vater von Dieter (geb. 1938) und Allard (Eilhard) Sch. (geb. 1945), die sich ebenfalls für das Antiquariatsgeschäft interessierten. 1958 trat Dieter in das inzwischen nach Lochem verlagerte Unternehmen ein, 1969 übernahmen die beiden Brüder gemeinsam die Direktion, wobei Dieter die Zeitschriftenabteilung leitete und Allard das Antiquariat. Nach dem 75-jährigen Bestandsjubiläum der Fa. Junk 1974 kam es allerdings zum Bruch zwischen den Brüdern; Dieter gründete in Amsterdam unter seinem Namen ein eigenes, zeitweise an die Fa. DEKKER & NORDEMANN angeschlossenes Antiquariat DIETER SCHIERENBERG (und leitete außerdem in den ausgehenden 1970er und beginnenden 1980er Jahren als General Manager die Antiquariatsabteilung der ELSEVIER PUBLISHING COMPANY); Allard zog mit dem Antiquariaat Junk ebenfalls nach Amsterdam. Die Firma ANTIQUARIAAT JUNK besteht heute noch in Amsterdam, im Eigentum und geführt von Allard Sch. und seiner Frau Jeanne van Bruggen-Sch., als eines der weltweit größten und bedeutendsten Antiquariate für Werke der Naturgeschichte aus allen Jahrhunderten (bis 1850). Einen ebenfalls auf hohem Niveau agierenden Konkurrenten hat es in dem von Dieter Sch. errichteten Unternehmen, das seit 2007 in dritter Generation von Jeroen Sch. geleitet wird, während sich sein Vater Dieter Sch. auf eine Beraterfunktion und seine Leidenschaft, die Malerei, zurückzog. Auch das seit 2016 als ANTIQUARIAAT SCHIERENBERG firmierende Unternehmen ist auf Naturgeschichte, hauptsächlich Werke der Zoologie, Botanik, Erdkunde, Reiseliteratur, Anthropologie und Wissenschaftsgeschichte, spezialisiert; zuletzt kamen auch Photographie und dekorative Bücher hinzu.

Werner Fritsch: Dr. Rudolf E. Schierenberg zum 60. Geburtstag. In: Börsenblatt (Frankfurt) Nr. 93, 22. November 1960 (Aus dem Antiquariat XII) S. 2006 f. – Dr. Rudolf Schierenberg wurde 75. In: AdA 1975, A 367; Neue Beiträge zur George-Forschung 17 (1992) S. 45; Piet J. Buijnsters: Geschiedenis van het Nederlandse antiquariaat. Nijmegen: Vantilt 2007 S. 183 f., 199, 276–278; Allard Schierenberg: Rudolf Schierenberg und Antiquariaat Junk. In: AdA NF 8 (2010) S. 55 f. (Brief an die Redaktion).

Schiff, Fritz 21. 6. 1891 Berlin – 23. 10. 1964 Haifa; Kunsthistoriker, Antiquar; Dr. phil. Sch. absolvierte zwischen 1912 und 1914 eine Buchhändlerlehre in Rom; nach dem Ersten Weltkrieg trat er jedoch in die Redaktion der *Jüdischen Rundschau* ein. 1920 nahm er das Studium der Kunstgeschichte in Halle auf und beendete es 1923 mit der Promotion; seine 1923 veröffentlichte Dissertation hatte die italienische Monumentalmalerei im Übergang vom Mittelalter zur Frührenaissance zum Thema. In der Folgezeit lehrte er an verschiedenen Einrichtungen in Berlin, darunter 1928 bis 1933 an der Humboldt Universität. Daneben war er auch dem Antiquariatsbuchhandel verbunden, als persönlich haftender Gesellschafter der am 15. März 1923 gegründeten Fa. UTOPIA BUCHHANDLUNG UND ANTIQUARIAT FREYER & CO. in Berlin (W 62, Keithstraße 13); die Geschäftsführung lag in den Händen von → Kurt Freyer. Sch. flüchtete 1933 zunächst nach Paris und ging dann 1936 nach Palästina. 1937 bis 1953 war er Lehrer an der Bezalel-Kunstschule in Jerusalem; 1953 wurde er zum Gründungsdirektor des Museums für Moderne Kunst in Haifa bestellt. Diese Funktion nahm er bis 1960 wahr; von 1960 bis 1964 war er Direktor des Museums für antike Kunst in Haifa.

Zahlreiche Beiträge in den Monistischen Monatsheften 1926–31; Fritz Schiff: Die großen Illusionen der Menschheit. Jena: Urania-Freidenker-Verlag 1932.

Mündliche Mitteilung von Walter Zadek an EF am 23. 10. 1992; Adressbuch 1931 S. 538, 641; Wilhelm Schernus: Verfahrensweisen historischer Wissenschaftsforschung. Diss. Hamburg 2005 S. 87 f. [online].

Schiffrin, André 14. 6. 1935 Paris – 1. 12. 2013 Paris; Verleger. Sch. wuchs in New York auf, wohin sein Vater → Jaques Sch. mit dem 5-jährigen aus dem von den Deutschen besetzten Paris geflohen war. Seine Verlagskarriere begann er bei dem von → Kurt Enoch 1945 gegründeten großen US-Taschenbuchverlag NEW AMERICAN LIBRARY und war dort Anfang der 1960er Jahre *sales manager*. Als bei Übernahme von PANTHEON BOOKS (→ Kurt Wolff) durch RANDOM HOUSE 1961 die gesamte Verlagsspitze ausschied, wurde Sch. zum Verlagsleiter jenes Hauses bestellt, dessen Anfänge sein Vater wesentlich mitbestimmt hatte. Nahezu 30 Jahre lang leitete Sch. Pantheon, seit 1980 unter zunehmend ökonomischem Erfolgsdruck seitens der Unternehmensgruppe NEWHOUSE, bis er 1990 wegging und seinen unabhängigen Verlag THE NEW PRESS gründete, dessen Verlagsleiter er auch war. In seinen Memoiren *A Political Education* hat Sch. über seine in Europa wurzelnde kulturelle Identität und seine verlegerischpolitische Programmatik Auskunft gegeben.

André Schiffrin: L'édition sans éditeurs. Paris: La Fabrique 1999 [dt. Verlage ohne Verleger. Über die Zukunft der Bücher. Berlin: Wagenbach 2000]; ders.: The Business of Books: How the International Conglomerates Took Over Publishing and Changed the Way We Read. London: Verso 2001; ders.: A Political Education: Coming of Age in Paris and New York. Hoboken / NJ: Melville House 2007 [dt. Paris, New York und zurück. Politische Lehrjahre eines Verlegers. Berlin: Matthes & Seitz 2010].

Buchreport Nr. 24 (2005) S. 4; BuchMarkt Nr. 6 (2010) S. 46–48.

Schiffrin, Jacques 28. 3. 1892 Baku / Russland – 17. 11. 1950 New York; Verleger; Dr. jur. Sch., ein emigrierter russischer Jude, gründete nach seinem Studium der Rechte an der Universität Genf 1923 in Paris den Verlag LES ÉDITIONS DE LA PLÉIADE J. SCHIFFRIN & CO. und veröffentlichte hier die Reihe *Auteurs Classiques Russes* und die in den 1930er Jahren berühmte Sammlung *La Pléiade*, die Werke der Weltliteratur in hervorragender Ausstattung preiswert auf den Markt brachte (Baudelaire, Racine, Voltaire, Musset, Stendhal etc.). Im Verlag GALLIMARD fand Sch. 1936 einen finanzstarken Geschäftspartner. 1939 wurde Sch. zum Dienst in die französische Armee eingezogen und stand nach der Besetzung Frankreichs durch die Deutschen auf jener Liste von Personen, die aus dem kulturellen Leben Frankreichs auszugrenzen seien. Am 20. August 1940 wurde Sch. von Gallimard fristlos entlassen. Die Familie flüchtete zunächst in den unbesetzten Süden Frankreichs, danach mit Hilfe Varian Frys nach

Casablanca und von dort nach einigen Monaten des Wartens über Lissabon nach New York. Dort veröffentlichte Sch. mit geborgtem Geld in seinem Verlag JACQUES SCHIFFRIN & CIE. eine Reihe von Schriften der französischen Résistance, doch sah er in einer Kooperation größere Möglichkeiten: Kurz nach der Gründung von PANTHEON schloss Sch. sich dem Unternehmen von → Kurt Wolff an. ›Die Büroräume des Verlags am Washington Square bildeten für die Emigranten in New York eine Oase der Glückseligkeit, stilvoll in einer der prachtvollen Stadtvillen untergebracht, die früher die Südseite des Parks begrenzten. Hier zerbrach sich ein kleiner Zirkel von Emigranten eifrig den Kopf darüber, welche Facetten des Kulturlebens Europas für die neuen Nachbarn in Amerika von Interesse sein könnten‹ (André Schiffrin). Als eines der ersten Bücher, die Sch. für Kurt Wolff betreute, erschien 1942 eine Gedichtsammlung von Louis Aragon, es folgte ein Buch des mit Sch. befreundeten André Gide. Die französischen Titel im Pantheon-Programm trugen das Imprint ›edited by Jacques Schiffrin‹. Sch., der von seinem Einsatz als Soldat gesundheitliche Schäden davongetragen hatte, starb überraschend an einem Emphysem; sein Sohn → André Sch. trat 1962 unter neuen Besitzverhältnissen (der Verlag war von Random House übernommen worden) bei Pantheon Books ein.

André Schiffrin: Verlage ohne Verleger. Über die Zukunft der Bücher. Berlin: Wagenbach 2000 S. 18 f.; Hendrik Edelman: Kurt Wolff and Jacques Schiffrin: Two Publishing Giants Start Over in America. In: Immigrant publishers (2009) S. 185–96; Amos Reichman: Jacques Schiffrin. A Publisher in Exile, from Pléiade to Pantheon. New York: Columbia University Press 2019.

Schiftan, Fanny 7. 7. 1879 Berlin – 1949 Argentinien; Musikverlagsinhaberin. Die Tochter des Musikverlegers Hugo Bock (1848–1932) wurde nach dem Tod ihres Vaters stille Teilhaberin des Berliner Musikverlags BOTE & BOCK. Infolge der NS-Rassegesetze galt sie als ›Halbjüdin‹, ihr Ehemann Franz Sch. (gest. 1936) war jüdischer Herkunft. Nachdem sie ihren Kapitalanteil an Bote & Bock ausgezahlt bekommen hatte, wurde dieser sogleich als ›Judenabgabe‹ konfisziert. Sch. erhielt die Genehmigung zur Auswanderung. 1940 wurde Sch. laut *Reichsanzeiger* ausgebürgert; sie musste 1940 in die Schweiz ins Exil gehen und von dort 1941 gemeinsam mit ihrem Sohn → Fritz Sch. weiterflüchten, zunächst nach Uruguay, dann nach Argentinien, wo bereits ihr zweiter Sohn Heinz Sch. lebte. Nach dem Zweiten Weltkrieg trat Sch. 1947 gemeinsam mit ihrer Schwester wieder als Kommanditistin in die Firma Bote & Bock ein.

Adressbuch 1931 S. 66; Fetthauer: Musikverlage (2004) S. 497.

Schiftan, Fritz (Friedrich) 4. 3. 1904 Alexanderhof / Brandenburg – 22. 3. 1949 Argentinien; Musikverleger, Buch- und Zeitschriftenimporteur. Der Sohn von → Fanny Sch. erhielt nach seinem Abitur 1924 eine Ausbildung zum Verlagskaufmann im großväterlichen Verlag BOTE & BOCK in Berlin, bei BRATFISCH in Frankfurt / Oder, HUG & CO. in Leipzig und Zürich sowie bei SONZOGNO in Mailand und London. 1932 wurde er Mitarbeiter bei BOTE & BOCK und war als Nachfolger seines Großvaters in der Firmenleitung vorgesehen. 1934 erhielt er Gesamtprokura, konnte jedoch wegen seiner ›nichtarischen Abstammung‹ nicht zum Juniorchef avancieren. 1938 musste er aus der Firma ausscheiden. Es gelang Sch. am 4. März 1941 mit Hilfe der Reichsvereinigung der Juden in Deutschland aus Deutschland zu entkommen; in Spanien traf er seine Mutter, mit der er zunächst nach Uruguay und von dort weiter nach Argentinien zu seinem Bruder

Heinz Sch. flüchtete. Sch. arbeitete 1942/43 als Vertreter in einer deutschen Buchhandlung und gründete mit einem Kollegen einen Buchverlag, der kommerziell nicht erfolgreich war. 1944 wurde Sch. mit der Firma EDITORIAL PAPYRUS im Buch- und Zeitschriftenimport tätig, die erst ab 1947/48 Erträge erwirtschaftete, so dass Sch. hauptberuflich als technischer Arbeiter tätig war. Sch. kam bei einem Badeunfall ums Leben.

Fetthauer: Musikverlage (2004) S. 498.

Schiller, Friedrich 27. 11. 1854 Turnau / Böhmen – 20. 3. 1943 im Staat Illinois, USA; Verlagsgesellschafter. Sch., der mit einer Schwester von → Moritz Perles verheiratet war und bis 1933 als stiller Gesellschafter der Firma PERLES fungierte, konnte sich wie → Paul Perles nach Nordamerika retten, wo er am 20. März 1943 verstarb.

Daniela Punkl: Verlag Moritz Perles, k. k. Hofbuchhandlung in Wien. Diplomarbeit. Universität Wien 2002 [online].

Schindler, Bruno 16. 10. 1882 Leschnitz / Schlesien – 29. 7. 1964 London; Verleger, Sinologe; Dr. phil. Sch. war der Sohn eines jüdischen Geschäftsmannes; er absolvierte die Oberrealschule in Gleiwitz und studierte anschließend Jura, Nationalökonomie und Geschichte an den Universitäten Breslau und Berlin. 1907 ging er nach London, wo er als Bibliotheksangestellter und Privatsekretär des jüdischen Gelehrten, Rabbiners und Zionisten Moses Gaster (1856–1939) tätig war. Nach seiner Rückkehr nach Deutschland begann Sch. an der Universität Leipzig ein Studium der Arabistik und Ethnologie, verlegte sich aber bald unter dem Einfluss des bedeutenden Sinologen August Conrady auf das Studium ostasiatischer Sprachen und Kulturen. 1912 folgte Sch. dem Rat Conradys und ging nach China. Dort widmete er sich der Erforschung der chinesischen Juden von Kaifung und beteiligte sich an der Gründung der jüdischen Gemeinde von Shanghai. Vor Ausbruch des Ersten Weltkriegs nach Deutschland zurückgekehrt, musste Sch., der für den Einsatz an der Front bereits zu alt war, Ersatzdienst leisten und konnte daneben wissenschaftlich weiterarbeiten und publizieren. 1919 promovierte Sch. bei Conrady über das ›Priestertum im alten China‹, im gleichen Jahr heiratete er Alma Ehrlich. 1923 gründete Sch. in Leipzig den Verlag ASIA MAJOR, in dem er sinologische Fachliteratur und ab 1923 die international angelegte philologische Zeitschrift *Asia Major* herausbrachte (viele ihrer Artikel waren auf Englisch verfasst), von der bis 1935 zehn Jahrgänge erschienen und die bald als das führende Organ der deutschen Sinologie galt. Aufgrund seiner jüdischen Abstammung durfte Sch. nach der NS-Machtübernahme nicht mehr akademisch arbeiten; zur Emigration gezwungen, ging Sch. noch 1933 nach Großbritannien, sein Verlag wurde 1936 liquidiert. Im Fluchtgepäck transportierte Sch. den Großteil des wissenschaftlichen Nachlasses von Conrady, der 1925 verstorben war; die zahlreichen unveröffentlichten Manuskripte wurden dann bei einem Luftangriff auf London zerstört. In England beteiligte Sch. sich an verschiedenen Publikationen (u. a. an der Festschrift zum 80. Geburtstag von Moses Gaster), und wurde 1936 Teilhaber von TAYLOR'S FOREIGN PUBLISHERS; gemeinsam mit seiner Frau gründete er die Regent Park School für jüdische Flüchtlingskinder aus Deutschland und Österreich. 1939 wurde Sch. Lektor bei LUND HUMPHRIES und betreute dort viele Titel in der Abteilung Orientalistik und Slavistik. Nach dem Krieg gelang es Sch. unter eigener finanzieller Beteiligung 1949 die Zeitschrift *Asia Major* bei Taylor's zu reaktivieren; in der Folge wurde die Herausgabe der Zeitschrift von den sinologischen Instituten der Universitäten

Oxford, Cambridge und London übernommen und führte den Untertitel ›British Journal of Far Eastern Studies‹. Die Zeitschrift wechselte nachfolgend zu Lund Humphries und erschien auch nach Sch.'s Tod noch weiter, bis sie 1975 aufgrund finanzieller Schwierigkeiten eingestellt werden musste.

Adressbuch 1931 S. 539, 647; Homeyer: Bibliophilen und Antiquare (1966) S. 145; Schroeder: ›Arisierung‹ II (2009) S. 385; Sinologists: Bruno Schindler [online].

Schlesinger, Kalman(n), Koloman 1895 in Ungarn–1975 Jerusalem; Buchhändler, Antiquar. Sch. war 1919 vor den Pogromen und politischen Unruhen im Zusammenhang mit den Revolutionen der Jahre 1918/19 nach Deutschland geflohen. Er studierte in Bonn Orientalistik, bevor er sich Mitte der 1920er Jahre in Köln niederließ. 1927 heiratete er Frieda van Cleef (1899–1985), die einer alteingesessenen jüdisch-orthodoxen Kölner Familie entstammte. Sch.'s Bruder Tibor erwarb Anfang 1927 die Buchhandlung WOLF TOPILOWSKY in Köln, die 1896 vom Pergamentschreiber gleichen Namens gegründet worden war; im März 1927 ging sie in eine Gesellschaft mit beschränkter Haftung über. Weitere Gesellschafterin und Inhaberin fast aller Geschäftsanteile war seine Schwägerin Frieda Schlesinger; Sch. übernahm die Geschäftsführung. Beide Eheleute arbeiteten in der Buchhandlung: Frieda Sch. war im Sortiment mit den alltäglichen Geschäftsangelegenheiten befasst; während Sch. sich als Wissenschaftler fast ausschließlich dem Ankauf des hebräischen Antiquariats widmete. Vom Schocken Verlag wurde er als Experte (zur Beschaffung reproduktionsfähiger Druckvorlagen) herangezogen, als dieser 1937/38 daranging, eine Sammlung von Nachdrucken (Manuldrucken) jüdischer religiöser Gebrauchsliteratur herauszubringen. Ein Band (*Bücherei des Schocken Verlags*, Bd. 71) erschien unter der Herausgeberschaft Sch.'s und seiner Frau Frieda. Nach der Reichspogromnacht bereiteten die Schlesingers ihre Emigration nach Palästina vor, wo sie sich zunächst in Tel Aviv, später in Jerusalem niederließen. Von ihrer Privatwohnung aus betrieben sie den Verkauf antiquarischer Bücher, vor allem nahmen sie komplette Bibliotheken eingewanderter europäischer Juden in Kommission. Zudem waren beide für Verlage tätig: Kalman Sch. setzte die bereits in Deutschland begonnene Zusammenarbeit mit dem Schocken Verlag fort, Frieda Sch. war für den Verlag von → Moritz Spitzer tätig.

Gespräch KJ mit Raphael und Rachel Mayer geb. Schlesinger, am 3. 8. 2000 in Jerusalem; Nordrhein-westfälisches HStA Düsseldorf Zweigstelle Schloss Kalkum, Rep. 316, Nr. 1333; Rep. 266, Nr. 4823; Oberfinanzdirektion Köln Bundesvermögensabteilung BV 42 K, Nr. 5678; Dahm: Das jüdische Buch (1993) S. 335, 489.

Schmelz, Hans Geb. 13. 6. 1892 Wien; Antiquar; Ing. Sch. gründete am 22. Mai 1924 in Wien VII, Neubaugasse 58, eine Sortimentsbuchhandlung mit Antiquariat; seit 30. September 1935 führte er auch das Antiquariat JOSEF GRÜNFELD in Wien I, Bognergasse 7, das er gekauft hatte. Nach dem ›Anschluss‹ Österreichs an Hitlerdeutschland flüchtete Sch., seine Geschäfte wurden liquidiert. Eine verwandtschaftliche Beziehung zu → Klara und Dr. Emil Schmelz war nicht nachweisbar.

Buchhas: Österr. Buchhandel im NS (1993) S. 103; Pawlitschko: Jüd. Buchhandlungen (1996) S. 64; Hupfer: Antiquarischer Buchhandel (2003) S. 283 f.

Schmelz, Klara Buchhändlerin. Sch., ›Private in Wien‹, firmierte am 29. Oktober 1934 bei der Eintragung der Kommanditgesellschaft BUKUM Buch-, Kunst- und Musikalienhandlung Neubauer & Cie., Wien I, Bauernmarkt 3, in das Handelsregister als Gesellschafterin, gemeinsam mit → Rosa Meta Steinitz und vertreten durch ihren Mann, den Rechtsanwalt Dr. Emil Sch. Die Buchhandlung diente als illegaler Treffpunkt der Gruppe Revolutionärer Sozialisten; nach zwei Jahren wurde das Geschäft geschlossen und die BUKUM im Februar 1937 infolge beendeter Liquidation im Handelsregister gelöscht. Laut Vermerk des Zentralmeldeamtes meldete Sch. sich am 28. Juni 1938 nach Mexiko ab. Tatsächlich gelang ihr die Emigration nach Lateinamerika: Dr. Emil Sch. trat Anfang 1944 als Redner bei einer Feierstunde anlässlich der Landung der Alliierten in Frankreich auf, die in Mexiko von der Acción Republicana Austriaca de Mexico veranstaltet wurde. Er verstarb am 16. Mai 1950 in Mexico City, wo sich auch Sch. mit ihren Kindern Gerda und Stefan aufhielt.

Aufbau vom 9.6.1950 S. 38; Hupfer: Antiquarischer Buchhandel (2003) S. 262 f.; Marcus Patka: Chronik der kulturellen und politischen Veranstaltungen im mexikanischen Exil, organisiert von verschiedenen Organisationen (1937–1949) [online].

Schmitt, Samuel Abraham Wilhelm 20.9.1920 Viernheim / Hessen – 3.6.2002 Zürich; Schriftsteller; Verleger. Aufgewachsen mit pietistischem Familienhintergrund, geriet Sch. aufgrund seiner religiösen Überzeugungen schon früh in Konflikt mit dem NS-Regime; er verweigerte den Hitler-Gruß und den Eintritt in die Hitler-Jugend. 1936 bis 1938 besuchte er die Handelsschule in Basel, musste danach aber die Schweiz verlassen, weil er dort keine Lehrstelle erhielt. 1939 wurde seine deutsche Staatsbürgerschaft aufgehoben, weil er den Militärdienst verweigert hatte. Als Rheinschiffsjunge vermochte er in die Niederlande und nach Belgien zu entkommen; dort lebte er als Flüchtling in Antwerpen und bei Genk. Nach dem Überfall der deutschen Wehrmacht im Mai 1940 wurde Sch. nach Frankreich zwangsverschickt und in den Lagern Le Vigeant und St. Cyprien interniert; nach einem Ausbruchsversuch wieder gefangengenommen und in Les Milles festgesetzt, gelang ihm noch vor einer Deportation im Oktober 1942 die Flucht in die Schweiz. Dort wurde er erneut interniert und arbeitete zunächst als Schriftsteller und Redaktionsmitglied einer Arbeitslagerzeitschrift (*Über die Grenzen*), dann bei Bauern und in einer Schlosserwerkstatt. Ab 1945 erschienen seine ersten eigenständigen Veröffentlichungen. Von 1949 an war Sch. für einige Zeit in Deutschland als Vertreter des Luzerner Verlags KUNSTKREIS unterwegs. 1956 gründete er in Viernheim und Zürich den VIERNHEIM VERLAG S. A. W. SCHMITT und brachte hier unter anderem qualitätvolle Farbreproduktionen sowie bibliophile Pressendrucke (1958 die *Zürcher Kassette*, mit 38 Autoren und Graphikern, 1972 die Kassette *Über die Grenzen*, mit 21 Künstlern) heraus, ebenso eigene Werke. Seit 1947 war Sch. Mitglied des deutschen Exil-PEN in London. 1968 wurde er beim Schweizerischen Kaufmännischen Verband als Revisor tätig; seit damals betrieb er den Verlag nur noch nebenbei.

Teilnachlass im Deutschen Exilarchiv / DNB: EB 88/153 [Korrespondenz, u. a. mit Bernard von Brentano, Richard Friedenthal, Kurt Hirschfeld, Kurt Kersten, Hans Siemsen; Lebensdokumente, insbesondere zur Internierung in Frankreich (Gurs, Les Milles) und der Schweiz]; BHE 2; Karin Reinfrank-Clark [Hg.]: Ach, Sie schreiben deutsch? Biographien deutschsprachiger Schriftsteller des Auslands-PEN. Gerlingen: Bleicher 1986 S. 108 f.; Ferdinand Puhe: Samuel Schmitt – Vom Verfolgten zum Verleger. In: Marginalien, 230. Heft, 2018 / 3 S. 86–91.

Schmoller, Hans Peter 9.4.1916 Berlin – 25.9.1985 Berkshire; Typograph, Buchkünstler. Vor dem Verbot der linksorientierten Jugendorganisation Reichsbanner durch das NS-

Regime 1933 war der konfessionslose Sch. ab 1932 Mitglied der Gruppe. Während seiner Ausbildung zum Schriftsetzer 1933 bis 1937 absolvierte er ab 1935 gleichzeitig ein Teilzeitstudium in Kalligraphie und Schriftsatz an der Höheren Graphischen Fachschule sowie der Geschichte der Kalligraphie und Typographie an der Staatlichen Kunstbibliothek Berlin. 1937 emigrierte Sch. nach Großbritannien, wo er sich 1932 und 1934 schon mehrfach aufgehalten hatte, und setzte in London seine Studien an der Monotype School fort. Zu Beginn des folgenden Jahres wanderte er wegen einer Anstellung bei den Morija Druckbetrieben nach Basutoland (Lesotho) in Südafrika aus, wo er bis 1947 Vorarbeiter / Aufseher der Setzerei war und später zum stellvertretenden Geschäftsführer aufstieg. Vermutlich 1944 war er Mitgründer und aktives Mitglied der Imprint Society Südafrika. Im Juni 1947 kehrte er nach Großbritannien zurück. In den folgenden beiden Jahren arbeitete Sch. als Buchdesigner (-ausstatter) und Assistent des Vorsitzenden Oliver Simon bei der CURWEN PRESS in London; ab 1949 war er Vorstandsmitglied, ehrenamtlicher Geschäftsführer und Präsident des Londoner Double Crown Club. Im selben Jahr trat er in den Mitarbeiterstab bei PENGUIN BOOKS ein und machte bei dem Londoner Unternehmen Karriere: Zunächst als Typograph und Designer maßgeblich für das Design der Penguin Taschenbücher verantwortlich, stieg Sch. 1956 zum Produktionsmanager und 1960 zum Direktor auf; bis 1976 hatte er die Oberaufsicht über das Erscheinungsbild der Penguin Books. Sch. übernahm neben seiner leitenden Tätigkeit bei Penguin Books gleichzeitig Direktionsposten mehrerer Abteilungsausschüsse und der Penguin Pensions Trustees. Seit 1950 war er in zweiter Ehe mit Tatyana Mary Kent verheiratet, die während des Zweiten Weltkriegs britische Ratsabgeordnete in Montevideo / Uruguay gewesen war und, 1946 nach Großbritannien zurückgekehrt, bis zu ihrer Heirat als persönliche Assistentin des Vorsitzenden von Penguin Books gearbeitet hatte. In den 1950er Jahren nahm Sch. an Ausstellungen des britischen Buchdesigns und der Buchherstellung teil, engagierte sich im internationalen typographischen Bibelprojekt Liber Librorum und führte 1956 ein Seminar am Graphischen Institut Stockholm durch. Darüber hinaus war er 1956 und 1957 Hauptprüfer im Bereich Typographie beim Institut der Stadt und Innung London. Sch. veröffentlichte Beiträge in unterschiedlichen Fachzeitungen und war Mitglied in zahlreichen Verbänden, u. a. in der von ihm gegründeten Book Production Managers' Group, im Bund Deutscher Buchkünstler und in der Bibliophilen Gesellschaft. Auszeichnungen erhielt er u. a. für seine Gestaltung und Herstellung des *Complete Pelican Shakespeare*.

BHE 2; Bbl. (FfM) Nr. 86 vom 29. 10. 1985 S. 2884; Gerald Cinamon [ed.]: Hans Schmoller, typographer. Redhill: Monotype 1987; Westphal: German, Czech and Austrian Jews (1991) S. 207 f.; Taubert: Mit Büchern die Welt erlebt (1992) S. 383; Fischer: Buchgestaltung im Exil (2003) S. 197.

Schocken, Eva 29. 9. 1918 Zwickau –12. 1. 1982 New York; Verlegerin. Die Tochter von → Salman und Lili Sch. wurde von ihren Eltern zum Zeitpunkt von deren Emigration 1933 auf eine Privatschule nach England geschickt und kam später zu ihren Eltern nach Palästina. In den späten 1930er Jahren ging Sch. zu ihrem Bruder → Theodore Sch. nach New York und besuchte dort das Bank Street College, das sie mit dem Bachelor abschloss. 1941 heiratete sie Theodore Herzl Rome, das Paar bekam vier Kinder. In der Folge studierte Sch. an der Columbia University Pädagogik. Nachdem ihr Vater in New York SCHOCKEN BOOKS INC. gegründet hatte, arbeitete Sch. im Verlag als Lektorin mit. Nach dem Tod ihres Vaters übernahm ihr Mann von 1959 bis 1965 die Präsidentschaft des Unternehmens, und zu diesem Zeitpunkt begann ihre eigentliche verlegerische Tätigkeit für Schocken: Sie erweiterte das Programm mit Titeln zu Themen, denen ihr besonderes Interesse galt, Reformpädagogik (Maria Montessori, Herbert Kohl) sowie Frauenforschung; auf letzterem Gebiet versicherte sie sich der Beratung durch die emigrierte österreichische Wissenschaftlerin, Feministin und Pionierin der Frauenforschung Gerda Lerner. Nach dem Tod ihres Mannes 1965 heiratete Sch. 1968 in zweiter Ehe Julius S. Glaser (1916–86). Der Tod ihres Bruders Theodore Sch. 1975 hatte zur Folge, dass Sch. gemeinsam mit ihrem Mann an die Unternehmensspitze rückte. In den sieben Jahren ihrer Verlagsleitung verzeichnete Schocken Books große kommerzielle Erfolge mit dem Bestseller *When bad things happen to good people* von Rabbi Lawrence Kushner und dem Kinderbuch *Masquerade*. Nach Sch.'s Tod blieb Julius S. Glaser Präsident des Unternehmens bis zu seinem Ruhestand 1984.

[Nachruf Eva Schocken] In: New York Times, 13 Jan. 1982; [Nachruf Julius S. Glaser] In: New York Times, 16 Sept. 1986; Jewish Womens Archive: Andra Medea: Eva Schocken [online].

Schocken, Gershom (Gustav) 29. 9. 1912 Zwickau – 22. 12. 1990 Tel Aviv; Verleger, Politiker. Der älteste Sohn → Salman Sch.'s studierte 1932/33 in Heidelberg Soziologie. 1933 erfolgte seine Emigration nach Palästina, 1935/36 setzte er sein Studium an der London School of Economics fort. Ab Anfang 1937 begann er, in der Redaktion des von seinem Vater 1935 erworbenen, in Tel Aviv erscheinenden *Haaretz* mitzuarbeiten, der ältesten hebräischen Tageszeitung von Palästina. 1939 wurde Sch. Direktor des von seinem Vater gegründeten SCHOCKEN PUBLISHING HOUSE LTD. in Tel Aviv sowie Verleger und Chefredakteur des *Haaretz*, den er zu einem international renommierten, politisch unabhängigen Organ ausbaute und bis zu seinem Tod führte. 1950 bis 1955 und 1960 bis 1962 war Sch. Vorsitzender der Nachrichtenagentur ITIMIN, in den Jahren dazwischen gehörte er als Mitglied der durch ihn mitgegründeten Progressive-Party der Knesseth an und setzte sich für die Gleichberechtigung von Juden und Arabern ein. 1983 wurde Sch. von der World Press Review als International Editor of the Year ausgezeichnet.

Gershom Schocken: Ich werde seinesgleichen nicht mehr sehen. Erinnerungen an meinen Vater Salman Schocken. In: Der Monat H. 242 (Nov. 1968) S. 13–30; und Haaretz vom 18. 10. 1967; ders.: Der Zeitungsmarkt und das führende Blatt ›Haaretz‹ (Schocken-Verlag). Vom Geist des Zionismus getragen. In: Bbl. (FfM) Nr. 69 (Sondernummer Israel) vom 29. 8. 1978 S. 1780 f.

BHE 1; Bernhard Zeller [Hg.]: In den Katakomben: jüdische Verlage in Deutschland 1933–1938 (Marbacher Magazin. 25). [Kat.] Marbach / Neckar: Dt. Schillergesellschaft 1983; Saur: Deutsche Verleger im Exil (2008) S. 223; Peter B. Flint: Gershom G. Schocken, 78, Editor Of Israeli Newspaper for 50 Years [Nachruf]. In: New York Times, 24 Dec. 1990 [online].

Schocken, (Walter) Gideon 28. 12. 1919 Zwickau – 1981 Kfar Shmaryahu / Israel; Offizier, Ministerialbeamter, Verleger. Der jüngste Sohn von → Salman Sch. ging 1934 nach Palästina und studierte an den Universitäten Jerusalem und Oxford; von 1936 bis 1941 war er Mitglied der Haganah. 1937 erfolgte durch seinen Vater die Gründung des SCHOCKEN PUBLISHING HOUSE LTD. Tel Aviv, in dessen Direktorium er mitbestellt wurde. Während des Zweiten Weltkriegs absolvierte Sch. von 1941 bis 1945 den Militärdienst in der britischen Armee. Nach Kriegsende gründete er zusammen mit seinem Vater und seinem Bruder → Theodore Sch. in New York die US-amerikanische

Tochterfirma des Verlags SCHOCKEN BOOKS und war bis 1948 im Direktorium. 1949 trat Sch. als Stabsoffizier in die israelischen Streitkräfte (IDF) ein, nach zehn Jahren ging er als Brigadegeneral in Pension. Sch. hatte u. a. im Krisenstab des israelischen Premierministers auch hohe politische Ämter inne. In späteren Jahren war er u. a. Vorstandsmitglied in der Bank Leumi und im Kuratoriumsvorstand des Schocken Institute for Jewish Research in Jerusalem.
BHE 1.

Schocken, Salman 30. 10. 1877 Margonin / Posen – 6. 8. 1959 Pontresina / CH; Warenhausunternehmer, Verleger. Der Sohn eines jüdischen Kleinhändlers wuchs in einem Dorf der damals preußischen Provinz Posen auf und erhielt eine traditionelle jüdische Erziehung. Er absolvierte eine kaufmännische Lehre im Einzelhandel und betätigte sich ehrenamtlich als Bibliothekar im Verein junger Kaufleute in Gnesen. 1901 trat er in das von seinem älteren Bruder Simon gegründete Kaufhaus in Zwickau ein; bis zum Ersten Weltkrieg gründeten die Brüder in Städten Sachsens und Thüringens weitere Kaufhäuser. Nach dem Unfalltod des Bruders 1929 war Sch. Alleininhaber des zu bedeutender Größe herangewachsenen Schocken-Warenhauskonzerns mit Filialen in Nürnberg, Stuttgart und Chemnitz. Sch. war bildungspolitisch besonders engagiert: Alle Kaufhäuser des Konzerns hatten große, anspruchsvoll sortierte Bücherabteilungen, er selbst war als Sammler und Bibliophile berühmt und besaß eine der bedeutendsten Büchersammlungen der Zeit, v. a. zur Barockliteratur. Gleichzeitig war ihm als Zionist die Vermittlung, Bewahrung und Förderung der deutschen jüdischen Kultur ein Anliegen; so gründete er 1915 mit seinem Freund Martin Buber die Zeitschrift *Der Jude* und 1929 in Berlin das Forschungsinstitut für hebräische Dichtung. Am 1. Juli 1931 wurde der SCHOCKEN VERLAG mit Sitz in Berlin, Jerusalemer Straße 65/66 als Abteilung der SCHOCKEN KGaA gegründet, Sch. war als persönlich haftender Gesellschafter eingetragen, Lambert Schneider (1900–70) als Geschäftsführer. In den ersten beiden Jahren wurde das Programm mit Büchern aus dem zusammengebrochenen Verlag → Jakob Hegners angereichert. Den ersten großen Verkaufserfolg erzielte der Verlag nach der nationalsozialistischen ›Machtergreifung‹ mit dem Ende September 1933 erschienenen ersten *Schocken-Almanach*. In den wenigen Jahren bis zur erzwungenen Liquidierung 1938/39 entwickelte sich der Verlag unter Aufsicht der RSK bzw. RKK (seit 1937 bis November 1938 mit dem Firmennamen SCHOCKEN VERLAG, JÜDISCHER BUCHVERLAG) und unter der Programmleitung des 1933 eingestellten Lektors → Moritz Spitzer im Rahmen des ›jüdischen Ghettobuchhandels‹ zum bedeutendsten Verlag sowohl für jüdische Autoren wie für die jüdischen Leserinnen und Leser, welche nach 1935/36 nur noch Bücher aus jüdischen Verlagen kaufen durften. Sch.'s Verlag brachte etwa 250 z. T. bibliophil gestaltete Titel heraus; zu den bedeutendsten Verlagswerken zählen *Die Schrift*, die berühmte Übersetzung der hebräischen Bibel von Martin Buber und Franz Rosenzweig, sowie seit 1934 die erste Gesamtausgabe der Werke Franz Kafkas, dessen Weltrechte Sch. kurz zuvor erworben hatte (nach Erscheinen der ersten vier Bände wurde die Fortsetzung der Ausgabe durch Goebbels verboten, die Bände 5 und 6 wurden unter dem Tarnnamen HEINR. MERCY VERLAG in Prag zu Ende geführt). Die *Schocken-Bücherei*, in ähnlicher Ausstattung und im Format der *Insel-Bücherei*, brachte es auf fast 100 Bände. Sch. war bereits Ende Dezember 1933 mit seiner Frau Lilly und den jüngeren Kindern zunächst in die Schweiz und von dort nach Palästina emigriert. Es gelang ihm die Überstellung eines Großteils seiner kostbaren Privatbibliothek nach Palästina, wo sie bis heute in der Balfour Street in Jerusalem in einem Bau von Erich Mendelsohn aufbewahrt wird (Schocken-Bibliothek); 1933/34 übersiedelte das Schocken-Institut von Berlin nach Jerusalem. In Jerusalem wirkte Sch. als Vorsitzender des Exekutivrates der hebräischen Universität maßgeblich am Aufbau dieser Institution mit. Im Sommer 1938 musste der Schocken-Warenhauskonzern an ein deutsches Bankenkonsortium veräußert werden; nach den Novemberpogromen 1938 musste auch der Schocken Verlag geschlossen werden; unter großen Schwierigkeiten gelang es, einen umfänglichen Teil seines Bücherlagers aus Berlin nach Palästina zu bringen; für dessen Vertrieb wollte Sch. sich der Dienste von → Rubin Mass bedienen. Bereits 1935 hatte Sch. die bankrotte hebräische Tageszeitung *Haaretz* als Hochzeitsgeschenk für seinen ältesten Sohn → Gershom Sch. gekauft, das Blatt ist bis heute im Besitz der Familie und die SCHOCKEN-HAARETZ-GRUPPE nach dem Umsatz das zweitgrößte Medienunternehmen Israels. 1937 war die Gründung des SCHOCKEN PUBLISHING HOUSE LTD. Tel Aviv (Hoza'at Schocken) erfolgt, in dessen Direktorium die Söhne Gershom und → Gideon Sch. berufen wurden. 1940 ging Sch. in die USA und errichtete dort 1945, im Alter von 68 Jahren, zusammen mit seinen Söhnen → Theodore und Gideon, seinen dritten Verlag SCHOCKEN BOOKS INC., New York. Das dreisprachige Verlagshaus, in dem Hannah Arendt von 1946 bis 1948 als Lektorin arbeitete, war auf moderne hebräische Literatur und Judaica spezialisiert, zu den Autoren des Hauses zählten u. a. Karl Wolfskehl, S. J. Agnon, Elias Canetti; zu einer tragenden Säule des Programms entwickelten sich die Werke Kafkas: in New York erschienen ab 1946 sowohl eine englische wie auch eine deutsche Ausgabe der *Gesammelten Schriften* Kafkas. Schocken Books hat sich nie als Exilverlag verstanden, unzweifelhaft ist dem Verlag aber der Transfer der deutsch-jüdischen literarischen Tradition nach Amerika zuzuschreiben, wodurch er zum ›Medium amerikanischen jüdischen Geisteslebens‹ (Koepke) wurde. Nach Ende des Zweiten Weltkriegs bekam Sch. Vermögensanteile an seinen in den westlichen Besatzungszonen befindlichen Warenhäusern, die seit der Arisierung als Merkur AG firmierten, zurück. Er wirkte noch am Wiederaufbau des Konzerns durch Helmut Horten mit, verkaufte aber 1953 seine Aktienanteile. Zumeist hielt er sich in Scarsdale bei New York und in der Schweiz auf, nach Jerusalem kehrte er nur für kurze Besuche zurück. Schocken Books wurde zunächst von Sch.'s Schwiegersohn T. Herzl Rome weitergeführt und 1987 von Random House um $ 3,5 Millionen gekauft; das Schocken-Programm lief bei PANTHEON BOOKS, mittlerweile ebenfalls unter dem Dach von Random House, weiter.

Salman Schocken: Die hebräische Universität Jerusalem: Entwicklung und Bestand. Jerusalem: Haaretz 1938; ders.: Das Kaufhaus Schocken im Jahre 1926. Vorträge, Ansprachen und Aufsätze aus früheren Schocken-Hauszeitungen. Nürnberg: Merkur 1952.

Schocken Archives, Jerusalem, Aktengruppe 312; BHE 1, DBE; Adressbuch 1931 S. 553; BV Verlagsänderungen 1942–1963 S. 175; Tentative List p. 16; Walk: Kurzbiographien (1988); LGB 2; Heinrich A. Mertens: Die Schocken-Bibliothek in Jerusalem. In: Bbl. (FfM) Nr. 61 vom 30. 7. 1957 S. 1047–49; Siegfried Moses: Salman Schocken. Seine Betätigung in der Wirtschaft und als Zionist. In: Bulletin des Leo Baeck Instituts 4. Jg. Nr. 13 (1961) S. 1–43; Lambert Schneider: Salman Schocken. In: Imprimatur. NF Bd. 6 (1969) S. 192–202; Adolf Diamant: Zur Chronik der Juden in Zwickau. Frankfurt am Main: Selbstverl. 1971; Stephen M. Poppel: Salman Schocken and the Schocken Verlag. In: LBI Yearbook vol. XVII (1972) pp. 93–113; Stephen M. Poppel: Salman Schocken and the Schocken Verlag. A Jewish Publisher in Weimar and Nazi Germany. In: Harvard Library Bulletin vol. XXI no. 1 (1973) pp. 20–49; Stephen M. Poppel: Salman Schocken und der Schocken Verlag. Ein jüdischer Verleger in der Zeit der Weimarer Republik und des Nationalsozialismus. In: Philobiblon Nr. 3 (1973) S. 231–56; Volker Dahm: Das jüdische Buch im Dritten Reich. Teil 1: Die Ausschaltung der jüdischen Autoren, Verleger und Buchhändler. Frankfurt am Main: Buchhändler-Vereinigung 1979 [Separatdruck aus: AGB Bd. 20 (1979)]. Teil 2: Salman Schocken und sein Verlag. Frankfurt am Main: Buchhändler-Vereinigung 1982 [Separatdruck aus: AGB Bd. 22 (1981)]; Dahm: Das jüdische Buch (1993); Bernhard Zeller [Hg.]: In den Katakomben: jüdische Verlage in Deutschland 1933–1938 (Marbacher Magazin. 25). [Ausst.-Kat.] Marbach am Neckar: Dt. Schillergesellschaft 1983; Schocken Books an Random House verkauft. Die bewegte Geschichte eines jüdischen Verlagshauses. In: Aufbau vom 25.9.1987 S. 10 f.; Koepke: Exilautoren und ihre Verleger (1989) S. 1432; Saskia Schreuder [Hg.]: Der Schocken Verlag / Berlin. Jüdische Selbstbehauptung in Deutschland 1931–1938. Berlin: Akademie-Verlag 1994; Anthony David: The Patron. A Life of Salman Schocken, 1877–1959. New York: Metropolitan Books 2003; Amos Elon: Salman Schocken – Eine jeckische Heldensaga. In: Gisela Dachs [Hg.]: Jüdischer Almanach des Leo-Baeck-Instituts. Die Jeckes. Frankfurt am Main 2005 S. 42–52; Fischer: Verlegeremigration nach 1933 (2002) S. 284; Saur: Deutsche Verleger im Exil (2008) S. 223 f.; Hendrik Edelman: Other Immigrant Publishers of Note in America. In: Immigrant publishers (2009) S. 201 f.; Antje Borrmann u. a. (Hg.): Konsum und Gestalt. Leben und Werk von Salman Schocken und Erich Mendelsohn vor 1933 und im Exil. Berlin: Hentrich & Hentrich 2016.

Schocken, Theodor(e) 8.10.1914 Zwickau – 20.3.1975 White Plains / NY; Verleger. Nach der Emigration seines Vaters → Salman Sch. leitete Sch. von 1933 bis zu dessen ›Arisierung‹ und Liquidierung 1938/39 das Familienunternehmen Kaufhaus Schocken AG weiter. 1935 wurde er Teilhaber des väterlichen SCHOCKEN VERLAGES. Sch. rettete sich vor der nationalsozialistischen Verfolgung 1938 zunächst nach Palästina, immigrierte aber bald darauf in die USA, wo er an der Business School der Harvard University studierte. 1941 heiratete er die aus Augsburg stammende Emigrantin Dora Landauer (1916–2005), das Ehepaar bekam drei Töchter. Von 1941 bis 1945 leistete Sch., der sich nun Theodore nannte, Militärdienst in der US-Army und war als Soldat bei Eisenhowers Invasionsarmee in Nordafrika und in Italien eingesetzt. Zusammen mit seinem Vater und seinem Bruder → Gideon Sch. gründete er 1945 den Verlag SCHOCKEN BOOKS INC. in New York, welchem er von 1946 bis 1949 und nach dem Tod seines Schwagers T. Herzl Rome, der von 1959 bis 1965 das Unternehmen führte, von 1965 bis 1975 als Präsident vorstand. Zeitweise nahm Sch. nach 1949 auch Aufgaben im Aufsichtsrat der Firma Merkur AG wahr, wie die Schocken-Kaufhäuser seit der ›Arisierung‹ im Jahr 1938 firmierten: im Zuge der Wiedergutmachung hatte die Familie Schocken 51 % des in den drei Westzonen Deutschlands befindlichen Vermögens zurückerhalten. Sch. gehörte den Aufsichtsräten des New Yorker Leo Baeck Instituts an, des Jewish Theological Seminary / NY, und des von der Familie gestifteten Schocken Institute of Jewish Research in Jerusalem.

Theodore Schocken: Schocken Books: Twenty-Five Years of Judaica Publishing in America. In: Judaica Book News (Fall / Winter 1971).

BHE 1; Verlagsveränderungen 1942–1963 S. 175; Aufbau vom 28.3.1975 S. 4; Koepke: Exilautoren und ihre Verleger (1989) S. 1432.

Schönberg, Gertrud Bertha 11.7.1898 Wien – 14.2.1967 Los Angeles; Verlegerin. Sch. geb. Kolisch war die zweite Ehefrau des Komponisten Arnold Sch. (Heirat 1924). 1925 ging sie mit ihrem Mann nach Berlin, wo er als Leiter einer Meisterklasse für Komposition und Mitglied des Senats der Akademie der Künste wirkte. Aus gesundheitlichen Gründen verbrachten die Eheleute immer wieder einige Monate am Mittelmeer; 1932 brachte Sch. in Barcelona die Tochter Nuria zur Welt. Antisemitische Anfeindungen in Berlin führten dazu, dass die Familie im Mai 1933 nach Paris ging und von dort im Oktober 1933 weiter in die USA, wo sie sich nach kürzeren Aufenthalten in Boston, New York und Chautauqua in der ›Emigrantenkolonie‹ von Los Angeles niederließ. Arnold Sch. starb am 13. Juli 1951 in seinem Haus in Brentwood Park, Los Angeles. Als die amerikanischen Copyrights für Arnold Schönbergs Werke fristgemäß erneut angemeldet werden mussten, vergab seine Witwe die Rechte nicht wieder an den ursprünglichen Verleger, sondern gründete mit ihrem Sohn Lawrence Schoenberg (geb. 1941) in den frühen 1960er Jahren in Los Angeles den Musikverlag und Musikvertrieb BELMONT MUSIC PUBLISHERS. Nach dem Tod der Mutter führte Lawrence Schoenberg den Verlag weiter.

Fetthauer: Musikverlage (2004) S. 498.

Scholem, Erich 3. 12. 1893 Berlin – 24. 2. 1965 Sydney; Verleger, Bibliophiler. Der Bruder von Gershom und → Reinhold Sch. war Teilhaber des väterlichen Druckereibetriebes und Verlages ARTHUR SCHOLEM; er engagierte sich politisch im Demokratischen Klub und, wie sein Bruder R., in den bibliophilen Kreisen Berlins, so etwa im Vorstand der Soncino-Gesellschaft der Freunde des jüdischen Buches. Bei Arthur Sch. ließen sie Gelegenheitsgaben für mehrere Bibliophilen-Gesellschaften drucken (s. Bibliographie). Erich und Reinhold Sch. gingen 1938 zusammen in die Zwangsemigration nach Australien.

Adressbuch 1931 S. 553; www.wikitree.com; Homeyer: Bibliophilen und Antiquare (1966) bes. S. 145; Gershom Scholem: Von Berlin nach Jerusalem. Jugenderinnerungen. Frankfurt am Main: Suhrkamp 1977, erw. Fassung 1994; Itta Shedletzky [Hg.]: Betty Scholem – Gershom Scholem. Mutter und Sohn im Briefwechsel 1917–1946. München: C. H. Beck 1989; Soncino – Gesellschaft der Freunde des jüdischen Buches. Ein Beitrag zur Kulturgeschichte. Hrsg. von Karin Bürger, Ines Sonder, Ursula Wallmeier. Berlin: de Gruyter 2014, passim (Bibliographie der Veröffentlichungen S. 181–214, Druckereien S. 218); Jay Howard Geller: The Scholems. A Story of the German-Jewish Bourgeoisie from Emancipation to Destruction. Ithaca, NY: Cornell University Press 2019 (Die Scholems – Eine deutsch-jüdische Familiengeschichte. Aus dem amerikanischen Englisch von Ruth Keen. Berlin: Suhrkamp Verlag 2020).

Scholem, Reinhold 8. 8. 1891 Berlin – 19. 11. 1985 Sydney; Verleger, Bibliophile. Sch. war ein Bruder des seit 1923 in Jerusalem wirkenden jüdischen Gelehrten Gerhard Gershom Sch. (1897–1982), von Werner Sch. (ermordet 1940 in Buchenwald) und von → Erich Sch., mit dem zusammen er seit 1919 Teilhaber in dem väterlichen Verlag mit Druckerei ARTHUR SCHOLEM, Berlin, Alexandrinenstraße 134, war. Sch., der sich als assimilierter Jude politisch bei der konservativen Deutschen Volkspartei engagierte, gehörte in den 1920er und 1930er Jahren zu den maßgeblichen Persönlichkeiten der Berliner Bibliophilen; er engagierte sich in der Maximilian-Gesellschaft, in der Soncino-Gesellschaft der Freunde des jüdischen Buches, dem Berliner Bibliophilen-Abend sowie bei den Bibliophilen Freunden und brachte gemeinsam mit seinem Bruder bibliophile Drucke heraus. Der Berliner Antiquar → Albert F. Zimmermann berichtet über die Sammeltätigkeit der Brüder: ›Die Druckerbrüder sammelten beide zur Geschichte des Buches, des Druckes, des Papiers und der Illustration und besaßen wertvolle Bibliotheken mit schönen Beispiel-Sammlungen, namentlich moderner Drucke. Sie waren beide

Mitglieder des ›Berliner Bibliophilen-Abends‹ und des ›Fontane-Abends‹, denen sie viele wertvolle bibliophile Gaben gestiftet haben.‹ (Homeyer S. 145). 1938 emigrierte Sch. zusammen mit seinem Bruder über Kanada nach Sydney, Australien; ein Jahr später gelang auch noch ihrer Mutter Betty (1866–1946) die Flucht nach Australien mit einer Schiffspassage über Marseille und Port Said.

Adressbuch 1931 S. 553; www.wikitree.com; Homeyer: Bibliophilen und Antiquare (1966), bes. S. 145; weitere Literatur siehe Erich Scholem.

Scholem, Theobald 2. 6. 1873 Berlin –1943 Tel Aviv; Buchdrucker, Verleger. Sch. war Inhaber der von seinem Vater 1864 gegründeten Buchdruckerei SIEGFRIED SCHOLEM, Berlin-Schöneberg, die auch als Fachverlag für Zeitschriften in Erscheinung trat. Verlagswerke waren außerdem zionistische Literatur, Judaica, hebräische Bücher. Die Unternehmensführung lag gemeinsam bei Sch. und seinem Bruder Max; die beiden waren Brüder von Arthur und Georg Sch. und Onkel von Gershom, Werner, → Reinhold und → Erich Sch. Das Unternehmen wurde am 31. März 1938 an die Fa. Max Lichtwitz verkauft; Sch. emigrierte mit seiner Frau Hedwig, geb. 1883 als Hedwig Levy, 1938 zu ihren beiden Töchtern nach Palästina, wo sie am 23. 4. 1941 eingebürgert wurden.

Adressbuch 1931 S. 553; Tentative List p. 16; www.wikitree.com; Bill Rebiger: ›Das Wesentliche spielt sich nicht auf der Leipziger Straße ab, sondern ... im Geheimen‹ – Gershom Scholem und Berlin. [online]; Schenker: Der Jüdische Verlag (2003) S. 549–93; Kühn-Ludewig: Jiddische Bücher (2008) S. 221; weitere Literatur siehe Erich Scholem.

Schreiber, Fred Geb. 24. 11. 1935 in Berlin; Antiquar; PhD. Sch. ist Exponent der ›zweiten Emigrantengeneration‹: er verließ Deutschland bald nach der ›Reichspogromnacht‹, als 3-jähriger, und wuchs in Frankreich auf. Wie viele andere jüdische Kinder wurde auch er von seinen Eltern getrennt und an verschiedenen Orten unter einer falschen Identität versteckt gehalten; nach dem Krieg war er wieder mit seinen Eltern vereint. Mit vierzehn Jahren verließ Sch. die Schule und machte in Paris eine Schneiderlehre. 1953 ging Sch. in die USA und verdiente sich in den folgenden sieben Jahren seinen Lebensunterhalt in der Versandabteilung einer Uhrenimportfirma in New York; in seiner Freizeit erwarb er sich enorme Lektürekenntnisse und besuchte in den Abendstunden eine High School. Danach studierte Sch. an der Harvard University und erlangte den PhD in Klassischer Philologie. Im Laufe seines Studiums vertiefte er seine Kenntnisse alter Handschriften und Drucke u. a. auch mit dem Studium von Antiquariatskatalogen von → William und Marianne Salloch, → Otto Ranschburg, → Bernard Rosenthal und besuchte häufig Antiquariate, etwa das Geschäft von → Walter Schatzki. Nach Beendigung seines Studiums begann Sch. eine Hochschullaufbahn, die er aber nach acht Jahren, ermuntert und unterstützt von seiner Frau Ellen, die in der Katalogabteilung der Widener Library, Harvard, arbeitete, für eine Tätigkeit als Antiquar eintauschte. Zusammen gründete das Ehepaar 1971 in New York E. K. SCHREIBER Rare Books; seine erste Verkaufsliste mit Titeln aus dem Gebiet der klassischen Philologie brachte Sch. in Kontakt zu → Emil Offenbacher. In der Zwischenzeit amerikanischer Staatsbürger, spezialisierte sich Sch. auf *pre-1700 Continental Books*, zunächst insbesondere auf das Sammeln von Werken der Genfer Druckerdynastie Estienne aus dem 15./16. Jahrhundert: Sein 1982 erschienener Katalog mit 300 Objekten wurde en bloc von der University of North Carolina, Chapel Hill, erworben. Sch.'s erudiert kommentierter Katalog zu den Drucken Simon de Colines (*S. d. C. An annotated catalogue of 230 Examples of His Press 1520–1546*, 1995; die Sammlung wurde von der Brigham Young University erworben) wurde für die Forschung und als Referenzwerk ebenso unverzichtbar wie jener zu der von ihm zusammengetragenen und 1995 an die Beinecke Library, Yale, verkauften Sebastian Gryphius Collection. Das Antiquariat E. K. Schreiber bietet heute (2020) unter der Geschäftsadresse 285 Central Park West, New York, seine Dienste an mit den Schwerpunkten *Early Printed Continental Books, Renaissance Humanism, Early and Important Editions of the Greek & Latin Classics, Early Illustrated Books, Emblem Books, Early Bibles*.

Fred Schreiber: New Beginnings: How and Why I Became an Antiquarian Bookseller. In: ABAA Newsletter vol. 8 no. 1 (1996) pp. 1, 14–18; ders.: My Life With Books: How One Thing Leads to Another [online].

Mailkorrespondenz Sch. mit EF im September 2010; E. K. Schreiber – Firmenhomepage (www.ekslibris.com).

Schreiber, Ida 11. 3. 1899 Wien – 1979 Jerusalem; Verlagsmitarbeiterin, Literaturagentin. Die Tochter des Frauenarztes Dr. Joseph Ornstein trat 1926 in den Wiener ZSOLNAY VERLAG ein und arbeitete dort über zehn Jahre lang zunächst als Sekretärin, später als Prokuristin und Lektorin. Nach ihrer Heirat mit dem Augenarzt Dr. Jacob Landau (1894–1974) verließ sie 1936 den Verlag und ging mit ihrem Mann nach Cernauti (Czernowitz), wo sie eine Literaturagentur betrieb. Dort erlebten sie 1940 die russische Besetzung, gerieten aber 1941, als die Rumänen zurückkehrten, in Lebensgefahr, als sie in ein Ghetto verbracht wurden: die meisten ihrer Schicksalsgefährten wurden in das KZ Transnistria überstellt und vernichtet. Im März 1944 gelang der Familie (1938 war der Sohn Emmanuel zur Welt gekommen) die abenteuerliche Flucht über Konstantinopel nach Palästina. Dr. Jacob Landau wurde Professor für Augenheilkunde an der Hebrew University in Jerusalem.

Murray G. Hall: Der Paul Zsolnay Verlag. Von der Gründung bis zur Rückkehr aus dem Exil (Studien und Texte zur Sozialgeschichte der Literatur. 45). Tübingen: Niemeyer 1994 S. 284 f.

Schreyer, Oscar 21. 5. 1905 Dresden – 2. 9. 2001 New York; Jurist, Unternehmer, Antiquar. Sch. betrieb erst ab den 1970er Jahren Handel mit antiquarischen Büchern und Autographen von seinem Apartment in der Upper East Side, 230 E 79th Street. Er war im Frühjahr 1939 mit seiner Frau Greta (1917–2005) als Naziflüchtling nach New York gekommen. Seine Kindheit und Jugend hatte Sch. in Wien verbracht, wohin sein Vater, der Postkartenverleger Erwin Sch., während des Ersten Weltkriegs von der russischen Front in ein Krankenhaus eingeliefert worden war. Die Familie blieb nach 1918 in Wien, wo Sch. bis zum Abitur, das er 1924 ablegte, das Sophiengymnasium besuchte; schon als Schüler zeigte Sch. Interesse an historischen Studien und arbeitete als Volontär bei Jakob Bronner, dem damaligen Direktor des Wiener Jüdischen Museums. Später erledigte er als Praktikant Katalogarbeiten in der Österreichischen Nationalbibliothek, wo er von Otto Brechler, dem späteren Direktor der Handschriftenabteilung, und von Othmar Doublier, der Sch. in die Wiener Bibliophilen-Gesellschaft einführte, gefördert wurde. Sch. studierte bis 1928 Jura an der Universität Wien, arbeitete gelegentlich als Verfasser kleinerer Zeitungsartikel und machte 1925 eine drei Monate dauernde Reise in den Nahen Osten. Aufgrund der schwer zu finanzierenden Zeit als Rechtsanwärter versuchte sich Sch. als Journalist. In Wien machte er Bekanntschaft mit Billy Wilder, der damals für die Wiener Boulevardzeitung *Die Stunde* arbeitete, und fasste 1929 den Entschluss, wie dieser nach Berlin zu gehen. Dort fand er eine Anstellung in der Rechtsabteilung einer Hypotheken- und Immobilienanstalt in der Tauentzienstraße und trat in eine Freimaurerloge ein. Die NS-›Machtergreifung‹ beendete alle weiteren Berufspläne; da es ihm als Jude nicht länger möglich war, in Deutschland als Jurist zu arbeiten, kehrte Sch. nach Österreich zurück und betrieb dort mit seiner Verlobten Greta, der Tochter eines Wiener Goldschmieds, Pläne für die Emigration in die USA. Über Köln, Aachen und das damalige Saarlautern gelangten sie im September 1938 illegal über die französische Grenze nach Paris. Dort konnte das Paar mit Hilfe des Chefs der Einwandererbehörde, der auch ein Freimaurer war, die Zeit abwarten, bis es im Februar 1939 die amerikanischen Visa erhielt. Am 8. März 1939 kam Sch. mit seiner Verlobten in New York an und heiratete sie noch am selben Tag. Erneut versuchte Sch. als Journalist Geld zu verdienen, orientierte sich aber bald um und gründete einen Postkartenverlag, der allerdings nach sechs Monaten wegen mangelnden Betriebskapitals geschlossen werden musste. Ungleich mehr unternehmerischen Erfolg hatte Sch.'s Frau, die Modeaccessoires anfertigte: die Oscar Schreyer Co. produzierte und vertrieb die begehrten Artikel bald als mittelständisches Unternehmen. So wie seine Frau, die spät eine eigenständige Karriere als Malerin machte, widmete sich Sch. im fortgeschrittenen Alter dem Antiquariatsgeschäft: Mit beinahe siebzig Jahren fing er an, Portugiesisch zu lernen und spezialisierte sich – neben Medizin und Psychologie – auf portugiesische Bücher und Autographen. Sch.'s Namen tragen seine Schenkungen an das Center for Holocaust Studies (The Oscar Schreyer File) und an die New York Public Library; der Nachlass von Greta Loebl Sch. (1917 – 3. Oktober 2005) befindet sich ebenso wie die Niederschrift von Sch.'s Lebensbericht im Center for Jewish History, New York.

Oscar Schreyer: From Vienna to New York. A Memoir 1905–1993. Aufgezeichnet von Brigitta Boveland [online].

Schroeder, Max 16. 4. 1900 Lübeck –14. 1. 1958 Berlin; Publizist, Verlagslektor. Sch. studierte bis 1923 Kunstgeschichte in Rostock, Freiburg, München und Göttingen; danach betätigte er sich als Publizist. Sch., der seit 1932 KPD-Mitglied war, emigrierte 1933 nach Frankreich, dort wirkte er am *Braunbuch über Reichstagsbrand und Hitlerterror* (Basel 1933) mit, war Sekretär des Schutzverbands deutscher Schriftsteller im Exil und Mitarbeiter der Deutschen Freiheitsbibliothek. 1939 wurde er in Les Milles interniert, später in Marokko; nach seiner Freilassung emigrierte er 1941 in die USA. Dort wurde er stellvertretender Chefredakteur von *The German American*. 1946 kehrte Sch. nach Deutschland in die SBZ zurück; in der DDR wurde er Mitglied der SED. Er arbeitete zunächst als Literaturkritiker des *Neuen Deutschland* und des *Sonntag*, von 1947 bis 1957 war er Cheflektor des AUFBAU VERLAGES Berlin; auch betätigte er sich wieder als Theaterkritiker und Essayist. Sch.'s Nachlass befindet sich in der Akademie der Künste in Berlin.

BHE 1; DBE; Günter Albrecht [Hg.]: Schriftsteller der DDR. Leipzig: Bibliographisches Institut 1974.

Schütz, Jakob 19. 9. 1881 Tomaszow / Polen – in Auschwitz ermordet; Buchhändler. Sch. stammte aus Russland und war 1913 nach Leipzig gekommen. Er übernahm Mitte der 1920er Jahre die Hebräische Buchhandlung GESCHWISTER BECKER von Emma Becker und betrieb die Hebräische Buchhandlung BECKER & SCHÜTZ bis 1938. Den Nachforschungen der Universitätsbibliothek Leipzig zufolge emigrierte er 1939 zusammen mit seiner Frau Chaja geb. Sofer nach Belgien, von wo sie am 15. 1. 1943 in das Vernichtungslager Auschwitz-Birkenau deportiert wurden.

Grit Nitzsche: Die Suche nach unrechtmäßig entzogenen Büchern, insbesondere aus jüdischem Besitz, in der Universitätsbibliothek Leipzig. In: Gibas: ›Arisierung‹ in Leipzig (2007) S. 152–216, hier S. 159 f.; The Central Database of Shoah Victim's Names [online].

Schultz, Heinz K. A. 11. 11. 1903 Berlin – 5. 9. 1954 Shannon, Irland; Buchhändler. Sch. war seit Mitte der 1920er Jahre wie → Curt Valentin und → Otto Wittenborn ein enger Mitarbeiter in → Karl Buchholz' Berliner Kunstbuchhandlung und Galerie. Als der Druck nationalsozialistischer Behörden auf die jüdischen Angestellten immer größer wurde, gründete Buchholz in New York im März 1937 die BUCHHOLZ GALLERY, deren Leitung Valentin übernahm. Gleichzeitig mit Valentin ist auch Sch., der keinen ›Ariernachweis‹ erbringen konnte, über London in die USA emigriert (Ankunft 28. 8. 1938 in New York), und wurde zunächst Mitarbeiter der Buchholz Gallery. Als Wittenborn aus Paris in die USA weiteremigriert war, taten sich beide 1941 zusammen zur Kunstbuchhandlung WITTENBORN & SCHULTZ, E 57th Street; die bestens sortierte Buchhandlung wurde zu einem Treffpunkt Intellektueller und Künstler, insbeonders emigrierter Expressionisten und Surrealisten. Daneben blieb Sch. als selbständiger Kunsthändler tätig; u. a. vermittelte er Werke Paul Klees an amerikanische Sammler. Sch. kam bei einem Flugzeugabsturz in Irland ums Leben. Seine Witwe Greta (Margarete) Sch. setzte sein Werk als Kunsthändlerin zusammen mit der New Yorker Galeristin Grace Borgenicht Brandt fort; u. a. organisierte sie Ausstellungen mit Werken deutscher Expressionisten und mehrere Ausstellungen mit Werken Max Beckmanns.

George Wittenborn, Inc. Papers (1930–1982). The Museum of Modern Art – Museum Archives. NY; Günter Herzog: Aus dem Zentralarchiv des deutschen Kunsthandels: 1937 – Schicksalsjahr des deutschen Kunsthandels. FAZ vom 27. 9. 2007; Godula Buchholz: Karl Buchholz. Buch- und Kunsthändler im 20. Jahrhundert. Sein Leben und seine Buchhandlungen und Galerien Berlin, New York, Bukarest, Lissabon, Madrid, Bogotá. Köln: Dumont 2005 bes. S. 26.

Schusdek (nach ca. 1950: Schustek), Karl 27. 8. 1894 –1973 Kilchberg / CH; Verleger, Versandbuchhändler. Sch. begann nach der Matura im Wintersemester 1913/14 ein Studium der Rechtswissenschaften an der Universität Wien, wurde aber gleich nach Ausbruch des Ersten Weltkriegs zum Militärdienst eingezogen und kam erst nach Kriegsende von der Front zurück. Motiviert von dem Gedanken, sich der Verbreitung populär geschriebener Bücher zu widmen, gründete er einen Verlag mit Versandbuchhandlung, der zunächst im V. Bezirk angesiedelt war. Das Fundament dürfte der Versandhandel gewesen sein, 1921 bis 1925 trat Sch. aber auch verlegerisch hervor. In diesen Jahren erschien rund ein Dutzend Titel, darunter das sich volksaufklärererisch gebende Werk von Joseph Carl Schlegel *Die Hygiene der Ehe. Der Weg zu Liebes- und Eheglück*, das sich als Bestseller erwies. Daneben brachte er aber auch mehrere Bücher im Bereich der erotischen Literatur heraus. Seit Mitte der 1920er Jahre hat sich Sch. schließlich ganz auf den Versandbuchhandel konzentriert, was auch die Herausgabe einer Kundenzeitschrift dokumentiert: *Schusdeks Magazin* erschien zwischen 1927 und 1930. Am Beginn der 1930er Jahre ist er im *Adressbuch* nunmehr mit einer Anschrift in der Innenstadt (I, Hohenstaufengasse 12) eingetragen. Nach dem ›Anschluss‹ Österreichs musste Sch. aufgrund seiner jüdischen Herkunft seine Firma schließen, er selbst wurde in einem österreichischen Konzentrationslager in ›Schutzhaft‹ genommen, konnte aber nach einem halben Jahr fliehen und schlug sich auf den Balkan und von dort bis nach Indien durch. Nach Ende des Zweiten Weltkriegs remigrierte Sch. nach Mitteleuropa; nach Aufenthalten in Österreich und der Schweiz kam er 1950 nach Lindau am Bodensee, wo er Mitinhaber der RUDOLPH'SCHEN VERLAGSBUCHHANDLUNG wurde und sich eine neue Existenz aufzubauen suchte. Er knüpfte dabei direkt an das Wiener Verlagsprogramm an, indem er – wie schon 1929 – das *Kamasutram* in zwei Bänden unter dem Titel *Liebe im Orient* neu herausbrachte. Sch. verkaufte davon rund 3800 Exemplare, bis 1959 die Beschlagnahme und die Anklage wegen Verbreitung unzüchtiger Schriften erfolgte. Zwar wurde er in erster Instanz vom Lindauer Amtsgericht freigesprochen, da der Staatsanwalt aber Beschwerde eingelegt hatte, kam es zu erneuter Beschlagnahme und 1963 zu einem Berufungsverfahren, das bundesweit Aufsehen erregte. 1967 geriet der damals bereits 73-jährige Sch. erneut in Schwierigkeiten, als die Bundesprüfstelle für jugendgefährdende Schriften gegen Bücher aus seinem Verlag einschritt. In diesem Jahr verkauften Sch. und seine Frau Elise die Rudolph'sche Verlagsbuchhandlung und den mittlerweile angeschlossenen Buchversand Gutenberg an die Hermann Bauer KG und zogen von Lindau um nach Hanau, um dort einen Karl Schustek Verlag zu gründen. Im Verlagsprogramm blieb Sch. seiner bisherigen Linie treu und brachte wieder schwerpunktmäßig erotische und sexualwissenschaftliche Literatur, wie de Sades *Die hundertzwanzig Tage von Sodom*, Magnus Hirschfelds *Sittengeschichte des 20. Jahrhunderts* in drei Bänden oder Friedrich S. Krauss' *Japanisches Geschlechtsleben*. Nach Indizierung einiger Titel und dem Tod der Ehefrau zog sich Sch. bereits 1970 aus dem Geschäftsleben zurück und lebte bis zu seinem Tod 1973 in einem Sanatorium in Kilchberg in der Schweiz.

Schustek, Karl: Indische Liebeskunst obszön? Ein Verleger wird gejagt. Hanau: Verlag Karl Schustek 1963.

HA/DNB Archiv Karl Schustek (Sign. HA/BV 53); Hall: Österr. Verlagsgeschichte I (1985) S. 426; Hall: Österr. Verlagsgeschichte II (1985) S. 306, 373–75; Werner Häusler: Verleger spricht von Jagd auf Juden. Tiefe Kluft zwischen indischer und bayrischer [!] Moral. In: Die Welt vom 20.8.1963; Trübe Quelle. In: Der Spiegel Nr. 21 (1967) [online]; Werner Kurz: Feine Herren, schräge Vögel und andere Hanauer aus den letzten 150 Jahren. Hanau: Hanauer Geschichtsverein 2010, S. 92–105; Hermann Staub: Indische Liebeskunst obszön? Karl Schustek verlegt das Kamasutram. In: Der erotisch-pornographische Buchmarkt. Hg. von Christine Haug, Johannes Frimmel und Anke Vogel. (Buchwissenschaftliche Beiträge 88). Wiesbaden: Harrassowitz 2015 S. 183–206.

Schuster, Alfred Bernhard 14.9.1881 Frankfurt am Main; Verleger. Sch. besuchte in seiner Geburtsstadt Frankfurt das Goethe-Gymnasium und legte dort 1899 sein Abitur ab. Er studierte an den Universitäten München und Berlin und nahm 1923 eine Stelle im Berliner Verlag für Literatur und Kunst JULIUS BARD an. Vor seiner Emigration aus Hitlerdeutschland war Sch. Direktor der 1920 in Berlin gegründeten und dort ansässigen FRANKFURTER VERLAGS-ANSTALT AG und Geschäftsführer des Verlages für Literatur und Kunst Julius Bard; die Frankfurter Verlags-Anstalt musste 1934 ihre Tätigkeit einstellen. Sch. flüchtete nach Frankreich; nach der Inhaftierung in einem französischen Lager 1940 gelang ihm die Emigration in die USA, wo er seinen Wohnsitz in New York, 73–74 Austin Street, Forest Hills, nahm.

Adressbuch 1931 S. 31, 186; Verlagsveränderungen 1942–1963 S. 67; Deutscher Wirtschaftsführer (1929); Mopsa Sternheim [Hg.]: Gottfried Benn – Thea Sternheim: Briefwechsel und Aufzeichnungen. Göttingen: Wallstein 2004 S. 443.

Schuster, Rolf Buchhändler, Verleger. Sch. kam nach dem Zweiten Weltkrieg von Südamerika / Argentinien nach Palästina, war zunächst in der Buchimport- und Pressegrosso-Firma HERZFELDER tätig und gründete später zusammen mit → Erich Hecht in Tel Aviv ein bis ca. 1980 bestehendes gemeinsames Unternehmen COSMOPOLITE LTD. (57 Yehuda Halevi Street), das sich auf den Import von Kunstbüchern und Kunstdrucken besonders aus dem deutschsprachigen Raum spezialisierte. Sch. war gelegentlich auch verlegerisch tätig; noch 1987 erschien L. F. Tobys *Art of Hebrew Lettering* unter seinem Namen.

Blumenfeld: Ergänzungen (1993); Israel Book Trade Directory 1975; Zadek: Buchhändler I (1971) S. 2908.

Schuyler, Gerda H. [Hecht] 17. 1. 1914 Berlin – 29. 11. 2003 Bronx, NY; Buchhändlerin. Sch. absolvierte eine Lehre im Buchhandel und im Antiquariat → Martin Breslauer in Berlin. Am Jahresende 1935 entlassen, emigrierte sie im Januar 1936 in die USA; ihre Eltern starben im Holocaust. In New York war sie in der Buchhandlung Weyhe tätig und auch kurze Zeit bei → Walter Schatzki. 1942 schloss sie die Ehe mit dem ebenfalls aus Deutschland stammenden Paul Schuyler (1905–2006); 1943 nahm sie die amerikanische Staatsbürgerschaft an.

Gerda H. Schuyler: Erinnerungen an meine Lehrzeit in Berlin. In: Bbl. (Ffm) Nr. 9 vom 31. 1. 1975 S. A 79–81. Gespräch UB mit Barbara Schatzki; https://www.stolpersteine-berlin.de/en/biografie/1775.

Schwab, Federico 23. 5. 1902 Amberg – 24. 12. 1986 Lima, Peru; Buchhändler, Bibliograph, Übersetzer. Sch., der in München und, nach einer großen Orientreise, 1924–1925 in Berlin Anthropologie studierte, nahm 1926 seine Reisetätigkeit wieder auf, die in diesmal nach Südamerika führte. Nach Aufenthalten in verschiedenen Ländern ließ er sich in Peru nieder und identifizierte sich völlig mit dem Land und seiner Kultur, wurde auch bald naturalisiert und war seit 1934 in Lima als Mitarbeiter der Nationalbibliothek, später als Direktor des Archivo histórico des Archivo Nacional tätig. Er hat sich als Übersetzer und vor allem als Bibliograph einen Namen gemacht, u. a. mit der *Bibliografía etnológica de la Amazonía Peruana 1542–1942* (1942) oder mit *Los almanaquos peruanos 1680–1874* (1948). Gemeinsam mit dem Komponisten Enrique Iturriaga (der aber nach einiger Zeit aus dem Unternehmen ausschied), gründete er am 27. 2. 1948 die Exportbuchhandlung E. ITURRIAGA Y CÍA SAC., die sich zu einer bedeutenden Plattform des kulturellen Austausches entwickelte. Howard Karno, der in den USA viel für die Verbreitung lateinamerikanischer Literatur leistete, hat Sch. wie folgt charakterisiert: ›his efficiency, reliability and honesty, deservedly earned for his firm the utmost respect from librarians, book dealers and collectors.‹ Die Firma Iturriaga wurde nach Sch.s Tod von Roberto Vergaray weitergeführt.

Estuardo Núñez: Federido(!) Schwab, Bibliógrafo, traductor ejemplar y peruanista insigne [online]. Vergaray, Roberto: Federico Schwab en el Perú. In: Graham, Pamela M. (Hg.): Migrations and connections. Latin America and Europe in the Modern World. Papers of the Fifty-fourth Annual Meeting of the Seminar on the Acquisition of Latin American Library Materials, Berlin,

Germany, July 3–8, 2009. New Orleans, LA u. a. 2012 S. 166–174 [auch online]; Howard Karno: Federico Schwab: An Appreciation [nicht ermittelt].

Schwabach, Erik-Ernst 24. 1. 1891 Kronstadt / Siebenbürgen – 4. 4. 1938 London; Schriftsteller, Mäzen, Verlagsgründer. Der aus einer Bankiersfamilie stammende Sch. ist, selbst literarisch tätig, in erster Linie als Freund zahlreicher Schriftsteller und als Literaturmäzen bekannt, er verdient aber auch Erwähnung als Mitfinancier des TEMPELVERLAGS, als Bücher- und Kunstsammler, vor allem aber als Gründer des Verlags der expressionistischen Zeitschrift *Die Weissen Blätter* bzw. des VERLAGS DER WEISSEN BÜCHER, als der er 1917 von Kurt Wolff erworben und weitergeführt worden ist. Generell hat er den Verleger Kurt Wolff in einer Vielzahl von Unternehmungen unterstützt. Er selbst hat sich in den 1920er Jahren und auch im englischen Exil, in welchem er verarmt als Drehbuchautor starb, nicht mehr in diesem Feld betätigt.

Peter Widlok: Erik-Ernst Schwabach (1891–1938). Verleger, Autor und Mäzen des Expressionismus.

Schwarz, Kurt L. 5. 4. 1909 Wien – 10. 7. 1983 Los Angeles / CA; Antiquar; Dr. phil. Sch. war Sohn des bedeutenden Wiener Antiquars (und Mediziners) Dr. Ignaz Sch., der bei GILHOFER & RANSCHBURG (→ Otto Ranschburg) gearbeitet und 1917 in Wien I, Habsburgergasse 3 ein eigenes Geschäft eröffnet hatte, das nach seinem Tod 1925 zunächst von seiner Witwe Margarete (geb. 27. September 1875 in Wien) weitergeführt wurde. Sch. studierte Kunstgeschichte in Wien und promovierte 1932 mit einer Arbeit über Daniel Gran. Schon seit 1927 arbeitete er jedoch auch im Betrieb mit. 1932 wurde die Firma DR. IGNAZ SCHWARZ an die Adresse Tuchlauben 11 verlegt, 1936 wurde Sch. die Einzelprokura erteilt. Mit dem ›Anschluss‹ Österreichs an das Deutsche Reich im März 1938 war eine Weiterführung der Geschäftstätigkeit in Wien unmöglich geworden. Während sich Sch. ins Ausland retten konnte, blieb seine Mutter in Wien, um die geschäftlichen Angelegenheiten zu regeln; sie fiel 1942 dem Holocaust zum Opfer. Im August 1938 wurde Karl Münch zum kommissarischen Verwalter der Wiener Firma mit alleiniger Vertretungs- und Zeichnungsbefugnis bestellt, bereits im Dezember jedoch wieder seiner Stellung enthoben und durch Hanns Paulusch (1901–1989) ersetzt, der bereits 1918/19 bei Ignaz Sch. als Buchhandlungsgehilfe, danach als Angestellter im Auktionsbereich (bes. Versteigerung der Viennensia-Sammlung von Georg Eckl 1926/27) und 1925 bis 1928 als Geschäftsführer tätig gewesen war. Paulusch verband sich Ende 1940 mit Hans v. Bourcy, der die Firma GEORG LICHTENBERG in der Jordangasse übernommen hatte, und gründete mit ihm durch Zusammenlegung beider Geschäfte in der Wipplingerstraße 5 die (bis 2012 bestehende) Firma BOURCY & PAULUSCH. Das Antiquariat Ignaz Schwarz wurde im Januar 1944 aus dem Handelsregister gelöscht. Nach dem Krieg, 1951, war die ›Arisierung‹ des Antiquariats Ignaz Schwarz Gegenstand einer für Sch. erfolgreichen gerichtlichen Klage. Sch. war noch am Tag von Hitlers Einmarsch in Österreich aus Wien geflüchtet und, durch rasche Umbuchung einer geplanten Budapest-Reise, über Zürich nach Paris und später nach London gelangt, wo er sich als Bücheragent und Gelegenheitsantiquar betätigte. 1940 verließ er Europa; da sein Visum für die USA nicht rechtzeitig eintraf, ging er über Kanada und Tokio nach Shanghai (dem einzigen Fluchtort, für den man kein Visum benötigte) und nahm dort zunächst eine Stelle als Bibliothekar in der Royal Asiatic

Society an. Nach der Konfiszierung der Bibliothek durch die Japaner 1942 arbeitete er ein Jahr in der Stadtverwaltung und anschließend als Englisch- und Literaturlehrer an der St. John's University. Parallel dazu betrieb er mit → Heinz-Egon Heinemann den WESTERN ARTS GALLERY BOOKSHOP, der hauptsächlich die europäischen Emigranten mit Büchern versorgte und zu diesem Zweck drei Kataloge herausbrachte. In Shanghai traf er die ebenfalls aus Wien stammende, über Frankreich und Hong Kong hierher geflüchtete Martha Salzer, die er 1943 heiratete; dort kam auch 1945 ihr Sohn Thomas zur Welt (die Tochter Pat wurde 1951 in Los Angeles geboren). 1947 siedelte Sch. mit seiner Familie nach Kalifornien über (Ankunft in San Francisco am 10. August 1947). In Beverly Hills, wo sie bei Verwandten seiner Frau lebten, etablierte er sich sofort mit der Gründung des Antiquariats KURT L. SCHWARZ ANTIQUARIAN BOOKS mit den Spezialgebieten Kunst und Musik und teilte dort eine Zeit lang – bei getrennter Buchführung – die Geschäftsräume mit → Ernst E. Gottlieb; 1957 zog er nach Westwood in die South Bristol Avenue, von wo aus er seither – stets ohne Ladengeschäft – arbeitete. Sch. brachte zwischen 1948 und 1983 insgesamt 144 Kataloge heraus, mit einer breit gestreuten Themenpalette, die von Frühdrucken und Illustrierten Büchern über Orientalia bis hin zu Werken der Kunstgeschichte reicht. Der Kundenkreis rekrutierte sich – anders als dies in Wien der Fall war – fast zur Gänze aus institutionellen Abnehmern, die von Sch. regelmäßig besucht wurden. Das Antiquariat importierte auch ausgesuchte Kunstbücher aus Europa und belieferte Universitäten, Colleges und größere öffentliche Bibliotheken mit einem Bookmobile (gefahren von dem holländischen Emigranten Rudolph Stueck). Geschäftliche Höhepunkte bildeten der Aufbau einer großen Spinoza-Bibliothek aus holländischen Beständen für die UCLA im Jahre 1950 und die Kompilation der Koch Library für Deutsche Literatur an der Universität in Edwardsville / IL (1962). Sch. zählte zu den ersten Mitgliedern der Antiquarian Booksellers' Association of America (ABAA) und gründete gemeinsam mit Glen Dawson und Louis Epstein deren kalifornische Sektion, auch war er zweimal deren Präsident. 1968 erlitt er einen schweren Schlaganfall, führte aber das Geschäft trotz schwierigster Umstände bis zu seinem Tod 1983 fort. Seine Frau Martha war, nachdem sie zuvor einen Kindergarten aufgebaut hatte, seit 1962 im Antiquariat tätig und dort u. a. für die Ausführung der *standing orders* zuständig; sie und Sohn Thomas F. Sch., der bereits 1969 bis 1976 mitgearbeitet hatte, führten nach dem Tod Sch.'s das Geschäft weiter. Heute (2010) besitzt Thomas F. Sch., der in Berkeley ein Geschichtsstudium absolviert hat, ein Spezialantiquariat für *fine prints* und Kunstgeschichte (Schwerpunkte Russische Avantgarde, Architektur, Design) in Mill Valley / CA.

Interview von UB mit Martha Sch. am 10.1.1995 in Los Angeles; Rosenthal-Fragebogen; Dickinson: Dictionary (1998) p. 200; Hans Koch: Lebensbilder deutscher Antiquare: Ignaz Schwarz. In: Bbl. (FfM) Nr. 101 vom 19.12.1950 S. A1021; [Vorwort]. In: Katalog 100 Antiquariat Kurt L. Schwarz, 1966; Dr. Ignaz und Grete Schwarz. In: Bbl. (FfM) Nr. 93 vom 22.11.1966 S. 2476; Interview von David W. Davies mit Kurt L. Schwarz, am 29.3.1972 in Los Angeles (Oral History Program, Claremont Graduate School 1972); Christian Nebehay: Kurt L. Schwarz † In: Anzeiger für den Österreichischen Antiquariatsbuchhandel (1983); Robin Myers: Kurt Schwarz – A Tribute. In: The Professional Rare Bookseller no. 6 (1983) pp. 51–53; Winifred A. Myers: Obituary Kurt Schwarz. In: ABAA Newsletter no. 116 (Sept. 1983); Wendland: Kunsthistoriker im Exil (1999). Bd. 1; Hupfer: Antiquarischer Buchhandel (2003) S. 242 f.; Bach, Fischer: Antiquare (2005) S. 345 f.

Schwarz, Robert 6.9.1884 Mährisch-Ostrau – 25.6.1961 Hollywood / CA; Verleger; Ing. Sch. war jüdischer Herkunft; er schloss sein Studium in Wien mit dem Ingenieursdiplom ab und gründete als internationaler Experte für Montanwesen und Ölindustrie den VERLAG FÜR FACHLITERATUR GMBH in Berlin, Courbièrestr., mit Zweigniederlassung in Wien XIX, Vegagasse 4. Bis zu seiner Emigration 1938 in die USA war Sch. Vizepräsident des österreichischen Verlegerverbands in Wien.
    BHE 1; Adressbuch 1931 S. 650.

Schwarzwälder, Suse Beate Geb. 20.5.1926 Heilbronn; Buchhandelsangestellte; Sch. kam am 5. Januar 1939 als jüdisches Waisenkind mit einem Kindertransport nach England. Zunächst von einer jüdischen Familie in Nottingham aufgenommen, ging sie bis 1940 zur Schule und verdingte sich danach in Birmingham als Kindermädchen. Später war sie in London Mitarbeiterin in einer Buchhandlung; nach ihrer Heirat führte sie den Familiennamen Suse Beate Underwood.
    Online Database of British Archival Resources relating to German-Jewish Refugees 1933–1950 (BARGE) [online].

Seidl, Zita (Elisabeth) 11.10.1933 Wien; Buchhändlerin; Dr. phil. S. ist die Tochter der Wiener Buchhändlerin → Grete Günther. Sie emigrierte im Kindesalter mit ihren Eltern im Mai 1939 zunächst über die Schweiz nach Frankreich, wo sie in Nizza die Volksschule besuchte. Zu Beginn des Jahres 1942 gelang der Familie die Weiterflucht in die Vereinigten Staaten, wo der Vater → Otto Günther in New York als Publizist tätig wurde und S. die Cathedral High School besuchte. Im August 1950 kehrte die Familie, deren Bemühungen um Restitution der bis zur ›Arisierung‹ im Familienbesitz befindlichen Wiener Buchhandlung KUPPITSCH 1948 Erfolg hatten, nach Österreich zurück. S. studierte an der Universität Wien Publizistik und Anglistik und promovierte im Mai 1955. Nach dem Tod der Mutter wurde S. 1956 Gesellschafterin der Buchhandlung, zwei Jahre später auch ihre Schwester Monika Günther verh. → Beer. Der Anteil des Vaters, der seit 1950 für die Buchhandlung Prokura hatte und seit 1956 als persönlich haftender Gesellschafter firmierte, wurde nach dessen Tod seinen beiden Töchtern übertragen und die Firma in eine OHG umgewandelt. S. führte bis 1992 gemeinsam mit ihrer Schwester die Geschäfte, in diesem Jahr trat mit Andreas Beer (bis 2000) und Norbert Seidl die nächste Generation als Gesellschafter in die Buchhandlung ein. Nach Norbert Seidls überraschendem Tod am 1.8.2007 übernahmen dessen Geschwister Martin und Elisabeth S. die Leitung der in prominenter Wiener Innenstadtlage und Universitätsnähe gelegenen Sortimentsbuchhandlung, die 2019 – nach 230 Jahren in Privatbesitz – von einer großen Buchhandelskette übernommen wurde.
    Hupfer: Antiquarischer Buchhandel (2003) S. 54–58; Anzeiger – Das Magazin für die österreichische Buchbranche Nr. 4 (2007) S. 6 f.; ibidem Nr. 8 (2007) S. 33 [Todesanzeige Norbert Seidl]; Vielleicht war sogar Goethe hier. In: Der Standard vom 5.9.2009, Album A 11; Korrespondenz CF mit Elisabeth M. Seidl, 22.9.2009 und 13.10.2009.

Seligmann, Ernest ca. 1895 – Ende Oktober 1975 London (Verkehrsunfall); Antiquar. S. betrieb mit dem Schwerpunkt Kunstliteratur und Graphik eine kleine Antiquariatsbuchhandlung in München in der Theresienstraße 66, wo er bereits einen Kreis von Kennern durch seinen Sinn für Qualität und für das Besondere an sein Geschäft binden konnte. Er war auch Mitglied des Vereins der Deutschen Antiquariats- und Exportbuchhändler. Als die Situation in München nach der NS-›Machtergreifung‹ bedrohlich wurde, schloss er den Laden und ging 1936 nach London, um sich hier, allein auf sein Wissen und Knowhow (und seine guten Sprachkenntnisse) aufbauend, neu zu etablieren. Er mietete 1938 ein winziges Ladengeschäft an prominenter Stelle, in 25 Cecil Court (ein Durchgang zwischen der Buchhändlerstraße Charing Cross Road und St Martin's Lane). Mit seinem relativ kleinen, aber viele Seltenheiten enthaltenden Angebot von Büchern und alten Drucken fand er bald viel Beachtung beim bibliophilen Publikum. Ein thematischer Schwerpunkt bildete sich in der Kunstliteratur heraus, unter Einschluss von Architektur; hier galt S. vielen als absolute Autorität. In den letzten Kriegsjahren half ein junger Assistent im Laden, der spätere Bibliothekar und Sammlungskurator Keith Andrews. Zu S.'s Kundenkreis gehörten viele Individualisten und manche Exzentriker, die S. stets mit großer Höflichkeit und trockenem Humor zu behandeln wusste; jungen und weniger bemittelten Sammlern gegenüber zeigte er besonderes Entgegenkommen. In seinen dicht bestückten kleinen Laden kamen auch Kunden aus den Vereinigten Staaten, wie umgekehrt auch S. gelegentlich Einkaufsfahrten nach Amerika unternahm. S. hatte eine angegriffene Gesundheit, konnte aber trotzdem von seiner Frau nicht überredet werden, sich zur Ruhe zu setzen. Auf einem Bild von R. B. Kitaj – Cecil Court, London WC 2. (The Refugees) 1983/84 (Tate Collection) – ist S. am Ort seiner Tätigkeit zu sehen.

Mündliche Auskunft von Herbert F. Ashbrook an UB vom März 1996; Telefonat UB mit Dr. Karl Pressler; Interview EF/UB mit Nicolas Barker; Int. Adressbuch der Antiquare (1940) S. 148; Directory 1957–58 p. 139; Ernst Seligmann gestorben. In: AdA 1975, A 367; Keith Andrews [Obituary]. In: The Book Collector vol. 25 no. 1 (1976) pp. 77–83; Leona Rostenberg, Madeleine B. Stern: Old Books in the Old World. Reminiscences of Book Buying Abroad. New Castle / DE: Oak Knoll 1996 pp. 25 f., 129; Tate online: R. B. Kitaj – Cecil Court [online]; Tim Bryars: A Brief History of Cecil Court [online].

Sessler(-Zeiz), Thomas 14. 12. 1915 Berlin – 7. 12. 1995 Dietersburg; Verleger. Der Sohn des Schriftstellers → August Hermann Zeiz (Georg Fraser) wurde als ›Halbjude‹ (seine Mutter Gertrud Zeiz geb. Segall wurde 1944 in Auschwitz ermordet) und wegen illegaler politischer Aktionen 1933 der Schule verwiesen. Früh beeinflusst von der sozialistischen Ideologie, hatte sich S. als Jugendlicher insbesondere journalistisch bei verschiedenen kommunistischen Verbänden und Zeitungen engagiert. Um der drohenden Verhaftung nach der nationalsozialistischen Machtübernahme zu entgehen, floh S. 1933 nach Frankreich, kehrte aber im Herbst desselben Jahres in seine Heimatstadt Berlin zurück, nachdem ein sozialdemokratischer Beamter im Polizeipräsidium die S. belastende Akte hatte verschwinden lassen. Nach Ausschluss aus der Reichspressekammer leistete S. Untergrundarbeit. Als die Gestapo seinen Fluchthilfeaktionen auf die Spur kam, floh er 1935 über Prag nach Wien, wo er im Verlag von → Georg Marton und als Journalist tätig war. Nach dem ›Anschluss‹ Österreichs 1938 emigrierte S. in die Schweiz und gründete dort in Zürich 1939 – nach seinem Bruch mit der KPD aufgrund des Hitler-Stalin-Paktes – den Neuen Bühnenverlag MIVILLE UND ZEIZ. Der Verlag diente unter anderem als Deckadresse für getarnte Widerstandsaktivitäten. S. arbeitete in der Schweiz als Mitherausgeber der illegalen Zeitschrift *Der freie Österreicher*, die nach Österreich geschmuggelt wurde. Als er aufgrund dieser Tätigkeit in der Schweiz Schwierigkeiten bekam, floh S. mit Hilfe seiner Verbindungen zum US-Geheimdienst im Februar 1945 nach Frankreich. Nach Kriegsende kam S. nach Wien zurück; 1947 erfolgte aus devisenrechtlichen

Gründen die Änderung seines Namens nach Adoption durch die Baronin Sessler-Herzinger. 1952 gründete S. in München eine Presseagentur und den THOMAS SESSLER-VERLAG München-Wien; 1951 wurde er Mitglied im Börsenverein des deutschen Buchhandels. 1967 kehrte S. nach Wien zurück und kaufte den GEORG MARTON VERLAG, die WIENER VERLAGSANSTALT und die NEUE EDITION, d. i. die Theaterabteilung des Musikverlags UNIVERSAL EDITION. Seit 1978 lebte S. mit seiner zweiten Frau, der Malerin Ruth Judith Berger, in Dietersburg / Niederbayern.

BHE 1; Fetthauer: Musikverlage (2004) S. 499 f.; Bolbecher, Kaiser: Österr. Exilliteratur (2000) S. 587 f.

Seydewitz, Max 19. 12. 1892 Forst / Lausitz – 8. 2. 1987 Dresden; Politiker, Verleger, Schriftsteller. Nach einer Schriftsetzerlehre wurde S. Mitglied im Verband Deutscher Buchdrucker. Er engagierte sich als Journalist und machte als SPD-Parteifunktionär Karriere, so dass er als führender Repräsentant der Parteilinken 1924 bis 1932 Mitglied des Reichstags wurde. Immer bestrebt, eine ›Reideologisierung‹ der SPD im sozialistischen Sinne zu forcieren, gab S. (Pseudonym Peter Michel) neben Max Adler, Paul Levi, Kurt Rosenfeld und Heinrich Ströbel den *Klassenkampf – Marxistische Blätter* heraus und zeichnete 1930/31 für die *Roten Bücher* der MARXISTISCHEN BÜCHERGEMEINDE verantwortlich. Der Vorwurf des SPD-Vorstandes, die *Klassenkampf*-Gruppe nehme den Charakter einer Sonderorganisation innerhalb der Partei an, führte im Juli 1931 zur Gründung der FREIEN VERLAGSGESELLSCHAFT GMBH und der Zeitschrift *Die Fackel* in Berlin, woraufhin S. und Rosenfeld aus der Partei ausgeschlossen wurden. Im April 1933 emigrierte S. mit seiner Familie nach Prag, wo er weiterhin politisch tätig war, u. a. die Einheitsfrontverhandlungen zwischen KPD und SPD förderte, sich aber 1936/37 endgültig dem Kommunismus stalinistischer Prägung zuwandte. 1938 floh S. über Holland nach Norwegen, nach dem deutschen Einmarsch im April 1940 nach Schweden. Dort in kommunistischen Gruppen aktiv, wurde S. mehrfach verhaftet. Im Dezember 1945 kehrte er illegal nach Berlin zurück, und machte in der Folge in der DDR als SED-Parteifunktionär Karriere; 1947 wurde er sächsischer Ministerpräsident. S., der seit 1928 mit → Ruth S. verheiratet und auch als Schriftsteller tätig war, wurde mit zahlreichen Auszeichnungen der DDR und des Auslandes versehen.

BHE 1; DBE.

Seydewitz, Ruth 26. 6. 1905 Oppeln – 28. 3. 1989 Dresden; Publizistin, Verlagsleiterin. S. hieß mit Geburtsnamen Ruth Lewy; sie besuchte die Handelsschule, machte eine Schneiderlehre, war Mitglied im zionistischen Jugendverband Blau Weiß, beim Wandervogel und bei den Jungsozialisten. 1923 trat sie in die SPD ein und begann ihre Parteikarriere als Vorsitzende der Jungsozialisten in Oppeln und Schlesien. Nach einem Jahr in der Redaktion des *Sächsischen Volksblatts* in Zwickau, dessen Chefredakteur ihr Mann → Max S. war, wechselte sie 1929 als Verlagsleiterin der MARXISTISCHEN VERLAGSGESELLSCHAFT GMBH nach Berlin und hatte vor 1933 zusätzlich auch die Leitung des sozialistischen Verlags FREIE VERLAGSGESELLSCHAFT MBH in Berlin-Tempelhof inne. 1931 wurde sie aus der SPD-Reichstagsfraktion wegen Bruchs der ›Fraktionsdisziplin‹ ausgeschlossen: sie hatte sich vehement für eine Einheitsfront aus SPD, KPD, Gewerkschaften und anderen linken Gruppierungen gegen den Faschismus ausgesprochen; im selben Jahr wurde sie Mitherausgeberin der SAPD-Zeitschrift *Was ist los in Berlin?* 1933 flüchtete S. über Teplitz nach Prag, wo sie als Sekretärin von Friedrich Bill arbeitete, dem Generalsekretär der deutschen Sektion der tschechoslowakischen Liga für Menschenrechte und Mitbegründer der Demokratischen Flüchtlingshilfe (Prag); zusätzlich verdiente sie Geld als Schneiderin. Nach der Besetzung der ČSR rettete sie sich nach Rotterdam und ging von dort nach Norwegen, 1940 nach Schweden. In Stockholm betätigte sie sich illegal publizistisch und schrieb für das kommunistische Exilorgan *Die Welt*; 1942 trat sie der KPD bei. Kurze Zeit später wurde sie zusammen mit ihrem Mann festgenommen und zu einem Zwangsaufenthalt in Lund angehalten. Im Dezember 1945 kehrte S. nach Ost-Berlin zurück, erhielt eine Stelle als Redakteurin im SED-Verlag J. H. W. DIETZ NACHF., der 1946 aus den Verlagen VORWÄRTS und NEUER WEG neu geformt wurde, und war auch mitbeteiligt an der Gründung des FDJ-Verlags NEUES LEBEN; überdies engagierte S. sich bei der Gründung des Demokratischen Frauenbundes Deutschlands (DFD). Als ihr Mann das Amt des sächsischen Ministerpräsidenten übernahm, übersiedelte sie mit ihm 1947 nach Dresden; dort arbeitete sie im Landesvorstand des DFD mit, leitete die Pressestelle der Landesregierung, war von 1948–52 Mitglied des Sächsischen Landtages und 1951 Landesvorsitzende des Kulturbundes. Nachdem ihr Mann politisch kaltgestellt wurde, verlegte sich S. auf eine Existenz als freie Schriftstellerin; einige Bücher verfasste das Ehepaar gemeinsam. Von 1963 bis 1967 war S. Mitglied der SED-Leitung im Deutschen Schriftstellerverband; ihr Nachlass, der auch den Bestand Max S. umfasst, befindet sich im Archiv der sozialen Demokratie (AdsD) der Friedrich Ebert Stiftung Bonn.

Ruth Seydewitz: Alle Menschen haben Träume. Meine Zeit – mein Leben. Berlin: Buchverlag Der Morgen 1976 [Autobiographie].

BHE 1; Horst Gebauer: Die Marxistische Büchergemeinde. In: Marginalien H. 95 (1984) S. 61–67.

Seyler, Arno 15. 6. 1904 Düsseldorf – 30. 12. 1991 Stockholm; Antiquar. Der Vater von S. besaß ein kleines Antiquariat in Düsseldorf (später Elberfeld-Barmen), sein Onkel Gustav Adolf S., Kanzleirat, Bibliothekar und Lektor im Königl. Preußischen Ministerium für Handel und Gewerbe, war 1891 Mitgründer des Exlibris-Vereins zu Berlin und Verfasser des *Illustrierten Handbuchs der Exlibriskunde* (Berlin 1895). Die Familie S. ist fränkischen Ursprungs und führte ein heraldisches Wappen, S. selbst gab Hinweise darauf, dass eine familiäre Verwandtschaft zum fränkischen Hochadel bestanden hat. S. absolvierte eine buchhändlerische Ausbildung bei SCHMIDT & GÜNTHER in Leipzig sowie vermutlich bei → Wilhelm Junk in Berlin; vor seiner Flucht war er bei GUSTAV FOCK in Leipzig Arbeitskollege von → Erich Aber. Aufgrund seiner radikal linken politischen Einstellung – er trat später als Übersetzer der ökonomischen Schriften von Karl Marx und Karl Kautsky ins Schwedische in Erscheinung – und als mutmaßliches Mitglied einer geheimen Widerstandsgruppe 1939 im *Deutschen Reichsanzeiger* steckbrieflich von der Gestapo gesucht, musste S. aus Deutschland flüchten und wurde knapp vor Ausbruch des Zweiten Weltkriegs in Stockholm gesehen. In den folgenden Jahren tauchte er in Westschweden unter, wo er als Land- und Forstarbeiter seinen Lebensunterhalt verdiente. Nach Kriegsende nahm er eine Stelle in RÖNNELLS ANTIKVARIAT in Stockholm an und blieb dort, bis er 1979 in den Ruhestand ging. Bei Rönnell bearbeitete S. seltene medizinische und naturwissenschaftliche Werke und Zeitschriften; er entwickelte in dieser Tätigkeit ohne viel Aufsehen eine überragende fachliche Kompetenz. Nebenberuflich betrieb S. ein privates Versandantiquariat, indem er für einen sehr begrenzten, ausgewählten Kundenkreis (Auflage von 30 bis 40 Exemplaren) Listen erstellte, die bibliographisch sorgfältig bearbeitet und akribisch kommentiert waren.

Brief von Erich Aber an EF vom 24. 10. 1993; Brief von Erich Aber an den Archivar Hermann Staub vom 25. 11. 1992, 22. 1. 1993, HABV/DNB.

Siegle, Fred R. (ursprgl. Friedrich/Fritz Siegel) 1. 12. 1900 Wien – 28. 9. 1982 New York, Drucker, Verleger. S. führte seit den 1920er Jahren gemeinsam mit → Martin Jahoda die Wiener Druckerei JAHODA & SIEGEL, die 1893 in Wien von Georg Jahoda (gest. 1926) und Emil Siegel gegründet worden war. Sie druckte ab September 1901 die Zeitschrift *Die Fackel* von Karl Kraus, die dieser nicht nur im Alleingang schrieb, sondern auch unter wechselnden Bezeichnungen im Selbstverlag herausgab. Allerdings war er nicht im Besitz einer Verlagskonzession, sodass mindestens über einen gewissen Zeitraum hinweg (seit 1908) Kraus' Selbstverlag faktisch als eine Abteilung von Jahoda & Siegel gelten kann. Zusätzlich kamen mehrere Buchpublikationen von Karl Kraus mit dem Impressum Verlag ›Die Fackel‹ (Jahoda & Siegel) Wien-Leipzig heraus. Die Firma fungierte aber auch unabhängig von Kraus und der *Fackel* als Verlag und hat zwischen 1905 und 1933 an die 40 Titel verlegt, darunter mehrere von Mechthilde Lichnowsky, von Robert Scheu *Karl Kraus* (1909), *Mein hundertster Geburtstag und andere Grimassen* (1928) von Mynona, Arthur Schütz (*Der Grubenhund. Eine Kultursatire*, 1931), *Gesammelte Schriften in Einzelausgaben* von Friedrich Sacher, *Bücher, Theater, Kunst* von Rainer Maria Rilke, hg. von Richard Mises (1934), philosophische, soziologische und wirtschaftswissenschaftliche Titel, Bücher für Bibliophile (Herbert Reichner: *Die Gutenberg-Bibel der Sammlung Vollbehr. Schicksale des kostbarsten Buches*, 1927; Karl Hobrecker: *Kinderbuchsammlers Leiden und Freuden. Eine Plauderei*, 1932) und anderes Gemischtes mehr bis hin zur *Bauordnung für Wien* (1929). Hervorhebung verdient dabei neben Albert Ehrensteins Erzählung *Tubutsch*, die 1911 mit 12 Illustrationen von Oskar Kokoschka erschien, auch der aus der Futura gesetzte Gedichtband von Theodor Kramer *Wir lagen in Wolhynien im Morast*, der 1931 im Wettbewerb der Deutschen Buchkunststiftung unter die fünfzig schönsten Bücher gewählt wurde – ein Beleg für das außerordentlich hohe Niveau der Buchherstellung in Druckerei und Verlag Jahoda & Siegel. Fritz S. war gemeinsam mit dem Künstler Carry Hauser auch beteiligt an der 1925 erfolgten Gründung der bedeutendsten Privatpresse in Österreich, der von → Robert Haas betriebenen OFFICINA VINDOBONENSIS, in der dieser Propagator anspruchsvollster Buchkunst bis zu seiner Emigration 1938 neun Verlagswerke und 21 Handpressendrucke herstellte. Die Druckerei Jahoda & Siegel, die 1930 27 Personen beschäftigte, und der zugehörige Verlag wurden nach der Annexion Österreichs im März 1938 ›arisiert‹; sie gingen nach kommissarischer Verwaltung über in die OHG JOSEF EHRLICH & JOSEF SCHMIDT, wobei Schmidt ein altgedienter Mitarbeiter war und die Interessen der früheren Eigentümer nach Maßgabe der Möglichkeiten zu wahren suchte. S. flüchtete (ebenso wie Martin Jahoda) mit Familie in die USA und war dort 1939 als Drucksortenentwerfer tätig. Einige Jahre später gründete er, der sich nun Fred R. Siegle nannte, zusammen mit Martin Jahoda mit der PROFILE PRESS in New York wieder ein Druckereiunternehmen, das sich zunächst auf gehobene Akzidenz- und Geschäftsdrucksachen spezialisierte, bald aber auch bibliophil gestaltete Bücher produzierte. S., der sich immer wieder auch als Buchgestalter für andere Verlage betätigte, knüpfte erneut den Kontakt zu dem ebenfalls in die USA geflüchteten Pressendrucker Robert Haas an, der

1946 in New York die RAM PRESS gegründet hatte und nun einige Projekte gemeinsam mit S. realisierte. Inzwischen war in Wien nach 1945 die ehemalige Druckerei Jahoda und Siegel unter öffentliche Verwaltung gestellt worden und schließlich 1955 an die früheren Eigentümer rückerstattet worden. Die Firma hieß nun in Anlehnung an das amerikanische Unternehmen PROFIL-DRUCK JAHODA & SIEGLE und wurde von Josef Schmidt weitergeführt; Martin Jahoda und Fred S. selbst blieben aber in den USA, um dort ihre erfolgreiche Tätigkeit fortzuführen. S., seit 1969 Alleineigentümer, gründete 1970 eine Kommanditgesellschaft mit Josef Schmidt und dessen Sohn Helmut, der ein Jahr bei der Profile Press in New York gearbeitet und (wie Robert Haas) an der Cooper Union Art School unterrichtet hatte, als Komplementären. Nach S.s Tod 1982 (seine Frau Else starb im darauffolgenden Jahr) erbte Helmut Schmidt die Anteile und formierte daraus die PROFIL-DRUCK G. m. b. H.

SSDI; Paul McPharlin: The Profile Press. In: Publishers' Weekly, 4. Oktober 1947, S. 1815–1822; Friedrich Pfäfflin, Eva Dambacher in Zs.arb. mit Volker Kahmen: Der ›Fackel‹-Lauf. Bibliographische Verzeichnisse. Zeitschriften, die sich an der ›Fackel‹ entzündeten, Vorbilder, Schmarotzer und Blätter aus dem Geist der ›Fackel‹; ein Jahrhundertphänomen Verlag Jahoda & Siegel, Wien. (Beiheft 4 zum Marbacher Katalog 52). Marbach a. Neckar: Deutsche Schiller-Gesellschaft 1999 (mit Verlagsverzeichnis von Jahoda & Siegel 1905–1935 von Eva Dambacher); Claudia Reitmayr: ›Arisierung‹ im Wiener Buchdrucks- und Verlagswesen anhand zweier Fallbeispiele: Die Druckerei ›Jahoda & Siegel‹ und der Verlag ›Richard Lányi‹. Dipl.-Arb., Universität Wien, 2004; Murray G. Hall: Verlage um Karl Kraus. In: Kraus Hefte, Heft 26/27, Juli 1983 S. 2–31; Anton Durstmüller: 500 Jahre Druck in Österreich Bd. II: Die österreichischen graphischen Gewerbe zwischen Revolution und Weltkrieg 1848–1918. Wien: Hauptverband der graphischen Unternehmungen o. J. (1986) S. 243, 343; Bd. III: Die österreichischen graphischen Gewerbe zwischen 1918 und 1982. Wien: Hauptverband o. J. (1989), S. 176–178; Robert Haas – Printing, Calligraphy, Photography. (Kat.) Hg. v. James Fraser. Fairleigh Dickinson Univ. 1984; Reinhard Müller: Marie Jahoda 1907–2001. Pionierin der Sozialforschung / Menschen um Marie Jahoda (http://agso.uni-graz.at/jahoda/1024+/index.htm). Die Universität Innsbruck besitzt eine Sammlung Verlag Jahoda & Siegel; im Cooper Hewitt Smithsonian Design Museum in New York befindet sich eine von James Fraser aufgebaute Sammlung von repräsentativen 197 Druckwerken von Jahoda & Siegel.

Silbermann, Abraham Moritz 27. 1. 1883 Fünfkirchen (Pécs) / Ungarn–1939 London; Verleger; Dr. Als Jude in der österreichisch-ungarischen Monarchie geboren, erhielt S. von seinen Eltern eine emanzipierte Erziehung. Nach Berlin auf ein Rabbinerseminar geschickt, interessierte er sich aber weniger für den Lehrberuf als für Bildungsbelange. Er wurde Leiter des 1919 gegründeten Hebräischen Verlags MENORAH GMBH in Berlin, Klopstockstraße 31, und firmierte noch 1931 als dessen Geschäftsführer. S.'s Tätigkeit als Verleger, Herausgeber und Gelehrter war außerordentlich umfangreich: so brachte er im Hebräischen Verlag mit Bildtafeln ausgestattete Talmud- und Midrasch-Ausgaben heraus, arbeitete an dem von Samuel Grünberg publizierten neuhebräisch-deutschen *Menorah-Wörterbuch* (1920) mit und zeichnete gemeinsam mit Baruch Krupnik als Verfasser des in zwei Bänden bei SHAPIRO, VALLENTINE & CO. in London erschienenen hebräisch-deutsch-englischen *Handwörterbuchs zu Talmud, Midrasch und Targum* (1927). Unmittelbar nach der nationalsozialistischen ›Machtergreifung‹ erschien der von S. ins Deutsche übersetzte Band *Die Haggadah des Kindes*, ein reich illustriertes Kinderliederbuch in hebräisch-deutscher Sprache für das Pessah-Fest. S. emigrierte vermutlich bereits vor 1933 nach London, wo er bei Shapiro, Vallentine & Co. eine Stelle in der Direktion einnahm; sein letztes großes Editionsprojekt war in Zusammenarbeit mit Albert M. Hyamson das biographische Lexikon *Vallentine's Jewish Encyclopedia* (1938). Der Berliner Menorah Verlag hatte seine Tätigkeit 1935 aufgeben müssen; er firmierte nach Ende des Zweiten Weltkriegs wieder in Berlin als MENORAH-VERLAG FÜR JÜDISCHES SCHRIFTTUM.

Adressbuch 1931 S. 250; Verlagsveränderungen 1942–1963 S. 85; Encyclopaedia Judaica. Vol. 14. Jerusalem 1971/72.

Simon, Heinrich 31. 7. 1880 Berlin – 6. 5. 1941 Washington DC; Journalist, Verleger; Dr. Der Bruder von → Kurt S. studierte Philosophie, Volkswirtschaft und Kunstgeschichte in Berlin und Freiburg, 1905 promovierte er. Ab 1906 arbeitete er in dem von seinem Großvater Leopold Sonnemann gegründeten Verlag FRANKFURTER SOCIETÄTSDRUCKEREI. 1910 übernahm er die Prokura, 1929 wurde er Mitinhaber. S. widmete sich dem Ausbau des Buchverlages (seit 1916 war er Mitverleger und Geschäftsführer); daneben war er auch als Herausgeber und Redakteur der *Frankfurter Zeitung* tätig; jeden Montag hatte die *Frankfurter Zeitung* einen Leitartikel, der mit seinen Initialen H. S. gezeichnet war. Nach der ›Machtergreifung‹ der Nationalsozialisten wurde er zum Ausscheiden aus der Redaktionskonferenz gezwungen. 1934 emigrierte S. nach Palästina, wo er Mitbegründer und seit 1936 Geschäftsführer des Palestine Philharmonic Orchestra war. 1939 wanderte er über Großbritannien in die USA ein; dort hielt er Musikkurse an einem College in Washington. S., der an seine frühere verlegerische Tätigkeit nach seinem Weggang aus Deutschland nicht mehr angeknüpft hat, fiel einem nie aufgeklärten Mord zum Opfer.

Aufbau vom 9. 5. 1941; BHE 1; DBE; Homeyer: Bibliophilen und Antiquare (1966) S. 145; Paul Arnsberg: Die Geschichte der Frankfurter Juden seit der Französischen Revolution. Bd. 3. Darmstadt: Roether 1983 S. 427–29.

Simon, Hugo 1. 9. 1880 Usch, Kreis Kolmar / Posen – 4. 7. 1950 São Paulo / Brasilien; Bankier. S. war in erster Linie Bankier und Politiker, verdient aber auch Beachtung als Aufsichtsratsmitglied der S. FISCHER VERLAG AG, als Bankier des Kunsthändlers und Verlegers Paul Cassirer und des Hauses Ullstein sowie als Kunstliebhaber, Sammler und Förderer junger Künstler; er war u. a. mit Stefan Zweig, Heinrich und Thomas Mann, Rudolf Hilferding und Harry Graf Kessler befreundet. 1933 musste S. zusammen mit seiner Frau Gertrud geb. Oswald Deutschland verlassen: unter Zurücklassung ihres gesamten Besitzes flüchteten sie zunächst zu ihren Kindern nach Südfrankreich und übersiedelten von dort nach Paris, wo S. in sozialdemokratischen Flüchtlingsorganisationen mitarbeitete. Ab 1935 beteiligte er sich zusammen mit → Willi Münzenberg an den Bemühungen um die Bildung einer antifaschistischen deutschen Volksfront gegen Hitlerdeutschland; im Herbst 1937 wirkte er an der Neugründung des Bundes Neues Deutschland mit. Kurz vor Einmarsch der deutschen Truppen in Paris flüchtete S., der den falschen Namen Studenic annahm, nach Marseille; nach Erhalt des französischen Ausreisevisums schiffte sich das Ehepaar auf der *Cabo de Horno* nach Rio de Janeiro ein. In Brasilien erlernte S. in Barbacena an einem staatlichen Institut die Seidenraupenzucht, übersiedelte 1947 auf das Gut Penedo bei Resende und widmete sich dort bis zu seinem Tod dem Gartenbau und literarischer Tätigkeit: im Exil verfasste er seinen autobiographischen Roman *Seidenraupen* (unveröffentlicht).

BHE 1; DBE; EXIL Nr. 1 (1983) S. 48; Frithjof Trapp: Die Autobiographie des Bankiers und Politikers Hugo Simon. In: EXIL Nr. 2 (1986) S. 30–38; Rafael Cardoso [Urenkel von Hugo Simon]: Das Vermächtnis der Seidenraupen. Geschichte einer Familie. Frankfurt am Main: S. Fischer 2016.

Simon, Kurt 26. 11. 1881 Gut Börnicke bei Nauen – Okt. 1957 New York; Verleger. S. absolvierte in Heidelberg ein Studium der Rechtswissenschaften, das er 1907 mit dem juristischen Examen abschloss. Anschließend wurde er Direktor des von seinem Großvater Leopold Sonnemann gegründeten Verlages FRANKFURTER SOCIETÄTSDRUCKEREI, in dem auch sein Bruder → Heinrich S. tätig war; 1910 wurde beiden Brüdern Prokura und 1914 die Gesamtleitung übertragen. S., der parallel auch für die *Frankfurter Zeitung* tätig war und als Präsident des Verbandes Deutscher Zeitungsverleger amtierte, wechselte aufgrund einer finanziellen Schieflage bei der FZ (da das Vermögen der Brüder nicht ausreichte, musste sie damals von der IG Farben gerettet werden) vom Vorstand in den Aufsichtsrat; 1929 wurde ihm die Verlagsleitung für technische und kaufmännische Angelegenheiten übertragen. 1933 wurde S. seiner Stellung enthoben und enteignet; daraufhin emigrierte er in die USA, nach New York, wo er sich Kurt M. Semon nannte. Dort hat er sich offenbar auf seine Münz- und Kunstsammelleidenschaft konzentriert und darüber einige Artikel publiziert.
BHE 1; DBE.

Simon, Rudolf (Rolf) Geb. 9. 11. 1913 Berlin; Drucker, Verleger, Journalist. 1929 bis 1933 absolvierte S. eine Ausbildung zum Schriftsetzer beim Verlag RUDOLF MOSSE und wurde Mitglied im Deutschen Buchdruckerverband. 1933 floh er aufgrund seiner jüdischen Konfession nach Italien, dann in die Schweiz. 1934 emigrierte er nach Brasilien, wo er als Drucker Arbeit fand. 1935 führte ihn sein Weg nach Argentinien; dort war er von 1938 bis 1946 in Buenos Aires Redakteur des *Argentinischen Tageblatts*. In den folgenden zehn Jahren arbeitete S. als Journalist, Verleger, Übersetzer und Literaturagent; gleichzeitig war er 1951 bis 1955 Verleger und Herausgeber der *Libros de Hoy* (›Bücher von heute‹), einer internationalen bibliographischen und literarischen Zeitschrift. 1956 übersiedelte S. in die USA, wo er in Kalifornien journalistisch tätig blieb, u. a. als USA-Korrespondent für deutsche Zeitungen und Zeitschriften. 1989 lebte er in San Francisco. S. erhielt 1985 das Bundesverdienstkreuz 1. Klasse.
BHE 2; EXIL Nr. 1 (1989) S. 100.

Singer, Kurt D. 10. 8. 1911 Wien – 9. 12. 2005 Santa Barbara, CA; Publizist, Schriftsteller, Buchhändler; Dr. phil. S.'s Geburtsname war Kurt Deutsch; er wuchs in Prag als Sohn eines Geschäftsmannes auf und übersiedelte mit seinen Eltern nach dem Ersten Weltkrieg nach Berlin. Nach einem Studienaufenthalt an der Eidgenössischen Technischen Hochschule in Zürich heiratete er 1932 Hilde geb. Tradelius (1911 Berlin – 2014 New York); als Hochzeitsgeschenk erhielt das Paar von den Eltern der Braut die Buchhandlung am Olivaer Platz in Berlin, deren jüdischer Vorbesitzer (nicht ermittelt) sie um 5000 RM verkaufte, weil er auswandern wollte. Das Geschäft ließ sich gut an, aber wenige Wochen später wurde Hitler zum Reichskanzler ernannt: Kurt Deutsch, damals Mitglied des Lenin-Bundes, begann nun im Keller der Buchhandlung mit der Herstellung von Untergrundschriften. Als ihm die Verhaftung drohte, flüchtete S. im Februar 1934 in die ČSR, anschließend über Österreich nach Schweden; Hilde folgte ihm 1935 nach Verbüßung einer einjährigen Haftstrafe. Bis 1940 war S. als Journalist und Publizist in Stockholm sowie für verschiedene Geheimdienste tätig; er hatte gute Verbindungen zur sozialdemokratischen Presse und veröffentlichte eine Reihe antinationalsozialistischer Bücher und Broschüren in schwedischer Sprache (*Det kommande kriget*, 1934; *Göring –Tysklands farligste man*, 1939). Der Börsenverein warnte damals davor, S. (als Berichterstatter der pazifistischen schwedischen Zeitschrift *Freden*) mit Besprechungsexemplaren zu beliefern. Wegen illegaler Beschaffung und Weiterleitung von Material über nationalsozialistische Aktivitäten in Schweden an britische Gewerkschaften wurde S. 1939 verhaftet und zu acht Monaten Haft verurteilt. 1940 emigrierte er zusammen mit Helene Bauer, der Witwe des SAPD-Führers Otto Bauer, in die USA, wo er als freier Publizist und Schriftsteller arbeitete, außerdem seit Anfang 1941 als Landesvertreter von Otto Straßer für die USA, der vom Ausland aus mit Untergrundgruppen in Deutschland gegen Hitler agitierte. Für Straßer war S. auch auf Provisionsbasis als literarischer Agent tätig, trennte sich aber ein Jahr später aufgrund finanzieller und politischer Differenzen von ihm. Im Folgenden arbeitete S. bei verschiedenen Zeitungen und Zeitschriften (*New York Times*, *Washington Post*, *Reader's Digest*), gründete eine Medienagentur und betätigte sich nach dem Zweiten Weltkrieg auch als Universitätslektor. 1951 promovierte er in Philosophie am Divinity College in Indianapolis / IN; neben seiner umfassenden journalistischen, publizistischen und belletristischen Tätigkeit (mit einem thematischen Schwerpunkt auf der Spionage) engagierte er sich in Gremien der Vereinten Nationen. S. lebte, nach zwei weiteren Verehelichungen 1955 und 1987, zuletzt in Laguna Beach in Kalifornien.

Kurt Singer: I Spied and Survived. New York: Leisure Books 1980.

SStAL, BV, F 15. 468; BHE 1; Wikipedia; Douer, Seeber: Die Zeit gibt die Bilder (1992) S. 124 f.; Bolbecher, Kaiser: Österr. Exilliteratur (2000) S. 589 f.; Stolpersteine in Berlin [online]; Herbert Lehnert: Kurt Singer. In: Deutschsprachige Exilliteratur seit 1933, Bd. 3, Teil 2, hg. von John M. Spalek u. a. Bern und München: K. G. Saur 2001, S. 489–501.

Singer, Walter 1883 Hamburg –1953 Stockholm; Verlagsmitarbeiter. S. war als junger Mann, noch vor dem Ersten Weltkrieg, nach Moskau gegangen und dort als Bankangestellter und daneben auch als Korrespondent für das *Berliner Tageblatt* tätig. 1917 flüchtete er aus Russland nach Schweden und erwarb nach einiger Zeit auch die schwedische Staatsbürgerschaft. Als → Gottfried Bermann Fischer, aus Wien geflüchtet, in Stockholm mit Unterstützung der Familie Bonnier seinen Exilverlag errichtete, meldete sich S. von sich aus beim Verleger und bot diesem an, auf der Grundlage der Beherrschung der schwedischen Sprache, seiner kaufmännischen und literarischen Kenntnisse sowie seiner guten örtlichen Beziehungen die Buchhaltung und geschäftliche Leitung des neuen Verlages zu übernehmen. Bermann Fischer akzeptierte; S. war dann von Juni 1938 bis Juli 1948 Geschäftsführer des Stockholmer BERMANN-FISCHER VERLAGS, der in diesem Zeitraum, allen Widrigkeiten zum Trotz, zum bedeutendsten deutschen Exilverlag wurde. S. leitete den Verlag, unterstützt von → Justinian Frisch und anfänglich auch von → Viktor Zuckerkandl, überwiegend nach telegraphischen Anweisungen von Gottfried Bermann Fischer. 1945 bis 1948 redigierte er auch die in diesem Verlag herausgegebene traditionsreiche *Neue Rundschau*. 1948 wurde der Stockholmer Verlag aufgelöst bzw. formell mit dem QUERIDO VERLAG Amsterdam, an dem zu diesem Zeitpunkt → Fritz H. Landshoff wieder tätig war, fusioniert.

Walter Singer: Der Bermann-Fischer Verlag in Stockholm. Manuskript im Deutschen Exilarchiv / DNB: Teilnachlass Berendsohn.
Brief von Gottfried Bermann Fischer an EF vom 27.8.1990; Gottfried Bermann Fischer: Bedroht – bewahrt. Weg eines Verlegers. Frankfurt am Main: S. Fischer 1967 S. 171 f.; Nawrocka: Bermann-Fischer im Exil (1998) S. 89 und passim.

Sobotka, Franz Gest. 1952; Musikverleger. S. war in Wien Inhaber des von ihm 1927 gegründeten SIRIUS-VERLAGS, der ebenfalls von ihm 1931 gegründeten EDITION BRISTOL Musik- und Bühnenverlag und des EUROPATON VERLAGS. Im Bristol Verlag erschienen vor allem Operetten und Schlager von populären Komponisten der Zeit, u. a. von Robert Stolz oder Ralph Benatzky, zudem seit 1933 die Zeitschrift *Tonfilm*; für die im Sirius-Verlag erscheinende *Sirius Mappe: Monatshefte für Musik, Theater und Literatur* zeichnete S. als Herausgeber. 1937 gelang es S., mit dem weltberühmten Komponisten Irving Berlin einen Vertrag für den zentraleuropäischen Vertrieb seiner Werke abzuschließen. Schon seit 1933 war er, mit einer Jüdin verheiratet, im ›Dritten Reich‹ mit seinen Verlagstiteln als ›unerwünscht‹ eingestuft und wurde von der Fachpresse angefeindet. Nach dem ›Anschluss‹ Österreichs 1938 wurde S.s Mitgliedschaft im Vorstand der AKM gelöscht und der Komponist und Rechtsanwalt Robert Geutebrück als kommissarischer Treuhänder des Bristol Verlags eingesetzt, bis der Komponist Heinrich Strecker sich S.'s Verlage aneignete. Da S. ›Arier‹ war, spielte sich der Verkauf unter besonderen Umständen ab, die bei den späteren Restitutionsverhandlungen genau rekonstruiert wurden. Tatsächlich scheint sich Strecker nach der Zwangsemigration des Ehepaars S. in die USA in einem Briefwechsel vom Dezember 1938 mit S. einen viel zu niedrigen ›Kaufpreis‹ ausgehandelt zu haben, indem er sich als Gegenleistung für die Übertragung nur dazu verpflichtete, S.s ›in Wien befindliche Habseligkeiten‹ nach New York zu schicken und den Kaufpreis in Form des ›Gegenwertes von zwei Mignon-Flügeln auf ein Sperrkonto‹ zu erlegen. Nach Ende des Zweiten Weltkriegs stellte S., mittlerweile im Besitz der amerikanischen Staatsbürgerschaft, am 12. Mai 1947 bei der Property Control der Amerikanischen Militärregierung einen Antrag auf Ablöse des nach 1945 eingesetzten kommissarischen Verwalters; dem Antrag wurde stattgegeben und auf Ansuchen S.s sein in Wien lebender Neffe Johann Bunzl am 24. Oktober 1947 mit der öffentlichen Verwaltung beauftragt. De facto wurden die Verlage in der Zeit bis zum Abschluss des Rückstellungsverfahrens am 10. Dezember 1949 von den Angestellten und Prokuristen geführt. Nach Aussage Bunzls wollte S., ›der in Amerika eine Großproduktion habe‹, seine verlegerische Tätigkeit in Wien wieder aufnehmen. Dazu kam es nicht mehr; nach dem Tode S.'s zeigte die Witwe kein Interesse an der Übernahme des Verlags, so dass der Neffe und Verlagsangestellte Kurt Hammerle diese Aufgabe übernahm. Ein neuerlicher Antrag der Erben 1958 auf Rückstellung aller Verlags- und Werknutzungsrechte, Verlagsverträge, Noten, Textbücher und Lizenzrechte, insbesondere jene der Verwertungsgesellschaften, sowie sämtliche Einkünfte aus dem Notenverkauf und die Erträge aus den Jahren 1938 bis 1945 wurde amtlich abgewiesen.
Fetthauer: Musikverlage (2004) S. 500 f.; Schwarz: Verlagswesen der Nachkriegszeit (2003) S. 116–24.

Sohn, Leo 5.7.1893 Thüngen – Februar 1969 New York; Verlagsmitarbeiter. S., Schwager von Kurt Weill, lebte mit seiner Frau Ruth (1901–1972) nach der Emigration in Palästina und wollte dort ein Verlagsgeschäft aufbauen. Weill wandte sich 1934 an →

Alfred Kalmus von der UNIVERSAL EDITION mit der Bitte, S. Vertretungen von Wiener Musikverlagen zu verschaffen.

Lys Simonette, Kim H. Kowalke: Speak Low (When You Speak Love): The Letters of Kurt Weill and Lotte Lenya. University of California Press 1997 pp. 89, 264, 524; Fetthauer: Musikverlage (2004) S. 501.

Sondheimer, Robert 6. 2. 1881 Mainz – 7. 12. 1956 Hannover; Musikverleger; Dr. Nach der musikalischen Ausbildung an den Konservatorien von Mainz, Köln und Berlin absolvierte S. in Bonn, Berlin und Basel ein Studium der Musikwissenschaft, das er 1919 mit der Promotion abschloss. Nach anfänglicher Tätigkeit als Komponist war er von 1922 bis 1933 Leiter des von dem Schweizer Christoph Bernoulli (1897–1981) gegründeten Musikverlages EDITION BERNOULLI in Berlin, wo er vorwiegend Werke aus der Entstehungszeit des neuen Sonatenstils verlegte. Gleichzeitig verfasste er Artikel für Cobbett's *Cyclopedia of Chamber Music* und hielt Vorlesungen an der Berliner Volkshochschule. 1933 oder 1934 emigrierte S. in die Schweiz und verlegte den Sitz des Musikverlags nach Basel. 1939 siedelte er nach Großbritannien über, wo er in London die Tätigkeit der Edition Bernoulli fortsetzte. S. erweiterte seine bereits 1922 begonnene Kollektion der Musikwerke des 18. Jahrhunderts zur *Sondheimer Edition*, in welcher er umfassend Kammermusik-, Gesangs- und Orchesterwerke u. a. von Johann Christian Bach, Boccherini, Haydn, Vivaldi und den Komponisten der auf das 18. Jahrhundert spezialisierten Mannheimer Schule herausgab.

BHE 2; DBE; Fetthauer: Musikverlage (2004) S. 501 f.; Saur: Deutsche Verleger im Exil (2008) S. 230.

Sothmann, Magdalene 21. 11. 1905 Woosten – 10. 3. 1984 Amsterdam; Antiquarin. S., Tochter eines Pastors, politisch auf kommunistischer Seite engagiert, flüchtete 1933 mit ihrem Ehemann → Ernst Brenner, zuvor Inhaber einer kleinen Antiquariatsbuchhandlung in Berlin, in die Niederlande, wo die beiden in Amsterdam wieder ein Antiquariat betrieben. Die Ehe wurde 1936 geschieden; die Firma fiel offensichtlich S. zu: Im *Internationalen Adressbuch der Antiquare* wurde sie 1937/38 noch unter BRENNER-SOTHMANN (Herengracht 306), in der Ausgabe 1940 bereits als Fa. M. H. J. F. SOTHMANN (Niewezijds Voorburgwaal 230) angezeigt. In dem Antiquariat war damals auch → Hans Marcus tätig, mit dem S. liiert war; nach der Besetzung der Niederlande verschaffte sie, als Nichtjüdin selbst nicht verfolgt, ihm auch ein Versteck fürs ›Untertauchen‹. Nach dem Krieg setzte sich die Zusammenarbeit zunächst fort, bis Marcus eigene Wege ging (1948 Heirat mit Alida van der Wal, 1951 eigenes Antiquariat in Amsterdam) und schließlich 1956 nach Düsseldorf zurückkehrte. S. hat sich nach 1945 noch stärker als bisher auf den Kunsthandel verlegt; zwar wird sie 1965 mit einem ANTIQUARIAAT SOTHMANN als Mitglied der Nederlandsche Vereeniging van Antiquaren geführt, doch hat sie ihr Geschäft am Amsterdamer Nieuwezijds Voorburgwal hauptsächlich als Kunstgalerie betrieben. 1979 wurde sie von Johannes Marcus, einem Sohn von Hans Marcus, übernommen.

Int. Adressbuch der Antiquare (1937/38 u. 1940); SStAL, Bestand Börsenverein, Firmenakte F 17607 (›OUDE BOEKEN EN PRENTEN‹, 1940–1942); Buijnsters, Piet J.: Geschiedenis van het Nederlandse antiquariaat. Nijmegen: Vantilt 2007, S. 185, 426 (Fn. 50).

Spanier, Gerhard Geb. 26. 6. 1910; Verlagsmitarbeiter. Der Bruder von → Alice Hainauer arbeitete vor seiner Emigration in Breslau in einem Konfektionsgeschäft; 1938

ging er nach Großbritannien und schloss sich der britischen Armee an. Über Vermittlung seines Schwagers → Ernst Julius Hainauer trat er im März 1946 als Angestellter in → Max Hinrichsens Musikverlag HINRICHSEN LTD. ein und arbeitete dort in der Folge viele Jahre lang als *sales manager*.
Fetthauer: Musikverlage (2004) S. 502; LexM [online].

Spinner, Leopold 26. 4. 1906 Lemberg (Lwów) –12. 8. 1980 London; Komponist, Musikverleger; Dr. phil. S. zog mit seiner Familie 1914 aus dem österreichischen Galizien nach Wien; ab 1926 studierte er bei Paul Amadeus Pisk Komposition und daneben an der Universität Wien Latein, Philosophie und Musikwissenschaft. 1931 promovierte er mit einer musikwissenschaftlichen Dissertation. Von 1935 bis 1938 nahm er Kompositionsunterricht bei Anton Webern, zu diesem Zeitpunkt hatte er als Komponist bereits erste Erfolge zu verzeichnen. Einige Monate nach dem ›Anschluss‹ Österreichs flüchtete S. im Mai 1939 über Belgien nach Großbritannien. Sein Vorhaben, in die USA auszuwandern, ließ sich nicht verwirklichen. S. unterrichtete zunächst in Bradford an der Bellevue School of Music und wurde von 1942 bis 1946 im Rahmen des *War-Employment*-Programms als Arbeiter in einer Lokomotivfabrik eingesetzt. Nach dem Tod seiner ersten Frau, die in Wien geblieben war, heiratete S. 1943 Dr. Johanna Goldstein. Ab 1947 oder 1948 arbeitete S. im Musikverlag BOOSEY & HAWKES in London, zunächst als Kopist, später als Lektor und von 1958 bis zu seiner Pensionierung 1975 als Nachfolger von → Erwin Stein (1885–1958) in leitender Funktion. Als Musiker blieb S. in Kontakt zu den Mitgliedern der Wiener Schule, in Österreich setzte sich Gottfried von Einem für die Aufführung von S.'s Zwölftonkompositionen ein. Den Nachlass S.'s erwarb die Musiksammlung der Österreichischen Nationalbibliothek.
Fetthauer: Musikverlage (2004) S. 502; LexM [online].

Spitz, Oswald, Buchhändler. S., der seit 1930 einen Buchladen in seinem Heimatort Forst in Brandenburg betrieben hatte, gründete nach seiner im Frühjahr 1935 erfolgten Emigration nach Palästina im September 1935 in Haifa in der Herzlstraße die Buchhandlung LAPID, die er – mit angeschlossener Leihbücherei – zusammen mit seiner Frau Hella führte, bis sie um 1975 geschlossen wurde.
Mündliche Auskunft Walter Zadek an EF am 19. 10. 1992 in Holon / Israel; Blumenfeld: Ergänzungen (1993); Zadek: Buchhändler II (1971) S. 2941; Adressbuch des deutschen Buchhandels 1958/59 S. 786; Irene Diekmann, Julius H. Schoeps: Wegweiser durch das jüdische Brandenburg. Berlin: Edition Hentrich 1995 S. 110; Jürgen Meissner, Dirk Wilking: Zur Geschichte der Juden in Forst. Forst 1998 S. 41–50; https://eastgermanysynagogues.bh.org.il/index.php/communities/76-forst-brandenburg-german.

Spitzer, Moshe Maurice (urspr. Moritz) 8. 7. 1900 Boskowitz / Mähren –16. 11. 1982 Jerusalem; Verleger, Typograph; Dr. phil. S. wurde nach Zusammenbruch der Donaumonarchie tschechischer Staatsbürger. Nach dem Studium der Indologie in Wien und der Promotion in Kiel 1926 wurde S. 1927/28 Assistent an der Preußischen Akademie der Wissenschaften in Berlin. Als Kulturzionist begründete S. 1928 die *Jungzionistischen Blätter* und war ab 1929 Direktor der Schule der jüdischen Jugend in Berlin, 1932 bis 1934 arbeitete S. als wissenschaftlicher Sekretär Martin Bubers und übernahm ab 1933 das Lektorat des SCHOCKEN VERLAGS Berlin, dessen über zweihundert Titel umfassende Produktion er wesentlich mitbestimmte. So betreute er von 1934 an als Herausgeber die *Schocken-Bücherei*, eine bedeutende Buchserie deutsch-jüdischer Autoren. In den Monaten August 1938 bis zur erzwungenen Liquidierung Ende Dezember 1938 war S. Leiter des Schocken Verlages; vor seiner Flucht nach Palästina im März 1939 gelang es ihm noch, mit dem Argument der Deviseneinkünfte für das ›Dritte Reich‹ einen Großteil des Lagers an → Salman Schocken selbst zu verkaufen und den Transfer nach Palästina zu organisieren. S. ließ sich in Jerusalem nieder und gründete gleich nach seiner Ankunft seinen eigenen Verlag TARSHISH BOOKS JERUSALEM, in dem er bis zu seinem Tod anspruchsvoll gestaltete und literarisch wertvolle Bücher herausbrachte. 1943 gab S. in der JERUSALEM PRESS Else Lasker-Schülers letzte Gedichtsammlung *Mein blaues Klavier* heraus. Von 1945 bis 1960 war S. Direktor der Publikationsabteilung der JEWISH AGENCY JERUSALEM. Außerdem war er 1951 Mitgründer und bis 1963 Direktor einer Schriftgießerei in Jerusalem, in der er neue hebräische Lettern entwickelte. S., der entscheidend zur Förderung der Buchdruckerkunst in Israel beitrug, hatte auch beratende Funktionen bei der Bank of Israel und bei der Israelischen Akademie für Natur- und Geisteswissenschaften inne.

Moritz Spitzer: The Development of Hebrew Lettering. In: Ariel no. 37 (1974) S. 4–28 [auch als Sonderdruck des Ministry of Foreign Affairs, Jerusalem 1974].

BHE 1; Lambert Schneider: Rechenschaft über 40 Jahre, 1925–1965. Ein Almanach. Heidelberg (1965); Israel Soifer: Dr. Maurice Spitzer. Pioneer of the Judaic Book Art. In: Publisher's Weekly, 4 Sept. 1967; Stephen M. Poppel: Salman Schocken und der Schocken Verlag. In: Philobiblon Jg. 17 (1973) S. 231–56; Ernst G. Lowenthal: Zum Tode von Dr. Moritz Spitzer. In: Aufbau vom 14.1.1983 S. 20; Dahm: Das jüdische Buch (1993); Bernhard Zeller [Hg.]: In den Katakomben: jüdische Verlage in Deutschland 1933–1938 (Marbacher Magazin. 25). [Ausst.-Kat.] Marbach am Neckar: Dt. Schillergesellschaft 1983; Saskia Schreuder [Hg.]: Der Schocken Verlag / Berlin. Jüdische Selbstbehauptung in Deutschland 1931–1938. Berlin: Akademie-Verlag 1994; Fischer: Buchgestaltung im Exil (2003) S. 199 f.; Brita Eckert: Art. Moritz Spitzer. In: LGB 2 Bd. 7 (2005) S. 176; Saur: Deutsche Verleger im Exil (2008) S. 224.

Springer, Bernhard 15.2.1907 Berlin – 26.12.1970 New York; Verleger; Dr. jur. Bernhard S. wuchs in Berlin-Zehlendorf auf, promovierte 1931 an der Universität Göttingen, studierte anschließend zwei Semester in Kalifornien an der Stanford University und arbeitete von 1932 bis 1938 im Familienunternehmen in Berlin, der 1842 gegründeten JULIUS SPRINGER Verlagsbuchhandlung, die auf die Herausgabe von medizinischer, rechts- und naturwissenschaftlicher Literatur spezialisiert war. Nach der ›Machtergreifung‹ des Nationalsozialismus geriet der Verlag, trotz seiner außerordentlichen internationalen Bedeutung, aufgrund der ›rassischen‹ Verfolgung der beiden Inhaber sehr bald unter Druck; Julius S. (1880–1968) musste 1935 aus der Geschäftsführung ausscheiden; 1938 wurde er für einige Wochen im KZ Oranienburg inhaftiert, Teile seines Vermögens wurden zeitweilig eingezogen. Er überdauerte aber, zurückgezogen lebend, die Jahre des ›Dritten Reiches‹. Sein Vetter Ferdinand S. (1881–1965) musste als ›Halbjude‹ ebenfalls in den Hintergrund treten; deshalb hatte bereits 1933 der langjährige Verlagsdirektor Tönjes Lange als Generalbevollmächtigter die Vertretung des Verlags nach außen übernommen; 1935 wurden Lange auch sämtliche Unternehmensanteile übertragen. Unmittelbar nach dem Krieg wurde der Verlag an Julius S. und Ferdinand S. restituiert; Lange übergab am 9. Mai 1945 seine Anteile wieder vollständig bzw. blieb mit 1 % Teilhaber und persönlich haftender Gesellschafter; als er 1961 starb, hatte er dem Unternehmen insgesamt 40 Jahre treu gedient. S., der in verschiedenen Abteilungen des Verlages tätig war, sowohl in Heidelberg wie in Wien, konnte nach monatelangem Bemühen um ein Immigrationsvisum im Sommer 1938 in die USA ausreisen und arbeitete in New York zunächst mit → Walter J. Johnson zusammen, der zu diesem Zeitpunkt die Gründung der ACADEMIC PRESS betrieb. Nach zwei Jahren ging S. nach Baltimore zu WILLIAMS & WILKINS, einem medizinischen Fachverlag, blieb dort bis 1942, und erwarb sich gründliche Kenntnisse im amerikanischen Verlagswesen. Nach einem 3-jährigen Militärdienst bei der US-Army arbeitete er von 1945 bis 1950 in dem 1941 von dem österreichischen Emigranten → Henry M. Stratton gegründeten medizinischen Fachverlag GRUNE & STRATTON in New York; 1947 heiratete S. in erster Ehe die Lektorin Sara Picus, die ihn bei seinen Plänen, einen wissenschaftlichen Verlag zu etablieren, unterstützte. 1950 gründete S. in New York einen eigenen medizinischen, psychologischen und pharmakologischen Fachverlag, die SPRINGER PUBLISHING CO., mit einem kleinen Büro in der 23rd Street und drei Mitarbeitern. Seinen ersten Verlagstitel, eine veterinärmedizinische Publikation, erschienen 1951, vermittelte ihm der österreichische Emigrant → Frederick Praeger. Ab Mitte der 1950er Jahre bis zur Gründung einer eigenen Filiale in New York Mitte der 1960er Jahre hatte S. auch die Generalvertretung des deutschen SPRINGER VERLAGS für die USA inne. Beim Generationswechsel in der Leitungsebene des Springer Verlags blieb S. unberücksichtigt, obwohl er der älteste Sohn von Julius S. war. S. leitete die mit Paperback-Titeln zur Krankenpflege und mit Fachzeitschriften von Ärztevereinigungen bald höchst erfolgreiche Springer Publishing Co. bis zu seinem Tod 1970; danach übernahm seine zweite Frau Ursula geb. Pietzschmann (28. 8. 1922 Berlin – 30. 3. 2014 Tuxedo / NY) bis 2004 die Verlagsführung und erweiterte das Programm mit gerontologischer Fachliteratur; seit 2004 ist die Springer Publishing Co. ein Teil der MANNHEIM TRUST LLC.

Bernard Springer: Shadow and Light. The Photographs of Bernhard Springer. New York: Morgan & Morgan 1976.

BHE 1; Bernard J. Springer: 16 Feb. 1907 – 26 Dec. 1970. Program and addresses given at a memorial hour to honor his memory, Auditorium of the Lincoln Center Library, New York City. 12 Jan. 1971; Koepke: Exilautoren und ihre Verleger (1989) S. 1434; Heinz Götze: Der Springer-Verlag. Stationen seiner Geschichte. Teil II: 1945–1992. Berlin: Springer 1994; Fischer: Verlegeremigration nach 1933 (2002) S. 294; Ursula Springer: The History of Springer Publishing Company. New York: Springer Publishing 2008.

Stadecker, Ernesto (ursprgl. Ernst) 1906 in Worms – ca. 1981 Asuncíon/Paraguay; Buchhändler. St. ist Mitte der 1930er Jahren, vermutlich über Brasilien, nach Paraguay emigriert und hat dort 1937 Kläre (später Clare, geb. Baumann, 11. 5. 1905 – 23. 2. 2002 New York) geheiratet. Mitemigriert war seine Familie, u. a. seine Eltern Johanna und Siegfried St. sowie sein Bruder Max. St. dürfte sich zunächst mit der Herstellung von Zigarren befasst haben, gründete aber auch, noch 1937, eine Sortimentsbuchhandlung mit Leihbücherei und Zeitschriftenhandel in Asuncíon, Calle México 365; 1940 wurde er mit Dekret L. N. 349 naturalisiert. Die Firma stand hauptsächlich mit den deutschsprachigen Kreisen Asuncíons in Verbindung, die dort ihren Bedarf an Unterhaltungsliteratur und ›Illustrierten-Lesestoff‹ decken konnten. S. hatte auch die Vertretung eines deutschen Buchklubs inne. In den Jahren 1944 bis 1945 war S. Schachmeister von Paraguay.

Taubert: Lateinamerika (1961) S. 146; Registro Oficiàl 1940, S. 250 – Online Global Legal Information Network [online]; Vereinsblätter des jüdischen Turn- und Sportvereins Schild, Nr. 11, 1.11.1937 S. 4 [online]; Aufbau, 8.8.1947 S. 33 (Todesanzeige Johanna St.).

Steimatzky, (J)ezekiel 16.1.1900 Moskau – 6.9.1983 Tel Aviv; Buchhändler, Grossist, Verleger. S. ging, um einer Verurteilung wegen ›subversiver Aktivitäten‹ zu entgehen, nach der bolschewistischen Revolution nach Deutschland, studierte Jura in Berlin und war daneben für den ULLSTEIN VERLAG tätig. Dieser Kontakt zur Welt des Buches sollte sich als bestimmend erweisen. 1923/24 war S. auch an dem GESCHER VERLAG beteiligt, der sich der literarischen Vermittlung zwischen mittel- und osteuropäischer Kultur widmen wollte, aber in seiner kurzen Bestandszeit keine nennenswerte Produktion entfaltet hat. Mitte der 1920er Jahre kam S. anlässlich der Eröffnung der Hebräischen Universität nach Jerusalem und beschloss, nach Palästina, damals englisches Mandatsgebiet, auszuwandern. 1926 eröffnete er in Jerusalem an der Kreuzung Jaffa Road / Zion Square seine erste (bis heute existierende) Buchhandlung, der mehrere Filialen in den größeren Städten des Nahen Ostens folgten, u. a. in Haifa und Tel Aviv. Nach der Gründung des Staates Israel verlor S. die Niederlassungen in den arabischen Ländern, z. B. in Kairo, Bagdad oder Beirut. STEIMATZKY AGENCY LTD. wurde jedoch zum größten Buchhandelsunternehmen Israels, als wichtigster Importeur ausländischer Bücher und Zeitschriften, als Vertreter und Auslieferung großer Verlage aus aller Welt. Das Unternehmen war auch verlegerisch tätig mit Publikationen über Israel und das Heilige Land, politischer und religiöser Literatur, Reiseführern, Wörterbüchern und Taschenbüchern. 1963 trat S.'s 1942 in Jerusalem geborener Sohn Eri M. S. in die Geschäftsleitung ein. 1990 übernahm Steimatzky Ltd. die zweitgrößte Buchhandelskette Israels SIFRI BOOKSTORES; im Jahr 2000 gehörten rund 120 Buchhandlungen zur Firmengruppe; 2004 fusionierte Steimatzky mit dem Verlag KETER PUBLISHING HOUSE. Steimatzky USA unterhält in Los Angeles ein Ladengeschäft und operiert für die US-amerikanische Kundschaft im Internet-Versandbuchhandel. 2005 erwarb der Investor Markstone Capital Partners 49 % der Anteile an Steimatzky; das Unternehmen deckt ca. 40 % des gesamten hebräischen Buchmarktes ab und beschäftigt weltweit 700 Mitarbeiter.

Gerhard Kurtze: Steimatzky 80. In: Bbl. (FfM) Nr. 3 vom 11.1.1980 S. 60 [gekürzte Fassung in: Europäische Ideen H. 49 (1981) S. 26 f.]; Bbl. (FfM) Nr. 76 (1983) S. 1956; K. Gutzmer: Art. Steimatzky Ltd. In: LGB 2 Bd. 7 S. 227; Kühn-Ludewig: Jiddische Bücher (2008) S. 185 f., 224.

Stein, Erwin 7.11.1885 Wien – 19.7.1958 London; Musikschriftsteller, Dirigent, Musikverleger. S. war der Sohn von Marcus S., des Gründers und Inhabers der MANZ'-SCHEN VERLAGS- UND UNIVERSITÄTSBUCHHANDLUNG am Kohlmarkt in Wien. Er absolvierte zwischen 1905 und 1910 ein Privatstudium bei Arnold Schönberg und studierte gleichzeitig an der Universität Wien Musikwissenschaft. Zwischen 1910 und 1919 arbeitete er als Dirigent in Österreich, Deutschland und der Tschechoslowakei. 1921 bis 1931 leitete er das Wiener Pierrot Lunaire Ensemble sowie von 1929 bis 1934 den Wiener Chor Typographia. 1924 trat S. in die UNIVERSAL EDITION Wien ein, wirkte dort als Herausgeber und Leiter der Orchesterabteilung und gab von 1924 bis 1929 die Zeitschrift *Pult und Taktstock* heraus. 1938 wurde S. im Zuge der ›Arisierung‹ gezwungen, seine Aktienanteile an der Universal Edition zu verkaufen, 1940 wurde sein übriges Vermögen beschlagnahmt und seine bei der UE erschienenen Publikationen verboten. S. war zuvor im September 1938 ins Exil nach London gegangen, wo er bei BOOSEY & HAWKES als künstlerischer Berater und Herausgeber tätig wurde. 1939 begründete er die Zeitschrift *Tempo*. Während des Krieges war S. zeitweise als *enemy alien* im Lager Huyton und auf der Isle of Man interniert. Befreundet mit Benjamin Britten, setzte S. sich, ähnlich wie → Alfred A. Kalmus, als Exilverleger entschieden für die Verbreitung der verfolgten europäischen Komponistenavantgarde ein.

Adressbuch 1931 S. 400; Marion Thorpe [Tochter von S.]: Art. Erwin Stein. In: Ludwig Fischer [Hg.]: Die Musik in Geschichte und Gegenwart. 2. neubearb. Ausgabe. Bd. 16. Kassel: Bärenreiter 2005 S. 1750 f.; Fetthauer: Musikverlage (2004) S. 502 f.; LexM [online].

Stein, Herbert 13. 6. 1912 Frankfurt am Main –1995 Jerusalem; Buchhändler, Antiquar. Der aus Frankfurt stammende Sohn eines streng orthodoxen jüdischen Bäckermeisters besuchte die Israelitische Volksschule im Röderbergweg und anschließend die Realschule der Israelitischen Religionsgemeinschaft Am Tiergarten. Ab 1928/29 begann S., der das väterliche Geschäft übernehmen sollte, eine kaufmännische Lehre in der Getreidegroßhandlung Gebr. Birnbaum, die nach der NS-›Machtergreifung‹ durch Schikanen in die Pleite getrieben wurde. Die Familie versuchte anfänglich, in die USA zu emigrieren, doch war ihr Antrag auf Einreise mit einer so hohen Nummer versehen, dass eine kurzfristige Genehmigung nicht zu erwarten war. Am 10. November 1938 wurden S., sein Bruder Ruben und sein Vater David Opfer der Verhaftungswelle, von der mehr als 2000 jüdische Männer in Frankfurt erfasst wurden; S. wurde mit seinen Angehörigen in das KZ Buchenwald deportiert. Nach einem Monat kamen sie frei, da seine Mutter über ihren in Amsterdam lebenden Bruder vorläufige Einreisezertifikate nach Kolumbien organisieren konnte. S. emigrierte aber im Frühjahr 1939 mit seinem Bruder, der Führungsmitglied der Agudas Jisroel war, nach Palästina; die Eltern, die keine Ausreisegenehmigungen erhielten, blieben zurück und wurden nach Theresienstadt deportiert, von wo sie Anfang 1945 nach der Schweiz transferiert wurden. Später wanderten sie in den soeben gegründeten Staat Israel ein. S. verdiente in der ersten Zeit seinen Lebensunterhalt mit Gelegenheitsjobs, bis er an der King George Street in Jerusalem einen Zeitschriftenstand aufmachte, der zu einer bekannten Adresse wurde. Mit der Zeit reifte in S. der Entschluss, sich als Buchhändler und Antiquar niederzulassen und sich auf Judaica und wissenschaftliche Literatur zu spezialisieren. Seine Erwerbungen tätigte S. in der Hauptsache bei deutsch-jüdischen Emigranten bzw. deren Erben, die zu den nach Palästina geretteten Bibliotheken keine Beziehung hatten; Kunden von S. waren Antiquare aus ganz Deutschland. Nach S.'s Tod führt heute sein Enkel Daniel STEIN BOOKS an der alten Adresse 52 King George Street, ›well known for Jewish studies and rare books‹.

Mündliche Auskunft von Walter Zadek an EF am 19. 10. 1992 in Holon / Israel; Arolsen Archives; Uri Sahm: Neue Wirklichkeit. Die allmählich aussterbende Zunft der deutschen Antiquare. In: Bbl. (FfM) Nr. 69 vom 29. 8. 1978 S. 1772; Wolf von Wolzogen: Herbert Stein. Bookseller, Jerusalem. Von der Battonstraße zur King George Street. Eine Erinnerung. In: Stadt Frankfurt am Main [Hg.]: Ostend. Blick in ein jüdisches Viertel. [Ausst.-Kat.] Frankfurt am Main: Societäts-Verlag 2000 S. 208–21.

Stein, Herbert A. Geb. 1909 Wien. Buchhändler. Nach Bericht von → Ernst Loewy war S. aus Österreich nach Palästina eingewandert. Obwohl kein gelernter Buchhändler, eröffnete er 1934 zusammen mit seinem Kompagnon → Joseph Melzer in Tel Aviv in der Sheinkinstreet 9 den LIBERTY BOOKSTORE; das Kapital dürfte größtenteils von S. investiert worden sein. Die beiden Geschäftspartner trennten sich aber bereits im Februar 1935 wieder; S. führte den Laden als Alleininhaber weiter, später mit Adresse Allenbystreet 61; spätere Teilhaber der Buchhandlung waren → Sally Kaufmann aus Kassel, bis zu seiner Zwangsemigration um 1934 Herausgeber der *Jüdischen Wochenzeitung für Cassel, Hessen und Waldeck*, und Dr. Josef Ass, vormals München. S. hat 1938 einen detaillierten soziokulturellen Bericht über den damals vielsprachigen Buchhandel und Buchmarkt in Palästina veröffentlicht: ›Recht bedeutend ist der Absatz deutscher Bücher. In Tel Aviv ist er größer als in anderen Städten [...]. Auch die aus Polen, Russland und den Randstaaten stammende Bevölkerung liest eifrig deutsche Fachliteratur, über Landwirtschaft, Technik, Philosophie und Militärwesen. Jüdische Geschichte und zionistische Literatur wird ebenfalls viel deutsch gelesen und bildet einen wichtigen Teil des Absatzes.‹

Herbert A. Stein: Kulturelles Leben. Der Buchhandel in Palästina. In: Palästina Nr. 1 (Jan. 1938) S. 34–37 [Wikisource; online].

Brita Eckert [Hg.]: Jugend in Palästina: Briefe an die Eltern 1935–1938 / Ernst Loewy (Bibliothek der Erinnerung. Bd. 4). Berlin: Metropol 1997 S. 151–62, 212–14.

Steinberg, Bernard (Bernhard) 21.1.1915 Hannover – 29.6.1999 Buenos Aires; Buchhändler. S. absolvierte 1931 bis 1933 eine Kaufmannslehre in Bochum; da er als Jude keine berufliche Perspektive hatte, verließ er 1935 Deutschland und gelangte über Frankreich in die Niederlande, wo er in einer Käserei und einem Asphaltunternehmen arbeitete, bis er im Oktober 1937 die Möglichkeit hatte, zusammen mit seinem Bruder Kurt nach Argentinien auszuwandern; seine Eltern konnten 1939 nachfolgen. In Buenos Aires arbeitete er zunächst bei einer Textilfirma. 1948 heiratete er Lore Levy (31.1.1922 Osnabrück – 9.8.2002); die beiden hatten zwei Töchter, Irene und Viviane (→ Edgardo Henschel). 1962 beschlossen Lore und Bernard S., eine Buchhandlung zu eröffnen. Die LIBRERÍA ORCAN in der Av. Cabildo 2424 führte deutsch- und spanischsprachige Bücher und Zeitschriften; angeschlossen war auch eine Leihbücherei. Aufgrund überhöhter Mietforderungen musste die Librería Orcan 1967 in die Calle Mendoza 2476, ebenfalls im Stadtteil Belgrano, umziehen.

Irene Münster: Librerías y bibliotecas circulantes de judíos alemanes en la Ciudad de Buenos Aires, 1930–2011. In: Estudios Migratorios Latinoamericanos 25 (2011), S. 157–175.

Steinberg, Kurt (später Namensänderung zu Kurt Sella) 1906 Altenessen – 1969 Israel; Jurist, Buchhändler. Dr. St. war als Jurist im Staatsdienst sowie in Hamm, Essen und zuletzt Frankfurt am Main im Centralverein deutscher Staatsbürger jüdischen Glaubens tätig. Nach dem Novemberpogrom 1938 war er im KZ Buchenwald inhaftiert; Bemühungen der Familie, ihm eine Ausreisemöglichkeit in die USA zu verschaffen, scheiterten. Mit falschen Argentinien-Papieren aus der Haft entlassen, konnte er nach Palästina ausreisen und noch vor der Abfahrt seine Verlobte Hanna, geb. 1910 als H. Levy, ehelichen. Nach ihrer Ankunft im Februar 1939 war St. einige Wochen als Landarbeiter in einer Geflügelfarm in Ramoth Hashavim tätig, fand dann aber eine Anstellung als Vertreter eines englischen Buch- und Presseimporteurs und sollte in einem neu zu errichtenden Einkaufszentrum in der Nähe eines englischen Militärstützpunkts in Sarafand (damals im britischen Mandatsgebiet, heute Libanon) einen Buchladen mit Zeitungsstand aufbauen. Die Bauarbeiten kamen aber nur schleppend in Gang und so führte er von seinem Wohnsitz in Sarafand bzw. Rishon Le-Zion aus bis 1951 eine Buchhandlung und Leihbibliothek, von der aus er mehrere Ortschaften um Nahariya im Norden des Landes mit Büchern versorgte. Danach versuchte er sich als Wirtschaftsprüfer und Englischlehrer, schließlich aber erhielt der seit seiner KZ-Haft an Herzbeschwerden leidende S. eine Anstellung im israelischen Verteidigungsministerium. 1955 bis 1957 war er zwei Jahre lang in Deutschland mit Diplomatenstatus im International Tracing Service in Arolsen tätig (heute Arolsen Archives) und überwachte dort die Mikroverfilmung der das jüdische Volk und dessen NS-Verfolgung betreffenden Akten für die Yad Vashem Archive in Jerusalem. St. war Briefmarkensammler und trat auch als (Mit-)Verfasser philatelistischer Werke hervor (*The Postage stamp of Safad*. Chicago 1950).

Interview EF mit Walter Zadek am 19.10.1992 in Holon/Isr.; Rebecca L. Boehling, Uta Larkey: Life and Loss in the Shadow of the Holocaust: A Jewish Family's Untold Story. Cambridge, New York, NY: Cambridge Univ. Press 2011, u. a. S. 248–250; Hagit Hadassa Lavsky: The Creation of the German-Jewish Diaspora: Interwar German-Jewish immigration to Palestine, the USA, and England. Berlin, Boston: de Gruyter Oldenburg; Jerusalem: Magnes 2017 S. 60; How Was It Possible? A Holocaust Reader. Ed. by von Peter Hayes. Lincoln: University of Nebraska Press 2018 S. 282–231.

Steiner, Herbert 3.2.1923 Wien – 26.5.2001 Wien; Historiker, Publizist, Exilverleger; Dr. phil. S. wuchs im sozialdemokratischen Milieu auf; Ende 1938 flüchtete er, noch vor dem Schulabschluss, in die Niederlande und Anfang 1939 nach England, wo er bis 1941 eine Lehre als Schriftsetzer absolvierte. Seit 1939 war er am Aufbau der Organisation Young Austria in Great Britain beteiligt und lieferte Beiträge zu österreichischen Exilzeitschriften. 1940/41 auf der Isle of Man interniert, beteiligte er sich an den kommunistischen Lagerorganisationen; nach der Freilassung arbeitete er in einer Londoner Druckerei und fungierte 1941 bis 1945 daneben als Sekretär von Young Austria in Great Britain. 1943 bis 1945 war S. Gründer und Leiter des Verlags JUGEND VORAN und trat der British Publishers' Association als Mitglied bei. Ende 1945 kehrte S. nach Wien zurück und arbeitete, als Mitglied der KPÖ, von 1952 bis 1959 als Lektor im parteieigenen GLOBUS VERLAG. Von 1963 bis 1983 war er wissenschaftlicher Leiter des Dokumentationsarchivs des österreichischen Widerstands. Ein parallel betriebenes Studium der Geschichte an den Universitäten Prag und Wien schloss er 1971 mit dem Doktorat ab. S. war noch in zahlreichen weiteren Organisationen und Historikerkommissionen tätig, war Mitarbeiter bei vielen österreichischen und ausländischen Fachzeitschriften; er wurde, auch in Anerkennung seiner umfangreichen Publikationstätigkeit, mit dem Berufstitel Professor ausgezeichnet.

BHE 1; Mit der Ziehharmonika Jg. 8 Nr. 2 (1991) S. 2.

Steiner, Karl Anton 21.3.1905 Berlin – 8.12.1978 Kerkrade; Buchhändler, Antiquar, Jurist. S. war ein Jugendfreund von → Otto Liebstaedter; Mitglieder von S.'s Familie hielten Anteile an dem berühmten Berliner Antiquariat A. ASHER & CO., das Liebstaedter 1927 übernahm. S. ergriff zunächst nicht den Buchhändlerberuf, sondern studierte Jura und war bereits Gerichtsassessor; nach der nationalsozialistischen ›Machtergreifung‹ war ihm aber aus ›rassischen‹ Gründen eine Karriere als Jurist versperrt. 1933 gingen S., Liebstaedter und andere Freunde und Geschäftspartner gemeinsam in das Exil in die Niederlande, wo S. Mitarbeiter von Liebstaedter wurde, der 1933 in Den

Haag A. ASHER'S IMPORT & EXPORT-BOEKHANDEL gründete und 1935 zusätzlich das Antiquariat von → Wilhelm Junk erwarb. Nach 1940 tauchte S., der von dem ›Arisierer‹ der UITGEVERIJ DR. W. JUNK Clemens Groetschel als ›staatenloser Jude‹ denunziert wurde, mit seiner Familie unter. Er setzte seine Arbeit als Buchhändler unter dem Deckmantel des nicht-jüdischen Antiquariats PRAAMSMA in Zeist fort. Nach Ende des Zweiten Weltkriegs gründete S. 1946 in Amsterdam ein auf Wissenschaftsliteratur ausgerichtetes ANTIQUARIAAT K. A. STEINER und brachte drei kleine Verkaufskataloge heraus. 1947 löste er dieses Antiquariat aber wieder auf, um erneut mit Liebstaedter zu kooperieren: sie reaktivierten A. ASHER & CO., nunmehr in Amsterdam an der Herengracht, und spezialisierten sich wie zuvor Junk auf das naturhistorische Fachantiquariat. Nach dem Tod Liebstaedters 1968 nahm S. seinen Sohn Julius W. S. (geb. 1946) als Geschäftspartner auf und beide führten das Antiquariaat A. Asher & Co. bis 1970, als gesundheitliche Gründe S. dazu zwangen, die Firma an den niederländischen Antiquar Nico Israel (1919–2002) zu verkaufen, der seit 1950 an der Keizersgracht ein auf *fine books, maps and atlases* spezialisiertes Ladengeschäft führte. Julius S. blieb als Geschäftsführer des Antiquariats Asher tätig; die beiden Antiquariate behielten jeweils ihre spezifischen Spartenprofile bei. Bereits 1971 gliederte Israel seine ursprüngliche Firma als Unterabteilung A. Asher & Co. ein. Als Israel 1995 in den Ruhestand wechselte, verkaufte er A. Asher & Co. an den bibliophilen Industriellen Michael J. Roos (geb. 1946), der seit 1990 nebenher in Haarlem ein Liebhaberantiquariat betrieben hatte. Julius S. blieb Asher weiterhin eng verbunden, auch nachdem die Firma an ihren jetzigen Standort in Ijmuiden verlegt worden war. Seit Anfang 2010 gehört Asher mit Julius S. und Laurens Hesselink als Geschäftsführer zum Antiquariaat Forum (Utrecht).

SStAL, BV, F 4.521 [Wilhelm Junk]; K. A. Steiner: Zum Gedenken an Dr. Otto Liebstädter. In: Bbl. (FfM) Nr. 39 vom 16. 5. 1969 S. A1056; Biester: Streifzüge (2008) S. 479; Schroeder: ›Arisierung‹ II (2009) S. 374; asherbooks – history [online].

Steiner, Paul 1. 1. 1913 Wien – 7. 3. 1996 New York; Verleger, ›Buch-Packager‹. Der Sohn des Industriellen Geza S. arbeitete nach Absolvierung der Handelsschule 1934/35 als Assistent des Chefredakteurs der *Neuen Freien Presse* in Wien. Seit 1935 war er als Redakteur und bald als Chefredakteur im Verlag des von seinem Schulfreund → Wolfgang Foges gegründeten Monatsmagazins MODERNE WELT tätig. Hier schon eignete er sich ein spezifisches Knowhow an, das er später auf dem Feld des illustrierten Buches nutzbar machen konnte. Neben seiner Arbeit für die *Moderne Welt* studierte er Jura und legte im Januar 1938 die erste Staatsprüfung ab. Bereits im März desselben Jahres, nach dem ›Anschluss‹ Österreichs an das Deutsche Reich, musste S. wegen seiner jüdischen Herkunft sowohl die Stelle wie sein Studium aufgeben. Nachdem er seine Mutter nach Belgien gebracht hatte, versuchte er in den Niederlanden als Reisender für den Moderne Welt Verlag (der allerdings bereits in ›arischen‹ Besitz überführt worden war) aktiv zu werden, wurde aber ausgewiesen. Am 10. 2. 1939 erreichte er London, wo er bei dem schon 1937 aus Wien emigrierten W. Foges wohnte, der die Londoner Zweigstelle des Moderne Welt-Verlags inzwischen in ADPRINT LTD. umgewandelt hatte, ein Dienstleistungsunternehmen (*packager*), das Bücher für andere Verlage (wie z. B. Collins) konzipierte und herstellte. S. nahm die Einladung, in dieser Firma mitzuarbeiten, nicht an, sondern ging noch im Februar 1939 in die USA. Seinen Lebensunterhalt suchte er zunächst als Staubsaugervertreter und als Dachdecker in Akron, Ohio, zu verdienen.

1941 baute er dann aber in New York für Wolfgang Foges eine Zweigstelle von Adprint auf, die er bis 1951 leitete (→ Walter Neurath); S. wird deshalb als der erste *packager* im US-amerikanischen Verlagsbusiness angesehen. 1952 übernahm er die Geschäfte in eigene Regie und gründete die CHANTICLEER PRESS. Seitdem war er Alleininhaber und Präsident des Unternehmens, in dem er vor allem natur- und kunstgeschichtliche Literatur produzierte (u. a. *North American Nature*, 16 Bde). Von Anfang an war die Chanticleer Press stark auf Fotobücher spezialisiert. S., der seit 1945 die amerikanische Staatsbürgerschaft besaß, war ab 1976 Vorstandsmitglied des American Institute of Graphic Arts. In einem Nachruf in der *New York Times* wurde S. als ein Verleger charakterisiert, ›who helped reshape the publishing business in the United States and made the illustrated coffee table book an industry staple‹. Innovativ war nicht nur die Erfindung bzw. Popularisierung des *Coffee table books*, sondern auch der Buchtypus der *Pocket Guides*, die S. mit dem *National Audubon Society's Field Guide* zusammenführte und so mehr als 10 Millionen dieser *Audubon Guides* verkaufte. Andere erfolgreiche Beispiele in diesem Bereich waren die *Collins Bird Guides of Britain and Europe* oder *Taylor's Guides to Gardening*. Zu den Kunden bzw. Auftraggebern des Unternehmens gehörten neben US-Verlagen wie Abrams, Viking, Doubleday, Knopf oder Random House auch große Museen in aller Welt, von New York und Paris bis zum Vatican. S. zog sich in den späten 1980er Jahren aus der Unternehmensführung zurück; sein Nachfolger wurde der zuvor bei Abrams tätige Andrew Stewart, der die Chanticleer Press bis zu deren Auflösung 2005 leitete. 1986 erhielt S. das Goldene Ehrenzeichen der Stadt Wien. Er war seit 1942 verheiratet mit Marianne Esberg; sein Sohn Thomas, der seit den 1970er Jahren in dem Firmenzweig CHANTICLEER COMPANY tätig war, lebt in Chappaqua / NY.

Paul Steiner [unveröffentlichte Autobiographie]. Typoskript im Leo Baeck Institute NY (Acc. No. ME 938), nebst weiteren Nachlassdokumenten (Paul Steiner Papers, AR 25208).

BHE 1; Winfield Scott Downs [ed.]: Who is who in New York (City and State) 1960. New York: Lewis 1960; New York Times, 11 Mar. 1996 [Nachruf]; Nachruf. In: Die Presse, 16./ 17. 3. 1996 S. 21; Valerie Holman: Print for Victory. Book Publishing in Britain 1939–1945. London: British Library 2008; Silke Körber: Paul Steiner (1913–1996). Influential Book Packager of Non-Fiction Books and Founder of Chanticleer Press, Inc. and Chanticleer Co. In: Transatlantic Perspectives, 11. 1. 2012, updated 17. 5. 2014 [online].

Steiner, Rudolf 1903 München–1974 London; Buchhändler, Verleger. S. machte nach Ende des Ersten Weltkriegs eine Buchhändlerlehre in München und trat in die Kommunistische Jugend, später in die KPD ein. 1921 bis 1923 arbeitete er in einem Münchener Verlag, der ihm wegen politischer Agitation kündigte. Eine Großbuchhandlung nahm ihn vorübergehend als Vertreter für Berlin auf. 1927 fand S., der sich inzwischen auch schriftstellerisch betätigte, eine Stelle in der Buchabteilung im ›Kaufhaus des Westens‹, wurde wieder entlassen und begann für den Rundfunk zu arbeiten; ab 1931 publizierte er nur mehr in linken Zeitungen und Zeitschriften. 1934 flüchtete S. nach Prag, dort arbeitete er am 1934/35 erscheinenden antifaschistischen Satireblatt *Der Simplicus* bzw. *Simpl* mit. Im Mai 1939 gelang S. über Polen die Emigration nach England, wo er angeblich einen Verlag gründete.

Journal of the Association of Jewish Refugees (Jan. 1963) p. 8, Journal of the Association of Jewish Refugees (Feb. 1974) p. 10; Walk: Kurzbiographien (1988); Kurzbiographien IV. Universität Oldenburg [online].

Steiner, Wilhelm Victor 1. 3. 1896 Wien – 28. 1. 1964 Wien; Antiquar, Buchhändler, Schriftsteller; Dr. jur. S. wurde als Frontoffizier im Ersten Weltkrieg zwei Mal verwundet; 1920 promovierte er an der Universität Wien, danach arbeitete er jahrelang als Leiter des WIENER SOZIALTECHNISCHEN VERLAGS und engagierte sich auf politischer Ebene als Mitglied in der Christlichsozialen Partei, ab 1933 in der Vaterländischen Front. 1935 war S. Chefredakteur der *Wiener Stadtstimmen*. Im April 1938 wurde S. von der Gestapo verhaftet und kam in die Konzentrationslager Dachau und Buchenwald. Nach seiner Entlassung im Mai 1939 emigrierte S. nach Holland, fiel den Deutschen 1940 erneut in die Hände und wurde zunächst im Zuchthaus Hoorn, anschließend im KZ Westerbork festgehalten. Im Juli 1942 entlassen, trat er in die Wehrmacht ein und arbeitete als Agent eng mit der holländischen Widerstandsbewegung zusammen, u. a. lieferte S. Informationen über den Bau des Atlantikwalls und der V1- und V2-Abschussrampen. Nach Kriegsende österreichischer Vertrauensmann in den Niederlanden, arbeitete er bis 1946 an der Zeitschrift *Austria* in Amsterdam mit. Zurückgekehrt nach Wien wurde S. im September 1946 von der amerikanischen Militärregierung als öffentlicher Verwalter während des ›Dritten Reiches‹ ›arisierter‹ Buchhandlungen eingestellt: es waren dies die Herbert Stubenrauch Verlagsbuchhandlung, der Walter Krieg Verlag und die Universitätsbuchhandlung R. Lechner (Walter Krieg). S. war täglich im Laden anwesend und konnte mit seinen buchhalterischen und kaufmännischen Kenntnissen die Geschäfte nicht nur erfolgreich weiterführen, sondern auch die Umsätze aller vier Unternehmen steigern, bis die öffentliche Verwaltung 1960 eingestellt wurde und er sein Amt abgab. Hauptberuflich arbeitete S. bis zu seiner Pensionierung in der Versicherungsanstalt Anglo-Danubian Lloyd; im Ruhestand hatte er in mehreren Organisationen Ehrenämter inne (Bundesverband österreichischer Widerstandskämpfer; Bundesverband der österreichischen KZler; Fédération Internationale des Résistants, des Victimes et des Prisonniers du Fascisme). S.'s literarische Laufbahn nahm ihren Ausgang bei politischer Publizistik, u. a. in der niederländischen illegalen Zeitschrift *De Typhoon*, es folgten Bühnenwerke (u. a. *Claudius*, 1944 mit dem Österreichischen Dramatikerpreis ausgezeichnet), Lyrik und z. T. unveröffentlichte Prosawerke. S. fungierte ab 1947 auch als Herausgeber der Halbmonatsschrift *Das Antiquariat*. 1977 erhielt S. posthum das Ehrenzeichen für Verdienste um die Befreiung Österreichs verliehen.

Wilhelm Victor Steiner: Schatten. Gedichte. Wien: Alve-Verlag 1949.

Renate Heuer: Bibliographia Judaica. Verzeichnis jüdischer Autoren deutscher Sprache. Bd. 3, München: Kraus 1988; DBE Bd. 9; BHE 1; Schwarz: Verlagswesen der Nachkriegszeit (2003) S. 139, 143.

Steiner-Prag, Elenor (Eleanor) F. 10. 4. 1905 – Febr. 1994 Hunterdon / NJ; Bibliothekarin, Verlagsredakteurin. Der Vater von S., Dr. Albert Feisenberger, hatte als Reichsanwalt eines der einflussreichsten Justizämter Deutschlands inne, ihr Bruder war der emigrierte Antiquar → Hellmut Albert Feisenberger. S. besuchte von 1921 bis 1923 die Deutsche Buchhandelsschule und machte anschließend bis 1925 noch eine Bibliothekarsausbildung. Zwischen 1925 und 1933 arbeitete sie an der Deutschen Bücherei in Leipzig. Dort lernte sie 1930 den Buchgestalter → Hugo S. kennen, der damals noch in erster Ehe verheiratet war. 1932 verantwortete S. den im INSEL VERLAG erschienenen Katalog zur von Hugo S. organisierten Ausstellung *Goethe in der Buchkunst der Welt*. Da sie jüdischer Herkunft war, verlor sie nach der ›Machtergreifung‹ der Nationalsozialisten ihre Arbeit als Bibliothekarin und emigrierte im Juni 1933 zunächst nach Paris. Danach arbeitete sie zwischen 1934 und 1938/39 im Umkreis von Hugo S. in Prag, war für einige Monate auch an dessen neuem Exilort Stockholm, bevor sie 1940 ihren langgehegten Plan, in die USA auszuwandern, in die Tat umsetzte. Sie fand eine Anstellung als Bibliothekarin an der Yale University und arbeitete für das *Print Magazine*, eine Zeitschrift für graphische Kunst. 1942, nachdem auch Hugo S. in die Vereinigten Staaten eingereist war, heiratete das Paar in New York und bezog eine Wohnung in 165 E 60th Street. Elenor fand zunächst eine Stelle im Office of War Information Department. Später war S. im Bibliothekswesen und als Nachlassverwalterin ihres Mannes tätig. Die von ihr kuratierte Gedenkausstellung 1947 in der von → Otto Kallir errichteten Galerie St. Etienne in New York war die erste einer ganzen Reihe weiterer Ausstellungen zum Lebenswerk ihres Mannes. Eine bedeutsame Tätigkeit entfaltete sie in den 1960er Jahren für das *American Library Directory* und das *American Book Directory* sowie in den 1970er Jahren als Redaktionsleiterin bei R. R. BOWKER, dem führenden Verlag für bibliographische sowie Buchbrancheninformation. 1970 wurde S. zur Präsidentin der American Society of Indexers gewählt.

Eleanor F. Steiner-Prag: American Library Directory. Compiled biennially. 24th edition. New York: R. R. Bowker 1964; dies. (seit 1969/70 mit Helaine MacKeigan): American book trade directory 1965–1966. Lists of publishers and booksellers, compiled biennially. 17th edition, New York: R. R. Bowker 1965.

Hugo and Eleanor Steiner-Prag Collection 1899–1993, Center for Jewish History, Leo Baeck-Institute NY; DLA Marbach, Nachlass Hugo Steiner-Prag; Journal of Chemical Information and Modeling vol. 10 no. 3 (1970) p. 223; Irene Schlegel: Hugo Steiner-Prag. Sein Leben für das schöne Buch. Memmingen: Ed. Curt Visel 1995.

Steiner-Prag, Hugo 12. 12. 1880 Prag / Österreich-Ungarn –10. 9. 1945 New York; Illustrator, Buchgestalter. S.'s Eltern waren der jüdische Buchhändler Hermann Steiner und Berta Steiner geb. Knina, deren Familie Nachfahren des berühmten Rabbi Loew waren. Nach der Schule schloss sich S. Jung-Prag an, einer neuromantischen, dem Mystizismus zugewandten Künstlergruppe. 1897 begann er an der Prager Kunstakademie zu studieren und wechselte 1900 zunächst an die Königliche Akademie der Bildenden Künste, später an das Lehr- und Versuchs-Atelier für angewandte und freie Kunst in München, wo er nachfolgend Lehrer wurde. Eine seiner Schülerinnen, Paula Bergmann, wurde 1905 seine erste Ehefrau, im gleichen Jahr konvertierte S. zum Katholizismus, nahm die deutsche Staatsbürgerschaft an und erhielt eine Professur an der Kunstgewerbeschule in Barmen. Ab 1907 hatte S. eine Professur an der Staatlichen Akademie für Graphische Künste und Buchgewerbe in Leipzig inne, daneben arbeitete er als Bühnenbildner und Illustrator und wurde zu einem der erfolgreichsten Buchkünstler der Weimarer Republik. Von 1917 bis 1933 war S. außerdem künstlerischer Leiter beim PROPYLÄEN-VERLAG, er übernahm aber auch Gestaltungs- und Illustrationsaufträge u. a. für die Verlage STAACKMANN, SEEMANN, S. FISCHER oder ULLSTEIN. Als Vorsitzender des Vereins Deutscher Buchkünstler in Zusammenarbeit mit dem Börsenverein der Deutschen Buchhändler war S. Organisator mehrerer internationaler Buchkunst-Ausstellungen, wie der ersten Internationalen Buchkunstausstellung IBA 1927 (Leipzig), der Pressa 1928 (Köln) und der Ausstellung *Goethe in der Buchkunst der Welt* 1932. Nach der ›Machtergreifung‹ der Nationalsozialisten verlor S. seine Professur und ging im November 1933 in seine Geburtsstadt Prag zurück. Dort gründete er am Waldsteinplatz auf der Kleinseite die OFFICINA PRA-

GENSIS, eine private ›Lehrwerkstätte für Graphik, Buch- und Werbekunst‹, und arbeitete als Illustrator u. a. für die BÜCHERGILDE GUTENBERG, Zürich. Zwei Monate vor der Annexion der ČSR durch Hitlerdeutschland folgte S. im Januar 1939 einer Berufung nach Stockholm, wo er mit Unterstützung des schwedischen Werkbundes und der Buchdruckervereinigung die Skolen för Bok- och Reklamkonst gründete und u. a. für die Thomas-Mann-Ausgabe des Exilverlags BERMANN-FISCHER die Einbandgestaltung übernahm. Nach seiner Scheidung und mit einem Einreisevisum für die USA trat S. 1941 den Fluchtweg über Finnland, die UdSSR und Japan an die Westküste der USA an und nahm seinen Wohnsitz in New Haven / CT; in der Folge unterrichtete er an der Division of Graphic Arts der New York University. Zu seinen neuen Auftraggebern zählten Verlage wie RANDOM HOUSE und ROY PUBLISHERS, außerdem war S. Beirat der großen Buchgemeinschaft Book of the Month Club. Im Herbst 1943 wurde in der New York Public Library eine Ausstellung von Arbeiten S.'s gezeigt; nach seinem Tod fand Anfang 1947 in → Otto Kallirs Galerie St. Etienne eine erste, von → Elenor S. kuratierte Gedenkausstellung statt. Ein Teil des Nachlasses von S. befindet sich in der Bibliothek der Fairleigh Dickinson University, Madison / NJ, ein weiterer im Deutschen Literaturarchiv Marbach.

Hugo and Eleanor Steiner-Prag Collection 1899–1993, Center for Jewish History, Leo Baeck Institute, New York; DLA Marbach, Nachlass Hugo Steiner-Prag; BHE 2; Hans Vollmer: Allgemeines Lexikon der Bildenden Künstler des XX. Jahrhunderts. Bd. 4. Leipzig: Seemann 1956 S. 354; J. Rodenberg [Hg.] Hugo Steiner-Prag zum 50. Geburtstag. Leipzig 1930; Franz Hadamowsky, Josef Mayerhöfer [bearb. von]: Hugo Steiner-Prag. 12. Dezember 1880–10. September 1945. Festgabe anläßlich der Gedächtnisausstellung zum 75. Geburtstag. Wien: Gesellschaft der Freunde der Österreichischen Nationalbibliothek Wien 1955 [mit Bibliographie der Werke S.'s, zusammengestellt von Eleanor S., S. 49–53]; Rudolf Adolph: Festgabe Hugo Steiner-Prag. In: Bbl. (FfM) Nr. 48 vom 15.6.1956 S. 850; Eleanor Steiner-Prag, Willi Geiger: Vorläufiger Plan und Notizen für eine Autobiographie. Ein Leben für das schöne Buch von Hugo Steiner-Prag. In: Gutenberg Jahrbuch 1955 S. 196–203; Gert Klitzke: Hugo Steiner-Prag 1880–1945. In: Traditionen Leipziger Buchkunst. Leipzig: VEB Fachbuchverlag 1989 S. 115–59; Emigrant im eigenen Land. Hugo Steiner-Prag. In: Peter Becher [Hg.]: Drehscheibe Prag. Deutsche Emigranten 1933–1939. [Ausst.-Kat.] München: Oldenbourg 1989 S. 139–46, 233–39; Ernst Fischer: ›Kunst an sich ›geht‹ hier nicht.‹ Deutsche Buchgestalter und Buchillustratoren im amerikanischen Exil. In: Jahrbuch Exilforschung (2004) S. 100–26, hier S. 115 f.; Irene Schlegel: Hugo Steiner-Prag. Sein Leben für das schöne Buch. Memmingen: Edition Visel 1995; R. Riese: Art. Hugo Steiner-Prag. In: LGB 2 Bd. 7 S. 232 f.

Steinitz, Rosa Meta 27. 8. 1890 Wien – 1. 11. 1974 Wien; Bibliothekarin, Buchhändlerin. S., geb. Wurmfeld, war mit dem prominenten sozialdemokratischen Rechtsanwalt und Schriftsteller Heinrich S. (1879–1942 KZ Auschwitz) verheiratet. Sie engagierte sich in der Ersten österreichischen Republik in der Bildungspolitik, insbesondere für die Arbeiterbüchereien, und führte mit dem Bildungsfunktionär → Rudolf Neuhaus die Arbeiterbibliotheken im Bezirk Hietzing. In der Zeit des Austrofaschismus zeichnete sie als Gesellschafterin der im Oktober 1934 zur Eintragung in das Handelsregister angemeldeten Kommanditgesellschaft BUKUM Buch-, Kunst- und Musikalienhandlung Neubauer & Cie., Wien I, Bauernmarkt 3, als das vorgebliche Nachfolgeunternehmen der 1922 gegründeten und am 29. September 1934 aufgelösten BUKUM AG für Buch-, Kunst- und Musikalienhandel vormals Hugo Heller & Cie. (→ Martin Flinker). Weitere Kommanditisten waren der Wiener Kaufmann Franz Ferdinand Neubauer und die Private → Klara Schmelz, alle vertreten durch Dr. Emil Schmelz. Die von S. geleitete Buchhandlung mit Leihbücherei war ein illegaler Treffpunkt der Revolutionären Sozialisten, Karl Holoubek, der Wiener Organisationsleiter dieser Gruppe, erhielt in der Buchhandlung eine Scheinanstellung. Nach zwei Jahren wurde die Buchhandlung geschlossen und die BUKUM im Februar 1937 infolge beendeter Liquidation im Handelsregister gelöscht. Am 14. März 1938, unmittelbar nach der Besetzung Österreichs, wurde Heinrich S. von der Gestapo verhaftet, zunächst ins KZ-Dachau, dann ins KZ-Buchenwald und im Oktober 1942 schließlich nach Auschwitz deportiert. S. gelang knapp ein Jahr später die Flucht: sie meldete sich am 15. Februar 1939 nach St. Gallen ab, wo sie bei dem Schweizer sozialdemokratischen Rechtsanwalt Harald Huber unterkommen konnte. Später ging sie nach Le Locle, wo ihr Sohn Karl Heinrich vom sozialdemokratischen Nationalrat Dr. Henri Perret aufgenommen worden war. S. kehrte nach Ende des Zweiten Weltkriegs nach Österreich zurück, sie arbeitete von 1947 bis zu ihrer Pensionierung 1951 in der Wiener städtischen Bücherei am Laaerberg.

Hupfer: Antiquarischer Buchhandel (2003) S. 262 f.; Steinitz, Dr. Karl Heinrich – Familiengeschichte [online].

Steinthal, Walter 27. 11. 1887 Dessau – 27. 3. 1951 San Francisco / CA; Zeitungsverleger. Nach dem Studium der Rechtswissenschaft, Philosophie und Biologie arbeitete S. 1907 als Theaterkritiker in Berlin, danach als Regisseur. 1909 war er Mitbegründer der Zeitschrift *Der Wächter* in Leipzig, 1911 bis 1922 Herausgeber der radikaldemokratischen *Deutschen Morgen-Zeitung*; 1912 wurde S. aufgrund ›politischen Pressevergehens‹ inhaftiert. Als Herausgeber und ab 1924 Haupteigentümer der *Neuen Berliner Zeitung* (später *12-Uhr-Blatt*) verschaffte er der Zeitung breiten Erfolg. Darüber hinaus war S. Hauptaktionär und Vorsitzender der PREUSSISCHEN DRUCKEREI FÜR ZEITUNGSGEWERBE AG in Berlin. Besondere Aufmerksamkeit widmete er dem Theater: S. verfasste hauptsächlich Theaterkritiken, war 1923/24 Direktor des u. a. von Elisabeth Bergner gegründeten Schauspielertheaters und zeitweise Vizedirektor des Deutschen Theaters unter Max Reinhardt. 1933 floh der radikale Demokrat vor dem Zugriff des NS-Regimes nach Paris, dann in die Schweiz, wo er als Lektor für ägyptische Geschichte an der Universität Basel arbeitete. 1939 ging S. in die USA. Hier übte er zunächst bis 1947 eine Vorlesungstätigkeit an der Stanford University aus und wurde später Eigentümer eines Instituts in San Francisco, das Eignungsprüfungen für Angestellte durchführte.

BHE 2; DBE.

Stern, Carl Wilhelm 22. 8. 1873 Worms – 1942 England; Buchhändler; Dr. S. war seit März 1899 als öffentlicher Gesellschafter der Wiener Buchhandlung L. ROSNER im Handelsregister eingetragen. Seit Juli 1908 firmierte S. als Inhaber der Verlagsbuchhandlung CARL WILHELM STERN. Er brachte Anfang 1908 Karl Kraus' Schrift *Sittlichkeit und Kriminalität* heraus; Kraus wechselte dann aber wieder den Verlag, vermutlich weil S. damals in einen Urheberrechtsprozess wegen unberechtigter Publikation von Oscar Wildes *The Picture of Dorian Gray* verwickelt war. S. geriet in der Folge in den Geruch eines Pornographie-Verlegers (tatsächlich waren schon 1906 Clelands *Memoiren der Fanny Hill* in 800 nummerierten Exemplaren als Privatdruck nur für Subskribenten in seinem Verlag erschienen) und hatte einige polizeiliche Beschlagnahmungsaktionen zu bestehen; so wurden im Januar 1910 von vierzehn seiner Titel 32 000 Exemplare im

Wert von 150 000 Kronen auf fünf Wagen ins Landesgerichtsgebäude verbracht. Ein weiterer Prozess, der 1912 gegen ihn wegen Verbreitung pornographischer Druckschriften angestrengt wurde, endete dagegen mit einem Freispruch. Mit seinem Austritt aus dem Börsenverein der Deutschen Buchhändler kam er damals seinem Ausschluss zuvor. Beide Buchhandlungen S.s wurden im Juli 1911 von → Adolf Neumann erworben, der sie unter dem Namen L. ROSNER & CARL WILHELM STERN VERLAGSBUCHHANDLUNG GESELLSCHAFT mbH eintragen ließ. Im September 1912 übertrug Neumann den Großteil seiner Stammeinlage wiederum an S., der zugleich die Stelle des Geschäftsführers von Neumann übernahm. Zwei Monate später wurde die Firma infolge Gewerbezurücklegung gelöscht. S. führte nachfolgend seit 1912 (laut Perles' *Adressbuch* erst seit 27. Januar 1925) unter seinem Namen eine Buchhandlung mit Antiquariat und Verlag an der Adresse I. Franzensring bzw. Dr. Karl Lueger-Ring 22. In seinem Verlag erschienen u. a. Bücher Egon Friedells (*Von Dante zu d'Annunzio*, 1915) und Alfred Polgars (*Goethe. Eine Szene*, 1908; Neuausgaben 1926, 1932); er scheint mit diesen Autoren gut befreundet gewesen zu sein. Einige Monate nach dem ›Anschluss‹, am 5. August 1938, wurde die Firma ›behördlich gesperrt‹, der ›Jude deutscher Staatsangehörigkeit‹ S. wurde gezwungen, Konkurs anzumelden; eine ›Arisierung‹ wurde nicht gestattet. Das Unternehmen gelangte dann aber doch in den Besitz des berüchtigten ›Ariseurs‹ Johann Katzler. S. gelang es, mit Hilfe der Gildemeester-Auswanderungshilfsaktion und unter Verlust seines gesamten Vermögens, Österreich zu verlassen; er starb in der Emigration in England.

Murray G. Hall: Verlage um Karl Kraus. In: Kraus Hefte H. 26/27 (Juli 1983) S. 2–31, bes. S. 12 f.; Hall: Österr. Verlagsgeschichte I (1985) S. 82; Pawlitschko: Jüd. Buchhandlungen (1996) S. 102, 105, 114; Hupfer: Antiquarischer Buchhandel (2003) S. 280 f.; Bertz: ›Arisierung‹ im österr. Buchhandel (2009) S. 82 f.

Stern(e), Paul Wilhelm 25. 2. 1901 Worms – Dez. 1978 New York; Buchhändler. S., Sohn des Buchhändlerehepaars Theodor S. und Martha geb. Schlesinger, hatte sich zu Ausbildungszwecken in Berlin aufgehalten und sich dort verheiratet, kehrte aber 1931 nach kurzer gescheiterter Ehe nach Worms zurück und arbeitete dort in der von seinen Eltern geführten Kräuter'schen Buchhandlung mit. Die 1863 gegründete, 1867 von S.s Großvater Julius Stern übernommene KRÄUTER'SCHE BUCHHANDLUNG war die bedeutendste Buchhandlung in Worms; neben einem breiten Buchsortiment wurde auch Kunst und Graphik angeboten, zugleich fungierte sie als ›Musikalien- und Pianohaus‹ sowie als Konzertagentur, war also ein wichtiger Stützpunkt des stadtkulturellen Geschehens. 1932 starb Theodor S., das Geschäft wurde nun von seiner Witwe und seinem Sohn weitergeführt. Allerdings begannen 1933 die Diffamierungen und der Boykott jüdischer Geschäfte, auch die staatlichen Drangsalierungen, mit der Folge, dass die Buchhandlung 1936/37 aufgegeben werden musste. Sie wurde vom Ehepaar Otto und Käthe Haverkamp übernommen; über die näheren Umstände der Übernahme ist nichts bekannt. Paul Wilhelm S. emigrierte am 12. 12. 1937 nach New York und lebte dort bis 1978, zuletzt in der Bronx; eine buchhändlerische Betätigung in den USA ist für ihn, der sich nunmehr Paul Sterne nannte, nicht nachweisbar. Auch seine Mutter Martha ging ins Exil, allerdings erst 1941; bis dahin konnte sie vom Verkaufserlös leben. Beantragt hat sie eine Auswanderung in die USA, ihrer polizeilichen Abmeldung nach emigrierte sie am 24. 3. 1941 aber nach Südamerika.

Briefl. Mitteilung von Burkhard Abel an den Verf.; Die Wormser Juden 1933–1845. Namensliste [online]; SSDI.

Sternau, Robert (auch Robert(o) de Sternau) 28. 7. 1900 Düsseldorf – 7. 10. 1989 Córdoba; Buchhändler. S. war in Düsseldorf als Getreidehändler tätig; er emigrierte mit seiner Frau Ilse geb. Wallach (geb. 1903 Bielefeld) und seiner Tochter Ursula über Paris und Ibiza (Aufenthalt 1935/36, fotografisch dokumentiert) nach Argentinien. Dort übernahm er in Buenos Aires zwei Jahre nach ihrer Gründung 1938 die LIBRERÍA WENGERER, die er bald in LIBRERÍA BELGRANO umbenannte; der gleichnamige Stadtteil von Buenos Aires war ein von deutschen Immigranten besonders bevorzugtes Wohngebiet. Dementsprechend war das Hauptlager der Librería Belgrano sortiert: es bestand Anfang der 1960er Jahre zu 85 % aus deutschsprachigen Büchern. Der Buchhandlung angeschlossen war eine Leihbücherei und in einem zweiten, ebenfalls in der Calle Echeverria gelegenen Geschäftslokal ein Raum für Kunstausstellungen. 1970 vermietete S. die Buchhandlung und zog nach Córdoba; seinen 85. Geburtstag feierte er in Villa Ani-Mi, Sierras de Cordoba, Argentinien.

Schriftliche Mitteilung von Gerhard Kurtze an EF vom 20. 9. 1993; Aufbau vom 27. 7. 1945 S. 19; Aufbau vom 2. 8. 1985 S. 30; Taubert: Lateinamerika (1961) S. 121; Irene Münster: Librerìas y bibliotecas circulantes de los judíos alemanes en la Ciudad de Buenos Aires, 1930–2011. In: Estudios Migratorios Latinoamericanos 25 (2011), No. 70, S. 157–175; www.diariodeibiza.es (»Roberto Sternau«; mit Photo der Buchhandlung).

Sternheim, Hans 22. 11. 1900 Heidelberg – Dez. 1983; Verlagsmitarbeiter. S. wurde als Sohn von Rudolf S. und seiner Frau Helene geb. Thalheimer geboren. Er besuchte das Gymnasium in Bensheim (Hessen) und war zwischen 1921 und 1925 Angestellter in einer Darmstädter Bank, danach in Hamburg. 1925 studierte er zwei Semester lang an der Universität Heidelberg Jura, Musikgeschichte und Geschichte und arbeitete gleichzeitig als Schriftleiter der *Weinheimer Nachrichten*. 1927 heiratete er Else Osterberg und trat in den 1919 gegründeten Stuttgarter Verlag seines Schwiegervaters Max Osterberg (1865–1938) MAX OSTERBERG & CO. ein, in dem u. a. die *Süddeutsche Literaturschau* erschien; der Verlag musste unter dem NS-Regime in ISRAELITISCHE VERLAGSANSTALT umbenannt werden. Bis zur staatlich verordneten Liquidation der Zeitschrift 1938 war S. als Mitherausgeber und Redakteur der von seinem Schwiegervater 1924 gegründeten *Gemeinde-Zeitung fuer die Israelitischen Gemeinden Württembergs* tätig. Im November 1938 wurde S. in das KZ Dachau verschleppt. Den von den Nazis oktroyierten Mittelnamen Israel behielt S. Zeit seines Lebens bei. Gemeinsam mit seiner Frau und anderen Familienmitgliedern, darunter der Schwiegermutter Lina Osterberg geb. Loewi, gelang S. im März 1939 die Flucht in die Vereinigten Staaten; im Flüchtlingsgepäck transportierte er die geretteten Jahrgänge der *Gemeinde-Zeitung*. In den USA war er zunächst in Flushing / NY als Handlungsreisender tätig, später arbeitete er beim National Refugee Service in New Haven / CT. 1943 fand S. eine Anstellung als Laborant in einem wissenschaftlichen Institut, erwarb ein eigenes Patent auf dem Gebiet der synthetischen organischen Chemie, und arbeitete zuletzt für die National Starch and Chemical Corp. / NJ. Daneben behielt er seine publizistische Tätigkeit bei und schrieb Beiträge für Lokalzeitungen und jüdische Zeitschriften. 1966 verfasste er seine Memoiren; viele Familiendokumente, literarische und journalistische Arbeiten aus seiner Hand, aber auch von anderen Familienmitgliedern, gab S. an verschiedene Archive, Bibliotheken und Einzelpersönlichkeiten in den

USA, in Deutschland und in Israel, u. a. verwahrt das Leo Baeck Institute / NY Nachlasspapiere der Familien Sternheim und Isenberg, darunter die geretteten Exemplare der *Gemeinde-Zeitung* vom 15. April 1924 bis zum 1. April 1938 (AR 25379 / MF 1024).

Papers of the Sternheim and Isenberg Family 1802–2003 AR 25379 / MF 1024; Subgroup I: Max Osterberg Collection 1802–2002, Archiv des Leo Baeck Institute, NY [online]; Zelzer: Stuttgarter Juden (1964) S. 96, 187 f., 489 f.

Sternku(c)ker, Osias 30. 3. 1888 Nerol / Polen – 3. 10. 1952 Petach Tikwa / Israel; Buchhändler. Nach der Volksschule und dem Besuch einer Talmud-Thora-Lehranstalt erhielt S. eine Ausbildung als Thoraschreiber. Ende 1900 kam er mit seiner Frau nach Berlin, wo er zunächst als Schreiber von Thorarollen, Heiratsverträgen u. a. hebräischen Schriftstücken tätig war; in den 1920er Jahren begann er außerdem mit hebräischen Büchern und Ritualien zu handeln. Nachdem S. im April 1933 von der Gestapo verhaftet und misshandelt worden war, flüchtete er nach Warschau; seine Frau, die sich um die Auflösung des Geschäftes kümmerte, kam im November 1933 nach. Gemeinsam gelangten sie mit dem Zug über Lemberg an die rumänische Schwarzmeerküste, wo sie sich nach Haifa einschifften. Im Februar 1934 wanderten die Eheleute mit einem ›Kapitalistenzertifikat‹ nach Palästina ein. S. betrieb bis zu seinem Tod ein Manufaktur- und Galanteriegeschäft in Petach Tikwa.

Landesverwaltungsamt Berlin Abt. III – Entschädigungsbehörde Reg. Nr. 171 939.

Sternthal, Friedrich 27. 11. 1889 – April 1964 Illinois / IL; Verlagsmitarbeiter. Der Sohn des jüdischen Braunschweiger Dermatologen Alfred S. publizierte in literarischen Zeitschriften der Weimarer Republik (*Literarische Welt, Der Neue Merkur*). Von Gustav Kiepenheuer spontan eingeladen, in seinem Unternehmen tätig zu werden, war er von 1925 bis 1933 fester Mitarbeiter im Verlag GUSTAV KIEPENHEUER. Als ihm ebenso wie seinem Vater aus ›rassischen‹ Gründen die Berufsausübung verwehrt wurde, emigrierte die Familie am 31. Juni 1936 in die USA. Ein Leserbrief S.'s im *Aufbau* gibt einen Hinweis darauf, dass S. in Chicago als *assistant editor* beim *Esquire* tätig war.

Aufbau vom 19. 5. 1944; Hermann Kasack: Erinnerung an G. K. 1920–1925. In: Friedemann Berger [bearb. von]: Thema – Stil – Gestalt: 1917–1932. 15 Jahre Literatur und Kunst im Spiegel eines Verlages; Katalog zur Ausstellung anlässlich des 75jährigen Bestehens des Gustav Kiepenheuer Verlages. [Ausst.-Kat.] Leipzig: Kiepenheuer 1984 S. 503; Bert Bilzer [Hg.]: Brunsvicensia Judaica. Gedenkbuch für die jüdischen Mitbürger der Stadt Baunschweig 1933–1945 (Braunschweiger Werkstücke. Bd. 35). Braunschweig: Waisenhaus-Buchdruckerei und Verlag 1966 S. 219.

Stock, Erich Geb. 16. 5. 1913 Köln; Antiquar. S. hatte die Realschule besucht und war verheiratet mit Charlotte, geb. Bein (1. 11. 1915); über seine Fluchtgeschichte ist nichts Näheres bekannt. Jedenfalls aber betrieb er als Emigrant in Amsterdam das Antiquariat DE BOEKENBRON in der Nieuwen Spiegelstraat 37, ein kleines Ladengeschäft, das durch ansehnlich gestaltete Kataloge (u. a. Cat. 46/1938 zu Literatur, Reisebücher) auf sich aufmerksam machte. Offenbar gehörte er nach der Besetzung der Niederlande zu den ›Untertauchern‹, dürfte aber 1942 gefasst und ins Lager Westerbork gebracht worden sein. Um diese Zeit verliert sich seine Spur.

Arolsen Archives; SStAL, Bestand Börsenverein, Firmenakte F 17537 (1940–42); Piet J. Buijnsters: Geschiedenis van het Nederlandse antiquariaat. Nijmegen: Vantilt 2007 S. 186; Vera

Bendt: Buchhändler, Antiquare, Sammler, Bibliophile aus Deutschland 1933 bis 1945. In: Imprimatur NF XXVI (2019) S. 66, 97; De Boekenwereld 2 (1985/86) S. 146 [online].

Stössinger, Felix 25. 8. 1889 Prag – 31. 8. 1954 Zürich; Antiquar, Verleger, Publizist. S. wuchs in Wien auf und gehörte dort zum Freundeskreis um Ernst Weiss, Albert Ehrenstein und Otto Pick. 1914 übersiedelte er nach Berlin, trat der SPD bei und betätigte sich als politischer Publizist; 1916 lernte er Joseph Bloch kennen, den Herausgeber der *Sozialistischen Monatshefte*. 1917 wechselte S. als Mitglied in die neu gegründete USPD und wurde unter Rudolf Hilferding Redakteur des Parteiorgans *Die Freiheit*, 1920 engagierte er sich aktiv im Bund für proletarische Kultur. 1922 trat S. aus der Redaktion der *Freiheit* aus und begann in der Folge eine selbständige Tätigkeit mit dem von ihm 1923 gegründeten Verlag und Antiquariat FELIX STÖSSINGER in Berlin, Stresemannstraße 123; hier erschienen u. a. Werke des Dichters und Musikers Arno Nadel und ein bibliophiler Gedichtband von Nell Walden-Heimann. Ab 1925 war S. auch als Geschäftsführer der damals gegründeten FELICITAS Verlags- und Vertriebsgesellschaft mbH an gleicher Adresse eingetragen. Artikel S.s erschienen in vielen führenden linken Presseorganen der Weimarer Republik, u. a. in der *Weltbühne*, im *Tage-Buch* und in der kulturkritischen Zeitschrift *Die Clique*. Aufgrund seiner jüdischen Herkunft und politischen Einstellung gefährdet, folgte S. Anfang 1934 seinem Freund Joseph Bloch (gest. 1936), der nach Prag emigriert war, und wurde dort sein enger Mitarbeiter. Die beiden Berliner Firmen S.s wurden 1934 als ›erloschen‹ vermerkt. 1938 flüchtete S. nach Frankreich, wo er zeitweise in Nizza lebte und als publizistischer Mitarbeiter am *Pariser Tageblatt* tätig wurde. 1942 fand er Aufnahme in der Schweiz, war dort allerdings bis 1943 interniert. Anschließend lebte er in Zürich, wo er für die *Neue Schweizer Rundschau* publizistisch tätig wurde, ebenso als Korrespondent des New Yorker *Aufbau* und als Übersetzer, Essayist und Herausgeber u. a. der Werke Hermann Brochs.

BHE 1; DBE; Adressbuch 1931 S. 173, 606; Verlagsveränderungen 1933–1937 S. 23; Homeyer: Bibliophilen und Antiquare (1966) S. 145; Kurt Kesten [über S.]. In: Aufbau vom 10. 9. 1954; Interniert in Schweizer Flüchtlingslagern. Tagebuch des jüdischen Autors Felix Stössinger 1942/43. Hg. von Simon Erlanger und Peter-Jakob Kelting. Basel: Christoph Merian 2011.

Stone, Kurt 14. 11. 1911 Hamburg – 15. 6. 1989 Wilmington / NC; Musikverleger. S. studierte nach einer Kaufmannslehre Musik in Hamburg, um Konzertpianist zu werden. Da ihm aufgrund ›rassischer‹ Verfolgung 1933 eine Weiterführung des Studiums verwehrt war, ging er nach Kopenhagen an das Königlich Dänische Musikkonservatorium; 1938 emigrierte er in die USA, wo er zunächst Musikunterricht gab, 1942 aber Verbindung zum Musikverlagswesen bekam und als Lektor für mehrere Firmen tätig wurde. 1950 wurde S. in New York Leiter des Lektorats für Orchestermusik beim Verlag G. SCHIRMER INC., 1956 Cheflektor bei ASSOCIATED MUSIC PUBLISHERS, INC. Nach Verkauf dieses Unternehmens an G. Schirmer war S. in leitenden Stellungen bei ALEXANDER BROUDE INC. von 1965 bis 1969 und anschließend bis 1976 bei JOSEPH BOONIN INC. tätig, daneben auch in beratender Funktion für CHARLES SCRIBNER'S SONS sowie 1973 als *managing editor* der elfbändigen *New Scribner Music Library*. S. hat in 30 Jahren Arbeit für Musikverlage rund 60 Editionen alter Musik, vor allem Barockmusik, erarbeitet, besondere Verdienste hat er sich aber in der Publikation zeitgenössischer Musik, von Paul Hindemith und Charles Ives bis zu Ernst Krenek oder Arnold Schönberg, erworben. Darüber hinaus leitete er ein bedeutendes Forschungsprojekt zur Schaffung eines Index zeitgenössischer Musiknotation. Zu diesem Thema hat S. 1980 auch ein Buch veröffentlicht (*Music Notation in the 20th Century – A Practical Guidebook*).

Biographical Note, Publikationsliste (Archiv John M. Spalek, Albany); John M. Spalek [ed.]: Guide to the Archival Materials of the German-speaking Emigration to the United States after 1933. Bd. 2: München: Saur 1992 p. 678 [dort verzeichnet: die private Sammlung S.'s]; Kurt Stone, 77, Editor And Scholar of Music. In: New York Times, 17 June 1989 [Nachruf; online]; Fischer: Verlegeremigration nach 1933 (2002) S. 286 f.; URJ Books and Music: A Brief History of Transcontinental Music Publications – A division of the Union for Reform Judaism [online].

Storfer, Albert (Adolf) József 11.1.1888 Botoschani / Siebenbürgen (heute Rumänien) – 2.12.1944 Melbourne / Australien; Journalist, Verleger. S. war jüdischer Herkunft, sein Vater ein wohlhabender Holzhändler. Er ging in Klausenburg auf das Gymnasium und gab schon als Schüler eine sozialistische Wochenzeitung heraus; nach dem Abitur studierte S. an der Klausenburger Universität zwei Semester Philosophie, Psychologie und Sprachwissenschaften. 1908 inskribierte er an der juridischen Fakultät der Universität Wien und setzte nach einem Semester sein Jurastudium in Zürich fort, daneben begann er als Journalist u. a. für die *Frankfurter Allgemeine Zeitung* zu arbeiten. Sein Manuskript *Zur Sonderstellung des Vatermords*, das S. 1910 an Sigmund Freud schickte und von diesem in den *Schriften zur angewandten Seelenkunde* 1911 veröffentlicht wurde, steht am Beginn seiner Beschäftigung mit der Psychoanalyse. 1913 übersiedelte S. nach Wien und wurde regelmäßiger Besucher der von Freud gegründeten psychologischen Mittwochsgesellschaft. 1914 meldete sich S. als Kriegsfreiwilliger, erlitt aber bald eine Schussverletzung und wurde in der Folge in einer Felddruckerei verwendet. Er intensivierte seine psychoanalytischen Studien und unterzog sich 1916 bei Freud einer Lehranalyse. 1918 war S. als Leutnant der Reserve Rädelsführer der Meuterei seiner Truppeneinheit. Nach dem Zusammenbruch der ungarischen Räterepublik nahm S. seinen Wohnsitz wieder in Wien. Schon seit 1919 Mitglied der Ungarischen Psychoanalytischen Gesellschaft und Mitglied der Wiener Psychoanalytischen Vereinigung, begann er 1921 im 1919 gegründeten, von Otto Rank geleiteten INT. PSYCHOANALYTISCHEN VERLAG als Assistent zu arbeiten. Von 1925 bis 1932 war S. Direktor des Verlages: es waren die produktivsten Jahre des Unternehmens, das in dieser Zeit zum zentralen Organ der psychoanalytischen Bewegung wurde. Unter S.s Leitung wurden drei neue Periodika gegründet (*Zeitschrift für Psychoanalytische Pädagogik*, ab 1926; *Almanach*, ebenfalls ab 1926; *Die psychoanalytische Bewegung*, 1927–33) und eminent bedeutsame Werke der Psychoanalyse herausgebracht, darunter Einzelausgaben von Freuds Werken. S. nahm auch entscheidenden Einfluss auf die signifikante, wahrnehmungsphysiologisch begründete Gestaltung der Verlagspublikationen. Die luxuriöse 12-bändige Ausgabe der *Gesammelten Schriften* Freuds erwies sich jedoch wirtschaftlich als prekär. Der Verlag stand Ende 1931, trotz Zuschüssen aus S.s privatem Vermögen, vor dem Bankrott. → Martin Freud, ein Sohn Sigmund Freuds, löste S. 1932 nach Streitigkeiten über Bilanzen, Werbekosten und Gehaltsfragen als Verlagsleiter ab; endgültig schied er 1934 aus dem Verlag aus. Mit den beiden unterhaltsam-lehrreichen etymologischen Wörterbüchern *Wörter und ihre Schicksale* (1935) und *Im Dickicht der Sprache* (1937) konnte S. Publikationserfolge verbuchen; S. schrieb in diesen Jahren außerdem für das Feuilleton der *Frankfurter Zeitung* und war in diesen Jahren Mittelpunkt eines Kreises von Wiener Kaffeehausliteraten, zu dem u. a. Friedrich Torberg, Heimito von Doderer, Milan Dubrovic und Alfred Polgar zählten. 1938 änderte er seinen Vornamen demonstrativ von Adolf auf Albert. Nach dem ›Anschluss‹ Österreichs glückte S., der Augenzeuge des Pogroms in der ›Kristallnacht‹ war und sich erst am 28. November 1938 behördlich aus Wien abmeldete, auf verschlungenen Pfaden die Flucht ins fernöstliche Exil: Am 31. Dezember 1938 kam er in Shanghai an, bereits am 1. Mai 1939 erschien die erste Nummer der von ihm begründeten Zeitschrift *Gelbe Post. Ostasiatische illustrierte Halbmonatsschrift*. Die Zeitschrift, die in erster Linie die Emigranten in Shanghai als Zielgruppe hatte, setzte auf eine bemerkenswerte Themenmischung: es finden sich in ihr Aufsätze zu asiatischer Kultur ebenso wie zu europäischer Psychoanalyse und Linguistik, dazu bebilderte Reportagen über den alltäglichen Überlebenskampf der Emigranten in der kosmopolitischen Kolonialstadt, in die man ohne Pass und Visum einreisen konnte und die Tausenden jüdischen Flüchtlingen aus Europa Zuflucht bot. Nach einem Herzanfall im September 1940, aber auch wegen finanzieller Schwierigkeiten, musste S. sein Unternehmen einstellen, und nahm einen Job als Rundfunksprecher für den britischen Informationsdienst an. Kurz vor dem Angriff der Japaner auf Pearl Harbour wurde S. im Dezember 1941 von den Engländern über Manila nach Australien evakuiert, wo er seinen Lebensunterhalt als Knopfdrechsler notdürftig fristete; Alfred Polgar verfasste im *Aufbau* den Nachruf für seinen Freund S., der 1944 an einer Lungenentzündung verstorben war.

Paul Rosdy [Hg.]: Gelbe Post und Begleitheft [Reprint]. Wien: Turia + Kant 1999; Adolf Storfer: Wörter und ihre Schicksale. Berlin: Atlantis 1935; ders.: Im Dickicht der Sprache. Wien: Verlag Dr. Rolf Passer 1937 [beide Bände zusammen als Reprint Berlin 2000].

Adressbuch 1931 S. 297; Verlagsveränderungen 1942–1963 S. 96; Adolf Josef Storfer, in: Psychoanalysis Dictionary [online]; Johannes Reichmayr: ›Anschluß‹ und Ausschluß. Die Vertreibung der Psychoanalytiker. In: Friedrich Stadler [Hg.]: Vertriebene Vernunft. Bd. 1: 1930–1940. Wien: Jugend und Volk 1987 bes. S. 171–78; Murray G. Hall: The Fate of the Internationaler Psychoanalytischer Verlag. In: Edward Timms [ed.]: Freud in Exile. Psychoanalysis and its Vicissitudes. New Haven / NJ: Yale University Press 1988 pp. 90–105; Inge Scholz-Strasser: Adolf Joseph Storfer (1888–1944). In: Ernst Federn [Hg.]: Aus dem Kreis um Sigmund Freud. Zu den Protokollen der Wiener Psychoanalytischen Vereinigung. Frankfurt am Main: Fischer Tb 1992 S. 201–06; Elke Mühlleitner: Biographisches Lexikon der Psychoanalyse: Die Mitglieder der Psychologischen Mittwoch-Gesellschaft und der Wiener Psychoanalytischen Vereinigung 1902–1938. Tübingen: Edition diskord 1992; Lydia Marinelli: Zur Geschichte des Internationalen Psychoanalytischen Verlags. In: dies.: Internationaler Psychoanalytischer Verlag 1919–1938 (Sigmund Freud House bulletin. Vol. 20. Sondernr. 1). [Ausst.-Kat.] Wien: Sigmund-Freud-Museum 1995 S. 9–29; Inge Scholz-Strasser: Adolf Joseph Storfer: Journalist, Redakteur, Direktor des Internationalen Psychoanalytischen Verlags 1925–1932. In: ibidem S. 57–74; Andrea Huppke, Urban Zerfass: Internationaler Psychoanalytischer Verlag 1919–1938. Eine Dokumentation der Originalausgaben. [Katalog Nr. 6] Berlin: Antiquariat Zerfaß & Linke 1995; Andrea Huppke: Zur Geschichte des Internationalen Psychoanalytischen Verlages. In: Luzifer-Amor. Zeitschrift zur Geschichte der Psychoanalyse (Tübingen) 9. Jg. H. 18 (1996): Institutionalisierungen S. 7–33; Bolbecher, Kaiser: Österr. Exilliteratur (2000) S. 619 f.; Christof Windgätter: ›Zu den Akten.‹ Verlags- und Wissenschaftsstrategien der frühen Wiener Psychoanalyse (1919–1938) (Berichte zur Wissenschaftsgeschichte. Vol. 32 H. 2). Weinheim: Wiley-VCH 2009 S. 246–74; Christof Windgätter: Ansichtssachen. Zur Typographie- und Farbpolitik des Internationalen Psychoanalytischen Verlages (1919–1938). In: Thomas Rahn [Hg.]: Typographie und Literatur. Beihefte zu TEXT. Kritische Beiträge 1. Frankfurt / Main: Stroemfeld 2010.

Stratton, Henry 5. 4. 1901 Wien – 5. 4. 1984 Palm Beach / FL; Verleger. S. wurde als Max Slovsky geboren, später nannte er sich Slutzker. Er fing an der Universität Wien ein Medizinstudium an; seit 1925 erhielt er im Verlag URBAN & SCHWARZENBERG eine gediegene Ausbildung im Medizinalverlagswesen, die auch Kenntnisse im Buchdruck, Buchbinden und Druckgraphik umfasste. Später trat er als Geschäftspartner in den ›Verlag für Medizin WEIDMANN & Co.‹ ein. Nach dem ›Anschluss‹ Österreichs an Hitlerdeutschland 1938 emigrierte S. und erreichte 1940 New York, nach einem Zwischenaufenthalt in Havanna (Kuba), wo er mit einem dort ansässigen Verleger ein Gemeinschaftsunternehmen zur Übersetzung amerikanischer Medizinlehrbücher ins Spanische organisierte. 1941 gründete S. gemeinsam mit seinem ebenfalls emigrierten Geschäftspartner Ludwig H. Grünebaum den Medizinverlag GRUNE & STRATTON, in dem er Monographien namhafter emigrierter Wissenschaftler und englische Übersetzungen europäischer Fachliteratur publizierte. Die ökonomische Basis für die Expansion des Verlags bildeten die Fachzeitschriften *Blood. The Journal of Hematology* (gegr. 1947), die überhaupt erste auf diesem Spezialgebiet, und *Circulation Research* (gegr. 1950), das offizielle Fachorgan der American Heart Association. Die hämatologische Forschung blieb ein Programmschwerpunkt des Verlags; darüber hinaus förderte S. die Erforschung von Blutkrankheiten in den USA in entscheidender Weise durch Gründung von Gesellschaften, Einrichtung von Diskussionsforen, Lectures und Laboratorien sowie durch Forschungspreise. Aber auch auf anderen Gebieten wie der Psychiatrie, Herz-Kreislauf-Medizin, Röntgenologie oder Nuklearmedizin war Stratton v. a. durch Zeitschriftengründungen engagiert. In seinem Buchprogramm produzierte der Verlag bis zum Beginn der 1970er Jahre mehr als tausend Titel, von denen damals rund 700 lieferbar waren; er setzte anerkanntermaßen neue Standards im medizinwissenschaftlichen Publikationswesen und unterstützte auf diese Weise die Entstehung und Verbreitung neuen medizinischen Wissens. Zur Internationalisierung dieses Wissens gründete Stratton 1954 die INTERCONTINENTAL MEDICAL BOOK CORP., die zahlreiche Bücher von Grune & Stratton in fremdsprachigen Übersetzungen herausbrachte, sich aber auch in den Bereichen Buchimport und internationaler Koproduktion betätigte. Grune & Stratton wurde 1968 an HARCOURT, BRACE, JOVANOVICH verkauft, während der Intercontinental-Zweig unabhängig weiter bestand und den Grundstock bildete für die 1979 gemeinsam mit dem GEORG THIEME VERLAG (Stuttgart) vorgenommene Gründung von THIEME STRATTON INC., eines sehr erfolgreich operierenden Unternehmens, seit 1984 THIEME MEDICAL PUBLISHERS. S., der zahlreiche Auszeichnungen (u. a. Ehrendoktorate der Universität Freiburg im Breisgau und des Mount Sinai Medical Centers in New York, Ehrensenator der Universität Wien) erhielt, trat durch umfangreiche Wohltätigkeitsinitiativen (v. a. der Henry M. & Lillian Stratton Foundation) und die Förderung kultureller Einrichtungen hervor.

Dr. Henry M. Stratton. On the Occasion of his 70th Birthday, April 5, 1971. [Dokumentation zu der ersten Henry M. Stratton Lecture in New York.] [New York 1972]; Philanthropist Henry Stratton Dies at Age 83. In: Palm Beach Daily News, 15 Apr. 1984 [online]; Ernst R. Jaffé, Peter A. Miescher: In Memoriam: Doctor Henry Maurice Stratton, 1901–1984. In: Seminars in Hematology vol. 21 (1984) pp. 157 f.; Koepke: Exilautoren und ihre Verleger (1989) S. 1434 f.; Fischer: Verlegeremigration nach 1933 (2002) S. 293 f.; Hendrik Edelman: Other Immigrant Publishers of Note in America. In: Immigrant publishers (2009) pp. 199 f.

Strauss, Ern(e)st Geb. 15. 3. 1907 Frankfurt am Main. Buchhändler; Dr. jur. S. studierte in Frankfurt und Berlin Jura und promovierte 1932 mit einer Dissertation über *Staatsver-*

waltung und Selbstverwaltung im dezentralisierten Einheitstaat in Verwaltungsrecht. Seit Juni 1932 als Gerichtsassessor in Frankfurt tätig, konnte er ab 1933 seinen Beruf aufgrund der nationalsozialistischen Rassegesetze nicht mehr ausüben. Nachdem am 30. März 1933 gegen ihn ein Haftbefehl ergangen war, weil er in der Nacht des Reichstagsbrandes die Flucht eines Nazigegners in die Schweiz organisiert hatte, flüchtete S. zusammen mit seiner Mutter am 1. April über Saarbrücken nach Frankreich. Möglicherweise Mitglied des sozialdemokratischen Reichsbanner-Bündnisses, stand S. in Paris mit Emigranten wie Hellmuth von Gerlach, Helmuth Klotz und Ruth Fischer in Kontakt; im Deutschen Klub hielt er im Oktober 1933 einen Vortrag. Vergeblich versuchte S. zunächst, sich als *associé* eines Pariser Rechtsanwaltes zu etablieren. Ab 1. November 1935 firmierte S., nun mit französisiertem Vornamen, als Inhaber der Kommissions- und Versandbuchhandlung AGENCE DE LIBRAIRIE FRANÇAISE ET ETRANGÈRE. Die Buchhandlung im XV. Arrondissement, Square Léon-Guillot, baute rasch ein komplexes Vertriebssystem auf: bereits im Januar 1936 hatte sie Exklusivvertretungen für vierzehn, später bis zu zwanzig deutschsprachige Exilverlage, darunter MALIK, EUROPA, OPRECHT & HELBLING, EDITIONS MÉTÉORE. Die Geschäftsbedingungen im Exilbuchhandel gestalteten sich durchaus schwierig: so kämpfte S. mit den vertraglichen Bindungen zwischen ALLERT DE LANGE und der französischen Auslieferung MESSAGERIES HACHETTE, die ihn zwangen, Allert de Lange-Titel über Hachette zum normalen Buchhändlerrabatt von 33 % zu beziehen, während Hachette die Bücher vom niederländischen Verlag zum Kommissionärsrabatt von 50 % bezog. Allen finanziellen Schwierigkeiten zum Trotz erlangte S.' Buchhandlung eine führende Rolle in der Pariser Emigrantenszene: er pflegte Kontakt zu den hier ansässigen Exilorganen, half mit, den Vertrieb der *Pariser Tageszeitung* aufzubauen, belieferte bzw. initiierte Buchausstellungen der Deutschen Freiheitsbibliothek und des Schutzverbandes deutscher Schriftsteller, und wurde zum ersten Bibliographen der deutschen Exilliteratur: Seine 1938 im Selbstverlag erschienene Zusammenstellung *Fünf Jahre freies deutsches Buch – Gesamtverzeichnis der freien deutschen Literatur 1933–1938* beruht auf einer ersten, im September 1936 in der Zeitschrift *Das Wort* erschienenen fragmentarischen Bibliographie, die exakt den im Sortiment von S.' Firma geführten Verlagsprogrammen entspricht. Die Buchpublikation war innerhalb weniger Wochen vergriffen und bildete die Grundlage für die im April 1938 erstmals erschienene Zeitschrift *Das Buch*, die von der Pariser Gruppe des ISK herausgebracht wurde und sich in Konkurrenz zum hierorts stark kommunistisch geprägten (Exil-)Literaturmarkt stellte. Die Zeitschrift wollte zum ›Forum für den gesamten unabhängigen Buchhandel‹ werden. Diese latente Opposition zur kommunistischen Emigrantenszene schützte S. nicht davor, bereits am 27. September 1939, einen Tag nach dem Verbot aller Organisationen der III. Internationale, von den französischen Behörden verhaftet und im Stadion Rolland Garros festgehalten zu werden. Sein Name stand auf einer Liste von 68 Personen zur besonderen Polizeiüberwachung, darunter auch Franz Dahlem und → Paul Merker. Wie diese wurde auch S. in Le Vernet interniert; danach verliert sich seine Spur. Seine Buchhandlung wurde am 26. Juni 1941 zur ›Arisierung‹ überstellt, zu diesem Zeitpunkt standen die Räume der Buchhandlung und das Büro, das S. noch selber im August 1939 in der Rue de Tournon eingerichtet hatte, bereits leer.

Hans-Albert Walter [bearb. von]: Fritz H. Landshoff und der Querido Verlag 1933–1950 (Marbacher Magazin. Sonderheft Nr. 78). Marbach am Neckar: Dt. Schillergesellschaft 1997 S. 96, 164; Enderle-Ristori: Das ›freie dt. Buch‹ (2004) S. 48–53.

Suchodoller, Shlomo Gest. nach 1979; Importbuchhändler, Verleger. S. war nach seiner Einwanderung nach Palästina Inhaber der TEVEL PUBLISHING CO. LTD., Tel Aviv, einem Unternehmen des Zwischenbuchhandels, das hauptsächlich als Alleinauslieferer für englische und deutsche Verlage (unter ihnen S. Fischer und Rowohlt) fungierte. Als Importeur deutschsprachiger Bücher gewann S. beträchtliche Bedeutung; im *Börsenblatt für den deutschen Buchhandel* wird er noch 1979 als ›unermüdlicher Helfer und Freund deutscher Verleger und Buchhändler‹ bezeichnet. Als Verlag brachte die Firma u. a. 1936 bis 1939 das *Journal of the Association of Engineers & Architects in Palestine* (in hebräischer Sprache) heraus.

Mdl. Auskunft Erwin Lichtenstein an EF am 22. 10. 1992 in Kfar Shmaryahu / Israel; Adressbuch 1955 S. 774; Israel Book Trade Directory 1977; Börsenblatt 1979, S. 2680 (Messefoto).

Sulzbach, Ernst Rudolf 16. 4. 1887 Frankfurt am Main – 21. 1. 1954 Stockholm; Verleger, Publizist. Nach dem Kriegsdienst und einer Anstellung in der Deutschen Botschaft in Stockholm 1917/18 leitete S. als Direktor den Berliner Theaterverlag OESTERHELD. 1923 wurde er Direktor des Theater- und Musikverlages ARCADIA, einer Tochtergesellschaft des ULLSTEIN VERLAGES; nach 1933 entließ man den Juden S. jedoch aus seiner Position. 1936/37 lebte S. in Mexiko, um die dortigen Geschäftsmöglichkeiten zu untersuchen. Im März 1938 nach Europa zurückgekehrt, ließ er sich in Schweden nieder; nachdem er u. a. als Sprecher deutscher Nachrichtenprogramme im schwedischen Rundfunk und als Deutschlehrer gearbeitet und beim Aufbau der Filmhistorischen Sammlung in Stockholm mitgeholfen hatte, wurde S. Lektor des Verlagshauses BONNIER und gab monatlich Rezensionen deutscher Literatur in *Bonniers Litterära Magasin* heraus. Zusammen mit seiner zweiten Frau Renée geb. Goldberger (1892–1978), die mit ihm nach Stockholm gekommen war, arbeitete S. als Herausgeber literarischer Werke. Renée S. wurde nach dem Tod ihres Mannes auch seine Nachfolgerin bei *Bonniers Litterära Magasin* und führte die Herausgebertätigkeit mit einer Reihe von Anthologien deutscher Literatur für den führenden schwedischen Lehrbuchverlag SVENSKA BOKFÖRLAGET fort, u. a. mit Texten von Erich Kästner, Heinrich Böll, Ilse Aichinger und Siegfried Lenz. Renée S., die auch als Direktionsmitglied von Siljansbygdens Sommarfolkhögskola tätig war, leistete einen entscheidenden Beitrag zur Einführung deutscher Nachkriegsliteratur an schwedischen Schulen und Universitäten.

BHE 2; Helmut Müssener: Exil in Schweden. Politische und kulturelle Emigration nach 1933. München: Hanser 1974 S. 522, 569.

Sulzbacher, Martin 5. 5. 1896 Frankfurt am Main – Dezember 1981 London, Bankprokurist, Antiquar. S. war in Deutschland Bankier, seit 1914 lebte er in Düsseldorf. 1938 flüchtete er mit seiner Familie unter Zurücklassung fast seines gesamten Vermögens über die Niederlande nach Großbritannien. Die Einreise- und Niederlassungserlaubnis erhielt er, weil er angab, sich in England als Antiquar für jüdische Bücher betätigen zu wollen (der Antiquarsberuf gehörte zu den für Immigranten erlaubten Betätigungen). Dieses Vorhaben setzte er auch sogleich mit der Gründung der Fa. MARTIN SULZBACHER um. Bei seiner Flucht aus Deutschland war er in der Lage, heimlich einen Goldmünzenschatz mit sich zu nehmen; dieser wurde in Hackney im Norden Londons, wo sich die Familie angesiedelt hatte, in einer sich dramatisch zuspitzenden Kriegssituation von einem Familienangehörigen vergraben und wurde in Teilen erst 1952 bei Bauarbeiten zufällig wieder aufgefunden. Der Rest kam 2011 zutage und fiel S.s inzwischen in Jerusalem lebenden Sohn Max S. zu. Der Goldschatz war solange verschollen geblieben, weil alle nicht internierten Familienmitglieder auf einem Schlag einem Bombenangriff im ›Blitz‹-Krieg zum Opfer gefallen waren. Interniert war S. mit seiner Familie auf der Isle of Man und während seine Frau mit den Kindern dort verblieb, wurde S. selbst auf der ›SS Andorra Star‹ nach Kanada verschifft. Nach Torpedierung und raschem Sinken des Schiffs nur durch großes Glück gerettet, wurde er auf der ›SS Dunera‹ nach Australien gebracht, von wo er Ende 1941 zurückkehrte. Wie er feststellen musste, war das Haus in Hackney vollständig zerstört. Nach dem Krieg führte S. das 1938 begonnene Judaica / Hebraica-Antiquariat erfolgreich weiter fort, nunmehr in Golders Green, einem Londoner Vorort. Die Firma, die gelegentlich auch Kataloge herausbrachte, erwarb sich auf ihrem Gebiet einen guten Ruf.

History Blog: Owner of Hackney Double Eagles Claims the Hoard (http://www.thehistory blog.com/archives/10812; Ian Richardson: Stoke Newington's double eagles: the story of the Hackney hoard. [online].

Suschitzky, Adele 19. 11. 1878 Brünn – 24. 5. 1980 London; Buchhändlerin. Die Witwe des jüdischen Wiener Buchhändlers und Verlegers Wilhelm S. (1877–1934) und Mutter des Photographen Wolf S. (geb. 1912) und der Photographin Edith Tudor-Hart (1908–1973) trat nach dem Freitod ihres Mannes als Gesellschafterin in die 1902 gegründete Buchhandlung BRÜDER SUSCHITZKY und den nachfolgend gegründeten ANZENGRUBER VERLAG Brüder Suschitzky ein. Gemeinsam mit ihrem Schwager Philipp S. und dessen Sohn → Joseph S. führte S. die Firma in den schweren Jahren des Austrofaschismus zwischen 1934 und 1938. Die Buchhandlung im ›Arbeiterbezirk‹ Favoriten war aufgrund ihrer Linksorientierung immer wieder Schikanen seitens der ständestaatlichen Behörden ausgesetzt; Wolf S. berichtete von Beschlagnahmungen größeren Umfangs. Mit der Annexion Österreichs an Hitlerdeutschland war das Schicksal des Familienbetriebes besiegelt. Drei Tage nach dem ›Anschluss‹ flüchtete ihr Schwager am 15. März 1938 nach Frankreich, wo seine Tochter lebte; in den darauffolgenden Monaten bemühten sich S. und ihre Schwägerin Olga um den Verkauf der Buchhandlung an den ehemaligen Gehilfen Johann Heger. Diese ›interne Arisierung‹ wurde von den NS-Behörden verweigert. Karl Zartmann von der RSK Landesleitung Österreich lieferte dafür die ideologische Begründung: ›Bei diesem Unternehmen handelt es sich um einen jüdischen-marxistisch-pornographischen Betrieb, dessen Arisierung höchst bedenklich wäre.‹ Daraufhin wurde über den Verlag und die Buchhandlung ein Konkursverfahren eröffnet, und die Lagerbestände, sofern die Bücher überhaupt noch angeboten werden durften, wurden versteigert. Die Liquidierung der Firma fand mit der amtlichen Löschung am 9. Dezember 1941 ihr Ende. S. gelang die Flucht nach London, wo ihre Tochter, die am Bauhaus die Photographie-Klasse besucht hatte und seit 1927 für die ›Abteilung internationaler Verbindungen‹ der Komintern (OMS) aktiv gewesen war, schon seit 1933 mit ihrem Mann, dem englischen Arzt Alex Tudor-Hart, im Exil lebte.

Hall: Österr. Verlagsgeschichte II (1985) S. 41 f.; Hupfer: Antiquarischer Buchhandel (2003) S. 204.

Suschitzky, Joseph 25. 11. 1902 Wien – 14. 12. 1975 London; Buchhändler, Antiquar; Dr. jur. S. war der Sohn von Philipp S. (1876–1942), der 1902 gemeinsam mit seinem

Bruder Wilhelm (1877–1934) die Buchhandlung mit Antiquariat und Leihbücherei BRÜDER SUSCHITZKY in Wien X, Favoritenstraße 57, gegründet hatte und seit damals leitete. Die Volksbuchhandlung war zugleich Geschäftsstelle des Monistenbundes und des Arbeiterabstinentenbundes, beides Vorfeldorganisationen der österreichischen Sozialdemokratie. Außerdem besaßen sein Vater und sein Onkel den ANZENGRUBER VERLAG Brüder Suschitzky, in dessen beinahe 40-jähriger Bestehenszeit 150 Titel zu sozialdemokratischen, sexualwissenschaftlichen und pazifistischen Themen erschienen (z. B. von Rosa Mayreder und Josef Popper-Lynkeus), aber auch belletristische Werke u. a. von Alfons Petzold, Hugo Bettauer oder Hermann Hakel. S. arbeitete bereits während seiner Schulzeit als Lehrling im Anzengruber Verlag mit. Nach Beendigung eines politikwissenschaftlichen Studiums, das er 1928 mit einer Dissertation über *Die politischen Theorien der utopischen Sozialisten* bei dem renommierten Wiener Staatsrechtler Hans Kelsen abschloss, und dem Selbstmord seines Vaters übernahm S. 1934 die Leitung der Buchhandlung. Unmittelbar nach der Annexion Österreichs 1938 durch NS-Deutschland mussten Geschäft und Verlag schließen, S. und sein Bruder → Willi S. wurden ein Jahr lang in den Konzentrationslagern Dachau und Buchenwald interniert. In dieser Zeit bemühten sich seine Tante → Adele S. und seine Mutter Olga vergeblich um den Verkauf der Familienunternehmen. Nach seiner Freilassung gelang es S., völlig mittellos, nach England zu emigrieren, wo er sich nach seiner Ankunft am 20. August 1939 zunächst mit Gelegenheitsjobs seinen Lebensunterhalt verdiente. 1940 wurde S. als feindlicher Ausländer auf der Isle of Man interniert; nach der Freilassung fand S. eine Anstellung als Leiter des *rare books department* bei der Buchhandlung FOYLES in der Charing Cross Road; → Hans Eberhard Goldschmidt unterstützte ihn dabei als Mitarbeiter. Über seine Arbeitsbedingungen schrieb S. später: ›Die Abteilung führte ich so, als ob es mein eigenes Geschäft wäre. Während des Krieges war es nicht schwer, Bücher zu verkaufen. Der Umsatz stieg von Woche zu Woche. Es kam oft vor, dass meine Verkaufskommission (threepence in the pound) größer war als mein Gehalt.‹ Gleich nach dem Krieg eröffnete S. 1945 seine eigene Antiquariatsfirma LIBRIS LTD. Durch Kataloge und ständige Annoncen in englischen und deutschen Fachblättern machte S. auf seine Firma, die zunächst an seiner Wohnungsadresse ihren Sitz hatte, aufmerksam. Die von ihm verlangten Preise waren so kalkuliert, dass Kollegen bei ihm günstig einkaufen konnten. Er widmete sich dabei fast ausschließlich dem Handel mit deutschsprachigen Büchern, die er in England preisgünstig erwarb; so konnte S. im Laufe der Jahre die Bibliotheken und Nachlässe u. a. von Friedrich Gundolf, Mechtilde Lichnowsky und Alexander Korda erstehen. 1951 zog Libris Ltd. in ein Haus in der Boundary Road, NW 38, das ausreichend Platz bot für das mit bis zu 60 000 Titeln umfangreichste Lager an deutschsprachigen Büchern in ganz Großbritannien. Mit seinen ebenfalls nach England emigrierten Kollegen pflegte S. guten Kontakt, sie schätzten die herzliche Art, die er im Umgang mit den Menschen an den Tag legte. Dass er mit dem Verkauf der *reference library* von → Ernst Weil an eine kanadische Bibliothek betraut wurde, kann als ein Zeichen dieser besonderen Wertschätzung betrachtet werden. S. versorgte die in London arbeitenden Deutschen und Österreicher mit Literatur, darüber hinaus veranstaltete er Samstagvormittag eine Art literarischen Salon, der sich bei seiner Kundschaft ob der kosmopolitischen Atmosphäre großer Beliebtheit erfreute. Nach der durch den Abbruch des Hauses erzwungenen Räumung des Geschäftes verkaufte S. 1971/72 sein Lager (es ging en bloc an eine australische Universitätsbibliothek) und zog sich aus dem

Antiquariatsbuchhandel fast gänzlich zurück; seine Absicht, in kleinerem Rahmen von seiner Wohnung aus ein Antiquariat weiterzuführen, dürfte er bis zu seinem Tod krankheitsbedingt nur sehr eingeschränkt verwirklicht haben. S.'s Eltern Philipp und Olga S. waren im besetzten Frankreich von den Nationalsozialisten festgenommen und 1942 aus dem Sammel- und Durchgangslager Drancy deportiert worden; sie wurden in Auschwitz ermordet.

Joseph Suschitzky: 21 Jahre Libris (London) LTD. Etwas vom Buchhandel in England und sehr viel Persönliches. [Maschinenschr., hektogr.] London 1966; ders.: 21 Jahre Libris (London) Ltd. Etwas vom Buchhandel in England und sehr viel Persönliches. In: Anzeiger des Verbandes der Antiquare Österreichs Nr. 22 (1966) S. 1–4; ders.: Von Kunden, Sammlern, Büchereinkäufen und wie es in 38A Boundary Road, London NW 8 aussieht. [Maschinenschr., hektogr.] London 1971. Abgedruckt als: Von Kunden, Sammlern, Büchereinkäufen: Abschied von 38A Boundary Road. In: Bbl. (FfM) Nr. 49 vom 22. 6. 1971 S. 248–52; ders.: ›Libris (London) Ltd.‹ Etwas vom Antiquariats-Buchhandel in England. Ein persönlicher Bericht aus den Jahren 1966 und 1971. In: Claus-Dieter Krohn [Hg.]: Exil, Entwurzelung, Hybridität (Jahrbuch Exilforschung. Bd. 22). München: Edition Text + Kritik 2004 S. 201–17.

H. B. Bussmann: Zum 60. Geburtstag von Dr. Suschitzky. In: Bbl. (FfM) Nr. 95 (1962) S. 2097; Ingo Nebehay: Dr. Joseph Suschitzky zum Gedenken. In: Bbl. (FfM), Nr. 7 vom 23. 1. 1976 S. A29 f.; Joseph Suschitzky: Dichter oder Kaufmann. In: Bbl. (FfM) Nr. 9 vom 29. 1. 1963 S. 253 f.; Bbl. (FfM) Nr. 7 vom 23. 1. 1976 (AdA Nr. 1 (1976)) S. A29 f.; Hall: Österr. Verlagsgeschichte II (1985) S. 41 ff.; Annette Lechner: Die Wiener Verlagsbuchhandlung ›Anzengruber-Verlag, Brüder Suschitzky‹ (1901–1938) im Spiegel der Zeit. In: AGB Bd. 44 (1995) S. 187–273; Bach, Biester: Exil in London (2002) S. A260 f.; Hupfer: Antiquarischer Buchhandel (2003) S. 202–05; Peter Stephan Jungk: Die Unruhe der Stella Federspiel. Roman. München: List 1996, S. 35–41; Edward Timms: Libris (London) Ltd. A Refugee Bookshop and its Legacy. In: Gerhard Renner, Wendelin Schmidt-Dengler, Christian Gastgeber (Hg.): Buch- und Provenienzforschung. Festschrift für Murray G. Hall zum 60. Geburtstag. Wien: Praesens 2009, S. 187–201.

Suschitzky, Willi Buchhändler. Der Bruder von → Joseph S. kam zusammen mit diesem am 20. August 1939 völlig mittellos in London an, nachdem sie beide ein Jahr lang in den Konzentrationslagern Dachau und Buchenwald interniert gewesen waren. Die geplante Weiteremigration in die USA wurde durch den Kriegsausbruch vereitelt. Im Juni 1940 internierten die Engländer beinahe alle *refugees* als ›feindliche Ausländer‹: S. wurde mit einem Flüchtlingstransporter nach Australien in ein Lager gebracht. Erst 1946 kam er ›nach einer unfreiwilligen Reise um die Welt‹ wieder nach London zurück und begann in der gerade erst gegründeten Firma LIBRIS LTD. seines Bruders mitzuarbeiten. Mit der Zeit kristallisierten sich klare Zuständigkeiten heraus; über die Aufgabenverteilung in dem Haus in der Boundary Street berichtete Joseph S.: ›Er hat das große Lager und die Expedition übernommen. An Montagen und Donnerstagen ist er besonders stark beschäftigt, da macht er die Börsenblatt-Suchlisten (unser einziges Verlustgeschäft). Er bewohnt den 2. Stock des Hauses 38A, Boundary Road, London NW 8, hat also nicht weit ›ins Geschäft‹‹.

Joseph Suschitzky: ›Libris (London) Ltd.‹ Etwas vom Antiquariats-Buchhandel in England. Ein persönlicher Bericht aus den Jahren 1966 und 1971. In: Exilforschung. Ein internationales Jahrbuch. Bd. 22: Bücher, Verlage, Medien. München: Edition Text + Kritik 2004 S. 201–17, obiges Zitat S. 206. Für weitere Literatur siehe Joseph Suschitzky.

Sussmann, Friedrich (Fritz) Verlagsvertreter. S. führte seit 1. 9. 1930 eine in Wien I, Salztorgasse 7, seit 1935 Franz-Josefs-Kai 49, eingetragene Firma mit Versandbuchhandlung und Reisevertrieb; faktisch jedoch arbeitete er vor 1933 viele Jahre als Verlagsvertreter beim GUSTAV KIEPENHEUER Verlag in Berlin. Nach der nationalsozialistischen Machtübernahme war er in gleicher Funktion für → Fritz H. Landshoffs QUERIDO VERLAG tätig; S. bereiste die Länder Schweiz, Tschechoslowakei, Italien, Österreich, Ungarn und Rumänien: ›In jedem der von ihm bereisten Länder richtete er eine Zentralstelle ein, an die die jeweiligen Sendungen geschickt und von denen sie schnellstens an die einzelnen Buchhandlungen weitergeleitet wurden.‹ (Landshoff S. 82) Auf seinen Reisen suchte er u. a. auch die Bücher Joseph Roths zu verkaufen, die im Verlag DE GEMEENSCHAP erschienen. Daneben betätigte er sich 1936 bis 1938 auch als Verleger; mindestens sieben Publikationen, darunter Ende 1936 *Das blaue Lesebuch* [satirische Texte], 1937 François Villons *Das Große Testament* in der Übersetzung von Peter Welf (d. i. Wolfgang Benndorf) und 1938 von Josef Pechacek *Die Balladen von Schmitteks Glück und Ende*, erschienen damals im VERLAG DER BUCHHANDLUNG FRITZ SUSSMANN. S.s Arbeit als Verlagsvertreter war durchaus erfolgreich, allerdings wurde sein Tätigkeitsfeld aufgrund der Annexionen Hitlerdeutschlands immer kleiner. 1939 flüchtete S. von Prag nach Amsterdam; spätestens seit diesem Zeitpunkt, vermutlich aber schon seit 1938, war er auch für die ›Zentralauslieferung‹ der Verlage Querido, ALLERT DE LANGE und BERMANN-FISCHER tätig. Als die deutschen Truppen in die Niederlande einmarschierten, konnte S. zunächst untertauchen. Er war zu Kriegsbeginn mit dem Allert de Lange-Verleger → Walter Landauer zusammen, der ebenso wie S. selbst versteckt lebte. Die beiden trafen 1943 im Straflager Westerbork wieder zusammen; sie hatten beide inzwischen die ecuadorianische Staatsbürgerschaft erwerben können, was sie zunächst schützte; im Januar 1944 wurden sie schließlich in das KZ Bergen-Belsen gebracht. Im Gegensatz zu Landauer überlebte S., obwohl bereits völlig zusammengebrochen, und wurde 1945 mit seiner Familie (seiner Frau Grete S. und ihrem Sohn Peter) nach Nordafrika ausgetauscht, wo sie sich im UNRA-Lager Philipsville bei Algier erholten. Von dort aus meldete sich S. noch am 16. April 1945 brieflich bei Landshoff. 1946 gab er aus New York ein Lebenszeichen, wo er als Frederick S. gemeinsam mit → Eric Kaufmann die TRANSBOOK COMPANY gründete, die ursprünglich als Verlagsvertretung für den nach dem Krieg in Amsterdam wieder in Gang gebrachten Querido Verlag fungieren sollte. Nach 1950 trat das Unternehmen mit der Publikation von hochwertigen Kunstbüchern hervor, die z. T. in Koproduktion mit europäischen Verlagen hergestellt und vertrieben wurden.

Adressbuch 1932 S. 607; Verlagsveränderungen 1937–1943: Fritz Sussmann 1938 erloschen; Cazden: German Exile Literature (1970) p. 177; Landshoff: Querido Verlag (1991) S. 82, 373, 368–70, 497; Kerstin Schoor: Verlagsarbeit im Exil. Untersuchungen zur Geschichte der deutschen Abteilung des Amsterdamer Allert de Lange Verlages 1933–1940. Amsterdam: Rodopi S. 82, 246 f.

Swarsensky, Hardi 7. 11. 1908 Berlin – 5. 12. 1968 Buenos Aires; Publizist, Verleger. S. schloss ein rechtswissenschaftliches Studium in Leipzig 1932 ab, erhielt aber 1933 Berufsverbot. 1939 emigrierte er nach Argentinien und rief im gleichen Jahr in Buenos Aires gemeinsam mit Günter Friedländer die zionistische Zeitschrift *Jüdische Wochenschau* ins Leben, die S. bis 1968 verlegte und redigierte; 1942 bis 1945 gaben er und Friedländer auch die Zeitschrift *Porvenir* heraus. 1941 gründeten sie EDITORIAL ESTRELLAS, ein Verlagshaus für deutsch-jüdische und argentinisch-jüdische Schriftsteller, in welchem neben eigenen Werken S.s auch Franz Werfels Erzählung *Eine blaßblaue Frauenschrift* (1941) oder Paul Zechs *Ich suchte Schmied ... und fand Malva wieder* (1941) erschienen. Von 1952 bis 1968 führte S. eine auf Wiedergutmachungsansprüche spezialisierte Rechtsanwaltskanzlei; außerdem bekleidete er hohe Funktionen in nationalen und internationalen jüdischen Organisationen.

[Auswahl] Hardi Swarsensky: Von Basel nach Jerusalem. Buenos Aires: Estrellas 1945; ders.: Eroberung durch Aufbau. Ein Beitrag zur Geschichte der jüdischen Kolonisation in Israel. Buenos Aires: Estrellas 1949; ders.: Pogrom über Deutschland. Buenos Aires 1969.

BHE 1; Mündliche Auskunft Susanne Bach; Kerstin E. Schirp: Die Wochenzeitung ›Semanario Israelita‹: Sprachrohr der deutsch-jüdischen Emigranten in Argentinien. Münster: Lit 2001, passim.

Sztejnberg, Aron 19. 5. 1899 Bielsk / Westpreußen – September 1983; Buchhändler. S. besuchte das städtische Gymnasium in Bielsk, als er 1915 als Zivilgefangener zum Deutschen Etappen-Magazin 841 eingezogen wurde; bis zum Kriegsende musste er Zwangsarbeit leisten. 1919 kam S. nach Oberhausen, wo er zunächst in einer Fabrik arbeitete und 1920/21 eine Handelsschule besuchte. 1922 siedelte S. nach Berlin über und trat dort als Lehrling in die Firma JALKUT GMBH Verlag und Buchhandlung ein. 1930 folgte er dem ehemaligen Geschäftsführer der Buchhandlung → Rubin Mass, der sich 1926 selbständig gemacht hatte, in dessen Unternehmen nach. S. war bis 1934 bei Mass angestellt, zuletzt in leitender Position: Nach der Auswanderung von Rubin Mass nach Palästina im Jahre 1933 hatte er die Geschäftsführung inne. Im März 1934 übernahm S. die Buchhandlung auf eigene Rechnung und führte sie unter STEINBERG & SALLES vorm. Rubin Mass fort bis zum November 1938, gemeinsam mit → Wolf Salles, der im April 1934 als Teilhaber in die offene Handelsgesellschaft eingetreten war; seit dem Juli 1937 war die in Berlin-Charlottenburg, Pestalozzistraße 15 beheimatete Firma als ›Jüdischer Buchverlag und Buchvertrieb‹ zugelassen. Nach der Aufforderung zur Schließung der Buchhandlung musste S. das Geschäft liquidieren. Im Mai 1939 erhielt er die Anordnung, die Buchbestände des aufgelösten Unternehmens an den Jüdischen Kulturbund zu übergeben. Die von der Übernahme durch den Kulturbund ausgeschlossenen Titel musste S. auf eigene Kosten zum Teil an das Sonderreferat Reichskulturwalter Hinkel abliefern, zum Teil zur Abholung durch die Gestapo bereitstellen. Rund 1500 Bände des wissenschaftlichen Antiquariats wurden nach Besichtigung durch den Bibliothekar der Preußischen Staatsbibliothek Berlin abgeholt. S. selbst, der nach 1933 als Staatenloser in sogenannter Mischehe mit einer ›Arierin‹ lebte, erhielt 1938 den Ausweisungsbescheid, den er durch kürzere Aufenthaltsverlängerungen hinausschieben konnte. Im Dezember 1939 begab sich die Familie S. in das Exil: sie gelangte mit der Bahn nach Triest und setzte von dort mit dem Schiff nach Haifa über. In Palästina war S. von 1940 bis Anfang 1941 als ›Gelegenheitsarbeiter‹ für die Firma JALKUT in Tel Aviv tätig. 1942 machte er sich in Tel Aviv mit der Bücherzentrale MERKAS HAS'FERIM selbständig, doch erzielte er damit so geringe Einnahmen, dass keine Steuern fällig wurden. In den 1960er Jahren war er wieder als Aushilfe im Buchhandel beschäftigt.

SStAL, BV, F 15. 220; Amtsgericht Charlottenburg 91 HRA 97 512 † 1941; Landesverwaltungsamt Berlin Abt. III – Entschädigungsbehörde.

Szücs, Ladislaus 23. 8. 1901 Budapest – Aug. 1944 Los Angeles; Musikverleger, Agent. S. (in den USA Laslo Szucs) war Gründer, Mitinhaber und Geschäftsführer des 1930 in

Berlin gegründeten Filmmusikverlags BEBOTON; in der Folgezeit übernahm S. von den anfänglichen Gesellschaftern des Verlags, der Deutschen Lichtspiel Syndikat AG und der ANTON J. BENJAMIN AG (→ Richard Schauer), sämtliche Anteile. Nach der nationalsozialistischen ›Machtergreifung‹ wurde der Verlag 1935 von der Cautio Treuhand GmbH ›arisiert‹. S. flüchtete nach Wien und gründete dort 1936 den CINETON VERLAG GMBH, dessen Verlagswerke von der RKK für ›unerwünscht‹ erklärt wurden. Nach dem ›Anschluss‹ Österreichs wurde 1938 auch der Cineton Verlag durch die Cautio Treuhand GmbH und Hans C. Sikorski ›arisiert‹. S. ging über Frankreich ins Exil in die USA und wurde dort nicht mehr verlegerisch tätig, sondern vermittelte in Hollywood als Agent Autoren an Filmproduktionsfirmen.

Fetthauer: Musikverlage (2004) S. 505; LexM [online].

T

Tal, Lucy 28. 10. 1896 Wien – 2. 7. 1995 New York; Verlegerin. T. geb. Traub führte nach dem Tod ihres Mannes Ernst Peter T. (1888–1936) den in Wien VII, Lindengasse 4 ansässigen E. P. TAL VERLAG weiter, der seit 1919 Werke zu zeitgeschichtlichen Themen, später zunehmend Belletristik verlegte. E. P. Tal hatte zunächst bei S. FISCHER in Berlin als Leiter der Theaterabteilung gearbeitet. Nach dem Kriegsdienst an der galizischen Front heiratete der zur evangelischen Konfession konvertierte Jude die Wienerin Lucy Traub und baute mit Hilfe des Schweizer Literaten und Mäzens Carl Seelig, der bis 1923 als stiller Teilhaber fungierte, seinen Verlag auf. Nach November 1936 wurde der Verlag von T. bis zu ihrer Flucht nach Paris im März 1938 weitergeführt. Der Verlag übernahm in der ersten Zeit der NS-Herrschaft in verdeckter Kooperation den Vertrieb ausgewählter Titel des Exilverlags ALLERT DE LANGE nach Deutschland, da er in Leipzig eine Zweigstelle besaß. Die Bücher wurden unverdächtig gemacht, indem das Impressum des Originalverlags durch jenes von E. P. Tal ersetzt wurde. Seit Jahresanfang 1935 stand diese Vertriebspraxis aber unter Beobachtung der deutschen Behörden und wurde dann auch im Frühsommer 1936 unterbunden. Seit Beginn 1937 hatte der Saarbrücker Dr. Alfred Ibach ein Beteiligungsverhältnis mit Optionskaufrecht am E. P. Tal-Verlag. Im Verlauf von T.'s Weiteremigration über London in die USA erfolgte in Wien die ›Arisierung‹ des Verlages; seit dem 19. März 1938 leitete Ibach den Verlag, den er zum Kaufpreis von RM 0 übernahm. Am 10. Juni 1939 wurde der Name des E. P. Tal Verlags im Handelsregister gelöscht und durch ALFRED IBACH VERLAG ersetzt. T. bemühte sich 1939 noch aus London um eine Zusammenarbeit mit → Gottfried Bermann Fischer; ihr Plan, deutschsprachige Bücher in den USA zu vertreiben, zerschlug sich aber. So arbeitete sie im US-amerikanischen Exil zunächst ab 1942 als Leiterin des San Francisco Town Hall Forum, später als Filmdramaturgin für Hollywood.

Adressbuch 1931 S. 615; Verlagsveränderungen 1937–1943 S. 25; Verlagsveränderungen 1942–1963 S. 192; Tentative List; Hall: Österr. Verlagsgeschichte I (1985) S. 409–14; Hall: Österr. Verlagsgeschichte II (1985) bes. S. 415–37; Freya Katharina Schmiedt: Der E. P. Tal-Verlag. Eine Edition der Korrespondenz E. P. Tal – Carl Seelig. Diplomarbeit. Wien 2002; Mitteilungen der Gesellschaft für Buchforschung in Österreich Nr. 1 (2002) S. 25–27; Nawrocka: Kooperationen (2004) S. 62 f.

Tau, Max 19.1.1897 Beuthen / Oberschlesien (heute Bytom / Polen) –13.3.1976 Oslo; Verlagslektor, Verleger, Dr. phil. T., Sohn eines jüdischen Tuchhändlers, studierte Philosophie und Psychologie in Berlin, Hamburg und Kiel und war während seines Studiums schon als Lektor für die Verlage LINTZ in Trier und OTTO QUITZOW in Lübeck tätig (so gab er 1924 bei Lintz Hermann Stehrs *Gesammelte Werke* in neun Bänden heraus). Nach seiner Promotion 1928 arbeitete T. bis Mitte 1936 als Cheflektor des BRUNO CASSIRER VERLAGES in Berlin (→ Bruno Cassirer), wo er vor allem deutsche und skandinavische Autoren (u. a. Knut Hamsun und Sigrid Undset) förderte; daneben war er als Literaturkritiker für verschiedene Zeitungen tätig. Kurz nach der nationalsozialistischen ›Machtergreifung‹ war T. als ›nichtarischer‹ Lektor von der RSK ausgeschlossen worden; nach Erlass der ›Nürnberger Gesetze‹ war ihm eine offizielle Berufsausübung untersagt. Insgeheim arbeitete T. für den UNIVERSITAS VERLAG als Gutachter und Vermittler weiter. Am 22. Dezember 1938 emigrierte T. nach Norwegen, wo er durch seine langjährigen Verbindungen zu norwegischen Schriftstellern, die er bei Cassirer eingeführt hatte, eine Anstellung als Verlagslektor des JOHAN GRUNDT TANUM VERLAGES in Oslo fand und sich nach der deutschen Besatzung der norwegischen Widerstandsbewegung anschloss. 1942 nahm er die norwegische Staatsbürgerschaft an, heiratete die Protestantin Tove Filseth, die unter Flüchtlingen in Oslo gearbeitet hatte, und floh nach Schweden. In Stockholm arbeitete T. von 1942 bis 1945 als Lektor für den Verlagskonzern ESSELTE. 1944 richtete er den deutschsprachigen NEUEN VERLAG als Abteilung des zum Konzern gehörigen LJUS VERLAGES ein und verlegte hier u. a. Werke von Johannes R. Becher, Lion Feuchtwanger, Alexander Granach, Thomas Theodor Heine und Heinrich Mann. Der Neue Verlag, den T. bis 1946 leitete, war neben HEINEMANN & ZSOLNAY in London die einzige deutschsprachige Exilverlagsgründung in Europa während des Zweiten Weltkrieges. 1946 kehrte T. nach Oslo zurück, wo er seine Tätigkeit als Lektor des Johan Grundt Tanum Verlages wieder aufnahm (bis 1953). Gemeinsam mit H. ASCHEHOUG & CO. rief T. 1950 die Buchreihe *Friedensbibliothek* ins Leben, die erfolgreich zum literarischen Austausch zwischen Deutschland und Skandinavien ebenso wie zur Verständigung zwischen den Ländern und der christlichen und jüdischen Religion beitrug. T. war seit 1945 Mitglied im norwegischen PEN Club; er wurde mit zahlreichen Ehrungen ausgezeichnet, u. a. 1950 als erster Preisträger mit dem Friedenspreis des Deutschen Buchhandels und mit dem Nelly-Sachs-Preis der Stadt Dortmund. T. war seit 1967 Träger des Bundesverdienstkreuzes mit Stern.

Max Tau: Das Land, das ich verlassen mußte. Hamburg: Hoffmann und Campe 1961; ders.: Ein Flüchtling findet sein Land. Hamburg: Hoffmann und Campe 1964; ders.: Auf dem Wege zur Versöhnung. Hamburg: Hoffmann und Campe 1968; ders.: Trotz allem! Lebenserinnerungen aus siebzig Jahren. Hamburg: Siebenstern 1973 [alle autobiogr.].

BHE 2; DBE; Christina Leje: Der Lektor und Verleger Max Tau 1942–46 in der schwedischen Emigration. In: Jahrbuch der Schlesischen Wilhelms-Universität zu Breslau. Bd. 16. Göttingen 1971; Heinz Sarkowski: Bruno Cassirer. Ein deutscher Verlag 1898–1938. In: Imprimatur. NF Bd. VII (1972) S. 107–38; Regina Hartmann: ›Doch wer das Unrecht duldet, bereitet seinen eigenen Untergang vor‹ – Max Tau im norwegischen und schwedischen Exil. In: EXIL 21. Jg. Nr. 2 (2001) S. 39–51; Elisabeth Krüger: Max Tau als literarischer Leiter des Neuen Verlages. In: Detlef Haberland [Hg.]: ›Ein symbolisches Leben‹. Beiträge anlässlich des 100. Geburtstages von Max Tau (1897–1976). Heidelberg: Palatina 2000 S. 239 f.; Nawrocka: Kooperationen (2004) S. 75 f.; Saur: Deutsche Verleger im Exil (2008) S. 224; Volker Oppmann: Max Tau und der Neue Verlag. Ein Kapitel deutscher Exilliteraturgeschichte. Berlin: Verlag Dreiviertelhaus 2017.

Tepp, Max 12.6.1891 Hamburg–1975 Buenos Aires; Reformpädagoge, Schriftsteller, Verleger. T. gehörte vermutlich der Freideutschen Jugend an. Der linke Pädagoge, der eine Körperkultur auf religiöser Basis vertrat und mit der von ihm 1919 bis 1922 herausgegebenen Zeitschrift *Der Leib. Blätter zur Erkenntnis wesentlichen Lebens aus der Vernunft des Leibes* zu den ›revolutionären Jungen‹ der Hamburger Reformbewegung gezählt wird (Wendekreis), stieß mit seinen Ideen in Deutschland auf erheblichen Widerstand. Bereits 1924 nach Buenos Aires gekommen, konnte er auch dort die von ihm gedachte ›pädagogische Provinz‹ nicht verwirklichen. Er wich deshalb nach Patagonien aus, wo er in Commodore Rivadavia eine deutsche Schule gründete, und war danach Direktor der deutschen Schule in Bariloche, Argentinien. Zurück in Buenos Aires wurde er Lehrer in einem Arbeiterviertel. Seine Tätigkeit an der Goethe-Schule, die zunehmend unter nationalsozialistischen Einfluss geriet, war nur von vorübergehender Dauer. Er lebte dann bis 1947 in Buenos Aires als Schriftsteller und gründete den Verlag DIE UMWELT, in dem er ca. fünfzehn Bücher für deutsche Immigranten mit landeskundlicher Thematik publizierte. Von 1947 bis 1956 war T. Direktor des Colegio Pestalozzi in Buenos Aires; nach dem Tod seiner Frau zog er sich nach Santa Fe zurück und widmete sich seinen literarischen Arbeiten, u. a. übersetzte er das spanische National-Epos *Martin Fierro*.

IfZ/BA, Fragebogen Johan Luzian; Damus: Dt. Exillit. in Argentinien (1982) S. 41–46; Steinky: Hamburger Kleinverlage (1997) S. 60–63; Thomas Zürn: Der Reformpädagoge M. T. Köln: Selbstverlag 2001.

Tischler, Paula 4.9.1899 Gostyn (Provinz Posen)–1993 Stockholm; Antiquariatsmitarbeiterin. T. war nach Auskunft von → Erich Aber eine aus Deutschland emigrierte Buchhändlerin, die in Stockholm in der Antiquariatsabteilung von SANDBERGS BOKHANDEL (→ Willy Heimann) tätig wurde. Sie verbrachte ihren Lebensabend im Altersheim der jüdischen Gemeinde in Stockholm.

Brief Erich Abers an den Archivar Hermann Staub vom 22.1.1993, HABV/DNB.

Todtmann, Gerth Gest. nach 1972; Buchhändler, Verleger. T., jüdischer Emigrant in Brasilien, hat nach Darstellung von Frederico Will Mitte 1936 Bücherbestellungen in São Paulo aufgenommen und über örtliche Buchhandlungen erledigt; er soll ›die glänzendsten Beziehungen zu deutschen Verlegern‹ gehabt haben. Zwischen 1947 und mindestens 1952 hat er sich in São Paulo selbst als Verleger betätigt und mit großem Erfolg insbesondere Richard Neutras bedeutendes Werk *Architecture of Social Concern in Regions of Mild Climate* (1948) in einer zweisprachigen (Erst-)Ausgabe herausgebracht. T. war an einigen der von ihm verlegten Werke auch als Übersetzer beteiligt.

SStAL, BV, F 11. 763 [denunziatorisches Schreiben von Frederico Will]; Online-Recherche.

Todtmann, Oscar Buchhändler. T. war in Caracas / Venezuela Inhaber der DEUTSCHEN BÜCHERSTUBE (Quinta ›Las Petunias‹, Calle La Linea Las Delicias); er wurde im Geschäft von seiner Frau unterstützt. Das 1954 gegründete allgemeine Sortiment hatte auch die Vertretung der Deutschen Buch-Gemeinschaft. Die Kundschaft setzte sich aus deutschsprachigen Kreisen in Caracas und aus anderen Teilen des Landes zusammen: ›Dazu zählen wir auch die vielen Ost- und Südeuropäer, die auch nach dem letzten Kriege in Venezuela eingewandert sind‹ (Taubert: Lateinamerika S. 59). Der Buchhandlung angeschlossen wurde in der Folge der Verlag OSCAR TODTMANN

EDITORES, in dem ein umfangreiches Programm mit Bildbänden, Americana, Lehrbüchern und Belletristik erschien. Die LIBRERÍA ALEMANA OSCAR TODTMANN SRL existiert noch heute [2020] in Caracas (Centro Comercio El Bosque).
Taubert: Lateinamerika (1961) S. 59; Online-Recherche.

Translateur, Hans Gest. in Locarno / CH; Musikverleger. T. war zunächst Geschäftsführer, ab 1933 auch Teilhaber im 1911 von seinem Vater Siegfried T. (1875 Bad Carlsruhe, Schlesien–1944 gestorben im Ghetto Theresienstadt) gegründeten Musikverlag LYRA, Berlin-Wilmersdorf (seit 1933 ›LYRA‹ TRANSLATEUR & CO.). 1934 wurde der Verlag als ›nichtarische Firma‹ aus dem *Adressbuch des Deutschen Buchhandels* gestrichen und musste 1938 an den Musikverlag BOSWORTH verkauft werden. T. emigrierte vermutlich nach Kapstadt / Südafrika; er nahm sich später im Schweizer Exil das Leben.
Adressbuch 1931 S. 436; Fetthauer: Musikverlage (2004) S. 505 f.; LexM [online]; www.geni.com (Siegfried T.). https://cementeriohebreodecali.com/matzevot/hans-translateur-w/.

Trietsch, Davis 1870 Dresden–31. 1. 1935 Tel Aviv; Verleger. In einem Berliner Waisenhaus aufgewachsen, wanderte T. 1893 nach New York aus und schlug sich dort als Schildermaler durch; vom Zionismus begeistert, engagierte er sich für einen Judenstaat und korrespondierte mit Theodor Herzl. Im Sommer 1897 war er einer der vier US-Delegierten beim I. Zionistenkongress in Basel. Zurück in den USA verfolgte T. konsequent seine Idee, unter britischem Schutz auf Zypern einen Judenstaat zu gründen. Auf dem III. Zionistenkongress 1899 stieß T. mit seiner Idee eines ›größeren Palästina‹ auf massiven Widerstand, so dass er nicht mehr in die USA zurückkehrte und sich in Berlin als Publizist niederließ. Auch in Deutschland betrieb er seine Staatsgründungsidee weiter: Er initiierte ein Komitee, reiste nach London, Zypern und Palästina. Ein erster Ansiedlungsversuch auf Zypern mit rumänischen Juden im Jahr 1900 geriet aber zum Desaster, worauf T. sich innerhalb der Zionisten endgültig mit seinen Plänen isolierte. Im Oktober 1902 gründete T. gemeinsam mit dem später berühmten Religionsphilosophen Martin Buber, dem Jugendstilkünstler Ephraim Moses Lilien und Berthold Feiwel den JÜDISCHEN VERLAG, T. wurde erster Geschäftsführer des Unternehmens. Als Publizist und Herausgeber der zionistischen Zeitschriften *Ost und West* und *Palästina*, später auch als Inhaber des Berliner ORIENT-VERLAGS, blieb T. seinem Lebensthema eines Judenstaats verpflichtet, immer wieder hielt er sich über längere Zeiträume in Palästina auf. Die Kinder der Familie waren Mitglieder beim jüdischen Sportverein Blau-Weiß und wurden von den Eltern auf ein Leben in Palästina vorbereitet. Im März 1931 wanderte die Tochter Hannah als 20-jährige aus, 1932 ging T. selbst zusammen mit seiner Tochter Rachel nach Palästina, zuletzt kamen auch noch der Sohn Manuel und die Tochter Judith ins Land; seine Frau war 1933 bei einer Operation im Jüdischen Krankenhaus Berlin-Wedding verstorben. Von Palästina aus engagierte T. sich bei der Aufnahme deutscher Hitleremigranten und organisierte ›Probe-Reisen‹; nach wie vor sah er aber Zypern als ideales Siedlungsgebiet an. T. starb an einem Herzanfall.
Adressbuch 1931 S. 458; Klaus Hillenbrand: Ägypten? Zypern? Ostafrika? [Artikel über Trietsch]. In: taz.de vom 13. 5. 2006 [online].

Tschesno-Hell, Michael 17. 2. 1902 Vilnius–24. 2. 1980 Ost-Berlin; Publizist, Verleger. T.'s Familie war nach dem Ersten Weltkrieg nach Deutschland immigriert; schon als

Schüler war er Mitglied kommunistischer Verbände. Während seines Jurastudiums an den Universitäten von Jena und Leipzig trat er Anfang der 1920er Jahre als Werkstudent der KPD bei. In der Weimarer Zeit arbeitete T. als Journalist für Parteiblätter, und war sowohl als Übersetzer (er sprach als Baltendeutscher fließend Russisch) für den MALIK-VERLAG und den AGIS-VERLAG wie auch als Fabrik- und Landarbeiter tätig. Nach der NS-›Machtergreifung‹ flüchtete T. mit seiner Ehefrau Rita zunächst nach Frankreich, später über die Niederlande in die Schweiz, wo er gemeinsam mit Hans Mayer und Stephan Hermlin die Flüchtlingszeitung *Über die Grenzen* (1944 bis Dezember 1945) herausgab. Nach dem Zweiten Weltkrieg ging T. in die SBZ, wurde als hoher Funktionär in der Zentralverwaltung für Umsiedler eingesetzt und 1947 als Mitbegründer des Verlags VOLK UND WELT zu dessen erstem Leiter ernannt. Diese Gründung eines Verlags für internationale Literatur war mit ein Grund für Mayer, Hermlin und Hans Marchwitza, von Frankfurt am Main bzw. aus dem Ruhrgebiet in die SBZ zu übersiedeln und als Autoren für Volk und Welt zu schreiben, der zu den großen Belletristik-Verlagen der DDR heranwuchs. 1950 gab T. die Verlagsleitung an → Bruno Peterson ab; er selbst trat seither als Schriftsteller und Drehbuchautor mit sozialistischen Propagandawerken hervor. Zwischen 1967 und 1972 war T. Präsident des Verbandes der Film- und Fernsehschaffenden der DDR. Er gehörte dem Vorstand des Schriftstellerverbandes der DDR an und wurde mit zahlreichen DDR-Auszeichnungen geehrt, darunter drei Mal mit dem Nationalpreis der DDR.

Wer war wer in der DDR, 5. Ausg., Berlin: Chr. Links 2010 [online: Bundesstiftung Aufarbeitung]; Simone Barck, Siegfried Lokatis: Fenster zur Welt. Eine Geschichte des DDR-Verlages Volk & Welt. Berlin: Ch. Links Verlag 2005 S. 17, 356–363.

U

Ullstein, Franz Edgar 16.1.1868 Berlin –11.11.1945 New York; Verleger, Dr. jur. Der Sohn von Leopold U. (1826–1899), der 1877 in Berlin den ULLSTEIN VERLAG gegründet hatte, und seiner ersten Frau Mathilde Berend (1830–1871) schloss sein Studium der Rechtswissenschaft in Berlin, Heidelberg und Freiburg mit der Promotion ab. 1894 trat er in den Verlag seines Vaters ein; ab 1897 war er Teilhaber des nach dem Tod des Vaters von seinem älteren Bruder Louis (1863–1933) geleiteten Unternehmens. Die beiden repräsentierten zwei der insgesamt fünf ›Stämme‹ der Ullstein-Familie, die drei weiteren Stämme waren begründet worden durch die Brüder Hans U. (er starb 1935, ein Jahr nach dem Zwangsverkauf, in Deutschland), → Hermann U. und → Rudolf U. Franz U. war Verwaltungschef des Zeitungsverlages und seit 1921 Vorstandsvorsitzender. Als der Verlag 1933/34 durch erzwungenen Verkauf als ›Deutscher Verlag‹ dem Parteiverlag der NSDAP, dem EHER VERLAG, einverleibt wurde, zog sich U. in Berlin in das Privatleben zurück. 1938 emigrierte er in die USA; seinen Lebensabend verbrachte er in New York. U., der u. a. Kontakte zu Hubertus Prinz zu Löwenstein pflegte, starb 1945 in New York an den Folgen eines Unfalls.

BHE 1; DBE; Laabs, Rainer: Ullstein, Verlegerfamilie. In: Neue Deutsche Biographie, Band 26 (Berlin 2016), S. 575–578. Für weitere Literatur siehe unter Rudolf Ullstein.

Ullstein, Frederick (Friedrich) 2.2.1909 Berlin –11.12.1988 London; Verleger. Der Sohn von → Hermann U. war nach Abschluss einer kaufmännischen Lehre von 1930 an Teilhaber im Familienunternehmen ULLSTEIN VERLAG. Nach dem Zwangsverkauf des Betriebes 1933/34 leitete U. den Familienbesitz Rittergut Warnsdorf in Priegnitz / Brandenburg, bis er 1936 nach Großbritannien emigrierte. In England lebte er von 1937 bis 1956 als Pächter einer Farm in Barnardiston Hall (Suffolk), unterbrochen vom Wehrdienst 1940 bis 1946 in der britischen Armee. Nach der Rückerstattung des Familienbesitzes 1952 wurde U. Vorstandsmitglied des Ullstein Verlages; er behielt diesen Posten bis 1956, dem Jahr seiner Rückkehr nach Berlin. 1956 übernahm er gemeinsam mit seinem Onkel → Rudolf U. und seinem Cousin → Karl H. U. die Direktion des Ullstein-Druckhauses in Berlin-Tempelhof, gleichzeitig wurde der Buch- und Zeitungsverlag wiederaufgebaut. 1960 erfolgte der Verkauf des Verlages an den AXEL SPRINGER Konzern; U. kehrte noch im selben Jahr nach Großbritannien zurück, wo er eine leitende Position bei ALDUS BOOKS, einer von dem österreichischen Emigranten → Wolfgang Foges gegründeten britischen Tochtergesellschaft von DOUBLEDAY in New York, in London annahm.

BHE 1; DBE; Laabs, Rainer: Ullstein, Verlegerfamilie. In: Neue Deutsche Biographie, Band 26 (Berlin 2016), S. 575–578; Bbl. (Ffm) Nr. 12 vom 9. 2. 1979 S. 280; Bbl. (Ffm) Nr. 9 vom 31. 1. 1984 S. 166 f. [Interview]; Bbl. (Ffm) Nr. 100 vom 16. 12. 1988 S. 3604; Saur: Deutsche Verleger im Exil (2008) S. 224 f. Für weitere Literatur siehe unter Rudolf Ullstein.

Ullstein, Hermann 6. 7. 1875 Berlin – 23. 11. 1943 New York; Verleger. U., Sohn des Verlagsgründers Leopold U. (1826–1899) und seiner zweiten Frau Elise Pintus (1850–1922), Bruder von → Franz und → Rudolf U., absolvierte eine kaufmännische Lehre bei einer Getreideexportgesellschaft in Russland; ab 1902 arbeitete er im Familienverlag, wo er die Zeitschriften- und Buchabteilung des vorrangig auf Zeitungen ausgerichteten Unternehmens ausbaute und mehrere Modezeitschriften erwarb. 1921 wurde das Unternehmen in eine Aktiengesellschaft umgewandelt; ab diesem Zeitpunkt war H. U. stellvertretender Vorsitzender des Verlagsvorstandes, bis er sich nach dem Zwangsverkauf des Verlages 1933/34 zurückziehen musste. 1939 emigrierte er, nach Zahlung umfangreicher Abgaben, in die USA und verbrachte seinen Lebensabend in New York, wo er auch seine Memoiren schrieb.

Hermann Ullstein: The Rise and Fall of the House of Ullstein. New York: Simon and Schuster 1943; Neuausgabe u. d. T. Das Haus Ullstein. Aus dem Engl. von Geoffrey Layton. Mit einem Nachw. von Martin Münzel. Berlin: Ullstein 2013; Hermann Ullstein: Brüder über Brüder. Hermann Ullstein erzählt aus der Familie. In: Hundert Jahre Ullstein 1877–1977. Band 1. Hrsg. von Joachim W. Freyburg u. Hans Wallenberg. Frankfurt am Main: Ullstein 1977, S. 121–124; Briefe an Edit – Hermann Ullsteins Weg ins Exil. Zusammengestellt von Rainer Laabs. In: ›Der ganze Verlag ist einfach eine Bonbonniere‹. Ullstein in der ersten Hälfte des 20. Jahrhunderts. Hg. von David Oels u. Ute Schneider. Berlin: de Gruyter 2015 (Archiv für Geschichte des Buchwesens 10) S. 407–420 [Brief-Ausschnitte an die Tochter Edit, mit Chronik].

BHE 1; DBE; Saur: Deutsche Verleger im Exil (2008) S. 225; Rainer Laabs: Ullstein, Verlegerfamilie. In: NDB, Bd. 26 (Berlin 2016) S. 575–578. Für weitere Literatur siehe unter Rudolf Ullstein.

Ullstein, Karl H. 30. 6. 1893 Berlin – 6. 1. 1964 Berlin; Verleger. Der Sohn von Hans U. und Enkel des Verlagsgründers Leopold U. arbeitete nach einer Druckerlehre im Ausland und französischer Kriegsgefangenschaft von 1920 bis 1926 in der WALDHEIM-EBERLE-DRUCKEREI in Wien. Ab 1926 war er Vorstandsmitglied des ULLSTEIN VERLAGES sowie Geschäftsführer und technischer Leiter der Ullstein-Druckerei Berlin, die er zusammen mit seinem Onkel → Rudolf U. in Berlin-Tempelhof aufbaute. Nach dem Zwangsverkauf des Verlages 1933/34 gründete U. mit seinem Bruder → Leopold die EPOK in Stockholm und führte hier neue Werbetechniken ein. 1938 emigrierte U. in die USA, nahm die amerikanische Staatsbürgerschaft an und war bis zu seiner Rückkehr nach West-Berlin 1951 als Exporteur von Druckereimaschinen tätig. 1951/52 nahm U. an den Rückerstattungsverhandlungen der Gebrüder U. mit dem Berliner Senat teil; 1952 wurde die Ullstein AG unter der Leitung von U., seinem Onkel Rudolf U. und seinem Cousin → Frederick U. neu gegründet. Bis zum Verkauf der Ullstein AG an Axel Springer 1960 war U. Mitglied des Aufsichtsrates, ab 1960 bis 1964 Aufsichtsratsvorsitzender sowie Leiter der Druckerei in Berlin-Tempelhof. Parallel widmete er sich der Mitarbeit in der American Chamber of Commerce und im Stifterverband für die Deutsche Wissenschaft.

Karl H. Ullstein: Unsere Technik. In: Der Verlag Ullstein zum Welt-Reklame-Kongreß, Berlin 1929. Berlin: Ullstein 1929.

BHE 1; DBE; Saur: Deutsche Verleger im Exil (2008) S. 225; Laabs, Rainer: Ullstein, Verlegerfamilie. In: NDB, Bd. 26 (Berlin 2016), S. 575–578. Für weitere Literatur siehe unter Rudolf Ullstein.

Ullstein, Leopold 15. 3. 1906 Berlin – 22. 3. 1995 London; Verleger; Dr. U., der Enkel des Verlagsgründers Leopold Ullstein und Bruder von → Karl U., absolvierte eine kaufmännische Lehre bei einer Exportfirma in Hamburg und eine Lehre als Drucker im spanischen Santander; sein Studium in Berlin, Wien, Genf, Freiburg und Leipzig schloss er 1930 mit der Promotion ab. Zunächst arbeitete U. als Redaktionsmitglied des *Prager Tagblatts*. 1932 bis 1934 war er Teilhaber des ROWOHLT VERLAGES, um diesem das wirtschaftliche Überleben zu ermöglichen; 1934 gründete er mit seinem Bruder Karl U. die EPOK in Stockholm. 1933 bis 1935 veröffentlichte U. → Siegmund Kaznelsons *Juden im deutschen Kulturbereich*, bis die Druckplatten des Werkes von der Gestapo beschlagnahmt wurden. Im Juli 1939 emigrierte U. nach Großbritannien; im Exil schloss er sich Ende 1943 der im September in London gegründeten kommunistischen Freien Deutschen Bewegung (FDB) an, deren Ziel in der Zusammenfassung sozialistischer, liberaler und konservativer Kräfte lag. Aus Protest gegen die sowjetische Deutschlandpolitik, in welcher auch das Scheitern der FDB begründet lag (bis Juni 1944 Austritt der meisten nichtkommunistischen Mitglieder, Auflösung 1945), trat U. im Frühjahr 1944 aus der Gruppe aus. Nach der Arbeit in einem Rüstungsbetrieb war er in verschiedenen Verlagen tätig; 1955 bis 1972 leitete U. den Verlag BARRIE PUBLISHING in London und gliederte später andere Verlagshäuser in das Unternehmen ein. Zusammen mit WEIDENFELD & NICOLSON (→ George Weidenfeld) gründete U. die Buchvertriebsgesellschaft W. B. R. DISTRIBUTORS LTD., betätigte sich aber auch in leitender Position bei branchenfernen Firmen, bis er 1972 in den Ruhestand trat.

BHE 1; DBE; Saur: Deutsche Verleger im Exil (2008) S. 225. Für weitere Literatur siehe unter Rudolf Ullstein.

Ullstein, Rudolf 26. 2. 1874 Berlin – 2. 2. 1964 Berlin; Verleger. Nach einer Ausbildung zum Schriftsetzer und Buchdrucker in Glogau arbeitete der Sohn aus zweiter Ehe des Verlagsgründers Leopold U. und Bruder von → Franz und → Hermann U. als Buchdrucker-Techniker in verschiedenen in- und ausländischen Betrieben. 1901 wurde U. Teilhaber und technischer Betriebsleiter im Verlag ULLSTEIN und baute gemeinsam mit seinem Neffen → Karl H. U. die moderne Ullstein-Druckerei in Berlin-Tempelhof auf. Seit 1921 war U. Aufsichtsratsmitglied der ULLSTEIN AG. Neben der Tätigkeit in einem Arbeitgeberverband war U. Vorstandsmitglied im Deutschen Buchdruckerverein; als Schrittmacher der modernen Boulevardpresse und preiswerter Romanserien mit bekannten Autoren sowie der modernen Frauenzeitschrift und von Zeitschriften für die Landbevölkerung (*Die Grüne Post*) war U. in der Branche sehr einflussreich. Nach dem Zwangsverkauf des Verlages 1933/34 und dessen Umfirmierung in den ›Deutschen Verlag‹ trat er offiziell in den Ruhestand, emigrierte aber 1939 nahezu mittellos nach Großbritannien, wo er nach Kriegsbeginn interniert wurde (Stanley Unwin hat sich für seine Freilassung verwendet) und sich danach als Arbeiter in einer Metallfabrik bzw. in einer Autowerkstätte verdingen musste. 1944 bis 1945 war er in dem ›Soldatensender Calais‹ aktiv, einem deutschsprachigen Propagandasender, betrieben vom Political Warfare Executive (PWE) und dem amerikanischen Office of Strategic Services (OSS). 1944 gründete Rudolf U. eine ULLSTEIN TRUST LTD., um damit die Restitution des Ullstein-Konzerns vorzubereiten; geleitet wurde diese Firma von → Fritz Koch. Nach Kriegsende arbeitete er bis zu seiner Rückkehr nach Berlin 1949 in einem Verlag in den USA. Zurück in Deutschland betrieb er aktiv die Restitutionsverhandlungen der Ullstein-Familie mit dem Berliner Senat 1949 bis 1952 und übernahm nach Abschluss der Prozesse bis 1960 die Direktion der Druckerei in Berlin-Tempelhof, außerdem den Aufsichtsratsvorsitz der neugegründeten Ullstein AG, in deren Leitung auch seine Neffen Karl H. U. und → Frederick U. eingebunden waren. Der Versuch zur Wiedererrichtung des Ullsteinschen Presse- und Buchimperiums scheiterte jedoch an unterschiedlichen Faktoren, nicht zuletzt an Schulden, die nach dem Krieg angehäuft wurden aufgrund von Leistungen des Unternehmens, die von der amerikanischen Besatzungsmacht nicht abgegolten wurden. 1954 wurde U. zum Ehrenpräsidenten des Wirtschaftsverbandes Graphisches Gewerbe ernannt, 1958 erhielt er das Große Bundesverdienstkreuz.

The Publishers' Archive, University of Reading, AUC 91/11, AUC 97/3; BHE 1; DBE; Egon Larsen: Now it can be told. The Story of the Soldatensender. In: AJR Information, Vol. XI, No. 9, Sept. 1985, S. 1 f. [online]; Saur: Deutsche Verleger im Exil (2008) S. 225. Laabs, Rainer: Ullstein, Verlegerfamilie. In: Neue Deutsche Biographie, Band 26 (Berlin 2016) S. 575–578; Peter de Mendelsohn: Zeitungsstadt Berlin. Menschen und Mächte in der Geschichte der deutschen Presse. Überarbeitete und erweiterte Ausgabe. Frankfurt am Main: Ullstein 1982 (Neuauflage Berlin 2017); Joachim Freyburg, Hans Wallenberg [Hg.]: Hundert Jahre Ullstein. 1877–1977. 4 Bde. Berlin: Ullstein 1977; Erik Lindner: ›Arisierung‹, Gleichschaltung, Zwangsarbeit. Ullstein 1934–45. In: 125 Jahre Ullstein. Presse- und Verlagsgeschichte im Zeichen der Eule. Hrsg. vom Axel Springer Verlag. Berlin 2002 S. 74–82; Wolfgang Wippermann: Eule und Hakenkreuz. Ullstein und Deutscher Verlag im ›Dritten Reich‹ 1933 bis 1945. In: Ullstein Chronik 1903–2011. Hg. von Anne Enderlein. Berlin: Ullstein 2011 S. 198–219; Lothar Schmidt-Mühlisch: Am Anfang war das Chaos. In: Ebd., S. 269–294; Robert M. W. Kempner: Hitler und die Zerstörung des Hauses Ullstein. Dokumente und Vernehmungen. In: Hundert Jahre Ullstein 1877–1977. Band 3. Hg. von Joachim W. Freyburg u. Hans Wallenberg. Frankfurt am Main/Berlin/Wien 1977 S. 267–292; Martin Münzel / Kilian J. L. Steiner: Der lange Schatten der Arisierung. Die Berliner Unternehmen Loewe und Ullstein nach 1945. In: ›Arisierung‹ in Berlin. Hg. von Christof Biggeleben, Beate Schreiber u. Kilian J. L. Steiner. Berlin 2007 S. 287–314; Martin Münzel: Tempelhof – Manhattan und zurück. Ullstein und der Einfluss der Emigration. In: ›Der ganze Verlag ist einfach eine Bonbonniere‹. Ullstein in der ersten Hälfte des 20. Jahrhunderts. Hg. von David Oels u. Ute Schneider. Berlin: de Gruyter 2015 (Archiv für Geschichte des Buchwesens 10) S. 388–406; Kurt

Koszyk: Restitution und Ende des Hauses Ullstein. In: Festschrift für Claus Arndt zum 60. Geburtstag. Hg. von Annemarie Renger, Carola Stern u. Herta Däubler-Gmelin. Heidelberg 1987 S. 113–123.

Ungar, Frederick 5. 9. 1898 Wien –16. 11. 1988 New York; Verleger; Dr. jur. Noch bevor Fritz U. 1923 an der Universität Wien promoviert wurde, kehrte der Sohn eines Textilkaufmanns der juristischen Laufbahn den Rücken und sammelte erste Erfahrungen als Verleger. Im März 1922 ersuchte er um eine Konzession zum Betrieb einer Verlagsbuchhandlung im II. Bezirk und zog knapp zwei Jahre später mit dem 1923 in das Handelsregister eingetragenen PHAIDON VERLAG in den I. Bezirk um. Zu dieser Zeit hatten sich bereits zwei stille Teilhaber, → Ludwig Goldscheider und → Dr. Béla Horovitz, zu U. hinzugesellt und dessen Kapitallage gestärkt. Bei den ersten Publikationen des Phaidon-Verlages handelte es sich um Dünndruckausgaben von Klassikern wie Platon, Shakespeare und Kleist sowie Übersetzungen aus dem Englischen. 1925 trat U. aus dem Verlag aus, der sich unter Horovitz' Leitung auf die Herausgabe von illustrierten Kunstbüchern spezialisierte und gründete 1926 den SATURN-VERLAG, dessen Programm die von U. so genannten ›Bildungsbücher‹ dominierten: Unter den Titeln fanden sich neben dem Erstlingswerk des damals noch weitgehend unbekannten Heimito von Doderer (*Das Geheimnis des Reichs,* 1930) auch der bemerkenswerte Sammelband *Das Herz Europas* (1934) mit ausgewählten Texten von 110 Autoren zum Thema Österreich sowie eine Reihe von Sprachbüchern für Kinder (*Rire et Apprendre*). Während der 12-jährigen Verlagstätigkeit erschienen außerdem u. a. Wilhelm Börners *Politische Zeitfragen in ethischer Beleuchtung* (1934), Franz Koblers *Juden und Judentum in deutschen Briefen aus drei Jahrhunderten* (1935), F. R. Bienenfelds *Die Religion der religionslosen Juden* (1938) und Will Schabers *Weltbürger – Bürger der Welt* (1938). Das Projekt einer zehn- bis zwölfbändigen Gesamtausgabe der Werke des Wiener Schriftstellers Otto Stoessl, das U. mit großem Engagement durch den Verkauf von Subskriptionsrechten zu finanzieren suchte, endete mit Erscheinen des vierten Bandes 1938, dem Jahr der Annexion Österreichs durch Hitler. Im Frühjahr desselben Jahres überließ U. den Verlag, dessen Programm aus nunmehr unerwünschtem Schrifttum bestand, seinem einzigen ›arischen‹ Mitarbeiter Theo Goerlitz und flüchtete ohne finanzielle Mittel nach Prag, wo er sich durch den Nachdruck seiner erfolgreichen Kindersprachbuchserie *Lachen und Lernen* über Wasser halten konnte. Als auch Prag keine Sicherheit mehr bot, floh U. weiter über Zürich nach London, um von dort schließlich am 3. September 1939 mit einem der letzten in die USA auslaufenden Schiffe Europa zu verlassen. 1940 gründete U. in New York die FREDERICK UNGAR PUBLISHING CO., die sich zunächst wiederum mit einem Sprachbuchprogramm, das um Titel für Erwachsene erweitert wurde, eine Nische sicherte. Um alle Ertragsmöglichkeiten auszuschöpfen, betrieb U. auch den Handel mit antiquarischen Büchern. Wie andere Verleger profitierte U. damals von den Möglichkeiten des organisierten Nachdruckprogramms des United States Office of the Alien Property Custodian (APC) und druckte deutsche Bücher lizenzfrei für den US-amerikanischen Markt nach. Nach Kriegsende brachte er mit → Robert Lohan, den er aus Wiener Tagen kannte und der in diesen Anfangsjahren sein wichtigster Verlagsmitarbeiter war, Anthologien zur deutschen Literaturgeschichte für Schüler und Studenten heraus, realisierte aber auch ehrgeizige Projekte wie das *Forum of the Nations,* eine gemeinsam mit → Will Schaber entwickelte Reihe von Anthologien mit Texten über die demokratische Tradition in Europa. 1945 erweiterte U. sein bislang stark europäisch geprägtes Verlagsprogramm durch den Kauf eines kleinen Verlages aus Vermont, der STEPHEN DAY, INC. In den folgenden Jahren etablierte sich die Frederick Ungar Publishing Company mit naturwissenschaftlicher Fachliteratur, Hobby- und Kinderbüchern sowie literarischen Übersetzungen. Als Kenner und Liebhaber der österreichischen Literatur setzte sich U. besonders für deren Bekanntwerden in seiner neuen Heimat ein. 1974 wagte er die Herausgabe einer Übersetzung von Karl Kraus' *Die letzten Tage der Menschheit*; weiterhin erschienen das *Handbook of Austrian Literature* (1973) und eine zweisprachige Anthologie *Austria in Poetry and History* (1984). U. erhielt Auszeichnungen sowohl von Vertretern seiner neuen als auch seiner alten Heimat, von der American Translators Association (1975), der Österreichischen Bundesregierung (1976), dem Börsenverein des Deutschen Buchhandels (1980), der Universität von Suffolk (1982) sowie dem Citizens Committee – People for the American Way. Insgesamt erschienen bei U.'s amerikanischem Verlag bis zum Verkauf an die CROSSROAD / CONTINUUM Gruppe im Jahre 1985 mehr als 2000 Titel, davon mehr als 200 literarische Übersetzungen (über 100 aus dem Deutschen). U. arbeitete bis zu seinem Tod im November 1988 als Lektor und Berater für die Ungar Books.

Frederick Ungar: Die Transatlantischen Übersetzungsklippen. In: Bbl. (FfM) Nr. 6 vom 21. 1. 1975 S. 103; Rose Stein [ed.]: Reminiscenses. New York: Columbia University Oral History Project 1981.

Frederick Ungar Papers, 1940–1988 (GER-092), German and Jewish Intellectual Émigré Collection, M. E. Grenander Department of Special Collections and Archives, University at Albany / State University of New York [dort in der John M. Spalek Collection (GER-106) auch Interviews zu Ungar, u. a. mit dessen Frau Hansi 1991]; Adressbuch 1931 S. 529; Verlagsveränderungen 1933–1937 S. 21; Verlagsveränderungen 1937–1943 S. 22; Tentative List p. 9; Bbl. (FfM) Nr. 79 vom 23. 9. 1980 S. 2363; Bbl. (FfM) Nr. 96 vom 2. 12. 1988 S. 3532; Murray G. Hall: Verleger Frederick Ungar gestorben 1898–1988. In: Anzeiger des österreichischen Buchhandels Nr. 1/2 (Jan. 1989) S. 15; Koepke: Exilautoren und ihre Verleger (1989) S. 1423, 1431 f.; Jessica Roland: Zwischen Hudson und Donau. Der Verleger Frederick Ungar im amerikanischen Exil. Magisterarbeit. Universität Mainz 1997; Jessica Roland: Frederick (Fritz) Ungar. In: John M. Spalek [Hg.]: Deutschsprachige Exilliteratur seit 1933. Bd. 3: USA. Teil 1. München: Saur 2000 S. 448–71; Fischer: Verlegeremigration nach 1933 (2002) S. 282, 296; Saur: Deutsche Verleger im Exil (2008) S. 225 f.; Hendrik Edelman: Other Immigrant Publishers of Note in America. In: Immigrant publishers (2009) S. 198 f.

Ungar, Hans 29. 8. 1918 Wien – 23. 5. 2004 Bogotá; Buchhändler. U. war der Sohn des wohlhabenden jüdischen Geschäftsmannes Paul U., der einen eleganten Modesalon mit Zweigstellen in Berlin und Karlsbad besaß, und dessen Frau Alice geb. Kranner. Nach dem Besuch des Realgymnasiums nahm er ein Studium an der Wiener Hochschule für Welthandel auf; außerdem absolvierte er ein Einjährig-Freiwilligen-Jahr im Militär der Ersten Republik und war auch im elterlichen Betrieb tätig. Kurz nach dem ›Anschluss‹, Anfang April 1938, wurde sein Bruder Fritz, ein Jurist, von den Nationalsozialisten verhaftet, so dass die Familie ihre bereits geplante gemeinsame Emigration verschob, um sie erst nach seiner Freilassung in die Tat umzusetzen – nur Sohn Hans sollte sich vorsorglich in Sicherheit bringen und das Land verlassen. Die zurückbleibende Familie fiel in Auschwitz-Birkenau dem Holocaust zum Opfer. U. gelangte im August 1938 nach Kolumbien, dem einzigen Land, für das er unter den gegebenen Umständen ein Visum erhalten konnte. Nach schikanösen Ausreiseformalitäten bestieg er Ende Juli 1938 ein Schiff der Hamburg-Amerika-Linie und erreichte nach 20-tägiger Seereise und anschließender fünftägiger abenteuerlicher Flussfahrt den Ort La Dorada, und kam von dort mit der Eisenbahn nach Bogotá, mit einer Barschaft von $ 100 in der Tasche. Nach drei Tagen hatte er eine Anstellung als Sekretär bei einem Engländer, die er jahrelang, später sogar neben seiner buchhändlerischen Tätigkeit, ausübte. In Bogotá fand er eine 1926 von dem mexikanischen Schriftsteller Gilberto Owen gegründete, 1930 von dem ebenfalls aus Wien stammenden Paul (Pablo) Wolf erworbene und seitdem geleitete Buchhandlung vor, die LIBRERÍA CENTRAL, mit englischsprachigen Büchern und großem Kundenkreis. Als Bücherliebhaber, der er schon seit Kindertagen war, gehörte er zu deren häufigen Besuchern. Als Wolf 1940 starb, bot ihm dessen Witwe an, die Firma als Geschäftsführer zu übernehmen und mit Teilen seines Gehalts nach und nach in sein Eigentum zu bringen. Dies gelang dank gutem Geschäftsgang in kurzer Zeit. Wesentlich unterstützt wurde U. dabei von seiner Frau, der Wiener Emigrantin Lilly Bleier, die 1939 mit Hilfe von bereits hier lebenden Exilösterreichern nach Kolumbien gekommen war; 1943 hat er mit ihr die Ehe geschlossen. Trotz fehlender Ausbildung konnten die beiden nur auf der Basis ihrer Buchbegeisterung (U. legte sich nach und nach eine Privatbibliothek zu, welche zu den drei größten Bogotàs gehörte) die zunächst nicht sehr große Librería Central in den folgenden Jahren und Jahrzehnten, in kollegialer Konkurrenz mit der Buchhandlung → Buchholz stehend, zu einem bedeutenden Buchhandelsunternehmen ausbauen. Die Buchhandlung wechselte mehrmals den Standort und vergrößerte sich dabei jedes Mal; auch wurde eine Filiale errichtet. Allmählich nahm das spanischsprachige Buch im Sortiment die erste Stelle ein, ohne dass die fremdsprachige Literatur vernachlässigt worden wäre. Akzente lagen u. a. auf Kunst und Literatur, Kinderbüchern, Geschichte sowie Reiseliteratur über Kolumbien. Bereits seit 1946 war der Buchhandlung auch eine Kunstgalerie EL CALLEJÓN (›Die Sackgasse‹) angeschlossen, die erste ihrer Art in Kolumbien. U. zählte die wichtigsten Politiker, Wissenschaftler und Künstler des Landes zu seinen Kunden; die Hauptstadt-Buchhandlung wurde gerne als Treffpunkt zum Gedankenaustausch genutzt. Ein Treffpunkt war sie in den Anfangsjahren auch für Hitlerflüchtlinge aus ganz Europa, insbesondere die Exilösterreicher; zudem hielt sie viele Werke der deutschsprachigen Exilliteratur vorrätig. Darüber hinaus baute U. ein weitverzweigtes nationales Vertriebssystem auf und unterhielt an verschiedenen Orten Kolumbiens Verkaufsstellen für billige Buchreihen, Zeitschriften, Illustrierte und fremdsprachige Bücher; sogar in einer der großen Banken des Landes betrieb er einen Buch- und Zeitschriftenkiosk. Später las U. über mehrere Jahre an einer Universität in Bogotá über Literatur, hatte ein allsonntägliches Radioprogramm mit Buchbesprechungen auf einem Kultursender und war auch sonst publizistisch tätig; schon seit 1960 erschienen in der kolumbianischen Tageszeitung *El Tiempo* seine Artikel, häufig mit Österreich-Bezug. Bereits 1941 hatte U. zusammen mit → Bernhard Mendel und Koloman Brunner-Lehenstein das Comité de los Austriacos Libres (Komitee für ein freies Österreich) aufgebaut, als dessen erster Sekretär er fungierte. In Anerkennung seiner Leistungen für den österreichisch-kolumbianischen Kulturaustausch erhielt U. von Seiten Kolumbiens die zweithöchste Auszeichnung des Landes, die Cruz de San Carlos, von Seiten Österreichs das Ehrenzeichen für Kunst und Wissenschaft. U. starb 2004; Lilly U. übernahm die Leitung der Buchhandlung und stand noch im hohen Alter mit über achtzig Jahren im Geschäft.

Brief von Hans Ungar an EF vom 4.10.1993; Taubert: Lateinamerika (1961) S. 69 f.; Alisa Douer [Hg.]: Wie weit ist Wien: Lateinamerika als Exil für österreichische Schriftsteller und Künstler. [Ausst.-Kat.] Wien: Picus 1995 S.195; Siglinde Kaiser-Bolbecher: Österreichische

Emigration in Kolumbien. Österreichische Literatur im Exil. Universität Salzburg 2002; [Kurzbiographie von U. mit weiterführenden Links in:] Exil-Archiv, www.exil-archiv.de; Bernhard Brudermann [über U.] In: David. Jüdische Kulturzeitschrift, www.david.juden.at [mit Bild].

Unger, Albert Verleger. U., Redakteur Wiener und tschechoslowakischer Zeitschriften, kam 1941 als Emigrant in die USA und fasste im Jahr darauf den Entschluss, in New York, 55 West 44th St., einen Verlag zu gründen. In der amerikanischen Fachpresse hieß es damals, er sei ›formerly a publisher in Europe‹ gewesen und habe dort mit ›Catholic publishing circles‹ in Verbindung gestanden. Gleich das erste Buch der ALBERT UNGER PUBLISHING COMPANY, des ›Verlags für Europäer‹, hatte großen Erfolg: *The Beasts of the Earth* (1942) des noch unbekannten Autors George M. Karst über das KZ Dachau wurde vom Book of the Month Club seinen Lesern empfohlen, die US-Navy nahm es auf die Liste ›Books Who Help Win the War‹ auf, Teile daraus wurden für den Rundfunk dramatisiert. Als zweiten Titel brachte U. Walter Mehrings *Timoshenko*, es folgten Sachbücher wie *Hauptprobleme der Philosophie* von Georg Simmel oder *Geschichte der Musik* von Alfred Einstein, aber auch das Anekdotenbuch des Wiener Bühnenanwalts Paul Klemperer *Aus meiner Mappe* (1943). Korrespondenzstücke aus dem Verlagsarchiv mit Franz Werfel sind im Besitz der University of Pennsylvania Libraries.

Aufbau vom 21.8.1942; The Publishers Weekly 1942, Nr. 141, S. 1256; Aufbau vom 26.11.1943; Cazden: German Exile Literature (1970) S. 213.

Unger, Otto 5.9.1893 Böllberg bei Halle / Saale – 19.3.1938; Verleger, Publizist. U. absolvierte eine Tischlerlehre in Leipzig; er schloss sich der sozialistischen Jugendbewegung an, trat nach seiner Walz 1912 in Stuttgart in die SPD ein und wechselte, nach Kriegsdienst an der französischen Front, 1918 in die neu entstandene USPD, wo er bald Mitglied der Leitung des Ortsvereins Leipzig-Lößnig wurde. 1919 wechselte U. in die KPD und führte ab 1920 in Berlin die Geschäfte des Verlages der kommunistischen Jugend JUNGE GARDE. U. machte innerhalb der kommunistischen Jugendbewegung als Parteifunktionär Karriere und stand in Kontakt zu Leo Flieg, Alfred Kurella und → Willi Münzenberg; daneben betätigte er sich für die Partei als Publizist (Pseudonym Otto Bork). Als Mitglied der sogenannten ›Versöhnler-Gruppe‹ wurde U. 1928 während der Fraktionskämpfe von seinen Parteifunktionen enthoben und leistete in der Folge Basisarbeit. 1931 übertrug ihm die Partei die Leitung des Zeitungsverlages DIE NACHRICHTEN, ab Frühjahr 1932 arbeitete U. als Prokurist der VERLAGSZENTRALE AG, der Dachgesellschaft aller Zeitungsverlage der KP. Nach der nationalsozialistischen ›Machtergreifung‹ wurden alle KP-Verlagshäuser enteignet, U. wurde vom ZK mit der Organisation des illegalen Literatur- und Zeitungsvertriebs der KP beauftragt. Am 12. April 1933 wurde U. mit einigen Mitarbeitern von der SA verhaftet, im KZ Brandenburg drei Monate festgehalten und stand nach seiner Entlassung bis zum 1. Januar 1934 unter Polizeiaufsicht. Vom ZK in die UdSSR beordert, kam U. im Februar 1934 nach Moskau, wo er als Leiter der deutschen Sektion der Verlagsgenossenschaft ausländischer Arbeiter (VEGAAR) fungierte, bis er, am 17. November 1937 verhaftet, den Stalin'schen ›Säuberungen‹ zum Opfer fiel.

BHE 1; Adressbuch 1931 S. 652; Verlagsveränderungen 1933–1937 S. 26; Ervin Sinkó: Roman eines Romans. Moskauer Tagebuch. Köln: Verlag Wissenschaft und Politik 1962; Reinhard Müller: Linie und Häresie. Lebensläufe aus den Kaderakten der Komintern (II): Erich Birkenhauer,

Otto Unger, Margarete Buber-Neumann. In: EXIL Nr. 1 (1991) S. 46–50; [Lebenslauf] Otto Bork [d. i. Otto Unger]. In: ibidem S. 63–67.

Unna, Victor (Avigdor) 1904 Mannheim –1982 Jerusalem; Buchhändler. U., der in Berlin am Rabbinerseminar studiert hatte, war nach seiner Ankunft in Palästina zunächst kurze Zeit als Getreidehändler tätig, seit 1935/36 war er Inhaber des in Jerusalem eröffneten Buchladens HAKOL LANOAR, an den auch eine Leihbücherei angeschlossen war. Das Sortiment hatte seinen Schwerpunkt in Kinderbüchern in Hebräisch und Schulbüchern; geführt wurden aber auch Schreib- und Spielwaren. Miteigentümer des bis 1969 bestehenden Geschäfts war Georg Hess (bis 1955). Von 1962 bis zu seinem Tod 1982 übte U. auch eine Tätigkeit als Kantor, Lehrer und Vorsteher in einer kleinen, von seinem Vater gegründeten Gemeinde ›Binyan Zion‹ aus. Ein Nachlassbestand U.s befindet sich in den Central Archives of the History of the Jewish People an der Hebrew University of Jerusalem.

Briefl. Mitteilung von Caroline Jessen an den Verf., 13. 10. 2011; José Brunner: Deutsche(s) in Palästina, S. 100, 105; BHR Biographisches Portal der Rabbiner (Unna, Isak Dr.) [online].

Uzielli, Mario 26. 8. 1888 Frankfurt am Main –16. 11. 1973 Liestal / CH; Antiquar und Kunsthändler. Der Vater U.'s, Lazzaro U., ein Schüler Clara Schumanns, war ein bekannter Pianist, seine Mutter eine gefeierte Sängerin. Mit achtzehn Jahren musste U. sich für die deutsche oder die italienische Nationalität seines Vaters entscheiden; er nahm die deutsche Staatsbürgerschaft an und leistete den ›Einjährigen‹-Heeresdienst. Bei Kriegsausbruch gab er seine angefangene Juwelierlehre auf, wurde Soldat und bereits nach kurzer Zeit durch einen Lungenschuss schwer verwundet. Trotzdem meldete er sich nach seiner Genesung wieder an die Front, wurde erneut verletzt und verlor dabei ein Auge. 1917 heiratete U. die Frankfurterin Valerie Lust und folgte in der Berufswahl seiner Neigung zu Literatur und Kunst, indem er in die tonangebend moderne Buchhandlung von Heinrich Tiedemann eintrat und Teilhaber des angeschlossenen Antiquariats wurde. Die nobel ausgestaltete Buchhandlung TIEDEMANN & UZIELLI in Frankfurt am Main, Schillerstraße 15, setzte sich insbesondere für ›Malerbücher‹ ein und machte sich auch mit Ausstellungen einen Namen: U. begeisterte sich für die Maler der Brücke und Max Beckmann, 1921 wurde in Zusammenarbeit mit den renommierten Kunsthändlern Kahnweiler und → Flechtheim eine Aufsehen erregende Schau mit Werken von Chagall, Derain, Braque und Beckmann gezeigt. Die Verbindung mit C. H. Kleukens brachte U. dazu, sich auch mit der Herausgabe von bibliophilen Drucken zu befassen. Als Tiedemann Mitte der 1920er Jahre nach Berlin ging (mit ihm zusammen brachte U. 1924 noch im Verlag TIEDEMANN UND UZIELLI, Berlin und Frankfurt, den von Leopold Hirschberg zusammengestellten *Taschengoedeke* heraus), führte U. nur mehr das Antiquariat als Buch- und Kunsthandlung MARIO UZIELLI, Antiquariat, in der Neuen Mainzer Straße weiter und war als kenntnisreicher Spezialist für deutsche und französische Literatur (v. a. des 18. Jahrhunderts) in Erstausgaben, Kunst und Bibliophiles von Sammlern geschätzt. 1936 sah sich der ›Halbjude‹ U. mit seiner Frau zur Zwangsemigration veranlasst (der Sohn war schon seit 1933 in England). U. zog in die Schweiz nach Liestal, von wo seine Mutter stammte; sein Antiquariat wurde in der Folge durch den ehemaligen Angestellten Wilhelm Henrich ›arisiert‹. In Liestal nahe Basel setzte U. seine Antiquarstätigkeit ohne ein Ladengeschäft fort; er wirkte an Versteigerungskatalogen mit, vermittelte Autographen und Handzeichnungen, besuchte internationale Kunst- und Autographenauktionen, nach dem Krieg auch wieder in Deutschland. U. war Mitglied des Schweizerischen Verbands der Buch- und Kunstantiquare.

Adressbuch 1931 S. 641; Fried Lübbecke: Fünfhundert Jahre Buch und Druck in Frankfurt am Main. Frankfurt am Main: H. Cobet 1948 S. 203; Adolf Seebass: Mario Uzielli zum Gedenken. In: Bbl. (FfM) Nr. 87 vom 1. 11. 1974 S. A334 f.; Erich Pfeiffer-Belli: Junge Jahre im alten Frankfurt und eines langen Lebens Reise. Wiesbaden: Limes 1986 S. 105; Schroeder: ›Arisierung‹ II (2009) S. 385.

V

Valentin, Curt 5. 10. 1902 Hamburg – August 1954 Forte dei Marmi; Kunsthändler, Verleger. V. war seit 1928 Mitarbeiter in den Kunsthandlungen von → Alfred Flechtheim und → Karl Buchholz in Berlin; 1934 übernahm er die Leitung der neu eröffneten Galerieräume in Buchholz' repräsentativer Buchhandlung in der Leipziger Straße. Da seine Anstellung als ›Nichtarier‹ auf Dauer aussichtslos war, emigrierte er 1936 nach New York, wo er mit Beteiligung von Buchholz die im März 1937 eröffnete BUCHHOLZ GALLERY CURT VALENTIN gründete, zunächst in W 46th Street, dann mit Räumen im Rockefeller Center, W 57th Street. V. hatte schon vor seiner Emigration ausgezeichnete Beziehungen zu vielen ausländischen Galerien und in den Vereinigten Staaten Kontakte zu Museen und Institutionen. Die Galerie erlangte mit Werken der von den Nationalsozialisten geächteten ›entarteten Kunst‹ internationale Aufmerksamkeit; die Bilder bezog V. anfangs von Buchholz über zwischengeschaltete holländische Kunden. 1939 absolvierte V. eine Reise nach Paris und nach Luzern, wo eine international beachtete Auktion mit Spitzenwerken ›entarteter Kunst‹ stattfand. Seit Anfang der 1950er Jahre betrieb V. die Galerie dann allein unter seinem Namen und konnte bedeutende Künstler, u. a. Marino Marini, an sich binden; er kuratierte Ausstellungen, war ein geschätzter Experte und verlegte Künstlerbücher in limitierten Auflagen. Ein Jahr nach seinem Tod wurde die Galerie abgewickelt, ein Teil des Bestandes auf einer von Parke-Bernet veranstalteten Auktion im November 1955 veräußert.

Curt Valentin Papers in The Museum of Modern Art Archives, 1937–1955 [Finding aid online]; Alex Vömel: Alfred Flechtheim, Kunsthändler und Verleger. In: Imprimatur. NF Bd. V (1967) S. 90–96; Godula Buchholz: Karl Buchholz. Buch- und Kunsthändler im 20. Jahrhundert. Sein Leben und seine Buchhandlungen und Galerien Berlin, New York, Bukarest, Lissabon, Madrid, Bogotá. Köln: Dumont 2005.

Veit(h), Henrique Buchhändler; Dr. jur. Über die Umstände der Emigration V.'s liegen keine Erkenntnisse vor. Aus dem Belieferungsverbot durch den Börsenverein, das auch über den in São Paulo als Buchhändler tätigen Emigranten → Kurt Fabian verhängt worden ist, lässt sich schließen, dass auch V. aus Hitlerdeutschland geflüchtet war und in São Paulo spätestens seit 1935 die LIVRARIA GUATAPARÁ geführt hat, als Nachfolgebuchhandlung von Fabians AGENCIA LITERARIA EUROPAEA. In der Livraria Guatapará tätig war vom 1. 4. 1936 bis 1. 10. 1939 auch die später als deutsch-brasilianische Fotografin, Malerin und Autorin bekannt gewordene Alice Brill (13. 12. 1920

Köln – 31. Juni 2013 Itu, São Paulo), zunächst als Lehrling, dann als Angestellte. Die Buchhandlung war spezialisiert auf klassische Literatur in verschiedenen Sprachen, führte aber auch künstlerische Graphik und historische Karten von Brasilien. Sie entwickelte sich nach und nach zu einem Treffpunkt für Künstler und Intellektuelle.

SStAL, BV, F 12.100; ferner auch die Firmenakte F 11. 763 [Brief von Frederico Will vom 16. 4. 1938]; VM Fachschaft Verlag Nr. 43 vom 4. 10. 1939 [Belieferung der Agencia Internacional – São Paulo, Caixa Postal 1405 untersagt]; VM Fachschaft Verlag Nr. 28 S. 4; Ubiratan Machado: A Etiqueta de Livros no Brasil. Subsidios para uma historia das livrarias brasileiras. Editora da Universidade da São Paulo 2003 S. 118 [online]; Carla Cristina Ogawa: Vista do Atelier: dualidades simultâneas e a conquista do horizonte. Um olhar sobre a produção pictórica de Alice Brill. Faculdade Santa Marcelina, São Paulo – 2008 S. 65–67.

Verkauf, Willy 6. 3. 1917 Zürich – 12. 2. 1994 Wien; Buchhändler, Verleger, Schriftsteller, Maler. V., Sohn eines Textiltechnikers und Buchhändlers aus einer altösterreichischen jüdischen Familie, besuchte 1927 bis 1931 die Hauptschule in Wien, nachfolgend ging er ein Jahr lang auf die Handelsakademie und machte eine Lehre als Landschaftsgärtner. Im September 1933 emigrierte er mit seinen Eltern nach Palästina, dort arbeitete er bis 1938 als Gärtner. Gemeinsam mit seiner ersten Ehefrau, der Lyrikerin Hanna Lipschiz (1917–1973), betrieb er in einem Hausflur in Tel Aviv seine erste Buchhandlung, zeitweise gemeinsam mit dem ebenfalls aus Österreich emigrierten späteren Musikwissenschaftler Kurt Blaukopf. 1938 begann auch V.'s publizistische Tätigkeit (u. a. Korrespondent der Zeitschrift *Das Wort*). 1939/40 wurden V. und seine Frau von den Behörden der britischen Mandatsverwaltung wegen des Verdachts kommunistischer Betätigung im Anhaltelager Sarafend, Mashra, interniert und zu zwölf Monaten Gefängnis verurteilt. 1940 setzte V. seine buchhändlerische Tätigkeit in Jerusalem fort, ›mit seiner ob dieses bedrückenden Daseins mißmutigen Frau vor ein paar Regalen unter der Treppe eines alten Hauseingangs der Jerusalemer Jaffastreet‹ hockend (Zadek). Zwei Jahre später gründete er den Verlag WILLY VERKAUF in Jerusalem, wo er v. a. österreichische Autoren publizierte, darunter Franz Theodor Csokor; hier gab er auch die Schriftenreihe des Free Austrian Movement in Palestine heraus, als dessen Generalsekretär V. fungierte. Nach Kriegsende kehrte V. nach Wien zurück, trat der KPÖ bei und wurde 1946/47 Mitarbeiter beim GLOBUS VERLAG, dessen Buchhandlung er aufbaute. Noch vor seinem Ausschluss aus der KPÖ gründete V. in Wien seinen eigenen Buch- und Zeitschriftenverlag WILLY VERKAUF, in dem er die Zeitschriften *Erbe und Zukunft* (1946–48) und *Bücherschau* (Zeitschrift für den Bücherfreund und den internationalen Buchhandel, 1947–54) herausgab. Es erschienen im Verlag Willy Verkauf aber z. T. auch wieder jene Bücher, die V. in Jerusalem publiziert hatte, wie Csokors Gedichte *Das schwarze Schiff* (in 2., veränderter Auflage 1947), oder von Autoren, mit denen V. in Palästina bekannt geworden war, wie Arnold Zweig (*Ein starker Esser*, Kap. aus dem unveröff. Roman *Das Eis bricht*, 1947). Auch von seinem ehemaligen Kompagnon Kurt Blaukopf brachte er ein Buch heraus (Kurt und Miriam Blaukopf: *Von österreichischer Musik*, 1947). Mit den Schweizer und deutschen Verlegern Arthur Niggli und Gerd Hatje begründete V. die *Janus Bibliothek der Weltliteratur*; er hielt sich 1951 bis 1954 oft in St. Gallen, 1954 bis 1958 in Haifa auf. Der WILLY VERKAUF VERLAG GMBH Wien firmierte seit 1954 in Bregenz und ging 1959 in Teilen an den Verlag ARTHUR NIGGLI GMBH, Bregenz; ein Teil der Rechte und Bestände verblieb aber beim Wiener Verlag. 1958 kehrte V. nach Wien zurück und eröffnete mit seiner zweiten Frau Helga eine

Galerie für moderne Kunst in der Riemergasse. Seit 1959 war V. unter dem Pseudonym André Verlon hauptsächlich als freier Schriftsteller, Maler und Graphiker tätig; in seinen schriftstellerischen wie bildenden Werken bediente er sich vor allem der Collagetechnik. Er lebte von 1961 bis 1971 in Paris, ab 1971 wieder vorwiegend in Wien, wo er im Vorstand des Künstlerhauses einen Sitz innehatte; neben dem Bund Sozialistischer Akademiker war V. in zahlreichen kulturellen und politischen Organisationen tätig, u. a. war er Vorstandsmitglied der Jura-Soyfer-Gesellschaft und seit 1987 Vorsitzender der Theodor-Kramer-Gesellschaft. 1991 stiftete V. gemeinsam mit seiner Frau Helga einen nach ihnen beiden benannten Preis für österreichische antifaschistische Publizistik.

Willy Verkauf-Verlon: Mit scharfer Optik. Ein Leben für Kunst und Politik. Wien: Löcker 1989; ders.: Tanzend auf einem Bein. Gedichte 1939–1989. Wien: Carmel-Edition 1990; ders.: Auch Worte haben Grenzen, Gedichte 1935–1993. Mit einem Nachwort von Alexander Emanuely. Wien: Theodor Kramer Gesellschaft 2015.

BHE 1; DBE; Verlagsveränderungen 1942–1963 S. 202; Zadek: Buchhändler II (1971) S. 2942; Konstantin Kaiser: Willy Verkauf und die Zeitschrift *Erbe und Zukunft*. In: Mit der Ziehharmonika 4 (1987), Nr. 2 S. 1–3; Gedächtnisartikel für Willy Verkauf-Verlon 1. März 1994. In: Mit der Ziehharmonika. 11. Jg. Nr. 1 (Apr. 1994) S. 11–23; Mitteilungen des Dokumentationsarchivs des österreichischen Widerstandes Folge 151 (April 2001). Zu Kurt Blaukopf: Mündl. Information von Alisa Douer an EF, September 1994, Wien.

Victor, Walther 21. 4. 1895 Bad Oeynhausen – 19. 8. 1971 Bad Berka; Publizist, Verlagsmitarbeiter. V., Sohn eines Fabrikdirektors, legte 1913 das Abitur ab, begann anschließend an der Universität Freiburg ein Germanistikstudium, leistete im Ersten Weltkrieg Dienst und setzte danach sein Studium in Halle fort. Als Mitglied der SPD seit 1919 wirkte er als Politiker ebenso wie publizistisch für linke Organe, u. a. für die *Weltbühne*. 1931 bis 1933 war V. leitender Redakteur beim Berliner *8-Uhr-Abendblatt*. Nach der nationalsozialistischen ›Machtergreifung‹ mit einem Berufsverbot belegt, beteiligte er sich am Widerstand gegen das NS-Regime und musste 1935 aus Deutschland flüchten. Zusammen mit seiner zweiten Ehefrau, der Schriftstellerin Maria Gleit (Herta Gleitsmann), kam er in die Schweiz, ins Tessin, wo er unter dem Pseudonym Redo publizistisch tätig war und als Redakteur der Zeitschrift *Die Naturfreunde* etwas Geld verdiente. Vor allem aber übernahm er hier die Leitung des VERBANO-VERLAGS in Locarno, der sich im Besitz des Schweizer Buchhändlers und Buchbinders Adolf Lieglein befand. In den Jahren 1935 bis 1938 brachte V. hier neben zwei eigenen Werken noch zwölf weitere Titel gemischter Art heraus, insgesamt ohne jeden finanziellen Erfolg. Da seine Aufenthaltserlaubnis nicht verlängert wurde, ging V. weiter nach Luxemburg und von dort weiter nach Paris. Schließlich gelang es ihm 1940 in die USA einzureisen, wo er zunächst als Packer und Hausdiener seinen Unterhalt finanzierte. Von 1943 bis 1945 im ALFRED A. KNOPF VERLAG als Herstellungsleiter angestellt, arbeitete er nach Ende des Zweiten Weltkriegs erneut als Journalist und kehrte 1947 nach Deutschland zurück. Er ließ sich in der SBZ nieder, wurde Mitglied der SED und Ministerialrat der Sächsischen Landesregierung. 1949/50 wurde V. Neugründer und Leiter der BÜCHERGILDE GUTENBERG und Funktionär des Schriftstellerverbandes der DDR; als Herausgeber initiierte er die in der DDR sehr erfolgreiche Klassiker-Reihe *Lesebuch unserer Zeit*.

G. Baumgartner, D. Herbig [Hg.]: Biographisches Handbuch der SBZ/DDR 1945–1990. Bd. 2. München: Saur 1997; Walther Victor-Archiv im Archiv der Akademie der Künste, Berlin; Kristina Schulz: Die Schweiz und die literarischen Flüchtlinge (1933–1945). Berlin: Akademie-Verlag 2012 S. 141–153.

Viebig(-Cohn), Ernst Wilhelm 10. 10. 1897 Berlin – 18. 9. 1959 Eggenfelden / Bayern; Komponist, Dirigent, Exil-Buchhändler. Der einzige Sohn aus der Ehe der Erfolgsschriftstellerin Clara Viebig (1860–1952) mit dem jüdischen Verleger und Teilhaber am FONTANE VERLAG Friedrich Theodor Cohn (1864–1936) verlebte eine glückliche Kindheit in der Villa seiner Eltern in Berlin-Zehlendorf. Die Teilnahme am Ersten Weltkrieg setzte eine deutliche Zäsur in seiner Biographie. V.'s Vater, der 1903 ein kaiserliches Edikt erwirkte, das den Nachkommen seiner Frau das Recht zusicherte, deren Familiennamen zu tragen, war ab 1906 Alleineigentümer des Verlags EGON FLEISCHEL & CO., den er im Zuge der Inflation 1921 an die DEUTSCHE VERLAGSANSTALT verkaufte. Nach der nationalsozialistischen ›Machtergreifung‹ galt seine Mutter als ›jüdisch versippt‹; V. selbst, der eine Karriere als Opernkomponist und Dirigent (Kapellmeister an den Stadttheatern in Lübeck, Braunschweig und Hannover) begonnen hatte, war 1922 bis 1925 Redakteur der Zeitschrift *Die Musik* und 1925 bis 1928 Kapellmeister und Aufnahmeleiter bei ELEKTROLA; seit 1928 künstlerischer Direktor der ADLER PHONOGRAPH AG. Auch schrieb er in dieser Zeit eine Reihe von Opern und Orchesterstücken. Als ›Halbjude‹ litt er unter den Repressionen des NS-Regimes und sah sich 1934 zur Emigration gezwungen. Er ging nach Brasilien, wohin ihm 1935 seine Frau Irmgard und seine beiden Kinder Susanne und Reinhard folgten. In São Paulo wurde V. Teilhaber an einer 1924 errichteten, von Gerhard Apfel (gest. Februar 1938) geführten deutschen Buchhandlung, der LIVRARIA TRANSATLANTICA, die sich im Weiteren zu einem lokal bedeutenden Unternehmen entwickelte. Unter den Angestellten befand sich u. a. der ebenfalls vor ›rassischer‹ Verfolgung geflüchtete Marcus Wipper, zuvor Leiter der deutschen Abteilung in der AGENCIA INTERNATIONAL von Arrigo Boero, sowie ein Prokurist Reichmann, Vetter von → Ernesto Reichmann. V. stand unter Beobachtung der Deutschen Gesandtschaft in Rio de Janeiro; diese stellte Ende 1935 u. a. fest, dass V. ›den Emigranten Dr. Worms[!] als aktiven Teilhaber in seine Buchhandlung aufgenommen‹ habe. Tatsächlich war → Fritz Worm nach seiner 1935 erfolgten Ankunft in Brasilien in einer Zweigstelle der Livraria Transatlantica in Rio de Janeiro tätig. Von der Fachschaft Verlag wurde der Geschäftsverkehr mit der Firma untersagt. V., der nach 1945 nach Deutschland zurückkehrte, hat Lebenserinnerungen verfasst, die unveröffentlicht geblieben sind (lt. Vortrag von Christel Aretz im Clara-Viebig-Zentrum am 9. Juli 2007).

SStAL, BV, F 5812 (1934–1941); auch: F 11. 763 [Schreiben der Dt. Gesandtschaft an den Börsenverein vom 19. 12. 1935; denunziatorisches Schreiben von Frederico Will]; BHE 2; DBE; Hugo Riemann: Musiklexikon. 11. Aufl., bearb. von Alfred Einstein. Berlin: M. Hesse 1929; Carola Stern, Ingke Brodersen: Kommen Sie, Cohn! Friedrich Cohn und Clara Viebig. Köln: Kiepenheuer & Witsch 2006.

Völter, Reinhar(d)t Friedrich 8. 7. 1915 Pforzheim – 22. 8. 1952 Buenos Aires; Verlagsbuchhändler. V. emigrierte 1936 aus weltanschaulicher Überzeugung aus Deutschland und betätigte sich als Verleger in Buenos Aires mit der ›EDITORIAL LIBRI REINHARDT VÖLTER‹. Die Reichsschrifttumskammer warnte am 1. Juni 1942 in den *Vertraulichen Mitteilungen der Fachschaft Verlag* vor einer Zusammenarbeit mit der Firma: ›Der Inhaber des Unternehmens, Herr Reinhardt Völter, emigrierte vor etwa vier Jahren nach Buenos Aires; er ist mit einer Jüdin verheiratet.‹

Reinhardt Völter: Brief aus Südamerika. Argentinien als Markt für den Schweizer Buchhandel. In: Der Schweizer Buchhandel 1 (1943), Nr. 20 S. 525 f.

SStAL, BV, F 18436 (1941–1942); VM Fachschaft Verlag Nr. 237–73 vom 1.6.1942 (Warnung abgedruckt auch in Joseph Wulf: Literatur und Dichtung im Dritten Reich. Eine Dokumentation. Frankfurt am Main, Berlin: Ullstein 1983 S. 207); IfZ/BA [Fragebogen J. Luzian]; Familienstiftungen Paul Wolfgang Merkel und Werner Zeller. Unsere Familie [online].

W

Wahrhaftig, M. Buchhändler. Von einer buchhändlerischen Tätigkeit W.'s liegen mehrere Zeitzeugenberichte vor: → Walter Zadek berichtete, dass ›Herr Wahrhaftig‹ in der belebten Herzlstreet in Haifa einen Buchhändlerstand hatte ›und wirksam ausbaute‹, auch → Erwin Lichtenstein und → Felix Pinczower erinnerten sich an das kleine Geschäft, das auch antiquarische Bücher anbot. Die aus Österreich emigrierte Journalistin Alice Schwarz-Gardos berichtet in ihren Erinnerungen: ›Ein anderer ›Treffpunkt für Büchernarren‹ war das Antiquariat samt Bücher- und Zeitungskiosk eines Herrn *Wahrhaftig*, in dessen bis an die Decke vollgeräumtem Hinterzimmer man wahre Schätze an seltenen alten Büchern, insbesondere auch deutschsprachige Judaica finden konnte. Die Legende berichtete, nach Kriegsende hätte sich so mancher deutsche Verleger hier Bücher geholt, die einst von den Nazis verbrannt und verbannt worden waren.‹ Und die Architektin Myra Warhaftig ergänzt diese Beschreibung dieses rund 10 Quadratmeter großen Treffpunktes in der Herzlstraße von Haifa: ›Der Inhaber hieß M. Wahrhaftig, er war ein orthodox-religiöser deutscher Jude mit weißem Bart, der an Sigmund Freud erinnerte.‹ Arnold Zweig sei dort häufig anzutreffen gewesen, auch als Kunde, nicht zuletzt als Käufer seiner eigenen Bücher.

Zadek: Buchhändler II (1971) S. 2941; Brief F. Pinczower an EF vom 12.12.1991; Interview EF mit E. Lichtenstein am 20.10.1993 in Kfar Shmarjahu / Israel; Alice Schwarz-Gardos: Von Wien nach Tel-Aviv. Lebensweg einer Journalistin. Gerlingen: Bleicher 1991 S. 16; Myra Warhaftig: Haifa 1933–1948. In: Julia Bernhard, Joachim Schlör (Hg.): Deutscher, Jude, Europäer im 20. Jahrhundert: Arnold Zweig und das Judentum. (Jahrbuch für Internationale Germanistik, Reihe A, Bd. 65). Bern: P. Lang 2004 S. 215.

Wahrmann, Oskar (Jeshajahu) 1908 Rakowce / Galizien –1961 Jerusalem; Antiquar. W., ein Sohn von Moses Aron W. (1877–1923), wuchs in Frankfurt am Main auf und arbeitete, nach einjähriger Jeschiwa (Tora-Studium) und Absolvierung einer kaufmännischen Lehre, kurze Zeit in der väterlichen Buchhandlung, bis er über den Besuch der Abendschule das Abitur abgelegt hatte und ein Mathematikstudium aufnahm, das er nach zwei Jahren abbrechen musste. 1933 ging er nach Frankreich, kehrte aber 1934 zurück und wanderte, nach Hachschara (systematische Vorbereitung auf die Alija, die Besiedelung Palästinas), 1937 nach Palästina aus. Dort lebte er zwei Jahre im Kibbuz Hasorea als Waldarbeiter, später war er bei einem Buchprüfer und als Vertreter angestellt, bis er schließlich im Antiquariat und Verlag seines Cousins → Samuel W. tätig wurde, das er nach dessen Tod 1961 übernahm, ohne es allerdings auf dem bisherigen hohen Niveau halten zu können. W. war verheiratet mit Marianne geb. Grätzer (geb. 1911 Wien, seit 1933 in Palästina / Israel), die ihm ab 1963 bei der Führung des Buchhandelsunternehmens zur Seite stand.

Anne Betten [Hg.]: Wir sind die Letzten. Fragt uns aus. Gespräche mit den Emigranten der dreißiger Jahre in Israel. Gerlingen: Bleicher 1995 S. 34, 454; Josef Melzer: Glückwunsch für

Samuel Wahrmann. In: AdA 1959 S. 404; Josef Melzer: Samuel Wahrmann † In: AdA 1961, (Bbl. (Ffm), Nr. 6) S. 1114.

Wahrmann, Samuel 31. 1. 1899 Sokolow / Österreich – 29. 5. 1961 Jerusalem; Antiquar, Verleger. W. besuchte nach der Volksschule die Jeschiwot in Stanislau und Lemberg. 1916 ging er nach Wien auf eine Handelsschule; nebenher erweiterte er sein talmudisches Wissen am dortigen Rabbiner-Seminar. 1917 rückte er in die österreichische Armee ein, wo er bis zum Ende des Ersten Weltkrieges diente. Nach Kriegsende kehrte er nach Sokolow zurück und widmete sich erneut dem Studium der Judaistik und Hebraistik. Als Fachmann der hebräischen Bibliographie erwarb er sich über die Grenzen seiner Heimat hinaus einen hervorragenden Ruf. 1920 trat er als Mitarbeiter in das bedeutende hebräische Antiquariat I. KAUFFMANN in Frankfurt am Main ein (→ Dr. Felix Ignatz Kauffmann). Als sein Onkel Moses Aron W. (1877–1923), der Prokurist bei Ignatz Kauffmann gewesen war, dort 1920 seine eigene HEBRÄISCHE BUCHHANDLUNG UND ANTIQUARIAT M. A. WAHRMANN gründete, folgte ihm sein Neffe 1923 und unterstützte ihn beim Aufbau. Nach dessen Tod übernahm W. zunächst die Leitung des Geschäftes, bevor er es am 1. September 1930 von den Erben des Verstorbenen erwarb und unter seinem eigenen Namen weiterführte. Unter W.'s Geschäftsführung prosperierte das Geschäft, das die buchhändlerischen Zweige Verlag, Antiquariat und Sortiment umfasste und in dem auch Ritualien erhältlich waren. W. gab in dieser Zeit eine Reihe von hervorragenden Judaica-Katalogen heraus und veröffentlichte seltene Hebraica. Eine der wichtigsten Publikationen des Verlages war eine vierbändige bibliophile Ausgabe der Werke Bialiks mit Illustrationen von Joseph Budko. Am 2. Januar 1932 übertrug W. seiner Ehefrau Regina, die seit 1930 in der Buchhandlung mitarbeitete, die Leitung des Sortiments, da er sich ausschließlich um das expandierende Antiquariat kümmern wollte. Seine Pläne, das Antiquariat räumlich vom Sortiment zu trennen, wurden durch die nationalsozialistische ›Machtergreifung‹ im Jahre 1933 zunichte gemacht. W. musste die Buchhandlung und den Verlag aufgeben und emigrierte nach Palästina. Im Januar 1934 eröffnete er gemeinsam mit → Nathan Bamberger, einem ehemaligen Mitarbeiter bei Ignatz Kauffmann, in Jerusalem das Antiquariat BAMBERGER & WAHRMANN für Judaica und Hebraica. Nach anfänglichen Schwierigkeiten etablierte sich das Antiquariat recht schnell, vor allem bedingt durch die ›Ausschaltung‹ des jüdischen Buchhandels im Deutschen Reich, die die führende deutsche Stellung auf den Spezialgebieten Judaica und Hebraica beendete und eine fast vollständige Verlagerung des Geschäftes in diesen Bereichen nach Jerusalem zur Folge hatte. Das Antiquariat Bamberger & Wahrmann nahm darin weltweit eine führende Stellung ein; eine große Anzahl von Antiquariatskatalogen und Neuveröffentlichungen von Judaica und Hebraica – darunter wichtige bibliographische Arbeiten von Moritz Steinschneider, diverse Reprintausgaben sowie eine Bibliographie der *Passover Haggadah* (Abraham Jaari) – zeugen davon. Bamberger und W. unterhielten weiterhin geschäftliche Kontakte nach Deutschland und bezogen ihren Antiquariatsbestand zum Teil aus dem Deutschen Reich: W. reiste einmal im Jahr geschäftlich nach Frankfurt am Main, wo er sich für zwei bis drei Monate aufhielt; die Auflösung bedeutender jüdischer Bibliotheken schuf günstige Voraussetzungen für den Erwerb interessanten Materials. Seine letzte Geschäftsreise dorthin unternahm er 1939. Nach dem Tod Bambergers 1948 führte er das Antiquariat allein weiter. Als im Jahre 1961 auch W. verstarb, übernahm sein Cousin → Oskar W. einen Teil des Geschäfts, in dem er schon zuvor beschäftigt gewesen war. Die berühmte Firma verlor nun jedoch rasch an Bedeutung und ging schließlich ein. Ein Teil des umfangreichen Lagers wurde vom amerikanischen Botschafter in Österreich Theodore E. Cummings (geb. 1907 in Wien) erworben, der diese Sammlung unter seinem Namen an die UCLA Library in Los Angeles gab, wo sie den Kern der Judaica-Abteilung bildet.

Brief von Siegmund Wahrmann an KJ vom 22. 6. 1997; Verlagsveränderungen 1933–1937 S. 28; Tentative List p. 18; HStAWI Abt. 518 Nr. 10339 und 10340; Glückwunsch für Samuel Wahrmann. In: Bbl. (FfM) Nr. 23 vom 20. 3. 1959 S. 404; J[oseph] M[elzer]: Nachruf auf Samuel Wahrmann. In: Bbl. (FfM) Nr. 55 vom 11. 7. 1961 S. 1114; Junk: Jüd. Buchhandel in Frankfurt (1997) S. 121–25; Emigrantendeutsch in Israel: Marianne Wahrmann (IS134) [Oral History-Programm; online]; Caroline Jessen: Kanon im Exil. Lektüre deutsch-jüdischer Emigranten in Palästina / Israel. Göttingen: Wallstein 2019, S. 72.

Walden, Herwarth 16. 9. 1878 Berlin – 31. 10. 1941 Saratov an der Wolga / UdSSR; Schriftsteller, Galerist, Verleger. Um dem Wunsch seines Vaters, eines jüdischen Physikers und Geheimen Sanitätsrats in Berlin, nach einer Ausbildung als Buchhändler zu entgehen, floh W. (ursprünglich Georg Lewin) nach Florenz, wo er Musik studierte. Durch seine Heirat mit Else Lasker-Schüler 1901 in Berlin (Scheidung 1911) wurde sein literarisches Interesse jedoch geweckt, und er betätigte sich neben seiner eigenen schriftstellerischen Arbeit als Herausgeber verschiedener Zeitschriften und als Veranstalter zahlreicher Kunstausstellungen der Avantgarde, u. a. stellte er Werke bedeutender Künstlergruppen wie der Brücke und dem Blauen Reiter aus. 1907 wurde er Geschäftsführer des von ihm gegründeten Berliner Vereins für Kunst; er förderte unbekannte Autoren, von denen einige heute zur Weltliteratur zählen (Heinrich und Thomas Mann, Rainer Maria Rilke, Frank Wedekind, Arno Holz). 1909 richtete W. für Karl Kraus das Berliner Büro des Verlags DIE FACKEL ein. 1910 rief er als Teil seiner Aktivitäten mit der gleichnamigen künstlerisch-literarischen Gruppe den Verlag DER STURM ins Leben, in dem er eigene Werke publizierte, aber auch Dichtern wie Gottfried Benn, Alfred Döblin und Oskar Kokoschka Veröffentlichungsmöglichkeiten bot. Parallel dazu gründete er *Der Sturm. Wochenzeitschrift für Kultur und Künste*; die Zeitschrift wurde (neben → Franz Pfemferts Aktion) zum bedeutendsten publizistischen Organ der jüngsten Literatur und Kunst in Deutschland. Seit 1910 organisierte er in Berlin Sturm-Ausstellungen; 1917 eröffnete W. den STURM-BUCHLADEN, später u. a. auch ein Theater, einen Theaterverlag STURMBÜHNE und eine Kunstschule der Gruppierung. Verlag und Magazin fanden 1932 ein Ende, als W. mit seiner zukünftigen vierten Frau Ellen Bork in die Sowjetunion emigrierte; 1933 bis 1941 lebte er in Moskau, wo er Beiträge für verschiedene Exilzeitschriften verfasste und Romane schrieb, die im nationalsozialistischen Deutschland verboten waren, außerdem arbeitete W. mit dem DEUTSCHEN STAATSVERLAG in Engels zusammen. W., der aus Deutschland ausgebürgert und Mitglied der KPdSU geworden war, wurde im März 1941 im Zusammenhang mit den stalinistischen ›Säuberungen‹ in einem Moskauer Hotel verhaftet, seine Bibliothek und seine Besitztümer wurden beschlagnahmt. W. starb im selben Jahr nach siebenmonatiger Dunkelhaft im Gefängnis von Saratov an der Wolga an einem Herzleiden. Nach dem Krieg wurde er postum von der KPdSU rehabilitiert.

BHE 2; DBE; Lothar Schreyer [Hg.]: Der Sturm. Ein Erinnerungsbuch an Herwarth Walden und die Künstler aus dem Sturmkreis. Baden-Baden: Klein 1954; Nell Walden: Herwarth Walden.

Ein Lebensbild. Berlin: Kupferberg 1963; Andreas Mytze [Hg.]: Exil in der Sowjetunion (Europäische Ideen. H. 14/15).

Waldinger, Ernst 16. 10. 1896 Wien –1. 2. 1970 Saratoga Springs / NY; Dichter, Verleger, Literaturwissenschaftler; Dr. phil. Nach dem Kriegsdienst und schwerer Verwundung schloss W. sein Studium der deutschen Sprache und Literatur und der Geschichte und Kunstgeschichte in Wien 1921 mit der Promotion ab; 1922 bis 1938 arbeitete er als Angestellter in einem Wiener Fachbuchverlag (VERLAG ›ALLGEMEINER TARIFANZEIGER‹), der Alexander Freud, dem Bruder Sigmund Freuds, gehörte. Daneben wurde er als Schriftsteller tätig und veröffentlichte 1934 und 1937 seine ersten Gedichtbände im SATURN-VERLAG → Fritz (Frederick) Ungars, mit dem er befreundet war. 1938, nach dem ›Anschluss‹ Österreichs, flüchtete W. mit seiner Familie in die USA. Nachdem er verschiedenen Beschäftigungen – u. a. als Bibliothekar und als Mitarbeiter im amerikanischen Verteidigungsministerium (1944–46) – nachgegangen war, war W. 1945 zusammen mit → Wieland Herzfelde und einem Exilautoren-Kollektiv an der Gründung des Exilverlags AURORA in New York beteiligt. Nach dem Krieg arbeitete W. 1947 bis 1965 als Professor für Deutsche Literatur und Sprache am Skidmore College in Saratoga Springs, außerdem verfasste er Beiträge für zahlreiche Zeitungen und Zeitschriften im In- und Ausland und war als Übersetzer, Lyriker und Essayist tätig. W. war Mitglied des österreichischen und des deutschen PEN-Clubs in London sowie des Internationalen Germanistenvereins. Er wurde mit zahlreichen Preisen geehrt, u. a. mit dem Preis für Dichtkunst der Stadt Wien (1960) und der Goldenen Ehrenmedaille seiner Heimatstadt (1966).

BHE 2; DBE; Gabriele Tergit: Autobiographien: International PEN, a World Association of Writers. London: Int. PEN 1968; Christian Teissl: Ein ›Heimatdichter‹ im Exil – Ernst Waldinger (1896–1970). In: EXIL Nr. 1 (2001); Bio-Bibliographie Ernst Waldinger, Literaturhaus Wien [online].

Wallach, Hellmuth 19. 2. 1901 München – 25. 6. 1989 Bern; Kunsthistoriker, Antiquar; Dr. phil. W., Sohn eines Münchner Bankiers, studierte in seiner Heimatstadt Kunstgeschichte und promovierte 1926 mit einer Arbeit über ›Die Stilentwicklung Hans Leonhard Schäufeleins‹. Er heiratete die Kunsthistorikerin Maria Hirsch, die Tochter des bekannten Münchener Antiquars → Emil Hirsch; anschließend trat er in die Firma seines Schwiegervaters ein und war dort für den Bereich Graphik und Handzeichnungen verantwortlich. Im Jahre 1937 emigrierte W. mit seiner Familie in die USA (Ankunft am 28. März 1937 in New York). Geplant war eine Anstellung bei Ernest Dawson in Los Angeles, doch das Beschäftigungsverhältnis kam nicht zustande. In New York mit geringfügigen Barmitteln verbleibend, nahm W. sofort ein Stellenangebot von Erhard Weyhe an. Ein Jahr später folgte sein Schwiegervater, der in enger Zusammenarbeit mit → Walter Schatzki (man teilte sich die Räumlichkeiten in der Madison Avenue) seine Antiquarstätigkeit in Manhattan fortführte. Nach dem Tod Emil Hirschs übernahm W. Teile von dessen Handbibliothek und führte das Antiquariat unter Hirschs Namen weiter. Er selbst betrachtete sich aber immer als Graphikspezialist und weniger als Buchhändler. Nach der Scheidung von seiner Frau ging W. 1970 in die Schweiz. In einem Vortrag ›Die Münchener Antiquare von einst‹ hat er 1985 über diese in den ersten Jahrzehnten des 20. Jahrhunderts international so bedeutende Szene des Buch- und Graphikhandels berichtet und in der autobiographischen Skizze ›Mein Panther‹ eindringlich die individuellen psychischen Probleme seiner Emigration beschrieben. Zu seiner Sammlung von alten Meisterdrucken und ausgewählten Zeichnungen, mit Schwerpunkten auf Drucken von Albrecht Dürer und dessen Umkreis, der Donauschule sowie Rembrandts, und vielen weiteren herausragenden Beispielen europäischer Graphikkunst vom 15. bis zum 19. Jahrhundert ist 2016 ein Katalog erschienen.

Hellmuth Wallach: Die Münchner Antiquare von einst. [Privatdruck] München: Hartung & Hartung 1993 [Mit der autobiogr. Skizze Mein Panther, S. 23–27, datiert vom 20. 5. 1980].

Rosenthal-Fragebogen; Deutsches Exilarchiv / DNB: Nachlass EB 96/170 [Lebensdokumente, Photographien, Manuskripte von Reden und Aufsätzen, autobiografische Manuskripte]; Bach, Fischer: Antiquare (2005) S. 34; Emanuel von Baeyer: The Helmuth Wallach Collection: From the Master of the Tarocchi Cards to Manet. London: von Baeyer 2016.

Walter, Hilde 4. 3. 1895 Berlin – 22. 1. 1976 West-Berlin; Publizistin, Literaturagentin. W. war bis 1918 als Sozialarbeiterin tätig, studierte dann Literatur und Kunstgeschichte und wandte sich dem Journalismus zu (*Deutsche Allgemeine Zeitung*). 1929 bis 1933 war sie ständige Mitarbeiterin des *Berliner Tageblatts*, der *Weltbühne* und der Gewerkschaftspresse. 1933 emigrierte W. nach Paris, wo sie den Bund freie Presse und Literatur mitbegründete. Als Hellmut von Gerlach, der Gründer des Freundeskreises Carl von Ossietzky 1935 starb, war sie wesentlich daran beteiligt, dass Ossietzky 1936 den Nobelpreis erhielt. 1940 wurde sie in Gurs interniert, konnte aber entkommen und lebte illegal in Südfrankreich. 1941 gelang ihr die Emigration in die USA, wo sie in New York eine literarische Agentur für Exilautoren gründete. 1952 remigrierte sie nach Deutschland und arbeitete in West-Berlin als Korrespondentin amerikanischer Zeitungen und des American Council for Germany. 1965 erhielt W. das Bundesverdienstkreuz 1. Klasse.

DBE; Sammlung H. W. Internationaal Instituut voor Sociale Geschiedenis, Amsterdam; Frithjof Trapp, Knut Bergmann, Bettina Herre: Carl von Ossietzky und das politische Exil. Die Arbeit des ›Freundeskreises Carl von Ossietzky‹ in den Jahren 1933–1936 (Veröffentlichungen der Hamburger Arbeitsstelle für Deutsche Exilliteratur. NF Nr. 1). Hamburg 1988.

Weg, Fritz Gerhard 10. 3. 1897 Leipzig – August 1986, Sutton, Greater London; Buchhändler, Antiquar, Verleger. W. war zusammen mit seiner Mutter Emma (1869 Breslau – 15. 9. 1942) und seinem Bruder Franz (1891 Leipzig – 12. 11. 1938 Sonderlager des KZ Buchenwald) Inhaber von Buchhandlung und Antiquariat MAX WEG, einer 1890 gegründeten, gut eingeführten Firma in Leipzig, Königstraße 3. Der Gründer Max Weg war um die Jahrhundertwende auch ein engagierter Teilnehmer der Debatten in der Buchhandelsbranche gewesen. Das Unternehmen war spezialisiert auf Naturwissenschaften, besonders auf geologisch-mineralogische und botanische sowie zoologische Literatur; es hat sich mit Erfolg sowohl im Buchimport wie -export betätigt, und unter der Leitung W.s wurden auch die verlegerischen Aktivitäten ausgebaut. Deshalb durfte es, hauptsächlich als Kommissionsverlag, mit Sondergenehmigung bis Anfang 1939 weiterarbeiten, es stand zuletzt aber bereits unter kommissarischer Leitung: der SS-Standartenführer Gerhard Noatzke aus Berlin war gemäß § 52 der Verordnung über den Einsatz jüdischen Vermögens vom 3. Dezember 1938 zum Treuhänder bestellt worden. Im Zuge der ›Arisierung‹ wurde der Lizenzbestand von der Fa. Gustav Fock GmbH übernommen. Behördlichen Vermutungen zufolge emigrierte W. in die Schweiz, wo er in Zürich ein schon bestehendes Zweiggeschäft weitergeführt haben soll. Allerdings trat

W. 1946 als Manager der neugegründeten Filiale INTERSCIENCE PUBLISHERS LTD. in London in Erscheinung; das New Yorker Stammhaus hatte der ehemalige Mitarbeiter im Leipziger Antiquariat → Eric Proskauer in der Zwischenzeit zu einem führenden Wissenschaftsverlag gemacht. W. war verheiratet mit Senta, geb. Breslauer (28. 7. 1907 Leipzig – Mai 1991 London).

SStAL, BV, F 12. 407; Adressbuch 1931 S. 687; www.geni.com; Arolsen Archives; Hendrik Edelman: Maurits Dekker and Eric Proskauer: A synergy of talent in exile. In: Immigrant publishers (2009) pp. 9–28, hier p. 22; Barbara Kowalzik: Jüdisches Erwerbsleben in der inneren Nordvorstadt Leipzigs 1900–1933. Leipzig: Leipziger Univ.-Verl. 1999 S. 39 f.

Weidenfeld, (Arthur) George, Lord of Chelsea 13. 9. 1919 Wien – 20. 1. 2016 London; Verleger. W. war nicht nur einer der prominentesten Verleger der Gegenwart, er gilt als herausragende Persönlichkeit der Zeitgeschichte. Er wurde als Sohn und einziges Kind des klassischen Philologen Max W., der später ins Versicherungsgeschäft wechselte, und von Rosa geb. Eisenstein-Horowitz geboren. Obwohl die Mutter aus einer alten rabbinischen Dynastie stammte, war das Elternhaus nicht im strengen Sinne religiös. W. besuchte das Piaristengymnasium in Wien und wurde von seinen Eltern früh nach Frankreich und Italien geschickt, um fremde Sprachen zu erlernen. Als Jugendlicher trat er Brit Trumpeldor bei, einer paramilitärisch organisierten, rechtszionistischen Jugendorganisation, zudem war er zu Beginn seines Jurastudiums und seines gleichzeitig begonnenen Studiums an der Konsularakademie Mitglied der jüdischen Schüler- und Studentenorganisation Giskala. Nach dem ›Anschluss‹ Österreichs an Hitlerdeutschland war ihm eine Fortsetzung seines Studiums aus ›rassischen‹ Gründen verwehrt. W. emigrierte im Sommer 1938 nach der Festnahme seines Vaters *penniless* mit einem ›Drei-Monate-Visum‹ nach Großbritannien, wo er von der British Refugee Relief Organization als Volontär an die Zionist Federation of Great Britain vermittelt wurde: hier lernte er später berühmte Persönlichkeiten der Bewegung kennen, darunter Chaim Weizmann. 1939 bis 1946 war W. bei der BBC als Journalist tätig: bis 1942 beim Abhördienst, von 1942 bis 1946 als Moderator der politischen Sendung *The Axis Conversation*. 1945 gründete er zusammen mit Nigel Nicolson (1917–2004), dem Sohn von Harold Nicolson und Vita Sackville-West, die europäische Kulturzeitschrift *Contact*. Da wegen Papierknappheit damals keine neuen Zeitschriften zugelassen waren, erschien *Contact* zwischen 1946 und 1949 alle zwei Monate in Buchform, Autoren waren u. a. Benedetto Croce, Sebastian Haffner und Arthur Koestler; aus dieser Zusammenarbeit erwuchs 1948 die Gründung des Verlags WEIDENFELD & NICOLSON, der ähnliche Ziele verfolgte und dessen Vorsitz W. übernahm; das Verlagsprogramm setzte sich zusammen aus Belletristik (Nabokovs *Lolita*), populärwissenschaftlichen Werken, zahllosen Reihen (u. a. *Introduction to Positive Economics, History of Civilization, History of Religion, The World University Library*) und Memoiren berühmter zeitgenössischer Persönlichkeiten (darunter de Gaulle, Adenauer, Henry Kissinger, Harold Wilson; als leidenschaftlicher Zionist verstand sich W. als Botschafter des jüdischen Staates, in diesem Zusammenhang sind die vielen Memoiren jüdischer Staatsmänner im Programm von W & N zu sehen: David Ben-Gurion, Golda Meir, Moshe Dayan, Yitzhak Rabin, Teddy Kollek). W. erkannte als einer der ersten seiner Zunft die kommerziellen Erfolgschancen des *Politainment*, ob mit Vladimir Dedijers Bestseller *Tito Speaks* oder *Stalin Means War, Hitlers Tischgesprächen* oder den Memoiren von Benito Mussolini und von Albert Speer. W & N agierte bald in großem Maßstab: Koproduktionen mit internationalen Partnern, Lizenzausgaben und konzertierte Aktionen gehörten zum innovativen Management des Konzerns; so beruhte der mit $ 10 000 ausgelobte Verlegerpreis Prix Formentor auf einer Idee W.'s. Der Verlag wuchs mit Tochtergesellschaften, Zukäufen (GROVE PRESS) und Marken (*JM Dent*, *Everyman Paperbacks*) zu einem der umsatzstärksten Medienkonzerne Großbritanniens heran. 1991 stimmte W. dem Vorschlag Anthony Cheethams zu, W & N unter das Dach des neu zu gründenden Verlagskonglomerats ORION BOOKS zu integrieren, das die Paperback-Verwertung von W & N-Titeln mit übernehmen sollte. 1998 erfolgte die Übernahme der Mehrheitsanteile von Orion (inklusive des in der Zwischenzeit hinzugekommenen Verlags CHAPMAN PUBLISHERS und von LITTLEHAMPTON BOOK SERVICES) durch HACHETTE LIVRE. 2003 wurde Hachette Livre alleiniger Eigentümer von Orion, im Zuge von Zukäufen und Neugruppierungen wurden die Weidenfeld Imprints zusammen mit Verlagsteilen von CASSELL & CO. unter dem Namen Weidenfeld & Nicolson Ltd. neu formiert. W.'s verlegerische Leistung gilt als singulär: ›None of the other houses created by the publishers who emigrated from Europe in the mid-twentieth century has come anywhere near the breadth and internationale stature of W & N.‹ (John Curtis). Seinen Jugendtraum von einer diplomatischen Karriere realisierte W. auf spezifische Weise: Seit seiner Beraterfunktion als *chef de cabinet* für den israelischen Ministerpräsidenten Chaim Weizmann 1949/50 spielte er in der internationalen Politik eine nicht unerhebliche Rolle als *networker* und Brückenbauer: so initiierte er, unterstützt vom deutschen Bundeskanzler Helmut Kohl, einen Kreis hochrangiger Politiker und Intellektueller für den deutsch-jüdischen Dialog und regte an der Universität Oxford die Gründung des Institute of European Studies an, in dessen Leitungsgremium er berufen wurde. 1969 wurde W. auf Empfehlung des Labour-Premiers Harold Wilson, zu dessen engstem Kreis er gehörte, zum Sir gekürt, 1976 folgte die Erhebung ins Oberhaus, wo W. als Lord Weidenfeld of Chelsea europäische Politik mitgestaltete.

George Weidenfeld: Remembering my Good Friends. [Autobiographie] London: HarperCollins 1994 [dt. Von Menschen und Zeiten. Wien: Europa Verlag 1995].

BHE 1; Gold: Juden in Österreich (1971) S. 175; K. Harris interviews Sir G. W. In: The Listener, 25 May 1972; David Prynce-Jones: George Weidenfeld. A Seventieth Birthday Tribute. London: Butler & Tanner 1989; Westphal: German, Czech and Austrian Jews (1991) p. 202, 206; vgl. im gleichen Band auch p. 376; Nigel Nicolson: Long Life: Memoirs. London: Weidenfeld & Nicolson 1997; Buchreport Nr. 23 (2000) S. 3; Ronald Channing: George Weidenfeld History's man. In: Association of Jewish Refugees Journal vol. 5 no. 6 (June 2005) pp. 15 f.; Buchreport Nr. 4 (2007) S. 126; John Curtis: George Weidenfeld: A Publisher of Inexhaustible Vitality and a Renowned International Figure. In: Immigrant publishers (2009) pp. 165–84; Iain Stevenson: Book Makers: British Publishing in the Twentieth Century. London: British Library 2010.

Weil, Ernst (Ernest) 3. 6. 1891 Ulm – 7. 3. 1965 London; Antiquar; Dr. phil. Vor dem Ersten Weltkrieg erlernte W. den Beruf des Bankkaufmanns in Frankfurt und London (wo er 1913 bereits seine zukünftige Frau Gertrude Welkanoz (die Schwester der Ehefrau von → Kurt Safranski, Mania) kennenlernte, die dort als Privatsekretärin eines deutschen Bankiers arbeitete). Nach dem Kriegsdienst 1914 bis 1918 promovierte er in München bei dem angesehenen Kunsthistoriker Heinrich Wölfflin über den ›Ulmer Holzschnitt im 15. Jahrhundert‹. W., der sich schon während seiner Studienzeit mit bibliophilen Drucken beschäftigt hatte, war 1920 gemeinsam mit → Ernst Mayer an der Gründung des MAURITIUS-VERLAGS beteiligt, der – entsprechend der Nachfrage in der Inflationszeit – hauptsächlich illustrierte Luxusdrucke in limitierten Auflagen herausbrachte. Danach verlagerte sich sein Interesse unter Einfluss seines Cousins → Heinrich Eisemann auf Inkunabeln und Frühdrucke. 1921 heiratete W.; 1923 wurde er Teilhaber des wissenschaftlichen Antiquariats von Hans Werner Taeuber in München (zuerst Königinstraße, dann Barerstraße), das an diesem Zentralort des deutschen bibliophilen Antiquariatsbuchhandels im Verlauf von rund 50 Katalogveröffentlichungen eine bedeutende Stellung erringen konnte, hauptsächlich durch Konzentration auf Naturwissenschaften und Medizin (inklusive Verkauf alter technischer Instrumente). Anfang 1933 trennte sich W. von Taeuber (der, obwohl Schweizer, aus Überzeugung bereits früh der NSDAP beigetreten war) und ging, nach Teilung des Lagers, im Juni 1933 mit seiner Familie nach England. In London arbeitete er mehr als zehn Jahre mit dem herausragenden Antiquar und Buchhistoriker → E. P. Goldschmidt zusammen, mit dem er schon vorher in Kontakt gestanden war und der für W. die für die Einwanderung erforderlichen Garantien übernahm. In diese Zusammenarbeit konnte W. seine aus München transferierten Bücherbestände einbringen. Als einer der ersten Antiquare befasste er sich nun intensiv mit der Geschichte der Photographie und trug zur Entstehung eines Marktes und einer Sammlerschaft auf diesem Gebiet entscheidend bei. Der in die USA emigrierte Antiquar → Lucien Goldschmidt unterstrich diese innovative Leistung: ›One hundred years after Talbot, Niépce, and Daguerre laid the foundations, almost no one collected or dealt in photography. The firm of E. P. Goldschmidt in London, under the impulsion of Dr. Ernest Weil, published in 1939 a catalogue commemorating the centenary of the invention of the photograph, and devoted in part to early photographs and books on photography.‹ Noch während des Krieges, 1943, erfolgte freundschaftlich die geschäftliche Trennung der beiden Antiquariatskoryphäen. W. zog anschließend nach Hampstead und brachte – ohne Ladengeschäft, nur von seiner Wohnung aus arbeitend – insgesamt 33 Kataloge heraus, die sich fast ausschließlich mit Wissenschaftsgeschichte befassten. Von regelmäßig unternommenen Reisen v. a. nach Italien, Paris und in die Schweiz kehrte er stets mit großen Seltenheiten zurück. Er verhalf vielen Bibliotheken, insbesonders in den USA, zu ihren Zimelien, u. a. der Haskell F. Norman Library in San Francisco und der James Ford Bell Library in Minneapolis. Mit seinen Veröffentlichungen wie *Albert Einstein. A bibliography of his scientific papers* (London 1937; 2. Aufl. 1960) oder der von ihm verlegerisch betreuten *Bibliotheca Alchimica et Chemica* (1949) oder der *Bibliography of Lavoisier* (1955) gab er der Etablierung der Geschichte der Naturwissenschaften als bibliophiles Sammelgebiet immer wieder zusätzliche Impulse, wie auf andere Weise sein enger Freund und Kollege → H. A. Feisenberger. Aber auch die Photographiegeschichte spielte in seiner Arbeit weiterhin eine wichtige Rolle. Deutschland hat W. nicht wieder betreten. Sein Geschäft wurde nach seinem Tod 1965 aufgelöst. W.s Nachlass liegt als ›Ernst Weil Papers‹ seit 2014 im Grolier Club in New York.

[Auswahl] Ernst Weil: Die deutsche Übersetzung der Ars moriendi des Meisters Ludwig von Ulm um 1470. [Faksimile-Ausgabe]. München: Roland 1922; ders.: Der Ulmer Holzschnitt im 15. Jahrhundert. Berlin: Mauritius 1923; ders.: Die Wiegendrucke Münchens. München: Verlag der Münchner Drucke 1923; ders.: Die deutschen Druckerzeichen des 15. Jahrhunderts. München: Verlag der Münchner Drucke 1924 [reprogr. Nachdruck Hildesheim: Olms 1970]; ders.: In Memoriam E. P. Goldschmidt – Bookseller and Scholar [Nachruf]. In: Journal of the history of medicine and allied sciences vol. 9 (1954) pp. 224–32; ders.: Catalogue of books, manuscripts, photographs and scientific instruments fully described and offered for sale by Ernst Weil 1943–1965. Original thirty three catalogues bound in two volumes, with a biographical memoir by Hanna Weil. Full author-title index compiled by Stephen Pober. Storrs-Mansfield / CT: Martino (1995).

Interview EF/UB mit Hanna Weil am 30. 3. 1995 in London; Brief Hanna Weil an Maurizio Martino vom 11. 10. 1993 [Kopie, freundlich überlassen von H. W.]; Adressbuch 1931 S. 405, 616; Max Niderlechner: Gruß an Dr. Ernst Weil zum 70. Geburtstag am 3. Juni 1961. In: Bbl. (FfM) Nr. 44 vom 2. 6. 1961 S. 921; Max Niderlechner: Zum Tod von Dr. Ernst Weil. In: Bbl. (FfM) Nr. 31 vom 21. 4. 1965 S. 720; [H. A.] F[eisenberger]: [Nachruf auf Ernst Weil]. In: Das Antiquariat Bd. XVII Nr. 9/10 (1965) S. 242 f.; E. W., 1891–1965 [Nachruf]. In: Journal of the history of medicine and allied sciences vol. 20 (1965) pp. 168/69; Wittmann: Hundert Jahre Buchkultur (1993) S. 169; Bach, Biester: Exil in London (2002) S. 253, 256; Anton Holzer: Das Fotobuch als Kunstwerk – über eine neue Sammlerbewegung. In: Neue Zürcher Zeitung vom 21. 6. 2008 [online]; Wittmann: Münchens jüdische Antiquariate (2009) S. 23–42.

Weil, W[alter] Herbert Geb. 23. 5. 1899 Hamburg; Buchhändler. W. war nach Peru geflüchtet und gründete am 17. Dezember 1938 in Lima an der Adresse Jr. Union No. 892 eine LIBRERÍA INTERNACIONAL DEL PERU SA. 1939 suchte er bei der Auslandsabteilung des Börsenvereins um eine Geschäftsverbindung nach Deutschland an; das Ansuchen wurde als ›unerwünscht‹ abschlägig beschieden. Möglicherweise wurde sie bereits 1940 von → Erich Klein übernommen oder zeitweise gemeinsam geführt. Im Mai 1947 heiratete W. in Lima Zoila Zapata Salcedo (geb. um 1917). Die Firma, die sich auch verlegerisch betätigte (v. a. mit Peruviana), bestand jedenfalls bis zum Beginn der 1960er Jahre.

SStA Leipzig, BV, F 1.011, F 15071 (1938–40); VM Fachschaft Verlag Nr. 39 vom 5. 2. 1939; gw.geneanet.org/herediasittig; Librería Internacional del Peru SA www.universidadperu.com [online]; León Trahtemberg Siederer: La inmigracion judia al Peru, 1848–1948. Lima: Selbstverlag 1987 S. 307; León Trahtemberg S.: Los Juidos de Lima y las provincias del Perú. Lima: Selbstverlag1989 [online].

Weisbach, Walter 29. 9. 1889 Berlin – 2. 9. 1962 Den Haag; Hygieniker, Verleger; Dr. med. Der studierte Mediziner W. arbeitete an verschiedenen Hygiene-Instituten in Freiburg / Breisgau, Berlin und Halle / Saale; 1921 wurde er habilitiert und war bis 1933 Fakultätsmitglied der Universität Halle, mit einer Lehrtätigkeit im Bereich der sozialen und industriellen Hygiene. 1933 aufgrund seiner jüdischen Abstammung entlassen, emigrierte er in die Niederlande und unterstützte dort, seit 1937 auch als Mitinhaber, seinen Schwiegervater, den bedeutenden Wissenschaftsantiquar → Wilhelm Junk in der Führung von dessen Verlag. 1941 bis 1945 war er im KZ-Sammellager Westerbork interniert, 1945 kehrte er als einer der wenigen Überlebenden des Lagers gesundheitlich schwerst beeinträchtigt nach Den Haag zurück. Zusammen mit seiner Frau Irma-Marie Weisbach-Junk (geb. 1900, mit W. verh. seit 1920) baute W. die von dem 1942 verstorbenen Junk ererbte UITGEVERIJ DR. W. JUNK wieder auf; nach W.'s Tod 1962 übernahm seine Witwe die Leitung des Unternehmens.

BHE 2; DBE; Florian Steger unter Mitarbeit von Dajana Napiralla: Walter Weisbach. In: Friedemann Stengel (Hrsg.): Ausgeschlossen. Die 1933–1945 entlassenen Hochschullehrer der Martin-Luther-Universität Halle-Wittenberg. Halle a. d. Saale: Universitätsverlag Halle-Wittenberg 2016 S. 347–356. Weitere Literatur siehe Wilhelm Junk.

Weiser, Leo 3. 3. 1883 Czartkow / Polen – Dezember 1974 New York; Antiquar, Versandbuchhändler. W. errichtete in Wien I, Tuchlauben 5 eine Versandbuchhandlung mit Antiquariat; auch in Laibach soll er 1931 eine Antiquariatsbuchhandlung Cerovic-Ajhstet errichtet haben. W.s Wiener Firma wurde 1938 von dem SA-Mann und Antiquar Alfred Wolf ›arisiert‹, der sich auch das Bücherlager des Antiquariats H. P. Kraus in Wien, Praterstraße 17, angeeignet hatte und mit den zusammengeführten Beständen einen Handel im großen Stil aufzog. Die auf wissenschaftliche Literatur spezialisierte Antiquariat- und Export-Buchhandlung Alfred Wolf existierte bis in die 1970er Jahre in Wien I., Schottenring 35. W. lebte mit seiner Ehefrau Eva in New York bis zu seinem Tod 1974 in der West 71 Street, ohne sich noch einmal antiquariatsbuchhändlerisch betätigt zu haben.

Schroeder: ›Arisierung‹ II (2009), S. 372; SSDI; Ancestry.com; www.fold3.com; Bibliotheken in der NS-Zeit. Provenienzforschung und Bibliotheksgeschichte. Hg. von Stefan Alker. Göttingen: V & R Unipress 2008, S. 285; Walter Mentzel, Harald Albrecht: Wiener medizinische Bibliotheken und die Rolle von NS-Antiquariaten im NS-Bücherraub am Beispiel des Instituts für Geschichte der Medizin in Wien. In: 7. Österreichischer Zeitgeschichtetag 2008: 1968 – Vorgeschichten – Folgen. Bestandsaufnahme der österreichischen Zeitgeschichte. Hrsg. von Ingrid Böhler [u. a.]. Innsbruck: Studienverlag 2010, S. 340 f.; Walter Mentzel: Die ›Antiquariats- und Exportbuchhandlung Alfred Wolf‹ – ehemals Hans Peter Kraus und Leo Weiser. Die Geschichte eines Raubunternehmens. In: NS-Raubgut in Museen, Bibliotheken und Archiven. Viertes Hannoversches Symposium. Hrsg. von Regine Dehnel (Zeitschrift für Bibliothekswesen und Bibliographie, Sonderband 108), Frankfurt am Main: Klostermann 2012, S. 441–454; Lexikon der österreichischen Provenienzforschung, Art. Wolf, Alfred [online].

Weiss, Hans Geb. 1. 3. 1900; Redakteur, Buchhändler. W. war vor 1933 politischer Journalist in dem von Theodor Wolff herausgegebenen *Berliner Tageblatt*; nach der NS-›Machtergreifung‹ flüchtete er vor der rassistischen Verfolgung nach Südafrika und engagierte sich dort im Unabhängigen Kulturverein (UKV; auch Independent Cultural Association), einem intellektuellen Zirkel europäischer Emigranten. Gemeinsam mit dessen Mitbegründer und Vorsitzenden Hans Oskar Simon, einem Rechtsanwalt aus Bonn, eröffnete er am 23. November 1944 eine Buchhandlung SELECTED BOOKS in der Hoek Street im Zentrum von Johannesburg. In dem in Größe und Raumausstattung eindrucksvollen Geschäftslokal, das auch als Kommunikationszentrum der Emigration diente, wurden hauptsächlich deutschsprachige, daneben auch englischsprachige Bücher angeboten, teils verlagsneu, teils antiquarisch. Die Firma bestand bis 1948; es gibt Hinweise darauf, dass W. in den 1950er Jahren eine Buchhandlung WESTDENE BOOKS (im gleichnamigen Stadtteil von Johannesburg) geführt hat. Im Weiteren dürfte er sich aber bis Mitte der 1960er Jahre auf eine Tätigkeit als Südafrika-Korrespondent deutscher Medien konzentriert haben. In den Jahren 1944 bis 1948 war bei Selected Books auch Ruth W. (geb. am 26. 7. 1924 in Fürth als R. Loewenthal) in Buchhaltung und Geschäftsführung tätig; sie war als 12-jährige nach Südafrika gekommen und hatte später im UKV den wesentlich älteren Hans W. kennengelernt; sie lebte mit ihm zusammen und war 1956 bis 1962 mit ihm verheiratet. Ruth W., die später in einer Versicherung und als Journalistin sowie im Rahmen eines einjährigen London-Aufenthalts 1953/54 im dortigen Elek Verlag (→ Paul Elek) tätig war, gewann im fortgeschrittenen Alter als Schriftstellerin und vor allem als Zeitzeugin (auch zu ihrem Kampf gegen die Apartheid) noch einige Berühmtheit.

Ruth Weiss: Wege im harten Gras, Erinnerungen an Deutschland, Südafrika und England. Mit einem Nachwort von Nadine Gordimer. Wuppertal: Peter Hammer Verlag 1994.
https://www.identitynumber.org/death-notices-results.php?surname=WEISS; https://remember.org/unite/union/simon_h.html; Wikipedia (Art. Ruth Weiss); Boekmark, ABSA, 1996, S. 14; https://ruthweiss.net/gallery/; Ruth Weiss: Die Gerechte. In: Emma 2005, S. 16 f. [online].

Weiß, Hans Geb. 6. 12. 1899 Budapest; Antiquar. W. war gemeinsam mit seinem Zwillingsbruder → Rudolf W. Inhaber des 1926 gegründeten Buch- und Kunstantiquariats WEISS & CO. in München, Karolinenplatz 1. Spezialgebiete des Antiquariats waren mittelalterliche Handschriften mit und ohne Miniaturen, Inkunabeln, Holzschnittwerke, frühe Medizin und Geographie, Druckgraphik und Handzeichnungen des 15. bis 18. Jahrhunderts. Die NS-›Machtergreifung‹ bedeutete das Ende der Geschäftstätigkeit der beiden Brüder; die Schaufenster des Antiquariates wurden zerschlagen. Hinweisen zufolge emigrierte W. in die USA.

Adressbuch 1932 S. 685; Hellmuth Wallach: Die Münchener Antiquare von einst. München 1993 S. 12; Wittmann: Münchens jüdische Antiquariate (2009) S. 39; schriftliche Auskunft Stadtarchiv München (an Björn Biester), 21. Mai 2019; Erhard Göpel: In München flanieren … Den kunstfreundlichen Antiquaren gewidmet. In: Bbl. (Ffm) 13. Jg., Nr. 72a, 9. September 1957 S. 11–14, hier S. 11 [›Am Karolinenplatz … hatte Emil Hirsch im Parterre seine gemütlichen Räume. Eine Zeitlang führten die Brüder Weiß ganz in der Nähe ihr florierendes Geschäft. Sie bauten damals die Inkunabelsammlung von Kurt Wolff auf.‹]

Weiß (Weiss-Hesse), Rudolf 6. 12. 1899 Budapest – gest. nach 1967; Antiquar. Der Zwillingsbruder von → Hans W., Mitinhaber des 1926 gegründeten Antiquariats WEISS & CO., München, Karolinenplatz 1, emigrierte nach 1933 in die Schweiz und nahm seinen Wohnsitz in Olten. Seit 1937 trat W., nun unter dem Namen Rudolf Weiss-Hesse, zusammen mit seiner Frau Margarete (gest. 1948) dort wieder als Antiquar hervor. In diesem Jahr erschien eine englischsprachige Ausgabe von Max Geisbergs *Woodcuts from Books of the XVI. Century from German, Swiss, Dutch, French, Spanish and Italian Presses* in Olten im Antiquariat Weiss-Hesse. In Zusammenarbeit mit L'Art Ancien (Zürich) und Robert Wölfle (München) brachte W. später noch mehrfach wichtige Tafelwerke zu Tier- und Kräuterbüchern des 15.–19. Jahrhunderts heraus, mit denen z. T. an Editionen aus der Münchener Zeit von Weiss & Co. angeknüpft wurde. W. trat 1958 zusätzlich in die Dienste der Zentralbibliothek Solothurn und war dort bis zum Jahr 1966 insbesondere für das Ausstellungswesen verantwortlich, dem er wesentliche Impulse zu geben wusste.

Adressbuch 1932 S. 685; 37. Jahresbericht der Zentralbibliothek Solothurn über das Jahr 1967 [online]; Wittmann: Münchens jüdische Antiquariate (2009) S. 39.

Wendriner, Heinz 2. 11. 1895 Berlin – Juli 1962 New York; Verleger. W. war, nach einem Studium der Germanistik, Philosophie und des Hebräischen, 1921 gemeinsam mit → Julius B. Salter und → Fritz Wurm Mitbegründer und Mitdirektor des Verlags DIE SCHMIEDE und in der Anfangszeit wohl hauptsächlich im angeschlossenen Bühnenvertrieb aktiv. Der Verlag gehörte zu den beachtenswertesten der 1920er Jahre in Deutschland; er brachte, mit → Rudolf Leonhard und → Walter Landauer als Lektoren, im Rahmen eines anspruchsvollen Programms moderner deutscher und Weltliteratur Bücher in guter Ausstattung heraus. Die finanzielle Basis dafür wurde nicht zuletzt durch den Bühnenvertrieb aufrechterhalten. 1929 musste der Verlag Die Schmiede aber seinen Betrieb einstellen; der seit 1924 von Julius Berstl geführte Bühnenvertrieb war bereits 1927 mit jenem von Gustav Kiepenheuer fusioniert worden. W. hatte sich zu diesem Zeitpunkt längst schon völlig dem Theater zugewandt: als Verwaltungsdirektor des Renaissance-Theaters Berlin spielte er eine prominente Rolle im Bühnenbetrieb der Weimarer Republik. Darüber hinaus hat er sich Verdienste erworben als Gründer des jüdischen Arbeitsamtes in Berlin (1919), auch war er als Mitglied der sozialistischen Arbeitergruppierung

Hapoel Hazair in der zionistischen Bewegung engagiert. Nach dem Buchhandels-Adressbuch 1924 war W. auch an einer ALLGEMEINEN VERLAGSANSTALT beteiligt; er gehörte gemeinsam mit Woldemar Klein, Erich Noether und Joachim Friedenthal dem Vorstand des Unternehmens an. W. emigrierte 1938 in die USA. In New York war er gemeinsam mit Erwin Piscator an den Theaterstudios der New School of Social Research und im Dramatic Workshop des Technical Institutes New York tätig.

Adressbuch 1924; Adressbuch 1931 S. 255; Walk: Kurzbiographien (1988); Ernst Roberts: Heinz Wendriner – 50 Jahre. In: Aufbau Nr. 44 vom 2.11.1945 S. 12; Aufbau Nr. 43 (1955); Wolfgang U. Schütte: Der Verlag Die Schmiede 1921–1931. In: Marginalien H. 90 (1983) S. 10– 19 u. 19–35 [Bibliographie]; Frank Hermann, Heinke Schmitz: Avantgarde und Kommerz. Der Verlag Die Schmiede Berlin 1921–1929. In: Buchhandelsgeschichte H. 4 (1991) S. B 129–50; dies.: Der Verlag Die Schmiede 1921–1929. Eine kommentierte Bibliographie. Morsum (Sylt): Cicero-Presse 1996 S. 9–30, bes. S. 10; US Social Security Death Index [online].

Wendriner, Karl Georg 25.4.1885 in Landshut im Riesengebirge / Schlesien – September 1943 Lake Placid / NY; Schriftsteller, Verlagslektor, Antiquar; Dr. phil. W. wuchs in Landshut, unweit von Liegnitz, und in Breslau auf. Nach einem geisteswissenschaftlichen Studium (seine Dissertation über das romantische Drama wurde 1909 veröffentlicht) in Berlin und Bern lebte er zunächst als Autor in Hirschberg und später in Berlin-Charlottenburg, wo er als Lektor im Verlag MORAWE & SCHEFFELT tätig wurde. Hier gab er u. a. ab 1911 die *Goethe-Bibliothek* heraus. Nach dem Ersten Weltkrieg war W. Geschäftsführer der 1921 gegründeten DR. HELLERSBERG GMBH Antiquariat und Verlag in Berlin-Charlottenburg, Knesebeckstraße, einem Spezialantiquariat für Philosophie, Philologie und deutscher Literatur in Originalausgaben, Staatswissenschaften und Volkswirtschaftslehre. Das Unternehmen befand sich seit 1933 ›in Liquidation‹; W. war bereits um 1930 emigriert, ›weil ihm damals schon die Hakenkreuze und Braunhemden auf die Nerven gingen‹ (Bieber). Seine erste Station war die Schweiz, und von dort zog er weiter in die USA. Seine Frau Anna Hellersberg-W., eine gläubige Katholikin, die sich als Germanistin einigen Ruf erworben hatte, folgte ihm ins Exil nach. Eine verlegerische oder buchhändlerische Tätigkeit hat W. in New York nicht aufnehmen können; vielmehr arbeitete er, trotz ernsthafter Krankheit, hier an einer großangelegten Darstellung der Kulturleistungen des deutschen Judentums auf allen Gebieten des literarischen, künstlerischen und wissenschaftlichen Lebens.

Adressbuch 1931 S. 257; Verlagsveränderungen 1933–1937 S. 11; Homeyer: Bibliophilen und Antiquare (1966) S. 146; Hugo Bieber: Karl Georg Wendriner [Nachruf]. In: Aufbau vom 17.9.1943 S. 10.

Wendt, Erich 29.8.1902 Leipzig – 8.5.1965 Ost-Berlin; Politischer Funktionär, Buchhändler, Verlagsleiter. W. absolvierte zwischen 1916 und 1920 eine Lehre als Schriftsetzer und war als Mitglied des KJVD (ab 1919) und danach als Mitglied der KPD (ab 1922) im parteinahen Verlagswesen beschäftigt. Ab 1921 war er Buchhändler, u. a. im Berliner Verlag JUNGE GARDE und bei einer sowjetischen Buchhandelsgesellschaft. Ab 1924 war W. Leiter der Wiener Zweigstelle des Verlages JUGENDINTERNATIONALE, daneben von 1925 bis 1927 Redakteur der Zeitschrift *Jugendinternationale*. 1931 ging er, um einem Hochverratsverfahren zu entgehen, in die UdSSR und war in Moskau in der VERLAGSGENOSSENSCHAFT AUSLÄNDISCHER ARBEITER IN DER UdSSR (VEGAAR) als Leiter des Westlichen Sektors und der Deutschen Abteilung tätig. 1936 wurde W. ein Opfer des stalinistischen Terrors und war bis 1938 in Saratow in Haft, bis 1941 lebte er als Deutschlehrer in Engels / Wolga. 1941/42 nach Sibirien deportiert, kehrte er anschließend nach Moskau zurück und arbeitete bis 1947 als Übersetzer und Mitarbeiter in der deutschen Redaktion von Radio Moskau. 1947 übernahm W. in Ost-Berlin die Leitung des AUFBAU VERLAGES, die er bis 1953 innehatte; danach machte er innerhalb der SED eine Funktionärskarriere: u. a. als Abgeordneter der Volkskammer der DDR, Vorsitzender des Ausschusses für Volksbildung und Kultur (1950–57), Staatssekretär und 1. stellv. Minister für Kultur (1958–65). W. war Träger zahlreicher Auszeichnungen der DDR.

DBE; BHE 1; Simone Barck [Hg.]: Exil in der UdSSR. Kunst und Literatur im antifaschistischen Exil 1933–1945. Bd. 1/I. 2. neu bearb. Aufl. Leipzig: Ph. Reclam jun. 1989 bes. S. 279–82; Bbl. (Lpz) Nr. 32 vom 11.8.1987 S. 572–76; G. Baumgartner, D. Herbig [Hg.]: Biographisches Handbuch der SBZ/DDR 1945–1990. Bd. 2. München: Saur 1997.

Wenzel, Hilde 27.12.1905 Berlin – 4.11.1972 Lugano; Buchhändlerin. W. stammte aus liberalem jüdischem Elternhaus; sie war die jüngste Tochter des bekannten Strafverteidigers Ludwig Chodziesner und dessen Frau, der aus großbürgerlichem Haus stammenden Elise Schoenflies, eine ihrer beiden Schwestern war die Dichterin Gertrud Kolmar. Sie verlebte eine behütete Kindheit und Jugend im Berliner Westend und in der Villenkolonie Finkenkrug bei Spandau, bis die Inflation sie 1923 dazu zwang, als Bürohilfe in einem kleinen Verlag Geld zu verdienen, später arbeitete sie in Buchhandlungen; 1930 heiratete W. den Kollegen Peter W. Nach der NS-›Machtergreifung‹ wurde auch ihr Mann arbeitslos, die Eheleute machten sich darauf beruflich selbständig und eröffneten in Berlin-Charlottenburg eine Buchhandlung mit Antiquariat und Leihbücherei, die sie bis zum Frühjahr 1938 trotz Schikanen führen konnten. Am 30. März 1938 emigrierte W. in die Schweiz. Von Zürich aus fuhr sie nach Italien, wo sie hoffte, eine Stelle als Buchhändlerin zu finden. Als der Plan fehlschlug, reiste sie zurück nach Zürich, wohin Verwandte in der Zwischenzeit ihre 5-jährige Tochter in Sicherheit gebracht hatten; ihr Mann führte in Deutschland das Geschäft weiter, bis er zur Wehrmacht eingezogen wurde; 1942 erfolgte die Trennung. W.'s Schwester Gertrud blieb beim verwitweten, fast 80-jährigen Vater; beide wurden gezwungen, in das Judenhaus Berlin-Schöneberg zu ziehen. Von dort wurde Ludwig Chodziesner nach Theresienstadt deportiert, Gertrud Kolmar kam 1943 in den Gaskammern von Auschwitz um. Nach dem Krieg setzten sich W. und Peter W. für die Sicherung und Veröffentlichung des Werkes von Gertrud Kolmar ein; W. verfasste das Nachwort zur 1960 bei Kösel erschienenen Lyrikausgabe Kolmars.

Hilde Wenzel Collection LBI AR 1418, AR 3861 (Leo Baeck Institute, New York); Gertrude Kolmar: Briefe an die Schwester Hilde (1938–1943). München: Kösel 1970; Johanna Woltmann [bearb. von]: Katalog zur Ausstellung Gertrud Kolmar 1894–1943 im Schiller-Nationalmuseum Marbach. [Ausst.-Kat.] Marbach am Neckar: Dt. Schillergesellschaft 1993; Johanna Woltmann: Gertrud Kolmar – Leben und Werk. Göttingen: Wallstein 1995; Dieter Kühn: Gertrud Kolmar. Leben und Werk – Zeit und Tod. Frankfurt am Main: S. Fischer 2008.

Werner, Hans 27.6.1895 Posen – 28.9.1966 Haifa; Buchhändler. W., Sohn von Leo und Elise W., ging von Posen 1912 zunächst nach Hamburg und dann nach Berlin. Dort war er seit 1920 Geschäftsführer der beiden EWER-Buchhandlungen (W 15, Knesebeckstraße 54/55; Flensburger Straße 30), die zunächst eine Abteilung des JÜDISCHEN

VERLAGS bildeten, von diesem aber aufgegeben wurden, als er sich in den beginnenden 1920er Jahren von der Zionistischen Organisation trennte. Die beiden Buchhandlungen, die allgemeine und jüdische Literatur führten, gingen 1924 zunächst in das Eigentum der Verlage MORIAH und DWIR über (die aber noch im gleichen Jahr nach Palästina verlegt wurden), 1926 dann in W.'s Alleinbesitz. Durch einen gemeinsamen Mietvertrag war W. seit 1922 auch mit dem von → Joseph Jolowicz übernommenen EWER ANTIQUARIAT verbunden, das auf Slawica, bes. Polonica spezialisiert war. W. gliederte den Berliner Ewer-Buchhandlungen auch Leihbibliotheken an. In den 1930er Jahren ging er, entsprechend seiner zionistischen Einstellung, nach Palästina, wo er sich der Untergrundbewegung Haganah anschloss, und betrieb in Haifa in der Herzlstraße eine Buchhandlung mit hebräischsprachiger Literatur.

Brief Walter Zadek an EF vom 6.10.1991; mündliche Auskunft Walter Zadek an EF am 19.10.1992; Landesverwaltungsamt Berlin Abt. III – Entschädigungsbehörde Reg. 376 826 [Geschädigter Albert Jolowicz; Antragsteller Paul Jolowicz]; Adressbuch 1925 Abt. I S.171; Adressbuch des jüdischen Buchhandels. Berlin: Jalkut 1927; Adressbuch 1926 Abt. I S.169, Abt. II S.8; Adressbuch 1931. Abt. I; Hans Werner – 70 Jahre. In: Mitteilungsblatt des Irgun Olej Merkas Europa Jg. 33 Nr. 30 (1965) S.6; Schenker: Der Jüdische Verlag (2003) S.286f.; Kühn-Ludewig: Jiddische Bücher (2008) S.184, 196.

Wertheim, Johannes 14.5.1888 Wien – 26.9.1942 KZ Auschwitz; Verleger; Dr.phil. W. war Sohn eines aus Klausenburg / Cluj stammenden Journalisten (die Mutter stammte aus Preßburg / Bratislava); er wuchs im II. Wiener Gemeindebezirk auf und besuchte das Erzherzog-Rainer-Gymnasium. Nach der Matura 1907 studierte W. an der Wiener Universität Philosophie, Pädagogik sowie englische Sprache und Literatur; 1912 wurde er mit einer Dissertation über schulische Koedukation promoviert. Anschließend gründete und unterhielt er eine private Mittelschule ›Unterrichtsanstalt des Dr. Johannes Wertheim‹. Im April 1914 heiratete er Hilde Hofmann, ihre Kinder Kitty und Georg kamen 1923 bzw. 1926 zur Welt; aus der israelitischen Religionsgemeinde ist W. 1923 ausgetreten. Im letzten Kriegsjahr, in welchem er als Einjährig-Freiwilliger diente, hatte W. sich den Linksradikalen angeschlossen. Im Januar 1918 trat er im Rahmen von Streiks als Redner in Erscheinung und wurde verhaftet, nach mehrmonatiger Untersuchungshaft jedoch freigesprochen. In der Gründung der Föderation Revolutionärer Sozialisten Internationale (FRSI) Ende 1918 spielte W. eine führende Rolle, ebenso in der Kommunistischen Partei Deutsch-Österreichs, die sich u.a. durch Fusion mit der FRSI neugebildet hatte, hier v.a. als der im Parteivorstand Verantwortliche für Presse und Propaganda. Nach 1922 scheint er sich aber auf seine publizistische Tätigkeit (auch seine Frau Hilde trat als politische Publizistin hervor) und vor allem auf die Arbeit als Verleger konzentriert zu haben: Im Laufe weniger Jahre gründete er mehrere Verlage, 1921 den Verlag der ARBEITER-BUCHHANDLUNG (gem. mit Arthur Heydmann) und 1924 die Fa. DR. JOHANNES WERTHEIM (aus dem ohne jede Publikation gebliebenen Unternehmen wurde kurz darauf der Verlag der JUGENDINTERNATIONALE EGON GRÜNBERG, bis 1927 neun Titel), den VERLAG FÜR LITERATUR UND POLITIK sowie den AGIS-VERLAG. 1925 folgte der (nie offiziell angemeldete) MÜNSTER-VERLAG, in welchem bis 1927 vierzehn Bücher und Broschüren, bis 1933 fünf weitere Titel erschienen. Die auffälligen Gründungsinitiativen um das Jahr 1924 könnten als Reaktion auf das damals wirksame Verbot der KPD in der Weimarer Republik verstanden werden; die KPÖ hatte möglicherweise die Aufgabe dafür zu sorgen, dass Ersatz für die stillgelegten Verlage der Komintern wie CARL HOYM in Hamburg oder die Berliner VEREI-NIGUNG INTERNATIONALER VERLAGSANSTALTEN (VIVA) bereitstand. Als die aktivsten und bedeutendsten Gründungen erwiesen sich nachfolgend der Verlag für Literatur und Politik sowie der Agis-Verlag. Im Ersteren erschienen zwischen 1924 und 1933 132 Werke und drei Zeitschriften, schwerpunktmäßig Lenin-Ausgaben und, in der *Marxistischen Bibliothek*, auch Stalin-, Marx-, Engels- oder Bucharin-Ausgaben sowie viele aus dem Russischen übersetzte, meist propagandistische Bücher, aber auch eine Reihe *Arbeiter-Literatur* u. a. mit Werken von Franz Jung und Einzelveröffentlichungen wie etwa John Reeds *Zehn Tage, die die Welt erschütterten* (1927). Das seit 1926/27 verwendete Signet (eine im Wind flatternde rote Fahne in einem Kreis) stammt von John Heartfield; es wurde 1933 vom RING-VERLAG und 1959 vom DIETZ VERLAG (DDR) übernommen. Die Tatsache, dass im Impressum seit 1925 als Verlagsort ›Wien – Berlin‹ angegeben wurde, eine Filiale in Berlin existierte und der Druck der Bücher in Deutschland erfolgte, hat Anlass zu dem Missverständnis gegeben, der Verlag für Literatur und Politik sei ein KPD-Verlag gewesen; trotz sicherlich enger, auch von der Komintern gesteuerter Beziehungen zwischen den kommunistischen Parteien ist dies aber eine unzutreffende Verkürzung der damaligen Gegebenheiten. Ähnliches gilt für den Agis-Verlag, in welchem 1924 bis 1932 35 Werke erschienen sind, allerdings so gut wie keine politisch-agitatorischen oder Übersetzungen sowjetrussischer Literatur, sondern Romane und Reportagen, Lyrik und sogar eine Daumier-Mappe. Einen Schwerpunkt bildete die Antikriegsliteratur mit Johannes R. Bechers ›Gas-Roman‹ *(CH CL = CH)3 As (Levisite) oder Der einzig gerechte Krieg* (1926), Ludwig Renns *Nachkrieg* und Adam Scharrers *Vaterlandslose Gesellen* (beide 1930). Im Rahmen des bemerkenswerten Verlagsprogramms kamen noch zahlreiche weitere Werke bekannter linksgerichteter Schriftsteller und begabter Nachwuchsautoren heraus, etwa Georg Glasers *Schluckebier* und Maria Leitners *Eine Frau reist durch die Welt* (beide 1932). Nach der nationalsozialistischen ›Machtergreifung‹ wurden diese Verlage, wie alle kommunistischen Verlagsunternehmen, sofort aus dem *Adressbuch des Deutschen Buchhandels* gestrichen; für dessen Redaktion war W. ›um 1934 nach Moskau verzogen‹. Tatsächlich aber war W. Ende Februar 1934 zunächst nach Zürich geflohen, wo er offenbar eine Exilverlagsgründung vornahm: Im Handelsregister Zürich wurde am 19. November 1937 eine RING-VERLAG AG eingetragen, die als ein Versuch der Fortsetzung des in Deutschland inzwischen verbotenen Verlags für Literatur und Politik im Ausland betrachtet werden kann. Der Ring-Verlag brachte auch Parallelausgaben mit der Moskauer VERLAGSGENOSSENSCHAFT AUSLÄNDISCHER ARBEITER IN DER UdSSR (VEGAAR) heraus. W. hielt sich auch in Paris auf, wohin die Familie im Sommer 1934, nur mit Handgepäck, geflüchtet war. Er nahm inzwischen eine Schlüsselposition im kommunistischen Exil ein, als Beauftragter der Komintern für Verlagswesen in allen nichtfaschistischen Ländern Europas (Deckname Bertrand), und war in dieser Funktion in verdeckten Operationen in ganz Europa unterwegs, einmal im Jahr reiste er nach Moskau. Offenbar war W. vorrangig mit der Reorganisation der Verlage der in Paris konzentrierten kommunistischen Parteizentralen befasst. Im Februar 1938 wurde W. als Mitinhaber der im Januar d. J. von dem Franzosen Camille Mayer gegründeten kommunistischen Pariser Buchhandlung C. MAYER & CIE., 148, Rue de Rennes, eingetragen; W. erhöhte mit seiner Einlage das Firmenkapital von FF 25 000 auf FF 50 000. Die Buchhandlung besaß in Paris den Exklusivvertrieb für die Bücher der (kommunistischen) Éditions Prométhée, die 1933 bis 1939 160 Werke herausbrachte und in der W. als Komintern-Funktionär eine höchst einflussreiche Position eingenommen haben dürfte. Der reichhaltige Katalog der Buchhandlung C. Mayer enthielt unter den genannten 1800 Titeln auch zahlreiche aus sämtlichen früheren Verlagen W.s. stammende Werke. Die Buchhandlung wurde im Gefolge des KP-Verbots am 26. September 1939 aufgelöst. – Ebenfalls im September 1939 wurde W. interniert und in verschiedene Lager verbracht, zuletzt nach Audierne im Département Finistère; nach der Auflösung der Lager im Zuge des Vormarsches der deutschen Wehrmacht ging er wieder, vermutlich auf Parteibeschluss, nach Paris und arbeitete dort als Sprachlehrer. Unter der Pétain-Regierung wurde W. im Mai 1941 erneut interniert, im Lager Pithiviers im Département Loiret, wo er, unter zunehmend lebensbedrohlichen Bedingungen, eine wichtige Rolle in einer geheimen Commission culturelle spielte. Am 15. September 1942 wurde er in das Lager Drancy überführt und von dort am 23. September nach Auschwitz deportiert. Diesen Transport Nr. 26 haben von 1037 Häftlingen nur 26 überlebt, unter ihnen W., der unmittelbar nach der Ankunft in der Gaskammer ermordet wurde.

Adressbuch 1931 S. 654, 697; Verlagsveränderungen 1933–1937 S. 26; Wolfgang U. Schütte: Der Agis-Verlag, Berlin – Wien. In: Bbl. (Lpz) Nr. 26 vom 27. 6. 1978 S. 456–59; W. U. S. [Wolfgang U. Schütte]: Verlag für Literatur und Politik. In: Bbl. (Lpz) Nr. 16 vom 19. 4. 1983 S. 324; Wolfgang U. Schütte: Der Agis-Verlag, Berlin und Wien. In: Marginalien H. 106 (1987) S. 64–74; Georges Wertheim: Die Odyssee eines Verlegers. In memoriam Dr. Johannes Wertheim. In: Dokumentationsarchiv des österreichischen Widerstands. Jahrbuch 1996. Wien 1996 S. 204–29 [mit Verlagsbibliographien]; Enderle-Ristori: Das ›freie dt. Buch‹ (2004) S. 42, Anm. 73.

Wertheimer, August 25. 9. 1882 München – 3. 8. 1941 Kopenhagen; Buchhändler. W. betrieb seit Oktober 1910 eine hebräische Buchhandlung in München, die von seinem Vater Ludwig W., einem Optiker, im Jahre 1880 gegründet worden war. Ebenfalls 1910 heiratete W. Betty Bamberger, die aus einer Rabbinerdynastie stammte. Ihr Vater Nathan Bamberger (1842–1919) war ein bekannter Talmudist, Distriktsrabbiner und Vorsitzender des Vereins für die Interessen des gesetzestreuen Judentums in Bayern, ihr Großvater der berühmte ›Würzburger Rav‹ Seligman Bär Bamberger (1807–1878). W. führte sein Geschäft, in dem er religiöse und vor allem zionistische Literatur, aber auch Ritualien und koschere Weine verkaufte, bis zum Jahresende 1938. W. war zugleich Beamter an der orthodoxen Ohel-Jakob-Synagoge in der Herzog-Rudolf-Straße, die der Pogromnacht vom 9. November 1938 zum Opfer fiel. Das Gewerbe wurde am 21. Dezember 1938 abgemeldet. Nach einer ›Schutzhaft‹ im November 1938 unternahm W. alle notwendigen Schritte zur Auswanderung nach Dänemark, wo die Familie seiner Schwiegermutter Hanna Perlstein, Tochter des Thoragelehrten Josef Perlstein, lebte. Im August 1939 emigrierte das Ehepaar W. nach Kopenhagen, wo W. 1941 starb.

Interview EF mit Schalom Ben-Chorin am 21. 10. 1992 in Jerusalem; Douglas Bokovoy [Hg.]: Versagte Heimat. Jüdisches Leben in Münchens Isarvorstadt 1914–1945. München: Verlag Dr. Peter Glas 1994 S. 160; Reiner Strätz: Biographisches Handbuch Würzburger Juden 1900–1945. Teilbd. I. Würzburg: Schöningh 1989 S. 70; Staatsarchiv München Pol. Dir. 15353; Stadtarchiv München Polizeimeldebogen.

Wiener, Alfred 16. 3. 1885 Potsdam – 4. 2. 1964 London; Verleger, Bibliothekar, Archivar; Dr. phil. Nach einem Studium der Geschichte, Philosophie, jüdischen Theologie und orientalischen Sprachen an der Universität Berlin und der Hochschule für Wissenschaft des Judentums, das er 1911 mit der Promotion abschloss, und dem Kriegsdienst engagierte sich W. ab 1919 in leitenden Positionen im Central-Verein Deutscher Staatsbürger Jüdischen Glaubens (CV) und übernahm 1923 bis 1933 den Posten eines stellvertretenden Direktors im Berliner PHILO-VERLAG, der insbesondere in den 1930er Jahren unter der Leitung von → Lucia Jacoby eine bedeutsame Rolle im jüdischen Kultur- und Geistesleben spielte. Ab 1929 arbeitete W. zudem in verschiedenen jüdischen Verbänden zur Entwicklungsförderung Palästinas bzw. Israels und zur Finanzierung der jüdischen Immigration in das Gelobte Land sowie zur sozialen Hilfeleistung mit. 1933 emigrierte W. in die Niederlande, um dort ein antinationalsozialistisches Dokumentationszentrum aufzubauen. Seine Frau Margarethe Minna Saulmann folgte 1934 mit den drei Töchtern; sie wurden 1943 im KZ Westerbork interniert, 1944 nach Bergen-Belsen deportiert und 1945 durch einen Kriegsgefangenenaustausch freigelassen, so dass sie erst 1947 über die USA nach Großbritannien kamen, wo sich W. bereits seit 1939 aufhielt. Er war 1939 mit der Verlegung des gemeinsam mit Prof. David Cohen in Amsterdam aufgebauten Jewish Central Information Office nach London gekommen, das dort in Wiener Library umbenannt wurde (1946); W. blieb bis zu seinem Tod 1964 Direktor des Zentrums. 1955 bis 1964 war er daneben im Vorstand des Leo-Baeck-Institutes in London tätig. 1955 wurde W. mit dem Bundesverdienstkreuz 1. Klasse ausgezeichnet.

BHE 1; DBE; Tentative List p. 16; Homeyer: Bibliophilen und Antiquare (1966) S. 143; Robert Weltsch: Introduction. In: Yearbook of the Leo Baeck Institute vol. IX (1964) pp. XXVIII–XXX; Ernst G. Lowenthal: Aktivist, Autor, Archivar. Am 16. März wäre Alfred Wiener 100 Jahre alt geworden. In: Aufbau vom 8.3.1985; Susanne Urban-Fahr: Der Philo-Verlag 1919–1938 (Haskala. Bd. 21). Hildesheim: Olms 2001; Walter Laqueur: Dr. Wiener's Library 1933–1960. In: The Wiener Library Bulletin, Special Issue 1983, S. 3–9; Eva G. Reichmann: Alfred Wiener – The German Jew. In: Ebd. S. 10–13.

Willard, Ernst 4.4.1884 Wien – 3.6.1949 New York; Verleger. W. hieß mit Geburtsnamen Ernst Wilhartitz und war ein gelernter Buchdrucker. Er trat Ende 1916 als Gesellschafter in die Firma DR. FRISCH & CO., Papierverschleiß und Buch-, Stein- und Kupferdruckerei in Wien I, Riemergasse 6 ein, leitete sie während des Krieges und übernahm sie 1920 als Alleininhaber; der 1877 gegründete Betrieb ist als erster Erscheinungsort der *Fackel* von Karl Kraus in die Literaturgeschichte eingegangen (→ Justinian Frisch). W. entwickelte einen bemerkenswerten Unternehmergeist und versuchte die Offizin, die für limitierte Liebhaberdrucke bekannt war, als Verlag für Erotika, Kuriosa und kunsthistorische Werke neu zu positionieren. Als Leiter des aufstrebenden bibliophilen Verlages stellte W. → Leo Schidrowitz ein. Der Verlag arbeitete aber wirtschaftlich nicht rentabel. Als sich ein Konkurs abzeichnete, wurde die Firma Frisch & Co. rechtlich in die Kunstdruckerei und eine Verlagsanstalt aufgeteilt. W. behielt den Verlag und schied 1925 aus der Druckerei aus. Im FRISCH VERLAG ERNST WILHARTITZ setzte W. seine Tätigkeit als Verleger juristischer Bücher fort; 1935 scheint W. als Gesellschafter des Druckers Bernhard Brunner auf. 1938 wurde das Unternehmen aus ›rassischen‹ Gründen stillgelegt. W. konnte mit seiner Frau Dora und seinen Kindern aus Österreich fliehen und emigrierte in die USA. In New York versuchte er als Ernst Willard erneut als Drucker und Verleger Fuß zu fassen. In der WILLARD PUBLISHING COMPANY erschienen mindestens neun Bücher, darunter 1945 von Julius Korngold *Child Prodigy: Erich Wolfgang's Years of Childhood* und der Gedichtband *Wo ist die Jugend, die ich rufe?* des nach der Freilassung aus dem KZ Dachau 1939 in die USA emigrierten

Schriftstellers Alfred Farau. W.'s Versuch, 1946 einen deutschen Buchklub in Amerika zu gründen, war kein Erfolg beschieden: Der ersten im Mai 1946 von der Willard Publishing Company herausgegebenen Nummer des *Buchklub in Amerika Magazin*, das der Mitgliederwerbung dienen sollte, folgte keine weitere nach.

    Adressbuch 1931 S. 192; [Todesanzeige] Aufbau vom 10. 6. 1949 S. 38; Cazden: German Exile Literature (1970) p. 214, 108 f.; Durstmüller: Druck in Österreich III (1989) S. 226, 248; Hall: Österr. Verlagsgeschichte II (1985) S. 143; Friedrich Stadler [Hg.]: Kontinuität und Bruch 1938–1945–1955: Beiträge zur österreichischen Kultur. Münster: Lit 2004 S. 38 f.

Willmann, Heinz 9. 7. 1906 Unterliederbach bei Frankfurt am Main – 22. 2. 1991 Berlin; Staats- und Verbandsfunktionär, Journalist, Verleger. W. engagierte sich in der Gewerkschafts- und kommunistischen Jugendbewegung; 1926 trat er in die KPD ein. In leitender Position bei der Vertriebs- und Werbeabteilung, ab 1923 auch als Redakteur der *Arbeiter Illustrierten-Zeitung* (*AIZ*), fand W. Beschäftigung im Münzenberg-Konzern, dem von → Willi Münzenberg mit Unterstützung der Komintern aufgebauten umfassenden kommunistischen Medienunternehmen. Diesem Konzern gehörte auch der NEUE DEUTSCHE VERLAG an, dessen Hamburger Filiale W. 1929 bis 1931 leitete. Nach der nationalsozialistischen Machtübernahme aufgrund illegaler Tätigkeit für die Prager *AIZ* von Juni bis Dezember 1933 im KZ Hamburg-Fuhlsbüttel inhaftiert, setzte er die illegalen Aktionen nach der Freilassung fort und floh im Februar 1934 mit seiner Frau nach Prag. Kurzfristig in der Schweiz tätig, wurde er wegen Passvergehens nach Frankreich ausgewiesen und kehrte mit Unterstützung der Internationalen Arbeiterhilfe (IAH) nach Prag zurück, wo er eine publizistische und verlegerische Arbeit entfaltete. Im November 1934 reiste W. ins Saarland, im Mai 1935 über Frankreich nach Moskau, wobei er auf jeder Reisestation kommunistische Aktionen unterstützte und mitorganisierte. In der Sowjetunion wurde er später Mitarbeiter der VERLAGSGENOSSENSCHAFT AUSLÄNDISCHER ARBEITER IN DER UDSSR (VEGAAR), vermutlich ab 1937 Redakteur der Zeitschrift *Internationale Literatur – Deutsche Blätter* (unter dem Pseudonym Robert Hammer, Roha), außerdem Mitglied der Gewerkschaftsleitung im VERLAG FÜR SCHÖNE LITERATUR. Nach einer vielfältigen Tätigkeit für das sowjetische Außenministerium und für Radio Moskau musste W. zwischenzeitlich als Holzarbeiter an der Wolga arbeiten; in der Folge war er an der Ausarbeitung konkreter schulpolitischer Leitlinien und Lehrpläne für das Nachkriegsdeutschland beteiligt. Am 16. Juni 1945 kehrte er schließlich nach Berlin zurück und gründete zusammen mit Johannes R. Becher in enger Zusammenarbeit mit der Sowjetischen Militäradministration in Deutschland (SMAD) den Kulturbund zur demokratischen Erneuerung Deutschlands (KB), dessen Ziel in der Propagierung der staatlichen sozialistischen Kulturpolitik lag. W. war an der Gründung des KB-Organs *Der Sonntag* sowie des AUFBAU-VERLAGES beteiligt. Er wurde mit mehreren DDR-Orden ausgezeichnet.

    BHE 1; DBE.

Winter, Arnold Geb. 1896 in Wien; Buchhändler. W. war nach Absolvierung einer Buchhandelslehre in Wien 1915 nach Berlin gegangen und avancierte dort Anfang der 1920er Jahre zum Chef der Buchabteilung im Kaufhaus des Westens (KdW), seine Ehefrau Hertha war ebendort Leiterin der Kinderbuchabteilung. Nach der Geburt des Sohnes → Berthold W. gründete W. zunächst in Berlin-Charlottenburg, dann in Berlin-

Mitte, Invalidenstraße 6, eine eigene Buchhandlung, der später ein Antiquariat und eine Leihbücherei angegliedert wurden. Der ›schwarzen Liste‹ der Nationalsozialisten fiel 1933 ein Drittel des Warenbestandes zum Opfer. Am 23. Oktober 1935 erhielt W. von der Reichsschrifttumskammer den Befehl, sein Geschäft ›bis zum 31. Dezember 1935‹ zu liquidieren. Über Wien emigrierte W. mit seiner Familie nach Buenos Aires. Zunächst arbeitete W. dort als Nachwächter, kaufte aber nach und nach Bücher vor allem vertriebener deutscher Schriftsteller. So entstand eine ›ambulante Leihbibliothek‹, mit der W. bis zu einer schweren Erkrankung vor allem in Emigrantenkreisen Kunden fand.

Center of Jewish History / Leo Baeck Institute NY (LBI Archives) [online].

Winter, Berthold Geb. 20. 6. 1921 Berlin; Buchhändler, Antiquar. Sohn von → Arnold W.; er durfte nach 1933 nicht länger das Berliner Schiller-Realgymnasium besuchen und wurde 1934 auf eine jüdische Mittelschule im Scheunenviertel umgeschult. Nachdem der Vater seine Buchhandlung verkaufen musste, emigrierte die Familie am 5. April 1936 nach Wien und am Jahresende weiter nach Argentinien. Als Jugendlicher steuerte W. zum Unterhalt der Familie mit Erwerbstätigkeiten als Weber und Übersetzer bei und half seinem Vater in der Kundenbetreuung der Leihbücherei. Nach Ende des Krieges eröffnete W. in Buenos Aires eine kleine Sprachenbuchhandlung, bis er 1955 nach Berlin remigrierte. Hier eröffnete er 1964 in der Kantstraße eine Buchhandlung, ohne dass zugesagte öffentliche Beistandsmaßnahmen jemals eingelöst wurden; Dokumente im Archiv des Leo Baeck Institutes betreffen die mit problematischen Erfahrungen verbundenen Verhandlungen W.'s mit dem Berliner Senat über Restitutionszahlungen. Die Buchhandlung hatte bis 1993 Bestand, danach setzte W., Mitglied im Börsenverein des Deutschen Buchhandels, seine buchhändlerische Tätigkeit als Versandantiquariat von seiner Wohnung aus bis 2008 fort.

Berthold Winter: Schwierige Rückkehr. Das Schicksal einer jüdischen Berliner Buchhändlerfamilie. Mit einem Geleitwort von Norbert Kampe. Berlin: Metropol 2013.

Center of Jewish History / Leo Baeck Institute NY (LBI Archives); Antiquariatskatalog Versand-Antiquariat Berthold Winter. Berlin o. J. [1999]; Kartim Saab: Bücher in Zuckersäcken, Bucheinbände aus einem Seidenkleid. In: Märkische Allgemeine vom 10. 5. 1993 S. 4; Die Quellen sprechen. Berthold Winter, im Gespräch mit Kirsten Böttcher am 18. Dezember 2014 in Berlin [online]; Katharina Ludwig: Wien als Fluchtstation. In: Wiener Zeitung, 7. März 2015 [online]; Katharina Ludwig: Rückkehr? Rückschlag! In: Der Tagesspiegel, 9. März 2015 [online].

Winter, Ernst Karl 1. 9. 1895 Wien – 4. 2. 1959 Wien; Publizist, Politiker, Verleger; Dr. jur. W., überzeugter Legitimist und seit dem Ersten Weltkrieg eng mit Engelbert Dollfuß befreundet, studierte nach dem Krieg Jura (1921 Promotion) und war danach als freier Schriftsteller und Privatgelehrter tätig. Er zählte zu den Vertretern der romantischen katholischen Soziallehre der Schule Karl von Vogelsangs und engagierte sich in der Christlichsozialen Partei. Wegen deutschnationaler Strömungen an der Universität Wien blieb ihm die Habilitation verwehrt, deshalb gründete er 1929 zusammen mit der Wiener Geschäftsfrau Gusti Gsur die Firma GSUR & CO., in der er soziologische und politische Schriften veröffentlichte und von 1933 bis 1936 die Zeitschrift *Wiener politische Blätter* herausgab; bereits das erste Heft wurde in Deutschland verboten. Im Rahmen seiner politischen Karriere amtierte W. von 1934 bis 1936 als 3. Vizebürgermeister von Wien; in dieser Funktion sollte er die Integration der Arbeiterschaft ins ständestaatliche System bewerkstelligen; diese Bemühungen W.'s scheiterten jedoch. Ebenso schlug ein Plan zur Errichtung einer breiten Volksfront gegen die Nationalsozialisten fehl. 1936 wurde W. gezwungen, seine Verlagstätigkeit einzustellen; dem Heimatschutz ging W.'s Haltung ›links denken und rechts stehen‹ entschieden zu weit. W. musste nach der Annexion Österreichs in die USA emigrieren, wo er sich in österreichischen Exilorganisationen betätigte und in New York eine Professur erhielt. Nach dem Zweiten Weltkrieg blieb W. zunächst in den USA und arbeitete als freier Schriftsteller; 1955 kehrte er schließlich nach Österreich zurück, konnte aber nicht wie beabsichtigt als akademischer Lehrer Fuß fassen.

DBE; Joseph Marko: Ernst Karl Winter. Wissenschaft und Politik als Beruf(ung) 1918–1938. In: Isabella Ackerl [Hg.]: Geistiges Leben im Österreich der Ersten Republik. München: Oldenbourg 1986 S. 199–219; Hall: Österr. Verlagsgeschichte II (1985).

Winter, Hugo 2. 9. 1885 Wien –1952 New York; Verlagsleiter; Dr. W. arbeitete seit 1910 als kaufmännischer Leiter des Musikverlages UNIVERSAL EDITION AG in Wien. In den 1920er Jahren war W. zudem gemeinsam mit Emil Hertzka (siehe → Yella Hertzka) Geschäftsführer des SESAM VERLAGS, nach Hertzkas Tod wurde W. 1932 verantwortlicher Geschäftsführer des Sesam Verlags und gemeinsam mit → Alfred A. Kalmus Direktor der Universal Edition AG. Gleichzeitig war W. auch Geschäftsführer der 1924 gegründeten FRIEDRICH HOFMEISTER-FIGARO-VERLAGS GMBH, des Wiener OPERETTEN-VERLAGS sowie der Musikalienhandlung TH. SCHMIDT'S Nachf. Josef Blaha, alle in Wien. Zudem war er Vorstandsmitglied in der WIENER PHILHARMONISCHEN VERLAGS AG sowie Mitinhaber von EIBENSCHÜTZ & BERTÉ, Verlags- und Vertriebsgesellschaft des Carltheaters in Wien. W. wirkte überdies in verschiedenen österreichischen Berufsorganisationen mit und war maßgeblich an der Formulierung des Gesetzestextes für den Verlagsförderungsfonds beteiligt, aus dem die Universal Edition und der Wiener Philharmonische Verlag großen Nutzen zogen. Nach dem ›Anschluss‹ Österreichs an das Dritte Reich wurden alle Firmen, an denen W. mitwirkte, ›arisiert‹; W. musste seine Vermögensanteile anmelden und seine Verlagsbeteiligungen verkaufen; außerdem wurden ihm sämtliche Funktionen in den Branchenorganisationen entzogen. Im Mai 1939 ging W. mit seinen Söhnen Wolfgang und Richard ins Exil in die USA, und konnte dort seine Berufstätigkeit im gleichen Metier fortführen: er trat als Vertreter der Universal Edition bei ASSOCIATED MUSIC PUBLISHERS ein, deren Vizepräsident er zum Schluss wurde. Sein Bruder Emil W., ebenfalls Aktionär der Universal Edition AG, war nach London emigriert.

Fetthauer: Musikverlage (2004) S. 507 f.; Österreichisches Musiklexikon [online]; LexM [online].

Winzer, Otto 3. 4. 1902 Berlin-Lübars – 3. 3. 1975 in Ost-Berlin; Politiker, Verleger. Der Sohn eines Droschkenkutschers erhielt 1916 bis 1922 eine Ausbildung als Schriftsetzer und war danach in diesem Beruf tätig, u. a. als Hersteller im VERLAG DER KOMMUNISTISCHEN JUGENDINTERNATIONALE (KJI). Bereits 1919 schloss er sich der KPD an, 1925 der KPÖ; 1924 bis 1927 leitete er die Wiener Filiale des Verlags der KJI. 1927 kehrte er nach Deutschland zurück und übernahm die Leitung des KJI-Verlages in Berlin. Von 1928 bis 1930 war er Mitarbeiter des Exekutivkomitees der KJI in Moskau und Leiter des KJI-Verlages. 1934 wurde er nach Frankreich beordert; seit 1935 betätigte er sich als Mitarbeiter der Verlagsabteilung des Exekutivkomitees der Kommunistischen

Internationale in Moskau. 1937 wurde er aufgrund seiner Freundschaft mit dem verhafteten → Erich Wendt entlassen und arbeitete danach als Übersetzer und Redakteur im VERLAG FÜR FREMDSPRACHIGE LITERATUR. Nach seiner Rehabilitierung war er seit 1941 wieder Mitarbeiter der Kommunistischen Internationale, seit 1943 Mitglied des Nationalkomitees Freies Deutschland und seit 1944 Lehrer an der Parteischule der KPD. 1945 kehrte er mit der ›Gruppe Ulbricht‹ nach Deutschland zurück und war als ZK-Mitglied und Abgeordneter der Volkskammer in unterschiedlichsten politischen Funktionen tätig, 1965 bis 1975 Minister für Auswärtige Angelegenheiten der DDR.

Bernd-Rainer Barth, Helmut Müller-Enbergs: Winzer, Otto. In: Wer war wer in der DDR? 5. Ausgabe. Band 2, Ch. Links, Berlin 2010.

Wittenborn, Otto Gustav Ernst (George) 13. 5. 1905 Hamburg –15. 10. 1974 Scarsdale, NY (Freitod); Buchhändler, Verleger. W. war bis 1933 Mitinhaber des 1871 gegründeten, in der Hamburger Grindelallee gelegenen Familienunternehmens G. M. L. WITTENBORN SÖHNE Buch- und Papierhandlung. Nach Abitur, Lehre und Volontariat wurde er 1927 in Berlin in der Buchhandlung von → KARL BUCHHOLZ am Kurfürstendamm tätig, wo er bald eine verantwortliche Position errang. 1932 volontierte er bei der OFFIZIN HAAG-DRUGULIN in Leipzig. Knapp vor der ›Machtergreifung‹ durch die Nationalsozialisten, deren ideologischer Kampf gegen die ›entartete Kunst‹ ihn zutiefst empörte, emigrierte W. nach Frankreich. Im März 1933 gründete er gemeinsam mit → Ferdinand Ostertag und französischen Teilhabern in Paris, Rue Vignon, die Buchhandlung AU PONT DE L'EUROPE. In Paris lernte W. seine spätere Frau, die englische Schriftstellerin und Übersetzerin Joyce Phillips kennen. 1936 schied W. aus dem in Emigrantenkreisen sehr angesehenen Unternehmen aus und ging mit seiner Frau über Portugal in die USA, wo er seinen Vornamen in George änderte und zunächst in New York in der internationalen Abteilung in BRENTANO'S BOOKSHOP arbeitete. 1937 machte er sich selbständig und bereiste die Ostküste, um die Bücher, die er aus Europa mitgebracht hatte, an Universitäten zu verkaufen. Daraus entstand eine Mail-order-Buchhandlung und 1939 dann WITTENBORN & CO., eine gemeinsam mit → Heinz Schultz errichtete Firma (W. kannte Schultz, der 1938 mit einem Büchervorrat in New York eingetroffen war, bereits aus gemeinsamer Tätigkeit bei Buchholz in Berlin). Der 1939 in der E 57th Street in Manhattan mitten unter Kunstgalerien eröffneten Buchhandlung WITTENBORN & SCHULTZ (damals eine von nur drei New Yorker Kunstbuchhandlungen) folgte 1941 die Gründung der WITTENBORN ART BOOKS DISTRIBUTION. Von dem Anspruch getrieben, immer ein Exemplar von jedem Kunstbuch der Welt und von allen Ausstellungskatalogen vorrätig zu haben, wurde W.'s Geschäft zu einem von Künstlern und Galeristen gern durchstöberten Sortiment. Zusätzlich betrieb W. einen eigenen Verlag für Kunstbücher, in dem er kleine Auflagen herausgab, der erste bei Wittenborn & Co. (seit 1955 GEORGE WITTENBORN, INC.) verlegte Titel war *Mythology of Being* (1942) mit Texten und Zeichnungen des Surrealisten André Masson, mit dem W. seit seiner Zeit in Paris befreundet war. Zum bedeutendsten Verlagsprojekt wurde in Zusammenarbeit mit den Herausgebern Robert Motherwell und Bernard Karpel die Reihe *Documents of Modern Art* (1944– 72). Weniger der kommerzielle Erfolg als die künstlerische Qualität waren für W. ausschlaggebend; insbesondere widmete er sich der ›very new art‹ und präsentierte in seinem Buchladen in der ONE-WALL-GALLERY beispielsweise die erste Einzelausstellung von Hans Haacke. Sein seit 1944 geführtes Gästebuch, 2007 in einer Ausgabe für den Buchhandel erschienen, ist ein eindrucksvolles Dokument seiner Kennerschaft und seines internationalen Künstlerfreundeskreises, zu dem Leger, Arp, Chagall, Max Ernst, Picasso, Braque ebenso zählten wie Beuys, Warhol oder Roy Lichtenstein. Zwei Jahre nach dem Tod von Schultz, der bei einem Flugzeugunglück ums Leben kam, übersiedelte W. 1956 die Kunstbuchhandlung, nunmehr unter dem Namen George Wittenborn Inc., nach 1018 Madison Avenue. Der Art Publishing Award der Art Libraries Society of North America wurde 1980 umbenannt in George Wittenborn Award, zum Gedächtnis eines der einflussreichsten Kunstbuchverlegers der USA: der Preis wird jährlich an herausragende Verlagsprodukte auf den Gebieten Kunst, Design und Architektur verliehen.

Ronny Van De Velde [ed.]: Artist's Handbook: George Wittenborn's Guestbook, with 21st Century Additions. Ghent: Ludion 2007.

George Wittenborn, Inc. Papers (1930–1982). The Museum of Modern Art – Museum Archives. NY; Enderle-Ristori: Das ›freie dt. Buch‹ (2004) S. 46; Godula Buchholz: Karl Buchholz. Buch- und Kunsthändler im 20. Jahrhundert. Sein Leben und seine Buchhandlungen und Galerien Berlin, New York, Bukarest, Lissabon, Madrid, Bogotá. Köln: Dumont 2005 S. 26 passim; Oral history interview with Robert Motherwell, 1971 24 Nov. 1971–1 May 1974, Smithsonian Archives of American Art [online].

Wolff, Hanns (Johann Ferdinand) 19. 2. 1901 Darmstadt – 28. 2. 1945 Auschwitz (für tot erklärt); Antiquar. W. war Teilhaber des von → Willy Heimann ab 1919 in München firmierenden Buch- und Kunstantiquariats Heimann & Wolff, das sich auf illustrierte Bücher, moderne Buchkunst und Pressendrucke spezialisierte. 1929 gründete er an der Adresse Fürstenstraße 22 in München sein eigenes Antiquariat HANNS WOLFF; am 31. Mai 1937 legte W. seinen Gewerbeschein nieder und meldete sich mit Frau und Sohn am 30. November 1937 nach Den Haag ab. Dort wurde er wieder als Antiquar tätig, so kaufte das ANTIQUARIAAT HANNS WOLFF 1939 eine Historienbibel aus dem Jahr 1443. W. wurde nach der Besetzung der Niederlande in das Lager Westerbork gebracht, am 4. 9. 1944 nach Theresienstadt und am 28. Oktober 1944 nach Auschwitz.

StAM Pol. Dir. München 15425; Adressbuch 1931 S. 713; Internationales Adressbuch der Antiquare 1940; Meike Hopp: Kunsthandel im Nationalsozialismus. Adolf Weinmüller in München und Wien. Wien: Böhlau 2012 S. 55 f.; Gedenkbuch. Opfer der Verfolgung der Juden unter der nationalsozialistischen Gewaltherrschaft in Deutschland 1933–1945 ([online]).

Wolff, Helen M. 27. 7. 1906 Üsküb (Skopje) – 28. 3. 1994 Hanover / NH; Verlegerin. W. war die Tochter des aus Bonn stammenden Ludwig Mosel, eines bei Siemens arbeitenden Elektroingenieurs, ihre Mutter Josefa war österreichische Staatsbürgerin. Bei Ausbruch des Balkankrieges übersiedelte W. 1912 mit ihrer Mutter und den drei Geschwistern nach Wien; 1916 zog die Familie nach Berlin um, 1918 nach Oberammergau. Nach jahrelangem Privatunterricht besuchte W. ab 1920 das Gymnasium Landheim Schondorf am Ammersee, wo sie das Abitur ablegte. 1927 machte sie ein Praktikum im KURT WOLFF VERLAG in München, übersetzte für PANTHEON CASA EDITRICE Kunstbücher und wurde bald fest angestellt. Nach dem Verkauf von Pantheon Casa Editrice an PEGASUS PRESS ging sie 1929 mit dem Verlag nach Paris, wechselte aber nach einiger Zeit an das Institut International de Coopération Intellectuelle und schrieb für das Feuilleton der *Frankfurter Zeitung*. W. wurde die zweite Ehefrau von → Kurt W., den sie nach dessen Emigration im März 1933 in London heiratete. Die Eheleute ließen sich zunächst in der Nähe von Nizza nieder, wo am 8. März 1934 der Sohn Christian zur Welt kam. Im Frühjahr 1935 übersiedelten sie nach Italien auf das kleine Landgut Il Moro in der Nähe von Florenz, wo sie zahlende Übernachtungsgäste aufnahmen. 1938 gingen sie wieder nach Nizza, im Mai 1939 nach Paris. Nach der Wiederbegegnung mit ihrem in der Zwischenzeit interniert gewesenen Mann im August 1940 in Nizza erhielt W. für sich, ihren Mann und ihren Sohn Ende Dezember Visa für die Einreise in die USA. Im März 1941 trafen sie in New York ein, und bezogen ein kleines Apartment in 41 Washington Square, wo in den nächsten sieben Jahren auch der 1942 von ihrem Mann gegründete Verlag PANTHEON BOOKS INC. firmierte. W. arbeitete verantwortlich im Verlag mit, als Herausgeberin und Lektorin, sie war aber auch zuständig für Werbung, Öffentlichkeitsarbeit und Herstellungstätigkeiten. Erst als Pantheon 1955 mit Anne Morrow Lindberghs *Gift from the Sea* einen Bestseller platzieren konnte, wurde W. von einer Sekretärin unterstützt. 1958 erschien *Dr. Zivhago* von Boris Pasternak, der im selben Jahr den Literaturnobelpreis zugesprochen bekam. Nach verlagsinternen Unstimmigkeiten mit den Gesellschaftern und aus gesundheitlichen Gründen verlegten Helen und Kurt W. 1959 ihren Wohnsitz nach Locarno / CH, von dort führten sie ihre verlegerische Arbeit fort und nahmen u. a. *Die Blechtrommel* von Günter Grass in das Pantheon-Programm auf (*The Tin Drum*, 1962). Im Juli 1960 trennten sie sich endgültig von Pantheon, ein Jahr später wurde der Verlag an RANDOM HOUSE verkauft. In dem ab 1961 bei HARCOURT, BRACE & WORLD INC. bestehenden Imprint *Helen and Kurt Wolff Books* (HKW) konnte das Ehepaar W. sein ambitioniertes zeitgenössisches Literaturprogramm weiter realisieren, mit Büchern u. a. von Karl Jaspers, Peter Weiss, Günter Grass und Max Frisch. Nach dem Unfalltod ihres Mannes im Oktober 1963 vereinbarte W. mit Bill Jovanovich, dem Präsidenten von Harcourt, Brace & World, die Fortführung des Imprints. Sie kehrte 1964 nach New York zurück und sorgte mit einem kleinen Mitarbeiterteam weiter für das HKW-Verlagsprogramm mit jährlich 15 bis 30 neuen Titeln, darunter die *Jahrestage* von Uwe Johnson, deren Übersetzung *Anniversaries* W. mitbetreute und die Johnson W. widmete. 1977 erhielt W. den Verlegerpreis des US-amerikanischen PEN ›for distinctive and continuous service to international letters, the freedom and dignity of writers and the free transmission of the printed word across barriers of repression, poverty, ignorance and censorship‹. 1981 zog sich W. aus der Verlagsleitung zurück, betreute aber bis zu ihrem Tod Übersetzungen u. a. von Werken Günter Grass', mit dem sie eine enge Freundschaft verband. Sie nahm ihren Wohnsitz in Hanover / NH, um im Alter in der Nähe ihres Sohnes zu leben, der dort am Dartmouth College als Professor für Klassische Philologie, Vergleichende Literaturwissenschaft und Musik tätig war. W. erhielt 1981 für ihre Verdienste im transkontinentalen Kulturaustausch den InterNationes Award, 1985 die Goethe-Medaille des Goethe-Instituts, 1994 postum den Friedrich-Gundolf-Preis von der Deutschen Akademie für Sprache und Dichtung für ihre Verdienste um die Vermittlung deutscher Kultur im Ausland. Der 1996 von der deutschen Bundesregierung in Zusammenarbeit mit dem Goethe-Institut Chicago eingerichtete Helen-und-Kurt-Wolff-Übersetzerpreis wird jährlich für Übersetzungen aus dem Deutschen ins Englische verliehen.

Helen Wolff: Hintergrund für Liebe. Das Buch eines Sommers. Roman. Hrsg. und mit einem Essay von Marion Detjen. Bonn: Weidle 2020.

DBE; Hans Altenhein: ›Liebste Frau Helene …‹. Helen Wolff scheidet aus dem verlegerischen Alltag. In: Bbl. (FfM) 107 vom 11. 12. 1981 S. 3154 f.; Herbert Mitgang: Helen Wolff. In: The New Yorker, 2 Aug. 1982 pp. 41–73; Günter Grass: Nachruf auf Helen Wolff. In: Johnson-Jahrbuch Bd. 2. Göttingen: Vandenhoeck & Ruprecht 1995 S. 13–18; Corinna Blattmann: ›Welch eine Verlegerin! Wo hat es das jemals gegeben …‹ Helen Wolff als Vermittlerin europäischer

Kultur in Amerika. In: Leipziger Jahrbuch zur Buchgeschichte Bd. 9. Wiesbaden: Harrassowitz 1999 S. 233–61; Daniela Hermes [Hg.]: Günter Grass, Helen Wolff: Briefe 1959–1994. Göttingen: Steidl 2003.

Wolff, Ilse R. 25. 3. 1908 Glatz / Schlesien – 2001 London; Bibliothekarin, Verlegerin. Nach dem Studium an der Universität und Musikhochschule in Berlin engagierte sich W. geb. Zorek in der Deutsch-jüdischen Jugendgemeinschaft und arbeitete als Sekretärin bei verschiedenen Handelsgesellschaften und Presseagenturen. 1933 bis 1938 war sie Verwaltungsangestellte in der Abteilung für Kapitalbeschaffung der Reichsvertretung; im April 1939 emigrierte sie nach Großbritannien, wo sie bis 1966 in der Informationsabteilung des von → Alfred Wiener und David Cohen aufgebauten Jewish Central Information Office und zuletzt als Chefbibliothekarin der daraus hervorgegangenen Wiener Library arbeitete. W. betätigte sich daneben als Herausgeberin von Bibliographien; nach einer kürzeren freiberuflichen Forschungstätigkeit wurde sie ab 1968 Geschäftsführerin in dem von ihrem zweiten Mann → Oswald Wolff gegründeten Verlag. W. war Mitglied im Internationalen PEN-Club.

BHE 1.

Wolff, Kurt 3. 3. 1887 Bonn – 21. 10. 1963 Ludwigsburg; Verleger. W. stammte aus einer gut situierten Bonner Musikerfamilie; er legte sein Abitur 1906 am Königlichen Gymnasium in Marburg ab und absolvierte anschließend ein einjähriges Dienstjahr in Darmstadt beim Großherzoglich hessischen Feldartillerieregiment. Nach einer Banklehre Oktober 1907 bis März 1908 in São Paulo / Brasilien und dem bereits zuvor begonnenen Germanistikstudium in Bonn und Marburg, das er ab 1908 in München und ab 1909 in Leipzig fortsetzte, wurde W. ab 1910 stiller Teilhaber des neugegründeten ERNST ROWOHLT VERLAGS in Leipzig, den er nach dem Ausscheiden Ernst Rowohlts übernahm und von 1913 bis 1930 als KURT WOLFF VERLAG weiterführte, ab 1919 mit Sitz in München. W. veröffentlichte expressionistische Dichtung und moderne Kunstbücher, zu den Autoren seines Hauses zählten u. a. Richard Huelsenbeck, Franz Kafka, Heinrich Mann, Else Lasker-Schüler, Walter Mehring, Erwin Panofsky, Kurt Pinthus, Ernst Toller, Fritz von Unruh, Franz Werfel und Carl Zuckmayer. 1917 übernahm W. den von Erik-Ernst Schwabach 1913 gegründeten VERLAG DER WEISSEN BÜCHER, den er bis 1924 aktiv hielt; ebenfalls 1917 gründete W. zusammen mit seinem Schwager Peter Reinhold, dem Verleger des *Leipziger Tagblatts*, den Verlag DER NEUE GEIST, in dem bis 1919 pazifistische und aktivistische Publikationen erschienen. Schon im Jahr zuvor, 1916, hatte W. eigens für Karl Kraus den VERLAG DER SCHRIFTEN VON KARL KRAUS (Kurt Wolff) gegründet, in dem alle Titel von Kraus bis zum Zerwürfnis 1921 erschienen. Nach dem Zerfall des Expressionismus wandte sich der Kurt Wolff Verlag stärker dem Kunstbuchsektor und der internationalen Literatur zu. 1921 wurde der Verlag wegen Bedarfs an frischen Finanzmitteln in eine AG umgewandelt, und → Daniel Brody, der Schwiegersohn des Schweizer Hauptaktionärs, wurde als Verlagsdirektor eingesetzt. Im selben Jahr übernahm W. den HYPERION-VERLAG, dessen Leitung der Kunsthistoriker → Lothar Mohrenwitz innehatte, und gründete 1924 als letzten Zweigverlag den internationalen Kunstverlag PANTHEON CASA EDITRICE SA in Florenz; letzteren verkaufte W. 1930 an PEGASUS PRESS Paris. Ende der 1920er Jahre geriet der Kurt Wolff Verlag in wirtschaftliche Turbulenzen, 1931 überließ W. seine

Verlage seinem (Ex)Schwager Peter Reinhold; 1932 wurde der Verlagssitz von München nach Berlin verlegt (1933 erfolgte in Berlin die Fusion des Kurt Wolff Verlags mit dem Verlag Der Neue Geist, 1940 die Umbenennung in GENIUS-VERLAG, 1946 das endgültige Ende des Kurt Wolff Verlags). Nach längeren Reisen in Frankreich und England emigrierte W. im März 1933. Nachdem seine erste Ehe mit Elisabeth Merck 1930 geschieden worden war, heiratete er in London im März 1933 → Helene W. geb. Mosel. Die Eheleute lebten in der Folge in der Nähe von Nizza. Im März 1934 wurde ihr Sohn Christian geboren; am 27. Dezember 1934 ließ W. seine letzte Privatbibliothek in Cannes auf einer Auktion versteigern, um an finanzielle Mittel zu kommen. Im Frühjahr 1935 übersiedelte die Familie auf einen kleinen Landsitz in der Nähe von Florenz, wo sie zahlende Übernachtungsgäste beherbergte. Von einer Reise Ende August 1938 nach Nizza konnte W. wegen des Münchner Abkommens nicht mehr nach Italien zurückkehren, die Familie zog deshalb wieder nach Nizza und im Mai 1939 nach Paris. Nach Kriegsausbruch in zweimaliger Internierungshaft, gelang W. im März 1941 gemeinsam mit der Familie die Flucht über Spanien und Portugal in die USA. In New York gründete W. im Februar 1942 zusammen mit seiner Frau, mit → Curt von Faber du Faur und mit dessen Stiefsohn → Kyrill Schabert den Verlag PANTHEON BOOKS INC.; W. agierte als Verlagsleiter und arbeitete in der Programmplanung der Anfangszeit eng mit → Wolfgang Sauerländer und dem aus dem besetzten Frankreich geflüchteten französischen Emigranten → Jacques Schiffrin zusammen, der als Partner eine Reihe französischer Bücher einbrachte. In der schwierigen Startphase verkaufte W. frühe Korrespondenz mit Künstlern und Autoren an die Beinecke Rare Book and Manuscript Library der Universität Yale (1947); er handelte auch mit Graphik, die er im Nachkriegsdeutschland erwarb und in den USA verkaufte, wobei er eng mit dem ebenfalls emigrierten Antiquar → Walter Schatzki zusammenarbeitete. Bei Pantheon erschienen neben Werken der Exilliteratur (hier ist an oberster Stelle die Übersetzung und Publikation von Hermann Brochs *Der Tod des Vergil* 1945 zu nennen) auch Kunstbücher, illustrierte Werke, Kinderbücher und Lyrik, sowie seit 1943 im Auftrag der Bollingen Foundation die buchkünstlerisch anspruchsvollen *Bollingen Series*. 1949 übersiedelte der Verlag aus der Privatwohnung der W.'s in ein bescheidenes Büro an der 6th Avenue. Nach langen mageren Ertragsjahren kam 1955 der finanzielle Durchbruch mit Anne Morrow Lindberghs *Gift from the Sea*, gefolgt von Boris Pasternaks Bestseller *Doctor Zhivago* (1 Million Exemplare) und Giuseppe Tomaso di Lampedusas *The Leopard*. Der wirtschaftliche Erfolg führte allerdings zu Streitigkeiten zwischen W. und den amerikanischen Gesellschaftern; schon seit 1959 hielt sich W. mit seiner Frau in Locarno in der Schweiz auf und entwickelte von dort die Programmplanung weiter. Im Juli 1960 trennten sich die W.s von Pantheon; der Verlag wurde 1961 an RANDOM HOUSE New York verkauft und unter diesem Dach von → André Schiffrin weitergeführt. Kurt und Helen W. wechselten zu HARCOURT BRACE & WORLD INC., wo sie die *Helen and Kurt Wolff Books* (HKW) unter eigenem Impressum herausgeben und damit eine neue Praxis im Verlagswesen einführen konnten. Es ist das bleibende Verdienst der beiden, dass sie mit HKW einen ganz wesentlichen Beitrag zur Verbreitung der deutschen Nachkriegsliteratur in den USA geleistet haben (Max Frisch, Günter Grass, Uwe Johnson). Nach W.s Unfalltod auf der Fahrt von der Frankfurter Buchmesse nach Marbach am Neckar 1963 führte seine Frau das Imprint bis 1981 fort. W. war Ehrenmitglied der Deutschen Akademie für Sprache und Dichtung, 1960 wurde er vom Börsenverein mit der Medaille Dem Förderer des Deutschen Buches ausgezeichnet. Im Jahr 2000 wurde vom Börsenverein des Deutschen Buchhandels und unabhängigen Verlegern die Kurt-Wolff-Stiftung gegründet, die seit diesem Zeitpunkt jährlich auf der Leipziger Buchmesse den Kurt-Wolff-Preis verleiht, mit dem unabhängige Verlage ausgezeichnet werden. Nachlassbestände der W.s liegen im Kurt-Wolff-Archiv der Beinecke Rare Book and Manuscript Library at Yale University, New Haven / CT und im Deutschen Literaturarchiv in Marbach am Neckar, das Verlagsarchiv von Pantheon Books für die Zeit von 1944 bis 1967 besitzt die Columbia University.

Kurt Wolff: Autoren, Bücher, Abenteuer. Betrachtungen und Erinnerungen eines Verlegers. Berlin 1965 [Neuausg. 2004]; Bernhard Zeller [Hg.]: Briefwechsel eines Verlegers: 1911–1963. Frankfurt am Main: Scheffler 1966 [erg. Ausgabe Frankfurt am Main: Fischer Tb 1980]; Daniela Hermes [Hg.]: Günter Grass, Helen Wolff: Briefe 1959–1994. Göttingen: Steidl 2003 [u. a. mit Zeittafel zur Biographie von Kurt und Helen Wolff]; Friedrich Pfäfflin [Hg.]: Zwischen jüngstem Tag und Weltgericht. Karl Kraus und Kurt Wolff Briefwechsel 1912–1921. Göttingen: Wallstein 2007; Evgenij Pasternak [Hg.]: Boris Pasternak – Kurt Wolff. Im Meer der Hingabe. Briefwechsel 1958–1960. Frankfurt am Main: Lang 2010.

BHE 1; DBE; Verlagsveränderungen 1933–1937 S. 18, 30; Verlagsveränderungen 1937–1943 S. 31; Verlagsveränderungen 1942–1963 S. 225, 139 (Der Neue Geist-Verlag); K. H. Salzmann: Kurt Wolff, der Verleger. In: AGB 2 (1960) S. 375–403; Bbl. (FfM) Nr. 40 vom 20. 5. 1960 S. 757–60 [Verleihung der Ehrenmedaille; mit der Laudatio von Lambert Schneider und dem Dank von Kurt Wolff]; Herbert G. Göpfert: Kurt Wolff: Porträt der Zeit im Zwiegespräch. In: Bbl. (FfM) Nr. 84 vom 20.10.1964 S. 2053–67; Bbl. (FfM) Nr. 23 vom 20.3.1987 S. 976 f.; Bbl. (FfM) Nr. 54 vom 7.7.1987 S. 1906–09; AdA (1987) S. A367–70; Bernt Ture von zur Mühlen: Die Inkunabeln-Sammlung Kurt Wolff. In: Bbl. (FfM) Nr. 95 vom 28.11.1989 (AdA Nr. 11 (1989)) S. A437–39 (Inkunabelsammlung Kurt Wolff); BuchMarkt Nr. 6 (2007) S. 128 (Ausstellungen); Bbl. Nr. 44 vom 1.11.2007 S. 30 (DNB-Ausstellung); Wolfram Göbel: Der Kurt Wolff Verlag 1913–1930. Expressionismus als verlegerische Aufgabe. Diss. München 1977. (Frankfurt am Main: Buchhändler-Vereinigung 1977; unveränderte Neuauflage München 2000); Wolfram Göbel: Ernst Rowohlt und Kurt Wolff. In: Buchhandelsgeschichte H. 3 (1987) S. B 118–22; Friedrich Pfäfflin [bearb. von]: Kurt Wolff, Ernst Rowohlt. Verleger (Marbacher Magazin. 43). [Ausst.-Kat.] Marbach am Neckar: Dt. Schillergesellschaft 1987; Wolfgang Müller, Steven Schuyler: Kurt Wolff im amerikanischen Exil. In: John M. Spalek [Hg.]: Deutschsprachige Exilliteratur seit 1933. Bd. 2: New York. Teil 2. Bern: Francke 1989 S. 1669–76; Koepke: Exilautoren und ihre Verleger (1989) S. 1423, 1426–28; Barbara Weidle [Hg.]: Kurt Wolff. Ein Literat und Gentleman. Bonn: Weidle 2007; Saur: Deutsche Verleger im Exil (2008) S. 226 f.; Hendrik Edelman: Kurt Wolff and Jacques Schiffrin: Two Publishing Giants Start Over in America. In: Immigrant publishers (2009) pp. 185–96; Peter Widlok: Erik-Ernst Schwabach. Verleger, Autor, Mäzen des Expressionismus. Köln: Böhlau 2017.

Wolff, Oswald 11. 5. 1897 Berlin –14. 9. 1968 London; Verleger; Dr. jur., Dr. phil. Nach dem Studium in Heidelberg und der juristischen (1919) und der philologischen Promotion (1922) leitete W. die Textil-Exportfirma seines Vaters. 1933 bis 1939 beriet er jüdische Auswanderer in Wirtschaftsangelegenheiten, besonders in Bezug auf Sachgütertransfer. Im August 1939 emigrierte W. nach Großbritannien, wo er die Arbeit als Wirtschaftsberater wieder aufnahm und daneben mehrere kleinere Unternehmen ins Leben rief. Nachdem er ein Jahr lang die Monatsschrift *Goethe Year* herausgegeben hatte, gründete W. 1949 die Buch-Import-Export-Gesellschaft INTERBOOK LTD.; zehn Jahre als deren Leiter tätig gewesen, legte er 1959 den Grundstein für den Verlag OSWALD WOLFF LTD., in dem vor allem Titel aus deutscher Literatur und Kultur sowie Bücher zur europäischen Geschichte und Nationalökonomie erschienen. Nach W.'s Tod 1968 führte seine zweite

Frau → Ilse R. Wolff, zuvor Bibliothekarin an der Wiener Library, die Geschäfte des Unternehmens weiter. 1985 fusionierte der Verlag mit BERG PUBLISHERS. W. war Mitglied in der Publishers Association, in der Booksellers Association, in der Anglo-German Association und im Club 1943; außerdem war er Gründungsmitglied der Independent Publishers Group. W. wurde mit dem Bundesverdienstkreuz 1. Klasse ausgezeichnet.

BHE 1; DBE; Westphal: German, Czech and Austrian Jews (1991) p. 207.

Wolffsohn, Karl 16. 5. 1881 Wolstein / Posen – 6. 12. 1957 Berlin; Verleger, Publizist, Unternehmer. W. war der Sohn des jüdischen Buchdruckereibesitzers Samuel W. und seiner Frau Ernestine geb. Breslauer. Er heiratete 1914 die Korrespondentin Recha Landecker, das Ehepaar hatte zwei Söhne, Willi (Seew, geb. 1916) und Max (geb. Juni 1919). Als Pionier des deutschen Kinos und der deutschen Filmwirtschaft wurde W. ein erfolgreicher und vermögender Geschäftsmann: er gründete und betrieb die ›Lichtburgen‹ in Berlin und Essen, war Gesellschafter des weltbekannten Berliner Varietés ›Scala‹, Betreiber einer Druckerei, die bis 1931 auf rund 150 Mitarbeiter heranwuchs, und vor allem Inhaber des 1908 gegründeten Verlags GEBR. WOLFFSOHN GMBH, in welchem wichtige kinematographische Fachliteratur, Star-Biographien sowie die Zeitschrift *Lichtbildbühne* (LBB), die ab 1911 wöchentlich erscheinende ›Große illustrierte Tageszeitung des Films‹, veröffentlicht wurden (mit beliebten Beilagen wie dem *Filmspiegel*). Auch der *Kino-Kalender* (seit 1912), das *Reichs-Kino-Adressbuch* und das *Jahrbuch der Film-Industrie* kamen in dem Verlag heraus. Seit 1924 war die Ullstein AG Minderheitsgesellschafter des Unternehmens; W. war mit Heinz Ullstein befreundet. Als Basis wie als Resultat dieser publizistischen Tätigkeit entstand ein ständig aktualisiertes Filmarchiv; W. erkannte früh die Bedeutung einer Dokumentation und wissenschaftlichen Auswertung von Filmmaterial. Ausgehend von seinen Beständen, gründete W. 1927 das erste deutsche Filmarchiv. An dieses Archiv konnte später, 1949, das Deutsche Institut für Filmkunde (DIF) anknüpfen. Innovativ war auch W.'s Konzept der Berliner ›Lichtburg‹: dem 2000 Besucher fassenden Großkino waren Tanzsäle, Gastronomiebetriebe und Geschäfte angeschlossen, alles unter der Devise ›gute Qualität zu erschwinglichen Preisen für den kleinen Mann‹. 1936 versuchten die nationalsozialistischen Behörden, W. durch Verweigerung der Verlängerung seines Pachtvertrages das ›Lichtburg‹-Unternehmen zu entziehen. Obwohl es Juden zum damaligen Zeitpunkt bereits verboten war, Grundbesitz zu erwerben, gelang es W., nicht nur die ›Lichtburg‹, sondern die gesamte Gartenstadt Atlantic AG zu kaufen, zu der der Unterhaltungskomplex gehörte. W.'s Kauf wurde bald aufgedeckt, und in der Folge setzten gegen W.'s entschiedenen Widerstand die ›Arisierungsmaßnahmen‹ ein. Es gelang ihm noch, seine Aktien der Gartenstadt AG kostenlos an Freunde zu verteilen, verbunden mit dem Versprechen, sie nach Ende der nationalsozialistischen Diktatur zurückzuerhalten. Ähnlich war er 1934 mit dem Verlag und der Druckerei verfahren, durch Verkauf an die Industria von Paul Franke und Heinrich Stumpf. Im August 1938 wurde W. von der Gestapo in ›Schutzhaft‹ genommen, und erst entlassen, als er der vollständigen Enteignung zugestimmt hatte. W. schaffte es am 28. März 1939 gerade noch rechtzeitig, mit seiner Frau Recha über die Niederlande, Belgien und Frankreich nach Palästina zu emigrieren. Die beiden lebten dort, weitgehend isoliert, in bescheidenen Verhältnissen von vorab nach Palästina transferierten Geldbeträgen. 1949 kehrte W. nach Deutschland zurück und nahm, nachdem sich nur einer der Freunde an die getroffene Abmachung hielt, den Kampf um Entschädigung und Wiedergutmachung auf. W. erlebte nicht mehr, dass die Aktien wieder in den Familienbesitz kamen, dies erfolgte erst 1962, nach Jahren erbitterter Auseinandersetzungen. Die ›Lichtburg‹, mittlerweile umbenannt in ›Corso-Theater‹, bekam die Familie nicht mehr zurück; das Gebäude, zwischenzeitlich als Lagerhalle genutzt, wurde 1970 abgerissen.

Walk: Kurzbiographien (1988); Aufbau Nr. 52 (1957) S. 31; Ein Leben für den Film [Journal zum 50. Geburtstag von K. W.]. Berlin: Verlag der Lichtbildbühne 1931; IfZ-Archiv: Bestand ED 230 Wolffsohn, Karl [Findmittel zum persönl. Nachlass: online]; Deutsches Film-Institut: Filmarchiv Wolffsohn [online]; Ulrich Döge: ›Er hat eben das heiße Herz‹. Der Verleger und Filmunternehmer Karl Wolffsohn. Hamburg: tradition 2016.

Wolfradt, Willi 19. 6. 1892 Berlin – 30. 9. 1988 Hamburg; Kunstkritiker, Lektor; Dr. phil. Der Sohn des Bühnenverlegers Heinz W. studierte in Freiburg Kunstgeschichte und schloss sein Studium mit der Promotion 1923 ab. In diesem Jahr war er gemeinsam mit → Ernst Weil und → Ernst Mayer als stiller Teilhaber an der Gründung des MAURITIUS VERLAGS beteiligt, der später von Mayer allein weitergeführt wurde. W. arbeitete als freier Kunstkritiker und Kunstjournalist in Berlin, u. a. für die Zeitschriften *Kunstblatt*, *Die Lebenden* und *Kunst der Zeit*. Beruflich und als Bewohner der ›Künstlerkolonie‹ stand W. mit vielen Intellektuellen, Publizisten und Künstlern der Weimarer Republik in Kontakt, mit → Walter Zadek war er befreundet. 1933 wurde über W. aufgrund seiner jüdischen Herkunft ein Schreibverbot verhängt; er emigrierte unter Zurücklassung u. a. seiner kunstwissenschaftlichen Büchersammlung nach Frankreich, wo er nach Kriegsbeginn in verschiedenen Lagern interniert wurde; in Les Milles fungierte er als Lagerbibliothekar. Einer Deportation entkam er mithilfe einer protestantischen Untergrundbewegung mehrfach nur knapp; im Frühjahr 1943 lebte er illegal in einem Versteck, bis ihm die Flucht in die Schweiz gelang. Erst nach Kriegsende, 1946, ging er in die USA und wurde in New York beim *Aufbau* wieder publizistisch tätig. 1951 remigrierte W. nach Deutschland, um 1953 eine Stelle als Lektor und seit 1956 als Cheflektor im ROWOHLT VERLAG anzunehmen, die er bis zu seiner Pensionierung 1961 innehatte. W. startete 1961 die *rororo Thriller*, eine der erfolgreichsten Taschenbuchreihen überhaupt; bis zum Jahr 2000 erschienen 1450 Titel mit einer Gesamtauflage von 36 Millionen Exemplaren.

Wendland: Kunsthistoriker im Exil (1999); Uwe Naumann [zusammengestellt von]: 50 Jahre rororo. Eine illustrierte Chronik. Reinbek bei Hamburg: Rowohlt 2000.

Worm, Fritz 1. 6. 1887 Leobschütz (heute Głubczyce /Polen) – 9. 5. 1940 Rio de Janeiro; Buchhändler, Rundfunkpionier. W. entstammte einer jüdischen, assimilierten Familie aus Oberschlesien. Nach dem Besuch des Gymnasiums absolvierte er eine Buchhändlerlehre und übernahm 1909 in Düsseldorf die auf der Königsallee 54 gelegene BUCHHANDLUNG ERNST OHLE, die sich unter seiner Leitung bald zu einem Treffpunkt für Schriftsteller und Künstler entwickelte; u. a. Alfred Flechtheim zählte zu seinen Kunden. Aus seiner idealistischen Berufsauffassung heraus gab er von 1910 bis 1914 eine *Bücherschau* heraus, in der er alte und neue Bücher rezensierte. Nach dem Krieg, in welchem er an der Westfront eingesetzt war, wurde seine Düsseldorfer Buchhandlung erneut ein kultureller Mittelpunkt der Stadt; sie war auch ein Stützpunkt des 1919 gegründeten Immermannbundes, der dort Veranstaltungen mit hochrangigen Vertretern der

Literatur, Kunst, Musik und Architektur abhielt. 1927 wurde W. bei der WERAG (Westdeutsche Rundfunk AG) freier Mitarbeiter und 1928, unter Aufgabe des Buchhändlerberufes, im Rahmen einer Festanstellung Dezernent für Literatur und Geisteswissenschaften. In dieser Funktion experimentierte er mit Formen radiophoner Gesamtkunstwerke und setzte sich insbesondere mit der Frage auseinander, wie sich im Hörfunk Werke der Bildenden Kunst vermitteln lassen. 1933 entlassen, lebte W. zunächst von Lektoratsarbeiten, auch engagierte er sich im Jüdischen Kulturbund Rhein-Ruhr. Nachdem sein Sohn Gottfried bereits im August 1934 nach Brasilien emigriert war, folgte ihm W., nach einer Hausdurchsuchung, am 1.11.1935 mit seiner Frau Luise und der gleichnamigen Tochter in das südamerikanische Exil. Dabei konnte er seine wertvolle Bibliothek sowie ein Gemälde von Franz Marc mit sich nehmen. Zunächst fand er eine Anstellung (wohl kombiniert mit einer Teilhaberschaft) in der von → Ernst Viebig in São Paulo geführten LIVRARIA TRANSATLANTICA und war dort in deren Filiale in Rio de Janeiro tätig. Diese musste aber noch 1936 geschlossen werden, sodass W. gezwungen war, seinen Lebensunterhalt mit Übersetzungen, Deutschunterricht und Vorträgen über die deutsche Kultur zu verdienen, unter Rahmenbedingungen, die ihn sehr belasteten. W. beteiligte sich auch an einem Preisausschreiben der Harvard University zum Thema ›My Life in Germany Before and After January 30, 1933‹ und hat in seinem 96-seitigen Manuskript auch über seine Erfahrungen als Buchhändler berichtet.

SStAL, BV, F 11.763 (Schreiben der Dt. Gesandtschaft an den Börsenverein v. 19.12.1935; denunziatorisches Schreiben von Frederico Will); Euryalo Cannabrava: Vida e obra de Fritz Worm (Letras estrangeiras). In: O Jornal, 22.9.1940, 3. Secc. S. 2; Family Group Sheet: http://data.synagoge-eisleben.de/gen/fg09/fg09_104.html; Verboten, vertrieben, ermordet – Naziopfer in Film und Medien. In: Capriccio Kulturforum [online]; Birgit Bernard: Fritz Worm. In: Internetportal Rheinische Geschichte, abgerufen unter: http://www.rheinische-geschichte.lvr.de/Persoenlichkeiten/fritz-worm-/DE-2086/lido/582b05915e1058.19253491; Birgit Bernard, Renate Schumacher: Fritz Worm oder der obsolet gewordene Bildungsauftrag. In: Antje Johanning u. a. (Hg.): Stadt – Land – Fluß. Festschrift für Gertrude Cepl-Kaufmann. Neuss 2002, S. 109–128; Harry Liebersohn, Dorothee Schneider (Hg.): ›My Life in Germany Before and After January 30, 1933‹. A Guide to a Manuscript Collection at Houghton Library Harvard University. Philadelphia 2001, S. 119.

Wurm, Fritz 21.3.1893 Berlin–1942/43 in Auschwitz verschollen; Verleger; Dr. jur. Nach dem 1920 mit einer Dissertation zur ›Rechtsstellung des Urhebers bei Veränderungen seines Werkes durch Rechtsnachfolger‹ abgeschlossenen Studium war W. 1921/22 gemeinsam mit → Julius B. Salter, Georg Salter und → Heinz Wendriner Gründer des Verlags DIE SCHMIEDE GMBH in Berlin, der 1924 als AG mit W. und J. B. Salter als Direktoren im Handelsregister eingetragen wurde. Der Verlag gehörte einige Jahre lang zu den avanciertesten und aktivsten Literaturverlagen der Weimarer Republik, mit Publikationen der spätexpressionistischen Avantgarde, mit Ausgaben von Werken Franz Kafkas und Romanen von Joseph Roth. Das Programmprofil wurde sehr stark von den Lektoren → Rudolf Leonhard und → Walter Landauer bestimmt und durch die von ihnen lancierten Reihen *Außenseiter der Gesellschaft* und *Die Romane des XX. Jahrhunderts*. Von Ende 1926 bis Anfang 1929 erschien auch die humoristische Monatsschrift *Das Stachelschwein* im Verlag der Schmiede. Über das Unternehmen, das schon seit längerem große wirtschaftliche Schwierigkeiten und viele Autoren durch fragwürdiges Geschäftsgebaren gegen sich aufgebracht hatte, wurde im Juli 1929 das gerichtliche Ausgleichsverfahren verhängt; im März 1930 fand die letzte Generalversammlung der AG statt, 1931 wurde sie aus dem *Adressbuch des Deutschen Buchhandels* gestrichen. In der NS-Zeit verließ W. Deutschland und ging am 24. Juli 1937 nach Frankreich; ihm wurde dort der Status eines ›Flüchtlings‹ zuerkannt. Er und J. B. Salter meldeten sich als Freiwillige bei der französischen Armee, nach Ausbruch des Zweiten Weltkriegs 1939 wurde W. bis Januar 1940 und ab Mai 1940 erneut im Lager Les Milles interniert. Mit dem Transport 21 von Drancy wurde er am 19. August 1942 nach Auschwitz deportiert.

Adressbuch 1931 S. 657; Kurt Tucholsky: Schmiede und Schmiedegesellen. In: Die Weltbühne vom 20. 8. 1929 S. 284 [Polemik gegen den Verlag; auch online]; Wolfgang U. Schütte: Der Verlag Die Schmiede 1921–1931. In: Marginalien H. 90 (1983) S. 10–19 u. 19–35 [Bibliographie]; Frank Hermann, Heinke Schmitz: Avantgarde und Kommerz. Der Verlag Die Schmiede 1921–1929. In: Buchhandelsgeschichte H. 4 (1991) S. B 129–150; Frank Hermann, Heinke Schmitz: Der Verlag Die Schmiede 1921–1929. Eine kommentierte Bibliographie. Morsum (Sylt): Cicero Presse 1996 S. 9–30; The Central Database of Shoah Victims' Names [online].

Wyden, Peter H. 2. 10. 1923 Berlin –15. 6. 1998 Ridgefield, CT; Journalist, Verleger. W., dessen ursprünglicher Name Weidenreich lautete, emigrierte 1937 14-jährig in die USA, wo er 1942/43 als Journalist bei einer New Yorker Zeitung arbeitete; 1943 erhielt er die amerikanische Staatsbürgerschaft. Nach dem Kriegsdienst bei der US-Armee (bis 1945) setzte er ab 1947 seine journalistische Tätigkeit bei verschiedenen US-Zeitungen fort: Bis 1969 schrieb und recherchierte W. u. a. für die *St. Louis Post-Dispatch*, als Korrespondent in Washington für *Newsweek* und zuletzt als Chefredakteur eines New Yorker Frauenjournals. 1969 gründete W. schließlich den Verlag PETER H. WYDEN INC. in New York und leitete diesen als Präsident. 1978 lebte er in New York und in Chester / CT.

BHE 1.

Y

Yaskiel, David (ursprgl. Jaskiel) 16. 8. 1900 Kaminitz / Schlesien –1979; Grossobuchhändler. Als Kaufmann in Berlin tätig, emigrierte Y. im April 1933 nach London, wo er die BRITISH INTERNATIONAL NEWS AGENCY als Vertriebszentrale für Exilliteratur gründete. In Zusammenarbeit mit dem QUERIDO VERLAG Amsterdam (→ Fritz H. Landshoff), dem EUROPÄISCHEN MERKUR Paris (→ Paul Anton Roubiczek) und dem MALIK-VERLAG Prag (→ Wieland Herzfelde) vertrieb Y. hier die antinationalsozialistischen Zeitungen *Der Gegen-Angriff* und *Neuer Vorwärts*, außerdem wirkte er an der Herausgabe des zweiten Braunbuchs *The Reichstag Fire Trial* 1934 mit. Y., der am 11. Juni 1935 aus Deutschland ausgebürgert worden war, wurde im April 1937 als unerwünschter Ausländer für zwei Monate inhaftiert; die Bemühungen der britischen Behörden um Abschiebung nach Deutschland scheiterten jedoch an der Ablehnung durch das Auswärtige Amt in Berlin. Nach Kriegsbeginn stand Y., der von dem Emigranten Hans Wesemann für die Nazis ausspioniert worden war, auf der vom Reichssicherheitshauptamt zusammengestellten geheimen Liste jener Emigranten, die nach Eroberung Großbritanniens von der Gestapo verhaftet werden sollten (dort fälschlicherweise als Funktionär einer ›British International Jewish Agency‹ bezeichnet). 1942 war Y. im Onchan Camp auf der Isle of Man interniert. Über das weitere Schicksal Y.s liegen keine Informationen vor; um

1959 scheint er sich mit Judaica befasst zu haben (Vertrieb einer ›genuine replica of one of the Dead Sea Scrolls, the *Manual of Discipline*‹). 1984 wurde in London eine Fa. David Yaskiel handelsrechtlich gelöscht, deren Geschäftsgebiet mit ›Dealers in Gramophone Records and Tapes‹ angegeben wurde.

BHE 1; Sonderfahndungsliste G. B. bzw. Gestapo Arrest List for England [online]; https://www.thegazette.co.uk/London/issue/49836/page/11028/data.pdf; Charmian Brinson: The Gestapo and the Political Exiles in Britain During the 1930's: The Case of Hans Wesemann – and Others. In: German Life and Letters 51 (1998) S. 43–64; James J. Barnes, Asoke Basu, Patience P. Barnes: Nazi Refugee Turned Gestapo Spy. The Life of Hans Wesemann, 1895–1971. Westport, Conn., London: Praeger 2001 S. 3, 39, 48.

Z

Zadek, Walter 26. 3. 1900 Berlin – 23. 12. 1992 Holon / Israel; Antiquar, Publizist. Z.'s Vater, der Arzt Dr. Ignaz Z., war sozialdemokratischer Stadtverordneter, seine Mutter July geb. Nathan im Volksbühnenvorstand. Nach einer komplizierten Schullaufbahn (Z. war bei der Wandervogel-Bewegung und der Spartakusjugend engagiert) und dem Notabitur für den Militärdienst 1918 auf dem Realgymnasium begann Z. 1919 in München und Berlin Wirtschaftswissenschaften zu studieren. Frühzeitig Vater eines Sohnes geworden, brach er das Studium ab, um Geld zu verdienen, und erlernte den Buchhändlerberuf bei A. ASHER & CO. und nach einem Jahr dann weiter in der KURFÜRST-BUCHHANDLUNG in Berlin, wo er sehr rasch vom Gehilfen zum Geschäftsführer aufstieg. Weil er das Kaufmännische nicht liebte, gab er aber diese Laufbahn zunächst wieder auf. Von 1923 bis 1930 war er Journalist und Redakteur bei ULLSTEIN (Zs. *Uhu*) und vor allem bei MOSSE, zunächst als Redaktionsgehilfe und 1925 bis 1930 als Redakteur des Feuilletons des *Berliner Tageblattes*. In dieser Eigenschaft kam Z. in Kontakt zu führenden Künstlern und Intellektuellen der Weimarer Republik. Nach wirtschaftskrisenbedingtem Verlust der Redakteursstelle machte sich Z. selbständig und war seit 1930 Inhaber und Leiter der von ihm gegründeten Nachrichtenagentur bzw. Zeitungskorrespondenz ZENTRALREDAKTION FÜR DEUTSCHE ZEITUNGEN in Berlin. Im März 1933 von Nazis blutig geschlagen und verhaftet, nach einem Monat im Zuchthaus Spandau gegen Kaution freigelassen, flüchtete Z. im April zusammen mit seiner Frau aus Angst vor erneuter Inhaftierung nach Amsterdam. Von dort aus unternahm er Reisen nach Belgien, Frankreich, in die Schweiz und nach Großbritannien, um buchhändlerische Geschäftsverbindungen anzuknüpfen und sich die Alleinvertretungsrechte mehrerer Exilverlage für Palästina zu sichern. Finanzieren konnte er diese Reisen, weil ihm noch 1933 von Freunden aus Berlin seine umfangreiche Bücher-, Graphiken- und Handschriftensammlung in die Niederlande nachgesandt worden war. Seine (erste) Frau Helene (geb. Wieruszowski, 1893–1976) erledigte indessen Büroarbeiten im QUERIDO VERLAG → Fritz Landshoffs. Im Dezember 1933 emigrierten Z. und seine Frau mit einem ›Arbeiter-Zertifikat‹ nach Palästina, wo er zunächst den Auftrag hatte, für die Tageszeitung *Davar* eine illustrierte Beilage ins Leben zu rufen, sie wäre die erste in Palästina gewesen. Das Projekt ließ sich allerdings drucktechnisch nicht realisieren. Als Ergebnis davon arbeitete Z. aber (bis 1948) als freier Journalist und Pressephotograph; seine Photos wurden weltweit in internationalen Zeitungen und Magazinen abgedruckt.

Z. gründete damals auch die Palestine Professional Photographers Association (PPPA). Parallel hatte sich Z. eine buchhändlerische Existenz aufgebaut: 1934 gründete er BIBLION, eine Verlags- und Importbuchhandelsfirma, spezialisiert auf deutschsprachige Exilliteratur. Die Firma florierte zunächst und konnte auch in personeller Hinsicht ausgebaut werden. Kurzfristig war hier als Lehrling Stephan Hermlin (d.i. Rudolf Leder) tätig, ehe er nach Spanien ging, um sich den Internationalen Brigaden anzuschließen. In einem einzigen Fall (Hugo Herrmann: *Palästina heute – Licht und Schatten*, 1935) versuchte sich Z. auch als Verleger mit einem ad hoc gegründeten HAMATARAH VERLAG (eigentlich aber: ›Biblion in Kommission‹). Da durch Devisenknappheit und in den Kriegsjahren die Einfuhr von Büchern aus Europa zum Erliegen kam, errichtete er 1940 die Antiquariatsbuchhandlung LOGOS BOOKSHOP in Tel Aviv, die er bis 1973 führte. Den Grundstock bildeten seine eigenen Bestände mit Gesamtausgaben und Widmungsexemplaren aus der Berliner Zeit; unmittelbar nach dem Krieg konnte er u.a. auch aus der ČSSR wertvolles Material beschaffen. Viele nach Palästina ausgewanderte Wissenschaftler und Büchersammler überließen ihm aufgrund von Raummangel ihre kostbaren Erst- und Luxusausgaben zum Verkauf. Z. hatte bereits 1933 damit begonnen, Werke der aus Deutschland vertriebenen Autoren zu sammeln, und war ab 1955 im Auftrag der Jewish Agency durch Europa unterwegs; auf diesen Reisen durchstöberte er viele Antiquariate, aber auch Archive von Verlagen und Bibliotheken von Privatpersonen nach exilliterarischen Werken und erstellte im Auftrag des Antiquariats AMELANG (Frankfurt am Main) einen ersten Katalog von Exilliteratur mit einem Verzeichnis von Exilverlegern (*Deutsche Literatur im Exil 1933–1945. Erstausgaben*, 1962; Zweite Folge 1964). Er belieferte noch lange Zeit deutsche Antiquariate und Auktionshäuser mit Büchern, die mit Auswanderern nach Israel gelangt waren. Seit Beginn der 1970er Jahre publizierte Z. unter dem Pseudonym Uri Benjamin (nach den Vornamen seiner beiden Söhne; für nicht-buchhändlerische Publikationen verwendete er weitere Pseudonyme) im *Börsenblatt* als Israel-Berichterstatter mehrfach Artikel, in denen er auf die Buchhändler-Emigration in Palästina / Israel und in anderen Ländern aufmerksam machte. Dort erschien auch ein dreiteiliger autobiographischer Abriss, der sehr persönliche Einblicke in die problematische Berufs- und Lebenssituation des Antiquars in Israel vermittelt. Z. lebte zuletzt mit seiner zweiten, aus den Niederlanden stammenden Frau Jetty Z.-Hillesum in Holon bei Tel Aviv.

Uri Benjamin [d.i. Walter Zadek]: Der Antiquar und die Exilliteratur, oder: Der noch unentdeckte Anteil des Buchhandels am Aufbau der seltenen Sammlungen. In: Bbl. (FfM) Nr. 49 vom 19.6.1970 S. A82–84; ders.: Buchhändler in der Emigration. Eine Anregung zur Forschung. In: Bbl. (FfM) Nr. 97 vom 7.12.1971 S. 2904–08 und in: Bbl. (FfM) Nr. 99 vom 7.12.1971 S. 2940–43 (auch in: Israel-Forum H. 6 (1972) S. 36–43); ders.: Die Rolle der Emigration als Brücke zwischen Kulturen [zu Hein Kohn]. In: Bbl. (FfM) Nr. 25 vom 28.3.1972 S. 585–89; ders.: Die Rettung der emigrierten Literatur (zu Hermann Kesten). In: Bbl. (FfM) Nr. 33 vom 25.4.1972 S. 795–98; ders.: Literatur richtet sich nicht nach dem Pass. Verleger in der Emigration: Richard Friedenthal. In: Bbl. (FfM) Nr. 65 vom 16.8.1974 S. 1294–97; ders.: Die Welt als Vaterland [Autobiographie]. [I]: In: Bbl. (FfM) Nr. 8 vom 28.1.1977 S. A1–5; [II]: In: Bbl. (FfM) Nr. 16 vom 25.2.1977 S. A38–42; [III]: In: Bbl. (FfM) Nr. 24 vom 25.3.1977 S. A95–104; ders. [Hg.]: Sie flohen vor dem Hakenkreuz. Selbstzeugnisse der Emigranten. Ein Lesebuch für Deutsche. Reinbek bei Hamburg: Rowohlt 1981 (darin: W. Z.: Emigration und Wesensumwandlung S. 171–85, eine gekürzte und überarbeitete Fassung der autobiogr. Skizze).

Nachlass im Deutschen Exilarchiv / DNB: EB 87/89 (Korrespondenz, Lebensdokumente, Manuskripte, Tonbandinterviews mit Emigranten); Walter and Lilli Zadek Collection, Leo Baeck

Institute NY (u. a. 2 Briefe aus den Niederlanden an Z.'s Schwester Lilli nach Palästina); Interview Z. mit EF am 19. u. 23. 10. 1992 in Holon / Israel; Korrespondenz Z. mit EF 1991/92 (bes. Brief vom 6. 10. 91); Brief von Jetty Z.-Hillesum an EF vom 14. 4. 1993; BHE 1; Öhlberger (2000) S. 135; Hans Albert Walter: Asylpraxis und Lebensbedingungen in Europa (Deutsche Exilliteratur. Bd. 2). Darmstadt: Luchterhand 1972 S. 391 f., Anm. 290; Stefan Berkholz: Walter Zadek: Jahrgang Null Null. Das Jahrhundert entriß dem Journalisten die Heimat. In: Die Zeit vom 6. 4. 1990 S. 97; Gisela Dachs [Hg.]: Jüdischer Almanach des Leo-Baeck-Instituts. Die Jeckes. Frankfurt am Main 2005 S. 124 [Photo]; Walter Zadek, Journalist, Fotograf ehem. Bewohner der Künstlerkolonie Berlin [online].

Zanders(-Silber), Edith Z. 21. 2. 1914 Lobberich – 24. 3. 2011 Buenos Aires; Buchhändlerin. Nach dem Besuch einer Höheren Töchterschule studierte Z. seit 1928 in Krefeld Jüdische Religion unter der Leitung von Arthur Bluhm, Rabbiner von Krefeld, anschließend zog sie 1934 nach Berlin, um das Studium an der Hochschule für die Wissenschaft des Judentums fortzusetzen; es wurde ihr aber empfohlen, damit auf günstigere Zeiten zu warten. → Günther Friedländer überzeugte sie 1937, die Auswanderung einer »Riegner-Gruppe« junger Juden nach Südamerika zu leiten. Während ihre gesamte Familie im Holocaust umkam, führte sie eine 25-köpfige Gruppe über Triest nach Argentinien, wo sie am 11. November 1938 in Buenos Aires anlandeten. Z. arbeitete zunächst als Babysitterin, dann als Sekretärin bei der Jüdischen Kultusgemeinde, wo sie den bereits in den 1920er Jahren ausgewanderten José Silber kennenlernte, den sie 1944 heiratete. 1947 war Z. in der Buchhandlung PIGMALIÓN von → Lili Lebach tätig. Als ihr die Mitinhaberin Else Munk anbot, gemeinsam eine neue Buchhandlung aufzumachen, erfüllte sich ein langgehegter Wunsch: 1948 entstand die LIBRERÍA PETER PAN, der eine Leihbibliothek angeschlossen war. Nach dem Wegzug Else Munks nach Montevideo (Uruguay) fand Z. eine neue Geschäftspartnerin in Herta Irlicht, die lange für die LIBRERÌA COSMOPOLITA gearbeitet hatte, und mietete mit ihr einen kleinen Laden in der Calle Esmeralda, zog aber schon nach einem Jahr auf eine bessere Adresse, in die Calle Esmeralda 1050 um. Die Buchhandlung Peter Pan war auf den Import deutsch- und englisch-, später auch französisch- und spanischsprachiger Bücher spezialisiert. Im Keller des Geschäftslokals wurde eine Kunstgalerie eingerichtet; auch gab es einen eigenen Raum für Kinderbücher. Die Leihbibliothek mit Romanen und Biographien in verschiedenen Sprachen wurde von Herta Irlicht geführt. Im Gegenzug eröffneten sie einen Raum für ihre Kunst- und Folienabteilung sowie ihre Sammlung von Kinderbüchern. Zu den Kunden gehörten bald viele bekannte Künstler und Schriftsteller, unter ihnen Jorge Luis Borges und Victoria Ocampo. 1953 besuchte Z.-S., die von ihrem Mann unterstützt wurde, erstmals die Frankfurter Buchmesse; sie war auch an der in den 1960er Jahren entstandenen Buchmesse in Buenos Aires beteiligt. 1968 musste die Buchhandlung schließen, Z. war aber anschließend zehn Jahre lang in der deutschen Abteilung der Librería Pigmalión und seit 1980 bei → Juan und Edgardo Henschel tätig; erst 1995 ging sie in den Ruhestand.

Oral history interview with Edith Zanders de Silber (2. 4. 1986, span.), in: https://collections.ushmm.org/search/catalog/irn42929; Sammlung Edith Silber, Dokumente und Fotografien zur ›Riegner-Gruppe‹, in Berliner Jüdisches Museum; Irene Münster: Librerías y bibliotecas circulantes de judíos alemanes en la Ciudad de Buenos Aires, 1930–2011. In: Estudios Migratorios Latinoamericanos 25 (2011), S. 157–175.

Zaslawski, Heinz 23. 4. 1924 Wien – 2003 Wien; Verlagsmitarbeiter und -leiter. Z. emigrierte 1938 als Jugendlicher nach Großbritannien, wo er sich in Manchester einer örtlichen Gruppe der Vereinigung Young Austria anschloss. Im Sommer 1946 kehrte er nach Wien zurück und nahm dort ein Studium der Germanistik und Anglistik auf, das er mit dem Magister- und Doktortitel abschloss. Seit Jahresbeginn 1951 war Z. bei der GLOBUS ZEITUNGS-, DRUCK- UND VERLAGSANSTALT beschäftigt und durchlief hier eine Laufbahn, die ihn über mehrere Stationen ganz nach oben führte: Bis 1956 arbeitete er als Lektor im Buchverlag, bis 1960 als Leiter der Buchgemeinde, danach vier Jahre als Leiter des Buchverlags und der Werbeabteilung, 1964 bis 1967 war er als Nachfolger von → Julius Deutsch (1902–1978) stellvertretender Leiter des Buchvertriebs; 1969 erhielt er die Gesamtprokura, bis er schließlich 1974 zum Generaldirektor des Globus-Konzerns berufen wurde. Diese Funktion übte er bis zu seiner Pensionierung 1989 aus; 1993 sprang er aufgrund einer personellen Notsituation noch einmal für ein dreiviertel Jahr als Geschäftsführer ein, konnte aber faktisch nur noch die Auflösung des Unternehmens organisieren. Z. war Mitglied im Vorstand des Verbandes österreichischer Zeitungsherausgeber und in jenem der Austria-Presseagentur.

Heinz Zaslawski: 25 Jahre Globus Wien. In: Börsenblatt für den Deutschen Buchhandel (Leipziger Ausgabe) 137 (1970), S. 479.

Christina Köstner: »Wie das Salz in der Suppe«. Zur Geschichte eines kommunistischen Verlages – Der Globus Verlag. (Magisterarbeit) Univ. Wien 2001; Christina Köstner: Das Salz in der Suppe. Der Globus Verlag. In: Gerhard Renner, Wendelin Schmidt-Dengler, Christian Gastgeber (Hg.): Buch- und Provenienzforschung. Festschrift für Murray G. Hall zum 60. Geburtstag. Wien: Praesens 2009, S. 129–144.

Zech, Paul 19. 2. 1881 Briesen / Westpreußen – 7. 9. 1946 Buenos Aires; Schriftsteller, Selbstverleger. Z. wuchs im Industriegebiet an der Wupper auf und arbeitete von 1902 bis 1909 in Berg- und Hüttenwerken; 1910 trat er mit Gedichten in der expressionistischen Zeitschrift *Der Sturm* an die Öffentlichkeit. 1912 zog Z. mit seiner Familie nach Berlin, wo er, unterbrochen durch seinen Dienst als Soldat im Ersten Weltkrieg, bis 1933 als Redakteur, Dramaturg, Werbeleiter eines der SPD und USPD nahe stehenden Werbedienstes für die Sozialistische Republik und seit 1925 als Hilfsbibliothekar an der Berliner Stadtbibliothek berufstätig war. Von 1913 bis 1920 zeichnete er als Mitherausgeber der unregelmäßig erscheinenden literarischen Zeitschrift *Das neue Pathos*, die zu den wichtigsten Organen des Expressionismus zählt. Ausgezeichnet mit dem Kleist-Preis 1918, als Dramatiker 1926 gefeiert mit seinem Rimbaud-Stück *Das trunkene Schiff* unter der Regie von Erwin Piscator, mit seinen Antikriegsbüchern, Villon-Übersetzungen und Gedichtbänden einer der produktivsten Schriftsteller der Weimarer Republik, verlor Z. im März 1933 als bekannt ›linker‹ Autor seine Bibliotheksstelle; wegen angeblichen Bücherdiebstahls zur polizeilichen Einvernahme vorgeladen, flüchtete Z. über Wien nach Triest und schiffte sich dort nach Südamerika ein. In Buenos Aires fand er Quartier bei einem 1929 nach Argentinien immigrierten Bruder; nachdem er sich 1937 mit ihm zerstritten hatte, lebte er notdürftig von geringfügigen Honoraren aus Veröffentlichungen in der Exilpresse (*Argentinisches Tage- und Wochenblatt, Deutsche Blätter, Internationale Literatur*) sowie privaten Zuwendungen und Unterstützungsgeldern US-amerikanischer Flüchtlingsorganisationen. Außer seinen beiden im QUADRIGA VERLAG, Buenos Aires, erschienenen Lyrikbänden *Bäume am Rio de la Plata* (1935) und *Neue Welt* (1939) und dem im Verlag der *Jüdischen Wochenschau* EDITORIAL ESTRELLAS erschienenen kleinen Roman *Ich suchte Schmied ... und fand Malva wieder* (*Sternen-Bücherei* Bd. 2, 1941) publizierte Z. auch im Selbstverlag herausgegebene Privatdrucke in kleinsten subskribierten Auflagen. Nach Ende des Zweiten Weltkriegs wäre Z. gerne nach Deutschland zurückgekehrt, doch ließ sein schlechter Gesundheitszustand die lange Reise nicht mehr zu. Den Bemühungen von Z.'s Sohn Rolf, der in West-Berlin im selbst gegründeten R. R. ZECH VERLAG von 1947 bis 1960 Werke seines Vaters herausbrachte, war kein großer Erfolg beschieden; mehr Resonanz fand Z. als antifaschistischer ›Arbeiterdichter‹ in der DDR, wo der GREIFENVERLAG von 1952 bis 1956 und nochmals in den 1980er Jahren Z.'s Werke herausbrachte. Z.'s Asche kehrte erst 1971 nach Deutschland zurück.

Teilnachlass im Deutschen Literaturarchiv Marbach; Aufbau vom 6. 9. 1940; Aufbau vom 21. 4. 1941; Susan Bach: Der Schriftsteller Paul Zech im Exil in Südamerika. In: AdA Nr. 4 (1979) S. A148 f.; Arnold Spitta: Paul Zech im südamerikanischen Exil 1933–1946. Ein Beitrag zur Geschichte der deutschen Emigration in Argentinien. Berlin: Colloquium-Verla 1978; Killy Literatur Lexikon (1988–93) Bd. 12; Jong-Rak Shin: Selbstverlag im literarischen Leben des Exils in den Jahren 1933–1945: Autor, Verleger und Leser. Diss. Fuchstal: Sequenz 2008.

Zeiz, August Hermann 23. 9. 1893 Köln – 30. 8. 1964 Berlin; Autor, Journalist, Verlagsleiter. Z. war der Sohn eines preußischen Regierungsbeamten. Er wuchs in Köln und Danzig auf, und fing nach dem Besuch eines Realgymnasiums an den Universitäten München und Berlin ein Studium der Kunstgeschichte und Nationalökonomie an. 1911 erschien sein Lyrikband *Im Spiegel*, 1912 veröffentlichte → Franz Pfemferts *Aktion* Gedichte von Z. 1915 heiratete er Gertrude Segall, die Tochter eines jüdischen Kaufmanns. Nach Teilnahme am Ersten Weltkrieg arbeitete Z. in Berlin als Journalist und Gerichtsreporter für das *Berliner Tageblatt* und die *Berliner Volkszeitung*. 1930 debütierte er in Halle als Bühnenschriftsteller mit der Uraufführung seines ersten Stückes *Eine Frau macht Politik*, dem sozialkritische Volksstücke und Komödien folgten. Trotz ›Rassenverrats‹ und seiner Mitgliedschaft in der SPD konnte Z. nach 1933 unter dem Pseudonym Georg Fraser weiter literarisch tätig bleiben; bis Juli 1944 war er im Besitz einer gültigen Sondergenehmigung der Reichsschrifttums- und Reichsfilmkammer. Vermutlich verdankte er dies der Protektion von Hans Hinkel, der als Sonderbeauftragter im Reichsministerium für Volksaufklärung und Propaganda für ›Kulturpersonalien‹ zuständig war. 1935 wurde Z.'s Aufenthalt im ›Dritten Reich‹ dennoch prekär: sein Sohn Thomas (→ Thomas Sessler-Z.), der als ›Mischling ersten Grades‹ aus der RSK und RPK ausgeschlossen worden war und im Untergrund den *Roten Nachrichtendienst* herausgegeben hatte, musste im Oktober 1935 über die ČSR nach Wien flüchten. Auch Z. emigrierte mit seiner Frau nach Wien, wo er bis 1938 als Chefdramaturg des Scala-Theaters wirkte und seine Karriere als Bühnenautor fortsetzen konnte; u. a. wurde 1936 am Wiener Deutschen Volkstheater das Schauspiel *Wasser für Canitoga* uraufgeführt, das Hans José Rehfisch mit Unterstützung Z.' verfasst hatte und das zwischen 1936 und 1939 in Deutschland von Dutzenden Bühnen gespielt wurde (Verfilmung mit Hans Albers). Daneben agierte er als Geschäftsführer und nach → Georg Martons Emigration als Leiter des gleichnamigen Bühnenverlages, in dem sein Sohn mitarbeitete. Eine ›Arisierung‹ des Verlages konnte Z. dadurch verhindern, dass er die Konzession zurücklegte und die Verlagsräume als seine Privatadresse ausgab. Diese gesetzlich nicht gedeckte Schließung wurde mit einer Gefängnisstrafe geahndet, die Z. von Dezember 1938 bis März 1939 abbüßte, danach führte er den GEORG MARTON VERLAG als Treuhänder weiter; die Leitung der Zweigstelle in der Schweiz führte sein Sohn, der 1938 aus Wien nach Zürich emigriert war. In den folgenden Jahren führte Z. eine riskante Doppelexistenz: auf der einen Seite die eines geduldeten Mitläufers, auf der anderen Seite war er seit 1938 KPD-Mitglied. Es gelang ihm, mehreren jüdischen Schriftstellerkollegen zur Flucht zu verhelfen (darunter Rudolf Lothar und Fred Heller). Die Verlagsräume in Wien I, Bösendorferstraße fungierten während des Krieges als Zentralstelle für den alliierten Nachrichtendienst. Als Manuskripte getarnt, konnten so Nachrichten in die Schweiz geschickt werden. Im Februar 1943 wurde Z. wegen ›Verbindung zu jüdischen Kreisen in Ungarn und Unterstützung der illegalen Einwanderung‹ erneut verhaftet und im Juli 1943 in das KZ Dachau eingeliefert. Seine Frau kam im August 1943 in Auschwitz um. Aus Dachau entlassen, nahm Z. erneut seine Widerstandstätigkeit auf und engagierte sich diesmal in der Österreichischen Freiheitsbewegung 05, der viele ehemalige Dachauhäftlinge angehörten. In dem im Dezember 1944 gebildeten Provisorischen Österreichischen Komitee war Z. Mitglied des ›Siebener-Ausschusses‹. Wieder dienten die Verlagsräume als Tarnadresse für organisatorische Arbeit. Die Leistungen der Mitglieder dieser Gruppe, die Kontakte zum Oberkommando der vorrückenden Roten Armee unterhielt, wurden 1977 von der Republik Österreich gewürdigt. Z. gab 1945 dem in Paris und in den USA lebenden Georg Marton seinen Verlag zurück. 1949 wurde Z. österreichischer Staatsbürger, in den 1950er Jahren arbeitete er vor allem als Übersetzer.

DBE; Fetthauer: Musikverlage (2004) S. 508; Silke Engel: ›…das Ende jener Herrschaft anzustreben.‹ August Hermann Zeiz im österreichischen Widerstand. In: Mit der Ziehharmonika Nr. 16 (1999) S. 35–39; Ulrike Oedl: Das Exilland Österreich zwischen 1933 und 1938 – August Hermann Zeiz [online]; Karin Gradwohl-Schlacher: Gestern wurde Frieden gemacht. August Hermann Zeiz alias Georg Fraser im Dritten Reich. In: Jahrbuch für Antisemitismusforschung 10 (2001) S. 223–238.

Ziegelheim, Hersch 11.7.1890 – September 1982 New York; Verleger. Z. war Inhaber der JÜDISCHEN VERLAGSBUCHHANDLUNG in Wien II, Große Schiffgasse 18, die auf Gebetbücher und Bibeldrucke spezialisiert war. Das Lager von über 50 000 Büchern wurde 1938 von den Nationalsozialisten nach dem ›Anschluss‹ Österreichs konfisziert. Z. konnte im gleichen Jahr in die USA emigrieren und nahm in New York seine verlegerische und buchhändlerische Tätigkeit wieder auf. Einem Zeitungsinserat zufolge bot die Firma ihre in frommen Kreisen gesuchten Judaica am Broadway 408 an.

Tentative List p. 9 [gibt als Quelle H. Ziegelheim, New York an].

Ziegler, Rinaldo 29.3.1912 Marburg an der Lahn – Sept. 2007 Königstein / Taunus; Buchhändler. Z., mit ursprünglichem Vornamen Karl, wuchs bei seinen Großeltern in Egelsbach auf und kam 1924 nach Frankfurt am Main. Schon in Egelsbach durch die Naturfreunde und als Mitglied der Freien Turner in Kontakt zur Arbeiterbewegung gekommen, trat er 1924 der SAJ bei und absolvierte nach Erlangung der Mittleren Reife 1929 bis 1932 eine Lehrzeit in der sozialdemokratischen Buchhandlung im Volksbildungsheim GÜNZBURG & BAUMANN; 1933 übernahm er diese als alleiniger Inhaber und führte sie, um keine Nazi-Literatur vertreiben zu müssen, als Modernes Antiquariat fort. Das Antiquariat diente in der Folge als Anlaufstelle für Kuriere der Widerstandsbewegung aus dem Saargebiet und Frankreich, Z. blieb mit dem in der Zwischenzeit nach Paris emigrierten ehemaligen Inhaber → Paul Günzburg in persönlichem Kontakt. 1935 wurde Z., der 1934 eine Jüdin geheiratet hatte, aus dem Börsenverein und aus der Reichsschrifttumskammer ausgeschlossen, bald darauf sah er sich gezwungen, einen Ausverkauf zu machen und das Geschäft zu schließen. Bis Juni 1937 gelang es Z., noch als Verlagsvertreter in Deutschland berufstätig zu bleiben, dann flüchtete er mit seiner Frau über die Schweiz nach Frankreich. In Paris arbeitete Z. anfänglich als Buchhändler; danach absolvierte er in Grenoble eine Ausbildung zum Molkereitechniker und fand eine Stelle in einer Butterkooperative bei Toulouse. Bei Kriegsausbruch wurde Z. interniert, doch bald entlassen, da er ein zuvor organisiertes Einreisevisum nach Paraguay, wo ein Schwager von ihm lebte, vorweisen konnte. Im März 1940 erreichte Z. mit seiner Frau Südamerika. In Paraguay betrieb er zunächst ein Hotel in Coronel Oviedo, erkrankte an Malaria und übersiedelte im September 1942 nach Argentinien, wo er wieder in seinem erlernten Beruf als Buchhändler tätig wurde: bis 1945 Angestellter in einer Buchhandlung in Buenos Aires, kam Z. in Kontakt zur politischen Emigration, insbesondere mit Mitgliedern der Gruppe Das andere Deutschland um August Siemsen. Zusammen mit dem Trotzkisten Curt Felbel gab Z. ab November 1945 die Zeitschrift *Panorama* heraus. Nachdem Z. 1945/46 in der Universitätsbuchhandlung und als Buchhalter in einer Schulbuchhandlung in Buenos Aires angestellt war, eröffnete er wieder ein eigenes Geschäft, übernahm 1947 zusammen mit Felbel die Vertretung der BÜCHERGILDE GUTENBERG und baute deren Mitgliedsorganisation in Argentinien auf. 1965 kehrte Z. vorläufig, 1969 endgültig nach Deutschland zurück und betätigte sich von 1970 an als Abteilungsleiter für Übersee-Exporte der Olympia AG in Neuenhain im Taunus. Nach seiner Pensionierung 1975 übernahm er Arbeiten für die Deutsche Bibliothek in Frankfurt am Main. Z. lebte zuletzt in Königstein / Taunus und Alicante; sein Begräbnis fand am 20. September 2007 in Falkenstein / Taunus. statt.

BHE 1; Materialien im HessHStAWI [Tonband-Interview].

Zimmermann, Albert F. 5.4.1888 Magdeburg – Juli 1976, NY; Antiquar. Z. erlernte das buchhändlerische Handwerk bei der Firma JOSEPH BAER in Frankfurt am Main; danach war er Mitarbeiter, später Prokurist im Berliner Antiquariat → Paul Graupe. Er wurde Anfang 1927 Teilhaber des kleinen, bibliophilen Antiquariats von → Heinrich Rosenberg, das seit diesem Zeitpunkt in der Bayreuther Straße 27 in Charlottenburg, später in der Augsburger Straße 13 seinen Sitz hatte. Z. war Mitglied der Gesellschaft der Bibliophilen, bis 1930 des Berliner Bibliophilen-Abends und seit dessen Gründung 1927 Mitglied des Fontane-Abends. Außerdem war Z. Mitglied der Ende 1932 gebildeten Gruppe BF (Bibliophile Freunde), die beinahe ausschließlich aus Juden bestand und sich in den Jahren 1933 bis 1942/43 regelmäßig in privatem Rahmen traf. Zum 50. Geburtstag von Z. veranstaltete dieser Kreis einen Privatdruck seiner *Gesammelten Werke* in 50 Exemplaren, in dem Briefe, Katalogvorreden und Notate enthalten sind. Nachdem die Firma schon 1934 als ›nichtarisches‹ Unternehmen aus dem Adressbuch gestrichen worden war, übernahm Z. am 10. April 1937 Buchhandlung und Antiquariat von H. Rosenberg. Da Z.'s Frau Adele Littauer ›Volljüdin‹ war, benötigte er eine Sonderzulassung und erhielt die ›jederzeit widerrufliche Genehmigung [...], als Antiquar tätig zu sein‹. Nach einer handschriftlichen Auskunft von → Erich Aber saß Z. ein Jahr lang im Gefängnis, weil er Lebensmittelkarten an jüdische Freunde gab; seine Frau wurde zu Zwangsarbeit verurteilt. Der letzte bis jetzt nachgewiesene Katalog Z.'s erschien 1943; in diesem Jahr wurde die Firma in W 15, Bleibtreustraße 34–35 aus dem

Adressbuch gestrichen und die Firma endgültig geschlossen. 1945 ließ Z. sich bei der Stadtverwaltung Charlottenburg wieder als Buchhändler registrieren, im Frühjahr 1948 wanderte Z. aber in die USA aus, arbeitete für die → Bernetts und brachte in New York 1949 zwei Kataloge mit der Adresse 139–32 85th Drive, Long Island heraus. Im ersten *Adressbuch der International League of Antiquarian Booksellers* von 1951/52 ist Z. als Mitglied verzeichnet, im zweiten von 1958 nicht mehr.

Schriftliche Auskunft von Erich Aber an EF vom 24.10.1993; SStAL, BV, F 10. 757; Chris Coppens: Der Antiquar Paul Graupe 1881–1953. In: Gutenberg-Jahrbuch 1987 S. 260; A. Horodisch: Bibliophiler Buchhandel im Berlin der 20er Jahre. In: Bbl. (FfM) Nr. 9 vom 31.1.1975 S. A77; Homeyer: Bibliophilen und Antiquare (1966) S. 145 (›jetzt in Kew Gardens, USA‹); Susanne Koppel: ›... mit Besitzvermerk auf der ersten Seite des zweiten Bogens‹. Bücher des Christian Freiherr Truchseß von Wetzhausen und die Berliner Antiquare Heinrich Rosenberg und Albert Zimmermann. In: Monika Estermann [Hg.]: Parallelwelten des Buches. FS für Wulf D. v. Lucius. Wiesbaden: Harrassowitz 2008 S. 373–412, bes. S. 404–412.

Zsolnay, Paul 12.6.1895 Budapest–11.5.1961 Wien; Verleger. Der Sohn eines nobilitierten jüdischen österreichischen Großindustriellen, Tabakhändlers und Honorar-Generalkonsuls besuchte die Hochschule für Bodenkultur in Wien und verwaltete anschließend die Landgüter seines Vaters bei Preßburg. Dabei gelang es ihm, die kleine Schlossgärtnerei zur bedeutendsten Blumenzucht der Tschechoslowakei auszubauen. 1923 gründete er in Wien den PAUL ZSOLNAY VERLAG mit Niederlassungen in Berlin und Leipzig, in dem er zeitgenössische österreichische, deutsche, englische und amerikanische Autoren sowie skandinavische Schriftsteller publizierte. Von Hause aus wohlhabend, war seine Tätigkeit weniger auf materiellen Gewinn als auf literarischen Erfolg gerichtet; mehr Mäzen seiner Autoren als Geschäftsmann, verkörperte er den Typus des Gentleman-Verlegers. Seine größte Stütze hatte der ›Quereinsteiger‹ im neuen Metier in seinem Verlagsdirektor Felix Costa (auch Kostia; 1941 nach Minsk deportiert). Mit einem weitgespannten Programm etablierte sich Z. sehr rasch in der ersten Reihe der Kulturverleger im deutschsprachigen Raum. Bis 1938 hielt er exklusiv die Rechte an den Büchern von Franz Werfel, mit dessen *Verdi*-Roman er seine Verlagstätigkeit begonnen hatte; vom → Kurt Wolff Verlag hat er auch noch andere Autoren wie Max Brod und Heinrich Mann übernommen. Aus der Reihe international renommierter Autoren ragen John Galsworthy, mit dem Z. persönlich bekannt war, sowie Pearl S. Buck, Theodore Dreiser, H. G. Wells oder A. J. Cronin heraus; 1938 zählten vier Literaturnobelpreisträger zum Autorenstamm. Nach der nationalsozialistischen ›Machtergreifung‹ war der als ›nichtarisch‹ eingestufte Verlag, der nahezu drei Viertel seiner Produktion nach Deutschland exportiert hatte, zunehmend von Devisenbeschränkungen und vom Verbot jüdischer Literatur im ›Dritten Reich‹ betroffen. Während Z. versuchte, das Überleben des Verlags durch eine gewisse Akkomodation an den Zeitgeist zu sichern, wurde er intern von der NSDAP nahestehenden österreichischen Autoren unterwandert. Nach dem ›Anschluss‹ Österreichs an Hitlerdeutschland und der Gleichschaltung des Verlags suchte Z. eine ›Scheinarisierung‹ durchzuführen, ging aber im November 1938 auf ›Geschäftsreise‹ nach Großbritannien und suchte von London aus den Kontakt zu seinem Verlag und zu Costa zu halten. Diese Strategie ließ seine Haltung nach außen hin etwas dubios erscheinen; Z. wurde nicht nur aus dem ›Reich‹ (Will Vesper) attackiert, sondern auch in den Reihen der Emigration kritisch beurteilt. 1939 wurde der Paul Zsolnay Verlag in Wien zunächst kurzfristig gesperrt, dann zweieinhalb Jahre von einem Anwalt treuhänderisch geführt, bis er am 1. Oktober 1941 vom ehemaligen Verbotsreferenten der RSK Karl H. Bischoff übernommen wurde. Z. selbst, der sich in London auch als Literaturagent betätigt hatte, war dort 1940 Mitgründer und Teilhaber des Verlags HEINEMANN & ZSOLNAY, mit dem er durch Erwerb französischer Übersetzungsrechte zu Werken Somerset Maughams und Ernest Hemingways sowie durch Veröffentlichung von Schriften und Reden Winston Churchills erfolgreich war. Nach seiner Rückkehr nach Wien 1946 baute er das Unternehmen als Paul Zsolnay Verlag GmbH mit Filialen in Hamburg und Berlin wieder auf und führte es bis zu seinem Tod 1961; u. a. brachte er die ersten Romane Johannes Mario Simmels, von *Mich wundert, daß ich so fröhlich bin* (1949) bis *Gott schützt die Liebenden* (1957) und *Affäre Nina B.* (1958), heraus. Z. war Mitglied im österreichischen PEN-Club und in vielen Verbänden des geistigen und kulturellen Lebens in Wien; zu seinem 60. Geburtstag empfing er zahlreiche Ehrungen, darunter das Ehrenzeichen für Verdienste um die Republik Österreich und die Ernennung zum Offizier der Académie française. Der Verlag wurde, nach mehrfachem Eigentümerwechsel, 1999 vom C. Hanser Verlag, München, übernommen. Das (unvollständig überlieferte) Verlagsarchiv befindet sich seit 2005 im Österreichischen Literaturarchiv der ÖNB.

Paul Zsolnay: Zur Psychologie des Verlegererfolgs. In: Der blaue Bücherkurier (Wien) 19. Jg. Nr. 594 (1928) S. 1 f.

SStAL, BV, F 10.822 u. F 10.823; Fünfundzwanzig Jahre Paul Zsolnay Verlag 1923–1948. Wien: Zsolnay 1948; BHE 1; DBE; Verlagsveränderungen 1933–1937 S. 30; Verlagsveränderungen 1937–1943 S. 32; Verlagsveränderungen 1942–1963 S. 227 f.; Raoul Blahacek: Geburtshelfer war ein graphologisches Gutachten. Der Paul Zsolnay Verlag (Wien und Hamburg) wird 60 Jahre alt. In: Bbl. (FfM) Nr. 3. 1. 1984 S. 9–11; Bbl. (FfM) Nr. 14 vom 19. 2. 1988 S. 693; Murray G. Hall: Der Paul Zsolnay Verlag. Von der Gründung bis zur Rückkehr aus dem Exil (Studien und Texte zur Sozialgeschichte der Literatur. Bd. 45). Tübingen: Niemeyer 1994; Westphal: German, Czech and Austrian Jews (1991) p. 206; Saur: Deutsche Verleger im Exil (2008) S. 227.

Zucker-Schilling, Erwin 15. 8. 1903 Wien – 28. 1. 1985 Wien; Verlagsleiter, Journalist. Z. absolvierte eine Juwelier-, später eine Mechanikerlehre und trat 1919 dem Kommunistischen Jugendverband Österreichs (KJVÖ) bei. Zwischen 1925 und 1933 war er Redakteur der *Roten Fahne*, 1934 wurde er Chefredakteur des damals illegalen Organs. 1935 ging er mit dem ZK der KPÖ, in das er kooptiert wurde, in das tschechische Exil nach Prag. 1938 übernahm er in Paris die Redaktion der Exilzeitung *Nouvelles d'Autriche*. Nach Kriegsausbruch ging Z. in die Türkei, später nach Moskau, wurde Mitarbeiter der Kommunistischen Internationale und wirkte an der Installierung und Tätigkeit des *Sender Österreich* mit. Im Mai 1945 kehrte Z. nach Wien zurück und wurde bereits im August desselben Jahres erster Geschäftsführer und kaufmännischer Direktor der kommunistischen GLOBUS ZEITUNGS-, DRUCK- UND VERLAGSANSTALT (bis 1948). Von 1945 bis zu seiner Ablösung am 17. Parteitag 1957 war Z. Chefredakteur der *Österreichischen Volksstimme*, danach wurde er der österreichische Vertreter in der Zeitschrift *Probleme des Friedens und des Sozialismus* in Prag.

Christina Köstner: ›Wie das Salz in der Suppe‹. Zur Geschichte eines kommunistischen Verlages – Der Globus Verlag. Magisterarbeit. Universität Wien 2001.

Zuckerkandl, Victor 2. 7. 1896 Wien – 5. 4. 1965 Locarno; Musikwissenschaftler, Verlagslektor; Dr. phil. Z. studierte Musikwissenschaft und Philosophie; auch erhielt er eine

Klavierausbildung und betätigte sich als Kapellmeister. 1927 promovierte er an der Universität Wien und war danach (bis 1933) als Musikkritiker für Blätter des Berliner ULLSTEIN-Konzerns (*Vossische Zeitung, Tempo*) tätig, 1934 bis 1938 lehrte er Musiktheorie in Wien. Von 1936 bis 1938 war er hier Verlagslektor im BERMANN-FISCHER VERLAG; seine Frau Mimi (Maria Giustiniani geb. Bachrach, 1882–1964), mit der er seit 1918 verheiratet war, übersetzte in diesem Zeitraum für den Verlag mehrere Bücher, u. a. von Julien Green, Eve Curie und Paul Valéry. Im September 1938 gelangten die beiden – in der Visa-Beschaffung von → Gottfried Bermann Fischer bzw. der Familie Bonnier unterstützt – nach Schweden, wo Z. für den Stockholmer Bermann-Fischer Verlag erneut als Lektor tätig wurde und zu dem erfolgreichen Aufbau des Exilverlags beitrug. Allerdings nahm er bereits Ende 1939 die Möglichkeit wahr, in die USA zu gehen; er lehrte dort zunächst am Wellesley College (bei Boston), musste 1942 bis 1944 in einer Rüstungsfabrik arbeiten, konnte aber von 1946 bis 1948 an der New School in New York und danach bis 1964 am St. John's College in Annapolis, Maryland, einer Lehrtätigkeit nachgehen. Nach seiner Pensionierung, in seinem letzten Lebensjahr, lebte er in Ascona und lehrte am C. G. Jung-Institut in Zürich. Die Bedeutung seiner auf ganzheitliche Sicht des Menschen angelegten musiktheoretischen Arbeiten wurde erst in den 1990er Jahren wiederentdeckt.

Österreichisches Musiklexikon [online; Zuckerkandl, Familie]; Wikipedia; Gottfried Bermann Fischer, Brigitte Bermann Fischer: Briefwechsel mit Autoren. Hg. von Reiner Stach. Frankfurt am Main: S. Fischer 1990 S. 390, 746, 759 und passim.

Zuckermann, Leo 12. 6. 1908 Lublin –14. 11. 1985 Mexico-City; Rechtsanwalt, KP-Funktionär, Buchhändler. Z. war Sohn eines jüdischen Kaufmanns und wuchs in Elberfeld auf. Als 16-jähriger trat er der SAJ bei und begann 1927 nach dem Abitur ein Jurastudium an den Universitäten Bonn und Berlin, das er 1931 beendete; seit 1928 war er Mitglied der KPD. 1932 begann er bei der Staatsanwaltschaft Wuppertal ein Referendariat. Nach der NS-›Machtergreifung‹ war ihm sowohl aus politischen wie ›rassischen‹ Gründen eine Berufsausübung verwehrt. Z. emigrierte noch im März 1933 nach Frankreich. In Paris wirkte er im Rahmen der deutschen Volksfront bei verschiedenen antifaschistischen Initiativen mit, so unter dem Namen Leo Lambert im Verteidigungskomitee für die Angeklagten im Reichstagsbrandprozess und als Sekretär im Weltkomitee gegen Krieg und Faschismus. Bei Kriegsausbruch wurde Z. interniert und flüchtete im Juni 1940 in den noch nicht besetzten Süden Frankreichs. Von Marseille aus gelang es ihm im Oktober 1941 nach Südamerika zu emigrieren. In Mexiko gehörte Z. zum Kreis um → Paul Merker und betätigte sich in Exilorganisationen; er war Mitglied der Bewegung Freies Deutschland und im Heinrich-Heine-Klub sowie im Redaktionsstab der Zeitschriften *Demokratische Post* und ALEMANIA LIBRE. Nach Ende des Zweiten Weltkriegs kehrte Z. 1947 nach Deutschland zurück und wurde als Mitarbeiter Merkers und Walter Ulbrichts Referent der SED-Abteilung Kommunalpolitik und ab April 1949 Leiter der außenpolitischen Kommission des SED-Parteivorstandes. Den im Oktober 1949 verliehenen Posten als Staatssekretär der Präsidialkanzlei des Präsidenten der DDR Wilhelm Pieck musste er Ende 1950 räumen: wegen seiner Westemigration und seiner Freundschaft zu Paul Merker in Ungnade gefallen, arbeitete er in der Folge als Mitarbeiter des Ministeriums für auswärtige Angelegenheiten und wurde im November 1952 zum Direktor des Instituts für Rechtswissenschaft der Akademie für Staat und Recht in

Potsdam-Babelsberg ernannt. Nach dem Slánsky-Prozess in Prag als ›zionistischer Agent‹ denunziert, flüchtete Z. Mitte Dezember 1952 nach West-Berlin und von dort über Frankreich erneut nach Mexiko. Dort gründete er 1954 in Mexico City in der Avenida Gutenberg 60 die LIBRERÍA EUROPEA, eine kleine Buchhandlung mit überwiegend englischsprachigem Sortiment, deren Leitung ›Frau Dr. Lang‹ innehatte, und zwei Jahre später die Importfirma DISTRIBUIDORA EUROPEA DE IMPRESOS, die sich vor allem der Einfuhr europäischer Zeitschriften, Taschenbücher und Briefmarken widmete; schließlich gründete Z. 1958 die Lehrmittelfirma INTERIDIOM DE MÉXICO, die vor allem mit Schallplatten- und Tonband-Sprachkursen geschäftlich erfolgreich war. Später lehrte Z. als Professor für Soziologie an der Universität Mexico.

Taubert: Lateinamerika (1961) S. 46 f.; Wolfgang Kießling: Absturz in den Kalten Krieg: Rudolf und Leo Zuckermanns Leben zwischen nazistischer Verfolgung, Emigration und stalinistischer Maßregelung (Hefte zur DDR-Geschichte. 57). Berlin: Gesellschaftswissenschaftliches Forum 1999; Ulrike Breitsprecher: Die Bedeutung des Judentums und des Holocaust in der Identitätskonstruktion dreier jüdischer Kommunisten in der frühen DDR – Alexander Abusch, Helmut Eschwege und Leo Zuckermann. In: Jahrbuch für historische Kommunismusforschung 2010 S. 193–207; Wikipedia.

Zweig, Friderike Maria 4. 12. 1882 Wien –18. 1. 1971 Stamford / CT; Schriftstellerin, Literaturagentin. Z. hatte als Tochter des Versicherungsdirektors Emanuel Burger eine gutbürgerliche Kindheit und Jugend; sie studierte die französische Sprache am Luithlen Institut in Wien und verfasste seit 1902 Beiträge für verschiedene Zeitungen und Zeitschriften. 1914 erschien ihr erster Roman *Der Ruf der Heimat*, der die Literaturkritik beeindruckte. Nach der Scheidung von ihrem ersten Mann, dem Beamten Dr. Felix von Winternitz, heiratete sie 1920 den Schriftsteller Stefan Z. Nachdem im Februar 1934 die Polizei die Villa des Ehepaars am Kapuzinerberg in Salzburg durchsucht hatte, emigrierte Stefan Z. nach London, während Z. in Österreich zurückblieb, um die geordnete Übersiedlung zu betreiben. Aufgrund der Entfremdung von ihrem Mann blieb Z. nach der 1938 erfolgten Scheidung in Salzburg. Während eines Studienaufenthalts in Paris (Z. hatte sich als Übersetzerin französischer Literatur profiliert) wurde sie vom Einmarsch der deutschen Truppen in Österreich überrascht. Nachdem das Haus ›arisiert‹ worden war, blieb Z. in Frankreich. Von dort konnte sie, mit ihren beiden Töchtern, mit einem Notvisum 1940/41 über Spanien und Portugal in die USA flüchten, wo sie im Januar 1943 die literarische Agentur WRITERS' SERVICE CENTER gründete, die auch als Verlag tätig war (z. B. Alfred Farau: *Das Trommellied vom Irrsinn*, 1943). Zu ihren Klienten zählten u. a. Hertha Pauli, Gina Kaus, Adrienne Thomas und Roda Roda; durch Zusammenarbeit mit → Alfredo Cahn erzielte sie besondere Vermittlungserfolge in Südamerika, u. a. mit Werken Heinrich Manns, Annette Kolbs, Hermann Kestens und René Fülop-Millers. Mit der Agentur wollte Z. nicht so sehr einen materiellen Gewinn erzielen als vielmehr den exilierten Schriftstellern Unterstützung für eine ungestörte Fortsetzung der literarischen Arbeit anbieten, in ›Fortsetzung der mit Stefan Zweig jahrelang geleisteten Hilfsarbeit für Rat und Hilfe suchende Kameraden‹ (Zohn). Z. war außerdem Mitbegründerin der American European Friendship Association und engagierte sich für körperlich Behinderte. 1960 wirkte sie bei der Gründung der Stefan-Zweig-Gesellschaft mit.

Friderike Zweig: Spiegelungen des Lebens. Wien: Hans Deutsch 1964 [Autobiographie].

Harry Zohn: F. M. Z. im amerikanischen Exil. In: Das jüdische Echo Nr. 33. Wien 1984 S. 164; Harry Zohn: Friderike Maria Zweig. In: John M. Spalek [Hg.]: Deutschsprachige Exilliteratur seit 1933. Bd. 2: New York. Teil 2. Bern: Francke 1989 S. 1677–93; Bolbecher, Kaiser: Österr. Exilliteratur (2000) S. 726 f.

Anhang

Anhang

Dank

Da in dieser aktualisierten und erweiterten Fassung des *Biographischen Handbuchs* die Substanz der 1. Auflage erhalten geblieben ist, bleibt auch mein Dank gegenüber allen, die damals zu dessen Zustandekommen beigetragen haben, unverändert aufrecht. Der Dank gilt daher zunächst der Historischen Kommission des Börsenvereins des Deutschen Buchhandels, die das Großprojekt der *Geschichte des deutschen Buchhandels im 19. und 20. Jahrhundert* auf den Weg gebracht und mich in meinen Forschungen jederzeit unterstützt hat. Dieses Projekt hat über drei Jahrzehnte hindurch prägenden Einfluss auf meine wissenschaftliche Arbeit genommen und ist so zu einem Teil meines Lebens geworden, gerade auch durch dieses Handbuch, das mir in der frühen Phase meiner Forschungen unvergessliche Begegnungen mit Emigranten ermöglicht hat – nicht zuletzt auf den von der Historischen Kommission mitfinanzierten Interviewreisen. Besondere Ermutigung habe ich erfahren durch den langjährigen Vorsitzenden der Kommission Prof. Dr. h. c. mult. Klaus G. Saur; er hat meine Arbeit von Anfang an mit persönlichstem Interesse verfolgt und mir in vielfältiger Weise Hilfestellung gegeben, vielfach auf der Basis von Informationen, die er aus eigener Bekanntschaft mit zahlreichen Verleger- und Buchhändler-Emigranten gewonnen und an mich weitergegeben hat.

Diese Neuauflage des Handbuchs erscheint als Supplement zu Teilband 3/3 der *Geschichte des deutschen Buchhandels im 19. und 20. Jahrhundert*, und wie bereits in der Vorbemerkung erwähnt, sollen Darstellungsband und biographische Dokumentation als Einheit gesehen und im Verbund benutzt werden. An dieser Stelle möchte ich dem Verlag de Gruyter danken, dass er diese aus meiner Sicht ideale Kombination möglich gemacht hat. Mir selbst stand von Anfang an die Notwendigkeit vor Augen, zunächst einmal den persönlichen Schicksalen der vertriebenen Verleger, Buchhändler und Antiquare nachzugehen, ehe es möglich sein würde, eine Überblicksdarstellung zum Buchhandel im Exil zu schreiben. Der erste Teil dieses Vorhabens konnte 2011 eingelöst werden, der Plan gewinnt aber seine volle Wirkung erst jetzt im Zusammenhang mit der im Verlag de Gruyter realisierten Verbundlösung.

Schon in der Danksagung zur ersten Ausgabe des Handbuchs habe ich darauf hingewiesen, dass eine rechercheintensive Dokumentation dieser Art nur durch die Hilfe Vieler zustande kommen kann. Auch im Abstand von weiteren zehn Jahren erinnere ich mich immer noch gerne und mit Dankbarkeit der Zusammenarbeit mit meinem seinerzeitigen Assistenten Ulrich E. Bach, der sich auch als eigenständiger Forscher mit wichtigen Feldern des Themenbereichs auseinandergesetzt hat. Sein Rechercheinteresse richtete sich insbesondere auf die Antiquarsemigration in England und den USA, wie neben einschlägigen Zeitzeugeninterviews auch zwei Aufsätze dokumentieren, für die er als Co-Autor zeichnet. Eine beachtliche Rechercheleistung hat auch Karin Junk in der Erforschung des jüdischen Buchhandels in Deutschland vor 1933 erbracht, u. a. durch die Einbeziehung von Gerichtsakten in Entschädigungs- bzw. Wiedergutmachungsverfahren. Zu Dank verpflichtet bin ich auch Christoph Nettersheim, der in einer frühen Phase das Projekt durch sinnvolle Ordnung des bis dahin vorliegenden Materials auf einen guten Weg gebracht hat. Von meinen Hilfskräften, die mich seinerzeit mit Literatur und Informationen versorgt haben, möchte ich Katharina Liehr hervorheben, aus meinem Absolventinnenkreis speziell Judith C. Joos, die Funde aus englischen Archiven, besonders aus den Publishers Records der University of Reading, beigesteuert hat.

Aus Fach- und Kollegenkreisen habe ich, hauptsächlich durch Auskünfte zu Spezialfragen, vielfältige Hilfe erfahren. Danken möchte ich Hermann Staub für die Unterstützung, die er mir als Archivar des Börsenvereins und als Freund zukommen ließ, ebenso Brita Eckert bzw. Sylvia Asmus und ihrem Team vom Deutschen Exilarchiv an der Deutschen Nationalbibliothek in Frankfurt am Main. Vor Fertigstellung des Manuskripts für die Erstauflage habe ich Mithilfe auch aus den USA erfahren: Felix de Marez-Oyens und Roland Folter (beide New York) waren so freundlich, eine Anzahl von Artikeln zur US-Antiquarsemigration durchzusehen, und haben mir durch ihre Hinweise geholfen, in diesem Bereich Fehler zu vermeiden.

Dass die erste Ausgabe des Handbuchs in Typographie und Ausstattung als ein Ehrenmal für die aus Deutschland und Österreich vertriebenen Verleger, Buchhändler und Antiquare angesehen werden konnte, war das Verdienst meines Freundes Prof. Ralf de Jong; von der Zusammenarbeit mit ihm profitiert auch noch diese neue Auflage. Dies gilt in gleicher Weise für Eberhard Köstler, ohne dessen freundschaftliches Drängen ein Abschluss des Projektes erst viel später, vielleicht auch nie erfolgt wäre. Was ich für das Zustandekommen dieser und letztlich aller meiner Forschungsarbeiten meiner lieben Frau an Dank schulde, ist vollends unbeschreiblich.

Zu diesem Band

Es erscheint unerlässlich, einige Hinweise zur Zusammensetzung der hier dokumentierten Personengruppe und zu den Kriterien ihrer Erfassung zu geben. In einer ersten Annäherung richtete sich das Interesse auf Personen, die vor 1933 in Deutschland bzw. vor 1938 in Österreich als Verleger, Buchhändler und Antiquare tätig gewesen sind und unter dem Druck der nationalsozialistischen Verfolgung ihr Land verlassen mussten. Die Aufnahme erfolgt unabhängig davon, ob sie ihre Tätigkeit in ihren Aufnahmeländern fortsetzen konnten oder nicht. Schon bald nach Beginn der Recherchearbeiten war aber klar, dass das Beobachtungsfeld ausgeweitet werden muss auf Emigranten, die erst in der Fremde zu einem buchhändlerischen Beruf gefunden haben. Es gehört zu den bemerkenswertesten Phänomenen in diesem Feld, dass die Exilsituation viele – sei es aus einer Notlage heraus, sei es aus neuerwachtem Interesse an einem Buchberuf – zu Verlegern, Sortimentern und Antiquaren werden ließ. Einige mitgebrachte Bücher oder auch Teile einer Privatbibliothek konnten als Grundstock für eine Leihbibliothek oder ein Antiquariat dienen, um damit notdürftig den Lebensunterhalt zu verdienen. Nicht selten aber war es die kulturelle Prägung, die den Anstoß zu einer Betätigung in diesem Metier gab. Zahlreiche Beispiele belegen die Anziehungskraft, die das Buch auf die Emigranten ausgeübt hat; vielen hat es aus ihrer schwierigen Lage geholfen und ihnen Berufs- und Lebensglück gebracht.

In die Personengruppe werden auch jene mit einbezogen, die als Kinder oder Jugendliche Deutschland und Österreich verlassen mussten. Das Handbuch lehnt sich hier an Tendenzen der aktuellen Exilforschung an, in deren Rahmen die Frage nach dem Weiterwirken von Kulturüberlieferungen, aber auch nach dem spezifischen sozialen Status und der Identitätsproblematik von Immigranten in der ›zweiten‹ oder sogar ›dritten Generation‹ gestellt wird.

In der Hauptsache ist das Handbuch auf die Lebens- und Berufsschicksale von emigrierten Verlegern, Buchhändlern und Antiquaren gerichtet, wobei nicht ausschließlich Inhaber von Firmen berücksichtigt wurden, sondern auch Angestellte, wie z. B. Lektoren. Eine Erweiterung erfährt der im Titel des Bandes beschriebene Personenkreis durch Aufnahme von Literaturagenten; für eine solche Erweiterung sprach, dass diese Mittler zwischen Autor und Verleger oft aus buchhändlerischen oder verlegerischen Berufen kamen. Im Übrigen werden beispielhaft auch jene berücksichtigt, für die eine buchhändlerische Tätigkeit, welcher Art auch immer, nur ein Durchgangsstadium gewesen ist, denn auch hier wird etwas Spezifisches deutlich, das Vorläufige und die Unbeständigkeit jener Verhältnisse, in denen ein Buchberuf wenigstens für eine gewisse Zeitspanne Sicherheit und Halt geben konnte.

Eine allzu rigorose Abgrenzung der Personengruppe ist aus einer Vielzahl von Überlegungen heraus nicht wünschenswert erschienen; der Nutzer des Handbuchs wird daher immer wieder Ausnahmefälle registrieren. So gibt es einzelne Personen, die Deutschland oder Österreich schon vor 1933 bzw. 1938 verlassen haben – sei es, weil sie die Bedrohung durch rassistische Verfolgung erahnten oder schon konkret Diskriminierungen ausgesetzt waren, sei es, dass sie die politische Entwicklung oder die gesellschaftlichen Verhältnisse als unerträglich empfanden. Diesen früh Geflüchteten im Blick auf eine Jahreszahl den Emigrantenstatus abzusprechen, wäre sicherlich ein fragwürdiger Formalismus. Im Regelfall haben sie sich dann in Tat und Bewusstsein der Emigration angeschlossen, ebenso wie manche, die sich aus beruflichen Gründen bereits vor 1933 im Ausland befunden haben, sich aber danach der deutschsprachigen Emigration zugehörig empfunden und enge Beziehungen zu ihr unterhalten haben. Den meisten von ihnen hätte der Lauf der Geschichte keine Möglichkeit zur Rückkehr geboten; ihr freiwilliger Weggang hatte sich durch die politische Entwicklung in einen Zustand der Verbannung gewandelt.

Wo sich ein personeller oder institutioneller Zusammenhalt in Emigrationskreisen gebildet hatte, sollte dieser nicht willkürlich zerrissen werden. Auch gibt es einige Personen, deren Motive für den Weggang aus Deutschland oder Österreich nicht eindeutig geklärt werden konnten, oder die, wie Karl Buchholz, offensichtlich noch Handlungsmöglichkeiten in NS-Deutschland hatten und zugleich im Ausland agierten. In einigen wenigen Fällen sind auch Personen berücksichtigt, die ihre Flucht vorbereitet hatten, ihren Plan aber nicht mehr ausführen konnten. Auch schien es angebracht, einzelne Angehörige von Familien aufzunehmen, die anders als ihre Verwandten – meist altersbedingt – nicht das rettende Ausland erreichten; in anderen Fällen sollte der firmengeschichtliche Zusammenhang gewahrt bleiben (etwa bei Leo Jolowicz von der Gustav Fock GmbH und der Akademischen Verlagsgesellschaft in Leipzig). Ein Problem erwies sich als schwer lösbar: Es war nur in den seltensten Fällen möglich, in den biographischen Skizzen der Leistung der Ehefrauen gerecht zu werden, die in der Emigration, namentlich beim Aufbau einer neuen Existenz, oft gleich großen oder größeren Belastungen ausgesetzt waren als ihre Ehemänner. Der Versuch einer gleichberechtigten Vorstellung beider Ehepartner findet seine Grenzen im Quellenmaterial, auch wären darstellungstechnisch Verdoppelungen nicht zu vermeiden gewesen. Für den Namenseintrag war der Firmeneigner das ausschlaggebende Kriterium.

Eine Erweiterung an den topographischen Rändern der Emigrantengruppe ergibt sich auch mit jenen Personen, die ›altösterreichischer‹ Herkunft waren (also in der österreichisch-ungarischen Monarchie zur Welt gekommen waren) oder die, als Nichtdeutsche, aus von deutschen Truppen besetzten Gebieten geflohen sind. Hitlerflüchtlinge auch sie, standen sie oft in enger Verbindung zur deutschsprachigen Emigration, wie etwa der Literaturagent Barthold Fles. Auf den ersten Blick mag es verwundern, Personen wie Jacques und André Schiffrin zu begegnen, aber zum einen sind auch sie aus Paris vor den deutschen Truppen in die USA geflohen und zum anderen haben sie dort, teils im engen Zusammenwirken mit Kurt und Helen Wolff, prononciert die europäische Buch- und Verlagskultur gefördert.

Ein besonders tragisches Schicksal haben jene erlitten, denen die Flucht aus Deutschland gelungen war, die aber nach Kriegsbeginn in den von deutschen Truppen besetzten Gebieten, besonders in den Niederlanden und in Frankreich, in die Fänge der NS-Verfolger geraten und nach ihrer Deportation in einem Vernichtungslager ermordet worden sind. Ihr Tod verweist auf die große Zahl von Verlegern, Buchhändlern und Antiquaren, denen eine rechtzeitige Flucht nicht möglich war und die Opfer des Holocaust geworden sind; ihrer sollte in einer gesonderten Publikation gedacht werden.

Ergänzend sei darauf hingewiesen, dass eine beruflich verwandte Emigrantengruppe bereits zu anderer Gelegenheit von mir näher vorgestellt worden ist, nämlich die Buchgestalter, Buchillustratoren und Typografen. Sie waren 2003 Gegenstand einer Ausstellung in der Deutschen Bibliothek Frankfurt am Main und eines dazu erstellten Begleitbuches

Buchgestaltung im Exil (s. Literaturverzeichnis). Überschneidungen mit dem vorliegenden Handbuch gibt es nur in einigen wenigen Fällen.

 Schließlich noch eine Bemerkung zur Terminologie: Dem im Titel des Handbuchs verwandten Begriff ›Emigration‹ haftet sicherlich etwas Problematisches an, insofern in ihm das Gewalttätige der Vertreibung nicht zum Ausdruck kommt. Manchen erinnert er zu sehr an die Wellen der Auswanderung, wie sie seit dem beginnenden 19. Jahrhundert stattgefunden hat, als Millionen Menschen Deutschland verlassen haben, um vor allem in den USA ihr Glück zu suchen. Es schwingt darin ein Moment der Freiwilligkeit mit, auch wenn sich viele dieser ›Wirtschaftsflüchtlinge‹ nicht leichten Herzens zur Emigration entschlossen haben. Eine solche Freiwilligkeit kann bei der hier beschriebenen Personengruppe in keiner Weise vorausgesetzt werden. Aber auch der Begriff ›Exil‹ trifft den Sachverhalt, wie er nach 1933 gegeben war, nicht in jedem Fall: Der Terminus steht im Grunde für die Verbannung weltanschaulicher Gegner und wird so der Bewusstseinslage der in diesem Handbuch vorgestellten Personen nur partiell gerecht: Nur bei einem relativ kleinen Teil von ihnen war explizite politische Gegnerschaft der Grund dafür, dass sie von den neuen Machthabern aus dem Land getrieben wurden. Alle anderen waren ›rassisch‹ Verfolgte, denen vom NS-Regime nicht ihre Gesinnung (die ja in den meisten Fällen sogar von einer besonders engen Bindung an die deutsche Kultur geprägt war) zur Last gelegt wurde, sondern im biologistischen Sinn ihre jüdische Herkunft. Daher trifft auch der Begriff ›Verbannung‹ die Verhältnisse nicht, weil nur die wenigsten – nach Art von ›Exulanten‹ – die Rückkehrmöglichkeit nach Deutschland oder Österreich mit Ungeduld erwartet haben; die geringe Remigrationsquote spricht hier eine deutliche Sprache. Allenfalls ließe sich für den Zeitraum bis 1945 von einer ›Exilphase‹ sprechen, weil eine Rückkehr schlechthin unmöglich war. Die überwältigende Mehrzahl hat jedoch in ihren Aufnahmeländern eine neue Heimat gewonnen, und spätestens mit der Entscheidung, in dieser neugewonnenen Heimat zu verbleiben, rechtfertigt sich die Rede von der ›Emigration‹. Damit soll aber nun nicht – dies sei hier ausdrücklich festgehalten – der Zwangscharakter dieser Emigration verharmlost werden. Dies gilt letztlich auch für jene, die aus zionistischer oder verwandter jüdisch-religiöser Motivation nach Palästina oder vielmehr Eretz Israel geflüchtet sind und dabei, nach ihrer Deutung, nicht in die Fremde gingen, sondern heim in das Land ihrer Väter. Auch diesen Sichtweisen muss respektvoll entsprochen werden, weshalb in solchen Zusammenhängen nach Möglichkeit der Begriff ›Auswanderung‹ verwendet wird, der die Möglichkeit eines religiösen und weltanschaulichen Motivs mindestens offenlässt. Am Ende dürften aber alle diese unterschiedlichen subjektiven Bewusstseinslagen am besten doch vom Begriff Emigration abgedeckt sein; auch schließt sich die vorliegende Dokumentation damit dem Sprachgebrauch an, wie er in vergleichbaren Zusammenhängen, etwa im *Handbuch der deutschsprachigen Emigration* des K. G. Saur Verlags, im Wesentlichen unwidersprochen gehandhabt worden ist.

Benutzungshinweise

Das Handbuch eröffnet den Blick auf einen Bereich der Hitleremigration, der lange Zeit nur bruchstückhaft wahrgenommen worden ist. Ausgrenzung und Verfolgung, Flucht und Asyl, Scheitern und Erfolg beim Versuch der Neuetablierung, nicht zuletzt auch die bemerkenswerte internationale Wirkungsgeschichte dieser Emigration nach 1945 sind die Themen, die in dieser Zusammenstellung von kurz gefassten Lebensgeschichten greifbar werden sollen. In der Anlage der biographischen Abrisse wurde Wert auf gute Lesbarkeit gelegt; auf ›Telegrammstil‹ und weitgehend auch auf Abkürzungen wurde daher verzichtet. Für die Lebensdaten und letztlich für die gesamte Dokumentation gilt, dass die Informationen soweit gegeben werden, wie sie vorliegen; fehlende Daten wurden nicht eigens markiert. Es liegt in der Natur biographischer Forschung – und erst recht bei einer Personengruppe, deren Lebenswege sich über alle Erdteile zerstreut haben –, dass viele Spuren verwischt sind und daher manche Information als ungesichert gelten muss; notwendigerweise wurde auch aus Quellen geschöpft, für die es keine Möglichkeit zur Gegenprobe gibt. Stets wurde aber nach Gesichtspunkten der Plausibilität geprüft. Neben möglichen Fehlern und Irrtümern gibt es zwangsläufig auch manche Lücken – das Fragmentarische ist der Rekonstruktion so vieler verschlungener Lebenswege gleichsam immanent und hätte nur durch einen nicht finanzierbaren Aufwand vermieden werden können (Einrichtung einer Redaktion, jahrelange internationale Archivforschungen und -reisen u. a. m.). Wenn trotzdem Namen genannt werden, zu denen recht wenig Information vorliegt, so geschieht dies aus der Überzeugung heraus, dass es wichtig ist, auch diese Namen nicht in ein Dunkel der Geschichte zurücksinken zu lassen.

Liste der neu aufgenommenen Einträge

Apfel, Gerhard
Aron, Paul
Asch, Rudolf
Barta-Mikl, Emma
Basch, Martin
Becher, Lilly
Beier, Wilhelm
Belf, Josef
Bodlaender, Moritz Leo
Callam, Albert
Cohen, Marcel
Cohn, Louis
Dalberg, Julius J.
Droß, Gerhard
Ehrlich, Herbert E.
Eisler, Hilde
Feigl, Franz F.

Fischel, Paul
Fleischner, Alfred
Galliner, Peter
Ganz, Felix
Ganz, Walter
Gloeckner, André
Goldberg, Walter
Goldberger, Siegfried
Goldhammer, Alfred
Graetzer(-Prager), Carola
Grafe, Innozenz
Gross, Felix
Gumbert, Hans Ludwig
Hagen, Joseph
Hamel, Georg
Herlitschka, Herberth E.
Hirschler, Bernard

Jahoda, Martin
Joseph, Louis
Jurovics, Samuel
Kallir, Rudolf
Katz, Arthur
Koch, Fritz
Korngold, B.
Kuraner, Maxim
Landau, Leo
Landsberg, Hans
Landsberg, Otto
Leuwer, Franz
Levie, Julius
Lewandowski, Herbert
Loeb-Larocque, Louis
Löwenthal, Ernst G.
Maienthau, Heinz W.
Moll, Herbert
Neurath, Thomas
Nielsen, Fritz Walter
Philippson, Adolf
Plaut, Werner Jonas
Reichmann, Hans

Rob, Karl
Rosenbaum, Rudolf
Rosenbaum, Sigmund
Rosenfelder, Ernst Albert
Rothgießer, Heinrich
Schab, Frederick G.
Schierenberg, Rudolf E.
Schwab, Federico
Schwabach, Erik-Ernst
Siegle, Fred R.
Sothmann, Magdalene
Steinberg, Bernard
Steinberg, Kurt
Sterne, Paul Wilhelm
Stock, Erich
Sulzbacher, Martin
Unna, Victor
Weiser, Leo
Weiss, Hans
Winzer, Otto
Worm, Fritz
Zanders, Edith
Zaslawski, Heinz

Das vorliegende Handbuch versteht sich daher auch in der 2., erweiterten Auflage keinesfalls als das letzte Wort in der Aufarbeitung dieser buchhändlerischen Emigration, sondern immer noch als ein Anstoß zur Weiterverfolgung des Themas. Alle Nutzer sind eingeladen, Berichtigungen und Ergänzungen, Anregungen und kritische Kommentare direkt an den Verfasser zu richten: efischer@uni-mainz.de

Zum Aufbau der Artikel

Dem Namen (ggf. mit abweichenden Schreibweisen oder Rufnamen) folgen – soweit ermittelbar – Geburts- und Sterbedaten sowie Angaben zum beruflichen Tätigkeitsfeld. Der Text des Eintrags folgt im Wesentlichen chronologischen Gesichtspunkten; besondere Leistungen und Auszeichnungen werden meist am Ende genannt. Verweise auf andere im Handbuch vorgestellte Personen werden durch einen Pfeil markiert – dem Leser sei an dieser Stelle die intensive Nutzung dieses Verweissystems nahegelegt, denn es kommen darin, als eine Besonderheit dieser Personengruppe, der oft enge Zusammenhalt, die Netzwerkbildung und auch die vielfältig bewährte Solidarität zum Ausdruck, die Buchhändler, Antiquare und Verleger einander in der Emigration haben zuteil werden lassen.

Im unmittelbaren Anschluss an das Biogramm werden – sofern vorhanden – Schriften der jeweiligen Person aufgeführt, üblicherweise in Auswahl. Bevorzugt berücksichtigt werden dabei autobiographische Schriften (veröffentlicht oder unveröffentlicht) sowie Publikationen, die in irgendeiner Weise mit dem eigenen Metier zu tun haben.

Es folgen die Quellennachweise, die in der Hauptsache jene Quellen nennen, aus denen für die Abfassung der Artikel geschöpft wurde, die aber gelegentlich auch weiterführende Literaturhinweise enthalten können – für alle, die sich noch eingehender mit der Person befassen wollen. Der Aufbau dieser Quellennachweise folgt einem klaren Schema. Genannt werden:

1. Nachlässe, falls vorhanden und falls nicht schon im Artikel genannt;
2. Alle vom Verfasser oder von Projektmitarbeitern produzierten Quellen: Interviews, Korrespondenz, mündliche und schriftliche Mitteilungen;
3. Benutzte Archivbestände;
4. Nachschlagewerke lexikalischer Art, besonders BHE, DBE, Datenbanken, auch ältere Bestandsaufnahmen wie Homeyer (bei Nachschlagewerken mit alphabetischer Reihung wird auf die Angabe von Seitenzahlen üblicherweise verzichtet).
5. Sämtliche weitere Literatur in chronologischer Reihenfolge. Dabei wird Literatur, die in mindestens drei Einträgen vorkommt, abgekürzt zitiert, im Modus ›Nachname: Titel (Erscheinungsjahr)‹. Zur Auflösung dieser Siglen vgl. im Anhang die Abteilung ›Siglen und Abkürzungen‹; diese enthält auch ein Verzeichnis der Archiv- und Institutionen-Siglen.

Zu den Quellenangaben

Einer Anzahl von Artikeln liegen Informationen zugrunde, die der Verfasser aus Interviews und Briefwechseln mit Emigranten oder deren Nachkommen gewonnen hat. Soweit es sich um Kontakte mit in Israel lebenden Personen handelte, sind diese hauptsächlich aufgrund von Aufrufen (›Emigration deutscher Buchhändler nach 1933‹) zustande gekommen, die der Verfasser Anfang 1992 im New Yorker *Aufbau* sowie in den *Israel Nachrichten* und in *mb*, dem Nachrichtenblatt des Irgun Olej Merkas Europa veröffentlicht hat. Daraus hat sich die Möglichkeit zu einer Interviewreise nach Israel ergeben, die vom 17. bis 24. Oktober 1992 absolviert wurde. Interviewpartner waren Schalom Ben-Chorin (21. Oktober 1992 in Jerusalem), Erwin Lichtenstein (22. Oktober 1992 in Kfar Shmajarhu), Hermann Joseph Mayer (22. Oktober 1992 in Jerusalem), Shalom Miron (22. Oktober 1992 in Tel-Aviv), Felix Daniel Pinczower (21. Oktober 1992 in Jerusalem) und Walter Zadek (20. und 23. Oktober 1992 in Holon). Alle Interviews wurden aufgezeichnet und transkribiert; sie befinden sich im Oral History Archiv des Börsenvereins des Deutschen Buchhandels. Außerdem hat der Verfasser ein (nicht aufgezeichnetes) längeres Gespräch am 23. Oktober 1992 in Tel Aviv mit Ernst Laske führen und telefonische Auskünfte von Avraham Frank am 17. u. 23. Oktober 1992 erhalten können. Im Vorfeld und im zeitlichen Nachgang zu den Interviews hat der Verfasser mit den Interviewpartnern korrespondiert, besonders mit Shalom Miron, Walter Zadek und Felix Daniel Pinczower sowie Erwin Lichtenstein, und dabei zahlreiche Hinweise auf Buchhändlerkollegen in Palästina bzw. Israel erhalten. Zusätzliche Briefauskünfte erteilten 1992 Carola Gross und 1993 Ilse Blumenthal.

Bereits im Jahr zuvor, am 2. Mai 1991, hatte der Verfasser Gelegenheit zu einem ausführlichen Gespräch mit Susanne Bach in München. Am 19. Mai 1992 konnten im

Zusammenhang mit einem Amerika-Kulturprogramm Gespräche sowie ein öffentliches Interview in einer Buchhandlung in Fürth mit Mary S. Rosenberg (New York) geführt werden. Am 28. Juli 1992 führte der Verfasser mit Gottfried Bermann Fischer und Brigitte Bermann Fischer in deren Haus in Camaiore ein Interview.

Mit Hans Jacoby sprach der Verfasser am 3. Oktober 1994 in Den Haag, das Interview befindet sich als Transkript im Oral History Archiv des Börsenvereins des Deutschen Buchhandels.

Ende April/Anfang Mai 1995 hat der Verfasser mit dem damaligen Projektmitarbeiter Ulrich Bach eine Interviewreise nach London unternommen; dort wurden gemeinsame Interviews und Gespräche geführt mit Albi Rosenthal (31. März 1995), Hanna Weil, Tochter von Ernst Weil (30. April 1995), H. A. Feisenberger (1. Mai 1995), Nicolas Barker (über die Rolle der deutschsprachigen Emigranten im englischen Antiquariatsbuchhandel, 30. April 1995), Hans Fellner (Telefoninterview am 1. Mai 1995). Die meisten dieser Gespräche wurden aufgezeichnet und transkribiert, blieben aber als reine Arbeitsgrundlage in privatem Besitz. Mit Albi Rosenthal ist der Verfasser noch einmal im Mai 1997 in London zusammengetroffen.

Bereits am Beginn des Jahres 1995 hatte Ulrich Bach eigenständig Interviews mit Bernard M. Rosenthal (6. Januar 1995 in Berkeley) und Martha Schwarz, der Witwe von Kurt L. Schwarz (10. Januar 1995 in Los Angeles) geführt. Die Transkripte befinden sich in privatem Besitz.

Im Rahmen einer Interviewreise nach New York hat der Verfasser, wieder gemeinsam mit Ulrich Bach, Interviews mit Bernd H. Breslauer (19. März 1996) sowie Ilse Bernett (22. März 1996 in Larchmont bei New York) in New York geführt. Weitere Gespräche fanden im Zuge dieses Aufenthalts mit Will Schaber (22. März 1996) und Roland Folter (zu H. P. Kraus, 21. März 1996) statt.

Im Frühjahr 2001 hat der Verfasser eine weitere Reise nach New York unternehmen können; sie stand hauptsächlich im Zeichen von Archivforschungen in der Public Library (u. a. Nachlassmaterialien Kurt Enoch). Bei dieser Gelegenheit konnte am 13. März 2001 ein Gespräch mit Hildegard Bachert in der Galerie St. Etienne über Otto Kallir geführt werden. Auf Einladung von John M. Spalek, dem der Verfasser an dieser Stelle für seine Gastfreundschaft herzlich danken möchte, konnte der Aufenthalt mit Archivforschungen in der von ihm an der University of Albany zusammengestellten Exilsammlung verbunden werden.

Weitere Quellen können im Folgenden nur noch summarisch genannt werden: Briefliche (Selbst-)Auskünfte erhielt der Verfasser von Walter Grossmann am 24. Dezember 1991, von Gerhard Gerrard 1992, von Erich Aber am 24. Oktober 1993 und 25. März 1995, von Gertrud Meili-Dworetzki, der Schwester von E. Dworetzki, am 4. März 1992 und 12. April 1992, von Edgardo Henschel (Buenos Aires) am 4. Oktober 1993, von Hans Ungar am 4. Oktober 1993, von Reuben Avnari, Stiefsohn von Felix Kauffmann, im Februar/März 1992 (Zusammentreffen mit ihm am 26. März 1992 in München), von Eli Pinter am 11. Juni 1992, von Henry Pordes im April 1995, von Maria von Borries (über Paul Riechert) am 12. Februar 1992, von Mordechai Noy, Schwiegersohn von Jacob Rosenheim, aus Ramat Gan/Israel am 30. Dezember 1991. Aus jüngerer Zeit ist die Korrespondenz mit Elisabeth M. Seidl (Wien) vom 22. September 2009 und 13. Oktober 2009 sowie mit Fred Schreiber per e-Mail im September 2010 zu nennen; noch im Oktober 2010 erteilte Abraham Melzer Mitteilungen über seinen Vater Josef Melzer. Wichtige Informationen verdankt der

Verfasser mehreren brieflichen Mitteilungen des früheren Börsenvereins-Vorstehers Gerhard Kurtze und einem Treffen mit ihm am 25. Juni 1993 in München.

Hauptsächlich in den Jahren 1991 und 1992 wurden vom Verfasser die Firmenakten im Bestand Börsenverein im Sächsischen Staatsarchiv Leipzig durchgearbeitet (u. a. Oktober 1991, April und September 1992); den Mitarbeiter/innen des Archivs ist für gute Betreuung zu danken. Dies gilt auch für meine Rechercheaufenthalte im Deutschen Literaturarchiv in Marbach a. N. und in ganz besonderer Weise für das Deutsche Exilarchiv der Deutschen Nationalbibliothek in Frankfurt am Main.

Zu den gedruckten und digitalen Quellen

Die Seitenangaben aus dem *Adressbuch für den Deutschen Buchhandel* beziehen sich, wenn nicht anders angegeben, durchgängig auf die I. Abteilung (Firmenverzeichnis und Verzeichnis der Handlungsinhaber). Sinngemäß gilt dies auch für andere, ähnlich aufgebaute buchhändlerische Adressbücher.

Aus dem Internet gewonnene Informationen werden in der Regel mit dem Hinweis [online] gekennzeichnet. Auf die Nennung von Internet-Adressen wurde im Allgemeinen verzichtet, da durch Eingabe der Titelinformationen in eine Suchmaschine die betreffenden Seiten meist einfacher und zuverlässiger aufgespürt werden können; Adressen wechseln oft, während die Inhalte selbst im Netz andernorts erhalten geblieben sein könnten. Nur bei Firmen-Homepages und in Fällen, in denen die Suchmaschinen-Methode nicht das gewünschte Resultat verspricht, wurden Webadressen angegeben.

In den vergangenen Jahren hat im Internet die Familienforschung einen rasanten (teilweise auch kritisch zu beurteilenden) Aufschwung genommen; inzwischen gibt es mit Genealogie-Seiten wie Geni.com, Ancestors.com, FamilySearch, MyHeritage oder GenWiki, speziell für die USA mit Fold3 bzw. SSDI (Social Security Death Index), ebenso mit BillionGraves oder Find a Grave sowie mit der Yad Vashem Database und neuerdings mit Arolsen Archives zahlreiche zusätzliche elektronische Forschungsinstrumente, die aber oft nur im Zusammenspiel mit anderen Quellen nutzbar gemacht werden können. Eine präzise Dokumentation der meist sehr komplexen, von unendlich vielen erfolglosen Eingaben begleiteten Recherchevorgänge konnte in den meisten Fällen hier schon aus Platzgründen nicht vorgenommen werden.

An dieser Stelle sei schließlich auf Vorarbeiten hingewiesen, die der Verfasser mit besonderer Dankbarkeit benutzt hat, wie auf den von Bernard M. Rosenthal für seine Sol M. Malkin Lecture erstellten ›questionnaire‹ zu den Antiquaren im US-Exil (›Fragebogen Rosenthal‹), auf die Forschungen im Bereich der Musikverleger (›Fetthauer‹; LexM) sowie auf die grundlegenden Arbeiten von Murray G. Hall und die von ihm veranlassten Abschlussarbeiten an der Universität Wien, mit denen die Vorgänge im österreichischen Buchhandel in der Zeit vor und während des Nationalsozialismus auf breiter Front erhellt wurden.

Siglen und Abkürzungen

Archiv- und Institutionen-Siglen

ABAA	Antiquarian Booksellers' Association of America
BArch	Bundesarchiv
BRB	Bund Reichsdeutscher Buchhändler
BV	Börsenverein des Deutschen Buchhandels
DNB	Deutsche Nationalbibliothek Frankfurt/Main
HABV/DNB	Historisches Archiv des Börsenvereins des Deutschen Buchhandels, Deutsche Nationalbibliothek, Frankfurt/Main
HessHStAWI	Hessisches Hauptstaatsarchiv Wiesbaden
HWA	Hessisches Wirtschaftsarchiv
IHK	Industrie- und Handelskammer
RMK	Reichsmusikkammer
RSK	Reichsschrifttumskammer
StAA	Staatsarchiv Augsburg (Israelitisches Personenstandsregister)
StAD	Staatsarchiv Darmstadt
StadtA Ffm	Stadtarchiv Frankfurt/Main
Sta Ffm	Institut für Stadtgeschichte (Stadtarchiv) Frankfurt am Main
StAH	Staatsarchiv Hamburg

Bei der Herkunftsangabe spezieller Quellen, z. B. Interviews oder Archivalien, finden folgende Namenskürzel Verwendung:

EF	Ernst Fischer
CF	Cornelia Fischer
KJ	Karin Junk
UB	Ulrich Bach

Gesigelte Quellen

Blumenfeld: Ergänzungen (1993)
    Ergänzungen zu einer von EF erstellten Liste der nach Palästina ausgewanderten deutschsprachigen Buchhändler durch Ilse Blumenfeld (Givatajim/Israel), mit Unterstützung von Esther Parnes und Loni Kahn (beide Tel Aviv) undatiert (September 1993). Diese ergänzende Durchsicht ist durch freundliche Vermittlung von Herrn Gerhard Kurtze (Hamburg) zustande gekommen.
IfZ/BA Institut für Zeitgeschichte, München, Biographisches Archiv (Mikrofiche)
    (Materialsammlung zu den veröffentlichten und nicht veröffentlichten Beiträgen für das ›Handbuch der deutschsprachigen Emigration‹).
Rosenthal-Fragebogen Warburg-Archiv des Kunstgeschichtlichen Seminars der Universität Hamburg, Material zur Wissenschaftsemigration 1933–1945: Konvolut Bernard Rosenthal. Es handelt sich um Fragebogen, die von in die USA emigrierten Antiquaren oder ihren Nachkommen ausgefüllt wurden. Sie dienten Bernard M. Rosenthal zur Vorbereitung seiner Sol M. Malkin Lecture: The Gentle Invasion. Continental Emigré Booksellers of the

Thirties and Forties and their Impact on the Antiquarian Booktrade in the United States (1987).

Gesigelte Literatur

AdA Aus dem Antiquariat. (Zeitschrift für Antiquare und Büchersammler). Frankfurt am Main 1948 ff. (1970–2002 als Beilage zum Börsenblatt; ab 1995 auch als selbständige Zeitschrift; NF ab 2003).
Adressbuch Adressbuch des Deutschen Buchhandels. Bearbeitet von der Adressbücher-Redaktion der Geschäftsstelle der Deutschen Buchhändler zu Leipzig. Leipzig: Verlag des Börsenvereines der Deutschen Buchhändler zu Leipzig, 86.–104. Jg. 1920–1942. Adressbuch für den deutschsprachigen Buchhandel. Frankfurt am Main: Buchhändlervereinigung 1954 ff.
AGB Archiv für Geschichte des Buchwesens. Hg. im Auftrag der Historischen Kommission des Börsenvereins. Frankfurt am Main: Buchhändler-Vereinigung 1958–2002, Berlin: 2003 ff.
Gibas: ›Arisierung‹ in Leipzig (2007) ›Arisierung‹ in Leipzig. Annäherung an ein lang verdrängtes Kapitel der Stadtgeschichte der Jahre 1933 bis 1945 (Schriftenreihe »Geschichte–Kommunikation–Gesellschaft«. Bd. 4). Hg. von Monika Gibas in Zusammenarbeit mit Cornelia Briel und Petra Knöller. Leipziger Universitätsverlag 2007.
Bach, Biester: Exil in London (2002) Ulrich Bach, Björn Biester: Exil in London. Zur Emigration deutscher und österreichischer Antiquare nach Großbritannien. In: Aus dem Antiquariat Nr. 5 (2002) S. A 250–265.
Bach, Fischer: Antiquare (2005) Ulrich Bach, Ernst Fischer: Deutsche und österreichische Antiquare in der amerikanischen Emigration. In: John M. Spalek, Konrad Feilchenfeldt, Sandra H. Hawrylchak [Hg.]: Deutschsprachige Exilliteratur seit 1933. Bd. 3: USA. Teil 5. München: K. G. Saur 2005 S. 334–56. (Durchgesehene und erweiterte Neuausgabe: Ulrich Bach, Ernst Fischer: Deutsche und österreichische Antiquare in der amerikanischen Emigration. In: Aus dem Antiquariat. NF 6 Nr. 1 (2007) S. 3–20).
Bbl. Börsenblatt für den Deutschen Buchhandel. Leipzig 1842–1945, Frankfurt am Main 1990 ff.
Bbl. (FfM) Börsenblatt für den Deutschen Buchhandel. Frankfurt am Main 1945–1990.
Bbl. (Lpz) Börsenblatt für den Deutschen Buchhandel. Leipzig 1945–1990.
Berendsohn II (1976) Walter A. Berendsohn: Die humanistische Front. Einführung in die deutsche Emigranten-Literatur. Teil II: Vom Kriegsausbruch bis Ende 1946 (Deutsches Exil. Eine Schriftenreihe. Hg. von Georg Heintz. Bd. 6). Worms: Georg Heintz 1976.
Bertz: ›Arisierung‹ im österr. Buchhandel (2009) Katja Bertz: ›Arisierung‹ im österreichischen Buchhandel. Auf den Spuren der Buchhandlungen Richard Lányi, Alois Reichmann, Josef Kende, Moritz Perles, M. Breitenstein, Heinrich Saar und Dr. Carl Wilhelm Stern. Diplomarbeit. Universität Wien 2009 [online].
BHE 1 Werner Röder, Herbert A. Strauss [Hg.]: Biographisches Handbuch der deutschsprachigen Emigration nach 1933. Bd. 1: Politik, Wirtschaft, Öffentliches Leben. München: K. G. Saur 1980.
BHE 2 Werner Röder, Herbert A. Strauss [Hg.]: International Biographical Dictionary of Central European Emigrés 1933–1945. Biographisches Handbuch der deutschsprachigen Emigration nach 1933. Bd. 2.1. München: K. G. Saur 1983.
Biester: Streifzüge (2008) Björn Biester: Wendt, Pressler, Unruh – Streifzüge durch 60 Jahrgänge Aus dem Antiquariat. In: Monika Estermann, Ernst Fischer, Reinhard Wittmann [Hg.]: Parallelwelten des Buches. Festschrift für Wulf D. v. Lucius. Wiesbaden: Harrassowitz 2008 S. 473–499.

Bolbecher, Kaiser: Österr. Exilliteratur (2000) Siglinde Bolbecher, Konstantin Kaiser, in Zusammenarbeit mit Evelyn Adunka, Nina Jakl, Ulrike Oedl: Lexikon der österreichischen Exilliteratur. Wien: Deuticke 2000.

Braun: Schluss-Verkauf (1992) Bernd Braun: Bücher im Schluß-Verkauf. Die Verlagsabteilung des Jüdischen Kulturbundes. In: Akademie der Künste [Hg.]: Geschlossene Vorstellung. Der Jüdische Kulturbund in Deutschland 1933–1941 (Reihe Deutsche Vergangenheit. Bd. 60). Berlin: Edition Hentrich 1992 S. 155–168.

Buchhas: Österr. Buchhandel im NS (1993) Sigrid Buchhas: Der österreichische Buchhandel im Nationalsozialismus. Ein Beitrag zur Geschichte des Buchhandels unter besonderer Berücksichtigung Wiens. Diplomarbeit. Universität Wien 1993.

Cazden: Free German Book Trade (1967) Robert E. Cazden: The Free German Book Trade in the United States, 1933–45. In: The Library Quarterly vol. 37 no. 4 (1967) pp. 348–365.

Cazden: German Exile Literature (1970) Robert E. Cazden: German Exile Literature in America 1933–1950. A History of the Free German Press and Book Trade. Chicago: American Library Association 1970.

Dahm: Das jüdische Buch (1993) Volker Dahm: Das jüdische Buch im Dritten Reich. 2. überarb. Auflage. München: C. H. Beck 1993.

Damus: Dt. Exillit. in Argentinien (1982) Hilde Damus: Deutsche Exilliteratur in Argentinien. In: Daviau, Donald [Hg.]: Das Exilerlebnis. Verhandlungen des vierten Symposiums über deutsche und österreichische Exilliteratur. Columbia / CS: Camden House 1982 pp. 41–46.

DBE Deutsche Biographische Enzyklopädie. Hg. von Walther Killy unter Mitarb. von Dietrich von Engelhardt. München: K. G. Saur 1995–2003.

Der Jüdische Kulturbund in D (1992) Akademie der Künste [Hg.]: Geschlossene Vorstellung. Der Jüdische Kulturbund in Deutschland 1933–1941 (Reihe Deutsche Vergangenheit. Bd. 60). Berlin: Edition Hentrich 1992.

Deutscher Wirtschaftsführer (1929) Deutscher Wirtschaftsführer. Lebensgänge deutscher Wirtschaftspersönlichkeiten. Bearb. von Georg Wenzel. Hamburg: Hanseatische Verlagsanstalt 1929.

Dickinson: Dictionary (1998) Donald C. Dickinson: Dictionary of American antiquarian bookdealers. Westport / CT: Greenwood Press 1998.

Die Rosenthals (2002) Die Rosenthals. Der Aufstieg einer jüdischen Antiquarsfamilie zu Weltruhm. Mit Beiträgen von Elisabeth Angermair, Jens Koch, Anton Löffelmeier, Eva Ohlen und Ingo Schwab. Wien: Böhlau 2002.

Directory 1957–58 A Directory of Dealers in Secondhand and Antiquarian Books in the British Isles 1957–58. Rev. ed. London: Sheppard Press 1957

Douer, Seeber: Die Zeit gibt die Bilder (1992) Ursula Seeber [Hg.]: Die Zeit gibt die Bilder. Schriftsteller, die Österreich zur Heimat hatten (Zirkular. Sondernummer 30). Photographiert von Alisa Douer. Wien: Dokumentationsstelle für neuere österreichische Literatur 1992.

Durstmüller: Druck in Österreich III (1989) Anton Durstmüller d. J.: 500 Jahre Druck in Österreich. Die Entwicklungsgeschichte der graphischen Gewerbe von den Anfängen bis zur Gegenwart. Bd. III: Die österreichischen graphischen Gewerbe zwischen 1918 und 1982. Wien: Hauptverband der graphischen Unternehmungen [1989].

Exil in den Niederlanden und Spanien (1981) Klaus Hermsdorf, Hugo Fetting, Silvia Schlenstedt: Exil in den Niederlanden und Spanien (Kunst und Literatur im antifaschistischen Exil 1933–1945. Bd. 6). Frankfurt am Main: Röderberg 1981.

Jahrbuch Exilforschung (2004) Exilforschung. Ein internationales Jahrbuch. Bd. 22 (2004): Bücher, Verlage, Medien. Hg. im Auftrag der Gesellschaft für Exilforschung von Claus-Dieter Krohn u. a., unter Mitarbeit von Ernst Fischer. München: Edition Text + Kritik 2004.

Enderle-Ristori: Das ›freie dt. Buch‹ (2004) Michaela Enderle-Ristori: Das ›freie deutsche Buch‹ im französischen Exil. Ein kulturpolitisches Konzept und seine organisatorische

Praxis. In: Bücher Verlage Medien (Exilforschung. Bd. 22). Hg. von Claus-Dieter Krohn, Erwin Rotermund, Lutz Winckler und Wulf Koepke unter Mitarbeit von Ernst Fischer. München: Edition Text + Kritik 2004 S. 29–59.
Fetthauer: Musikverlage (2004) Sophie Fetthauer: Musikverlage im ›Dritten Reich‹ und im Exil. (Musik im ›Dritten Reich‹ und im Exil. Bd. 10). Hg. von Hanns-Werner Heister und Peter Petersen. Hamburg: von Bockel 2004.
Fischer: Verlegeremigration nach 1933 (2002) Ernst Fischer: Die deutschsprachige Verlegeremigration in den USA nach 1933. In: John M. Spalek, Konrad Feilchenfeldt, Sandra Hawrylchak [Hg.]: Deutschsprachige Exilliteratur seit 1933. Bd. 3: USA. Teil 3. Bern: Francke 2002 S. 272–306.
Fischer: Buchgestaltung im Exil (2003) Ernst Fischer unter Mitwirkung von Brita Eckert und Mechthild Hahner: Buchgestaltung im Exil 1933–1950. Eine Ausstellung des Deutschen Exilarchivs 1933–1945 der Deutschen Bibliothek (Gesellschaft für das Buch. Bd. 9). Wiesbaden: Harrassowitz 2003.
Gold: Juden in Österreich (1971) Hugo Gold: Geschichte der Juden in Österreich. Ein Gedenkbuch. Tel Aviv: Edition Olamenu 1971.
Halfmann: Deutschspr. Exilliteratur (1969) Horst Halfmann: Bibliographien und Verlage der deutschsprachigen Exilliteratur 1933–1945. In: Karl-Heinz Kalhöfer, Helmut Rötzsch [Hg.]: Beiträge zur Geschichte des Buchwesens. Bd. 4. Leipzig: Fachbuchverlag 1969 S. 189–294.
Hall: Österr. Verlagsgeschichte I (1985) Murray G. Hall: Österreichische Verlagsgeschichte 1918–1938. Bd. 1, Wien: Böhlau 1985.
Hall: Österr. Verlagsgeschichte II (1985) Murray G. Hall: Österreichische Verlagsgeschichte 1918–1938. Bd. 2. Wien: Böhlau 1985.
Hall: Jüd. Verleger, Buchhändler 1938 (1988) Murray G. Hall: Jüdische Verleger und Buchhändler im Schicksalsjahr 1938 in Wien. In: Anzeiger des österreichischen Buchhandels Nr. 5 (März 1988) S. 40–45.
Homeyer: Bibliophilen und Antiquare (1966) Fritz Homeyer: Deutsche Juden als Bibliophilen und Antiquare (Schriftenreihe wissenschaftliche Abhandlungen des Leo Baeck Instituts. Bd. 10). 2. verb. u. erw. Auflage. Tübingen: Mohr 1966.
Hupfer: Antiquarischer Buchhandel (2003) Georg Hupfer: Zur Geschichte des antiquarischen Buchhandels in Wien. Diplomarbeit. Universität Wien 2003.
Immigrant publishers (2009) Richard Abel, Gordon Graham [Hg.]: Immigrant Publishers. The Impact of Expatriate Publishers in Britain and America in the 20th Century. New Brunswick/NJ: Transaction Publishers 2009.
Int. Adressbuch der Antiquare (1940) Richard Matthias [Hg.]: Internationales Adressbuch der Antiquare. 7. Ausgabe 1940. Weimar: Straubing & Müller 1940.
Junk: Jüd. Buchhandel in Frankfurt (1997) Karin Junk: Um den Börneplatz. Jüdischer Buchhandel in Frankfurt am Main im ersten Drittel des 20. Jahrhunderts. Magisterarbeit. Johannes-Gutenberg-Universität Mainz 1997.
Kiessling: Exil in Lateinamerika (1984) Wolfgang Kießling: Exil in Lateinamerika (Kunst und Literatur im antifaschistischen Exil 1933–1945. Bd. 4). Leipzig: Ph. Reclam jun. 1984.
Killy Literatur Lexikon (1988–93) Walther Killy [Hg.]: Literatur Lexikon. Autoren und Werke deutscher Sprache. Gütersloh: Bertelsmann 1988–1993.
Koepke: Exilautoren und ihre Verleger (1989) Wulf Koepke: Exilautoren und ihre deutschen und amerikanischen Verleger in New York. In: John M. Spalek und Joseph Strelka [Hg.]: Deutschsprachige Exilliteratur seit 1933. Bd. 2: New York. Teil 2. Bern: Francke 1989 S. 1409–1445.
Kühn-Ludewig: Jiddische Bücher (2008) Maria Kühn-Ludewig: Jiddische Bücher aus Berlin (1918–1936). Titel, Personen, Verlage. 2. erg. Auflage. Nümbrecht: Kirsch 2008.
Landshoff: Querido Verlag (1991) Fritz H. Landshoff: Amsterdam, Keizersgracht 333, Querido Verlag. Erinnerungen eines Verlegers. Berlin: Aufbau 1991.

Latin America and the Literature of Exile (1983) Hans Bernhard Moeller [Hg.]: Latin America and the Literature of Exile. A Comparative View of the 20th-Century European Refugee Writers in the New World. Heidelberg: Winter 1983.

LexM Lexikon verfolgter Musiker und Musikerinnen der NS-Zeit. Universität Hamburg [online].

Macris: Literatur- und Theateragenten (1989) Peter Macris: Deutschsprachige Literatur- und Theateragenten in den USA. In: John M. Spalek, Joseph Strelka [Hg.]: Deutschsprachige Exilliteratur seit 1933. Bd. 2: New York. Teil 2. Bern: Francke 1989 S. 1350–1363.

Nawrocka: Bermann-Fischer im Exil (1998) Irene Nawrocka: Verlagssitz: Wien, Stockholm, New York, Amsterdam. Der Bermann Fischer Verlag im Exil (1933–1950). Ein Abschnitt aus der Geschichte des S. Fischer Verlages. Diss. Wien 1998. In: Archiv für Geschichte des Buchwesens. 53 (2000) S. 1–216.

Nawrocka: Kooperationen (2004) Irene Nawrocka: Kooperationen im deutschsprachigen Exilverlagswesen. Bücher Verlage Medien (Exilforschung. Bd. 22). Hg. von Claus-Dieter Krohn, Erwin Rotermund, Lutz Winckler und Wulf Koepke unter Mitarbeit von Ernst Fischer. München: Edition Text + Kritik 2004 S. 60–83.

Öhlberger (2000) Reinhard Öhlberger: Wenn am Buch der Händler klebt [Buchhändlermarken]. Wien: Löcker 2000.

Pawlitschko: Jüd. Buchhandlungen (1996) Iris Pawlitschko: Jüdische Buchhandlungen in Wien. ›Arisierung‹ und Liquidierung in den Jahren 1938–1945. Diplomarbeit. Universität Wien 1996.

Wieland Herzfelde, Briefe (1991) Prag – Moskau. Briefe von und an Wieland Herzfelde 1933–1938. Hg. von Giuseppe de Siati und Thies Ziemke. Kiel: Neuer Malik-Verlag 1991.

S. Fischer, Verlag [Ausst.-Kat. 1986] Friedrich Pfäfflin [Hg.]: S. Fischer, Verlag. Von der Gründung bis zur Rückkehr aus dem Exil. [Ausst.-Kat.] 2., durchges. Aufl. Marbach am Neckar: Deutsche Schillergesellschaft 1986.

Saur: Deutsche Verleger im Exil (2008) Klaus G. Saur: Deutsche Verleger im Exil 1933 bis 1945. In: Monika Estermann, Ernst Fischer, Reinhard Wittmann [Hg.]: Parallelwelten des Buches. Festschrift für Wulf D. v. Lucius. Wiesbaden: Harrassowitz 2008 S. 211–232.

Schenker: Der Jüdische Verlag (2003) Anatol Schenker: Der Jüdische Verlag 1902–1938. Zwischen Aufbruch, Blüte und Vernichtung (Conditio Judaica. Bd. 41). Tübingen: Niemeyer 2003.

Schroeder: ›Dienstreise nach Holland‹ (1999) Werner Schroeder: ›Dienstreise nach Holland 1940‹: Beschlagnahme und Verbleib der Verlagsarchive von Allert de Lange und Querido, Amsterdam. In: Exil Jg. 19 H. 1 (1999) S. 37–48.

Schroeder: ›Arisierung‹ I (2009) Werner Schroeder: Die ›Arisierung‹ jüdischer Antiquariate zwischen 1933 und 1942. In: Aus dem Antiquariat. NF 7 Nr. 5 (2009) S. 295–320.

Schroeder: ›Arisierung‹ II (2009) Werner Schroeder: Die ›Arisierung‹ jüdischer Antiquariate zwischen 1933 und 1942. In: Aus dem Antiquariat. NF 7 Nr. 6 (2009) S. 359–386.

Schwarz: Verlagswesen der Nachkriegszeit (2003) Ursula Schwarz: Das Wiener Verlagswesen der Nachkriegszeit: Eine Untersuchung der Rolle der öffentlichen Verwalter bei der Entnazifizierung und bei der Rückstellung arisierter Verlage und Buchhandlungen. Diplomarbeit. Universität Wien 2003.

Skalicky: Literaturagenten in der Emigration (2001) Wiebke Skalicky: Literaturagenten in der literarischen Emigration 1933–1945. Beobachtungen zu Rolle und Wirkung. In: Ernst Fischer [Hg.]: Literarische Agenturen – die heimlichen Herrscher im Literaturbetrieb? Wiesbaden: Harrassowitz 2001 S. 101–123.

Steinky: Hamburger Kleinverlage (1997) Josef Steinky: Hamburger Kleinverlage in der Zeit der Weimarer Republik. Eine Dokumentation publizistischer Vielfalt. Hamburg: Kovač 1997.

Taubert: Lateinamerika (1961) Sigfred Taubert: Lateinamerika als Absatzmarkt für deutsche Bücher. Ein Erfahrungsbericht. Frankfurt am Main: Auslands- und Messebüro des Börsenvereines des Deutschen Buchhandels e. V., Frankfurt am Main 1961 [als Typoskript vervielfältigt].

Taubert: Mit Büchern die Welt erlebt (1992) Sigfred Taubert: Mit Büchern die Welt erlebt. Stuttgart: Hauswedell 1992.

Tentative List Tentative List of Jewish Publishers of Judaica and Hebraica in axis-occupied countries. By the Research Staff of the Commission of European Jewish Cultural Reconstruction. In: Jewish Social Studies. A Quarterly Journal devoted to Contemporary and Historical Aspects of Jewish Life. Suppl. to vol. X no. 2. New York: Indiana University Press 1948.

van der Veen: 75 Jahre Erasmus (2009) Sytze van der Veen: 75 Jahre Erasmus Boekhandel Amsterdam – Paris (Übersetzung: Helga Marx und Rosi Wiegmann). Amsterdam: Erasmus 2009.

Verlagsveränderungen 1900–1932 Verlagsveränderungen im deutschsprachigen Buchhandel 1900–1932. Bearb. von der Bibliographischen Abteilung des Börsenvereins der Deutschen Buchhändler. Leipzig: Verl. des Börsenvereins der Deutschen Buchhändler 1933.

Verlagsveränderungen 1933–1937 Verlagsveränderungen im deutschsprachigen Buchhandel 1933–1937. Anhang zum Deutschen Bücherverzeichnis. Leipzig 1937.

Verlagsveränderungen 1937–1943 Verlagsveränderungen im deutschsprachigen Buchhandel 1937–1943. Bearb. von der Bibliographischen Abteilung des Börsenvereins der Deutschen Buchhändler. Leipzig 1943.

Verlagsveränderungen 1942–1963 Verlagsveränderungen im deutschsprachigen Buchhandel 1942–1963. Bearbeitet vom Börsenverein des Deutschen Buchhandels. Sonderdruck des Anhangs zu: Deutsche Bibliographie Fünfjahresverzeichnis 1956–1960. Bücher und Karten. Teil I. Frankfurt am Main: Buchhändler-Vereinigung 1969.

VM Fachschaft Verlag Vertrauliche Mitteilungen der Fachschaft Verlag im Bund Reichsdeutscher Buchhändler. Leipzig: Geschäftsstelle der Fachschaft Verlag.

Walk: Kurzbiographien (1988) Joseph Walk: Kurzbiographien zur Geschichte der Juden 1918–1945. Hg. vom Leo Baeck Institute. München: Saur 1988.

Wendland: Kunsthistoriker im Exil (1999) Ulrike Wendland: Biographisches Handbuch deutschsprachiger Kunsthistoriker im Exil. Leben und Werk der unter dem Nationalsozialismus verfolgten und vertriebenen Wissenschaftler. München: Saur 1999.

Wer war Wer in der DDR (1995) Bernd-Rainer Barth, Christoph Links, Helmut Müller-Enbergs, Jan Wielgohs [Hg.]: Wer war Wer in der DDR. Ein biographisches Handbuch. Stark erweiterte und aktualisierte Ausgabe. Frankfurt am Main: Fischer Tb 1995.

Westphal: German, Czech and Austrian Jews (1991) Uwe Westphal: German, Czech and Austrian Jews in English Publishing. In: Werner Eugen Mosse, Julius Carlebach: Second chance: two centuries of German-speaking Jews in the United Kingdom. (Wissenschaftliche Abhandlungen des Leo Baeck Instituts. Bd. 48). Tübingen: Mohr 1991 S. 195–208.

Wittmann: Hundert Jahre Buchkultur (1993) Reinhard Wittmann: Hundert Jahre Buchkultur in München. München: Hugendubel 1993.

Wittmann: Münchens jüdische Antiquariate (2009) Reinhard Wittmann: Münchens jüdische Antiquariate – Glanz und Zerstörung. In: Münchner Beiträge zur jüdischen Geschichte und Kultur. 2 (2009) S. 23–42.

Zadek: Buchhändler I (1971) Uri Benjamin [d. i. Walter Zadek]: Buchhändler in der Emigration. In: Bbl. (FfM) Nr. 97 vom 7. Dezember 1971 S. 2904–2908.

Zadek: Buchhändler II (1971) Uri Benjamin [d. i. Walter Zadek]: Buchhändler in der Emigration (Fortsetzung). In: Bbl. (FfM) Nr. 99 vom 7. Dezember 1971 S. 2940–2943.

Zelzer: Stuttgarter Juden (1964) Maria Zelzer: Weg und Schicksal der Stuttgarter Juden. Ein Gedenkbuch. Hg. von der Stadt Stuttgart. Stuttgart: Ernst Klett 1964.

Für weiterführende Literatur siehe Geschichte des deutschen Buchhandels im 19. und 20. Jahrhundert, Band 3/3: Geschichte des Buchhandels im deutschsprachigen Exil 1933–1945. Berlin, München: de Gruyter 2020, mit umfangreichem Literaturverzeichnis.

Namensverweise

Bender, Max → Baender, Max
Bernstein, Fritz Alexander → Bernett, Frederick A.
Bork, Otto → Unger, Otto
Butterkle, Siegfried → Miron, Shalom
Davidson, Lieselotte → Daves, Joan
Deutsch, Kurt → Singer, Kurt
Duemmler, Sonja siehe Bernath, Morton H.
Eisen, Richard → Eytan, Reuven
Eisenberg, Susanne → Bach, Susan(ne)
Eschelbacher, Hermann → Ashbrook, Herbert
Eschwege, Margot siehe Adler, Arthur M.
Feisenberger, Elenor → Steiner-Prag, Ele(a)nor
Fischer, Brigitte → Bermann Fischer, Brigitte
Fortmüller, Hanna → Bertholet, Hanna
Fraser, Georg → Zeiz, August Hermann
Gerstel, Alice siehe Rühle, Otto
Gröhl, Karl → Retzlaw, Karl
Hamburger, Paul Bertrand → Hamlyn, Paul Bertrand
Herz, Erwin → Hearst, Ernest
Hell, Günther → Hill, George
Hilzheimer, Klaus → Hill, Claude
Hoch, Ian Robert → Maxwell, Ian Robert
Hoesterey, Walter → Hammer, Walter
Jolowicz, Walter → Johnson, Walter J.
Koppel, Heinz Günther → Koppell, Henry G.
Kuppermann, Friedrich → Alexan, Friedrich Georg
Levy(-Ginsberg), Arnold → Levilliers, Armand
Levy, Erich → Lenk, Erich
Levy, Richard → Lenk, Richard
Lindenkohl, Friedrich Johannes Adolf → Luzian, Johan
Martin, Frank Michael → Salomon, Martin Franz
Mayer, Rafael siehe Mayer, Hermann
Mironescu, Miron → Goldstein(-Mironescu), Miron
Naumann, Kurt → Anders, Karl
Nirenstein-Kallir, Otto → Kallir, Otto
Offenstadt, Peter → Owen, Peter
Osten, Maria → Greshöner, Maria
Pickard, Ernst Friedrich → Picard, Fritz
Pollak, Ernst → Polak, Ernst
Rosenthal, Fritz → Ben-Chorin, Schalom
Rotblatt, Fred → Jordan, Fred
Sachsel, Hans → Sacksell, John (Henry)
Sauter, Thea siehe Hellmann, Richard
Schlesinger, Gerhard → Gerrard, Gerhard
Schlesinger, Grete → Günther, Grete
Slovsky (Slutzker), Max → Stratton, Henry S.
Steiner, Alexis → Rottensteiner, Alois Franz
Verlon, André → Verkauf, Willy
Weidenreich, Peter H. → Wyden, Peter H.
Weintraub, Jetty → Cahn-Weintraub, Jetty
Weissenberg, Hilde → Gerrard, Hilde
Wilhartitz, Ernst → Willard, Ernst
Zamosh, Zeev → Samosch, Walter
Zeiz, Gabriel Peter Hanno → Sessler(-Zeiz), Thomas

Ortsregister

Das Register berücksichtigt Aufenthalts- und Wirkungsorte, nicht aber bloße Durchgangsstationen. Nicht erfasst werden Herkunftsorte und Orte der Remigration.

AFRIKA

Ägypten

Kairo
Rudolf Rosenbaum
Sigmund Rosenbaum

Algerien
Beier, Wilhelm

Marokko
Beier, Wilhelm

Tanger
Flinker, Martin

Südafrika
Baumann, Walter
Weiss, Hans

Basutoland
Schmoller, Hans Peter

Kapstadt
Gross, Felix
Translateur, Hans

ASIEN

China

Shanghai
Czollek, Walter
Gesang, Jacob
Heinemann, Heinz Egon
Klotzer, Charles Lothar
Knight, Max
Lazarus, Ludwig
Nussbaum, Ludwig
Sabatzky, Dagobert
Schwarz, Kurt L.
Storfer, Albert József

Indien
Schusdek, Karl

Bombay
Pollack, Willy F.

Israel / Palästina
Alexander, Werner A(haron)
Baer, Rudolf
Bronfman, Itzhak
Deutsch, Hans
Graetzer(-Prager), Carola
Grossberger, Herbert
Günzburg, Paul
Harz, Benjamin
Jutrosinski, Hans Wolfgang
Landau, Leo
Levi, Hermann
Malow, Schmuel
Samosch, Walter
Sohn, Leo
Steinberg, Kurt

Haifa
Braner, Samuel
Dzialoszynski, Josef Benjamin
Friedländer, Zvi Herbert
Goldhammer, Alfred
Goldstein, Joachim M.
Grosshut, Friedrich Sally
Grünebaum, Julius
Heiliger, Hans
Heller, Alfred
Monheit, Schloime
Nagler, Felix
Pinter, Eli M.
Pollack, Willy F.
Rachelsohn, Benzion
Ringart, Berl
Sänger, Rebecka
Schiff, Fritz
Spitz Werner, Hans
Wahrhaftig, M.

Jaffa
Brabec, Friedrich

Jerusalem
Balan, Benno
Bamberger, Nathan

Ben-Chorin, Schalom
Diamant, Paul Joseph
Edinger, Wolfgang
Ehrlich, Wolfgang
Eliasberg, Ahron
Erel, Shlomo
Eytan, Reuven
Frankenstein, Betty
Freund, Peter
Friedmann
Ganz, Felix
Glücksmann, Rosa
Goldberg, Lea
Goldmann, Karl
Gross, Carola
Heller, Alfred
Jacoby, Paul
Jakoby, Lotte
Kahn, Lonnie
Kaznelson, Siegmund
Koppell, Henry G.
Levi, Salli
Mass, Rubin
Mayer, Hermann Joseph
Mayer, Ludwig
Mayer, Rafael B.
Meyer, Hermann M.
Pinczower, Felix Daniel
Priebatsch, Hans
Renka, Jacki(e)
Romann, Fritz
Rosenheim, Jacob
Rothschild, Eli
Rothschild, Manfred
Salingré, Ulrich
Schiff, Fritz
Schlesinger, Kalman(n)
Schocken, Eva
Schocken, Salman
Schocken, Gideon
Schreiber, Ida
Spitzer, Moshe Maurice
Steimatzky, (J)ezekiel
Stein, Herbert
Unna, Victor
Verkauf, Willy
Wahrmann, Oskar
Wahrmann, Samuel

Kfar Szold
Freyer, Kurt

Nahariya
Cohen, Bernd
Goldstein(-Mironescu), Miron
Steinberg

Netanyah
Berger, Marietta

Petach Tikwa
Brandeis, Rosa
Brandeis, Willi
Goldmann
Sternku(c)ker, Osias

Ra'anana
Fabian, Walter

Ramat Gan
Blumenfeld, Ilse
Braun, Manfred
Freyer, Erich
Heidelberger, Ernst
Lewin, Hirsch

Tel Aviv
Alterthum, Leo
Arnsberg, Paul
Baender, Max
Bergmann, Hermann Chaskiel
Blumstein, Leo
Bronstein, Lipa
Czempin, Arnold Chon
Ephraim, Herbert
Feuchtwanger, Martin Moshe
Flatow, Se'ew
Frank, Abraham
Freyhahn, Zeev
Friedberg, Bernhard
Gichermann, Nahum
Gold, Hugo
Goldstein, Joachim M.
Gradenwitz, Peter Emanuel
Gross, Carola
Grünebaum, Julius
Hecht, Erich
Herzfelder, E. J.
Kahan, Bendit
Kahan, David
Kahn, Lonnie
Kanel, Hirsch
Kaufmann, Sally

Ortsregister

Klausner, Margot
Klier, Saul
Krojanker, Gustav
Landsberger, Kurt
Laske, Ernst
Lehmann, Ludwig
Lichtenstein, Adolf
Lichtenstein, Erwin
Liepmann, Erich
Loewy, Ernst
Loewy, Richard
Mass, Rubin
Melnik, Alexander
Melzer, Joseph
Miron, Shalom
Olschowsky, Herbert
Parnes, Esther
Parnes, Sigmund Itamar
Petersilka, Fritz
Pinczower, Felix Daniel
Pokorny, Richard
Rotter, Erwin
Schlesinger, Kalman(n)
Schocken, Gershom
Scholem, Theobald
Schuster, Rolf
Silberbach, Sally
Simon, Heinrich
Stein, Herbert A.
Suchodoller, Shlomo
Sztejnberg, Aron
Trietsch, Davis
Verkauf, Willy
Wolffsohn, Karl
Zadek, Walter

AUSTRALIEN
Irmer, Erich
Rosenthal, Ernst

Bankstown
Kretz, Otto

Melbourne
Alberti, Victor
Fabinyi, Andrew
Storfer, Albert (Adolf) József

St. Kilda
Gesang, Jacob

Sydney
Scholem, Erich
Scholem, Reinhold

EUROPA

Belgien
Schütz, Jakob

Antwerpen
Kollár, Karl
Laub, Elias
Sänger, Leon

Brüssel
Goldschmidt, Ernst
Hinrichsen, Hans-Joachim
Hinrichsen, Henri
Kollár, Karl
Löwensohn, Gustav
Pinette, Max
Scherchen, Hermann

Dänemark
Cohen, Marcel
Laske, Ernst

Kopenhagen
Götz, Hans
Hammer, Walter
Wertheimer, August

Ronshoved
Riechert, Paul

Frankreich
Amtmann, Bernard
Carlebach, Albert
Eisler, Hilde
Janka, Walter
Königsberger, Josef
Merker, Paul
Peterson, Bruno
Rothgießer, Heinrich
Wurm, Fritz

Gometz-le-Chatel
Levilliers, Armand

Lyon
Lewandowski, Herbert

Nizza
  Beer, Monika
  Günther, Grete
  Günther, Otto
  Landsberg, Hans
  Mayer, Otto
  Seidl, Zita

Paris
  Adler, Arthur M.
  Albers, Eduardo
  Aldor, George
  Alexan, Georg Friedrich
  Antignac, Annette
  Aron, Paul
  Bach, Susan(ne)
  Baer, Leopold Alfred
  Balan, Benno
  Becher, Lilly
  Beier, Wilhelm
  Bernett, Frederick A.
  Bernett, Ilse
  Bernhard, Georg
  Bertholet, Hanna
  Brüll, Karl
  Callam, Albert
  Enoch, Kurt
  Ettinghausen, Maurice Leon
  Fabian, Ruth
  Flinker, Martin
  Frischauf(-Pappenheim), Marie
  Frucht, Karl
  Gloeckner, André
  Goldschmidt, Arthur
  Gordon, Paul
  Graupe, Paul
  Greshöner, Maria
  Gross, Babette Lisette
  Günzburg, Paul
  Gysi, Irene
  Gysi, Klaus
  Hallgarten, Georg(e) Wolfgang Friedrich
  Heidelberger, Ernst
  Hein, Otto
  Hessel, Franz
  Irmer, Erich
  Jutrosinski, Kurt K.
  Kalischer, Werner
  Kallir, Otto
  Katz, Otto
  Kesten, Hermann
  Kuraner, Maxim
  Lachmann-Mosse, Hans
  Landauer, Walter
  Lang, Joseph
  Leonhard, Rudolf
  Leo, Wilhelm
  Levilliers, Armand
  Lewandowski, Herbert
  Loeb-Larocque, Louis
  Marbot, Rolf
  Marton, Georg(e)
  Maslowski, Peter
  Melzer, Joseph
  Mendelssohn, Peter de
  Münzenberg, Willi
  Offenbacher, Emil
  Oppenheim, George K.
  Ostertag, Ferdinand
  Pauli, Hertha
  Pfeffer, Max
  Pfemfert, Franz
  Picard, Fritz
  Pinette, Max
  Reisfeld, Berthold
  Retzlaw, Karl
  Rosenthal, Felix
  Rosner, Bernhard
  Roubiczek, Paul Anton
  Saenger, Samuel
  Salter, Julius B(erthold)
  Schiff, Fritz
  Simon, Hugo
  Steiner-Prag, Elenor
  Stössinger, Felix
  Strauss, Ern(e)st
  Walter, Hilde
  Wertheim, Johannes
  Winzer, Otto
  Wittenborn, Otto Gustav Ernst
  Wolff, Helen M.
  Wolff, Kurt
  Ziegler, Rinaldo
  Zuckermann, Leo
  Zucker-Schilling, Erwin

Sanary-sur-Mer
  Cahn(-Biecker), Werner

Straßburg
  Münzenberg, Willi

Ortsregister

Griechenland
    Rosenbaum, Rudolf
    Rosenbaum, Sigmund

Großbritannien
    Ferber, Maximilian
    Hein, Otto
    Hertzka, Jella
    Hess, Béla
    Jacobsohn, Edith
    Koch, Bernhard
    Landau, Edwin Maria
    Lesser, Hans R.
    Leuwer, Franz
    Lichtenberg, Vera
    Löwenthal, Ernst G.
    Rosenheim, Jacob
    Ross, Heinrich
    Schwabach, Erik-Ernst
    Stern, Carl Wilhelm

Barnardiston
    Ullstein, Frederick

Birmingham
    Dirnhuber, Annie
    Fellner, Hans
    Harris, Robert

Bradford
    Spinner, Leopold

Buxton
    Sänger, Jonas

Cambridge
    Ashbrook, Herbert
    Frisch, Justinian
    Harpner, Stefan Gustav
    Roubiczek, Paul Anton

Colne
    Gerrard, Gerhard

Coves
    Goldscheider, Gaby

Edinburgh
    Ratcliff, Ruth

Leeds
    Rawidowicz, Simon

London
    Aber, Adolf
    Anders, Karl
    Ashbrook, Herbert
    Baer, Bernhard
    Baer, Edwin Markus
    Baron, Hermann
    Benjamin, Hermann
    Benjamin, Stefan Rafael
    Berstl, Julius
    Bielitz, Otto
    Blau, Otto
    Bondy, Louis
    Boyars, Marion
    Breslauer, Bernard H.
    Breslauer, Martin
    Brüll, Karl
    Calmann, John
    Cassirer, Bruno
    Cassirer, Else
    Clare, George Peter
    Daves, Joan
    Deutsch, André
    Dworetzki, Eva
    Ehrenstein, Carl
    Eisemann, Heinrich
    Eisenstein, Arthur
    Eisler, George Bernhard
    Elek, Paul
    Ettinghausen, Maurice Leon
    Eulenburg, Kurt
    Feisenberger, H. A.
    Fellner, Hans
    Fischel, Paul
    Fischer, Grete
    Fischer, Harry R.
    Flechtheim, Alfred
    Fleischer, Victor
    Foges, Wolfgang
    Freud, Martin
    Friedenthal, Richard
    Fürstner, Otto
    Galliner, Peter
    Gerrard, Gerhard
    Glanz, Heinrich
    Goldscheider, Ludwig
    Goldschmidt, E(rnst) P(hilipp)
    Goldschmidt, Hans Eberhard
    Grafe, Innozenz
    Gross, Fritz
    Haas, Herta
    Haas, Otto

Hainauer, Alice
Hainauer, Ernst Julius
Hamlyn, Paul Bertrand
Hanfstaengl, Ernst
Harpner, Stefan Gustav
Hearst, Ernest
Hecht, Ernest
Hegner, Jakob
Heine, Fritz
Heller, F. Thomas
Herlitschka, Herberth E.
Herz, Ida
Herzfelde, Wieland
Hill, Claude
Hinrichsen, Max
Hirschler, Bernard
Homeyer, Fritz
Horovitz, Béla
Irmer, Erich
Jaeger, Hans
Jordan, Fred
Juda, Hans Peter
Jutrosinski, Ernst
Kalmer, Joseph
Kalmus, Alfred A.
Kirstein, Hermann
Koch, Fritz
Kraszna-Krausz, Andor
Landauer, Richard
Landsberg, Otto
Lantz, Robert
Lawford-Hinrichsen, Irene
Lesser, Jonas
Linden, S.
Loewenberg, Edith
Lothar, Hans
Margulies, Benzion
Maschler, Kurt Leo
Maschler, Thomas Michael
Maxwell, Ian Robert
May, Hans
Mayer, Lola
Mayer, Peter
Mendelssohn, Peter de
Miller, Elly
Mohrenwitz, Lothar
Moritz, Bruno
Neruda, Oskar
Neurath, Eva
Neurath, Thomas
Neurath, Walter
Nielsen, Fritz Walter

Owen, Peter
Passer, Rolf
Polak, Ernst
Pollak, Inga
Pordes, Henry
Prager, Eugen
Preiss, Hans
Pringsheim, Richard
Rawidowicz, Simon
Reichmann, Hans
Reinhardt, Max
Retford, Irene
Riepl, Hans (Otto)
Ring, Grete
Rosbaud, Paul
Rosenberg, Carl Georg(e)
Rosenberg, Käthe
Rosenberg, Ruth
Rosenfelder, Ernst Albert
Rosenthal, Albi
Rosenthal, Ernst
Rosenthal, Tom
Roth, Ernst
Roubiczek, Paul Anton
Saenger, Erwin
Salomon, Martin Franz
Schauer, Richard
Schindler, Bruno
Schmoller, Hans Peter
Schwarz, Kurt L.
Schwarzwälder, Suse Beate
Seligmann, Ernest
Silbermann, Abraham Moritz
Sondheimer, Robert
Spanier, Gerhard
Spinner, Leopold
Stein, Erwin
Steiner, Herbert
Steiner, Rudolf
Sulzbacher, Martin
Suschitzky, Adele
Suschitzky, Joseph
Suschitzky, Willi
Ullstein, Frederick
Ullstein, Leopold
Ullstein, Rudolf
Weg, Fritz Gerhard
Weidenfeld, (Arthur) George
Weil, Ernst
Wiener, Alfred
Wolff, Helen M.
Wolff, Ilse R.

Wolff, Kurt
Wolff, Oswald
Yaskiel, David
Zsolnay, Paul

Manchester
Clare, George Peter
Zaslawski, Heinz

Mauritius, Kronkolonie
Heller, Alfred

Oxford
Cassirer, Else
Ettinghausen, Maurice Leon
Feith, Anna
Goldscheider, Gaby
Rosenthal, Albi

Reading
Brehm, Eugen Max

Sheffield
Pollak, Inga

Winchester
Feuchtwanger, Ludwig

Zypern, Kronkolonie
Goldmann, Karl

Italien
Cohn, Louis

Florenz
Krell, Max
Rosenthal, Felix
Wolff, Helen M.
Wolff, Kurt

Forenza
Pollak, Ernst

Mailand
Gerrard, Gerhard

Positano
Meckauer, Walter

Rom
Gewürz-Freund, Szyja
Haas, Herta
Prager, Werner

Triest
Rothschild, Jacob

Jugoslawien
Brabec, Friedrich

Zagreb
Fischer, Harry R.

Luxemburg
Hellmann, Richard

Niederlande

Amsterdam
Basch, Martin
Baumann, Walter
Bodlaender, Moritz Leo
Brenner, Ernst
Cahn(-Biecker), Werner
Cahn-Weintraub, Jetty
Cohn, Albert
Dalberg, Julius J.
Feilchenfeldt, Walter
Freyer, Kurt
Frommel, Wolfgang
Hammer, Walter
Hirsch, Rudolf
Horodisch, Abraham
Horwitz, Ernst Morits Martin
Igersheimer, Hermann
Joseph, Louis
Kayser, Rudolf
Kesten, Hermann
Kohn, Hein
Kohn, Menno
Kollár, Karl
Lamm, Louis
Landauer, Walter
Landshoff, Fritz Helmut
Levie, Julius
Liebstaedter, Otto
Liepman, Ruth
Marcus, Hans
Maschler, Kurt Leo
Meyer, Salomon
Oppenheim, Martin
Philippson, Adolf
Rosenberger, Ernst
Rothschild, Hans
Salden, Helmut
Samosch, Fritz

Samosch, Hans
Sothmann, Magdalene
Steiner, Karl Anton
Steiner, Wilhelm Victor
Stock, Erich
Sussmann, Friedrich
Wiener, Alfred
Zadek, Walter

Delft
Cohen, Martin

Den Haag
Brody, Daniel
Gottschalk, Ludwig
Gottschalk, Paul
Jacoby, Hans
Junk, Wilhelm
Liebstaedter, Otto
Loose, Walter
Rosenthal, Fritz
Rosenthal, Hilde
Schierenberg, Rudolf E.
Steiner, Karl Anton
Weisbach, Walter
Wolf(f), Johann Ferdinand

Hilversum
Asch, Rudolf
Bing, Richard
Kohn, Hein
Kohn, Menno
Rosenthal, Fritz
Rosenthal, Hilde

Nijmegen
Gumbert, Hans Ludwig
Hagen, Joseph

Utrecht
Gumbert, Hans Ludwig
Korngold, B.
Lewandowski, Herbert

Zeist
Steiner, Karl Anton

Norwegen
Holm, Hans

Oslo
Neumann, Adolf
Tau, Max

Österreich
Mayer, Carl W.

Wien
Aretz, Paul
Becher, Lilly
Bermann Fischer, Brigitte
Bermann Fischer, Gottfried
Cohn, Louis
Freund, Robert
Hegner, Jakob
Jacobsohn, Edith
Kohner, Paul
Königsberger, Josef
Marbot, Rolf
Maril, Konrad
Maschler, Kurt Leo
Maschler, Thomas Michael
May, Hans
Mendelssohn, Peter de
Pauli, Hertha
Roubiczek, Paul Anton
Sessler(-Zeiz), Thomas
Szücs, Ladislaus
Zeiz, August Hermann

Portugal
Lissabon
Cohn, Louis

Rumänien
Bukarest
Ettinger, Oskar
Goldstein(-Mironescu), Miron

Schweden
Gottschalk, Erica
Grosshut, Friedrich Sally
Laske, Ernst

Lund
Cohen, Marcel

Stockholm
Aber, Erich
Behrisch, Arno Erich

Ortsregister

Berges, Grete
Bermann Fischer, Brigitte
Bermann Fischer, Gottfried
Cohen, Marcel
Cohn, Hans Ulrich
Frisch, Justinian
Heimann, Willy
Lansburgh, Werner Neander
Loewe, Erwin
Neumann, Adolf
Seydewitz, Max
Seydewitz, Ruth
Seyler, Arno
Singer, Kurt F.
Steiner-Prag, Hugo
Sulzbach, Ernst Rudolf
Tau, Max
Tischler, Paula
Ullstein, Karl H.
Ullstein, Leopold
Zuckerkandl, Victor

Uppsala
Lansburgh, Werner Neander

Schweiz
Antignac, Annette
Bertholet, Hanna
Cohn, Louis
Jacobsohn, Edith
Kallir, Otto
Klatzkin, Jacob
Lewandowski, Herbert
Meckauer, Walter
Rosner, Bernhard

Ascona
Amon, Hans
Hirsch, Leon

Basel
Eulenburg, Kurt
Frommel, Wolfgang
Gewürz-Freund, Szyja
Goldschmidt, Victor
Hess(-Cohn), Berta
Karger, Fritz
Karger, Heinz
Karger, Thomas
Lansburgh, Werner Neander
Loeb, Hermann

Ostermann, Max
Reiss, Kurt
Sondheimer, Robert
Steinthal, Walter
Uzielli, Mario

Bern
Aretz, Paul
Hess, Julius
Wallach, Hellmuth

Fribourg
Horodisch, Abraham

Genf
Baer, Leopold Alfred

Grono
Marcus, Theodor

Le Locle
Steinitz, Rosa Meta

Locarno
Hirsch, Leon
Translateur, Hans

Lugano
Ahn, Albert

Luzern
Rosenthal, Heinrich
Rössler, Karl Rudolf

Olten
Aretz, Paul
Hegner, Jakob
Weiss(-Hesse), Rudolf

St. Gallen
Steinitz, Rosa Meta

Zürich
Alberti, Victor
Bernath, Morton H.
Brody, Daniel
Dreßler, Bruno
Dreßler, Helmut
Fabian, Ruth
Feilchenfeldt, Walter
Flinker, Martin

Halle, Ida
Heimann, Willy
Krause, Friedrich
Lackenbach Robinson, Armin
Landau, Edwin Maria
Liepman, Ruth
Menzel, Simon
Picard, Fritz
Pinkus, Theo
Porges, Oscar
Preczang, Ernst
Rosenthal, Bernard M.
Rosenthal, Erwin
Rosenthal, Felix
Schachnowitz, Selig
Scherchen, Hermann
Schmitt, Samuel Abraham Wilhelm
Sessler(-Zeiz), Thomas
Stössinger, Felix
Tschesno-Hell, Michael
Weg, Fritz Gerhard
Wenzel, Hilde
Wertheim, Johannes

Spanien
Janka, Walter
Kalischer, Werner
Lansburgh, Werner Neander
Leonhard, Rudolf
Merlander, Kurt

Barcelona
Ehrlich, Siegwart
Lifczis, Hugo
Lifczis (Lifezis), Anna

Madrid
Adler, Arthur M.
Buchholz, Karl

Tschechoslowakei
Anders, Karl
Janka, Walter

Karlsbad
Pfemfert, Franz

Mährisch-Ostrau
Mayer, Paul

Prag
Adler, Hans-Joachim
Beier, Wilhelm
Callam, Albert
Feuchtwanger, Martin Moshe
Graf, Oskar Maria
Heine, Fritz
Herzfeld, Barbara
Herzfelde, Wieland
Jaeger, Hans
Kalmer, Joseph
Katz, Otto
Koch, Bernhard
Lang, Joseph
Marcus, Theodor
Müller, Arthur
Neruda, Oskar
Nielsen, Fritz Walter
Passer, Rolf
Prager, Eugen
Riepl, Hans (Otto)
Roubiczek, Paul Anton
Rühle, Otto
Seydewitz, Ruth
Steiner-Prag, Elenor
Steiner-Prag, Hugo
Steiner, Rudolf
Stössinger, Felix
Ungar, Frederick
Willmann, Heinz
Zucker-Schilling, Erwin

UdSSR
Eberlein, Hugo
Grünberg, Aron

Leningrad
Front, Theodore

Moskau
Becher, Lilly
Buske, Karl
Callam, Albert
Gabelin, Bernward
Greshöner, Maria
Herrnstadt, Rudolf
Katz, Otto
Schälicke, Fritz
Unger, Otto
Walden, Herwarth
Wendt, Erich

Ortsregister

Willmann, Heinz
Winzer, Otto
Zucker-Schilling, Erwin

Samarkand / Usbekistan
Melzer, Joseph

Ungarn
László, Alexander

Budapest
Hahn, Rodolfo

MITTELAMERIKA

Kuba
Bacharach, Siegfried

Havanna
Stratton, Henry

Mexiko
Altmann, Margarete
Brody, Daniel
Frischauf(-Pappenheim), Marie
Gross, Babette Lisette
Sulzbach, Ernst Rudolf

Mexico City
Baron, Stefan
Bernath, Morton H.
Callam, Albert
Janka, Walter
Katz, Otto
Mayer, Paul
Merker, Paul
Neuhaus, Rudolf
Pfemfert, Franz
Rühle, Otto
Schmelz, Klara
Zuckermann, Leo

NORDAMERIKA

Kanada

Montreal
Amtmann, Bernard
Heinemann, Heinz (Heinrich) Egon

Ottawa
Amtmann, Bernard

USA
Cohn, Willy
Faltitschek, Max
Ehrlich, Herbert E.
Goldberger, Siegfried
Hamel, Georg
Katz, Otto
Margulies, Elisabeth
Mayer, Carl W.
Ullstein, Rudolf
Weiss, Hans

Annapolis / MD
Zuckerkandl, Victor

Aurora / NY
Hammer, Victor

Austin / TX
Oberdoerffer, Fritz

Baltimore / MD
Bodenheimer, Alfred
List, Kurt
Springer, Bernard

Berkeley / CA
Knight, Max
Oppenheim, George K.
Rosenthal, Bernard M.
Rosenthal, Erwin
Rosenthal, Felix
Rothschild, Walther

Beverly Hills / CA
Neuman, Walter E.

Bloomington / IN
Hess, Rosa Meta

Boston / MA
Blau, Fred G.
Roskin, Janot Susja
Zuckerkandl, Victor

Boulder / CO
Praeger, Frederick

Cambridge / MA
  Grossmann, Walter
  Müller, Paul
  Schocken, Theodore

Chapel Hill / NC
  Scheu-Riesz, Helene

Chicago / IL
  Hinrichsen, Walter
  Klatzkin, Jacob
  László, Alexander
  Maienthau, Heinz W.
  Plaut, Werner Jonas
  Ross, Heinrich
  Sternthal, Friedrich

Colorado Springs / CO
  Mohl, Leo

Enfield / NH
  Reichner, Edith

Flushing / NY
  Sternheim, Hans

Illinois / IL
  Schiller, Friedrich

Indianapolis / IN
  Roskin, Janot Susja

Ithaca / NY
  Reichmann, Felix

Jacksonville / FL
  Sachsel, Hans

Laguna Beach / CA
  Singer, Kurt F.

Lancaster / PA
  Reichmann, Felix

Lexington / KY
  Hammer, Victor

Los Angeles / CA
  Frank, Elisabeth
  Front, Theodore
  Gordon, Paul

  Gottlieb, Ernest (Ernst Emanuel)
  Guggenheim, Felix
  Kohner, Paul
  László, Alexander
  Marton, Elisabeth
  Marton, Georg(e)
  Merlander, Kurt
  Neuman, Walter E.
  Neuwald(-Sherman), Ellen
  Pick, Richard
  Reisfeld, Berthold
  Saenger, Samuel
  Sal(l)es, Wolf
  Schönberg, Gertrud
  Schwarz, Kurt L.
  Schwarz, Robert
  Szücs, Ladislaus

Luray / VA
  Rosin, Axel G.

Madison / CT
  Kahan, Abraham

Miami / FL
  Neumann, Szyia
  Nussbaum, Ludwig

Newark / NJ
  Morgenstern, Dan Michael

New Brunswick / NJ
  Hill, Claude

New Haven / CT
  Faber du Faur, Curt von
  Steiner-Prag, Elenor
  Steiner-Prag, Hugo
  Sternheim, Hans

New York / NY
  Adler, Arthur M.
  Aldor, George
  Alexan, Georg Friedrich
  Altman, Fred
  Angel, Ernst
  Aschenberg, Bridget
  Bartsch, Hans
  Beer, Monika
  Belf, Josef

Ortsregister

Bendix, Walter
Bermann Fischer, Brigitte
Bermann Fischer, Gottfried
Bernett, Frederick A.
Bernett, Ilse
Bernhard, Georg
Berstl, Julius
Bing, Luise
Bittner, Herbert G.
Blau, Fred G.
Breslauer, Bernard H.
Buschke, Albrecht
Cohen, Klaus
Czempin, Arnold Chon
Daves, Joan
Deutsch, Julius
Dormitzer, Ida
Droß, Gerhard
Drucker, Erich
Dzimitrowsky (Dzimitrowski), Abraham
Efron, George
Eisler, George Bernhard
Eisler, Hilde
Englander, Alois
Enoch, Kurt
Faber du Faur, Curt von
Feigl, Franz F.
Feldheim, Philipp
Feldman(n), Theo
Firner, Walter
Fisher, Peter Thomas
Fleischner, Alfred
Fles, Barthold
Frank, Elisabeth
Fränkel, Lipa
Freudenthal, Josef
Freund, Robert
Front, Theodore
Frucht, Karl
Fuchs, Gerhard J.
Fuhrmann, Ernst
Glanz, Heinrich
Gloeckner, André
Gode von Aesch, Alexander
Goldberg, Walter
Goldschmidt, Arthur
Goldschmidt, Lucien
Gottschalk, Fred S.
Gottschalk, Helen
Gottschalk, Ludwig

Gottschalk, Paul
Graf, Oskar Maria
Graupe, Paul
Greissle, Felix
Grossbard, Robert
Gumperz, Julian
Günther, Grete
Günther, Otto
Guttmann, Oskar
Gutwillig, Gustav
Haas, Robert
Heimann, Hugo
Heinman, William S.
Heinsheimer, Hans W[alter]
Heller, F. Thomas
Hendelson, William H.
Herzfelde, Wieland
Hill, Claude
Hinrichsen, Walter
Hirsch, Emil
Horch, Franz
Igersheimer, Hermann
Jacoby, Kurt
Jadassohn, Alexander
Jahoda, Martin
Johnson, Walter J.
Jokl, Otto
Jolowicz, Albert
Jolowicz, Paul
Jolowicz, Ruth
Jordan, Fred
Jurovics, Samuel
Kagan, Abraham
Kallir, Otto
Kallir, Rudolf F.
Kallmann, Max
Katz, Arthur
Kauffmann, Felix Ignatz
Kaufmann, Eric
Kayser, Rudolf
Kesten, Hermann
Kirchberger, Joe H.
Koppell, Henry G.
Kormis, Herman
Kornfeld, Kurt
Körper, Adolf
Kraus, H. P.
Landshoff, Fritz Helmut
Lang, Joseph
Lantz, Robert

László, Alexander
Laub, Elias
Laub, Julius
Lehmann-Haupt, Hellmut
Lenk, Erich
Lenk, Richard
Lohan, Robert
Lounz, Gregory
Maienthau, Heinz W.
Maril, Konrad
Marton, Elisabeth
Mayer, Ernst
Mayer, Peter
Meckauer, Walter
Mendel, Bernhard
Merrill, Helen
Michaelis, Kurt Günter
Nachod, Hans
Neuer, Oskar
Neuwald(-Sherman), Ellen
Oberdoerffer, Fritz
Offenbacher, Emil
Ostertag, Ferdinand
Pauker, Edmond
Pauli, Hertha
Perles, Paul
Perl, Walter H.
Pfeffer, Max
Phiebig, Albert J.
Plaut, Werner Jonas
Polzer, Victor
Praeger, Frederick
Proskauer, Eric
Ranschburg, Otto
Rapp, Otto
Rathenau, Ernst
Reichner, Edith
Reichner, Herbert
Reiß, Erich
Rose, Alfred
Rosenberg, Mary S.
Rosenheim, Jacob
Rosenthal, Bernard M.
Rosenthal, Erwin
Rosin, Axel G.
Ross, Heinrich
Rothschild, Jacob
Runes, Dagobert D(avid)
Sal(l)es, Wolf
Salloch, William

Salter, Julius B(erthold)
Sauerländer, Wolfgang
Schab, Frederick G.
Schab, William Henry
Schabert, Kyrill S.
Schatzki, Walter
Scheu-Riesz, Helene
Schick, Rudolf
Schiffrin, André
Schiffrin, Jacques
Schocken, Eva
Schocken, Gideon
Schocken, Salman
Schocken, Theodore
Schreiber, Fred
Schreyer, Oscar
Schroeder, Max
Schultz, Heinz K. A.
Schuster, Alfred Bernhard
Schuyler, Gerda
Seidl, Zita
Siegle, Fred R.
Simon, Kurt
Sobotka, Franz
Springer, Bernard
Steiner, Paul
Sterne, Paul Wilhelm
Stone, Kurt
Stratton, Henry
Sussmann, Friedrich
Tal, Lucy
Ullstein, Franz Edgar
Ullstein, Hermann
Ullstein, Karl H.
Ungar, Frederick
Unger, Albert
Valentin, Curt
Viktor, Walter
Waldinger, Ernst
Wallach, Hellmuth
Walter, Hilde
Weiser, Leo
Wendriner, Heinz
Wendriner, Karl Georg
Willard, Ernst
Winter, Ernst Karl
Winter, Hugo
Wittenborn, Otto Gustav Ernst
Wolff, Helen M.
Wolff, Kurt

Ortsregister

    Wolfradt, Willi
    Wyden, Peter H.
    Ziegelheim, Hersch
    Zimmermann, Albert F.
    Zuckerkandl, Victor
    Zweig, Friderike Maria

North Bergen / NY
    Grosshut, Friedrich Sally

Northbrook / IL
    Perles, Paul

Oakland / CA
    Lachmann-Mosse, Hans

Palm Springs / CA
    Front, Theodore

Philadelphia / PA
    Oppenheim, George K.
    Reichmann, Felix

Rochester / NY
    Herz, Emil (Emanuel)

San Diego / CA
    Kalischer, Werner

San Francisco / CA
    Knight, Max
    Koch, Ernst
    Rosenthal, Bernard M.
    Rosenthal, Felix
    Simon, Rudolf
    Steinthal, Walter
    Tal, Lucy

Santa Barbara / CA
    Berstl, Julius
    Boehm, Erich

Santa Fe / NM
    Tepp, Max

Santa Monica / CA
    Cohn, Siegbert

St. Louis / MO
    Sabatzky, Dagobert

Stockbridge / MA
    Reichner, Edith
    Reichner, Herbert

Tenafly / NJ
    Kraus, Hans Felix

Waltham / MA
    Rawidowicz, Simon

Washington / DC
    Bader, Franz
    Hallgarten, Georg(e) Wolfgang Friedrich
    Simon, Heinrich

Yonkers / NY
    Ganz, Walter

SÜDAMERIKA

Argentinien
    Schiftan, Fanny
    Schiftan, Fritz

Buenos Aires
    Barta-Mikl, Emma
    Cahn, Alfredo
    Fischer, Katharina
    Friedländer, Günter
    Friedmann, James Illy
    Hahn, Rodolfo
    Henschel, Edgardo
    Henschel, Juan
    Herzfeld, Barbara
    Herzfeld, Maria O.
    Hirsch, Carlos
    Keins, Pablo
    Lebach, Lili
    Lebendiger, Hendryk
    Lifczis, Hugo
    Lifczis (Lifezis), Anna
    Luzian, Johan
    Pretzfelder, Otto
    Riegler, Charles J.
    Simon, Rudolf
    Steinberg, Bernard
    Sternau, Robert
    Swarsensky, Hardi
    Tepp, Max
    Winter, Arnold

Winter, Berthold
Zanders, Edith
Zech, Paul
Ziegler, Rinaldo

Chascomús
Luzian, Johan

Córdoba
Cahn, Alfredo
Barta-Mikl, Emma

Bolivien

Cochabamba
Guttentag, Werner

La Paz
Deutsch, Julius
Friedländer, Günter

Brasilien
Baron, Stefan
Rosenberg, Heinrich

Belo Horizonte
Blau
Bluhm, Paulo

Porto Alegre
Schidrowitz, Leo

Rio de Janeiro
Apfel, Gerhard
Bach, Susan(ne)
Bluhm, Paulo
Bluhm, Reynaldo Max Paul
Eichner, Erich
Geyerhahn, Walter
Simon, Hugo
Worm, Fritz

São Paulo
Cohen, Frederico
Fabian, Kurt
Friedländer, Eduard
Herz, Eva
Hochheimer, Heinz
Lebendiger, Hendryk
Luft, Franz
Reichmann, Ernesto

Reichmann, Henrique
Rob, Karl
Rosenthal, Else
Schendel, Knut
Todtmann, Gerth
Veit, Henrique
Viebig(-Cohn), Ernst Wilhelm
Worm, Fritz

Chile
Marcus, Theodor

Santiago de Chile
Albers, Eduardo
Deutsch, Sascha Adolf
Fischer, Benno
Pollak, Oscar
Sander, Georg

Valparaiso
Friedländer, Günter
Rosenberg, Eduard

Ecuador

Guayaquil
Alexander, Werner A(haron)
Moritz, Bruno

Quito
Goldberg, Simon
Liebmann, Carlos G.

Kolumbien

Bogotá
Buchholz, Karl
Rothschild, Otto
Ungar, Hans

Cali
Cohen, Gustavo Jiminez

Medellin
Rosenfeld, Alfred

Montevideo
Mendel, Bernhard

Paraguay

Ascunción
Henning, Carlos
Henning, Klaus
Stadecker, Ernesto

Ortsregister

Coronel Oviedo
    Ziegler, Rinaldo

Montevideo
    Luzian, Johan

Peru

Lima
    Barta-Mikl, Emma
    Klein, Erich
    Moll, Herbert
    Schwab, Federico
    Weil, Herbert

Uruguay

Montevideo
    Brandenburg, Fritz
    Freund, Joachim Hellmut
    Gütermann, Heinrich
    Nathan, Peter
    Neuländer, Fritz
    Perschak, Arthur

Venezuela

Caracas
    Todtmann, Oscar

Firmenregister

A

A & B Booksellers New York 145
AB Nordiska Uppslagsböcker 69
ABC Antiquariat Marco Pinkus Zürich 383
ABC-Library and Bookstore Tel Aviv 112, 248, 264
ABC-Clio Santa Barbara / CA 46 f.
ABC Gemeinschaftsantiqu. N. Y. 421
Ablex Publishing Corp. Norwood 237
Abrams Inc. Verlag New York, Amsterdam 289, 362, 500
Academia Boekhandel en Antiquariaat Delft NV 69
Academia Verlag Prag 325
Academic Book Service New York 373
Academic Press Inc. (AP) New York 230, 236, 239 f., 398, 494
Acker Verlag Berlin 301
Adler's Foreign Books Inc. New York 4
Adprint Ltd. London 117, 360, 362, 417, 499
Ägyptologischer Verlag Miron Goldstein Berlin 156
African Universities Press Lagos (Nigeria) 74
Agence de Librairie Française et Etrangère Ernest Strauss Versandbuchhandlung Paris 512
Agencia Literaria Europaea São Paulo (Brasilien) 97, 532
Agis Verlag Wien, Berlin 136, 430, 523, 549 f.
Albert Ahn Verlagsbuchhandlung Köln 5
Ahn & Simrock Bühnenverlag Bonn, Berlin 5
Ajanoth Hebräischer Verlag Berlin 247 f., 399
Akademie Verlag Berlin 137, 414
Akademische Buchhandlung Grote 220
Akademische Kant-Buchhandlung Joseph Singer Berlin 392
Akademische Verlagsanstalt Pantheon Amsterdam, Antwerpen, Brüssel 132, 270
Akademische Verlagsgesellschaft Athenaion Wiesbaden 237
Akademische Verlagsgesellschaft Leipzig 230, 236, 238, 275, 395
Akademische Verlagsgesellschaft Frankfurt am Main, Paris, London 236
Akademische Verlagsgesellschaft Becker & Erler KG Leipzig 230, 239
Akademische Verlagsgesellschaft Geest & Portig KG Leipzig 230, 239
Akademische Verlagsgesellschaft mbH Wien 275
Aktions-Buch- und Kunsthandlung Berlin 376
Albatross Verlag Paris, Hamburg 18, 93, 155
Albers Libros Internacionales Buchhandlung Santiago de Chile 6, 414
Alberti Musikhaus Berlin 6
Alberti Edition Musikverlag Berlin 6, 280
Aldus Books London 118, 524
Aldus Druck Berlin 222
Al haMishmar Verlag Lausanne 263
Allen & Unwin Verlag London 284
Allgemeine Verlagsanstalt München 172, 547
Alliance Book Corporation (ABC) New York, Toronto 271, 289
Almquist & Wicksell Universitätsbuchhandel Stockholm 69 f.
Alrobi Musikverlag GmbH Berlin 6, 280
Leo Alterthum Buch- und Zeitschriftenverlag (Jüdischer Buchverlag) Berlin 8
Altes Rathaus Buchhandlung Wien 177
Altmann GmbH Antiquariat Berlin 434
Amalthea Verlag Wien 149
Am anderen Ufer Verlag Dresden 437
Amelang Antiquariat (Hans Benecke) Frankfurt am Main 567
Amelang Buch- und Kunsthandlung Berlin 68
American Historical Publishing Co. New York 134
Hans Amon Buchhandlung Wien 9
Am Oved Taschenbuchverlag Tel Aviv 94
K. André'sche Buchhandlung Prag 325
Ernst Angel Verlag Berlin 12
Anglo-Austrian Music Society Ltd. London 187
Anglo-Soviet Press Musikverlag London 253
Ankorim Kinderbuch-Imprint Jerusalem 148

Antiqua Boek-Antiquariaat Amsterdam 433
Antiquitätenhaus Prinzenbau 35
Anzengruber Verlag Wien 514 f.
Ao Livro Técnico Ltda. Rio de Janeiro 43
Appleton & Co. Verlag New York 114
Ararat Verlag London 326, 399
Arcadia Theater- und Musikverlag Berlin 513
Ardis Publishing Ann Arbor MI 338
Paul Aretz Verlag (GmbH) Dresden (Berlin, Leipzig) 14
Ars Medici Verlag Wien 254, 367
Ars Viva Musikverlag Brüssel, Zürich 457
Art Book Publications, Inc. New York 145
H. Aschehoug & Co. Verlag Oslo 520
H. Ashbrook Antiquariat London 17
A. Asher & Co. Antiquariat, Buchhandlung Berlin 160, 295, 309, 498, 566
A. Asher's Import & Export Boekhandel Den Haag, Amsterdam 243, 310, 499
Asher Rare Books Amsterdam, Utrecht 310, 499
Asia Major Verlag Leipzig 464
Associated Music Publishers Inc. (AMP) New York 197, 237, 508, 555
Astoria-Druckerei vormals G. Roth GmbH Wien 208
Athenäum Verlag Kronberg im Taunus 260
Athene-Edition Bühnenverlag Wien, Zürich, New York 108
Atlantis Verlag Zürich, Freiburg im Breisgau 14
Atlas-Verlag Dr. Alterthum & Co. Berlin 8
Atrium Verlag Basel, Zürich 109, 329
Atrium Press Ltd. London 329
Aufbau Verlag Berlin, Weimar 178, 207, 235, 475, 548, 553
Augener & Co. London 213 f.
Hermann Augustin Musikverlag Berlin 394
J. J. Augustin Verlag New York 447
Au Pont de l'Europe Buchhandlung Paris 368, 556
Auriga Verlag Gotha, Darmstadt, Berlin 135 f.
Aurora-Verlag New York 162, 207, 353, 416, 539
Avalun-Verlag Wien 378
Avon Books New York 338
Ayanoth Verlag → Ajanoth Hebräischer Verlag

B

Susan Bach Comercio de Livros Rio de Janeiro 18
Back Issues Corporation New York 9
Franz Bader Gallery and Bookshop Washington 20
Max Baender Buchhandlung Breslau 20
Alexandre Baer (Librairie Joseph Baer & Co.) Antiquariat Paris 23
E. Baer Bookseller London 22
Joseph Baer & Co. Antiquariat Frankfurt am Main 17, 22, 54, 160, 179, 205, 257, 396, 572
Bärenreiter Verlag Kassel 158
Hermann Ball Kunsthandlung Berlin 36
Bamberger & Wahrmann Antiquariat Jerusalem 24, 337, 536 f.
Bank-Verlag Alfred Lansburgh Berlin 291
Julius Bard Verlag für Literatur und Kunst Berlin 113, 477
Hermann Baron Musikantiquariat London 24
Barrie Publishing London 525
C. Barth Verlag, Grosso- und Versandbuchhandlung Wien 208, 282
Johann Ambrosius Barth Verlag 237
Bastei Verlag Wien 123
Bernd Bauer Verlag 157
Hermann Bauer KG Verlag Freiburg im Breisgau 477
Beboton Filmmusikverlag Berlin 519
Becker & Schütz Hebräische Buchhandlung Leipzig 476
C. H. Beck'sche Verlagsbuchhandlung München 308
Beijers Antiquariat und Buchauktionshaus Utrecht 174
J. Belf, Buchhandlung, Wien 28
Bellbird Books Sydney 99
Belmont Music Publishers Los Angeles 472
Ben-Dor Israel Publishing Co. Tel Aviv 21
Anton J. Benjamin AG Musikverlag Hamburg Leipzig 30, 121, 181, 214, 406, 456, 519
J. Bensheimer Verlagsbuchhandlung Mannheim 172
Pierre Berès Antiquariat Paris 154
Berg Publishers London 562
Berger und Fischer Buchhandlung Wien 110
Berliner Verlag 63, 70, 90, 203

Firmenregister

Bermann-Fischer Verlag Stockholm 33, 271, 285, 289 f., 415, 489, 503, 517, 575
Bermann-Fischer Verlag GmbH Wien 33 f., 130, 170, 327, 385, 575
Bermann-Fischer / Querido Verlag Amsterdam 34, 218, 489
Morton H. Bernath Antiquariat Mexico-City 35
F. A. Bernett Books Inc. New York 36, 573
Bernett Penka Rare Books LLC Boston 36
Bernina-Verlag AG (Editions Bernina SA) Olten, Wien 15
Bertelsmann AG Gütersloh 430
BIAS (Bilderbücher in allen Sprachen) → G. Löwensohn
Biblion Grosso-Buchhandlung Tel Aviv 318, 567
Biblion Internationale Buchhandlung Paris 172
Biblion Inc. Forest Hills / NY 160
Bibliotheca Circolante Siusi 141
Luise Bing Jüdischer Buchvertrieb München 39
Birkenstock'sche Buchhandlung Rawitsch 3
Herbert G. Bittner Antiquariat, Verlag New York 40
Björck & Börjesson Antiquariat Stockholm 3
Black Star Agency New York 136, 273, 334, 444
Black Star Publishing Co. New York 273, 444
Blacker, Calmann & Cooper Verlag London 64
B. H. Blackwell Scientific Ltd. Oxford 255, 441
Blackwell's Bookshop London 179, 387
Felix Bloch Erben Bühnenverlag Berlin 232
Bloch Publishing Co. New York 430
Karl Block Reise- und Versandbuchhandlung Berlin 258
Bloomsbury Auctions London 102, 218, 377
C. Boas Nachf. Sortiment und Verlag Berlin 141
Boekenvrienden Solidariteit Buchgemeinschaft, Verlag Hilversum 16, 40, 268
Hermann Böhlau's Nachf. Verlag Weimar 284
Bohan-Neuwald Agency Inc. New York 363
Bollwerk Verlag Offenbach am Main 278

Bomart Music Publications Hillsdale / NY 313
Louis Bondy Antiquariat London 47
Bonnier Stockholm 33 f., 291, 513
Book of the Month-Club New York 180, 430, 503
Joseph Boonin Inc. Musikverlag New York 508
Boosey & Hawkes Musikverlag London 135, 197, 253, 406, 432, 492, 496
Bosworth Musikverlag Köln 522
Bote & Bock Musikverlag Berlin 23, 135, 213, 463
Bourcy & Paulusch Antiquariat Wien 307, 479
H. Bouvier & Co. Bh., Verlag Bonn 68, 229
Bowes & Bowes Antiquariat Cambridge 17
R. R. Bowker Verlag New York 502
Marion Boyars Publishers Ltd. London 49
Marion Boyars Inc. New York 49
Jakob B. Brandeis Buchhandlung Breslau 50
Oscar Brandstätter Druckerei Leipzig 190
Branner's Bibliofile Antikvariat Kopenhagen 146
Bratfisch Musikaliengeschäft Frankfurt (Oder) 463
Wilhelm Braumüller & Sohn Buchhandlung Wien 440
Manfred Braun Buchhandlung Ramat Gan 51
Breitenstein Buchhandlung Wien 52
Breitkopf & Härtel Musikverlag Wiesbaden 267, 394
Brenner-Sothmann Antiquariaat Amsterdam 52, 324, 491
Brentano's Bookshop New York 179, 556
Martin Breslauer Antiquariat Berlin 53–55, 163, 478
Martin Breslauer Ltd. Antiquariat London 53, 55
Breslauer & Meyer Buchhandlung und Antiquariat Berlin 54, 179
E. J. Brill Verlag Leiden 196
Brimax Books Ltd. Newmarket / GB 184, 418
British International News Agency London 565
British Printing Corporation (BPC) London 118, 138, 333
British Standard Music Co. Ltd. London 30
Brockhaus Leipzig 64
Bronfman Book Distribution Agency Israel 56

Alexander Broude Inc. Musikverlag New York 508
Brückenbauer Verlag Köln 278
Brüder Rosenbaum Druckerei u. Verlag Wien 412 f.
Charles Bruell Musikverlag Paris 57
Brull Ltd. & Co. Musikverlag London 57
Robert Brunner Inc. Verlag, Antiquariat New York 58
Karl Buchholz Buchhandlung, Galerie Berlin 58, 476, 532, 556
Buchholz Gallery Curt Valentin New York 58, 476, 532
Buchladen Ida Dormitzer Nürnberg 79
Buchladen Kurfürstendamm Berlin 94
Die Buchlese Zeitschriftenvertrieb Berlin 448
Buchversand Gutenberg Susanne Schulz Lindau am Bodensee 477
Bücher-Ecke Berlin-Wilmersdorf 71
Büchergilde Gutenberg Argentinien 572
Büchergilde Gutenberg Frankfurt am Main 80
Büchergilde Gutenberg Leipzig Berlin 79, 268, 312, 393, 534
Büchergilde Gutenberg Zürich →
Schweizerische Büchergilde Gutenberg
Bücher-Kabinett Berlin 248
Bücherstube am Rathaus Detmold 398
Bücherstube Belgrano Montevideo (Paraguay) 322
Bücherstube Alfred Bodenheimer Darmstadt 44
Bücherstube Siegfried Bacharach Hannover 19
Bücherstube Hans Götz Hamburg 146
Bücherstube Carola Graetzer Gleiwitz 162
Bücherstube Kassel 366
Bücherstube Hans Mayer Köln 324
Bücherstube Reconquista Buenos Aires 206
Bücherstube Horst Stobbe München 193
Bücherstube Walter Schatzki Frankfurt am Main 454
Bücherstube am Wittenbergplatz Görtel & Mohrenwitz GmbH Berlin 349
Büchersuchdienst Zürich 382
BUKUM Buch-, Kunst- und Musikalienhandlung Neubauer & Cie. Wien 278, 465, 503 f.
BUKUM AG für Buch- Kunst und Musikalienhandel vormals Hugo Heller & Cie. Wien 115 f., 198, 279, 357, 503

J. & E. Bumpus Buchhandlung London 82, 220
Bund Verlag Frankfurt am Main 291
Burlington Magazine Publishers Ltd. London 241
Albrecht Buschke Antiquariat New York 60 f.
Butterworth's Scientific Publications Ltd. London 184, 274, 332, 411

C

Le Cabinet de l'Estampe et du Livre Ancien Monte Carlo 314
Calder & Boyars Verlag London 48
Callam Verlag Chemnitz 63
John Calmann & King Verlag London 63
Calvary & Co. Verlag, Buchhandlung Berlin 156, 238, 337
Canada Book Auctions Toronto 10
Jonathan Cape Verlag London 330, 404
Carlebach Antiquariat Heidelberg 64
Carlton Publishing Group London 75
Casa Editora Liebmann Verlag Quito (Ecuador) 308
Casa Editrice Apollo Bologna 172
Cassell & Co. Verlag London 542
Bruno & Paul Cassirer Kunst- und Verlagsanstalt Berlin 64
Bruno Cassirer Verlag Berlin 65, 334, 378, 520
Bruno Cassirer Publishers Ltd. London, Oxford 65 f., 212
Paul Cassirer Verlags-AG Berlin 65, 100, 110
Amsterdam'sche Kunsthandel Paul Cassirer 101
Paul Cassirer Ltd. London 409
Castrum Peregrini Amsterdam 131 f., 270
Caxton Holding Verlagsgesellschaft 332
D. B. Centens Buchhandlung, Verlag Amsterdam 433
Central-Antiquariat Wien 77
Chaim Verlag St. Petersburg, Berlin, Tel Aviv 247
Chanticleer Press New York 500
Chapman Publishers London 542
Chappell Musikverlag London 135
Charivari Musikverlag München 280
Chatto & Windus Verlag London 404
F. W. Cheshire Publishing Pty Ltd. Melbourne 99

Firmenregister

Christie, Manson & Woods (Christie's) Auktionshaus London 10, 105
Chronos Bühnenverlag Berlin 334
Cineton GmbH Wien 519
Circolo Librario (Bücherkreis Schlesinger) Mailand 140
Clarendon Press Oxford 395
Clio Press Santa Barbara CA 46
Friedrich Cohen Verlagsbuchhandlung, Antiquariat Bonn 68, 163, 229
Colibris Editora Rio de Janeiro, Amsterdam 87
Arthur Collignon Buchhandlung Berlin 220
Collins Publishers London 118, 361 f.
Colourprint Ltd. London 189
Continenta Verlagsauslieferung Paris 93
Corona Buchhandlung Santiago de Chile 5
Cosmics Verlag Abraham Melzer Neu-Isenburg 342
Cosmopolit Bookshop & Newspaper Tel Aviv 340
Cosmopolitan Book Service Shanghai 134
Cosmopolita Buchhandlung Buenos Aires 128, 148
Cosmopolite Ltd. Buchimport Tel Aviv 189, 478
Cotta Verlag Stuttgart, Berlin 12
Country Life Books London 184
Crossroad / Continuum Publishing Group New York 528
Thomas Y. Crowell Verlag New York 146
Curtis Brown Literarische Agentur London 349
Curwen Press London 467
Cyliaxdruck Walter Cyliax Wien 412 f.

D

Dacapo Verlag Wien 95, 194
Das internationale Buch Buchhandlung Wien 77
Joan Daves Literaturagentur New York 73, 262
Davis & Orioli Antiquariat London 102
John Day Co. Verlag New York 373
Stephen Day Inc. Verlag Vermont 528
De Arbeiderspers Verlag Amsterdam 445
De Bezige Bij Verlag Amsterdam 268
De Boekenbron Antiquariat Amsterdam 507
De Boekenkamer Amsterdam 26
De Boekenvriend Versandbuchhandel, Antiquariat Hilversum 40

De Gemeenschap Verlag Bilthoven 227, 517
De Pampiere Wereld Amsterdam 73, 281, 347
Dekker & Van Vegt Nijmegen 181
Delphi-Verlag AG Bern 15
Delphin Verlag Dr. Landauer München, Landshut 96, 284, 364
Der Europäische Merkur / Éditions du Mercure de l'Europe Verlag Paris 343, 436, 565
Kurt Desch Verlag München 268
André Deutsch Ltd. Verlag London 74 f., 330, 429
Hans Deutsch Verlag Wien 75
Deutsche Buch-Gemeinschaft GmbH Berlin 173, 271, 385
Deutsche Bücherstube Caracas (Venezuela) 521
Deutsche Lichtspiel Syndikat AG Berlin 519
Deutsche Verlags-Anstalt Stuttgart 126, 535
Deutsche Zentral-Buchhandlung New York 272
Deutscher Auslandsverlag Berlin 340
Deutscher Bücherbund Stuttgart 307
Funkverlag Berlin (Ost) 28
Deutscher Modenverlag Berlin 241
Deutscher Staatsverlag Engels / Wolga 538
Deutscher Verlag (früher Ullstein) Berlin 523
Deutsches Bücherhaus Frankfurt am Main 149
Diana Verlag Zürich 344
J. Diebler Buchhandlung und Antiquariat Wien 440
Die Bücherquelle Antiquariat Wien 77
Die Dachstube Verlag Darmstadt 278
Diederichs Verlag Jena 454
Die Fundgrube Antiquariat Berlin 295
Die Liga Verlag Zürich 343
Die Rote Fahne Verlag Berlin 63, 84
Die Schmiede GmbH Verlag Berlin 37, 42, 285, 287, 301, 378, 449, 546, 564
Die Umwelt Verlag Buenos Aires 521
JHW Dietz Nachf. Verlag Berlin 375, 454, 484, 550
Dillon's University Bookshop Ltd. London 82
Diogenes Verlag Zürich 74
Anna Dirnhuber vorm. Teufens Nachf. Buchhandlung Wien 78
Distribuidora Europea de Impresos Importfirma Mexico City 576

WBR Distributors Ltd.
  Buchvertriebsgesellschaft London 525
Doblinger Musikverlag Wien 57, 212
Lucien Dorbon Antiquariat Paris 54
Doremi Musikverlag Berlin 6, 280
Ida Dormitzer Jüdischer Buchvertrieb 79
Ida Dormitzer Book Shop New York 79
Doubleday & Co. Inc. New York 118, 200, 524
Dreiklang Musikverlag Berlin 6
Drei Masken Bühnenverlag Berlin 6, 37, 203, 232, 280, 292
Cecilie Dressler Verlag Berlin 329
Droemersche Verlagsanstalt Th. Knaur Nachf. München 126
Erich Drucker Books New York 81
Druckerei A. Seydel AG 173, 271
Druckerei- und Verlagskontor Berlin 137
dtv (Deutscher Taschenbuch Verlag) München 56, 74, 191
Duckworth Publishers London 338
Dümmler Verlag Bonn 35
Carl Duncker Verlag Berlin 272
Duncker & Humblot Verlag München, Leipzig 106
Dwir Verlag Berlin, Tel Aviv 549

E

East Africa Publishing House (EAPH) Nairobi (Kenia) 74
Edhoffer & Kasimir Antiquariat Wien 137
Edicion Férmata Musikverlag Buenos Aires 297
Edition Alberti 6
Edition Asra Paris 407
Edition Balan Musikverlag Berlin 24
Edition Bernoulli Berlin, London 491
Edition Bristol Musik- und Bühnenverlag Wien 490
Edition Karl Brüll GmbH Musikverlag Berlin 57
Edition Coda SA Paris 194
Edition Eulenburg GmbH Zürich 96
Edition Fermata Warschau 296
Edition Dr. Peter Freund Jerusalem 122, 381
Edition Kaleidoskop Berlin 267
Edition Neruda Berlin 356
Edition Marbot Hamburg 324
Edition Olympia Paris 107
Ed. Olympia Tel Aviv 107

Edition Pro Musica Jerusalem 24
Edition Romema Jerusalem 29
Edition Staccato GmbH Musikverlag Wien 324, 405
Edition Tauchnitz Leipzig 93
Edition Victory Barcelona 86
Éditions Sebastian Brant Straßburg 354
Éditions de la Connaissance Brüssel 152
Éditions du Carrefour Paris 26, 165, 330, 354
Éditions Gallimard Paris 462
Éditions Georges Marton Paris 328
Éditions Hypérion Paris 145
Éditions Méridian Paris 181, 324, 405
Éditions Météore Paris 7, 182, 431, 512
Éditions Nathan Paris 14
Éditions Nouvelles Internationales (ENI) (Internationale Verlags-Anstalt) Paris 38, 227
Éditions Pro Musica Paris 24
Éditions Prométhée Paris 375, 550
Éditions Bernard Rosner Paris 7, 431
Éditions Sociales Internationales Paris 219
Editora Poligono São Paulo (Brasilien) 402
Editora Léo Jerônimo Schidrowitz Porto Alegre, Rio de Janeiro (Brasilien) 460
Editorial Cosmopolita Verlag Buenos Aires 128 f.
Editorial Estrellas Verlag Buenos Aires 127, 129, 517, 569
Editorial El Lago Chascomús Argentinien 322
Editorial Libri Reinhardt Völter Buenos Aires 535
Editorial Los Amigos del Libro Cochabamba 176
Editorial Bruno Moritz Quito, Guayaquil 351
Editorial Papyrus Buchimport Argentinien 464
Francis Edwards Antiquariat London 419
Efron Verlag Berlin 85
Egmont Medienkonzern 317
Franz Eher Nachf. Verlag (Zentralverlag der NSDAP) München 523
Ehrlich Verlag Barcelona 86
Josef Ehrlich & Josef Schmidt OHG Druckerei u. Verlag Wien 485
Eibenschütz & Berté Verlags- und Vertriebsgesellschaft Wien 555
Willi Eichler Verlage Göttingen Berlin 38

Firmenregister

Carl Einbrodt Buchbinderei Leipzig 85
Otto Eirich Theaterverlag Wien 311 f.
Heinrich Eisemann Antiquariat Frankfurt am Main 88
J. Eisenstein & Co. Antiquariat, Buchhandlung Wien 89
Heinrich Eisler Annoncen- Expedition Berlin, Frankfurt am Main 89
Heinrich Eisler Zeitschriften- und Fachbücherverlag Hamburg 89
Heinrich Eisler Werbung Hamburg 90
Elek Books Ltd. (Paul Elek Ltd.) London 64, 90, 545
El Libro Libre Verlag Mexico 235, 256, 337, 344, 393
El Manual Moderno Verlag Mexico 358
Elsevier Verlag Amsterdam 230, 461
Emigrant's Book Service Shanghai 134
Encyclopedia Britannica Inc. 7, 389
Gebr. Enoch und Oscar Enoch Verlagsbuchhandlung Hamburg 92
Oscar Enoch Buch- und Zeitschriftengroßhandlung Hamburg 92, 166
Enoch Ltd. London 93
Enoch Publishing Co. New York 93, 272
Epok Verlagsdruckerei Stockholm 525
Dr. Hans Epstein Verlag Wien 371
Erasmus Antiquariaat en Boekhandel Amsterdam 26, 139 f., 222, 366, 417
Erdeka Film GmbH Berlin 13
Eremiten Presse Frankfurt am Main 409
ERGA Foreign Books Cambridge/MA 170
Erste Wiener Fachbuchhandlung 77
Eschkol (Eshkol) Verlagshaus Berlin 263, 399
Esselte Verlagskonzern Stockholm 520
Oskar Ettinger Musikverlag Berlin 95
Ernst Eulenburg Musikverlag Leipzig 95
Ernst Eulenburg Ltd. London 96
Euphorion Verlag GmbH Berlin 222, 398
Europa Verlag Zürich 277, 512
Europa Verlag Wien 252
Europäische Verlagsanstalt (EVA) Frankfurt am Main 38, 408
Europaton Verlag Wien 490
European Bookshop Shanghai 295
European Periodicals, Publicity and Advertising Corp. (EPPAC) London 332
Ewer-Antiquariat Joseph Jolowicz Berlin 238

Ewer-Buchhandlung (Hans Werner) Berlin 238, 259, 340, 548 f.
Ewer-Buchhandlung München 29, 39, 79, 259, 350, 410

F

Faber & Faber Verlag Oxford 65, 329
Fabian Books and Stationery Ra'anana/Israel 98
Fachverlag AG Hamburg 89
Fackelreiter-Verlag Bielefeld 185
Fama Verlag London 329
Favorit-Verlag Georg Lehmann Berlin 240
F. W. Faxon Company Publisher Westwood, MA 236
Franz F. Feigl Bookdealer New York 100
Julius Feith Buchhandlung Wien 103
Philipp Feldheim Inc. New York 103
Feldheim Publications, Ltd. Israel 103
Theo Feldman Books New York 104
Felicitas Verlags- und Vertriebsgesellschaft mbH Berlin 508
Maximilian Ferber Buch- und Musikalienhandlung Wien 105
Ferber & Malota Antiquariat und Buchhandlung Wien 105
Fermata Do Brazil (Edicion Fermata; RGE Fermata) Musikverlag São Paulo 297
Fine Art Engravers Ltd. London 329
Dr. Benno Fischer Verlag Augsburg 109
Fischer Fine Art Gallery London 111, 362
S. Fischer Verlag Berlin 32 f., 205, 259, 327, 415, 443, 487, 502, 519
S. Fischer Verlag Frankfurt am Main 34, 121, 149, 218, 513
Fischer's medicinische Buchhandlung H. Kornfeld Leipzig 272
Peter Thomas Fisher Bookseller New York 111
Alfred Flechtheim Galerie Düsseldorf (und Filialen) 112, 532
Egon Fleischel & Co. Verlag Berlin 149, 535
Dr. Alfred Fleischner Buchhandlung Wien 114
Barthold Fles Verlag New York 115
Buchhandlung Martin Flinker Wien 116
Focal Press London 89, 274
Focal Press New York 89, 90

Gustav Fock GmbH Leipzig 3, 61, 163, 179, 199, 230, 235 f., 238 f., 245, 336, 395, 450, 484, 540
Foetisch Frères Lausanne 212, 214
Folkwang-Verlag Hagen, Darmstadt 135
Folkwang-Auriga-Verlag → Auriga Verlag
Fontane Verlag Berlin 535
H. Foulks Lynch Verlag London 404
Fourier Modernes Antiquariat Wiesbaden 341
Foyles Buchhandlung Antiquariat London 153, 335, 515
J. Frankfurter Buchhandlung Wien 77
Frankfurter Bücherstube 81
Frankfurter Int. Verlagsauslieferung 389
Frankfurter Societäts-Druckerei 321, 487 f.
Frankfurter Verlags-Anstalt AG 113, 477
Freie Verlagsgesellschaft mbH Berlin 483
Freier Deutscher Buchverlag → Editorial Cosmopolita
Freyer & Co. Buchhandlung, Antiquariat Berlin 124, 462
Wilhelm Frick Buchhandlung Wien 92, 110, 362
R. Friedländer & Sohn Berlin 242
James Friedmann & Co. Buchhandlung Berlin 128
Dr. Frisch & Co. Verlagsdruckerei Wien 129 f., 460, 552
Frisch Verlag Ernst Wilhartitz Wien 130, 552
Fritzes Königl. Hofbuchhandlung Stockholm 70
Theodore Front Musical Literature Inc. Beverly Hills 133, 158, 345
Gerard J. Fuchs Imported Books New York 134
Fünf-Türme-Verlag Halle (Saale) 107
Adolph Fürstner Musikverlag Berlin 135
Fürstner Ltd. London 135
Funk & Wagnalls New York 200, 418

G

Galerie St. Etienne Paris, New York 249, 502
Gallimard → Édition Gallimard
Peter Galliner Associates London 138
Ganymed Graphische Anstalt Berlin 21
Ganymed Press London 21
Walter Ganz Antiquarian Bookseller Yonkers, NY 139

Gatewy Books New York 146
Gauthier-Villars Verlag Paris 332
Dr. Max Gehlen Verlag Bad Homburg 237
Geiser-Verlag Leon Hirsch Berlin 216
Genius Verlag Berlin 560
Genootschap voor Boekenvrienden (De Boekenvriend verzendboekhandel) Hilversum 268
Gerold & Co. Buchhandlung Wien 52
Gerrard Publications Lancashire 141
Oscar Gerschel Antiquariat Stuttgart 215
Gescher Verlag Berlin 495
Gesellschaft für graphische Industrie Wien 412 f.
Gilhofer & Ranschburg Antiquariat Wien 152, 326, 396, 426, 452, 479
Ginn and Company Verlag Boston, London 184
Ginzburg Theateragentur Haifa 156
Dr. Heinrich Glanz Verlag Wien 144
H. H. Glanz New York 144
Mary Glasgow Publishers Southam 64
Global Press New York 90
Globus Zeitungs-, Druck- und Verlagsanstalt Wien 77, 153, 170, 498, 533, 569, 574
Glocken Verlag Musikverlag Wien, Frankfurt am Main 42
Glöckner Verlag Andreas Glöckner Wien 145
Gloriette-Verlag Wien Basel 108, 460
Alfred Glücksmann Antiquariat, Leihbücherei Berlin 145
Goethe-Buchhandlung Antiquariat Berlin 148
Walter Goldberg Books New York 148
Siegfried Goldberger Reisebuchhandlung Frankfurt am Main 149
Goldschmidt Buchhandlung Hamburg 69
Dr. Goldschmidt Antiquariat Wien 153
Lucien Goldschmidt Inc. Antiquariat New York 154
O. Goldschmidt-Gabrielli Verlag Berlin 151
Victor Goldschmidt Verlagsbuchhandlung Basel 156
Joachim Goldstein & Co. Tel Aviv 156
Joachim Goldstein Versand- und Verlagsbuchhandlung Berlin 156
Joachim Goldstein Jüdischer Buchverlag Berlin 156
Victor Gollancz Verlag London 121
Gonzer Buchhandlung Berlin 306

Firmenregister

Goodwin & Tabb London 96
Paul Gordon Verlag Berlin 157
Ernest E. Gottlieb Musical Literature
  Antiquariat Beverly Hills 158
Gottmer Verlag Haarlem 269
Elena Gottschalk Verlag Berlin 159
Helen Gottschalk Foreign Books New
  York 159
Paul Gottschalk Antiquariat Berlin 159 f.
Paul Gottschalk Antiquariaat Den Haag 160
Paul Gottschalk, Inc. New York 161
Graefe & Unzer Buchhandlung Königsberg
  82
Granit Verlag Berlin 246
Graphia-Verlag Karlsbad 194, 352
New York Graphic Society 112, 123
Graphik Kabinett Loeb & Weissert
  Stuttgart 314
Graphisches Kabinett Berlin 156
Paul Graupe Auktionshaus Berlin 151,
  163 f., 182, 244, 360, 365, 572
Graupe & Cie. Antiquariat Paris 151, 164,
  244
Greenwood Press Westport/CT 390
Gregory Lounz Books New York 321
Greifenverlag Rudolstadt 570
Grieben Verlag München 155
Grosset and Dunlap Inc. New York 240
Grossohaus Wegner Hamburg 93
Grove Press New York 240, 542
Gruenebaum's Book Corner Tel Aviv 171
Josef Grünfeld Antiquariat Wien 465
Johan Grundt Tanum Verlag Oslo 520
Grune & Stratton Fachverlag New York 494,
  511
Gruner + Jahr Hamburg 333
Walter de Gruyter & Co. Verlag Berlin 192,
  220, 332
Gsellius'sche Buchhandlung Berlin 92
Gsur & Co. Buchhandlung, Verlag Wien
  554
Günzburg & Baumann Buchhandlung
  Frankfurt am Main 172, 571
Guild Publ. of California Musikverlag
  Hollywood 294
Gunther Publications New York 171
Gutenberg-Buchhandlung Berlin 58, 140
H. Gutermann Internat. Grossobuchhandlung
  Montevideo 172
J. Guttentag Verlagsbuchhandlung Berlin
  192

H

Otto Haas/Fa. Liepmannssohn
  Musikantiquariat Berlin 55, 179 f.
Otto Haas & Co. Ltd. Musikantiquariat
  London 179 f., 316, 419
Hachette Livre Paris 107, 184, 542
Hagedorn Bookshop St. Louis/MO 440
Julius Hainauer Buchhandlung Breslau 140,
  182
Julius Hainauer Ltd. London 181 f.
Hakol Lanoar Buchhandlung u. Leihbücherei
  Jerusalem 531
J. Halle Antiquariat München 182, 226, 365
Haller & Schmidt Akademische
  Buchhandlung Berlin 253
Halm & Goldmann Kunsthandlung,
  Kunstverlag Wien 137
Hamatarah Verlag Palästina 567
George C. Hamel Antiquariat Berlin 183
Hamish Hamilton Verlag London 321
Hamlyn Publishing Group London 183
Hammer Press Aurora/NY 185
Franz Hanfstaengl Kunst- und Verlagsanstalt
  München 186
Hannemann Buchhandlung Berlin 195
Hansa-Buchhandlung Danzig 82
C. Hanser Verlag München 574
Harcourt Brace Jovanovich Verlagsgruppe
  New York 231, 236, 511
Harcourt, Brace & World Inc. New York
  112, 558, 560
Harmonie Publishing Company New York
  233
Harmonie-Verlag Leipzig 232
A. Harnach & Co. GmbH Antiquariat
  Berlin 393
Lathrop C. Harper Antiquariat New York
  342, 397, 403
Harper & Brothers Verlag New York 73,
  114, 145, 385
Harper & Row Publishers Inc. San
  Francisco 211
Otto Harrassowitz Buchhandlung, Antiquariat
  Leipzig 40, 158, 380
Benjamin Harz Verlag Berlin, Wien 144,
  188
Hatikwah Musikverlag Berlin 430
Hatikvah Music Publishers Co. Boston,
  Roxbury, Dorchester, Indianapolis 430
Ernst Hauswedell & Co. Verlag
  Hamburg 399

»Haus zum Falken«-Verlag Basel 253
Hearst Publications New York 338, 444
Heatid Salingré & Co. Jerusalem 29, 85, 234, 318, 335, 340, 411, 433, 446
Erich Hecht Verlagsbuchhandlung, Antiquariat München 189
Jakob Hegner Verlag Köln 190, 378
Heidelberger Buchhandlung Ramat Gan 51, 191
Heiliger & Co. Buchhandlung Jerusalem, Tel Aviv 348
Heiliger & Co. Scientific & Medical Books Haifa 192
Heimann & Wolff Antiquariat München 193
Erwin Hein Verlag von Musik- und Bühnenwerken Wien 194
Heine-Bund Buchgemeinschaft Berlin 91
Heinemann Ltd. Verlag London 184, 429
Heinemann & Zsolnay Verlag London 520, 574
Heinrich-Heine-Buchhandlung Hamburg 268
B. Heller Buchdruckerei und Verlag München 197
F. Thomas Heller Inc. New York, Swarthmore 199
Hugo Heller Buchhandlung Wien 115, 198, 349
Hellerauer Verlag Jakob Hegner 190, 378
Dr. Hellersberg GmbH Antiquariat, Verlag Berlin 547
G. Hendelsohn Verlagshaus Berlin 200
Henschel & Müller Export- und Antiquariatsbuchhandlung Hamburg 202
F. A. Herbig Verlag Berlin 65, 212
Hermon-Verlag (Verlag des Israelit und Hermon GmbH) Frankfurt am Main 88, 418
Herold Verlag GmbH Stuttgart 299 f.
Herold Verlag R. & E. Lenk Stuttgart 298 f.
E. J. Herzfelder Buchimport / -export, Verlag Tel Aviv 21, 119, 189, 208, 478
G. Hess Antiquariat München 210, 215
I. Hess & Co. Verlag Stuttgart 209
J. Hess Antiquariat Ellwangen 215
Hesse und Becker Verlag Leipzig 37
Max Hesse Verlag Berlin 156
Hestia Verlag Bayreuth 344
Het Nederlandsche Boekengilde Hilversum 268
Het Oude Boek Antiquariat Nijmegen 174

Heugel Musikverlag Paris 135
Rolf Heyne Verlag München 344
Hieber Musikhaus München 295
Karl W. Hiersemann Verlag Leipzig 275
Laurie Hill Ltd. Verlag Montreal 10
Adolph Hinrichsen & Co. Hamburg 212
Hinrichsen Edition Ltd. London 213, 295, 492
Carlos Hirsch Ltd. London 215
Emil Hirsch Antiquariat München 215, 539
Bernard Hirschler Antiquariat London 218
Georg Hirth AG Verlag München 106, 284
A. E. Hoffmann Antiquariat Frankfurt am Main 281
Otto Hoffmann's Verlag GmbH Berlin 123, 271, 311
A. J. Hofmann Buchhandlung Frankfurt am Main 442
Hofmeister-Figaro-Verlag GmbH Musikverlag Wien 212, 555
Friedrich Hofmeister Musikverlag (Edition Germer) Leipzig 3
Holbein Verlags-AG Basel 313
Otto von Holten Druckerei Berlin 32
Georg von Holtzbrinck Verlagsgruppe Stuttgart 34, 74
Hoppenstedt & Co. Verlag Berlin 177
Horodisch & Marx Verlag Berlin 222 f.
R. Horwitz Buchhandlung Breslau 50
Carl Hoym Nachf. Louis Cahnbley Verlag Hamburg 63, 219
Carl Henry Hoym Verlag Hamburg 63, 407, 550
Hoymsche Buchhandlung Hamburg 63, 219
Hozaah Ivrit Co. (The Jewish Publishing House Ltd.) Jerusalem, Tel Aviv 121, 260
Hug & Co. Leipzig, Zürich, Basel 213, 463
Hugendubel Buchhandlung München 68, 336
Humanitas Verlag Zürich 343, 385, 388
Humanité-Verlag Paris 279
Hyperion Press New York 145
Hyperion Verlag München 16, 349, 559
Alfred Ibach Verlag Wien 519

I / J

Jahoda & Siegel Druckerei, Verlag Wien 234, 485
ICM (International Creative Management) Agentur New York 17

Ihr Buchladen Brandenburg a. d. Havel   192
Ilan Melody Press Israel   162
Imperia Ltd. Verlagsauslieferung London   93
Importadora Flamingos Ltda. São Paulo   219
Insel Verlag Leipzig, Frankfurt am Main   126, 218, 454, 501
Interbook Ltd. London   561
Intercontinental Medical Book Corp. New York   511
Interidiom de México Lehrmittelfirma Mexico City   576
Internationaal Literatuur Bureau (ILB) Hilversum   268 f.
Internationaales Antiquariaat Menno Hertzberger Amsterdam   216
International Editors Co. Agentur Buenos Aires, Barcelona   312
International Learning Systems Corp. Ltd. London   332
International Press Agency Kapstadt   166
International Press Institute Zürich, Wien   138
International Universities Press Inc. New York, Boston   246
Internationale Buch- und Kunsthandlung GmbH Jerusalem, Jaffa   336
Internationale Konzert-Direktion und Theater-Verlags-AG EGIS Wien   328
Internationale Übersetzungs-Agentur Berlin   228
Internationaler Arbeiter Verlag Berlin   136, 344, 374
Internationaler Psychoanalytischer Verlag Wien   121, 342, 509
International Publishing Comp. Amsterdam   45
International Publishing Corp. (IPC) London   184
Interscience Encyclopedia Inc. New York   395
Interscience Publishers Inc. New York   73, 230, 395, 541
Interscience Publishers Ltd. London   395, 411, 541
Iris-Verlag Wien   320
ISK (Internationaler Sozialistischer Kampfbund)-Verlag → Öffentliches Leben Verlag
Island (Workshop) Press New York   458
Israel Book & Printing Center Tel Aviv   94
Israelitische Verlagsanstalt Stuttgart   506

Israel Music Publications Ltd. Tel Aviv   161
Jacaranda Press Milton, Queensland/ Australien   99
Heinrich Jaffé Buchhandlung München   440
Jalkut GmbH Buchhandlung Verlag Berlin   247 f., 331, 445, 518
Janus Antiquariat Leipzig   70
Janus Antiquariaat Amsterdam   70
Jediot Chadaschot Zeitungsverlag Tel Aviv   143
Jerusalem Book Club   87
Jerusalem Press   493
Jewish Agency Verlagsabteilung Jerusalem   493
Jibneh Verlag Wien   83
Johannes Press New York   249
Johnson Reprints New York   230, 236
Walter J. Johnson Inc. Antiquariat New York   236, 239, 398
Joseph Jolowicz Antiquariat Posen   3, 163
Jordan Buchhandlung (Jüdischer Buchvertrieb, Inh. Moritz Klinger) Essen   50 f.
Fred Jordan Books New York   240
E. Iturriaga y Cía SAC. Exportbuchhandlung Lima   478
Jüdische Buch-Vereinigung e. V. (JBV) Berlin   315
Jüdische Verlagsbuchhandlung Wien   571
Jüdischer Buch- und Kunstverlag Brünn   147
Jüdischer Verlag Berlin   29, 91, 97, 144, 231, 259 f., 279, 522, 548
Jugendbücherstube Walter Schatzki Frankfurt am Main   454
Jugendhort (Walter Bloch Nachf.) Verlag Berlin   200
Axel Juncker Verlag Berlin   94, 328, 390
Junge Garde Verlag Berlin   530, 547
W. Junk Antiquariat, Verlag Berlin   242, 484
W. Junk Antiquariaat Den Haag, Lochem, Amsterdam   242, 310, 461, 499
Samuel Jurovics Buchhandlung Berlin   244

K

Micha(e)l Kácha Verlag Prag   4, 363
Lonnie Kahn & Co. Ltd. Buchimport Jerusalem   248
Christian Kaiser Buchhandlung München   229
Kalmer Agentur London   252

Alfred A. Kalmus Ltd. London 253
H. Kanel Reisebuchhandlung
 Wiesbaden 253
S. Karger Fachverlag Berlin 253–255
S. Karger AG Basel 253, 254 f., 367
Karger Libri AG Buchhandel,
 Zeitschriftenagentur Basel 255
Karger Publishers Inc. New York,
 Farmington, CT 255
Karl & Faber Kunst- und Literaturantiquariat
 München 96, 182
Arthur Katz Buch- und Papierhandlung
 Marburg 255
I. Kauffmann Antiquariat, Buchhandlung
 Frankfurt am Main 24, 85, 257, 537
F. W. Kaufmann Esrogim-Export Leipzig
 251
M. W. Kaufmann Verlagsbuchhandlung
 Antiquariat Leipzig 82, 250, 388, 434
Kedem Blumstein & Bronstein Buchhandlung
 Berlin-Charlottenburg 44, 57, 448
Kedem Bookstore Tel Aviv 56, 318 f.
Heinrich Keller Verlag Berlin 113
Josef Kende Buchhandlung Wien 137
Keter Publishing House Jerusalem 495
Gustav Kiepenheuer Verlag Weimar, Berlin
 12, 37, 261, 285, 287, 507, 517
Kiepenheuer & Witsch Köln 341
Therese Kirschner Verlag Wien 371
Julius Kittls Nachf. Verlag Mährisch-Ostrau
 108 f., 337
Knapp Verlag Halle 274
Th. Knaur Nachf. Verlag 86, 126, 200
Alfred A. Knopf Inc. Verlag New York 534
Bernhard Koch Internationale
 Nachrichtenagentur Prag 266
Sigmund Koch Musikhaus München 266
Kölner Verlagsanstalt und Druckerei AG 5
Koebnersche Buchhandlung Ehrlich &
 Riesenfeld Breslau 86
J. Körper Antiquariatsbuchhandlung
 Wien 267
KOMINTERN-Verlag Hamburg 407
Konegens Jugendschriftenverlag Wien 458
Konkret Literatur Verlag Hamburg 269
Konzentration GmbH Verlagsholding Bad
 Godesberg 195
Konzentration Holding Wien 76
H. Kornfeld Buchhandlung Leipzig 272
B. Korngold Antiquariaat Utrecht 273
Kräuter'sche Buchhandlung Worms 505

Kraus Periodicals Inc. New York 9, 276
H. P. Kraus Rare Books New York 8, 100,
 275, 298, 355, 452
Kraus Reprint Corp. New York 236, 276
Kraus-Thomson Org. Ltd. Millwood/NY 9,
 241, 276
Friedrich Krause Verlag New York 277
Krause's Zentralstelle für Freie Deutsche
 Literatur (Deutsche Bücherzentrale) New
 York 278
Walter Krieg Verlag Wien 501
Kultur und Fortschritt Verlag Berlin 73, 177
Kulturverlag München 320
Florian Kupferberg Verlag Mainz-Kastel 149
Kunstanstalten May (KAMAG) Dresden
 316, 418
Kunsthandel Walter Feilchenfeldt Zürich
 101
Kunsthandlung Paul Cassirer Berlin 101,
 409, 487
Kunstkreis Verlag Luzern 466
Kunstverlag Edition Praeger München 390
Kuppitsch Buchhandlung Wien 27, 171,
 452, 481
Kurfürst-Buchhandlung Berlin 248, 305,
 566

L

L. B. Fischer Publishing Corp. New York
 32 f., 289
Labisch & Eisler Hamburg 89
Richard Labisch & Co. Graphische
 Kunstanstalt Hamburg 124
Louis Lamm Buchhandlung und Verlag
 Berlin 281, 331
Louis Lamm Spezialbuchhandlung für
 Jüdische Literatur Amsterdam 281, 347
Lampart'sche Verlagsbuchhandlung
 Augsburg 267
Landsberg Buchhandlung Oldenburg 286
Landsberger Bookshop, Antiquariat Tel Aviv
 287, 292, 370
F. Lang Buchhandlung und Antiquariat Hans
 Sachsel Wien 440
Allert de Lange Verlag Amsterdam 114,
 217, 223, 261, 271, 285, 288, 290, 368,
 385, 512, 517, 519
Lange, Maxwell & Springer London 332
Lange Medical Publishers Los Altos/CA 358
Albert Langen Verlag München 266

Firmenregister

Langen-Müller Verlag München 322
Langenscheidt Verlag Berlin 15, 220
Langewiesche Verlag Königstein im Taunus 454
Lansdowne Press Melbourne / Australien 99
Robert Lantz Ltd. (The Lantz Office Inc.) Agentur New York 292
Lapid Buchhandlung Haifa 492
L'Art Ancien Antiquariat Lugano, Zürich 260, 420, 423–425
Latimer Trend Ltd. Plymouth 329
La Trobe University Bookshop Melbourne / Australien 99
E. Laub Publishing New York 294
E. Laub'sche Verlagsbuchhandlung GmbH Berlin 294
Lauffer'sche Buchhandlung Budapest 98
Le Connoisseur Rio de Janeiro 14
R. Lechner Universitätsbuchhandlung Wien 100, 153, 275, 408, 501
Ludwig Lehmann Buchhandlung Montevideo / Uruguay 297
Friedrich Lehmkuhl Buchhandlung München 350
M. Lehrberger & Co. Frankfurt am Main 257
Gottlieb Leichter Buchhandlung Wien 105
Lengfeld'sche Buch- und Kunsthandlung Köln 138 f., 381
Lentnersche Buchhandlung München 215
Franz Leo & Comp. Verlag Wien 270
Lepac → Levant Publishing Co.
Les Éditions de la Pléiade J. Schiffrin & Co. Paris 462
F. E. C. Leuckart Musikverlag Leipzig 96
Franz Leuwer Buch- und Kunsthandlung Bremen 303
Levant Publishing Co. (Lepac) Tel Aviv 72, 87, 318
R. Levi Buchhandlung Stuttgart 304
Theosophia Verlag Julius Levie Hamburg 304
Levy & Müller Verlag Stuttgart 298 f.
Hirsch Lewin Jüdischer Buchvertrieb Berlin 306
Liberty Bookstore Tel Aviv 259, 318 f., 340, 497
Librairie Calligrammes Paris 14, 98, 379
Librairie Droz Paris 18
Librairie Flammarion Paris 295
Librairie Franco-Allemande (Lifa) Paris 300

Librairie Hachette Paris 107
Librairie Martin Flinker Paris 116 f.
Librairie Soncino Versandantiquariat Saint-Louis Haute Rhin 346
Libraria si Expozitia de Arta Buchholz Bukarest 58 f.
Librería Eduardo Albers Santiago de Chile 5
Librería Alemana Oscar Todtmann SRL Caracas 522
Librería América La Paz / Bolivien 77
Librería Anticuaria Edgardo Henschel Buenos Aires 201
Libreria Antiquaria R. L. Prager Rom 392
Libreria B. de Herzfeld Buenos Aires 206
Librería Belgrano Buenos Aires 506
Librería Buchholz Exposiciónes Madrid 59 f.
Librería Buchholz Galería Bogotá / Kolumbien 59 f.
Librería Central Bogotá / Kolumbien 417, 529
Librería Central Medellin / Kolumbien 417
Librería Cientifica de Occidente Cali / Kolumbien 68
Librería Cientifica SA Guayaquil / Ecuador 8, 351
Librería Cosmopolita Buenos Aires 568
Librería Europea Mexico-City 576
Librería Fischer Buenos Aires 111
Librería Benno Fischer Santiago de Chile 109
Librería Juan Henschel Buenos Aires 202, 568
Librería Humanitas Montevideo / Uruguay 50
Librería Internacional Mexico City 357 f.
Librería Internacional Quito / Ecuador 148
Librería Internacional del Perú SA Lima 264, 544
Librería Jacob Santiago de Chile 77
Librería J. Pablo Keins Buenos Aires 261
Librería Carlos G. Liebmann Quito / Ecuador 148, 308
Libreria Lang Rom 88
Librería Lehmann SA San José / Costa Rica 297
Librería Los Amigos del Libro Cochabamba / Bolivien 175
Librería Johan Luzian Buenos Aires 322
Librería Neuländer Montevideo / Uruguay 358

Librería Nueva Montevideo / Uruguay 356
Librería Orcan Buenos Aires 497
Librería Peter Pan Buenos Aires 568
Librería Pigmalión Buenos Aires 296, 568
Librería Pollak Santiago de Chile 387
Librería Sander Valparaiso Chile 414, 451
Librería Studio Santiago de Chile 77
Librería Universal Asunción / Paraguay 200 f.
Librería Wengerer Buenos Aires 506
Librerías ABC Lima / Perú 25, 350
Libris Ltd. Buchhandlung, Antiquariat London 515 f.
Georg Lichtenberg Antiquariat Wien 479
Liebisch Buchhandlung Leipzig 336
Otto Liebmann Verlagsbuchhandlung Berlin 308
Liepman AG Agentur 311
Limited Editions Club Northbrook / IL 373
Limmat Verlag Zürich 382
Lincolns-Prager Publishers Ltd. London 109, 329, 392
Lintz Verlag Trier 520
Lipsius und Fischer Antiquariat Kiel 163
Georg Lissa Antiquariat Berlin 163
Literatur und Bühne Theaterverlag Berlin 156
Literaria Buchhandelsgrosso Tel Aviv 21, 366
Little, Brown & Comp. Verlag Boston 115, 349
Littlehampton Book Services Worthing, West Sussex 542
Livraria Alemã Rio de Janeiro 43, 87
Livraria Anglo-Americana Belo Horizonte / Brasilien 41
Livraria Buchholz Exposições Lissabon 59
Livraria Canuto São Paulo 457
Livraria Cassuto Lissabon 66
Livraria Cientifica São Paulo 400
Livraria Cultura São Paulo 204
Livraria Editôra Kosmos & Cia Rio de Janeiro 87, 142
Livraria Editôra Paulo Bluhm Belo Horizonte / Brasilien 43
Livraria Elite São Paulo 127, 321
Livraria Guatapará São Paulo 532
Livraria Peter Pan São Paulo 67
Livraria Rosenthal Lissabon 66
Livraria Transatlantica São Paulo 14, 535, 564

Livraria Triangulo São Paulo 402, 456
Livro Aberto Verlag Rio de Janeiro 402
Ljus Verlag Stockholm 520
Loeb-Larocque Librairie Paris 314 f.
Erwin Loewe Verlag Berlin 315
G. Löwensohn Bilderbuchverlag Fürth 316 f.
R. Löwit Buchhandlung und Verlag Wien 50, 170, 188, 357, 389
Logos AG Buchimport/-export Berlin 246
Logos Bookshop Tel Aviv 567
Longman Cheshire Verlag Melbourne / Australien 99
Longmans, Green & Co. London, New York 271
A. L. Loose Antiquariaat Den Haag 320
Otto Lorenz Buch- Kunst- und Musikhandlung, Verlag Wien 111
Luce Publications New York 444
Lund Humphries Ltd. Verlag London 21, 464
Gustav Lyon Verlag Berlin 240
Lyra (Translateur & Co.) Musikverlag Berlin 522
Lyra Verlag Wien 460

M

MacGibbon & Kee Verlag London 330
Macmillan Verlag London New York 289, 333
März Verlag Frankfurt am Main 341
Magazin-Verlag Jacques Hegner Hellerau bei Dresden 190
Maggs Brothers Ltd. Antiquariat London 95, 102, 198, 419
Maien-Verlag Oberhof 383
Otto Maier Verlag Ravensburg 13
Malik Verlag Berlin, Prag, (London) 114, 155, 165, 175, 206, 340, 366, 378, 408, 512, 523, 565
Malota Buch- und Kunstantiquariat Wien 105
Mandarin Publishers Hong Kong 184
Mannheim Trust LLC Verlagsholding New York 494
Mansfield Book Mart Montreal 195
Manz'sche Verlags- und Universitätsbuchhandlung Wien 495
M. & H. Marcus Verlag Breslau 325
A. Marcus & E. Weber's Verlag Berlin 5
Hans Marcus Buch- und Kunstantiquariat Düsseldorf 325

Firmenregister

Edward B. Marks Verlag 164
Marlborough Fine Arts London, New York, Rom 21, 111
Georg(e) Marton Bühnen- und Musikverlag Budapest, Wien 327 f., 482 f., 570 f.
Marx & Co Verlag Berlin 222
Marx-Engels-Verlagsgesellschaft Frankfurt am Main 90, 233
Marx-Engels Verlag Berlin 233
Marxistische Büchergemeinde Berlin 483
Marxistische Verlagsgesellschaft GmbH Berlin 483
Rubin Mass Buchhandlung Berlin 247, 331, 445, 518
Rubin Mass Publishing House Tel Aviv 331, 469
Mauritius-Verlag Ernst Mayer Berlin 273, 334, 444, 542, 563
Maxwell Communications Corp. Plc London 333
Lola Mayer Bookseller London 336
Ludwig Mayer Ltd. Buchhandlung Jerusalem 335 f., 339
Wwe. Mayer Hebräische Buchhandlung Breslau 50
C. Mayer & Cie. Buchhandlung Paris 550 f.
Mayer & Müller Buchhandlung Berlin 238, 336
Mayor Gallery London 113
MCA Inc. (Agentur) New York 17
Melzer Verlag Köln, Düsseldorf, Darmstadt 341
Abraham Melzer Verlag Neu-Isenburg 342
Mendele Leihbücherei Tel Aviv 307, 340
Menorah-Verlag Berlin Wien 144, 331, 486 f.
Vincenzo Menozzi Antiquariat Rom 54
Dr. S. Menzel Buchhandlung Hamburg, Berlin 343
Heinr. Mercy Verlag Prag 108, 469
Merkas Has'ferim Bücherzentrale Tel Aviv 518
Merlin Verlag Heidelberg 168
Helen Merrill Ltd. Agentur New York 345
C. F. Meser Musikverlag Dresden 135
Messageries Hachette Paris 512
Methuen Inc. New York 240
Meulenhoff & Co. Amsterdam 87, 268 f.
Meyersche Hofbuchhandlung Detmold 398
Mikra Studio Kunstbuchhandlung Tel Aviv 374

Miles-Samuelson Verlag New York 134
Harvey Miller Publishers 348
Minerva Antiquariat New York 239
Miron Mironescu Verlag Berlin 156
Mirror Newspaper Group London 333
Mitchell Beazley London 184
Mitteldeutscher Verlag Halle (Saale) 219
Moadim Palestinian Play Publishers Tel Aviv 264
Modenverlag Le Grand Chic Wien 240 f.
Moderne Deutsche Buchhandlung New York 272
Moderner Musikverlag Karl Koehler GmbH Berlin 232
Moderner Weltverlag Wien 499
Möseler Verlag Wolfenbüttel 295
Mohrbooks AG Zürich 349
Fritz Molden Verlag Wien, München 390
S. Monheit & B. Ringart Buchhandlung Haifa 410
Montreal Book Auctions, Ltd. 10
Morawe & Scheffelt Verlag Berlin 547
Moriah Verlag Berlin 549
Moseley Associates Literarische Agentur 453
F. D. Moses Buchhandlung Posen 238
Rudolf Mosse Verlagskonzern Berlin 280, 488, 566
Georg Müller Verlag München 135
Hermann Müller Verlag Berlin 128
M. Müller & Sohn Münchner Buchgewerbehaus 89
W. Müller Verlagsbuchhandlung Wien 352
Münster Verlag Wien 549
Musarion Verlag München 364
Musen Verlag München 189
Museum Book Co. Chicago 323
Musica Rara Musikantiquariat London 394
Musikverlag und Bühnenvertrieb AG Zürich 280
Musterlin Verlagsgruppe Oxford 226

N

Nassau Distributing Co. New York 389
Nathansen & Lamm Sortiment Antiquariat Berlin 281
Nauka i skola Verlag Petrograd 246
Nest-Verlag Nürnberg 11
Neue Galerie Wien 249
Neuer Bühnenverlag Miville und Zeiz Zürich 482

Neuer Deutscher Verlag Berlin, Hamburg 26, 165, 219, 353, 382, 407, 553
Neuer Pfeil Verlag Genf 306
Neuer Theaterverlag Berlin 356
Neuer Verlag Stockholm 520
Neuer Weg Verlag Berlin(-Ost) 454, 484
Neuer's Buchhandlung New York 357
Neues Leben Jugendbuchverlag Berlin 375, 484
Neugebauer Verlag Prag 107
New American Library of World Literature Inc. (NAL) New York 93, 462
New Directions Publishers London 369
Newhouse Publishing Company New York 462
Newnes Ltd. Verlag London 184
News International London 184
Nicholson & Watson Publishers Verlag London 74
Niggli, Arthur GmbH Verlag Bregenz 533
Martinus Nijhoff Den Haag 160
Nonesuch Press London 404
Nordiska Uppslagsböcker Verlag Stockholm 69
Nord und Süd Verlag Leipzig 232
Nordemann Publishing Co. New York 395
Norstedt's Verlag und Importbokhandel Stockholm 359
Nouvelles Éditions Méridian Paris 324
Novello & Co. Verlag London 3
David Nutt Buchhandlung London 104

O

Obelisk Press Paris 93
Obelisk Verlagsgesellschaft 246
Oberfränkische Verlagsanstalt Hof/Bayern 27
Octava Verlag Wien, Zürich 6
Octava Music Co. Ltd. London 6, 42
Octopus London 184, 418
Odhams Press Ltd. London 184, 417
Öffentliches Leben Verlag Frankfurt am Main 38, 227
Oesterheld & Co. Theaterverlag Berlin 71, 513
Österreichischer Bundesverlag Wien 435
Oetinger Verlagsgruppe Hamburg 329
Österreichische Korrespondenz Agentur Wien 134, 372
Emil Offenbacher Inc. Old and Rare Antiquariat New York 365

Officina Pragensis 502
Officina Vindobonensis Wien 180, 485
Ernst Ohle Buchhandlung Düsseldorf 563
Olamenu Publishing House Tel Aviv 147
Oliva Buchhandlung Berlin 195
Leo Olschki Antiquariat Florenz, Genf 54, 420, 423
Olympia Verlag Prag 107
One-Wall-Gallery New York 556
Open Sesame Inc. Verlag New York 458
George K. Oppenheim Rare and Foreign Language Books Berkeley 366
Oprecht & Helbling (seit ca. 1936 Oprecht Verlag) Zürich 101, 134, 148, 277, 288, 290, 512
Orient Verlag Berlin 522
Orion Books Verlagsgruppe London 542
Max Osterberg & Co. Verlag Stuttgart 506
Ferdinand Ostertag & Co. GmbH Berlin 339, 368
Overlook Press Woodstock / NY 338
Peter Owen Publishers London 369
Oxford University Press 348

P / Q

Pabel Moewig Verlag Rastatt 344
Palbo Books Haifa 149
Pales Press Company Tel Aviv, Jerusalem, Haifa 15, 56, 119, 129, 340, 366, 435
Pan Books London 184
Pan Verlag Zürich 388
Pantheon Books Inc. New York 97, 240, 451, 453, 462 f., 470, 558, 560
Pantheon Casa Editrice SA Florenz 557, 559
Parabola Verlag Berlin 246
Max Parrish Verlag London 417
Parke-Bernet Galleries New York 421, 532
Parker Buchhandlung Oxford 199
Wolf Pascheles Buch- und Kunsthandlung Prag 50
Dr. Rolf Passer Verlag Wien 371, 436
H. P. Poulsen's Boghandel Kopenhagen 186
Pazifische Presse Los Angeles 158, 173, 416
Peermusic Classical Europe Hamburg 324
Pegasus Press Paris 557, 559
Penguin Books Ltd. (Penguin International) London 11, 21, 93, 141, 314, 330, 338, 404, 467

Firmenregister

Penka Rare Books Boston 36
Perfect Right Society London 3
Pergamon Press Inc. New York 332, 398
Pergamon Press Ltd. London 99, 332, 411
Max Perl Auktionsinstitut, Antiquariat Berlin 154, 260, 414
Moritz Perles Buchhandlung Wien 357, 373, 464
Hans Pero Bühnen- und Musikverlag Wien 375
A. K. Perschak Buch- und Kunstdruckerei Wien 374
Pestalozzi Verlag Fürth Erlangen 316, 418
C. F. Peters Leipzig 30, 187, 212–214, 294
C. F. Peters Corp. New York 30, 214, 347, 365
Peters Edition London 214, 295
Peters Edition Publishers New York 213, 365
C. F. Peters Frankfurt, London, New York 214, 295
Petropolis Verlag Petrograd 246
Petropolis Verlag AG Berlin 42, 246, 247
Max Pfeffer Bühnen- und Musikverlag Wien 375
Max Pfeffer Literary Agency New York, Miami Beach 375
Pfeil Verlag Utrecht 305
Phaidon Press London 7, 41, 64, 151, 163, 225, 348, 362, 390
Phaidon Verlag Wien 150, 163, 225, 527
Phaidon Verlags Gmbh München Köln 226
Albert J. Phiebig Inc. New York 377
Dr. Adolf Philippson Buchhandlung u. Antiquariat Berlin 377
Philosophical Library (PL) Verlag New York 438
Philo-Verlag und Buchhandlung GmbH Berlin 231, 317, 380, 401, 552
Phoebus-Verlag Basel 314
Pick's Book & Pen Shop San Bernardino / CA 380
Pigmalion Buchhandlung, Verlag Buenos Aires 296
Pimpernal Books New York 112
F. D. Pinczower Books & Reprints Tel Aviv 381
Pinkus & Co. Antiquariat, Buchhandlung Zürich 382
R. Piper Verlag & Co. München 74, 122 f., 268, 385

Pitman Publishing Corp. London 274
Werner Plaut Verlag Wuppertal-Barmen 383
Playmarket Agency Los Angeles 328
Plutus Verlag GmbH Berlin 37
Ernst Pollak Verlag Berlin 386
J. L. Pollak's Buchhandlung, Antiquariat Wien 348
M. Poppelauer Buchhandlung Berlin 244, 441
Henry Pordes Books Ltd. Buchhandlung London 388
Praamsma Antiquariat Zeist 499
Frederick A. Praeger Inc. New York 7, 41, 389
E. Prager Verlag Wien, Leipzig, Bratislava 390 f.
R. L. Prager Buchhandlung, Antiquariat Berlin 54, 392
Dr. Hans Preiss Antiquariat Berlin 316, 393
Hans Preiss International Bookstore London 316, 393, 441
Prestel Verlag GmbH Frankfurt 313 f.
Otto Preston Musikverlag Buenos Aires 394
Preussische Druckerei für Zeitungsgewerbe Berlin 504
Priebatsch's Buchhandlung Breslau 394
Profil-Druck Jahoda & Siegle Wien 234, 486
Profile Press New York 234, 485
Propyläen-Verlag Berlin 23, 204, 502
Putnam Verlag London 86
Quadriga Verlag Buenos Aires 569
Bernard Quaritch Ltd. London 419
E. Querido Verlag Amsterdam 4, 33, 62, 115, 141, 217, 223, 227, 258, 268, 271 f., 285, 288, 445, 517, 565 f.
Querschnitt-Verlag Berlin 112 f.
Quitzow Verlag Lübeck 520

R

Ram Press New York 180, 486
Random House Verlag New York 330, 404, 453, 462 f., 470, 503, 557, 560
Random House (Verlagsgruppe des Bertelsmann Konzerns) München 344
Rascher Verlag Zürich 123
Rathbone Books London 118
Ernst Rathenau Verlag Berlin 399
Reed Elsevier London, Amsterdam 274, 333, 390, 395
Reed International London 184, 274

Ernst Rehfeld Antiquariat Posen 163
Alois Reichmann & Co. Buchhandlung, Antiquariat Wien 52, 84, 400 f., 439
Herbert Reichner Old Rare and Scholarly Books New York 402 f.
Herbert Reichner Verlag Wien 312, 402
Max Reinhardt Ltd. Verlag London 404
Reiss AG Theaterverlag Basel 405
Erich Reiss GmbH Verlag Berlin 12, 156, 405
Renka Books Jerusalem 406
Renka & Braun Buchhandlung Jerusalem 406
Jacki Renka Antiquariat München 406
Rhein Verlag Basel, Zürich, München 56
Rialto Film New York 13
Ricordi Mailand, München 187
Rikola Verlag Wien 249
Ringart Buchhandlung Danzig 410
Ringart's Bookshop Haifa 350, 410
Ring Verlag AG Zürich 550
Rizzoli Publishing New York, Paris 7
Rönnells Antikvariat Stockholm 3, 484
Roland Verlag München 339, 449
Wwe. & Gebr. Romm Verlagsanstalt Wilna 247 f.
Rondo-Verlag Berlin 232
C. Rose Buch- und Musikalienhandlung Hannover 412
C. G. Rosenberg & Company Ltd. Antiquariat London 414
Heinrich Rosenberg Antiquariat Berlin 414, 572
Mary S. Rosenberg Publishers, Booksellers and Importers Inc. New York 415
Albi Rosenthal Antiquariat »The Turl« Oxford 95
A. Rosenthal Ltd. London 419 f.
Bernard M. Rosenthal Inc. New York, San Francisco, Berkeley 421
Heinrich Rosenthal Antiquariat München, Luzern 426
Jacques Rosenthal Antiquariat München 163, 322, 364, 419–426
Ludwig Rosenthal Antiquariat München 54, 95, 215, 419, 422, 425–427 f., 429
Ludwig Rosenthal Antiquariaat Den Haag, Hilversum, Leidschendam 425, 429
L. Rosner & Carl Wilhelm Stern GmbH Verlagsbuchhandlung Wien 359, 504 f.
Ross Auctions Inc. Colorado Springs 349

Ross-Verlag Berlin 431
Rothgießer & Diesing Buchdruck- und Verlagsanstalt Berlin 432
Dr. Walther Rothschild Verlag Berlin 435
Rotophot Postkarten-Firma Berlin 21, 431
Erwin Rotter Book and Periodical Import Tel Aviv 436
Ernst Rowohlt Verlag Leipzig, Berlin, Hamburg 210, 268, 334, 337, 340, 382, 513, 525, 559, 563
Roy Publishers New York 503
Rózsavölgyi-Musikverlag Budapest 6, 457
Rubikon Verlag Berlin 247
Rudolph'sche Verlagsbuchhandlung Lindau am Bodensee 477
Russkaja Kniga / Russische Buch AG 246
Rütten & Loening Verlag Frankfurt am Main 178, 287, 359 f.

S

Heinrich Saar Buchhandlung, Antiquariat Wien 439
Sachsenverlag Dresden 137
Sänger & Friedberg Buchhandlung Frankfurt am Main 32, 125, 360, 443
Leon Sänger Verlag Frankfurt am Main 442
Wolf Salles Buchhandlung Berlin 445
William Salloch Old, Rare and Scholarly Books New York, Ossining 447
J. und M. F. Salomon Barsortiment Berlin 448
N. Samosch Buchhandlung Breslau 450
Sandbergs Bokhandel Stockholm 193, 521
Saturn Verlag Wien 168, 225, 320, 527, 539
Saturn-Verlag Hermann Meister Heidelberg 168
Th. Sauter Buchhandlung Luxemburg 199
William Schab Inc. (William Schab Gallery) New York 451 f.
Schäffer & Co. Fachverlag Stuttgart 209
Walter Schatzki Old and Rare Books, Prints and Autographs New York 455, 478, 539
Schaubühne GmbH Berlin 71
Richard Schauer Music Publishers London 182, 406, 456
Schauer & May Musikverlag London 334, 406, 456
Scherz Verlag Bern 350
Rudolf Schick & Co. Verlag Leipzig 459

Firmenregister

Rudolf Schick Publishing Co. New York 459
Leo Schidrowitz Verlag Wien 460
[Dieter] Schierenberg Antiquariaat Amsterdam 461
Jacques Schiffrin & Cie. New York 463
G. Schirmer Musikverlag New York 164, 197, 347, 508
Harriet Schleber Verlag Kassel 7
Siegfried Schleissner Buchhandlung Wien 77
Schlesische Verlagsanstalt Berlin 328
Schlesische Buchdruckerei- und Verlagsgesellschaft vorm. S. Schottlaender Breslau 232, 339
Schmidt & Günther Antiquariat Leipzig 484
Th. Schmidt's Nachf. Josef Blaha Musikalienhandlung Wien 555
Schocken Books Inc. New York 41, 467, 470 f.
Schocken Verlag Berlin 108, 227, 331, 340, 465, 469, 471, 492
Schocken Publishing House Ltd. Tel Aviv (Hoza'at Schocken) 103, 331, 468, 470
Schönbildagentur → Mauritius Verlag Ernst Mayer Berlin
Schönbrunn-Verlag Wien 153
Schoenhof's Foreign Books Boston, Cambridge / MA 41, 207, 352 f.
Schoenhof Verlag Cambridge / MA 353
Schola et Scientia Dr. H. Y. Priebatsch Buchvertrieb Palästina 394
Arthur Scholem Verlag, Druckerei Berlin 222, 472
Siegfried Scholem Buchdruckerei, Fachverlag Berlin 473
Schott & Co. Ltd. London 96
Schott Frères Brüssel 213 f.
Schott Music Mainz 135, 457
Schrag Buchhandlung Nürnberg 205
E. K. Schreiber Rare Books New York 473
Schuler Verlag München 390
G. Schulte-Bulmke Verlag Frankfurt am Main 68
Karl Schusdek Verlag Wien 476
Karl Schustek Verlag Hanau 477
Benno Schwabe Verlag Basel 132, 282
Dr. Ignaz Schwarz Antiquariat Wien 479
Kurt L. Schwarz Antiquarian Books Beverly Hills 480
Schweizerische Büchergilde Gutenberg Zürich 12 f., 38, 80, 275, 393, 503

Science et Littérature Buchhandlung Paris 191
Charles Scribner's Sons Verlag New York 508
SCS Communications Inc. Delaware / NY 390
R. Searle Buchhandlung London 388
Sears, Roebuck and Co. Chicago 323
Secker & Warburg Ltd. Verlag London 321, 349, 429
E. A. Seemann Verlag Leipzig 35, 287, 502
Hermann Seemann Nachfolger Verlag Leipzig 190
Selected Books Johannesburg, Südafrika 545
Sesam Verlag Wien 458, 555
Thomas-Sessler-Verlag München Wien 328, 483
Seven Seas Bookshop New York 207
Shapiro, Vallentine & Co. Verlag London 486
Sifri Bookshop Haifa 383
Sifri Bookstores Buchhandelskette 495
Sifriat Poalim Publishing House Tel Aviv 148
A. W. Sijthoff's Uitgeversmaatschappij N. V. 259
Hans C. Sikorski KG Leipzig (ab 1949 Hamburg) 30, 42, 456, 519
Simon & Schuster Verlag New York 338
N. Simrock Verlag Berlin 456
Sims Reed Ltd. Antiquariat London 420
Singer Buchhandlung Straßburg 336
Josef Singer Verlag Berlin 328
Sirius Verlag Wien 490
F. Skaret Dr. R. Danneberg Volksbuchhandlung → Wiener Volksbuchhandlung F. Skaret & Co.
Smith & Haas Verlag New York 114
Societätsverlag Frankfurt am Main 80
Société d'Editions Musicales Internationales (SEMI) Paris 324
Sommert Verlagsgesellschaft Wien 49
Soncino Verlag Berlin 222
Sonzogno Verlag Mailand 463
Sotheby's London 102
Henry Sotheran Ltd. London 205
M. H. J. F. Sothmann Antiquariat Amsterdam 52, 324, 491
Souvenir Press London 189
Spiegel-Verlag Wien 320
Sportverlag Berlin (Ost) 28

Axel Springer Verlag (Konzern) Berlin 67, 137, 303, 524 f.
Axel Springer Publishing Int. Ltd. London 67
Axel Springer Feature Services in Press, Photo and Radio London 67
F. Springer Verlag Heidelberg 43, 332, 400, 411, 494
Julius Springer Verlagsbuchhandlung Berlin 209, 230, 411, 493
Springer Publishing Co. New York 112, 494
L. Staackmann Verlag Leipzig 502
Staatsverlag Moskau 26, 83
Stamperia del Santuccio Florenz 185
Stanley Rose Bookshop 345
J. A. Stargardt Antiquariat Berlin 179
Stechert-Hafner Inc. Antiquariat New York 255, 387, 398
Steimatzky Agency Ltd. Jerusalem, Haifa, Tel Aviv 57, 112, 356, 410, 495
Stein Books Jerusalem 496
Steinberg & Salles Buchhandlung Berlin 518
Franz Steiner Verlag Stuttgart 237
Georg Karl Steinicke Buchhandlung München 334
Carl Wilhelm Stern Verlagsbuchhandlung Wien 504, 505
M. Stern Buchhandlung Wien 348
St. George's Gallery London 110
Josef Stocker Buchhandlung Luzern 410
Felix Stössinger Verlag, Antiquariat Berlin 508
Storm Publishers New York 146, 459
Struppe & Winckler Antiquariat Berlin 245
Herbert Stubenrauch Verlagsbuchhandlung Wien 501
Sturm-Buchladen Berlin 538
Sturmbühne Theaterverlag Berlin 538
A. J. Stybel Hebräischer Verlag Warschau 247
Südosteuropäische Verlagsgesellschaft Dubrovnik 49
Suhrkamp Verlag vormals S. Fischer Berlin, Frankfurt am Main 34
Suhrkamp Verlag Frankfurt am Main 82, 260, 268
Martin Sulzbacher Antiquariat Hackney, Golders Green, London 513
Summa Verlag Olten 190
Sundial Publications London 184
Brüder Suschitzky Buchhandlung Wien 514–516

Fritz Sussmann Versandbuchhandlung und Reisevertrieb Wien 513
Svenska Bokförlaget Stockholm 513

T

Taeuber & Weil Antiquariat München 543
Tagblattbibliothek Verlag Wien 435
E. P. Tal Verlag Wien 378, 519
Tarshish Books Jerusalem 493
Taubeles Buch- und Musikalienhandlung Prag 107
Taylor's Foreign Publishers London 464
Tempel Verlag Leipzig 479
Temple Press London 184
B. G. Teubner Leipzig 230
C. Teufen's Nachf. Buchhandlung und Antiquariat Bernhard Stern Wien 78
Tevel Publishing Co. Ltd. Verlagsauslieferung Tel Aviv 513
Textile Books Publishers New York 395
Thames & Hudson Verlag London 41, 118, 225, 361 f., 389, 417, 429
The House of the Jewish Book New York 103
The Bodley Head Verlag London 369, 404
The Book Home Colorado Springs 349
The Linguist's Bookshop London 441
The New Press New York 462
The Turl → Albi Rosenthal
Georg Thieme Verlag Stuttgart 272, 511
Thieme Stratton Inc. (Thieme Medical Publishers) New York 511
James Thin Academic Bookshop Edinburgh 398
Thomas-Verlag Jakob Hegner Wien 190
Thomson Publishers Ltd. London 241
Thulins Antiquariat Stockholm 193
Tiedemann & Uzielli Buchhandlung, Verlag Frankfurt am Main 531
Tiefland Verlag Amsterdam 270
Time Life New York 91
Times-Mirror Co. Los Angeles 93
Time-Warner New York 430
Tischler Buchhandlung Kiel 336
Oscar Todtmann Editores Verlag Venezuela 521
Tonger Musikhaus Köln 214, 295
Wolf Topilowsky Buchhandlung Köln 465
Touchstone Press New York 7
Transbook Company Inc. New York 258, 517

Firmenregister 637

Transcontinental Music Publishers Corp. New York 121, 430
Trübner Antiquariat London 64
The Twin Editions, Twin Prints New York 123

U

Ufaton-Verlag GmbH Berlin 6, 194, 280, 394
Uhlenhorster Buch und Bild GmbH Hamburg 185
Uitgeverij Dr. W. Junk Verlag Den Haag 243, 499, 544
Ullstein AG (seit 1921) Verlag, Druckerei Berlin 12, 36, 45, 110, 143, 188, 204, 246, 267, 278, 417, 444, 446, 487, 495, 502, 513, 523–526, 562, 566, 575
Ullstein Buchverlage (nach 1945) 12, 56, 138
Ullstein Trust Ltd. London 267, 526
Unicorn Press London 93
Frederick Ungar Publishing Co. New York 41, 168, 320, 527
Albert Unger Publishing Company New York 530
United Press Jaffa 49
Universal Bookstore La Paz 175
Universalbuchhandlung und Antiquariat Oskar Neuer Wien 357
Universal Edition AG Wien 9, 83, 164, 187, 196, 203, 237, 252 f., 432, 483, 491, 495, 555
Universal Edition Ltd. London 253
Universal Pictures (Universal Studios) 17, 269, 292
Universitas Booksellers Verlag Jerusalem 346
Universitas Verlag Berlin 436, 520
University of California Press Berkeley/CA 266
University Campus Bookshop Jerusalem 335
University Place Book Shop New York 323
Universum Bücherei für Alle Buchgemeinschaft der IAH Berlin 219, 256, 354
Universum-Film AG (Ufa) Potsdam 194, 280
Urania-Verlag Leipzig 219
Urban & Schwarzenberg Verlag Wien 332, 511

Utopia Antiquariat → Freyer & Co.
Mario Uzielli Buch- und Kunsthandlung, Antiquariat Frankfurt am Main 531

V / W

Van Ditmar's Importboekhandel Amsterdam 40, 45, 268
G. A. Van Oorschot Verlag Amsterdam 445
Van Stockum Den Haag 229
VEB Edition Peters Leipzig 214
L. J. Veen's uitgeversmaatschappij NV Amsterdam 270
VEMAG Verlags- und Medien AG Köln 317
Verbano Verlag Locarno 534
Vereinigung Internationaler Verlagsanstalten VIVA Berlin 219, 294, 550
Willy Verkauf Verlag Jerusalem, Wien 533
Verlag Allgemeiner Tarifanzeiger Wien 539
Verlag der Arbeiter-Buchhandlung Wien 549
Verlag der Buchhandlung Fritz Sussmann Wien 517
Verlag der Deutschen Hotelnachrichten Hamburg 89 f.
Verlag Der Israelit und Hermon GmbH Frankfurt am Main 88, 453
Verlag der Johannespresse Wien 249
Verlag der (kommunistischen) Jugendinternationale Berlin, Wien 374, 454, 547, 549, 555
Verlag Der Neue Geist Leipzig 16, 559
Verlag der Paulus Druckerei Fribourg 223
Verlag der Revolutionären Gewerkschaftsopposition (RGO-Verlag) Berlin 136
Verlag der Schriften von Karl Kraus (Kurt Wolff) Leipzig 559
Verlag Der Sturm Berlin 538
Verlag der Universität Budapest 270
Verlag der Weißen Bücher Leipzig 479, 559
Verlag der Weltbühne Siegfried Jacobsohn & Co. Berlin 228
Verlag der Wiener Graphischen Werkstätte 252
Verlag der Wochenschrift Die Aktion, Berlin 376
Verlag des Jüdischen Kulturbundes Berlin 142, 257, 311, 315
Verlag des Kommunistischen Jugend-Verbandes Deutschlands (KJVD) Berlin 408

Verlag Die Fackel Wien 538
Verlag Die Runde Berlin 131, 282
Verlag Frohe Zukunft Wien 166
Verlag für Fachliteratur GmbH Berlin 481
Verlag für fremdsprachige Literatur Moskau 556
Verlag für Jugend und Volk Wien 435, 458
Verlag für Kulturforschung Amonesta & Co. Wien 362, 460
Verlag für Literatur und Politik Wien 549
Verlag für nationale Volkskunst Berlin → Hatikwah Musikverlag
Verlag für Schöne Literatur Moskau 553
Verlag Hans Lesser Berlin 301
Verlag Helene Scheu-Riesz Wien 458
Verlag Jugend Voran London 498
Verlag Junge Menschen Hamburg 185
Verlag Neuer Graphik Wien 249
Verlag Tribüne Berlin (Ost) 28
Verlagsbuchhandlung Herbert Grosssberger Heidelberg 168
Verlagsdruckerei der Universität Uppsala 291
Verlagsgenossenschaft Ausländischer Arbeiter in der UdSSR (VEGAAR) Moskau 454, 530, 547, 550, 553
Verlagszentrale AG Berlin 530
Vertriebsstelle und Verlag Deutscher Bühnenschriftsteller und Bühnenkomponisten GmbH (VVB) 356
Victory Book Club Quito (Ecuador) 308
Viernheim Verlag S. A W. Schmitt Viernheim, Zürich 466
Viking Press New York 126
Virago Press Ltd. London 404
Vision Press London 369
Vita Nova Verlag Luzern 410
Volk und Welt Verlag Berlin 28, 73, 344, 375, 523
Volk und Wissen Verlag Berlin, Leipzig 178
Volksstimme Verlag Bremerhaven 268
Vorwärts-Verlag Berlin 393, 454, 484
Leopold Voß Verlag Hamburg 204
Wagner Antiquariat Freiburg im Breisgau 199
M. A. Wahrmann Antiquariat Frankfurt am Main 340, 537
Waldheim Eberle AG Druckerei Wien 130, 524
Waldowsche Buch- und Kunsthandlung Berlin 58

Wallishausser'sche Buchhandlung Wien 20, 177
Otto Walter Verlag Olten 190
Frederick Warne (Publishers) Ltd. London 140
Wasmuth Kunstbuchverlag, Verlagsbuchhandlung Berlin 275, 366
Webster Group (Bounty Books) London 184
Max Weg Antiquariat, Buchhandlung Leipzig 395, 540
Weichsel-Buchhandlung Danzig 82
Weidenfeld & Nicolson (W & N) London 389, 525, 541
Weidmann & Co Verlag Wien 131, 511
Th. A. Weigel Verlag Leipzig 242
Ernst Weil Buchantiquariat London 543
Josef Weinberger Ltd. London 41
J. Weinberger Musik- und Bühnenverlag Wien 41 f.
Leo Weiser Versandbuchhandlung Wien 544
Weiss & Co. Antiquariat München 546
Weiss-Hesse Antiquariat Olten 546
Weltbild Verlagsgruppe Augsburg 341
Welt-Verlag Berlin 91, 97, 279
Werk-Verlag Berlin 308
Dr. Johannes Wertheim Verlag Wien 549
August Wertheimer Hebräische Buchhandlung München 551
Westdene Books Johannesburg, Südafrika 545
Westdeutscher Verlag Dortmund 27
B. Westermann Buchhandlung New York 40
Western Arts Gallery Bookshop Shanghai 195, 480
Westfalendruck Dortmund 195
Westview Press Boulder/CO 390
Wetenschapelijke Boekhandel Amsterdam 395
Weyhe Kunstbuchhandlung, Galerie New York 85, 478, 539
Whyte's Bookstore Washington 20
Wiener Bohème Verlag 193
Wiener Operetten Verlag 194, 555
Wiener Philharmonischer Verlag 252, 432, 555
Wiener Sozialtechnischer Verlag 501
Wiener Verlagsanstalt 483
Wiener Volksbuchhandlung F. Skaret & Co. 76, 105
John Wiley & Sons Inc. New York 395
Willard Publishing Company New York 552

Firmenregister

Willcox & Follet Chicago 384
William Dawson Ltd. London 102
William Green & Sons Buchhandlung London 339
Williams & Co. Verlag Berlin, Zug (CH) 228, 328 f.
Williams & Wilkins Baltimore 494
H. W. Wilson Company Zeitschriftenverlag New York 9
Allan Wingate Publishers Ltd. London 74
Michael Winkler Verlag Wien 111
C. F. Winter'sche Verlagshandlung Leipzig 239
Wittenborn Art Books Distribution New York 556
Wittenborn & Comp. Verlag (George Wittenborn Inc.) New York 556
G. M. L. Wittenborn Söhne Buchhandlung Hamburg 556
Wittenborn & Schultz Kunstbuchhandlung New York 476, 556
Alfred Wolf Reise- und Versandbuchhandlung, Antiquariat und Export Wien 545
Hanns Wolff Antiquariat München, Den Haag 557
Kurt Wolff Verlag Leipzig (München) 16, 56, 244, 340, 349, 479, 557–560
Oswald Wolff Ltd. Verlag London 561
Gebr. Wolffsohn GmbH Verlag Berlin 562
Wolfrum Kunstverlag Wien 229
Wollbrück & Co. Reisebuchhandlung Berlin u. Leipzig 70
World Centre for Jewish Music in Palestine 304
Writers House Literaturagentur New York 74
Writers' Service Center Agentur New York 312, 576
Würthle & Sohn Galerie Wien 362
Peter H. Wyden Inc. Verlag New York 565
A. A. Wyn Inc. New York 34

X/Y/Z

Yachdav United Publishers Co. Ltd. Tel Aviv 21
Yearbook Medical Publishers Inc. Chicago 372
Dr. Zahn & Dr. Diamant Verlagsanstalt Wien 78
Zahn & Jaensch Antiquariat Dresden 215
R. R. Zech Verlag Berlin 570
Zeitbild-Verlag Wien 371 f., 436
Zeitgeist-Buchhandlung Berlin 266
Jake Zeitlin Antiquariat Los Angeles 345
Zentralredaktion für deutsche Zeitungen Nachrichtenagentur Berlin 566
Ziff-Davis Verlag New York 272
Zinnen Verlag Wien 362, 460
Zionist Bookshop New York 446
Zisska & Kistner München 424
Paul Zsolnay Verlag Wien 221, 302, 372, 387, 474, 573
Zweemann Verlag Hannover 155
Zwemmer's Bookshop London 183